Heinz Höhne · Der Krieg im Dunkeln

Heinz Höhne

Der Krieg im Dunkeln

Macht und Einfluß des deutschen und russischen Geheimdienstes

C. Bertelsmann

Lektorat Dr. Dieter Struss, Grafing bei München
Gesamtherstellung Mohndruck Graphische Betriebe GmbH, Gütersloh
ISBN 3-570-05667-8
Printed in Germany

Inhalt

Vorwort

Als Sir Alexander Cadogan, im Foreign Office zuständig für den Geheimdienst, einmal in den großen Werken der Historiker über die Diplomatie des 20. Jahrhunderts las, machte er eine für ihn überraschende Entdeckung: Kaum einer der Autoren hatte die Rolle der Geheimdienste berücksichtigt, ohne deren Mitwirkung die Arbeit der Regierungen undenkbar ist.

Die Welt der Geheimdienste, so schrieb Cadogan in sein Tagebuch, sei die »missing dimension« der diplomatischen Geschichtsschreibung, das fehlende Glied in der Aufklärung der Vergangenheit. Das gilt nicht nur für die Diplomatiegeschichte, wie unlängst die beiden Historiker Christopher Andrew und David Dilks in einem Buch feststellten: »Die Dimension der Geheimdienste fehlt auch meist der politischen und militärischen Geschichtsschreibung.«

Solch Defizit kann zu heiklen Fehldeutungen führen, wie inzwischen die Historiker des Zweiten Weltkriegs erfahren haben. Seit die Welt weiß, daß die Alliierten im Krieg nahezu alle wichtigen deutschen Kodes geknackt hatten und ihre Befehlshaber dank des Entzifferungsunternehmens »Ultra« stets vorher erfuhren, was der Gegner auf dem Schlachtfeld vorhatte, müssen die Historiker nicht wenige Partien der Kriegsgeschichte umschreiben. Einige sind denn auch vorsichtiger geworden bei der Beurteilung großer Staatsaktionen, in denen unklar ist, welche Rolle die Geheimdienste darin gespielt haben – so Sir Oliver Franks, der 1983 mit einer Kommission die Hintergründe des Falkland-Konflikts untersuchen sollte und zu dem Ergebnis kam, ein ausgewogenes Urteil lasse sich nicht fällen, solange die Unterlagen des Geheimdienstes fehlten.

Auch in meinem Buch geht es um eine »missing dimension«, die es aus dem Dunkel herauszuholen gilt: um das noch weitgehend unbekannte Kapitel der deutschen und russischen Geheimdienste, das uns mehr enthüllt über die Irrungen und Wirrungen in den jahrhundertealten Beziehungen zwischen Deutschland und Rußland als manches gängige Geschichtsbuch.

Die Geschichte der deutschen und russischen Geheimdienste ist so spannend wie eine Spionagestory und doch mehr als das. Natürlich handelt sie auch von Agententreffs, Einbrüchen in Dokumentensafes, von Verrat und Sabotage; wir lernen Struktur, Personal und Methoden der rivalisierenden Dienste kennen, auch und vor allem jene der Sowjetunion. Im Mittelpunkt aber steht stets der Einfluß, den die Geheimdienste auf den Gang der deutsch-russischen Beziehungen genommen, steht die Rolle, die sie in den Krisen und Konflikten der beiden Staaten gespielt haben.

Selten hat es zwei Geheimdienste gegeben, die so ineinander verstrickt waren wie die russischen und deutschen: Gemeinsamer Wurzel entsprungen, meist heftig miteinander verfeindet, zuweilen aber auch zur Kooperation fähig, haben die beiden Geheimdienste nicht selten deutsch-russisches Schicksal mitbestimmt. Ob es der Doppelspion Stieber war, mit dem Bismarck seine Friedenspolitik am Zarenhof absicherte, ob es deutsche Agenten und Gelder waren, die Lenin 1917 an die Macht halfen, ob es um die Anti-Ulbricht-Fronde der sowjetischen Staatssicherheit am Vorabend des 17. Juni 1953 ging – kein großer Akt deutsch-russischer Geschichte, an dem nicht die Geheimdienste führend mitwirkten.

Eine solche Darstellung hat freilich nur Sinn, wenn sie sich auf sicheres Quellenmaterial stützen kann, das auch helfen würde, jene Denk- und Verhaltensweisen abzubauen, die in unserem Land noch immer eine rationale Erörterung nachrichtendienstlicher Fragen verhindern: die offenkundige Gleichgültigkeit, die die Fachhistoriker dem Geheimdienstthema entgegenbringen, und die Verteuflung jeder Geheimdienstarbeit, die eine gewisse Schickeria in den Massenmedien betreibt.

Beides scheint einander zu bedingen: Die sterile Aufgeregtheit, mit der Affärenjournalisten der »Schnüffelei« geheimer Agenten nachjagen, bestärkt offensichtlich die Historiker in ihrem Vorurteil, daß der Geheimdienst kein wissenschaftlich ernstzunehmendes Thema sei. Wie anders wäre es sonst zu erklären, daß es in der Bundesrepublik Deutschland keinen Historiker gibt, der je eine größere Arbeit über Geheimdienste vorlegte? Auch die üppig wuchernde Spionageliteratur mit ihren oft unsäglichen »Enthüllungen« schreckt Historiker ab, die gewohnt sind, mit Logik und nachprüfbaren Quellen zu arbeiten.

Doch es gibt sie, diese Quellen, die uns die Arbeit der Geheimdienste entschlüsseln können. Glückliche Umstände und ein nimmermüdes Interesse am Thema haben mir bisher unzugängliche oder kaum ausgewertete Aktenbestände erschlossen, die es erlauben, dieses Buch auf eine solide Quellenbasis zu stellen. Es ist dieses Material, das mich vor Jahren ermutigte, das Angebot des Verlages C. Bertelsmann anzunehmen, mein 1970 erschienenes Buch über die Rote Kapelle (»Kennwort: Direktor«) um ein paar Kapitel zu einer Gesamtgeschichte der deutsch-russischen Geheimdienstbeziehungen zu erweitern.

Aus den paar Kapiteln ist nun doch ein ganz neues Buch entstanden. Ob es geglückt ist, muß ich dem Urteil des Lesers überlassen. Mir bleibt nur, all denen zu danken, die mir bei meiner Arbeit geholfen haben. Mein Dank geht vor allem an Michael Morozow, Professor Dr. Klaus-Jürgen Müller, Professor Harold C. Deutsch, Dr. Peter Gosztony, David Irving, Dr. Peter Broucek, Günter Peis, Janusz Piekalkiewicz, aber auch an jene, die inzwischen verstorben sind: E. H. Cookridge, Ladislas Farago, Oberst a. D. Otto Wagner und Hermann Zolling, mein unvergessener Kollege und Ko-Autor von »Pullach intern«. Nicht nur Höflichkeit gebietet, der Damen besonders zu gedenken: Sibylle von Kries, die mit unverwüstlicher Freundlichkeit und Wachsamkeit das Manuskript tippte, und meiner Frau Christine, deren Ermutigung und Kritik die Arbeit erst möglich machte. Ihr sei daher dieses Buch gewidmet.

Großhansdorf, Mai 1985 Heinz Höhne

1 Verwehte Spuren

Über das holperige Straßenpflaster des Berliner Stadtteils Treptow rumpelte im Winter 1860 eine Kutsche, die an ihren Türen das Signum der Kaiserlich-Russischen Gesandtschaft führte. Nach längerer Fahrt hielt der Wagen. Ein Mann stieg aus, vergewisserte sich kurz, daß er an der richtigen Adresse war, und schritt dann auf ein Haus zu. Dem Dienstmädchen, das ihm öffnete, übergab er eine Visitenkarte und ließ dem Hausherrn ausrichten, Arthur Baron von Mohrenheim, Attaché an der Gesandtschaft Seiner Majestät des Zaren, bitte um die Ehre einer vertraulichen Unterredung.

Wenige Minuten später saß der russische Diplomat einem dürren, blassen Mann gegenüber, der seine Herkunft aus der Welt der Akten und Kanzleien nicht verleugnen konnte. Gleichwohl war der Polizeirat außer Dienst Dr. Wilhelm Stieber einer der gesuchtesten Privatdetektive seiner Zeit, eine Art preußischer Sherlock Holmes, der für gutzahlende Klienten geheime Ermittlungen in nahezu allen Teilen Europas anstellte.

Seine Laufbahn verriet Beweglichkeit, Scharfsinn und ein gerüttelt Maß an Bedenkenlosigkeit. Mohrenheim hatte sich Stiebers wichtigste Lebensdaten gemerkt: 42 Jahre alt, Sohn eines Merseburger Beamten, Jurastudent an der Berliner Universität, 1844 Hilfsarbeiter bei der Polizei, dann einer der Wortführer der demokratischen Bewegung in Berlin und Verteidiger in politischen Prozessen, nach der gescheiterten Revolution von 1848 rasch konservativ geworden, 1850 zum Chef der Berliner Sicherheitspolizei avanciert und zehn Jahre später wegen rüder Vernehmungsmethoden aus dem Dienst entlassen, seither Grundstücksmakler und Privatdetektiv.[1]

Stiebers Verbindungen zu Ganovenkreisen und Polizeibehörden waren fast schon legendär; in den Hauptstädten fast aller europäischen Staaten wähnte man Verbindungsleute, die Stieber informierten. Seine Kenntnis der Unterwelt war einzigartig, als Verteidiger soll er 3000 Klienten vertreten haben.[2] So stand er für jeden lukrativen Auftraggeber bereit, seine mannigfachen Beziehungen spielen zu lassen – in der Optik des preußischen Königs Friedrich Wilhelm IV. eine »kostbare Persönlichkeit« für jeden, der Anlaß hatte, auf die diskreten Dienste des Dr. Stieber zu bauen.[3]

Eben diese kriminalistischen Talente waren es auch gewesen, die den Gesandtschaftsattaché von Mohrenheim in Stiebers Haus geführt hatten. Mohrenheims Chef, der russische Gesandte Andreas Freiherr von Budberg, war in arge persönliche Schwierigkeiten geraten, und keiner schien ihn sicherer daraus befreien zu können als der routinierte Ganovenjäger Stieber. Die Karriere des Gesandten drohte ein Erpresser zu ruinieren; in seinen Besitz war kompromittierendes Material über die Vergangenheit von Budbergs Frau gelangt, das er rücksichtslos an die Öffentlichkeit bringen wollte, falls der Ehemann nicht sofort eine hohe Summe zahle.[4]

Stieber notierte sich einige Details, während ihm Mohrenheim auseinandersetzte, was ein öffentlicher Skandal für den Gesandten und für die russisch-preußischen Beziehungen bedeute. Auch ein Hinweis auf hohen Lohn im Falle einer unauffälligen Erledigung der Affäre dürfte nicht gefehlt haben. Der Detektiv versprach, dem Russen zu helfen. Dann machte er sich an die Arbeit.

Ein paar Recherchen in der Berliner Unterwelt genügten, Stieber auf die Spur des Erpressers zu bringen. Er wußte in kurzer Zeit so viel über den mysteriösen Fremden, daß er ihn – nicht zuletzt mit einem Hinweis auf seine noch immer guten Beziehungen zur preußischen Polizei – unter Druck setzen konnte. Es dauerte nicht lange, bis sich der Mann von Stieber die belastenden Papiere abhandeln ließ. In wenigen Tagen war der Fall geklärt, der russische Gesandte von aller Bedrängnis befreit. Erleichtert zahlte er Stieber ein ansehnliches Honorar.[5]

Mohrenheim beeindruckte Stiebers Geschicklichkeit so sehr, daß er seinen Vorgesetzten vorschlug, den Detektiv für immer in russische Dienste zu nehmen. Staatsrat von Schulz, einer der führenden Köpfe der III. Abteilung in der Privatkanzlei des Zaren, der Gehirnzentrale der russischen Geheimpolizei, griff Mohrenheims Idee auf.[6] Das Zarenreich benötigte in Deutschland V(ertrauens)-Männer, die St. Petersburg über alles aufklärten, was den Schutz des zaristischen Regimes und die Machtpolitik des russischen Staates tangierte. Es waren unruhige Zeiten: Im nachrevolutionären Deutschland mit seinen vielen Kleinstaaten und seinen ungelösten nationalen und sozialen Problemen formierten sich neue Kräfte, die Europas politische Landkarte radikal verändern konnten. Da bedurfte der Zar wachsamer Aufpasser, die jeden wichtigen Vorgang beobachteten und meldeten.

Und niemand schien für diese Aufgabe geeigneter als der ehemalige Chef der Berliner Sicherheitspolizei, der den russischen Kollegen natürlich kein Unbekannter war. Sie beobachteten ihn schon seit Jahren mit wachsendem Interesse, hatte er doch fast lehrbuchhaft demonstriert, wie die Politische Polizei autokratischer Staaten revolutionäre Organisationen mit eigenen Agenten unterwandert und zu staatsfeindlichen Aktionen provoziert, um sie desto leichter unschädlich zu machen. So hatte er 1851 das konspirative Verbindungsnetz des von Karl Marx und Friedrich Engels geführten Kommunistenbundes in Deutschland, England und Frankreich aufgedeckt und einige ihrer maßgeblichen Figuren vor Gericht gebracht, nicht ohne mit ein paar gefälschten Protokollen nachzuhelfen, was ihm bei Engels den Ruf eines der »elendesten Polizeilumpen unseres Jahrhunderts« eintrug.[7]

Wer will sich da wundern, daß sich die Exzellenzen der III. Abteilung beeilten, einen solchen Profi in ihre Dienste zu nehmen? 1861 traf Staatsrat von Schulz eine Übereinkunft mit Stieber, die den Preußen gegen hohe Bezahlung verpflichtete, eine in allen Teilen Deutschlands arbeitende Agentengruppe für die geheime Zarenpolizei aufzustellen.[8] Ihre Aufgaben: Ermittlungen gegen aus Rußland geflohene Strafgefangene, Beobachtung zarenfeindlicher Emigranten, Schutz des Zaren bei seinen Besuchen in Deutschland, Ausforschung politischer, für die russischen Staatsinteressen belangvoller Vorgänge.

Stieber heuerte einige Rechercheure an, die er in Berlin und in anderen deutschen Städten einsetzte. Meist waren es ehemalige Kriminalbeamte, zuweilen aber auch Figuren aus der Unter- und Halbwelt, die Stieber noch aus seiner Zeit als Verteidiger und Polizeichef kannte. Sie mußten regelmäßig an ihn berichten, hatten Akten anzulegen und Personalkarteien zu führen, die Stiebers Organisation in die Lage versetzen sollten, antizaristische und antirussische Bestrebungen unter Beobachtung zu halten.

Wilhelm Stieber hatte damit die erste vollorganisierte Agentengruppe Rußlands auf deutschem Boden geschaffen. Mit ihr beginnt die Geschichte der deutsch-russischen Geheimdienstbeziehungen, die bis heute nicht zu Ende gegangen ist; eine Geschichte, wie sie dramatischer und romanhafter kaum gedacht werden kann, angefüllt mit Kampf, Intrige, Machtwahn, Patriotismus, Verrat, Märtyrertum, aber auch mit Freundschaft, Respekt und gelegentlicher Kooperation der Gegenspieler – ein getreues Spiegelbild des politischen Schicksals zweier Staaten, die die Historie zu Rivalen gemacht hat und die doch, unlösbar ineinander verstrickt, zum Zusammenleben verurteilt sind.

Natürlich sind die deutsch-russischen Geheimdienstbeziehungen älter als das reichliche Jahrhundert, das seit Stiebers Eintritt in die Dienste der III. Abteilung vergangen ist. Russische Agenten hatte es in Deutschland auch schon früher gegeben. Ebenso berühmt wie berüchtigt waren die Spione des Kanzlers Bestuschew im Zeitalter Friedrichs des Großen, die mit einem massierten Einsatz von Geld und attraktiven Frauen in Preußens Staatsgeheimnisse einzudringen versuchten; zahllos auch die russischen Agenten, die in der Blütezeit der nachnapoleonischen Heiligen Allianz jeden Winkel deutscher Universitäten nach radikalen Demokraten und »Demagogen« absuchten.[9]

Doch diese Agenten waren Einzelgänger ohne organisatorischen Zusammenhalt; ihnen fehlte eine geheimdienstliche oder polizeiliche Schulung, sie blieben, was sie waren: bestenfalls Amateurtalente, in der Regel politische Abenteurer und Glücksritter. Sie verstanden sich zudem weniger als klassische Spione denn als diplomatische Agenten oder gar als Missionare der russisch-autokratischen Ideologie wie etwa der Lustspieldichter August von Kotzebue, der den liberal-demokratischen Gegner in Deutschlands Universitäten und Redaktionsstuben in offener Polemik bekämpfte, bis ihn 1819 der Dolch eines Studenten niederstreckte.[10]

Erst im Krim-Krieg (1854/55) ging die russische Spionageführung dazu über, ihre geheimen Erkunder in den deutschen Staaten systematischer zu organisieren. Der russische Militärattaché in Berlin, General Konstantin Graf von Benckendorff, schuf eine Waffenschmuggler-Organisation, die sich über ganz Deutschland, Belgien und England erstreckte und deren taktische Führung er dem Chefagenten Klindworth, einem ehemaligen Hauslehrer und Schriftsteller, überließ.[11] »Rußland unterhielt«, so ermittelte später ein preußischer Polizeibeamter, »im Auslande eine Menge Agenten, welche Waffen aufkaufen und anfertigen ließen und solche nach Rußland sendeten. Die Russen unterhielten auch im deutschen Zollverein zahlreiche Zwischenhändler, an welche diese Waffentransporte unter der Rubrik ›Kurze Eisenwaaren‹ adressiert wurden und welche solche als ihren eigenen Bedarf ausgaben. Der russische General Benckendorff leitete diesen ganzen Transport von Berlin aus.«[12]

Der preußische Polizeibeamte war kein anderer als der damals noch amtierende Stieber, der 1856 Benckendorffs Waffentransporte unterbinden ließ.[13] Die Ironie aber wollte, daß von 1861 an der gleiche Stieber, nunmehr aus dem preußischen Staatsdienst entlassen, für seine russischen Auftraggeber fortsetzte, was Benckendorff und Klindworth begonnen hatten.

Stiebers Arbeit für die Russen war freilich weniger abstrus und verwunderlich, als es einer ahnungslosen Nachwelt erscheinen mag. Preußen und Rußland waren miteinander befreundet; außenpolitische Interessen, die royalistisch-reaktionäre Ideologie und Verwandtschaftsbeziehungen vielfältigster Art kitteten Preußen und Rußland zusammen wie kaum zwei andere Staaten Europas. Heute sind diese Gemeinsamkeiten vergessen, verwehten Spuren gleich, die sich im Dunkel der Geschichte verlieren. In Stiebers Zeit aber waren sie noch höchst real: Kein Preuße konnte sich damals das Deutschland der Zukunft anders vorstellen als in engster Anlehnung an das befreundete Rußland.

Die beiden Staaten waren so innig miteinander liiert, daß man sich wundert, sie noch nicht von den sonst so expansionsfreudigen Historikern der DDR als Wegbereiter sowjetdeutscher Schicksalsgemeinschaft okkupiert zu sehen. Gemeinsamkeiten, wohin der Blick reichte: die gleichen Denkkategorien und Exerzierreglements in den Armeen beider Staaten, hier wie dort die Herrschaft einer absolutistischen Staatsbürokratie, miteinander verschwägerte und verschwisterte Kaiser und Könige, die gleiche Furcht der beiden autokratischen Systeme vor der demokratisch-sozialistischen Revolution und immer wieder die gleichen Aristokraten-Namen in Militär, Beamtentum und Wissenschaft, Namen wie Wrangell, Benckendorff, Budberg, Krusenstjern, Meyendorff, Hartwig.

Vor allem die Armeen, Stützen und Expansionsinstrumente beider Militärautokratien, atmeten seit der Heeresreform von 1807 Gemeinsamkeit. Seinerzeit hatte das preußische Heer sich u. a. an russischen Uniformen ein Vorbild genommen. Der Monarch des einen Landes trug die Gala-Uniform des anderen, russische Militärs führten zuweilen die Insignien preußischer Generalfeldmarschälle,[14] und schon an der Grenze begegneten dem Reisenden aus Preußen russische Gendarmen, die mit ihren dunkelblauen Waffenröcken und hohen Pickelhauben preußischen Soldaten täuschend ähnlich sahen.[15] Noch 1917 werden russische Frontsoldaten die in ihre Gräben eingesickerten deutschen Geheimdienstler für Zarenoffiziere halten, weil sie preußische Kürassiermützen trugen, die sich kaum von jenen Rußlands unterschieden.[16]

An den Höfen beider Monarchen amtierten Militärbevollmächtigte des jeweils anderen Landes, die – unabhängig von ihren Regierungen – ausschließlich den eigenen Souverän vertraten. Der russische Militärkommissar (wie sich der Militärattaché in Berlin ursprünglich nannte) genoß das Vertrauen der engsten Mitarbeiter des preußischen Königs, während umgekehrt der preußische Militärbevollmächtigte als Flügeladjutant und militärischer Ratgeber des Zaren eine eigene Macht am Hof von St. Petersburg darstellte.

Entsprechend gemeinsam feierten sie ihre Triumphe. Russische Truppen eroberten 1855 das türkische Kars – prompt erschien der preußische Generalfeldmarschall von Wrangel mit seinen Offizieren zu einem feierlichen Te Deum in Berlin.[17] Deutsche Truppen errangen 1870 den Sieg bei Sedan – freudig leerte Zar Alexander II. mit dem preußischen Militärbevollmächtigten ein Champagnerglas auf das Wohl des Siegers und warf es nach russischer Sitte an die Wand.[18] (Wer erinnert sich da nicht an die Glückwunschtelegramme, in denen ein Jahrhundert später Stalin und Molotow den Siegeszug von Adolf Hitlers Armeen im Westen feierten?)

Starb aber der russische Zar oder der preußische König, so war es für Hof und Garde des Nachbarlandes selbstverständliche Pflicht, Trauer zu bekunden. Als Zar Nikolaus I. im Frühjahr 1855 starb, sammelte sich das preußische Establishment zu einer bizarren Totenklage: Die »Kreuzzeitung«, das Organ der preußischen Konservativen, druckte die Nachricht vom Tod des »besten Preußen« mit einem schwarzen Trauerrand, während sogleich eine Trauermedaille mit einem Nikolaus-Bildnis geprägt wurde, die einfach jeder »gute« Preuße zu tragen hatte, die Herren an der Taschenuhr, die Damen am Armband.[19] Und in Brandenburg versammelten sich Hof und Regierung, um dabei zu sein, wie die Uniform des toten Zaren in feierlicher Prozession in die Kirche getragen wurde.[20]

In solchen Gesten manifestierte sich ein naiver Russenkult, der die preußische Oberschicht, aber auch andere Gruppen der Gesellschaft durchdrang. Den preußischen Bewunderern schien in Rußland alles besser, ursprünglicher, kraftvoller: das Leben der Aristokratie, die Autorität von Kaiserhaus und Kirche. Da war die Vorstellung nicht mehr fern, eben dieses dynamische Rußland und sein Monarch könnten die alte Gesellschaft Preußens vor der Revolution schützen und vielleicht sogar der staatlichen Zerrissenheit Deutschlands ein Ende bereiten. »Der Kaiser« – das war im Sprachgebrauch der preußischen Konservativen (bis zu Bismarcks Reichsgründung) nicht irgendein Kaiser oder gar der stammverwandte österreichische, sondern immer nur der Kaiser von Rußland. Auf ihn übertrugen die Rußland-Bewunderer alle ihre Hoffnungen und Ängste; in ihrer Phantasie entwarfen sie sich ein Bild des Zaren, das zwar mit der Wirklichkeit nichts zu tun hatte, wohl aber ihre eigenen Sehnsüchte widerspiegelte.

So sehr hatte der Russenkult bereits die preußische Oberschicht umnebelt, daß hohe Funktionäre keine Bedenken trugen, Rußland und seinem Kaiser um jeden Preis zu dienen – auch um den Preis des Landesverrats. Wie später die Angehörigen der »Roten Kapelle« jedes deutsche Staatsgeheimnis, dessen sie habhaft werden konnten, an das kommunistische Rußland verrieten, so gaben die »Spreekosaken« (Spitzname für die Russenfreunde am Berliner Hof) Informationen und Pläne höchster Geheimhaltungsstufen dem zaristischen Rußland preis.

Als im Krim-Krieg eine Gruppe liberaler Politiker und Diplomaten, die in Preußen zeitweilig zu Einfluß gelangt war, darauf hinarbeitete, die preußische Armee gemeinsam mit österreichischen Truppen in Rußland einfallen zu lassen und später das Riesenreich unter seinen Nachbarn aufzuteilen, da warnten preußische Konservative ihre Freunde in St. Petersburg. Philipp Prinz von Croy, General à la suite am preußischen Königshof, beschaffte sich den Mobilmachungsplan der preußischen Armee und händigte ihn seinem russischen Schwiegersohn Benckendorff aus.[21]

Das sei Landesverrat, erboste sich Prinz Wilhelm von Preußen, der spätere König und Kaiser, als er von Croys Tat hörte, und drang bei seinem Bruder Friedrich Wilhelm IV. auf strenge Bestrafung des Schuldigen.[22] Doch weit kam er damit nicht. Croys Vorgesetzter war der General der Infanterie Leopold von Gerlach, Generaladjutant des Königs und Haupt einer Clique reaktionärer Hofbeamter, Militärs und Politiker, die von einer Wiederherstellung der in den Revolutionsstürmen zerbrochenen Heiligen Allianz mit Rußland träumten und kein Interesse daran hatten, Croy bestraft zu sehen, trieben sie doch selber, was Croy gewagt hatte.

Schon zu Jahresbeginn hatte der Berliner Polizeipräsident Carl von Hinckeldey den Bericht eines V-Mannes erhalten, der behauptete, eine Kamarilla hochgestellter Persönlichkeiten am Königshof arbeite insgeheim für Rußland; sie sei von den Russen mit Diamanten bestochen worden und treibe ihre eigene Politik, »unabhängig von König und Premier«.[23] Die Diamanten-Story war zwar Unsinn, alles andere aber stimmte: Der General von Gerlach, sein Bruder Ernst Ludwig und sein engster Vertrauter, der Kabinettsrat Nikolaus von Niebuhr, versuchten auf mannigfache Art, die vom König und dessen Ministerpräsidenten Otto von Manteuffel festgelegte Neutralitätspolitik zugunsten ihrer russischen Freunde aufzuweichen und eine preußisch-österreichische Militäroperation gegen Rußland zu verhindern.[24]

Fast jeden Tag traf sich Leopold von Gerlach mit Budberg und Benckendorff und weihte sie in preußische Interna ein, in Kabinettsbeschlüsse, Planungsdetails, Briefentwürfe des Königs, Personalien, Stimmungen, Zukunftserwartungen. Wie der Oberleutnant Schulze-Boysen später Moskau am Vorabend des deutsch-sowjetischen Krieges über die drohende Gefahr informierte, so gab auch General von Gerlach seinen Russen jede erwünschte Auskunft.

Von ihm wußten Budberg und Benckendorff, daß Preußen sich gegenüber Österreich verpflichtet hatte, eine 100000-Mann-Armee im Falle eines Krieges mit Rußland aufzustellen, und entsprechend gezielt waren die Fragen, die der Feindaufklärer Benckendorff seinem Informanten Gerlach stellte.[25] »Eine Menge Besuche: Benckendorff, der sich erkundigt, ob Truppen zusammengezogen würden«, notierte sich Gerlach ins Tagebuch, und auch von dem Besuch des österreichischen Generals Meyerhofer in Berlin dürften die Russen erfahren haben, der Gerlach mitgeteilt hatte, daß er »auf die Aufstellung der... versprochenen 100000 Mann dringen sollte« – so eine Notiz Gerlachs.[26]

Und was Gerlach zu heikel war, den Russen in Berlin zu enthüllen, vertraute er zwei Sympathisanten in St. Petersburg an, die unmittelbaren Zugang zum Zaren besaßen: dem preußischen Militärbevollmächtigten Hugo zu Münster und dem preußischen Gesandten Theodor Heinrich Rochus von Rochow, auch er ein General ultrakonservativen Zuschnitts, der »hinter Manteuffel's Rücken geradezu mit den Russen conspirierte«, wie ein empörter preußischer Zeitgenosse kommentierte.[27]

Das Zusammenspiel der Gerlach-Kamarilla mit den Russen war bald das Tagesgespräch der europäischen Staatskanzleien und Generalstäbe. Als der österreichische Feldzeugmeister Heß nach Berlin kam, um mit den Preußen eine antirussische »Defensiv-Alliance« abzuschließen, und ihm General von Gerlach als preußischer Unterhändler gegenübertrat, lehnte Heß ihn ab; Gerlach sei, so mäkelte der Österreicher, »mit Budberg ganz eins«, da könne er ja gleich mit dem russischen Heerführer Paskiewitsch verhandeln.[28] Ebenso dachte der britische Außenminister Lord Clarendon. Einen Vorschlag des preußischen Gesandten in London, sein Land könne eine Armee an der Ostgrenze aufmarschieren lassen, um Rußland politisch unter Druck zu setzen, wies der Lord mit dem Argument ab, da die Kreuzzeitungs-Partei in Berlin ohnehin alles an Rußland verrate, werde der Zar dieser preußischen Armee nicht einen einzigen Mann entgegenstellen.[29]

Auch der Ministerpräsident von Manteuffel wurde auf die Umtriebe des Gerlach-Kreises aufmerksam. Ein Polizeispitzel, der ehemalige Leutnant Friedrich Techen, machte sich im Auftrag Manteuffels an die Diener der in Potsdam wohnenden Brüder Gerlach und Niebuhrs heran und bewog sie gegen ein ansehnliches Trinkgeld, ihm die Briefe auszuhändigen.[30] Techen interessierte sich vor allem für die Korrespondenz mit Münster und Rochow; auch die jeweils neuesten Eintragungen im Tagebuch des Generals von Gerlach wollte er haben. Briefe und Tagebuchblätter schrieb er ab und gab sie dann seinen Lieferanten wieder zurück.[31] In kurzer Zeit wußte Manteuffel, welches Spiel die Gerlachs trieben.

Manteuffel war freilich ein zu erfahrener Praktiker politischer Hinterzimmerintrigen, als daß er erwartete, durch offene Konfrontation den mächtigen Generaladjutanten des Königs stürzen zu können. Er wollte aber immerhin das von Techen gelieferte Belastungsmaterial dazu benutzen, Gerlachs Einfluß am Hof zu beschneiden und den General zur strikten Befolgung der offiziellen Neutralitätspolitik zu zwingen.

Der Ministerpräsident ließ daraufhin unter Diplomaten und Journalisten gezielte Indiskretionen über die Illoyalität der Kamarilla verbreiten.[32] Der Coup traf Gerlach völlig unvorbereitet. »Man ist doch von Aufpassern umgeben«, lamentierte er nicht ohne Erschrecken, »Niebuhrs Briefe an Münster lesen fremde Leute!«[33] Er sah sich vor einem solchen »Abgrund von Niederträchtigkeit«, daß er schon das Ende seiner Karriere befürchtete: »Mein erster Gedanke war nothwendiger Abschied.«[34]

Doch dann entschloß er sich, »Stand zu halten, bis meine Ehre salviert ist«, zumal die Affäre zunächst eine für Manteuffel ungünstige Wendung nahm: Techen hatte sich von den entwendeten Briefen mehrere Kopien gemacht und einige von ihnen inzwischen an die Französische Gesandtschaft verkauft.[35] Schon schien Manteuffels Sache verloren, da intervenierte Polizeipräsident von Hinckeldey und erpreßte Gerlach mit der Drohung, er werde notfalls alle in seinen »Händen befindlichen Briefe vorlegen, wodurch er [Gerlach] und Münster sicher in des Teufels Küche kämen«.[36]

So ging die Affäre doch noch einigermaßen zu Manteuffels Gunsten aus; Gerlach versöhnte sich mit dem Regierungschef und mußte sogar eine zeitweilige Verminderung seines Einflusses bei Hofe in Kauf nehmen. Bezeichnend für den Sondercharakter der preußisch-russischen Beziehungen aber war, daß kein Mitglied der Kamarilla wegen Geheimnisverrats zugunsten Rußlands vor Gericht kam. Der kleine Spitzel Techen wurde zwar wegen Landesverrats zum Vorteil Frankreichs zu mehreren Monaten Gefängnis verurteilt, die Taten der Croy, Gerlach und Niebuhr blieben jedoch ungesühnt – keinem Polizisten und keinem Staatsanwalt in Preußen wäre es eingefallen, Spionage für Rußland, zumal sie in den obersten Etagen der Gesellschaft spielte, ernsthaft zu verfolgen.[37]

Die Zurückhaltung mochte noch einen anderen Grund haben: Man wollte nicht die guten Beziehungen stören, die Preussens Sicherheitsorgane zu Rußland unterhielten. Seit einem halben Jahrhundert wirkte man kollegial zusammen. In den napoleonischen Kriegen hatten Preußens und Rußlands Geheimpolizisten unter dem Kommando des ehemaligen Berliner Polizeipräsidenten Justus Gruner eine gemeinsame Abwehrorganisation gegen französische Spione gebildet, und auch danach war der Faden zwischen den beiden Polizeien nicht abgerissen.[38] Der hektische Kampf gegen die Revolution in der Metternich-Ära hatte die Polizei Preußens und Rußlands noch enger miteinander verbunden, wobei es nicht selten die Russen gewesen waren, die ihre preußischen Kollegen zu noch schärferer Gangart bei der Verfolgung unliebsamer Liberaler und Demokraten anspornten.[39]

Die Zusammenarbeit wurde noch durch den Umstand erleichtert, daß Deutsche und Deutschrussen im zaristischen Polizeisystem eine wichtige Rolle spielten. Deutsche galten als die Lehrmeister der russischen Dechiffrierkunst, Baltendeutsche leiteten zumeist die »Schwarzen Kabinette«, die geheimpolizeilichen Briefzensurstellen in den Hauptpostämtern russischer Großstädte. Deutschstämmige aus der russischen Herrenschicht kommandierten und instruierten, verbesserten und erweiterten den Polizeistaat mit seinem verwirrenden Netz aus Spitzeln, Gendarmen, Agenten und Provokateuren.

Ein Baltendeutscher aus ehedem brandenburgisch-preußischer Familie hatte schließlich auch das ganze Überwachungs- und Spionagesystem des Zarismus geschaffen: Alexander Christoforowitsch von Benckendorff, General der Kavallerie, Intimus von Zar Nikolaus I. und Onkel des russischen Militärattachés in Berlin.[40]

Ein Zufall hatte es gewollt, daß Alexander von Benckendorff am Morgen des 14. Dezember 1825 bei seinem Jugendfreund, dem wenige Stunden zuvor zum Zaren ausgerufenen Nikolaus, Adjutantendienste verrichtete, als die Horrormeldung einlief, meuternde Truppen der Garnison St. Petersburg – von liberalen, zarenfeindlichen Offizieren aufgeputscht – versammelten sich auf dem Senatsplatz und rüsteten sich zum Sturm auf den Zarenpalast.[41] Einen Augenblick verließ den Zaren die Beherrschung, er glaubte schon alles verloren: »Heute abend sind wir vielleicht beide nicht mehr auf der Welt.«[42]

Doch dann erwies sich, daß Nikolaus die Stärke der Putschisten überschätzt hatte. Benckendorff alarmierte die zarentreuen Truppen, die auf der St. Petersburg westlich vorgelagerten Wassilij-Ostrow-Insel stationiert waren, und führte sie gegen die Rebellen auf dem anderen Ufer der Großen Newa, während auch der Zar weitere loyale Einheiten mobilisierte. In wenigen Stunden war der revolutionäre Spuk vertrieben, den die Historiker wegen des Monats, in dem er stattfand, den Aufstand der Dekabristen nennen.[43]

Zum Dank beauftragte der Zar seinen Retter Benckendorff, eine »Höhere Polizei« zu schaffen, die Putschversuche von der Art der Dekabristen ein für alle Mal unmöglich machen sollte.[44] Kaum einer aber schien ungeeigneter für die Rolle eines Polizeichefs als der kleine, schmächtige Höfling in der Generalsuniform, der eher Frauenheld und Charmeur war denn ein harter Funktionär und ob seiner Zerstreutheit (er holte manchmal eine Visitenkarte hervor, um sich erneut seinen Namen einzuprägen) für manche Anekdote sorgte.[45] Er hatte zudem einen Horror vor jedweder Geheimpolizei; noch die Denkschrift, in der Benckendorff im Frühjahr 1826 dem Zaren den Aufbau der Höheren Polizei entwarf, zierte der Satz, der Gedanke an die Einführung einer Geheimpolizei erschrecke jeden aufrichtigen Menschen und werde »nur von den Halunken befürwortet«.[46]

Nach so braver moralischer Bemühung ging dann Benckendorff doch recht kaltblütig daran, dem Zaren zu schaffen, was der von ihm erwartete. Die nötige Inspiration fand er in den Papieren und Aussagen des Obersten Pawel Iwanowitsch Pestel, des verhafteten (und kurz darauf hingerichteten) Führers der Dekabristen. Dem Zaren-Feind Pestel, einem Enkel deutscher Einwanderer, hatte eine Republik vorgeschwebt, in der eine »Oberpolizei« alle Bürger kontrolliert; diese Polizei, über dem Gesetz stehend und von der traditionellen Polizei getrennt, sollte das Gemeinwesen durch ein Netz geheimer Agenten und durch eine halbmilitärische Gendarmerie vor ihren Feinden schützen.[47]

Genau nach diesem Muster entwarf Benckendorff seine Höhere Polizei. Er schlug dem Zaren vor, die heillos zersplitterte, den verschiedensten Machtträgern (Innenministerium, Kriegsministerium, Gouvernements) zugeordnete Politische Polizei zu vereinigen und einer zentralen Behörde in St. Petersburg zu unterstellen.[48]

Als Vollzugsorgan der Höheren Polizei empfahl Benckendorff das Gendarmerie-Regiment der Armee, eine 1815 gegründete Militärpolizei, die für Ordnung im Heer sorgte und die Stimmung der Soldaten beobachtete.[49] Es kam Benckendorffs Plänen zugute, daß die Gendarmerietruppe praktisch über das ganze Reich verteilt war; seit 1817 verfügte sie über eigene Kommandos in St. Petersburg, Moskau und in 56 anderen Städten.[50] Man brauchte die Truppe nur dem Militär zu entziehen – und schon besaß die Politische Polizei ein wirkungsvolles Schlaginstrument.

Dieses Staatsschutzkorps wollte Benckendorff in einem eigenen Polizeiministerium zusammenfassen, das es in Rußland schon einmal, von 1811 bis 1819, gegeben hatte.[51] Doch der mißtrauische Zar fürchtete die Extratouren einer selbständigen Polizeiführung. Statt eines Polizeiministeriums genehmigte er nur die Bildung einer kleinen Führungsgruppe, die er in seine Privatkanzlei integrierte und dort eine III. Abteilung bilden ließ.[52] Die Abteilungen in »Seiner Majestät Allerhöchsteigener Kanzlei« (so ihr offizieller Name) waren Kontrollorgane unter direkter Aufsicht des Zaren, die Sachgebiete der Staatsverwaltung bearbeiteten, die der kaiserliche Autokrat den konventionellen Ministerien nicht anvertrauen mochte. So überprüfte die I. Abteilung alle von Staatsbehörden dem Zaren vorgelegten Rechenschaftsberichte, formulierte die II. Abteilung Gesetzestexte und verwaltete die IV. die Lehr- und Sozialanstalten der Zarin.[53]

Ein kaiserlicher Ukas vom 3. Juli 1826 proklamierte die Gründung der III. Abteilung und räumte zugleich Benckendorff außerordentliche Vollmachten ein, die ihn praktisch zum zweitmächtigsten Mann des Reiches machten: Als »Hauptchef« der III. Abteilung und Kommandeur der Gendarmerietruppe gebot der General von nun an über ein Schattenreich polizeilicher Überwachung, wie es die Welt noch nicht gesehen hatte.[54]

Benckendorff holte sich einen in der Lenkung der Politischen Polizei erfahrenen Bürokraten des Innenministeriums, den Deutschrussen Maxim von Vock, und überließ ihm die Aufbauarbeit.[55] Vock wurde »Uprawljajuschtschij« (= Verwalter), womit – wie in Benckendorffs Fall – zwei Posten in Personalunion verbunden waren: der Posten des stellvertretenden Hauptchefs der III. Abteilung und jener des Stabschefs der Gendarmerietruppe.[56] Der Profi Vock war damit der eigentliche Behördenchef der Höheren Polizei. Er schuf denn auch den Apparat: Vock zog ein paar Kollegen aus dem Innenministerium nach, mit denen er einen 40 Mann starken Führungsstab bildete, der zunächst in wechselnden Quartieren residierte, weil der Zar die fixe Idee hatte, eine Geheimpolizei-Zentrale müsse immer unsichtbar sein und dürfe keinen festen Wohnsitz haben.[57] Erst 1838 bezog die III. Abteilung ein dauerhaftes Quartier, eine Villa in der Nähe der Kettenbrücke von St. Petersburg, bald als »Das Haus an der Kettenbrücke« die gefürchtetste Adresse der Hauptstadt.[58]

Vock gliederte seinen Stab in fünf Sektionen auf. Die Erste oder Geheime Sektion besorgte die Observation zarenfeindlicher Gruppen und Personen im Inland, sie führte politische Untersuchungen und stellte die jährlich fälligen »Berichte über Aktivitäten« zusammen, die dem Zaren den Stand der öffentlichen Meinung und die Stärke oppositioneller Strömungen anzeigten. Die Zweite Sektion observierte religiöse Sekten, bearbeitete Fragen des Münzverbrechens und kontrollierte die Verwaltung der Sondergefängnisse. Die Beaufsichtigung der Ausländer in Rußland war Aufgabe der Dritten Sektion, die Vierte beobachtete Aktivitäten unter den Bauern, und die Fünfte übte die Zensur aus. Ein für die Behörden allgemein zugängliches Archiv, zwei Geheimarchive und eine Druckerei vervollständigten die Ausstattung der Zentrale.[59]

Von hier führte ein direkter Befehlsstrang zu den Dienststellen der Höheren Polizei in Städten und Provinzen. Benckendorff und Vock kappten alle Verbindungen zwischen Innenministerium und Politischer Polizei, und auch das Kriegsministerium verlor seine Kontrolle über die Gendarmerietruppe, obwohl es weiterhin zuständig blieb für deren Ausrüstung und Personalersatz.[60] Die Gendarmerietruppe wurde 1827 zu einem Korps erweitert, das später die Bezeichnung »Gesondertes Gendarmeriekorps« trug, womit nicht zuletzt zum Ausdruck kam, daß dieses Korps mit seinen 123 Gendarmerie-Kommandos und eigenen Gendarmerie-Divisionen in St. Petersburg, Moskau und Warschau eine Macht für sich war.[61]

Die Gendarmen, bewußt zu einer Elite emporstilisiert und schon durch ihre eleganten blauen Uniformen von der normalen Polizei mit deren fadem grünen Tuch unterschieden, übten in den Provinzen eine nahezu schrankenlose Macht aus. Kaum ein Bereich russischen Lebens blieb ihrem Zugriff entzogen. Die Gendarmen spürten revolutionäre Zellen in Arbeiterschaft und Bauerntum auf, sie begleiteten wichtige Häftlinge auf dem Transport, sie fingen flüchtige Leibeigene wieder ein, sie jagten Deserteure, sie sammelten V-Mann-Berichte über die Stimmung in der Bevölkerung, sie schützten Eisenbahnzüge vor Attentätern und übten die Paßkontrolle an den Grenzen aus. Selbst die Armee war vor ihnen nicht sicher (von der ursprünglichen Gendarmerie hatte man dem Militär nur die Verfügungsgewalt über die Feldgendarmerie zur Bekämpfung von Verbrechen und Disziplinlosigkeit in der Truppe gelassen).[62]

Die Soldaten und Offiziere des Korps durften verhaften und Hausdurchsuchungen vornehmen, wann immer es ihnen beliebte. Nichts verriet ihre Macht deutlicher als die Leichtigkeit, mit der die Gendarmerie politisch unwillkommene Urteile russischer Gerichte »korrigierte«. Sie praktizierte damit bereits eine Methode, die in Deutschland später Heinrich Himmlers Gestapo zu furchtbarer Perfektion brachte. Wo immer ein Gericht einen wegen staatsfeindlicher Aktivitäten angeklagten Bürger freisprach, wartete schon der Gendarm darauf, den Dissidenten in eine Strafkolonie der III. Abteilung abzuführen.[63]

Noch gefährlicher als dieser gleichsam sichtbare Teil der Höheren Polizei war ihr unsichtbarer: das Heer der Spitzel und Denunzianten, das alle Bereiche der russischen Gesellschaft abdeckte. Ein dichtes Beobachtungsnetz wurde dem Zarenreich übergeworfen. In jedem Haus saß ein von der III. Abteilung honorierter »Dwornik« (= Hausknecht), der die Tätigkeit der Hausbewohner auszuforschen hatte. In jeder ausländischen Gesandtschaft, in jedem fremden Konsulat arbeitete ein V-Mann der Höheren Polizei, in aus dem Ausland kommenden Eisenbahnzügen und in Hauptpostämtern erbrachen Zensurbeamte die Korrespondenz von Russen und Ausländern, um sie mitzulesen und verdächtige Texte abzuschreiben.[64]

Mächtiger konnte keine Polizeiorganisation sein, gewissenloser kein Spitzelapparat arbeiten. »War's da zu verwundern«, kommentierte ein deutscher Diplomat in St. Petersburg, »daß der Chef dieses gewaltigen Körpers in der durch keine Verfassung beschränkten Willkürherrschaft des russischen Großstaats eine Macht hatte zu schaden oder zu nutzen, zu schützen oder zu verderben wie kaum irgendwo ein Sterblicher wieder!«[65]

Die Außenstehenden wußten jedoch nicht, daß selbst diese Macht ihre Grenzen und Lücken besaß. Das scheinbar so fugenlose Überwachungssystem litt an einem Krebsschaden, der bis heute ein Wesensmerkmal russischer Sicherheitsapparate blieb: dem mörderischen Kompetenzkampf zwischen der Geheimpolizei und konkurrierenden Behörden und Machtträgern. Das Innenministerium konnte nie verwinden, daß es die Kontrolle über die Politische Polizei verloren hatte, und mühte sich, sie wieder zurückzuerlangen; auch das Kriegsministerium versuchte wiederholt, sich ein größeres Mitspracherecht bei der Führung des Gendarmeriekorps zu sichern – Stoff für schier endlose Intrigen und Auseinandersetzungen, die nicht selten den Sicherheitsapparat des Zarismus lähmten.

Nach außen aber war die Macht der III. Abteilung schier unerschütterlich. Zar Nikolaus hielt zu seinem Freund Benckendorff und erlaubte ihm, das Spinnennetz der Höheren Polizei noch weiter auszudehnen. Vock erfand ein wirksameres Denunziationssystem, der Gendarmerie-Generalleutnant Leontij Dubbelt verfeinerte das konspirative Berichtswesen, der Staatsrat von Schulz entwarf neue Pläne für den Schutz des Zaren auf dessen Reisen im In- und Ausland.[66]

Bald galt es, eine weitere Lücke zu schließen. Der sich trotz polizeilicher Allmacht unter liberalen Bürgern und Intellektuellen formierende Widerstand gegen die Despotie enthüllte, daß es noch unkontrollierte Quellen gab, aus denen sich die innerrussische Opposition speiste. Führende Zaren-Gegner waren ins westliche Ausland geflohen und setzten von dort den Kampf gegen den Zarismus fort. Das wurde für die III. Abteilung zum Anlaß, den Emigranten Spione hinterherzuschicken, die deren Aktivitäten beobachten sollten – Geburtsstunde der modernen russischen Auslandsspionage.[67]

Bis dahin hatte es nur eine ganz lockere, unsystematische geheime Auslandserkundung gegeben, die vom Außenministerium und vom Generalstab betrieben wurde. Rußlands Gesandtschaften unterhielten Agenten und Zuträger, die meist in der Gesellschaftsspionage tätig waren, während der Geheimdienst des Generalstabes, kurz Raswedka (= Erkundung) genannt, im Ausland nur wenige Beobachter fremder Heere beschäftigte und allenfalls vor dem Beginn militärischer Operationen getarnte Aufklärer gegen den Feind ausschwärmen ließ. Solcher Zufälligkeit machte jetzt die Höhere Polizei ein Ende. Die Dritte Sektion der Polizeizentrale begann mit der systematischen Erkundung und Beobachtung des Emigranten-intensiven Auslands.[68]

1832 schickte die Dritte Sektion zum erstenmal Spione ins Ausland. Sie sollten einer polnischen Emigrantengruppe auf die Spur kommen, deren Führer einen Aufstand im russisch-besetzten Polen planten.[69] Später weitete sich die Aktivität der russischen Auslandsagenten auf alle zarenfeindlichen Organisationen in Europa aus. Doch ihre Arbeit erwies sich als wenig effektiv; den Agenten im Westen fehlte meistens Ortskenntnis, sie waren auch oft zu plump und zu ungebildet, um sich im Gestrüpp der sich nicht selten befehdenden Exilgruppen zurechtzufinden. Die Dritte Sektion mußte daher versuchen, ortskundige Agenten zu finden.

So war es schließlich auch zur Anwerbung Stiebers und seiner Mitarbeiter gekommen. Stieber begnügte sich freilich nicht damit, die russischen Exilgruppen in Deutschland mit seinen Konfidenten zu unterwandern und der III. Abteilung nachrichtendienstliche Verbindungen zu schaffen. Der Ehrgeiz des zwangspensionierten Polizeirats richtete sich auf Höheres; er war nicht umsonst Chef der Berliner Sicherheitspolizei gewesen, sein nimmermüdes Gehirn suchte nach neuen Tricks zur Vervollkommnung polizeilicher Überwachungsarbeit. In das Haus an der Kettenbrücke ergoß sich ein Strom von Anregungen, Vorschlägen und Hinweisen, mit denen Stieber die Arbeit der russischen Auslandsspionage verbessern wollte.[70]

Stieber war bald mehr als ein Chefspion oder Agentenführer; für die III. Abteilung wurde er zu einem ihrer Lehrer und Stichwortgeber, zu dem Mann im Hintergrund, in dessen Schatten eine ganze Generation russischer Geheimpolizisten aufwuchs, voll Bewunderung für Stiebers Organisationskunst, aber auch voller Abneigung gegen die Reglementiersucht des Mannes, dem das Spitzeln zum eigentlichen Lebenszweck geworden war.[71] Die Führung der III. Abteilung mußte froh sein, einen solchen Könner an ihrer Seite zu haben, zumal sie es mit dem neuen Zaren Alexander II. nicht leicht hatte: Er war unter liberalen Vorzeichen auf den Thron gekommen und förderte sogar den Abbau polizeilicher Macht.

Aber auch dem Zaren konnte Stieber schließlich demonstrieren, daß er gut daran tat, auf ihn zu hören. Als der Zar im Juni 1867 die Pariser Weltausstellung besuchte, erhielt Stieber von einem seiner Konfidenten den Tip, polnische Nationalisten planten einen Anschlag auf den Monarchen. Stieber informierte den Staatsrat von Schulz, und gemeinsam schlugen sie Alexander II. vor, für die Fahrt zu der am 6. Juni vorgesehenen Militärparade nicht den vorher festgelegten, sondern einen anderen An- und Abmarschweg zu wählen. Der Zar lehnte den Vorschlag ab, erklärte doch auch die französische Sicherheitspolizei kategorisch, eine Attentatsgefahr bestehe nicht. Bei der Rückkehr von der Parade aber kam es zum Eklat: Der polnische Emigrant Anton Berezowski feuerte auf den Zaren – und verfehlte ihn um nur wenige Meter.[72]

Alexander II. zog daraufhin Stieber als Sicherheitsberater heran, in Zukunft schützte der Preuße manche Reise des Zaren ins westliche Ausland. Der Zar sah zudem noch einen besonderen Grund, Stieber in seiner Nähe zu haben, denn Stieber war inzwischen auch für die russische Außenpolitik zu einer interessanten Figur geworden. Er hatte sich mit dem Mann verbunden, der von nun an ein Vierteljahrhundert lang europäische Politik entscheidend mitbestimmen sollte: Otto von Bismarck.

Fünf Revolverschüsse auf Preußens neuen Ministerpräsidenten, abgefeuert am Nachmittag des 7. Mai 1866 in Berlins Prachtstraße »Unter den Linden«, hatten Stiebers Leben eine neue Wendung gegeben. Der Attentäter war ein linker Student namens Ferdinand Cohen-Blind, der mit pseudoreligiöser Inbrunst geglaubt hatte, durch die Ermordung des Junkers Bismarck das ärgste Hindernis auf dem Weg zur Freiheit beseitigen zu können. Bismarck war wie durch ein Wunder am Leben geblieben; nur seine körperliche Überlegenheit hatte es ihm ermöglicht, den unmittelbar vor ihm stehenden und schießenden Attentäter zu Fall zu bringen. Den Rest besorgten Soldaten einer gerade vorbeimarschierenden Einheit des 2. Garderegiments zu Fuß.[73]

Bismarck blieb scheinbar gelassen, in Wirklichkeit aber war er empört, wie wenig die Polizei zu seinem Schutz unternahm. Er ließ sich den Berliner Polizeipräsidenten Otto von Bermuth kommen und hielt ihm vor, kein Polizist sei in der Stunde der Gefahr zur Stelle gewesen, nur die Soldaten seien ihm zu Hilfe gekommen. Verlegen erwiderte Bermuth: »Ich habe mich lange gegen die Übernahme dieses Amtes gesträubt.« Bismarck giftete: »Nicht lange genug!«[74] Als habe es noch eines weiteren Beweises ihrer Unfähigkeit bedurft, lieferte ihn die Polizei am nächsten Morgen: Der Häftling Cohen-Blind hatte sich in der Nacht getötet – mit einem unter der Achsel versteckten Taschenmesser, das den Polizeibeamten bei der Leibesvisitation entgangen war.[75]

Einer solchen Polizei mochte sich Bismarck nicht länger anvertrauen. Preußens Politische Polizei, von einem kleinen Referat in der Abteilung I des Berliner Polizeipräsidiums betreut, war offenbar nicht in der Lage, den Ministerpräsidenten zu schützen; sie verfügte längst nicht mehr über die Machtfülle, die sie vor der Revolution von 1848 besessen hatte.[76] Das armselige Häuflein politischer Kriminalbeamter war nicht gerade das, was sich Bismarck unter der Staatspolizei der führenden deutschen Großmacht vorstellte. Wer aber sollte Bismarck absichern, wenn nicht die Beamten der Politischen Polizei? Bismarck kannte einen Mann, dem er zutraute, ihn schützen zu können: Stieber.

Stieber und Bismarck kannten sich seit 1863; der ehemalige Kommunist August Braß, inzwischen Bismarck-Vertrauter und Herausgeber der »Norddeutschen Allgemeinen Zeitung«, hatte die Bekanntschaft vermittelt.[77] Seither verwendete Bismarck den geschaßten Polizeirat zu heiklen Geheimmissionen im Ausland. Jetzt hatte er einen neuen Auftrag, so recht nach Stiebers Herzen: Aufbau einer Geheimen Staatspolizei zum Schutz von König und Ministerpräsident und zur Ermittlung staatsfeindlicher Umtriebe.[78]

Stieber willigte ein, zumal ihm die neue Aufgabe die Rückkehr in den preußischen Staatsdienst ermöglichte. Er sah sich in kurzer Zeit in Bismarcks geheime Pläne eingeweiht, denn es blieb nicht beim Personenschutz für Bismarck und König Wilhelm I. Der bevorstehende Krieg gegen

Österreich verlangte von Stiebers Organisationsgenie mehr: Er sollte einen Spionagedienst aufziehen, dessen Agenten den preußischen Armeen in der Zukunft unsichtbar vorauseilen würden.[79]

Daß Stieber zu Preußens Spionagechef aufstieg, hatte einen einfachen Grund: Dem Lande fehlte ein guter Auslandsnachrichtendienst; das wenige Wochen zuvor eingerichtete Nachrichtenbüro des Großen Generalstabs verfügte kaum über konspirative Verbindungen. Entsprechend miserabel waren Staats- und Militärführung über den österreichischen Gegner informiert.[80]

Hier sollte Stieber mit seinen legendären Verbindungen helfen. Die Königliche Kabinettsorder vom 23. Juni 1866, die ihn ermächtigte, »zur Wahrnehmung der höheren polizeilichen Funktionen im Hauptquartier des Königs und dessen Umgebung ... eine politische Polizei« zu führen, zählte zu den Aufgaben der neuen Organisation auch: »Unterstützung der Militärbehörden durch Beschaffung von Nachrichten über die feindliche Armee.«[81]

Stieber mobilisierte seine Mitarbeiter im Ausland, er nutzte die Verbindungen zur russischen Geheimpolizei, er zapfte Polizei- und Privatquellen in den deutschen Staaten an – und bald hatte Preußens Generalstab konkrete Nachrichten über die österreichische Armee. Ein Zufall kam Stieber zu Hilfe: Ein ungarischer Adliger, der ehemalige kaiserliche und königliche (k. u. k.) Unterleutnant 1. Klasse August Baron Schluga, bot sich an, Preußen bei der Ausforschung des österreichischen Heeres behilflich zu sein.[82]

In der Tarnung eines Zeitungskorrespondenten reiste »Nr. 17« (so Schlugas Agentenchiffre) in das Hauptquartier des österreichischen Feldzeugmeisters Benedek, des Hauptgegners der preußischen Generale, und meldete wichtige Details: Charakteristiken aller höheren Führer der k. u. k. Armee, Bewegungen von Benedeks Truppen, Massierungen der gegnerischen Armee im Raum Olmütz usw.[83]

Nach dem Ende des Krieges mit Österreich baute Stieber seinen Geheimdienst weiter aus. Am 1. August 1866 bezog er ein paar Räume im Auswärtigen Amt, obwohl Stieber dem Preußischen Staatsministerium (Amt des Ministerpräsidenten) unterstellt war, in dem sein Central-Nachrichten-Bureau eine eigene Abteilung bildete.[84] Stiebers Agenten jagten Bismarck-Gegner aus dem Kreis der hannoverschen Welfen-Anhänger, sie bespitzelten die Verfasser preußenfeindlicher Zeitungsartikel im In- und Ausland, sie sammelten militärische und diplomatische Nachrichten. In Paris, Wien und London fingen die Agenten des Central-Nachrichten-Bureaus auf, was Stieber für wichtig hielt.[85]

Stieber nutzte die Konjunktur und sammelte unaufhaltsam Macht und Einfluß an. Im deutsch-französischen Krieg von 1870/71 leitete er die Politische Feldpolizei (späterer Name: Geheime Feldpolizei), die hohe Chargen im Militär schützte und Verbrechen in der Truppe bekämpfte, er wurde Geheimer Regierungsrat, er ließ sich das Eiserne Kreuz anheften und im deutschbesetzten Frankreich zum Polizeipräfekten ernennen, er avancierte zum Feldpolizeidirektor und Herrn über ein Spionage-Imperium, dem die Legende schon zu Stiebers Lebzeiten 36000 Agenten zuschrieb.[86]

Auch aus den innerdeutschen Machtkämpfen und Kabalen war er nicht mehr wegzudenken. Mit seiner Geheimen Feldpolizei bespitzelte er die preußischen Militärs, die sich die Interventionen des zu mächtig werdenden Kanzlers Bismarck verbaten, und er warnte nicht selten seinen Herrn vor den Winkelzügen innenpolitischer Gegner. So legendär war schon Stiebers Macht, daß ihn seine alten sozialistischen Feinde zu den Mitschöpfern des neuen Deutschen Reiches zählten. Der Spötter Marx sah das Kaiserreich der Hohenzollern von einem seltsamen Dreigestirn regiert: »von Wilhelm I., Bismarck zur Rechten und Stieber zur Linken«.[87]

Und der russische Agent Stieber? Er sah keine Veranlassung, der III. Abteilung in St. Petersburg seinen Dienst aufzukündigen. »Alle haben Anliegen und Wünsche«, schrieb Stieber mit der ihm eigenen Eitelkeit an seine Frau, »und ich verstehe es, Gott sei Dank, allen gefällig zu sein.«[88] Spionagechef des einen Landes, Agentenführer des anderen – das hatte es in der Geschichte der Geheimdienste noch nicht gegeben.

Traditionelle Staatsräson hätte es Stieber vorschreiben müssen, den Dienst für die russische Auslandsspionage zu quittieren. Doch Bismarck verlangte dies nicht. Im Gegenteil, er ließ Stieber den Kontakt zu dessen russischen Auftraggebern weiter pflegen. Bismarcks Toleranz hatte einen triftigen Grund: 1866 war an die Spitze der III. Abteilung ein Bismarck-Verehrer und Zaren-Intimus gelangt, der Gardegeneral Peter Graf Schuwalow, dem der Eiserne Kanzler noch später in seinen »Gedanken und Erinnerungen« bescheinigen wird, er sei in St. Petersburg »der einsichtigste Kopf [gewesen], mit dem ich dort in Beziehungen gekommen bin«.[89]

Aus seiner Zeit als Gesandter in St. Petersburg (1859-1862) wußte Bismarck, welche zentrale Rolle die III. Abteilung in der russischen Innen- und Außenpolitik spielte. Damals hatte er gelernt, die russische Spionage in seine diplomatischen Kalkulationen einzubeziehen.

In St. Petersburg hatten ihn oft Spione der III. Abteilung beschattet – und Bismarck hatte es gewußt. Geduldig ließ er sich von dem alten Kanzleidiener der Preußischen Gesandtschaft, einem Spitzel namens Ortenberg, ausforschen, ohne der Versuchung zu erliegen, den längst enttarnten Agenten zu entlassen (und damit nur einen neuen, zunächst schwerer durchschaubaren Spion einzutauschen), und er übte sich auch in der Kunst, Briefe vor allem zu dem Zweck zu schreiben, den Führern des Polizeiapparats zur Weiterleitung an den Zaren Nachrichten zu signalisieren, denen der normale diplomatische Übermittlungsweg versperrt war.[90] »Was man mit der Post schreibt«, klärte Bismarck seine Frau auf, »davon wird angenommen, daß man es der Regierung sagen will.«[91]

Bismarck beherrschte die geheimpolizeilichen Ritualien in St. Petersburg so gut, daß er die Winkelzüge der anderen Seite oft durchschaute, zumal er selber einige Konfidenten am Zarenhof und im russischen Kabinett besaß, die ihm den Inhalt vertraulichster Aktenstücke (nicht selten mit den Marginalien des Kaisers) zugänglich machten.[92]

Einem dieser Konfidenten verdankte Bismarck auch die Erkenntnis, daß die III. Abteilung die Kodes des preußischen Außenministeriums geknackt hatte. Der Konfident brachte ihm eines Tages eine wichtige Information, warnte ihn aber zugleich: »Sie werden die Sache natürlich nach Berlin melden, benutzten Sie aber dazu nicht Ihren Chiffre, den besitzen wir seit Jahren, und nach Lage der Dinge würde man bei uns auf mich als Quelle schließen. Außerdem werden Sie mir den Gefallen tun, den kompromittierten Chiffre nicht plötzlich fallen zu lassen, sondern ihn noch einige Monate lang zu unverfänglichen Telegrammen zu benutzen.« Bismarck befolgte den Rat und ließ die III. Abteilung alle harmlosen Depeschen weiterhin mitlesen.[93]

Einer so wißbegierigen Macht wollte der Gesandte von Bismarck gerne etwas näher treten, und so war es gekommen, daß er die Bekanntschaft des Grafen Schuwalow gemacht hatte. Der saß schon damals als Uprawljajutschij im Haus an der Kettenbrücke – für einen Schuwalow eine fast naturgegebene Position, war seine Familie doch seit altersher mit Rußlands Geheimpolizei verbunden. Ein Alexander Schuwalow hatte einst die gegen Friedrichs Preußen ausgeschwärmten Spione des Kanzlers Bestuschew kommandiert, und immer wieder waren Schuwalows aufgetaucht, wenn es um die Sicherung zaristischer Interessen ging.[94]

Jetzt aber, ein halbes Jahrzehnt später, war Peter Schuwalow Hauptchef der III. Abteilung und besaß »soviel Macht, wie sie kein Sicherheitschef vor ihm gehabt hatte«, wie ein angelsächsischer Historiker urteilt.[95] Ja, mehr noch: Bismarck mochte nicht ausschließen, daß eben dieser Schuwalow, Zaren-Günstling, General, Polizist und Diplomat, eines Tages Nachfolger des alternden russischen Reichskanzlers Fürst Gortschakow werden würde, mit dem sich Bismarck nur schlecht vertrug. Zudem stand Schuwalow in einem engen dienstlichen Verhältnis zu dem russischen Chefagenten Stieber, der wiederum Bismarcks Spionagechef war – was lag da näher für Bismarck, als die beiden Geheimpolizisten für sein diplomatisches Spiel zu nutzen?

Selten in der Geschichte ist wohl die Spionage für eine Politik der Staats- und Friedenssicherung so souverän eingesetzt worden wie von dem Reichsgründer Bismarck. Er hatte selber einmal dem Kreis um die russophilen Gerlachs angehört, er war sogar im Krim-Krieg bei manchem konspirativen Gespräch mit dem russischen Gesandten Budberg dabeigewesen. So wenig Bismarck inzwischen auch die ultrakonserative Prinzipienreiterei der Gerlachs schätzte, so war es für den Kanzler doch selbstverständliches Axiom seiner Politik, daß sich das Deutsche Reich nur durch die engste Zusammenarbeit mit Rußland und Österreich-Ungarn, durch das klassische Drei-Kaiser-Bündnis, sichern lasse. Der ehemalige Gesandte wußte freilich ebensogut, daß der Zarenhof ein schwankendes Gebilde war; dort gab es eine wachsende profranzösische, antideutsche Partei, mit der Gortschakow liebäugelte. Da hatte Bismarck allen Grund, jeden Sympathisanten Deutschlands in St. Petersburg zu mobilisieren.

Stieber tat, was sich Bismarck von ihm erhoffte. Er fuhr häufig in die russische Hauptstadt, wobei er offenbar nicht selten seinem Chef Schuwalow mündliche Botschaften übermittelte, die Bismarck keinem Papier anvertrauen wollte, und auch der Chef der III. Abteilung dürfte für den deutschen Kanzler manche Nachricht gehabt haben, die er Stieber nach Berlin mitgab.[96] So festigte sich Jahr um Jahr die deutsch-russische Partnerschaft nicht zuletzt dank der Achse Bismarck-Stieber-Schuwalow; der Polizeichef des Zaren wurde auf russischer Seite zum stärksten Garanten des Bündnisses zwischen den beiden konservativen Mächten.

Nirgendwo manifestierte sich die Allianz zwischen den beiden Polizeichefs deutlicher als bei den häufigen Deutschland-Besuchen von Zar Alexander II. Dann schwärmten deutsche und russische Geheimpolizisten gemeinsam aus, um das Leben des hohen Herrn zu schützen. Das las sich in Bismarcks Amtssprache so: »Der Geheime Regierungsrath Dr. Stieber wird beauftragt, sich zu einem der Ankunft Sr. Maj. des Kaisers [von Rußland] entsprechenden Zeitpunkt nach Ems zu begeben, die Einrichtung und Leitung der erforderlichen Vorsichtsmaßregeln im Einvernehmen mit den betreffenden Lokalbehörden zu übernehmen und die Verbindung der im Gefolge des russischen Hofes befindlichen russischen Polizeibeamten mit den diesseitigen Behörden zu vermitteln.«[97]

Die Zusammenarbeit der beiden Polizeichefs überlebte sogar das Krisenjahr 1874, in dem Schuwalow unerwartet stürzte, weil er sich mit einer korrupten Clique um die Zaren-Mätresse Katharina Dolgorukowa überworfen hatte.[98] Auch Stieber gab in diesem Jahr seine Arbeit für die III. Abteilung auf und schied aus dem Dienst des Preußischen Staatsministeriums (er blieb allerdings auf der Gehaltsliste des Auswärtigen Amtes). Das hinderte ihn freilich nicht, weiterhin losen Kontakt zu dem nun in die Diplomatie überwechselnden Schuwalow und zu den neuen Führern des russischen Polizeiapparates zu unterhalten.[99] Jetzt erst zeigte sich, wie unzerreißbar die Bindungen im Dreieck Bismarck-Stieber-Schuwalow waren.

Schuwalow sprang Bismarck willig bei, als in den späten siebziger Jahren Rußlands alter Drang zu Dardenellen und Mittelmeer mit jäher Gewalt erneut erwachte und die Vormachtstellung Österreich-Ungarns auf dem Balkan bedrohte, die zu erhalten Deutschland jedes Interesse hatte: ohne Österreich-Ungarn keine Sicherung des Reiches gegen feindliche Allianzen, ohne Österreich-Ungarn keine deutsche Wirtschaftsexpansion nach dem Orient. Ein siegreicher Krieg gegen das Türkenreich hatte Rußland 1877/78 endlich den Zugang zum Balkan geöffnet, ein Waffenstillstandsvertrag ihm eine Vorzugsstellung im südöstlichen Winkel des Kontinents gesichert – der Konflikt zwischen Wien und St. Petersburg war von Stund an vorprogrammiert.

Wollte Bismarck nicht in die Zwangslage geraten, zwischen seinen russischen und österreichischen Partnern wählen zu müssen, so blieb ihm nur ein Ausweg voller Risiken: Er mußte versuchen, den Vormarsch Rußlands auf dem Balkan zu stoppen und dessen gefährlich werdende Energien nach Asien abzulenken, ohne dabei die Sympathien des Zaren zu verlieren. Auf dem Berliner Kongreß von 1878 unternahm Bismarck diesen Versuch, und keiner half ihm dabei eifriger als der russische Delegationschef Schuwalow, dem das Bündnis mit den Deutschen wichtiger war als die Fata morgana einer russischen Balkan-Herrschaft. So nahm er denn auch hin, daß Bismarck mit Hilfe anderer interessierter Mächte Europas die Ergebnisse des russisch-türkischen Krieges zum Nachteil von St. Petersburg korrigierte.

Der Kanzler vergaß nie, wie sehr ihm Schuwalow dabei den Weg geebnet hatte. Der Historienmaler Anton von Werner mußte das Zusammenspiel zwischen dem Reichskanzler und dem ehemaligen Polizeichef in einem Gemälde (»Der Berliner Kongreß)« festhalten, streng nach den Direktiven Bismarcks komponiert: Das Bild der europäischen Staatsmänner-Versammlung wird vom Handschlag der im optischen Mittelpunkt stehenden Partner Bismarck und Schuwalow beherrscht, beide zur Erhöhung ihres Prestiges in Generalsuniformen gekleidet und die anderen Konferenzteilnehmer, vor allem den sitzend-untätigen Gortschakow, an den Gemälderand drängend.

Bismarcks Rechnung ging jedoch nicht auf, die deutsch-russische Partnerschaft erhielt einen Stoß, von dem sie sich nie wieder richtig erholen sollte. Rußlands Kongreß-Schlappe löste im Zarenreich eine Welle chauvinistischer Ressentiments aus, die den Unterhändler Schuwalow zeitweilig aus der Gunst Alexanders II. fortspülte und alle Hoffnung ramponierte, Schuwalow könne Gortschakows Nachfolger werden. Zusehends mehr beherrschten antideutsche Stimmungen die führenden Kreise der russischen Feudalgesellschaft; eine neue Generation war herangewachsen, in der so mancher davon zu träumen begann, das Deutschland verbundene Österreich-Ungarn, den ärgsten Hemmschuh russischer Balkan-Expansion, mit Hilfe Frankreichs zu zerstören.

Doch noch einmal überlagerte die St. Petersburg und Berlin gemeinsame Revolutionsfurcht die antideutschen Strömungen der russischen Oligarchie. Brutalität und Korruption des Polizeiregimes hatten inzwischen die antizaristische Bewegung in Rußland radikalisiert; kurz vor dem Berliner Kongreß waren auf dem äußersten linken Flügel der innerrussischen Opposition aktivistische Gruppen entstanden, die in terroristischen Aktionen die einzig geeigneten Mittel zur Beseitigung des Zarismus sahen. Es war die Stunde der Nihilisten und fanatischen Ultras, die sich nichts geringeres zum Ziel gesetzt hatten als die gewaltsame Beseitigung der Führer des Polizeistaates einschließlich des Zaren.[100]

Fortan erschütterten Morde, Bombenexplosionen und Anschläge das russische Reich, ein Spitzenfunktionär nach dem anderen fiel den Attentätern zum Opfer: Gouverneure, Polizeichefs, Generale und schließlich der Hauptchef der III. Abteilung selber.[101] Ein neuer Führer der Höheren Polizei, der General Alexander Drenteln, übernahm das Kommando und entfesselte einen wilden Gegenterror gegen die tatsächlichen oder nur vermuteten Revolutionäre.[102] Gendarmerie und Armee rückten aus, den Gegner im Untergrund aufzuspüren, doch der Erfolg ihrer Kampagne war mager.

Da dünkte es den verängstigten Zaren opportun, seinen Freund Schuwalow zurückzurufen, der ihm immerhin fast ein ganzes Jahrzehnt politischer

Friedhofsruhe gesichert hatte. Auch Stiebers Informationen waren wieder gefragt, obwohl sein Central-Nachrichten-Bureau inzwischen aufgelöst worden war und er selber – durch ein schweres Gichtleiden nahezu bewegungsunfähig – nur noch selten für das Auswärtige Amt arbeitete. Seine V-Männer freilich blieben weiterhin dem Berliner AA verbunden.

In den letzten Dezembertagen des Jahres 1879 hastete Arthur von Brauer, Legationsrat an der Deutschen Botschaft in St. Petersburg, in das russische Außenministerium. Anlaß der Eile: Das Auswärtige Amt in Berlin wußte aus guter Quelle, daß ein Mordanschlag gegen den Zaren drohte. Ein deutscher V-Mann hatte in Genf ein Gespräch zwischen zwei russischen Emigranten belauscht, dem er entnahm, daß Terroristen die Absicht hätten, den Winterpalast des Zaren in St. Petersburg in die Luft zu sprengen. Brauer legte einen Lageplan des Palastes vor, in dem der V-Mann mit einem roten Kreuz die Stelle bezeichnet hatte, an der die Höllenmaschine deponiert werden sollte.[103]

Das Außenministerium alarmierte die III. Abteilung, General Drenteln informierte den Zaren. Als er jedoch den gefährdeten Trakt des Winterpalastes nach Sprengstoff durchsuchen lassen wollte, untersagte ihm dies der Zar. In dem Trakt lagen die Zimmer seiner Geliebten, deren Existenz er vor dem Hofpersonal zu verbergen suchte. So konnte der Schreiner Stephan Chalturin, ein Gehilfe der Terroristen, ungefährdet Stück um Stück einer Höllenmaschine zusammentragen und in einem Zimmer direkt unter dem Frühstückssalon des Zaren einbauen. Am 5. Februar 1880 ging die Bombe hoch – just an der Stelle, die der deutsche Agent bezeichnet hatte. Der Zar blieb freilich unverletzt, weil er sich zum Frühstück verspätet hatte.[104]

Es war der letzte Dienst, den Wilhelm Stieber dem Zaren erwies. Ein Jahr später, am 1. März 1881, wurde Alexander II. bei einer Kutschenfahrt auf dem Katharinenkai in St. Petersburg durch einen Handgranaten-Anschlag russischer Terroristen getötet, und ein weiteres Jahr danach starb Stieber.[105] Mit den beiden Männern siechte auch die III. Abteilung dahin.

Die Unfähigkeit der Abteilung bei der Bekämpfung des Terrorismus hatten schon früher die Konkurrenten im Innenministerium dazu benutzt, die Kontrolle über die Politische Polizei zurückzuerlangen. Gleich nach dem Attentat im Winterpalast war ein gemäßigt konservativer Armenier, der General Michail Loris-Melikow, vom Zaren damit beauftragt worden, die III. Abteilung drastisch zu reformieren und die Terrorbekämpfung zu verbessern.[106] Da aber der Konstitutionalist Loris-Melikow trotz seiner unwandelbaren Zarentreue meinte, daß die Polizeiarbeit nur Erfolg haben werde, wenn ihr weitgehende innenpolitische Reformen folgten, wollte er alle politisch-polizeiliche Macht ins Innenministerium verlegen, dessen Leitung er für sich beanspruchte.[107]

Tatsächlich wurde Loris-Melikow zum neuen Innenminister ernannt und die III. Abteilung abgeschafft; ein Ukas vom 6. August 1880 verfügte die Unterstellung der Höheren Polizei und der Gendarmerie unter das Innenministerium.[108] Der Armenier begann mit den ersten reformerischen Maßnahmen.

Lange konnte er sich freilich seiner Stellung nicht erfreuen, denn die Ermordung des Zaren erschütterte auch Loris-Melikows Prestige. Als dann auch noch der Nachfolger des toten Zaren, der reaktionär-unbeholfene Alexander III., ohne Loris-Melikow zuvor zu konsultieren, in einem Manifest den Rückmarsch in die schrankenlose Autokratie proklamierte, trat der Innenminister im Mai 1881 zurück.[109] Mehr denn je bestimmte plumpe Unterdrückung die Arbeit der Politischen Polizei.

Als ihr neues Führungsorgan trat nun eine besondere Abteilung des Innenministeriums in Aktion, die Abteilung für Staatsschutz, russisch: Ochrannije otdelenija, woraus der Volksmund ein Kürzel machte, das jedem freiheitsliebenden Russen zu einem Horrorbegriff wurde: Ochrana.[110] Die selbstmörderischen Kompetenzkämpfe zwischen Polizeiführung, Kriegsministerium und der dazwischen lavierenden Gendarmerie konnte zwar auch die Ochrana nicht aus der Welt schaffen, aber sie eroberte die alten, unter Alexander II. verringerten Machtbefugnisse der Politischen Polizei wieder zurück und fügte ihnen noch neue hinzu. Die Ochrana durfte wieder eigenmächtig verhaften, sie konnte jetzt aber auch mißliebige Staatsbürger aus Rußland ausweisen, öffentliche Versammlungen verbieten und Dekrete zur Wahrung der öffentlichen Ordnung erlassen.[111]

Sie verlagerte noch konsequenter als die III. Abteilung einen Teil ihrer Aktivitäten ins Ausland, um die jenseits der Landesgrenzen agierenden Führer, Hintermänner und Geldgeber der antizaristischen Bewegung unschädlich zu machen. Bald entstand in der Staatsschutzabteilung eine Auslandssektion, die Experten der polizeilichen Gegenspionage über die Grenzen schickte und den diplomatischen Vertretungen Rußlands attachierte.[112]

Für die Mentalität der Ochrana aber war bezeichnend, daß der Schwerpunkt ihrer Auslandsarbeit nicht – wie unter der III. Abteilung – in Berlin lag, sondern in Paris. Auf die Kommando- und Schaltposten der Ochrana waren Männer aus einer neuen Funktionärsschicht gerückt, die nicht zuletzt der Wunsch leitete, sich von der angeblichen deutschen Vormundschaft frei zu machen. Je mehr sie die Auslandsarbeit der Ochrana bestimmten, desto deutlicher erwies sich, daß mit Stieber und der III. Abteilung eine ganze Ära deutsch-russischer Polizeisymbiose ins Grab gesunken war. Am internationalen Horizont ging für Ochrana-Beamte ein neuer Stern auf: Frankreich.

2 Die Kuriere des Zaren

Anfang 1883 zog ein kleiner, untersetzter Mann in das Kaiserlich-Russische Konsulat in Paris ein und ließ sich dort in zwei Räumen im Erdgeschoß nieder.[1] Kaum einer der Angestellten des Konsulats wußte, welchen Geschäften der Fremde nachging. Er hielt sich von den übrigen Bewohnern des Hauses fern, empfing in seinen Zimmern hin und wieder einen Besucher und weilte die meiste Zeit in der Stadt.

Erst allmählich sickerte durch, daß der Mann ein Beamter der Ochrana-Zentrale in St. Petersburg sei, doch welche Funktionen er dort innehatte, blieb unklar. Und Pjotr Ratschkowski, Sachbearbeiter in der Auslandssektion der Polizeiführung des russischen Innenministeriums, sah keinen Anlaß, die Neugier seiner Landsleute zu befriedigen; er war ohnehin nicht der Mann, der sich gerne in die Karten schauen ließ. Zudem hatte ihm Abteilungschef Wjatscheslaw Konstantinowitsch von Plehwe in St. Petersburg eingeschärft, mit äußerster Diskretion auf dem Pariser Boden zu operieren.

Des Hinweises hätte es nicht bedurft, denn Ratschkowski war gewohnt, sich in der Welt der Polizisten und Geheimagenten lautlos zu bewegen. Aus einfachen Verhältnissen stammend, hatte er sich vom kleinen Regierungsbeamten in Kiew zu einem der intelligentesten Köpfe der Ochrana emporgearbeitet; 1879 war er als Geheimagent in den Dienst der III. Abteilung getreten und hatte neue polizeiliche Provokationstechniken ausgearbeitet.[2] Seine Vorliebe galt seit langem Frankreich. Desto lieber hatte er Plehwes Angebot akzeptiert, in Frankreich einen neuen Auslandsdienst der Ochrana aufzubauen.

Die Vorliebe der Ochrana für das republikanische Frankreich hatte anfangs nur handwerkliche Gründe. Frankreich mit seiner straff organisierten, zentralistisch gesteuerten Sicherheitspolizei galt den Russen als ein besseres Vorbild denn die föderalistisch zerrissene, wenig wirksame Polizei Deutschlands. Es hatte überhaupt erst zweier Attentate auf Kaiser Wilhelm I. und der Auflösung der Stieber-Organisation bedurft, ehe sich die Berliner Behörden im September 1878 entschlossen, in Preußen eine selbständige Politische Polizei zu schaffen, die Sozialisten, Anarchisten und Spione bekämpfen sollte.[3]

Wie anders die französische Polizei: Ein wohlgeölter Apparat, seit Jahrhunderten in allem Raffinement geheimer Ausforschung und Überwachung geübt, versetzte die Russen ins Staunen.

Frankreich stand zu Recht in dem Ruf, das Mutterland der Polizei und der Geheimdienste zu sein. 1676 war unter König Ludwig XIV. die erste Politische Polizei der Neuzeit entstanden, ein gutes Jahrhundert danach hatte der Polizeiminister Joseph Fouché, den noch die Machttechniker der

Gestapo für »den glänzendsten Organisator der politischen Polizei« hielten, den schier fugenlosen Überwachungs- und Bespitzelungsapparat der »sureté genérale« begründet, und ein weiteres halbes Jahrhundert später war von Kaiser Napoleon III. eine Spezialpolizei zur Beschaffung geheimer Nachrichten über den Feind geschaffen worden, der »Service de Renseignement« (SR), der – inzwischen dem II. Büro des Generalstabes unterstellt – als der beste Geheimdienst Europas galt.[4]

Kein Wunder, daß später der deutsche Geheimdienstchef des Ersten Weltkriegs ausrief, auf dem Gebiet der Spionage sei »Frankreich der vollendete Meister und unbeschränkte Herrscher«.[5] So mögen auch die Ochrana-Beamten gedacht haben, die in Frankreich ihre ersten V-Mann-Netze knüpften. Hinter ihrer Frankreich-Bewunderung verbarg sich freilich bald noch mehr als nur ein professionelles Interesse für die Polizei der Republik. Politische Motive trieben sie auch an: der Haß gegen Österreich-Ungarn und seinen deutschen Verbündeten, der zugleich für Frankreich seit dem verlorenen Krieg von 1870/71 und dem Verlust Elsaß-Lothringens der Hauptfeind war.

Wie viele Russen waren auch die Führer der Ochrana von dem panslawistischen Zeitgeist angesteckt, der die russische Gesellschaft elektrisierte. Auf Universitäten und in Redaktionsstuben, auf den Partys der Society und in den Offizierskasinos schien es nur noch ein Thema, eine Hoffnung, einen Traum zu geben: die Befreiung der slawischen Brüder vom Joch der Habsburger Dynastie. Rußland, so dünkte sie alle, sei vom Schicksal dazu auserwählt, das Erbe des morschen »Völkergefängnisses« Österreich-Ungarn anzutreten und die freiwerdenden slawischen Völker in einer neuen Staatenföderation zusammenzufassen – zum höheren Ruhm des Zaren, versteht sich.

Seither machten in Rußland bizarre Pläne für eine Zerstörung und Aufteilung Österreich-Ungarns die Runde, jeder wußte noch ein besseres Rezept, wie man die slawischen Brüder befreien und beglücken könne. Da gab es auf dem Papier eine allslawische Föderation unter Führung Rußlands mit dem Zentrum im eroberten Konstantinopel, da war von einem Ungarisch-Rußland die Rede, worunter sich panslawistische Schwärmer eine Vereinigung Rußlands, Nordungarns und Galiziens vorstellten, da erträumte man sich ein neues Weltreich auf den Trümmern Österreich-Ungarns und des Türkenreiches.[6]

Und all dies war bitterernst gemeint: Schon spielten Strategen an den Sandkästen russischer Armeestäbe die große Entscheidungsschlacht gegen Österreich-Ungarn durch, schon planten russische Diplomaten die Einkreisung der Habsburger Monarchie. Die panslawistische Agitation kam den Führern der russischen Außenpolitik nicht ungelegen, richtete sie sich doch gegen den gleichen Feind, auf den auch der russische Expansionsdrang in Südosteuropa gestoßen war. Der rasche Zerfall der balkanischen Bastionen des Türkenreiches in den siebziger Jahren, die Aufstände in Bosnien und in der Herzegowina und die Entstehung eines autonomen Bulgarien beschleunigten noch die Auseinandersetzungen zwischen Wien und St. Petersburg, denn Österreich-Ungarn stellte sich gegen jede Neuordnung. Es konnte kein Interesse daran haben, daß an seiner Haustür zum Balkan neue, von Rußland abhängige Staaten entstanden, die die Machtstellung der Doppelmonarchie in Frage stellten.

Zar Alexander III., als Autokrat ein Feind nationaler Emotionen, mißtraute freilich den panslawistischen Parolen. Er wußte zudem, daß Rußland allein gar nicht in der Lage war, Österreich-Ungarn zu zerstören. Selbst der Krieg gegen das altersschwache Türkenreich hatte gezeigt, wie rückständig die Militärmacht Rußland war. Das Land benötigte Kapital zum Ausbau des Eisenbahnwesens und zum Aufbau einer Rüstungsindustrie, es brauchte bessere Waffen, eine modernere Armee. Wer aber konnte Rußland dazu verhelfen, wer von den fremden Mächten ihm im Kampf gegen Wien beistehen? Da sich Deutschland 1879 mit Österreich-Ungarn in einem Bündnisvertrag liiert hatte, kam nur noch eine Macht in Frage: Frankreich.

Für russische Reaktionäre und Konservative war es jedoch eine ungeheuerliche Vorstellung, mit dem republikanischen Frankreich zu paktieren, dem Hort der Revolution und des Unglaubens, dem Förderer so mancher Aufstandsversuche im russisch-besetzten Polen. Noch war unvergessen, wie übel die französischen Behörden im Fall des russischen Terroristen Lew Hartmann, der 1879 an einem Attentat auf den Zaren beteiligt gewesen und dann nach Frankreich geflohen war, der Regierung in St. Petersburg mitgespielt hatten: Erst hatte Paris Hartmanns Auslieferung zugesagt, ihn dann aber laufen lassen, noch ehe der zuständige russische Staatsanwalt an der Seine eingetroffen war.[7]

Doch es gab am Hof von St. Petersburg einflußreiche Personen, die nie aufgehört hatten, Frankreich als Gegengewicht gegen das übermächtig gewordene Deutschland zu fördern. Auch der Zar gehörte dazu. Allerdings hielt ein wacher realpolitischer Instinkt ihn und seine außenpolitischen Berater davon ab, sich ganz auf die Seite Frankreichs zu schlagen und sich damit endgültig gegen Deutschland festzulegen.

Von solcher Vorsicht aber wußten sich die russischen Amateurdiplomaten frei, die Anfang der achtziger Jahre immer häufiger in Paris auftauchten und auf eigene Faust versuchten, prominente Politiker Frankreichs für den Abschluß eines französisch-russischen Bündnisses zu gewinnen. Meist waren es politisch dilletierende Militärs, die im Auftrag oder zumindest mit Wissen des Generalstabchefs der russischen Armee, des Generals Nikolaj Nikolajewitsch Obrutschew, anreisten, der zu den eifrigsten Förderern des Bündnisprojekts gehörte.[8]

1882 bot General Michael Dmitriewitsch Skobelew, ein in den asiatischen Kolonialkriegen Rußlands bewährter Haudegen, bei Gesprächen mit dem französischen Revanche-Politiker Gambetta (»Nie davon sprechen, immer daran denken«) zum erstenmal den Abschluß eines Militärbündnisses zwischen den beiden Staaten an.[9] Nach Skobelews jähem Tod offerierte sich Obrutschew selber als Gesprächspartner der Franzosen, und auch der mächtige Generalgouverneur von Warschau, General Gurko, nach Obrutschew der zweitprominenteste Soldat Rußlands und wie dieser mit einer Französin verheiratet, interessierte für das Bündniskonzept einflußreiche Franzosen, darunter auch den Kriegsminister und General Georges Boulanger, der von allen französischen Politikern am lautesten den Revanchekrieg gegen Deutschland forderte.[10]

Doch Obrutschew und seine Emissäre mußten vorsichtig agieren, denn noch wahrte Rußlands offizielle Diplomatie deutliche Distanz zu Frankreich. Wer allzu lautstark das Bündnis mit Frankreich propagierte, konnte sich leicht den Zorn des Zaren zuziehen. So hatte sich der General Bogdanowitsch, Autor der programmatischen Schrift »L'alliance franco-russe«, bei Gesprächen mit Politikern in Paris derart auffällig benommen, daß ihn der Zar aus der Armee entließ und von allen Orten verbannte, in denen sich der russische Hof aufhielt.[11]

Die militärischen Polit-Amateure bedienten sich daher der Ochrana, zumal sie die Kunst beherrschte, Spuren zu verwischen und doch Rußlands Interessen zu dienen. Es war nicht das erstemal, daß Generalstab und Geheimpolizei zusammenarbeiteten. In Fragen der Feindaufklärung hatte der Generalstab wiederholt auf die Spione der Geheimpolizei zurückgreifen müssen, da die eigene Raswedka viel zu ineffektiv war. So nutzten die Militärs auch diesmal die Verbindungen der Geheimpolizei, die gerade begann, ihre Auslandsspionage von Paris aus neu zu ordnen.

Ein Anhänger des Obrutschew-Kurses war auch der Ochrana-Beamte Ratschkowski, der durch seine künftigen Aktivitäten mehr als jeder andere Russe dazu beitragen sollte, der russisch-französischen Zusammenarbeit eine erste gemeinsame Interessenbasis zu schaffen.[12] Er hatte den Auftrag erhalten, in Frankreich zwei konspirative Organisationen zur Bekämpfung der antizaristischen Emigration aufzubauen.[13] Die eine Organisation sollte durch Beschattung den Gegner von außen überwachen, die andere ihn durch infiltrierte Agenten von innen lahmlegen.

Aus dieser eng umgrenzten Aufgabe aber machte Ratschkowski mehr: eine Mission geheimpolizeilicher Strategie und Infiltrationstechnik, einen Auftrag zu politisch-diplomatischer Einflußnahme. Denn Pjotr Ratschkowski, Imperialist, Panslawist und Deutschenfeind, war ein Mann von Stiebers Schlag; er war weltoffen, elegant, verschlagen, an Frauen ebenso interessiert wie an Börsenspekulationen und hatte eigenen politischen Ehrgeiz. Er träumte sich an die Spitze eines allmächtigen Spionageapparates, er wollte eine eigene Macht werden im Zwielicht von Geheimpolizei, Militär und Diplomatie.

Seinen ursprünglichen Auftrag, die Schaffung neuer konspirativer Organisationen, erfüllte Rakowski schnell und mit leichter Hand. In wenigen Monaten gebot er über ein Netz von Informanten und Infiltranten, die antizaristische Exilgruppen beobachteten; er spielte von ihm engagierte Prostituierte an alleinstehende Emigranten heran, er ließ politisch wichtige Zarengegner beschatten.[14] So gewann er bald ein sehr genaues Bild von der Pariser Hochburg des russischen Exils. Gegen sie eröffnete Ratschkowski einen raffinierten Kleinkrieg, der rasch offenbarte, daß der Ochrana-Resident noch skrupelloser war als der von ihm so gehaßte Stieber.

Erstes Ziel seiner Manöver war, die französische Öffentlichkeit gegen die russischen Emigranten aufzustacheln; die Zarengegner sollten in den Geruch geraten, durch verantwortungslose Aktionen das Asylrecht zu mißbrauchen und die Sicherheit des französischen Staates zu gefährden. Denn nur ein schärferes Vorgehen der französischen Behörden gegen die russischen Emigranten, so wußte Ratschkowski, werde den Zaren einem Bündnis mit Frankreich geneigter machen – ein Fall Hartmann sollte nie wieder die russisch-französischen Beziehungen stören.

Um dieses Ziel zu erreichen, bediente sich Ratschkowski meist ehemaliger Revolutionäre, die er erpreßte und in den Dienst der Ochrana zwang; sie sollten russische Exilgruppen zu strafbaren Handlungen anstacheln, die wiederum die französischen Behörden zu einer Gegenaktion provozieren mußten.

Das machte Ratschkowski so: Er schmuggelte in eine russische Terroristenorganisation in Paris einen V-Mann namens Landezen ein, der seine neuen Genossen zu dem Plan überredete, den Zaren zu ermorden. Landezen beschaffte Geld (es stammte natürlich aus Ratschkowskis Kasse), er legte eine kleine Bombenfabrik an, er war stets zur Stelle, wenn die Terroristen in einem Wald bei Paris die Ermordung des Zaren übten. Als das Komplott weit genug gediehen war, gab Ratschkowski der Pariser Polizei einen Tip, nicht ohne vorher seinen Konfidenten Landezen nach Belgien entkommen zu lassen. Prompt wurden die Terroristen verhaftet, ihre Anführer von einem französischen Gericht verurteilt.[15]

Zuweilen verzichtete Ratschkowski auf die komplizierte und nie ganz ungefährliche Infiltrationstaktik und ließ seine Agenten gleich selber Terroranschläge vorbereiten. So posierten V-Männer Ratschkowskis in Paris als Zarengegner; sie stellten für einen angeblichen Mordanschlag Bomben her und deponierten sie an mehreren Stellen der französischen Metropole. Wieder trat Ratschkowski in Aktion: Er informierte die Zentrale der Sureté, die ihre Suchkommandos alarmierte und die versteckten Bomben abholen ließ. Dankbar quittierte die Polizei Ratschkowskis »Hilfe«.[16]

Frankreichs Sicherheitspolizei gewöhnte sich allmählich daran, von Ratschkowski über die illegalen, angeblich lebensgefährlichen Praktiken der russischen Emigration informiert zu werden. Wo immer Exilgruppen terroristische Pläne auf französischem Boden ausarbeiteten, wo immer sich Zarengegner zu Schießübungen und Bombenexperimenten versammelten, da tauchte der Schatten Ratschkowskis und seiner Agenten auf, nicht selten gefolgt von den Verhaftungskommandos der französischen Polizei. Die Generaldirektion der Sureté revanchierte sich für Ratschkowskis Hinweise; sie öffnete dem Ochrana-Mann ihre Geheimdossiers über das russische Exil in Frankreich.[17]

In kurzer Zeit bahnte sich eine Zusammenarbeit zwischen Ochrana und Sureté an, die Ratschkowski durch weitere Materiallieferungen festigte. Der Ochrana-Mann wurde zusehends für die Franzosen zu einem wichtigen

Partner, zumal er längst die engen Grenzen der Frankreich-Residentur hinter sich gelassen hatte. Ratschkowski weitete sein Netz nach Belgien, England, Skandinavien und nach der Schweiz aus, ja selbst in Deutschland und Österreich-Ungarn operierten seine Agenten.[18] Das aber mußte die Franzosen besonders interessieren, denn Deutschland stand seit kurzem ganz oben auf der Zielliste der geheimen französischen Auslandserkundung.

Anfang 1886, wenige Wochen nach dem Einzug des Revanchisten Boulanger in das Pariser Kriegsministerium, war der Service de Renseignement dazu übergegangen, seine Aufklärung gegen das Deutsche Reich zu intensivieren.[19] Unter Boulangers Einfluß hatte Frankreichs Regierung nach Jahren unfruchtbarer deutsch-französischer Verständigungsversuche einen geheimdienstlichen Feldzug gegen das Reich begonnen; im März setzte der Kriegsminister ein neues verschärftes Spionagegesetz durch, das die traditionellen Bildungs- und Aufklärungsreisen deutscher Offiziere durch Frankreich unmöglich machte, und kurz darauf baute der SR seine Spionage gegen Deutschland aus.[20] Seither suchte er neue Informationsquellen und Nachrichtenverbindungen, die ihm besseren Einblick in die Stärken und Schwächen der deutschen Armee verschaffen konnten.

Das war für Ratschkowski die ideale Chance, mit dem französischen Geheimdienst in Kontakt zu kommen. Er bot an, militärisch interessante Nachrichten seiner Agenten in Deutschland dem SR zu überlassen. Die französischen Geheimdienstler griffen gerne zu, und bald erhielten sie manche nützliche Information der Ochrana aus dem Bereich der deutschen Rüstungs- und Schiffsbauindustrie.[21] Im Gegenzug lieferte der Service de Renseignement Informationen über die internationalen Verbindungen der antizaristischen Bewegung, gelegentlich auch diplomatisch-militärische Nachrichten über Deutschland. Die russisch-französische ND-Partnerschaft nahm erste Formen an.

Ratschkowski wäre sich freilich untreu geworden, hätte er sich damit begnügt, seine Deutschland-Informationen allein dem SR zu überlassen. Im Gegenteil, Frankreichs Geheimdienst erhielt von dem Russen nur gerade soviel, wie nötig war, das Verlangen nach einer noch engeren Zusammenarbeit mit der Ochrana zu wecken und zu erhalten. Die Masse der Nachrichten, die ihm aus Deutschland zugingen, ließ Ratschkowski an französische Journalisten gelangen, die ihm den Gefallen taten, durch immer neue Horrormeldungen die Furcht der Franzosen vor deutschen Aggressionen zu schüren.[22] Auch dies diente nur dem einen Zweck: die Franzosen für das Russenbündnis reif zu machen.

Und wo die Materialien der Ochrana noch nicht überzeugten, da halfen die Rubel des Pjotr Ratschkowski nach. Nicht wenige französische Journalisten und Politiker standen auf Ratschkowskis Honorarliste, und aus seiner Schatulle stammten auch die Gelder, die in die Fonds der von ihm mitgegründeten »Ligue pour le salut de la patrie russe« flossen, einer Gesellschaft zur Förderung der russisch-französischen Freundschaft, die freilich tarnte, was sie eigentlich bezweckte: französische Bürger für den Kampf gegen die antizaristische Emigration zu engagieren.[23]

So hatten Frankreichs Polizisten, Geheimdienstler und Publizisten mancherlei Anlaß, die Freundschaft des scheinbar allgegenwärtigen Ochrana-Funktionärs zu suchen. Minister und Polizeichefs, Generale und Zeitungsherausgeber fehlten selten auf den Hausbällen, die der Bonvivant Ratschkowski in seiner luxuriösen Villa im Paris-nahen St. Cloud gab.[24] Er war aus dem Gesellschaftsleben der Hauptstadt kaum noch wegzudenken. In Cafés und Nachtlokalen, auf Partys und in der Oper – Ratschkowski war immer dabei. Er hatte sich seiner Umwelt geschickt angepaßt, er beherrschte den Lebensstil der republikanischen Gesellschaft, bis hin zu deren unverwüstlichem Erwerbssinn: Ratschkowski, der Gerüchte über Krieg und Krise ausstreute, der Baisse und Hausse mitbestimmte, hatte sich an der Börse ein veritables Wertpapier-Vermögen zusammenspekuliert.[25]

Sein Wirken zeitigte Folgen: Französische Geheimdienstoffiziere schworen auf die Segnungen einer Allianz mit den Russen, auch Politik und Finanzwelt verrieten wachsendes Interesse an Rußland. Als im Januar 1887 eine Delegation des vom russischen Expansionsdruck hart bedrängten Bulgarien nach Paris kam und um Hilfe gegen die Russen bat, wies sie Frankreichs Außenminister ab – erstes Zeichen dafür, daß auch die französische Regierung begann, die Partnerschaft mit Rußland anzuvisieren.[26] Ratschkowski hatte auf seine Art dazu beigetragen.

»Kein Geheimdienstchef seiner Zeit«, urteilt der britische Historiker Richard Deacon, »war ein so subtiler Politiker und setzte die Spionage so geschickt ein, um einen außenpolitischen Kurs zu ändern.«[27] Einen derart vielseitigen Mann wollte General Orschewski, der Chef der Ochrana, gerne in der Zentrale wissen.[28] Auf Pjotr Ratschkowski warteten in St. Petersburg neue, noch größere Aufgaben: Er sollte die gesamte Auslandsspionage der Ochrana übernehmen, die eben jetzt dringender benötigt wurde denn jemals zuvor.

Denn die wachsenden Spannungen zwischen St. Petersburg und Wien zwangen die russische Auslandsspionage zu einer immer stärkeren Expansion. Schon Ende der siebziger Jahre waren in den Zielgebieten des russischen Ausdehnungsdranges, auf dem Balkan und in Mittelasien, neue Agentengruppen aufgetaucht; Beauftragte der Ochrana, aber auch Offiziere des Generalstabs bereisten die Nachbarländer Rußlands und spähten deren militärisches Potential aus. Mitte der achtziger Jahre bewegten sich so viele russische Spione durch fremde Länder, daß Rußland schon damals zumindest quantitativ als die erste Großmacht der Spionage galt.

Kein Land der Erde unterhielt im Ausland mehr Spione als der Zarenstaat, kein Reich gab mehr Geld für die geheime Auslandserkundung aus. In den achtziger Jahren belief sich der Jahresetat der russischen Auslandsspionage auf umgerechnet 20 Millionen Mark – eine gewaltige Summe, wenn man Österreich-Ungarns 120000 Kronen (3,2 Millionen Mark) dagegenhält.[29] Und der Konflikt mit dem Habsburger Staat beschleunigte noch den Ausbau des russischen Spionageapparates; in Bulgarien, in Serbien, in Montenegro, vor allem aber in den östlichen Randgebieten Österreich-Ungarns sickerten russische Agenten ein.

Im Mittelpunkt ihrer Aufklärung stand Galizien, das von Polen und Ruthenen bewohnte Kronland der Doppelmonarchie, Einfallstor einer russischen Invasion und erstes Angriffsziel aller Feldzugspläne des Generalstabes in St. Petersburg. In Galizien würde sich im Falle eines Krieges das Gros der österreichisch-ungarischen Streitkräfte versammeln, in Galizien sollte denn auch nach dem Willen des russischen Generalstabes die Entscheidungsschlacht geführt werden.[30] Der Feldzugsplan der Russen sah eine riesige Zangenbewegung ihres Heeres gegen die k. u. k. Armeen in Galizien vor; sieben russische Armeekorps sollten aus dem Raum des Militärbezirks Warschau von Norden her in Galizien eindringen, neun weitere Armeekorps aus dem Militärbezirk Kiew den Gegner von Osten aus frontal angreifen. Ziel der Operation: Vernichtung der feindlichen Streitkräfte, Verhinderung ihres Rückzuges hinter den Dnjestr und in den Raum Krakau, Besetzung Galiziens und Sicherung der in die ungarische Tiefebene führenden Karpaten-Übergänge.[31]

Zur Anlage und detaillierten Ausarbeitung einer solchen Operation benötigte der russische Generalstab sichere Unterlagen über Truppenstärke, Dislokation, Befestigungsanlagen und Versorgungssystem des Gegners. Einstweilen tappte er noch im Dunkeln. Die Generalstäbler in St. Petersburg wußten nicht, mit welcher Feindstärke in Galizien sie rechnen mußten; sie gingen zwar davon aus, daß die Österreicher dort etwa 13 Armeekorps versammeln würden, doch Genaues war ihnen nicht bekannt.[32] Ebensowenig hatten die Russen Einblick in die Aufmarschpläne und Absichten der k. u. k. Militärführung. So brauchte St. Petersburg jede wichtige militärische Information über den Gegner. Auch die Stimmung der polnisch-ruthenischen Bevölkerung mußte erkundet, ihre wachsenden Ressentiments gegen die deutsch-österreichische Herrenschicht für künftige Sabotageakte hinter der Front der k. u. k. Armeen genutzt werden – genügend Arbeit für die geheimen Kuriere und Kundschafter des Zaren. Doch das für die Feindaufklärung zuständige Sonderbüro in der Ersten oder Generalquartiermeister-Abteilung des Generalstabes verfügte nicht über genügend Personal, um auch nur seine vordringlichsten Aufgaben erfüllen zu können.[33] In dem Sonderbüro saßen fünf Generalstabsoffiziere, die sichtlich überfordert waren; sie sollten aktive Spionage und Spionageabwehr betreiben, wozu ihnen Ausrüstung und konspirative Verbindungen fehlten. Meistens konnten sie sich nur auf die von ihnen zur Rekognoszierung ausgesandten Offiziere und auf die Berichte der Militärattachés stützen, die allerdings nicht dem Sonderbüro, sondern dem Generalquartiermeister persönlich zugingen.[34]

Auch die eigentlichen Leitstellen der russischen Militärspionage, die von der Zentrale unabhängigen Erkundungssektionen in den grenznahen Militärbezirken, konnten das Meldungsaufkommen der Raswedka nicht nennenswert verbessern.[35] Zwar ließen gerade die für die Erkundung Galiziens zuständigen Leitstellen Warschau und Kiew bedenkenlos den Rubel rollen, doch die Spionagegelder verschwanden nur allzu rasch in den Taschen korrupter Grenzorgane und förderten nur den Schmuggel im russisch-österreichischen Grenzgebiet.[36]

Hier sollten nun die Ochrana und Ratschkowski, der neue Chef ihres Auslandsdienstes, Wandel schaffen. Ratschkowski konnte jetzt in die Wege leiten, was er in Frankreich praktiziert und was auch schon andere vorbereitet hatten: die Erweiterung der Ochrana von einer allein den Schutz des zaristischen Regimes besorgenden Geheimpolizei zu einem allumfassenden Geheimdienst. Die Ochrana wurde praktisch zum Exekutivorgan der russischen Auslandsspionage. Sie übernahm Ausbau, Agentenwerbung, organisatorische Leitung und Absicherung der Informantennetze im Ausland.

Im Auslands- und Grenzdienst erfahrene Ochrana-Beamte und Gendarmerieoffiziere traten in die Erkundungssektionen der Militärbezirke ein, in denen sie einen in das jeweilige Nachbarland hineinwirkenden Kundschaftsdienst aufzogen. In den Leitstellen fungierten sie meist als Agentenführer und Agentenwerber; im engsten Zusammenwirken mit Gendarmerie, Grenzwache und Finanzwache (Zollpolizei), aber auch mit anderen Dienststellen des Militärs und der Ochrana rekrutierten sie Menschen auf der anderen Seite der Grenze, die bereit waren, für Rußland konspirativ zu arbeiten.[37] Sie hielten engen Kontakt zu ihren Agenten, gaben die Aufträge der militärischen Stellen an die V-Männer weiter und trafen sich sogar mit ihnen von Zeit zu Zeit im Operationsgebiet. Sie schufen im Grenzland ein Kuriersystem mit Deckadressen, Toten Briefkästen und Anlaufstellen, sie sicherten ihren Konfidenten Finanzierung und Ausrüstung mit technischem ND-Gerät.[38]

Auch an die diplomatischen und konsularischen Vertretungen im Ausland wurden Ochrana-Männer delegiert, die im Zentrum des Zielgebiets, meist in der Hauptstadt des fremden Staates, eigene Informantengruppen schufen und steuerten – in enger Tuchfühlung mit dem jeweiligen russischen Militärattaché. Die Residenten der Ochrana konnten dabei zuweilen auf das konspirative Personal zurückgreifen, das die Geheimpolizei schon bei der Bekämpfung der antizaristischen Emigration verwendet hatte.

Der Einbruch der Polizei in die geheimdienstliche Domäne des Militärs (nicht unähnlich dem, was später in Stalins Rußland geschah) erschöpfte sich damit noch nicht. Die »Kontrraswedka«, die Spionageabwehr, geriet vollends in den Aktionsbereich der Polizei: Offiziere des Gendarmeriekorps übernahmen in der Armee die Leitung der Spionageabwehr, während die Ochrana auf dem zivilen Sektor ihr Abwehrsystem perfektionierte.[39] Gendarmerie, Ochrana, Grenz- und Finanzwache knüpften ein so engmaschiges Netz der Fremdenkontrolle, daß jede Ausspähung Rußlands durch eine auswärtige Macht zu einem höchst riskanten Unternehmen wurde. »Dank zahlreicher Polizei«, so erkannte später der letzte Geheimdienstchef Österreich-Ungarns, habe in Rußland »die Abwehr . . . auf höherer Stufe« gestanden als die Militärspionage.[40]

Nur der Mangel an geeignetem Spionagepersonal bewog denn auch die Führer der Armee, die Einschaltung von Geheimpolizei und Gendarmerie, Quelle verschärfter Kompetenzstreitigkeiten, hinzunehmen. Zudem war die Kontrolle des Militärs über die ND-Aktionen stets gesichert: Allein die Offiziere des Sonderbüros und der Erkundungssektionen in den Militärbezirken erteilten die Aufklärungsaufträge, und im Zielgebiet oblag zumindest theoretisch dem Militärattaché die Oberaufsicht über die Arbeit der russischen Konfidenten.

Auch General Parenzow, der Leiter der Erkundungssektion im Stab des Militärbezirks Warschau, behielt alle Fäden in der Hand, als seine Agentenführer Mitte der achtziger Jahre begannen, V-Männer im Zielgebiet Galizien anzuheuern.[41] Unter Schmugglern, Deserteuren, berufsmäßigen Nachrichtenhändlern, ruthenisch-polnischen Panslawisten und galizischen Juden rekrutierten Agentenwerber der Ochrana die ersten k. u. k. Untertanen, die willens waren, für ein paar Rubel Nachrichten über die österreichisch-ungarische Armee an eine Deckadresse in Warschau zu schicken.

Die Warschauer Ochrana brauchte nicht lange zu suchen, um geeignete Informanten zu finden. Schon Anfang der achtziger Jahre hatte sich bei ihr der ehemalige k. u. k. Offizier Miecislaus Dobransky gemeldet und ihr seine Dienste angeboten. Dobransky, eifriger Panslawist und Sohn eines Wiener Hofrats, war wenige Jahre zuvor wegen Hochverrats verurteilt und aus der Armee entlassen worden; seither suchte er nach einer Gelegenheit, sich an den Österreichern zu rächen.[42] Die Ochrana-Beamten in Warschau gaben ihm bereitwillig die Chance dazu. Sie ließen Dobransky seine Erfahrungen in der Armee niederschreiben und animierten ihn, mit Schicksalsgenossen und Gleichgesinnten in Österreich-Ungarn in Kontakt zu treten, die ebenfalls ihr militärisches Wissen an die Ochrana verkaufen wollten.

Dobransky kannte genügend Leute in der Heimat, die für den russischen Geheimdienst arbeiten wollten. Da gab es den von der k. u. k. Armee desertierten Wenzel Marek, einen Tschechen aus Königgrätz, da gab es die ehemaligen Leutnants Johann und Narzisa Lubojemski, die panslawistische Agitation betrieben, da gab es den ungarischen Parlamentsabgeordneten Julius Vezerle, der mit Rußland sympathisierte und sich willig von Dobransky anwerben ließ.[43] Die Freunde Dobranskys kannten wiederum andere Gesinnungsgenossen, und bald verfügte die Warschauer Nachrichtensektion über das erste Informantennetz in Galizien. Zu ihm stießen noch Berufsspione, meist geschäfts- und gesinnungstüchtige Juden wie der Nachrichtenhändler Hersch Igel und seine beiden Mitarbeiter Baruch Kuppermann und Seide Rosenthal.[44]

Das reichte General Parenzow aus, den ersten Angriff auf Österreich-Ungarns Militärgeheimnisse zu befehlen. Offiziere der Warschauer Erkundungssektion sickerten über die Grenze und spähten in Galizien Festungsanlagen, Eisenbahnverkehr und Truppenbewegungen aus, während sich die zivilen Mitarbeiter der Sektion Zutritt zu den Panzerschränken österreichisch-ungarischer Dienststellen verschafften. Igel und Dobransky steuerten eine Diebesbande, die in die Kanzleien österreichischer Kasernen und Festungen einbrach und Geheimpapiere stahl.[45] Auch der Einzelgänger Marek erwies sich als geschickter Einbrecher; er wußte in Schreibstuben des k. u. k. Militärs einzudringen, ohne eine Spur zu hinterlassen, und dabei wichtige Unterlagen mitzunehmen.[46]

So füllten sich die Aktenordner der Warschauer Erkundungssektion rasch mit veritablen Militärgeheimnissen des Habsburger Staates. In der Sektion ging 1887 der von Marek gestohlene Plan der galizischen Festung Przemysl ein, kurz darauf fiel auch der Krakauer Festungsplan den Russen in die Hände.[47] Meldungen der von Hersch Igel ausgesandten Informanten und die schriftlich niedergelegten Beobachtungen der durch Galizien reisenden russischen Geheimdienstoffiziere ergänzten das Feindlagebild. Immer präziser wurde das russische Wissen über die galizischen Festungsanlagen, zumal der russische Militärattaché in Wien durch einen fast schon genialen Trick seine Kenntnisse aus der Zentrale des Gegners bezog.

Dem Militärattaché war zugetragen worden, daß das zu eng gewordene Kriegsministerium in Wien sich räumlich erweitern und in den umliegenden Häusern zusätzliche Geschäftsräume beziehen wolle. Er mietete sich daraufhin selber ein Zimmer in einem Haus, in dem sich die Abteilung für Befestigungsbauten einquartieren sollte. Der Russe bestach einen Kanzleidiener, der in seiner Verschlußtasche Geheimakten von einer Abteilung zur anderen zu befördern hatte, und veranlaßte den Boten, ihm die Tasche für kurze Zeit zu überlassen. Er öffnete die Tasche mit einem Nachschlüssel und notierte sich den Inhalt interessanter Akten. Woche um Woche las er die supergeheimen Militärakten Österreich-Ungarns mit, bis Beamte der Wiener Staatspolizei auf den seltsamen Mieter im Areal des k. u. k. Kriegsministeriums aufmerksam wurden. Dann aber war der Russe rasch enttarnt – und mußte ebenso rasch das Land verlassen.[48]

Die Episode zeigte freilich auch, daß die Offensive des russischen Geheimdienstes die österreichischen Abwehrbehörden nicht unvorbereitet getroffen hatte. Das für Spionage und Spionageabwehr zuständige Evidenzbüro des k. u. k. Generalstabes und die zivile Staatspolizei waren seit Jahren auf den geheimdienstlichen Angriff Rußlands gewappnet; von 1882 an galt im Evidenzbüro der Richtsatz, daß »defensiver und offensiver Kundschaftsdienst«, worunter man Spionageabwehr und Spionage verstand, in erster Linie dem Gegner Rußland zu gelten habe.[49]

Damals war das Evidenzbüro auch dazu übergegangen, dem russischen ND-Angriff durch eigene Spionage und Gegenspionage offensiv entgegenzutreten. 1885 entstand im Evidenzbüro ein Rußland-Referat, das Offiziere mit falschen Pässen zur Feindaufklärung ins Nachbarland entsandte.[50] Schon früher hatte sich das Wiener Außenministerium bereit erklärt, seine konsularischen Vertretungen in Moskau, Kiew, Odessa und Warschau in die Rußland-Spionage einzuschalten. Tatsächlich waren auf den Rußland-Karten des Außenministeriums »Beobachtungsräume« eingetragen worden, die jeweils einem Konsulat zugewiesen waren. »In den Beobachtungsräumen«, so ein Chronist des Evidenzbüros, »hatten die Konsuln an bestimmten wichtigen Orten ständige Konfidenten anzuwerben, die hauptsächlich für das Verfolgen der Mobilisierung und des Aufmarsches der russ[ischen] Armeen bestimmt waren«.[51]

Die Spione des Evidenzbüros arbeiteten freilich anfangs so dilettantisch, daß sie den Abwehr-Profis der Ochrana rasch ins Netz liefen. So erging es auch dem Konfidenten Nr. 88, dem Oberleutnant Stanislaus Ritter von

Ursyn-Pruszynski, einem gebürtigen Polen, der in Warschau unter einem falschen Namen operierte und im Februar 1888 der russischen Spionageabwehr auffiel, weil er Briefe mit seinem richtigen Namen unterschrieb. Er wurde im März verhaftet, dann aber wieder freigelassen; die Ochrana zog es vor, den Spion unter Beobachtung zu halten, bis er die russischen Beschatter auch zu seinem letzten Informanten geführt hatte – erst dann griff die Ochrana endgültig zu.[52]

Die Russen liebten solche Katz-und-Maus-Spiele, die sie nicht selten mit einem gewissen Humor betrieben. Ein anderer Konfident des Evidenzbüros, der Major Sembratowicz, hatte für eine Geheimmission nach Warschau die Verkleidung eines Weinhändlers gewählt und war mit einer stattlichen Kollektion von Weinflaschen ins russische Herrschaftsgebiet gereist. Doch kaum hatte er sein Hotel in Warschau erreicht, da erschien ein russischer Offizier und überreichte ihm einen Brief, in dem ihn Generalgouverneur Gurko, der mächtigste Mann in Russisch-Polen, zu einem Diner in seinem Palast einlud. Der angebliche Weinhändler aber erschrak nicht schlecht, als er las, an wen der Brief gerichtet war: »An Seine Hochwohlgeboren, den Herrn k. k. Major des Generalstabes Sembratowicz, derzeit in Warschau.« Im Gegensatz zu dem naiven Kameraden Ursyn-Pruszynski wußte Sembratowicz, wann ein Spion ausgespielt hatte: Er reiste sofort ab.[53]

Erfolgreicher erwiesen sich die Österreicher in der Spionageabwehr. Ihre Staatspolizei war so gut organisiert, daß sie sich rasch auf die Fährte der zaristischen Spione setzen konnte. Herumreisende russische Offiziere mit offensichtlichen Erkundungsaufträgen machten sich allzu schnell verdächtig. Bereits kurz nach dem Beginn von Parenzows Galizien-Offensive verhafteten österreichische Polizisten den Geheimdienstobersten Michael Sitenko, der den Raum Lemberg ausforschen sollte, und auch im Gebiet von Tarnow stoppten sie russische Offiziere, die ihnen suspekt waren.[54]

Die meisten russischen Agenten der ersten Stunde wurden in kurzer Zeit enttarnt. Selbst in Rußland waren Parenzows Agenten vor den Nachstellungen der österreichischen Spionageabwehr nicht sicher. Konfidenten des k. u. k. Generalkonsulats Kiew recherchierten hinter den spionierenden Brüdern Lubojemski her; allmählich deckten die österreichischen Rechercheure die Verbindungen der Beschatteten zu Dobransky und den russischen Agentenringen in Galizien auf.[55] Den Rest besorgte die Staatspolizei: 1887 wurden die Lubojemskis bei einem galizischen Unternehmen verhaftet, ein Jahr darauf flog der gesamte Agentenring Hersch Igels auf.[56]

Doch das war erst der Anfang des russisch-österreichischen Agentenkrieges. Der russische Geheimdienst ließ immer mehr Agenten über die Grenze nach Galizien sickern, eine Informantengruppe nach der anderen machten Parenzows Agentenführer im österreichisch-ungarischen Gebiet mobil. Auch Ochrana-Auslandschef Ratschkowski aktivierte seine internationalen Verbindungen; den Kontakt zum französischen Geheimdienst hatte er nie abreißen lassen, jetzt griff er mehr denn je auf die Materialien und Quellen des Service de Renseignement zurück.

Französische und russische Agenten begannen gemeinsam, militärische

Anlagen in Galizien auszuspähen. 1887 schaltete die österreichische Polizei im Raum Lemberg eine Agentengruppe aus, der die beiden russischen Spione Holosko und Solowicz und der Franzose Adam Cabaret angehörten – erstes Anzeichen dafür, daß die Geheimdienste von Republik und Zarenreich gemeinsam gegen Österreich operierten.[57] Dazu paßte auch, daß Frankreichs Armee und Geheimdienst laufend ihre Präsenz auf dem Territorium des Habsburger Staates verstärkten. 1890 zählte das Evidenzbüro 17 französische Offiziere, die sich in Wien zu angeblichen Sprachstudien aufhielten, und die Kette der Indizien riß nicht mehr ab, die der österreichischen Spionageabwehr anzeigten, mit welcher Aufmerksamkeit der französische Geheimdienst den Spionagekrieg zwischen Wien und St. Petersburg verfolgte.[58]

Der Agentenkrieg in Galizien alarmierte schließlich auch die Macht, die wie keine andere in Europa jedes Anzeichen französisch-russischer Kooperation mit äußerster Nervosität registrierte: den deutschen Generalstab. Russen und Franzosen in gemeinsamer Konspiration gegen den einzigen zuverlässigen Bundesgenossen Deutschlands – das entsprach ganz den düsteren Vorahnungen kommenden Unheils, die maßgebliche Offiziere des deutschen Generalstabes beschlichen, seit für sie die außenpolitische Lage des Bismarck-Reiches zu kompliziert und zu riskant geworden war.

Im »Roten Haus«, dem nach der roten Farbe seiner Ziegelfassade so genannten Sitz des Großen Generalstabes am Berliner Königsplatz, hatte sich die Idee eingenistet, Deutschland drohe ein vernichtender Zweifrontenkrieg, den auch ein Bismarck auf die Dauer nicht verhindern könne. Seither sammelte der Generalstab Meldungen, Gerüchte und Indizien, denen die Alarmisten entnahmen, daß die vielbefürchtete russisch-französische Allianz bereits Wirklichkeit sei. Und die Informationen aus dem befreundeten k. u. k. Evidenzbüro bestärkten die deutschen Generalstäbler noch in ihren schlimmsten Erwartungen, zumal just eben ein diplomatisches Spektakulum offenbart hatte, wie nahe sich Paris und St. Petersburg schon gekommen waren.

Die Affäre ging auf eine tölpelhafte Aktion deutscher Polizei- und Justizbehörden zurück, die das sprunghafte Anwachsen der französischen Spionagetätigkeit im Reich nervös gemacht hatte. Die Politische Polizei, wie immer an Personalmangel und Kompetenzproblemen leidend, konnte der französischen Spionage nicht Herr werden. Meldung um Meldung bewies ihr, daß der Geheimdienst Frankreichs immer mehr Informantennetze in Deutschland anlegte, doch kein Indiz verriet, wer zu diesen Netzen gehörte. Nur die steigende Anzahl der Landesverratsprozesse gegen französische Spione (1886 allein vier große Verfahren) offenbarte der Politischen Polizei und ihrem Chef, Kriminalkommissar Eugen von Tausch, wie erfolgreich der Gegenspieler auf deutschem Boden arbeitete.[59]

Da endlich faßten Polizeibeamte in Straßburg am 11. Januar 1887 einen Spion namens Tobias Klein, der zum erstenmal etwas Licht in das Dunkel der französischen Agentenführung brachte. Sein Auftraggeber, so erklärte Klein, sei der Polizeikommissar Guilleaume Schnäbele; er gehöre zur französischen Grenzpolizei und habe seine Dienststelle in Pagny, einem Ort südwestlich von Metz gleich hinter der deutsch-französischen Grenze. Von dort steuere er Agenten und Zuträger, die im Reichsland Elsaß-Lothringen für den französischen Geheimdienst arbeiteten; Schnäbele sei übrigens der deutschen Polizei bekannt, da er gelegentlich auf Reichsgebiet komme, um Fragen des kleinen Grenzverkehrs mit den Kollegen der anderen Seite zu erörtern.[60]

Das inspirierte den Straßburger Untersuchungsrichter zu einem phantastischen Plan: Wie denn, wenn man versuchte, den Oberspion Schnäbele bei seinem nächsten Besuch in Deutschland einfach zu verhaften, und ihn von einem deutschen Gericht aburteilen ließ – zur Abschreckung potentieller französischer Spione in Deutschland? Sofort erging ein entsprechendes Schreiben des Untersuchungsrichters an das Reichsjustizamt in Berlin. Er erachte es, hieß es da im besten wilhelminischen Juristendeutsch, »für dringlich, den Polizeikommissar von Tausch mit dem Auftrage nach Metz zu schicken, auf Schnäbele zu fahnden und ihn im Betretungsfalle zu verhaften«.[61] Der Staatssekretär des Reichsjustizamtes stimmte zu, das Reichsgericht stellte einen Haftbefehl aus, und schon rollte das Unternehmen.[62]

Tausch erfuhr in Metz, daß der für den Grenzort Ars zuständige Polizeikommissar Gautsch seinen Kollegen Schnäbele zu einem Treffen eingeladen hatte, bei dem Grenzstreitigkeiten erörtert werden sollten. Die Zusammenkunft war für den 20. April 1887 verabredet worden und sollte unmittelbar hinter der Grenze auf deutschem Boden stattfinden.[63] Das machte sich Tausch zunutze: Er legte sich mit zwei seiner Beamten in einen Hinterhalt. Die deutschen Polizisten stürzten sich auf Schnäbele, sobald der auftauchte; doch Schnäbele riß sich los und rannte auf französisches Gebiet zurück – gefolgt von den Deutschen, die den Franzosen trotz allen Protestierens wieder auf Reichsgebiet zerrten.[64]

Am nächsten Tag war der internationale Skandal da. Noch am Abend meldeten Pariser Blätter: »Französischer Polizeikommissar über die Grenze gelockt, überfallen und geknebelt nach Metz eingebracht«, und sofort vereinigte sich Frankreichs Öffentlichkeit zum flammenden Protest gegen den deutschen Übergriff.[65] Auch Rußlands panslawistische Presse machte Front gegen den deutschen Völkerrechtsbruch.[66] In wenigen Tagen geriet Europa an den Abgrund eines Krieges.

General Boulanger, Frankreichs Kriegsminister, sah seine große Stunde gekommen. Er belieferte das französische Kabinett mit Alarmnachrichten über einen angeblich bevorstehenden deutschen Angriff und verlangte die Mobilmachung gegen Deutschland. Dem Staatspräsidenten Jules Grévy hielt Boulanger ein Stück Papier entgegen und rief: »Unterzeichnen Sie den Befehl, und in 18 Stunden wird die Ostgrenze mit genügend Truppen bestückt sein, um jeden Angriff abzuschlagen!«[67] Aber auch ohne Grévys Zustimmung wurde der Kriegsminister aktiv. Er verhängte eine Urlaubssperre für militärische Einheiten, ließ drei Pariser Kavallerieregimenter in Marschbereitschaft versetzen und in den Außenbahnhöfen der Hauptstadt 350 Güterwagen für Truppentransporte auf der Ostbahn bereitstellen.[68]

Schon hatte Ministerpräsident Goblet, wie später ein Pariser Publizist rügte, »vollständig den Kopf verloren« und wollte auf Drängen Boulangers 50000 Mann an die Grenze verlegen und Deutschland nach dem Motto »Rückgabe Schnäbeles oder Krieg« ein Ultimatum stellen.[69] Erst Grévys Dazwischentreten brachte wieder etwas Vernunft in die Reihen der französischen Minister. Mit Boulanger aber war der Präsident fertig; er nahm sich fest vor, ihn in einem neuen Kabinett nicht mehr als Minister zu dulden – und die Tage des Kabinetts Goblet waren schon gezählt.

Grévy konnte so souverän reagieren, weil sich nun auch Tauschs Unternehmen vollends als Farce entpuppte. Französische Beamte hatten inzwischen in Schnäbeles Schreibtisch zwei Briefe Gautschs vom 13. und 16. April gefunden, die zweifelsfrei bewiesen, daß der Franzose auf Einladung seines deutschen Kollegen über die Grenze gekommen war.[70] Das ruinierte die amtliche deutsche Version, Schnäbele habe sich des illegalen Grenzübertritts schuldig gemacht und sei dabei ertappt worden. Bismarck blieb keine andere Wahl, als den Befehl zu erteilen, Schnäbele sei sofort freizulassen.[71]

Einigen antideutschen Eiferern in Paris und St. Petersburg war jedoch die Affäre allzu rasch zu Ende gegangen. Boulanger und seine russischen Freunde machten weiterhin Stimmung gegen Deutschland und forderten eine härtere Politik. Selbst den auf Bismarcks pro-russischem Kurs segelnden deutschen Diplomaten fielen allmählich die »russischen Intriguen in Paris« auf, zumal sie nicht mehr allein von unverantwortlichen Privatpersonen ausgingen, sondern meist in der Russischen Botschaft ihren Ursprung hatten.[72] Es war kein Geheimnis, daß sich der redselige Botschafter des Zaren für eine Art Schutzherr Boulangers hielt.[73]

Er reagierte denn auch heftig, als Mitte Mai 1887 das Kabinett Goblet stürzte und der neue Ministerpräsident den General Boulanger nicht in sein Kabinett nehmen wollte. Augenblicklich intervenierte Rußlands Botschafter bei Präsident und Ministerpräsident. Ein Rücktritt des Kriegsministers Boulanger, so bedeutete er den Franzosen, sei Seiner Majestät dem Zaren höchst unerwünscht und könne zu einer Trübung der guten Beziehungen zwischen den beiden Ländern führen.[74] Doch Grévy und der neue Regierungschef blieben hart, Boulanger hatte ausgespielt; er kam nie wieder in ein Kabinett. Zwei Jahre später zog er bei einem Staatsstreich den kürzeren und verließ Frankreich.

Wer aber war der russische Botschafter, der ein so lebhaftes Interesse an deutsch-französischer Polemik zeigte? Kein anderer als Arthur von Mohrenheim, der Mann, der einst auf dem Höhepunkt preußisch-russischer Intimität Stieber für die III. Abteilung angeworben hatte.

Deutlicher konnte sich kaum manifestieren, wie radikal sich die außenpolitische Szene zum Nachteil Deutschlands gewandelt hatte. Sogar Bismarcks engste Mitarbeiter mochten sich eines Unbehagens nicht erwehren. »Es dürfte keinem Zweifel erliegen«, erboste sich Herbert von Bismarck, der Sohn des Kanzlers, »daß das amtliche Rußland nicht weniger als das panslawistische einen deutsch-französischen Krieg für wünschenswert hält und trotz aller offiziellen Ausflüchte und Ableugnungen im geheimen für die Herbeiführung desselben hetzt und arbeitet.«[75] Wie sehr aber mußten erst solche Aussichten die unpolitischen, nur auf Aufmarschpläne und Heeresstärken ausgerichteten Militärgehirne im Roten Haus deprimieren!

Der Große Generalstab zeigte eine Unruhe, die schon an Panik grenzte. Jede Meldung vom galizischen Agentenkrieg, jede Nachricht über die inzwischen angelaufene Aufrüstung Rußlands festigte den Generalstab in seiner Auffassung, Deutschland bleibe nicht mehr viel Zeit, den sich immer deutlicher abzeichnenden Zangenangriff einer französisch-russischen Allianz zu verhindern. Um den Zweifrontenkrieg abzuwenden, kannten die Militärs nur ein Radikalmittel: gegen Rußland loszuschlagen, solange sich die Gegner noch nicht endgültig formiert hatten.[76]

Der Operationsplan für einen Präventivkrieg gegen Rußland lag seit langem bereit. Er sah vor, mit den Armeen Deutschlands und Österreich-Ungarns eine Doppeloffensive von Westpreußen und Galizien aus zu führen und die Masse der russischen Streitkräfte hinter Warschau zu umfassen und zu vernichten.[77]

Hinter diesem Plan stand einer der ehrgeizigsten deutschen Militärs seiner Zeit, der General Alfred Graf von Waldersee, 55 Jahre alt, seit 1882 Generalquartiermeister der preußischen Armee und Stellvertreter des greisen Generalstabschefs von Moltke.[78] Der präsumtive Moltke-Nachfolger verkörperte den im früheren Preußen seltenen Typus des politisierenden Generals. Waldersee war intelligent, militärisch begabt (bereits mit 34 Generalmajor), eitel und intrigant, zudem verheiratet mit einer bigotten Amerikanerin, die ihn in seinen überlebensgroßen Ambitionen noch bestärkte und in ihren Tagträumen den Ehemann schon als Chef in die Reichskanzlei einziehen sah.[79]

Da Waldersee davon überzeugt war, daß dem Reich von Rußland tödliche Gefahren drohten und Bismarcks angeblich vertrauensselige Rußland-Politik deutschen Interessen schade, wollte er eine radikale Wendung des außenpolitischen Kurses erzwingen, notfalls durch den Sturz des Kanzlers. Zu diesem Zweck hatte er sich mit einer Gruppe antirussischer Geheimräte im Auswärtigen Amt liiert, denen Bismarcks Ostpolitik zu riskant war, und er nutzte auch den Einfluß, den er und Ehefrau Mary in einem Kreis von christlich-sozialen Schwärmern, Karrieremachern und Höflingen rund um den Prinzen Wilhelm, den künftigen Kaiser Wilhelm II., ausübten.[80]

Doch solche Querverbindungen reichten nicht aus, die Reichspolitik im Sinne der Kriegspartei zu ändern. Bismarck wußte durch seine Spitzel nur zu gut, was Waldersee vorhatte, und hielt ihn von allen wichtigen Entscheidungen fern; genüßlich spielte der alte Kanzler das ganze Wissen, das ihm das außenpolitische Nachrichtenmonopol des Auswärtigen Amtes verlieh, gegen den »konfusen Politiker« Waldersee aus.[81] Wollte der General Einfluß auf die Außenpolitik des Reichs gewinnen, so mußte er Bismarcks Nachrichtenmonopol aufbrechen. Er brauchte eigene Informationsmöglichkeiten, er wollte sich und das Militär von den Nachrichten und Wertungen des Auswärtigen Amtes unabhängig machen. Ein grandioser Plan beherrschte ihn mehr und mehr: ein allein auf ihn und den Generalstab ausgerichtetes Nachrichtensystem zu schaffen, dessen Meldungen und Analysen eines Tages beim Kaiser mehr Gewicht haben würden als jene Bismarcks und der offiziellen Diplomatie.

Erste Ansätze zu einem solchen Nachrichtensystem hatte Waldersee schon bei seinem Einzug ins Rote Haus vorgefunden. Der Große Generalstab unterhielt an den Auslandsmissionen des Reiches eigene Militärattachés, die – unabhängig von den Missionschefs, aber nicht ohne deren Wissen – über Vorgänge in dem jeweiligen Land berichteten, und auch einen Geheimdienst gab es bereits, der freilich so schlecht geführt und ausgerüstet war, daß kein karrierebewußter Generalstabsoffizier in ihm dienen mochte. Gleichwohl sah Waldersee hier zwei Nachrichteninstrumente, die es nur auszubauen galt, um dem Generalstab einen konkurrenzfähigen Informationsapparat zu schaffen.

Zug um Zug zimmerte sich Waldersee einen eigenen Nachrichtendienst. Zunächst freilich sicherte er sich und seinen Materialien freien Zugang zu Kaiser und Öffentlichkeit. 1883 befreite er den Generalstab von der Vormundschaft des Kriegsministers, dem der Generalstabschef formal unterstand, und setzte durch, daß der Chef des Generalstabes dem Kaiser auch Vortrag halten durfte, ohne vorher den Kriegsminister informieren zu müssen.[82] Zugleich sorgte ein neues Pressebüro für die öffentliche Verteilung von Waldersee-Materialien; seine »Preßhusaren« (Spitzname für schriftstellernde Ex-Offiziere) belieferten Zeitungen mit gezielten Informationen des Generalstabes, verschafften sich jedoch auch Nachrichten aus den Redaktionen.[83]

Dann begann Waldersee, die Militärattachés »in ein privates Diplomatenkorps im Dienst des Generalstabes zu verwandeln«, wie ein amerikanischer Historiker formuliert.[84] Der Generalquartiermeister wurde nicht müde, die Militärattachés dazu anzustacheln, die Arbeit ihrer diplomatischen Missionschefs kritisch zu beobachten und ihm persönlich – unter Umgehung der Instanzen des AA – alles zu melden, was militärisch und politisch wichtig sei. Unerschöpflich war seine Phantasie, wenn es galt, die Militärattachés ziviler Kontrolle zu entziehen: Den Militärattaché in Rom wies er an, welche Berichte er dem Missionschef zeigen dürfe und welche nicht, mit dem Militärattaché in Wien verabredete er einen Geheimkode für Briefe an ihn und mit dem Militärattaché in Brüssel sprach er ab, Briefe nur Sonderkurieren im Offiziersrang anzuvertrauen.[85]

Seiner Lust an Geheimniskrämerei konnte Waldersee vollends frönen, als er daran ging, den militärischen Geheimdienst auszubauen. Die geheime Feindaufklärung faszinierte ihn, Agenten und Spione hielt der Liebhaber politischer Intrigenspiele für unentbehrliche Helfer des Soldaten und Staatsmannes. Er hatte selber einmal als junger Oberstleutnant und Militärattaché erlebt, was eine gute Spionage bewirken kann.

Waldersee war 1870 in Paris, kurz vor dem Krieg gegen Frankreich, Führungsoffizier des von Stieber übernommenen Meisterspions Schluga (»Nr. 17«) gewesen, der als Zeitungskorrespondent mit einem k. u. k. Paß beste Verbindungen im französischen Kriegsministerium unterhielt.[86]

Nach Kriegsausbruch blieb Schluga in Paris und lieferte dem Generalstabschef Moltke am 23. August 1870 eine möglicherweise kriegsentscheidende Information. Er hatte nämlich bei einem Besuch im Kriegsministerium erfahren, daß die ostwärts von Paris stehende Armee des Marschalls Mac-Mahon Befehl erhalten habe, sich nach Nordosten abzusetzen und in Eilmärschen entlang der belgischen Grenze nach Metz zu rücken, um die dort von den Deutschen eingeschlossene französische Rheinarmee zu befreien. Moltke reagierte sofort: Er stoppte den Vormarsch seiner Truppen auf Paris, ließ zwei Armeen in einer abrupten Rechtsschwenkung den Verbänden Mac-Mahons hinterhersetzen, die Franzosen in schwere Kämpfe verwickeln und nach Sedan abdrängen, wo sie schließlich eingekesselt und zur Kapitulation gezwungen wurden.[87]

Mit solchen Glanzleistungen der Spionage konnte freilich das armselige Nachrichtenbüro des Generalstabes nicht aufwarten, das unter einem trägen Major namens Zahn eher wie die Karikatur einer Geheimdienstzentrale wirkte. Das Nachrichtenbüro konnte nicht leben und nicht sterben: Im März 1866 gegründet, zunächst mit zwei festangestellten Agenten und einem Jahresetat von 2000 Talern ausgestattet, wurde es von meist ND-uninteressierten Offizieren geleitet und war mal dem Generalstabschef persönlich, mal der 3. (Französischen) Abteilung unterstellt. Der Geheimdienst führte denn auch ein kümmerliches Schattendasein und wurde von keinem Insider ernst genommen.[88] Leistungsfähige Agenten besaß er kaum (außer Nr. 17), größere konspirative Verbindungen ins Ausland fehlten nach wie vor.

Diesem Schlendrian machte Waldersee ein Ende. Zahn wurde abgelöst, der Begriff »Nachrichtenbüro« (allzusehr an Stiebers Central-Nachrichten-Bureau erinnernd) aus dem Wortschatz des Generalstabs verbannt und das Büro in eine Sektion verwandelt – anfangs der 2. Abteilung unterstellt, später dem Oberquartiermeister III, durch den der Geheimdienst schließlich das Kürzel erhielt, unter dem er in die Geschichte eingegangen ist: IIIb.[89]

Zunächst freilich blieb die Sektion bei der 2. oder Aufmarschabteilung, in die Waldersee alle wichtigen Projekte des Generalstabes verlegte. Dort wurden die Fragen des Zweifrontenkrieges gegen Rußland und Frankreich bearbeitet, dort war die Idee des Präventivkrieges gegen den östlichen Nachbarn entstanden. Zu der Abteilung gehörte auch der energiegeladene Major Paul von Lettow-Vorbeck, der vom Juni 1883 an den Geheimdienst leitete.[90] Damit war schon evident, was Waldersee von der IIIb erwartete: Nachrichten über das französisch-russische Zusammenspiel gegen Deutschland, laufende Berichterstattung über die russische Aufrüstung.

Entsprechend lauteten die Orders für Lettow-Vorbeck. »Die Aufgabe des Nachrichtenwesens erstreckt sich bis auf Weiteres auf Frankreich und Rußland«, dekretierte am 16. Juni 1883 Oberstleutnant von Falkenstein, der Chef der 2. Abteilung, und verlangte von dem Leiter der Sektion weiterhin, er müsse sich »stetig mit den militärischen und politischen Verhältnissen Frankreichs und Rußlands... beschäftigen«.[91] Der Sektionschef wurde angehalten, für den Kriegsfall im gegnerischen Aufmarschraum Agenten zu stationieren. Order der 2. Abteilung: »Es muß angestrebt werden, für diese Tätigkeit schon im Frieden Agenten an die Hand zu bekommen, welche an den wichtigsten Plätzen domicilieren oder bereit sind, sich rechtzeitig dorthin zu begeben. Diese Plätze sind nach der Dringlichkeit geordnet – in Frankreich: Paris, Verdun, Toul, Epinal, Nancy, Brest, Cherbourg, Marseilles; in Rußland: Petersburg, Warschau, Wilna, Kowno, Grodno, Wlozlawek, Czenstochau.«[92]

Lettow-Vorbeck versuchte das scheinbar Unmögliche: aus dem Nichts eine zuverlässige Agententruppe zu schaffen. In den alten Akten des Nachrichtenbüros fand er Hinweise auf mögliche Informanten, die zwar von Zahn schlecht bewertet worden waren, aber immerhin erste Materialien aus Frankreich und Rußland liefern konnten. Vor allem in Rußland fand der Major einige nützliche Mitarbeiter, meist deutsche Reisende oder Saisonarbeiter, die bereit waren, für den Großen Generalstab der preußischen Armee die Augen offen zu halten. Eine kleine Agentenriege formierte sich, die betrieb, was bis heute zu den Hauptaufgaben eines deutschen Geheimdienstes gehört: Beobachtung von Truppenbewegungen in den westlichen Militärbezirken Rußlands, Abzählen von Militärwaggons auf den wichtigsten Eisenbahnlinien in Polen und im Baltikum, Erforschung aller Veränderungen unter den russischen Grenztruppen.[93]

Der IIIb kam dabei zugute, daß die deutsch-russische Grenze noch völlig offen war. Die Offiziere der deutschen und russischen Grenzeinheiten pflegten emsigen gesellschaftlichen Verkehr miteinander, auch Offiziere des deutschen Heeres konnten noch ungehindert Rußland bereisen (was natürlich auch umgekehrt galt).[94] Auch Lettow-Vorbeck fuhr oft seelenruhig nach Kowno und Wilna, um sich dort mit seinen V-Männern zu treffen und Informationen entgegenzunehmen.[95] So liefen immer mehr Informationen und Materialien aus Rußland ein: Skizzen und Photos der Warschauer Forts und anderer Festungsanlagen, Berichte über Truppenbewegungen und Kasernenleben, Zeichnungen militärisch wichtiger Brücken und Bahnhöfe.

In einem knappen halben Jahrzehnt verfügte Lettow-Vorbeck über 75 V-Männer in Rußland, die jederzeit einsatzbereit waren.[96] Doch der Major machte sich keine Illusionen. Keiner seiner Rußland-Spione war russischer Staatsbürger, die deutsche Feindaufklärung konnte ihre Erkenntnisse kaum auf russische Originalunterlagen stützen. Auch der Militärattaché in St. Petersburg, Hauptmann Graf Yorck von Wartenburg, mit der Aufgabe betraut, geeignete Informanten im Innern Rußlands anzuwerben, meldete nur Fehlschläge.[97] Die Übermittlung einer Liste mit den Namen hoher russischer Offiziere, die Lettow-Vorbeck für ansprechbar hielt, half Yorck ebenfalls nicht weiter.[98]

Yorck hielt zwar engen Kontakt zu dem verbindungsreichen Militärattaché Österreich-Ungarns, aber auch der machte seinem deutschen Kameraden keine große Hoffnung. »Der Österreicher meinte«, schrieb Yorck am 20. Juni 1885 an Waldersee, »die ganz wichtigen Sachen, wie z. B. Mob-Pläne, seien so sekret und in so wenigen Händen Höchstgestellter, daß nichts zu machen sei, man könne nur Dinge zweiten Wertes erlangen und auch dies sei gefährlich, da die Leute im Trunk leicht schwatzten.«[99] Da konnte es Lettow-Vorbeck schon fast für eine Sensation halten, daß ihm 1884 ein Russe den geheimen Militärfahrplan der Eisenbahnlinie Warschau-Petersburg anbot, den der Major sofort für die damals horrende Summe von 2000 Mark erwarb.[100] Erst von 1889 an liefen von einem V-Mann sichere Angaben über Mobilmachung, Aufmarsch und Dislokation der Zarenarmee ein.[101]

Waldersee war jedoch kaum zufrieden zu stellen, er verlangte von Lettow-Vorbeck immer mehr und immer genauere Rußland-Nachrichten. Der Generalquartiermeister mühte sich selber, die Informationsbasis von IIIb zu verbreitern. Schon im November 1884 hatte er das Auswärtige Amt um Überlassung militärischer Nachrichten aus den Ländern gebeten, in denen die IIIb keine Agenten unterhielt,[102] und schier unstillbar war Waldersees Durst nach immer neuen Finanzquellen für seine IIIb. Lettow-Vorbeck hatte mit einem 42000-Mark-Etat beginnen müssen, wobei 36000 Mark aus dem vom AA verwalteten Welfenfonds stammten; ein Jahr später sicherte ihm Waldersee schon 100000 Mark aus dem Fonds – bald sollte der Generalstab das Zehnfache vom Auswärtigen Amt verlangen![103]

Was immer auch in Lettow-Vorbecks Nachrichtenkanäle floß – Waldersee nutzte die Informationen der Agenten und Militärattachés, um jetzt auch offiziell den Präventivkrieg gegen Rußland zu fordern. Der November 1887 schien ihm ein günstiger Augenblick: Noch war das französisch-russische Techtelmechtel in der Schnäbele-Affäre unvergessen, im Sommer hatte ein Machtumschwung in Bulgarien die Auseinandersetzungen zwischen Wien und St. Petersburg bis an den Rand eines Krieges getrieben, und schon elektrisierten neue Meldungen über russische Truppenverstärkungen die Kabinette Europas.

Das war die Stunde, in der Alfred von Waldersee eine Kriegshysterie entfachte, wie sie Europa schon lange nicht mehr erlebt hatte. Ein Strom von Geheimdienstmeldungen ergoß sich in Kaiserpaläste und Kanzleien, eine Hiobsbotschaft immer bedrückender als die andere. Was sollte da nicht alles geschehen sein: sämtliche Regimenter der russischen 13. Kavalleriedivision in ihrem Aufmarschraum Lublin eingetroffen, 105 Militärzüge aus dem Innern Rußlands an der Weichsel-Linie angelangt, neue Artillerie-Einheiten im Siedlecer Gouvernement aufgestellt, zwei russische Dragonerregimenter im Anmarsch auf die deutsche Grenze, 96 Eskadrons russischer Kavallerie entlang der galizischen Grenze aufmarschiert, drei große Kavalleriekorps in Zentralrußland in Marschbereitschaft versetzt.[104] Für Major Adolf von Deines, den deutschen Militärattaché in Wien, stand fest: »Die russischen Rüstungen bezwecken den Krieg; will es wirklich uns nicht angreifen, so gilt er Österreich.«[105]

Und schon hielt Waldersee eine Denkschrift mit der Aufforderung zum Präventivkrieg bereit, die nur noch der Unterschrift Moltkes bedurfte, um an Bismarck abgeschickt werden zu können. Ende November hatte er den alten Herrn soweit.[106] Moltke unterschrieb, was da unter dem harmlosen Titel

»Die Entwicklung der Wehrkraft Rußlands seit 1878 unter besonderer Berücksichtigung seiner Rüstungen im laufenden Jahre 1887« stand: »Nach vorstehendem unterliegt es keinem Zweifel, daß Rußland unmittelbar zum Kriege rüstet und durch eine allmählich fortschreitende resp. ruckweise Mobilmachung den Aufmarsch seiner Armee vorbereitet«[107] Fazit: Der russische Angriff stehe bevor, spätestens im Frühjahr 1888 würden die Russen losschlagen, wenn Deutschland ihnen nicht sofort durch einen Präventivschlag zuvorkomme.[108]

Zugleich schwärmten Waldersees Beauftragte aus, den österreichisch-ungarischen Bundesgenossen zum Krieg gegen Rußland anzuspornen. Anfang Dezember verwickelte Waldersee den k.u.k. Militärattaché in Berlin, Oberst Karl Freiherr von Steininger, in hochpolitische Gespräche und versprach ihm dabei eine so großzügige deutsche Waffenhilfe für den Fall eines österreichisch-russischen Krieges, daß der Generalstab in Wien schon glaubte, die Deutschen seien bereit, die Defensivallianz von 1879 in ein offensives Militärbündnis umzuwandeln.[109] Auch Deines tat das seinige, um das Feuer kräftig zu schüren; er drang bis zu Kaiser Franz Joseph vor und lockte ihn mit der Aussicht auf einen deutsch-österreichischen Winterfeldzug gegen Rußland.[110]

Das war Militarismus ärgster Art, so etwas hatte es selbst in Deutschland mit seinem oft grotesken Militärkult noch nicht gegeben: Generalstäbler, Geheimdienstler und Militärattachés versuchten, die Kontrolle der Außenpolitik an sich zu reißen und das Reich in einen Krieg zu stürzen. Schon hielten Österreichs Diplomaten und Militärs die Waldersee-Parolen für die eigentlich maßgeblichen Interpretationen der deutschen Außenpolitik, schon galt der General in Wien als der künftige Mann des Reiches.

Doch Bismarck hatte aufgepaßt. Er stellte sich sofort gegen Waldersees Coup, für ihn gab es keinen Zweifel: »Solange ich Minister bin, werde ich meine Zustimmung zu einem prophylaktischen Angriff auf Rußland nicht geben.«[111] Mit einer Behendigkeit, die die Gegner dem alten Kanzler nicht mehr zugetraut hatten, durchkreuzte er die Intrigen der Generalstäbler und Geheimdienstler.

Bismarck wußte, daß hinter den Besorgnissen der Militärs nicht mehr steckte als die Hysterie von Leuten, die (wie der Kanzler spöttelte) aus lauter Furcht vor dem Tode Selbstmord verüben wollten.[112] Den Berichten seiner Diplomaten entnahm er die Gewißheit, daß Rußland keinen Krieg plante; die Truppenverlegungen, die ohnehin nur Rahmeneinheiten betrafen, waren ganz unverdächtig, zumal sie in aller Öffentlichkeit erfolgten. Zudem hatte Bismarck keine Lust, sich von Wien in einen Krieg gegen Rußland hineinziehen zu lassen – erst ein paar Monate zuvor hatte er mit dem wieder einmal reaktivierten Schuwalow den Rückversicherungsvertrag abgeschlossen, in dem sich Deutschland und Rußland wohlwollende Neutralität für den Fall zugesichert hatten, daß einer von ihnen Opfer eines Angriffskrieges würde. Nein, nichts paßte Bismarck schlechter ins Konzept als der Krieg, den Waldersee plante.

Entsprechend heftig reagierte der Kanzler. Am 7. Dezember verbat er sich in einem Brief an Waldersee »solche Eingriffe von militärischer Seite« und stoppte die Waldersee-Steininger-Gespräche.[113] Der Chef des kaiserlichen Militärkabinetts bekam Bismarcks Ungnade noch um einige Grade deutlicher zu spüren: Seine Durchlaucht, so ließ der Kanzler mitteilen, müsse sich »dagegen verwahren, daß die politische Geschäftsführung gewißermaßen auf den Generalstab überginge und daß die Militärs à tout prix in Wien auf den Krieg drängten«.[114] Und den Feldmarschall von Moltke vergatterte er, sich ja nicht auf konkrete Verhandlungen mit Vertretern des österreichischen Generalstabs einzulassen; er habe jeder Absprache über gemeinsame Kriegsanstrengungen aus dem Weg zu gehen.[115]

Der ärgste Kanzlerzorn traf den Major von Deines, gehörte er doch zu den intrigantesten Vertretern jener Kaste der Militärattachés, die Bismarck seit seiner Petersburger Gesandtenzeit nicht ausstehen konnte. Er ließ an Deines am 15. Dezember 1887 telegraphieren: »Die Befürwortung des Winterfeldzuges, also Herbeiführung des Krieges, widerspricht unserer Politik direkt und vollständig, und ersuche ich den Herrn Militärattaché, sich ähnlicher politischer Einwirkungen auf den Kaiser von Österreich zu enthalten, solange nicht eine von mir ausgehende Instruktion dafür vorliegt.«[116] In einer anderen Notiz stand sogar der drohende Satz, er, der Reichskanzler, »würde, wenn dergleichen sich wiederholte, eine andere Besetzung der Stelle des Militärattachés verlangen«.[117]

Die Kriegspartei war lahmgelegt, der Friede gerettet. Gleichwohl hatten Deutschlands Generalstab und Geheimdienst einen Kurs vorgezeichnet, der sich als zukunftsträchtiger erweisen sollte als Bismarcks Friedens- und Ausgleichspolitik. Waldersee und seine russischen Gegenspieler hatten die Ära des Wettrüstens und der Weltkriege eröffnet, in der die geheimen Aufklärungsdienste der europäischen Großmächte keine andere Welt mehr kannten als jene militärpolitischer Macht und Rivalität, meßbar in Divisionen, Artillerie, Aufmarschplänen, Rekrutenpotentiale. Vorbei war die Zeit des zivilen Umgangs der Großmächte; was jetzt immer mehr zählte, war militärische Kraftentfaltung, war das Denken in Militärblöcken, Wirtschaftskriegen und Geburtenziffern.

Bald zeigte sich, daß Waldersee doch am längeren Hebel saß. 1888 übernahm er von Moltke endgültig die Leitung des Generalstabes, zwei Jahre später stürzte Bismarck, scheiterte mit ihm das ganze Konzept deutsch-russischer Partnerschaft. Und weitere zwei Jahre danach folgte der Triumph einer anderen Gruppe von Generalstäblern und Geheimdienstlern: Der russische Generalstabschef Obrutschew unterschrieb am 17. August 1892 die langersehnte Militärkonvention zwischen Rußland und Frankreich.[118] Europas Mächte und ihre Geheimdienste formierten sich zu den Fronten, die in den Schützengräben und Schlachten des Ersten Weltkrieges tödlich aufeinanderschlagen sollten.

Die IIIb mobilisierte nun vollends ihre Kräfte gegen Frankreich und Rußland. Am 15. Februar 1889 hatte ein neuer IIIb-Chef das Kommando übernommen: Major Waenker von Dankenschweil, ehedem Militärattaché in Bern, wo er das erste Zusammenwirken französischer und russischer

Geheimdienste beobachtet hatte.[119] Der Major kontaktierte bald das Evidenzbüro in Wien, mit dessen Leiter, Oberst Edmund Mayer, er vereinbarte, was Bismarck nie gewünscht hatte: enge, formalisierte Zusammenarbeit, Nachrichten- und Erfahrungsaustausch.[120] Es blieb nicht bei Worten und Versprechungen. 1890 lockte Waenker den russischen Einbrecherspion Marek auf deutsches Gebiet, ließ ihn verhaften und an die k. u. k. Staatspolizei ausliefern – erster Erfolg einer nachrichtendienstlichen Partnerschaft, die fünf Regimestürze und zwei Weltkriege überlebte.[121]

Unermüdlich bereiste Waenker die deutschen Grenzgebiete im Osten, um Militär- und Zivilbehörden auf die zu erwartende Infiltration russischer Spione vorzubereiten. Doch die Russen kamen nicht. Monat um Monat verstrich, kein russischer Zivilist oder Offizier fiel den deutschen Behörden unangenehm auf. Waenker konnte nicht wissen, daß sich Raswedka und Ochrana bis zum Vorabend des Abschlusses der russisch-französischen Militärkonvention zurückhielten und ihre Agenten in Deutschland auf »Schläfer«-Position ließen.

Die Verschlechterung in den deutsch-russischen ND-Beziehungen war nur an Maßnahmen der zaristischen Spionageabwehr abzulesen. Schon 1887 waren die Erkundungsreisen deutscher Offiziere in Rußland drastisch eingeschränkt worden, seither mehrten sich auch die Behinderungen deutscher Militärattachés bei der Beobachtung von Manövern der russischen Armee.[122]

Da endlich erreichte den IIIb-Chef die Nachricht, auf die er gewartet hatte. Der Generalstabschef des in Ostpreußen liegenden I. Armeekorps meldete am 16. März 1892 »mehrfaches Auftreten verdächtiger Personen im Grenzgebiet«, über die jedoch nähere Feststellungen nicht hätten gemacht werden können. »Bei der Lage der Gesetzgebung, welche ein rechtzeitiges Eingreifen der Polizeibehörden erschwert«, schrieb der Stabschef, »ist ein besserer Erfolg auch kaum zu erwarten. Immerhin hat sich das Gen.Kdo. [Generalkommando] veranlaßt gesehen, auf eine verschärfte Überwachung aller irgendwie verdächtigen Individuen hinzuwirken.«[123]

Waenker wußte in diesem Augenblick instinktiv: Die Russen sind da. Der deutsch-russische Agentenkrieg hatte begonnen.

3 Das Haus am Sachsenplatz

Die Radfahrer kamen aus dem Niemandsland. Keine Spur verriet, woher sie stammten, kein Indiz, was sie trieben. Sie fuhren im Ostpreußen des Sommers 1895 in kleinen Gruppen von Dorf zu Dorf und boten den Bauern religiöse Schriften zum Kauf an. Äußerlich unterschieden sie sich kaum von anderen Händlern und Trödlern, die damals mit ihren Produkten die Landbevölkerung versorgten. So fielen die Fremden nicht sonderlich auf; selbst ihr etwas schwerfälliger Akzent erregte in diesem vielsprachigen Grenzland keine Aufmerksamkeit.

Erst als sie immer häufiger im Umfeld von Festungsanlagen auftauchten und auch an den Toren der Kasernen ihre Traktätchen feilboten, wurden einige Leute mißtrauisch. Ein paar Polizisten begannen, hinter den Fremden herzurecherchieren. Was sie dabei ermittelten, bestätigte ihr Mißtrauen nur allzu sehr. Die Radfahrer stammten aus den Gebieten jenseits der russischen Grenze; sie hatten offenkundig versucht, mit Soldaten ins Gespräch zu kommen, sie hatten Fragen nach der Belegung von Kasernen, nach Dienst und Vorgesetzten gestellt. Kein Zweifel: Die Radfahrer waren russische Spione, ausgesandt zur Erkundung des deutschen Militärpotentials.[1]

Doch noch ehe die Fahnder nähere Einzelheiten über die Aktivitäten der Radfahrer ermitteln konnten, waren die Fremden wieder verschwunden. Die Polizisten hätten ihre Recherchen abgebrochen, wären sie sich nicht bewußt gewesen, daß in der letzten Zeit viele russische Staatsbürger ein Interesse für deutsche Militäranlagen zeigten. Just ein paar Wochen zuvor war in Allenstein ein russischer Kapitän aufgefallen, der Erkundigungen über die Stärke der dortigen Garnison einzog,[2] und auch die Radfahrer paßten zu diesem Bild: Sie hatten offenbar alle militärisch belangvollen Gebiete an der ostpreußischen Grenze abgefahren.

Wer aber waren ihre Auftraggeber gewesen, welche Ziele hatten sie verfolgt? Den Fahndern fehlte darüber jeder konkrete Anhaltspunkt. So blieb ihnen nur übrig, in alten Polizeiakten nach Parallelfällen zu suchen und sich von dorther ein Bild über die etwaigen Aufgaben der fremden Agenten zu machen. Die Rechercheure wurden rasch fündig: Da gab es die Geschichte mit den Brieftauben, die über Ostpreußen gesichtet worden waren und offenbar geheime Nachrichten an unbekannte Adressaten in Rußland brachten, und da war der Fall des Schreibers vom Infanterieregiment 41 gewesen, der von einem ins Ausland desertierten Exzahlmeisteraspiranten namens Hemprich brieflich das Angebot erhalten hatte, in den Dienst des russischen Geheimdienstes zu treten.[3]

Je mehr sich die Polizeibeamten in die alten Akten vertieften, desto deutlicher war ihnen, daß die gesamten deutschen Ostgebiete von Ostpreußen bis Schlesien von russischen Agentengruppen infiltriert wurden. Das hatte 1892 begonnen. Damals waren zum erstenmal russische Spione gruppenweise im Gebiet eines deutschen Verteidigungswerks aufgetaucht: der westpreußischen Weichsel-Festung Thorn, die 1878 mit ihren acht neuen Forts zur Feste ersten Ranges erhoben worden war und mithin im Ernstfall als einer der schwersten Prellböcke gegen eine russische Invasion gelten mußte.[4]

Die russischen Agenten ließen sich in Thorn nieder und machten sich an das Schreibpersonal der Festungsbesatzung heran. Sie kundschafteten mit unendlicher Geduld die persönlichen Verhältnisse der meist armselig besoldeten Soldaten in Schreibstuben und Stäben aus, durch deren Hände der geheime Schriftverkehr der Truppe ging. Und die Verhältnisse der Schreiber, sie waren nicht so, wie es der überzogene Sitten- und Moralkodex des Wilhelminismus vorschrieb; Armut, Frustrationen in Dienst und Ehe, nicht zuletzt die heftig tabuisierte Homosexualität unter Soldaten trieben manchen in außerlegale Aktivitäten – welch ein reiches Feld für geheimdienstliche Erpressung!

Die Russen in Thorn verstanden ihr Geschäft. Schon bald waren ein paar Festungsschreiber nicht abgeneigt, gegen gute Goldmark dem Zaren ihre Schreibtische und Eisenschränke zu öffnen. Die Spione gingen dabei freilich so laut vor, daß selbst der Truppenführung auffiel, wie sehr Ausländer Einblick in militärische Vorgänge erhielten. Zudem meldete die Polizei, daß in Thorn ein höchst verdächtiger Mann aufgekreuzt war: Oberst Butakow, Militärattaché an der Russischen Botschaft in Berlin.[5]

Das Festungskommando verlangte daraufhin von der Polizei hartes »Durchgreifen«, doch die Thorner Ordnungshüter waren der Lage nicht gewachsen. Allzu rasch verhafteten sie verdächtige Russen, ohne genügend Beweise für deren Spionagetätigkeit in der Hand zu haben. Die Militärs sahen sich das nicht lange an und alarmierten die Nachrichtensektion IIIb in Berlin, deren Leiter wiederum den Chef des Großen Generalstabes informierte. Im August 1893 richtete das preußische Kriegsministerium an das Reichsamt des Inneren ein Schreiben, in dem die Einschaltung der Politischen Polizei und die Entsendung eines »gewandten Beamten« nach Thorn verlangt wurde.[6] Doch das Reichsamt hatte es nicht sonderlich eilig. So kam es, daß erst im November der Kriminalbeamte Hoffmann, einer der wenigen Spionage-Experten des Berliner Polizeipräsidiums, Order erhielt, in Thorn einmal nach dem rechten zu schauen.[7]

Hoffmann deckte die Verbindungen russischer Spione zu dem Schreibpersonal der Festung Thorn auf, wobei er auch nahezu zweifelsfrei klären konnte, daß die Agenten fast immer Kontakt zu Oberst Butakow gehalten hatten. Das bestätigte freilich nur, was man ohnehin in der von Kriminalkommissar Eugen von Tausch geleiteten Zentrale der Politischen Polizei vermutete: Der russische Militärattaché in Berlin steuerte Unternehmungen des zaristischen Geheimdienstes in Deutschland.

Bereits Mitte der achtziger Jahre waren Tauschs Beamten die vermehrten Spionageaktivitäten von Rußlands militärischen Attachés aufgefallen, zunächst durch einen Spionagefall, der in der Berliner Firma Schwarzkopf spielte, die Torpedos für die Kaiserliche Marine herstellte. Einem russischen Mitarbeiter der Firma war es gelungen, sich einige der streng bewachten Bronzematerialien, aus denen Torpedomäntel gefertigt wurden, zu beschaffen und sie aus dem Werksgelände herauszuschmuggeln. Der Diebstahl fiel jedoch rasch auf, zumal der Täter die Bronzestücke interessierten Ausländern in Berlin offerierte. Die Politische Polizei beschattete daraufhin den Russen, und in kürzester Zeit wußte sie, wer den Dieb in die Firma eingeschleust hatte: der russische Marineattaché.[8]

Auch bei der nächsten Spionageaffäre spielte wieder ein militärischer Attaché Rußlands mit. Ein Nachrichtenschwindler, der pensionierte Ingenieur-Hauptmann Hentsch, hatte – gestützt auf eigene Kenntnisse und eine üppige Phantasie – einen Aufmarschplan der deutschen Armee erfunden, den er als offizielles Dokument des Großen Generalstabes ausgab. Das Papier bot er fremden Militärattachés in Berlin zum Kauf an. Der russische Attaché wollte sogleich zugreifen, doch der französische Kollege kam ihm zuvor und zahlte eine ansehnliche Summe. Auch für andere Materialien Hentschs interessierten sich Russen (und Franzosen), so für angeblich geheime Handbücher des deutschen Heeres, die entweder ebenfalls gefälscht worden oder in jedem größeren Buchladen erhältlich waren.[9]

Für Tauschs Spionejäger war einmal mehr erwiesen, daß der russische Militärattaché keine Gelegenheit ausließ, konspirativ in die militärischen Geheimnisse Deutschlands einzudringen. Immer häufiger hatte Kripo-Kommissar von Tausch Anlaß, Butakows geheime Aktivitäten unter die Lupe zu nehmen. Der Oberst reiste durch die deutschen Ostprovinzen, er traf sich mit Konfidenten, er tauchte uneingeladen bei deutschen Manövern und in deutschen Kasernen auf – Grund für den preußischen Kriegsminister, am 19. Januar 1891 bei Reichskanzler von Caprivi zu beantragen, den Militärattaché unter ständige polizeiliche Beobachtung zu stellen.[10]

Daraus wurde zwar nichts, weil das Auswärtige Amt diplomatische Verwicklungen mit Rußland befürchtete, dennoch beobachtete die Politische Polizei schärfer als zuvor die Aktivitäten der Russischen Botschaft. Später kamen der Polizei jedoch Zweifel, ob Butakow tatsächlich, wie manche Mitarbeiter Tauschs angenommen hatten, hinter allen Operationen des russischen Geheimdienstes in Deutschland stand. Schon der Fall Thorn ließ die Frage offen, ob der Militärattaché der allein federführende Auftraggeber der russischen Spione war oder ob er nur örtliche Kontrollfunktionen ausübte. Bald waren der russischen Spione in den ostdeutschen Grenzgebieten so viele, daß sie unmöglich alle von dem in Berlin sitzenden Militärattaché gesteuert werden konnten.

Ein neuer Coup der Russen im Sommer 1894 brachte den Spionagebeobachtern der Polizei einige Gewißheit. Dem Generalkommando des I. Armeekorps in Ostpreußen war aufgefallen, daß sich Offiziere russischer Grenztruppen sichtlich bemühten, den in den letzten Jahren vernachlässigten gesellschaftlichen Kontakt zu deutschen Offizieren in den grenznahen Gebieten wieder emsiger zu pflegen. Wie auf ein Kommando hin erschienen

Russen in deutschen Offizierskasinos und luden die »Kameraden« zu Gegenbesuchen bei ihren Einheiten jenseits der Grenze ein; vor allem das Offizierkorps in den ostpreußischen Garnisonstädten Ortelsburg und Lyck sah sich von den Russen umworben.[11]

Daraus entwickelte sich ein reger Verkehr zwischen den Grenztruppen beider Staaten, mancher reiselustige deutsche Offizier fuhr in russische Garnisonen. Die Reisen deutscher Offiziere nahmen allmählich so überhand, daß ihnen der Kommandierende General des Armeekorps einen Riegel vorschob. Er befürchtete, die Russen wollten die deutschen Besucher nur über die militärischen Verhältnisse in Ostpreußen aushorchen oder sie sogar zur Spionage für Rußland gewinnen, und verbot den Offizieren des Korps jeden Grenzübertritt ohne vorherige Absprache mit dem Generalkommando.[12]

Tauschs Spionejäger folgerten, daß hinter dem plötzlich wiedererwachten Interesse russischer Grenzoffiziere für die deutschen Offiziere eine zentrale Stelle in Rußland stehen müsse. Auch die 1895 folgende Aktion der Radfahrerspione in Ostpreußen war offenbar von dieser Zentralinstanz geplant worden. Selbst die dürftige Phantasie deutscher Polizisten reichte aus, in den russischen Spionageaktivitäten eine planend-strategische Hand zu vermuten. Man brauchte nur die Einsatzorte der russischen Spione auf der Landkarte einzuzeichnen, und schon ergab sich ein Muster russischer Feindaufklärung: Lyck, Ortelsburg, Allenstein, Thorn – das waren nicht zufällig Orte im Aufmarschraum des deutschen Heeres, falls es zu einem Krieg gegen Rußland kam.

Mit dieser Erkenntnis erschöpfte sich freilich das Wissen der deutschen Abwehrorgane. Organisation, Personal und Führung der russischen Spionage gegen Deutschland blieben für sie weiter im Dunkeln. Rußlands Spione tauchten spurlos auf und verschwanden wieder, unerreichbar für ihre Verfolger.

Keine Spur verriet den Deutschen, daß fast alle Fäden der russischen Deutschland-Spionage in einem grauen, unscheinbaren Haus zusammenliefen, das an einem der belebtesten Plätze Warschaus, dem Sachsenplatz, stand. Unweit des marmornen Obelisken gelegen, den der Zar einst zu Ehren der ihm im polnischen Aufstand von 1830 treugebliebenen Untertanen hatte errichten lassen, beherbergte die Villa die ehrgeizigste Geheimdienstleitstelle der russischen Armee: die Erkundungssektion im Kommandostab des Militärbezirks Warschau.[13]

In ihrem Chefzimmer saß seit einigen Wochen ein dunkelhaariger, schnauzbärtiger Mann in der porzellanweißen Uniform der Kaiserlichen Garde, dessen Name und Einfälle den deutschen Gegenspielern noch zum Alpdruck werden sollten. Oberstleutnant Nikolaj Batjuschin, der neue Sektionschef, kam vom Generalstab in St. Petersburg; er galt als ein unübertrefflicher Spezialist der Feindaufklärung, als ein Künstler der Intrige und des geheimdienstlichen Doppelspiels.[14] Er hatte lange auf die Stunde seiner Bewährung warten müssen. Jahre langweiligen Garnisons- und Stabsdienstes waren vergangen, ehe man sich seiner erinnert hatte.

Erst eine überfällige Reform der Raswedka, des militärischen Erkundungsdienstes, hatte Batjuschin auf den Warschauer Schlüsselposten gebracht. 1895 war im Kriegsministerium beschlossen worden, die Arbeit des Geheimdienstes zu verbessern. Außenstehende rechneten zwar die Raswedka zu den bestorganisierten Geheimdiensten Europas (den österreichisch-ungarischen Militärattaché in St. Petersburg dünkte noch 1885 die russische Armee »diejenige, welche von allen über fremde Armeen am besten unterrichtet« sei), doch die Insider wußten es besser.[15] Die Raswedka arbeitete höchst mangelhaft: Ihr Führerkorps war überaltert, das Auswertungssystem dilettantisch, ausgebildete V-Männer fehlten.

Selbst die an zaristische Schlamperei gewöhnte Militärführung Rußlands mochte das nicht länger hinnehmen, zumal das Bündnis mit Frankreich die russische Feindaufklärung vor neue Aufgaben stellte. Der Franzosenpakt von 1892 hatte auch für den Petersburger Generalstab die Welt erheblich verändert. War bis dahin Rußlands Militärplanung im Westen fast ausschließlich auf einen Krieg gegen Österreich-Ungarn gerichtet gewesen, so sollte sie sich jetzt auf einen Zweifrontenkrieg gegen Österreicher und Deutsche einrichten. Denn der französische Generalstab hatte von Anfang an für den Kriegsfall den sofortigen Einsatz der russischen Armee gegen Deutschland verlangt, ja für Frankreichs Diplomaten und Militärs war dies der eigentliche Sinn der französisch-russischen Militärkonvention: den Deutschen drastisch vor Augen zu führen, daß jeder Krieg gegen Frankreich automatisch den gleichzeitigen Einfall französischer und russischer Truppen im Reichsgebiet auslösen werde.

Nicht ohne Widerwillen registrierten die russischen Militärs diese Konzeption; sie hätten sich lieber allein dem aussichtsreicheren Krieg gegen den Habsburger Staat gewidmet. Doch die Bündnisräson verlangte ein Opfer: Rußland zweigte später tatsächlich fast ein Drittel von dem auf Galizien gerichteten Angriffsheer ab, für den Krieg gegen Deutschland.[16] Der französische Generalstab erleichterte solche Konzession durch die These, im Kriegsfall würden die Deutschen ohnehin die Masse ihres Heeres gegen Frankreich werfen und ihre eigenen Ostgrenzen nur mit schwachen Kräften verteidigen – leichte Beute für die russische Armee.

Aber war dies wirklich die Absicht des deutschen Generalstabes? Noch lag in einem Panzerschrank der Raswedka-Zentrale die Abschrift des deutschen Aufmarschplans von 1892, die ein russischer Spion beschafft hatte.[17] Aus diesem Papier aber mußten die russischen Feindaufklärer eine ganz andere Strategie der Deutschen herauslesen, die Absicht nämlich, sofort im Osten die Kriegsentscheidung zu suchen. Der Plan sah den Aufmarsch von zwei deutschen Armeen auf der Linie Ortelsburg-Lyck vor; die beiden Armeen sollten gegen den Njemen (Memel) oberhalb Kownos und gegen Bialystok vorstoßen, und dann zusammen mit den Österreichern die russischen Armeen zur Entscheidungsschlacht stellen.[18]

Die russischen Generalstäbler waren nun freilich intelligent genug, für möglich zu halten, daß die Deutschen inzwischen ihre Pläne geändert hatten; immerhin stammte der Aufmarschplan noch aus der Zeit vor dem

Abschluß des französisch-russischen Bündnisses. Die Russen wußten zwar nicht, daß der deutsche Generalstab inzwischen tatsächlich begonnen hatte, seine Aufmarsch- und Operationspläne zu revidieren,[19] aber auch das Vorstellungsvermögen der russischen Militärs reichte aus, um sich eben dies ausmalen zu können. Doch mit Spekulationen mochte sich der Generalstab des Zaren nicht begnügen. Er benötigte konkrete Gewißheit, er brauchte Bestätigung.

Ein Regen von Anfragen und Erkundungsorders prasselte auf die Raswedka nieder. Die Abteilung des Generalquartiermeisters, in der die Operationspläne bearbeitet wurden, verlangte klare Aufschlüsse über die strategischen Absichten der Deutschen. Sie wollte zweifelsfrei wissen, ob Deutschland im Ernstfall zuerst im Osten oder im Westen losschlagen werde. Das allein aber reichte ihr noch nicht, sie wollte nahezu alles aufgeklärt haben: Aufmarschräume und Schwerpunkte eines deutschen Angriffs, Dislokation der deutschen Truppen, Stärke und Belegung deutscher Ost-Festungen, Zustand des Eisenbahnsystems, Personaldaten über die wichtigsten Führer des deutschen Ostheeres.

Das war mehr, als die Raswedka liefern konnte. So blieb nichts anderes übrig, als den Geheimdienst auszubauen und personell zu verjüngen, verlangten doch auch Militärprestige und Bündnispsychologie eine Verbesserung seiner Arbeit. Denn im Dezember 1893 hatten die Geheimdienste Rußlands und Frankreichs enge Zusammenarbeit und regelmäßigen Nachrichtenaustausch vereinbart,[20] und es wäre für die Stellung des Zarenreiches im Bündnis recht fatal gewesen, hätten die russischen Geheimdienstler eingestehen müssen, über den deutschen Gegner weniger gut informiert zu sein als der französische Partner.

Nach längerem bürokratischen Hin und Her lagen endlich die Befehle bereit, die den organisatorischen Umbau des Geheimdienstes festlegten. Die führenden Positionen der Raswedka, bis dahin eine Domäne älterer Generale, öffnete man jüngeren Stabsoffizieren; wo bisher Generale kommandiert hatten, befahlen jetzt Obristen und Majore. Die Leitung des Sonderbüros im Generalstab übernahm Oberst Ljupow, ein bewährter Experte der Feindaufklärung, während das Kommando über die Erkundungssektionen in den Stäben der westlichen Militärbezirke an Oberstleutnants oder noch rangniedrigere Offiziere fiel: an Batjuschin in Warschau, Tolmatschow und später Galkin in Kiew, Alexejew in Wilna.[21] Ihre Stellung in der Hierarchie des Stabes wurde zudem aufgewertet; der Chef der Erkundungssektion war jetzt auch immer zugleich Erster Gehilfe (Stellvertreter) des Bezirks-Generalquartiermeisters (die Sektion selber blieb ein Teil der Generalquartiermeisterabteilung).

Die meisten V-Mann-Führer in den Erkundungssektionen mußten frischen, energischen Jungoffizieren weichen. Meist waren es sechs oder acht Generalstabsoffiziere, die jetzt den Kern einer Erkundungssektion in jedem grenznahen Militärbezirk bildeten und fachliche Kategorien generalstäblerischer Feindaufklärung durchsetzten, wo bisher der Dilettantismus militärisch ungeschulter Agenten vorgeherrscht hatte.[22]

Wie präzise die neuen Männer der Raswedka an ihre Arbeit gingen, ließ sich vor allem an Batjuschins Aktivitäten ablesen, der in Warschau den dortigen Nachrichtenapparat reformieren sollte. Es war kein Zufall gewesen, daß der brillante Feindaufklärer Batjuschin gerade nach Warschau entsandt worden war: Warschau galt als der wichtigste westliche Beobachtungsposten, ja angesichts der schwachen Zentrale in St. Petersburg als die eigentliche Kommandostelle des russischen Geheimdienstes.

Das hing auch mit der starken Stellung zusammen, die der Militärbezirk Warschau in allen Westplänen des Generalstabes einnahm. Unter den drei westlichen Militärbezirken (Warschau, Wilna, Kiew) war er der größte, sein Gebiet sprang weit in das Territorium Deutschlands und Österreich-Ungarns vor. Warschau war Ausgangspunkt aller kriegerischen Überlegungen Rußlands im Westen: Im Militärbezirk Warschau stand die größte russische Heeresmacht, seine Truppen sollten im Ernstfall die Angriffsarmeen für den Einfall in Ostpreußen und Galizien bilden, seine Generale und Offiziere deren Führungspersonal stellen.

Entsprechend weit gefächert waren die Aufgaben der Warschauer Erkundungssektion. Sie sollte gleichzeitig gegen Deutschland und Österreich-Ungarn aufklären – im Gegensatz zu den ND-Leitstellen in den anderen westlichen Militärbezirken, die jeweils nur ein Aufklärungsgebiet hatten (Wilna: Deutschland, Kiew: Österreich-Ungarn). Die Agenten und Führungsoffiziere Warschaus hatten praktisch das Gros der gegen die beiden deutschen Kaiserreiche gerichteten russischen Spionage zu tragen; hinter allen russischen Spionageaktivitäten in Deutschland und Österreich-Ungarn stand fast immer die Warschauer ND-Zentrale.

Was freilich Batjuschin bei seinem Einzug in das Haus am Sachsenplatz an Personal und konspirativen Verbindungen vorgefunden hatte, rechtfertigte kaum den legendären Ruf, den Warschau in der russischen Geheimdienstbranche genoß. Die Aufklärung gegen Österreich-Ungarn brachte zwar leidlich gute Resultate (monatlich gingen in Warschau allein 2000 Meldungen aus Galizien ein), doch die Deutschland-Spionage wurde noch allzu laienhaft betrieben.[23] Es fehlten geschulte Agenten und strategisch arbeitende V-Mann-Führer. Warschau hatte trotz einiger Anfangserfolge keinen ausreichenden Einblick in deutsche Militärgeheimnisse.

Batjuschin schuf Wandel. Er hatte aus St. Petersburg zwei Gehilfen, Hauptmann Terechow und Hauptmann Lebedjew, mitgebracht, die im Haus am Sachsenplatz eine neue Führungszentrale einrichteten – mit Mitarbeitern, die sie sich nicht selten aus der russisch-polnischen Unterwelt holten.[24] Einen ausgemachten Ganoven, den Paßfälscher Joseph Herz, Bruder eines Lemberger Schauspielers und später wegen Zollschwindels nach Sibirien verbannt, erkor sich Batjuschin sogar zum engsten Mitarbeiter; Herz fertigte für seinen Chef falsche Festungspläne, Aufmarschstudien und Geheimdossiers an, mit denen Batjuschin den Gegner irreführen wollte – Beginn jener Kunst der Desinformation, die dann die Sowjets zu hoher Perfektion entwickeln sollten.[25]

Terechow und Lebedjew zimmerten eine Kontrollorganisation, die mit ihren Direktoren, Gruppenleitern, Werbeagenten und Inspektionsreisenden die Agenten beaufsichtigten und nach neuen Informanten Ausschau hielt. Selbst Frauen, deren Verwendung den noch voll im Banne des Männlichkeitswahns stehenden Geheimdiensten Europas meist ein Greuel war, ließ Batjuschin einsetzen – als Aufpasserinnen, Vermittlerinnen und Anwerberinnen. Sie waren so erfolgreich, daß später der österreich-ungarische Geheimdienstchef anerkennen mußte: »Die Russinnen scheinen, vielleicht durch die innerpolitischen Verhältnisse bedingt, besondere Eignung besessen zu haben.«[26]

Über den ganzen Militärbezirk ließ Batjuschin ein Netz von Werbebüros und Vermittlungsagenturen werfen, die von polnisch-galizischen Juden mit internationalen Verbindungen geleitet wurden. Batjuschin mochte sich nicht allein auf die konventionellen Werbemethoden des militärischen Geheimdienstes oder der Ochrana verlassen, er vertraute sich auch zwielichtigen Nachrichtenhändlern von der Art eines Samuel Pinkert oder eines Salomon Rosenberg an, die Gewähr boten, leistungsfähige Informanten für Warschau zu gewinnen.[27]

Sie verschafften Batjuschin Zugang zu dem Markt der internationalen Agenten und Berufsspione, der sich im Europa des beginnenden 20. Jahrhunderts immer hektischer ausweitete, je mehr sich die politische Welt dem Krieg im Dunkeln ergab. Das Wettrüsten der Großmächte, der Kampf zweier rivalisierender Militärblöcke um Einfluß und Positionen, die Jagd nach geheimen Aufmarschplänen und Mobilmachungsdaten hatten eine Spionage-Industrie entstehen lassen, die wie kein anderer Wirtschaftszweig der Vor-Weltkriegs-Gesellschaft prosperierte und ihre eigenen Marktgesetze hatte.

Europa schien zu einem Dschungel intrigierender Geheimdienste geworden zu sein, zu einem Tummelplatz von Spionen, Kurieren, Zuträgern und Anwerberinnen: kaum noch ein renommiertes Luxushotel in den Zentren der europäischen Society, in dem nicht die V-Männer der Großmächte ihre unsichtbaren Kämpfe austrugen, kaum noch eine militärische Anlage, auf die sich nicht der begehrliche Blick fremder Kundschafter richtete. »Der ganze Kontinent«, so ein Spionage-Experte, »sah immer mehr wie die Bühne einer Komischen Oper aus, auf der sich Hunderte geheimer Agenten tummelten und das lukrative und in Friedenszeiten nicht allzu gefährliche Spiel von Spion und Gegenspion aufführten.«[28]

Der Krieg der Geheimdienste befriedigte nicht nur den spätpubertären Spieltrieb mancher Generalstabsoffiziere, er verlockte auch zahllose schräge und gescheiterte Existenzen, mit ihm das Geschäft ihres Lebens zu versuchen. Abenteurer, Halbweltdamen, geschaßte Offiziere, Bankrotteure und Geschäftemacher verschrieben sich willig den Geheimdiensten und profitierten von dem Hunger der Großmächte nach Informationen. Ganze Diebesbanden traten in den Dienst fremder Spionagezentralen, komplette Gangsterorganisationen spezialisierten sich auf militärisch-politische Spionage.

Der Handel mit geheimen Nachrichten war streckenweise von einem internationalen Ganoventum beherrscht, das in der Spionage einen lohnenden und recht risikolosen Erwerbszweig witterte. Denn anders als das herkömmliche Verbrechen wurde im Frieden die Spionage in den meisten europäischen Staaten milde bestraft; auf Spionage standen in der Regel etwa fünf Jahre Zuchthaus (in Deutschland) oder fünf Jahre Kerker (in Österreich), während Delikte wie Freiheitsberaubung mit einer zehnjährigen Zuchthausstrafe geahndet wurden.[29] Und auch die Verdienstspannen waren im Spionagegeschäft ungleich höher: Eine Mobilmachungsinstruktion konnte bis zu 10000 Mark einbringen, ein Aufmarschplan gar 50000.[30]

Kein Wunder, daß angesichts solcher Verdienstmöglichkeiten mancher Nachrichtenhändler auf die Idee kam, die Chance eines Dokumentenerwerbs gar nicht erst abzuwarten und gleich selber die ersehnten Geheimpapiere anzufertigen. In dieser Branche gab es genügend Fälscher, die es verstanden, militärische Pläne nahezu fehlerlos nachzuahmen.

Folge: eine Welle falscher Aufmarschpläne, Mobilmachungsorders und Personalakten überspülte den Nachrichtenmarkt Europas. Die Geheimdienstzentralen aber hatten alle Mühe, ein Falsifikat zu erkennen, und wußten selbst dann oft nicht, ob es sich um Desinformationsmaterial des Gegners, das trotz aller Irreführungstendenz immerhin noch einigen Aufschluß über die Absichten der Gegenseite gab, oder nur um einen völlig wertlosen Betrug privater Gauner handelte.

Aber nicht nur Nachrichtenschwindler, auch Agenten und V-Männer trugen mit ihren Produkten oft dazu bei, die ND-Zentralen zu verwirren. Neben einer kleinen Minderheit leistungsfähiger Spione gab es eine Masse unsolider Agenten, die aus Profitgier und Existenzangst mehr meldeten, als sie wissen konnten. Sie rechtfertigten meist das spöttische Wort des britischen Admirals Wemyss, das Ergebnis der Agentenarbeit seien »unbestimmte Nachrichten von fragwürdigen Leuten«.[31] Zuweilen beschworen ihre Nachrichten sogar internationale Krisen herauf, wie die Meldung eines Raswedka-Spions in Wien, der 1909 fälschlich den Transport des k. u. k. Ulanenregiments Nr. 4 nach Ostgalizien signalisierte und damit den Zaren zu einer Machtdemonstration, der Verlegung einer russischen Kavalleriedivision an die österreichische Grenze, provozierte.[32]

Solche Fehlleistungen enthüllten, daß die meisten Agenten viel zu ungebildet waren, um den Geheimdiensten wirklich zu nutzen. Die militärische Spionage – und sie bestimmte vor dem Ersten Weltkrieg die konspirative Arbeit der Großmächte – setzte ein Mindestmaß an Kenntnissen voraus, die viele Agenten nicht besaßen; wer es aber nicht verstand, eine Brücke maßstabgerecht zu zeichnen oder einen Mörser von einem Granatwerfer zu unterscheiden, war für einen Geheimdienst wertlos. Der Fall des Raswedka-Mannes bewies es: Er hatte auf dem Bahnhof in Wiener Neustadt die Abfahrt einer Ausbildungseinheit des Ulanenregiments beobachtet und daraus laienhaft geschlossen, das ganze Regiment solle verlegt werden.[33]

Wer in diesem Dschungel zwielichtiger Existenzen ein paar halbwegs brauchbare Agenten finden wollte, mußte schon über eine gehörige Portion guter Menschen- und Milieukenntnis verfügen. Batjuschin und seine Werber besaßen sie. Mit dem Russen eigenen Spürsinn für kleinste Nuancen, der nicht umsonst Rußlands Dichter zu Meistern des psychologischen Romans gemacht hat, heuerten Batjuschins Beauftragte internationale Profis (oder was sich dafür hielt) an, die gerne für Rußland arbeiten wollten, zumal die Raswedka-Werber auf alle ideologische oder patriotische Motivation verzichteten. Sie zogen den geschäftsmäßigen Umgangston vor: gutes Geld gegen gute Ware – diese Sprache verstanden die Berufsspione am ehesten.

Schon bald hatten die Offiziere Batjuschins ein paar Agenten auf ihrer Honorarliste. Es war eine wunderliche Gesellschaft, die sich da versammelte: desertierte deutsche Offiziere wie die beiden Ex-Leutnants Wessel und Wolff, die mit ihrer Freundin Mathilde Bäumler an den mondänen Orten Europas eine Bande von Nachrichtenhändlern unterhielten, Spione wie der Ex-Oberleutnant Paul Bartmann, der schon einmal wegen Spionage für Rußland zu einer fünfjährigen Kerkerstrafe verurteilt worden war, Diebe wie der Wiener Josef Jeszes alias Hugo Bart, der für russische Militärattachés Dokumente beschaffte, und auf die Beobachtung des Eisenbahnbetriebs spezialisierte Zuträger von der Art des ehemaligen k. u. k. Bahnbeamten Karl Saria.[34]

Batjuschin nahm jeden, der Aussicht bot, gute Leistungen für die Warschauer ND-Zentrale zu erbringen. Er akzeptierte sogar militärisch ungebildete Spionage-Eleven, sofern sie nur konspirative Talente mitbrachten – Batjuschin schickte sie später auf die Spionageschule, die er in Warschau nach dem Vorbild der von der Ochrana geschaffenen Agentenschulen errichtete. Dort stand der Professor Reuß mit seinen Dozenten, meist deutschblütigen Russen, bereit, die Schüler in die bizarre Welt der Chiffren und Geheimtinten und in das einfachere ABC militärischer Erkundungsarbeit einzuführen.[35]

Selbst Kinder setzte Batjuschin als Agenten und Kuriere ein, obwohl sie bei Fachleuten in dem Ruf standen, unzuverlässig zu sein und rasch den Auftraggeber zu wechseln. Der deutsche Junge Paul Pelka war einer der ersten Kinderspione, die Batjuschin engagierte. Pelkas Biographie war typisch für das Schicksal der vielen, die noch kommen sollten: als Dreizehnjähriger vom Elternhaus weggelaufen, in die Hände der Ochrana geraten, von ihr zur Bespitzelung russischer Exilstudenten in Zürich verwendet, wegen falscher Angaben über eine angebliche Emigrantenverschwörung aus der Schweiz ausgewiesen, dann Spitzel für den französischen und italienischen Geheimdienst.[36]

Die Kinderspione vermittelte meist die Ochrana, auf deren Agentenreservoir Batjuschin jetzt ebenfalls zurückgriff. Die Ochrana verfügte um die Jahrhundertwende über 1000 festangestellte Agenten und etwa 10000 permanente Mitarbeiter.[37] Sie waren zwar – im Gegensatz zu der populären Legende – schlecht bezahlt (Monatsgehalt eines Ochrana-Agenten: 30 bis 50 Rubel) und lieferten oft nur wertlosen Klatsch, dennoch fanden die Beauftragten Warschaus unter ihnen qualitativ hochstehende Leute, die zum Dienst für Batjuschin bereit waren, entlohnte doch der militärische Geheimdienst seine Agenten ungleich besser als die Ochrana die ihrigen.[38]

Schließlich hatte Batjuschin genügend Kundschafter und Kuriere zusammen, um den Geheimdienstkrieg gegen die Deutschen zu intensivieren. Jeder der wichtigeren Agenten mußte noch einen kurzen Lehrgang in Warschau durchlaufen, jedem gab Batjuschin persönlich die letzten Befehle – getreu der Regel des Ochrana-Chefinstrukteurs Eustratij Mjednikow, des Gründers der geheimpolizeilichen Agentenschulen, ein Spionagechef müsse seine Leute persönlich kennen und mit ihnen direkt verkehren.[39] Kodeworte wurden abgesprochen, Tote Briefkästen und Kurieradressen vereinbart und Festungsspäher einheitlich mit einem amerikanischen Taschenphotoapparat der Marke »Expo« ausgestattet.

Noch vor dem Beginn des neuen Jahrhunderts sickerten Batjuschins erste Spione über die Grenze nach Deutschland. Sie erkundeten und photographierten Festungsanlagen, Brücken und Eisenbahnprojekte, sie registrierten militärisch wichtige Flußläufe und Furten, sie notierten Truppentransporte und Bewegungen in den Kasernen, sie untersuchten Straßen- und Wegenetze auf ihre Passierbarkeit für Geschütze und Armeefahrzeuge.

Jeder mühte sich auf seine Art, den ehrgeizigen Oberstleutnant in Warschau zufrieden zu stellen. Der Agent Boleslaw Roja, ein ehemaliger Leutnant der österreichischen Armee, tarnte sich als Zeitungskorrespondent und beobachtete die Manöver des deutschen Heeres im Raum Liegnitz, der ehemalige Deserteur Franz Nedved rekognoszierte die militärischen Anlagen in der Umgebung von Posen, der Baron Alexander Murmann, später Lehrer an der Agentenschule in Warschau, erledigte von Berlin aus Sonderaufträge für Batjuschin.[40] Spion Bartmann, von Batjuschin ins deutsche Manövergelände entsandt, wollte sich sogar gleich an den IIIb-Chef heranmachen, was ihm freilich schlecht bekam: Bartmann wurde verhaftet.[41]

Was immer Batjuschins Spione in Deutschland beobachteten und erfuhren – eine kunstvoll angelegte Organisation von Kurierstellen und Deckadressen reichte die Meldungen der Agenten nach Warschau weiter. Die meisten Informationen gingen an »Franz Müller«, einen Decknamen, hinter dem sich das wichtigste Kundschafterbüro der Warschauer ND-Leitstelle verbarg.[42]

So füllten sich allmählich die Truppenfeststellungskarteien der Warschauer Erkundungssektion mit Daten, Photos und Skizzen aus Deutschland. Stärke der deutschen Festungsanlagen, Zustand des Bahnsystems, Verteilung der Truppen und Stimmung im Heer waren Warschau kein Geheimnis mehr.

Doch Batjuschin wußte nur allzu gut, daß der Deutschland-Invasion seiner Spione noch Grenzen gesetzt waren. Sie konnten nur beobachten und berichten, was von außen sichtbar war. Warschau aber benötigte Einblick in das Innere des gegnerischen Heeres, es brauchte Zugang zu den geheimen Unterlagen deutscher Stäbe – und der war ohne die Hilfe deutscher Militärpersonen nicht möglich. Die deutschen Militärs jedoch schienen für die russische Spionage nur schwer ansprechbar zu sein. Nicht anders erging es

Batjuschins Kameraden von der Leitstelle Wilna; auch dessen Spione kamen kaum an deutsche Geheimnisträger heran.

Da hatten die russischen Militärattachés in Berlin und Wien mehr Glück. Oberst Alexej Alexejewitsch Michelson, einer der Nachfolger Butakows, und der in Wien sitzende Oberst Mitrofan Konstantinowitsch Martschenko standen längst mit deutschen und österreichischen Offizieren in Verbindung, die nicht abgeneigt waren, den Vertretern des Zaren zu helfen. Das Klima der Zeit erleichterte die Infiltrationsarbeit: Die Illusionen deutscher Offiziere über eine Erneuerung der traditionellen preußisch-russischen Allianz und die Untergangsstimmung im Offizierkorps des auseinanderdriftenden Vielvölkerstaates der Habsburger trugen den Militärattachés manchen Informanten zu.

Der Gardekavallerist Martschenko verstand es besonders gut, haltlose k. u. k. Offiziere für Rußland zu engagieren. Spielschulden, Enttäuschungen über mißglückte Karrieren und verbotene Leidenschaften wußte Martschenko für sich zu nutzen. Die lange Liste seiner Informanten im österreichischen Offizierkorps zeugte davon: Oberstleutnant Hekajlo, Justizchef des Korpskommandos Lemberg, lieferte Martschenko Nachrichten aus Galizien, der Hauptmann Acht, Adjutant eines Korpskommandeurs, beschaffte Offizierspersonalien, der Major Wiekowski, Kommandant der Nachschubstation Stanislaw, informierte über das Versorgungssystem der k. u. k. Armee, der Beamte Kretschmar schleppte geheime Unterlagen aus dem Wiener Artilleriezeugdepot herbei.[43]

Zu den Helfern Martschenkos gehörte auch der Mann, der später wie kein anderer Spion des 20. Jahrhunderts die Phantasie der Zeitgenossen beschäftigte und der noch heute als der klassische Verräter gilt: Alfred Redl.

Den Generalstabsmajor Redl, Jahrgang 1866 und Sohn eines Lemberger Eisenbahnoberinspektors, hatte Martschenko im Sommer 1906 kennengelernt.[44] Damals war Redl Stabschef der in Wien stationierten 13. Landwehrdivision, doch stand bereits fest, daß er in Kürze als stellvertretender Chef in das Evidenzbüro zurückkehren würde, in dem er schon früher Dienst getan hatte. Martschenko muß sofort erkannt haben, welche Chance sich da für Rußland bot: Der vermögenslose Homosexuelle Redl schwebte in ständigen Geldnöten, da die Ansprüche seines Liebhabers Stephan Horinka, eines jungen Ulanenoffiziers, von Jahr zu Jahr wuchsen.[45]

Im September 1906 meldete Martschenko dem Generalstab in St. Petersburg, er habe eine hochgestellte Persönlichkeit im Besitz von höchstwertigem ND-Material gewonnen, und beantragte, ihm eine hohe Geldsumme nach Wien zu überweisen. Martschenko notierte: »Er ist schlau, verschlossen, konzentriert und leistungsfähig ... Ein Zyniker, der die Zerstreuung liebt.«[46] Redl enttäuschte Martschenko nicht: Ab 1907 lieferte er geheime Unterlagen aus dem Evidenzbüro und dem k. u. k. Kriegsministerium, darunter Listen österreichischer Spione in Rußland, Beurteilungen der Zarenarmee und Angaben über Organisation und Personal der österreichischen Spionageabwehr.[47]

Redl war freilich nicht der raffinierte, umsichtige Meisterspion, als der er seit den Münchhausiaden des »rasenden Reporters« Egon Erwin Kisch in

Literatur und Medien herumgeistert. Seine Leistungen entsprachen durchaus nicht immer den Erwartungen der russischen Auftraggeber.[48] Er hielt sich nicht an konspirative Regeln und hob in seinem Schreibtisch Notizen über Spionageaufträge, Kodeschlüssel, Deckadressen und Photos geheimer Akten auf, womit er sich für jede zufällige Hausdurchsuchung anfällig machte. Mit seinen Photographierkünsten war es auch nicht weit her. Er lernte nie, wie man Dokumente photographiert – die Russen schickten ihm oft seine mißglückten Aufnahmen wieder zurück.[49]

Zudem hatte er nicht immer Zugang zu den wichtigen Geheimdokumenten, für die sich die Raswedka besonders interessierte. An die Operationsstudien des Generalstabs kam er nicht heran, und auch der Verrat der Aufmarschpläne gegen Rußland, von dem romantische Spionageautoren wissen, ist nichts als Legende, begünstigt durch das Versagen der österreichischen Spionageabwehr, die es nach der Entlarvung des Spions versäumte, ihn gründlich zu vernehmen.[50] Da der Geheimdienst nun einmal Operationspläne nicht bearbeitet, sondern für die Operationsabteilung nur Zuliefererdienste leistet, blieben auch Redl derartige Pläne versperrt. Erst 1912/13, als Generalstabschef des VIII. Armeekorps in Prag, war er mit Operationsplänen befaßt und verriet sie prompt.[51]

Gleichwohl konnte der Spion Redl seinen russischen Auftraggebern äußerst nützliche Dienste leisten. Er machte ihnen die gesamte österreichische Spionageabwehr durchlässig, er trug zur Zerschlagung der österreichischen Rußland-Aufklärung bei und er lieferte auch zahlreiche Materialien, die für einen höheren Generalstabsoffizier erreichbar waren: das Handbuch des Generalstabs, grundsätzliche Mobilmachungs(Mob)-Instruktionen, Stärkenachweise, Generalstabskarten usw.[52]

Von einem solchen Spion konnte der inzwischen zum Obersten avancierte Batjuschin nur träumen, und doch war er entschlossen, in das deutsche Offizierkorps einzudringen. Ihm kam eine Idee, wie man möglichst unverfänglich an deutsche Offiziere herankommen konnte. Zuvor sicherte er sich die Mitarbeit des französischen Geheimdienstes, dann inszenierte er seinen Coup, ohne zu ahnen, daß der Streich für ihn und die Raswedka noch einmal katastrophale Folgen haben sollte.

1906 erschienen in deutschen und österreichischen Zeitungen einige Anzeigen, in denen ein Herr Holton aus Paris ehemalige aktive Offiziere suchte, die interessiert seien, sich an »Kolonialgeschäften« zu beteiligen.[53] Einige deutsche Exoffiziere meldeten sich auf die Anzeige hin und wurden über einen Mittelsmann in der Schweiz an Beauftragte Batjuschins in Warschau verwiesen, die sich beeilten, die Interessenten zu »melken«, wie das im ND-Jargon heißt. Die Exoffiziere konnten Hinweise geben und weitere Verbindungen anbahnen. Aktuelle Erkenntnisse über die deutsche Armee aber steuerten sie kaum bei.[54]

Batjuschin probierte eine andere Methode, um an geheime Militärunterlagen des Gegners heranzukommen. Er ließ Agenten der Warschauer Gegenspionage den Versuch unternehmen, in militärische Dienststellen Deutschlands einzudringen. Zahlreiche Russen, als Deserteure oder Saisonarbeiter getarnt, liefen die Nachrichtenstellen der IIIb im Osten an und offerierten ihre Unterstützung im Kampf gegen die russische Spionage. Das hatte Warschau schon in den neunziger Jahren mit Hilfe des Service de Renseignement praktiziert. Besonders aktiv war dabei der französische Polizei-Inspektor Lajoux gewesen, der – erst im Westen, dann im Osten agierend – sich das Vertrauen deutscher Geheimdienstoffiziere so sehr erworben hatte, daß sie ihn allen Ernstes dem Evidenzbüro als Spitzenagenten gegen Rußland empfahlen.[55]

Einige Agenten Batjuschins drangen ohne sonderliche Schwierigkeiten in Dienststellen und Außenposten der IIIb ein. Am erfolgreichsten operierten die beiden russischen Konterspione Frömmel und Schöbel, die mit ihren Unteragenten lange Zeit freien Zutritt zu den deutschen Nachrichtenstellen Lyck und Posen hatten, ehe deren Leiter merkten, daß ihre Organisationen vom Gegner unterwandert waren.[56]

Die Nachrichtenstelle Lyck war so hoffnungslos enttarnt, daß sie geschlossen werden mußte. Entsetzt warnte der IIIb-Chef seine Offiziere: »Vorsicht vor Provokationen und Beobachtern! Das lehrt uns Lyck. Provokateure sind uns gefährlich, weil sie unsere Tätigkeit erkunden und sie lahmlegen.«[57]

Und allzeit lagen Batjuschins Späher auf der Lauer, jede Chance zu Infiltration und Ausforschung zu nutzen. Als 1912 die geheimen Pläne und Korrespondenzakten der Festung Thorn in ein für einbruchssicher gehaltenes Gebäude der Kommandantur verlegt wurden, suchten russische Werber sofort Verbindung zu dem Schreibpersonal. Der aufsichtführende Erste Schreiber der Festung, Unteroffizier Wölkerling, erwies sich als ansprechbar; die finanziellen Angebote der Beauftragten Batjuschins waren hoch genug, Wölkerling in die Dienste Warschaus zu locken.[58] Der geldgierige Schreiber (er bediente später auch noch den französischen Geheimdienst) erhielt von Warschau die übliche »Expo«-Kamera, mit der er dann photographierte, was immer ihm unter die Hände geriet.

Wölkerling lieferte Material in solcher Fülle und Qualität, daß ihn die Raswedka-Führung bald für ihren wertvollsten Spion in Deutschland hielt.[59] Batjuschin schätzte ihn als so wichtig ein, daß er selber wiederholt nach Thorn kam, um sich mit Wölkerling zu treffen und ihn in die jeweils neuesten Aufgaben einzuweisen.[60] Später freilich – auch dies ein Zeichen für die Bedeutung, die die Russen dem deutschen Unteroffizier beimaßen – verzichtete Batjuschin auf jeden direkten Verkehr mit Wölkerling, um ihn nicht zu gefährden, und ließ sich dessen Material auf Umwegen zuleiten.

Kaum war Wölkerling für die Raswedka gewonnen, da signalisierte Konsulatssekretär von Eck, der Geheimdienstmann am Russischen Konsulat in Königsberg, zwei neue Erwerbungen: Der Schreiber der I. Kavallerie-Inspektion, Rosenfeld, und der Schreiber des 3. Kürassierregiments, Dobinski, hatten sich bereit erklärt, für die russische Spionage zu arbeiten.[61] Mit ihrer Hilfe wurde das System der ostpreußischen Festungen und Kasernen für Batjuschins Feindlageoffiziere von Tag zu Tag durchlässiger; Rosenfeld und Dobinski händigten den Russen bedenkenlos aus, was ihnen dienstlich zur Kenntnis kam.

Inzwischen hatte sich der russische Militärattaché in Berlin eine Verbindung zu der militärischen Gehirnzentrale Deutschlands erkauft, die eine Möglichkeit bot, gleich sämtliche für Rußland wichtigen deutschen Festungspläne zu erwerben. Wieder war es ein Schreiber der Festungsabteilung des Großen Generalstabes, ein Feldwebel, der bereit war, dem Russen die Pläne der deutschen Ostfestungen zu verkaufen.[62]

Solche Erfolge spornten die Führung der Raswedka an, immer mehr Kräfte in den Geheimdienstkrieg gegen Deutschland und dessen österreichischen Bundesgenossen zu werfen. Seit Rußland nach dem verlorenen Krieg gegen Japan (1904/05) alle seine Energien auf Europa konzentrierte und in St. Petersburg ein neuer Raswedka-Chef, der Oberstleutnant Linda, amtierte, kannte der russische Geheimdienst nur noch ein Aufklärungsziel: den Militärapparat der beiden deutschen Kaiserreiche.[63]

Batjuschin, aber auch sein Kiewer Kamerad Galkin und die ND-Leiter in Wilna und Odessa mußten ihre letzten Agentenreserven mobilmachen, um den Erwartungen St. Petersburgs gerecht zu werden. Wen immer die Agentenführer in Rußlands westlichen Militärbezirken für konspirative Arbeit geeignet hielten, den setzten sie in Marsch. Frauen und unausgebildete Spitzel drangen über die Grenzen Deutschlands und Österreich-Ungarns und spionierten wild darauf los – Träger jener russischen Massenspionage, die die Deutschen noch oft erschrecken sollte.

Der Fluß der Meldungen und Informationen aus Deutschland wurde schließlich so stark, daß die Raswedka in den Nachbarländern Deutschlands ein Netz von Sammel- und Auffangstellen anlegen mußte.

Der Militärattaché an der Russischen Botschaft in Bern, Oberst Dimitrij Josifowitsch Romejko Gurko, schuf eine konspirative Organisation, die das aus Deutschland und Österreich-Ungarn einlaufende Material sammelte und nach Rußland weiterreichte.[64] Das machte Romejko Gurko nach Batjuschin zur zweitwichtigsten Figur des russischen Geheimdienstkrieges gegen Deutschland, denn die Berichte der wichtigsten russischen Spione im deutsch-österreichischen Gebiet liefen bei dem Militärattaché zusammen: J. Dietrich im Haus 11 der Genfer Rue de Prince, dem Redl seine Dossiers zuschicken mußte, und Alexius Morosow in Bern, an den Wölkerling seine Meldungen sandte, waren nichts als Decknamen, hinter denen immer der gleiche Mann stand – Romejko Gurko.[65]

Zugleich erschloß er der russischen Deutschland-Spionage neue Informationsquellen, in enger Kooperation mit dem französischen Geheimdienst, dessen Schweizer Resident, Hauptmann Paul Larguier, dem Obristen eifrig zuarbeitete (wie umgekehrt der eigentliche Raswedka-Resident in der Schweiz, Oberst Wladimir Lawrow, mit seiner in Genf operierenden Agentengruppe auch den Franzosen Nachrichten aus Deutschland abließ).[66]

Damit wurde die Schweiz schon lange vor dem Ersten Weltkrieg zum wichtigsten Nebenschauplatz des deutsch-russischen Agentenkrieges. Im Krieg von 1870/71 hatten sich die Agenten der gegnerischen Armeen im Schweizer Untergrund zum erstenmal bekämpft; im Raum Basel hatte Meisterspion Schluga die illegalen französischen Truppentransporte durch die Schweiz aufgedeckt, hatten französische Agenten gegen die deutsche Armee spioniert.[67] Jetzt aber operierten in der Schweiz die Spione der rivalisierenden Großmächte bereits im Frieden: Romejko Gurko unterhielt in Bern Observanten, die die Aktivität der Deutschen Botschaft und deutscher Besucher überwachten. Die Russen konnten jederzeit auf ein Reservoir konspirativer Mitarbeiter zurückgreifen, war doch die Schweiz zumindest für die Ochrana vertrautes Territorium; seit Jahrzehnten bespitzelten dort ihre Agenten russische Emigranten.

Was Romejko Gurko in der Schweiz geschaffen hatte, kopierte sein Kamerad Alexej Alexejewitsch Graf Ignatiew in Schweden, dem zweiten Nebenschauplatz des russisch-deutschen Agentenkrieges.[68] Er und sein Nachfolger, Oberst Assanowitsch, verfügten über einen Informationsdienst, dessen V-Männer zahlreiche Institutionen Schwedens infiltriert hatten. Ob auf Schiffen in der Ostsee oder im staatlichen Apparat – russische Spione hörten mit.[69] Der schwedische Marinegeheimdienst hielt beispielsweise die Postverwaltung des Landes für so wenig sicher, daß er ihr keine wichtigen Schreiben anvertrauen mochte, und mancher deutsche Besucher erhielt von wohlmeinenden Schweden den warnenden Tip, sich vor russischen Schatten zu hüten.[70] »Die deutsche Gesandtschaft und insbesondere der deutsche Militärattaché in Stockholm werde von den Russen genau überwacht«, erfuhr ein deutscher Marineoffizier, der Schweden 1914 besuchte.[71]

Eine so breit angelegte Spionage (Jahresetat des russischen Geheimdienstes 1912: rund 13 Millionen Rubel) mußte einfach Erfolg haben.[72] Und die Raswedka hatte Erfolg. Schier unablässig kamen Agentenmeldungen und Geheimdossiers aus und über Deutschland in die Leitstellen der Raswedka: Festungspläne, Skizzen von Brücken und Bahnlinien, Kopien von Mobilmachungsinstruktionen, Einzelheiten über Kriegsspiele, Personalien, Statistiken, Analysen.

»Der russische Nachrichtendienst«, klagte später der letzte Chef der IIIb, »hatte sich volle Kenntnis von den Ostfestungen Deutschlands sowie von dem gesamten Bahn- und Straßennetz im östlichen Deutschland erworben.«[73] Als im Ersten Weltkrieg die deutschen Truppen nach Rußland vorstießen und die Akten russischer Armeestäbe erbeuteten, konnten sich die IIIb-Offiziere nicht genug darüber wundern, was die Raswedka auf der deutschen Seite alles ausgespäht hatte. Ein deutscher Geheimdienstoffizier: »Ich habe nie so gute Karten und Pläne einer deutschen Festung gesehen wie die russischen von Thorn, die uns nach unseren Siegen in Ostpreußen in die Hände fielen« – Spion Wölkerling hatte gut gearbeitet.[74]

Doch die Masse der Agentenmeldungen täuschte darüber hinweg, daß es die Raswedka-Führung kaum verstand, das so reichlich vorhandene Informationsmaterial richtig zu nutzen. Wichtige Meldungen blieben oft in den Leitstellen der Militärbezirke liegen und erreichten die Zentrale nicht; zudem hielt die Auswertung nicht Schritt mit der Beschaffung. Den Auswertern in der Raswedka-Zentrale fehlte oft die kritische Distanz zu den Meldungen der Agenten; nur wenige beherzigten den Lehrsatz geheimdienstliche Kontrolle und Gegenkontrolle, wonach »der Agent von der Lieferung und Information lebt und . . . ständig unter dem Druck steht, seinem Vorgesetzten etwas zu liefern, um seine Existenz zu rechtfertigen«.[75]

In der Raswedka herrschte eine Buchstabengläubigkeit, gegen die selbst kritischere Geheimdienstler vergebens angingen. Als der Chef des Evidenzbüros einmal Martschenko vorhielt, russische Spione würden Falschmeldungen über einen angeblichen österreichischen Truppenaufmarsch in Galizien verbreiten, brach es aus dem Russen heraus: »Ich weiß nicht, was ich machen soll. In Petersburg glaubt man dem lumpigsten jüdischen Spion mehr als mir!«[76] Die Meldungen der Agenten wurden in St. Petersburg ungeprüft akzeptiert, kritisches Nachfragen der Zentrale war nicht üblich.

Das machte den russischen Geheimdienst besonders anfällig für das Spielmaterial gegnerischer Dienste und privater Nachrichtenschwindler. In der Schweiz saß ein Mann, der den Russen jahrelang »sehr ungeschickt hergestelltes Material für teures Geld« lieferte,[77] und gläubig schluckte die Raswedka auch die dem französischen Geheimdienst zugegangenen und von diesem nach St. Petersburg weitergereichten Falsifikate über die deutsche Armee, so den angeblichen deutschen Aufmarschplan von 1904, den ein Schwindler, der sich als Berliner Generalstabsoffizier ausgab, dem SR für 60 000 Franc verkauft hatte.[78]

Noch verhängnisvoller mußte sich auswirken, daß die Agentenmeldungen – sei es aus Nachlässigkeit, sei es aus Resignation über die Flut des Materials – von den Führungsoffizieren oft gar nicht ausgewertet wurden. Der russische Offizier, so urteilte 1910 Kapitän zur See Walter von Keyserlingk, der deutsche Marineattaché in St. Petersburg, besitze »nicht die Gabe, selbstschöpferisch Gesehenes und Gehörtes zu sichten, zu ergänzen und zu einem Bilde zu formen. Die Aktenstücke füllen sich, verarbeitet werden sie nicht«.[79]

Allzu oft blieben wichtigste Meldungen im Sonderbüro ungelesen. Das mußte auch der ehemalige russische Marineattaché in Tokio erfahren, der sich nach dem verlorenen Krieg gegen Japan dem Vorwurf ausgesetzt sah, er habe die japanischen Kriegsvorbereitungen nicht rechtzeitig gemeldet. Der Attaché wollte daraufhin nachweisen, daß er im Gegenteil korrekt berichtet habe, und fahndete nach seinen Meldungen. Er fand sie in einer Aktenablage des Admiralstabes – ungeöffnet und ungelesen.[80]

Der Fall stand nicht vereinzelt da. Immer wieder kam es vor, daß wichtige Materialien in dem Aktenhaufen verschwanden, den die Auswerter nicht mehr bewältigen konnten, oder daß nachlässige Feindlagebearbeiter in den Militärbezirken den Wert eines durch mühevolle Agentenarbeit erworbenen Schlüsseldokuments nicht erkannten.

Zu diesen Dokumenten gehörte ein von Raswedka-Spionen beschaffter Bericht des deutschen Generalstabes über ein Kriegsspiel, das 1905 veranstaltet worden war. Das Dokument konnte gar nicht hoch genug eingeschätzt werden, offenbarte es doch den Russen, wie die Deutschen im Falle eines Krieges gegen den russisch-französischen Zweibund ihren Abwehrkampf im Osten führen wollten: nicht defensiv den Angriff der russischen

Armee abwartend, sondern offensiv durch einen eigenen Angriff gegen den Südflügel der Russen.[81] Doch das deutsche Kriegsspiel von 1905 fand in St. Petersburg keine Beachtung, blindlings liefen die russischen Armeen neun Jahre später in die Katastrophe. Später klagte der russische Kriegsminister Poliwanow: »Offenbar waren weder im Stabe des Höchstkommandierenden noch in den unteren Stäben die Pläne des Gegners in Rechnung gezogen, die so klar in dem angeführten Bericht [über das deutsche Kriegsspiel] zum Ausdruck gebracht worden sind.«[82]

Dabei hatte schon der Krieg gegen Japan das Krebsübel der russischen Feindaufklärung zutage gefördert. Der alte Raswedka-Chef Ljupow war im Oktober 1904 nicht zuletzt wegen der mangelnden Auswertung der Feindmeldungen vor der Schlacht bei Ljaojan abgesetzt worden, eine neuerliche Raswedka-Reform hatte auch das Auswertungssystem des Geheimdienstes verbessern sollen.[83] Doch die Raswedka lernte nicht aus ihren Fehlern. Ihre Auswertung blieb lückenhaft, viele ihrer Offiziere berauschten sich an der Überfülle des Nachrichtenmaterials.

Die Euphorie über die offenkundigen Beschaffungserfolge förderte in russischen Geheimdienstoffizieren eine Arroganz, die sich zuweilen in seltsam irrationalen Aktionen gegen den Gegner entlud. Die Keckheit russischer Spionageorgane auf deutschem Boden kannte kaum noch ein Maß: Raswedka-Offiziere reisten scheinbar sorglos durch ostdeutsche Grenzgebiete, als gehörten diese schon zum Zarenreich, und nicht selten kam es vor, daß sie »den Schutz deutscher Polizei gegen die sie beobachtenden anstatt zugreifenden Kriminalbeamten und gegen mißtrauisch werdendes Publikum in Anspruch nahmen«, wie der IIIb-Chef empört registrierte.[84]

Das Wort von der »russischen Frechheit« ging bald in deutschen Offizierskasinos um. »Vor 4 Wochen etwa«, lamentierte der IIIb-Chef, »sind 2 russische Offiziere im Anschluß an eine Probemobilmachung nach Deutschland in Uniform hineingeritten, haben offenbar den längeren Ritt, der ihnen im Mob-Fall obliegt, auf deutschem Boden ausgeführt!!«[85]

Noch mehr erregte deutsche Offiziersgemüter ein Fall, der 1911 spielte. Der russische Militärattaché beantragte eines Tages im preußischen Kriegsministerium, dem Oberstleutnant Rascha, Erstem Gehilfen eines Sektionschefs in der Hauptverwaltung des russischen Generalstabs, die Teilnahme an den deutschen Kaisermanövern zu gestatten. Das Kriegsministerium stimmte zu unter der Bedingung, daß auch ein preußischer Offizier zu einem Divisions- oder Korpsmanöver der russischen Armee zugelassen werde. Daraufhin zog der Militärattaché seinen Antrag wieder zurück. Begründung: Rascha sei erkrankt und könne nicht nach Deutschland kommen. Wie erstaunten aber die Offiziere im Kriegsministerium, als ruchbar wurde, daß der angeblich kranke Rascha unter falschem Namen ins Reichsgebiet eingereist war, ohne Erlaubnis im Manövergelände der 23. Division bei Pirna rekognosziert hatte und selbst nach seiner Enttarnung durch die deutsche Polizei noch tagelang Gast des russischen Militärattachés gewesen war.[86]

»Die Russen sind überall tätig, die Deutschen sind überall fromm und bieder«, lamentierte der Chef von IIIb.[87] Das war zwar überspitzt formuliert, dennoch enthielt der Stoßseufzer einen Kern Wahrheit: Nie zuvor hatte ein großer Staat auf die Aktivitäten fremder Spione hilfloser reagiert als das Deutsche Kaiserreich mit seinem scheinbar so effizienten Militär- und Polizeiapparat.

Die Agenten der Raswedka fanden in Deutschland nahezu ideale Arbeitsbedingungen vor. Für die meisten Deutschen war der russische Spion eine unbekannte Figur; wenn ein russischer Spion in Deutschland auftauchte, handelte es sich meistens um einen Mitarbeiter der Ochrana, auf der Suche nach antizaristischen Bombenwerfern und des Wohlwollens der deutschen Behörden sicher. Als klassischer Spion des Auslands galt fast immer nur der französische. Aber auch die Spione Frankreichs hatten auf deutschem Boden ein recht leichtes Leben, denn eine Spionageabwehr gab es in Deutschland lange Zeit nicht.

1878 war im Berliner Polizeipräsidium eine besondere, selbständige Geschäftsstelle für politische Angelegenheiten in ganz Preußen entstanden, deren sechs Kriminalkommissare und 106 Kriminalschutzleute in erster Linie das bekämpften, was die Regierenden damals die »gemeingefährlichen Bestrebungen der Sozialdemokratie und des Anarchismus« nannten.[88] Nur einige Angehörige dieser Politischen Polizei, meist Beamte der Fremden- und Bahnpolizei, befaßten sich mit ausländischer Spionage. Ähnlich war es bei den politischen Referaten der Polizeipräsidien in den anderen deutschen Bundesstaaten. Die IIIb hingegen betätigte sich überhaupt nicht in der Spionageabwehr. Sie verfügte in Friedenszeiten über keine eigene Exekutive; bei Truppenparaden und Manövern forderte sie von der Politischen Polizei Schutz gegen neugierige Ausländer an.[89]

Deutsche Spionageabwehr war bis weit in die achtziger Jahre des 19. Jahrhunderts das Hobby einiger Polizeibeamter, die auf eigene Faust fremde Spione jagten und das Militär vor ausländischen Geheimdiensten schützten. Die Anfänge einer organisierten Spionageabwehr gingen denn auch auf die Initiative eines einzelnen Polizisten zurück: Als die französische Spionage im Elsaß überhand zu nehmen drohte, gründete der Polizeirat Zahn 1887 im Straßburger Polizeipräsidium ein Sonderdezernat, das er schlicht Central-Polizeistelle nannte.[90] Die Centralstelle hielt Kontakt zu militärischen Stellen, mit denen Zahns Beamte gemeinsam französische Spione bekämpften.

Zahns Experiment blieb jedoch zunächst ein Einzelfall. Die Leiter der Polizei und ihre Vorgesetzten in den Innenministerien der Bundesstaaten sahen die Zusammenarbeit mit dem Militär aus Ressortegoismus nicht gerne. Sie ließen sich lange von den Soldaten bitten, ehe sie einmal einen Polizisten für eine Ermittlung in Spionagesachen freistellten. Stimmten sie aber zu, dann begann ein endloses Feilschen um Kompetenzen und Spesen. Da zankten sich das preußische Kriegsministerium und das Reichsamt des Inneren (Vorläufer des späteren Reichsinnenministeriums) monatelang um einen Berliner Kriminalbeamten, der in Thorn einen aktuellen Spionagefall bearbeiten sollte, aber in Danzig von seiner Heimatbehörde festgehalten wurde; da gab es einen interministeriellen Stellungskrieg um eine Gehaltszulage von 15 Mark für einen Schutzmann, weil sich Reichsamt und Kriegsministerium nicht darüber einigen konnten, ob der Schutzmann nun in Wahrnehmung militärischer oder allgemeiner Staatsinteressen tätig geworden sei.[91]

Inzwischen aber steigerte sich die Aktivität der russischen und französischen Geheimdienste; jeder neue Fall erwies, wie unzulänglich Deutschland für den Geheimdienstkrieg gerüstet war. Da Reichsleitung, Reichstag und die Bundesstaaten nicht reagierten, intervenierte das Militär, Liebhaber drastischer Lösungen und ohnehin kein Freund politisch-verfassungsrechtlicher Rücksichten.

Der Generalstab legte einen Plan für die Reform der deutschen Polizei vor, der praktisch auf eine Änderung des Artikels 4 der Reichsverfassung hinauslief, in dem den Bundesstaaten die Polizeihoheit garantiert worden war.[92] Die Militärs verlangten die Errichtung einer »politischen Reichspolizei«, die – eine weitere Forderung – im Schutz eines neuen, verschärften Gesetzes gegen den Verrat militärischer Geheimnisse die gegnerische Spionage in engster Tuchfühlung mit IIIb bekämpfen sollte.[93]

Als das Reichsamt des Inneren, erster Gesprächspartner der militärischen Reformer, abwinkte, wartete der Chef des Großen Generalstabes mit neuen Forderungen auf. In einer Denkschrift vom 5. Dezember 1890 verlangte Generalstabschef Graf Waldersee, der Geheimdienst müsse mit Polizeiorganen ausgestattet werden, falls sich der Aufbau einer Reichspolizei als unmöglich erweise. Waldersee wollte Stiebers alte Geheime Feldpolizei wieder auferstehen lassen, nur verstärkt und schon in Friedenszeiten tätig; diese Militärpolizei sollte fremde Militärattachés und Journalisten überwachen, Anlagen der Armee schützen und die Grenzen gegen Spione abriegeln.[94]

Auch dieses Reformprojekt verfiel der Ablehnung. Die Juristen des Reichsamtes konnten leicht nachweisen, daß der Plan des Generalstabschefs gegen die Reichsverfassung verstoße, die es versage, eine dem Zivilressort zugeordnete Institution, nämlich die Polizei, dem Militärressort zuzuschlagen.[95]

Doch der Generalstab ließ nicht locker. Er setzte schließlich den totalen Umbau der Polizeistruktur des Deutschen Reiches auf sein Panier – eine für den wilhelminischen Staat überaus bezeichnende Einmischung des Militärs in Politik und Verfassungsleben. Nur durch den »gänzlichen Bruch des bisherigen Systems« der föderalistisch organisierten Polizei sei eine wirkungsvolle Spionageabwehr möglich, schrieb der preußische Kriegsminister an den Reichskanzler.[96] Die politische Führung stellte sich taub, ohne die Militärs in ihre konstitutionellen Schranken zu verweisen.

Das vom Generalstab gewünschte neue Landesverratsgesetz wurde zwar 1893 erlassen, aber die Spionageabwehr blieb ein Torso.[97] Schon wollten die Militärs resignieren, da kam ihnen Kripo-Kommissar von Tausch mit einem eigenen Projekt zu Hilfe. 1895 schlug er vor, seine Behörde zur Zentrale einer Abwehrpolizei auszubauen, der per Befehl alle Polizeistellen in Preußen und per freier Vereinbarung die Polizeibehörden der Bundesstaaten Sachsen, Württemberg und Bayern zugeordnet werden sollten.[98] Das Reichsamt des Innern stimmte zu, die Kriegsministerien von Sachsen, Württemberg und Bayern aber verweigerten den Berlinern die Gefolgschaft.[99]

So kam nur eine schwache Organisation zur Bekämpfung der Spionage zustande. Die Polizeipräsidien in Berlin, München, Dresden, Stuttgart, Karlsruhe und Hamburg folgten dem Beispiel des Straßburger Polizeirats Zahn und errichteten Centralstellen; das Berliner Polizeipräsidium durfte die Arbeit aller Centralstellen von 1907 an koordinieren – wenn es die Kollegen zuließen.[100] In Mecklenburg, Thüringen, Hessen und anderen Bundesstaaten gab es jedoch keine Abwehrstellen, der Generalstab sah zu Recht »ein großes Gebiet Deutschlands noch schutzlos der Spionage preisgegeben«.[101]

Mit einer so lückenhaft arbeitenden Abwehrpolizei ließ sich die russische (und französische) Spionage nicht wirksam bekämpfen. Weitere Hilfe von der politischen Führung aber war nicht zu erwarten; die Reichsleitung meinte ohnehin, Spionageabwehr sei allein Sache der Bundesstaaten, sie ginge das Reich nichts an und könne daher auch nicht mit Reichsmitteln geführt werden. Der Generalstab sah sich gleichsam auf sich selber zurückgeworfen. Er mußte mit eigenen Mitteln versuchen, der russischen Spionage Herr zu werden.

In der IIIb-Zentrale wurde ein Referat »Spionageabwehr« eingerichtet, in dem ein Generalstabsoffizier Grundsätze für die Bekämpfung der russischen Agenteninvasion ausarbeitete, denn die Militärs glaubten in ihrem Hochmut, sie verstünden mehr von der Spionageabwehr als zivile Behörden.[102] »Die Hilfsorgane [des ND]«, schrieb der IIIb-Chef, »müssen vor allem in der Abwehr der feindlichen Spionage mithelfen. Der aufmerksame Offizier sieht in dieser Hinsicht meist mehr als die Polizei.«[103]

Das hieß nun allerdings nicht, daß die IIIb die Spionageabwehr selber in die Hand nehmen wollte; die Enttarnung und Ausschaltung fremder Spione blieb in erster Linie Sache der Polizei. Aber die IIIb beanspruchte eine federführende Rolle, zumindest ein weitgehendes Mitspracherecht bei der Bekämpfung der Spionage, weil sie die Methoden der gegnerischen Geheimdienste kannte und zudem ein spezielles Kampfmittel besaß, mit dem sich die ausländische Spionage von Innen heraus konterkarieren ließ: die Gegenspionage.

Bei der Leichtgläubigkeit des russischen Beschaffungsapparates konnte es der IIIb nicht schwerfallen, in die Reihen der Raswedka einzudringen. Das setzte freilich voraus, daß der deutsche Geheimdienst über ausreichende Verbindungen zur anderen Seite verfügte – und eben dies war nicht der Fall. Die Rußland-Aufklärung lag ebenso im argen wie die Spionageabwehr. Seit dem überraschenden Sturz des Generalstabschefs Waldersee im Frühjahr 1891 (er hatte sich durch unvorsichtige Kritik die Ungnade Kaiser Wilhelms II. zugezogen) fehlte dem Geheimdienst der mächtige Antreiber, der Höchstleistungen bei der Ausforschung Rußlands verlangte.[104]

Dem Geheimdienst-Fan Waldersee war der Altpreuße Alfred Graf Schlieffen gefolgt, der für die Spionage keinen Sinn hatte. Schlieffen, in seinen Planstudien ausschließlich auf einen Krieg gegen Frankreich fixiert, neigte außerdem dazu, die von Rußland drohenden Gefahren zu bagatellisieren. Er, der die Verschlechterung der deutsch-russischen Beziehungen für einen Irrtum der Geschichte hielt, glaubte allen Ernstes, trotz des Bündnisses mit Frankreich werde Rußland im Falle eines deutsch-französischen Krieges erst den Ausgang der Kämpfe im Westen abwarten, ehe es seine Armeen gegen Deutschland in Bewegung setze.[105]

Das war ihm eine so unerschütterliche Glaubensgewißheit, daß er der Verteidigungsfront im Osten jede Verstärkung verweigerte, ja sogar kaltblütig das Risiko ostdeutscher Gebietsverluste in Kauf nahm.[106] Auch die Warnungen des österreichischen Bundesgenossen vor russischen Invasionsplänen brachten Schlieffen nicht von seinem Kurs ab, verabscheute er doch die Österreicher aus tiefster Seele und fand ohnedies, es sei ein Unglück, daß sich das Reich überhaupt mit der Donau-Monarchie eingelassen und ihr zuliebe die traditionelle Freundschaft mit den Russen aufgegeben habe.[107]

Ein Chef mit so bizarren Vorstellungen ermunterte schwerlich dazu, Aufklärung gegen Rußland zu betreiben. Was unter Waldersee in den achtziger Jahren hektisch und überstürzt begonnen hatte, zerfiel in den ersten Jahren der Schlieffen-Ära wieder. Spionagearbeit gegen Rußland war beim Generalstabschef nicht populär, jetzt zählte allein die Aufklärung gegen Frankreich. Die IIIb verlor dabei so manchen ihrer V-Männer in Rußland.

Doch die Nachrichten über Rußlands vermehrte Rüstungsanstrengungen, vor allem Informationen über die Zusammenziehung gewaltiger Kavallerieverbände am Narew mit Stoßrichtung auf Ostpreußen ließen selbst Schlieffen keine andere Wahl, als einer Verbesserung der IIIb-Arbeit gegen Rußland zuzustimmen. Die unter Waldersee begonnene Tiefenaufklärung im Innern Rußlands wurde zwar weiterhin vernachlässigt, doch erhielt die Nahaufklärung gegen die russische Armee im Vorfeld der deutschen Grenzverteidigung erneute Priorität.

IIIb und Grenzpolizei errichteten gemeinsam vom April 1893 an in jedem ostdeutschen Landwehrbezirk Nachrichtenstationen, in denen jeweils ein Offizier (»Bezirksoffizier«) mit einem Grenzpolizeikommissar zusammensaß.[108] Die Grenzpolizeikommissare waren freilich nur selten Polizeibeamte, sondern meistens inaktivierte Berufsoffiziere des Heeres, die man zum Zweck der Nahaufklärung in den Polizeidienst übernommen hatte.[109] Ihnen fiel »in der Hauptsache die Aufgabe zu, Personen ausfindig zu machen und den betreffenden Bezirksoffizieren zu bezeichnen, welche sich als Agenten zur Einziehung von Nachrichten jenseits der Landesgrenze eignen« – so eine Anweisung des Oberpräsidenten der Provinz Posen.[110]

Jeder der sieben Nachrichtenstationen im Osten (Gumbinnen, Lyck, Soldau, Thorn, Jarotschin, Kempen, Lublinitz) war ein Abschnitt zugeordnet, der erst jenseits der russischen Grenze begann; die Aufträge erteilte der Chef der IIIb, der Bezirksoffizier setzte sie in Einzelinstruktionen um, der Grenzpolizeikommissar stellte die V-Männer bereit.[111] Generell waren im Abschnitt zu beobachten: Verkehrswege, Truppen, Grenzwachen, Befestigungen, ökonomische und politische Verhältnisse.[112] Dazu gehörte auch das Aufspüren russischer Spione, wie eine Anweisung der IIIb zeigt: »Das Auftreten von russischen Staatsangehörigen diesseits der Grenze, insbesondere von Offizieren und Beamten ist sorgfältig zu beobachten, wobei am besten die Mitwirkung der Polizeibehörde zu erbitten ist. Jeder Vorfall, welcher auf Spionage schließen läßt, ist auf das Eingehendste zu verfolgen und darüber schleunigst hierher zu berichten.«[113]

Detaillierte »Ausführungsbestimmungen« regelten die Zusammenarbeit zwischen den Nachrichtenstationen und ihren V-Männern im russischen Grenzgebiet. Ziffer 8 verlangte: »Schriftlicher Verkehr mit Vertrauensmännern im Auslande muß stets unter Deckadresse erfolgen. Eine solche (am besten ein Frauenname) ist mit der Postbehörde des Stationsortes zu vereinbaren. Die Post sendet alsdann die eingehenden Briefe in besonderem Umschlag an den Bezirksoffizier.« Für geheime Korrespondenz war bei Briefen »in jeder Zeile nur ein Wort als gültig zu vereinbaren, also z. B. in der ersten Zeile das 2te, sodann das 4., 5., 1., 8., 6. und 3. Wort, worauf in der 8. Zeile wieder das 2. Wort Gültigkeit hat«.[114]

Die Nachrichtenstationen wurden von dem IIIb-Chef dazu angespornt, in jeder russischen »Garnison des engeren Bezirks sich einen Vertrauensmann, am besten Schreiber bei einem Stabe« zu halten, »welcher alles militärisch Bemerkenswerte meldet«, und sie mußten am ersten Tag jedes Monats über Erfolge und Mißerfolge ihrer Arbeit nach Berlin berichten.[115] Der Chef der IIIb verlangte von seinen Nachrichtenstationen präzise Arbeit: »Rasches, entschlossenes Handeln, unverzügliche Weitergabe jeder Nachricht; dieselbe kann in jeder Minute an Wert verlieren.«[116]

Der Grenzverkehr zwischen Deutschland und Rußland war lebhaft genug, um den Nachrichtenstationen zu erlauben, Werber, Vermittler und V-Männer in die russischen Westprovinzen einzuschleusen. Auch kannten die Grenzpolizeikommissare fast immer Leute auf der anderen Seite der Grenze, die keine Skrupel hatten, Aufträge für den deutschen Geheimdienst zu übernehmen, obwohl der seine Agenten nicht gerade üppig belohnte. Es gab genügend deutsche Kaufleute oder russische Saisonarbeiter, die die Aussicht auf deutsche Orden oder auf einige Nebeneinnahmen in den IIIb-Dienst lockte.

Dabei drohten ihrer Arbeit in Rußland weit größere Gefahren als in jedem anderen Land. Kein Regime der Welt schottete sich gegen Spione so drastisch ab wie der Zarenstaat: Ochrana und Gendarmerie hatten ein engmaschiges Netz der Fremdenkontrolle geknüpft, Briefe aus dem Ausland wurden von den Zensoren in den »Schwarzen Kabinetten« der Hauptpostämter mitgelesen, jedes neuauftauchende Ausländergesicht lenkte das Mißtrauen der Behörden auf sich – und nicht nur das der Behörden. Die Jagd auf verdächtige Fremde war fast zu einer russischen Nationalleidenschaft geworden. Mehr als 100 000 Menschen standen in der einen oder anderen

Form im Dienst der Ochrana; es gab kaum noch eine Familie, in der nicht ein Angehöriger für die Polizei spitzelte.[117]

Der Bewegungsraum fremder Spione in Rußland war aber auch noch durch andere Maßnahmen eingeengt. Kaufleute und Händler durften nur von Ort zu Ort reisen, wenn sie ganz bestimmte Patente besaßen, die sie zur Ausübung ihrer Geschäfte berechtigten, so das 8-Rubel-Patent für Geschäftsreisen innerhalb eines Gouvernements oder das 42-Rubel-Patent für Reisen in ganz Rußland.[118] Handwerker benötigten ein von der Polizei ausgestelltes Arbeitsbuch, ohne das sie ihren Beruf nicht ausüben durften, und jeder Reisende in Rußland mußte bei Übernachtungen in einem Hotel noch am Ankunftstag seinen Paß der Polizei vorlegen und ihn danach dem Hotelbesitzer für die Dauer des Aufenthaltes überlassen.[119]

Nichts aber schien für einen deutschen Agenten in Rußland aussichtsloser als der Versuch, Soldaten auszuhorchen oder Militäranlagen auszuspähen. Jeder offizielle Vertreter Deutschlands wurde »sehr scharf von Geheimpolizisten und allen möglichen Spionen beobachtet und auf Schritt und Tritt verfolgt«, wie Botschafter Fürst Radolin 1896 nach Berlin meldete,[120] und noch 1913 notierte sich ein das Land bereisender Offizier des deutschen Marinegeheimdienstes, »in Rußland lebende Reichsdeutsche klagten über eine strenge Bewachung durch die Polizei, die ... gelegentlich zu unliebsamen Verhören führe«.[121]

Schon die leiseste Annäherung an einen russischen Soldaten konnte das Dazwischentreten eines Gendarmen provozieren, und bereits Spaziergänge im näheren Umfeld russischer Kasernen lösten das Mißtrauen der Wachtposten aus. Das Ansprechen von Soldaten war aber auch ohne Anwesenheit eines Gendarmen ein riskantes Unternehmen; die Polizei honorierte jede Anzeige eines Anwerbungsversuches mit besonderen Auszeichnungen (für Offiziere) und Geldprämien (für Unteroffiziere und Mannschaften).[122] Zudem veröffentlichte der russische Ministerrat in regelmäßigen Abständen ein Verzeichnis all der militärischen Gegenstände, über die alle Untertanen strengstes Stillschweigen zu bewahren hatten.[123]

Dennoch durchlöcherte die weitverbreitete Korruption dieses scheinbar perfekte Überwachungssystem. Ein rechtzeitig in den Paß eingelegter Geldschein stimmte den Gendarmen milde, dem an der Grenze die Paß- und Gepäckkontrolle oblag, und auch beim Reisen durch Rußland konnte sich der Tourist mit Geld die Toleranz der Behörden erkaufen, wobei er sich allerdings nicht durch übertriebene Generosität verdächtig machen durfte. Jeder Funktionsträger in der russischen Klassengesellschaft hatte seinen festen Preis; dem Hotelportier standen 50 Kopeken zu, dem Eisenbahnschaffner ein Rubel, dem »Tschinownik« (Beamten) mindestens das Zehnfache.[124] Das Bestechungssystem war so eingebürgert, daß die Instrukteure des Evidenzbüros schon wähnten, die »russische Natur, leichtsinnig, unterhaltungs- und genußsüchtig«, sei »um Geld und Weib für alles zu haben«.[125]

Das war zwar ein arrogantes Fehlurteil, gleichwohl erleichterte die Korruption den deutschen Spionen ihre Arbeit. Geld und gute Verbindungen bahnten den Agenten der Nachrichtenstationen in den russischen Grenzgebieten einen Weg in die Kasernen. Vertrauensmänner der IIIb durchstreiften das Gelände und lieferten, was die Berliner Zentrale von ihnen verlangte: »Mitteilungen über Bau von Kasernen, Magazinen, Militärbäckereien und Mühlen, ferner über Garnison-Übungen, Manöver, Dienstbetrieb usw.«.[126]

Schier pausenlos ergingen die Aufträge an die Agenten. Order von der IIIb: »Von besonderem augenblicklichen Interesse ist die Einführung des neuen [russischen] Gewehres und Pulvers; von letzterem (bzw. Patronen) müssen Proben beschafft werden.«[127] Die V-Männer der Nachrichtenstationen besorgten beides. Wieder eine Anweisung der IIIb: »Über Stärke, Dislokation, Bewaffnung und Übungen der Grenzwache sind Erhebungen anzustellen.«[128] Die Nahaufklärer lieferten auch darüber Materialien. Was immer die Agenten ergattern konnten, schickten sie an die Nachrichtenstationen oder deren Deckadressen.

Die ersten Erfolge deutscher Nahaufklärung waren freilich teuer erkauft. Die meisten der zur Erkundung von Wegen nach Rußland entsandten V-Männer wurden von der russischen Gendarmerie aufgegriffen, und auch manche der stationären IIIb-Agenten verfingen sich in den Beobachtungsnetzen der Ochrana. Das brachte den deutschen Geheimdienst zuweilen in arge Verlegenheit, wie der Fall eines Agenten lehrte.

Der V-Mann Hellweger war Mitte der neunziger Jahre von der IIIb-Führung nach Rußland entsandt und dort bei einer Razzia der Gendarmerie verhaftet worden; in seiner Tasche fand man einen Zettel, auf dem eine Berliner Deckadresse stand. Der V-Mann bestritt zunächst jede Agententätigkeit, legte aber dann ein Geständnis ab und wurde auf Lebenszeit in eine Strafkolonie Ostsibiriens verbannt. Ein paar Monate später konnte jedoch Hellweger nach China fliehen; er tauchte in der Schweiz unter, worauf er die IIIb-Führung mit der Drohung, seine Kenntnisse über die deutsche Rußland-Spionage zu veröffentlichen, solange erpreßte, bis ihm die IIIb 1898 ein jährliches Schweigegeld in Höhe von 3000 Mark zusicherte.[129]

Ob derartige Anstrengungen im rechten Verhältnis zu den Resultaten der Rußland-Aufklärung standen, konnte man bezweifeln. Die Feindlagebearbeiter in der 1. (Russischen) Abteilung des Großen Generalstabes, die das Material der Nachrichtenstationen in ihre Lagebilder einordneten, merkten rasch, wie wenig sie im Grunde über die russische Armee erfuhren. Sie hatten einigen Einblick in Stärke und Aufgaben der 28 Grenzwache-Brigaden entlang der russischen Westgrenze, sie kannten Lage und Belegung der 78 Übungslager, in denen die russischen West-Truppen in den Sommermonaten ausgebildet wurden, und sie hatten auch eine gewisse Vorstellung von der Dislokation vieler (beileibe nicht aller) im Westen stehenden Truppen der Zarenarmee.[130] Mehr wußten sie nicht.

Ein im November 1895 von dem profiliertesten Rußland-Experten des Generalstabes, Hauptmann von Kamptz, erstellte Denkschrift (»Die russischen Streitkräfte und ihre Aufstellung an der Westgrenze Rußlands«) spiegelte auf 42 Seiten die ganze Ahnungslosigkeit der deutschen Militärführung wider. Statt konkreter Daten bot Kamptz militärischen Feuilletonismus, so etwa die Erkenntnis, »im Allgemeinen« habe der Russe »recht gute Anlage zum Soldaten, wenn auch Langsamkeit und Mangel an Intelligenz ... ihn gegen den deutschen Soldaten abfallen lassen«.[131] Verdrossen schrieb ein Sachbearbeiter des Admiralstabs, dem die Denkschrift zugeschickt worden war, auf das Kamptz-Papier: »Scheint mir keine große Leistung für einen so berühmten Mann.«[132]

Kamptz konnte freilich nur analysieren, was ihm der militärische Nachrichtendienst an Fakten und Erkenntnissen bot – und das war wenig genug. Die Aufmarschdispositionen der russischen Militärführung war den deutschen Feindaufklärern meistens ein Rätsel, das Mobilmachungssystem der Russen allenfalls in einigen Grundzügen geläufig.

General Max Hoffmann, als junger Offizier Sachbearbeiter in der 1. Abteilung, erinnerte sich später, nachdem er in der Schlacht bei Tannenberg als Ludendorffs rechte Hand bekannt geworden war: »Ebenso unbekannt, wie die beabsichtigte Verwendung der russischen Hauptkräfte, war uns auch die Gliederung der Millionen gedienter Mannschaften, über die die russische Heeresleitung verfügen konnte.«[133] Die IIIb wußte auch nicht, was in den Militärbezirken Petersburg, Finnland, Moskau, Kasan und Kaukasus vorging. Das war ein schwerer Nachteil für die deutschen Militärplaner, denn allein die Kenntnis des Mobilmachungssystems und der Truppenstärken in diesen Militärbezirken erlaubte einen Rückschluß darauf, wie rasch das russische Heer im Ernstfall losschlagen konnte.

Jetzt rächte sich bitter, daß die IIIb in den letzten Jahren versäumt hatte, Tiefenaufklärung in Rußland zu betreiben. Ihre Aufklärung reichte über den russischen Grenzraum nicht hinaus. Kein deutscher Spion wurde auf Rußlands militärische Zentrale angesetzt, kein deutscher Aufklärer sickerte in die Stäbe der russischen Militärbezirke ein. Wenn die IIIb gleichwohl von Zeit zu Zeit Einblick in die Geheimnisse der russischen Armeeführung erhielt, so war dies weniger systematischer Agentenarbeit als einigen Zufällen zuzuschreiben.

Ein solcher Zufall hatte 1889 einen Offizier der Organisationsverwaltung (Hauptstab) des russischen Generalstabes mit dem deutschen Militärattaché in St. Petersburg, Oberstleutnant Graf Pfeil, zusammengeführt. Der Russe bot an, den Deutschen alle wichtigen Materialien zugänglich zu machen, die über seinen Schreibtisch liefen.[134] Was immer den russischen Generalstäbler zu seinem Verrat treiben mochte, simple Geldgier oder Haß auf den Zarismus – er hielt sein Wort: Jahrelang belieferte er den deutschen Geheimdienst mit Verschlußsachen der russischen Armee.

Zum erstenmal konnten die deutschen Feindlagebearbeiter wichtige russische Geheimberichte, kenntlich an ihren roten Ordnungsnummern und ihren roten Laufzetteln, mitlesen: den »Doklad«, den jährlichen Rapport des Kriegsministers an den Zaren über den Zustand der Armee; den »Attschot«, einen Dokumentenanhang des Doklad; den »Rospisanje suchoputnych wojsk«, eine supergeheime Aufstellung des Kriegsministeriums über die Dislokation der russischen Truppenverbände, und den numerierten Jahres-Rospisanje mit den jeweils geltenden Aufmarschdispositionen in den einzelnen Militärbezirken.

Erlässe und Verfügungen des Kriegsministeriums, Marschbefehle für den Mob-Tag, Nachweise über die Lagerung der »unberührbaren Vorräte« (neprykosnowjennyje magazyny), Kriegsfahrordnungen – nahezu alles lieferte der mysteriöse Mann aus dem Hauptstab an Pfeil, der das Material im Depeschensack der Deutschen Botschaft nach Berlin transportieren ließ.[135]

Auch die wegen ihrer Genauigkeit unter Geheimschutz stehenden und daher von allen fremden Geheimdiensten heißbegehrten Generalstabskarten im Maßstab 1:42000, die sogenannten Ein-Werst-Karten, waren dabei und erwiesen sich als »so vollständig, daß danach unsere Kriegskarten neu hergestellt werden konnten«, wie der IIIb-Chef bezeugt.[136]

Ähnliche Karten hatte in seiner Reisetasche auch der fremde Zivilist, der sich 1894 im Generalstab am Berliner Königsplatz meldete und einen für russische Angelegenheiten zuständigen Offizier zu sprechen wünschte. Vor einem IIIb-Mitarbeiter öffnete der Fremde seine Tasche und offerierte einen Packen militärischer Papiere mit dem Aufdruck »Wjesma sekretno« (Sehr geheim) zum Kauf: Lagekarten, Befehle und Denkschriften aus Stäben russischer Truppen. Die IIIb kaufte alles, worauf sich der Besucher erbot, in Zukunft für den deutschen Geheimdienst zu arbeiten. Die IIIb war einverstanden.[137]

Dann stellte sich der Mann vor: Kapitän Grimm, Referent im Stab des Militärbezirks Warschau und ein fanatischer Feind des Zarenregimes.[138] Seine Berichte, die er in den folgenden Jahren der IIIb, zuweilen auch dem Evidenzbüro zukommen ließ, machten den russischen Kommandoapparat in Warschau transparent, zumal noch ein weiterer Agent, ein V-Mann der Nachrichtenstation Thorn, in der Hauptstadt Russisch-Polens agierte.[139] Zum erstenmal profitierte auch die deutsche Spionageabwehr von der Rußland-Aufklärung: Grimm saß in Batjuschins unmittelbarer Nachbarschaft, seine Meldungen dürften auch Erkenntnisse über die russische Deutschland-Spionage vermittelt haben.

Gelegenheitsspione wie Grimm und sein Gesinnungsgenosse in St. Petersburg hatten jedoch für die IIIb einen Nachteil: Sie scheuten feste Bindungen, sie wollten selber darüber befinden, was und wann sie lieferten. Das hatte zur Folge, daß die beiden Spione nicht immer für die IIIb-Führung erreichbar waren; der Mann in Petersburg rührte sich oft monatelang nicht, Grimm ließ sogar Ende der neunziger Jahre den Verkehr mit Berlin gänzlich einschlafen.[140]

Als 1901 ein neuer IIIb-Chef, der Major Brose, die Verbindung zu dem inzwischen zum Oberstleutnant avancierten Grimm erneuern und sich mit ihm treffen wollte, war es zu spät. Noch ehe Brose zu dem Treff abreiste, wurde Grimm von Ochrana-Beamten verhaftet. Bei der folgenden Hausdurchsuchung fanden die Polizisten zahlreiche Unterlagen, die Grimm als Agenten Deutschlands und Österreich-Ungarns entlarvten. Ergebnis: Verbannung Grimms auf die Fernostinsel Sachalin.[141]

Drei Jahre später flog ebenso der Petersburger Spion auf; er, der auch für die Japaner arbeitete, war der Ochrana bei der schärferen Überwachung des japanischen Militärattachés kurz vor Ausbruch des Krieges mit Japan aufgefallen. Der Petersburger V-Mann gab in der Haft so viele Details über seine Zusammenarbeit mit Berlin preis, daß der deutsche Militärattaché, Pfeils Nachfolger Major Freiherr von Lüttwitz, sofort das Land verlassen mußte.[142]

Die IIIb wäre wieder einmal von russischen Originaldokumenten völlig abgeschnitten gewesen, hätte sie nicht noch einen Helfer gehabt, der sie mit Rußland-Materialien belieferte: das Evidenzbüro in Wien. Später ließ allerdings die Überheblichkeit so mancher deutscher Offiziere die Mär aufkommen, der österreichische Geheimdienst habe versagt. Auch Brose verstieg sich nach dem Ersten Weltkrieg zu der Behauptung, bei der Zusammenarbeit zwischen IIIb und Evidenzbüro seien die Deutschen »fast ausschließlich die Gebenden« gewesen.[143] Zu Recht hält der letzte Chef des Evidenzbüros dagegen: »In den 90er Jahren war wir ganz sicher die besser orientierten Stellen.«[144]

Tatsächlich war Österreichs Konfident Nr. 184 heilfroh über jede Rußland-Information, die ihm das Evidenzbüro überließ. Nr. 184 – das war die Chiffre, unter der der deutsche Geheimdienstchef in den Akten des Evidenzbüros geführt wurde.[145] Und das für die IIIb bestimmte Material floß reichlich, wie die Akten des Evidenzbüros enthüllen.

1892: Lieferung von Karten, Dienstbüchern und einer Denkschrift des russischen Generalstabes an Nr. 184. Ein Jahr darauf: Das Evidenzbüro übersendet den Großen Rospisanje und einen russischen Aufmarschplan. 1894: Die Deutschen erhalten aus Wien den Doklad des Vorjahres und Informationen über die Zusammenarbeit der russischen und französischen Geheimdienste im Fall eines Krieges. 1895: Nr. 184 bekommt den »Schtatnoje i spisotschnoje sostojanje« (Ausarbeitung des Generalstabes über die vorgeschriebenen und tatsächlich vorhandenen Truppenstärken), den Rospisanje und eine Detailübersicht über die Dislokation der russischen Streitkräfte. 1896: Übermittlung des Doklad und Rospisanje. 1897: Abgabe des Rospisanje Nr. 17, russischer Telegraphenkarten, des Doklad von 1896 und des 1895er Attschot.[146]

Die Beispiele illustrieren, daß die Rußland-Spionage des Evidenzbüros eine Effizienz besaß, mit der sich die IIIb nicht messen konnte. Hier wirkte sich offenkundig die um ein halbes Jahrhundert längere Erfahrung des österreichischen Geheimdienstes aus; einen Kundschaftsdienst gab es in der Donau-Monarchie praktisch seit 1802, eine Nachrichtenabteilung im Generalstab seit 1828 (in Preußen hingegen erst ab 1866).[147] Da Rußland neben Preußen jahrzehntelang als der Hauptfeind Österreichs galt, hatte der österreichische Kundschaftsdienst schon frühzeitig mit der Rußland-Aufklärung begonnen.

In den neunziger Jahren verfügte das Evidenzbüro im Zarenreich über 100 Agenten und eine Fülle von Gelegenheitsspionen; es war nach dem Urteil eines Experten »geradezu glänzend über Rußland unterrichtet«.[148] Die

Österreicher arbeiteten oft mit äußerst personalstarken Agentengruppen, wie sie damals – in der Zeit vor dem Ersten Weltkrieg – noch ungewöhnlich waren. General Schebeko, der für Spionageabwehr zuständige Mann im russischen Kriegsministerium, staunte nicht schlecht, als die Ochrana 1892 einen österreichischen Spionagering zerschlug, dem 70 Personen angehörten, geleitet von einem in Warschau sitzenden Blinden und organisiert »nach altem polnischen Verschwörerprinzip, wonach stets nur 2-3 Personen voneinander wußten« – so eine Aktennotiz des Evidenzbüros.[149] Nicht ohne Befriedigung hielt es fest: »Dieses Kundschaftsnetz erstreckte sich auf Congreßpolen, längs der galizischen Grenze nach Wolynien und Podolien bis über Kiew hinaus.«[150]

Das Evidenzbüro betrieb jedoch nicht nur Massenspionage, es wußte auch einzelne, besonders ausgesuchte Agenten auf strategisch wichtige Posten zu dirigieren. Beliebte Beobachtungsplätze waren die Hauptpostämter russischer Großstädte, in denen zahlreiche Konfidenten Österreich-Ungarns operierten. Die Beamten der Schwarzen Kabinette, meist Baltendeutsche, waren Künstler ihres Fachs; sie konnten spurenlos fremde Briefe öffnen und schon an winzigen Unebenheiten – einem kleinen Fleck auf einem Kuvert hier, einem unterstrichenen Buchstaben dort – einen verdächtigen Brief erkennen. Als ein Genie geheimer Brieföffnung galt Karl Zievert, der Leiter des Schwarzen Kabinetts im Hauptpostamt von Kiew, auch er ein Spion des Evidenzbüros.[151]

Ebenso wichtig waren für Österreich die geheimen Helfer in der russischen Militärführung. Im Vorzimmer des Generalmajors Vhač-Abgarowitsch, der die Transportabteilung des russischen Generalstabes leitete, saß der österreichische Agent Isaak Persitz, der wichtige Materialien lieferte, später freilich unter die Nachrichtenschwindler ging,[152] und das Schlafzimmer eines höheren Offiziers des Generalstabes beherrschte eine österreichische Spionin, die – wie der Chef des Evidenzbüros stolz notierte – Wien »den russischen Aufmarschplan mit der sozusagen noch feuchten Unterschrift des Zaren auslieferte«.[153]

Das schloß jedoch nicht aus, daß dem Evidenzbüro auch schwere Fehler unterliefen. So fiel es wiederholt auf das Desinformationsmaterial der Raswedka herein. Mitte der neunziger Jahre kaufte es beispielsweise für 80000 Gulden einen angeblichen Feldzugsplan der Zarenarmee gegen Österreich, der einen Aufmarsch der russischen Hauptkräfte auf dem linken Weichsel-Ufer verhieß und an dessen Authentizität sogar der sonst so skeptische Generalinspektor der k. u. k. Armee glaubte.[154]

Auch wurden die österreichischen Agentengruppen in Rußland nicht immer nach sorgfältigen konspirativen Regeln geführt. In einem Spionagering kannten sich allzu viele, oft hatten sie die gleiche Agentenschule absolviert; da genügte es der Ochrana oft schon, einen Mitarbeiter dieses Rings in die Hand zu bekommen, um das ganze übrige Agentennetz aufknüpfen zu können.

Solche Fehler uferten zur Katastrophe aus, als das Evidenzbüro plötzlich nach dem japanisch-russischen Krieg das Interesse an einer leistungsfähigen

Rußland-Aufklärung verlor. Ein neuer und schwacher Amtschef, der Oberst Eugen Hordliczka, hatte sich von den Hofräten des Außenministeriums bewegen lassen, die konspirative Arbeit im Zarenreich einzuschränken.[155] Die Diplomaten Wiens, schon aus Kompetenzgründen keine sonderlichen Bewunderer der Spionagearbeit, glaubten ernsthaft, die Niederlage Rußlands in Ostasien biete eine Chance, die österreichisch-russischen Beziehungen zu verbessern, und drängten daher Hordliczka, das angeblich sichere Rapprochement der beiden Staaten nicht durch spektakuläre Spionageaffären zu stören.

Das Evidenzbüro baute daraufhin seinen Rußland-Apparat zum größten Teil ab; die meisten Agenten in Rußland erhielten von Wien keine Aufträge mehr, das Geld des Evidenzbüros floß spärlicher. Hatten die Kundschaftsstellen für die Arbeit in Rußland 1903 noch 20000 Kronen erhalten, so sank der Jahresetat 1906 auf 6000 Kronen.[156] Unter solchen Umständen mochte kein guter Agent mehr für Österreich-Ungarn arbeiten, immer mehr russische Konfidenten verließen den Dienst des Evidenzbüros. Es war ein selbstverordneter Aderlaß, von dem sich die österreichische Spionage nie wieder erholen sollte.

Den Rest besorgten die Verrätereien des Majors Redl, der als Hordliczkas Stellvertreter auch die sensibelsten Geheimnisse der österreichischen Spionage in Rußland kannte, hatte er doch früher selber erst die Russische Gruppe, dann den gesamten Kundschaftsdienst des Evidenzbüros geleitet.[157] Mit einer Kaltschnäuzigkeit, die selbst in der Geschichte der Geheimdienste ungewöhnlich ist, gab er der Ochrana die letzten guten österreichischen Spione preis, wobei es zu seiner Taktik gehörte, sich zugleich von der Raswedka einige ihrer in Österreich-Ungarn operierenden Spione zum Abschuß freigeben zu lassen und sie danach persönlich zu entlarven, um sich auf diese Weise als der schärfste Spionejäger der Donau-Monarchie zu immunisieren.

Die derart düpierten Offiziere des Evidenzbüros konnten sich später glücklich preisen, dem Verräter nicht völlig in die Hand gefallen zu sein. Denn nur ein administrativer Zufall verhinderte, daß Redl 1909 zum Chef des Evidenzbüros ernannt wurde; hätte der Generalstabschef ihn nicht bereits für ein Truppenkommando ausersehen, so wäre Redl bei Hordliczkas Abgang dessen Nachfolger geworden.[158] Aber auch als stellvertretender Bürochef konnte der Doppelspion seinen russischen Auftraggebern wirkungsvoll dienen. Eine österreichische Agentengruppe nach der anderen flog auf, die russische Spionageabwehr kannte oft Anweisungen des Evidenzbüros so genau, als habe sie die Orders selber verfaßt.

Das Evidenzbüro verfügte bald nur noch über zwei Konfidenten in Rußland, die österreichische Rußland-Spionage war am Ende.[159] Auch der später wieder unternommene Versuch, eine neue Organisation im Zarenreich zu schaffen, blieb ohne Ergebnis. Der letzte Chef des Evidenzbüros berichtet: »Die Anwerbung von [neuen] Konfidenten und ihre Ansiedlung in Rußland ging langsam vor sich und verschlang das geringe, zur Verfügung stehende Geld. Die meisten Konfidenten erwiesen sich als unfähig;

militärisches Urteil fehlte; die Nachrichten brauchten oft allzulange Zeit und widersprachen einander.«[160]

Damit aber stand der deutsche Geheimdienst nun vollends vor leeren Aktenordnern und Registraturen. Seine beiden russischen Topagenten hatte er verloren, das österreichische Material blieb aus, die Nachrichtenstationen der IIIb lieferten nur zweitrangige Erkenntnisse. Die deutsche Armee war im Osten »blind«.

4 Die Geheimnisse des Nikon Nizitas

Die Offiziere des Kaisers probten den Aufstand. Sie wollten es nicht länger hinnehmen, daß ihre obersten Vorgesetzten keinen Sinn für Spionage und Feindaufklärung hatten, sie mochten nicht mehr einer Armee angehören, der als einzige Europas eine effektive Rußland-Aufklärung fehlte. Sie sahen, so ließen die Rebellen durchblicken, keinen Sinn mehr in ihrer Arbeit, wenn nicht endlich ein Spionagedienst geschaffen werde, der generalstäblerische Anforderungen wirklich (und nicht nur auf dem Papier) erfüllen könne.[1]

Bis dahin hatte Preußen-Deutschlands Generalstab den Geheimdienst nur nebenbei betrieben; es hatte ihm genügt, zwei oder drei seiner Offiziere zur Leitung der Nachrichtensektion abzustellen und die Hauptarbeit den Bezirksoffizieren in den Nachrichtenstationen zu überlassen. Die Bezirksoffiziere aber, in der Regel pensionierte Truppenoffiziere, hatten »fast völlig versagt«, wie es in einem Papier der Reformer hieß; die Bezirksoffiziere waren meist ungebildete Leute ohne generalstäblerische Ausbildung, mit fremden Armeen und Sprachen nicht vertraut.[2]

Das wollten die Reformer jetzt gründlich ändern: Junge, aktive Generalstabsoffiziere sollten als sogenannte Nachrichtenoffiziere (NO) den Kommandos der grenznahen Armeekorps zugeteilt werden und von dort aus einen Nah- und Fernaufklärung gleichermaßen umfassenden Spionagedienst gegen Rußland aufziehen.[3]

Die Stunde für eine solche Reorganisation war günstig. Ende 1905 hatte der ND-fremde Generalstabschef Schlieffen den Abschied genommen, an seiner Stelle war der mit der Feindaufklärung eher vertraute Generalleutnant Helmuth von Moltke, ein Neffe des Feldmarschalls, in das Rote Haus eingezogen.[4] Die Argumente der Reformer leuchteten Moltke ein, zumal er aus eigener Anschauung wußte, wie unsicher das Wissen über die russische Armee war. Er hatte 1890, damals Major im Generalstab, eine Expertise über die russische Armee und ihren Aufmarsch an der Westgrenze verfaßt und war dabei rasch auf die Schwächen deutscher Rußland-Aufklärung gestoßen.[5]

Am 6. März 1906 unterbreitete Moltke dem preußischen Kriegsminister Karl von Einem den Plan, Generalstabsoffiziere in den Grenzkorps mit der Leitung eines Spionagedienstes gegen Rußland zu beauftragen.[6] Der Kriegsminister war entsetzt. Ihm schien es aus Standesgründen ungeheuerlich, »jüngere Offiziere, denen ein weiteres Fortkommen in der Armee gesichert bleiben soll, durch ihren Dienst mehrere Jahre hindurch dem dauernden Verkehr mit Persönlichkeiten zweifelhaften Rufes auszusetzen«.[7] Doch Moltke blieb bei seinem Plan. Er hielt es für »ein unabweisbares Bedürfnis«, endlich in der preußischen Armee einzuführen, was in anderen Armeen längst üblich war.[8]

Generalstabschef und Kriegsminister einigten sich auf einen Kompromiß: Zwei ältere Offiziere des Generalstabes, ein Hauptmann und ein Oberleutnant, sollten versuchsweise bei den Grenzkorps einen Spionagedienst organisieren.[9] Der Oberleutnant hieß Walter Nicolai und sollte schon in wenigen Jahren zu einem der mächtigsten Geheimdienstchefs Europas aufsteigen. Der Abkömmling Braunschweiger Pastoren und Sohn eines Offiziers, 1873 geboren, ultrakonservativ und protestantisch, ein typischer Vertreter des politisierenden Offizierkorps des Kaiserreiches, war für den Geheimdienstkrieg gegen Rußland wie geschaffen.[10] Rußland hatte ihn von Jugend an interessiert; auf der Kriegsakademie hatte er die russische Sprache erlernt, sein erster Auftrag im Generalstab – Vermessungsarbeiten im Raum der Festung Graudenz – hatte ihn auf die Spur russischer Spione geführt.[11]

Seither beschäftigte Nicolai die Frage, wie man die russische Spionage lahmlegen könne. So war er nur allzu begierig, sich im konspirativen Kampf gegen Rußland zu profilieren, als ihn im Juni 1906 der Befehl Moltkes erreichte, beim Generalkommando des I. Armeekorps in Königsberg »einen Nachrichtendienst einzurichten und gleichzeitig die Abwehr gegen die überhandnehmende russische Spionage an der Grenze zu organisieren«.[12] Am 1. Juli übernahm Nicolai die neue Nachrichtenstation Königsberg.[13]

Kurz zuvor hatte er noch eine Reise durch Rußland unternommen und dabei einige russische Offiziere und Kaufleute kennengelernt, die ihm ein Gefühl dafür gaben, wo eine aussichtsreiche deutsche Spionage in Rußland ansetzen müsse.[14] Durch diese Kontakte bekam Nicolai auch Verbindung zu einem deutsch-russischen Handelsmann namens Auschra, der in Gallus-Wilpien nördlich von Tilsit lebte und über ausgedehnte Beziehungen nach Rußland verfügte.[15] Auschra erklärte sich bereit, dem Oberleutnant beim Aufbau einer V-Mann-Organisation in Rußland zu helfen, und wurde in kurzer Zeit zu dem großen Agentenvermittler der IIIb, ohne dessen Kontakte und Ratschläge erfolgreiche Spionagearbeit in und gegen Rußland nicht denkbar war.

Dank Auschra und eigener Rußland-Kontakte verfügte Nicolai bald über ein kleines Informantennetz, dessen Agenten das russische Militär nicht nur im Grenzraum auskundschafteten, sondern auch weit im Hinterland des Zarenreiches. Die Tiefenaufklärung besorgten in erster Linie Reiseagenten, die wie der junge russische Reserve-Unteroffizier Iwan Karies im litauischen Trumpeniki die baltischen Provinzen systematisch erkundeten oder das militärische Gelände rund um St. Petersburg ausforschten, wie es der Agent K47 tat.[16] Auch stationäre Agenten konnte Nicolai im russischen Hinterland gewinnen, so den Russen Bodnjanski in Poltawa und einen Mann mit der Agenten-Chiffre K68, der in Moltschad arbeitete.[17] Andere Agenten wiederum, die im Grenzland saßen, verfügten über Querverbindungen in die Provinz; der V-Mann Traub im Kreis Memel beispielsweise hatte einen Bruder, der als Feuerwerker in der 42. Feldartillerie-Brigade im Militärbezirk Kiew diente und Nachrichten aus dem dort liegenden X. Armeekorps lieferte.[18]

Nicolai begnügte sich jedoch nicht damit, nur auf konspirativem Wege in die Geheimnisse des russischen Militärs einzudringen. Er erschloß sich auch »offene« Quellen. Nicolai und seine Mitarbeiter lasen gründlicher als andere IIIb-Männer russische Zeitungen und Sachbücher auf militärische Details durch; auch die Befragung russischer Deserteure, die nach Ostpreußen geflohen waren, handhabte er systematischer.

Bald merkte freilich Nicolai, »daß der Russe, der doch sonst ein recht weites Gewissen hat, für Landesverrat nicht zu haben war«, wie es Brose formuliert.[19] Keiner der in Königsberg vernommenen russischen Deserteure ließ sich bewegen, für die IIIb nach Rußland zurückzugehen, und auch der Bankier Silberstein im ostpreußischen Schirwindt, ein Konfident Nicolais, meldete nur Fehlanzeigen bei seinen Versuchen, russische Offiziere anzusprechen.[20] Resigniert notierte sich Nicolai, Rußlands Offizierkorps und Beamtentum habe trotz aller »moralischen Gefährdung« ein so starkes Nationalbewußtsein, daß es »nur äußerst selten zu wirklichen Leistungen für den deutschen Nachrichtendienst« gekommen sei.[21]

Doch es gab eine Menschengruppe in Rußland, in der so mancher in seiner Verzweiflung und Hoffnungslosigkeit nicht abgeneigt war, auf die deutsche Karte zu setzen: die Juden. Heute, nach dem Grauen des deutschen Massenmords an den Juden Europas, kann man sich kaum noch vorstellen, daß das polnisch-russische Judentum einmal von Deutschland die Befreiung aus aller Bedrängnis erhoffte. Und doch war es so.

Acht Millionen Juden hatte das Schicksal in die westlichen Provinzen des Zarenreiches verschlagen, wo sie ein armseliges Leben fristeten. In den Städten und Ansiedlungsrayons Russisch-Polens, Belorußlands und der Ukraine zusammengedrängt, weitgehend entrechtet und nur in Händlerberufen geduldet, von der Russifizierungspolitik des Zarismus ebenso bedrängt wie vom Konkurrenzneid des polnischen Mittelstandes, sahen sich die Juden zahlreichen Verfolgungen ausgesetzt, besonders seit der Ermordung des Zaren Alexander II., für die Antisemiten die Juden verantwortlich machten.[22] Eine Welle von Pogromen terrorisierte das Judentum in fast regelmässigen Abständen; meist war es die Ochrana, die die antijüdischen Ausschreitungen inszenierte.[23] Wer will es da den Juden verdenken, daß sie versuchten, sich mit der Ochrana gutzustellen und sich durch mancherlei Spitzeldienste vor dem Ärgsten zu schützen!

Das brachte die Juden des Zarenreiches in den Geruch, unzuverlässig zu sein und andere Menschen aus oft nichtigsten Anlässen bei der Polizei zu denunzieren. Es gab nicht wenige Geheimdienstzentralen, in denen eine geradezu abergläubische Furcht vor jüdischen Spitzeln grassierte. Das Evidenzbüro etwa warnte seine Agenten, russischen Juden ja nicht zu trauen, da sie »sehr oft zu Verrat« neigten; eine Instruktionsschrift mahnte, möglichst keine Gespräche mit Juden zu führen und bei Reisen in Rußland darauf zu achten, »daß der Kutscher ein Christ und kein Jude« sei.[24] Nicolai und seine

Mitarbeiter aber widerlegten solche Vorurteile: Polnische und russische Juden gehörten in kurzer Zeit zu ihren fähigsten und loyalsten Erkundern.

Später freilich, als schon weite Bereiche der deutschen Gesellschaft vom antisemitischen Zeitgeist vergiftet waren, wollten das die ehemaligen IIIb-Offiziere nicht mehr wahrhaben. Brose mäkelte, die Versuche, mit jüdischen Agenten zu arbeiten, seien »fast immer ohne greifbaren Erfolg« geblieben, und selbst Nicolai, nach dem Ersten Weltkrieg schriftstellernder Herold der nationalistischen Rechten, wartete mit dem antisemitischen Spruch auf, im Kreis der russischen Beamten und Offiziere habe der jüdische Handelsmann »eine verhängnisvolle Rolle« gespielt.[25]

Dabei mußte es gerade Nicolai besser wissen, denn er hatte es verstanden, polnisch-russische Juden für seine Arbeit zu nutzen. In den ideologiefreien Partien seiner Bücher stand denn auch das freimütige Wort, unter der jüdischen Bevölkerung des Zarenreiches habe er »mühelos« zahlreiche Menschen gefunden, »die bereit waren, Spionageaufträge auszuführen und als Vermittler zu Beamten und Offizieren in hohen Stellungen zu dienen«.[26] Seine besten Agenten waren Juden: Der Bankier Silberstein, der Kaufmann Aronsohn, der Photograph Stein und wie sie noch alle hießen – oft waren es Juden, denen Nicolai wertvolle Aufschlüsse über Rußland verdankte. 1914 werden es jüdische Agenten sein, die Deutschland »frühzeitig alarmierende Nachrichten über russische Kriegsabsichten und -vorbereitungen« liefern – so ein IIIb-Chronist.[27]

Nicolais V-Mann-Organisation ermöglichte ihm, dem Großen Generalstab in Berlin immer zuverlässigere Erkenntnisse über russische Truppenstärken und Aufmarschdispositionen zu bieten. Da der Schwerpunkt seiner Aufklärungsarbeit in den baltischen Provinzen Rußlands lag, wußte Nicolai besonders gut über die Entwicklung in den Militärbezirken Wilna und St. Petersburg Bescheid. Die Truppenfeststellungskarteien der Nachrichtenstation Königsberg füllten sich mit bis dahin unbekannten Details. Allmählich entstand ein Mosaikbild der russischen Streitkräfte im Norden Ostpreußens.

1910 gelang Nicolai ein größerer Coup: Seine Agenten beschafften einen Grenzschutzbefehl des Stabes der in Kowno stehenden 26. Division, der den Deutschen zum erstenmal die russischen Aufmarsch- und Operationsabsichten enthüllte.[28] »Es ging daraus hervor«, erinnert sich Hoffmann, »daß die Russen aus den in erster Linie zur Verfügung stehenden Truppen zwei Armeen gegen uns aufstellten: die sogenannte Wilnaer Armee und die Warschauer Armee. Sie sollten beide gegen Ostpreußen, die eine nördlich, die andere südlich der masurischen Seen, offensiv werden. Die beiden Armeen sollten mit ihren inneren Flügeln in Richtung Gerdauen vorstoßen und ihre Vereinigung hinter der masurischen Seenkette suchen.«[29]

Es bedurfte freilich nicht erst dieses durchschlagenden Erfolges der Nicolai-Organisation, um den Widerstand des Kriegsministers von Einem gegen Moltkes ND-Konzeption abbröckeln zu lassen. Widerwillig hatte er schon 1907 zugestimmt, einige weitere Nachrichtenoffiziere zu Armeekorps zu entsenden. Von 1908 an wurden praktisch alle preußischen Korps mit

»N. O.« ausgestattet.[30] Ein Korps junger tatendurstiger Generalstabsoffiziere besetzte die ND-Posten in den Generalkommandos und kopierte, was Nicolai in Königsberg vorexerziert hatte.

Da die Streitkräfte in den Militärbezirken Wilna und Warschau nicht in der Lage waren, im Falle eines Krieges aus dem Stand heraus anzugreifen, bedurften sie vor Kriegsbeginn der Verstärkung durch Verbände aus den innerrussischen Militärbezirken – und den Abtransport dieser Truppen rechtzeitig festzustellen und zu melden, war die Hauptaufgabe deutscher Agentenarbeit in Rußland. Das hieß, V-Männer an den wichtigsten Plätzen und Verbindungswegen zu stationieren: in den Aufmarschräumen Libau, Kowno, Grodno, Byalistok, Nowogeorgjewsk und Kielce und entlang der fünf großen Eisenbahnlinien, die von St. Petersburg, Welekij-Luki, Moskau, Orel und Kursk in die russischen Westgebiete führten.[31]

Die Führung der IIIb hielt die Nachrichtenstationen immer wieder dazu an, ihre besten Agenten für diese Beobachtungsaufgabe einzusetzen. Aus einer Order des IIIb-Chefs: »Das Anwerben und Ausbilden von Nationalrussen in diesen Gebieten und Strecken ist der Schlüssel aller Mob-Vorarbeiten! Solange hier ›ansässige‹ Agenten fehlen, sind wir unseren Mob-Aufgaben nicht gewachsen.«[32] Ein neuer und ganz eigener Typ von Erkundern entstand, der Spannungs- oder S-Agent, der in politisch-diplomatischen Krisenzeiten nach jedem Indiz Ausschau halten sollte, das auf unmittelbare Kriegsvorbereitungen Rußlands schließen ließ.

Deutschlands S-Agenten mußten gut beobachten können, denn es war zu erwarten, daß der russische Generalstab alles daran setzen würde, Mobilmachung und Aufmarsch seiner Armeen zu verschleiern. Die mangelhaften Verkehrsverbindungen zwangen Rußland eine äußerst langwierige Mobilmachung auf; ihre Nachteile ließen sich nur durch verstärkte Geheimhaltung wettmachen, wollte Rußland nicht beim Beginn eines Krieges die Initiative verlieren. Es würde nämlich allein 14 Tage dauern, die bereits im Westen stehenden Truppen für die Operationen gegen Deutschland und Österreich-Ungarn zusammenzuziehen, vier Wochen, ehe 28 der insgesamt 37 aktiven Armeekorps an der Grenze standen, und einen weiteren Monat, bis die übrigen neun Korps im Inneren Rußlands wenigstens abmarschbereit waren.[33]

Ein so umständliches Mobilmachungssystem ermunterte die IIIb nicht nur, an wichtigen Straßen und Plätzen im Innern Rußlands ihre Beobachter in Stellung zu bringen. Es verlockte sie auch, den russischen Aufmarsch an entscheidenden Punkten zu stören. Die IIIb und ihre Offiziere in den Generalkommandos schufen eine neue Agententruppe: die Sondereinheit der Unterbrechungs- oder U-Agenten. Sie hatte Order, zwischen dem neunten und zwölften Tag der russischen Mobilmachung wichtige Brücken zu sprengen und die russischen Aufmarschlinien auch an anderen Stellen durch Sabotageakte zu unterbrechen.[34]

Jede Nachrichtenstation im Osten mußte acht bis zehn U-Agenten ausbilden und sie auf gezielte Sabotageaufträge in Rußland ausrichten. Die U-Agenten der Nachrichtenstationen Königsberg und Allenstein sollten die

Düna-Brücke bei Dwinsk sprengen, die Agenten der Nachrichtenstation Danzig waren auf die Düna-Brücke von Polozk angesetzt, die Sabotagetrupps von Posen und Breslau gegen die Beresina-Brücke östlich von Minsk eingeplant. Auch die Befehle für U-Unternehmen gegen Dnjepr-Brücken lagen bereits fertig in den Eisenschränken der Nachrichtenstationen.[35]

Die Störung des russischen Aufmarsches war jedoch nur ein Nebenaspekt der Arbeit von IIIb; wichtiger für sie war, Richtung, Ausmaß und operative Absichten dieses Aufmarsches in Erfahrung zu bringen. Als »wichtigste Ziele des militärischen N. D.« bezeichnete eine Verfügung der IIIb-Führung die Beantwortung der beiden Schlüsselfragen: »1) Wo marschieren die Korps der Wilnaer und Warschauer Armee auf? 2) Wohin werden die Korps der Petersburger und Moskau-Kasaner Zentralarmeen vorgeführt?«[36] Auch mußte geklärt werden, »welche Maßnahmen bei den Truppen und Behörden« Rußlands »zur Erhöhung der Kriegsbereitschaft getroffen« würden und »wann der allgemeine und öffentliche Mobilmachungsbefehl für das russische Heer ergehen« werde, wie es in den IIIb-Orders hieß.[37]

Das ließ sich nur zweifelsfrei feststellen, wenn Agenten der IIIb an die geheimen Unterlagen russischer Militärstäbe herankamen. Nicolai hatte bewiesen, daß dies durch geduldige Infiltrationsarbeit möglich war. Major Wilhelm Heye, seit 1910 Chef der IIIb, drängte seine Offiziere, das Beispiel Nicolais nachzuahmen: »Beschaffung von Original-Aufmarsch-Material pp. bleibt nach wie vor die Hauptsache! Geld spielt dabei keine Rolle! ... Wir müssen Material aus dem Mil[itär-]Bez[irk] Warschau haben, nachdem wir aus Wilna schon einiges haben (Kavallerie-Einfall, Aufmarsch). Alle höheren Stäbe nach und nach abgrasen.«[38]

Die NO ließen ihre V-Männer neue Verbindungen anknüpfen, die Wege in russische Stabsquartiere öffnen sollten. Da reiste ein Rittmeister der russischen Grenzwache, der bereits im Dienst der Deutschen stand, im Auftrag der Nachrichtenstation Königsberg nach St. Petersburg, um einen dort lebenden Verwandten, Oberst im Marinekadettenkorps, für die IIIb anzuwerben. Da bemühte sich der Kaufmann Seligsohn, V-Mann in Radski, um die Anwerbung eines Schreibers der 5. Schützenbrigade in Suwalki. Da spann der V-Mann Neuwiedel in Jurburg erste Fäden zur Militärintendantur in Wilna und zur Festungsverwaltung in Grodno.[39]

Das alles ließ sich gut an, mühsam zwar, aber gleichwohl aussichtsreich genug, um auf russische Originaldokumente hoffen zu können. Und erste Unterlagen aus russischen Quartieren trafen in den Nachrichtenstationen bereits ein: Einberufungslisten der Regimenter, Baupläne neuer Kasernen, Orders für Probemobilmachungen in mehreren Militärbezirken, Befehle über Umbewaffnung von Infanterieverbänden und Bau neuer Bahnstrecken.

Immer mehr V-Männer konnte die IIIb für die Beobachtung russischer Truppenbewegungen und Bahntransporte gewinnen, immer häufiger gelang es, in russischen Stäben Eingang zu finden. In Warschau glückte es einer vom Evidenzbüro ausgeliehenen Agentin, mit Offizieren des Stabs des Militärbezirks in Kontakt zu kommen; die russischen Deserteure Alperin,

Beresowski und Bergol »brachten gut beurteilte Nachrichten« (so ihr Vernehmer) und knüpften neue Verbindungen zu ihren alten Einheiten im russischen Hinterland.[40]

In St. Petersburg konnte die IIIb sogar einen S-Agenten in die Vorzimmer und Salons ihres ehedem härtesten Gegenspielers lancieren. Wo sich der ehemalige Innenminister Pjotr Nikolajewitsch Durnowo, 1905-1906 Oberkontrolleur der Ochrana und einer der mächtigsten Männer Rußlands, zu Spiel und Unterhaltung einfand, war auch »Alexander Gustawowitsch« nicht fern, wie die Durnowos den Freund ihrer Familie liebevoll nannten. Er hieß Alexander Bauermeister, war gebürtiger Petersburger und hatte beim westpreußischen Kürassier-Regiment Nr. 5 gedient, das er 1911 als Leutnant der Reserve verließ, um privaten Geschäften nachzugehen.[41]

Vor seiner Rückkehr nach Rußland hatte Bauermeister zugesagt, für die IIIb »Spannungsnachrichten« aus St. Petersburg zu liefern. Was er über aktuelle russische Kriegsvorbereitungen erfuhr, meldete Bauermeister in einem vorher abgesprochenen Kode auf Ansichtskarten, die er an eine Stockholmer Deckadresse der IIIb richtete; bei ganz wichtigen Vorkommnissen kam er zum mündlichen Vortrag nach Deutschland.[42] Er hatte Order, im Kriegsfall sofort St. Petersburg zu verlassen und sich zum Dienst bei der IIIb zu melden. Seinen Namen wird man sich merken müssen: Der spätere Oberleutnant Bauermeister spielt 1917 beim Untergang des Zarenreiches einen wichtigen Part.

Die wachsende Zahl deutscher Agenten konnte freilich nicht verbergen, daß ihre Aktivitäten oft nur auf dem Papier standen. Angesichts der sich »dauernd steigernden Gefahren des Handwerks« dank der »in Rußland rigoros gehandhabten Spionagegesetze«, so klagte die Nachrichtenstation Königsberg, seien die meisten Agenten »von einer nicht zu überbietenden Arbeitsunlust befallen«.[43] Vor allem die kleineren russischen Agenten entzogen sich dem unmittelbaren Zugriff der deutschen Nachrichtenoffiziere, »will doch keiner einen Brief aus Deutschland erhalten«, wie ein IIIb-Offizier resignierte: »So muß ich mir für jeden Russen, mit dem ich in Beziehung stehe, einen besonderen Vertrauensmann halten, der die Briefe über die Grenze bringt oder persönlich die Verbindung herstellt.«[44]

Die Anwerbung von Agenten wurde noch schwieriger, als ein heimischer Konkurrent in das russische Reservat der IIIb eindrang: der geheime Nachrichtendienst der Kaiserlichen Marine. Anfangs hatte sich die noch junge Nachrichtenabteilung des Admiralstabs, kurz »N« genannt, begnügt, ihre konspirative Aktivität auf den maritimen Hauptgegner Großbritannien zu konzentrieren und die Beobachtung der russischen Seemacht dem zwar in St. Petersburg sitzenden, aber auch bei den Regierungen Schwedens und Dänemarks akkreditierten »Marine-Attaché für die Nordischen Reiche« (offizieller Titel) zu überlassen.[45]

Den ehrgeizigen Marinegeheimdienstlern, ganz im Bann wilhelminischer Imperiumsträume, mißfiel jedoch zusehends, daß die Rußland-Aufklärung allein Sache des Heeres war. Die maritime Expansion des Zarenreiches bot ihnen eine willkommene Gelegenheit, sich stärker in Rußland zu engagieren. Schon 1900 setzte der Admiralstab beim Kaiser durch, daß in den Generalkonsulaten in Rußland Seeoffiziere eingebaut wurden, zunächst in Odessa zur Beobachtung der russischen Schwarzmeerflotte.[46] Der verstärkte Ausbau der russischen Ostseeflotte nach dem verlorenen Krieg gegen Japan veranlaßte »N« endgültig, in Rußland eine eigene Nachrichtenorganisation zu schaffen.

Den Anstoß dazu gaben Offiziere der Europäischen Abteilung des Admiralstabes, die Mobilmachungsfragen und das Sachgebiet »Fremde Marinen« bearbeitete. Diese Offiziere wußten nur zu gut, wie gering ihre Kenntnisse über die russische Marine waren, und sannen auf Abhilfe. Einer von ihnen, der Kapitänleutnant Karl Weiße, wußte Rat: Er hatte in Riga einen Freund, den deutschen Kaufmann Emil Poensgen, der über gute Verbindungen in Rußland verfügte und vielleicht der Kaiserlichen Marine helfen würde, jeweils einen Flottenbeobachter oder »B. E.« (Bericht-Erstatter) in jedem wichtigen russischen Ostseehafen anzuheuern.[47]

Weiße fuhr im Sommer 1912 zu Poensgen, der zur Mitarbeit bereit war, und bereiste anschließend alle Ostseeprovinzen Rußlands.[48] Der Admiralitätsrat Theodor Harms, Abteilungschef im Reichsmarineamt, hatte zudem Weiße den Tip gegeben, seinen in Helsingfors lebenden Vetter, den Kommerzienrat Albert Goldbeck-Löwe, aufzusuchen, der ihm weiterhelfen werde.[49] Goldbeck-Löwe erwies sich zwar anfangs als ein recht ängstlicher Helfer, doch allmählich stellte er nicht nur das Personal seiner Firma, sondern auch seine mannigfachen Verbindungen zur baltisch-finnischen Kaufmannschaft zur Verfügung.

Der Tourist Weiße hatte auf einmal so viele potentielle Kundschafter an der Hand, daß es der Nachrichtenabteilung opportun erschien, die Regie selber zu übernehmen. Ein Offizier vom Dezernat »Rußland/Skandinavien«, der Kapitänleutnant Friedrich Karl Grumme, reiste im November 1912 ebenfalls nach Rußland und machte perfekt, was Weiße angebahnt und vorbereitet hatte.[50] In kurzer Zeit verfügte N über ein Netz von Rußland-Informanten, das sich gegenüber der Heereskonkurrenz durchaus sehen lassen konnte. In allen russischen Kriegshäfen der Ostseeküste (Helsingfors, Hangö, Abo, Kronstadt, Riga, Reval, Libau) saßen BE der Kaiserlichen Marine, bereit, bei drohender Kriegsgefahr an »Peter Cornelsen, Berlin« (Deckadresse von N) ein längst verabredetes Telegramm zu richten: »Bitte 1000 Zigaretten schicken. Heinrich.«[51]

Die IIIb-Offiziere verfolgten das Vordringen der Marine in der Rußland-Aufklärung mit gemischten Gefühlen, denn die beiden Geheimdienste störten sich gegenseitig bei der Anwerbung von Agenten. Da der Marinegeheimdienst von vornherein auf die Anwerbung von Nationalrussen verzichtete, mußte er sich verstärkt um die Mitarbeit der in Rußland lebenden Deutschen bemühen, auf die auch die IIIb schon ein Auge geworfen hatte. Das Heer glaubte hier ältere Ansprüche geltend machen zu können, zumal die Kandidaten der Marine meist Reserveoffiziere des Heeres waren.

So lieferten sich die Werber von Marine und Heer in den Hinterzimmern deutsch-russischer Exportfirmen heftige Gefechte, und es blieb dann letztlich der diplomatischen Geschicklichkeit der Umworbenen überlassen, wem sie ihren Zuschlag gaben. Monatelang stritten sich beispielsweise die beiden Geheimdienste um den Kaufmann Eugen Möller in Libau, den der Marinegeheimdienst partout für sich haben wollte, weil Möller »über militärische und politische Fragen sehr gut unterrichtet« sei, wie es in einer Aktennotiz von N hieß; erst im letzten Augenblick entzog sich Möller der Marine mit der Ausrede, als Landwehrhauptmann müsse er im Kriegsfall mit einer raschen Einberufung zum Heer rechnen – und trat in den Dienst der IIIb.[52]

Allmählich dämmerte jedoch der IIIb, daß die Aktivitäten von N die deutsche Rußland-Aufklärung durchaus bereicherten. Denn der Marinegeheimdienst gab sich nicht mit der Schaffung eines BE-Netzes in den russischen Kriegshäfen zufrieden, er weitete sein Informantennetz immer mehr aus. Eigene V-Männer in St. Petersburg kamen hinzu, kurz darauf ein Informantenring skandinavischer Seeleute.[53] Ihm schlossen sich finnische Lotsen an, die unter entwürdigenden Bedingungen von den Russifizierern des Zarismus aus dem russischen Staatsdienst hinausgedrängt worden waren und sich nun dem deutschen Gegner dieses Zarismus verschrieben.[54]

Das war der Anfang einer Erkundung des gesamten Ostseeraums, die N allmählich organisierte. Auf deutschen Handelsschiffen entstand eine Beobachtungs- und Kurierorganisation, deren Mitarbeiter die an Land operierenden Agenten des Marinegeheimdienstes unterstützten. Fast jeder deutsche Schiffskapitän arbeitete für N, aber auch Erste Offiziere und Steuermänner hielten beim Besuch russischer Häfen die Augen offen und nahmen von dem Chefagenten Poensgen oder seinen Mittelsleuten versiegelte Päckchen für »Peter Cornelsen, Berlin« an Bord.[55]

Dampfer wie die »Siegfried«, die »Greif« oder die »Trave« führten stets Fragebögen von N mit sich, in die ihre Kapitäne sorgfältig eintrugen, was ihnen im russischen Hoheitsgebiet aufgefallen war.[56] Schiffsbewegungen, Hafenanlagen, Minenfelder, Flottenmanöver, Stimmung an Bord russischer Kriegsschiffe – die deutschen Seeleute verstanden zu beobachten. Ihrem meist freiwilligen, unbezahlten Einsatz, den sie als Dienst am Vaterland verstanden, verdankte die Nachrichtenabteilung des Admiralstabes wesentliche Erkenntnisse über die russische Flottenrüstung und Marinestrategie. Nicht umsonst wurde der Anführer der spionierenden Seeleute, Kapitän Schünemann von der »Curonia«, vom Kaiser mit dem preußischen Kronenorden ausgezeichnet – auf dringendes Anraten von N.[57]

Inzwischen dehnte sich das Informantennetz der Kaiserlichen Marine weiter aus, jetzt waren die Nachbarländer Rußlands an der Reihe. Auch in Dänemark und Schweden spionierten Agenten von N. Vor allem das neutrale Schweden erwies sich für deutsche Marinespione als ein fast ideales Arbeitsfeld.

In Stockholm etablierte sich unter dem V-Mann A. Grumme (nicht identisch mit dem Kapitänleutnant Grumme) eine Agentengruppe, die es verstand, schwedische Schiffskapitäne und Lotsen in den Geheimdienstkrieg gegen Rußland einzuspannen.[58] Der Kapitän des schwedischen Handelsschiffes »Mira«, Granit, animierte Kollegen und Landsleute zur Ausforschung russischer Kriegshäfen, während ein anderer Informant, der finnisch-schwedische Journalist Konni Zilliacus, Vater des späteren britischen Labour-Abgeordneten gleichen Namens, Verbindungen zu antirussischen Kreisen in Finnland herstellte und ein dritter Mitarbeiter namens Joas Ostermann sich um Kontakte zum schwedischen Militär bemühte.[59] Grumme hatte damit erste Ansätze der ND-Zentrale Stockholm geschaffen, die nach Kriegsausbruch vom sicheren Boden Schwedens aus die deutschen Marinespione in Rußland steuern und deren Material auffangen sollte.

Das ging freilich nicht ohne die diskrete Assistenz schwedischer Behörden, die meist nicht ungern gegeben wurde. Die russische Seerüstung bedrohte auch die Ostseemacht Schweden, die russische Spionage verärgerte Schwedens Sicherheitsorgane und Militärs. Da war denn mancher Schwede nicht abgeneigt, die deutschen Spione gewähren zu lassen, sofern sie nur gegen Rußland agierten. In aller Stille formierte sich zwischen Schweden und Deutschland eine geheimdienstliche Partnerschaft, die sich – unter wechselnden Vorzeichen – bis heute erhalten hat.

Schon Kapitänleutnant Grumme hatte bei einem Abstecher nach Stockholm Ende 1912 gemerkt, wie sehr schwedische Militärs und Geheimdienstler an einer Zusammenarbeit interessiert waren, vor allem in der Spionageabwehr.[60] Grumme ist denn auch der Mann, der die deutsch-schwedische ND-Partnerschaft begründet hat; er stellte den ersten Kontakt zum schwedischen Marinestab her. Ein gutes Jahr später trafen sich die Rußland-Experten der beiden Admiralstäbe, die Kapitänleutnants Gustaf von Horn und Hermann Gercke, und vereinbarten, Material über die russische Spionage und Seerüstung miteinander auszutauschen – zunächst allerdings auf privater Ebene, da der Chef des schwedischen Admiralstabes, Admiral Sidner, solche Zusammenarbeit nicht gerne sah.[61]

Horn unterließ es folglich, Sidner über seine Absprache mit dem Deutschen zu informieren, und schickte sein Material an die Berliner Privatadresse von Gercke. Und Gercke wiederum fuhr stets nach Stockholm, um sein Material Horn zu übergeben.[62] Bald aber konnte der Schwede das Versteckspiel aufgeben. Horns Zusammenarbeit mit dem deutschen Marinegeheimdienst fand die offizielle Billigung seiner Vorgesetzten, mehr noch: Die beiden Admiralstäbe intensivierten ihren Informationsaustausch.

Der russische Gegenspieler wäre über solche Kooperation schwerlich überrascht gewesen, hätte er von ihr erfahren. Für den Generalstab in St. Petersburg war es ohnehin eine ausgemachte Sache, daß die deutschen und schwedischen Militärs gegen Rußland intrigierten. Bereits im Juli 1912 hatte Generalstabschef Schilinskij auf der Jahreskonferenz der französisch-russischen Planungsstäbe erklärt, im Kriegsfall werde Schweden, »angeregt und eingenommen von Deutschland«, sich sofort auf die deutsche Seite schlagen und aktiv am Feldzug gegen Rußland teilnehmen, was den russischen Generalstab zwinge, »um Finnland und um Petersburg herum größere Streitkräfte zurückzuhalten als früher angegeben wurde«.[63]

In Wahrheit lag dem schwedischen Generalstab nichts ferner, als sich an einem Feldzug gegen Rußland zu beteiligen. Er wollte sich lediglich des

Drucks russischer Armeen und Spione erwehren. Das veranlaßte ihn schließlich auch, dem Beispiel des Marinestabs zu folgen und der IIIb den Austausch von Rußland-Nachrichten anzubieten. Der schwedische Militärattaché in Berlin erhielt Order, seine Kontakte zum deutschen Generalstab zu verstärken, was die IIIb-Offiziere nicht zuletzt der Initiative der Marinekonkurrenz zu verdanken hatten.[64]

Doch die Herren am Königsplatz waren nur schwer zufrieden zu stellen, die Materialien aus Schweden erschienen ihnen ungenügend. Noch Anfang 1914 räsonierte Hauptmann Mierzinsky von der 1. Abteilung des Großen Generalstabes, der schwedische Militärattaché komme zwar »öfters zum Generalstab, allerdings meistens ohne etwas zu bringen«.[65] Die Geheimdienstler des Heeres waren verwöhnt: Seit einigen Jahren bewies der Generalstab eines anderen neutralen Staates, wie eng man sich dem deutschen Geheimdienst verbinden konnte, ohne sich von geheiligten Neutralitätsprinzipien stören zu lassen.

Der Schweizer Generalstabschef Theophil Sprecher von Bernegg hatte Ende 1906 auf eigene Faust beschlossen, die Zusammenarbeit mit Deutschland zu suchen.[66] Er war, wie viele Militärs seines Landes, kein dogmatischer Anhänger der Schweizer Neutralität. Ihm schien es wichtiger, die Unabhängigkeit der Schweiz zu sichern, die er im Falle eines allgemeinen Krieges in Europa bedroht sah. Frankreich, so Sprechers Vorstellung, könne sich verlockt fühlen, Gebiete der Schweiz zu besetzen, um eine bessere Ausgangsbasis für Operationen gegen Deutschland zu gewinnen, und das sei nur zu verhindern durch eine Allianz mit dem Deutschen Reich, das keine Absichten auf Schweizer Gebiet habe und ohnehin dank seiner stärkeren Militärmacht den Krieg gewinnen werde.[67]

Sprechers Konzeption war gar nicht so verwunderlich, wie sie heute klingen mag. Seit dem Krieg von 1870/71 war die preußisch-deutsche Militärmacht das Vorbild vieler Schweizer Offiziere, Ausbildungsvorschriften und Taktikdoktrinen der preußischen Armee beeinflußten das eidgenössische Militär. Zahlreiche Offiziere waren auf deutschen Militärschulen ausgebildet worden, und dabei hatte auch mancher von ihnen eine deutsche Frau mit nach Hause gebracht. So war etwa der profilierteste Soldat der Schweiz, Ulrich Wille, mit einer Nichte des Kanzlers Bismarck verheiratet, wobei als angenehmer Zufall hinzukam, daß auch der deutsche Militärattaché in Bern ein Bismarck war.[68]

Generalstabschef Sprecher hingegen tendierte mehr nach Österreich-Ungarn, mit dessen Offizieren er regen Kontakt pflegte. Zu ihnen gehörte auch Oberst Hordliczka, der dem Schweizer den Weg nach Berlin ebnete.[69] Bald saßen sich Sprecher und Moltke gegenüber und handelten einen Bündnisvertrag aus, der schon für die Friedenszeit eine Zusammenarbeit zwischen den beiden Generalstäben vorsah. Im Fall einer drohenden französischen Invasion sollte die deutsche Armee der Schweiz zu Hilfe kommen und die Schweizer Armee dem deutschen Oberkommando unterstellt werden.[70]

Das wich nun freilich so radikal von der Schweizer Neutralitätspolitik ab, daß Sprecher und Moltke ihre Vereinbarung geheimhielten; von der Vereinbarung gab es nur zwei Exemplare, die die beiden Generalstabschefs bei sich verwahrten.[71] Moltke überließ es Sprecher, den Augenblick zu bestimmen, an dem es ihm opportun erschien, dem Schweizer Bundesrat die Vereinbarung zur Ratifizierung vorzulegen. »Diese Verabredungen«, schrieb Moltke an das Auswärtige Amt, »sind strengstens zu sekretieren, bis eine diplomatische Aussprache im obigen Sinne erfolgt ist, um den Chef des schweizerischen Generalstabes nicht durch vorzeitiges Bekanntwerden seiner Regierung gegenüber zu diskreditieren und ihn dem Vorwurf auszusetzen, eigenmächtige Politik getrieben zu haben.«[72]

Die Verbindung mit Berlin interessierte auch den Schweizer Geheimdienst, der gerne die Chance nutzte, sich an den Informationsstrang Deutschlands und Österreich-Ungarns anzuschließen. Der Geheimdienst, gesteuert von der Nachrichtensektion der Generalstabsabteilung des Eidgenössischen Militärdepartments, fristete ein armseliges Dasein; der Sektionschef, Oberst Moritz von Wattenwyl, wußte kaum, woher er das Geld nehmen sollte, um wenigstens ein paar Agenten unterhalten zu können.[73] In seiner Notlage war er gezwungen, sich auf den Nachrichtenhandel zu verlegen; nur durch Gegenseitigkeitsgeschäfte mit anderen Geheimdiensten konnte der Schweizer ND seine Erkenntnisse über potentielle Gegner des Landes erweitern. Nichts war Wattenwyl daher willkommener als die Vereinbarung zwischen Moltke und Sprecher.

Blieb nur die Frage, welche Gegenleistungen Wattenwyl den Deutschen anbieten konnte. Die wenigen Agentennachrichten, die er aus Frankreich bezog, würden Berlin schwerlich nutzen, ausgenommen Kriegszeiten, in denen der deutschen Spionage in Frankreich eiserne Grenzen gesetzt waren. Es gab allerdings ein Sachgebiet des Schweizer Generalstabes, das die Deutschen schon im Frieden höchlichst interessieren mußte: die Spionageabwehr. Die Schweiz war ein Zentrum der russischen und französischen Spionage gegen Deutschland, in der Schweiz liefen die Fäden vieler gegnerischer Agenten im deutsch-österreichischen Herrschaftsgebiet zusammen.

Die Spionageabwehr fiel in das Aufgabengebiet des Obersten Karl Heinrich Egli, eines deutschfreundlichen Offiziers, der in der Generalstabsabteilung die Geographische Sektion leitete.[74] Der Name der Sektion war freilich irreführend. Sie unternahm zwar auch Vermessungsarbeiten, doch in erster Linie betrieb sie Feindaufklärung an der Ost- und Südostgrenze des Landes und bekämpfte in Zusammenarbeit mit Bundesanwaltschaft und Polizei die ausländische Spionage, soweit sie schweizerische Interessen tangierte.[75] Wo in der Schweiz ausländische Agentenringe lahmgelegt wurden, war meist Eglis Sektion der Inspirator polizeilicher Verhaftungsaktionen.

Eglis Material erleichterte Wattenwyl, mit der IIIb in Berlin ein Abkommen über gegenseitigen Nachrichtenaustausch zu schließen, das den Geheim- und Abwehrdienst der Schweizer Armee praktisch zu einem verlängerten Arm der deutschen Spionage machte. Bald gewöhnten sich die Eingeweihten an den seltsamen Anblick, daß der militärische Nachrichtendienst der neutralen Schweiz an die telephonische Sonderleitung angeschlossen war, die das Evidenzbüro und die IIIb, die Generalkommandos der Armeekorps und die Militärattachés der beiden Mittelmächte miteinander verband.[76]

Nachrichten aus der Schweiz, Tips aus Schweden, Materialien vom Evidenzbüro, Erkundungen eigener Agenten – die IIIb fühlte sich jetzt stark genug, den Kampf gegen die russische Spionage aufzunehmen. Den Männern im Roten Haus wurde die Organisation der russischen Deutschland-Spionage immer deutlicher: Seit 1899 wußten sie, daß der Oberst Batjuschin in Warschau hinter den meisten russischen ND-Operationen stand, seit dem japanisch-russischen Krieg hatten sie ersten Einblick in die Methoden des Gegenspielers.[77]

Batjuschins Annoncentrick von 1906 brachte die Spionejäger schließlich auf die richtige Spur. 1907 meldeten sich im Evidenzbüro ein paar pensionierte Offiziere, die in der Wiener »Neuen Freien Presse« die Annonce des Herrn Holton gelesen hatten und daraufhin mit dem Fremden in Verbindung getreten waren.[78] Sie waren dann zu einer Aussprache in die Schweiz gebeten worden, wo ihnen Holton zu verstehen gegeben hatte, daß er in erster Linie an militärischen Informationen interessiert sei. Wer mitmachen wolle, so hatte Holton gesagt, den werde er an seinen eigentlichen Auftraggeber, einen Herrn in Warschau, weiter vermitteln.

Die Exoffiziere wußten Holton so genau zu beschreiben, daß die Sachbearbeiter im Evidenzbüro schon ahnten, wer sich hinter diesem Pseudonym verbarg. Es war der französische Hauptmann Friedrich Emil Lambling, Elsässer und einer der wichtigsten Köpfe des Service de Renseignement, der die französisch-russische Spionage gegen die Mittelmächte koordinierte.[79] Und auch der mysteriöse Herr in Warschau konnte dem Evidenzbüro nicht lange rätselhaft bleiben: Batjuschin!

Die Erzählungen der Annoncenbeantworter bestätigten den österreichischen Spionejägern, was sie bereits vermuteten: daß die russische und französische Spionage gegen die Mittelmächte von der Schweiz aus koordiniert wurde. Das brachte die Österreicher auf die Idee, die Opfer des Annoncentricks dafür zu gewinnen, die Gespräche mit Holton fortzusetzen und den Kontakt mit dem Herrn in Warschau zu suchen – beschattet von den Agenten des Evidenzbüros. Die Spionageabwehr in Wien witterte eine einmalige Gelegenheit, in die Unterwelt der französisch-russischen Deckadressen und Kurierstellen auf Schweizer Boden einzubrechen.

Die düpierten Exoffiziere waren bereit, mitzuspielen. Das Evidenzbüro verständigte die IIIb, bei der sich ebenfalls einige Kunden Holtons gemeldet hatten, und gemeinsam beschloß man, auf die Hatz zu gehen.[80] So wichtig erschien den beiden Geheimdiensten der Fall, daß sich ihre Chefs persönlich einschalteten. Brose und Hordliczka verabredeten sich zu einem geheimen Rendezvous in der Schweiz. »In aller Eile nur eine Bitte«, schrieb Brose am 13. Oktober 1907 an Hordliczka. »Wann findet die Begegnung in Zürich statt? Ich möchte nämlich gleichzeitig in Basel aufpassen lassen, weil erfahrungsgemäß dort Zusammenkünfte mit deutschen Agenten [Frankreichs] stattfinden und der Franzose gerne andere Geschäfte gleichzeitig erledigt.«[81]

Ein Telegramm Hordliczkas informierte Brose, kurz darauf trafen sich die beiden Geheimdienstchefs in einem Züricher Hotel. Dann legten sie sich – diskret assistiert vom Schweizer Abwehrdienst – auf die Lauer. Holton erschien und ließ sich von den angeblich Annonceninteressenten in ausführliche Gespräche verwickeln, die immer wieder an anderen Orten stattfanden. Jetzt traten die deutschen und österreichischen Späher auf den Plan. Sie folgten Holton, notierten die Adressen, die er anlief, und registrierten jeden, mit dem er sich traf.

Brose und Hordliczka beobachteten fasziniert, wie Holton sie ahnungslos von einer Deckadresse zur anderen führte. Eine Spur Holtons brachte die Beschatter unmittelbar in das Pariser Büro des Majors Charles Joseph Dupont, der dem militärischen Geheimdienst Frankreichs vorstand, womit sich auch erwies, daß Holton in der Tat mit dem Dupont-Intimus Lambling identisch war.[82] Eine andere Spur verlief über mehrere Zwischenadressen in der Schweiz zu Batjuschin in Warschau. Zum erstenmal erkannten Österreicher und Deutsche die vagen Konturen des gegnerischen Verbindungs- und Kuriersystems.

Die erfolgreiche Recherchentour in der Schweiz sicherte der IIIb und dem Evidenzbüro nicht nur neue Erkenntnisse über die russische Spionage, sie befestigte auch die deutsch-österreichische ND-Gemeinschaft. Brose und Hordliczka schienen von nun an unzertrennlich zu sein. »Beide Herren,« berichtet Nicolai, »standen im regen brieflichen und persönlichen Austauschverkehr.«[83] Hordliczka war wiederholt Gast deutscher Kaisermanöver, er wurde von Wilhelm II. »sehr geschätzt« (Nicolai), und auch Brose besuchte häufig die Kameraden in Wien.[84] Deutsche und österreichische Geheimdienstler setzten sich zusammen, um die Berichte über Holtons Aktivitäten auszuwerten und zu einer effektiven Abwehr der russischen Spionage zu verwenden.

Die Analysen und Berichte landeten im Evidenzbüro auf dem Schreibtisch eines ehrgeizigen jungen Offiziers, der sich eben in dem Chefstuhl der Kundschaftsgruppe niedergelassen hatte. Der 33jährige Hauptmann Maximilian Ronge, sprachenbegabt, im elitären Regiment der Tiroler Kaiserjäger gedrillt und einer der aufsteigenden Stars des Evidenzbüros, dessen letzter Chef und Chronist er werden sollte, verkörperte auf seine Art die deutsch-österreichische Partnerschaft.[85] Aus einer niederösterreichischen Familie stammend, die ihn mit dem späteren großdeutschen Abwehrchef Canaris verwandtschaftlich verband, perfektionierte Ronge den Kampf gegen die russische Spionage.[86]

Und keiner hatte ihn – welche Ironie! – darauf mehr vorbereitet als der Doppelspion Redl.[87] Von ihm, der damals noch sein Vorgesetzter im Evidenzbüro war, erlernte Ronge die Regeln und Tricks der Branche, die Redl später zum Verhängnis werden sollten. Daran war nichts Ungewöhnliches: Der Major Redl, seit einem halben Jahrzehnt Chefgutachter des

Kriegsministeriums in allen großen Spionageprozessen Österreich-Ungarns, galt als der scharfsinnigste Spionejäger der Donau-Monarchie. Da war es eine Ehre für einen jungen, unerfahrenen Offizier, von einem solchen Fachmann in das ABC der Spionageabwehr eingeführt zu werden.

Ronge wußte die neuen Kenntnisse gut zu verwerten. Er nahm Kontakt zu dem Spionageabwehr-Bearbeiter der IIIb-Zentrale (Hauptmann Hasse) und der Zentralpolizeistelle Berlin (Kriminalkommissar Schneikert) auf, er bereiste die Nachrichtenstationen und Polizeibehörden des deutschen Ostens, und auch in Wien drängte Ronge die führenden Männer des Polizeipräsidiums am Schottenring, die zivile Spionageabwehr zu verbessern.[88] So spannte sich allmählich zwischen den beiden Kaiserreichen ein unsichtbares Abwehrnetz, in dem sich die ersten russischen Spione verfingen.

Anfangs waren es freilich nur kleine Agenten, die die deutsch-österreichische Spionageabwehr aufgriff. Der österreichische Deserteur Franz Nedved, der zu Batjuschins eifrigsten Spionen gehörte, lief als erster ins Netz; Polizeirat Zacher, Leiter der Zentralpolizeistelle Posen, verhaftete den Spion und brachte ihn persönlich nach Wien, um ausführlich Auskunft über seine Ermittlungen zu geben.[89] Auch die Batjuschin-Agenten Miodragovic und Dyrcz, zwei österreichische Staatsbürger, wurden von der deutschen Abwehrpolizei verhaftet und den k. u. k. Behörden überstellt.[90] Zahlreiche weitere Spione und Spitzel, oft Figuren kleinsten Kalibers, folgten.

Doch IIIb und Evidenzbüro merkten, daß es nicht genügte, die kleinen Spione zu jagen. Man mußte die gegnerischen Agentengruppen vom Kopf her zu fassen versuchen — und der Kopf war fast immer der russische Militârattaché in dem jeweiligen Land. Ein Vorfall in Wien lehrte es die beiden Geheimdienste rasch.

Im November 1909 erhielt Ronge einen anonymen Brief aus Rom, in dem stand, ein österreichischer Beamter habe dem italienischen Geheimdienst vertrauliche Papiere der k. u. k. Armee für ein Honorar von 2000 Lire geliefert. Die Übergabe des Materials hatte der unbekannte Schreiber sogar auf einem Photo festgehalten, das dem Brief beilag; es zeigte zwei Männer in Zivilkleidung am Fuße des Goethe-Denkmals in Rom.[91] Ronge griff nach einem Vergrößerungsglas und betrachtete die deutlich erkennbaren Gesichter der beiden Männer. Wer mochte der Verräter sein? Ronge ließ die Lichtbildkartei des Evidenzbüros durchgehen, in kurzer Zeit kannte er den Namen des einen der Abgebildeten: Kretschmar, Beamter im Artilleriezeugdepot Wien.[92] Zum erstenmal war Ronge auf eine wichtige russische Agentengruppe gestoßen.

Ronge alarmierte Regierungsrat Edmund von Gayer, den Chef der Staatspolizei, der Befehl gab, Kretschmar zu observieren. Die Polizeibeamten folgten Kretschmar und entdeckten, daß er sich regelmäßig mit einem Mann traf, dem er dabei offenbar Material übergab.[93] Auch diesen Mann kannte das Evidenzbüro nur allzu gut; es war Oberst Martschenko, der russische Militärattaché in Wien. Ronge wollte den Russen sofort verhaften lassen, doch Gayer lehnte ab. Der Regierungsrat befürchtete einen internationalen

Skandal; immerhin genoß Martschenko diplomatische Immunität. Zudem wußte Gayer, wie allergisch Österreich-Ungarns Außenminister, Graf Aehrenthal, auf solche Aktionen reagierte.

Darauf informierte Ronge den neuen Chef des Evidenzbüros, Oberstleutnant August Urbański von Ostrymiecz, der mit der ihm eigenen Pfiffigkeit einen Ausweg fand. Er ließ sich aus dem Archiv einen Brief kommen, dann bat er Aehrenthal um eine Unterredung, in der er ihm vorschlug, Martschenko zu bedeuten, daß er in Wien nicht länger erwünscht sei. Als der Außenminister erwartungsgemäß ablehnte, holte Urbański den Brief hervor. Es war ein Schreiben, das Aehrenthal einige Jahre zuvor als Botschafter in St. Petersburg verfaßt hatte. Damals, so erinnerte ihn Urbański, habe der Botschafter Aehrenthal anders gedacht als der Minister Aehrenthal; er habe nämlich die sofortige Abberufung des eigenen Militärattachés gefordert, weil der in eine Spionageaffäre verwickelt gewesen sei. Der Außenminister las seinen alten Brief und gab nach. Martschenko mußte Wien verlassen.[94]

Erst nach Urbańskis Intervention hatte die Wiener Staatspolizei freie Hand. Am 15. Januar 1910 verhafteten ihre Kommissare den Spion Kretschmar.[95] In kurzer Zeit war der ganze Informantenring ausgehoben, den er sich im Laufe der Jahre geschaffen hatte, bestehend aus seinem Schwiegersohn, seinem Schwiegervater, einem Zeugsverwalter und fünf Offizieren des Artilleriezeugdepots.[96] Ergebnis der Vernehmungen: Kretschmar hatte 20 Jahre lang für den russischen Geheimdienst gearbeitet, in der letzten Zeit nebenbei auch für Franzosen und Italiener.[97]

Der Fall Martschenko veranlaßte die ND-Zentralen in Wien und Berlin, von nun an die russischen Militärattachés schärfer überwachen zu lassen. Die Außenministerien beider Staaten sträubten sich zwar gegen eine Rund-um-die-Uhr-Beschattung der russischen Militärattachés und ihrer Gehilfen in den Konsulaten, dennoch setzten IIIb und Evidenzbüro durch, daß die Abwehrpolizei die russischen Gegenspieler regelmäßig beobachtete. Den Militärattachés entging natürlich nicht, daß sie beschattet wurden; entsprechend vorsichtiger agierten sie.

Gleichwohl brachte die systematischere Überwachung der russischen Militärattachés die deutschen und österreichischen Abwehrdienste um einen kräftigen Schritt weiter. Mochten auch die Russen ihre Spuren sorgfältig verwischen – ab und zu hinterließen sie doch eine deutliche Fährte. Nicht selten tauchten Agenten auf, die ihre Führungsoffiziere und Auftraggeber in den russischen Botschaften und Konsulaten kontaktierten.

So fiel in Berlin im Frühjahr 1910 bei der Überwachung des Militärattachés Michelson ein Mann auf, der ihn wiederholt besuchte oder sich mit ihm in der Stadt traf. Der Mann kam den Observanten der Zentralpolizeistelle verdächtig vor. Er nannte sich Baron Alexander Murmann, hielt sich angeblich zu militärwissenschaftlichen Studien in Berlin auf und bekam häufig Post aus Kattowitz – für die Abwehrpolizei ein besonderer Anlaß zum Mißtrauen, denn einige überführte Spione Rußlands hatten immer aus Kattowitz Post erhalten, wo ein Mittelsmann des russischen Geheimdienstes sitzen mußte.[98]

Eine Anfrage bei Ronge brachte Licht in das Dunkel. Der Baron, so ergab sich, war ein Oberleutnant des russischen Geheimdienstes, der früher in der k. u. k. Armee gedient hatte; er war 1895 als Kadett-Wachtmeister wegen Kriegsuntauglichkeit aus dem österreichischen Heer entlassen worden und hatte sich aus Wut über das ihm angeblich angetane Unrecht den Russen verschrieben. 1898 war er bei einem Spionageauftrag in Österreich erwischt und zu acht Monaten schweren Kerker verurteilt worden.[99] Seither, soviel war in Wien bekannt, spionierte Murmann weiter. Wien wußte freilich nicht, daß er zu Batjuschins wichtigsten Agenten gehörte.

Die Auskunft aus Wien genügte der deutschen Abwehrpolizei, Murmann unter Beobachtung zu stellen. Murmanns Vermieterin ließ in ihre Wohnung einen Kriminalschutzmann der Zentralpolizeistelle ein, der in Abwesenheit des Barons dessen Zimmer durchsuchte. In einem Papierkorb fand der Schutzmann zerrissene Papiere und mehrere Briefumschläge mit dem schon bekannten Deckadressen-Namen »Franz Müller«. Auch ein Brief von Murmanns Mutter war dabei: »Sieh dich in Berlin vor, denn dort haben sie auch offene Augen.« Als kurz darauf Murmanns Mutter zu Besuch kam, belauschte der Polizist vom Nebenzimmer aus das Gespräch der beiden und notierte sich Namen und Adressen, die dabei fielen.[100]

Die Namen und Adressen waren der deutschen Spionageabwehr bekannt, sie kamen schon in den Papieren vor, die man bei verhafteten Spionen gefunden hatte. Doch noch ehe die Abwehrpolizei gegen Murmann weiter ermitteln konnte, verschwand er aus Berlin. Kurze Zeit danach tauchte er in Österreich auf, worauf ihn die Staatspolizei verhaftete – ohne Erfolg, denn Murmann war nichts nachzuweisen. Der Spion wurde über die russische Grenze abgeschoben, später war er wieder in Berlin.[101]

Erst der Bericht eines österreichischen Nachrichtenhändlers, der sich Siegmund Wagner nannte, klärte die Spionageabwehr darüber auf, was Murmann eigentlich trieb. »Wagner« (in Wirklichkeit hieß er anders) wußte, daß Murmann jahrelang für die Spionagezentrale Warschau Agenten geworben und ausgebildet hatte, inzwischen aber in den Dienst des in Kiew residierenden Raswedka-Obersten Michail Galkin übergewechselt war, zu dessen wichtigsten Gehilfen er gehörte.[102] Die österreichische Staatspolizei brauchte noch über ein Jahr, ehe sie Murmann und seine mitspionierende Mutter für längere Zeit hinter Kerkermauern bringen konnte.[103]

Murmanns Verbindung mit Galkin inspirierte Ronge, die einmal gewiesene Spur zu der russischen ND-Zentrale Kiew weiterzuverfolgen. Ein Zufall wollte zudem, daß sich dem Evidenzbüro die Chance bot, mit dem Gegner Galkin direkt in Kontakt zu treten. Ein böhmischer Musiker hatte sich in Kiew damit gebrüstet, einen schwerverschuldeten österreichischen Generalstabsoffizier zu kennen, und war daraufhin von russischen Agentenwerbern angesprochen worden. Sie brachten ihn zu ihrem Chef, einem Obersten namens Marinsko, der sich höchlichst daran interessiert zeigte, den verschuldeten Generalstabsoffizier kennenzulernen; eine »schöne Dame« in Prag, so bedeutete Marinsko dem Musiker, warte nur darauf, den Offizier von seinen Sorgen zu befreien.[104]

Der Musiker offenbarte sich der Wiener Staatspolizei, die Ronge informierte, der die Chance ergriff, mehr über den Gegenspieler in Kiew zu erfahren. Der Ronge-Mitarbeiter Milan Ulmansky, Oberleutnant im Evidenzbüro, erhielt die Order, die Rolle des verschuldeten Offiziers zu spielen und gemeinsam mit dem Musiker zu dem Treff in Prag zu fahren. Die Schöne hatte gute Nachricht für den Generalstäbler: Oberst Marinsko wolle sich mit ihm in Lindau treffen. Als Ulmansky dem russischen Obersten gegenübersaß, erkannte er ihn sofort an seinen Gesichtsnarben.[105] Kein Zweifel: Das war Galkin, der 1904/05 als Austauschoffizier in Linz die deutsche Sprache erlernt hatte und im Krieg gegen Japan verwundet worden war.[106]

Die Gespräche mit Galkin ließen sich gut an, man verabredete sich zu einem neuen Treff. Doch plötzlich brach die Verbindung ab. Ein Informant hatte Galkin verraten, daß er einem Trick der Österreicher aufgesessen war.[107] Ronge zürnte noch später: »Wir hatten einen Verräter im Büro, der den Russen den Hereinfall enthüllte!«[108] Auch Ulmansky war nach dem Ersten Weltkrieg davon überzeugt, daß ihn kein anderer als Redl verraten hatte.[109] Wenn das zutrifft, dann war es der letzte Dienst, den Redl seinen russischen Auftraggebern im Evidenzbüro erwies: Im April 1911 verließ er den Geheimdienst, um als Oberstleutnant ein Truppenkommando zu übernehmen.[110]

Der Fall Murmann/Galkin illustrierte, wie sehr das Führungspersonal der russischen Agentenorganisationen in das immer härtere Pingpongspiel zwischen den deutschen und österreichischen Abwehrdiensten geriet. Ronge und der Brose-Nachfolger Heye, diskret unterstützt von ihren Partnern in der Schweiz und in Schweden, konzentrierten ihr Feuer zusehends mehr auf die Leitstellen und Führungsfiguren der russischen Spionage.

Zug um Zug schalteten sie die großen Agentenführer Rußlands im deutsch-österreichischen Einflußgebiet aus. Im März 1911 hatten die IIIb und die Zentralpolizeistelle Berlin genügend Belastungsmaterial gegen den russischen Militärattaché Michelson zusammen, um seine Abberufung zum 1. April zu erzwingen.[111] Zwei Jahre später beobachteten Agenten der Wiener Staatspolizei Martschenkos Nachfolger, Oberst Michail Ipolitowitsch Zankiewitsch, bei Treffs mit dem k. u. k. Oberleutnant Cedomil Jandric; sie fanden bei einer Durchsuchung der Jandric-Wohnung am 17. April 1913 so kompromittierendes Material, daß der Russe sofort abreisen mußte.[112] Im Oktober stolperte Oberst Assanowitsch in Stockholm über den Fall seines Agenten Torngreen, und schon war auch Oberst Romejko Gurko, Rußlands graue Eminenz in der Schweiz, so hoffnungslos bloßgestellt, daß ihn nicht einmal Italiens Regierung mehr als Militärattaché akzeptieren mochte.[113]

Immer zielsicherer warfen sich jetzt Heye und Ronge die Bälle zu. Der eine Dienst informierte den anderen Dienst, und was die Beiden nicht wußten, war dem neutralen Dritten im Bunde zuweilen bekannt. Bald kam es vor, daß Deutsche und Österreicher die Spionagefälle gemeinsam lösten oder der eine Geheimdienst einen Coup in seinem Land eröffnete, den der andere Dienst bei sich beendete.

Ronge hatte diese Technik zuerst praktiziert. 1910 war er auf den Agenten Heck, einen »gefährlichen Spion gegen Deutschland« (Ronge), gestoßen und hatte in Zusammenarbeit mit IIIb die Entlarvung des Spions auf österreichischem Boden so vorbereitet, »daß die Deutschen nur zuzugreifen brauchten«, wie Ronge erzählt.[114] Später hatte er immer wieder Tips und Informationen für Heye, die es der IIIb erleichterten, russische Agentengruppen im Reich lahmzulegen.

Anfang 1913 gelang es auf solche Art, den wichtigsten russischen Spion in Deutschland auszuschalten. Ronge fand in seiner Post einen Brief, in dem ihm ein Unbekannter deutsche Geheimdokumente zum Kauf anbot, darunter Mobilmachungsbefehle für die Truppen und Festungen im deutsch-russischen Grenzraum. Aus dem Brief ging hervor, daß sich der Schreiber in Wien auf der Durchreise befand und bereit war, sich mit Ronge oder einem seiner Vertreter zu treffen.[115]

Ronge benachrichtigte Heye, der umgehend Nachforschungen anstellen ließ. Die Beschreibung, die Ronge von den offerierten Geheimdokumenten gab, ermöglichte es IIIb und Abwehrpolizei, den Kreis des infrage kommenden Täters einzugrenzen. Der Unbekannte mußte ein deutscher Soldat oder Offizier sein, der Zugang zu geheimen Kommandosachen hatte, er mußte – möglicherweise als Schreiber – in einem Truppen- oder Festungskommando im Osten sitzen und zudem gerade auf Auslandsreise sein. Es gab einen Soldaten, auf den diese Voraussetzungen zutrafen: den Unteroffizier Wölkerling, Ersten Schreiber der Festung Thorn.

Als Wölkerling Anfang Februar von einer Reise durch Österreich, Frankreich und die Schweiz zurückkehrte, wurde er verhaftet.[116] Seine Geldgier hatte ihn zu Fall gebracht; bereits Honorarempfänger der russischen und französischen Geheimdienste, hatte er seine Materialien noch einmal verkaufen wollen. Eine Durchsuchung seiner Wohnung in Thorn förderte denn auch zahlreiche Unterlagen zutage, die auf Spionage für Rußland und Frankreich schließen ließen.[117] Die meisten von ihnen waren freilich verschlüsselt, und das versetzte die IIIb in nicht geringe Verlegenheit: Der deutsche Geheimdienst besaß keine eigenen Dechiffrierer. Es würde Monate dauern, ehe man hinter den Sinn der Wölkerling-Texte kam.

Da erinnerten sich die Offiziere in der IIIb-Zentrale daran, daß der Major Ronge (er war inzwischen avanciert) ein Faible für Geheimschriften besaß, das ihn schon früh bewogen hatte, eine Chiffriergruppe aufzubauen.[118] Dort saß seit 1911 der Hauptmann Andreas Figl, ein Genie der Chiffrierkunst, so mathematisch begabt, daß ihn noch ein Vierteljahrhundert später die Nationalsozialisten holten, damit er ihrem Sicherheitsdienst einen ähnlichen Chiffrierapparat schaffe wie der k. u. k. Armee.[119] Sein

Ruhm war auch schon 1913 bis nach Berlin gedrungen; die IIIb sandte den Wiener Kameraden am 5. Februar einige Wölkerling-Papiere zur Entschlüsselung.

Figl nahm sich der Papiere an und gab nicht eher Ruhe, bis er den von Wölkerling verwendeten Kode geknackt hatte. Am 3. März hatte er es geschafft.[120] Ronge schickte den Klartext und den Kode des russischen Spions nach Berlin, am 8. März dankten die Berliner in einem Schreiben.[121] Jetzt endlich konnten IIIb und Abwehrpolizei dem Unteroffizier Wölkerling seine Spionagetätigkeit für Rußland und Frankreich nachweisen; der Spion bezahlte sie mit 15 Jahren Zuchthaus.[122]

Einen Monat später war es an der IIIb, den Partner in Wien auf die Spur seines gefährlichsten russischen Spions zu setzen. Major Nicolai, seit März 1913 Chef der IIIb, machte eine Entdeckung, die schnurstracks in die Spionageaffäre führte, die wie keine andere das österreichische Offizierkorps mit all seinen feudalistischen Ehr- und Standesbegriffen tief erschüttern sollte.

Anfang April war zum Hauptpostamt in Berlin ein Brief zurückgelaufen, der – in Berlin abgestempelt – wochenlang im Poste-Restante-Bureau des Wiener Hauptpostamtes gelegen hatte und dort nicht abgeholt worden war. Der Brief erregte die Aufmerksamkeit eines Beamten der Berliner Postüberwachung, der das Schreiben Nicolai zuleitete. Nicolai kam der Brief ebenfalls verdächtig vor. Auf dem Kuvert stand: »Herrn Nikon Nizetas. Österreich. Wien. Hauptpost. Postlagernd«, als Absender zeichnete ein »J. Dietrich«. Im Kuvert lagen 6000 Kronen in Scheinen und eine kurze Notiz mit zwei Adressen; »Paris, Bureau de poste 86, poste restante M. de NNN. Genève, Rue de Prince Nr. 11, M. Larguier.«[123]

Nicolai kam zu dem Schluß, »Nikon Nizetas« sei ein Agentendeckname und der ganze Brief nichts als die Honorarsendung für einen in Wien agierenden gegnerischen Spion. Umgehend warnte er Ronge. Am 7. April schickte Nicolai den Nizetas-Brief nach Wien, einen Tag später lag er auf Ronges Schreibtisch.[124] Auch der Österreicher zweifelte nicht daran, daß sich hinter dem Pseudonym Nizetas ein fremder Spion verbarg, wahrscheinlich ein Agent der Russen. Der Name des Absenders und die Adressen sagten Ronge genug: »J. Dietrich« war ein Deckadressen-Name des in Bern sitzenden russischen Militärattachés Romejko Gurko, Larguier aber vermutlich identisch mit dem französischen Geheimdiensthauptmann Paul Larguier, der schon 1904/05 von Aix-les-Bains aus gegen Österreich-Ungarn gearbeitet hatte.[125]

Ronge holte sich seine besten Mitarbeiter heran, um sich mit ihnen auf die Jagd nach Nizetas zu machen. Figl, der für die Spionageabwehr zuständige Hauptmann Hermann Zerzawy und der Rußland-Experte Waldemar von Zargorski bildeten eine Fahndungsgruppe, während Polizeichef Gayer ebenfalls eine Ermittlungskommission zusammenstellte.[126] Drei Agenten der Staatspolizei überwachten den Poste-Restante-Schalter des Wiener Hauptpostamtes für den Fall, daß jemand nach einem Nizetas-Brief fragen sollte, und auch in Berlin und Genf schwärmten Fahnder aus.[127]

Doch die Suchaktion blieb ergebnislos. Am 3. Mai mußte Nicolai nach Wien melden, daß seine Leute nichts über den Mysteriösen hätten feststellen können, und auch die Beschatter Larguiers in Genf registrierten nur Fehlschläge.[128] Und der Nizetas-Brief war inzwischen durch so viele Hände gegangen, daß Ronge nicht wagen konnte, ihn dem unbekannten Spion als Lockmittel in die Fächer des Hauptpostamtes am Fleischmarkt zu legen.

Da trafen am 9. Mai in Wien zwei neue Briefe J. Dietrichs an Nizetas ein, die das Datum des 6. April 1913 trugen.[129] Ronge ließ die beiden Briefe einige Tage lang im Hauptpostamt liegen, am 13. Mai aber zog er sie wieder ein. Warum dieser überraschende Entschluß? Man kann darüber nur spekulieren: Vermutlich enthielten die beiden Briefe nicht das Geld, auf das der Spion sicher schon dringend wartete, zumal ihn der in Berlin beschlagnahmte Geldbrief nicht erreicht hatte. Das aber mußte den Spion mißtrauisch machen. Um ihn in Sicherheit zu wiegen, ließ Ronge selber einen Brief fabrizieren, der das Ausbleiben der Geldsendung erklärte und Geld enthielt.[130]

Ronge und seine Mitarbeiter tippten auf einer Schreibmaschine unter dem 9. Mai 1913: »Hochgeehrter Herr Nizetas! Sie würden schon wohl im Besitz meines Schreibens vom 7. Mai a. c., in dem ich mich für die Verzögerung der Sendung entschuldige, sein. Leider war ich nicht imstande, Ihnen das Geld früher zu senden. Hiermit beehre ich mich, Ihnen verehrter Herr Nizetas, 7000 Kr. zu schicken, die ich in diesem einfachen Briefe zu senden riskiere. Was Ihre Vorschläge anbetrifft, so sind selbere alle annehmbar. Hochachtungsvoll: J. Dietrich.«[131]

Dann ließ Ronge den Brief mit Hilfe des deutschen Geheimdienstes in Umlauf setzen. Am 17. Mai schickte das Evidenzbüro den Brief nach Berlin mit der Bitte, ihn in der Reichshauptstadt aufzugeben, am 23. Mai notierte der Brieftagebuchführer des Evidenzbüros als Mitteilung aus Berlin: »Nizetas-Brief Post übergeben.«[132] Inzwischen hatte Polizeirat Nickles von der Wiener Staatspolizei die Überwachung der Poste-Restante-Schalter noch verfeinert. Die drei Polizeiagenten Michael Macha, Vinzenz Volny und Ferdinand Watzek warteten nicht länger im Vorraum des Hauptpostamtes, sondern in einem gegenüberliegenden Gebäude, durch elektrische Alarmleitungen verbunden mit den zwei Poste-Restante-Schaltern.[133]

Stunde um Stunde verrann, ein Tag nach dem anderen verging. Endlich betrat am Abend des 24. Mai, wenige Minuten vor 18 Uhr, ein Herr im grauen Jackenanzug die Schalterhalle und fragte nach Briefen für Nikon Nizetas. Stürmisch betätigte die Schalterbeamtin Betty Österreicher den Klingelzug. Doch noch ehe Macha und seine beiden Kollegen aus ihrem Zimmer herausstürzten, hatte der Fremde mit dem Brief die Halle schon wieder verlassen. Die Polizisten jagten auf die Straße und konnten nur noch sehen, wie ihr Mann am nahegelegenen Schwedenplatz in eine Taxe stieg.[134]

Die drei Agenten liefen zu einer anderen Taxe, eine Verfolgungsjagd begann. Der Wagen des Fremden hielt nach kurzer Fahrt vor einem Haus – und fuhr dann auf einmal so rasch wieder an, daß die in einer Entfernung zum Stehen gebrachte Taxe der Polizisten dem Wagen nicht sofort folgen konnte. Macha wollte schon resignieren, als erneut der verfolgte Wagen aufkreuzte, allerdings ohne Fahrgast. Der Taxifahrer berichtete, sein Gast habe ursprünglich zum Hotel »Klomser« gewollt, sei aber vor dem Ziel ausgestiegen. Die drei Polizisten kletterten in den Wagen und gaben Befehl, zum Hotel zu fahren.[135]

Während der Fahrt stieß Machas Fuß an ein Taschenmesserfutteral, das am Boden der Taxe lag. Blitzschnell kam dem Polizisten die Vorstellung, der Fremde habe den Brief noch in der Taxe mit einem Taschenmesser geöffnet und dabei das Futteral verloren; in der Tat wußte der Taxifahrer, daß sein Gast einen Brief gelesen hatte. Im Hotel erkundigten sich die Polizisten beim Portier, wer in den letzten Minuten das Hotel betreten habe, und baten ihn, das Futteral möglichst sichtbar auf den kleinen Tisch zu legen, der neben der Portiersloge stand.[136]

Einige Minuten später kam ein hochgewachsener Mann in Offiziersuniform an die Portiersloge. Macha kannte ihn aus zahlreichen Spionageprozessen, der Oberst Redl war ihm bekannt. Schon wollte er sich ihm, dem erfahrenen Spionagejäger, anvertrauen, da erinnerte er sich noch rechtzeitig, daß ihm eingeschärft worden war, niemanden in den Fall einzuweihen. Redl sah auf einmal das Futteral auf dem Tisch und griff danach. Redl: »Ach, da ist ja mein Futteral!« Der Polizeiagent starrte ihn fassungslos an. In diesem Augenblick bemerkte Redl den Beamten – und wußte im Nu, daß er ausgespielt hatte. Hastig verließ er das Hotel, zwei der Polizisten folgten ihm.[137]

Kurz darauf klingelte in Ronges Privatwohnung das Telephon. Die aufgeregte Stimme des Regierungsrats von Gayer drang an Ronges Ohr: »Bitte, kommen Sie in mein Büro, es ist etwas Schreckliches passiert.«[138] Macha war schon bei Gayer und berichtete, was er und seine Kollegen erlebt hatten. Er besaß sogar die Fetzen alter Geldempfangsquittungen, die Redl beim Fortlaufen aus dem Hotel auf der Straße zerrissen hatte. Gayer unterbrach Macha: »Unmöglich! Sie müssen sich irren!«[139] Doch ein Irrtum war ausgeschlossen: Oberst Alfred Redl, Generalstabschef des VIII. Armeekorps in Prag, war der Spion Nikon Nizetas.

Für den Redl-Fan Maximilian Ronge aber brach eine Welt zusammen: der bewunderte Lehrer und Vorgesetzte, der gefeierte Spionejäger, der Freund und Kamerad – er war ein russischer Spion, Verräter all dessen, was ihnen allen heilig war! Ronge war emotional so aufgewühlt, daß er zunächst kaum einen klaren Gedanken fassen konnte.

Ausbildung, Sachkenntnis und die Erfordernisse der Spionageabwehr hätten ihn bestimmen müssen, Redl sofort verhaften zu lassen und einem eingehenden Verhör zu unterziehen. Doch der Geheimdienstler Ronge war gelähmt. Er dachte nur in den engen Grenzen seiner Kaste und seines Standes, ihn trieb allein die antiquierte Ehrauffassung des Offizierkorps. Ein Gedanke, ein Wunsch, ein Wille beherrschte ihn zusehends: weg mit dem Verräter, ehe die Öffentlichkeit von der Schande der Armee erfuhr! Noch waren die Vorgesetzten nicht informiert, da hatte der Major Ronge schon Redls gewaltsames Ende beschlossen – Tod durch Selbstmord.

Zwei Stunden später stand Ronge mit seinem Chef Urbański vor General Conrad von Hötzendorff, dem Generalstabschef der k. u. k. Armee, und weihte ihn ein.[140] Was damals beschlossen wurde, ist umstritten. In einem Papier für den Erzherzog Franz Ferdinand, den späteren Generalinspektor aller k. u. k. Streitkräfte, steht: »Der Chef des Generalstabes befahl die Festnahme Redls.«[141] Conrads Stellvertreter aber, Generalmajor Franz von Höfer, der Ronge und Urbański zu Redl begleiten sollte, erfuhr von den beiden Geheimdienstlern schon etwas ganz anderes: Der Generalstabschef habe befohlen, Redls Schuld festzustellen und ihm »nichts in den Weg zu legen, falls er freiwillig sich selbst richten wollte«.[142]

Ronge und Urbański waren entschlossen, dem Obersten Redl den Opfertod für die Militärkaste abzuverlangen, was immer auch der Generalstabschef befohlen haben mochte. Redl erleichterte ihnen dabei ihr Vorhaben. Als die beiden Geheimdienstler, Höfer und der noch hinzugezogene Majorauditor Wenzel Vorliček eine halbe Stunde nach Mitternacht in Redls Hotelzimmer eindrangen, hatte der Spion schon mit seinem Leben abgeschlossen. Redl: »Ich weiß, weshalb die Herren kommen, ich fühle mich schuldig. Ich bitte, mir Zeit zu lassen, mich selbst zu justifizieren.«[143]

Sein Blick fiel auf den alten Schüler Ronge, er bat ihn um ein Gespräch unter vier Augen. Die anderen Mitglieder der Kommission verließen für kurze Zeit den Raum. Was die beiden Männer miteinander sprachen, ist nicht überliefert. Der ins Zimmer zurückkehrende Höfer sah nur noch, daß Redl den Major »mit aufgehobenen Händen« beschwor, »ihm eine Schußwaffe zu verschaffen, da ihm bloß eine Rouleaux-Schnur zur Verfügung stände, die ihm unzulänglich erscheine«.[144] Ronge fuhr los und kam mit einer kleinen, neuen Browning-Pistole aus seinem Eisenschrank im Büro zurück.[145] Redl legte noch eine Art Geständnis ab, vage genug, um das Evidenzbüro nicht bloßzustellen. Redl, notierte Höfer, habe zugegeben, »1) daß er Spionage, u. z. für Rußland betrieben habe; 2) daß dies erst in allerletzter Zeit der Fall sei, 3) daß er keine Mitschuldigen habe«.[146]

Dann verließen die Herren das Hotelzimmer und warteten in der Umgebung des Hotels auf den erlösenden Schuß. Sie hörten ihn nicht. Stunde um Stunde verstrich. Schließlich, gegen Morgen, schickten sie einen Dienstmann mit einem »dringenden Brief« zu Redl hinauf. Der Mann kam bestürzt zurück: Oberst Redl war tot.

Was folgte, war ein geheimdienstliches Satyrspiel. Urbański und Vorliček reisten am Vormittag des 25. Mai nach Prag und durchsuchten Redls Quartier im Generalstab des VIII. Korps. Doch der Chef des Evidenzbüros schien an einer Aufklärung des größten Spionagefalls in der Geschichte des Habsburger Staates nicht sonderlich interessiert zu sein. Er widmete sich eher den Pornobildern und anderen drastischen Beweisen Redlscher Homosexualität als den Indizien seiner Spionagetätigkeit.[147] Eine kriminalistische Spurensicherung hielt Oberst Urbański bei all diesem »süßlichen, ekligen Eindruck« für überflüssig.

Verschleierung war alles, worauf es den Militärs ankam. Sie waren auch entschlossen, die Affäre vor der Öffentlichkeit geheimzuhalten. Eine kurze Pressenotiz verlautbarte am 26. Mai, daß Oberst Redl in Wien verstorben sei. Doch der Name des Mannes, der in vielen Landesverratsprozessen als Gutachter aufgetreten war, machte Wiener Journalisten neugierig; sie fanden die Spur zum Hotel »Klomser«, wo sie bald eine Ahnung davon bekamen, was geschehen war. Am 29. Mai standen in der in- und ausländischen Presse so viele Redl-Meldungen, daß das Kriegsministerium seine Schweigetaktik aufgeben mußte. Ein Sturm öffentlicher Empörung brach gegen die Regierung los.

Später rühmte sich der Journalist Egon Erwin Kisch, den Skandal durch eine Enthüllungsstory in seinem Blatt, der Prager »Bohemia«, ausgelöst zu haben. Ein Schlosser namens Wagner, so erzählt Kisch, habe am 25. Mai 1913 überraschend den Auftrag erhalten, Türen und Schränke im Prager Quartier Redls gewaltsam zu öffnen, weshalb er nicht an dem Spiel seines Fußballklubs »Sturm I« habe teilnehmen können, der zur gleichen Zeit in Prag gegen die »S. K. Union Holeschovice« angetreten sei und prompt verloren habe. Am nächsten Tage habe sich Wagner bei dem »Sturm I«-Obmann Kisch für sein Fehlen entschuldigt und dabei einfließen lassen, es sei bei der Öffnung der Schränke um russische Geheimpapiere gegangen, wodurch er, Kisch, auf die wahren Gründe des Selbstmordes von Redl gestoßen sei, für ihn Ansporn, den Fall in die »Bohemia« zu bringen.

Bei näherem Hinsehen erweist sich allerdings Kisch wieder einmal als der liebenswürdige Märchenerzähler, der er nicht selten war (was seine bundesdeutschen Bewunderer nicht hindert, ihn für eine Ausgeburt journalistischer Recherchenkunst zu halten und sogar Preise nach ihm zu benennen). Der wirkliche Sachverhalt: Das amtliche Verzeichnis des Verbandes Prager Handwerker kennt keinen Schlosser Wagner, der »Sturm I« hat am 25. Mai 1913 nicht in Prag und nicht gegen die »S. K. Holeschovice« gespielt, die (ungezeichnete) »Bohemia«-Notiz über Redl war nicht Anlaß für das Kriegsministerium, sein Schweigen zu brechen – dies nur kleine Kostproben aus dem exotischen Redl-Potpourri dieses »Reporters der Wahrheit«.[148]

Daß die Militärs am Ende doch mit der ganzen Geschichte herausrücken mußten, war nicht zuletzt das Verdienst des empörten Erzherzogs Franz Ferdinand, der es satt hatte, sich länger beschwindeln zu lassen. Er durchschaute die Tricks des Evidenzbüros. »Die Verhaftungskommission«, erboste er sich, »hatte von Exzellenz Conrad den Befehl, den Verbrecher zu verhaften. Dies war durchzuführen; das eigenmächtige Vorgehen der Kommission war, streng militärisch genommen, einfach disziplinlos.«[149] Der Erzherzog ordnete eine Untersuchung an, jeder der Beteiligten mußte einen Rechtfertigungsbericht vorlegen. Schließlich wurde Urbański seines Postens enthoben und in den Wartestand versetzt; er mußte noch froh sein, daß er nicht ganz die Armee zu verlassen hatte, wie es Franz Ferdinand ursprünglich wünschte.[150]

Erst allmählich faßten Ronge und das Evidenzbüro wieder Tritt. Im

Schreibtisch Redls hatten sich so viele Notizen über Deckadressen und Kurierstellen der Raswedka gefunden, daß es den deutschen und österreichischen Geheimdiensten nicht schwerfiel, die Nachrichtenkanäle des Gegners mit Desinformationen zu füllen und weitere Agentenführer der anderen Seite zu enttarnen. Vor allem das gesamte Verbindungssystem der Gegner in der Schweiz kannten Berlin und Wien nach Redls Tod genau.

Evidenzbüro und IIIb spickten ihre Freunde im schweizerischen Abwehrdienst mit so vielen Informationen über russisch-französische Spionage-Aktivitäten, daß die eidgenössischen Behörden die lästigen Gäste unter immer stärkeren Druck setzten. Im Oktober 1913 zog es Oberst Lawrow, Raswedka-Residenturleiter in der Schweiz, vor, sein Quartier »Villa Cyclamen« zu räumen, auch Lawrow-Gehilfe Oskirko alias Brand geriet in Schwierigkeiten, und selbst die Tage von Residenturleiter Larguier waren gezählt.[151] Ein erster, von den deutschen und österreichischen Geheimdiensten inspirierter Prozeß gegen Larguier in Genf scheiterte zwar Anfang Oktober, doch die Aussagen des kurz darauf verhafteten Larguier-Mitarbeiters Rosselet machten die Stellung des Franzosen Ende Oktober unhaltbar. Larguier mußte die Schweiz verlassen.[152]

Mancher russische Agent in der Schweiz wurde nervös. Der inzwischen in Genf lebende Agentenwerber Eck, früher im russischen Konsulat in Königsberg, bot den Deutschen Berichte seiner eigenen Informanten an und lieferte sie damit praktisch der deutschen Abwehrpolizei in die Hände. Hauptmann Friedrich Gempp, der neue Leiter der Nachrichtenstation Königsberg, reiste zu Eck und fahndete dann in Ostpreußen solange, bis er sicher war, daß die beiden Militärschreiber Rosenfeld und Dobinski die Informanten des Russen gewesen waren. Ergebnis: 15 Jahre Zuchthaus für Rosenfeld und Dobinski.[153]

Solche Erfolge konnten die deutsch-österreichischen Spionejäger allerdings nicht zu der Illusion verleiten, der Raswedka schon einen vernichtenden Schlag versetzt zu haben. Den ausgeschalteten Agenten der Raswedka wuchsen rasch neue nach, eine Spionageorganisation löste die andere ab. In Berlin war es eben den Russen gelungen, einem korrupten Militärbeamten die neuesten Lagekarten des Großen Generalstabes für 50000 Mark abzukaufen, und das Evidenzbüro wußte schon, daß der russische Militärattaché in Kopenhagen Order erhalten hatte, im österreichischen Offizierkorps neue Informanten zu werben.[154]

Die Raswedka zeigte dabei eine derartige Hektik, daß es selbst ihre Gegenspieler verwunderte. In Wien trat als neuer Militärattaché der ehemalige Raswedka-Chef Baron Alexander Georgjewitsch Wineken an, der sich seit dem russisch-japanischen Krieg darauf verstand, einen Geheimdienst auf den Krieg einzustellen,[155] und in Berlin riskierte im April 1914 der Michelson-Nachfolger Basarow eher seine Stellung, als daß er darauf verzichtete, ohne jeden konspirativen Schutz eben erworbene Pläne deutscher Festungen mit einem Kurier nach St. Petersburg zu befördern, was seine sofortige Ausweisung zur Folge hatte.[156]

Die Russen hatten es offenbar eilig, und das verhieß nichts Gutes. Der Weltkrieg der Großmächte warf seinen düsteren Schatten voraus.

5 Krieg, Krieg, Krieg

Durch den dunklen Flur des Hauses am Chesham Place in London geisterte der Schein einer Lampe, hinter der die Umrisse eines kleinen, schmächtigen Mannes sichtbar wurden. Der Mann bewegte sich langsam, aber mit so sicherem Schritt, als kenne er hier jeden Meter. Er hielt an und lauschte einen Augenblick. Doch in dem Haus, Sitz der Russischen Botschaft, rührte sich nichts. Die Amtsräume waren in dieser Nacht des 18. Mai 1914 nicht mehr besetzt; nur in der Loge des Portiers brannte noch Licht.

Der Mann ging weiter. Er öffnete die Tür zum Arbeitszimmer des Botschafters und steuerte zielstrebig auf einen eisernen Wandschrank zu, in dem die Geheimpapiere des Hauses aufbewahrt wurden. Der Mann holte einen Schlüssel hervor, mit dem er den Eisenschrank öffnete. Sachkundig griff er in ein Fach, aus dem er ein Bündel Papiere herauszog. Er blätterte sie durch, bis er eine Akte mit roter Aufschrift fand, von deren Existenz nur wenige Beamte der Botschaft wußten. Er nahm die Akte an sich, legte die übrigen Papiere zurück und verschloß dann den Schrank.

Kurz darauf lag das Zimmer wieder im Dunkeln. Der Mann huschte den Gang zurück und verschwand in einem anderen Zimmer. Gelassen setzte er sich dort an einen Schreibtisch und begann, den Text der mitgenommenen Akte abzuschreiben. Seite um Seite kopierte er: Verträge in russischer, französischer und englischer Sprache, Aktennotizen des Botschafters, Meldungen seiner Mitarbeiter.

Nach ein paar Stunden hatte der Schreiber die Papiere der Akte kopiert. Er faltete die Abschriften zusammen und steckte sie in ein Päckchen, das er sorgfältig versiegelte. Dann brachte er die Akte so lautlos, wie er sie geholt, an ihren Platz im Zimmer des Botschafters zurück.

Der Mann, der ein paar Minuten später an der Portiersloge grüßend vorbeischritt, erregte kaum sonderliches Aufsehen. Der Portier war an den Anblick des nächtlichen Passanten gewöhnt: Der Baron Benno von Siebert, Zweiter Sekretär der Botschaft und Kammerjunker des Zaren, machte häufig Überstunden – keineswegs verwunderlich in diesen Zeiten internationaler Krisen und hektischer Verhandlungen.[1]

Der Pförtner der Russischen Botschaft hätte freilich nicht schlecht gestaunt, wäre er Siebert gefolgt. Der Baron ging ein paar Straßen weiter, winkte dann eine Droschke heran und ließ sich zu einem Haus am St.-James-Park fahren. Die Adresse, die er dem Fahrer angegeben hatte, gehörte gemeinhin nicht gerade zu den bevorzugten Ausflugszielen russischer Diplomaten: die Botschaft des Deutschen Reiches. Dort wartete bereits ein Beamter, der den russischen Baron empfing und dessen Päckchen in Empfang nahm.[2]

Der Beamte wußte ebensowenig wie der Kurier, der am nächsten Tag das Päckchen nach Berlin mitnahm, wer der Lieferant der Sendung war. Nur fünf Männer in Berlin – der Reichskanzler Theobald von Bethmann Hollweg, der Staatssekretär des Auswärtigen Amtes Gottlieb von Jagow, der Unterstaatssekretär Arthur Zimmermann, der Dirigent der Politischen Abteilung des AA Wilhelm von Stumm und der Professor Theodor Schiemann – kannten Sieberts Geheimnis,[3] und sie hatten allen Grund, es für sich zu behalten, denn Siebert war der Top-Spion, den die deutsche Führung im russischen Staatsapparat unterhielt.

Ganz sicher waren sich freilich auch die Eingeweihten in Berlin nicht, was den Russen seit fünf Jahren veranlaßte, die deutsche Reichsleitung mit den geheimen Papieren des russischen Außenministeriums zu beliefern, und dies noch dazu aus freien Stücken und ohne Bezahlung.[4] Der Mann vom Chesham Place blieb ihnen immer etwas unheimlich. Hätten sie jedoch mehr über ihn gewußt, wäre er ihnen weniger rätselhaft erschienen.

Benno Alexandrowitsch von Siebert, Jahrgang 1876, Abkömmling deutscher Pastoren und russischer Gutsbesitzer, Zögling der prestigereichen Nikolai-Kavallerieschule und des Alexander-Lyzeums in St. Petersburg, gehörte zu den jüngeren deutschbaltischen Adligen, deren Loyalität zum russischen Staat immer brüchiger geworden war, je härter der Zarismus die Ostseeprovinzen russifizierte und die alten Privilegien der deutschen Herrenschicht aushöhlte.[5] Wie mancher seiner Adelsgenossen sah Siebert in Deutschland den einzigen Garanten baltendeutscher Sonderexistenz, zumal die Verbindung der Familie Siebert zu Deutschland nie abgerissen war: Benno von Siebert hatte in Heidelberg die Schule besucht, seine Mutter war Deutsche, sein Bruder mit einer Deutschen verheiratet.[6]

Nichts schien ihm daher näher zu liegen, als Berlin die Manöver der russischen Diplomatie zu offenbaren, in denen er eine wachsende Bedrohung Deutschlands sah. Und Siebert saß auf einem Schlüsselposten, der ihm die Beobachtung der russischen Deutschland-Politik besonders leicht machte: In der Russischen Botschaft in London liefen die Fäden fast aller Bemühungen der russischen und französischen Diplomatie zusammen, das formal noch abseitsstehende England dem franko-russischen Bündnis gegen Deutschland anzuschließen.

Mit leidenschaftlichem Interesse verfolgte Siebert, wie Rußlands Botschafter Graf Alexander Konstantinowitsch Benckendorff, auch er ein Baltendeutscher, mit Hilfe seines französischen Kollegen Paul Cambon ständig engere Verbindungen zur britischen Regierung knüpfte.[7] Was immer Benkkendorff darüber zu Papier brachte, welche Weisungen ihm aus St. Petersburg zugingen – Sekretär Siebert wußte Bescheid. Die meisten Benckendorff-Papiere liefen über seinen Schreibtisch; was ihm nicht auf dem Dienstweg zukam, holte er sich nachts aus dem eisernen Wandschrank des Botschafters.

Es war nicht ohne Ironie, daß Benckendorff so das Opfer einer Illoyalität wurde, die einst sein Vater zum höheren Ruhm Rußlands in der deutschen Beamtenschaft gepflegt hatte. Der Botschafter Benckendorff war nämlich der Sohn des russischen Militärattachés Benckendorff, der ein halbes Jahrhundert zuvor preußische Generale und Hofbeamte zur Preisgabe sensibelster Staatsgeheimnisse angestiftet hatte.[8] Jetzt lief der Landesverrat in die entgegengesetzte Richtung: Der russische Staatsbeamte Siebert verriet aus Sympathie zu Deutschland jedes Dienstgeheimnis seines Landes, das ihm zur Kenntnis kam.

Je mehr er hinter seinem Chef herspionierte, desto deutlicher wurde ihm, wie stabil der Ring der Allianzen und Pakte schon war, der das unruhig-unsichere Deutschland in Schach halten sollte. Lange Zeit war der Spion freilich nur auf Indizien und Andeutungen in Benckendorffs geheimer Korrespondenz angewiesen gewesen, zu vage, um die deutschen Auftraggeber konkret ins Bild zu setzen. Da bot sich ihm plötzlich eine Gelegenheit, Einblick in die geheimen Absprachen der alliierten Mächte zu bekommen.

Am 21. April 1914 reiste das britische Königspaar zu einem Staatsbesuch nach Paris, den Frankreichs Ministerpräsident Gaston Doumergue dazu nutzen wollte, dem mitreisenden britischen Außenminister Sir Edward Grey den Abschluß eines Militärabkommens zwischen den drei Staaten, zumindest aber einer britisch-russischen Marinekonvention vorzuschlagen.[9] Zur Überraschung der Franzosen willigte der sonst so spröde Grey ein; gegen eine Vereinbarung zwischen den Admiralstäben Englands und Rußlands hatte er keine Einwände – die Verhandlungen sollten möglichst bald beginnen.[10]

In einem auch Benckendorff zugegangenen Bericht der Russischen Botschaft in Paris vom 29. April las nun Siebert, der britische Außenminister habe zugesagt, vor dem Beginn der Verhandlungen »dem Kabinett in St. Petersburg alle zwischen Großbritannien und Frankreich bestehenden Abkommen zugänglich zu machen, nämlich: 1. die Armee- und Marinekonventionen, die von den General- und Admiralstäben ausgearbeitet worden sind ..., und 2. das politische Abkommen, das die Form eines Briefwechsels zwischen Sir Edward Grey und dem französischen Botschafter in London trägt«.[11] Das war die Chance, auf die Siebert gewartet hatte. Er legte sich auf die Lauer, jeden Tag mußten die von Grey versprochenen Geheimtexte in der Botschaft eintreffen.

Doch die Briten ließen sich Zeit.[12] Erst am 17. Mai öffnete das Foreign Office seine Panzerschränke; bald darauf wurden die Papiere der Russischen Botschaft übergeben. Siebert griff zu, ehe die Sendung des Foreign Office nach St. Petersburg weitergeleitet wurde. In der Nacht des 18. Mai hielt er sie in den Händen.

Da lagen sie vor ihm, die vertraulichen Vereinbarungen und Hilfsversprechen, die es nach den öffentlichen Bekundungen der britischen Regierung gar nicht geben sollte. In Wahrheit legten die Dokumente die britisch-französische Zusammenarbeit im Falle eines Krieges gegen Deutschland »bis ins kleinste Detail« (so ein englischer Historiker) fest:[13] Ein von dem britischen General Sir Horace Wilson und dem französischen General Auguste Dubail unterzeichnetes Abkommen vom 20. Juli 1911 sah im Kriegsfall den Einsatz der gesamten britischen Armee in Frankreich vor, während drei Abkommen zwischen den britischen und französischen Admiralstäben vom 10. Februar 1913 das Zusammenwirken beider Flotten in Mittelmeer und Atlantik regelten.[14]

Selbst die Verklausulierungen in dem (ebenfalls mitgelieferten) Briefwechsel zwischen Grey und Cambon vom 22. und 23. November 1912 konnten nicht darüber hinwegtäuschen, daß sich Englands Regierung, wie es der Foreign-Office-Unterstaatssekretär Arthur Nicolson formulierte, »zu einer Garantie verpflichtet hatte, die Großbritannien entweder in einen Wortbruch oder in einen Krieg mit Deutschland verstricken mußte«.[15] Diese Garantie besagte nichts geringeres, als daß England den Franzosen sofort zu Hilfe kommen werde, wenn sie von Deutschland angegriffen würden.

Mochte auch Grey in seinem Brief beteuern, die Verhandlungen der Militärs hätten stets unter der Voraussetzung gestanden, »daß solche Beratungen den beiden Regierungen für alle Zukunft volle Freiheit der Entscheidung lassen, ob sie der anderen Waffenhilfe leisten wolle oder nicht«,[16] so ließ doch Cambon in seinem Gegenbrief deutlich durchblicken, daß es mit dieser Entscheidungsfreiheit Englands nicht weit her sei: Komme es zum »Angriff einer dritten Macht«, so müßten »die beiden Regierungen sofort die Pläne ihrer Generalstäbe prüfen und entscheiden, wie weit diesen Plänen Folge zu geben wäre«.[17]

Der Leser Siebert wird augenblicklich gewußt haben, was diese Geheimtexte für die Deutschen bedeuteten. Eiligst sandte er die Kopien nach Berlin, spätestens am 20. Mai lagen sie auf dem Schreibtisch des Dirigenten von Stumm.[18] Die russischsprachigen Texte in Sieberts Päckchen gab Stumm an den Ostkundler Schiemann, der für das AA Siebert-Nachrichten übersetzte, doch schon die französischen und englischen Texte genügten Stumm, seine Vorgesetzten zu alarmieren.

Nicht ohne Stolz trug Stumm dem Reichskanzler das Siebert-Material vor; es war einer seiner Agenten gewesen, dem ein ungewöhnlicher Coup gelungen war, den der deutsche Historiker Erwin Hölzle aus gutem Grund zu den folgenreichsten des Jahrhunderts zählt.[19] Die Historiker mußten später weit zurückdenken, um in der Geschichte einen ähnlichen brisanten Spionagefall zu finden. Sie erinnerten sich schließlich eines Präzedenzfalles, der Sieberts Tat noch zusätzlich einen Hauch des Unheilvollen, Schicksalhaften verlieh.

Der Präzedenzfall hatte im Sommer 1756, am Vorabend des Siebenjährigen Krieges, gespielt. Damals lieferte Friedrich Wilhelm Menzel, Geheimer Sekretär in der Kanzlei des sächsischen Kabinetts, den Preußen die Abschriften der gesamten diplomatischen Korrespondenz zwischen den Höfen in Dresden, Wien und St. Petersburg, aus denen Friedrich der Große folgerte, eine Koalition aus Russen, Österreichern und Sachsen schicke sich an, Preußen zu überfallen – Anlaß für den König, rasch gegen die Gegner loszuschlagen, ehe sie sich endgültig formiert hatten.[20]

War Siebert eine Art Menzel, dessen Abschriften den Weg in den Ersten Weltkrieg so unvermeidlich machten wie einst die Materialien des Sachsen jenen in den Siebenjährigen Krieg, den Weltkrieg des 18. Jahrhunderts?

Zumindest müssen Sieberts Auftraggeber von den Nachrichten ihres Agenten ähnlich schockiert gewesen sein wie Friedrich von Menzels Enthüllungen. Die Siebert-Kopien zeichneten ein erschreckendes Bild von der außenpolitischen Lage des Reiches: England und Frankreich im geheimen Militärbund gegen Deutschland, ihre Entente jetzt auch noch dabei, militärisch um Rußland erweitert und zu einem Dreierbündnis ausgebaut zu werden.

Deutlicher konnte sich kaum manifestieren, daß die Politik zu scheitern drohte, mit der Bethmann Hollweg das Reich aus der Sackgasse herausmanövrieren wollte, in die es dank eigener Hybris und fremder Gegenzüge geraten war. Seit Bismarcks Nachfolger das Bündnis mit dem Zaren mutwillig aufgegeben hatten, war Deutschland zusehends unter den Druck Frankreichs und Rußlands geraten – und je ungestümer der imperialistische Ehrgeiz der Deutschen und ihres Kaisers Wilhelm II. wurde, je hemmungsloser der Ausbau der Flotte und die Träume von überseeischer Macht, desto schärfer bekamen sie die Gegnerschaft der anderen Mächte zu spüren.

Deutschland sah sich immer mehr isoliert, war alleingelassen mit seinen fragwürdigen Bundesgenossen, dem am Nationalitätenkonflikt krankenden Österreich-Ungarn und dem unzuverlässigen Italien (»Dreibund«). Ein Reichskanzler nach dem anderen hatte versucht, diese Isolierung zu durchbrechen, ohne freilich das Erbübel überwinden zu können, das Europas Staatsmänner dazu verführte, Politik nicht mehr als Friedenssicherung, sondern als Vorbereitung auf den fatalistisch erwarteten Krieg zu verstehen.[21]

Erst war es der Reichskanzler Leo von Caprivi (1890-1894) gewesen, der in Anlehnung an England den Dreibund zu einem deutschgeführten Mitteleuropa-Block ausbauen wollte, um so den franko-russischen Zweibund neutralisieren zu können. Dann war – nach dem gesichtslosen Zwischenspiel des Kanzlers Hohenlohe (1894-1900) – der Reichskanzler Bernhard von Bülow (1900-1909) gekommen, entschlossen, das außenpolitische Ruder radikal herumzuwerfen. Ihm schwebte ein antibritischer Kontinentalblock des Dreibunds mit Rußland vor, der Deutschland den Rücken für eine expansive Flotten- und Weltpolitik freihielt.

Doch da erwies sich, daß die Chance einer Verständigung mit Rußland endgültig vertan war. So brachte der ab 1909 amtierende Reichskanzler Bethmann Hollweg das deutsche Staatsruder wieder auf Gegenkurs. Bethmann steuerte eine Verständigung mit Großbritannien an, durch die er erreichen wollte, daß das Empire im Falle eines Krieges zwischen Zweibund und Dreibund neutral blieb. Aber auch dieser so maßvolle Kanzler war auf den Krieg fixiert: Nichts konnte ihn von der Zwangsvorstellung abbringen, es werde der Tag kommen, an dem Deutschland zum Waffengang mit Rußland und Frankreich antreten müsse.

Theobald von Bethmann Hollweg war vor allem davon überzeugt, daß die russische Militärmaschine bald ganz Europa überrollen werde. Die scheinbar von Jahr zu Jahr wachsende Macht des Zarenreiches erschreckte ihn. Eine Rußland-Reise im Sommer 1912 hatte noch das ihrige dazu beigetragen, den skeptisch-sensiblen Mann in düsterste Stimmung zu versetzen.[22]

Bei einem Spaziergang durch den Park seines Gutes in Hohenfinow erklärte Bethmann Hollweg einem Besucher, er zweifle daran, ob es noch Zweck habe, neue Bäume zu pflanzen; in wenigen Jahren seien die Russen doch da.[23] Das war sein Glaubenssatz: »Die Zukunft gehört Rußland, das wächst und wächst und sich als immer schwererer Alb auf uns legt.«[24]

Bethmann Hollweg war nicht der einzige, der so dachte. Millionen biederer Deutscher fürchteten die russische Dampfwalze, die sie in seltsamer Panik schon auf sich zurollen sahen. Sozialdarwinistische Vorstellungen von einem schicksalhaften Endkampf zwischen Germanen- und Slawentum, die antirussischen Thesen baltendeutscher Publizisten und nicht zuletzt die Horrorstorys sozialistisch-jüdischer Emigranten über das zaristische Gewaltregime heizten die Stimmung gegen Rußland an.

Heute ist es leicht, über die antirussische Massenhysterie jener Tage zu Gericht zu sitzen. Wurde auch die Macht Rußlands maßlos überschätzt, so sprach doch manches dafür, die Nachrichten aus Rußland ernst zu nehmen. Rußland rüstete heftig auf, bis 1916/17 wollte der Zar die Friedensstärke seines Heeres um 468000 Mann erhöhen und damit die russische Armee zur stärksten der Welt machen.[25] Zudem dröhnte eine hemmungslose Agitation gegen Deutschland; Blätter wie die führende Militärzeitschrift »Raswjedschik« riefen dazu auf, »das ganze russische Volk« an den Gedanken zu gewöhnen, »daß wir uns zum Vernichtungskampf gegen die Deutschen rüsten«.[26]

Rußlands Öffentlichkeit gebärdete sich so martialisch, daß auch aufmerksame Ausländer erschraken. Eine japanische Militärdelegation, die Anfang 1914 Rußland bereiste, war »bestürzt über die feindlichen Gefühle gegen Deutschland, von denen heute die russischen Offiziere erfüllt sind«,[27] und selbst dem Briten Nicolson kamen Bedenken: »Rußland ist eine furchtbare Macht, und es wird noch weiter erstarken.«[28]

Auf dieses britische Unbehagen zielte Bethmann Hollweg bei seinen Bemühungen, England zu einer größeren Zusammenarbeit mit Deutschland zu bewegen. Natürlich konnte auch er nicht übersehen, daß die Briten 1907 bei der Bereinigung kolonialer Differenzen eine Art Entente mit Rußland geschlossen hatten; doch es stimmte ihn optimistisch, daß England bisher allen militärischen Vereinbarungen mit dem Zarenreich ausgewichen war. England konnte kein Interesse haben, die ohnehin schon durch die russisch-österreichische Rivalität auf dem Balkan angespannte Lage Europas noch zu verschärfen.

Desto härter mußten den Kanzler die Hiobsbotschaften des Spions Siebert treffen. Dünkte es Bethmann Hollweg schon schlimm genug, daß sich britische und französische Militärs für den Fall eines Krieges gegen Deutschland derart fest verabredet hatten, so verstörte ihn vollends die Aussicht auf eine britisch-russische Militärallianz. Eine Marinekonvention zwischen London und St. Petersburg – das bedeutete eine Ermutigung für kriegslüsterne russische Militärs, bedeutete im Kriegsfall eine Bedrohung der deutschen Ostseeküste, ja vielleicht sogar die Gefahr einer russischen Landung in Ostpreußen oder Pommern.

Kanzlerpflicht hätte geboten, den militärischen Stäben sofort die Siebert-Materialien zugänglich zu machen. Doch Bethmann Hollweg zögerte. Im Großen Generalstab ging wieder einmal der Ungeist des Präventivkriegers Waldersee um; es gab allzu viele Offiziere, die meinten, das Reich solle nicht abwarten, bis Rußland voll aufgerüstet habe, sondern sofort Krieg machen, solange die russische Armee unfertig sei.

Nein, solchen Leuten würde er, der Kanzler des Deutschen Reiches, nicht anvertrauen, was Siebert ihm gemeldet hatte. Präventivkrieg war für Bethmann Hollweg keine Lösung.[29] Außerdem glaubte er noch, das Zustandekommen der britisch-russischen Marinekonvention auf diplomatisch-konspirative Art verhindern zu können. Viel Zeit blieb ihm dabei freilich nicht mehr, meldete doch Siebert bereits, der russische Marineattaché in London, Kapitän Wolkow, werde in den nächsten Tagen nach St. Petersburg reisen, um sich dort Instruktionen für die Verhandlungen mit den Briten zu holen.[30]

Man mußte sich, so überlegten Bethmann Hollweg, Jagow und Stumm gemeinsam, Sieberts Informationen zunutze machen, um das Bündnisprojekt zu torpedieren. Greys antideutsche Eindämmungspolitik hatte eine Schwäche: Sie wurde geheim betrieben, ohne Wissen der britischen Öffentlichkeit, ja im Gegensatz zu den Versicherungen des Premierministers Herbert Asquith vom März 1913, seine Regierung sei keine militärischen Verpflichtungen gegenüber dem Ausland eingegangen und werde keine eingehen.[31] Es galt also, Greys geheimes Spiel öffentlich bloßzustellen und den Minister zuhause in politische Schwierigkeiten zu bringen, aber dies so kunstvoll, daß niemand erriet, woher die Informationen stammten.

Doch wer sollte Sieberts Enthüllungen in die Öffentlichkeit bringen? Stumm wußte Rat. Er kannte einen Mann, der sicherlich helfen würde: Theodor Wolff, Chefredakteur des linksliberalen »Berliner Tageblatt«.[32] Wolff war zwar ein bitterer Kritiker wilhelminischer Kraftmeierei, aber er konnte zumindest des Kanzlers Befürchtung teilen, ein britisch-russisches Marineabkommen werde in Deutschland das hysterische Verlangen nach einer noch stärkeren Flotte provozieren, was wiederum die Beziehungen zu England ramponieren müsse.[33]

Am 21. Mai suchte Stumm den Journalisten auf und weihte ihn ein. Wolff war einverstanden.[34] Noch am gleichen Tag entwarf er einen »Brief aus Paris«, den er so abfaßte, daß kein Licht auf den wahren Informanten fiel. Wolff schmückte vielmehr die »über sichere Informationen verfügende Pariser Persönlichkeit«, die den Brief geschrieben haben sollte, so aus, daß bei Kennern der Eindruck entstehen mußte, der Schreiber stamme aus dem Umkreis der Russischen Botschaft in Paris.[35] »Ich kann Sie versichern«, formulierte Wolff, »daß man hier während des Besuches [des britischen Königspaars] den Engländern die Idee unterbreitet hat, Verabredungen zu treffen, die im gegebenen Fall ein militärisches und maritimes Zusammenarbeiten, insbesondere aber eine Kooperation der englischen und der russischen Flotte herbeiführen müßten. Die russisch-englische Flottenentente nach dem Vorbilde der zwischen Rußland und Frankreich getroffenen Flottenabmachung soll im Sinne derjenigen, die sie empfehlen, die nächste Etappe auf dem Wege zur Allianz sein«.[36]

Am 22. Mai 1914 war das »Berliner Tageblatt« mit der Sensationsnachricht an den Kiosken Europas, im Nu wurde der »Brief aus Paris« zum Tagesgespräch der Staatskanzleien. Die Männer im Foreign Office waren entsetzt. »Ein übler Artikel auf Grund höchst bedauerlicher Indiskretionen irgendjemands«, schimpfte Eyre Crowe, der stellvertretende Unterstaatssekretär des britischen Außenamtes, und ließ alsbald in Paris nach dem »Verräter« fahnden.[37] Auch Grey fiel auf den Paris-Trick herein: »Das ›Tageblatt‹ enthüllt ein ernstes Leck in Paris.«[38]

Grey zog es vor, nicht öffentlich zu reagieren. Doch die Regisseure in der Berliner Wilhelmstraße gaben keine Ruhe. Jetzt ermunterte Jagow auch andere Publizisten, in ihren Blättern »der Katze die Schelle umzuhängen«.[39] Eine deutsche Zeitung nach der anderen machte Front gegen Greys Allianzpläne, und bald fehlte es nicht an düsteren Prophezeiungen wie etwa jener Schiemanns in der »Neuen Preußischen (Kreuz-)Zeitung«, »daß, sobald Paris und Petersburg Sicherheit darüber erlangt haben, daß sie der Unterstützung Englands sicher sind, ein europäischer Krieg als höchstwahrscheinliche Folge in nicht ferner Zukunft zu erwarten ist«.[40]

Bethmann und Jagow gaben ihren journalistischen Helfern immer grellere Stichworte ein, denn inzwischen hatte Siebert neue alarmierende Materialien geliefert. Darunter befand sich auch das Protokoll einer am 26. Mai in St. Petersburg stattgefundenen Spitzenkonferenz beim Chef des russischen Marinestabs, Admiral Russin, in der die Wünsche für die Flottenkonvention mit England festgelegt worden waren. Die Punkte 1 und 2 des russischen Wunschkatalogs bestätigten Bethmann Hollwegs Befürchtungen: Sie verlangten die Verlegung britischer Transportschiffe in die Ostsee, um Rußland eine Landeoperation in Pommern zu ermöglichen.[41]

Lange konnte Grey freilich seine Schweigetaktik nicht durchhalten. Als schließlich auch zwei liberale Unterhausabgeordnete wissen wollten, was an den deutschen Presseberichten dran sei, mußte Grey sich öffentlich äußern.[42] Der Mann, der nach dem Bonmot eines britischen Zeitgenossen die Fähigkeit besaß, seine Gedanken vor sich selber zu verbergen,[43] dementierte kurz und bündig – »das einzige Mal, daß er seine Landsleute täuschte«, wie später der britische Historiker G. P. Gooch fand.[44] Sir Edward Grey am 11. Juni 1914 vor dem Unterhaus: »Es sind keine solchen Verhandlungen [mit einer fremden Macht] im Gange, und es ist auch nicht wahrscheinlich, soweit ich das beurteilen kann, daß in solche eingetreten werden wird.«[45]

Die Eingeweihten in Berlin wußten es besser, nicht zuletzt dank einer neuen Sendung von Siebert-Kopien. Einem Brief Benckendorffs an den russischen Außenminister vom 10. Juni entnahmen die Berliner, daß Grey schon einen Tag vor seiner Erklärung im Unterhaus das Signal zur Eröffnung der Verhandlungen zwischen dem Ersten Lord der Admiralität, Prinz von Battenberg, und dem zurückgekehrten Kapitän Wolkow gegeben hatte.[46]

Bald darauf mag jedoch Grey selber gespürt haben, wie sehr er sich im

Gestrüpp seiner Taten und Dementis zu verheddern drohte. Sieberts nächste Meldungen verrieten eine jähe Zurückhaltung Londons gegenüber den Russen. »Die englische Regierung hat es mit dieser Frage nicht eilig«, lasen die AA-Herren in einem Bericht Wolkows an Russin[47], und gleich danach ließ Prinz Battenberg den russischen Unterhändler wissen, er wolle die Erörterung der Marinekonvention bis zu seinem Rußland-Besuch im August verschieben.[48]

Schon hoffte Jagow, »vielleicht die Sache noch zum Scheitern« zu bringen,[49] schon malte sich Bethmann Hollweg neue Chancen für eine deutsch-britische Verständigung aus, da durchkreuzten zwei slawische Geheimdienst-Obristen das Spiel der Reichsleitung – am 28. Juni 1914, einem sonnendurchglühten Sonntag, den die Europäer so leicht nicht wieder vergessen sollten: In einem bosnischen Provinznest namens Sarajevo streckten zwei Pistolenschüsse den Thronfolger Österreich-Ungarns, Erzherzog Franz Ferdinand, nieder.

Der Anschlag war seit langem vorbereitet, das Opfer sorgfältig ausgewählt worden. Als der Erzherzog mit seiner Frau Sophie am Vormittag in einem Wagen durch das festlich geschmückte Sarajevo fuhr, warteten in der jubelnden Menschenmenge entlang der Straßen, durch die das Auto kam, schon sechs Attentäter auf ihre Opfer. Um 10.25 Uhr schlugen sie zum erstenmal zu. Der Wagen näherte sich gerade dem Rathaus, da warf der junge Schriftsetzer Nedeljko Čabrinović eine Handgranate, die jedoch am Verdeck des Autos abglitt und nebenbei detonierte.

Eine knappe halbe Stunde später schoß ein zweiter Attentäter, der Student Gavrilo Princip, just in dem Augenblick, da der Wagen in die Franz-Joseph-Straße einbog und unmittelbar vor ihm stoppte. Princips Schüsse trafen genau. In wenigen Minuten war das Erzherzogspaar tot.[50]

Was jedoch anfangs wie der spontane Akt serbischer Jungnationalisten aussah, war in Wirklichkeit ein Produkt systematischer ND-Arbeit. Auftraggeber der Mörder war der Oberst Dragutin Dimitrijević, genannt »Apis«, Chef der Nachrichtenabteilung des serbischen Generalstabes; Offiziere, Agenten und Waffen des serbischen Geheimdienstes und nicht zuletzt der russische Oberst Wiktor Alexejewitsch Artamanow, Militärattaché und Raswedka-Resident in Belgrad, hatten die Tat ermöglicht.[51]

Der Raswedka-Mann hatte es freilich vorgezogen, neun Tage vor dem Attentat Belgrad zu einer sechswöchigen Erholungsreise zu verlassen – gute Gelegenheit für ihn, später zu erzählen, er habe erst bei einem Abstecher in Zürich von der Ermordung des Erzherzogs erfahren.[52] Apis-Konfident Mustafa Golubić erinnerte sich jedoch nach dem Krieg anders: Artamanow, so erklärte er, habe von den Attentatsvorbereitungen des Dimitrijević gewußt.[53] Für den britischen Historiker George Malcolm Thomson ist es denn auch eine ausgemachte Sache, daß der Russe »von einem frühen Stadium an Mitwisser des Mordkomplotts war«.[54]

In der Tat hielt Artamanow engen Kontakt zu Apis und seinen Agenten, seit sich die Führer Serbiens mit dem Zaren liiert hatten. Gemeinsame Interessen banden Serbien und Rußland aneinander: In Belgrad träumten

Politiker und Militärs davon, die südslawischen Gebiete der Habsburger Monarchie von Wien abzusprengen und einem großserbischen Reich einzuverleiben, während in St. Petersburg nach der Niederlage gegen Japan der alte Plan einer russischen Balkan-Herrschaft vermehrte Zustimmung fand. Beide Konzeptionen hatten die gleiche Voraussetzung: die Zertrümmerung Österreich-Ungarns.

Das machte den russischen Militärattaché in Belgrad zu einem willkommenen Partner all jener serbischen Nationalisten in Armee und Geheimgesellschaften, die mit Terroranschlägen gegen Personen und Sachen im österreichisch-besetzten Bosnien den Weg in die großserbische Zukunft freischießen wollten.[55] Artamanow half mit Geld und Waffen, zumal Dimitrijević in Bosnien über ein Agentennetz verfügte, von dem auch die russische Feindaufklärung profitierte.

Gemeinsam weiteten die beiden Obersten das Apis-Netz in Bosnien zu einer Spionageorganisation gegen die gesamte k. u. k. Monarchie aus, wobei sie sich der vielseitigen Beziehungen des serbo-kroatischen Versicherungskaufmanns Rade Malobabić bedienten. »Den Rade Malobabić«, gab später Dimitrijević zu Protokoll, »warb ich . . . an, damit er ein Nachrichtennetz in Österreich-Ungarn organisiere. Er akzeptierte dies. Ich arbeitete im Einvernehmen mit dem russischen Militärattaché Artamanow, der sich auch in meiner Anwesenheit mit Rade traf.«[56]

Von Malobabić dürfte Artamanow auch erfahren haben, daß Apis einen Mordanschlag gegen den österreichischen Thronfolger plante. Malobabić mußte es wissen, denn Dimitrijević hatte ihn nicht zuletzt zu dem Zweck »angeworben, das Attentat von Sarajevo zu organisieren«, wie der serbische Oberst formulierte.[57] Zwar beteuerte Dimitrijević später, er habe den Militärattaché nicht in die Attentatspläne eingeweiht, doch der redselige Malobabić wird Artamanow kaum im Unklaren darüber gelassen haben, was er in Sarajevo trieb.[58] Zudem war der Attentatsplan in Serbien ein offenes Geheimnis; in den Kaffeehäusern Belgrads, Zufluchtsstätten bosnischer Emigranten, sprach man gern und oft darüber.

Dort hatten auch die »Köter des Apis«, wie man Dimitrijevićs Zuträger nannte, im Frühjahr 1914 ein paar junge Fanatiker aus Bosnien aufgespürt, die von einem Anschlag gegen einen hohen k. u. k. Potentaten phantasierten. Erst hatten sie den Feldzeugmeister Oskar Potiorek, Habsburgs Statthalter in Bosnien, umbringen wollen, dann aber war Erzherzog Franz Ferdinand in ihr Gesichtsfeld geraten.[59] Ihnen dünkte er ein gefährlicher Mann, weil seine betont proslawische Politik der serbischen Annexionspropaganda das Wasser abzugraben drohte. »Ich dachte«, so Princip, »wenn er nicht mehr sein werde, wird Serbien Bosnien leichter erobern können.«[60]

Für die jungen serbischen Heißsporne stand fest: Franz Ferdinand mußte weg. Doch was bis dahin nur Kaffeehausgeschwätz gewesen war, wurde nun zu einem todernsten Unternehmen. Denn: Dragutin Dimitrijević, Intrigant, Machtmensch und Spiritus rector aller nationalistischen Organisationen in Serbien, war skrupellos genug, die Ermordung des österreichischen Thronerben generalstabsmäßig zu planen. Er griff die Attentatsidee der Kaffeehaus-Strategen auf, sobald er sicher war, daß der Erzherzog die für Ende Juni geplanten Manöver der k. u. k. Armee in Bosnien besuchen werde.

Malobabić erhielt Order, eine Gruppe von Attentätern zu rekrutieren und in Sarajevo den Mordanschlag vorzubereiten – und spätestens in diesem Augenblick mußte Dimitrijević (im Gegensatz zu seinen nachmaligen Interpretationen) Artamanow ins Vertrauen ziehen, konnte doch ohne dessen Geld das Unternehmen gar nicht starten. Die Attentäter, so Dimitrijević, »erhielten kleine Honorare, die ich ihnen durch Malobabić zukommen ließ. Einige von diesen Quittungen befinden sich noch in russischen Händen, weil ich Geld von Artamanow für diese Tätigkeit erhielt«.[61]

Artamanow wußte die Aktivitäten der serbischen Agenten nicht nur mit Geld, sondern auch mit Informationen zu beschleunigen. Es waren nicht zuletzt Meldungen der Raswedka, die Dimitrijević glauben ließen, die Truppenbewegungen der k. u. k. Armee in Bosnien dienten gar nicht den offiziell angekündigten Manövern, wohl aber einem getarnten Aufmarsch, dem sogleich der Überfall auf Serbien folgen werde.[62]

Auf diese Berichte berief sich Dimitrijević, als er sich später dem Vorwurf konfrontiert sah, mit seiner Tat einen Weltbrand ausgelöst zu haben. Dimitrijević: »Ich fühlte, daß Österreich einen Krieg gegen uns plant. Ich dachte, daß durch das Verschwinden des österreichischen Thronfolgers die Clique der Militärs, deren Haupt er war, ... die Kriegsgefahr aufgehoben und verschoben werden würde.«[63]

Eine Raswedka-Meldung gab schließlich den Ausschlag. Schon hatte Malobabić die in Belgrad geworbenen Attentäter über die Grenze geschleust und nach Sarajevo dirigiert, da gab Artamanow Mitte Juni an Dimitrijević eine Meldung aus St. Petersburg weiter, die besagte, der deutsche Kaiser habe bei einer zweitägigen Zusammenkunft mit Franz Ferdinand auf Schloß Konopischt (12. bis 14. Juni 1914) »den Plan, Serbien zu überfallen und zu erobern, gutgeheißen sowie Hilfe und Unterstützung zugesagt«.[64] Von Stund an war Dimitrijević, wie der sowjetische Historiker Pokrowski urteilt, »überzeugt, daß Österreich-Ungarn gewillt sei, den Überfall auf Serbien auszuführen«.[65]

Keinen Augenblick ließ Dimitrijević nachprüfen, ob die Tatarenmeldung der Russen zutraf, keine Sekunde zweifelte er an den bösen Absichten des Gegners. Nur einmal kamen ihm noch Bedenken. Was aber, wenn es über der Ermordung des Habsburg-Erben zum Krieg kam? Doch Artamanow wußte den Kameraden zu beruhigen. Dimitrijević konnte sich nachher noch genau erinnern: »Der endgültige Entschluß fiel erst, nachdem mir Artamanow versicherte, daß uns Rußland nicht im Stich lassen werde, falls Österreich angreifen würde.«[66]

Wer immer den Raswedka-Mann zu dieser fatalen Erklärung ermächtigt haben mochte – Artamanows Versicherung setzte eine Lawine in Bewegung, die ganz Europa unter sich begraben sollte. Die Köter des Apis bellten los, und in wenigen Wochen »gingen in Europa die Lichter aus«, um Greys berühmte Formel zu gebrauchen.

Auch Bethmann Hollweg hatte gleich geahnt, daß etwas Schlimmes auf sie alle zukam. Dunkel kabelte er seinem in der Kieler Bucht segelnden Kaiser: »Die politischen Nachwirkungen dieser Schicksalsfügung werden von der größten Tragweite sein.«[67] Er glaubte allerdings, daß es nicht zum Ärgsten kommen werde. An einer Krise war er nicht interessiert; die diplomatischen Vertreter des Reiches mahnten trotz aller verbalen Empörung über den Fürstenmord zu Ruhe und Besonnenheit.

Noch glaubte der Reichskanzler, in Zusammenarbeit mit England die politischen Folgen von Sarajevo eindämmen zu können, da wand ihm eine zum Krieg entschlossene Clique die Initiative aus der Hand. Die Kriegspartei saß allerdings nicht in Berlin, wie einäugige Historiker à la Fritz Fischer später wähnten, sondern in Wien: Österreichische Politiker und Militärs, ja nahezu die gesamte Öffentlichkeit der Monarchie verlangten leidenschaftlich eine militärische Strafexpedition gegen Serbien, dessen Führer sofort als die Drahtzieher des Anschlags galten.

Leopold Graf Berchtold, der eher feminine als aggressive Außenminister Österreich-Ungarns, hatte schon am Nachmittag des 28. Juni auf der Fahrt von seinem Schloß in Mähren nach Wien gespürt, wie radikal die Stimmung im Lande umgeschlagen war.[68] Jeder verlangte den Krieg gegen Serbien, keiner mochte in militanter Entschlossenheit zurückstehen. Mit wem auch Berchtold sprach, immer wieder hörte er dasselbe: Nun müsse Schluß gemacht werden mit dem »ewigen Unruhestifter« Serbien.[69]

Am nächsten Tag stand vor ihm der kleine, zierliche General Franz Freiherr Conrad von Hötzendorf , Chef des k. u. k. Generalstabes, der wie kein anderer Österreicher seit Jahren den Krieg gegen Serbien propagiert hatte. Jetzt machte er sich zum Sprecher der kriegsentschlossenen Elemente. Conrad wollte sofort »mobilisieren ohne weiteres Verhandeln mit Serbien« und die serbische »Natter« zertreten.[70] »Mit einem Anflug von Melancholie auf den feinen, bleichen Zügen«, so beschreibt Berchtold die Szene, »schloß er bedeutungsvoll mit den drei Worten: Krieg, Krieg, Krieg!«[71]

Krieg – auch Berchtold konnte nun nichts anderes mehr denken, in wenigen Tagen erlag er der Kriegshysterie mit Haut und Haaren. Spätestens seit dem 1. Juli 1914 war er entschlossen, »die Greueltat in Sarajevo zum Anlaß der Abrechnung mit Serbien zu machen«.[72]

Der Krieg wäre sofort gekommen, hätte nicht Ungarns Ministerpräsident Stephan Graf Tisza sein Jawort zur Kriegsentscheidung von der Erfüllung zweier Voraussetzungen abhängig gemacht: Erst einmal müsse erwiesen sein, daß der serbische Staat an der Tat von Sarajevo mitschuldig sei, und zum anderen müsse Wien beim deutschen Kaiser Sicherheit darüber erlangen, daß er die österreichische Aktion auch im Falle einer russischen Intervention mit aller Macht decke.[73] Berchtold akzeptierte Tiszas Bedingungen, glaubte er doch, daß sie leicht zu erfüllen seien.

Tatsächlich ließ sich Bedingung I schnell abhaken. Schon am 4. Juli hielt der in Sarajevo ermittelnde Untersuchungsrichter Leon Pfeffer ein, wie er es nannte, »schönes Geständnis« des verhafteten Malobabić-Gehilfen Danilo Ilić in Händen, aus dem sich zum erstenmal ergab, daß die Fäden des Mörderkomplotts bei serbischen Armeestellen in Belgrad zusammenliefen.[74] Auch von dem am gleichen Tag nach Berlin aufbrechenden Emissär Alexander Graf Hoyos konnte sich Berchtold gute Resultate erhoffen. Hoyos führte ein Handschreiben Kaiser Franz Josephs an Wilhelm II. mit sich, das vage genug gehalten war, den deutschen Monarchen nicht allzu sehr zu erschrecken.

Wilhelm II. versicherte denn auch am 5. Juli nach Lektüre des Wiener Papiers, er werde die (nicht näher umschriebene) »Aktion« des Bundesgenossen unterstützen – und ahnte nicht, daß er damit den Weg in den Krieg vollends freimachte.[75] Anders hingegen Bethmann Hollweg und Zimmermann, denen Hoyos mit brutaler Offenheit das gesamte Programm der Wiener Kriegspartei enthüllte: Überraschungsangriff gegen Serbien ohne vorhergehende Verhandlungen mit Belgrad, Besetzung und Aufteilung Serbiens, Verteilung serbischer Gebiete unter die Nachbarländer.[76]

Das hätte den Reichskanzler zutiefst erschrecken müssen, denn das Programm besagte paktisch, daß Wien losschlagen wolle, ohne das Risiko eines Weltkriegs zu scheuen. Und darüber war man bisher in Berlin nie im Zweifel gewesen: Krieg gegen Serbien bedeutete Weltkrieg, der Automatismus der Bündnissysteme ließ kaum eine andere Wahl. Griffen die Österreicher an, so würde Rußland den Serben zu Hilfe kommen, wollte es nicht sein Gesicht verlieren. Dann aber mußte Österreichs deutscher Bundesgenosse gegen Rußland mobilmachen, was wiederum den Rußland-Alliierten Frankreich und schließlich auch England alarmieren würde.

Doch seltsam: Auf einmal galt für Bethmann Hollweg diese Rechnung nicht mehr. Erleichtert, fast freudig nahm er zur Kenntnis, daß sich der schon vom Verfall bedrohte Bundesgenosse endlich dazu aufraffen wollte, durch einen Gewaltakt die Erosion seiner balkanischen Macht zu stoppen. Grund für so wunderliche Erleichterung: Bethmann Hollweg witterte in der österreichischen Aktion eine Chance, doch zu erreichen, was ihm mit dem Siebert-Coup noch nicht gelungen war: die Aufweichung des gegnerischen Bündnissystems.

In völliger Verkennung der Lage schien ihm die Stunde günstig: Rußland noch nicht kriegsbereit, ja durch die allgemeine Empörung über die Tat von Sarajevo in seiner Handlungsfreiheit gehemmt, und der serbische Krisenherd zu weit entfernt, um die Westmächte zum sofortigen Einschreiten zu veranlassen. So kam es denn Bethmann Hollweg vor allem darauf an, Wien schnell handeln zu lassen – gedeckt von Deutschland, das sich nach Außen strikt zurückhalten würde, um die anderen Mächte an einer Intervention zu hindern und Österreich seinen »kleinen Krieg« gegen Serbien zu ermöglichen.[77] Gelang dieser abenteuerliche Schachzug, dann überlebte das Bündnissystem der Entente nicht das Ende Serbiens. Mißlang er allerdings, so war der Weltkrieg, der Krieg aller gegen alle, sicher.

Eine Schwäche hatte dieser Plan freilich selbst in Bethmann Hollwegs Optik: Er überließ zunächst den Österreichern die Führung der Krise, Deutschland war offiziell zur Abstinenz verurteilt. Doch der Kanzler nahm die österreichische Star-Rolle in Kauf, zumal sie ihn vom Druck der eigenen Militärs befreite, die nicht übel Lust hatten, ihren Schlieffen-Plan endlich in Kraft zu setzen. Dieser Plan aber stand im direkten Gegensatz zu Bethmann Hollwegs Konzept; er sah den militärischen Vorstoß gegen Frankreich bis zur Kanalküste unter Bruch der belgischen Neutralität vor und mußte augenblicklich England herausfordern, das bei Laune zu halten der Kanzler allen Grund hatte.

So ließ Bethmann Hollweg die deutschen Militärs über seine Absichten bewußt im Dunkeln. Der Große Generalstab erfuhr vom Kaiser, es sei nicht »nötig, bes. Anordnungen zu treffen, da er an ernste Verwicklungen ... nicht glaube«,[78] und es konnte dem Kanzler nur recht sein, daß nahezu alle führenden deutschen Militärs ihren Sommerurlaub angetreten hatten oder gerade dabei waren, die Koffer zu packen.[79] Wer aber angesichts der alarmierenden Meldungen in der Presse zögerte, in die Ferien zu reisen, der bekam von der Reichskanzlei zu hören, er werde in Berlin nicht gebraucht, ja sein Urlaub liege im Interesse des Reiches.

Nicht einmal die militärischen Geheimdienste, die IIIb des Heeres und die Abteilung N der Marine, wollte Bethmann Hollweg alarmiert wissen. Dabei kam es jetzt darauf an, genau zu wissen, was der potentielle Gegner trieb und dachte. Doch der Kanzler wünschte kein Aufsehen: IIIb-Chef Nicolai blieb bei seiner Familie, mit der er im Harz Urlaub machte, kein Nachrichtenoffizier wurde aus seinem Ferienort abberufen, kein Spannungsagent in Marsch gesetzt.[80] »Business as usual« war die offizielle Parole.

Das sollte sich später als eine verhängnisvolle Taktik erweisen; sie sicherte den Russen und ihrem Geheimdienst einen Vorsprung, den die deutschen Gegenspieler lange Zeit nicht aufholen konnten. Denn schon bald zeigte sich, wie falsch Bethmann Hollweg kalkuliert hatte. Die Vorbereitungen der k. u. k. Armee liefen so nachlässig-langsam an und die Formulierung des österreichischen Ultimatums an Belgrad, das den Krieg unausweichlich machen sollte, zögerte sich so lange hinaus, daß nun die Deutschen Wien drängen mußten, mit der Aktion nicht länger zu warten, da nur sofortiges Losschlagen die Chance biete, den Krieg zu lokalisieren.[81]

Je mehr aber die öffentliche Empörung über die Sarajevo-Tat verblaßte, desto deutlicher wurde der Kardinalfehler von Bethmann Hollwegs Vabanque-Politik: Sie schob den Russen die Entscheidung über Krieg oder Frieden zu. Es lag in der Hand der russischen Regierung, die Herausforderung, die in einem Krieg Österreichs gegen den Rußland-Schützling Serbien lag, anzunehmen oder zu ignorieren. Der Kanzler wähnte, die Nach-Sarajevo-Stimmung und ihre Rüstungsmängel würden den Russen Zurückhaltung auferlegen, Serbien sei Rußland keinen Weltkrieg wert. Bethmann Hollweg irrte – irrte wie kein anderer Staatsmann des 20. Jahrhunderts vor und nach ihm. Denn: In Rußland gab es nur allzu viele Politiker und Militärs, die nicht abgeneigt waren, dem Habsburger Staat endgültig den Garaus zu machen.

Das rief schon frühzeitig den russischen Geheimdienst auf den Plan, der Order hatte, die Absichten des österreichischen Gegners zu erkunden. Die Raswedka führte seit Jahren einen geheimen Krieg gegen Österreich-Ungarn: Hunderte von Agenten der Raswedka standen mit den inneren und äußeren Gegnern der Donau-Monarchie in Kontakt, schließlich hatte auch ein Raswedka-Oberst kräftig mitgeholfen, die Sarajevoer Krisenlawine loszutreten. Eifrig schwärmten Anfang Juli die russischen Spione aus, um die k. u. k. Armee zu beobachten.

Doch Generalmajor Nikolaj Monkjewitsch, der Chef der Nachrichtenabteilung des russischen Generalstabes, ließ nicht nur die österreich-ungarische Armee erkunden. Der 44jährige Raswedka-Chef, gelernter Infanterist und Veteran des Japan-Krieges[82], befahl zugleich die verschärfte Aufklärung gegen Deutschland, konnte er sich doch einen separaten russisch-österreichischen Krieg ohne Teilnahme Deutschlands (und Frankreichs) gar nicht vorstellen. Zudem klafften noch einige Lücken im Deutschland-Bild der Raswedka – Grund genug, auch die Deutschen verschärft auszuforschen.

Erst wenige Wochen zuvor, im April 1914, hatte ein in Kiew abgehaltenes Kriegsspiel, in dem die führenden Offiziere des Generalstabes und der westrussischen Militärbezirke den Feldzug gegen Deutschland und Österreich-Ungarn übten, den Teilnehmern enthüllt, daß sie noch nicht genug über Aufmarsch- und Stärkepositionen des deutschen Gegners wußten.[83] »Dokumentarische Unterlagen für den Aufmarschplan der deutschen Armee haben wir nicht zur Verfügung«, hieß es in einer Denkschrift des Generalstabs vom 23. April, die auch Monkjewitschs Unterschrift trug. »Deshalb müssen wir zu der wahrscheinlichsten Lösung auf dem Wege von Überlegungen kommen.«[84]

Doch sie überlegten oft falsch: In Ostpreußen wähnte die Raswedka im Ernstfall 25 Infanterie- und 3 Kavalleriedivisionen der deutschen Armee, womit sie sich um das Doppelte verrechnete (tatsächliche Stärke: 13 Divisionen Infanterie und 1 Division Kavallerie).[85] Der Raswedka-Chef ahnte allerdings, daß seine Feindbearbeiter falsch lagen. Monkjewitsch: »Wahrscheinlich werden die deutschen Kräfte schwächer sein.«[86]

Desto energischer trieb der General seine Offiziere an, die Wissenslücken der Raswedka zu füllen. Oberst Batjuschin von der Warschauer und sein Kamerad von der Wilnaer ND-Leitstelle ließen ihre Agenten verstärkt in Ostpreußen aufklären, der Gehilfe des russischen Militärattachés in Berlin (sein Chef, Oberst Basarow, hatte just wegen einer aufgedeckten Spionageaffäre Deutschland verlassen müssen) setzte auch den letzten V-Mann ein, um hinter die neuesten Geheimnisse des deutschen Militärs zu kommen.[87] Russische Spione tauchten immer häufiger vor deutschen Kasernen, Depots und Truppenübungsplätzen auf.

Sie waren freilich nur die Speerspitze des unsichtbaren Heeres von rund 5000 Agenten und Zuträgern, das die Raswedka gegen die potentiellen Gegner Rußlands in Marsch setzte. Von Finnland bis nach Rumänien besetzten Rußlands Spione ihre Beobachtungsposten, um auch nach dem leisesten Anzeichen vermehrter Spannungen in den Gebieten jenseits der russischen Grenze Ausschau zu halten.

Bald liefen in der Petersburger Zentrale die ersten Meldungen ein: In Deutschlands Kasernen und Stäben war nichts Verdächtiges beobachtet, im militärischen Apparat Österreich-Ungarns hingegen einige Unruhe festgestellt worden. Österreichische und russische Geheimdienstler standen sich zu nahe, als daß den V-Männern der Raswedka die nach Sarajevo befohlene Alarmierung der Hauptkundschaftstellen des Evidenzbüros entgangen wäre.[88]

Kaum ordneten Monkjewitschs Feindbearbeiter die neuen Meldungen in ihr Lagebild ein, da wollte Generalleutnant Nikolai Nikolajewitsch Januschkewitsch, der Chef des Generalstabes, die letzten Raswedka-Erkenntnisse haben. Der Chef kam soeben, in den Mittagsstunden des 24. Juli, aufgeregt von einer Unterredung mit Außenminister Sasonow zurück. Januschkewitsch alarmierte seine Abteilungschefs, in wenigen Stunden sollte eine wichtige Sonderkonferenz des Ministerrats stattfinden.[89]

Denn inzwischen hatte das Wiener Kabinett seine Bombe gezündet: Am späten Nachmittag des 23. Juli hatte der österreichische Gesandte in Belgrad jene ultimative Note seiner Regierung überreicht, die Grey später »das furchtbarste Dokument« nannte, »das je von einer Regierung an eine andere gesandt wurde«.[90] Serbien sollte binnen 48 Stunden verbindlich zusagen, die großserbischen Geheimgesellschaften zu verbieten, antiösterreichische Offiziere und Beamte zu entlassen, allen Aktivitäten gegen Österreich-Ungarn öffentlich abzuschwören und österreichische Kommissare an der Fahndung nach den Hintermännern des Sarajevo-Mordes zu beteiligen.[91]

»Das ist der europäische Krieg«, rief Sasonow, als er am nächsten Morgen von dem Inhalt des Ultimatums erfuhr.[92] Für ihn stand keinen Augenblick in Zweifel, daß Rußland den Serben zu Hilfe kommen müsse; das Prestige des Zarenreiches stand auf dem Spiel, und keine Macht der Erde würde ihn, Sergej Dmitrijewitsch Sasonow, daran hindern können, Serbien vor den Marschstiefeln österreichischer Invasoren zu schützen. Dagegen gab es nur ein Radikalmittel: in dem Augenblick, da Österreich gegen Serbien mobilmachte, die russische Armee in Marsch zu setzen.

Sasonow mußte natürlich damit rechnen, daß eine russische Mobilmachung gegen Österreich zugleich den Krieg mit Deutschland und damit den Weltkrieg auslösen konnte. Noch glaubte er allerdings, die große Katastrophe vermeiden zu können. Er griff die schon in früheren Kriesen ventilierte Idee auf, so zu mobilisieren, daß die Österreicher von einem Krieg gegen Serbien abgeschreckt und dennoch die Deutschen zum Stillhalten gezwungen wurden. Das hieß: Nur in den Österreich-Ungarn gegenüberliegenden Militärbezirken (Odessa, Kiew, Moskau, Kasan) mobil zu machen, nicht aber in jenen an der deutschen Grenze (Warschau, Wilna).[93]

Doch als die Militärs in den Mittagsstunden des 24. Juli von dem Sasonow-Plan erfuhren, legten sie sich quer. Von einer Teilmobilmachung wollten sie nichts hören. »Eine Torheit«, wetterte Generalmajor Sergej Dobrorolski, der Chef der Mobilmachungsabteilung des Generalstabes, und auch Januschkewitsch war von dem Vorschlag Sasonows wenig begeistert.[94]

Er mußte in der Tat alles über den Haufen werfen, was der Generalstab seit Jahren geplant hatte. Das gesamte Transport- und Ersatzwesen war auf eine Generalmobilmachung ausgerichtet, eine Teilmobilmachung im Westen kannten die Generalstabspläne nicht.[95] Es mußte ein heilloses

Durcheinander entstehen, wenn man die für den West-Transport vorgesehenen Eisenbahnzüge nach Südwesten umlenkte und die für die Verstärkung der Front gegen Deutschland bestimmten Armeekorps in den Militärbezirken Moskau und Kasan beließ.[96] Bedenklicher noch: Blieb der Militärbezirk Warschau immobil, so fehlte dem russischen Aufmarsch gegen Galizien der rechte Flügel, ja es bot sich nun umgekehrt den Österreichern die Chance, fast ungehindert nach Norden vorzustoßen.[97]

Ein solches Risiko mochten die Militärs nicht eingehen, sie sprachen ein hartes Njet. Dennoch fand Sasonow einen Soldaten, der ihn in der schicksalhaften Nachmittagssitzung des 24. Juli unterstützte. Rußlands Kriegsminister, der opportunistisch-korrupte General Wladimir Alexandrowitsch Suchomlinow, votierte für die Teilmobilmachung, die er einmal selber 1912 vorgeschlagen und vermutlich kurz vor der Ministerratssitzung erneut vorgebracht hatte. Suchomlinow riß den noch zögernden Marineminister Grigorowitsch und den Innenminister Maklakow durch eine aggressive Rede auf Sasonows Seite: Rußlands Armee, so erklärte er, sei »zum Krieg bereit«.[98]

Das war Wahnsinn, wußte doch Suchomlinow, daß die Armee für keine Art von Krieg, weder jenen gegen Österreich noch gar einen gegen die beiden deutschen Mächte, gerüstet war. Kein Soldat kannte die Mängel der Zarenarmee besser als er: die Verbände nicht ausreichend mit neuer Infanteriemunition ausgestattet, die Versorgung mit Schnellfeuergeschützen dürftig, das Eisenbahnsystem noch immer mangelhaft, die Truppen zweiter Linie nicht rechtzeitig marschbereit.[99]

Gleichwohl agitierte der Kriegsminister wiederum an Sasonows Seite, als am nächsten Tag ein Kronrat unter dem Vorsitz des Zaren die Entscheidung des Ministerrats billigte. Der Beginn der Teilmobilmachung gegen Österreich-Ungarn wurde auf die Stunde festgelegt, in der Truppen der Donau-Monarchie serbischen Boden betreten würden. Zugleich beschloß der Kronrat, in den Militärbezirken Odessa, Kiew, Moskau und Kasan die Kriegsvorbereitungsperiode sofort in Kraft zu setzen.[100] Und das hieß: Alarmierung der Truppen und Festungen, verschärfte Grenzüberwachung, Einberufungen von Reservisten zu Sofortübungen, Vorbereitungen der Mobilmachung.

Es war ein entscheidender Schritt Rußlands zum Krieg hin. Denn: Noch vor der Sitzung des Kronrats hatte Sasonow der bereits kapitulationswilligen Regierung Serbiens nahegelegt, das Wiener Ultimatum nicht anzunehmen und auf die Hilfe Rußlands zu bauen.[101] Das machte den Krieg nahezu unausweichlich. Die Belgrader Regierung lehnte die Note ab, am 26. Juli befahl Kaiser Franz Joseph die Mobilmachung gegen Serbien, kurz darauf folgte die serbische Mobilmachung.[102] Der »kleine« Krieg war da.

Doch die militärischen Perfektionisten in St. Petersburg hatten Größeres vor. Mochte Sasonow noch wähnen, mit der papierenen Drohung einer Teilmobilmachung die Österreicher unter Druck setzen zu können – die russischen Militärs bereiteten längst die Gesamtmobilmachung vor. Schon am 25. Juli vertraute Suchomlinow dem französischen Militärattaché,

General Laguiche, an, neben der offiziellen Mobilmachung in den Militärbezirken Odessa, Kiew, Moskau und Kasan werde insgeheim auch die Mobilisierung in den Bezirken Warschau, Wilna und Petersburg betrieben.[103]

Die Telegramme des Kriegsministeriums an die Chefstellen der Militärbezirke enthüllten klar, daß die Petersburger Generale nur eine Mobilmachung gegen Österreich *und* Deutschland im Sinn hatten. »Allerhöchst ist befohlen, den 26. Juli als Beginn der Kriegsvorbereitungsperiode im *ganzen* Gebiet des europäischen Rußland zu rechnen«, kabelte Januschkewitsch an den Oberbefehlshaber der Truppen im Militärbezirk Warschau,[104] worauf nun auch der französische Kriegsminister Messimy die Russen zur »schnellstmöglichen Offensive in Ostpreußen« so heftig drängte, daß der britische Historiker L. C. F. Turner keinen Zweifel mehr daran hegt, die allgemeine Mobilmachung Rußlands habe »tatsächlich am 26. Juli begonnen mit dem vollen Wissen und der stillschweigenden Zustimmung des französischen Botschafters und Militärattachés«.[105]

Drastischer konnte sich nicht enthüllen, wie hoffnungslos militarisiert die Politik jener Zeit war. Der Zivilist Sasonow mühte sich noch, das gefährliche Deutschland ruhig zu halten und einen Weltkrieg zu vermeiden, da richteten sich die russischen Militärs und ihre französischen Freunde schon auf den Großkrieg gegen eben dieses Deutschland ein. Angesichts so massiven Gegenwirkens des Militärs ließ Sasonow sein Projekt einer Teilmobilmachung fallen.[106]

Jetzt fanden sich Militärs und Diplomaten in dem gemeinsamen Versuch, den russischen Aufmarsch gegen die beiden deutschen Mächte möglichst bis zum letzten Augenblick zu verschleiern. Das war vor allem Aufgabe der Raswedka. Ihren Agenten oblag es, in deutsche Nachrichtenkanäle falsche Informationen zu schleusen, die den Großen Generalstab in Berlin zu der Schlußfolgerung verleiten sollten, die Truppenbewegungen in Rußland dienten allein der Teilmobilmachung gegen Österreich.

Dabei wußte Monkjewitsch auch höchste Kameraden und Vorgesetzte einzuspannen, die das Desinformationsspiel der Raswedka unterstützen mußten. Suchomlinow beteuerte in einem Gespräch mit dem deutschen Militärattaché, Major von Eggeling, es sei noch keinerlei Mobilmachungsorder ergangen,[107] auch Januschkewitsch mußte jede Mobilmachung dementieren. Er versicherte Eggeling bei seinem »Ehrenwort«, es sei noch immer so, wie es der Kriegsminister erklärt habe, und schaute dabei wie zufällig auf die Uhr. »Es ist jetzt 3 Uhr«, sagte Januschkewitsch. »Wenn sich später herausstellt, daß ich Ihnen die Unwahrheit gesagt habe, so können Sie vor aller Welt behaupten: Am 29. Juli 1914, 3 Uhr nachmittags, hat mich der russische Generalstabschef belogen.«[108]

Ein wacher deutscher Geheimdienst hätte das russische Desinformationsmanöver leicht durchschaut. Doch IIIb und N war von höchster Stelle ein Schlaf verordnet worden. Die Führung der beiden Geheimdienste hatte keinen ihrer Agenten in Rußland alarmiert, und auch die Zuspitzung der internationalen Lage nach der Überreichung des österreichischen Ultimatums – für jeden durchschnittlichen Zeitungsleser Europas unheilverkündendes Zeichen – war den Diensten kein Anlaß gewesen, von der lässigen Sommerroutine abzuweichen.

Dem Abhörpersonal in der IIIb-Funkstelle Königsberg fiel allerdings in der Nacht des 24. Juli auf, daß zwischen der russischen Funkstation Bobruisk und dem Pariser Eiffelturm »ungewöhnlich lange« Sprüche gewechselt wurden, doch es konnte die verschlüsselten Texte nicht mitlesen – seine bescheidenen Dechiffrierkünste reichten dazu nicht aus.[109] Erst ein am 26. Juli aufgegebenes Telegramm des deutschen Militärbevollmächtigten am Zarenhof, Generalleutnant von Chelius, weckte die IIIb auf. Er meldete, die Truppenübungen bei St. Petersburg seien plötzlich abgebrochen, die Regimenter in ihre Garnisonen zurückbeordert worden: »Habe den Eindruck, daß man alle Vorbereitungen zur Mobilmachung gegen Österreich trifft.«[110]

Der Chelius-Bericht kam auch auf den Schreibtisch des Majors Nicolai, der – endlich aus dem Urlaub zurückberufen – im Laufe des 25. Juli wieder die Führung der IIIb übernommen hatte.[111] Es wird für Nicolai ein Schock gewesen sein, daß bis dahin kein einziger Agent seines Dienstes zur Aufklärung der russischen Vorgänge beigetragen hatte, die IIIb vielmehr auf Informanten der Konkurrenz zurückgreifen mußte, um sich ein Bild über die Lage in Rußland zu machen.

Auch in den nächsten Stunden war die IIIb auf die Meldungen und Vermutungen dienstfremder V-Männer angewiesen. »Rußland mobilisiert im stillen, um Serbien gegebenenfalls zu unterstützen«, meldete ein Agent des Marinegeheimdienstes unter Berufung auf den »Gehilfen des Petersburger Bezirkskommandos«,[112] und noch genauer, noch alarmierender klang, was die geheimen Informanten des Dirigenten von Stumm zu berichten wußten. »Kowno in Kriegszustand versetzt«, hieß es in einem AA-Telegramm vom 27. Juli.[113] Neues Kabel aus St. Petersburg: »Konsul Kiew meldet, heute nacht Artillerie in westlicher Richtung abmarschiert, Kommandeur 2. Kavalleriedivision nach Garnisonort Dubno abgereist. Börse stark beunruhigt.«[114]

Doch Walter Nicolai war nicht der Mann, der sich von der Konkurrenz übertrumpfen ließ. Er jagte mit drakonischen Befehlen seine verschlafenen Geheimdienstler auf: Die Nachrichtenoffiziere der Armeekorps im Osten mußten sofort ihre Rußland-Agenten in Marsch setzen, während Nicolai selber seine besten Krisenspione (»Spannungsreisende« oder SR) alarmierte: den Amerikaner Wilbert E. Stratton, Manager der in London ansässigen Pyrene Company Ltd., den französischen Geschäftsmann Henoumont und die beiden Beobachter Beckers und Ventski.[115]

Sie saßen bald in Bahnzügen, die sie sicher über die Grenzen Rußlands brachten. Jeder von ihnen folgte einem eigenen Auftrag: Stratton reiste nach St. Petersburg, Beckers war auf dem Weg nach Moskau, die beiden anderen SR machten kürzere Reisen: Ventski nach Wilna, Minsk und Warschau, Henoumont direkt nach Warschau.[116] Ähnlich lauteten die Orders, die Hauptmann Gempp, der Chef der Nachrichtenstelle Königsberg, seinen Nahaufklärungs-Agenten erteilt hatte. »K 47«, der Agent in Sartyniki, V-Mann Karies in Trumpeniki, Spion Rodnjanski in Poltawa und »K 68« in Molischad reisten los, russische Bahntransporte und Veränderungen in Kasernen und Munitionsdepots zu notieren.[117]

Jetzt machte sich bezahlt, daß die IIIb immer gute Beziehungen zu polnischen und russischen Juden unterhalten hatte. Juden waren es, die die ersten Informationen über russische Truppenbewegungen lieferten. Jeder von ihnen wußte etwas, jeder hatte etwas beobachtet – der Agent Aronsohn, der Kaufmann Schosso, der Bankier Silberstein, der Vermittler Seligsohn.[118]

Noch am 27. Juli liefen die ersten Meldungen der Zuträger und Reiseagenten bei Nicolai ein. Um 22 Uhr lag ein Telegramm Ventskis vor, in dem von Kriegsvorbereitungen in Wilna die Rede war, und von Gempp kam die Meldung, seine Aufklärer hätten festgestellt, in Kowno, Wilna und Suwalki sei der Belagerungszustand ausgerufen worden.[119] Auch die anderen SR wußten Gravierendes zu berichten: Alarmierung aller russischen Grenzeinheiten, vorzeitige Zurückberufung der Truppen aus den Sommerlagern, Eintreffen neuer Infanterie- und Artillerieeinheiten im Raum Wilna.[120]

Nicolai schickte die Meldungen an die Nachrichtenabteilung IV K, einen soeben gebildeten Krisenstab des Großen Generalstabes, deren Führung Oberst von Griesheim, der Chef der für Österreich-Ungarn und Balkan zuständigen 10. Abteilung, übernommen hatte.[121] Bei IV K liefen alle militärischen und diplomatischen Meldungen zusammen, die über die Absichten und Pläne der russischen Armeeführung Aufschluß geben konnten.

Doch selbst der immense Fleiß der deutschen Spione konnte nicht darüber hinwegtäuschen, daß sie nicht die für die deutsche Führung entscheidende Frage beantworten konnten: ob und gegen wen Rußland mobilmachte. Die meisten Agentenmeldungen liefen darauf hinaus, daß die Russen gegen Österreich mobilisierten, und wer etwas anderes wußte, hatte falsch gemeldet. So wollte IV K am Nachmittag des 27. Juli wissen, daß die Mobilmachung für Kiew und Odessa befohlen worden sei, und hielt es sogar auch für möglich, das das »Warschauer Korps« die Mobilmachungsorder erhalten habe – beides Irrtümer.[122]

Einen Tag später sah IV K nicht klarer. Lagebeurteilung am 28. Juli, 16 Uhr: »In Rußland offenbar Teilmobilmachung. Ausmaß bisher noch nicht mit Sicherheit festzustellen. Militärbezirke Odessa und Kiew ziemlich sicher. Moskau noch ungewiß. Einzelne Berichte über eine Mobilmachung des Warschauer Militärdistrikts noch nicht überprüft.«[123] Auch diese Analyse eilte den Ereignissen weit voraus; die Mobilmachung, zweite und wichtigste Phase russischer Kriegsvorbereitung, hatte formal noch nicht begonnen.

Je unergiebiger aber die Agentenmeldungen ausfielen, desto nervöser reagierten die deutschen Militärs. Generaloberst Helmuth von Moltke, der Chef des Großen Generalstabes, ohnehin seit Jahren der Idee eines Präventivkrieges gegen Rußland zugeneigt, wollte sich nicht länger von den Hoffnungen und Illusionen des Reichskanzlers Bethmann Hollweg abhängig machen. Ihm kam der Verdacht, die Russen würden hinter dem Schleier der Kriegsvorbereitungsperiode bereits die Mobilmachung betreiben und den Aufmarsch an der deutschen Grenze in Gang setzen.

Moltke verfaßte ein Memorandum für den Reichskanzler, in dem er davor warnte, mit den eigenen militärischen Gegenmaßnahmen noch länger zuzuwarten. »Die Sache«, so schrieb Moltke, sei »von Seiten Rußlands geschickt inszeniert«: Dank seiner vorbereitenden Maßnahmen könne Rußland »zwölf Armeekorps in kürzester Zeit« gegen Österreich in Marsch setzen und dennoch erklären, die Mobilmachung erst beginnen zu wollen, wenn Österreich in Serbien einrücke. Das zwinge Österreich, sich auf einen russischen Angriff einzustellen und auch gegen Rußland zu mobilisieren, was den österreichisch-russischen Krieg unvermeidlich mache und wiederum die deutsche Mobilmachung auslösen müsse, zumal auch Frankreich erste vorbereitende Maßnahmen treffe.[124]

Als Bethmann Hollweg am Vormittag des 29. Juli Moltkes Schreiben las, war er wie elektrisiert. Jetzt begann auch in Deutschland die Intervention der Militärs, die in Rußland Sasonows Krisendiplomatie ruiniert hatte. Der preußische Kriegsminister Erich von Falkenhayn assistierte denn auch sofort dem Kameraden Moltke mit der Forderung, die »drohende Kriegsgefahr« zu proklamieren – Vorspiel einer deutschen Mobilmachung.[125]

Nur mit Mühe konnte der Kanzler noch einmal die Militärs stoppen. Bethmann Hollweg war praktisch am Ende. Keine seiner Erwartungen und Kalkulationen hatte sich realisiert: Die Österreicher waren noch immer nicht in Serbien eingerückt, das Wiener Ultimatum hatte nahezu ganz Europa gegen Österreich aufgebracht, die Westmächte machten Miene, sich in den Konflikt einzuschalten. Damit wurde die erträumte Lokalisierung des Serbien-Konflikts immer mehr zur Schimäre. Doch Bethmann Hollweg glaubte noch an die Abwendung der großen Katastrophe. Am 28. Juli hatte er endlich das Steuer seiner Politik herumgerissen: Jetzt drängte er die Österreicher, im Konflikt mit Belgrad einzulenken.[126]

Deshalb lehnte es der Kanzler auch ab, die drohende Kriegsgefahr erklären zu lassen. Er konzedierte den Militärs lediglich, ein paar begrenzte Maßnahmen (Sicherung von Brücken, Zurückberufung von Truppen aus Manövern, Verstärkung gewisser Grenzeinheiten) einzuleiten.[127] Zugleich eröffnete er eine letzte Friedensoffensive; er wollte Paris und besonders St. Petersburg von weiteren militärischen Schritten abhalten.[128]

Doch die Militärs mochten sich damit nicht mehr begnügen. Moltke drängte seine Geheimdienstler, ihm unabweisbare Belege dafür zu liefern, daß die Russen doch – trotz aller Dementis – insgeheim gegen Deutschland mobilmachten. Wieder schickte Nicolai seine Spannungsreisenden nach Rußland. Die Ironie wollte, daß ihre Gegenspieler von der Raswedka in ähnlicher Mission unterwegs waren: Von Monkjewitschs Agenten erwarteten die hohen Militärs in St. Petersburg schlüssige Beweise deutscher Angriffsabsichten, die Zar Nikolaus II. endlich dazu bewegen würden, der praktisch längst eingeleiteten, offiziell aber noch nicht proklamierten Generalmobilmachung zuzustimmen.

So schaukelten sich die Geheimdienste der beiden rivalisierenden Mächte gegenseitig hoch und trugen zu der Kriegshysterie ihrer Vorgesetzten bei. Jeder sah im Lager des anderen deutliche Anzeichen eines bevorstehenden Angriffs, alle beide witterten hinter der Grenze des jeweiligen Gegners den leisen Marschtritt aufziehender Armeen und alarmierten die Generalstäbe – oft mit falschen, zumindest ungenauen Meldungen.

Spione der Raswedka wollten bereits am 29. Juli in Borczymmen und Czymochen, zwei Orten auf russischem Gebiet vor der ostpreußischen Grenze, mehrere deutsche Bataillone mit Kavallerie und Artillerie gesehen haben,[129] und zahllos waren die in der Raswedka-Zentrale einlaufenden Meldungen, die Überfälle auf Iwangorod und andere russische Festungen ankündigten.[130] Die deutschen Agentenmeldungen waren kaum zuverlässiger. Henoumont hatte zum Beispiel in der Nacht des 29. Juli »zahlreiche Truppentransporte von Kiew zur österreichischen Grenze« beobachtet und tippte wieder auf eine längst laufende Mobilmachung gegen Österreich.[131]

Stunde um Stunde verrann. Noch wartete Moltke auf den alles klärenden ND-Bericht, da hatte schon der russische Generalstabschef – schneller und skrupelloser als sein deutscher Gegner – die formale Entscheidung erzwungen. Am Mittag des 29. Juli hielt Januschkewitsch den Ukas des Zaren in der Hand, der die Generalmobilmachung der gesamten russischen Armee genehmigte.[132] Bald darauf eilte General Dobrorolski davon, das Papier, wie vom Gesetz vorgeschrieben, von den Ministern des Krieges, der Marine und des Inneren gegenzeichnen zu lassen, was einige Zeit in Anspruch nahm.[133] Am späten Abend erreichte er das Haupttelegraphenamt, dessen Angestellte die Leitungen zu den Militärbezirken freimachten.

Schon begannen die Apparate zu ticken, die den Zaren-Ukas an alle Militärbefehlshaber im Lande weitergeben sollten. Plötzlich wurde Dobrorolski am Telephon verlangt. Der General hörte Januschkewitschs Stimme: »Dobrorolski? Telegramme anhalten bis [Hauptmann] Tugan-Baranowski weitere Befehle bringt!« Kurz darauf erfuhr Dobrorolski, daß der Zar seinen Befehl zurückgezogen und durch eine Teilmobilmachungsorder ersetzt hatte.[134] Noch einmal war es den Friedensfreunden am Hof gelungen, den Monarchen umzustimmen. Nikolaus II.: »Ich will nicht die Verantwortung für ein schreckliches Gemetzel auf mich nehmen!«[135]

Empört steckten sich die Militärs hinter Sasonow, den sie beschworen, den Zaren erneut für die Generalmobilmachung zu gewinnen. Der Minister, so drängte Januschkewitsch, müsse ins Palais fahren und ihm dann sofort mitteilen, was er beim Zaren ausgerichtet habe. Januschkewitsch: »Ein Anruf genügt! Alle erlassenen Befehle werden unverzüglich durch die neuen ersetzt. Und dann? Ja, dann – dann werde ich fortgehen, mein Telephon zerschlagen . . ., damit es auf keine Weise möglich sein wird, mich aufzufinden, um mir [wieder] entgegengesetzte Befehle . . . zu übermitteln!«[136]

Sasonow fuhr los, stundenlang rang er mit seinem Zaren. Endlich hatte er es geschafft. Am Abend rief Sasonow den Generalstabschef an: »Allerhöchster Befehl Seiner Majestät: Die allgemeine Mobilmachung ist anzuordnen.« Er machte eine Pause, dann spöttelte er: »Jetzt können Sie das

Telephon zerbrechen.«[137] Die Entscheidung war gefallen. Rußland zog in den Krieg.

In Berlin aber harrte Moltke noch immer der definitiven Aufklärung durch die IIIb. Als der Generaloberst am Morgen des 31. Juli die Operationsabteilung besuchte, traf er den Oberleutnant Hermann Hoth, ein paar entschlüsselte Meldungen in der Hand, die zwischen 7 und 8 Uhr im Zentralbüro der IIIb eingegangen waren. Sie stammten von Hauptmann Volkmann, dem Nachrichtenoffizier des XX. Armeekorps in Allenstein, dessen V-Männer in mehreren Orten des russischen Grenzgebietes rote Mobilmachungsaufrufe gesehen hatten.[138]

Moltke nahm Hoth mit in sein Arbeitszimmer und ließ sich von ihm die Meldungen aus Allenstein vorlesen. Der Generalstabschef war skeptisch. Ob das nicht, fragte er, nur Aufrufe zu einer Probemobilmachung seien? Hoth verneinte. Moltke trat ans Fenster und atmete schwer. Schließlich sagte er: »Dann kann man nichts mehr machen. Wir müssen auch mobilmachen.«[139] Doch ganz überzeugt war er noch nicht. Kaum war Hoth in sein Büro zurückgekehrt, da ließ ihn der Chef erneut kommen. Hoth solle ihm, verlangte Moltke, auf der Karte genau die Orte zeigen, in denen die roten Aufrufe aufgetaucht waren. Hoth tat es.[140]

Moltke war noch immer nicht zufrieden. Er rief Oberst Hell, den Generalstabschef des XX. Armeekorps, an und wollte wissen, wie er Volkmanns Meldungen beurteilte. Dann gab er offen zu, was ihn bewegte; er benötige mehr Beweise der russischen Generalmobilmachung, andernfalls könne er nicht vom Kaiser eine Mobilmachungsorder erwirken. Moltke: »Ich brauche einen dieser roten Aufrufe!«[141]

Ein kleiner jüdischer Agent der Nachrichtenstelle Allenstein, der Händler Pinkus Urwicz, beschaffte Moltke das verlangte Beweisstück. Er hatte beobachtet, daß in seinem Heimatort Kolno tagsüber zahlreiche Mobilmachungsplakate angeschlagen worden waren. Nachts schlich er sich aus seinem Haus, löste mit einem Messer das am Bürgermeisteramt angebrachte Plakat ab und nähte es in seinen Rock ein. Dann jagte er mit einem Panjewagen zur Grenze, die er ohne Schwierigkeiten passierte. Wenige Stunden später hielt Hauptmann Volkmann das Papier in der Hand.[142]

Die Tat des Pinkus Urwicz beseitigte auch Moltkes letzte Zweifel. Was folgte, gehört zur Geschichte der letzten dramatischen Stunden der Julikrise, die Europa in den Ersten Weltkrieg stürzte: Deutschland machte mobil, Frankreich zog nach, auch England folgte – der große Weltbrand prasselte über die Länder und Kulturen des Kontinents.

Im deutsch-russischen Verhältnis aber zerbrach, was kein Friedensschluß später je wiederherstellen konnte. 140 Jahre ungebrochenen Friedens zwischen Deutschen und Russen waren dahin, anderthalb Jahrhunderte gegenseitiger Vertrautheit und Verständigung, Perioden der Stabilität, obwohl es ihnen selten an Spannungen und Mißverständnissen gefehlt hatte. Ein Zeitalter ging zu Ende, und was nun heraufdämmerte, war eine neue Ära: die Ära der Negation, der Zerstörung, des nationalen Größenwahns.

6 Das Wunder von Tannenberg

Die Experten der IIIb hatten sich getäuscht. Was an kargen Meldungen aus Rußland nach Berlin drang, ließ keinen Zweifel daran, daß sich ein Dogma der deutschen Rußland-Aufklärung als falsch erwiesen hatte: das Dogma vom langsamen russischen Aufmarsch.

Jede neue Information bestätigte es: Das Heer des Zaren machte schneller und kraftvoller mobil, als es die IIIb für möglich gehalten hatte. Das Schwergewicht der russischen Armeen war in den letzten Jahren – unbemerkt von den Deutschen – so an die Westgrenze des Zarenreiches verlagert worden, daß die Führung in St. Petersburg ihre Streitkräfte relativ rasch in die vorgesehenen Bereitstellungsräume vorschieben konnte.

In den Militärbezirken Rußlands öffneten die Kommandeure die versiegelten »Allerhöchsten Richtlinien für die Truppenbefehlshaber im Fall eines Krieges mit den Dreibundmächten«, die genaue Weisungen über Kriegsgliederung, Aufmarsch und strategische Ziele enthielten.[1] Im Nu verwandelten sich die Stäbe der Militärbezirke in Oberkommandos der Kampfverbände; die Truppen formierten sich zu Korps und Armeen, die sich wiederum zu »Fronten« (Armeegruppen) zusammenschlossen – unterstellt einem Höchstkommandierenden, zu dem der Zar seinen energischen, ehrgeizigen Onkel, den General der Kavallerie Großfürst Nikolaj Nikolajewitsch, ernannte.[2]

Bald rollten Truppen, Waffen und Munition des russischen Westheeres ihren Bestimmungen entgegen. Am schnellsten bildete sich die Nordwestfront für den Einfall in Ostpreußen: Am 15. August stand bereits die ganze 1. Armee in ihren Ausgangsstellungen am mittleren Njemen, am 17. August das Gros der 2. Armee an Bobr und Narew.[3] Kurz darauf rückten auch die Angriffsverbände der Südwestfront heran.

Ebenso rasch formierte Raswedka-Chef Monkjewitsch seine Offiziere und Agenten zu einer neuen Kriegsorganisation. Ein Teil des Sonderbüros der Generalquartiermeisterabteilung blieb beim Reserve-Generalstab in St. Petersburg, von nun an nur noch zuständig für die Aufklärung im neutralen Ausland.[4] Das Gros der Raswedka-Führung rückte mit der Abteilung in die Stawka ab, den Stab des Höchstkommandierenden der russischen Land- und Seestreitkräfte.

Zugleich zweigte Monkjewitsch von den ND-Leitstellen der Militärbezirke die besten Offiziere ab, mit denen er Nachrichtenabteilungen bei den Oberkommandos der Fronten aufstellte. Sie wiederum schufen Ableger bei den Armee- und Korpsstäben; deren Erkundungsdienste unterstanden der Nachrichtenabteilung des jeweiligen Frontstabes.[5] Die eigentliche Feindaufklärung an der Front, aber auch die Spionageabwehr war Sache des Korps;

seine Nachrichtenabteilung, unterteilt in eine Offensivgruppe (Spionage) und eine Defensivgruppe (Spionageabwehr), mußte die ständigen Kundschafter hinter der gegnerischen Front und die Lauf- oder Wanderagenten im Operationsgebiet führen, die Ergebnisse der Frontaufklärung sammeln und an die höheren Stäbe weitergeben.[6]

Das schuf so viele neue ND-Stellen, daß die Raswedka allein nicht in der Lage war, sie zu besetzen. Der Raswedka-Chef mußte wieder einmal Anleihen bei der polizeilichen Konkurrenz machen: Offiziere des Gendarmeriekorps wurden in den Armeedienst übernommen und erhielten leitende Posten in den Nachrichtenabteilungen der Fronten und Armeen; nahezu die gesamte Spionageabwehr an der Front unterstand Gendarmerieoffizieren.[7]

Leicht fiel Monkjewitsch die Heranziehung von Gendarmerieoffizieren nicht, denn in der Armee hatte das Gendarmeriekorps einen schlimmen Ruf. Die Gendarmerie, einst eine Truppe der Armee, die sie an die Polizei hatte abtreten müssen, bespitzelte mit tausenderlei Agenten das Militär; ihre geheimen Dossiers über die politische Haltung von Armeeoffizieren wurden den Ausgespähten oft zum Verhängnis, zumal die Personalberichte der Gendarmerie keiner Nachprüfung unterzogen werden durften.[8]

Gleichwohl nahm die Armee jeden der ihr freigegebenen Gendarmerieoffiziere. Die Raswedka konnte angesichts ihrer vermehrten Aufgaben nicht wählerisch sein, sie benötigte jeden Mann. Das veranlaßte sie, auch die andere Organisation des Polizeiapparats, die Ochrana, zu drängen, Personal an die Armee abzugeben.

Hunderte von Mitarbeitern der Ochrana meldeten sich bei den militärischen Stäben und wurden dort als Agenten, Kuriere, Werber und Schlepper eingewiesen. Besonders willkommen waren nachrichtendienstlich ausgebildete Geheimpolizisten, die als Hauptagenten einer Nachrichtenabteilung unmittelbar hinter der Front selbständig arbeiten konnten.[9] Die Agenten wurden von der Armee gut besoldet; schon der Absolvent einer Spionageschule erhielt ein Monatsgehalt von 500 bis 800 Rubel (Monatsgehalt eines Geheimdienst-Obersten: 7200 Rubel) in Aussicht gestellt, und wer gar zur Vernichtung eines feindlichen Zeppelins beitrug, konnte einer 5000-Rubel-Prämie sicher sein.[10]

Aber nicht nur Agenten, auch Dechiffrierer stellte die Ochrana zur Verfügung. Oberst Andrejew, Leiter der Geheimschriften-Sektion der Raswedka, konnte von nun an sicher sein, daß jede Chiffre des Gegners lösbar sein würde, denn der jahrzehntelange Umgang mit den verzwickten Schlüsselsystemen revolutionärer Zarenfeinde hatte die Kryptologen der Ochrana zu Meistern ihres Fachs gemacht.[11] Ein Mann wie der Ochrana-Dechiffrierer Zybine galt als ein Genie: »Einfache Kodes erledigt er mit einem Blick, kompliziertere versetzen ihn in eine Art Trance, aus der er nicht eher erwacht, bis das Problem gelöst ist« – so Zybines ehemaliger Chef.[12]

Besser organisiert konnte kaum ein Nachrichtendienst in den Krieg ziehen. Ein neuer Kode, erst im letzten Augenblick von Andrejew an die ND-Stellen verteilt, sollte die Funksprüche der Raswedka vor gegnerischem Einblick sichern; eine Fülle von Dienstvorschriften regelte zudem die Arbeit des Geheimdienstes unter Kriegsbedingungen.[13] »Je besser der Nachrichtendienst organisiert, je mehr ein jeder Armeeangehöriger von seiner Wichtigkeit durchdrungen ist«, schrieb Oberst Pawel Fedorowitsch Rjabikow, der Nachrichtenchef der 2. Armee, »desto klarer wird die Lage des Gegners für uns werden. Auch die Ausführung unserer Operationen kann dadurch schneller, leichter und mit kleineren Verlusten erfolgen.«[14]

Die Raswedka war für den Kampf gut gerüstet. Beruhigt konnte Monkjewitsch am 14. August 1914 St. Petersburg verlassen, um mit der Ersten Staffel der Stawka ins Hauptquartier zu fahren. Kurz vor 23 Uhr stand er mit anderen Offizieren des Generalstabes an der Bahnstation »Neu-Petershof«; die Offiziere warteten auf die Ankunft des Zaren, der sie verabschieden sollte. Doch Nikolaus II. kam nicht.[15] Deutlicher konnte er kaum bekunden, daß dieser Krieg nicht sein Krieg war – ein böses Omen für den Zusammenhalt des zaristischen Establishments.

Verstimmt fuhren die Generalstäbler ab, am Mittag des 16. August kamen sie in Baranowitschi an, einem kleinen Ort südwestlich von Minsk, der zu den wichtigsten Bahnknotenpunkten Mittelrußlands gehörte. In einem Fichtenwald wurde das Hauptquartier des Höchstkommandierenden aufgeschlagen. Monkjewitsch bezog mit Generalquartiermeister Jurij Danilow, dem eigentlichen strategischen Kopf der russischen Armee, ein kleines Holzhaus, in dem früher der Chef der Eisenbahnbrigade von Baranowitschi residiert hatte.[16]

Danilow nahm sich ein Zimmer gleich rechts hinter der Eingangstür, in dem ein großer Tisch für die Lagekarten aufgestellt wurde, während sich Monkjewitsch als »General vom Dienst« im Nebenzimmer niederließ. In einem Anbau des Sechszimmer-Hauses fand Monkjewitsch das ehemalige Telegraphenamt des Eisenbahnerchefs, darin ein paar Telegraphenapparate, die bald zu den wichtigsten Kommunikationsmitteln der Stawka wurden.[17]

Um 18 Uhr begannen die Telegraphenapparate zu ticken, die ersten Meldungen des Nachrichtendienstes trafen ein. Das war ganz nach Vorschrift: Die Nachrichtenabteilungen der Korps mußten jeden Tag um 17 Uhr eine Zusammenstellung der neuesten Meldungen einschließlich einer Beurteilung ihrer Glaubwürdigkeit an den Armeestab telegraphieren, der das Material nach kurzer Prüfung mit eigenen Informationen anreicherte und an den Frontstab weitergab, von dem es wiederum an die Stawka gelangte.[18]

Die ersten Meldungen stimmten die Offiziere in der Stawka zuversichtlich. Der Gegner machte bisher keine Miene, den Aufmarsch der russischen Armeen zu stören, die sich in riesigen Marschsäulen durch Polen, Wolhynien und Podolien heranwälzten. Vor allem die Streitkräfte Österreich-Ungarns verhielten sich noch ruhig; offenbar wähnte ihre Führung die russischen Verbände von den Grenzen Galiziens weiter entfernt, als sie es tatsächlich waren.

Die Stawka hingegen wußte anfangs fast immer, wo der österreichische Gegner stand. Das verrieten ihr die unzähligen Helfer, die der russische Geheimdienst in jahrelanger Kleinarbeit unter den Bewohnern Galiziens rekrutiert hatte. Bei Kriegsausbruch gab es in jeder Stadt, in jedem größeren

Ort Galiziens geheime Russenfreunde, die den Aufmarsch der österreichischen Armeen beobachteten und ihren russischen Führungsoffizieren meldeten, wobei sie sich oft primitiver Übermittlungstechniken bedienten. »Ackerfeuer flackerten auf«, so beschreibt ein Schweizer Historiker die Signale der Agenten, »Rauchsäulen stiegen empor, bunte Wäschestücke wurden ausgehängt, Glockenzeichen gegeben.«[19]

Rußlands Spionen entging allerdings, daß der Wiener Generalstab noch in letzter Minute den Aufmarsch geändert hatte. Da ihre ursprünglich in Galizien stehende 2. Armee nach Serbien abgerückt war, hatten die Österreicher den Aufmarsch von der galizischen Grenze weiter fortverlegt und nach links verschoben[20] – Anlaß für eine Überraschungsaktion, die Mitte August die Stawka ziemlich verwirrte: Eine östlich von Krakau stehende österreichische Armeegruppe drang plötzlich in das russisch-besetzte Südwestpolen ein, ohne vorher von der Raswedka gemeldet worden zu sein.[21]

Doch das blieb die einzige gewichtige Geheimdienst-Panne der Russen in den ersten Kriegstagen. Über die strategischen Absichten der Österreicher waren sie sonst glänzend informiert: Zwei k. u. k. Armeen im westlichen Galizien – das wußten die Russen – würden nordwärts in den Raum zwischen Weichsel und Bug vorstoßen und dann in einer Ostschwenkung versuchen, die russischen Verbände entweder in die Pripjet-Sümpfe abzudrängen oder sie in einer Umfassungsschlacht zu vernichten.[22]

Entsprechend hatte der russische Generalstab vorgesorgt. Im Raum zwischen Weichsel und Bug ließ er zwei Armeen aufmarschieren, die sich dem Angreifer entgegenwerfen sollten, während der eigentliche Schlag aus den Gebieten hinter der Ost- und Nordgrenze Galiziens geführt werden sollte.[23] In Podolien und Wolhynien standen zwei weitere russische Armeen bereit, Galizien blitzschnell zu besetzen und damit die gegnerische Offensive gleichsam an der Basis zum Einsturz zu bringen.[24]

Entscheidend dabei war, daß der österreichische Generalstab nicht merkte, welche Gefahr ihm im Osten und Nordosten Galiziens drohte. Ihm mußte suggeriert werden, daß dort nur unbedeutende Kräfte standen, und in diesem Irrglauben hatten ihn die Fälscher der Raswedka noch zu bestärken.

Kurz darauf tauchten bei österreichischen Vorposten russische Überläufer auf, deren Aussagen dem k. u. k. Generalstab vorgaukelten, daß der Schwerpunkt der russischen Offensive im Norden Galiziens liegen werde. Auch die wenigen Kundschafter, die das Evidenzbüro noch in Rußland unterhielt, hatten ähnliches gehört. Ebenso war Nachrichtenhändlern und Doppelagenten in neutralen Ländern zugesteckt worden, daß sich zwischen Bug und Weichsel mehrere überstarke russische Armeen zum Angriff formierten.[25]

Nur allzu bereitwillig griffen die österreichischen Geheimdienstler die Nachrichten auf, schienen sie doch geeignet, die Lücken ihrer Feindaufklärung zu füllen. Die Offiziere des Evidenzbüros unter Oberst Oskar von Hranilović-Czvetassin, die inzwischen in eine verwanzte Barackenkaserne der Festung Przemysl gezogen waren und dort die Nachrichtenabteilung des

Armeeoberkommandos (AOK), des österreichischen Gegenstücks zur Stawka, bildeten, standen praktisch vor leeren Aktenordnern: Zuverlässige Nachrichten über den Feind fehlten.[26]

Jetzt rächte sich bitter, daß die Österreicher in den letzten Jahren die Rußland-Erkundung vernachlässigt hatten. Die Rußland-Materialien des k. u. k. Generalstabs waren hoffnungslos veraltet. Auch die taktische Feindaufklärung (durch Kavallerie und die neue Flugwaffe) versagte: Dichter Nebel und die vorgeschobenen russischen Abwehrstellungen in den weiten Sand- und Sumpfgebieten entlang der Grenze machten jede genauere Beobachtung des Gegners illusorisch.

So entstanden in den ND-Quartieren von Przemysl bizarre Lagekarten, die nur dokumentierten, wie wenig die Österreicher vom Gegner wußten. Die Feindbearbeiter spekulierten ins Blaue hinein: Sie rechneten mit dem Einsatz von 60 russischen Infanteriedivisionen gegen Galizien (in Wahrheit waren es 46), sie konnten sich nicht einig werden, wo die gegnerischen Armeen eigentlich standen, und sie vermuteten nicht selten riesige Feindverbände, wo es praktisch keine gab.[27] Kein Wunder, daß die Österreicher dabei eine ganze Armee übersahen, die 8., die gefährlichste der Russen, die nachher den Galizien-Verteidigern zum Verhängnis werden sollte.[28]

Nur in einem Punkt waren sich die Feindbearbeiter des AOK sicher: Aus dem Osten drohe keine Gefahr, der Schlag der Russen werde vom Norden kommen. Das war eine ideale Gelegenheit für die Desinformationsspieler der Raswedka, die Österreicher noch gründlicher irrezuführen, so zum Beispiel mit der am 20. August ausgestreuten Meldung, die russischen Streitkräfte hinter der Sbruc, dem Grenzfluß im Osten Galiziens, würden nach Nordwesten abziehen, um in Erwartung einer deutschen Offensive neue Stellungen im Raum Warschau zu beziehen.[29]

Das schluckten die Österreicher brav, zumal ihr Nachrichtendienst ähnliches meldete. So urteilte der Nachrichtenoffizier der hinter dem Dnjestr aufmarschierten Armeegruppe Kövess um den 20. August herum, mit stärkeren feindlichen Kräften südlich der Eisenbahnlinie Proskurow-Zmerinka, also im Rücken der Sbruc, sei nicht zu rechnen.[30] Er wußte nicht, daß die russische 8. Armee schon zwei Tage vorher Proskurow verlassen hatte und an der Sbruc aufmarschiert war, um in den nächsten Stunden loszuschlagen.[31]

Die österreichische Armeeführung ließ sich nicht mehr von ihrer Überzeugung abbringen, im Osten werde zunächst alles ruhig bleiben. Selbst als am Abend des 21. August in Przemysl die Meldung einlief, russische Truppen hätten in Ostgalizien die österreichischen Stellungen bei Husiatyn und Tarnopol durchbrochen, begriff das AOK nicht, was der Bericht besagte: Die 8. Armee war zum Angriff angetreten.[32] Die österreichischen Militärs ignorierten das Warnsignal. Im Gegenteil, die scheinbar so nebensächlichen Nachrichten aus Ostgalizien bestärkten den Generalstabschef Conrad und seinen Oberbefehlshaber, Erzherzog Friedrich, nur darin, endlich den Befehl zur Offensive zu geben.

In den frühen Morgenstunden des 22. August brachen 40 Infanteriedivisionen Österreich-Ungarns zum Sturm auf die russischen Stellungen los.[33] Am schnellsten kam die 1. Armee auf dem linken Angriffsflügel voran: Sie stellte die russische 4. Armee bei Krasnik zum Kampf und schlug sie am 25. August nach einer dreitägigen Schlacht. Schier unaufhaltsam drängte sie die russischen Verbände zurück, ein paar Tage später stand sie bereits vor Lublin. Auch ihr rechter Nachbar, die österreichische 4. Armee, stieß mit gewaltigen Sprüngen in den Norden vor; bald erreichte sie den Raum Cholm, wo ihr Oberbefehlshaber, General von Auffenberg, eine Chance sah, die Russen von zwei Seiten zu umfassen und zu vernichten.[34]

Da verlor plötzlich der rechte Flügel seiner Truppen die Rückendeckung durch die 3. Armee des Generals von Brudermann, die nach dem Norden mitmarschiert war. Brudermanns Armee mußte vor dem übermächtigen Druck des russischen Gegners zurückweichen.[35] Immer häufiger tauchten an der rechten Flanke von Auffenbergs Verbänden die Truppen der russischen 3. Armee auf – aus jener Nordostecke, die den Herren in Przemysl so irrelevant erschienen war.

Doch Conrad war auf die Entscheidungsschlacht im Norden so fixiert, daß er Brudermanns hart bedrängter Armee noch eine Korpsgruppe entzog und sie Auffenbergs Armee zuschlug.[36] Selbst als der Kundschafterchef Ronge aufgefangene russische Funksprüche vorlegte, die klar dokumentierten, daß der Hauptangriff des Feindes gegen Ost- und Nordostgalizien zielte, mochte Conrad nicht umdispionieren.[37] Er wischte Ronges Papiere mit dem Satz vom Tisch, das alles seien nur Spielmaterialien des Gegners.

Erst als Brudermanns Armee von den russischen Verfolgern bis vor die Tore Lembergs zurückgedrängt wurde, verriet Conrad Anzeichen der Unsicherheit. Doch da war es schon zu spät. Anfang September kam der rechte Flügel von Auffenbergs Truppen unter den wachsenden Druck der Russen, während sich zu ihrer Linken eine breite Lücke auftat, in die drei russische Armeekorps einströmten, die schließlich die Lage der österreichischen 1. Armee unhaltbar machten.[38]

Noch ehe die österreichische Nordfront völlig ins Wanken geriet, rollten schon die Angriffsverbände von Rußlands 3. und 8. Armee über Galizien hinweg.[39] Wie Hammerschläge trafen die russischen Vorstöße den Verteidiger. In wenigen Tagen war das östliche und nördliche Galizien in der Hand der Russen, am 4. September fiel die Hauptstadt Lemberg, sieben Tage später mußte Conrad den Kampf abbrechen. Er zog sein Heer hinter den San, schließlich sogar hinter die Wisloka zurück.[40]

Für Österreich-Ungarn war es eine katastrophale Niederlage: 200000 Mann getötet, 100000 in russische Gefangenschaft geraten, das ganze Heer der Donau-Monarchie »in seinem innersten Bestande erschüttert«, wie später deutsche Militärhistoriker urteilten.[41] Rußland aber hatte einen imponierenden Sieg errungen, zu dem außer der kämpfenden Truppe niemand mehr beigetragen hatte als der Geheimdienst.

Die Raswedka war es denn auch, die sofort nach dem Rückzug der Österreicher die Voraussetzungen für weitere Operationen schuf. In den russischbesetzten Gebieten Galiziens begannen Offiziere des Geheimdienstes neue Informanten und neue Nachrichtenquellen zu suchen. Federführend war dabei die Nachrichtenabteilung der Südwestfront, die in allen wichtigen Orten des Besatzungsgebietes Kundschaftsstellen errichtete, die wichtigste in Lemberg, deren Leitung der Gendarmerie-Rittmeister Alexej Alexandrow übernahm.[42] Schon gleich nach dem Einmarsch in Lemberg hatte Rittmeister Konstantin Konstantinowitsch Schtscherbinski, Nachrichtenchef der 8. Armee, eine zusätzliche Agententruppe aus ehemaligen Strafgefangenen aufgestellt, die (von den Österreichern meist wegen Spionage oder Hochverrats verurteilt) er im städtischen Gefängnis aus ihren Zellen befreit hatte.[43]

Schtscherbinski und Alexandrow verfügten danach über genügend ortskundige Mitarbeiter, mit denen sie die von den gegnerischen Armeen zurückgelassenen Spione aufspürten und eigene Agentengruppen hinter der feindlichen Front schufen. Die Raswedka kannte zahlreiche Schleichwege, auf denen ihre Agenten und Kuriere in die österreichischen Stellungen gelangen konnten. An Helfern fehlte es ihr dabei nicht: Hunderte von Ruthenen, Polen und Ukrainern boten sich an, der Zarenarmee im Kampf gegen das verhaßte Habsburg zu assistieren.

Entsetzt beobachteten die Österreicher, daß ganze Bevölkerungsschichten im russischbesetzten Galizien von der angestammten Monarchie abfielen. Ronge war »betroffen über die ungeahnte Ausbreitung der russophilen Bewegung«, die – gesteuert von der Raswedka – nun auch offen dazu überging, österreichische Truppen zu bekämpfen.[44] »Abteilungen wurden in Hinterhalte geführt«, berichtet Ronge, »Batterien im Rückzug durch Dörfer heimtückisch beschossen.«[45] Noch wirkungsvoller war die unsichtbare Arbeit der Raswedka-Helfer. Im österreichischen Hinterland konnte »keine Truppenverschiebung, kein Standpunkt eines Kommandos gewechselt werden, ohne daß dies der Feind binnen kürzester Zeit erfuhr«.[46]

Schon plante die Stawka eine neue Offensive in Galizien, da fiel ein Schatten auf die russischen Lagekarten. Monkjewitschs Späher meldeten den Anmarsch einer deutschen Armee, die von Schlesien her den Österreichern zu Hilfe eilte. Das Auftauchen deutscher Truppen auf dem polnisch-galizischen Kriegsschauplatz elektrisierte die Führer der Raswedka, denn mit den Deutschen hatten sie noch eine Rechnung zu begleichen. Wenige Tage zuvor hatte eine deutsche Armee den russischen Invasionstruppen zwei schwere Niederlagen zugefügt, die nicht zuletzt auch für die Raswedka böse Schlappen bedeuteten. Was der russische Geheimdienst in der Galizien-Kampagne so glänzend geschafft hatte, war ihm im Kampf um Ostpreußen mißglückt.

Dabei hatte Monkjewitschs Dienst anfangs alle Chancen gehabt, auch den deutschen Gegenspieler zu schlagen. In zwei Jahrzehnten hatte die Raswedka in den Grenzgebieten Ostpreußens ein dichtmaschiges Netz von Invasionsagenten geknüpft, die in der Stunde X den russischen Armeen den Weg nach Deutschland freimachen sollten.

Die Männer der deutschen Spionageabwehr wären nicht wenig erschrokken, hätten sie die Gründlichkeit gekannt, mit der Rußlands Geheimdienst die Offensive gegen Ostpreußen vorbereitet hatte. Schon das Wenige, was IIIb-Offiziere im Herbst 1914 darüber erfuhren, machte sie beklommen. »Der Grenzschutz der deutschen Truppen«, schrieb sich der Hilfsnachrichtenoffizier des XX. Armeekorps in sein Tagebuch, »war den Russen, wie ich aus erbeuteten Anordnungen ersehe, bis in die kleinsten Einzelheiten bekannt, selbst die einzelnen Patrouillenwege des Grenzschutzes sind fein säuberlich eingezeichnet.«[47] Und Hauptmann Lüders, Nachrichtenoffizier der 3. Landwehrdivision, staunte: »Die Organisation des Aufklärungsdienstes ist ... in der russischen Armee mustergültig. Die Praxis hat ergeben, daß diese Organisation in vielem der unsrigen überlegen ist.«[48]

Es gab praktisch keine Festung in Ostpreußen, die von den Russen nicht ausgeforscht worden war, keinen deutschen Sperriegel und keinen deutschen Aufmarschraum, den die Raswedka nicht erkundet hatte. Oberst Batjuschin, der inzwischen die Nachrichtenabteilung der Nordwestfront übernommen hatte, kannte jeden wichtigen Offizier des deutschen Ostheeres; zahllose unsichtbare Fäden verbanden ihn mit Kasernen, Depots und Kasinos in Ostpreußen.

Einer so genauen Aufklärung konnte nicht verborgen bleiben, daß Ostpreußen nur von schwachen Kräften verteidigt werden sollte, da das Gros des deutschen Heeres gegen Frankreich eingesetzt war. Mochten auch die Raswedka-Agenten nie richtig erkennen, wie hoffnungslos unterlegen die Verteidiger Ostpreußens waren – ihre Meldungen genügten der Stawka, um sie siegesgewiß zu machen: In Ostpreußen stand unter dem Kommando des dicken, bequemlichen Generalobersten Max von Prittwitz und Gaffron nur die 8. Armee, halb so stark wie der russische Gegner und (im Gegensatz zu ihm) mit wenigen aktiven Infanteriedivisionen ausgestattet.[49]

Das verlockte die russische Führung, die für den Einfall in Ostpreußen aufmarschierte 1. Armee des Generals Pawel Konstantinowitsch von Rennenkampf (»Njemen-Armee«) und die 2. des Generals Alexandr Wasiljewitsch Samsonow (»Narew-Armee«) zum sofortigen Losschlagen zu animieren. Der Operationsplan lag seit langem fest: Die beiden Armeen sollten die Masse der hinter den Masurischen Seen stehenden deutschen Truppen von Norden und Westen umfassen und vernichten, wobei vorgesehen war, daß die nördlichere Njemen-Armee etwas früher als die Narew-Armee losmarschierte, da sie einen weiteren Weg und schwierigeres Gelände zu bewältigen hatte.[50]

Am 13. August hielten Rennenkampf und Samsonow einen Befehl der Nordwestfront in Händen, der ihren Armeen die Aufgabe stellte: »Übergang zum entscheidenden Angriffe, um den Gegner vernichtend zu schlagen, ihn von Königsberg abzuschneiden und ihm den Weg zur Weichsel zu verlegen.«[51] Angriffstag: 16./17. August für die 1. Armee, 17./18. August für die 2. Armee.[52]

Fast automatenhaft setzte sich jene Truppenmasse in Bewegung, die terrorisierten Deutschen bald eine schier unaufhaltsame »Dampfwalze« dünkte. Hunderttausende russischer Soldaten stürmten über die Grenze, überrollten die ersten deutschen Verteidigungsstellungen und ergossen sich in breiten Strömen über die östlichen Landstriche Ostpreußens – hinter sich eine breite Spur brennender Dörfer, zerstörter Ernten und getöteter Menschen zurücklassend. Und je weiter die Russen ins Land vordrangen, desto hysterischer jagten Tausende von Flüchtlingen (»Die Russen kommen!«) vor ihnen her, verstopften die Straßen und »trugen den Schrecken ins Innere«, wie ein Schweizer beobachtete.[53]

Ein Ort nach dem anderen fiel den Russen in die Hände: Schirwindt, Eydtkuhnen, Lyck, Bialla, Neidenburg – nichts schien die Armeen des Zaren aufhalten zu können. Die Deutschen konnten nicht wissen, wie unheimlich den Führern der beiden Zarenarmeen dabei zumute war; aufgewachsen in der jahrhundertealten russischen Überschätzung des Deutschen, wollte es Rennenkampf und Samsonow kaum in den Kopf, daß Prittwitz noch immer nicht zum Gegenschlag ausgeholt hatte. Doch sie sahen nur Anzeichen deutschen Machtverfalls vor sich: flüchtende Zivilisten, brennende Dörfer, zurückweichende Soldaten.

Selbst das erste ernsthafte Gefecht, zu dem sich die deutschen Truppen am 17. August bei Stallupönen gestellt hatten, war von ihnen wieder abgebrochen worden, und auch in der Schlacht von Gumbinnen drei Tage später gaben die Deutschen überraschend auf, obwohl sie diesmal ausnahmsweise ihren Gegnern zahlenmäßig überlegen waren.[54] Rennenkampf verstand die deutschen Generale nicht mehr; mißtrauisch und jeden Augenblick einer deutschen Falle gewärtig, verzichtete er auf die Verfolgung des Gegners.

Doch Prittwitz hatte die Nerven verloren. Schon am 21. August spielte er mit dem Gedanken, ganz Ostpreußen aufzugeben.[55] Als der Generaloberst schließlich offen erklärte, daß er sich mit der 8. Armee hinter die Weichsel zurückziehen werde, reagierte selbst der milde Moltke im fernen Hauptquartier der Obersten Heeresleitung (OHL) in Koblenz ärgerlich: Prittwitz und sein Generalstabschef wurden abgelöst, an ihre Stelle rückten der General der Infanterie Paul von Beneckendorff und von Hindenburg und der Generalmajor Erich Ludendorff, die retten sollten, was noch zu retten war.[56]

Keiner unter den deutschen Verteidigern aber hatte ärger versagt als der Geheimdienst, der jahrelang nicht müde geworden war, sich der intimsten Kenntnis des russischen Militärs zu rühmen. Jeder weitere Tag des Krieges bewies aufs neue, wie unzulänglich die Rußland-Aufklärung der IIIb war. Das alles sah wie eine Satire auf die berühmte deutsche Organisationskunst aus: der geheime Nachrichtendienst gegen Rußland auf eine Handvoll von Nachrichtenoffizieren bei den ostdeutschen Korps und Landwehrdivisionen beschränkt, »für den Ernstfall so gut wie nichts vorgesehen, eine Vergrößerung des Ostheeres nicht vorbedacht«, wie Gempp später zürnte.[57] Es gab keine Organisation für Gefangenenvernehmungen, nicht einmal eine Liste polnisch- und russischsprechender Soldaten war vorhanden.[58]

Nur widerwillig waren die Nachrichtenoffiziere mit den Korps in deren neue Einsatzräume gezogen. Denn: Sobald die NO ihre alten Standorte verließen, von wo aus sie im Frieden ihre konspirativen Verbindungen zum russischen Hinterland geknüpft hatten, riß der Kontakt zu den V-Männern auf der anderen Seite ab. Wenige reagierten so mutig wie der Hauptmann

Gempp, der sich, als sein I. Armeekorps den traditionellen Aktionsbereich verließ, lieber vom Korps trennte und in Königsberg blieb, als sich die von ihm mühevoll aufgebaute Agentenorganisation ruinieren zu lassen.[59] Die meisten Nachrichtenoffiziere aber sahen der Selbstzerstörung ihrer Informationsdienste tatenlos zu. Folge: Aus dem Operationsgebiet der russischen Armeen kamen keine Meldungen mehr.

Da war es kein Wunder, daß die Nachrichtenoffiziere allmählich die Lust an ihrer Arbeit verloren. Ob Crato oder Lüders, ob Gempp oder Frantz – jeder bedrängte den IIIb-Chef mit dem Antrag, ihn zum Einsatz bei der kämpfenden Truppe freizugeben.[60] Nur mit Mühe konnte Nicolai seine Leute bei der Stange halten. »Gerade zu der Energie und Tatkraft E[uer] H[ochwohlgeboren]«, schrieb er am 23. August nicht ohne Schmeichelei an Lüders, »hatte die Sektion ... das größte Vertrauen und hoffte, daß es E. H. bald gelingen würde, unserem Sonderdienst die ihm zukommende Wertschätzung, sich selbst eine anerkannte Stellung zu schaffen.«[61]

Die Arbeit des Geheimdienstes, ja die Verteidigung Ostpreußens wäre aussichtslos gewesen, hätte es nicht zwei Männer in Königsberg gegeben, die in den Schreibstuben des Militärs herumgammelten und dabei gleichsam nebenbei entdeckten, daß der Feind keineswegs so unschlagbar war, wie die Pessimisten im Hauptquartier der 8. Armee in Marienburg wähnten.

Der Leutnant Alexander Bauermeister, der aus St. Petersburg zurückberufene V-Mann der IIIb, und der Königsberger Philologie-Professor Ludwig Deubner, bei Kriegsbeginn zum Landsturm eingezogen, hatten den Auftrag, russsiche Texte zu übersetzen.[62] Da es jedoch kaum welche gab, die militärisch von Interesse waren, animierten sie das Personal der Königsberger Funkstation, russische Sprüche abzuhören und aufzuschreiben.[63] Das Funken, die drahtlose Ausbreitung elektromagnetischer Wellen zum Zwecke des militärischen Nachrichtendienstes, faszinierte die beiden Linguisten, zumal die neue Technik eine besonders interessante Seite hatte: Hörte man den Funkverkehr des Gegners regelmäßig ab, so bekam man »praktisch von jeder gesendeten Nachricht eine Kopie«, wie es ein Experte ausdrückt.[64]

Diese Kopien wollten Bauermeister und Deubner lesen und entschlüsseln, da sie – wie sie annahmen – chiffriert sein würden. Doch als ihnen Leutnant Wachsen, der zuständige Offizier der Funkstelle, die ersten russischen Meldungen brachte, erlebten sie eine Überraschung: Die Meldungen, sämtlich aus dem Funkverkehr der russischen 1. und 2. Armee stammend, waren nicht verschlüsselt.[65]

Ein Trick des gegnerischen Desinformationsdienstes? Deubner und Bauermeister verglichen die gefunkten Befehle der russischen Armeeführung an die Korps mit deren tatsächlichem Verhalten. Ergebnis: Die Korps hatten so gehandelt, wie es ihnen zuvor per Funk befohlen worden war. Also waren die Funksprüche keine Spielmaterialien. Ohne es sofort zu realisieren, hatten Bauermeister und Deubner ein Geheimnis des Feindes entdeckt, gleichsam seine Achillesferse.

Daß die Russen im Klartext funkten, hatte einen einfachen Grund, den

Deubner und Bauermeister natürlich nicht kannten. Da die neue Chiffre zu spät an die Armeen ausgegeben worden war und einzelne Korps sie noch nicht kannten, sendeten die russischen Funker Klartext, zumal sie ohnehin ihre Meldungen ungern chiffrierten.[66] Funken aber mußten die Korps; die Fernsprechleitungen (für die 2. Armee Leitungsdraht in Länge von 560 Kilometer statt der notwendigen 4000) reichten nicht aus, um sich des konventionellen Kommunikationsmittels zu bedienen.[67]

Bauermeister und Deubner aber kam eine phantastische Idee: Wie denn, wenn man vor jeder Operation des Gegners dessen Funkbefehle mitlesen würde? Dann könnte man jeden Zug der feindlichen Armeen im voraus berechnen, wüßte man mehr, als je der genialste Meisterspion aus dem Hauptquartier des Gegners melden konnte.

Doch als sie am 20. August zum erstenmal dem Generalstab der 8. Armee einen russischen Funkspruch vorlegten, stießen sie auf Skepsis.[68] Generalmajor Grünert, der Quartiermeister der Armee: »Sollen wir es ihnen glauben?«[69] Selbst der Nachrichtenoffizier der Armee, Hauptmann Frantz, trug ungläubig den Inhalt der aufgefangenen Meldung in sein Kriegstagebuch ein: »Russen offener Funkspruch: II., VI., XV., XXIII. A[rmee] K[orps], zur 2. Armee gehörig, sollen vorgeschoben werden. (Auffallend, daß Text nicht chiffriert.)«[70] Nur einer erkannte sofort, was da Bauermeister und Deubner boten. Oberstleutnant Max Hoffmann, Erster Generalstabsoffizier der 8. Armee und gemeinhin kein Freund der IIIb, zu Grünert: »Warum sollen wir es ihnen nicht glauben!«[71]

Und er machte augenblicklich Gebrauch von dem Funkspruch, der den so lange für unmöglich gehaltenen Angriff von Samsonows Narew-Armee ankündigte. Noch waren Hindenburg und Ludendorff nicht bei der 8. Armee eingetroffen, da bewog Hoffmann den alten Oberbefehlshaber, auf seinen Rückzugsplan zu verzichten und mit aller Macht die Narew-Armee zu schlagen. Hoffmann hatte einen Plan: Er wollte alle kampfkräftigen Verbände von der Rennenkampf-Armee loslösen, das Schwergewicht der deutschen Truppen nach dem südlichen Ostpreußen verlagern und die Narew-Armee aus den Räumen Thorn und Allenstein heraus einkreisen.[72] Es war die Grundidee der Schlacht von Tannenberg.

Die beiden Sprücheleser in Königsberg drängte Hoffmann, ihm von jetzt an jede aufgefangene Meldung der Russen sofort zuzustellen. Er wollte vor allem wissen, wie Rennenkampfs Truppen im nördlichen Ostpreußen vorankamen, denn das war nun entscheidend: Bewegte sich die Njemen-Armee im Norden weiterhin im Schneckentempo, so hatten die Deutschen im Süden eine Chance, Samsonows Armee zu vernichten.

Bauermeisters und Deubners »Sichere Nachrichten« (SN), wie man fortan die russischen Funksprüche offiziell-verschleiernd nannte, ließen erkennen, daß Rennenkampfs Armee noch immer im Raum Gumbinnen stand. Doch lange konnten die Deutschen auf die Untätigkeit der Njemen-Armee nicht bauen. Am 23. August fingen Bauermeister und Deubner einen russischen Funkspruch auf, der dem IV. Korps auf dem linken Flügel der Armee befahl, zum Angriff überzugehen.[73]

Kein Zweifel: Rennenkampfs Armee marschierte wieder. Aber in welchem Tempo, in welcher Richtung? Vergebens durchforschten Bauermeister und Deubner die Funksprüche nach entsprechenden Indizien, mochte auch die Führung der 8. Armee noch so gebieterisch danach verlangen. Denn inzwischen waren Hindenburg und Ludendorff in Marienburg eingetroffen und hatten das Kommando übernommen, nicht ohne Erstaunen darüber, daß Prittwitz schon in die Wege geleitet hatte, was ihnen selber zur Rettung Ostpreußens vorschwebte.

Desto heftiger drängten sie nun, rasch gegen die Narew-Armee loszuschlagen. Stabschef Ludendorff gab Order, fast alle deutschen Truppen östlich der Weichsel zur Entscheidungsschlacht im südlichen Ostpreußen zu vereinigen und nur wenige Einheiten zur Abwehr der Rennenkampf-Armee zurückzulassen.[74] Das war ein Vabanquespiel; jeden Augenblick konnte Rennenkampf durch eine Linksschwenkung seiner Armee in den Rücken der deutschen Angriffsverbände gelangen und sie vernichten, ganz zu schweigen von der Ungewißheit, ob es überhaupt noch gelingen würde, Samsonows offenbar kraftvoll heranrückende Narew-Armee zu umfassen. Doch Ludendorff war entschlossen, alles auf eine Karte zu setzen.

Am Morgen des 25. August wollten Ludendorff und Hindenburg gerade an die Front fahren, da preschte ein Motorradfahrer aus Königsberg heran. Er brachte einen Funkspruch Rennenkampfs an das russische IV. Korps mit, der in der Nacht zuvor festgehalten worden war.[75] »Die Armee«, stand darin, »wird ihren Angriff fortsetzen. Am 25. August wird sie die Linie Wiberln-Saalau-Norkitten-Potauren-Nordenburg erreichen, am 26. August die Linie Damerau-Petersdorf-Wehlau-Allenburg-Gerdauen.«[76]

Das war phantastisch, noch nie dagewesen in der Kriegsgeschichte: Der Angreifer kündigte dem Gegner unfreiwillig an, welche Marschziele er sich gesetzt hatte und in welchem Tempo er vorrücken wollte. Jetzt konnten Ludendorff und Hindenburg einigermaßen sicher sein, daß ihnen Rennenkampf nicht in die Quere kommen würde. Befriedigt setzten sie sich in ihren Wagen, gefolgt von einem zweiten, in dem Hoffmann und Grünert saßen. Sie fuhren zum Gefechtsstand des I. Armeekorps bei Montowo, wo sie den Führer des Korps in den Angriffsplan einweihten.[77]

Auf der Rückfahrt stoppte Hoffmann am Bahnhof von Montowo und rief seinen Stab an, um zu erfahren, ob eine neue SN eingetroffen sei. Tatsächlich hatten Bauermeister und Deubner wieder einen Funkspruch geschickt, diesmal einen von Samsonow an das XIII. Korps.[78] Ein Blick in den Text – und Hoffmann rannte zu seinem Wagen, der daraufhin dem schon weitergefahrenen Auto Hindenburgs und Ludendorffs hinterherjagte. Kurz vor Löben kam das Auto in Sicht. Hoffmanns Wagen setzte zum Überholmanöver an, minutenlang rasten die beiden Wagen Rad an Rad über die Landstraße, ehe es Hoffmann gelang, Ludendorff den Funkspruch hinüberzureichen.[79]

Der General las: »Die 2. Armee geht vor: Linie Allenstein-Osterode am 25. August, die Hauptmacht der Korps besetzt: XIII. Korps Linie Gimmendorf-Kurken, XV. Korps Nadrau-Paulsgut, XXIII. Korps Michalken-Gr. Gardienen.«[80] Ludendorff ließ die beiden Wagen halten. Am Straßenrand erörterten die vier Generalstäbler, was der Funkspruch bedeutete: Auch Samsonows Armee rückte nur langsam vor, allenfalls zehn Kilometer pro Tag. Das gab den Deutschen die Zeit, die sie benötigten, um den Angriff gegen die Narew-Armee gründlich vorzubereiten.

Dann war es soweit. Gegen 4 Uhr am Morgen des 26. August verließen die Regimenter des I. Armeekorps ihre Stellungen und stürmten gegen die Schützenlinien des Feindes nordwestlich von Usdau an; auch die bei Tannenberg stehenden Truppen des XX. Armeekorps machten sich zum Angriff fertig, während weiter im Norden das I. Reserve- und das XVII. Armeekorps aufbrachen.[81] Die Schlacht von Tannenberg hatte begonnen.

Der entscheidende Durchbruch bei Usdau mißlang zwar am ersten Angriffstag, dennoch geriet General Samsonow in nicht geringe Verwirrung.[82] Mit einem deutschen Angriff hatte er nicht mehr gerechnet. Alle Meldungen des Frontstabes waren darauf hinausgelaufen, daß die Deutschen Ostpreußen räumten; im Generalstab der Nordwestfront war man sicher gewesen, daß sich das Gros der deutschen Armee auf die Weichsel zurückzog, kleinere Teile von ihr in die Festung Königsberg.[83]

Allerdings waren Samsonow bereits Zweifel gekommen, ob diese Meldungen zutrafen. Der wachsende deutsche Widerstand auf dem linken Flügel seiner Armee machte Samsonow stutzig. Voll dunkler Ahnungen beantragte er bei der Nordwestfront, seinen erschöpften und hungernden Truppen (der Nachschub war nicht nachgekommen) einen Ruhetag zu gönnen.[84]

Doch der Frontstab lehnte ab, gestützt auf die Lageberichte seines Nachrichtenchefs Batjuschin, aus denen hervorging, daß vor der Narew-Armee keine ernstzunehmenden Feindkräfte stünden.[85] Batjuschin erkannte nicht, daß seine Agenten hinter der Front des Feindes fast nur noch Falsches meldeten. Für den Mann, der zwei Jahrzehnte seines Lebens damit zugebracht hatte, eine der größten Spionageorganisationen Europas zu schaffen, war das Versagen der eigenen Kundschafter nicht ohne Tragik: Gerade die Dampfwalzenerfolge der russischen Armeen in Ostpreußen hatten das feine Netz der ortsfesten Spione Batjuschins zerstört. Die Zeit aber reichte nicht aus, neue Verbindungen zu der zurückgehenden Feindarmee zu schaffen.

Samsonow verließ sich auf seine eigene Feindaufklärung, die ihm schließlich bestätigte, daß die Armee mit starken gegnerischen Kräften zu rechnen habe. Realistisch war freilich auch dieses Lagebild nicht: Der Nachrichtenchef der Narew-Armee vermutete das deutsche XX. Armeekorps 50 Kilometer weiter entfernt, als es tatsächlich war, ordnete das XVII. Armeekorps dem deutschen Rechtsflügel zu, obwohl es auf dem Linksflügel stand, wähnte das XIX. Armeekorps vor sich, das es in Ostpreußen überhaupt nicht gab, und machte einen starken Angriffsverband bei Thorn aus, der sich auch als Phantasieprodukt erwies.[86]

Derartig schlecht informiert, setzte Samsonow seinen Vormarsch fort, als drohe kein deutscher Angriff. Desto ärger überraschte ihn die gegnerische Offensive. War es schon schlimm genug, daß die Armee nur mit äußerster Mühe die ersten deutschen Durchbruchsversuche auf dem linken Flügel abschlagen konnte, so war es nahezu katastrophal, daß sich plötzlich zwei deutsche Armeekorps, die die Raswedka 100 Kilometer weiter im Süden vermutete, auf das russische VI. Korps stürzten, es nach einem Gefecht in die Flucht schlugen und damit ungehindert in Flanke und Rücken der Narew-Armee gelangten.[87]

Am heikelsten aber war, daß Samsonows Stab von der Zerstörung des rechten Flügels der Armee gar nichts erfuhr. Jetzt wirkte sich die Schlamperei der russischen Funker verhängnisvoll aus. General Blagowjeschtschenski, der Kommandierende General des IV. Korps, meldete am 27. August dem benachbarten XIII. Korps in einem verschlüsselten Funkspruch, daß er sich mit seinen Truppen nach dem Süden zurückziehe, doch beim XIII. Korps konnte man die Meldung nicht lesen – mangels eines Schlüsselbuches.[88] So glaubte man beim XIII. Korps noch alles am rechten Flügel in Ordnung. Als kurz darauf der Stab des Korps die Meldung erhielt, östlich des inzwischen eroberten Allenstein, also bereits im Rücken der russischen Verbände, seien deutsche Truppen aufgetaucht, hielt er das für Humbug und gab die Nachricht nicht an die Armee weiter.[89]

Was die Russen nicht lesen konnten, verstanden die Deutschen desto besser. Funkspruch um Funkspruch verrieten der deutschen Führung die Absichten und Illusionen ihres Gegenspielers. Ob die Russen ihre 3. Garde-Infanteriedivision aus Warschau heranführten, ob das XIII. Korps Befehl erhielt, nach Westen abzudrehen, ob sich das XV. Korps zu einem überraschenden Angriff gegen den Mühlensee rüstete – immer wieder halfen die SN Bauermeisters und Deubners den deutschen Führern, sich auf den nächsten Schlag des Feindes einzustellen, noch ehe er erfolgt war.[90]

Doch die Zeit eilte, schon hatten die beiden Funkspione am Morgen des 29. August einen Funkspruch der Nordwestfront an Rennenkampf geliefert, der umgehend eine Hilfsaktion für die 2. Armee verlangte.[91] Ludendorff mußte jetzt ernsthaft mit einem Entsatzangriff der Njemen-Armee rechnen – aller Grund, das Netz um die russischen Divisionen zuzuziehen. Am 30. August traten die deutschen Truppen zum Angriff gegen die Eingeschlossenen an.[92]

In den Sümpfen, Teichen und Wäldern des südlichen Ostpreußen ging das Gros der 2. Armee elendig zugrunde (ausgenommen die Flügelkorps, die noch rechtzeitig entkommen waren). 50000 Tote, 92000 Gefangene, darunter 13 Generale, standen auf den russischen Verlustlisten.[93] Samsonow aber mochte den Untergang seiner Armee nicht überleben. Von der Truppe abgeschnitten, ohne Funkverbindung und Kompaß, erschoß er sich am frühen Morgen des 30. August in einem Wald bei Willenburg.[94]

Hindenburg und Ludendorff hatten mit ihren Truppen einen welthistorischen Sieg errungen, der freilich weniger überzeugend ausgefallen wäre, hätten sie nicht fast immer die Züge ihrer Gegner im voraus gekannt.

Tannenberg wurde denn auch zur Geburtsstunde einer neuen Sparte der deutschen Spionage: der Funkaufklärung.

Ohne sie wollte das Duo Hindenburg/Ludendorff fortan nicht mehr Krieg führen. Am 5. September 1914 wurde Bauermeister in das Hauptquartier der 8. Armee versetzt, wo er mit Deubner und einigen Dolmetschern eine »Entzifferungsstelle« aufbaute, die im Zusammenwirken mit dem Chef der Feldtelegraphie Ost, Oberstleutnant Lehmann, alle russischen Funksprüche auffangen, sie übersetzen und entschlüsseln und russische Kodesysteme erforschen sollte.[95]

In kürzester Zeit konnte die Entzifferungsstelle anhand aufgefangener Funksprüche ermitteln, wo Rennenkampfs Armee stand. Sie hatte inzwischen befestigte Stellungen im Raum nordwestlich der Masurischen Seen bezogen; ihre Verbände erstreckten sich vom Kurischen Haff bis zum Mauersee.[96] Die gegnerischen Funksprüche erlaubten es, die russischen Truppendispositionen genau auszumachen: einen schwachen Flankenschutz im Süden östlich des Mauersees, nordwärts bis zum Haff hinauf vier Korps, insgesamt 14 Infanteriedivisionen.[97]

Entsprechend legte Ludendorff seinen Schlachtplan an: Frontalangriff gegen die russischen Stellungen nördlich des Mauersees, während ein starker Kampfverband vom Süden her den Mauersee und die angrenzenden Seen umgehen, in den Rücken des Südflügels der Rennenkampf-Armee vorstoßen, die rückwärtigen Verbindungen der Armee abschneiden und sie gemeinsam mit den frontal angreifenden Verbänden ins Haff treiben sollte.[98]

Ungeklärt blieb freilich, ob Rennenkampf zum Gegenangriff schreiten oder Hilfe durch andere russische Verbände erhalten würde. Darauf wußten auch Deubner und Bauermeister keine Antwort. Ihre Arbeit wurde ohnehin zusehends schwieriger; die russischen Funker sendeten seit einigen Tagen nur noch verschlüsselte Sprüche, auch änderten sie häufig die Anrufzeichen der Meldungen.[99]

Das brachte Deubner und Bauermeister in nicht geringe Verlegenheit, denn sie waren noch Anfänger im Dechiffrieren. Hilflos saßen sie vor den Chiffren der russischen Funksprüche und versuchten, sie zu ergründen. Wäre es nicht manchmal vorgekommen, daß russische Funker bei der Einführung eines neuen Schlüssels einen Spruch sowohl verschlüsselt als auch im Klartext sendeten, hätte die Entzifferungsstelle vollends resignieren müssen.[100]

In ihrer Bedrängnis suchten Deubner und Bauermeister Rat bei den österreichischen Geheimdienstlern, die schon längere Zeit mit fremden Schlüssel- und Kodesystemen experimentierten. Hauptmann Hermann Pokorny, ein Mann aus der Schule des Meisterchiffrierers Figl und bis Kriegsausbruch Leiter der Russischen Gruppe des Evidenzbüros, war mit seinen Dechiffrierern in die Operationsabteilung des Armeeoberkommandos übergewechselt, wo er russische Funksprüche entzifferte.[101] Pokorny weihte die deutschen Kameraden in das russische Verschlüsselungssystem ein. Bald verstanden es auch die Deutschen, die Funksprüche des Gegners zu entziffern, zumal die Russen keine Funkdisziplin wahrten: Allzu oft benutzten sie in verschlüsselten Meldungen auch Klartext.[102]

Damit konnte aber die Entzifferungsstelle noch immer nicht Ludendorffs Frage beantworten, was die Russen vorhätten. Die Funksprüche verrieten es nicht. Ungeduldig wartete Ludendorff jeden Tag bis in die tiefe Nacht, um dem dann endlich eintretenden Bauermeister immer wieder die selbe kurze Frage zu stellen: »Funksprüche?« Wehe aber, wenn bis 23 Uhr, der Stunde, in der Ludendorff die Befehle für den nächsten Tag diktierte, noch keine Meldung von der Entzifferungsstelle vorlag![103] Dann schoß er mit hochrotem Kopf in Bauermeisters Zimmer und stauchte ihn wegen der vermeintlichen Unfähigkeit seiner Mitarbeiter zusammen – eine Szene, die mehr als alles andere enthüllte, wie abhängig der Stabschef Ludendorff von der Funkspionage geworden war.

Da sichere Nachrichten über die Bewegungen der anderen russischen Armeen fehlten, gab Ludendorff bei Beginn des deutschen Aufmarsches am 3. September der südlichen Angriffsgruppe noch einen speziellen Flankenschutz in Stärke von drei Divisionen mit, die an der Südgrenze Ostpreußens vorgehen sollten.[104] Als eine dieser Divisionen dabei auch den russischen Grenzort Mlawa an der Straße Soldau-Warschau besetzte, reagierte die russische Heerführung hysterisch und bewies einmal mehr, wie schlecht sie von ihrer Feindaufklärung bedient wurde.[105]

Die Besetzung Mlawas gab General Schilinskij, dem in Byalistok sitzenden Oberbefehlshaber der Nordwestfront, die abenteuerliche Idee ein, daß die deutschen Truppenbewegungen gar nicht der Rennenkampf-Armee gelten würden, sondern einer Offensive gegen Warschau.[106] Auf seinen Lagekarten sah sich Rußlands ehemaliger Generalstabschef bereits die große Schlacht um Polen schlagen; um den 14. September herum, so prophezeite Schilinskij, werde die Entscheidung im Raum Warschau fallen.[107] Auch Großfürst Nikolaj Nikolajewitsch rechnete zumindest mit einem deutschen Angriff gegen den Narew, der das Ziel verfolge, quer durch das westliche Polen hindurch »den Österreichern die Hand zu reichen«.[108]

Der hochmütige Rennenkampf konnte sich über so viel Unsinn nur ausschütten, für ihn stand unwandelbar fest, daß die Deutschen seine Armee angreifen würden. Er stützte sich dabei auf Raswedka-Berichte, die freilich ebenso fehlerhaft waren wie die Schilinskijs; sie gingen nämlich davon aus, daß der entscheidende Schlag der Deutschen gegen den Nordflügel der Njemen-Armee erfolgen werde.[109]

Rennenkampf war auf die Sicherung dieses Nordflügels so bedacht, daß er die Gefahren im Süden ganz aus den Augen verlor. Als am 7. September die Nachrichtenabteilung der Nordwestfront meldete, eine Infanteriedivision und eine Kavalleriebrigade der Deutschen bewegten sich längs der ostpreußischen Südgrenze nach Nordosten, wollte Rennenkampf dem Vorgang keine Bedeutung beimessen, meinte doch auch die Stawka, im Süden der Armee stünden keine starken deutschen Kräfte.[110]

Zwei Tage später verflog diese Illusion im Feuer der anstürmenden deutschen Divisionen, die Rennenkampfs Stellungen an ihrer schwächsten Stelle trafen: im Süden.[111] Ein deutsches Armeekorps schob sich ostwärts der Seen an die Flankenschutzstellungen der Russen heran und überrollte sie, während ein zweites Armeekorps vom Mauersee aus die restlichen Stellungen der Rennenkampf-Armee östlich der Seen zerschlug.[112]

Rennenkampf geriet in Panik und hatte nur noch einen Gedanken: Rückzug. Noch am Nachmittag des ersten Angriffstages gab er den Befehl dazu, in der folgenden Nacht verließ die Armee ihre Stellungen und trat einen Rückzug an, der immer mehr zu einer regellosen Flucht wurde.[113] Regimenter und Divisionen gerieten heillos durcheinander, bald reichten Wege und Straßen nicht mehr aus, den Rückzug zu kanalisieren. Kopflos wälzte sich die Armee nach Nordosten, dem Njemen zu, eher getrieben als geführt von ihrem Oberbefehlshaber, der schließlich seine Soldaten ganz im Stich ließ und allein in seinem Wagen fortraste und nicht eher stoppte, bis er in Kowno war.[114]

Ludendorff erreichte zwar sein Schlachtziel nicht; die Rennenkampf-Armee entkam, wenngleich unter Zurücklassung von 45 000 Gefangenen und fast ebensovielen Toten.[115] Die strategisch-politische Hauptaufgabe aber war erfüllt: In Ostpreußen stand kein russischer Soldat mehr.

Die schrillen Hilferufe der in Galizien geschlagenen Österreicher ließen jedoch den beiden deutschen Feldherren keine Zeit, ihren Triumph genüßlich auszukosten. Am 16. September ging ihnen der Befehl der OHL zu, aus Teilen der 8. Armee eine neue, die 9. Armee, aufzustellen und mit ihr nach Oberschlesien abzurücken, um die k. u. k. Armeen zu unterstützen, die noch immer an der Wisloka standen und auf die Fortsetzung der russischen Galizien-Offensive warteten.[116]

Kurz darauf suchte Ludendorff das österreichische AOK auf und beriet sich mit Conrad darüber, wie die Deutschen dem Bundesgenossen helfen könnten.[117] Es müsse doch, sinnierte Ludendorff, zwischen den russischen Armeen im Norden und jenen in Galizien ein Loch geben, etwa an der mittleren Weichsel im Süden Warschaus, das vermutlich nur von schwachen Truppen gesichert werde; wenn man gegen diese schwache Stelle losschlage und gegen Warschau vorstoße, dann müßten sich die Russen Verstärkungen aus Galizien holen, was wiederum den Österreichern die Chance gebe, die dort verlorenen Gebiete zurückzuerobern.[118]

Daraus entstand das Konzept einer deutsch-österreichischen Doppeloffensive: Rückeroberung Galiziens hier, Vorstoß gegen Warschau dort. Ludendorff ließ die 9. Armee vorsichtig im südwestlichen Polen Ausgangsstellungen beziehen. Am 28. September begann die Armee ihren Vormarsch gegen die mittlere Weichsel, an der rechten Flanke gedeckt durch die 1. Armee der Österreicher.[119]

Da alarmierte die Entzifferungsstelle General Ludendorff: Sie hatte russische Funksprüche aufgefangen, die nichts Geringeres besagten, als daß die 9. Armee in die größte russische Truppenkonzentration seit Beginn des Krieges hineinlief.[120]

Tatsächlich hatte sich Nikolaj Nikolajewitsch entschlossen, durch einen gigantischen Kraftakt die ostpreußische Scharte auszuwetzen. Am 22. September verabredete er auf einer Konferenz mit dem Oberbefehlshaber der Südwestfront, General Iwanow, die 4., 5., 2. und 9. Armee an die mittlere Weichsel zu verlegen und außerdem die reorganisierte 1. und die 10. Armee im Raum zwischen Njemen und Narew zu konzentrieren, um mit ihnen zu einer Großoffensive gegen das Innere Deutschlands auszuholen.[121]

Der Großfürst wußte auch bereits, daß die deutsche 9. Armee dabei war, in den russischen Großaufmarsch hineinzutappen. Die Patrouillen des an der mittleren Weichsel stehenden Reitergenerals Nowikow hatten den deutschen Aufmarsch rechtzeitig erkannt. Am Morgen des 25. September meldete Nowikow der Armeeführung »den Vormarsch der Deutschen aus Schlesien gegen Osten entlang der ganzen Front« seines Korps: »Im Detail bekannt, daß die Deutschen sich im Raume Czenstochau konzentrieren ... Im Rayon Bendzin, Okkusz, Pilica, Kromolow ... Ihre Vortruppen gelangten in die Linie Noworadomsk-Szezekony-Miechow-Slomniki.«[122]

Die österreichischen Funkstellen fingen am Morgen die Nowikow-Meldung auf, am Nachmittag hatte sie Pokorny entziffert; kurz darauf lag der Text auf Ludendorffs Schreibtisch.[123] Weitere chiffrierte Meldungen folgten: ein Befehl des Oberbefehlshabers der 9. Armee, der seine Truppen von der Wisloka nach dem Norden abberief, ein Befehl, an der westgalizischen Front »nur Avantgarden zurückzulassen«, ferner Orders für Rußlands 9., 4. und 5. Armee, sich an der mittleren Weichsel zu versammeln.[124]

Doch Ludendorff ließ sich nicht entmutigen. Fanatisch auf den Erfolg versessen, glaubte er ernsthaft, daß auch gegenüber größter russischer Übermacht der Sieg zu erreichen sei, sofern nur die Österreicher durchhielten, die inzwischen am 4. Oktober an der Wisloka ihre Offensive zur Rückeroberung Galiziens begonnen hatten.[125] Selbst als IIIb-Offiziere fünf Tage später bei einem gefallenen russischen Offizier Papiere fanden, aus denen hervorging, daß sich zwischen San und mittlerer Weichsel 60 russische Divisionen (gegen 18 deutsche und österreichische) konzentrierten, gab sich Ludendorff unbeeindruckt.[126]

Die Beutepapiere verrieten, daß Nikolaj Nikolajewitsch vorhatte, die jetzt mit ihrem rechten Flügel bis an die Weichsel bei Iwangorod vorgedrungenen Deutschen dort durch kleinere Gegenangriffe zu fesseln, während er zugleich die Masse seiner Armeen in den Raum Warschau zog, um von da aus den linken Flügel der deutschen Angriffsarmee zu umfassen und zu vernichten.[127] Ludendorff beeilte sich, den russischen Plan zu konterkarieren. Er überließ der österreichischen 1. Armee den Frontabschnitt bei Iwangorod und führte die freigewordenen deutschen Verbände dem eigenen Linksflügel zu.[128] Auf beiden Seiten der Weichsel hob ein Wettrennen an: Deutsche und Russen hasteten nach Norden, Warschau entgegen, wo die Entscheidung fallen mußte.

Die deutschen Verbände sahen schon eine kleine Chance, eher auf dem Kampfplatz zu sein als ihre Gegner, da ruinierten ihnen die erschöpften Österreicher jede Erfolgsaussicht. War bereits ihre Galizien-Offensive am

San steckengeblieben, so versagten die Österreicher jetzt auch im Raum Iwangorod. Erst kamen sie zu spät zur Ablösung der deutschen Verbände und behinderten damit die Verstärkung von Ludendorffs linkem Flügel, dann konnten sie sich nicht gegenüber dem wachsenden Druck der russischen Truppen bei Iwangorod halten.[129]

In den Mittagsstunden des 27. Oktober verlangte ein Feldwebel der Nachrichtentruppe aus Radom Hoffmann zu sprechen; er hatte soeben einen Funkspruch der Österreicher mitgehört, der die 1. Armee anwies, sofort den Rückzug anzutreten, die Deutschen aber davon erst am Abend zu unterrichten.[130] Was nutzte es noch, daß der wütende Hoffmann den Stabschef der 1. Armee anrief und ihn wegen des unfairen Verhaltens seiner Führung abkanzelte?[131] Das Unternehmen war nicht mehr zu retten. Am Abend des 27. Oktober gab Hindenburg den Befehl zum allgemeinen Rückzug.[132] Die 9. Armee, heftig verfolgt von den Russen, bezog Abwehrpositionen im unmittelbaren Vorfeld Schlesiens.

Jetzt aber bewies Ludendorff, was Kühnheit und Organisationskunst vermögen. In einer Nacht-und Nebel-Aktion ließ der General seine Truppen in Eisenbahnwaggons verladen und nach Norden transportieren; sie verschwanden aus ihrem bisherigen Einsatzgebiet »schweigsam und schnell wie Gespenster bei Tagesanbruch« – so ein kanadischer Militärhistoriker.[133] Das war neu in der Kriegsgeschichte: Eine ganze Armee tauchte spurlos unter, um in wenigen Tagen an einem fast 300 Kilometer entfernten Frontabschnitt wieder aufzukreuzen.

Auch diesen Coup hatten erst die Funkaufklärer möglich gemacht. Am 30. Oktober war der Entzifferungsstelle ein Funkspruch der russischen 4. Armee zugegangen, der eine überraschende Wendung an der Front ankündigte: Die Russen stellten die Verfolgung der deutschen Truppen ein.[134] Der Oberbefehlshaber der 4. Armee wies nämlich seine Korps an, bis zum 2. November die Linie Konsk-Kjelzy (etwa 70 Kilometer von den deutschen Abwehrstellungen entfernt) zu erreichen und jede »weitere Vorrückung sodann einzustellen«, damit die Armee ihre durch den raschen Vormarsch ramponierten rückwärtigen Verbindungen in Ordnung bringen könne.[135]

Weitere Auffangmeldungen offenbarten, daß auch die anderen russischen Armeen ihren Vormarsch abstoppten, in gehöriger Entfernung von den deutschen Stellungen. Letzte Sicherheit brachte am Mittag des 2. Novembers ein Funkspruch des Oberbefehlshabers der 4. Armee an die OB der 5. und 9. Armee, in dem noch einmal rekapituliert wurde, was von Großfürst Nikolaj Nikolajewitsch befohlen worden sei: Vormarsch bis zur Linie Kutno-Konsk-Opatow-Sandomir, dann ab 3. November »Befestigung der Position unter Sicherung durch die Avantgarden«.[136]

Das war die entscheidende Information, auf die Ludendorff seit Tagen wartete. Er und seine Stabsoffiziere hatten sich inzwischen eine neue Operation ausgedacht, mit der man die sich immer bedrohlicher abzeichnende Großoffensive der Russen doch noch zerschlagen konnte. Ludendorff meinte, es sei selbstmörderisch, den russischen Mammutangriff abzuwarten; gegen fünf russische Armeen habe die eine deutsche keine Chance. Nein, man müsse die Russen überraschend angreifen, und zwar dort, wo sie keinen Angriff erwarteten und überdies schwach waren: an ihrem rechten Flügel, in der Gegend nördlich von Lodz, in der nur eine dünne Nahtstelle die 1. mit der 2. Armee verband.[137]

Das hieß praktisch: die 9. Armee unauffällig in den Raum Thorn-Gnesen zu transportieren, sie dort noch durch zwei Korps der in Ostpreußen stehenden 8. Armee zu verstärken und dann sofort loszuschlagen, ehe die vor Schlesien eingegrabenen russischen Verbände merkten, daß ihnen nur noch Gespensterdivisionen gegenüberlagen.[138]

Technisch war das alles möglich. Die kurzen, meist nebeligen Novembertage erlaubten eine perfekte Verschleierung des deutschen Ab- und Aufmarsches, und das Verkehrssystem in Ostdeutschland war so ausgebaut, daß die 9. Armee samt Waffen und Gerät in einer knappen Woche von Schlesien nach Westpreußen verschoben werden konnte.[139] Zudem besaß jetzt Hindenburg, am 1. November zum »Oberbefehlshaber Ost« (Oberost) ernannt, außerordentliche Vollmachten über die Streitkräfte im Osten; er konnte fortan jede ostdeutsche Truppeneinheit seinen Angriffsverbänden einverleiben.[140]

Am 3. November lief der Aufmarsch an. Gespannt verfolgte der Oberost, ob der Gegner das deutsche Unternehmen durchschaute. Doch die russischen Funksprüche blieben negativ; die Russen ahnten offenbar nicht, was die Deutschen vorhatten. Im Gegenteil: Die russische Heeresführung bereitete sich geradezu mit aufreizender Langsamkeit auf ihre Großoffensive vor, die Mitte November in südwestlicher Stoßrichtung gegen Schlesien und das südliche Posen beginnen sollte.

Das Gros der 9. Armee, die jetzt der draufgängerische Husarengeneral August von Mackensen führte, war längst in seinen neuen Bereitstellungsräumen angelangt, ehe die Russen etwas merkten.[141] Am 9. November erreichte Oberst Rjabikow, den Nachrichtenchef von Rußlands inzwischen reorganisierter 2. Armee, eine verspätet eingegangene Meldung über deutsche Truppentransporte; die Nachricht stammte von einem seiner Wanderagenten, der erfahren hatte, daß Teile der deutschen 9. Armee auf die Bahn verladen würden.[142]

Immerhin wußte Rjabikow genug, um in seinem Nachrichtenüberblick am Nachmittag des 9. November festzuhalten: »Der Feind verstärkt sich an der Grenze gegenüber unserem rechten Flügel.«[143] Einen Tag später erhielt Rjabikow eine Meldung, die von deutschen Truppenverladungen nahe dem oberschlesischen Rosenberg sprach, und am 11. November berichtete ein »verkleideter Reiter« aus dem Raum Slupci-Pyzdry, daß dort zwei deutsche Divisionen stünden.[144]

So konnte Rjabikow mit ziemlicher Sicherheit in seinem Nachrichtenüberblick vom 12. November feststellen, daß der Gegner starke Kräfte gegen den rechten Flügel der 2. Armee konzentriere, mit denen er offenbar in den Raum zwischen dieser und der 1. Armee stoßen wolle.[145] Doch General Nikolaj Wladimirowitsch Russkij, der neue Oberbefehlshaber der Nordwestfront, ignorierte solche Berichte. Auch der erste Angriff deutscher Truppen, der die Vorausverbände der 1. Armee zum Rückzug zwang, konnte Russkij nicht davon abbringen, für den Morgen des 14. Novembers den Beginn der russischen Großoffensive festzulegen, haarscharf vorbei an der sprungbereiten deutschen Armee.[146]

Das bekam Ludendorff auch gleich noch schriftlich, in einem Funkspruch, den Russkijs Stabschef, Generalmajor Tschagin, am 13. November um 14.10 Uhr an die Kommandeure der Nordwestfront aufgegeben hatte.[147] Ein paar Stunden später hatten ihn Bauermeister und Deubner dechiffriert. Kernsatz: »Der Oberkommandierende hat befohlen: Am 14. November sollen die Armeen der Nordwestfront zum Angriff übergehen, welcher zum Ziel hat, ... sich der Linie Jarotschin-Ostrowo-Kempen-Kreuzburg-Lublinitz-Kattowitz kräftig zu bemächtigen.«[148]

Der aufgefangene Funkspruch beseitigte die letzten Zweifel, die Hindenburg, Ludendorff und Mackensen noch haben mochten. Am Abend des 13. November erging Mackensens Befehl an seine Korps: »Die 9. Armee greift morgen auf der ganzen Linie an.«[149] Mit fast selbstmörderischer Wucht stürzte sich Mackensens 250000-Mann-Armee auf 600000 Russen. Ein erbitterter Kampf hob an, der »in seiner Wildheit alle die Schlachten übertrifft, die bisher an der Ostfront getobt hatten« (Hindenburg).[150]

Das I. Reservekorps stieß in den Raum zwischen den beiden feindlichen Armeen, fiel in einer plötzlichen Links-Schwenkung die russische 1. Armee an und drängte sie ab, während die vier anderen Korps der Mackensen-Armee sich nach Süden wandten und die russische 2. Armee auf die Stadt Lodz zutrieben, wo sie den Gegner einkreisten.[151] Ein neues Tannenberg schien sich anzubahnen: 150000 Russen unter General Scheidemann, dem neuen Oberbefehlshaber der 2. Armee, wehrten sich verzweifelt gegen den Würgegriff der deutschen Verbände.[152]

Erregt lasen Ludendorff und Hindenburg die eingehenden Meldungen, auch die aufgefangenen Funksprüche, die übereinstimmend anzeigten, wie erfolgreich die deutschen Angriffstruppen ihrem Endziel entgegenstürmten. Doch diesmal erwiesen die Dechiffrierer ungewollt ihren Auftraggebern einen Bärendienst: Die pessimistisch klingenden Funksprüche der Russen verleiteten Ludendorff zu den Annahme, die Schlacht von Lodz sei schon gewonnen, der deutsche Sieg greifbar nahe.[153]

In Wirklichkeit eilte bereits die zwei Tagemärsche von Lodz entfernte russische 5. Armee des Generals Plehwe zum Entsatz heran, die alle Hoffnungen Ludendorffs zunichte machen sollte. In der Nacht vom 18. zum 19. November stießen Plehwes sibirische Voraustruppen auf die ersten Deutschen im Süden von Lodz und sprengten in den folgenden Kämpfen den Einschließungsring um die 2. Armee.[154] Ein Teil der Einkreiser wurde nun selber eingekreist, das hektische Durcheinander von »Angriff und Verteidigung, Umfassen und Umfaßtsein, Durchbrechen und Durchbrochenwerden« (Hindenburg) verwirrte die deutschen Führer.[155]

Bedenklicher noch war, daß sich Rennenkampfs Armee nicht länger von dem I. Reservekorps in Schach halten ließ und jetzt ebenfalls auf Lodz zumarschierte.[156] Der Oberost konnte nicht länger ausschließen, daß seine eigene Armee vernichtet werden würde. Als gar Bauermeister am 24. November mit einem Funkspruch aufwartete, in dem Nikolaj Nikolajewitsch 60 Eisenbahnwaggons zum Abtransport der zu erwartenden Masse deutscher Kriegsgefangener anforderte, zögerte Hindenburg keinen Augenblick länger, die Offensive abzubrechen.[157]

Am 26. November gab der Oberost das Haltesignal.[158] Der Sieg war den Deutschen verwehrt worden, doch eines hatten sie wenigstens erreicht: Die russische Angriffsfront war zerschlagen, die Deutschland-Offensive des Feindes im Ansatz ruiniert. Die russischen Armeen fühlten sich denn auch in so schwacher Position, daß sie am 6. Dezember Lodz räumten und neue Stellungen im Süden Warschaus bezogen.[159] Zudem legte der Krieg eine Pause ein. Das heftig einsetzende Winterwetter verbot neue Operationen; Frosteinbrüche und hektische Schneefälle froren die Fronten ein.

7 Hexenjagd im Hauptquartier

Die Kampfpause an der Ostfront zwang die Geheimdienste beider Seiten, Bilanz zu machen. Sie fiel für alle armselig aus: Die Fernaufklärung beider Lager war seit Kriegsausbruch praktisch zum Erliegen gekommen; die Nahaufklärung arbeitete höchst lückenhaft und irritierte durch häufige Falschmeldungen und Fehlanalysen die eigene Führung, woran selbst die Erfolge der Funkaufklärer nichts ändern konnten.

Besonders arg hatte der russische Geheimdienst versagt. »Unsere Langsamkeit und Unfähigkeit, uns rechtzeitig über alle Vorgänge beim Gegner Aufklärung zu verschaffen«, wetterte Generalquartiermeister Danilow, habe zeitweilig zum »Verlust unserer Handlungsfreiheit und aller damit verbundenen üblen Folgen« geführt.[1] Großfürst Nikolaj Nikolajewitsch ließ ebenfalls den Geheimdienst seinen Zorn spüren: Raswedka-Chef Monkjewitsch wurde durch Oberst Nikolaj Terechow, den einst engsten Mitarbeiter Batjuschins in Warschau, abgelöst, aber auch Batjuschin selber mußte gehen und ein Regiment an der Front übernehmen.[2]

Ein paar Wochen später erhielt der Generalleutnant Michail Bontsch-Brujewitsch, Generalstabschef der Nordwestfront, vom Großfürsten die Order, die Leistungsfähigkeit des Nachrichtendienstes bei Korps und Armeen gründlich zu überprüfen. Er stieß auf beklemmende Mängel: keine Auswertung der Luftaufklärung, von den Kundschaftern nur vage Nachrichten, die Offensivgruppen mehr an politischer denn militärischer Erkundung interessiert, Tiefenaufklärung so gut wie nicht vorhanden. Auch die Spionageabwehr fand der General »sehr schwach und nicht imstande, den Kampf mit dem sehr kunstvoll aufgebauten geheimen Nachrichtendienst des Feindes aufzunehmen«.[3]

Es hätte freilich nicht dieser Schelte bedurft, um den russischen Geheimdienstoffizieren vor Augen zu führen, wie notwendig die Verbesserung ihrer Arbeit war. Schon Ende 1914 begannen die beiden federführenden Offiziere der Warschauer ND-Zentrale, Oberstleutnant Rajewski und Rittmeister Boermann, ihre konspirative Arbeit gegen die deutsche Front umzustellen.[4]

Bis dahin hatte sich der russische Geheimdienst zur Infiltration des deutschen Hinterlandes ziviler Konfidenten bedient, von denen er durchaus wußte, daß sie auch für die andere Seite arbeiteten. Die Raswedka brauchte solche Doppelagenten, um wenigstens einen gewissen Einblick in die gegnerischen Absichten und Bewegungen zu bekommen. Denn: Die sich immer mehr verfestigende Front mit ihren Sicherungsketten, Grabenstellungen und Vorposten trennte die russischen Führungsoffiziere von deren Agenten hinter den deutschen Linien.

Nur wer die notwendigen Papiere und Erkennungszeichen besaß, konnte die deutschen Stellungen passieren – und das waren die Doppelagenten, die für beide Seiten arbeiteten. Das war kein Geheimnis: Auch die Offiziere der IIIb wußten, daß die meisten der von der russischen Seite kommenden Informanten nicht nur für Deutschland spionierten. Ein bizarres Ritual sorgte dafür, daß der Doppelagent und seine beiden feindlichen Auftraggeber dabei keinen Schaden erlitten.

»Der junge Mann, den ich in meinen Dienst gestellt habe«, notierte sich Bauermeister später, als er eine Nachrichtenstelle leitete, »ist Agent beim Nachrichtenoffizier der russischen Armee, die uns gegenüber liegt. Er muß von drüben nach meinen Anweisungen nachts bei Dunkelheit kommen und wird dann mit verbundenen Augen zum Standort des Armee-Oberkommandos gebracht, wo er mir dann Meldung erstattet. In einem besonders für diese Zwecke hergerichteten Raum wird er dann auf einige Tage eingesperrt und ausgezeichnet verpflegt. Außerdem erhält er seine Belohnung. Vom Nachrichtenoffizier der russischen Armee hat er Aufträge, die einige Tage dauern, so daß er, damit er nicht zu früh zurückkehrt, diese Tage im unfreiwilligen Gefängnis verbringen muß. Nach Rücksprache mit dem Generalstabschef gebe ich ihm Meldungen mit, die drüben bekannt sein dürfen.«[5]

So war allmählich ein seltsames Zusammenspiel zwischen den gegeneinander Krieg führenden Geheimdienstlern entstanden, das jeder von ihnen ausschließlich zu seinem Vorteil zu nutzen versuchte. Die Doppelagenten lieferten nicht nur Desinformationen, sondern auch zutreffende Nachrichten, die das Herausfinden des falschen Materials unmöglich machen sollten. Zudem wußten die Zuträger durch manche Story die Profineugier der Nachrichtenoffiziere zu befriedigen, die gerne wissen wollten, wie der Kollege auf der anderen Seite seine Probleme löste.

Spieler und Gegenspieler kannten sich gut, ja schätzten einander. Rajewski und Boermann würdigten nicht ohne Respekt die schwierigen Bedingungen, unter denen ihr wichtigster Gegner, Hauptmann Gunther Frantz, der Nachrichtenoffizier des Oberbefehlshabers Ost (»NO Obost«), arbeiten mußte, und Frantz wiederum schätzte besonders den Abwehrchef der russischen Nordwestfront, einen »eleganten und wirklich vornehmen Offizier«, mit dem er über »einen sehr geschickten Agenten, einen verpfuschten Juristen« verkehrte.[6] »Er berichtete mir«, erzählt Frantz von seinem Konfidenten, daß der Raswedka-Mann »gern ›ein Auge zudrückte‹ und vor allen Dingen die ewigen Schikanen der Russen gegen die Deutschbalten nicht mitmachte«.[7]

Wie fließend die Grenzen in diesem Milieu waren, bewies der Doppelagent Heinrich Nebel, der im neutralen Bukarest den deutschen Militärattaché, Oberstleutnant Günther Bronsart von Schellendorff, ebenso mit Nachrichten bediente wie den russischen Militärattaché, Oberst Semenow.

Eines Tages zu Beginn des Jahres 1915 traf Nebel in Bukarest den französischen General Paul Maire Pau, Verbindungsoffizier bei der Zarenarmee, der den Deutschen noch aus der Zeit kannte, als dieser für eine Pariser

Nachrichtenagentur gearbeitet hatte. Von ihm erfuhr Nebel, daß die Russen für das Frühjahr eine Offensive im Raum Memel vorbereiteten. Das meldete er Bronsart und bat, ihm das auf gelbem Papier gedruckte Kodebuch des Militärattachés (»Gelber Kode«) zu geben, damit er die Nachricht an die IIIb-Zentrale telegraphieren könne. Doch der mißtrauische Bronsart lehnte ab. Da erinnerte sich Nebel, daß Semenow eine Kopie des Gelben Kode besaß. Er fuhr zu dem Russen, der gerade in der Gesandschaft eine wilde Wodka-Party gab, und erzählte ihm von seinem Mißgeschick, ohne freilich zu erwähnen, um welche Meldung es ging. »Was«, gröhlte der betrunkene Semenow, »dieses Schwein hat Dir den Gelben Kode nicht gegeben, das ist unerhört!« Er ließ das Kodebuch holen, »und ich chiffrierte im Zimmer des russischen Obersten Semenow mittels des ängstlich gehüteten Gelben Kodes der deutschen Militärattachés meine Depesche« – so Nebel.[8]

Bei den Doppelagenten blieb freilich offen, für welche der beiden Seiten sie sich letztenendes entschieden. Anfangs glaubten Rajewski und Boermann, daß ihre Argumente und Rubel die Doppelagenten definitiv an Rußland binden würden. Doch allmählich kamen ihnen Zweifel.

Die Doppelagenten mochten gute Helfer bei der Desinformationsarbeit sein, für die aktive Spionage aber leisteten sie wenig. »Mit diesen auf beiden Seiten arbeitenden Agenten haben die Russen schlechte Erfahrungen gemacht. Oberstlt. Rajewski und Rittm. Boermann haben sich dahin geäußert, daß diese Agenten mehr in deutschem als in russischem Interesse arbeiten«, schrieb Hauptmann Lüders nach der Vernehmung zweier russischer Spione, die im Januar 1915 bei Plonsk von der Geheimen Feldpolizei verhaftet worden waren.[9]

Tatsächlich gingen Rajewski und Boermann damals dazu über, auf die Dienste ziviler Doppelagenten weitgehend zu verzichten. Auf Drängen der beiden Raswedka-Offiziere erließ die Stawka einen Befehl an die 5. Armee, aus der Truppe sprachenkundiges Personal für Spionageaufträge herauszuziehen.[10] Daraufhin meldeten sich 123 Mann bei der ND-Zentrale in Warschau; sie wurden für konspirative Einsätze geschult, in Zivilkleider gesteckt und an die Front geschickt, wo sie in Drei-Mann-Gruppen versuchen sollten, durch die deutschen Stellungen hindurchzukommen.[11]

Die meisten blieben im deutschen Sicherungsnetz hängen, doch einigen glückte der Durchbruch. Sie liefen im deutschbesetzten Gebiet eine Deckadresse an, von wo aus sie zu einem der zahlreichen Kundschafter geführt wurden, die Raswedka und Ochrana bei dem russischen Rückzug aus Westpolen zurückgelassen hatten. Die Soldatenspione fanden eine kunstvolle Untergrundorganisation zarentreuer Beamter, Kirchendiener, Gemeindeschreiber und Bahnangestellter vor, die schon vor dem Krieg geschaffen worden war.

Im Netz dieser Organisation hatten sich so viele militärische Informationen angesammelt, daß ihre V-Männer zunächst einmal die dringendste Neugier der herübergekommenen Agententrupps befriedigen konnten. Die Trupps hatten den Auftrag, alles zu registrieren, was auf neue Offensivabsichten der deutschen und österreichischen Armeen hindeutete. Zugleich sollten sie aber auch »feststellen: Bahntransportbeförderung und Nachschubverhältnisse hinter der Front; marschierende Truppen, Marschtiefen und Zusammensetzung, Jahresklassen, Bespannung der Artillerie«, wie die deutsche Abwehr rekonstruierte.[12]

Die ersten Agententrupps kehrten mit nützlichen Nachrichten zurück, ihr Apparat wurde nun systematisch ausgebaut. Jetzt mußte jedes Korps und jede Division Kundschafterkommandos aufstellen, zu denen einfache Soldaten und Unteroffiziere versetzt wurden, denen man zutraute, hinter der deutschen Front operieren zu können.[13] Außerdem entstanden Spezialkommandos mit Soldaten, die in deutschen und österreichischen Uniformen feindliche Stäbe infiltrieren sollten.

So sickerten immer häufiger Agentengruppen durch die deutschen Linien und betrieben erfolgreich Feindaufklärung – begünstigt durch das ebenso lautlose wie effektive Repressionssystem, mit dem russische Spitzel die polnische Bevölkerung in den von Deutschen und Österreichern besetzten Gebieten in Schach hielten. »Die Bevölkerung«, klagte Hauptmann Crato seinem Chef Nicolai, »hat eine so heillose Angst vor den Russen, die Juden außerdem vor den Polen, daß selbst durchaus deutschgesinnte Leute schon ihren eigenen Galgen sehen, wenn ein deutscher Soldat mit ihnen spricht.«[14]

Die Lage in den deutschbesetzten Gebieten schien der Raswedka so aussichtsreich, daß sie noch im Laufe des Jahres 1915 beschloß, die Spionagearbeit durch Sabotageaufgaben zu erweitern. Es entstand, was den deutschen Militärs zweier Weltkriege noch schwer zu schaffen machen sollte: die russische Partisanenbewegung.

In den Korps und Divisionen wurden Partisanenabteilungen geschaffen, die in unwegsamen Gebieten hinter der Front des Feindes – gestützt auf eine mit ihnen sympathisierende Bevölkerung – Kleinkrieg führen sollten.[15] Der Oberstleutnant Brojewitsch vom Kobrinskij-Regiment Nr. 171 war der erste russische Partisanenführer des 20. Jahrhunderts; er stellte eine Truppe von 20 Kosaken und 70 Infanteristen auf, mit denen er in den Wäldern nördlich der Bahnlinie Kowel-Cholm kleinere österreichische Truppeneinheiten überfiel.[16] Brojewitschs Beispiel machte Schule. In kurzer Zeit hatten alle großen russischen Truppenverbände Partisanengruppen, die vor dem Anlaufen einer Offensive den Feind ausspähten und durch Kleinkrieg ablenkten.

Die deutsch-österreichische Spionageabwehr wurde jedoch bald auf die Partisanen aufmerksam. Ein bei Slonim in deutsche Gefangenschaft geratener Offizier des kaukasischen III. Armeekorps verriet der IIIb mancherlei über die neue Truppe. Die Partisanenabteilungen, so hielt ein IIIb-Bericht die Aussage des Gefangenen fest, hätten »den Auftrag, hinter der feindlichen Front besonders durch Abfangen telephonischer und telegrafischer Mitteilungen Stärke und Standort der Truppen festzustellen, ferner aber auch Verkehrsmittel und Munitionslager zu zerstören«; sie seien »mit einem besonderen Abhör-Apparat sowie einer Menge von Sprengmitteln ausgerüstet«.[17]

Es war nicht das erste Indiz verstärkter russischer Spionageaktivität, über das die IIIb verfügte. Oberquartiermeister von Eisenhardt warnte die 9. Armee: »Russen ... schicken verkleidete Soldaten hinter deutsche Front; sie machen sich mit Zigaretten an Soldaten heran, setzen sich zur Beobachtung der Marschkolonnen an Straßenränder, markieren Krankheit, um in Lazarette zu kommen, merken sich Kraftwagenaufschriften usw.«[18]

Deutsche und Österreicher legten daraufhin ihre Gegenminen. Am 15. Januar trafen sich führende Offiziere der beiden Geheimdienste im Hotel »Nord« in Breslau, um Maßnahmen gegen die überhandnehmende Feindspionage zu verabreden.[19] Oberstleutnant Ronge hatte eine Akte mitgebracht, die das Gespräch zwischen den Verbündeten erleichterte; da war ziemlich genau aufgeführt, wo in den besetzten Gebieten Agenten des Gegners saßen.

Die Aufstellung stammte von einem dritten Geheimdienst, jenem des Józef Pilsudski, der mit einer eigenen Truppe aus polnischen Freiwilligen (»Polnische Legion«) an der Seite des österreich-ungarischen Heeres kämpfte. Der Sozialistenführer und spätere Staatschef Polens, nach einer Flucht aus russischer Haft ins liberalere Galizien übergesiedelt und seit 1906 Mitarbeiter des Evidenzbüros, hatte ein ganzes Jahrzehnt lang seine Bewegung auf den Krieg gegen das verhaßte Rußland vorbereitet.[20] Jetzt saß ein Vertrauter Pilsudskis, Hauptmann Jaworowski, in der Nachrichtenabteilung des k. u. k. Armeeoberkommandos und führte von dort aus den Kundschaftsdienst der Polnischen Legion.[21]

Jaworowski war es auch gewesen, der Ronge fünf Tage vor dem Treff in Breslau den Bericht über das russische Agentennetz in Polen übergeben hatte.[22] Pilsudskis Geheimdienstler erwiesen sich darin nicht nur als singuläre Kenner des russischen Konspirationssystems, sondern auch als konsequente Gegner der russischen Infiltration. Sie verlangten schärfste Maßnahmen gegen die Umtriebe von Raswedka und Ochrana, darunter die Entfernung aller leitenden, noch von den zaristischen Herren eingesetzten Funktionäre der Verwaltung und die Ernennung neuer Amtsträger aus den Reihen der nationalpolnischen Bewegung.

Soweit wollten die Offiziere im »Nord«-Hotel allerdings nicht gehen; vor allem die Deutschen mit ihrer antislawischen Scheuklappenoptik trauten Pilsudski nicht. Sie begnügten sich mit einem konventionellen Abwehrprogramm: Errichtung stationärer Nachrichtenstellen im Besatzungsgebiet, Verstärkung von deutscher Geheimer Feldpolizei und österreichischer Staatspolizei, strengere Überwachung der Funktionäre aus der Zarenzeit.[23]

Die Geheimdienstler der beiden Verbündeten wußten freilich, daß nicht nur die Spionageabwehr reformbedürftig war. Die guten Abhör- und Entzifferungsleistungen konnten nicht über die Mängel der deutsch-österreichischen Rußland-Aufklärung hinwegtäuschen, zumal die Glanzzeit der schlachtentscheidenden Abhörerfolge zu Ende ging. Schon zeichnete sich in der Funkspionage zumindest ein Patt ab.

Die Russen hatten längst gemerkt, daß ihr Funkverkehr von den Deutschen und Österreichern abgehört wurde. »Die Chiffreschlüssel, nicht ausgenommen den letzten im November versendeten, sind dem Gegner bekannt«, warnte die Raswedka-Zentrale Anfang Dezember 1914 in einem Funkspruch.[24] Daraufhin wurden die russischen Chiffren noch komplizierter, der russische Funkverkehr noch unübersichtlicher. Die Raswedka ging auch dazu über, mit falschen Funkstationen Bewegungen und Aufstellungen russischer Truppen vorzutäuschen, was die deutschen Beobachter nicht wenig verwirrte.

Zudem lasen auch die Russen die Funksprüche des Gegners mit, seit ihnen bei den Kämpfen in Ostpreußen ein Kodebuch des deutschen Heeres und im Wrack des am 26. August 1914 im Eingang zum Finnischen Meerbusen gestrandeten Kleinen Kreuzers »Magdeburg« der deutsche Marinekode in die Hände gefallen war.[25] Die Funkschlüssel waren zwar inzwischen wieder geändert worden, doch eine eingehende Untersuchung des erbeuteten Schlüsselmaterials verriet den russischen Spezialisten die Grundstruktur der deutschen Chiffresysteme. Sofort erfuhren die Kollegen in London und Paris, was die Raswedka ermittelt hatte.

Bald wußte es auch die IIIb. Am 17. November ging bei der Meldesammelstelle Lörrach ein Tip von Agent M 108 ein: »Franzosen im Besitz des deutschen Marinesatzbuches, haben schon verschiedene Funktelegramme des deutschen Marine-Kommandos ... entziffert.«[26] Anfang Dezember mochte auch der NO Obost Frantz nicht länger ausschließen, daß die Russen deutsche Funksprüche mitlesen konnten. Kurz darauf war er sich ganz sicher – dank eines Berichts des deutschen Militärattachés in Stockholm, dem ein russischer Informant aus London gemeldet hatte, daß die Raswedka alle deutschen Kodes kenne.[27]

Es waren also genügend Gründe vorhanden, die Nah- und Fernaufklärung gegen Rußland zu verbessern. Doch es gab Unterschiede zwischen den beiden Verbündeten: Die Österreicher, die erfahreneren auf dem ND-Gebiet, brauchten nur mehr Geld und bessere Informanten, um ihre Leistungen zu erhöhen; die Schwächen des deutschen Geheimdienstes waren weniger leicht zu beheben.

Schon Ende Oktober 1914 hatte Hauptmann von Fleischmann, der österreichische Verbindungsoffizier beim Oberost, seinem Chef Ronge über den Zustand der IIIb Vortrag gehalten. »Er hielt nicht viel von den deutschen Organen (Hptm. Frantz, Lüders)«, notierte sich Ronge.[28] Was der österreichische Kundschaftschef da erfuhr, spottete aller Beschreibung: Der deutsche Geheimdienst hatte sich in unzählige Kompetenzstreitigkeiten verheddert und führte einen so heftigen Kreuzzug gegen die nachrichtendienstliche Ignoranz der militärischen Führer, daß es zeitweilig schien, als bekämpfe er seine Gegner in den deutschen Stäben mehr als den Feind auf dem Schlachtfeld.

Das ging nicht zuletzt auf den ehrgeizigen IIIb-Chef Nicolai zurück, der allzu einseitig in den Kategorien militärischer Hierarchie dachte und seinen Geheimdienst wie eine Kompanie führte. Ihn trieb ein krankhaftes Mißtrauen gegen Untergebene; ständig fürchtete er, die wie Pilze aus dem Boden schießenden neuen Zweigstellen der IIIb könnten seine Autorität untergraben und ihm die führende Rolle im Geheimdienst streitig machen. An dieser Rolle aber hing er mit einem fanatischen Eifer, schmeichelte es dem unscheinbaren Major doch, daß er als einer der wichtigsten Geheimnisträger der OHL (seine Sektion gehörte zur Obersten Heeresleitung) von den Großen des Kaiserlichen Hauptquartiers hofiert wurde.

Ihn dünkte es deshalb auch nur selbstverständlich, sich die Pläne der führenden Männer der OHL zu eigen zu machen und sie gegenüber anderen militärischen Dienststellen kompromißlos zu verfechten. Entsprechend definierte Nicolai die Hauptaufgabe der III b im militärischen Führungsapparat so: Der Nachrichtenoffizier habe »stets daran zu denken, daß wir Organe der Obersten Heeresleitung sind und in erster Linie deren Interessen zu vertreten haben«.[29] Die Halbgötter des Generalstabs hörten es gerne und belohnten soviel Eifer: Noch für 1915 wurde Nicolai die Erhebung der Sektion III b in den Rang einer Abteilung versprochen.[30]

Nicolai war auf die Autorität der OHL so fixiert, daß er sogar eine Amputation seiner Organisation hinnahm, die für jeden Geheimdienst tödlich sein muß: die Abgabe der Auswertungsfunktionen an eine fremde Abteilung. Bei Kriegsbeginn war auf Weisung des Generalstabschefs die Nachrichtenbeschaffung von der Nachrichtenauswertung getrennt worden. Auswertung aller III b-Meldungen war seither allein Sache der neuen Nachrichtenabteilung (NA), zu der sich die 1. (Russische) und die 3. (Französische) Abteilung des Generalstabs zusammengeschlossen hatten.[31]

Die Trennung von Beschaffung und Auswertung, bis zum Ende des Hitler-Reiches ein Erzübel deutscher Geheimdienstarbeit, sollte katastrophale Folgen haben. Die eine Abteilung wußte oft nicht, was die andere trieb. Der Geheimdienst hatte keinen Einfluß auf die Auswertungen der Meldungen, die er beschaffte, die Nachrichtenabteilung konnte nicht beurteilen, woher eine Meldung stammte und ob eine »Quelle« seriös war. Der Geheimdienst erteilte keine Auskunft über seine Agenten, die Feindlagebearbeiter der NA verkehrten mit der III b nur auf dem Umweg über Fragebögen. Zwischen beiden Abteilungen wucherte bald Abneigung und Mißverständnis.

Ein solches System mußte eine Panne nach der anderen produzieren – und tat es denn auch prompt. Schon wenige Wochen nach Kriegsausbruch war es zu einem schweren Eklat gekommen: Während der Marne-Schlacht hatte Nicolai Meldungen erhalten und ungeprüft an die NA weitergegeben, denen zu entnehmen war, im Rücken der auf die Marne zustoßenden deutschen Armeen formierten sich britische Truppen und ein russisches Hilfskorps.[32] Als gar Anfang September die III b meldete, in Ostende seien 38 000 britische Soldaten gelandet und bereits auf dem Marsch gegen die Deutschen, alarmierte Oberstleutnant Richard Hentsch, der Leiter der Nachrichtenabteilung, die deutschen Armeen an der Marne.[33] Hentsch: »Ein Rückzug scheint unvermeidlich zu werden.«[34]

Die Führer der Armeen, durch die Angriffe des Gegners ohnehin unsicher geworden, ließen sich von Hentschs Panik anstecken und ordneten den Rückzug an. Zu spät merkte der Geheimdienst, daß er auf einen Trick des

Gegners hereingefallen war. Gelassen, als sei nichts geschehen, gab die IIIb eine Meldung der Nachrichtenstelle Brüssel vom 5. Oktober an die NA weiter: »Mehrfache Meldung über 38000 Engländer... ist auf die von belgischer Seite befohlene Verbreitung falscher Nachrichten über engl[ische] u. russische Truppenlandungen in Calais u. Ostende zurückzuführen. Ein entsprechender Befehl wurde umgedruckt bei einem toten Belgier gefunden.«[35]

Die Affäre ruinierte das ohnehin rachitische Prestige der IIIb. Von Stund an mochte keine höhere Kommandostelle des deutschen Heeres mehr den Informationen des Geheimdienstes trauen. Vor allem in den Stäben des Ostheeres hielt man Distanz zu den Nachrichtenoffizieren. Hoffmann zu dem NO Obost: »Was nutzen mir Ihre schönsten Nachrichten, wenn ich sie nicht glaube?«[36]

Noch ärger mußte die IIIb ins Abseits geraten, als zwischen OHL und dem Oberbefehlshaber Ost ein Streit über die künftige Kriegführung ausbrach. General Erich von Falkenhayn, der Nachfolger des nach der Marne-Schlacht abgehalfterten Moltke, wollte um jeden Preis die Entscheidung im Westen suchen und dafür Kräfte aus dem Osten abziehen, während das Duo Hindenburg/Ludendorff darauf beharrte, am ehesten lasse sich im Osten ein den Krieg entscheidender Sieg erringen.

Wochenlang tobte der Streit zwischen den beiden Hauptquartieren, in den allmählich auch der Geheimdienst hineingezogen wurde. Denn jetzt verlangte Nicolai von Frantz und dessen Nachrichtenoffizieren bedenkenlose Lobbyistendienste für die OHL. Falkenhayn stützte seine Sache nämlich auf das Argument, eine scharfe Fortsetzung des Feldzuges gegen Rußland erübrige sich, da der Gegner bereits erschöpft und friedensbereit sei; der Obersten Heeresleitung lägen entsprechende Nachrichten des Geheimdienstes vor.[37] Die Nachrichten hatte Nicolai geliefert; der Major wußte, was der OHL-Chef von ihm erwartete.

Die Meldungen benutzte Falkenhayn sofort, um den Oberost unter Druck zu setzen. »Alle Nachrichten aus dem Innern Rußlands«, telegraphierte Falkenhayn im November 1914 an Hindenburg, »lassen fortschreitende Zersetzung der Armee und wachsende Kriegsmüdigkeit erkennen.«[38] Antwort Hindenburgs: Ihm lägen »ernst zu bewertende Nachrichten« über ein Nachlassen der russischen Angriffskraft nicht vor.[39]

Prompt drängte Nicolai seine Geheimdienstler, zu liefern, was den Oberbefehlshaber Ost umstimmen könne. Der NO Obost sollte mehr denn je seine Aufmerksamkeit auf alle Anzeichen russischer Kriegsmüdigkeit richten. Doch Frantz hatte keine Lust, sich gegen Hindenburg ausspielen zu lassen.

Solche Loyalität zum Oberost wurde jedoch den Nachrichtenoffizieren schlecht gelohnt. In den Stäben des Ostheeres galten sie nur noch als Spione der OHL, die den Auftrag hätten, ihre Vorgesetzten zu bespitzeln. Entsprechend drastisch schotteten sich die Stäbe gegen die vermeintlichen Aufpasser ab. Der Nachrichtenoffizier beim Oberost und bei den Armeen, der im Stab zugleich die Funktion des Feindlageoffiziers (Ic) ausübte, war für die meisten seiner Kameraden persona non grata, unwillkommen und gefährlich.

Der Nachrichtenoffizier hatte keinen Zugang zu den Lagekarten der Operationsabteilung, bei der Vorbereitung neuer Operationen wurde er nicht hinzugezogen, ja nicht einmal über sie informiert. Zuweilen erfuhr der NO erst durch Außenstehende, meist Besucher aus dem Kaiserlichen Hauptquartier, was der eigene Stab plante. Zudem war dem NO verboten, Details über Operationen der Truppe an die III b zu melden; selbst Nachrichten über den gegenüberliegenden Feind durfte er in Zeiten taktischer Entscheidungen des Stabes nicht weitergeben.[40]

Stattdessen überhäufte der Stab den NO mit Spionageabwehrarbeiten, die ihn möglichst lange von seinen Aufklärungsaufgaben fernhielten. Der NO Obost verzweifelte: »Alles Polizei und Abwehr! Zur Hauptsache komme ich kaum!«[41] Er merkte lange Zeit nicht, daß gerade darin ein System lag. Sobald der NO aber die Tricks seiner Gegenspieler im Stab durchschaut hatte, kam es zu heftigen Auseinandersetzungen, denn der Nachrichtenoffizier ließ sich die Sabotage seiner Arbeit nicht länger gefallen.

Er hatte allen Grund, über den gegen ihn geführten Kleinkrieg der Stäbe empört zu sein: Bei der Ausstattung der Doppelagenten mit Desinformationsmaterial verweigerte die Operationsabteilung dem NO meist die Freigabe echter Nachrichten und gefährdete damit das Leben des auf die russische Seite zurückkehrenden V-Mannes, während Offiziere ohne geheimdienstliche Erfahrung Gefangene vernahmen und die in der Regel schlampig geführten Vernehmungsprotokolle so spät an den NO weiterreichten, daß dem gar keine Zeit mehr blieb, zusätzliche Fragen an den längst in einem fernen Lager verschwundenen Gefangenen zu richten.[42]

Am ärgsten sahen sich die NO behindert, wenn sie an noch offenen Frontstellen versuchten, ihre Agenten auf die andere Seite zu schleusen. Dann intervenierten Truppenkommandeure, die durch den Frontwechsel undurchsichtiger Zivilisten die Sicherheit ihres Abschnitts gefährdet wähnten. Wegen dieses Widerstandes mußte beispielsweise Crato zeitweilig ganz darauf verzichten, seine Agenten auf dem linken Flügel der 9. Armee ins Niemandsland zu schleusen.[43]

Die Nachrichtenoffiziere konnten darin nichts anderes sehen als den blanken Unverstand eines konservativ erstarrten Offizierkorps, das nie begriffen hatte, welche Funktion der geheimen Nah- und Fernaufklärung in jeder militärischen Operation zukam. Erzogen in dem naiven Glauben, daß die Siege von 1866 und 1870/71 allein auf den Erfolgen der Waffen beruhten, obwohl schon damals der Geheimdienst eine wesentliche Rolle gespielt hatte (man denke nur an »Nr. 17«!), ignorierten allzuviele Offiziere die konspirative Seite des Krieges.

An dieser Blindheit krankte auch Ludendorff, der im August 1914, damals noch Oberquartiermeister der 2. Armee, beim Beginn des Vormarsches im Westen den Nachrichtenoffizier der Armee in Lüttich mit der Erklärung zurückgelassen hatte, der NO sei »überflüssig«.[44] Ludendorff hatte seither nichts dazugelernt, schlimmer noch: Der sensationelle Erfolg der Funkspionage, die scheinbar jede andere Form der Feindaufklärung überflüssig machte, verführte den General dazu, die Meldungen des Agentendienstes zu mißachten.

Aus solchem Gestrüpp von Kompetenzkabalen, Dünkel und Mißtrauen gab es für Frantz und seine Männer nur einen Ausweg: die Qualität ihrer Arbeit zu verbessern. Das war freilich eine schwer lösbare Aufgabe, denn der Krieg hatte nahezu alle Rußland-Verbindungen der IIIb zerschnitten. Nur noch wenige Agenten arbeiteten im gegnerischen Gebiet.

Je mehr die russischen Armeen im Westen aufgeschlossen und sich zu einer zusammenhängenden Frontlinie von Galizien bis Ostpreußen verdichtet hatten, desto unzugänglicher war das Hinterland Rußlands für den deutschen Geheimdienst geworden. Ein frontales Durchstoßen der russischen Stellungen mit Agenten war unmöglich; die IIIb konnte nur Lücken nutzen, die noch hier und da in der russischen Frontlinie klafften.

Am Ende blieb nur noch eine Frontlücke übrig, im äußersten Norden oberhalb der Memel, die lediglich von einigen russischen Kavallerietrupps bewacht wurde – und hier setzte nun Hauptmann Gempp, der Nachrichtenoffizier der 8. Armee, mit dem Versuch an, eine neue deutsche Agentenorganisation im Hinterland des Gegners zu schaffen.[45] Er warb ein paar V-Männer an, in der Regel russische und polnische Juden, die willens waren, in Rußland für ihn konspirativ zu arbeiten. Gempp-Gehilfen brachten sie nachts nahe der Memel über die alte Grenze, von wo aus sie sich zur nächsten russischen Bahnstation durchschlugen. Allgemeine Fahrtrichtung: Norden.

Gempps Konfidenten suchten Kontakt zu polnischen und litauischen Nationalisten, die einen Aufstand planten und nicht abgeneigt waren, gemeinsam mit den Deutschen Sabotageaktionen gegen die Russen zu unternehmen. So verhandelte im Dezember 1914 Gempps V-Mann Tomaschewski in Warschau mit einem polnischen Redakteur namens Malinowski, der das hinter ihm stehende »Nationaldemokratische Komitee« für den Plan gewinnen sollte, gegen ein Honorar von 100000 Mark Brücken an der Bahnlinie Bialystok-Warschau zu sprengen.[46]

Andere Agenten Gempps knüpften Beziehungen zu russischen Festungskommandanten an, um sie durch Bestechung zur Aufgabe des Kampfes zu bewegen. Schon Ende September hatte V-Mann Max Koslowitz, ein naturalisierter jüdischer Kaufmann aus Kolno, den Kommandanten der strategisch wichtigen Narew-Festung Osowiec angelaufen und ihm eine halbe Million Rubel für den Fall geboten, daß er bei dem Herannahen deutscher Truppen seine Festung kampflos übergebe.[47] Ähnliches versuchten jetzt Gempps neue Konfidenten, so ein V-Mann aus Prasnysch beim Festungskommandanten von Ostrolenka, so Tomaschewski bei jenem von Nowogeorgjewsk.[48]

Seine wichtigeren Agenten ließ Gempp jedoch nicht durch das Memeler Loch in Rußland sickern, sondern auf dem Umweg über Schweden. Im Frieden hatte Gempp in Skandinavien ein System von Deckadressen und Kurierverbindungen geschaffen, das es ihm nun ermöglichte, unter dem

Schutz der schwedischen Neutralität Reiseagenten nach Rußland zu schicken.

Den Anfang machte der Regierungsbauführer Windelband, der noch Ende 1914 von Stockholm aus nach Riga reiste, die russische Ostküste abfuhr und dabei den deutschbaltischen Journalisten A. von Hagen anwarb, der sich als ein wertvoller Agent erwies.[49] Dann fuhr der Gempp-Mann Möller, ein ehemaliger Oberförster aus Kurland, ins Baltikum, wo er den schwedischen Papierfabrikanten Eynar Kull für die konspirative Arbeit gewann, der wiederum eine Frau Bogdanowa in Riga kannte, die sich gerade anschickte, als Rot-Kreuz-Schwester in das russische Hauptquartier einzurücken.[50] Die Bogdanowa wiederum hatte einen Bruder, der in einem russischen Stab im Kaukasus diente – wieder ein neuer Agent.[51]

So trat einer nach dem anderen in den Dienst des Hauptmanns Gempp: der Händler Gordin aus Mitau, der Waffenfabriken und Truppentransporte in Westrußland observierte, der Ansiedler Arnold aus Lyck, der früher als Feldwebelleutnant auf einer Intendantur in Odessa Mobilmachungsfragen bearbeitet hatte und nun in seiner alten russischen Uniform quer durch das Zarenreich reiste, und der Großkaufmann Pupkow, der ein Holzunternehmen mit Filialen in Kowno, Bialystok, Wilna, Warschau, Moskau und Grodno besaß und zudem über gute Beziehungen zum Zarenhof verfügte.[52]

Bald konnte sich Gempp rühmen, in russische Kommandozentralen guten Einblick zu haben. Im engsten Umkreis der Stawka spionierten seine Leute, nicht nur die Krankenschwester Bogdanowa, sondern auch Informanten, die Gordin gewonnen hatte, darunter »eine Frau Knie und einen Kellner, der als Telegraphist im Großen Hauptquartier tätig ist und Befehle beschaffen kann«, wie Gempp notierte.[53] V-Mann Kull hatte in Petersburg sogar einen russischen General namens Alexej Jakobowitsch aufgetan, der für 30000 Rubel geheime Materialien des Kriegsministeriums offerierte und bereits wichtige Informationen geliefert hatte.[54] Auch am Zarenhof wußte sich Gempp gut vertreten; fast täglich kam V-Mann Pupkow mit einem anderen russischen General, dem Herzog Peter von Oldenburg, Schwager des Zaren und Chef des Sanitätswesens, zusammen und meldete danach, was ihm Kaiserliche Hoheit anvertraut hatte.[55]

Die Meldungen seiner Agenten erweiterten und vertieften Gempps Feindlagebild. Ihre Fülle und Genauigkeit überraschte: V-Männer in fast allen wichtigen russischen Städten, Berichte über die Sprengung von Bahnlinien für den Zivilverkehr, Angaben über die russischen Verluste an der Front, Hinweise auf den unmittelbar bevorstehenden Kriegseintritt Italiens an der Seite der Entente, Auskünfte über die Absichten der russischen Armeeführung (»Nicht mehr nach Ostpreußen! Über Krakau u. Breslau nach Berlin, 400 km, 4 Wochen!«)[56].

Soviele Meldungen gingen Gempp zu, daß er sich plötzlich in die Rolle einer zentralen Auffangstelle für die verschiedensten Rußland-Nachrichten versetzt sah. Auch aus neutralen Staaten meldeten sich Interessenten, die Gempp mit russischen Materialien versorgen wollten. Nicolai mußte wohl oder übel den Ehrgeiz seines besten Rußland-Aufklärers honorieren:

Anfang März 1915 wandelte er den kleinen Gempp-Stab in eine Kriegsnachrichtenstelle Ost mit Sitz in Insterburg um.[57]

Gempps Tatendrang schuf sich neue Horizonte. Von allen Meldungen, die ihm seine V-Männer lieferten, faszinierten ihn vor allem die über eine wachsende Mißstimmung in Rußland. Pupkows Informationen ließen keinen Zweifel daran, daß es zumindest am Zarenhof Leute gab, die nicht übel Lust hatten, den Krieg möglichst rasch zu beenden, und dabei erbittert bekämpft wurden von dem Großfürsten Nikolaj Nikolajewitsch und dessen Parteigängern. »Im Laufe seines Gesprächs über die Möglichkeit baldigen Friedensschlusses«, meldete Pupkow, »hat Nik[olaj] Nik[olajewitsch] dem Zaren in Gegenwart der ganzen Tischgesellschaft gesagt: ›Meinetwegen kannst Du in Petersburg Frieden schließen, ich werde dann mit meiner Armee den Krieg allein weiterführen!‹«[58]

Pupkows Meldungen verlockten Gempp, mit nachrichtendienstlichen Mitteln auf die Stimmung in Rußland einzuwirken. Es gab dazu ein wirkungsvolles Instrument, das von der III b noch gar nicht genutzt worden war: die Hunderttausende russischer Kriegsgefangener.

Wieder einmal waren es jüdische Mitarbeiter, die Gempp einen neuen Weg wiesen: Mobilisierung der russischen Gefangenen gegen den Zarismus! Der Landsturmmann Kallenbach hatte schon im November 1914 die Idee gehabt, zarenfeindliche Kriegsgefangene für deutsche Interessen einzusetzen, und war zu einem Kriegsgefangenenlager in Stettin gefahren, um geeignete Russen für einen Agenteneinsatz hinter der russischen Front anzuwerben, laut Gempp »der erste Versuch der Ausnutzung der Gefangenenlager für die Zwecke des aktiven ND«.[59]

Ein anderer, im ukrainischen Winniza lebender Jude namens I. B. Poljatzki hatte eine noch bessere Idee. Über einen Freund in New York schickte er Gempp im Januar 1915 eine Denkschrift, in der er vorschlug, durch Massenpropaganda die russischen Frontsoldaten für eine Friedensbewegung gegen das zaristische Regime und dessen Krieg zu gewinnen.[60] Gempp hielt die Kernpunkte des Schreibens fest: »Kampf mit Flugblättern würde Kampf mit Waffen überflüssig machen, Einfluß auf die Revolution!«[61]

Ein Dritter, der Offiziers-Stellvertreter Ruben, entwarf gleich ein ganzes Programm für die politische Mobilisierung der russischen Gefangenen, nicht unähnlich jenem, das später Hitlers Offiziere und Geheimdienstler verfolgten. Ruben wollte speziell ausgesuchte Kriegsgefangene »politisch aufklären« (will sagen: im Interesse Deutschlands indoktrinieren) und dann als Agenten und Propagandisten hinter den russischen Linien einsetzen mit dem Auftrag, gegen Krieg und Zarismus zu agitieren und den Angriffsgeist der russischen Armeen zu lähmen.[62]

Gempp griff Rubens Idee auf. Schon früher hatten einzelne IIIb-Offiziere wie etwa Bauermeister auf eigene Faust versucht, russische Kriegsgefangene »umzudrehen« und mit konspirativen Aufträgen nach Rußland zu schicken. Jetzt entsandte Gempp seine Mitarbeiter in die Gefangenenlager, um geeignete Kandidaten für Agenten- und Propagandaeinsätze in Rußland zu finden.[63]

Doch kaum waren seine ersten Beauftragten abgereist, da stellte sich Nicolai gegen Gempp und verbot ihm jede weitere Tätigkeit in den Gefangenenlagern. Am 4. April lehnte Nicolai das Konzept Gempps ab: keine Agenteneinsätze mit russischen Gefangenen, keine »politische Aufklärung«, keine Alleinzuständigkeit der III b für die Vernehmung von Gefangenen.[64] Der phantasielose Geheimdienstchef mochte Gempp nicht eine zentrale Rolle in der Rußland-Aufklärung einräumen, zudem graute ihm vor Kompetenzstreitigkeiten mit anderen militärischen Organen, die in der Gefangenenpolitik mitzusprechen hatten.

Gempp hatte schon früher zu spüren bekommen, daß es Kameraden gab, die seine Aktivitäten gar nicht gerne sahen. Die in Berlin verbliebene Rumpforganisation des Geheimdienstes, die sogenannte Stellvertretende III b, verbat sich die Arbeit der Gempp-Beauftragten in den ihr unterstehenden Gefangenenlagern, und noch erboster reagierte die Stockholmer Nachrichtenstelle Ost, die mit Gempps Kriegsnachrichtenstelle Ost heftig konkurrierte.[65]

In der Tat verfolgte der III b-Major Hermann Friderici, den Nicolai bei Kriegsbeginn nach Stockholm entsandt hatte, mit seiner Nachrichtenstelle Ost die gleichen Ziele wie die Gempp-Gruppe. Er sollte von Schweden aus Fernaufklärung in Rußland betreiben und Rückwanderer aus Rußland vernehmen.[66] Sein Pech aber wollte, daß er dabei weniger erfolgreich war als der Konkurrent Gempp.

Da war es nicht verwunderlich, daß Friderici auf Gempp nicht gut zu sprechen war, zumal der eine eigene Kurierorganisation in Schweden unterhielt, über die alle Meldungen von Gempps wichtigsten Agenten nach Deutschland liefen und die Weisung hatte, möglichst keinen Kontakt zu Fridericis Nachrichtenstelle zu halten. Gempp glaubte nämlich, die Stockholmer Organisation sei von den Russen weitgehend enttarnt; ihm war eine russische Liste deutscher Deckadressen in die Hände gefallen, auf der auch »Hermann F. Friderici, Grandhotel Stockholm« verzeichnet war.[67]

Desto energischer verlangte Friderici von Nicolai, dem Hauptmann Gempp seine schwedischen Extratouren zu verbieten und ihm, Friderici, die alleinige Zuständigkeit für alle über Schweden laufenden Agentenverbindungen zu geben. Der Major bohrte bei Nicolai solange, bis der Geheimdienstchef nachgab: Im Frühjahr mußte Gempp dem Konkurrenten in Stockholm seine besten Fernaufklärer (Kull, Pupkow, Hagen) überlassen.[68] Doch Friderici wurde mit der Beute nicht recht glücklich; die ehedem so produktiven V-Männer verloren das Interesse an ihrer Arbeit.

Selbst Nicolai mußte einsehen, daß Friderici auf verlorenem Posten stand. Im April rief er Friderici aus Stockholm zurück und beauftragte ihn, eine neue Dienststelle aufzubauen, mit der Nicolai die ihm lästig gewordene Stellvertretende III b kaltstellen und die Rußland-Aufklärung zentral steuern wollte: den Nachrichtenoffizier Berlin (Nob).[69] Das ging wiederum auch zu Gempps Lasten; der verlor jetzt den größten Teil seiner Kriegsnachrichtenstelle an Friderici. Nur ein personalpolitischer Zufall bewahrte ihn vor einer völligen Entmachtung: Die Kriegserklärung Italiens im Mai 1915 rief den Italien-Kenner Frantz zum Geheimdiensteinsatz gegen den neuen Gegner ab, seinen Posten beim Oberost übernahm Gempp.[70]

So mußte sich Friderici doch noch mit Gempp arrangieren, der inzwischen auch Major geworden war. Die Leitung der Rußland-Aufklärung teilte sich Friderici mit ihm und einem Dritten: Gempp, als NO Obost ohnehin verantwortlich für den Frontnachrichtendienst im Bereich des Oberbefehlshabers Ost, erhielt die Zuständigkeit für die Fernaufklärung in Nordrußland, der Hauptmann Fleck, Verbindungsoffizier der III b beim österreichischen AOK, betreute mit Hilfe des k. u. k. Nachrichtendienstes die Aufklärung in Südrußland, und Friderici übernahm die Federführung für die Rußland-Aufklärung vom neutralen Ausland her und für die Arbeit in den Gefangenenlagern.[71]

Gempp mußte zufrieden sein, daß Friderici immerhin energisch begann, seine Gefangenenkonzeption zu verwirklichen und in das Durcheinander der deutschen Rußland-Spionage etwas Ordnung zu bringen. Bald wurde deutlich, daß sich Friderici trotz seines Mißerfolgs in Stockholm aufs Organisieren verstand. Als Leiter des Nob systematisierte er in wenigen Monaten die Aufklärung gegen Rußland, endlich kam der Agentendienst der III b auf volle Touren.

Mit einem Mitarbeiterstab, der zum Teil aus Gempps Kriegsnachrichtenstelle stammte, schuf sich Friderici in Berlin eine leistungsfähige Agentenzentrale. Er warb Reiseagenten und Rußland-Experten an, er holte sich Paßfälscher und Spezialisten für Geheimschriften heran, errichtete Funkstationen und rekrutierte Dechiffrierer für seinen Dienst. Dann schickte er Leute ins In- und Ausland, wo sie Zweigstellen des Nob einrichteten: in Hamburg, Hadersleben, Budapest, Stockholm und Galatz.[72]

Inzwischen durchkämmten Nob-Vernehmer die Gefangenenlager nach Russen, die zur Mitarbeit bereit waren, und nach Informationen über die Lage in Rußland. Friderici hatte sich von Nicolai ausdrücklich bescheinigen lassen, daß seine Männer berechtigt seien, ohne Mitwirkung anderer Militärbehörden die Gefangenen in Lager und Lazaretten zu befragen.[73] In wenigen Wochen hatte Nob ein paar russische Freiwillige zusammen, die in Rußland als Agenten eingesetzt werden konnten. Sie wurden in einem Nob-eigenen Schulungslager ausgebildet, mit genauen Aufträgen versehen und dann von Schweden und Rumänien aus ins Zarenreich geschleust. In den Zweigstellen Stockholm, Galatz und Budapest machten sich derweil auch deutsche Agenten zum Einsatz in Rußland fertig.

Friderici gab sich jedoch nicht der Illusion hin, allein mit eigenen Agenten die deutsche Rußland-Aufklärung verbessern zu können. Nob mußte sich die Mitarbeit der neutralen Staaten sichern, deren Agenten und Diplomaten in Rußland leichter arbeiten konnten als die deutschen V-Männer. Schon vor dem Krieg hatten Deutschlands Geheimdienste Verbindungen zu den Diensten in Schweden und der Schweiz angeknüpft, den Verkehr mit den fremden ND jedoch aus Tarnungsgründen dem jeweiligen Militärattaché überlassen, was nun wiederum neue Kompetenzschwierigkeiten heraufbeschwor. Denn: Die Militärattachés unterstanden nicht der III b, sondern berichteten direkt an den Chef des Generalstabes des Feldheeres.

Doch Friderici traute sich die Kunst zu, die Militärattachés auch etwas außerhalb der Legalität für eine Mitarbeit beim Nob zu gewinnen, und begann bei dem deutschen Militärattaché in Stockholm, Major von Awayden, mit dem er während seiner Schweden-Zeit zusammengearbeitet hatte.[74] Der unterhielt so nützliche Verbindungen zu den Regierungsbehörden in Stockholm, daß es oberflächlichen Beobachtern scheinen konnte, als hätten Schwedens Geheimdienstler, Militärs und Diplomaten nichts anderes zu tun als für Deutschland zu spionieren.

Was immer die Schweden aus Rußland erfuhren, kurz darauf wußte es auch Awayden. Unter dem alles- und doch nichtssagenden Rubrum »Schwedische Quelle« gab er es auf dem Kurierweg nach Berlin weiter: Berichte über die Stimmung in Rußland, über Truppentransporte, Aufstellung neuer Armeen, Munitionsprobleme, innenpolitische Auseinandersetzungen, Offensivpläne.[75]

Da berichtete der schwedische Legationsrat von Heydenstamm aus St. Petersburg: »Exekutive in Händen Nik[olaij] Nikolajewitschs. Zar bereits völlig für friedliche Strömungen gewonnen« (Awayden-Bericht, 17. Januar 1915); da konnte ein »Freund in schwedischem Generalstab« melden: »Östlich von Warschau neue russische Armee« (Awayden-Bericht, 19. Januar 1915); da wußte Awayden »aus schwedischer Quelle«: »Gegen Preußen geplante Offensive der 12. russischen Armee sollte über Sierpc auf Thorn erfolgen. Nunmehr zur Abwehr unseres Vorgehens gegen Njemen und Bobr bestimmt« (Bericht vom 31. März 1915). Selbst im Fernen Osten beobachteten Awaydens schwedische »Freunde«, etwa, welche russischen Transportzüge den Grenzbahnhof Manschuria am Endpunkt der Sibirischen Eisenbahn in westlicher Richtung verließen. Awayden-Bericht: »25.-31. 1.: 25 Züge Kriegsmaterial, keine Truppen. 22.-28. 2.: 71 Züge Kriegsmaterial, 1 Zug Soldaten. Bis 14. 3.: 60 Züge Kriegsmaterial, 5 Züge Material und Truppen, 28 Züge Truppen.«[76]

Eine so lukrative Quelle wollte Friderici auch dem Nob unbedingt erschließen. Da er sich mit Awayden gut verstand und der Leiter der Stockholmer Nob-Stelle, der Stettiner Reedersohn Walther Kunstmann, mit seinen in Schweden liegenden Schiffen und Funkgeräten dem Militärattaché zuweilen nützlich war, hatte der nichts dagegen, seine Materialien auch an Nob zu liefern.[77]

Weniger kooperativ gebärdete sich der in Bukarest sitzende Militärattaché Bronsart von Schellendorff, ein frustrierter Offizier, der in den Nob-Agenten lästige und unfähige Konkurrenten sah. »Sämtliche von Nob über Rumänien entsandte Agenten«, zürnte er, »haben ... versagt. Nur einer, eine Dame, überschritt die russische Grenze; sie wurde bereits in Kischinew verhaftet, die übrigen sind über Rumänien nicht hinausgelangt, obschon sie größere Geldsummen einkassiert hatten. Teils waren sie Hasenfüße, teils Betrüger.«[78]

Von einer solchen Organisation witterte Bronsart nichts als eine Störung seiner Arbeit, die allerdings schwierig genug war. Rumänien, einst Mitglied des Dreibunds, hatte längst das Lager der Mittelmächte verlassen und wartete nur auf eine Gelegenheit, sich auf die Seite der Entente zu schlagen. Bronsart hatte die meisten seiner Kontakte zum rumänischen Generalstab verloren; die Siguranta Generale aber, Rumäniens Generaldirektion für öffentliche Sicherheit, von der er noch hin und wieder Nachrichten über Rußland bezog, sympathisierte offen mit der Entente.[79]

Bukarests Kurswechsel hatte die Raswedka längst für sich ausgenutzt, denn den Russen war Rumänien als Agentenbasis und Schleuse zum gegnerischen Territorium ebenso wichtig wie den Deutschen und Österreichern. Schon bei Kriegsbeginn beherrschte Oberst Semenow, Bronsarts russischer Gegenspieler, mit seinen Rubeln und Konfidenten die konspirative Szene: Rumänische Polizeichefs wie der im grenznahen Dorohoi standen im russischen Sold, rumänische Gendarmen und V-Männer spionierten gegen die österreichische Armee in der benachbarten Bukowina.[80] Und die rumänischen Grenzbehörden sahen gutwillig zu, wenn Geheimdienstoffiziere der jenseits der Grenze operierenden Zarenarmeen nach Rumänien überwechselten und dort gegen die Mittelmächte aufklärten.[81]

Bronsart bekam auf Schritt und Tritt zu spüren, wie mühsam deutsche Spionagearbeit in Rumänien geworden war. Die wenigen Agenten, die er nach Rußland schicken konnte, waren unergiebig oder standen gar im Dienst der Raswedka, die jede Chance wahrnahm, den ND-unkundigen Bronsart mit Desinformationen vollzupumpen. Kein deutscher Militärattaché erlag so häufig russischem Spielmaterial wie Oberstleutnant Bronsart. So meldete er beispielsweise Anfang 1915 allen Ernstes, die Russen wollten ihren Feldzug in Polen ganz einstellen, und merkte nicht, daß die »Information« nur Teil des russischen Spiels war, die Deutschen zum Abzug möglichst vieler Kräfte von der Ostfront zu bewegen.[82]

Je fragwürdiger aber Bronsarts Berichte wurden, desto empfindlicher reagierte er auf das Auftauchen neuer deutscher ND-Organe in »seinem« Gebiet. Ihm paßte schon nicht, daß der Marinegeheimdienst mit einer eigenen Organisation in Bukarest vertreten war, die Rückwanderer aus Rußland befragte.[83] Noch weniger behagte ihm der Nob; Rumänien blieb ein weißer Fleck auf der Landkarte des Majors Friderici.

Was Bronsart dem Nob verweigerte, gab ihm derweil ein dritter Militärattaché mit vollen Händen, und dies in einem Land, das gar nicht zum Kompetenzbereich von Nob gehörte: der Schweiz. Der Major Busso von Bismarck, Militärattaché an der Deutschen Gesandtschaft in Bern, hatte den Schweizer Geheimdienst nach Kriegsbeginn unter Berufung auf die Kooperationsabkommen von 1906 in seine Erkundungsarbeit eingeschaltet und wurde seither nicht müde, die eidgenössischen Kameraden für ihre »unter täglicher Neutralitätsverletzung zu unseren Gunsten übergebenen militärischen Nachrichten« zu loben.[84]

Ein Aufklärungswunsch Bismarcks genügte – und schon setzte Oberst von Wattenwyl, der Chef der Nachrichtensektion des Schweizer Armeestabes, seine Agenten in Marsch, meist nach Frankreich, dessen militärische Absichten die Eidgenossen ebenso interessierten wie ihre deutschen Auftraggeber.[85] Jeden Abend lieferte ein Radfahrer des Generalstabs in der Deutschen Gesandtschaft ein Exemplar des geheimen »Nachrichtenbulletin« ab, der täglichen Zusammenstellung aller Informationen, die in der Nachrichtensektion eingegangen waren.[86]

Das Material schien Bismarck so wichtig, daß er Nicolai und die OHL drängte, ihm gleichwertige Nachrichten über die Armeen Frankreichs und Italiens zur Weitergabe an seine Schweizer Partner zu schicken.[87] Das deutsche Austauschmaterial bewog denn auch Wattenwyl und seinen Gehilfen, den Unterstabschef Egli, noch mehr und noch bessere Informationen an Bismarck zu liefern: Stimmungsberichte aus Paris, politische Nachrichten aus London, militärische Details aus den höchsten Kreisen der Entente.[88]

Aber nicht nur aus Frankreich, England und Italien meldeten die Schweizer, auch über die Lage in Rußland waren sie gut informiert. Durch Bismarcks Hände liefen alle Telegramme, die an Oberst Golowane, den russischen Militärattaché in Bern, gerichtet waren, und sie gingen in die Hunderte, denn Bern war die zentrale Kommunikationsstelle der Raswedka außerhalb Rußlands: Jeder russische Militärattaché im Westen meldete über Bern an die Führung in St. Petersburg. Da konnten die Deutschen nun alles lesen, was russische Militärs im Umgang mit ihren westlichen Alliierten bewegte und bekümmerte: Ankündigungen neuer Offensiven, Streitigkeiten mit Briten und Franzosen, Mitteilungen über Versorgungs- und Munitionsprobleme der russischen Armee.[89]

Selbst das genügte den deutschen Lesern noch nicht. Nob händigte Oberst Egli bei einem Besuch in Berlin ein Bündel aufgefangener Russentelegramme aus, deren komplizierten Diplomatenkode die deutschen Dechiffrierer nicht brechen konnten. Egli sagte Hilfe zu; wenige Wochen später fand Bismarck in seiner Post die Klartexte der Geheimtelegramme.[90]

Die Ironie aber wollte, daß die russischen Kodes von einem schüchternen, weltfremden Mann geknackt wurden, dem nichts ferner lag als Sympathie oder gar Hilfe für die Deutschen. Der Welschschweizer Dr. André Langié, Bibliothekar an der Universität Lausanne und für die Dauer des Krieges als Zivilangestellter zur Nachrichtensektion einberufen, war ein leidenschaftlicher Parteigänger Frankreichs und ahnte nicht, daß er im Grunde für die Deutschen arbeitete.[91] Zum Nachdenken ließ ihm Wattenwyl auch wenig Zeit; Telegramm um Telegramm schob er Langié zu. Bis Ende 1915 werden es 2000 russische Telegramme sein, die der Doktor zu entziffern hat.[92]

Der Oberst von Wattenwyl war zu arrogant, um sich auch nur vorstellen zu können, wie gefährlich es für ihn und seine deutschen Freunde war, ausgerechnet einen Anhänger der Entente auf einem Schlüsselposten der supergeheimen deutsch-schweizerischen Zusammenarbeit einzusetzen. Die Gefahr war unabweislich: Langié konnte das ganze Spiel ruinieren, wenn er erst einmal merkte, worum es eigentlich ging.

Schon hatte er angefangen, sich zu wundern. Auf seinem Schreibtisch landete Anfang Juli 1915 ein Telegramm, das der russische Militärattaché in Paris, Oberst Graf Ignatjew, an seinen Berner Kollegen Golowane gerichtet hatte.[93] Langié entzifferte: »Man informiert mich aus St. Petersburg, daß die Depeschen, die Sie absenden und empfangen, von den Deutschen gelesen werden.«[94] Als Wattenwyl in Gegenwart des Doktors den Text las, murmelte er schmunzelnd: »Schau, schau, jetzt haben sie's gemerkt!« Langié fragte ihn, ob denn nun auch die Deutschen den russischen Schlüssel herausgefunden hätten. Da entfuhr es Wattenwyl: »Die Deutschen, das sind doch wir!«[95]

Der naive Langié hielt das für einen Witz des Herrn Obersten, doch sein Mißtrauen war geweckt. Ehe es sich freilich richtig artikulieren konnte, hatten Wattenwyl und Bismarck noch freie Bahn.

So konnte Nob seine russischen Lagebilder immer mehr perfektionieren, zumal auch Gempps Frontnachrichtendienst und der von Fleck betreute Geheimdienst Österreich-Ungarns seine Leistungen laufend verbesserte. Meldungen von der Front, Berichte aus den Nachrichtenkanälen der neutralen Staaten, Auswertung des russischen Beutematerials, Nutzung von Gefangenenaussagen – die III b erschloß sich zusehends die Geheimnisse der russischen Militär- und Staatsführung.

Das blieb nicht ohne Auswirkung auf die militärischen Partner der III b. Selbst manche Skeptiker in den Stäben des deutschen Ostheeres mußten allmählich einräumen, daß die Materialien des Geheimdienstes besser geworden und für eine vorausschauende Planung unentbehrlich waren. Man brauchte die III b einfach zum Kampf gegen die Russen – und gegen die eigene OHL.

Schon bei der Fortsetzung des Feldzuges im Osten hatte der damals noch amtierende Frantz dem Oberost demonstriert, wie gut der daran tat, den III b-Meldungen zu vertrauen. Mitte Januar 1915 waren bei Frantz die ersten Informationen darüber eingegangen, daß die Russen in dem Gebiet zwischen dem unteren Narew und der Südgrenze Ostpreußens starke Truppenverbände zusammenzogen. Die Agenten von Frantz hatten beobachtet, daß sich die russischen Verstärkungen vor allem gegen den rechten Flügel der Ostpreußen sichernden 8. Armee richteten.[96] Sofort stand für Frantz fest: Die Russen greifen wieder an.

Weitere Agentenmeldungen und aufgefangene Funksprüche der russischen Armeeführung machten es zur Gewißheit, daß Nikolaj Nikolajewitsch eine neue Großoffensive vorbereitete, mit der er die Entscheidung im Osten erzwingen wollte. Kurz darauf erhielt Frantz Meldungen, aus denen hervorging, daß die Russen auch weiter im Süden, gegenüber Westpreußen, starke Verbände aufmarschieren ließen. Jetzt war Hindenburg und Ludendorff alles klar: Nikolaj Nikolajewitsch wollte mit der am unteren Narew stehenden Truppenmasse, die inzwischen als die 10. Armee des Generals Sievers identifiziert worden war, in Ostpreußen einfallen und die deutsche 8. Armee über die Weichsel treiben, zugleich aber eine weitere russische Armee nach Westpreußen schicken.[97]

Ludendorff entwarf einen Plan zur Gegenoffensive, doch die OHL mochte davon nichts hören. Falkenhayn riet von einer Offensive ab und spielte in seinem Schriftverkehr mit Hindenburg nicht ohne Süffisanz auf die Unzuverlässigkeit von IIIb-Meldungen an. Noch am 31. Januar bat Falkenhayn den Oberost um eine Äußerung darüber, ob auch er wie die OHL die »dunkeln Andeutungen von einer großen russischen Offensive in Ostpreußen ... für Täuschungsmanöver« des Gegners halte.[98] Hindenburg widersprach, worauf Falkenhayn seinen Widerstand gegen eine Konteroffensive aufgab.[99]

Ludendorffs Offensivplan folgte bewährten Mustern. Die Agentenmeldungen ließen die Vermutung zu, daß die Russen nach Beendigung des harten Winterwetters, etwa Ende Februar, angreifen würden; man mußte ihnen also noch mitten im Winter durch einen Gegenschlag zuvorkommen. Dazu standen Ludendorff drei Armeen zur Verfügung: die 8. in Ostpreußen, die 10. südlich davon und die 9. vor Warschau. Da die russische 10. Armee an den Flügeln schwach war, bot es sich an, sie über diese Flügel anzugreifen und einzukesseln – vorausgesetzt, es gelang den Deutschen, ihre eigene 10. Armee unbemerkt in den Norden Ostpreußens zu schaffen und die 8. Armee ebenso lautlos mit ihrem rechten Flügel in den Raum Johannisburg vorzuschieben.[100]

Um die Russen daran zu hindern, ihre Reserven in die Schlacht zu werfen, gab Ludendorff der 9. Armee die Order, im Gebiet von Bolimow in Richtung Warschau eine Ablenkungsoffensive zu starten. Noch ehe Bahnzüge die deutsche 10. Armee nach Norden wegbrachten, griffen die Verbände der 9. Armee die russischen Stellungen an.[101] Doch sie kamen nicht weit, ihr Angriff geriet ins Stocken. Diesmal hatte die Raswedka aufgepaßt: Die hinter den deutschen Linien agierenden Agententrupps von Rajewski und Boermann hatten die Angriffsvorbereitungen der 9. Armee rechtzeitig erkannt und nach Warschau gemeldet.[102]

Anders jedoch die Feindaufklärer im Hauptquartier der russischen 10. Armee in Mariopol. Sie merkten nichts von den gegnerischen Truppenverschiebungen, obwohl der Nachrichtenchef der Armee, der Gendarmerie-Oberstleutnant Sergej Mjasojedow, ein Profi der Gegenspionage und ein besonders guter Kenner der deutschen Militärmentalität war. Seinen Agenten fiel im Gebiet des Gegners nichts auf.[103] Das war erstaunlich, denn die hektisch gesteigerten Bahntransporte und die Zusammenziehung riesiger Mengen von Schlitten in Ostpreußen hätten auch die unkundigsten Beobachter bemerken müssen.

Völlig fixiert auf den 23. Februar, den vom Großfürsten festgelegten Termin des russischen Angriffs, entging Mjasojedow und seinen Offizieren, daß sich in der Johannisburger Heide und im Gebiet nördlich von Tilsit die Türen einer tödlichen Falle öffneten, aus denen bald zwei deutsche Stoßarmeen herausbrechen würden.[104] Dichtes Schneetreiben verhinderte die russische Aufklärung, die Funksprüche verrieten nur die Sorglosigkeit in der Umgebung des Oberstleutnants Mjasojedow.

Zwei Tage vor dem Beginn der deutschen Offensive, am 5. Februar, wurde jedoch Mjasojedow nachdenklich; an diesem Tag fanden seine Leute in den

Sachen eines gefallenen deutschen Soldaten einen Brief, der auf Angriffsabsichten des Gegners schließen ließ.[105] Dennoch mochten Mjasojedow und General Sievers nicht an einen deutschen Angriff glauben. Selbst als am 7. Februar die deutschen Angriffswellen die russischen Stellungen vor der Johannisburger Heide überrollten, wollte Mjasojedow darin nur eine Aktion von lokaler Bedeutung sehen. Erst am nächsten Nachmittag begriff er endlich, daß es um Tod oder Leben der Armee ging.[106]

Da aber war es schon zu spät. Inzwischen hatten auch die deutschen Verbände bei Tilsit losgeschlagen und preschten nach Süden, um sich mit den aus dem Raum Johannisburg vordringenden Angriffstruppen zu vereinigen.[107] Nur mühsam konnten die Russen die ersten Angriffsstunden überstehen. Am 10. Februar war ihre Lage schon so hoffnungslos, daß Sievers den sofortigen Rückzug anordnete. Er befahl der Armee, sich nach Südosten auf die Festung Grodno zurückzuziehen, mitten durch das riesige Waldgelände um Augustowo hindurch, einen idealen Platz für die Einkreisungsstrategie der deutschen Verfolger.[108]

Sievers' Befehle erreichten jedoch die meisten Korps nicht mehr, ein heilloses Durcheinander hatte die Armee erfaßt. Das plötzlich einsetzende Tauwetter ließ die russischen Marschkolonnen im Dreck der aufgeweichten Straßen und Wege versacken, die Armeeführung verlor den Kontakt zu ihren Verbänden. Wie Verzweiflungsschreie lasen sich die Funksprüche von Sievers, blind funkte er in die Gegend: »Wenn Sie jetzt oder später wissen, wo die Stäbe des sibirischen, des XX., des XXVI. und des III. Korps stehen, dann teilen Sie es mir sofort mit zwecks Meldung an den Kommandanten der Festung Grodno.«[109]

Mjasojedows Offiziere irrten panikartig zwischen den Truppenteilen umher und versuchten vergebens, sich ein Bild über die Lage zu machen. Selten hatte ein Nachrichtendienst die Führung einer Armee so im Stich gelassen wie jener der 10. Die Hilf- und Ratlosigkeit der Nachrichtenoffiziere, ja der ganzen Führung der Armee entlud sich im barbarischen Umsichschlagen. Die fliehenden Russen, so notiert ein Historiker, »vernichteten das Land, das sie zurückließen, zündeten Bauernhäuser an, sprengten Brücken in die Luft und erhängten Dutzende polnischer Juden, die sie als Spione verdächtigten«.[110] Die russischen Truppen, allen voran das XX. Korps, kannten nur noch einen Gedanken: fort in den Wald von Augustowo.

Dort erschienen auch bald die ersten Verfolger und beeilten sich, die russischen Truppen von aller Umwelt abzuschnüren. Am 18. Februar war das gesamte Waldgelände von den Deutschen umstellt, saß das XX. Korps der Russen mit Resten von zwei anderen Korps in der Falle.[111] Tagelang tobte ein wilder Kampf zwischen Deutschen und Russen. Am dritten Tag gaben die Russen auf: 110000 von ihnen gerieten in Gefangenschaft, weitere 100000 waren gefallen.[112]

Zum erstenmal hatte der Agentendienst der IIIb bewiesen, daß ohne seine Nachrichten erfolgreiche Kriegführung im Osten nicht mehr möglich war. Wer das in den deutschen Stäben noch nicht kapiert hatte, wurde einen

Monat später auf drastische Art belehrt. Das hing mit einem Telephonanruf zusammen, den ein Nachrichtensoldat im Hauptquartier des Oberost am Abend des 17. März entgegennahm. Am Apparat meldete sich eine aufgeregte Frauenstimme; Erika Röstel, Telephonistin in der Zentrale des Hauptpostamtes von Memel, verlangte einen höheren Offizier zu sprechen.[113]

Oberstleutnant Hoffmann nahm den Telephonhörer ab, und schon die ersten Worte der Frau reichten aus, ihn von seinem Sitz hochzutreiben. Erika Röstel erklärte, russische Truppen seien in die Stadt eingedrungen und hätten große Teile Memels besetzt; die deutschen Soldaten zögen sich auf den Hafen zurück, das Postamt sei längst von ihren Kollegen verlassen. Hoffmann hörte plötzlich einen Schrei: »Sie kommen die Treppe rauf!« Dann brach die Verbindung ab.[114]

Hoffmann brauchte nicht auf die Karte zu schauen, um zu wissen, was die Hiobsbotschaft aus Memel bedeutete: Russische Truppen waren überfallartig in die praktisch kaum geschützte Nordflanke der deutschen Ostfront gestoßen und trieben die wenigen Verteidiger vor sich her. Memel war gefallen, Tauroggen ebenfalls erobert, Tilsit bereits bedroht – und nirgends in der nächsten Umgebung waren stärkere deutsche Verbände vorhanden, um sich den Angriffskolonnen des Generals Potapow entgegenzuwerfen.[115]

Gleichwohl ließ Hoffmann die letzten, noch verfügbaren Landwehr- und Landsturmeinheiten alarmieren. Der in Königsberg kommandierende Generalleutnant von Pappritz eilte mit seinen Ersatzbataillonen nach Insterburg, wo er sie teilte: Eine Gruppe zog nach Memel, die andere nach Tauroggen.[116] Am 22. März setzten die deutschen Truppen zum Sturm auf die russischen Stellungen bei Memel an und vertrieben die Besatzer, sieben Tage später war auch Tauroggen wieder in deutscher Hand.[117]

Mochten auch später Militärhistoriker die russische Memel-Operation als ein unerhebliches Unternehmen abwerten, so versetzte doch der gegnerische Anfangserfolg den Oberost-Herren einen Schlag, den sie lange Zeit nicht verwinden konnten. Hindenburg und Ludendorff verlangte es denn auch promt nach einem Sündenbock, und sogleich ließ Hoffmann untersuchen, wer auf deutscher Seite den russischen Überraschungserfolg verschuldet habe. Natürlich sollte der Geheimdienst wieder einmal an allem schuld sein.

Doch Frantz konnte nachweisen, daß er rechtzeitig auf russische Operationsabsichten im Raum Memel aufmerksam gemacht hatte; nicht nur der Doppelagent Nebel hatte auf die Memel-Ambitionen der Russen hingewiesen, auch Agenten hinter der russischen Front hatten Truppenbewegungen des Feindes an der Nordflanke signalisiert.[118] Wenn jemand versagt hatte, dann eher die Operationsabteilung des Oberost, die Frantz' Meldungen ignoriert hatte. Selbst Hoffmann mußte später in seinen Memoiren zugeben: »Nachrichten von russischen Truppenversammlungen Tauroggen und Memel gegenüber waren zwar eingegangen, aber nicht zu ernst bewertet worden.«[119]

Die Panne von Memel trug mit dazu bei, das Verhalten der deutschen Stäbe gegenüber der IIIb allmählich zu ändern. Das wurde auch höchste Zeit, denn auf die Glaubwürdigkeit der Geheimdienstmeldungen kam es jetzt entscheidend an, wenn gelingen sollte, was inzwischen Conrad und Falkenhayn (unter weitgehender Ausschaltung des Oberost) verabredet hatten: durch einen geballten Kraftakt deutscher und österreichischer Armeen dem Gegner die galizische Beute von 1914 wieder zu entreißen.[120]

Diesmal waren es Kundschafter des österreich-ungarischen Nachrichtendienstes, die den Offensivplanern den richtigen Ansatzpunkt lieferten. Seit Rußlands 3. Armee unter dem General Radko-Dmitrijew mit allen Mitteln versuchte, im Gebiet der westgalizischen Karpaten den Durchbruch in die ungarische Tiefebene zu erzwingen, hatte der österreichische ND seine Anstrengungen verdoppelt. Im frontnahen Neu-Sandec leitete einer der erfolgreichsten Agentenführer Österreichs, der Polizeioberkommissär Charwat, eine mobile Kundschaftsstelle, deren Spione weit hinter den russischen Linien aufklärten.[121]

Anfang April meldeten Charwats Leute, daß die Russen ihre Truppen umgruppierten; vor allem die Verbände im westlichen Teil der Karpaten-Front waren erschöpft und litten an Munitionsmangel.[122] Am 8. April erreichte Charwat eine neue Agentennachricht: Die Russen verlagerten das Schwergewicht ihrer Karpaten-Offensive von West nach Ost; sie entblößten den Westflügel der Karpaten-Front durch Abzug starker Truppenverbände nach dem Ostflügel, um offenbar dort die Entscheidung zu suchen.[123]

Schwächung der russischen Stellungen in den Westkarpaten – das ließ Conrad und Falkenhayn sofort reagieren. Der Angriffsplan war rasch gefaßt: Durchbruch durch die am weitesten nach Westen vorgetriebenen russischen Stellungen im Raum Gorlice-Tarnow, um in den Rücken der gegnerischen Karpaten-Front zu gelangen und sie von da aus aufzurollen.[124]

Noch im Lauf des April rückte unter Mackensens Führung ein neuer deutscher Großkampfverband, die 11. Armee, in den Karpaten-Raum, wo sie sich mit der 4. Armee der Österreicher vereinigte.[125] Bald standen die deutsch-österreichischen Verbände in dem 50 Kilometer breiten Frontabschnitt zwischen Gorlice und Tarnow zum Angriff bereit, wieder einmal unbemerkt von der russischen Feindaufklärung. Es war die alte Geschichte: Den Russen entging der gegnerische Aufmarsch, erst einen Tag vor Abschluß der Angriffsvorbereitungen verhörten Nachrichtenoffiziere der russischen 3. Armee einige Gefangene, deren Aussagen auf deutsche Angriffsabsichten hindeuteten.[126] Doch Radko-Dmitrijew wollte nicht glauben, daß eine Offensive des Gegners unmittelbar bevorstand.

Allerdings verstand es Kundschaftschef Ronge, der am 25. April die Feindaufklärung der Mackensen-Armee übernommen hatte, die Spuren des deutsch-österreichischen Aufmarsches zu verwischen.[127] Er hatte am 19. April die Sperrung des gesamten Post- und Telegrammverkehrs in Österreich-Ungarn erwirkt und bei einer Besprechung mit Nicolai deutsche Parallelmaßnahmen verlangt; zudem brachte Ronge den Dechiffrierer Pokorny und eine Funkstelle mit, außerdem 42 Dolmetscher und Nachrichtenoffiziere.[128]

Mackensens Generalstäbler staunten, mit welcher Präzision der vielgelästerte »Kamerad Schnürschuh« seine konspirative Arbeit verrichtete. Es gab kaum eine russische Division im Raum Gorlice-Tarnow, die Ronges Kundschafter nicht identifizierten, und selbst von den Russen überraschend angeordnete Truppenbewegungen konnten die österreichischen Geheimdienstler nicht in Verlegenheit bringen. Ronge und Charwat verlangten ihren Agenten Höchstleistungen ab. Der Eifer lohnte sich: Alle Nachrichten bestätigten, daß die Russen ihren geschwächten Rechtsflügel nicht verstärkten, abgesehen von 20000 unerfahrenen Rekruten, die als Ersatz für die abgezogenen Kampftruppen heranrückten.[129]

Doch zunächst mußte der deutsche Geheimdienst zeigen, was er konnte. Zu Conrads und Falkenhayns Plan gehörte nämlich, daß dem Angriff bei Gorlice-Tarnow ein paar Ablenkungsoperationen im Norden der Ostfront vorangingen; für sie hatte Generalfeldmarschall von Hindenburg eine vor allem aus Kavalleriedivisionen zusammengesetzte Armeegruppe unter dem Generalleutnant von Lauenstein vorgesehen, die den Auftrag erhielt, durch einen Vorstoß nach Kurland die russische Heeresführung zu verwirren und von den Karpaten abzulenken.[130]

Das konnte freilich nur klappen, wenn im Norden Ostpreußens nicht allzu starke Feindkräfte standen, und um sie zu erkunden, brauchte der Oberost die IIIb. In kurzer Zeit ermittelten Gempps Agenten, daß ein deutscher Vorstoß nach Kurland nahezu bedenkenlos war; Lauenstein hatte allenfalls mit einem Gegner in Stärke von 25000 Mann zu rechnen.[131] Mehr noch: Mindestens bis Ende April – so stand es in den Meldungen von Gempps Männern – war nördlich des Njemen kein russischer Angriff zu erwarten; auch südwärts davon hegte die Stawka im Augenblick keine Offensivpläne.[132]

In den frühen Morgenstunden des 27. April setzte sich das Reiterheer des Generals von Lauenstein in Bewegung. Seine drei Marschkolonnen trieben den überraschten Gegner zurück, nach drei Tagen standen die Angreifer bereits vor Schaulen und Schkudy, mitten in Kurland. Und die deutschen Reiter griffen immer weiter aus: Sie verfolgten die Russen bis vor die Tore Mitaus, zerstörten die Bahnlinien im russischen Hinterland und schnitten den Kriegshafen Libau von seinen Verbindungen ab.[133]

Gempp trug Sorge dafür, daß seine Nachrichtenoffiziere und Agenten nicht den Kontakt zum Feind verloren. Er ließ die ND-Zweigstellen Tilsit und Suwalki nach Memel und Schaulen vorverlegen und teilte der angreifenden Kavallerie zusätzliche Nachrichtenoffiziere zu.[134] So konnte er rechtzeitig russische Gegenmaßnahmen melden: Truppenansammlungen nördlich von Mitau und Vorbereitungen für eine Offensive aus dem Raum Kowno gegen Ostpreußen, die freilich später begann, als Gempps Agenten vermutet hatten.[135]

Die Geheimdienstler waren vom Angriffselan ihrer reitenden Kameraden so fasziniert, daß sie gelegentlich ihre eigentliche Aufgabe vergaßen und sich auf eigene Faust in den Kampf stürzten – so der Oberleutnant Freiherr von Hoverbeck, ein Offizier der Nachrichtenstelle Memel, der sich ein Pferd auslieh und mit zwei Kavalleristen auf das Südfort Libaus zugaloppierte, von dem er gar nicht wußte, ob es von den Russen noch verteidigt wurde.[136] Hoverbeck hatte mehr Glück als Verstand: Das Südfort war bereits vom Gegner geräumt. Ein paar Stunden später ritten die Drei auf den leeren Marktplatz von Libau, um Rußlands größten Kriegshafen an der Ostsee in Besitz zu nehmen.[137]

Ehe die Stawka wirkungsvoll reagieren konnte, war ein großer Teil Kurlands in der Hand der Deutschen. Doch Großfürst Nikolaj Nikolajewitsch, der anfangs den deutschen Vorstoß nicht ernstgenommen hatte, reagierte schnell. Er warf neue Truppen an die Front und befahl eine Gegenoffensive bei Schaulen und Mitau, die Lauensteins schwache Armeegruppe in schwere Bedrängnis brachte.[138]

Da eröffnete in der Nacht zum 2. Mai – wiederum überraschend für die Russen – ein Feuerschlag aus 1500 Geschützrohren die deutsch-österreichische Großoffensive in Westgalizien.[139] Vier Stunden lang »brüllte die Artillerieschlacht und schlug die russischen Stellungen in Grund und Boden«, wie es ein Historiker beschreibt.[140] Dann brachen die verbündeten Armeen im Frontabschnitt Malastow-Tarnow aus ihren Stellungen hervor und erzwangen sich nach stundenlangem Infanteriekampf in der Mitte der russischen Front bei Gorlice eine 16 Kilometer breite Lücke, durch die sich Regiment auf Regiment ergoß.[141]

Am Abend des 5. Mai hatte Generaloberst von Mackensen die Durchbruchsschlacht gewonnen. Jetzt wurde die Lage für die Russen äußerst bedrohlich, denn inzwischen war auch die 3. Armee der Österreicher, Mackensens rechter Nachbar, zum Angriff übergegangen, wodurch nun die russische 8. Armee des Generals Brussilow in Gefahr geriet, von den Deutschen und Österreichern eingeschlossen zu werden. Brussilow zog sich schleunigst in das San-Becken zurück, Radko-Dmitrijews angeschlagene Armee war bereits über die Wisloka nach Osten geflohen.[142]

Der Zusammenbruch der russischen Karpaten-Front brachte die Angriffsarmeen erst richtig in Schwung. Sie drängten schier unaufhaltsam nach Nordosten, dem San entgegen, wo sich die russischen Truppen schon wieder zur Gegenwehr festgesetzt hatten. Doch Mackensens Verbände ließen dem Gegner keine Ruhe mehr. Am 14. Mai zerschlugen sie die russische Riegelstellung bei Jaroslau, überstanden danach einen heftigen Gegenangriff des Feindes und durchbrachen eine Woche später die Abwehrfront bei Radymno.[143] Der rechte Flügel der 11. Armee erreichte bereits das Vorfeld von Przemysl, Glanzstück und Symbol russischer Siege, war Przemysl doch die einzige österreichische Festung gewesen, die die Armeen des Zaren in diesem Krieg erobert hatten.[144]

Przemysl konnte sich nicht lange halten, am 1. Juni zog Mackensen mit seinen preußischen, bayerischen, österreichischen und ungarischen Truppen in die Stadt ein.[145] Und schon ging es weiter, diesmal in Richtung Lemberg, dem zweiten Symbol des russischen Galizien-Sieges von 1914; die 11. Armee der Deutschen arbeitete sich mächtig nach vorn, doch die Eroberung der alten Metropole Lemberg überließ Mackensen der österreichischen 2. Armee.[146]

Je weiter die deutsch-österreichischen Armeen voranstürmten und den Gegner vom Boden Galiziens vertrieben, desto sicherer assistierte ihnen Ronges Nachrichtendienst. Aus dem russischen Hinterland meldeten sich immer mehr Konfidenten, die der Rückzug der Zarenarmeen zu verstärkter Aktivität anspornte, und auch die rasch ausgewerteten Aussagen russischer Gefangener ergänzten wirkungsvoll das Bild, das Funkspionage und Tiefenaufklärung von der Verwirrung des Gegners vermittelten.

»Es war geradezu ein Vergnügen«, erzählt Ronge, »wie gut die einzelnen Zweige des Nachrichtendienstes ineinanderarbeiteten.«[147] Das Truppenfeststellungssystem des ND funktionierte so gut, daß den Österreichern jeder neue Verband, den die russische Militärführung nach Galizien heranholte, schon vor seinem Eintreffen an der Front bekannt war – wie etwa das VI. Korps, das aus Zentralpolen kam: Am 24. Mai meldeten österreichische Konfidenten, das Korps sei für Galizien bestimmt, am 5. und 6. Juni bestätigten aufgefangene russische Funksprüche das Eintreffen des Korpsstabes bei Rohatyn, am 10. Juni signalisierte die Bahnhofkundschaftsstelle Csap die Verladung des Korps in Blonie bei Warschau, am 12. Juni berichteten Gefangene von den ersten Fronteinsätzen des Korps.[148]

Bei einem so ausgefuchsten Apparat konnte es die Dechiffrierer auch nicht verwirren, daß die russischen Funkstationen plötzlich ihre Chiffres und Rufzeichen wechselten. In wenigen Stunden hatten Pokorny und seine Leute das neue System durchschaut, was nicht schwer war, da die Russen keine Kodes mit Wort- oder Zahlengruppen verwendeten, sondern nur Chiffrieralphabete (im Fachjargon: den »einfachen Caesar«).[149] Pokorny verdroß allerdings die Unbeholfenheit der russischen Chiffrierer, die oft Tage benötigten, ehe sie das neue Geheimalphabet beherrschten.

Zwei Tage lang horchten Pokornys Funker vergebens in den Äther, um russische Sprüche zu notieren. Erst am dritten Tag hatten die russischen Funker wieder Tritt gefaßt.[150] Was sie sendeten, verriet freilich nur das Durcheinander in russischen Stäben und Truppenkommandos, das den Niederlagen Rußlands auf den galizischen Schlachtfeldern gefolgt war: Die Munition kam nicht mehr nach, Truppen wurden falsch eingesetzt, Kommandeure hatten die Kontrolle über ihre Einheiten verloren.

Natürlich enthüllten die Funksprüche nicht, wie gründlich Mackensens Feldzug den Glauben der Zarengenerale an den russischen Endsieg ramponiert hatte. Kein Funkgerät übermittelte den Brief vom 6. Juni 1915, in dem Nikolai Nikolajewitsch dem Zaren gestand, strategisch sei Rußland am Ende: »Die Initiative können wir nicht wieder an uns reißen, sondern müssen uns darauf beschränken, die Stöße des Gegners abzuwehren.«[151] Und auch die gleichzeitige Erkenntnis des Generalstabschefs Januschkewitsch, die Deutschen hätten »einen beispiellosen Zusammenbruch an der Südwestfront zustandegebracht«, wurde nicht dem Funk anvertraut und blieb mithin dem deutsch-österreichischen Horchdienst unbekannt.[152]

Dennoch genügte den Verbündeten schon, was ihnen der russische Funk unfreiwillig mitteilte. Die Hilferufe der Südwestfront an die Stawka, die Meldungen über die Abgabe immer weiterer Divisionen der Nordwestfront an den bedrängten Südwesten und die Berichte über den wachsenden Truppenfehlbestand ließen die Militärführung der Mittelmächte ahnen, in welche Krise der östliche Gegner geraten war.

Das veranlaßte Mackensens Generalstabschef, den Oberst Hans von Seeckt, seinen Vorgesetzten noch vor dem Fall Lembergs vorzuschlagen, den linken Flügel des deutsch-österrreichischen Angriffsheeres nach Norden umzudrehen und den Feldzug in Galizien zu einem noch größeren Schlag gegen das russische Westheer auszuweiten.[153] Daraus machte Conrad, der um Stellungnahme gebeten worden war, einen Plan zur Einkreisung des Gegners aus dem Süden und Norden. Er forderte, nun auch die Verbände des Oberbefehlshabers Ost einzusetzen, und zwar über den Narew hinweg nördlich an Warschau vorbei, wobei ihm vorschwebte, daß sich Hindenburgs und Mackensens Truppen irgendwo zwischen Warschau und Brest-Litowsk treffen und die Masse der Zarenarmeen in einer gigantischen Kesselschlacht vernichten würden.[154]

Falkenhayn, immer noch auf den Krieg im Westen fixiert, äußerte Bedenken gegen diesen Plan, doch allmählich faszinierte auch ihn der »schöne Gedanke« Seeckts und Conrads so sehr, daß er ihm zustimmte, was freilich neuen Ärger mit dem Oberost heraufbeschwor.[155] Denn Ludendorff und Hindenburg wußten es wieder einmal besser als der Chef der OHL: Sie wollten nicht über den Narew angreifen, sondern weiter nördlich über den Njemen in Richtung Kowno, um durch eine umfassendere Operation den Gegner im Rücken zu packen und ihm jede Möglichkeit eines Rückzugs zu nehmen.[156]

Wertvolle Tage vergingen im unleidlichen Streit zwischen Falkenhayn und seinem Gegenspieler Hindenburg. Schließlich brachte Falkenhayn den Kaiser ins Spiel, der auf einer Konferenz in Posen am 2. Juni entschied: Angriff über den Narew.[157] Für Ludendorff und Hindenburg war das gleichbedeutend mit dem Verzicht auf einen totalen Sieg im Osten. Von Stund an herrschte, wie es ein Militärhistoriker nennt, »unversöhnlicher, unerklärter Krieg zwischen Falkenhayn und dem Oberost«.[158]

Den Streit der militärischen Oberherren aber hatte wieder einmal der Geheimdienst auszubaden. Statt die IIIb mit einer gezielten Feindaufklärung am Narew zu beauftragen, mauerte der Generalstab des Oberost gegen die »Spitzel der OHL«. Major Gempp, seit dem 21. Mai Nachfolger von Frantz, erfuhr von keiner Stelle des Oberost, daß für den 13. Juli der Angriff der Armeegruppe des Generals Max von Gallwitz im Raum Przasnysz gegen die russischen Narew-Stellungen geplant war.[159]

Gempp hätte bis zum Angriffstag im Dunkeln getappt, wäre nicht bei ihm zufällig der Schriftsteller Ludwig Ganghofer erschienen, der aus dem Kaiserlichen Hauptquartier kam und ihm in aller Unschuld erzählte, was in Posen beschlossen worden war.[160] Närrischer ging es nicht mehr: Der Geheimdienstchef des deutschen Ostheeres mußte sich von einem Zivilisten darüber aufklären lassen, daß in wenigen Tagen eine wichtige, womöglich kriegsentscheidende Offensive eben dieses Ostheeres beginnen würde!

Entsprechend skurril reagierte Gempp: Hinter dem Rücken des Oberost alarmierte er seine Nachrichtenoffiziere und Agenten mit der Order, verstärkte Feindaufklärung in den Gebieten vor der Armeegruppe Gallwitz und der sie unterstützenden 8. Armee zu führen.[161] Als seien ihm nur so ganz nebenbei neue Nachrichten gerade aus dem Narew-Raum zugegangen, legte Gempp der Operationsabteilung die Meldungen seiner Mitarbeiter vor. Nahezu kommentarlos wurden sie von Ludendorff und Hoffmann akzeptiert.

Dabei bedurfte der Oberbefehlshaber Ost jetzt mehr denn je einer leistungsfähigen Feindaufklärung, denn die Truppenbewegungen auf russischer Seite, vor allem die Verlegung wichtiger Verbände in das von Mackensen bedrohte Südpolen, erschwerten die Beantwortung der Frage, mit welchen Feindkräften der deutsche Angriff am Narew (und eine kleinere Parallelaktion in Kurland) zu rechnen habe. Auch Gempp mußte dem Oberost zunächst gestehen: »Lage ist vielfach wenig geklärt, da anscheinend dauernde Truppenverschiebungen stattfinden und in letzter Zeit wenig Gefangene gemacht wurden.«[162]

Doch Gempp resignierte nicht. Er machte auch seinen letzten V-Mann hinter der russischen Front mobil und verlangte genaueste Berichte über die Stärke des Gegners; er schickte seine Konfidenten aus mit dem Auftrag, die seit langem geplanten Sabotageakte gegen russische Bahnlinien auszuführen und die russischen Festungskommandanten anzulaufen, die einer Bestechung nicht abgeneigt waren. Und er forderte äußersten Einsatz des Frontnachrichtendienstes: kühnere Stoßtruppunternehmen, noch eindringlichere Gefangenenvernehmungen, bessere Luftaufklärung.

Allmählich, noch rechtzeitig zum Offensivbeginn, wurde das Feindlagebild klarer, das Gempp dem Oberost bieten konnte. In Kurland deuteten alle Anzeichen darauf, daß die Russen im Falle eines neuen deutschen Angriffs das Land bis zur Aar räumen würden, und am Narew standen allenfalls 50 russische Bataillone mit 150 Geschützen (gegenüber 100 deutschen Bataillonen mit 600 Geschützen).[163] Division um Division, Korps um Korps wußte Gempp auf russischer Seite zu identifizieren. Am 6. Juli stand für ihn fest, daß die Russen vor der Front des Oberost drei Armeekorps abgezogen hatten, um sie gegen Mackensens Heeresgruppe einzusetzen: das Gardekorps bei Lomza, das sibirische II. Korps bei Przasnysz und das VI. Korps im Raum Warschau.[164]

Gempps Meldungen überzeugten den Oberost, daß Gallwitz am Narew der Durchbruch gelingen werde. Schon war Mackensen mit seinen drei Armeen in das südpolnische Gebiet zwichen Weichsel und Bug eingefallen und bis Cholm gekommen, da gab Gallwitz den Befehl zum Angriff:[165] Mit seiner überlegenen Geschützarmada erzwang sich der Artillerieprofi (Gallwitz war jahrelang Inspekteur der Feldartillerie gewesen) am 13. Juli bei Przasynsz den Durchbruch durch die Stellungen der russischen 1. Armee; am Nachmittag brach der gegnerische Widerstand zusammen, um Mitternacht zogen sich die Russen zurück.[166]

Jetzt geriet die ganze Front der Mittelmächte von Kurland bis Südpolen in hektische Bewegung, fast an jedem Frontabschnitt traten Deutsche und

Österreicher zum Angriff an. Gallwitz trieb seine Divisionen weiter dem Narew zu, am 17. Juli stand die Armeegruppe vor den russischen Sperr-Riegeln am Narew, die eine knappe Woche später dem Ansturm erlagen – Signal für Gallwitz' rechte Nachbarn, die 9. Armee des Prinzen Leopold von Bayern und die Armeeabteilung des Generalobersten von Woyrsch, den zurückweichenden Zarenarmeen nachzusetzen und Warschau und Iwangorod einzuschließen.[167] Und schon kämpfte sich eine weitere deutsche Armee durch das nördliche Kurland, den überraschten Gegner vor sich hertreibend, bis am 1. August das erste Ziel erreicht war: die Eroberung Mitaus.[168]

Schier unaufhaltsam wälzten sich die deutschen und österreichischen Armeen durch Polen und Litauen, schlossen sich immer fester zusammen zum konzentrischen Angriff auf das riesige Festungssystem zwischen Kowno, Warschau und Brest-Litowsk, das den russischen Zentralarmeen Schutz und Sprungbrett zugleich gewesen war.

Zug um Zug wurde es jetzt von den deutsch-österreichischen Angreifern zerschlagen: Am 5. August räumten die russischen Truppen Warschau, zwölf Tage später fiel die Festung Nowogeorgjewsk, kurz darauf arbeiteten sich Mackensens Armeen auf beiden Ufern des Bug nordwärts gegen Brest-Litowsk vor, das sie am 26. August erstürmten.[169]

Gespannt verfolgte Gempp an der Lagekarte die Operationen des Ostheeres. Fast jede Meldung seiner Nachrichtenoffiziere bewies, daß sich die Organisation des NO Obost gut bewährte. Die Sabotageunternehmungen waren zwar gescheitert, auch die meisten Bestechungsversuche in russischen Festungen mißglückt, aber die Informationsarbeit lief überaus befriedigend. Immer wieder hatten sich die Analysen und Nachrichten der IIIb als richtig erwiesen.

Vor allem Gempps Lagebeurteilungen – und das mußte nun den Oberost besonders interessieren – waren zutreffend; sie liefen auf die Erkenntnis hinaus, daß sich der russische Rückzug planmäßig und meist ohne Panik vollzog.[170] Jede größere russische Rückzugsbewegung war im vorhinein vom NO Obost zutreffend erfaßt worden: am 21. Juli die Verlegung des sibirischen V. Korps und des russischen XXXV. Korps nach Wilanow, am 15. August die Übersiedlung des Stabes der 2. Armee nach Klesczek, am 18. August der Rückzug des XXXVI. Reservekorps in den Raum Nowosielki.[171]

Diese Nachrichten und Analysen spielte der Oberost nur allzu gern gegen seinen Kontrahenten in der OHL aus, bestätigten sie doch, was Hindenburg und Ludendorff vorausgesagt hatten: daß die Operationen zu kurz griffen, um die russischen Zentralarmeen vernichtend zu schlagen. Prompt kam der Oberost wieder auf seinen alten Plan einer Njemen-Offensive gegen Kowno und Wilna zurück. Kaum zeichnete sich der Fall Warschaus ab, da befahl Hindenburg dem Oberbefehlshaber der 10. Armee, die Offensive gegen Kowno vorzubereiten; zugleich erhielt die 9. Armee Order, einen Teil ihrer Truppen und Geschütze an die 10. Armee abzugeben.[172]

Als Falkenhayn hörte, der Oberbefehlshaber Ost wolle nun doch seine »allein entscheidende Operation über Kowno« (Hindenburg) führen, kam es zwischen den beiden Männern zum Krach. Hindenburg ließ jedoch nicht ab von seinen Offensivplänen.[173] Da lief am 5. August im Hauptquartier des Oberost ein Telegramm der OHL ein, das nicht nur auf Gempp »wie eine Bombe« wirkte.[174] »Seine Majestät«, hieß es darin, »haben befohlen: Die 9. Armee und Armee-Abteilung Woyrsch werden zu einer Heeresgruppe unter dem Oberbefehl des Prinzen Leopold von Bayern vereinigt und treten vorübergehend unmittelbar unter die Oberste Heeresleitung.«[175]

Das bedeutete Hindenburgs Kaltstellung, seine Reduzierung zu einem Heeresgruppen-OB. Ein paar Tage später schlug Falkenhayn noch einmal zu; diesmal entzog er der »Heeresgruppe Hindenburg« die ostdeutschen Heimattruppen und Festungen, die dem Oberost unterstellt worden waren.[176] Kein Wunder, daß der aufgebrachte Hindenburg den Titel des Oberbefehlshabers Ost niederlegen wollte, der ihm – wie er Falkenhayn schrieb – »zur schneidenden Ironie« geworden sei.[177]

Gempp aber widerstand der Verlockung, Hindenburgs Entmachtung auszunutzen und sich auf die Seite der scheinbar stärkeren Bataillone zu schlagen. Im Gegenteil: Hindenburg und Gempp rückten näher zusammen. Gempp brauchte die Autorität des Feldmarschalls, um sich als NO Obost gegen den mißtrauischen Nicolai und die allzu selbständigen Nachrichtenoffiziere der Armeen durchzusetzen, und Hindenburg wiederum benötigte Gempp und dessen Nachrichtenorganisation für die Njemen-Offensive, von deren Erfolg nicht zuletzt sein Prestige beim Kaiser abhing.

Hindenburg hatte noch einen besonderen Grund, auf Gempps Hilfe zu bauen. Dessen Agentendienst bot dem Oberost eine zumindest vage Chance, die russische Festung Kowno schnell und unblutig in die Hand zu bekommen. Das mußte den Oberost faszinieren: Kowno war das größte und gefährlichste Hindernis der Njemen-Offensive; die Festung galt als der stärkste Stützpunkt der russischen Nordwestfront. Die Festung war dem Oberbefehlshaber der Nordwestfront direkt unterstellt, der nicht abließ, immer wieder zu fordern, Kowno müsse um jeden Preis gehalten werden.[178]

Gempp aber wußte einen Weg, wie man sich auf konspirative Art in den Besitz der Festung bringen könne. Leutnant Andres, der Nachrichtenoffizier der 10. Armee, hatte im Frühsommer einen Agenten nach Kowno entsandt, dem es gelungen war, Kontakt mit dem Kommandanten der Festung, General Grigoriew, aufzunehmen; er bot dem Russen eine Million Reichsmark und »gesicherten Aufenthalt« in Deutschland an, wenn er die Festung beim Herannahen der deutschen Truppen kampflos übergebe.[179] Grigoriew war nicht abgeneigt. Am 20. Juni meldete sich der Agent bei Andres zurück und berichtete so zuversichtlich über die Aussichten des Bestechungscoups, daß der Leutnant seinen Chef Gempp und Ludendorff ins Vertrauen zog, die schließlich dafür sorgten, daß die Reichsbank einen Millionenscheck auf Grigoriews Namen ausstellte.[180]

Gempp nahm den Scheck an sich, am 29. Juni startete der Agent erneut nach Kowno, um dem Zarengeneral die Zusage des Oberost zu überbringen.[181] Die Aussicht, die Superfestung mit ihren gewaltigen Waffen- und Munitionslagern rasch erobern zu können, beflügelte Hindenburgs und

Ludendorffs Maßnahmen: Am 8. August ließen sie Generaloberst von Eichhorns 10. Armee zur Njemen-Offensive antreten, eine knappe Woche später standen die Truppen vor Kowno und bereiteten sich zum Sturmangriff auf die Festung vor, der am Nachmittag des 16. August begann.[182]

Da merkte auch Gempp, daß mit Grigoriew etwas schiefgegangen war. Der Agent hatte sich nicht wieder gemeldet, die Verbindung zu dem russischen Kommandanten war offenkundig abgerissen. Dennoch half Grigoriew den Deutschen auf seine Art: Ohne sich um die Durchhaltebefehle des Oberbefehlshabers der Nordwestfront zu kümmern, gab er schon am 17. August den Kampf auf.[183] Mehr als 20000 Gefangene, 1300 Geschütze und 810000 Granaten fielen den Deutschen in die Hände.[184] Selbst der griesgrämige Ludendorff war einmal zufrieden: »Mit geringeren Mitteln ist noch keine Festung angegriffen [und genommen] worden.«[185]

Gempp hatte später keinen Zweifel, daß »die Freund und Feind überraschende schnelle Übergabe der Festung auf die Verhandlungen des Agenten mit dem Kommandanten zurückzuführen« gewesen sei.[186] Auch Januschkewitsch wetterte, an dem frühzeitigen Fall Kownos sei allein Grigoriew schuld.[187] Gleichwohl war das eigentliche Bestechungsmanöver mißglückt. Warum? Gempp konnte nur vermuten, daß Grigoriews Verhandlungen mit dem Feind in letzter Minute aufgedeckt und er am Überlaufen gehindert worden sei. Tatsächlich wurde Grigoriew einige Wochen danach von einem Kriegsgericht wegen Verrats zu einer schweren Strafe verurteilt.[188]

Was immer auch in der Festung geschehen war – ihr Fall bestärkte den Oberost in seiner Absicht, den Nordflügel der russischen Front zu durchbrechen und in die Flanke der aus Polen zurückweichenden russischen Armeen zu stoßen. Gnadenlos trieb Hindenburg seine Armeen und Divisionen an und koordinierte ihr Vorgehen mit dem Vormarsch der Heeresgruppe des Prinzen Leopold, um zu versuchen, wenigstens noch die Masse des russischen Heeres einzukreisen.[189] Und auch Mackensens Heeresgruppe mühte sich nach Kräften, das russische Südwestheer endgültig zu schlagen.

Jeder Tag brachte neue Erfolge der deutschen und österreichischen Truppen. Leopolds Divisionen erreichten die Bahnlinie Baranowitschi-Lida, Gallwitz' Verbände rückten den Njemen aufwärts, der linke Flügel der 10. Armee drang in den Raum Wilna vor und sein rechter in jenen von Lida – immer mehr stießen die Angreifer die russischen Armeen zurück, trotz aller Gegenangriffe des Feindes.[190]

Doch die Meldungen, die Gempp dem Oberost vorlegte, redeten eine andere Sprache: Die russischen Verbände zogen sich geordnet zurück, ja ihr Rückzug verlangsamte sich allmählich derartig, daß man sich schon den Zeitpunkt ausrechnen konnte, wann sie nicht mehr weichen würden. Ein aufgefangener russischer Funkspruch vom 21. September brachte Gewißheit; er besagte, die russischen Truppen hätten zwischen dem Njemen östlich von Lida und der Bahnlinie Wilna-Molodeczno eine unbezwingbare Verteidigungslinie einzunehmen und alle deutschen Truppen östlich und nördlich dieser Bahnlinie anzugreifen.[191]

Bald wußte man in Hindenburgs Stab, daß der große Schlag gegen die russischen Zentralarmeen nicht gelingen würde, die Russen hatten sich wieder gefangen. Auch Falkenhayn erkannte das und nutzte es sofort für seine Pläne: Um endlich größere Kräfte für den Krieg im Westen freizubekommen, befahl er am 25. September 1915, die Operationen einzustellen und dauerhafte Stellungen zu beziehen.[192] Fürs erste war der deutsch-österreichische Ostfeldzug beendet.

Der OHL-Chef wußte freilich, daß Hindenburg und Ludendorff keine Ruhe geben und demnächst wieder eine Fortsetzung des Krieges im Osten verlangen würden. Um ihnen dies zu erschweren, verlegte sich Falkenhayn auf das Argument, die Operationen hätten bereits ihren Zweck erfüllt, der Gegner sei besiegt und am Ende.[193] Eine so abenteuerliche Behauptung bedurfte allerdings des Beweises – der Geheimdienst sollte ihn liefern.

Am 27. September wies Nicolai seine Nachrichtenoffiziere an, ihm eine »Beurteilung des augenblicklichen Gefechtswertes der russischen Truppen« zu geben und die Frage zu beantworten: »Haben Sie auch den Eindruck, daß die russischen Verbände seit einiger Zeit nicht mehr aufgefüllt werden?«[194] Kein Offizier im Stab des Oberost, außer dem NO, sollte von der Befragungsaktion erfahren, nicht einmal der normale Dienstweg der IIIb eingehalten werden. Nicolai dekretierte: »Den Operationsabteilungen d. Armeen ist von dieser Anfrage keine Kenntnis zu geben ... Antworten in doppelter Ausfertigung an mich, nicht unmittelbar an IIIb.«[195]

Gempp hatte jedoch kein Interesse daran, Propagandaarbeit gegen Hindenburg zu leisten. Seine Antwort war schwerlich, was Falkenhayn zu lesen wünschte. »Die hartnäckigen Angriffe der Russen in den letzten Tagen«, schrieb Gempp, »beweisen, daß die russischen Führer ihre Truppen noch für angriffsfähig halten ... Mit der Möglichkeit einer baldigen Offensive muß gerechnet werden.« Er machte sich fast einen Spaß daraus, Falkenhayn nachzuweisen, daß vielmehr »die Russen auf Grund ihrer Eindrücke an der Front und von Aussagen deutscher Gefangener unsere Truppen für erschöpft halten«.[196]

Das traf die Lage sicherlich realistischer als Falkenhayns Zweckoptimismus; die russischen Armeen konnten noch gefährlich werden. Gleichwohl war die Militär- und Großmacht Rußland schwer angeschlagen. Die Armeen des Zaren hatten zwei Millionen Mann verloren, dazu große Bestände an Waffen und Munition, die keine Hilfslieferung aus dem alliierten Ausland ersetzen konnte. Polen und Litauen waren in der Hand des Feindes, er stand auf russischem Boden; mit äußerster Mühe war der Gegner gerade noch an Düna und Beresina zum Stehen gebracht worden.

Diese Menschen- und Gebietsverluste wogen schwer, die Großmacht Rußland hatte im Augenblick ausgespielt. Seinen weltpolitischen Einfluß, vor allem im Rat der Entente, hatte Rußland eingebüßt und wurde immer mehr »zum politischen und militärischen Söldner der Westmächte«, wie der Schweizer Historiker Hermann Stegmann urteilt.[197]

Schlimmer noch: Nirgendwo in diesem Zarenreich gab es Männer oder Kräfte, denen man zutrauen konnte, das Staatsruder herumzuwerfen, sei es zu einer tiefgreifenden Reform des Staates, sei es, um das Land von der

Geißel des Krieges zu befreien. Stattdessen trennte sich der schwache, entnervte Zar von den wenigen energischen Führern in Armee und Polizei, die noch eine gewisse Stabilität des Regimes garantierten, und erlag den Einflüsterungen einer Hofkamarilla unter der Führung der Zarin Alexandra Feodorowna, die Nikolaus II. einredete, er allein sei vom Schicksal dazu ausersehen, Staat und Armee in seine Hände zu nehmen – Fortsetzung einer makabren Selbstzerstörung des zaristischen Systems und seiner Führungseliten.

Die Niederlagen an der Front ließen all die alten Feindschaften und Rivalitäten wieder aufleben, die bereits im Frieden Rußlands Establishment zerrüttet hatten. Die Abneigung der Großfürstenpartei gegen Reformer und soziale Aufsteiger, der Haß der Armee auf die sie früher bespitzelnde Gendarmerie, die Diskriminierung der Juden und Deutschrussen, die Furcht aller vor der Ochrana – kurz, die Vorurteile und Antagonismen des zaristischen Rußland wurden erneut virulent, begünstigt durch eine Spionagehysterie, die von vielen dazu benutzt wurde, vom eigenen Versagen abzulenken.

Schon frühzeitig nistete sich in führenden Köpfen der Verdacht ein, die Schlappen der Zarenarmeen seien nicht auf die Waffenerfolge des Gegners zurückzuführen, sondern auf die Machinationen einer ebenso diabolischen wie unsichtbaren Macht: der deutschen Spionage. Verrat schien der Schlüssel zu allem Ungemach zu sein, das russischem Stolz widerfuhr; Landesverräter im deutschen Sold mußten dem Gegner alles preisgegeben haben.

Eine fanatisch-groteske Suche nach Verrätern und Spionen drang bis in die letzten Häuser und Gemeinden Rußlands, malten doch Polizeibehörden und Staatsanwaltschaften unermüdlich das Horrorbild eines vom deutschen Geheimdienst unterwanderten Rußland. L. S. Rosanow, Gehilfe des Staatsanwalts am Kriegsgericht Warschau, erklärte zum Beispiel im März 1915, Deutschland habe seit Bismarcks Einigungskriegen ein Netz von zahllosen Schweigeagenten über Rußland gestülpt, die alles ausforschten. »Viele solcher Agenten halten sich als Kolonisten in Polen und den Ostseeprovinzen auf«, phantasierte Rosanow, aber auch in den Städten würden »kluge und schöne Damen«, die Salons unterhielten, für Deutschland agieren und russische Würdenträger in ihren Bann ziehen.[198]

Bei einer so weitreichenden Spionage konnte jeder Russe in Verdacht geraten, für den Feind zu arbeiten. Ein deutschklingender Name genügte schon, um den Träger verdächtig zu machen, und die Juden galten ohnehin als deutsche Spione – ihre erschossenen Schicksalsgenossen, die russische Truppen beim Rückzug zurückließen, bestätigten das auf eine entsetzliche Art. Mancher Deutschrusse zog es vor, seinen Namen zu russifizieren (selbst das heilige Petersburg mußte sich jetzt Petrograd nennen), doch die Spionagehysteriker ließen sich damit nicht besänftigen.

Je häufiger die russischen Armeen vor dem Feind zurückwichen, desto ärger grassierte in ihnen eine dumpfe »Spionagemanie«, die sich in »pogromartigen Übergriffen« gegen die Zivilbevölkerung entlud, wie sich

Danilow später erinnerte.[199] Russische Soldaten, so erzählt der General, wollten allmählich »in jedem Landesbewohner, der auf seinem Motorrad oder Fahrrad auf den Straßen dahinfuhr, einen Spion sehen, der ihre Stellung oder ihre Bewegung auskundschaftete; in jedem Lichtschein, jedem Glockengeläut oder in den Umdrehungen der Windmühlenflügel wähnten sie Signale an die Feinde«.[200] Da nutzte es auch nichts, daß die Stawka das Fahren mit Autos, Motor- und Fahrrädern innerhalb des Truppenbereichs und in der Umgebung höherer Stäbe verbot – die abergläubische Furcht vor deutschen Spionen griff weiter um sich.[201]

Selbst höhere Offiziere erlagen der Spionenhysterie. Bei einem Besuch an der Front in Westgalizien im Mai 1915 schlug Nikolaj Nikolajewitsch einem General, den er prodeutscher Sympathien verdächtigte, mit der Reitpeitsche ins Gesicht,[202] und bald gab es keine russische Niederlage mehr, in der nicht danach ein »verräterischer« Zarenoffizier auftauchte: Hier war es ein General mit deutschklingendem Namen, der im Kampf mit dem Feind einen Rückzug zu früh befohlen haben sollte, dort ein übelbeleumdeter Nachrichtenoffizier, der angeblich seine Pflicht vernachläßigt hatte.

Biedere Patrioten glaubten ernsthaft an die Mär vom überall grassierenden Landesverrat. Doch es gab auch Männer in Nikolaj Nikolajewitschs Umgebung, die die Spionenhysterie kaltblütig manipulierten, um Rivalen im Kampf um Macht und Einfluß und lästige Kritiker der Kriegführung des Großfürsten »abzuschießen«.

Der Zerfall der Autorität des Großfürsten-Generalissimus ließ es einigen Drahtziehern als opportun erscheinen, sein Prestige durch ein brisantes Schauerstück aufzubessern. Ein Rückkehrer aus deutscher Gefangenschaft half dabei, eine Affäre zu inszenieren, an derem Ende die »Entlarvung« des Kriegsministers Suchomlinow als deutscher Spion stand, jenes Mannes, der im Juli 1914 durch seine Skrupellosigkeit der russischen Kriegspartei den Weg in den Weltbrand geebnet hatte.

Der Rückkehrer war ein Leutnant namens Kulakowski, der nach der Schlacht von Tannenberg in deutsche Gefangenschaft geraten war und durch seine munteren Aussagen über heimische Militärinterna die Aufmerksamkeit der IIIb auf sich gelenkt hatte.[203] »Er behauptet, das Geheimzeichen der revolutionären Partei zu besitzen und mit ihr in Verbindung zu stehen«, notierte Gempp am 26. Dezember 1914.[204] Ein deutscher Leutnant, der sich »Walter« nannte, suchte Kulakowski in einem ostpreußischen Gefangenenlager auf und hatte bald das Gefühl, der Gefangene brenne darauf, an der Beseitigung des zaristischen Regimes aktiv mitwirken zu dürfen.[205]

»Walter« war kein anderer als Bauermeister, der damals unter diesem Decknamen Russen suchte, die bereit waren, in Rußland als Agenten für die IIIb zu arbeiten. Kulakowski schien ihm der richtige Mann für den Job. Der Russe willigte ein, und kurz darauf bildete ihn Bauermeister auf der Kriegsnachrichtenstelle Insterburg als Agenten aus.[206] Dann erhielt Kulakowski eine Deckadresse im norwegischen Christiania, dem späteren Oslo, an die er seine Meldungen richten sollte.[207] Sein Auftrag: in Petrograd alles zu notieren, was militärisch und politisch von Interesse sei.

Anfang 1915 reiste Kulakowski nach Schweden ab, um von dort in Rußland einsickern zu können. Doch der vermeintliche Zarenfeind dachte gar nicht daran, für die Deutschen zu spionieren. Kaum war er in Stockholm eingetroffen, da fuhr er zur Russischen Gesandtschaft und vertraute sich dem Marineattaché Petrow an.[208] Der schickte ihn mit einem Empfehlungsschreiben an die Spionageabwehrabteilung des Kriegsministeriums, die den Heimkehrer wiederum an die Stawka in Baranowitschi weiterreichte. Dort wurde Kulakowski von Offizieren der Kontrraswedka vernommen, die jede Einzelheit seiner Zusammenarbeit mit dem deutschen Geheimdienst wissen wollten.[209]

Es warenTage der Nervosität und Hysterie, diese letzten Februartage in der Stawka: Eben war Rußlands 10. Armee im Granat- und Schützenfeuer deutscher Truppen untergegangen, war die großangelegte Frühjahrsoffensive der russischen Armeen, auf die Nikolaj Nikolajewitsch alle seine Endsieghoffnungen gesetzt hatte, zusammengebrochen. »Augustowo« war noch in aller Munde, das blutige Ende des XX. Korps und anderer Verbände der 10. Armee in dem Waldgelände vor der Festung Grodno.

Für diese Schmach gab es in der Optik vieler Stawka-Offiziere nur eine Erklärung und einen Schuldigen: Mjasojedow. Der Nachrichtenchef der 10. Armee hatte versagt; er war es, der den deutschen Aufmarsch nicht rechtzeitig erkannt hatte, er, der während der Kämpfe den Überblick verloren hatte, er, der in Panik geraten war. Immer häufiger fiel sein Name, wenn in der Stawka über die Ursachen der Katastrophe von Augustowo gesprochen wurde.[210]

Kaum ein anderer Zarenoffizier eignete sich zum Sündenbock besser als der Oberstleutnant Sergej Mjasojedow. Er gehörte zum verhaßten Gendarmeriekorps, er war mit einer Jüdin aus dem russisch-deutschen Grenzgebiet verheiratet, und er hatte sich praktisch zwischen alle Stühle gesetzt:[211] Die Polizeiabteilung des Innenministeriums bekämpfte ihn wie einen Abtrünnigen, weil er 1907 – damals Grenzkommissar in Wirballen – in einem Waffenschmuggel-Prozeß allzu offenherzig über die Infiltrationsmethoden der Polizei Auskunft gegeben hatte, und die Armee verabscheute ihn als Oberspitzel, weil er 1911/12 im Kriegsministerium als Vertrauensmann der Gendarmerieführung die polizeilichen Geheimdossiers über politisch suspekte Offiziere bearbeitet hatte, oft zu deren Nachteil.[212]

Schon damals streuten seine Gegner das Gerücht aus, Mjasojedow sei ein deutscher Spion. Im März 1912 beschuldigte ihn das Innenministerium in einem Schreiben an das Kriegsministerium, Geschäftspartner des jüdischen Unternehmers Freiberg zu sein, der »in Geschäftsbeziehungen zu Katzenellenbogen, ebenfalls einem Spitzbuben«, stehe, welcher wiederum Beziehungen habe »zu Lender, einem Mitarbeiter des deutschen Generalstabes«.[213] Zur Stützung des Spionageverdachts mußte auch die Story herhalten, Mjasojedow sei in seiner Wirballener Zeit wiederholt von Kaiser Wilhelm II. zur Jagd in der grenznahen Rominter Heide eingeladen und sogar einmal mit einem deutschen Orden ausgezeichnet worden (was damals angesichts des lebhaften deutsch-russischen Grenzverkehrs nicht unüblich war).[214]

Eine Untersuchung durch die Spionageabwehr des Kriegsministeriums erwies die Unhaltbarkeit solcher Vorwürfe (Mjasojedow hat nie Beziehungen zum deutschen Geheimdienst unterhalten), doch die »Affäre« wurde bald in der Öffentlichkeit bekannt und von der demokratischen Opposition ausgeschlachtet.[215] Alexander Iwanowitsch Gutschkow, der Führer der Oktobristenpartei, nannte Mjasojedow in der Duma, Rußlands Scheinparlament, einen Spion, worauf dieser ihm eine Duellforderung ins Haus schickte; beim Zweikampf schossen freilich beide Pistolenschützen in die Luft.[216]

Mjasojedow mußte das Gendarmeriekorps verlassen, doch ein mächtiger Freund sorgte dafür, daß er bei Kriegsausbruch wieder zurückgeholt wurde: der Kriegsminister Suchomlinow. Das war der andere Sündenbock, dessen bloße Erwähnung schon die galligsten Kommentare in der Stawka auslöste. Er sparte nicht mit giftigen Kommentaren über die »unfähige« Kriegführung Nikolaj Nikolajewitschs und dessen Stabes, während umgekehrt die Stawka dem Kriegsminister anlastete, er habe durch die mangelhafte Ausstattung der Armee mit Artillerie und moderner Infanterie- und Geschützmunition die Niederlagen Rußlands mitverschuldet.[217]

Zudem trennte Nikolaj Nikolajewitsch und Suchomlinow eine persönliche Todfeindschaft, die auch kein Hurrapatriotismus übertünchen konnte. Der Zarengünstling Suchomlinow war es gewesen, der 1908/09 den nach dem Krieg gegen Japan mit fast diktatorischer Vollmacht ausgestatteten Nikolaj Nikolajewitsch aus der Stellung eines Superkriegsministers verdrängt und ihn wieder auf den Rang eines normalen Militärbezirks-Befehlshabers heruntergestuft hatte.[218] Seither wartete der Großfürst auf die Stunde der Revanche.

Suchomlinows Autorität war weniger gefestigt, als er selbst annahm, zumal er sich mit einer kokett-leichtfertigen Frau liiert hatte, die durch allerlei Extravaganzen seine allein auf die Gunst des Zaren gestützte Stellung untergrub. Die attraktive Jekaterina Viktorowna Suchomlinowa hatte nahezu alles an sich, was das traditionalistische Rußland verabscheute: Sie war Jüdin, sie hatte die »gute« Gesellschaft ihrer Heimatstadt Kiew, einer Hochburg des Antisemitismus, durch einen monatelangen, qualvollen Scheidungsprozeß schockiert, sie bereicherte die Chronique scandaleuse der Hauptstadt mit ihren zwielichtigen Ausländerbekanntschaften und Liebhabern, zu denen die Fama auch Mjasojedow zählte.[219]

Der alternde Suchomlinow merkte davon nichts, er verzeichnete nur mit pfauenhaftem Stolz, daß sich »im Theater alle Gläser auf meine Loge [richteten], wenn meine Frau sich in ihrem Rahmen zeigte«.[220] Desto heftiger registrierten die Damen der Hofgesellschaft die unwillkommene Konkurrenz der Aufsteigerin aus der Provinz, allen voran die eifersüchtige Zarin. »Diese Närrin . . . bricht sich den Hals. Sie ist ein gewöhnliches Weib mit einer gemeinen Seele«, zürnte Alexandra Feodorowna.[221]

Solange freilich der Zar zum Kriegsminister hielt, war Suchomlinow für seine Gegner unerreichbar. Ein Zarenwort ging um: »Beleidigen lasse ich ihn nicht, eher trete ich selbst für ihn ein; man wird ihn aber nicht anrühren.«[222] Es bedurfte schon eines »geradezu asiatischen Intrigantentums«, wie es der moderate Großfürst Andrej Wladimirowitsch nannte, um den Kriegsminister aus der Gunst des Zaren zu vertreiben.[223]

In diesem Augenblick bot der Rückkehrer Kulakowski ahnungslos eine Gelegenheit, Suchomlinow zu Fall zu bringen. Einem seiner Vernehmer muß zuerst die Idee gekommen sein, Kulakowskis Agentenstory mit der Person Mjasojedows zu kombinieren und zu einer gigantischen Landesverratsaffäre aufzublasen, die nicht nur schlagartig alle Niederlagen Rußlands erklären, sondern auch noch den Kriegsminister verderben würde. Dazu war es freilich nötig, Kulakowskis Aussagen umzuschreiben; aus dem Rückkehrer mußte der Kronzeuge eines bodenlosen Staatsverbrechens werden.

Kulakowski machte keine Schwierigkeiten, denn er mußte froh sein, daß ihm die Kontrraswedka sein Techtelmechtel mit den Deutschen nicht länger nachtragen wollte. So gab er denn schließlich eine ganz neue Version zu Protokoll: Der deutsche Geheimdienstoffizier Walter, erklärte Kulakowski, habe ihm den Auftrag erteilt, den Großfürsten Nikolaj Nikolajewitsch zu ermorden, Weichsel-Brücken zu sprengen und den beim Kriegsminister arbeitenden Oberstleutnant Mjasojedow dazu anzuhalten, seine Berichterstattung für Deutschlands Geheimdienst zu intensivieren.[224] Das war zwar alles Schwindel; von Mjasojedow hatte Kulakowski vor seiner Vernehmung nie gehört, und auch die Mär vom Großfürstenmord zog er später wieder zurück.[225] Doch die Niederschrift seines »Geständnisses« klang gut genug, um sie Januschkewitsch und dem Höchstkommandierenden vorzulegen.

Ob nun Generalstabschef und Großfürst von der Richtigkeit der Erzählung Kulakowskis überzeugt waren oder nicht – sie gaben Befehl, augenblicklich den »Verbrecher« vor Gericht zu stellen. Die Maschine der Militärjustiz lief an: In der Nacht vom 4. zum 5. März 1915 wurde Mjasojedow in Kowno verhaftet, zugleich führten Beamte der Gendarmerie in Petrograd weitere Freunde und »Mitverschwörer« des Oberstleutnants ab.[226] Zufrieden notierte Januschkewitsch: »In der Angelegenheit Mjasojedow sitzen 15, und man rechnet im ganzen 50; davon die Hälfte Juden.«[227]

Der Warschauer Sonderstaatsanwalt Matjejew wurde zum Untersuchungsführer bestellt und hatte gerade mit den ersten Vernehmungen begonnen, als ihn der Befehl des Höchstkommandierenden erreichte, die Akten an das örtliche Feldkriegsgericht abzugeben.[228] Nikolaj Nikolajewitsch hatte es eilig, er verlangte Mjasojedows sofortige Verurteilung. Der Prokuror Shishin war skrupellos genug, in wenigen Stunden die gewünschte Anklageschrift zu erstellen.[229] In ihr wurde Mjasojedow vorgeworfen, er habe in der masurischen Winterschlacht im Februar 1915 dem Feind Nachrichten über das XX. Korps übermittelt und dem eigenen Stab Informationen über deutsche Truppenbewegungen vorenthalten; ferner sollte er in den Jahren 1907, 1911 und 1912 einer fremden Macht Nachrichten über die russische Armee geliefert und 1915 während der Kämpfe in Ostpreußen geplündert haben.[230]

Das war so fadenscheinig begründet, daß nicht einmal das strenge Feldkriegsgericht, das in der Warschauer Zitadelle gegen Mjasojedow und 13 Mitangeklagte verhandelte, an die Schuld des ehemaligen Nachrichtenchefs glauben mochte. Der Kronzeuge Kulakowski wirkte wenig überzeugend, und der zweite Hauptbelastungszeuge, eine geistesverwirrte Frau, hatte noch vor dem Prozeß Selbstmord verübt.[231] Sonst aber konnte Shishin nur mit den alten Mjasojedow-Geschichten aus der Vorkriegszeit aufwarten, die sich schon damals als unzutreffend erwiesen hatten. Ergebnis: Freispruch für Mjasojedow.[232]

Ärgerlich verlangte Nikolaj Nikolajewitsch einen neuen Prozeß gegen Mjasojedow, diesmal mußte das Bezirkskriegsgericht von Dwinsk in Aktion treten. Dem Vorsitzenden des Gerichts, Oberst Lukirski, wurde eingeschärft, das Urteil habe noch vor Ostern zu ergehen, Zivilverteidiger seien nicht zuzulassen.[233] Januschkewitsch wußte schon vor dem Urteilsspruch: »Den Mjasojedow werden wir wahrscheinlich in Warschau aufknüpfen.«[234]

Doch auch das neue Gericht hielt die Vorwürfe gegen Mjasojedow für ziemlich windig. Es sprach ihn von der Anklage frei, in der Masurenschlacht dem Feind Nachrichten geliefert und der eigenen Truppe Meldungen über den Feind vorenthalten zu haben. Dagegen hielt das Gericht für erwiesen, daß Mjasojedow in früheren Jahren für Deutschland spioniert habe, ohne freilich Beweise dafür zu nennen.[235] Das fiel auch dem Großfürsten Andrej Wladimirowitsch auf: »Sogar die Tatsache der Nachrichtenlieferung an den Feind blieb nur als Hypothese . . .Sie war nur indirekt begründet.«[236] Um sich nicht gänzlich Nikolaj Nikolajewitschs Zorn zuzuziehen, wichen die Militärrichter auf den leichtesten Anklagepunkt aus und erklärten den Angeklagten für überführt, im ostpreußischen Johannisburg zwei Terrakotta-Figuren gestohlen und sich damit des Verbrechens der bewaffneten Plünderung schuldig gemacht zu haben.[237] Befehlsgemäß fiel am 9. März 1915 der Urteilsspruch: Tod durch Hängen.[238]

Für Mjasojedow brach eine Welt zusammen. In seiner Zelle versuchte er vergeblich, sich mit der Schnur seines Kneifers umzubringen, und ebenso erfolglos beteuerte er bis zum letzten Augenblick seine Unschuld.[239] Als ihn Soldaten zwei Stunden nach dem Urteilsspruch zum Galgen führen wollten, wehrte er sich heftig und schrie immer wieder den Namen seines Freundes Suchomlinow. Schon vorher hatte er dem Kriegsminister in Briefen leidenschaftlich vorgehalten, er tue nichts zu seiner Verteidigung.[240]

Wladimir Suchomlinow hatte längst kapiert, daß der Schlag gegen Mjasojedow und dessen Freunde letztenendes ihm galt. Die scheinheiligen Briefe, die ihm Januschkewitsch aus dem Hauptquartier schickte, konnten den Minister nicht täuschen. »Mir tut es leid Ihretwegen (verzeihen Sie um Gottes Willen)«, schrieb Januschkewitsch an Suchomlinow, »daß diese Taugenichtse einst Ihr Vertrauen genossen und hinterrücks Unheil angestiftet haben. Die Affäre Mjasojedow hat ein Meer von Schmutz aufgerührt.«[241]

Und schon folgte der zweite Schlag, diesmal mitten hinein in den Freundeskreis von Suchomlinow und seiner Frau. Im Mai verhafteten Offiziere der Kontrraswedka einen Oberst Iwanow in Berditschew, dem Sitz des

Hauptquartiers der Südwestfront, getreu Januschkewitschs Ankündigung: »Ich fürchte sehr, daß auch dort ein Mjasojedow vorhanden sein wird.«[242] Wunschgemäß stöberte der Untersuchungsführer Kotschubinski, ein karrieresüchtiger Fähnrich, mit seinen Fahndern ein ganzes »Verräternest« auf, rechtzeitig genug, um der erregten Öffentlichkeit auch für die Niederlagen in Galizien ein paar Sündenböcke präsentieren zu können: neben Iwanow dessen Frau, den Kaufmann Alexander Altschiller, den Artillerieschreiber Miljukow, den Militärpublizisten N. M. Goschkjewitsch und dessen ehemalige Ehefrau Anna.[243]

Diese Personen, so hieß es später in der Anklageschrift, hätten sich zu einer verbrecherischen Organisation zusammengeschlossen, »um gegen Rußland Verrat zu üben und besonders den Regierungen von Deutschland und Österreich-Ungarn in ihren gegen Rußland gerichteten Plänen und Unternehmungen durch Sammeln und Übermitteln von Nachrichten über die Wehrmacht Rußlands ... behilflich zu sein«.[244] Ein Feldkriegsgericht in Berditschew trat zusammen, um die »Verräter« in einem Schnellverfahren abzuurteilen.

Für die Drahtzieher in der Stawka aber war nicht der ominöse Oberst Iwanow die interessanteste Figur, sondern Altschiller, ein österreichischer Staatsbürger, der seit 1870 in Kiew wohnte und zu den Freunden des Ehepaares Suchomlinow gehörte.[245] Wie schön für die Suchomlinow-Gegner, daß auch Altschiller schon einmal in Spionageverdacht geraten war! Ein Anonymus hatte ihn nach Kriegsausbruch bei der Petersburger Ochrana als österreichischen Spion denunziert. Allerdings hatte die polizeiliche Untersuchung »nichts Nachteiliges« ergeben.[246]

Gleichwohl hielten Kotschubinskis Auftraggeber die Verbindung Altschiller-Suchomlinow für aussichtsreich genug, um den Kriegsminister in eine Landesverratsaffäre zu verstricken. Der Untersuchungsführer mußte dabei freilich vorsichtig ans Werk gehen; noch war der Kriegsminister unangefochten im Amt und konnte sich mit der ihm unterstellten Abwehrabteilung des Kriegsministeriums gegen seine Feinde zur Wehr setzen.

Bald bot jedoch die sich rapide verschlechternde Kriegslage Rußlands eine Möglichkeit, sich des unpopulären Suchomlinow zu entledigen. Nach dem Fall Lembergs wurde Nikolaj Nikolajewitsch beim Zaren vorstellig und verlangte namens der Armee die Entlassung des Kriegsministers, da er – so die Begründung des Großfürsten – nicht in der Lage sei, endlich eine ausreichende Versorgung der Fronttruppen mit Waffen und Munition zu garantieren.[247]

Bei einem Besuch des Zaren in der Stawka am 24. Juni setzten ihm Nikolaj Nikolajewitsch und Januschkewitsch so heftig zu, daß der Monarch schließlich den Günstling fallen ließ.[248] Nikolaus II. hatte Onkel Nikolascha immer gefürchtet; er wußte schon, warum er sich bei seinen Visiten in dessen Hauptquartier wie ein Gefangener vorkam. Den Anklagen gegen Suchomlinow wußte er dann auch nichts entgegenzusetzen. Noch in der Stawka unterschrieb der Zar den Brief, der Suchomlinow in dürren Worten mitteilte, er, Nikolaus II., sei »zu dem Schluß gekommen, daß die Interessen Rußlands und der Armee Ihren sofortigen Rücktritt verlangen«.[249]

Jetzt hatte Kotschubinski freie Bahn. Seine Fahnder schwärmten aus, um Belastungsmaterial gegen den Gestürzten zu sammeln. Wo immer ein Gegner, Neider oder Rivale Suchomlinows etwas Nachteiliges über den Exminister zu erzählen wußte, waren die Helfer des Untersuchungsführers zur Stelle und nahmen ein Protokoll auf. Es gab genug Leute, die sich zu Aussagen gegen Suchomlinow bereit fanden: der Anwalt Butowitsch, der erste Ehemann der Suchomlinowa, die Natalia Ilarionowna Tscherwinskaja, eine mißgünstige Verwandte der Suchomlinowa, deren intriganter Hausfreund Fürst Andronnikow und nicht zuletzt General Alexej Andrejewitsch Poliwanow, der neue Kriegsminister, der jahrelang in Suchomlinows Schatten gestanden hatte.[250]

Auch verhaftete Suchomlinow-Freunde brachte Kotschubinski zum Sprechen – durch die Zusage, sie aus dem Verfahren herauszuhalten. So erklärte sich Anna Goschkjewitscha bereit, gegen Suchomlinow auszusagen und sogar Mithäftlinge zu ähnlich belastenden Aussagen zu bewegen.[251]

Jeder hatte etwas gegen Suchomlinow beizusteuern: Butowitsch wollte gehört haben, Suchomlinow habe auf der Deutschen Bank in Berlin Millionen deponiert, die Goschkjewitscha erinnerte sich plötzlich, daß der »Spion« Altschiller ständig freien Zugang zu Suchomlinows Arbeitszimmer gehabt habe, während wiederum Fürst Andronnikow behauptete, Suchomlinow sei von ausländischen Rüstungskonzernen bestochen worden.[252] Und Poliwanow, der inzwischen eine »Höchste Kommission zur allseitigen Untersuchung der mangelhaften Heeresversorgung« eingesetzt hatte, gab immer weitere Details über die (unbezweifelbare) Mißwirtschaft unter Suchomlinow preis.[253]

In wenigen Wochen hatte Kotschubinski genügend Material beisammen, mit dem er den russischen Kriegsminister in einen deutsch-österreichischen Superspion verwandeln konnte, der jahrelang die Militärgeheimnisse des Landes verraten habe. Für den Untersuchungsführer war Suchomlinow der große Hintermann der in Berditschew operierenden Verrätergruppe gewesen: »Als aktives Mitglied dieser Verbrecherbande«, so Kotschubinski, »als amtliche Quelle der wichtigsten militärischen geheimen Nachrichten und gleichzeitig als die Hauptperson dieser Gesellschaft und als Bindeglied mit den deutschen und österreichischen Spionageorganen« habe der Exminister Rußland unermeßlichen Schaden zugefügt.[254]

Kotschubinski hatte sich in den vermeintlichen Verratsfall Suchomlinow schon so festgebissen, daß ihn nicht einmal mehr der Sturz seiner wichtigsten Auftraggeber stoppen konnte. Endlich hatte der Zar dem Drängen seiner Frau (»Der Teufel hole diese Stawka!«) nachgegeben und sich entschlossen, selber die Führung der Streitkräfte zu übernehmen.[255] Am 22. August erschien Poliwanow im Hauptquartier des Höchstkommandierenden, um Nikolaj Nikolajewitsch und Januschkewitsch die Seidenschnur zu überbringen: Ein Kaiserlicher Ukas schob sie beide nach dem Kaukasus ab. Die alte Stawka war tot, von nun an kommandierte nur noch eine Zarskaja Stawka, der Stab des Zaren.[256]

Doch es gab noch genügend Leute, die an dem Ketzergericht gegen Suchomlinow interessiert waren. Der alte Suchomlinow-Gegner Poliwanow übernahm die Federführung bei der Jagd auf den einstigen Vorgesetzten und ließ Kotschubinski hemmungslos gegen Suchomlinow fahnden. Suchomlinows Bankfächer wurden durchsucht, der General mußte alle Akten des Scheidungsfalles Butowitsch herausrücken und eine Befragung nach der anderen über sich ergehen lassen.[257] Suchomlinow sah sich von seinen Gegnern eingekreist: »Ich bin rundherum von Spitzeln umgeben, die jeden meiner Schritte verfolgen«, schrieb er am 27. September in sein Tagebuch.[258]

Zug um Zug bereitete Kotschubinski den letzten großen Schlag gegen Suchomlinow vor – zum Vergnügen aller, die von den eigentlichen Ursachen der russischen Niederlagen ablenken wollten. Nur Rußlands oberster Ochrana-Mann A. T. Wassiljew, Leiter der Polizeiabteilung im Innenministerium, mochte an die Mär vom Superspion Suchomlinow nicht glauben.[259] Wassiljew hatte schon Zweifel an Mjasojedows Schuld gehabt, ganz unsinnig aber erschien ihm Kotschubinskis These, über Altschiller habe der Minister mit dem österreichischen Spionagedienst zusammengearbeitet.

Wassiljew verlangte Beweise. Der Untersuchungsführer legte ihm daraufhin einen Brief Altschillers an Frau Suchomlinowa aus dem k. u. k. Kurort Karlsbad vor, in dem es hieß, es regne viel, die Straßen seien miserabel und lange Spaziergänge unmöglich. Die scheinbar so harmlosen Worte, folgerte Kotschubinski, entstammten in Wahrheit einem raffinierten österreichischen Kode. Als ihn der Ochrana-Chef auslachte, wurde Kotschubinski wütend: »Der Teufel weiß, was der Mann damit meint.«[260]

Kotschubinski ließ sich nicht entmutigen, zumal eben jetzt eine internationale Spionageaffäre neuen Stoff für die Mär von der Allmacht des deutsch-österreichischen Geheimdienstes bot. Dr. André Langié, der unfreiwillige Mitwisser des deutsch-schweizerischen ND-Zusammenspiels und Entschlüsseler russischer Geheimtelegramme, hatte sich nach längerem Zögern zu einer spektakulären Aktion aufgerafft.

Am 10. November 1915 schickte Langié anonym der Russischen Gesandtschaft in Bern einen Brief, den er mit zwei verschiedenen (von ihm selber entzifferten) russischen Kodes verschlüsselt hatte; in dem Brief stand, er habe »aus dem Norden« (gemeint: aus Deutschland) erfahren, daß die Deutschen russische Depeschen mitlesen würden.[261] Kurz darauf folgte ein zweiter Brief. Die Gesandtschaft des Zaren, so bat der Schreiber, möge sich durch Aufgeben einer auf Alexandre N. Droujinsky lautenden Todesanzeige im »Journal de Genève« verpflichten, den Einbruch der Deutschen in den Schweizer Telegrammverkehr nicht seiner geliebten Heimat zu vergelten.[262] Prompt erschien in dem Genfer Blatt am 3. Dezember die gewünschte Todesanzeige: »Die Freunde von Herrn Alexandre N. Droujinsky werden benachrichtigt, daß dieser am 16. November auf seiner Besitzung in Rußland gestorben ist.«[262]

Ebenso rasch aber wurde der russische Gesandte beim Schweizer Bundespräsidenten vorstellig, dem er vortrug, zwischen deutschen und schweizerischen Geheimdienstlern spiele sich Ungesetzliches ab. Die Schweizer Regierung hätte den Fall dilatorisch behandelt, wären da nicht ein paar welsche Journalisten und Entente-Freunde gewesen, die dem zaghaft-nervösen Langié rieten, sein ganzes Wissen über das neutralitätswidrige Treiben der beiden Geheimdienst-Obristen Egli und Wattenwyl in einem »Memoir« aufzuschreiben und es dem Chef des Militärdepartements, Bundesrat Decoppet, vorzulegen.[263]

Am 8. Dezember lag das Langié-Papier auf Decoppets Schreibtisch.[264] Der Bundesrat sah mit einem Blick, wie brisant das Papier war: Bruch der Neutralitätspolitik, Zusammenarbeit mit einer der Kriegsparteien – das war genau die Munition, die das welsche Lager benötigte, um die angeblich deutschfreundliche Politik der Schweizer Regierung lahmzulegen. Regierung und Armeeführung mußten sofort handeln, ehe die Affäre in die Öffentlichkeit sickerte. Noch Mitte Dezember wurden die beiden Geheimdienstler aus der Zentrale entfernt; Egli erhielt das Kommando über die Festung Hauenstein, Wattenwyl eines über eine abseits stationierte Brigade.[265]

Doch die »Obersten-Affäre« ließ sich nicht mehr vertuschen, die Öffentlichkeit hatte schon Wind davon bekommen. Ein Sturm der Empörung erhob sich in der Presse und drohte so gefährliche Formen anzunehmen, daß es die Armeeführung für opportun hielt, Wattenwyl und Egli vor ein Militärgericht zu stellen, angeklagt der »Begünstigung eines Kriegsführenden und vorsätzlicher Vermittlung von Nachrichten militärischer Natur zugunsten einer fremden Macht«.[266] Am 28. Februar 1916 eröffnete das Divisionsgericht in Zürich die Hauptverhandlung gegen die beiden Obristen.[267]

Die Oberen im Militärdepartement mußten noch froh sein, daß der Prozeß trotz größter Publicity durch die mißtrauische Presse das deutsch-schweizerische ND-Spiel weitgehend im Dunkel ließ. Langié blieb der einzige Belastungszeuge und er konnte nur Indizien und Schlußfolgerungen, nicht aber Beweise bieten.[268] So erging am 1. März ein gnädiges Urteil: »1. Die Angeklagten sind eines gerichtlich zu bestrafenden Vergehens nicht schuldig und werden daher freigesprochen. 2. Dagegen werden sie der vorgesetzten militärischen Stelle zu disziplinarischer Beurteilung überwiesen.« Das hieß praktisch: 20 Tage Arrest, dann ehrenvolle Entlassung aus der Armee.[269]

Gleichwohl ließ der Züricher Prozeß die Männer der russischen Spionageabwehr ahnen, wieweit die Deutschen von der Schweizer Spionage profitiert haben mochten. Der Inquisitor Kotschubinski im fernen Petrograd mußte sich in seinen düstersten Kombinationen bestätigt fühlen: Wenn es den Deutschen gelungen war, sich den ganzen Geheimdienstapparat eines neutralen Staates nutzbar zu machen, so konnte niemand mehr ausschließen, daß sie auch den russischen Kriegsminister hatten für sich arbeiten lassen.

Entschlossen schlug Kotschubinski nun zu: Am 20. April 1916 verhafteten Polizeibeamte den ehemaligen Kriegsminister in seiner Wohnung in der Petrograder Offiziersstraße und führten ihn auf die Peter-Paul-Festung ab – Beginn eines langwierigen Martyriums, das 1917 zunächst mit der Verurteilung des Wladimir Alexandrowitsch Suchomlinow zu einer lebenslänglichen Kerkerstrafe wegen Spionage zugunsten des Feindes und Sabotage russischer Kriegsanstrengung enden wird.[270]

Suchomlinows Verhaftung fachte in Rußland die Spionagehysterie zu neuer Wut und Maßlosigkeit an. Der Zar ließ eine »Kommission zur Bekämpfung der Spionage und des Spekulantentums« bilden, an deren Spitze der inzwischen zum Generalmajor aufgestiegene Batjuschin trat, der mit seinen Kommissaren Volk und Armee nach verkappten Helfern des Feindes durchsuchte.[271] Der Ochrana-Chef Wassiljew konnte sich nur noch wundern über die »primitiven Methoden« von Batjuschins Spionejägern und »die summarische Art, in der sie mit angeblichen Spionen umgingen«.[272]

Kein Bereich der Gesellschaft, keine Dienststelle der Armee war vor Batjuschins Schnüfflern noch sicher. Selbst die einst so gefürchtete Gendarmerie gehörte jetzt zu den Observationsobjekten der Sonderkommission; schon im Sommer 1915 hatte die Armee, eine Folge des Falles Mjasojedow, alle Gendarmerieoffiziere aus den führenden Posten des Nachrichtendienstes in Korps, Armeen und Fronten entfernt und durch Generalstabsoffiziere ersetzt.[273] Gendarmerieoffiziere waren in der Armee nicht mehr erwünscht; selbst mancher Ochrana-Mann, der sich von Emotionen nicht völlig fortreißen ließ, war den Eiferern suspekt – Stück um Stück fiel das zaristische Rußland dem alleszerstörenden Spionagewahn anheim.

Und wo den russischen Sauberkeitsaposteln die Argumente und Beweise ausgingen, da waren stets die Diplomaten, Militärs und Propagandisten der Entente mit neuen Insinuationen zur Stelle. Sie wurden von der fixen Idee beherrscht, der angeblich prodeutsche Zarenhof bereite insgeheim schon einen Separatfrieden mit Deutschland vor.

Am 20. Januar 1916 war der ultrareaktionäre Boris Wladimirowitsch Stürmer zum Ministerpräsidenten berufen worden, dessen deutscher Name genügte, die westalliierten Aufpasser in Rußland bösen Verrat wittern zu lassen.[274] Der britische Botschafter George Buchanan warnte vor dem »noch hinterlistigeren Feind innerhalb unserer eigenen Mauern«, und sein französischer Kollege Maurice Paléologue – allgemein bekannt als Biograph großer, historischer Persönlichkeiten – sah die immer mehr zur Mitregentin aufsteigende Zarin als das »allmächtige Werkzeug der Verschwörung, deren Vorhandensein ich unentwegt in meiner Umgebung wahrnehme«.[275]

So starr waren die Vertreter der Alliierten auf den Krieg gegen Deutschland fixiert, daß sie jedes Anzeichen russischer Auflösung nichts als eine üble Intrige deutscher Drahtzieher dünkte. Die Unruhen hungernder Bauern, die ersten Streiks der Fabrikarbeiter in Petrograd, die sinkende Kampfeslust der russischen Soldaten, die Korruption und Unfähigkeit der Verwaltung, die wachsende Isolierung des Zaren – für Buchanan waren es sämtlich Beweise dafür, »wie die deutsche Partei in Rußland sich bemüht, die öffentliche Meinung ... zu vergiften und uns anzuklagen, wir wollten den

Krieg nur verlängern, um die Welt zu beherrschen und Rußland ausbeuten zu können«.[276]

Desto hartnäckiger drängten die zahlreichen militärischen Missionen, die die Entente in Rußland unterhielt, Zar und Armeeführung dazu, den Krieg gegen Deutschland und Österreich-Ungarn zu verschärfen. Die westlichen Alliierten hatten Rußland und dessen militärische Einrichtungen mit einem Netz von Helfern und Aufpassern überzogen; für jeden Sektor russischer Kriegsanstrengung gab es britische und französische Delegationen: bei der Stawka eine Militärmission, für die schweren Waffen der Zarenarmee eine Artilleriemission, für Infanterieausrüstung eine Armeemission, für das Sanitätswesen eine Gesundheitsmission.[277]

So wenig aber auch die Entente in der Lage war, den gewaltigen Munitions- und Waffenbedarf der russischen Armee zu befriedigen – der Zar mochte nicht länger dem Drängen seiner Alliierten widerstehen. Am 27. Februar 1916 versammelte er seine Spitzenmilitärs im Hauptquartier von Mogilew und ließ ihnen durch den neuen Generalstabschef Alexejew einen Feldzugplan unterbreiten: Großangriff gegen den deutschen Nordflügel zwischen Friedrichstadt südlich von Riga und Smorgon ostwärts Wilna, da allein dort die russische Armee der deutschen zahlen- und waffenmäßig überlegen sei. Beginn des Angriffs: 18. März.[278]

Kaum aber hatte Alexejew begonnen, den Frontabschnitt mit zusätzlichen Truppen zu verstärken, da schlug Gempp Alarm im Hauptquartier des Oberost. Sein Geheimdienst hatte aufgepaßt. Spätestens bis zur zweiten Märzwoche kannte Gempp nahezu alle für den russischen Angriff herangeführten Verstärkungen; die fast lückenlose Funküberwachung der russischen Armeekorps durch die IIIb erbrachte, daß sich das sibirische III. Korps, das XXVII. und XV. Korps auf dem Marsch an die Front befanden.[279] Daraus folgerte Gempp, daß schon bald mit einem Angriff des Gegners zu rechnen sei, und zwar im Frontabschnitt der 10. Armee, speziell gegen das XXI. Armeekorps des Generalleutnants von Hutier zwischen Narocz- und Wiszniew-See.[280]

Die Oberste Heeresleitung, schon wieder neue Truppenanforderungen des Oberost fürchtend, mißtraute Gempps Meldungen; noch am 16. März hielt die Nachrichtenabteilung der OHL die Absichten der drei gegnerischen Korps, deren Frontabmarsch IIIb gemeldet hatte, für »fraglich« und »ganz unsicher«.[281] Selbst Ludendorff fegte Gempps Meldungen beiseite; er konnte sich nicht vorstellen, daß die Russen so kurz vor dem Einsetzen des von allen Militärs gefürchteten Tauwetters, das ganz Polen unwegsam machte, angreifen würden.[282] Gelassen fuhr er am 11. März nach Berlin zu einer Prinzenhochzeit.[283]

Vier Tage später aber erreichte Ludendorff ein dringendes Telegramm Hindenburgs, das ihn hieß, sofort zurückzukehren. Der Oberost war überzeugt, »daß der russische Hauptangriff gegen die Gruppe Hutier unmittelbar bevorstehe«.[284] Die russische Offensive ließ denn auch nicht lange auf sich warten. Am Morgen des 18. März brachen 23 Divisionen der russischen 1. und 2. Armee zum Sturm gegen die deutschen Stellungen nördlich und südlich des Narocz-Sees auf, bald danach waren Angreifer und Verteidiger in zahllose Einzelkämpfe verwickelt.[285]

Hindenburg und Ludendorff waren nicht wenig verwirrt, als sich nun weitere russische Armeen im Süden und Norden, vor allem im Raum Smorgon, zum Angriff anschickten.[286] Doch Gempp konnte die beiden nervösen Feldherren beruhigen. Noch am Abend des ersten Kampftages meldete er: »Nach Ansicht des NO10 erfolgt Hauptangriff im Raume nördlich und südlich Postawy und zwischen Narocz- und Wiszniews-See. Angriffsvorbereitungen in Gegend Smorgon nur Täuschung.«[287] Hauptmann Glodkowski, der neue Nachrichtenoffizier der 1. Armee, hatte richtig getippt; die Entscheidung über Erfolg oder Mißerfolg der russischen Frühjahrsoffensive fiel im Frontabschnitt seiner Armee.

Die meisten russischen Angriffe brachen im Sperrfeuer der deutschen Stellungen zusammen, nur in einem Abschnitt am Südende des Narocz-Sees gelang den russischen Infanteristen ein Durchbruch, der jedoch rasch von deutschen Reserveeinheiten wieder gestoppt werden konnte.[288] Fast überall erwies sich, daß die früher so gefürchtete russische Dampfwalze ihren Schwung verloren hatte. Die mangelnden Erfolge der eigenen Truppe und das inzwischen eingesetzte Tauwetter zwangen die Stawka, den Kampf abzubrechen. Ende März war die Front wieder ruhig.[289]

Die russischen Frontoberbefehlshaber waren von dem Scheitern der Offensive so geschockt, daß sie von einem neuen Angriff nichts hören wollten. Als Alexejew am 14. April in Mogilew wieder einen Offensivplan vorlegte, stellten sich die Generale Kuropatkin (Nordfront) und Ewert (Westfront) dagegen; die deutschen Stellungen, erklärten sie, seien so stark ausgebaut und tief gegliedert, daß ein Angriff nur Sinn habe, wenn man über genügend schwere Artillerie verfüge.[290] Da aber der Kriegsminister (Poliwanow war schon wieder abgehalftert und durch einen anderen General ersetzt worden) es für unmöglich hielt, vor dem Herbst schwere Geschütze samt Munition zu liefern, blieben Ewert und Kuropatkin bei ihrer Opposition.[291]

Doch es gab noch russische Generale, die es gar nicht abwarten konnten, den Feind endlich zu schlagen, Alexej Alexejewitsch Brussilow, seit Anfang April Oberbefehlshaber der Südwestfront, war einer von ihnen. Er drängte bei den Diskussionen in Mogilew zum sofortigen Losschlagen, er verlangte, die drei Fronten müßten sich gemeinsam auf den Feind werfen – jetzt, ohne Zögern und ohne Rücksicht darauf, was an Waffen und Munition noch fehle.[292] Zwar konnte sich Brussilow nicht vorstellen, daß die Südwestfront bei einer solchen Generaloffensive einen wichtigen Part spielen werde, aber er meinte immerhin, die erstklassig ausgebildeten Soldaten unter seinem Kommando würden helfen, den Feind zu verwirren und dessen Abwehrkraft zu zersplittern.

Angesichts so hartnäckigen Drängens gaben Kuropatkin und Ewert ihren Widerstand auf. Der Zar erließ einen Operationsbefehl, der anordnete, die drei Fronten hätten bis zum 14. Mai angriffsbereit zu sein; den Hauptschlag der neuen Offensive habe die Westfront im Raum Molodeczno in Richtung auf das deutschbesetzte Wilna zu führen.[293] Doch es kam anders, als auf dem Papier festgelegt worden war.

Gerade hatte man Anfang Mai in russischen Stäben erkannt, daß die Armeen der drei Fronten keineswegs bis zum festgesetzten Zeitpunkt angriffsbereit sein würden, da liefen bei Brussilows Nachrichtenoffizieren ein paar aufregende Meldungen ein. Sie besagten, die österreich-ungarische Front südlich der Pripjet-Sümpfe werde immer mehr ausgedünnt durch den Abzug von Truppen, die das k. u. k. Armeeoberkommando an die italienische Front werfe.[294] Mit einem Mal sah Brussilow, der bis dahin seinen Truppen nur eine marginale Rolle bei der kommenden Großoffensive zugeschrieben hatte, eine Chance vor sich, im Alleingang dem Gegner eine empfindliche Niederlage beizubringen.

Die schrillen Hilferufe des italienischen Bundesgenossen, der sich Mitte Mai von einer auf Verona zielenden Offensive der Österreicher hart bedrängt sah und eine russische Entlastungsoffensive an der Ostfront verlangte, kamen Brussilows Plänen gerade gelegen.[295] Der General schlug der Stawka vor, den Wunsch der Italiener augenblicklich zu erfüllen, doch Alexejew wies ihn ab mit dem Hinweis, die Truppen der Nord- und Westfront seien noch nicht angriffsbereit.[296] Brussilow aber beteuerte immer wieder, seine Südwestfront – eben mit schwerer Artillerie aus französischen Beständen ausgerüstet – könne jeden Augenblick losschlagen. Der Generalstabschef gab nach, schließlich konnte eine Demonstration russischer Bündnistreue nicht schaden, so strategisch unerheblich sie auch sein mochte – dachte Alexejew.[297]

So entschied die Stawka am Ende, die Offensive der Südwestfront solle am 4. Juni beginnen, der Angriff der Westfront eine Woche später folgen.[298] Alexej Alexejewitsch Brussilow war in seinem Element. Er bewog die Stawka, seine Angriffstruppen noch durch Infanterie- und Kavallerieverbände der beiden anderen Fronten zu verstärken, während er zugleich seinen Nachrichtendienst alarmierte, dessen Agenten und Offiziere den Auftrag erhielten, die unvermeidlichen Truppenbewegungen im Frontraum so lange wie möglich zu tarnen und den Gegner durch Funkspiele von den Angriffsvorbereitungen abzulenken.[299]

Brussilow konnte zuversichtlich sein, denn die vier Armeen der Südwestfront verfügten über den besten Nachrichtendienst der russischen Streitkräfte. Oberst Golowin, der Nachrichtenchef der 9. Armee, hatte sich durch ein dichtes Netz von Konfidenten und österreichischen Überläufern ein genaues Bild von den gegnerischen Befestigungsanlagen am Südflügel der Ostfront verschafft, und Golowins Kollege von der 7. Armee, Oberst Ryzkow, kannte wie kaum ein anderer Raswedka-Mann die fragwürdige Kampfmoral der ihm gegenüberliegenden österreich-ungarischen Truppen, etwa die »mindere Haltung der überwiegend aus Slawen bestehenden 36. Infanteriedivision« in den vordersten Abwehrstellungen in der Nordbukowina.[300] Auch der Nachrichtenchef der 8. Armee war über die Feindverbände südlich der Pripjet-Sümpfe bestens informiert.[301]

Bei einer so guten Organisation konnte es der Führung der Südwestfront nicht schwerfallen, ihre Angriffsvorbereitungen lange Zeit zu verschleiern. Die IIIb erkannte nur mit Mühe, was sich gegen die deutsch-österreichische Front im Süden zuammenbraute. Gempp und seine Leute erwarteten die nächste russische Offensive noch immer nördlich der Pripjet-Sümpfe und merkten gar nicht, daß bereits einige ihrer Meldungen – so etwa die vom 12. Mai über die Ablösung des russischen I. Korps bei Postawy oder die vom 15. Mai über den Abbruch des Funkverkehrs des sibirischen V. Korps im Mittelabschnitt der Ostfront – auf den bevorstehenden Schlag im Süden hinwiesen.[302]

Der österreichische ND merkte es schneller. »Bis Ende des Monats«, berichtet Ronge, der inzwischen die Leitung der Nachrichtenabteilung des AOK übernommen hatte, »waren über Angriffsabsichten des Feindes bei Olyka, Tarnopol und südlich des Dnjestr keine Zweifel und erwartete man zu jeder Stunde den Beginn.«[303]Als sich Conrad von Hötzendorff am 24. Mai mit Falkenhayn in Berlin traf, konnte er dem deutschen Kameraden so sichere Nachrichten über Brussilows Vorbereitungen bieten, daß ihm der OHL-Chef versprach, deutsche Verstärkungen in den Süden der Ostfront zu entsenden, »wenn die Russen stärkere Kräfte vom Norden in den Raum südlich des Pripjet heranführen sollten«.[304]

Wie gut aber auch Ronges Männer informiert sein mochten – die von General Brussilow am 4. Juni 1916 entfesselte Angriffswut der russischen Südwestarmeen verblüffte Freund und Feind. Nach stundenlangem Artilleriefeuer stürzten sich 40 Infanteriedivisionen auf den Feind, und bald »zerschmolzen die österreichischen Verteidigungsstellungen wie Sandburgen unter der hereinbrechenden Flut«, wie ein Historiker urteilt.[305] Nichts schien die russischen Angreifer aufhalten zu können: Zahlreiche Bataillone der k. u. k. Armee ergaben sich dem Feind, viele Tschechen fraternisierten mit den Russen und schlossen sich derem Kampf an.[306]

Die Russen erstürmten eine gegnerische Stellung nach der anderen, kopflos und voller Panik flohen die österreichischen Truppen zurück. Am 7. Juni eroberten Brussilows Truppen das ostgalizische Luck, kurz darauf war die ganze 4. Armee der Österreicher im Kern gefährdet, auch die 7. Armee konnte sich der Angreifer kaum noch erwehren.[307]

Was als Nebenoperation begonnen hatte, wurde jetzt zur Hauptaktion. Die Stawka erholte sich schnell von ihrer Überraschung und schob immer neue Verbände der anderen Fronten in die Bresche, die Brussilows Armeen in die österreichische Abwehr geschlagen hatten. Schon ging in der Umgebung des Zaren der Glaube um, die unverhofft erfolgreiche Offensive könne bewirken, ganz Österreich-Ungarn aus der Front der Kriegsgegner herauszuschießen. Ende Juni waren bereits die wichtigsten Stellungen der österreichischen Front im Süden zerschlagen, war Czernowitz erobert und waren 350000 Österreicher in russische Gefangenschaft geraten.[308] Und der Angriff ging schier pausenlos weiter: Kolomea geriet in russische Hand, Brody wurde erobert, im August drangen die Armeen des Zaren bis zu den Karpaten vor – ein singulärer Erfolg russischen Soldatentums.[309]

Die südliche Ostfront der Mittelmächte wäre vollends zusammengebrochen, hätten nicht die dort eingesetzten deutschen Verbände dem russischen Angriff widerstanden. Sie blieben Widerstandsinseln inmitten der angreifenden Muschik-Massen. Die deutsche Heeresgruppe Linsingen auf dem linken Flügel der Abwehrfront wehrte jeden Angriff ab, und auch die deutsche Südarmee in Ostgalizien ließ sich aus ihren Stellungen nicht hinauswerfen.[310] Zudem stoppten allmählich neu herangeführte deutsche Divisionen und widerstandsfähigere k. u. k. Verbände das Tempo der Brussilow-Offensive.[311]

Doch der Schaden war schon angerichtet, das militärische Prestige der Mittelmächte so ramponiert, daß es Rumänien opportun erschien, auf der Seite der Entente in den Krieg einzutreten.[312] Am ärgsten war die Position des Generalstabschefs von Falkenhayn erschüttert. In allem hatte er sich getäuscht: Die unsinnig-mörderische Kraftanstrengung von Verdun war vergebens gewesen, die Russen hatten noch einmal einen furchtbaren Angriffselan bewiesen, Rumänien war (entgegen Falkenhayns Dementis) in den Krieg eingetreten – Grund genug für den Kaiser, seinen Generalstabschef abzuhalftern und das ihm so unsympathische Duo Hindenburg/Ludendorff an die Spitze der OHL zu berufen.[313]

Der Zufall aber wollte, daß just nach der Machtübernahme Hindenburgs und Ludendorffs der Schwung der Brussilow-Offensive nachließ. Immer schwieriger wurde es für den Zarengeneral, seine Armeen anzutreiben. Erst waren es ein paar Kompanien, die ihrem OB den Dienst verweigerten, dann gab es ganze Regimenter, die nicht mehr angreifen wollten. Tausende, ja Hunderttausende braver Muschiks hatten genug vom Krieg des Zarismus. General Brussilow ahnte es als erster: Die glänzendste Offensive der russischen Armeen im Ersten Weltkrieg würde zugleich ihre letzte sein.

8 Die Millionen des Kaisers

Dem Major Gempp, Geheimdienstchef des deutschen Ostheeres, schienen die Meldungen zu schön, um glaubhaft zu sein. Was er da in seinem Stabsquartier im besetzten Brest-Litowsk unter dem Datum des 23. Oktober 1916 las, hätte jeden anderen deutschen Offizier in Hochstimmung versetzt, kündigten doch die vor ihm liegenden Papiere nichts geringeres als den baldigen Zusammenbruch des russischen Gegners an.[1]

Gempp aber überzeugten die Meldungen nicht. Massenmeutereien in der russischen Armee – das waren für ihn Wunschträume deutscher Nachrichtenoffiziere, die ungeduldig den großen politisch-militärischen Durchbruch erwarteten, der dem Krieg im Osten die entscheidende Wendung zugunsten Deutschlands geben und dem sinnlosen Töten an der Front ein Ende setzen würde. Realistisch schien ihm das nicht. Wie oft hatte Gempp schon sensationelle Berichte über Meutereien und Unruhen im russischen Hinterland erhalten, und immer wieder hatten sie sich dann als falsch erwiesen. Würde es diesmal anders sein?

Noch einmal las Gempp die Meldungen, die ein Kurier im Geschäftszimmer seiner Dienststelle abgeliefert hatte. Sie stammten von Hauptmann Peters, dem Nachrichtenoffizier der im Mittelabschnitt der Ostfront kämpfenden Heeresgruppe Linsingen, und enthielten die Aussagen gefangengenommener russischer Soldaten, die immer wieder dasselbe bekundeten: Der Muschik hatte genug von dem Krieg seiner zaristischen Herren und mochte sich von ihnen nicht länger hinopfern lassen.

Bei mehreren Divisionen der russischen 3. Armee, so meldete Peters, sei es zu massenhaften Gehorsamsverweigerungen und Meutereien gekommen. Peters zählte auf: »102. Division: Allgemeiner Angriffsbefehl ausgegeben, Mannschaften Gehorsam verweigert. 80. Division bei Saturay: Mannschaft hat Angriff verweigert. 2. Schützendivision: Mannschaften sollen Befolgung des Angriffsbefehls wiederholt verweigert haben; Offiziere anscheinend damit einverstanden.«[2]

Das war zu vage formuliert, um den Skeptiker Gempp zu beeindrucken. Friedrich Gempp konnte sich ohnehin nicht vorstellen, daß die größte Armee der Welt, Rußlands gefürchtete »Dampfwalze«, physisch und psychisch erledigt sei. Noch wenige Wochen zuvor hatte die katastrophale Brussilow-Offensive demonstriert, wessen die russische Kriegsmaschine fähig war – Bestätigung all der Analysen, in denen Gempp seine Vorgesetzten immer wieder vor einer Unterschätzung der russischen Kampfkraft gewarnt hatte.

So blieb er mißtrauisch gegenüber allen Informationen, die den bevorstehenden Zusammenbruch des russischen Heeres signalisierten. Gempp ging von seiner Skepsis auch nicht ab, als in den folgenden Wochen neue Berichte bei ihm einliefen, die bestätigten, was Peters gemeldet hatte. Nicht nur wußte Peters aus dem Frontabschnitt seiner Heeresgruppe über weitere Truppenmeutereien auf der russischen Seite zu berichten, auch die Nachrichtenoffiziere der benachbarten Heeresgruppen hatten von ihren Gefangenen ähnliches gehört.[3]

Auf Gempps Lagekarte wurde der Wald der Steckfähnchen immer dichter, die russische Divisionen markierten, von denen Berichte über Gehorsamsverweigerungen vorlagen. Trafen die Meldungen zu, so war praktisch die Einsatzbereitschaft der wichtigsten russischen Großverbände im Mittelabschnitt der Ostfront ernsthaft gefährdet: Die 102. Division war wegen mehrfacher Gehorsamsverweigerungen aus der Front herausgezogen, die 100. Division wegen schwerer Meutereien erst gar nicht eingesetzt worden, im Raum Witoniez war es zwischen meuternden und befehlstreuen Einheiten zu Schießereien gekommen, in der 78. Division war ungehorsamen Soldaten sofortige Erschießung angedroht, bei der 3. Grenadier-Division jede Erörterung von Friedensfragen mit Prügelstrafe belegt worden.[4]

Eine eindrucksvolle Liste, doch Gempp blieb reserviert und warnte seine Mitarbeiter vor übereilten Schlußfolgerungen. »Die neuerdings eingehenden zahlreichen Nachrichten über Unbotmäßigkeiten bei den russischen Truppen«, schrieb er am 14. November, »dürfen nicht zu der Annahme verleiten, daß die Schlagkraft des russischen Heeres wesentlich erschüttert wäre. Die starke Hervorhebung der für die Russen ungünstigen Gefangenenaussagen in den unseren Truppen zugehenden Protokollen kann leicht zur falschen Einschätzung des Gegners durch diese führen.«[5]

Gempp wäre nicht schlecht erschrocken, wenn er erfahren hätte, wie unberechtigt seine Skepsis war. In Wirklichkeit sahen sich die russischen Armeen in noch weit aussichtsloserer Lage, als die Aussagen der gefangenen Zarensoldaten erkennen ließen. Das Heer von Nikolaus II. widerstand nur noch mit äußerster Mühe dem Druck der gegnerischen Armeen: Das Zarenheer hatte nahezu alle Offensivkraft eingebüßt, zumal es schlecht geführt und miserabel ausgerüstet war, ohne moderne Waffen und ohne ausreichende Versorgung, verunsichert durch Zweifel am Sinn des Krieges, durch wachsende Disziplinlosigkeit in den eigenen Reihen und eine von der korrupt-unfähigen Bürokratie verursachten Ernährungskrise im ganzen Land, die sich immer mehr in antizaristischen Streiks und Demonstrationen entlud.

Dieses Heer war am Ende seiner Kräfte: fast das ganze Offizierskorps der Vorkriegsarmee im ersten Kriegsjahr verblutet, zwei Millionen Soldaten gefallen, 1,5 Millionen desertiert.[6] Kaum eine Kompanie war noch intakt; bei jedem Morgenappell fehlten ein paar Soldaten, die nachts die Truppe verlassen hatten, und es gehörte schon zum normalen Bild eines russischen Militärlagers, daß alle Ausgänge von Posten bewacht wurden.

Besonders arg war die Lage an der Front. Die Soldaten, so schrieb der Befehlshaber der 5. Armee, General Alexej Michailowitsch Dragomirow, »reagieren äußerst ungern auf jeden Befehl, in die Schützengräben zu gehen; für eine militärische Unternehmung, und sei es ein einfacher Spähtrupp, finden sich keine Freiwilligen, und es gibt keine Möglichkeit, jemanden zu zwingen, aus dem Schützengraben herauszukommen.«[7] Raffte sich eine Truppe doch einmal auf, so meist nur, weil der Kommandeur zuvor die schriftliche Versicherung abgegeben hatte, das Unternehmen diene nur der Verteidigung der eigenen Stellungen.

Wie die Soldaten, so ihre Führung: Der Zar, auf Drängen seiner Frau an die Spitze der Stawka getreten, versank in Lethargie und religiösem Mystizismus, sein gescheiter Generalstabschef Michail Alexejew hatte sich in eine Krankheit geflüchtet und die Leitung der Operationen müden Militärs überlassen, deren verantwortungsscheues Treiben das spöttische Wort des Liberalen Wassilij Schulgin rechtfertigte: »Wie furchtbar ist die Selbstherrschaft – ohne einen Selbstherrscher.«[8]

Wer jetzt noch Krieg führen wollte, und es gab Militärs, die skrupellos genug waren, eben dies mit Hilfe der westlichen Alliierten zu tun, der mußte das vergreiste Zarenregime beseitigen. Alexej Michailowitsch Krymow, Kommandierender General des III. Kavalleriekorps, machte sich zu ihrem Sprecher. Anfang Januar 1917 spornte er führende Duma-Abgeordnete bei einer Zusammenkunft in Petrograd zum Staatsstreich an. Krymow: »Der Umsturz ist nicht zu vermeiden, das weiß man auch an der Front. Wenn Sie sich entschließen, dieses äußerste Mittel anzuwenden, so werden wir Sie unterstützen. Ein anderes Mittel gibt es nicht mehr.«[9]

Von solchen Zusammenhängen wußte natürlich der deutsche Feindaufklärer Gempp nichts, wie sollte er auch. Er mochte nicht einmal glauben, was ihm Tag für Tag die Vernehmungsprotokolle seiner Offiziere offenbarten: daß der russische Soldat den Krieg satt hatte. Gempp hätte sich noch länger an seinem Fehlurteil festgeklammert, wäre er nicht zu Beginn des Jahres 1917 von Nicolai in die ND-Zentrale des Großen Hauptquartiers im oberschlesischen Pleß berufen worden, rechtzeitig genug, ihm die Augen darüber zu öffnen, wie revolutionsreif Rußland schon war – nicht zuletzt dank der konspirativen Arbeit deutscher Spionage- und Propagandaorgane.

Nach der Übernahme der Obersten Heeresleitung durch Hindenburg und Ludendorff schien es Major Walter Nicolai opportun, den Mann an seine Seite zu ziehen, der wie kein anderer IIIb-Offizier die neuen OHL-Chefs kannte und zu behandeln wußte. Das verband er mit einer Reorganisation seines Führungsapparates. Am 8. Januar 1917 gliederte Nicolai die Abteilung IIIb in sechs Sektionen auf, deren Leitung er sich mit Gempp teilte. Gempp übernahm die Sektionen I (Geheimer Kriegsnachrichtendienst), III (Spionageabwehr) und J (Inlandsnachrichtendienst) und avancierte zugleich zu Nicolais Stellvertreter.[10]

Gempps plötzlicher Aufstieg erregte unter den Insidern einiges Aufsehen, war ihnen doch bekannt, wie sehr sich der mißtrauische Abteilungschef Nicolai scheute, Kompetenzen und damit ein Stück militärbürokratischer Macht an potentielle Rivalen abzutreten. Doch ihm blieb keine andere Wahl, als Gempp aufzuwerten. Dessen Beziehungen zu den OHL-

Chefs würden der IIIb bei künftigen Positionskämpfen im Großen Hauptquartier ebenso nützlich sein wie Gempps Vertrautheit mit dem Osten, denn Nicolai sah voraus, daß von nun an Rußland das wichtigste Zielgebiet deutscher Geheimdienstarbeit sein würde.

Deutschlands verzweifelte Kriegslage verlangte dies. Das Reich hatte kaum noch eine Chance, über seine zahlreichen Gegner zu triumphieren. Rußland war zwar kein gefährlicher Gegner mehr, im Westen aber kündigte sich schon die große Wende des Krieges an. Der verschärfte deutsche U-Bootkrieg gegen England, wider alle Warnungen des Reichskanzlers Bethman Hollweg in Szene gesetzt, erbrachte nicht das erwartete Ergebnis und trug nur dazu bei, die Macht zu provozieren, an der alle deutschen Großmacht- und Hegemoniepläne scheitern sollten: Amerika.

Der drohende Kriegseintritt der USA aber trieb die noch immer sieggläubigen, auf militärische Totallösungen versessenen Militärs dazu, Rußland endgültig als Gegner auszuschalten, sei es durch eine neue Offensive an der Front, sei es durch konspirative Unternehmen – Ansporn für Gempp, alle Ressourcen des Geheimdienstes zum Sturz des Zarenregimes einzusetzen.

Er machte sich sofort daran, die Rußland-Aktivitäten deutscher Geheimdienste zu verstärken. Noch im Januar besuchte Gempp die Dienststellen und Tarnorganisationen, die Rußland-Spionage betrieben; von der Kriegsnachrichtenstelle Berlin-Ost bis zur Zweigstelle Stockholm, von der Finnen- und Baltenorganisation bis zu Nachrichtengruppen in der Schweiz reichte die geheime Front, die die IIIb gegen Rußland aufgebaut hatte.[11]

Gempp lief auch ND-Organisationen an, die nicht der Kontrolle des militärischen Geheimdienstes unterlagen. Die Sektion »Politik« des Generalstabs des Feldheeres, in der meist Diplomaten in Offiziersuniform saßen, organisierte Sabotageunternehmen im russischen Hinterland, und es gab auch eine Militärische Stelle in der Nachrichtenabteilung des Auswärtigen Amtes, dazu ausersehen, die Interessen des Generalstabs in dem verwirrenden Netz von Agenten, Geschäftemachern und Berufsrevolutionären zu vertreten, das das AA gegen Rußland geknüpft hatte.[12]

Je mehr Gempp die nachrichtendienstlichen Stellen abklapperte, desto deutlicher wurde ihm das ganze Ausmaß deutscher Untergrundarbeit gegen den östlichen Kriegsgegner. Als ehemaliger Chef des Frontnachrichtendienstes im Osten kannte er bis dahin nur einen Teil der Rußland-Spionage, und zwar den politisch weniger wichtigen. Jetzt aber öffnete sich ihm eine neue Welt konspirativer Intrigen und politischer Winkelzüge, nur auf ein Endziel ausgerichtet: die Revolutionierung des Zarenstaates, die Inszenierung von Auflösung und Chaos in Rußland.

Die Zertrümmerung Rußlands war ein altes politisch-militärisches Konzept. Schicksal und Gestalt Rußlands standen spätestens seit Mitte des vorigen Jahrhunderts auf der Tagesordnung der europäischen Politik, und der Kreuzfahrer, Imperialisten und Weltverbesserer gab es genug, denen dieses Rußland zu groß, zu autokratisch und einfach zu unheimlich war und die nach Wegen suchten, mit Hilfe innerrussischer Kräfte das Riesenreich zu zerkleinern und zu zerhacken, es gleichsam für die Umwelt erträglicher zu machen.

Britische und preußische Liberale hatten dies vorgedacht. Im Zeichen des Fortschrittes wollten sie Rußland zerstückeln, seinen Völkern mehr Freiheit verschaffen und seine Randgebiete auf die Nachbarstaaten verteilen - nachzulesen in einem Memorandum des preußischen Diplomaten Christian Karl Josias Freiherrn von Bunsen, der im März 1854 allen Ernstes vorschlug, Österreich bis zur Krim zu erweitern, das Baltikum einschließlich St. Petersburg zwischen Preußen und Schweden aufzuteilen und das restliche Gebiet in ein Klein- und ein Großrußland zu gliedern.[13]

»Pläne von kindlicher Nacktheit« nannte das Bismarck, der noch einen Sinn dafür hatte, daß sich an der Zukunft versündigt, wer die Strukturen der gewachsenen Staatenordnung mutwillig zerschlägt. Vor allem aus Gründen deutscher Existenzsicherung ging der Eiserne Kanzler von der Unzerstörbarkeit des »Reiches russischer Nation« aus, und es schien ihm geradezu ein Axiom deutscher Lebenssicherung, niemals in einem Krieg Hand an Rußlands Territorium zu legen; einen von Deutschland ausgelösten »russischen Krieg«, so sagte Bismarck einmal, würden »wir nie hinter uns haben« - also: Finger weg![14]

Doch davon wollte der bunte Haufen preußischer Militärs und Agrarschutz-Zöllner, deutscher Liberaler und Sozialdemokraten, russischer Sozialisten und deutschbaltischer Konservativer nichts wissen, für sie blieb die Auflösung des Zarenstaates ein unverzichtbares Programm. Ihnen allen war Rußland der Feind schlechthin, wie verschieden sie dies auch begründen mochten: mit der konterrevolutionären Natur des Russentums und dessen barbarischer Despotie, wie die Sozialisten Marx und Engels, mit dem widernatürlichen Charakter der zaristischen Staatsschöpfung, wie der Baltendeutsche Schiemann, oder mit der militärischen Übermacht Rußlands, wie der Präventivkrieger Waldersee.[15]

Krieg gegen Rußland - das war die Parole, die scheinbar so unvereinbare Geister wie den revolutionären Karl Marx und den hochkonservativen Grafen Waldersee miteinander verband. Für den einen war dieser Krieg ein Revolutionsakt, durch den sich die deutsche Nation von den Sünden ihrer Vergangenheit befreie, für den anderen eine rettende Tat, mit der erst das von Bismarck gegründete Deutsche Reich für alle Zukunft gesichert werde.

Als Waldersee Ende der achtziger Jahre mit einer Gruppe antirussischer Militärs den Kanzler Bismarck zum Präventivschlag gegen Rußland drängte, da gab es nirgendwo leidenschaftlichere Zustimmung als im Lager der deutschen Linken. Wie aber klagten die Progressiven, als Bismarck der Waldersee-Clique durch ein Machtwort den »gesunden Krieg« verdarb, den das liberale »Berliner Tageblatt« so emphatisch gefordert hatte, und wie ärgerlich bestanden sie darauf, nicht das »beste Resultat« für den Fortschritt zu gefährden, das sich Marx schon 1870 von einem deutsch-russischen Krieg erhofft hatte![16]

Nach dem Ende der Bismarck-Ära aber war der Weg frei für eine aggressive Russophobie, die nun nahezu alle Schichten der deutschen

Gesellschaft durchtränkte. Die verstärkt einsetzende Einwanderung russischer Flüchtlinge in Deutschland verschärfte noch die Volksstimmung gegen den Zarenstaat; junge, meist jüdische Sozialisten und deutschstämmige Bürger aus den baltischen Provinzen, beide gleichermaßen Opfer der zaristischen Autokratie, lieferten der antirussischen Politik nicht wenige Argumente.

Russische Emigranten waren denn auch stets präsent, wo in deutschen Amtsstuben und Parteien Rußland-Politik gemacht wurde. Professor Schiemann galt als der einflußreichste Rußland-Berater von Kaiser und Generalstab, seine Kollegen Johannes Haller und Friedrich Lezius prägten die antirussische Mentalität deutscher Universitäten mit, der Publizist Paul Rohrbach wies Staat und Wirtschaft neue Wege zur Beherrschung östlicher Märkte und Landgebiete - alle angetrieben von jener wunderlichen Haßliebe der Baltendeutschen zu Rußland, die ihnen suggerierte, das Riesenreich im Osten stehe historisch-kulturell außerhalb der europäischen Wertewelt und harre neuer kolonialer Ordnung durch die Deutschen.[17]

Aber auch auf dem linken Spektrum deutscher Politik und Gesellschaft gaben Emigranten aus Rußland den Ton an. Radikale Sozialisten wie die Polen Rosa Luxemburg und Karl Radek und der Russe Alexander Helphand, der sich »Parvus« nannte, hatten sich in der deutschen Sozialdemokratie publizistische Schlüsselpositionen gesichert, und es gab kaum noch eine Kontroverse in der SPD, zu der nicht die polnisch-russischen Genossen stets die unversöhnlichsten Parolen beisteuerten.

Auf den Einfluß dieser Emigranten ging es auch zurück, daß die SPD schon frühzeitig Kontakte zu einer Gruppe russischer Marxisten aufnahm, von der sich zumindest extreme Sozialdemokraten die Befreiung Rußlands vom Zarenjoch erhofften. Ihre Anhänger nannten sich »Bolschewiki«, Mehrheitler, weil sie bei einer Abstimmung einmal die Majorität erhalten hatten, und das war nicht ohne Ironie, denn sie bildeten in der Sozialdemokratischen Arbeiterpartei Rußlands eine winzige Minorität, was die erdrückende Mehrheit der Partei nicht davor bewahrte, von ihren Gegnern »Menschewiki« (Minderheitler) geheißen zu werden.

Die Bolschewiki schworen auf den kleinen, spitzbärtigen und fast kahlköpfigen Beamtensohn Wladimir Uljanow, genannt Lenin, der eher wie ein Bauer denn wie ein sozialistischer Intellektueller wirkte und dennoch mit unerbittlicher Konsequenz seinen Weg ging. Er hatte der ganzen russischen Gesellschaft den erbarmungslosen Kampf angesagt, er dachte nur in kriegerischen Kategorien: Mit einer Kampforganisation elitärer Berufsrevolutionäre wollte Lenin in Rußland die Macht erobern und verwirklichen, was er die Diktatur des Proletariats nannte.

Davon war Lenin freilich noch weit entfernt, als er an einem Tag im September 1900 an der Tür von Parvus' Wohnung im Münchner Stadtteil Schwabing klingelte.[18] Lenin kam eben aus einer dreijährigen sibirischen Verbannung zurück und hatte kaum mehr als 20 Leute hinter sich, die ihn als ihren Führer anerkannten. Seit er St. Petersburg verlassen hatte, suchte er nach Leuten mit Verbindungen, die ihm dabei helfen konnten, eine eigene

Partei außerhalb der offiziellen russischen Sozialdemokratie aufzubauen. Für Parvus hatte er daher nur eine schlichte Botschaft: Genosse, hilf!

Alexander Israel Lasarewitsch Helphand-Parvus, geboren 1867 bei Minsk, nach dem Studium in Basel Chefredakteur sächsischer SPD-Zeitungen und Gegenspieler sozialdemokratischer Revisionisten, mit seinem Freund Leo Trotzki Verfasser einer Theorie der »permanenten Revolution«, galt als ein Mann vielfältiger Beziehungen, als ein Wanderer zwischen zwei Welten.[19] »Für die einen«, so beschreibt ihn ein angelsächsischer Historiker, »war er ein Russe, für die anderen ein Deutscher. Da er weder das eine noch das andere ganz war, schien er beides zu sein.«[20]

Wie immer man ihn auch einstufte - die Hilfsbereitschaft des Genossen Parvus war legendär. Und so half er auch Lenin: Er lieh sich von Berliner SPD-Freunden eine Hektographiermschine, auf der Lenins Kampfblatt »Iskra« vervielfältigt wurde, er machte ihn mit deutschen Sozialdemokraten bekannt, er vermittelte Lenin auch die Dienste des SPD-Verlegers Dietz, der erste bolschewistische Schriften druckte und über die russische Grenze schmuggeln ließ.[21]

Im April 1902 verließ Lenin Deutschland, um sich schließlich in der Schweiz niederzulassen. Später mußte auch Parvus, wegen seiner radikalen Agitation schon lange Zeit der preußischen Obrigkeit suspekt, vor der Polizei fliehen.[22] Doch die Verbindungen zwischen SPD und russischen Marxisten rissen nicht ab. In den Kellern des sozialdemokratischen »Vorwärts« stapelten sich die Kampfschriften von Menschewisten und Bolschewisten, und mancher deutsche Genosse machte sich einen Spaß daraus, russische Grenzposten auszutricksen, wenn es galt, Lenins Sendboten nach Rußland zu schleusen.

Da war es denn auch kein Wunder, daß viele deutsche Linke nach Kriegsausbruch mit liberal-konservativen Imperialisten darin wetteiferten, der noch recht zögerlichen Reichsleitung die zündendsten Stichworte für die Zerschlagung Rußlands zu liefern – getreu dem Wort von Friedrich Engels, der Groll auf Rußland werde einmal zur ersten revolutionären Leidenschaft der Deutschen werden.[23]

Er wurde in der Tat zur Leidenschaft deutscher Publizisten und Politiker, die immer abenteuerlichere Rußland-Pläne produzierten. Der linksliberale Publizist Helmuth von Gerlach forderte am 17. August 1914 in der »Welt am Montag«, Deutschland müsse sich die nationalen Spannungen in Rußland zunutze machen (»Not kennt kein Gebot«) und die nichtrussischen Völkerschaften des Zarenstaates befreien, rechte SPD-Führer verlangten die Annexion russischer Gebiete durch Deutschland, während Nationalisten aller Art mit Matthias Erzberger fanden, letztes Ziel deutscher Politik müsse sein, »Rußland von der Ostsee und vom Schwarzen Meer abzuschließen«.[24] Dem nationalliberalen Imperialisten Rohrbach schien nichts einfacher, als Rußland wie eine Orange ohne Schnitt und Wunde in seine »natürlichen historischen und ethnischen Bestandteile« zu zerlegen, in Finnland, Polen, Bessarabien, Baltikum, Ukraine, Kaukasus und Turkestan, die unabhängig werden müßten – unter deutscher Kontrolle, versteht sich.[25]

Solche Ideen griffen Beamte im Auswärtigen Amt auf, unter ihnen der Unterstaatsekretär Arthur Zimmermann, ein forscher Ostpreuße, der nach einem Programm suchte, das die expansionistischen Ziele deutscher Ostpolitik mit den unmittelbaren Erfordernissen der Kriegführung reibungslos verband. Hier bot es sich an: Die Revolutionierung Rußlands, die Inszenierung von Aufständen in seinem Hinterland, konnte nicht nur den Angriffselan der russischen Armeen und die Widerstandskraft des Zarenregimes brechen, sie sollte zugleich einer deutschen Vormachtstellung im Osten den Weg bereiten.

Zimmermann fiel es nicht schwer, Kanzler und Kaiser für sein Programm zu gewinnen. Wilhelm II., ein Fan konspirativer Unternehmen, hatte schon ein ähnliches Revolutionierungsprojekt gegen England konzipiert. Majestät schwadronierte: »Unsere Konsuln in der Türkei und Indien, Agenten usw. müssen die ganze mohammedanische Welt gegen dieses verhaßte, verlogene, gewissenlose Krämervolk zum wilden Aufstande entflammen.«[26] Auch in Rußland sollte nun der Aufruhr, koordiniert mit dem Vormarsch der deutschen und österreichischen Armeen, losbrechen zu dem einzigen Zweck, den Bethmann Hollweg so umschrieb: »Befreiung und Sicherung der von Rußland unterjochten Stämme, Zurückwerfung des russischen Despotismus auf Moskau.«[27]

Doch wie damit beginnen? Das Auswärtige Amt besaß keine Verbindungen zu Oppositionsgruppen im Zarenreich, und auch die wenigen V-Männer, die einzelne Missionschefs in den Organisationen der russischen Emigration unterhielten, galten nicht als zuverlässig. Die meisten Rußland-Beobachter des AA hielten zudem Aufstände im Herrschaftsbereich von Ochrana und Gendarmerie für eine Utopie.

Noch erörterten Zimmermanns Mitarbeiter das Revolutionierungskonzept, da versuchte einer von ihnen, der Legationsrat Rudolf Nadolny, auf eigene Faust gegen Rußland aktiv zu werden (später hat er erneut im Dritten Reich und nach dem Zweiten Weltkrieg versucht, Ostpolitik zu betreiben). Da Nadolny Reserveoffizier war, bot er dem preußischen Kriegsministerium seine Dienste für »russische Angelegenheiten« an. Die Militärs hatten zunächst keine Verwendung für ihn, erst nach einem zweiten Anlauf des Diplomaten nahmen sie Nadolny und schickten den sprachenbegabten Ostpreußen als Adjutanten in ein Berliner Lager mit russischen Kriegsgefangenen.[28]

Dort fand ihn der Major Deutelmoser, ein Propagandagenie des militärischen Geheimdienstes, dem sofort aufging, daß der Hauptmann Nadolny auf einem falschen Posten saß. Er holte den Kameraden in die IIIb des Stellvertretenden Generalstabs, wo Nadolny eine Dienststelle aufbaute, die – gestützt auf die Informationszweige des Generalstabs und des Auswärtigen Amtes – Sabotageunternehmen und Aufstände im russischen Hinterland organisieren sollte.[29] Nadolny bezog im leergewordenen Generalstabsgebäude am Königsplatz ein Zimmer: Die Sektion »Politik«, kurz »P« genannt, war gegründet.[30]

Sektionschef Nadolny wurde in kurzer Zeit zu einem anerkannten

Routinier der psychologischen Kriegführung. Wo immer hinter der russischen Front Brücken in die Luft flogen und kleine militärische Einheiten überfallen wurden, wo umgedrehte russische Kriegsgefangene durch die Front sickerten und in Exilgruppen Pläne für einen Aufstand im Zarenstaat entworfen wurden, da stand Rudolf Nadolny dahinter.

Sein aktivster Helfer war dabei der Legationsrat Otto-Günther von Wesendonck, der in der Politischen Abteilung des Auswärtigen Amtes das Sachgebiet »Insurgierung russischer Nationalitäten« bearbeitete.[31] Er belieferte Nadolny mit Nachrichten und Geld; sein und des Auswärtigen Amtes Beitrag zu Nadolnys Krieg übertraf jenen der IIIb, deren Führung ohnehin nur mäßiges Interesse an dem Kampf der Psychokrieger nahm, weshalb die Sektion später, im Dezember 1915, aus dem Verband der IIIb ausschied und von da an ein recht unabhängiges Eigenleben unter dem Dach der Politischen Abteilung des Generalstabs führte.[32]

Gleich nach Gründung der »P« hatte Wesendonck die verschiedenen Informationsdienste des AA für den Kollegen Nadolny mobilgemacht. Wer immer bisher für die Wilhelmstraße konspirativ gearbeitet hatte, wurde der Sektion angeschlossen; Nachrichtenabteilung und Politische Abteilung alarmierten Kuriere, V-Männer mit Rußland-Kenntnissen, Gesellschaftsspione und gelegentliche Informanten.

Nadolny kam auch zugute, daß die wichtigsten Beobachtungsposten der deutschen Kriegsdiplomatie mit Rußland-Kennern besetzt waren. Die Gesandten Gisbert Freiherr von Romberg (Bern), Ulrich Graf von Brockdorff-Rantzau (Kopenhagen) und Lucius Freiherr von Stoedten (Stockholm) sowie der Botschafter Hans Freiherr von Wangenheim (Konstantinopel) galten als Könner ihres Fachs, die seit langem ein besonderes Augenmerk auf innerrussische Entwicklungen richteten. Sie folgten daher gern Wesendoncks Anregung, in aller Unauffälligkeit engeren Umgang mit russischen Zarenfeinden zu pflegen.

Dieses Rates hätte es freilich kaum bedurft, denn die Missionen in den neutralen Ländern wurden seit Kriegsausbruch in reicher Fülle von russischen Emigranten angelaufen, die deutsches Geld ebenso anlockte wie die Erfolge der deutsch-österreichischen Armeen im Osten. Baltische Nationalisten, ukrainische Separatisten, kaukasische Terroristen – jeder wollte jetzt auf den deutschen Sieg setzen.

Vor allem Romberg vermochte sich vor dem Andrang russischer Emigranten kaum noch zu retten. Die Schweiz war und blieb das Zentrum des europäischen Exils, und so konnte es nicht erstaunen, daß viele Emigranten Rombergs Bekanntschaft suchten, zumal der deutsche Gesandte, ein gebürtiger Balte, als ein halber Russe galt.[33] »Wir Russen«, sagte Romberg gern, wenn er seinen Zuhörern an verschwiegenen Orten das Rußland der Zukunft ausmalte. Begierig hörten sie ihm zu: der ukrainische Nationalist Wolodimir Stepankowski, der litauische Autonomist Juozas Gabrys, der estnische Bolschewist Alexander Kesküla und dessen Genosse Arthur Siefeldt, der gelegentlich im Auftrag der Deutschen Gesandtschaft Lenin-Freunden ein paar Tausendmarkscheine in die Koffer steckte, obwohl der

Aristokrat Romberg nie so recht verstand, warum eigentlich die russischen Sozialisten gegen den Zaren kämpften.[34]

Rombergs Berichte ließen keinen Zweifel daran, daß es in Rußland oppositionelle Gruppen gab, die nicht abgeneigt waren, sich gegen die Zarenherrschaft zu erheben, vorausgesetzt die Deutschen lieferten Waffen und Instrukteure. Hier mußte »P« ansetzen, wollte die Sektion durch Revolten russische Truppen von der Front abziehen und Verwirrung in der zaristischen Führung anrichten.

Nadolny verlangte denn auch bald, konkrete Vorbereitungen für einen Aufstand zu treffen. Er setzte seine Hoffnungen auf die Unterhändler des Botschafters Wangenheim in Konstantinopel, die schon recht ernsthafte Gespräche mit aufstandswilligen Kaukasiern und Ukrainern führten. Doch die Aufstandspläne der Sektion P erwiesen sich als Utopien, die Gespräche mit den Exilführern endeten ergebnislos.

Nur ein Konfident Wangenheims war einem realistischen Aufstandsversuch ganz nahe gekommen. Er lud im Oktober 1914 Vertreter sozialistischer Gruppen aus der Ukraine und dem Kaukasus in seine Wohnung in Konstantinopel ein und unterbreitete ihnen einen Aufstandsplan. Der V-Mann wollte mit deutschen Waffen und den im Türkischen (Osmanischen) Reich lebenden Anhängern seiner Besucher ein Expeditionskorps aufstellen, das die Aufgabe haben sollte, an der russischen Nordostküste des Schwarzen Meeres zu landen und in dessen Hinterland Tscherkessen, Kuban- und Don-Kosaken zum Aufstand zu provozieren.[35]

Die ukrainischen und kaukasischen Besucher des V-Mannes waren einverstanden; er begann, erste Kader für die Expeditionstruppe auszusuchen. Da machten die Schwätzereien einiger Abenteurer, die der V-Mann angeworben hatte, dem Unternehmen ein Ende. Der türkische Kriegsminister Enver Pascha intervenierte und bewog die deutsche Regierung, auf die Expedition zu verzichten, solange die türkische Marine nicht das Schwarze Meer beherrsche und eine sichere Landung der Aufstandstruppe an der russischen Küste garantieren könne.

Wer aber war der geheimnisvolle V-Mann, der mit ukrainischen und kaukasischen Sozialisten so gewandt umzugehen wußte? Es war Parvus, der russische Sozialist Helphand. Nach der Flucht aus Deutschland und einer kurzen Rolle im Präsidium des Petersburger Sowjet während der russischen Revolution von 1905 hatte es ihn in die ferne Türkei verschlagen, wo er seither als einer der einflußreichsten Männer galt.

Die deutschen und russischen Genossen hatten später einige Mühe, in dem unmäßig fetten und selbstzufriedenen Kaufmann, der sich auf Reisen stets mit einem Harem ebenso fülliger Blondinen umgab und unfreundliche Beobachter an einen schnaufenden Elefanten erinnerte, den brillanten sozialistischen Agitator von einst wiederzuerkennen. Parvus war reich, war vielfacher Millionär geworden. Handel mit Holz und Eisen, mit Getreide und Maschinen, dazu Waffengeschäfte mit der türkischen Armee – das waren die Quellen seines plötzlichen Reichtums. Er hatte Zutritt zu den höchsten Kommandostellen des türkischen Staatsapparates; er war Finanzberater der Hohen Pforte, nannte sich Freund mächtiger Paschas und Minister.

Er hatte sich so verändert, daß sich die ehemaligen Genossen zuweilen peinlich berührt abwandten, wenn sie seiner ansichtig wurden. Der SPD-Vorsitzende Hugo Haase warnte seine Parteifreunde vor dem Umgang mit Parvus, den er für einen russischen Spion hielt,[36] und berühmt wurde der ätzend-satirische »Nachruf auf einen lebenden Freund« aus Trotzkis Feder, der den ehemaligen Kampfgefährten Anfang 1915 als deutschen Chauvinisten »entlarvte«: »Parvus weilt nicht mehr unter uns. Jetzt durchschweift ein politischer Falstaff den Balkan und verleumdet seinen eigenen verstorbenen Doppelgänger.«[37]

Für die alten Freunde war das kaum zu ertragen: Der Mann, der jahrelang gegen den wilhelminischen Militarismus gekämpft hatte und von der preußischen Polizei verfolgt worden war, gab sich als ein bedenkenloser Advokat Deutschlands. Kein Bürger Wilhelms II. konnte lautstärker den Ruhm des deutschen Generalstabs verkünden als der Sozialist Parvus, kein Deutscher die Zerschlagung Rußlands eifriger betreiben als der Russe Helphand. Und er begnügte sich nicht mit Worten; er hatte dabei mitgewirkt, die Türkei an der Seite Deutschlands in den Krieg zu bringen, er war in den Dienst der Deutschen Botschaft in Konstantinopel getreten.

Ein Bruch mit der eigenen Vergangenheit, ein politischer Verfall, wie die Gegner und Neider wähnten? Wer so fragte, kannte nicht den beweglichen Geist des Genossen-Millionärs Parvus. Gerade als Sozialist wußte er sein seltsames Tun zu erklären und zu rechtfertigen.

Er argumentierte so: Nur durch die völlige Niederlage des Zarismus erhalte der Sozialismus in Rußland eine echte Chance; deshalb müsse Deutschland mit allen Mitteln ermuntert werden, den russischen Staat zu zerschlagen und aufzuteilen, deshalb sei auch eine deutsche Hegemonie in Westeuropa hinzunehmen, verkörpere doch der scheindemokratische Westen dank seiner Verbundenheit mit dem Zarismus die nackte Reaktion. Der Krieg müsse zu einem Vehikel des Sozialismus werden, der deutsche Generalstab zeitweilig, ob er wolle oder nicht, die Rolle eines Geschäftsführers der proletarischen Interessen übernehmen.[38]

Ein phantastischer Gedanke: Zweibund zwischen Preußentum und Bolschewismus, »preußische Bajonette und russische Proletarierfäuste«,[39] vereinigt zum gemeinsamen Kampf gegen den Zarenstaat. Das klang alles ein bißchen verrückt, und doch war es vor allem der Betriebsamkeit und Intrigenlust dieses einen Mannes zuzuschreiben, daß es am Ende nahezu so kam, wie er es sich in Konstantinopel ausgedacht hatte.

Parvus nutzte sogleich die Resignation der Deutschen nach dem Fehlschlag der ersten Aufstandspläne, um mit ihnen ins Geschäft zu kommen. Am 7. Januar 1915 meldete er sich bei Botschafter Wangenheim zu einem längeren Gespräch an, in dessen Verlauf er ihm ein Bündnis zwischen dem Deutschen Kaiser und russischen Revolutionären vorschlug. Begründung: Die Interessen der deutschen Regierung seien »mit denen der russischen Revolutionäre identisch«.[40]

Beide, so erklärte Parvus, brauchten die Revolution, die Zertrümmerung des Zarismus, die Aufteilung Rußlands. Die russische Gefahr bleibe für Deutschland »auch nach dem Krieg bestehen, solange das russische Reich nicht in einzelne Teile zerlegt« sei, und die russische Demokratie könne sich nur durchsetzen, wenn der Zarismus zerschlagen und Rußland in mehrere Staaten aufgegliedert sei. So solle man sich rasch zusammentun, wobei er, Parvus, mit seinen guten Beziehungen zu russischen Revolutionären helfen wolle.[41]

Wangenheim war so beeindruckt, daß er nach Berlin berichtete und riet, Parvus zu engagieren. Ende Februar war das AA einverstanden. In der Berliner Wilhelmstraße erschien der Dicke, höflichst empfangen von allen Diplomaten und Offizieren, die im deutschen Untergrundkrieg gegen Rußland mitzureden hatten. Selbst der Reichskanzler hatte seinen politischen Intimus Kurt Riezler mit genauen Instruktionen zu den Verhandlungen mit dem berüchtigten »Aufwiegler« entsandt.[42]

Parvus legte ein Revolutionsprogramm vor. In Rußland, so erläuterte er, gebe es zwei große Oppositionsgruppen, die Opposition der nationalen Minderheiten und jene des sozialistischen Proletariats, die man miteinander kombinieren müsse, um zu einem Aufstand zu gelangen. Als Aufstandsgebiete kämen die Randzonen des Russischen Reiches in Frage, und dort vor allem zwei Gebiete: die Ukraine, in der ein Aufstand dank der großen revolutionären Tradition dieses Landes und seines antirussischen Kleinbauerntums besonders erfolgversprechend sei, und Finnland, bereits jetzt Sammelbecken einer weitverbreiteten Los-von-Rußland-Bewegung, aber auch wichtig deshalb, weil sich von hier aus besonders leicht Waffen, Propagandamittel und Nachrichten nach Petrograd schmuggeln ließen.

Auf dieses Petrograd, so Parvus weiter, komme es entscheidend an, denn dort müsse die Initialzündung zu jener sozialen Revolution erfolgen, die den Aufständen der nationalen Minderheiten vorauszugehen habe. Alles sei darauf auszurichten, daß es im Frühjahr 1916 in Petrograd zu einem politischen Generalstreik komme, der alle Rüstungsfabriken und auch die wichtigen Eisenbahnverbindungen der Hauptstadt nach Warschau, Moskau und in den Südwesten erfassen müsse.

Die Organisation dieses Massenstreiks zur Lähmung der Zentrale Petrograd, und damit kam Parvus zu seinem eigentlichen Anliegen, könne nur von der russischen Sozialdemokratie bewältigt werden; die Führung des Generalstreiks gehöre in die Hand der Sozialisten. Allerdings seien Menschewisten und Bolschewisten noch unter sich uneins, und man müsse versuchen, sie zu einer Einheitsfront zusammenzuschließen. Bis dahin aber stehe der »Majoritätsfraktion«, wie Parvus die Bolschewisten nannte, die Führung zu, weshalb Deutschland sie energisch fördern solle.[43]

Die Zuhörer im AA waren von dem Parvus-Programm beeindruckt, sie billigten es umgehend. Ohne es zu realisieren, hatten die kaiserlichen Räte und Exzellenzen Lenins Führungsrolle im künftigen Rußland akzeptiert. Ein mit Parvus ausgearbeitetes Elf-Punkte-Programm verhieß: »Finanzielle Unterstützung der sozialdemokratischen russischen Majoritätsfraktion, die den Kampf gegen die zarische Regierung mit allen Mitteln fortführt. Die Führer sind in der Schweiz aufzusuchen.«[44]

Ehe Parvus Ende März abreiste, ließ er sich von seinen neuen Gönnern eine Million Goldmark anweisen[45] – erste Rate jener sagenhaften »Millionen des Kaisers«, die später den Anhängern Moskaus in aller Welt manche ideologische Pein bereiteten.

Für Parvus jedoch begann das Unternehmen mit einer bösen Enttäuschung. Als er in den letzten Maitagen Lenin in einem Berner Studentenrestaurant aufspürte und mit ihm in den Distelweg ging, wo der Bolschewiken-Führer ein armseliges Zimmer bewohnte, kam es zum Eklat.[46] Lenin wollte nichts von deutscher Unterstützung, gar von deutschem Geld hören und verabschiedete den Versucher brüsk. Nicht ohne Stolz erzählte er daraufhin seinem Konfidenten Siefeldt, den Parvus habe er »mit dem Schwanz zwischen den Beinen« fortgejagt.[47]

So dramatisch wird es nicht gewesen sein, immerhin hatte Parvus aus der Münchner Zeit bei Lenin noch etwas gut. Gleichwohl besaß Lenin einigen Grund, vorsichtig zu sein: Die bolschewistische Partei hatte sich als einzige Rußlands dem auch von den Menschewisten eifrig geförderten »Sozialpatriotismus« höhnisch versagt und dem Zarismus den Krieg erklärt, ihre Führer in Rußland waren bei Kriegsbeginn nach Sibirien verbannt worden, ihre Parteimitglieder wurden übel verfolgt.

Lenin mußte sich davor hüten, in den Verdacht des Landesverrats zu geraten. Fast jeder seiner Schritte wurde von den Agenten des Ochrana-Hauptmanns Boris Witalewitsch Lischowskoi überwacht, dem die Beschattung der russischen Exilorganisationen in der Schweiz oblag, und auch der Pariser Privatdetektiv Henry Bint interessierte sich lebhaft für Lenins Gesprächspartner.[48] Da konnte Lenin das Auftauchen des immer etwas lauten Parvus nur verdrießen, zumal sich längst herumgesprochen hatte, daß er in deutschen Diensten stand.

Lenin blieb also betont reserviert, als ihm Parvus seinen Revolutionsplan unterbreitete. Waren es die vermutlich recht plumpen Geldofferten von Parvus, die Lenin verärgerten, oder trieb Lenin die Eifersucht gegen den erfolgreicheren Genossen, in dem er immer einen Konkurrenten im Kampf um die Führung des russischen Marxismus gesehen hatte? Die Quellen erlauben keine eindeutige Antwort.

Das deutsche Geld wird Lenin wohl kaum, wie später manche seiner arglosen Verteidiger wähnten, abgestoßen haben, war er doch entschlossen, von jeder Macht Geld zu nehmen und sie auszunutzen, bis ihm der Sieg erlaubte, den Geldgeber wieder fallen zu lassen. Lenin war nicht naiv genug, um allzu lange darüber zu rätseln, woher die Gelder stammten, die der Genosse Siefeldt einigen Bolschewisten in der Schweiz beschaffte, oder was Kesküla befähigte, Lenins Verbindungsleuten in Stockholm »Geld, Waffen und alles Notwendige für die revolutionäre Arbeit in Rußland« anzubieten.[49] Und er mag sich auch gar nicht erst gefragt haben, wer eigentlich die vielen teuren Bücher bezahlte, die ihm zugingen, die er aber, der verarmte Emigrant, sich nicht leisten konnte.

Nein, die Frage der deutschen Subventionen erregte Lenin nicht. Sein Verhalten bewies es: Kaum hatte Parvus die Schweiz wieder verlassen, da schickte ihm Lenin seinen polnischen Vertrauten Jacob Fürstenberg (Parteiname: »Hanecki«) hinterher, den »klugen und zuverlässigen Jungen« (Lenin), den der Chef gern für heikle Aufträge verwendete.[50] Fürstenberg sollte Parvus nach Kopenhagen folgen, wohin sich der Revolutionsplaner im Juni begeben hatte.

Tatsächlich fand Fürstenberg seinen Mann in Kopenhagen, der nicht zögerte, dem Lenin-Vertrauten sofort den Posten eines kaufmännischen Direktors in der Firma anzubieten, die er gerade zur Tarnung seiner konspirativen Rußland-Aktivitäten einzurichten begann. Lenin war einverstanden,[51] und so konnte auch Parvus zufrieden sein: Von Stund an würde Lenin gleichsam stellvertretend bei allen Parvus-Unternehmungen dabei sein.

Fürstenberg merkte bald, daß Parvus' »Handels- og Eksportkompagniet A/S« mehr war als eine simple Tarnorganisation der deutschen Rußland-Spionage. Das Handelskontor trieb wirklich Handel, nicht nur mit Rußland – Handel mit Waren aller Art, angefangen von Hosenträgern, Cognac und empfängnisverhütenden Mitteln bis zu gebrauchten Autos und Chemikalien. Natürlich stand Rußland im Mittelpunkt der geschäftlichen Aktivitäten; Parvus hatte zehn Vertreter engagiert, die für das Handelskontor in Rußland reisten und nebenbei Kontakt zu den verschiedensten Oppositionsgruppen hielten.[52]

Später liierte sich Parvus mit der Petrograder Firma »Fabian Klingsland«, deren Vertreter die Waren des Kopenhagener Handelskontors an der russischen Grenze in Empfang nahmen. Die Klingsland-Buchhalterin Jewgenija Sumenson hielt enge Verbindung zu ihrem Vetter Fürstenberg, und rasch wurde es üblich, den Erlös der durch die beiden Firmen abgewickelten Geschäfte auf ein Sonderkonto der Sibirischen Bank in Petrograd zu überweisen[53] – später magischer Anziehungspunkt für Rechercheure und Verdachtsschöpfer aller Art, die just hier die Hauptquelle der deutschen Lenin-Subventionen witterten.

Parvus aber hatte sein Spionagereich so gut getarnt, daß der vom Auswärtigen Amt ausgesandte Inspizient Max Zimmer das Organisationsgenie des »Herrn Dr. Parvus« nur in bewegten Worten loben konnte. »Bisher ist es gelungen«, schrieb Zimmer am 6. August 1915, »die ganze Sache so diskret zu machen, daß nicht einmal die Herren, welche in obiger Organisation arbeiten, merken, daß unsere Regierung hinter allem steht.«[54]

Nadolny und Wesendonck hatten denn auch keine Bedenken, immer mehr Geld in die Parvus-Organisation zu pumpen. Von den 26,5 Millionen Mark, die die Reichsleitung bis zum 31. Januar 1918 für die Revolutionierung Rußlands ausgab, bekam zweifellos Parvus' Untergrundimperium den fettesten Anteil.[55] Ein Hinweis von Parvus genügte, und schon flossen Gelder in die Kassen von Exilgruppen und in die Privattaschen einzelner Emigranten, von denen sich Parvus eine Förderung seiner Arbeit in Rußland versprach.

Es gab kaum noch einen wichtigen Bolschewisten im Herrschaftsgebiet der Mittelmächte und in den neutralen Staaten Europas, der nicht von deutschen Dienststellen direkt oder indirekt subventioniert wurde. Mancher nachher prominent gewordene Sowjetfunktionär war darunter: Der nachmalige Tscheka-Chef von Petrograd, Moissej Urizki, vermittelte Parvus Kuriere für Fahrten in die russische Hauptstadt; der spätere sowjetukrainische Ministerpräsident Koisto Rakowski, seit Jahren im Dienst der Wihelmstraße, bahnte ihm den Weg in die Stockholmer Bolschewiken-Kolonie; und der Rechtsanwalt Mieczyslaw Kozlowski, 1917 Mitglied des Exekutivkomitees des Petrograder Sowjet, reiste in Parvus' Auftrag wiederholt nach Rußland.[56]

Das Geld stand bereit, die Verbindungen nach Rußland hatten sich eingespielt, jetzt mußte der große Aufstand kommen, den Parvus prophezeit hatte. Er hatte es dem Auswärtigen Amt bereits wiederholt angekündigt: Am elften Jahrestag des »Roten Sonntag«, jenes blutigen 22. Januar 1905, an dem ein Massenpetitionszug Petersburger Arbeiter zum Winterpalast des Zaren unterwegs gewesen und vom Militär brutal zusammengeschossen worden war, werde sich das Petrograder Proletariat erheben und das Zarenregime beiseite fegen.[57] Für Parvus war dieser 22. Januar 1916 der Tag X, die Erfüllung aller seiner Träume.

Parvus hatte gut vorgearbeitet, er hatte Verbindungen zu möglichen Streikkomitees und Revolutionszellen in Petrograder Werksvertretungen aufgenommen. Seine V-Männer standen auch im Kontakt mit einer Petrograder Sozialistengruppe, die sich »Meschrayonzy« nannte und sich auf einen Zusammenschluß von Stadtbezirksvertretern stützte. Parvus fühlte sich schon so sicher, daß er ins Prahlen geriet: 100 000 Arbeiter würden auf Petrograds Straßen gehen, wenn er das Zeichen zum Streik gebe.[58]

Doch der Tag X endete mit einem Fehlschlag. Statt der 100 000 legten in Petrograd nur 45 000 Menschen die Arbeit nieder, der Streik in der Hauptstadt wurde nicht zur Initialzündung einer Aufstandsbewegung im ganzen Land.[59] Nur in Südrußland kam es zu einer größeren Streikwelle, die bis in den Februar hinein währte und immerhin so stark war, daß die Führung der Ochrana die Frage aufwarf, ob dies alles »das Werk der Feinde der bestehenden Ordnung ist, also der Linksparteien, oder ob Feinde des Staates (Deutschland) ihre Hand im Spiel haben«.[60]

In der Wilhelmstraße aber hatte Parvus seinen Nimbus als todsicherer Revolutionsmacher weitgehend eingebüßt. Dort mehrten sich plötzlich die Stimmen derer, die das ganze Zusammenspiel mit den »Radikalinskis« in Frage stellten. Die Erfolge der deutschen und österreichischen Armeen im Osten und angebliche Waffenstillstandstendenzen am Zarenhof nährten den Glauben, die beiden konservativen Mächte könnten sich noch einmal verständigen. Auch Kaiser Wilhelm II. dachte auf einmal wieder in solchen Kategorien.

Das Revolutionskonzept wurde einstweilen auf Eis gelegt. Das Schatzamt zeigte sich weniger bereit als früher, Parvus' Millionenforderungen zu erfüllen, und selbst Nadolny traute ihm nicht mehr vorbehaltlos: Im April

1916 nötigte er Parvus einen seiner umtriebigsten V-Männer, den Berliner Kaufmann Georg Sklarz, als Geschäftspartner im Handelskontor auf, der fortan auf den Russen aufpassen sollte.[61]

Nadolny hatte ohnehin die Lust am Untergrundkrieg gegen Rußland verloren; er glaubte nicht mehr so recht an den Erfolg von Parvus' Arbeit. Als Nadolny im Juli die Chance erhielt, eine aktive Rolle in der antibritischen Revolutionierungsarbeit im Nahen Osten zu übernehmen und zu diesem Zweck als Geschäftsträger nach Persien zu gehen, akzeptierte er das Angebot. Die Leitung der Sektion »Politik« übernahm Hauptmann von Hülsen, ein farbloser Mann ohne originelle Ideen.[62]

So schleppte sich die Arbeit von Parvus und seiner Helfer nur mühsam voran, keiner der Offiziellen mochte ihr noch große Bedeutung beimessen. Erst die im Herbst 1916 einsetzenden Meldungen über die Meutereien russischer Truppen an der Front brachten den deutschen Untergrundkrieg wieder in Bewegung.

Jetzt schaltete sich auch Gempp mit seiner IIIb ein und versuchte, die verschiedenen konspirativen und propagandistischen Unternehmen zu koordinieren. Auf Kriegsgefangenenpolitik verstand sich der Major; ihm hatte schon 1914/15 vorgeschwebt, die Masse der russischen Kriegsgefangenen politisch zu aktivieren und auf die Heimatfront des Gegners einwirken zu lassen. Die Sektion P half dabei mit, und bald steuerten Gempp, Hülsen und der unverdrossene Wesendonck gemeinsam den geheimen Krieg gegen Rußland.

Keiner von ihnen aber ahnte, wie nahe schon der Zusammenbruch des Zarenstaates war. Dabei lagen durchaus Meldungen vor, die auf einen baldigen Umsturz in Rußland hinwiesen. Im Januar 1917 gab ein deutscher V-Mann namens Mjerski, der in Saratow arbeitete, den Hinweis, seine Gewährsleute hofften, bis »Mitte März fertig zu werden, um dann den großen Putsch zu wagen«, und auch einer der Zuträger Rombergs, der russische Sozialrevolutionär Jewgenij Ziwin, prophezeite, im Frühjahr 1917 werde es in Rußland zur Revolution kommen.[63]

Doch die Berichte waren zu ungenau, um stärkere Beachtung zu finden. Nur Parvus mag Genaueres durch seine Informanten in Petrograd erfahren haben, denen Anfang März aufgefallen sein muß, wie erregt die Menschen auf die neuen Preissteigerungen und Lebensmittelkürzungen reagierten. Am 8. März rotteten sich in einigen Vierteln Petrograds Menschen zusammen, die mehr Brot forderten, und kurz darauf stießen streikende Arbeiter dazu, denen sich schließlich sogar Soldaten des Pawlowsk-Regiments anschlossen – beim Sturm auf die Regierung.[64]

Parvus' Informanten hatten allerdings keinen Einblick in Duma-Salons und militärische Stäbe, in denen sich das Schicksal des Zarismus entschied. So wußten die Deutschen nicht, daß der Zar längst verlassen war: von den hohen Militärs, die nicht länger mit dem Schwächling auf dem Kaiserthron Krieg führen wollten, und von den konservativ-liberalen Führern der Duma, die sich beeilten, die Macht an sich zu reißen, ehe die streikenden, hungernden Menschen sich ihr eigenes Rußland schufen.

Noch waren die Deutschen ahnungslos, da fing der österreichische Nachrichtendienst am Nachmittag des 13. März einen Funkspruch des russischen XIII. Korps auf: »In Petrograd ist eine provisorische Regierung mit Rodsjanko an der Spitze gebildet worden. Gulewitsch erbittet Verhaltungsmaßregeln vom Kommando der Nordfront und von der obersten Heeresleitung.«[65] Michail Wladimirowitsch Rodsjanko war Präsident der Duma, Generalleutnant Gulewitsch befehligte die russischen Truppen in Finnland – im Zarenstaat mußte Gravierendes geschehen sein.

Ein paar Tage später wußten Gempp, Hülsen und Wesendonck alles: Zar Nikolaus II. hatte abgedankt, der jahrhundertealte Kaiserstaat der Romanows war zusammengebrochen. Rußland war Demokratie geworden, geführt von einer provisorischen Regierung, der zwar nicht Rodsjanko vorstand, wohl aber der konservative Fürst Georgij Jewgenjewitsch Lwow, dem zwölf Duma-Mitglieder aus dem »Progressiven Block« der liberal-monarchistischen Parteien zur Seite standen. Daneben aber amtierte ein Sowjet (=Rat) Petrograder Soldaten- und Arbeiterdeputierter, deren Exekutivkomitee sich immer mehr als eine Gegenregierung verstand.[66]

Die deutschen Beobachter begriffen, daß dies mitnichten die Revolution war, auf die Parvus und seine Konspirateure hingearbeitet hatten. In Rußland waren Politiker und Militärs an die Macht gekommen, die um jeden Preis den Krieg gegen Deutschland und seine Verbündeten fortführen wollten – zur Genugtuung der westlichen Alliierten, die alles in Bewegung setzten, um Rußland im Krieg zu halten. Neue Waffen- und Munitionslieferungen nach Rußland wurden angekündigt, die Militärkommissionen der Alliierten verstärkt, neue Abkommen mit Petrograd vorbereitet.[67]

Propagandadelegationen aus England und Frankreich, bald auch aus den USA reisten ins neue Rußland, und fast in jedem russischen Ministerium gab es jetzt Vertreter der Alliierten, die den Anschein erweckten, als seien die Russen nicht mehr Herren in ihrem Land. Typisch dafür die Lage an der russisch-schwedischen Grenze, dem wichtigsten westlichen Eingangstor ins Russenreich: Dort kontrollierten britische und französische Offiziere die russischen Grenzposten und entschieden, wer nach Rußland einreisen durfte.[68]

Rußlands Schwächeanfall nutzten die britischen und französischen Generalstäbe dazu, ihren russischen Alliierten zu einer raschen Wiederaufnahme des Feldzugs gegen die deutsch-österreichischen Armeen zu drängen. Schon am 15. März verlangte General Robert Nivelle, der Oberbefehlshaber des französischen Heeres, von den Russen, spätestens Anfang oder Mitte April an der Ostfront eine neue Offensive gegen den Feind zu starten.[69]

Das war nun selbst den eifrigsten russischen Durchhaltegeneralen zuviel; ihr Generalstab beharrte darauf, die Offensive könne erst im Mai beginnen. Im Gegensatz zu manchen zivilen Heißspornen wie dem Justizminister Alexander Kerenski, einem Sozialrevolutionär, der zu baldigem Losschlagen riet, erkannten die meisten Generale, daß der russische Soldat nicht mehr kämpfen wollte. »Die ganze Masse der Soldaten versteift sich auf einen einzigen Wunsch: den Krieg zu beenden und nach Hause zu gehen«, meldete General Dragomirow am 29. März an den Oberbefehlshaber der Nordfront.[70]

Die Friedenssehnsucht der russischen Massen blieb die Achillesferse des neuen Regimes, und das wußten natürlich auch die deutschen Rußland-Beobachter. Es war so ungefähr das einzige, was sie über das neue Rußland ganz genau wußten. Wie aber diese Friedenssehnsucht für die deutsche Kriegspropaganda, für den deutschen Sieg nutzen? Es gab nur eine Macht in Rußland, die sich den patriotischen Appellen der neuen Regierung verschloß, nur eine, die das bürgerlich-liberale Regime und dessen sozialistische Tolerierer wütend bekämpfte: die bolschewistische Partei.

Doch diese Partei war schwach und ohne Machtpositionen, im Petrograder Sowjet nur mangelhaft vertreten, in sich uneins und noch immer etwas verwirrt von der Revolution, die kein maßgeblicher Bolschewik vorausgesehen hatte. Zudem war die Partei praktisch ohne Führung. Alexander Schljapnikow, der für die Auslandsverbindungen zuständige ZK-Mann, schickte ein Telegramm in die Schweiz: »Uljanow muß sofort kommen«.[71] Das war die Krux: Lenin, Sinowjew, Tschitscherin und andere wesentliche Männer der bolschewistischen Partei saßen im Ausland, vor allem in der Schweiz, und die Alliierten paßten auf, daß keiner dieser Umstürzler nach Rußland kam.

Da lag für deutsche Geheimdienstler und Bolschewiki der Gedanke nicht fern, die Emigranten schleunigst nach Rußland zu katapultieren, auf dem unmittelbarsten Weg, mitten durch deutsches Territorium hindurch. Der Gedanke war so simpel, daß er viele Väter hatte. Parvus war schon frühzeitig darauf gekommen, in der zweiten Märzhälfte schlug ein russischer V-Mann mit dem Decknamen »Blau« einem Vertreter Rombergs ähnliches vor, und am 19. März schrieb auch Lenin seiner Freundin Inessa Armand, man solle die Deutschen darum ersuchen, einen Eisenbahnwagen mit russischen Emigranten nach Kopenhagen passieren zu lassen.[72]

Das ging auf Parvus zurück, der gleich nach den ersten Nachrichten über die geglückte Revolution seinen Mitarbeiter Fürstenberg animiert hatte, dem inzwischen nach Zürich gezogenen Lenin ein Telegramm zu schicken und ihm darin die Durchreise durch Deutschland anzubieten.[73] Lenin war über das Telegramm verärgert, erinnerte es ihn doch an eigene Versäumnisse: 1915 hatte ihm Parvus vorgeschlagen, zu ihm nach Kopenhagen zu ziehen.[74] Hätte sich Lenin ihm damals nicht versagt, wäre er jetzt direkt vor der Haustür Rußlands gewesen und keinen deutschen Zumutungen ausgesetzt.

Lenin wollte jedoch den Faden zu Parvus nicht abreißen lassen. Er informierte seinen Kampfgenossen Grigorij Sinowjew in Bern und bat ihn, Fürstenberg eine vorsichtige Antwort zu schicken. Sinowjew kabelte nach Kopenhagen: »Onkel wünscht Näheres zu erfahren. Offizieller Weg für Einzelne unannehmbar.«[75] Ehe aber Parvus zurücktelegraphieren konnte, intervenierte Hülsen und schickte den Parvus-Partner Sklarz nach Zürich zu Gesprächen mit Lenin.[76]

Der überließ es einem seiner Bewunderer, dem polnischen Revolutionär

Mieczyslaw Bronski, mit Sklarz zu verhandeln. Sklarz erklärte, Lenin und Sinowjew dürften ungehindert durch Deutschland nach Kopenhagen reisen, wobei die deutsche Regierung auch bereit sei, für die Fahrtkosten aufzukommen. Er taktierte dabei jedoch so plump, daß Lenin die Gespräche abbrechen ließ. Ihm sei nämlich plötzlich klar geworden, so verbreitete er später, daß »Ludendorff im Spiele« gewesen sei, und so habe er Sklarz, diesen »Achtgroschenjungen der deutschen Regierung«, abserviert.[77]

In Wirklichkeit fürchtete Lenin das Gerede in der russischen Emigrantenkolonie, deren nichtbolschewistische Mitglieder nur allzu gern bereit waren, den radikalen Unruhestifter als einen deutschen Spion zu »entlarven«. Justizminister Kerenski hatte eben angedroht, er werde jeden Emigranten, der über Deutschland heimkehre, als Hochverräter vor Gericht bringen,[78] und im Schweizer Exil gab es manchen selbsternannten Vaterlandsverteidiger, der darauf brannte, seinen Nebenmann des Hochverrats zu überführen. Das hatte Lenin veranlaßt, sich zunächst dem »Zentralkomitee zur Rückkehr der in der Schweiz weilenden russischen Emigranten« anzuschließen, das 560 Exilanten vertrat und glaubte, die Regierung in Petrograd zu einer Vereinbarung mit dem Kriegsgegner zu bewegen, die erlauben würde, deutsche Internierte in Rußland gegen russische Emigranten in der Schweiz auszutauschen.[79]

Als Petrograd keine Miene machte, den Emigranten entgegenzukommen, trennte sich Lenin vom Exilkomitee. Von nun an war er entschlossen, auf eigene Faust »aus der verfluchten Schweiz herauszukommen«.[80] Er knüpfte über Mittelsleute Verbindungen zur Deutschen Gesandtschaft in Bern an und gab bekannt, er werde nach Rußland heimkehren, und wer sich ihm anschließen wolle, möge sich bei ihm melden.[81]

Davon erfuhr auch Sklarz, der eben die Schweiz verlassen wollte. Bei ihm hatten sich schon bolschewistische Emigranten gemeldet, die bereit waren, über Deutschland heimzureisen. »Ganz vertraulich«, schrieb Sklarz am 29. März an Hülsen, »bin ich von diesen russischen Revolutionären gebeten worden, bei der Deutschen Regierung anzuregen, ihnen behilflich zu sein, nach Rußland zu gelangen; sie haben mir folgenden Vorschlag gemacht: ›Die Deutsche Regierung möge sich einverstanden erklären, einem von den in der Schweiz lebenden Russen zu erwirkenden Antrag der Schweizer Regierung zuzustimmen, dahinzielend, daß die in der Schweiz lebenden Russen (etwa 3-400) mittels besonderen Zuges des kurzen Weges halber durch Deutschland nach Schweden befördert werden!‹«[82]

Es war das Projekt, das schließlich als »Lenins plombierter Wagen« weltgeschichtliche Furore machen sollte. Schon am 23. März hatte Romberg, vermutlich nach ersten Kontaktversuchen Lenins, dem Auswärtigen Amt telegraphiert, daß »hervorragende russische Revolutionäre Wunsch hätten, über Deutschland nach Rußland heimzukehren«, womit er eine für wilhelminische Verhältnisse ungewöhnliche Blitzaktion auslöste.[83]

Noch am gleichen Tag befürwortete Staatssekretär Zimmermann das Unternehmen, »da wir Interesse daran haben, daß Einfluß des radikalen Flügels in Rußland Oberhand gewinnt«.[84] Er ließ bei Ludendorff anfragen, ob die Oberste Heeresleitung dagegen Bedenken habe. Zwei Tage später, am 25. März, kam Ludendorffs mündliche Antwort: keine Bedenken.[85]

Auf diese kurze Antwort, gleichsam ein Kopfnicken, schrumpft die vermeintlich federführende Rolle zusammen, die die Legende dem General Ludendorff bei Lenins Fahrt zuschreibt. Vor allem Autoren aus den einstigen Ländern der Entente sehen in Ludendorff den eigentlichen Regisseur der Lenin-Reise und damit der bolschewistischen Revolution; Ludendorff, so neuerlich zwei angelsächsische Historiker, habe Lenins Deutschland-Reise arrangiert und ihm das Gold aushändigen lassen, mit dem dieser im Auftrag des deutschen Generalstabs den bolschewistischen Umsturz habe ausführen sollen.[86]

Nichts als Mythen und Märchen: Der Feldherr Ludendorff verstand kaum, was ihm der Staatssekretär Zimmermann abverlangte. Später gestand er, von Lenin damals »keine Ahnung« gehabt zu haben, er sei »lediglich den Weisungen der Reichsleitung« gefolgt.[87] Natürlich war ohne Ludendorffs Zustimmung das Lenin-Unternehmen nicht möglich, er stand voll dahinter, inszeniert aber hatten es das AA und dessen Agenten.

Von hier an war alles nur noch Routine: Die Schweizer Regierung stellte in Berlin Antrag auf Durchreise der russischen Emigranten, die IIIb beorderte zwei Offiziere zur Begleitung des Sammeltransportes auf deutschem Gebiet, während Lenin den Schweizer Linkssozialisten Fritz Platten zu seinem Verhandlungsführer bestellte, der mit den deutschen Behörden technische Transportprobleme erörtern sollte.[88]

Lenin paßte dabei scharf auf, daß alles unterblieb, was ihn in der Optik seiner Gegner belasten konnte. Er wußte nur zu gut, worauf er sich einließ; er würde fortan mit dem Verdacht leben müssen, ein gekauftes Subjekt der Deutschen zu sein, ja seine Reise konnte im Pelotonfeuer eines russischen Erschießungskommandos enden. Desto pedantischer stellte er seine Bedingungen: keine Berührung mit Deutschen auf der Fahrt, abgeschlossener (»plombierter«) Wagen, keine Reisekostenerstattung.[89]

So war Lenin auf die Fahrt ins Ungewisse gerüstet, als er gegen 14.30 Uhr am 9. April mit 31 Mitreisenden, darunter 19 Bolschewisten, die Bahnhofshalle in Zürich betrat – unter dem Gejohle feindseliger Landsleute (»Provokateure! Lumpen! Schweine!«), die den vermeintlichen Verrätern einen heftigen Abschied gaben. Radek witzelte: »Entweder sind wir in sechs Monaten Minister oder wir hängen.«[90]

Doch zu solchen Überlegungen blieb nicht lange Zeit. Der Schnellzug nach Schaffhausen, in dem zwei Wagen dritter Klasse für die Reisegesellschaft reserviert worden waren, verließ kurz nach 15.20 Uhr den Bahnhof.[91] Auf der deutschen Grenzstation Gottmadingen stand für die Lenin-Gruppe schon ein D-Wagen bereit, der an den fahrplanmäßigen Schnellzug nach Stuttgart angehängt wurde. Jetzt übernahm die IIIb das Kommando.[92]

So schnell aber auch der Zug nach Norden stampfte, die Nachrichten des britischen Geheimdienstes aus der Schweiz gelangten schneller nach Petrograd. Sie scheuchten die alliierten Kontrolloffiziere an der russisch-schwedischen Grenze auf, sie alarmierten die britischen, französischen und russischen Regierungen. Auf deren Weisung traten die Entente-Botschafter in Stockholm zusammen und berieten darüber, wie die drei Mächte Schwedens Regierung veranlassen könnten, der Lenin-Gesellschaft die Reise durch das Land zu verbieten. Ihnen fiel kein rechtes Argument ein.[93]

Energischer reagierte Major Stephen Alley, der in der Britischen Botschaft in Petrograd die Agenten des Secret Intelligence Service in Rußland steuerte.[94] Er raffte seine Unterlagen über die Hintergründe des Lenin-Trips zusammen, um die russischen Staatsorgane zu einer Sofortaktion gegen den herandampfenden Exilzug zu bewegen.

Doch die russischen Behörden waren machtlos. Das Rußland der Ochrana und der Gendarmerie gab es nicht mehr, die Revolution hatte den zaristischen Herrschaftsapparat zerschlagen. Hunderte ehemaliger Geheimpolizisten und Gendarmen waren untergetaucht, ihre Führer saßen in Haft und warteten auf die Vernehmungen durch eine Außerordentliche Untersuchungskommission der neuen Regierung. Wie manche andere Revolution, so hatte auch die russische den Fehler begangen, alle Polizisten nuancenlos zu entlassen: Die Ochrana war abgeschafft, die mit ihr verfilzte Spionageabwehr ebenfalls aufgelöst, nur der Frontnachrichtendienst der Raswedka durfte weiterarbeiten.[95]

Das neue Rußland sah sich der gegnerischen Spionage so schutzlos ausgeliefert, daß der Befehlshaber des Militärbezirks Petrograd, General Lawr Georgijewitsch Kornilow, schon bald auf die Idee gekommen war, sich eine eigene Spionageabwehr zuzulegen, die wenigstens die Hauptstadt vor dem Einsickern deutscher Agenten schützen sollte. Oberst Boris Nikitin, alles andere als ein Kenner des konspirativen Gewerbes, hatte die Aufgabe übernommen, mit einer kleinen Organisation politisch unbelasteter Soldaten und Expolizisten deutsche Spione zu verfolgen und zur Strecke zu bringen.[96]

Auf diesen Nikitin setzte der Intelligence-Major Alley seine Hoffnung, noch in letzter Stunde die Einreise der Lenin-Gruppe verhindern zu können. Alley suchte den Obristen auf und legte ihm die Meldungen des Secret Intelligence Service vor, aus denen er die schlichte Folgerung zog, mit der Lenin-Party reise eine ganze Horde deutscher Spione am hellichten Tag in Rußland ein. Oberst Nikitin war empört. Sofort meldete er sich bei Kornilow und beantragte, Lenin die Einreise in Rußland zu verwehren.[97]

General Kornilow wurde bei der Regierung vorstellig, die tatsächlich handeln wollte, doch das Exekutivkomitee des Petrograder Sowjet stellte sich dagegen. So wenig man dort auch den doktrinären Genossen Lenin leiden mochte – einen bewährten Revolutionär noch länger von der russischen Heimat fernzuhalten, wollte keiner der Menschewisten und Sozialrevolutionäre auf sich nehmen, die im Exekutivkomitee die Mehrheit stellten. Daraufhin ließ auch die Regierung von jeder Aktion ab.[98]

So blieb den Alliierten nur, der Lenin-Gruppe die Einreise in Rußland möglichst unangenehm zu machen. Auf der russisch-schwedischen Grenzstation Tornea mußte sich jeder der Reisenden strenger Leibesvisitation unterziehen und einem peinlichen Verhör durch britische Offiziere aussetzen. Schließlich aber mußten die Briten dem unerwünschten Lenin und seinen Mitreisenden den Weg nach Petrograd freigeben.[99]

Die Fahrt war nun nicht mehr aufzuhalten. Von Bahnhof zu Bahnhof wuchs die Zahl winkender und rufender Genossen bis hin zu der jubelnden Menschenmenge, die Lenins Reisegruppe in der Nacht vom 16. zum 17. April 1917 auf dem Finnländischen Bahnhof von Petrograd begrüßte. Am nächsten Tag kabelte die Stockholmer Nachrichtenstelle der IIIb nach Berlin: »Lenins Eintritt in Rußland geglückt. Er arbeitet völlig nach Wunsch.«[100]

Der Heimkehrer Lenin war freilich viel zu vorsichtig, um sich irgendwelche Blößen zu geben. Mißtrauische Genossen bekamen von ihm zu hören, daß er sich allen Annäherungsversuchen der deutschen Imperialisten entzogen habe. Mitreisende konnten in der Tat bestätigen, daß er auf der Fahrt nicht einmal bereit gewesen war, den deutsch-schwedischen Gewerkschaftsführer Wilhelm Jansson zur Entgegennahme einer Grußbotschaft seiner Organisation (Lenin: »Soll sich zum Teufel scheren!«) zu empfangen.[101]

Bei so lautstarken Beteuerungen fiel kaum einem Genossen auf, daß ein Mitreisender in Stockholm zurückgeblieben war, ein kleiner, fast gnomenhafter Mann, der unter dem Falschnamen »M. Aisenhud« mitgefahren war.[102] Wenn sich jedoch ein Genosse einmal erkundigte, wo denn eigentlich Radek abgeblieben sei, dann bekam er von Lenin eine recht plausibel klingende Antwort: Radek habe nicht nach Rußland mitkommen können, da er als Galizier österreichischer Staatsbürger und mithin Untertan einer feindlichen Macht sei.[103]

In Wahrheit hatte ihn Lenin in Stockholm zurückgelassen, damit er ungestört Verbindung zur deutschen Regierung und ihren V-Männern aufnehmen konnte, und dazu eignete sich kaum ein anderer Bolschewik besser als der genialisch-zynische Publizist Karl Sobelsohn, der sich nach einer polnischen Romanfigur den Decknamen »Radek« zugelegt hatte. Radek kannte Deutschland gut, ja er liebte es auf seine kauzige Art: Der Redakteur an der »Bremer Bürgerzeitung« hatte jahrelang zum radikalsten Flügel der SPD gehört, er war mit einer deutschen Ärztin aus Posen verheiratet und galt als ein guter Kenner der deutschen Literatur und Philosophie.[104]

Für Lenin aber zählte allein, daß Radek mit Parvus befreundet war, den dieser heimlich bewunderte, weil der tat, was Radek sich selber nicht zutraute. Mit Parvus sollte Radek in Stockholm zusammenarbeiten; Lenin überließ es der Raffinesse seines Gehilfen, dafür eine möglichst unauffällige Form zu finden. Offiziell ernannte er Radek zum Leiter einer »Auslandsstelle«, die in Stockholm als diplomatisches Verbindungsbüro des Zentralkomitees der bolschewistischen Partei fungieren sollte.[105]

Radek kontaktierte Parvus, mit dem er sich am 13. April traf. Dabei müssen sie die künftige Zusammenarbeit zwischen der deutschen Regierung und der bolschewistischen Parteiführung besprochen haben, denn gleich nach dem Gespräch reiste Parvus nach Berlin, wo er den Räten des Auswärtigen Amtes Vortrag hielt. Seine Mitteilungen waren offenbar so brisant, daß es die Männer im AA vorzogen, die Parvus-Botschaft nur mündlich weiterzugeben.[106]

Parvus versprach Radek, noch größere Geldsummen für die Partei zu sichern, und das bewog wiederum Radek, sich eine Konstruktion auszudenken, die den deutschen Agenten Parvus praktisch zu einem geheimen Mitarbeiter der bolschewistischen Parteiführung machte. Radek stellte den Parvus-Direktor Fürstenberg als Mitarbeiter in seinem Büro ein, und fast jeden Tag erschien Parvus, um mit den beiden Polen und noch einem dritten, dem ehemaligen Siemens-Schuckert-Ingenieur Waclaw Worowski-Orlowski, die nächsten Maßnahmen zu besprechen.[107] Meist war es Parvus, der wußte, was zu tun war: Er hatte das Geld, er besaß die V-Männer, er kannte die Schleichwege über die schwedisch-russische Grenze.

Das Geld gelangte zunächst nur stoßweise und in kleinen Portionen in die Kassen der bolschewistischen Partei, was Lenin verdroß. Am 25. April monierte er in einem Brief an Radek und Fürstenberg: »Bis jetzt haben wir von Ihnen nichts erhalten, absolut nichts – keine Briefe, keine Pakete, kein Geld.«[108] Sofort schickte Radek den Kurier Kozlowski mit einem Rubelpaket nach Petrograd. Ein paar Tage später schrieb Lenin nach Stockholm: »Das Geld von Kozlowski (zweitausend) erhalten.«[109]

Erst danach wurden die Geldlieferungen für die Genossen in Petrograd üppiger. Von dem Geld profitierte vor allem die bolschewistische Parteiorganisation, die bis dahin kaum in Gang gekommen war.

Die Partei hatte sich bisher nicht von den Jahren der zaristischen Verfolgung erholt. Nur ein paar organisatorische Rudimente waren erhalten geblieben: das Russische Büro des Zentralkomitees mit dem Zufallsführer Schljapnikow, dessen dünne Autorität schon vor Lenins Ankunft von den sibirischen Heimkehrern unter Josef Stalin zusehends in Frage gestellt worden war, das Redaktionskollegium der »Prawda« mit deren Chef Wjatscheslaw Molotow, dazu ein paar Parteizellen in Petrograd, Moskau und einigen anderen Städten, alles in allem 24000 Parteimitglieder.[110]

Hier schufen nun die Millionen des deutschen Kaisers raschen Wandel. Plötzlich war genug Geld da, um Parteigruppen in den wichtigsten Industriezentren Rußlands zu gründen und die schon vorhandenen in den Großstädten auszubauen. Bald konnte es sich die Partei auch leisten, mehr Demonstranten auf die Straße zu bringen als die anderen sozialistischen Parteien, was den Bolschewisten neue Anhänger zutrieb.

Die deutschen Geldgeber sahen es gern. »Erst die Mittel, die den Bolschewiki auf verschiedenen Kanälen und unter wechselnder Etikette von unserer Seite dauernd zuflossen«, so hieß es später in einem Memorandum des AA, »haben es ihnen ermöglicht, . . . die anfangs schmale Basis ihrer Partei stark zu verbreitern.«[111] Die Geheimräte des Kaisers waren auch entzückt darüber, daß die bolschewistische Partei begann, sich eigene Truppen für die kommende gewaltsame Auseinandersetzung mit dem bürgerlichen Regime zuzulegen: die Roten Garden, geleitet und aufgestellt von einer Militär-Organisation beim ZK, vermutlich auch finanziert mit den von Parvus, Radek und Fürstenberg gelieferten Geldern.[112]

Das Gros der Subventionen floß in die neue Propagandaorganisation der Partei, an der die deutschen Hintermänner besonders interessiert waren. Deutsches Geld ermöglichte der Parteiführung den Ausbau der »Prawda«, deutsches Geld stand hinter dem Pressebüro, das Molotow im Auftrag des Zentralkomitees schuf, deutsches Geld erleichterte die Gründung bolschewistischer Parteiblätter in den Provinzen Rußlands – binnen weniger Wochen verfügte die Partei über 41 Tageszeitungen und Zeitschriften.[113]

Der Propagandamaschine fehlten nur noch die zündenden Parolen, die jeder Mensch in Rußland verstehen und akzeptieren konnte. Lenin lieferte sie. Er benutzte ein Versöhnungstreffen von Bolschewisten und Menschewisten in Petrograds Taurischem Palast am 17. April, um sein Programm zu verkünden. Kernpunkte: Schluß mit dem imperialistischen Krieg, Beseitigung des bürgerlich-demokratischen Systems, alle Macht den Sowjets, Enteignung der Großgrundbesitzer und Übertragung des Bodens an die Komitees der hungernden Bauern; keine Wiedervereinigung mit den Menschewisten, sondern Konzentration auf die eigene Partei, für die Lenin schon einen neuen Namen bereithielt: Kommunistische Partei Sowjetrußlands.[114]

Das trug er unter den Pfiffen und Zwischenrufen seiner Gegner so herrisch-provozierend vor, daß die meisten seiner Zuhörer meinten, hier rede ein Verrückter, dem der Kontakt zur russischen Wirklichkeit fehle. Selbst die engsten Genossen rückten von seinen »April-Thesen« ab, einer so rabiaten Absage an Vaterlandsverteidigung und Demokratie mochten nur wenige Anhänger Lenins zustimmen. Als er sein Programm vor das ZK der Partei brachte, stimmten es die Genossen nieder.[115]

Doch der Widerstand der Genossen schmolz rasch dahin, denn nur zu offenkundig wurde auch den hartnäckigsten Zweiflern, daß es in Rußland viele Menschen gab, denen Lenins radikale Frieden-und-Brot-Parolen die richtige Antwort auf ihre Probleme dünkte. Immer mehr Demonstranten vereinigten sich in Petrograd unter dem bolschewistischen Banner und verlangten den sofortigen Abbruch des Krieges; von Tag zu Tag wuchs die Menge der Russen, die ihre Kasernen und Arbeitsstätten verließen, um gegen die Kriegspolitik der Provisorischen Regierung zu protestieren.

Keiner griff Lenins Parolen so begierig auf wie der Soldat, und auf ihn konzentrierte sich nun die bolschewistische Friedenspropaganda. Eine eigene Soldatenzeitung, die »Soldatskaja prawda«, besaß die Partei bereits, um ihre Agitation an die vorderste Front zu tragen, und wo das geschriebene Wort die Soldaten nicht erreichte, da halfen die bolschewistischen Propagandisten nach, die scharenweise in Schützengräben und Truppenunterkünften auftauchten – unfreiwillig begünstigt von dem »Befehl Nr. 1« des Petrograder Sowjet, der auch die letzten Bindungen zwischen Offizieren und Mannschaften zerschnitten hatte.[116]

Praktisch war der militärischen Führung die Kontrolle über ihre Korps und Divisionen entglitten. Zahlreiche Offiziere waren in der Revolution von meuternden Mannschaften erschossen, Kommandeure abgesetzt und Hunderte von Offizieren verhaftet worden.[117] Die eigentliche Macht in der

Truppe übten die inzwischen entstandenen Soldatenräte und Komitees aus, die über die Amtsführung der von ihnen gewählten oder zumindest geduldeten Kommandeure wachten; die Soldatenräte kontrollierten auch alle Waffen der Truppe, und es bestand strenger Befehl, keinen Offizier an sie heranzulassen.[118]

Wer sich unter diesen Umständen als Kommandeur noch durchsetzen wollte, mußte sich auf das Palavern mit seinen Soldaten verstehen – oder aufs brutale Dreinschlagen. Da Artillerie und Kavallerie noch weitgehend intakt waren, holten bedrängte Infanterieführer nicht selten Reiter oder Artilleristen zu Hilfe und ließen sie rücksichtslos die eigene Truppe niederkartätschen. Oft reichte freilich schon der Schreckensruf »Kosaken!«, um kriegsunwillige Soldaten wieder auf Vordermann zu bringen.

Aber auch solche Barbarei konnte nicht verhindern, daß bolschewistische Agitatoren eine breite Friedensdiskussion organisierten, die immer größere Truppenverbände erfaßte. Soldatenräte von Regimentern und Divisionen traten zusammen, um unter Berufung auf Lenin Friedensresolutionen zu beschließen. »Wir fordern die Beendigung dieses blutigen Krieges. Und ebenfalls protestieren wir gegen alle Kriegslosungen, die von der Bourgeoisie verbreitet werden« – ähnlich wie diese Resolution der Matrosen und Soldaten von Helsingfors klangen die meisten Friedenserklärungen der Soldatenräte an der Front.[119]

Die Armeeführung hatte sichtlich Mühe, sich der Friedensagitation zu erwehren – Grund für den deutschen Spionagedienst, mit einem spektakulären Propagandacoup nachzusetzen. Die russischen Armeen gerieten in die Zange eines subversiven Doppelangriffs ihrer Gegner, der Bolschewisten im Hinterland, des deutschen Geheimdienstes an der Front.

Abgesprochen war unter ihnen der Angriff freilich nicht, die Nachrichtenoffiziere des deutschen Ostheeres kannten kaum die unterirdischen Verbindungen zwischen der Reichsleitung und Lenins Partei. Ihnen genügten die Aussagen der Überläufer über die chaotischen Verhältnisse in der russischen Armee, um sie auf die Idee zu bringen, diesen Schwächeanfall des Gegners auszubeuten. Ein faszinierender, fast diabolischer Kriegsplan entstand in deutschen und österreichischen Offiziersgehirnen: Wie denn, wenn man versuchte, mittels einer gewaltlosen Friedensoffensive die internen Auseinandersetzungen in der russischen Armee noch zu verschärfen und die Masse der russischen Soldaten zu einem gleichsam »privaten« Waffenstillstand mit den Deutschen und Österreichern zu bewegen?

Ludendorff war anfangs davon nicht begeistert, etwas in seinem altertümlichen Ehrenkodex sträubte sich dagegen, Mannschaften einer Armee gegen ihre Offiziere aufzuhetzen. Eine Art böse Vorahnung ließ den Ersten Generalquartiermeister einen Augenblick lang zögern – aus gutem Grund, wie sich nachher herausstellte: Die Lawine, die die IIIb mit Hilfe der Bolschewiki gegen das russische Offizierskorps lostrat, sollte schon anderthalb Jahre später auch die Militärelite des deutschen Kaisers unter sich begraben.

Für solche Zukunft hatten jedoch ND-Handwerker wie Nicolai und

Gempp keinen Blick, sie wußten sich schließlich bei Ludendorff durchzusetzen. Ihre Argumente lagen ohnehin auf der Linie der seit der Revolution eingeschlagenen Taktik der OHL, alles zu unterlassen, was den Gegner zu neuen Vorstößen an der Front provozieren könne – getreu dem Rat des bulgarischen Zaren Ferdinand: »Ich würde an des Kaisers Stelle im Osten den Truppen von jetzt ab das Schießen verbieten, dann ginge die russische Armee in wenigen Monaten nach Hause.«[120]

Entsprechend war der Frontnachrichtendienst auf Propaganda umgestellt worden. Höchste Aufgabe des Geheimdienstes war nicht mehr die militärische Erkundung des Gegners, sondern dessen politische Beeinflussung. Hunderte von Dolmetschern wurden an die Front berufen, um den Geheimdienst in die Lage zu versetzen, jederzeit mit der Gegenseite ins Gespräch zu kommen, und auch zahllose russische Kriegsgefangene machten sich bereit, unauffällig auf die andere Seite der Front zu wechseln und dort Kontakt zu Soldatenräten aufzunehmen.

Zugleich starteten deutsche Flugzeuge, die über den russischen Stellungen Hunderttausende von Flugblättern abwarfen, in denen der Oberbefehlshaber Ost den »Kameraden« auf der anderen Seite nahelegte, nicht länger den Anhängern der Entente zu folgen und gemeinsam mit dem deutschen Soldaten dem Krieg ein Ende zu bereiten. Mundpropaganda von Grabenstellung zu Grabenstellung ergänzte die Flugblattaktion: Deutsche Landser riefen ihrem russischen Gegenüber Grüße und Nachrichten zu, nicht selten verbunden mit der Ermunterung, endlich Frieden zu machen.[121]

Die Friedensoffensive zeitigte verblüffende Erfolge. Die russischen Grabenkämpfer gaben Antwort, sie warfen ihren Gegnern Briefe mit der Bitte zu, sie an ihre im deutschen Besatzungsgebiet wohnenden Adressaten zu schicken, und baten die deutschen Soldaten um Lebensmittel.

Die Russen fühlten sich allmählich so sicher, daß sie eigenmächtig ihre Stellungen verließen und sich im Niemandsland der Front mit ihren deutschen Gegnern trafen. Agenten der Mittelmächte und bolschewistische Agitatoren waren fast immer dabei: Gemeinsam schimpften sie auf die »ententehörigen« Führer der russischen Armee, die den Soldaten daran hinderten, Frieden mit dem deutschen »Bruder« zu machen und nach Hause zu gehen.

Die russische Armeeführung erkannte die Gefahr, die sich für sie da zusammenbraute. General Alexejew erließ einen scharfen Befehl, der jedwede Verbrüderung mit deutschen Soldaten verbot, und den noch regimetreuen Artillerieverbänden ging die Weisung zu, Zusammenkünfte russischer Soldaten mit Deutschen unter Feuer zu nehmen.[122] Die russische Artillerie wurde bei den Soldaten beider Seiten zur meistgehaßten Truppe an der Front; sie trieb mit ihren Feuerüberfällen deutsche und russische Soldaten auseinander, wo immer sie sich zu Gesprächen trafen. Daraufhin stellten die russischen Friedensfreunde nicht selten Stoßtrupps zusammen, die die Stellungen ihrer eigenen Artillerie überfielen und die Geschütze zum Schweigen brachten.[123]

Die Unruhe in den Reihen des Gegners verlockte die deutschen Militärs, die Friedenssehnsucht der Russen noch weiter anzuheizen – durch eine einseitige Waffenruhe für die Dauer des Osterfestes, die der Oberbefehlshaber Ost am 12. April verfügte.[124] Das machte Eindruck bei den Russen, vor allem bei den Soldatenräten, die ihre Generale und Offiziere drängten, die deutsche Waffenruhe auf keinen Fall durch russische Angriffe zu stören.

Besonders beeindruckt war der Soldatenrat des XXXIII. Korps, das nördlich von Stanislau am Dnjestr deutschen und österreichischen Verbänden gegenüberlag; er beschloß, zu den deutschen Militärs offiziell Kontakt aufzunehmen. Der Oberstleutnant Knopf, Kommandeur eines deutschen Landsturmregiments am linken Flügel der österreichischen 3. Armee, staunte nicht schlecht, als ihm seine Vorposten am 14. April meldeten, auf der anderen Seite des Dnjestr stünden ein paar Russen, die ihnen etwas zuriefen, was sie nicht verstünden. Knopf kam in die vorderste Stellung und sah die Russen; er verstand soviel, daß sie wünschten, am Ostersonntag das Regiment zu besuchen.[125]

Da im Regimentsstab kein Mann Russisch konnte, ließ Knopf das Hauptquartier der 3. Armee in Kalusz anrufen und dort den deutschen Nachrichtenoffizier um Unterstützung bitten. Es war kein anderer als der Oberleutnant Bauermeister, der wohl kundigste Rußland-Experte der IIIb, seit Dezember 1916 als Nachrichten- und Verbindungsoffizier dem AOK 3 der Österreicher attachiert. Der witterte eine große Chance für sich. Er bewaffnete sich mit drei Kognakflaschen, setzte sich seine weiße Kürassiermütze auf, die der in der russischen Armee getragenen täuschend ähnelte, und fuhr zum Gefechtsstand von Knopfs Regiment.[126]

Als Bauermeister den Dnjestr erreichte, sah er auf dem gegenüberliegenden Ufer eine Gruppe von etwa 50 russischen Soldaten, die mit ihren Mützen winkten. Es war Ostersonntag, der 15. April 1917, und der gebürtige Petersburger Bauermeister wußte, wie sich an einem solchen Tag die Menschen in Rußland begrüßten. »Christos woskresse« (Christus ist auferstanden), rief er den Russen zu, und nicht ohne Verblüffung scholl das gewohnte »Woistinu woskress!« (Er ist wahrhaftig auferstanden) zurück. Einer der Russen schrie, sie wollten die deutschen Soldaten besuchen und ihnen »ein frohes Osterfest wünschen«, besäßen jedoch kein Boot, um über den Fluß zu kommen. Bauermeister: »Ich schicke euch ein Boot hinüber.«[127]

Keiner von Knopfs Soldaten wollte jedoch das Boot bedienen, nur Bauermeisters Fahrer Kujat war bereit, mit seinem Chef zu den Russen abzustoßen. Knopf alberte verlegen: »Alles Gute – und grüßen Sie Sibirien von mir!« Doch am anderen Ufer erwartete die beiden Deutschen keine Feindseligkeit, sondern, wie Bauermeister später schrieb, »eine allgemeine herzliche Begrüßung. Alle drängten vor, um mir die Hand zu drücken.«[128] Drei Russen stellten sich als Mitglieder des Soldatenrates des XXXIII. Korps vor und versicherten: »Wir bürgen Ihnen mit unserem Kopf für Freiheit und Leben.«

Dann kletterten die Drei in das Boot und ließen sich zu dem deutschbesetzten Ufer hinüberrudern. Bauermeister schickte das Boot wieder zu den übrigen Russen zurück, allmählich war die ganze Russengruppe im deutschen Regimentsstab versammelt. Die Kognakflaschen machten die Runde, Knopf ließ Brot und Wurst reichen; man verstand sich auf Anhieb. Bauermeister aber, immer ein wenig theatralisch, benutzte die Gelegenheit zu einer flammenden Ansprache für den Frieden, wobei er ein paar Bemerkungen über die russischen Offiziere einflocht, die ihren Soldaten einredeten, Deutschland wolle Rußland zerstören.

»Natürlich beschwindeln euch eure Offiziere«, deklamierte Bauermeister. »Der Deutsche hat den Russen niemals gehaßt. Wir denken gar nicht daran, Rußland vernichten zu wollen. Die deutsche Regierung ist jederzeit bereit, mit Rußland Frieden zu schließen; aber eure Regierung will es nicht. Ihr sollt bis zum Weißbluten für französische und englische Interessen kämpfen.«[129]

Knopf spielte dabei brav mit. Als ein Russe mit deutschen Sprachkenntnissen – von Bauermeister emphatisch zu einer Stellungnahme aufgefordert – den Regimentskommandeur fragte, ob es stimme, was der »Herr Offizier« da eben gesagt habe, knurrte der Oberstleutnant freundlich: »Wir hassen durchaus nicht das russische Volk. Wer euch das erzählt, der lügt!«[130]

Das gefiel den russischen Besuchern so gut, daß sie Bauermeister baten, seine Rede doch auch einmal vor Soldaten auf russischer Seite zu halten, möglichst schon am folgenden Tag. Bauermeister sagte zu. Am Morgen des 16. April ließ er sich wieder von Kujat zum anderen Ufer rudern, wo ihn bereits die drei Männer des Soldatenrates und etwa 300 weitere russische Soldaten erwarteten. Selbst ein paar Offiziere waren gekommen, um sich einmal den »Mann mit der weißen Mütze« anzusehen, den viele naive Muschiks für einen russischen Offizier hielten.

Ein Soldat brachte einen wackligen Stuhl herbei, auf den Bauermeister kletterte, um seine Ansprache zu halten. Dann legte er los: »Russische Kameraden! Der Soldatenrat des XXXIII. Armeekorps hat mich gebeten, zu Ihnen zu sprechen und mir freies Geleit zugesichert. Ihre Kameraden haben drüben aus dem Munde des Regimentskommandeurs gehört, daß der Deutsche nichts gegen das russische Volk hat. So denken wir alle! Wir reichen euch die Hand zum Frieden; es liegt nur an euch, diese Hand anzunehmen.«[131]

Das kam bei den meisten Zuhörern gut an, Bauermeister wurde häufig durch Beifallsrufe der Russen unterbrochen. Desto lauter und pathetischer wurde die Rede des deutschen Propagandisten, desto bedenkenloser agitierte er gegen russische Offiziere, die immer noch weiter Krieg führen wollten. Bauermeister rief dem Soldatenrat zu: »Gebt eure Macht nicht aus der Hand! Laßt euch nicht sinnlos für Frankreich und England zur Schlachtbank führen! Es lebe der Friede zwischen Deutschland und Rußland!« Wie im Traum stieg er von seinem Stuhl herunter, die Mitglieder des Soldatenrates umarmten und küßten ihn. Noch ganz fasziniert von sich und seinem Erfolg, notierte sich der Oberleutnant später: »Unbeschreiblich war die Begeisterung. Unter Hurrarufen wurde ich nach alter russischer Sitte gefaßt und immer wieder hochgeworfen.«[132]

Der Nebel zog sich bereits über dem Dnjestr zusammen, als Bauermeister und Kujat in die deutschen Stellungen zurückkehrten. Kurz darauf meldete Bauermeister der OHL und der österreichischen Armeeführung, was er erlebt hatte. Er erinnert sich: »Man wollte es zunächst nicht recht glauben. Ich wurde immer wieder angerufen und mußte ausführlich erzählen.«[133] Erst allmählich begriffen seine Vorgesetzten, welche einmalige Chance Bauermeisters Tat eröffnete: Die deutsche Propaganda erhielt die Chance, unmittelbar auf die russischen Armeen einzuwirken.

Bauermeisters Reden sprachen sich unter den russischen Frontsoldaten so rasch herum, daß nun auch andere Einheiten und Soldatenräte den deutschen Offizier sehen wollten. In kürzester Zeit wurde der Mann mit der weißen Mütze zu einer mythischen Figur, zu einem Botschafter der Hoffnung. Es gab bald kaum noch eine vor der Front der österreichischen 3. Armee stehende Division, deren Soldatenräte nicht den IIIb-Offizier gesprochen hatten.[134]

Und was Bauermeister vorexerziert hatte, ahmten seine Kameraden in den deutschen und österreich-ungarischen Frontnachrichtendiensten eifrig nach. Scharen von Geheimdienstoffizieren, Dolmetschern und V-Männern strömten im Schutz der inzwischen verlängerten Waffenruhe über die Frontlinien und verwickelten die Russen in Waffenstillstandsgespräche. Division um Division klapperten sie ab, selbst die Gefechtsstände der russischen Korps und die Hauptquartiere der russischen Armeen waren vor den deutschen und österreichischen Parlamentären nicht mehr sicher.

Es war schon ein bizarrer Anblick, wie da die Nachrichtenoffiziere Deutschlands und Österreich-Ungarns im Zusammenspiel mit den bolschewistisch beherrschten Soldatenräten die russischen Generale in deren eigenen Hauptquartieren bedrängten. Zuweilen waren es die russischen Soldatenräte, die ihre militärischen Führer zu Gesprächen mit dem Gegner zwangen: General Dragomirow, jetzt Oberbefehlshaber der Nordfront, mußte unter ihrem Druck deutsche Unterhändler in seinem Hauptquartier in Pleskau empfangen, und auch die Verhandlungen des Generals Ragosa, des Oberbefehlshabers der 4. Armee, mit den Deutschen in Birlad waren nicht freiwillig zustande gekommen.[135]

Verbittert mußten die russischen Generale zuschauen, wie eine Division nach der anderen vom gegnerischen Nachrichtendienst neutralisiert wurde. Am erfolgreichsten waren dabei die Österreicher; von den 240 russischen und rumänischen Divisionen, die ihnen gegenüberstanden, verstrickten sie 165 in Waffenstillstandsgespräche, von denen 58 die Erklärung abgaben, nicht mehr angreifen zu wollen.[136]

Plötzlich aber merkten die deutschen und österreichischen Geheimdienstler, daß die für sie bisher so günstige Stimmung umschlug. Ihre Parlamentäre wurden häufiger von russischen Soldaten beschossen, und als am 18. Mai die Österreicher an der Front ihrer 1. und 7. Armee mit 96 Mann einen propagandistischen Großangriff starteten, scheiterte er im Feuer der russischen Truppen.[137] Auch die Mission eines k. u. k. Geheimdienstmajors im Hauptquartier der russischen 9. Armee mißlang; ihr Oberbefehlshaber lehnte jede Verhandlung mit dem Feind ab.[138]

Der Umschwung ging auf einen Mann zurück, der jetzt mit drakonischer Strenge alle Aufweichung russischer Kriegsmoral bekämpfte und deshalb von seinen Gegnern schon »Alexander IV.« genannt wurde. Es war Alexander Kerenski, durch eine Kabinettskrise an die Spitze des Kriegsministeriums gelangt. Er unterband alle Kontakte zwischen russischen und deutschen Soldaten und gab Weisung, ohne jeden Anruf auf deutsche Parlamentäre zu schießen. Ein paar Tage genügten Kerenski, die ganze Friedensoffensive des deutschen Geheimdienstes zum Stillstand zu bringen.[139] Von Ende Mai an herrschte wieder Krieg an der Ostfront – dank Kerenskis nimmermüder Aktivität.

Der neue Kriegsminister ließ kein Mittel unerprobt, von dem er sich eine Lahmlegung der pazifistischen Bewegung in der russischen Armee versprach. Er stülpte der Armee ein dichtmaschiges Netz von Kommissaren über, die – allein dem Kriegsministerium verantwortlich – in der Truppe für die rechte Kampfmoral sorgen sollten, und unzählig waren die Befehle, Ermahnungen und Reden, mit denen Kerenski die angeschlagene Autorität des Offizierskorps wieder herzustellen versuchte.[140] Auf Meuterei und Landesverrat stand wieder die Todesstrafe; selbst geringere Vergehen gegen die militärische Disziplin konnten jetzt mit Zwangsarbeit bestraft werden.[141]

Kerenski gönnte sich keine Ruhe, unermüdlich bereiste er die Truppen an der Front, um in ihnen neuen Kriegsgeist zu wecken. Der feurige Redner blieb dabei nicht ohne Erfolg, wußte Kerenski doch, wie man Soldaten ansprach und sie für eine fremde Sache begeisterte. Ein Zeuge notierte: »Überall trug man ihn auf Händen, überschüttete ihn mit Blumen. Überall spielten sich Szenen eines noch nicht dagewesenen Enthusiasmus ab.«[142] Es kam nicht selten vor, daß Zehntausende ergriffener Soldaten auf einer Massenversammlung vor dem neuen Führer schworen, beim ersten Befehl in Kampf und Tod zu ziehen.

Solche Szenen nährten in dem leichtgläubigen Kerenski die Überzeugung, der russische Soldat sei wieder bereit, gegen den Feind anzutreten. Sofort stand sein Entschluß fest, jetzt mit der den westlichen Alliierten längst versprochenen Offensive an der Front zu beginnen. Ihm schwebte eine Wiederholung der Brussilow-Offensive von 1916 vor; damals war es den Truppen der russischen Südwestfront beinahe gelungen, den ganzen österreichischen Südflügel der Ostfront zu zerschlagen und Österreich aus dem Krieg zu katapultieren. Kerenski wollte es mit Brussilows Hilfe noch einmal versuchen.[143]

Er baute auf die Faszination, die der Name des Generals noch immer auf Russen ausübte, und ernannte Brussilow zum Höchstkommandierenden des russischen Heeres.[144] Zugleich erging an den neuen Oberbefehlshaber der Südwestfront, Generalleutnant Alexej Gutor, die Weisung, Brussilows ehemalige 7., 8. und 11. Armee für eine Großoffensive vorzubereiten, die spätestens Ende Juni beginnen sollte. Was Rußland noch an modernen

Waffen besaß, wies Kerenski der Südwestfront zu; jeder neue Befehl des Kriegsministers suggerierte, daß hier, im Südwesten, die Entscheidung über das Schicksal des neuen Rußlands fallen werde.[145]

Ende Juni lagen die letzten Einsatzbefehle bereit, bei einer Begegnung im Großen Hauptquartier setzten Kerenski und Brussilow den Tag des Offensivbeginns fest. Im frühen Morgengrauen des 1. Juli sollten die Divisionen der 7. Armee gegen den Sereth in Richtung auf Brzezany losschlagen und die Front des Gegners durchbrechen – Signal für den Angriff der links und rechts nachfolgenden Armeen der Südwestfront.[146]

Schon die ersten Stunden des Kampfes offenbarten jedoch, daß Kerenski und seinen Offensivplanern ein gewaltiger Fehler unterlaufen war: Sie hatten sich im Gegner getäuscht. Die Brussilow-Offensive von 1916 war erfolgreich gewesen, weil sie sich gegen die schwachen, kriegsmüden Verbände des österreichisch-ungarischen Heeres gerichtet hatte; jetzt aber standen Kerenskis Divisionen einem rein deutschen Großverband gegenüber, der Südarmee des Generalobersten Graf von Bothmer, der längst mit der russischen Offensive gerechnet hatte.

So blieb Kerenskis Soldaten kaum eine Chance, den Gegner zu überraschen und aus seinen Stellungen zu werfen. Zwei Tage lang kämpften die russischen Divisionen nicht ohne Glück, doch am dritten Tag verlor ihre Offensive jeden Elan.[147] Auch der am 6. Juli beginnende Angriff der 8. Armee weiter im Süden, der sich gegen österreich-ungarische Verbände richtete, führte zu keinem durchschlagenden Erfolg; die Russen konnten zwar den Österreichern die Stadt Halicz entreißen, aber auch diese Offensive brach bald zusammen.[148]

Mit ohnmächtiger Wut registrierte Kerenski, daß sich alle seine Hoffnungen als Illusionen erwiesen. Seine spektakulären Publicity-Erfolge auf den Massenversammlungen der Soldaten waren wie Seifenblasen verflogen; es gab kaum noch eine russische Division, die drei Tage angestrengten Kampfes überstand. Regiment auf Regiment wich vor der Feuerwalze der deutschen und österreichischen Verteidiger zurück, und nur selten zeigte sich eine russische Truppe bereit, ihren Offizieren im Kampf bis zur letzten Patrone zu folgen.

Jede neue Schlappe an der Front, jede neue Hiobsbotschaft aus den Hauptquartieren der russischen Armeen untergrub Kerenskis Autorität um ein weiteres Stück. In der Hauptstadt, aber auch in anderen Großstädten kam Mißstimmung auf. Anfangs hatte sich die Öffentlichkeit von den militärischen Erfolgsmeldungen der ersten Tage zu patriotischer Jubelstimmung fortreißen lassen, doch sie war bald der düsteren Erkenntnis gewichen, daß Kerenskis Offensive sinnlos sei und dem Land nur weitere blutige Verluste bringe. Und je fanatischer der unbelehrbare Kriegsminister seine Truppen antrieb, desto aggressiver wurde die Stimmung der kriegsmüden Massen.

Schon sammelten sich in Petrograd die ersten Protestzüge gegen die Kriegsverlängerer der Regierung, da brachte eine törichte Kerenski-Order das schon glimmende Pulverfaß zur Explosion. Ausgerechnet das in Petrograd liegende 1. MG-Schützenregiment, eine Hochburg der bolschewistischen Friedenspropaganda, erhielt am 14. Juli den Befehl, an die Front abzurücken.[149] Prompt rotteten sich die Soldaten des Regiments zusammen und beschlossen, die Order des Kriegsministers nicht zu befolgen. Ihre Gegenparole: Schluß mit dem Krieg, Sturz der Regierung.[150]

Vergebens versuchten am nächsten Tag Vertreter des Petrograder Sowjet und der Regierung, die Meuterei der MG-Schützen abzuwenden. Selbst das bolschewistische Zentralkomitee warnte seine Anhänger vor einer unzeitgemäßen Revolte. Doch die Meuterer ließen sich nicht mehr beschwichtigen: Am Vormittag des 16. Juli zogen sie in kleinen Trupps zu Fabriken und zu den Kasernen anderer Regimenter. Bis nach Kronstadt, wo das Gros der Ostseeflotte lag, fuhren sie, um Gesinnungsfreunde für einen gemeinsamen Aufstand zu rekrutieren.[151]

In den Mittagsstunden des 16. Juli fühlten sie sich stark genug, gegen die Regierung loszuschlagen. Stoßtrupps des Regiments besetzten den Finnländischen Bahnhof und sperrten die wichtigsten Brücken, die die Straßen zu den Industriegebieten im Norden Petrograds beherrschten. Andere Einheiten der Meuterer drangen auf dem Newski-Prospekt vor, während durch die Innenstadt Lastkraftwagen mit johlenden Soldaten rasten, deren Transparente verrieten, was sie vorhatten: »Die erste Kugel ist für Kerenski!« Der war zwar gerade zur Front abgefahren, doch schon am Abend kontrollierten sie wichtige Teile des Stadtzentrums.[152]

Der Aufstand lockte Hunderttausende auf die Straßen. Immer mehr Regimenter schlossen sich den Rebellen an, auch die Matrosen von Kronstadt stießen hinzu, und bald war eine halbe Million Menschen unterwegs – kaum noch in Schach gehalten von den wenigen regierungstreuen Truppen, die schießend versuchten, die Menschenansammlungen auseinanderzujagen.[153] Es war, als solle sich die Märzrevolution (nach dem russischen Kalender: Februarrevolution) noch einmal wiederholen: Streikende Arbeiter und meuternde Soldaten beherrschten die Straßen der Hauptstadt und rannten gegen die letzten Bastionen der Regierung an.

Doch als der Urlauber Lenin am nächsten Morgen auf der außerhalb Petrograds gelegenen Datscha seines Freundes Wladimir Bontsch-Brujewitsch von dem Aufstand erfuhr, reagierte er unwirsch. Lenin wußte sofort: »Der Zeitpunkt ist absolut falsch.«[154] Er war wütend auf die ZK-Genossen, die wider alle Vernunft den Coup der bolschewistischen Soldaten zugelassen hatten. Lenin ahnte dunkel, daß Kerenski und seine Leute auf einen solchen Wahnsinnsakt nur gewartet hatten. Lenin: »Jetzt ist ihre Stunde gekommen. Sie können uns vernichten.«[155]

Kerenski ließ denn auch keinen Zweifel daran, daß er eben dies vorhatte: die bolschewistischen »Verräter« endgültig auszuschalten. Für ihn war der Petrograder Aufruhr nur eine weitere Aktion in dem gigantischen deutsch-bolschewistischen Komplott, das in Kerenskis Optik die Entwaffnung und Zerschlagung Rußlands bezweckte: Bolschewistisch infizierte Truppen hatten durch ihr Versagen die Offensive scheitern lassen, bolschewistische Agitatoren den Aufruhr in Petrograd inszeniert – fehlte nur noch die schon erwartete Gegenoffensive der deutsch-österreichischen Armeen, um das Komplott gegen das freie Rußland perfekt zu machen.

Für diesen Fall hatte Kerenski vorgesorgt. Noch ehe der Kriegsminister die Truppen zusammentrommelte, mit denen er die Aufrührer in Petrograd bezwingen wollte, lag schon im Safe des Justizministers Pawel Perewersew das Dossier bereit, das dazu bestimmt war, die Bolschewiki vor der ganzen Nation als gekaufte Kreaturen des deutschen Generalstabs zu entlarven. Und niemand hatte mehr dazu beigetragen, die »tödliche« Akte gegen Lenin und seine Freunde anzulegen, als Kriegsminister Kerenski.

Er war dem bolschewistischen Gegner auf der Spur, seit ihm um den 26. Mai herum ein Vernehmungsprotokoll aus dem Stab des Oberbefehlshabers der Westfront vorgelegt worden war.[156] Dort hatte sich der Fähnrich Jermolenko vom 16. Sibirischen Schützenregiment gemeldet, der in deutscher Gefangenschaft gewesen, von der IIIb »umgedreht« und mit Spionageaufträgen hinter die russischen Linien zurückgeschickt worden war. Dieser Jermolenko wußte Sensationelles zu berichten: Seine Instrukteure hätten ihm ganz offen gesagt, Lenin bekomme von Deutschland Geld und arbeite im Auftrag des deutschen Generalstabs darauf hin, das Vertrauen des russischen Volkes in seine Regierung zu untergraben. Das Geld erhalte Lenin über die Deutsche Gesandtschaft in Stockholm, wobei ein AA-Beamter namens Svendson der entscheidende Mittelsmann sei.[157]

Kerenski hatte schon als Justizminister im April darauf gedrungen, Lenins verdächtige Kontakte zu den Deutschen zu untersuchen. Das Jermolenko-Protokoll spornte ihn nun dazu an, ein großangelegtes Unternehmen in Auftrag zu geben, das die Aufgabe hatte, den ganzen Kreis um Lenin des Landesverrats zu überführen. Kerenski holte sich dazu den Abwehr-Obersten Nikitin, der bereits ungeduldig darauf wartete, die Hatz auf Lenin und dessen deutsche Hintermänner zu eröffnen.[158]

Nikitin versicherte sich der Hilfe des britischen und französischen Geheimdienstes, und zu Dritt begann die Jagd auf die vermeintlichen Landesverräter. Jermolenkos Mitteilungen legten nahe, mit den Nachforschungen in Stockholm anzufangen; dort mußten die Fäden der Verbindungen zwischen Lenin und den Deutschen zusammenlaufen. Es fiel den Rechercheuren auch nicht schwer, in kürzester Zeit auf die Spur von Parvus und Fürstenberg zu stoßen. Die beiden agierten allzu großspurig und machten kaum ein Hehl daraus, daß sie mit Vertretern der bolschewistischen Partei vertrauten Umgang hatten.

Justizminister Perewersew half Mitte Juni mit einem Tip weiter. Er vertraute Nikitin an, einer seiner geheimen Informanten im bolschewistischen Zentralkomitee habe ihn »darüber in Kenntnis gesetzt, daß Lenin durch Briefe, die von Spezialkurieren befördert werden, mit Parvus in Verbindung steht«.[159] Daraufhin ließ Nikitin alle ZK-Mitglieder beschatten und auch die Grenzübergänge nach Schweden schärfer beobachten. Nikitins Agenten hatten Glück: Auf der Grenzstation Beloostrow stoppten sie einen bolschewistischen Kurier, der einen Brief an Parvus bei sich trug.[160]

In dem Brief stand, Parvus solle möglichst viel »Material« nach Petrograd liefern, woraus Nikitin messerscharf schloß, hier werde mehr deutsches Geld angefordert, denn »Material« könne nichts anderes sein als ein Kodewort für Geld. Wer aber hatte den Brief geschrieben? Nikitins Schriftsachverständige waren sicher, daß als Briefschreiber nur Lenin in Frage komme[161] – eine abenteuerliche Theorie auch dann, wenn man den Experten zugute hält, daß sie nicht wissen konnten, wie sehr Lenin davor zurückschreckte, auch nur eine einzige Zeile direkt an Parvus zu schreiben.

Selbst der eifrige Agentenjäger Nikitin mußte sich eingestehen, daß mit solchen Kombinationen Lenin nicht zu schlagen war. Da legte ihm Hauptmann Pierre Laurent, Geheimdienstoffizier an der Französischen Botschaft, am 4. Juli ein Bündel Papiere auf den Schreibtisch, die Nikitin mit neuer Hoffnung erfüllten: Telegramme von und an Fürstenberg, die der Service de Renseignement abgefangen hatte.[162] Sie stammten aus dem Besitz der in dem Petrograder Vorort Pawlowsk wohnenden Buchhalterin Jewgenija Sumenson, die via Fürstenberg in ständiger Verbindung mit Parvus stand und auch mit dem Sowjet-Exekutivmitglied Koslowski verkehrte, der als der wichtigste Verbindungsmann zwischen Parvus und Lenin galt.[163]

Auch auf Nikitins schwarzer Liste nahm die Sumenson einen prominenten Platz ein, sie stand seit langem unter Beobachtung. Schon die hektischen Bewegungen auf ihrem Konto bei der Sibirischen Bank machten die Frau den Nikitin-Rechercheuren suspekt; allein in den letzten Wochen hatte sie 800000 Rubel abgehoben.[164] Wo aber war das Geld geblieben? Nikitin vermutete zurecht, daß die Rubel in die konspirativen Kanäle der bolschewistischen Partei geflossen waren. Beweisen aber ließ sich das nicht, die Rubel waren verschwunden in dem verwirrenden Geldumlauf der Firmen, Vertretungen und Untervertretungen, die mit Parvus' Handelskontor zusammenhingen.

In das Dunkel brachten nun die Telegramme der Sumenson scheinbar Licht. Darin wurden von ihr mehr »Bleistifte« angefordert und das Ausbleiben von »Mehl« gerügt, war von »Ware« die Rede und von sofortigen »Lieferungen« – für Nikitin nichts als Synonyme für das deutsche Geld.[165] Er begriff zeitlebens nicht, daß Bleistifte tatsächlich Bleistifte waren und das Mehl nichts anderes als Mehl, womit wirklich Handel getrieben wurde. Ihr Erlös blieb in Rußland, und erst ein Teil davon wurde zur Finanzierung der bolschewistischen Partei verwendet, was jedoch kein Außenstehender durchschaute.

Oberst Nikitin aber glaubte allen Ernstes, die abgefangenen Telegramme würden neben anderen Ermittlungsergebnissen ausreichen, eine Polizeiaktion gegen die »verräterischen« Bolschewiki zu legitimieren. Er meldete den französischen Aktenfund dem Justizminister, der sich von dem Feuereifer des Spionejägers anstecken ließ. Perewersew entschloß sich, jetzt den großen Schlag gegen Lenins Partei zu führen.[166]

Inmitten der Vorbereitungen aber ging Nikitin eine Meldung zu, die schließlich die Regierung bewog, die geplante Aktion um einige Tage zu verschieben. Ein V-Mann Nikitins wollte erfahren haben, daß Fürstenberg die Absicht habe, nach Petrograd zu reisen; der Informant war sich gewiß,

Fürstenberg werde am 18. Juli die russisch-schwedische Grenze passieren und Material mit sich führen, das über Lenins Beziehungen zu den Deutschen sicheren Aufschluß geben könne.[167] Der Parvus- und Lenin-Konfident Fürstenberg in Rußland – das war zu verlockend für die russischen Spionefänger. Der Schlag gegen die Bolschewiki wurde bis zu Fürstenbergs Eintreffen vertagt.

Da durchkreuzten die Meuterer von Petrograd die Pläne von Regierung und Spionageabwehr. Ehe Fürstenberg seine Reise nach Petrograd antreten konnte, war die halbe Stadt in der Hand der bolschewistischen Rebellen. Perewersew mochte nun mit seiner Aktion nicht länger warten. Ohne sich mit dem Ministerpräsidenten oder mit Kerenski vorher zu verständigen, gab Perewersew am Abend des 17. Juli Nikitin den Befehl, in den frühen Morgenstunden des nächsten Tages alle bolschewistischen Führer zu verhaften und die Redaktionen und Büros der Partei zu durchsuchen.

Der Justizminister rief ein paar Journalisten zu sich und weihte sie in die Aktion ein. Er hatte schon ein Kommuniqué formuliert, das die Presseleute in die nächste Ausgabe ihrer Zeitungen setzen sollten. »Aufgrund soeben erhaltener Informationen«, so hieß es in dem Perewersew-Papier, stehe nunmehr fest, daß die bolschewistischen Organisatoren des Aufruhrs in Petrograd mit dem deutschen Feind in Verbindung stünden. Denn: »Die militärische Zensur hat einen ununterbrochenen ... Telegrammverkehr zwischen deutschen und bolschewistischen Agenten entdeckt.«[168]

Die Korrespondenz, so ließ Perewersew später verlauten, beweise hinlänglich, daß Lenin und seine Mitarbeiter mit dem Feind zusammenarbeiteten, um Rußlands militärische Kampfkraft zu schwächen: »Zu diesem Zweck und mit dem von den genannten Staaten [Deutschland und Österreich-Ungarn] erhaltenen Geld organisierten sie Propaganda unter der Zivilbevölkerung und in der Armee, in der sie dazu aufforderten, sich unverzüglich einer Fortsetzung der militärischen Aktion gegen die Feindmächte zu widersetzen.«[169]

Beeindruckt eilten Perewersews Gäste davon, um ihre Redaktionen zu informieren. Noch mühten sie sich, den Enthüllungen des Justizministers die rechte stilistische Form zu geben, da war die Aktion schon verraten – durch einen Anrufer, der in der Petrograder Stadtwohnung von Bontsch-Brujewitsch das Telephon solange klingeln ließ, bis der Lenin-Intimus an den Apparat ging.

Der Anrufer war so ängstlich, daß er seinen Namen nicht nennen mochte. »Erkennen Sie meine Stimme nicht?« hauchte er und überließ es Bontsch-Brujewitschs Kombinationsgabe, ihn zu identifizieren. Anfangs verstand Lenins Freund kaum, was der Mann da heraussprudelte, und erst bei dem Stichwort »Anklage gegen Lenin« wurde er hellwach. Nun erkannte er auch die Stimme: Das war N. S. Karinski, Hauptankläger am Petrograder Appellationsgericht, der aufgeregt erzählte, Lenin drohe höchste Gefahr, die Justiz sei hinter ihm her.

»Worum geht es?« wollte Bontsch-Brujewitsch wissen.

Karinsky: »Er steht unter der Anklage, für die Deutschen zu spionieren.«

Darauf Bontsch-Brujewitsch: »Aber Sie müssen doch selber wissen, daß es keine irrsinnigere Verleumdung gibt!«

Karinski flüsterte: »Was ich in diesem Fall denke, ist unerheblich. Es geht um diese Dokumente, und die sind es, die Lenin und alle seine Freunde vor Gericht bringen werden. Die Staatsanwaltschaft wird sofort mit ihrer Arbeit beginnen. Ich sag' das in allem Ernst, ich sag' Ihnen, leiten Sie alles Notwendige ein.« Seine Stimme klang immer gehetzter: »Ich kann Ihnen nicht mehr sagen. Auf Wiedersehen. Alles Gute. Los, handeln Sie schon!«[170]

Bontsch-Brujewitsch warf den Hörer auf die Gabel und hastete in die Innenstadt. Er erreichte Lenin, der sein Büro im Taurischen Palast noch nicht verlassen hatte. Bontsch-Brujewitsch riet dem Freund, möglichst rasch unterzutauchen: »Sie müssen den Palast sofort verlassen, Wladimir Iljitsch.«[171] Doch Lenin blieb kaltblütig. Er hielt sich für ungefährdet, solange die Regierung noch nicht der Revolte in Petrograd Herr geworden war, und zog es lediglich vor, bei Freunden unterzukommen.

Gleichwohl handelte auch er. Lenin schickte Stalin zu dessen georgischem Landsmann Nikolaij Tschscheidse, den Vorsitzenden des Petrograder Sowjet, und ließ ihm die Forderung übermitteln, der Rat möge die Veröffentlichung des denunziatorischen Enthüllungsmaterials der Regierung unterbinden.[172] Tscheidse war in der Tat empört; was die Regierung da mache, polterte er, komme der öffentlichen Hinrichtung eines bewährten Genossen gleich. Wenige Minuten später intervenierte er bei den Redaktionen. Die Zeitungsmacher versprachen, Perewersews Material nicht zu veröffentlichen.[173] Auch Nikitins Verhaftungsaktion wurde noch einmal verschoben.

Doch Lenin blieb nicht mehr viel Zeit. Am Nachmittag des 18. Juli gingen die Regierungstruppen in Petrograd zum Gegenangriff über, am Abend rückte Kerenski mit frischen Einheiten in die Hauptstadt ein, in wenigen Stunden war der Aufstand niedergeschlagen.[174] Nun gab die Regierung die Hatz auf die Bolschewiki vollends frei: Schon hatte die Zeitung »Schiwoje slowo« trotz Tschscheidses Verbot unter der Schlagzeile »Lenin, Hanetzki und Kozlowski deutsche Spione« das amtliche Anklagematerial veröffentlicht, schon machten sich die Greifkommandos des Obersten Nikitin fertig, um die bolschewistischen Führer zu verhaften.[175]

In der späten Nacht weckte ein Genosse Lenin mit der Nachricht, Soldaten der Regierungstruppen hätten die Redaktionsräume der »Prawda« durchsucht und die Druckmaschinen der Parteizeitung zerstört.[176] Andere Trupps sammelten sich vor der Parteizentrale in der Villa Krzesinskaja, um sie zu besetzen; auch örtliche Parteibüros waren bereits vom Gegner verwüstet worden. Jede Minute mußte mit Verhaftungen gerechnet werden.

Lenin setzte sich daraufhin in den Stadtteil Wiborg ab, wo er in der Wohnung eines Genossen der Militärorganisation Unterschlupf fand. Auch andere Bolschewikenführer wie Sinowjew und Kamenew tauchten unter. Als Nikitins Verhaftungskommandos in die Wohnungen prominenter Bolschewiki eindrangen, fanden sie die Gesuchten nicht mehr vor.[177] So traf der Schlag des Staates ins Leere, er erreichte nur noch die Einrichtungen der

Partei: Die bolschewistische Presse wurde verboten, die Roten Garden aufgelöst, die Büros der Partei geschlossen.[178]

Kein anderer Politiker aber war von dem Fehlschlag der antibolschewistischen Großrazzia so verärgert wie Kerenski. Sein ganzer Zorn richtete sich gegen den Kollegen Perewersew, den er beschuldigte, durch seine Nervosität die Aktion voreilig ausgelöst und damit ruiniert zu haben. Vor allem die öffentliche Preisgabe des Lenin-Dossiers erboste ihn. Der ehemalige Rechtsanwalt Kerenski durchschaute, daß sich mit den Fürstenberg-Sumenson-Telegrammen ein Landesverrat Lenins oder anderer Bolschewisten nicht nachweisen lassen würde, denn kein einziges Mal kam in der Geschäftskorrespondenz Lenins Name vor. Kein Wunder, daß Kerenski fand, der Justizminister habe mit seiner unüberlegten Aktion die Regierung in üble Beweisnot gebracht – Grund genug für ihn, bei Fürst Lwow Perewersews sofortigen Rücktritt zu verlangen.[179]

In dieser peinlichen Lage lieferte der Kriegsgegner dem Minister Kerenski ein hochwillkommenes Scheinargument für die Kampagne gegen Lenin. Am 19. Juli traten die Divisionen des Generalobersten von Bothmer zur Gegenoffensive an – für Kerenski Anlaß zu der dramatischen Behauptung, der deutsche Angriff sei mit den bolschewistischen Aufrührern abgesprochen worden.[180] Deutlicher ließ sich nach Kerenski der Verrat der Leninisten kaum noch beweisen: Erst hatten die roten Putschisten die Zentrale Petrograd gelähmt, jetzt sollte der Todesstoß durch die deutschen Armeen folgen.

Das hatte zwar alles mit der Wirklichkeit nichts zu tun, gleichwohl setzte sich Kerenskis abenteuerliche These in Zehntausenden russischer Köpfe fest. Die Volksstimmung kehrte sich gegen die Bolschewisten, die in wenigen Stunden zu Paria der Nation wurden. Aufgebrachte Patrioten überfielen bolschewistische »Verräter«, Büros der Lenin-Partei wurden verwüstet, und es gehörte nachgerade schon Mut dazu, sich noch als Anhänger der bolschewistischen Partei zu bekennen – so rasch wirkte das Gift von Kerenskis Verratspropaganda.[181]

Lenin mußte nach Finnland fliehen, fast die ganze Partei ging in den Untergrund. Wieder einmal wurde der Apparat der bolschewistischen Partei zerschlagen.[182] Wochenlang durchkämmten Suchtrupps der Miliz und der Spionageabwehr die Wälder, in denen flüchtige Bolschewisten vermutet wurden, und immer neue Razzien in den Städten galten V-Männern und Kurieren der roten Untergrundpartei, die Nikitins zahlreichen Spitzeln aufgefallen waren. Und schier endlos wurden die Reihen der Verdächtigen, die der Oberst hatte aufgreifen lassen, um aus ihnen neue Indizien oder Hinweise herauszupressen, die das Dunkel um Lenin aufhellten.

Kerenski aber, seit dem 21. Juli Ministerpräsident einer Regierung aus Sozialrevolutionären und Menschewisten, nutzte die antibolschewistische Massenhysterie dazu, seine Macht in Rußland immer mehr zu festigen.

Ständig verlangte er nach neuen »Enthüllungen« über die deutsch-bolschewistische Verschwörung, und der eifrige Nikitin lieferte sie ihm: Seine Ermittler hatten tatsächlich Briefe gefunden, die belegten, daß die bolschewistische Partei von Fürstenberg und Kozlowski Geld erhalten hatte, und es lag auch das Geständnis der verhafteten Jewgenija Sumenson vor, sie habe von Fürstenberg Auftrag gehabt, Koslowski jeden von ihm gewünschten Betrag ohne Quittung auszuzahlen.[183]

Das reichte gewiß nicht dazu aus, die vermutete »German Connection« führender Bolschewisten nachzuweisen, dennoch war Nikitins Material für Lenin und die Partei belastend. Da sich der Parteichef in seinem Versteck kaum öffentlich zur Wehr setzen konnte, übernahm Radek im freien Stockholm die publizistische Gegenoffensive. Seine »Korrespondenz Prawda« schoß sich munter auf den »Verleumder Kerenski« ein, wobei sie freilich ebenso heftig flunkerte wie die Blätter des Kerenski-Regimes.

»Von Parvus«, tönte Radeks Korrespondenz, »hat keiner der Bolschewiki ... auch nur einen Groschen für irgendwelche politische Zwecke bekommen. Parvus hat ihnen auch niemals derartige Angebote gemacht.«[184] Der Polemiker Parvus stimmte kräftig ein: »Ihr Narren, was sucht ihr, ob ich Lenin Geld gegeben habe? Gerade Lenin und die anderen, die ihr namentlich aufführt, haben von mir, sei es als Geschenk oder als Darlehen, kein Geld verlangt oder erhalten.«[185]

Ganz wohl wird allerdings Parvus dabei nicht gewesen sein, wußte er doch, wie deprimiert die Berliner Auftraggeber über das Versagen der Bolschewiki waren. Er hatte alle Mühe, die deutschen Partner bei der Stange zu halten. Parvus fuhr zu Staatssekretär Zimmermann, um ihm vorzutragen, wie notwendig gerade in dieser Krisenlage die Unterstützung Deutschlands sei. Lenins Einfluß, so hielt eine Aktennotiz als Parvus-Meinung fest, »wüchse unvermindert, allen gegenteiligen Behauptungen in der Presse der Länder der Entente zum Trotz«.[186]

Tatsächlich glaubte Parvus unverdrossen, daß der Sieg der Bolschewiki in Rußland nur noch eine Frage von Monaten oder gar Wochen sei. Kerenski – dessen war Parvus ganz gewiß – würde sich nicht mehr lange halten können, allzu drastisch symbolisierte sein Regime russischen Untergang und russische Ausweglosigkeit: Immer mehr Fabriken wurden stillgelegt, die Lebensmittelzufuhren blieben häufiger aus, die Inflationsrate stieg in astronomische Höhen. Und überall waren die deutschen und österreichischen Armeen im Vormarsch, Riga und Narwa bereits eingeschlossen, die Moldau-Provinzen und Bessarabien bedroht.[187]

Bei so mißlicher Lage konnte es nicht verwundern, daß die verfolgten und verfemten Bolschewiki im Herbst wieder an Boden gewannen. Kerenski hatte nicht gewagt, die Partei zu verbieten, und Lenin den Prozeß zu machen, und das machten sich nun Lenins Anhänger zunutze. Ihre Agitatoren kehrten allmählich aus dem Untergrund zurück und verschafften ihrer Partei, die inzwischen 350000 Mitglieder zählte, einen gewichtigen Platz im innerrussischen Machtkampf. Bezeichnend dafür die Stimmung in der Petrograder Garnison: Das Gros der Soldaten stand schon völlig unter der Kontrolle der Bolschewisten.[188]

Bereits die nächste Krise verriet, wie sehr Rußlands Machthaber auf die Unterstützung der Bolschewiki angewiesen waren. Als am 9. September der neue Höchstkommandierende Kornilow, der mit einer Militärdiktatur liebäugelte, seine Kosaken in Trab setzte, damit sie im unruhigen Petrograd »Ordnung« schafften, wußte der in Panik geratene Sowjet keinen besseren Rat als den, die Bolschewiki zu Hilfe zu rufen.[189] Lenin ließ die Genossen gegen Kornilows Putschsoldaten mobilmachen – und heimste, nachdem der Spuk verflogen, mit Wonne den Dank von Regierung und Sowjet ein, den gleichen Mächten, die noch kurz zuvor die Bolschewiki zu Vaterlandsverrätern gestempelt hatten.[190]

Von Stund an war der Siegeszug der Bolschewiki nicht mehr zu stoppen. Eine knappe Woche später, am 15. September, errangen sie bei Wahlen die Mehrheit im Präsidium des Petrograder Sowjet, einen Monat danach übernahmen sie auch im Moskauer Sowjet die Führung[191] – Anlaß für Lenin, sein finnisches Versteck zu verlassen und den Sprung an die Macht zu wagen.

Am 23. Oktober stand er vor den Genossen des Zentralkomitees, um ihnen gebieterisch vorzuschlagen, was er nicht einen Augenblick lang aus dem Blick verloren hatte: die gewaltsame Inbesitznahme der Staats- und Regierungsmacht durch die Bolschewiki. Die von solcher Machtdämonie erschrockenen Genossen erhoben Einwände, ihnen schien die Zeit noch nicht reif und Lenins Konzept allzu radikal, doch am Ende stimmten alle mit Ausnahme von zwei ZK-Mitgliedern für den Antrag des Chefs.[192] Es war eine historische Stunde: Zwölf Männer beschlossen den bewaffneten Aufstand, der die Welt verändern sollte.

Was in den nächsten Tagen folgte, ist Bestandteil der Geschichtsbücher: das Durcheinander unter den gespaltenen Genossen, die Schaffung eines Militärrevolutionären Komitees im Petrograder Sowjet, das den Aufstand leiten sollte, die fast lautlose Besetzung der staatlichen Ämter am 6. November, die nahezu widerstandslose Einnahme der Hauptstadt durch die Aufständischen in der darauffolgenden Nacht, der Triumph der Revolution am nächsten Morgen – ein Schritt folgte dem anderen, Zug um Zug löste sich das Kerenski-Regime auf.[193]

Noch saß der Regierungschef mit seinen Ministern im ehemaligen Winterpalast des Zaren, ohne zu ahnen, daß fast alle Regierungstruppen zu den Putschisten übergelaufen waren. Alexander Kerenski hatte ausgespielt. Es war zehn Uhr am 7. November 1917, als Wladimir Iljitsch Uljanow genannt Lenin dem Lande feierlich verkündete: »Die Provisorische Regierung ist gestürzt ... Die Sache, für die das Volk gekämpft hat: das sofortige Angebot eines demokratischen Friedens, die Aufhebung des Eigentums der Gutsbesitzer an Grund und Boden, die Arbeiterkontrolle über die Produktion, die Bildung einer Sowjetregierung – sie ist gesichert.«[194]

Sofortiges Angebot eines Friedens – für Lenins deutsche Verbündete war es das erlösende Stichwort. Die Geheimdienste der Mittelmächte hatten es geschafft: Rußland scherte aus der Front der Kriegsgegner Deutschlands aus, das Reich war vom Druck im Osten befreit. Als General Hoffmann, der Stabschef des Oberbefehlshabers Ost, nach Empfang des ersten Funkspruchs über die Wende in Petrograd am 8. November Bauermeister anrief, konnte der seine Begeisterung kaum noch zügeln. Bauermeister dozierte: »Die Ostfront ist erledigt, daran ist nicht zu zweifeln. Kerenski hat durch seine wahnsinnige Kriegspolitik den Sieg der Bolschewisten ermöglicht, wir Nachrichtenoffiziere haben nur kräftig nachgeholfen.«[195]

Bauermeister und seine Kameraden nutzten denn auch umgehend die günstige Konjunktur. Alexander Bauermeister war der erste deutsche ND-Offizier, der seine Verbindungen zur anderen Seite wieder aktivierte. Bald meldete sich der Soldatenrat der russischen 8. Armee bei ihm und schlug vor, einen Waffenstillstand zwischen der Armee und der ihr gegenüberliegenden deutschen Armeegruppe des Generals Litzmann abzuschließen. Am 10. November kamen die Russen in Litzmanns Hauptquartier in Czernowitz, drei Stunden später war der Waffenstillstandsvertrag unterzeichnet.[196]

Am 19. November kontaktierten Parlamentäre der russischen 7. Armee österreichische Kundschaftsoffiziere, und von da an kamen die Waffenstillstandsgespräche an der Front nicht mehr zur Ruhe. Eine russische Armee nach der anderen verständigte sich mit dem Gegner in Vertragsform, ermuntert und angetrieben von einem Befehl Lenins, der den neuen Höchstkommandierenden, Generalleutnant Nikolai Duchonin, am 21. November per Funkspruch angewiesen hatte, mit den Deutschen und Österreichern einen Waffenstillstand abzuschließen. (Als sich der General weigerte, ließ Lenin einen Trupp bewaffneter Bolschewisten das Hauptquartier stürmen und setzte deren Anführer, einen ehemaligen Fähnrich, an die Stelle Duchonins, der kurz darauf ermordet wurde.)[197]

Fasziniert starrten die deutschen Generalstäbler auf ihre Lagekarten, aus denen die russischen Divisionen verschwanden. Ein alter Traum deutscher und österreichischer Militärs schien Wirklichkeit geworden, das russische Heer war entmachtet. Was die Armeen Deutschlands und Österreichs nur halbwegs auf dem Schlachtfeld geschafft hatten, vollendete Lenin mit einem Federstrich: Er ließ die russische Armee demobilisieren, er etablierte ein Komitee für Kriegs- und Marineangelegenheiten mit dem Auftrag, den militärischen Apparat zu zerschlagen.

Rußlands Armee war tot, das ehemalige Zarenreich eine einzige Kraterlandschaft politisch-wirtschaftlichen Verfalls. Jetzt kam für deutsche und österreichische Militärs, Geheimdienstler und Politiker die Chance, jene vielerörterten Pläne zur Ausbeutung Rußlands zu realisieren, die phantasievolle Gehirne ausgedacht hatten – allen voran der Sozialist Parvus, der im April 1917 als Allheilmittel europäischer Friedensordnung neben der »Entwaffnung der russischen Armee« eine »weitgehende Okkupation Rußlands« und die Vermehrung russischer Anarchie vorgeschlagen hatte.[198]

Darauf hatten sich die deutschen Geheimdienstler seit Jahren vorbereitet. Ihr Auftrag lautete, sich die Mitarbeit führender Männer und Gruppen der Los-von-Rußland-Bewegung in den russischen Randprovinzen zu sichern, die es Deutschland am Tage des Sieges ermöglichen würden, zwischen dem Reich und einem auf seine Kerngebiete zurückgeworfenen Rumpfrußland einen Gürtel prodeutscher Satellitenstaaten von Finnland bis zum Kaukasus zu errichten, dazu bestimmt, Deutschland vom russischen Druck zu entlasten und ihm zugleich als wirtschaftliches Ausbeutungsobjekt zu dienen.

Das stand hinter allen konspirativen Verbindungen und Tarnorganisationen, die Deutschlands und Österreichs Geheimdienste in der Welt der östlichen Emigration unterhielten. Schon 1916 hatten zwei baltendeutsche V-Männer Wesendoncks eine »Liga der Fremdvölker Rußlands« gegründet, in der sie führende Männer der polnischen, finnischen, baltischen und ukrainischen Emigration auf deutschen Kurs brachten,[199] und auch die IIIb intensivierte ihre Baltenorganisation und eine spezielle Finnland-Kommission, in der deutsche Geheimdienstler und Emigranten aus den Ländern rund um die Ostsee antirussische Aufstandspläne entwarfen.[200]

Zu den Führern der Liga gehörte auch der finnisch-schwedische Sozialist Konni Zilliacus, ein V-Mann des deutschen Marinegeheimdienstes, der gleich nach Kriegsausbruch Wesendoncks Beauftragten einen Aufstandsplan entworfen hatte. Zilliacus hielt einen bewaffneten Abfall Finnlands von Rußland für realisierbar, allerdings nur mit aktiver deutscher Hilfe; Berlin müsse Truppen in Finnland landen und zudem die Aufstandswilligen mit Führungspersonal und Waffen versorgen.[201]

Die deutschen Psychokrieger griffen Zilliacus' Ideen auf. Über ein Verbindungsbüro in Berlin, dem der konservative finnische Rußland-Gegner Edvard Hjelt vorstand, und über die Stockholmer Kriegsnachrichtenstelle der IIIb gelangten die ersten deutschen Waffen in finnische Aufstandsgruppen.[202] Zugleich rekrutierten deutsche Geheimdienstler im Ausland junge Finnen, die in dem holsteinischen Ausbildungslager Lockstedt in einem »Pfadfinderkursus« (so der offizielle Name) zu einer Aufstandstruppe zusammengestellt wurden. Daraus wurde das Königlich Preußische Jägerbataillon 27, das später zur Keimzelle der finnischen Armee werden sollte und deren Angehörige bis in die Fünfziger Jahre die wichtigsten militärischen Kommandoposten Finnlands besetzten.[203]

Schon hatte sich die Sektion P im August 1917 in Verhandlungen mit Hjelt verpflichtet, eine finnische Aufstandsarmee mit Waffen und Munition auszurüsten, da ermutigte der bolschewistische Umsturz in Petrograd die bürgerlichen Nationalisten Finnlands zum Losschlagen.[204] Am 6. Dezember erklärte der finnische Landtag das Land zur unabhängigen Republik, doch die führenden Sozialisten, die nur noch an einer finnischen Autonomie im Rahmen Sowjetrußlands interessiert waren, stellten sich vehement gegen den Aufstand. Ein Bürgerkrieg zwischen Weiß und Rot brach aus, Grund für das bürgerliche Finnland, nun erst recht auf die deutsche Karte zu setzen.[205]

Hjelt wurde nicht müde, die Deutschen zu einer sofortigen militärischen Intervention in Finnland zu drängen. Dazu hatte er schon Ludendorff bei einem Besuch im Großen Hauptquartier aufgefordert, wobei das Argument nicht fehlte, Ziel der Politik seiner Regierung sei, ein unabhängiges Finnland in engster Anlehnung an Deutschland zu schaffen, als »nördlichstes Glied in der Staatenkette«, die künftig »in Europa einen Wall gegen den Osten« bilden werde.[206] Doch Ludendorff zögerte, er mochte nicht die gerade in

Brest-Litowsk begonnenen Friedensverhandlungen mit Rußland durch einen antirussischen Coup belasten.

Lange währten freilich seine Skrupel nicht. Spätestens im Januar 1918 war Ludendorff entschlossen, in Finnland einzugreifen. Er hatte bereits dem Unterhändler Hjelt noch mehr Waffen versprochen, als bis dahin zugesichert worden waren, und er hatte auch schon zugesagt, das Jägerbataillon 27, immerhin formal eine deutsche Heereseinheit, nach Finnland zu entsenden. Seine Pläne reichten jedoch noch weiter. Ludendorff schwebte vor, ein deutsches Hilfskorps unter dem General Rüdiger Graf von der Goltz nach Finnland in Marsch zu setzen, dazu bestimmt, das Land endgültig von Rußland abzusprengen.[207]

Ludendorffs Entschluß beseitigte nun auch die letzten Hemmnisse, die deutscher Untergrundarbeit in Rußland noch entgegenstanden. Wo immer sich in Rußlands Randprovinzen Separatisten und Nationalisten formierten, stießen die Agenten der Mittelmächte dazu und versprachen deutsch-österreichische Unterstützung. In Finnland, in den baltischen Ländern, in der Ukraine, in Georgien – überall tauchten die geheimen Sendboten Berlins und Wiens auf, um der Los-von-Rußland-Bewegung den Rücken zu stärken.

Erbittert beobachteten Lenins Unterhändler am Verhandlungstisch in Brest-Litowsk, wie ihre Gegenspieler Stück um Stück aus dem russischen Reichsverband herausbrachen, ehe noch ein Friedensvertrag abgeschlossen war. Einen Frieden ohne Annexionen und Kontributionen hatten die bolschewistischen Führer abschließen wollen, jetzt aber schlug ihnen die ganze hemmungslose Eroberungslust der Sieger entgegen. Immer mehr verlangten sie: Verzicht auf Finnland, Aufgabe der baltischen Provinzen, Preisgabe Russisch-Polens, Räumung der Ukraine.

Doch der bolschewistische Chefunterhändler Trotzki verstand noch immer nicht, zu welcher Härte, ja Brutalität die Gegenspieler entschlossen waren. Als General Hoffmann am 10. Februar mit fast provozierender Gelassenheit eine große Landkarte entfaltete, auf der pedantisch alle verlangten Gebietsabtretungen eingezeichnet waren, protestierte der empörte Trotzki und verließ die Konferenz.[208] Mit der Parole »Kein Krieg, kein Friede!« reiste er nach Petrograd zurück, die Friedenskonferenz war geplatzt.

Es war der entscheidende Fehler, auf den seine Gegenspieler gewartet hatten. Da der Waffenstillstand am 17. Februar ablief, kein bolschewistischer Unterhändler aber in Brest-Litowsk zur Verfügung stand, um ihn zu verlängern, hatten Deutsche und Österreicher einen Vorwand, den Krieg fortzusetzen.[209] Die Vormarschpläne lagen schon bereit, die Truppenverbände waren längst alarmiert. Fehlten nur noch die Hilfsappelle der Los-von-Rußland-Führer, ohne die sich die Kriegsmaschine der Verbündeten nicht in Bewegung setzen sollte.

Sofort ließen IIIb und Evidenzbüro ihre Verbindungen spielen, um die gewünschten Hilfegesuche heranzuholen. Am 14. Februar erschien der Finne Hjelt im Großen Hauptquartier mit einem Papier, in dem dringend um eine deutsche Militärintervention im finnischen Bürgerkrieg gebeten wurde, und auch das von bolschewistischen Truppen hart bedrängte Menschewisten-Regime in der »unabhängigen« Ukraine ließ sich rasch herbei, den sofortigen Einsatz deutscher und österreichischer Truppen zu erbitten.[210] Natürlich waren auch die Baltendeutschen mit von der Partie; ihre adligen Führer ersuchten nur allzu gern die Berliner Regierung, in Livland und Estland einzugreifen.[211]

Am 17. Februar 1918 setzten sich die Armeen Deutschlands und Österreich-Ungarns in Bewegung und überfluteten weite Gebiete Rußlands. In wenigen Tagen waren Livland und Estland besetzt, worauf Goltz' deutsches Hilfskorps an der Küste Nordfinnlands landete, während andere Verbände so rasch in Nordwestrußland vordrangen, daß sie schließlich nur noch 150 Kilometer von Petrograd entfernt waren.[212] Zugleich befreiten deutsche und österreichische Truppen die Ukraine vom bolschewistischen Gegner. Kiew wurde für die Menschewisten zurückerobert, und immer weiter ging der Vormarsch: Bald war die ganze Ukraine in der Hand der Verbündeten, standen deutsche Truppen am Schwarzen Meer.[213]

Das war für Rußlands neue Herren so katastrophal, daß selbst Trotzki nun die Bremsen zog. Als Lenin das Zentralkomitee seiner Partei leidenschaftlich beschwor, das »Diktat der Schande und Unterwerfung « zu akzeptieren, um wenigstens den bisher einzigen Stützpunkt der Weltrevolution, nämlich die Sowjetrepublik, zu retten, da war es Trotzkis Stimme, die den Ausschlag gab: Eine knappe Mehrheit entschied sich für die Annahme der gegnerischen Bedingungen.[214] Am 3. März unterschrieb ein neuer Verhandlungsführer den Friedensvertrag – unter Protest.

Es war zugleich das Ende der heimlichen Partnerschaft zwischen Lenin und den wilhelminischen Deutschen. Mochten auch westalliierte Geheimdienstler noch immer nach Materialien fahnden, um Lenin als deutschen Agenten zu demaskieren – das deutsch-bolschewistische Millionenspiel ging zu Ende. Das spürte keiner so stark wie Parvus, der Lenin darum gebeten hatte, Rußland besuchen zu dürfen. Lenin lehnte ab: »Schmutzige Hände sollen die Sache der Revolution nicht antasten.«[215]

Er wartete geduldig die Stunde der Revanche ab. Lange würde der deutsche Triumph über das alte Rußland nicht währen, dessen war er gewiß. Lenin behielt recht: Im Westen hatte Deutschland den Krieg verloren, im November brach der Kaiserstaat zusammen. In Berlin gingen die roten Fahnen des Umsturzes hoch. Die Stunde der Weltrevolution kam.

9 Im Labyrinth der Apparate

Sie waren ihrer vier – vier Männer, die an einem Dezembertag des Jahres 1918 in Minsk aufbrachen, im geschlagenen und hungernden Deutschland das Siegesbanner des Bolschewismus aufzupflanzen. Jeder von ihnen trug eine geheime Instruktion der bolschewistischen Führung bei sich, jeder kannte zudem den Auftrag auswendig, der ihm erteilt worden war. Ihre Mission: alle Kräfte des deutschen Proletariats zu mobilisieren, um aus Deutschlands sozialistischer November-Revolution einen bolschewistischen Umsturz zu machen.[1]

Ein Zufall hatte die vier Männer Mitte Dezember in Minsk, unweit der deutsch-russischen Demarkationslinie, zusammengeführt. Drei von ihnen waren deutsche Kriegsgefangene, die sich den Bolschewiki angeschlossen und sich für eine Deutschland-Mission der Partei gemeldet hatten.

Friesland nannte sich der eine, der Jahrzehnte später unter seinem bürgerlichen Namen Ernst Reuter als Berlins antikommunistischer Blokkade-Bürgermeister weltgeschichtliche Karriere machen sollte. Felix Wolff hieß der zweite Mann, den freilich seine Jugendfreunde in der lettischen Heimat noch unter dem Namen Nikolai Rackow kannten, während sich die Identität des Dritten heute nicht mehr rekonstruieren läßt.[2]

Zu ihnen stieß ein Vierter, der eigentlich in ihren Plänen gar nicht vorgesehen war. Der wieselflinke kleine Mann mit dem merkwürdig zottigen Bart und den großen, abstehenden Ohren wäre den drei Soldaten als eine rechte Witzblattfigur vorgekommen, hätte er ihnen nicht eröffnet, daß er im Auftrag des Genossen Lenin reise. Es war Karl Radek, der neue Abteilungschef im Volkskommissariat des Äußeren, der ungeduldig nach einer Möglichkeit ausspähte, auf das deutsche Herrschaftsgebiet hinüberzukommen.[3]

Er hatte schon einen Versuch unternommen, bei der Grenzstation Dünaburg. Radek gehörte damals zu einer Delegation hochkarätiger Genossen aus dem Zentralexekutivkomitee der Kommunistischen Partei Sowjetrußlands, die sogar eine Einladung zur Teilnahme an dem bevorstehenden Ersten Reichskongreß der deutschen Arbeiter- und Soldatenräte in Berlin vorweisen konnte. Doch der Rat der Volksbeauftragten, wie sich die nach dem Sturz der Monarchie entstandene provisorische Regierung Deutschlands nannte, hatte strenge Weisung erteilt, keine bolschewistischen »Agitatoren« ins Reich zu lassen. Die Russen wurden abgewiesen.[4]

Die Delegation kehrte entmutigt um, doch Radek mochte sich so leicht nicht abschrecken lassen. Radek war entschlossen, sich auf eigene Faust nach Berlin durchzuschlagen. Zuvor vergewisserte er sich allerdings durch einen Anruf in Moskau, ob die Genossen in ZK und Regierung damit einverstanden waren, daß er illegal über die Demarkationslinie ging. Lenin gab seine

Zustimmung. Es blieb bei dem Auftrag, den er Radek erteilt hatte: »im Rücken des Feindes« eine bolschewistische Revolution zu entfachen, die dem neuen Rußland entscheidende Entlastung bringe.[5]

Die Hoffnung auf den deutschen Oktober war so ziemlich das einzige, was den führenden Bolschewiki noch geblieben war. Die Lage des Sowjetregimes war nahezu aussichtslos, seine Macht reichte kaum über die Umgebung Petrograds und der neuen Hauptstadt Moskau hinaus. Weite Gebiete Rußlands waren noch von den deutschen und österreichischen Truppen besetzt, von Süden und Norden zogen die »weißen« Armeen zaristischer Generale heran, und zu allem Ungemach rüstete sich nun auch die Entente, mit eigenen Invasionstruppen in Sibirien, Nordrußland und im Kaukasus einzufallen, um dem vermeintlichen deutschen Satellitenregime den Garaus zu machen.

Wen will es da wundern, daß sich Lenin und seine engsten Mitarbeiter immer mehr dem Wunschglauben hingaben, jetzt könne nur noch eine Revolution der europäischen, vor allem der deutschen Proletarier das Regime retten? Dies war Lenins Überzeugung: Allein ein bolschewistischer Umsturz in Berlin werde die Vernichtungspläne der westlichen Imperialisten durchkreuzen, werde die drohende Erdrosselung des Sowjetsystems verhindern. Und die Chancen für einen radikalen Umbruch in Deutschland schienen ihm gut, denn die deutsche Revolution marschierte schon: Das monarchische System war zusammengebrochen, die Republik ausgerufen, Sozialisten und Linkssozialisten in Berlin an der Macht.

Da galt es nur, die deutsche Revolution schärfer nach links zu steuern, direkt hinein in das Sowjetsystem – durch Mobilisierung der deutschen Arbeitermassen. Selbst der skeptische Radek ließ sich einen Augenblick von Lenins Visionen fortreißen. Ihm schien damals »die Weltrevolution gekommen«: »Die Volksmassen vernahmen ihren eisernen Schritt. Unsere Einsamkeit war zu Ende.«[6] Bereitwillig machte sich Radek auf, den deutschen Oktober zu inszenieren.

Doch wie nach Berlin kommen? Die drei ehemaligen Kriegsgefangenen in Minsk wußten Rat. Sie paßten dem Lenin-Intimus eine alte österreichische Soldatenuniform an und beschafften ihm falsche Papiere, die Radek als einen Heimkehrer aus russischer Kriegsgefangenschaft auswiesen.[7] Anstandslos ließen ihn die deutschen Wachtposten an der Demarkationslinie passieren, ungehindert erreichten die Vier am 19. Dezember Berlin. Dann trennten sie sich: Radek und Reuter-Friesland kontaktierten ihre Genossen in der Stadt, Wolff fuhr nach Hamburg weiter.[8]

Was Radek politisch in Berlin vorfand, schien ganz den Umsturzerwartungen der Moskauer Bolschewiki zu entsprechen. Eben zeichnete sich der Bruch zwischen der gemäßigten SPD und der radikaleren Unabhängigen Sozialdemokratischen Partei Deutschlands (USPD) ab, die bisher zusammen den Rat der Volksbeauftragten gebildet hatten, nun aber mit aller Macht auseinanderstrebten – Verlockung für die noch extremeren Marxisten im »Spartakus-Bund« von Rosa Luxemburg und Karl Liebknecht, den Sprung in die Sowjetdiktatur zu wagen.

Auf eben diesen Spartakus-Bund setzten Sowjetrußlands Führer ihre größten Hoffnungen. Der Bund gehörte zwar formal noch zur USPD, doch ihre federführenden Anhänger drängten bereits darauf, die Verbindung zu den angeblich laschen Unabhängigen zu kappen und nach dem Vorbild der Bolschewiki eine eigene kommunistische Partei zu gründen, die sich an die Spitze aller sozialistischen Kräfte setzen sollte, denen als Endziel die Diktatur des Proletariats vorschwebte. Schon rotteten sich auf Berlins Straßen Stoßtrupps militanter Spartakisten zusammen, die offen den Sturz der jungen Republik und deren Regierung proklamierten.

Als jedoch Radek den Führern des Spartakus-Bundes erläuterte, wie man sich in Moskau den deutschen Umsturz vorstelle, stieß er auf taube Ohren. Das lag freilich weniger an der Botschaft als an ihrem Überbringer, der bei den deutschen Genossen wenig beliebt war. Rosa Luxemburg giftete: »Wir brauchen keinen Kommissar für Bolschewismus. Die Bolschewisten mögen mit ihrer Taktik zu Hause bleiben.«[9]

Schließlich war sie doch froh, daß ihr Radek dabei half, die neue Partei zu organisieren. Vor allem Radeks gute Beziehungen zu den Bremer Sozialisten trugen dazu bei, möglichst viele Delegierte in den Festsaal des preußischen Abgeordnetenhauses in Berlin zu bekommen, die sich dort zu einem Parteitag versammeln sollten. Die Regie klappte reibungslos: 111 Delegierte beschlossen am 29. Dezember 1918 die Gründung der »Kommunistischen Partei Deutschlands (Spartakus-Bund)«, kurz KPD genannt.[10]

Doch der Anblick des bunt zusammengewürfelten Haufens meist jugendlicher Delegierter, die nicht mehr als 1000 Anhänger vertraten, ernüchterte Radek augenblicklich; im Nu begriff er, daß mit dieser Partei keine Revolution zu machen war. Die theoretisch begabte, aber im Politmanagement völlig unerfahrene Rosa Luxemburg an der Spitze der zwölfköpfigen »Zentrale« der Partei konnte kaum die randalierenden Delegierten steuern, die einem hemmungslosen Aktionismus huldigten und die sofortige Beseitigung des republikanischen Regimes forderten. Das klang Radek so unreif, daß er jede Hoffnung auf einen baldigen deutschen Oktober fahren ließ. Radek später: »Ich fühlte nicht, daß hier schon eine Partei vor mir war.«[11]

Aber gerade die wilde Parteitagsrhetorik versetzte die Masse der Delegierten in eine aggressive Hochstimmung, die zu einer sofortigen explosiven Entladung trieb. Keiner mochte auf die Bedenken der »roten Rosa« hören, fast alle drängten zur revolutionären Tat. Und die politische Entwicklung schien ihnen den geeigneten Anlaß zu bieten: Am 25. Dezember waren die USPD-Minister aus der Regierung ausgeschieden, seither verlangte Regierungschef Friedrich Ebert den Rücktritt aller USPD-Politiker von Schlüsselposten des Sicherheitswesens.[12]

Als sich der USPD-Funktionär Emil Eichhorn weigerte, seinen Chefsessel im Berliner Polizeipräsidium zu verlassen, schaltete sich die KPD ein. Ihr Parteiorgan, die »Rote Fahne«, forderte »revolutionäre Maßnahmen« und »die Bewaffnung des Proletariats«, und bald riefen Kommunisten und Unabhängige gemeinsam zu Massendemonstrationen gegen die Regierung Ebert auf.[13] Radek zweifelte keinen Augenblick daran, daß die aktivistischen

Gruppen in der KPD den gewaltsamen Umsturz vorhatten; nicht ohne Erregung warnte er Rosa Luxemburg vor so abenteuerlichem Putschismus.[14]

Doch die KPD-Chefin hatte keine Macht über die Partei und sah hilflos zu, wie die Genossen in ihr Verderben liefen. In der Nacht vom 5. zum 6. Januar 1919 besetzten bewaffnete Stoßtrupps der KPD das Berliner Zeitungsviertel und lösten damit aus, was die Historiker den »Spartakistenaufstand« nennen: KPD-Gruppen erstürmten die wichtigsten Bahnhöfe der Stadt, griffen Kasernen an und rollten Geschütze vor das Polizeipräsidium, von Stund an Hauptquartier eines Revolutionsrates, der die Regierung für abgesetzt erklärte.[15]

Die wenigen Nachrichten, die Radek über die Gegenmaßnahmen der Regierung zugingen, genügten ihm, um die Zentrale zum Abbruch des Putsches zu drängen. Er sah schon das blutige Ende der Partei kommen. »Die einzig bremsende Kraft, die dieses Unglück verhindern kann«, schrieb Radek am 9. Januar an die Zentrale, »seid Ihr, die Kommunistische Partei. Ihr habt genug Einsicht, um zu wissen, daß der Kampf aussichtslos ist... Nichts verbietet einem Schwächeren, sich vor der Übermacht zurückzuziehen.«[16] Rosa Luxemburg mochte nicht auf Radek hören. Am nächsten Tag brachte ihm ein Bote die ablehnende Antwort der Parteichefin.[17]

So konnte nur folgen, was Radek klar vorausgesehen hatte: Die von der Regierung hastig mobilisierten Freikorps ehemaliger Soldaten schlugen den dilettantischen Putschversuch nieder und verfolgten die Rebellen mit noch nie dagewesener Brutalität bis in deren letzte Schlupfwinkel. Rosa Luxemburg und Karl Liebknecht wurden von Regierungssoldaten ermordet, die meisten der übrigen KPD-Führer gerieten ins Gefängnis, die Partei wurde zeitweilig verboten.[18] Auch den untergetauchten Radek stöberte ein Fahndungstrupp der Berliner Polizei am 12. Februar auf und führte ihn ab, angeklagt der Geheimbündelei, schwerer Urkundenfälschung und Beihilfe zum Hochverrat.[19]

Lenin beeilte sich, seinen Sendboten vor der Rachejustiz der Sieger zu schützen, und ernannte ihn zum Botschafter der Sowjetukraine, die es freilich damals nur auf dem Papier gab.[20] Immerhin reichte die Geste aus, um Radeks Los im Moabiter Untersuchungsgefängnis zu erleichtern. Er bezog das Quartier eines Gefängnisbeamten, das zu einer Art politischem Salon wurde, magischer Anziehungspunkt für Politiker, Industrielle und Generale der Republik, die sich nicht die Gelegenheit entgehen lassen mochten, dem ersten Sowjetvertreter nach dem Abbruch der diplomatischen Beziehungen im Oktober 1918 ihre Aufwartung zu machen.

Der Lenin-Konfident geriet so sehr ins Scheinwerferlicht der Behörden, daß sie dabei ganz den Mann übersahen, der mit Radek nach Berlin gekommen und dann sofort wieder verschwunden war. Felix Wolff hatte sich bewußt vom Spartakistenaufstand ferngehalten. Seine Mission war lautloserer Art: Wolff schuf von Hamburg aus eine geheime Organisation mit Deckadressen, Konspirativen Wohnungen und Kurierverbindungen, deren Mitarbeiter er auf die bedingungslose Spionagearbeit für das rote Rußland einschwor.

Offiziell fungierte Wolff als Sekretär des KPD-Bezirks »Nord«, was ihm erleichterte, zuverlässige Genossen für seine Spionageorganisation anzuwerben.[21] Erst ein paar Jahre später kam die Polizei hinter Wolffs Doppelrolle. Er sei lange Zeit, so hielt 1922 ein Bericht des Reichskommissars für Überwachung der öffentlichen Ordnung fest, »der einflußreichste Mann im Bezirk Nord der KPD« gewesen: »Er allein hatte die Verbindung mit den russischen Kurieren in der Hand und war Leiter der russischen Geheimorganisation Norddeutschlands ... Seine Genossen waren über seine wahren Absichten und Tätigkeiten nicht unterrichtet, zumal er der Partei keine Berichte lieferte.«[22]

Anfangs hatte der Agentenführer Wolff einige Mühe, die Verbindung zu seinen Moskauer Auftraggebern aufrechtzuerhalten. Eine sowjetische Vertretung gab es in Deutschland nicht, selbst telephonische Verbindungen nach Moskau fehlten; nur ein paar Kuriere wahrten notdürftig den Kontakt zwischen den Konfidenten im Reich und der sowjetischen Zentrale, aber auch diese Kuriere blieben oft monatelang aus. Das irritierte nicht nur Wolff und seine Organisation, das behinderte auch die Arbeit anderer Moskau-Informanten wie der beiden Bolschewiken J. Thomas und M. G. Bronskij, die im Sommer 1919 in Berlin eine unscheinbare Presseagentur gegründet hatten, die sie »Westeuropäisches Büro« (WEB) nannten und zur Tarnung konspirativer Informationsarbeit verwendeten.[23]

Wolff sah sich von der Moskauer Zentrale so stark abgeschnitten, daß er sich zeitweilig der Entente-Spionage verdingte, um seine V-Männer bei der Stange zu halten. Nach der Unterzeichnung des Versailler Vertrags waren die Geheimdienste der Alliierten an jeder Information interessiert, die Licht in das Dunkel geheimer deutscher Wiederbewaffnungspläne brachte, und da Wolff ein paar Agenten in Reichswehr und Schutzpolizei unterhielt, waren Briten und Franzosen nicht abgeneigt, den kommunistischen Agentenführer für sich arbeiten zu lassen.[24] Moskau sah das nicht gern, doch Wolff brauchte dringend Geld – aus Moskau kam nichts.

Das wurde erst besser, als Moskau den Kurierdienst nach Deutschland ausbaute und regelmäßig Geld schickte. Die in Deutschland arbeitenden Agenten bekamen allmählich zu spüren, daß hinter den Moskauer Anstrengungen eine neue Organisation stand, die bald alle konspirativen KP-Aktionen im Ausland steuern und beherrschen sollte: die Komintern.

Komintern war die Kurzform für Kommunistische Internationale und bezeichnete die weltweite Organisation kommunistischer und linkssozialistischer Parteien, die sich im März 1919 unter der Führung sowjetischer Spitzenfunktionäre in Moskau zusammengefunden hatten. Mit Hilfe der Komintern, so glaubten ihre 32 Gründungsmitglieder, werde man die bürgerlich-kapitalistische Gesellschaftsordnung durch den Kommunismus ablösen können, der allein verhindere, daß der Imperialismus einen neuen, noch blutigeren Krieg anzettele.[25]

Die Moskauer Genossen hatten noch immer nicht verstanden, was von

Radek längst begriffen worden war. Sie hofften weiter unverdrossen auf die Weltrevolution. Lenin erwartete allen Ernstes, daß die proletarische Weltrevolution spätestens im Juli 1920 siegen werde, und der zum Komintern-Vorsitzenden gewählte Grigorij Sinowjew deklamierte: »Nach Jahresfrist werden wir bereits zu vergessen beginnen, daß es in Europa einen Kampf für den Kommunismus gegeben hat, denn nach einem Jahr wird das ganze Europa kommunistisch sein.«[26]

Als jedoch die Weltrevolution ausblieb, wurde die Komintern zu einem Werkzeug sowjetischer Interessen. In Moskau war sie gegründet worden, in Moskau saß ihre Zentrale, aus Moskau kamen die Orders. Sowjetische Funktionäre beherrschten die wichtigsten Führungsposten der roten Internationale: das Exekutivkomitee (EKKI), dessen Präsidium und dessen verschiedene Abteilungen.[27] Den Vorsitz im EKKI-Präsidium führte ein Russe (Sinowjew), grundsätzliche Komintern-Entscheidungen fällte die Führung der sowjetischen KP, nur die Ausführungsbestimmungen durfte das EKKI erlassen.[28]

Russisch war auch die konspirative Vorstellungswelt der Komintern-Zentrale. Schon auf dem II. Weltkongreß der Komintern im Juli und August 1920 setzten die sowjetischen Führer den Beschluß durch, die kommunistischen Parteien müßten neben ihren legalen Gliederungen illegale Organisationen zur Vorbereitung des bewaffneten Aufstandes bilden. Offizielle Begründung: Die bürgerlich-kapitalistischen Regierungen seien »zur Ermordung der Kommunisten in allen Ländern« entschlossen, folglich müsse sich der Kommunismus mit »systematischer illegaler Arbeit« vorbereiten »auf den Augenblick, da die bürgerlichen Verfolgungen in Erscheinung treten«.[29]

Der Beschluß ließ in Lenins Rußland ein konspiratives Machtzentrum ohnegleichen entstehen; wie es die Welt noch nicht gesehen hatte; seine Sendboten führten gegen die nichtkommunistischen Staaten einen schwer erkennbaren Krieg im Dunkeln. Sonderbeauftragte des EKKI, »Internationale Instrukteure« genannt, überwachten den Aufbau der illegalen KP-Organisationen, sie sicherten Finanzierung und Bewaffnung, sie legten Paßfälscherwerkstätten an und schufen ein Kuriersystem, das die illegalen Parteiapparate mit der Komintern-Zentrale verband.[30]

So unsichtbar diese Welt des politischen Untergrunds war, so schemenhaft erschien den meisten Komintern-Mitarbeitern auch der Mann, der jenes Reich dirigierte: Ossip Pjatnizki. Er war die graue Eminenz der Komintern, ihr Organisationschef und Schatzmeister.[31] Seinen größten Einfluß übte er durch eine Abteilung aus, über die kein Kommunist öffentlich sprechen durfte, die OMS. Die Buchstaben standen für »Otdel Meschdunarodnoi Swjasi«, zu deutsch: Abteilung für Internationale Verbindungen.[32]

Der harmlos klingende Name verschleierte, daß Pjatnizki mit seiner OMS in das Leben aller kommunistischen Parteien außerhalb Rußlands eingriff und praktisch deren Politik mitbestimmte. Die mächtigen internationalen Komintern-Instrukteure unterstanden ihm, seine Abteilung verfügte zudem über feste Außenstellen im Ausland und Vertreter in den diplomatischen Missionen Sowjetrußlands.

Aus der OMS stammte auch die Komintern-Instrukteurin, die Auftrag hatte, in Deutschland eine illegale KP-Organisation zu schaffen. Jelena Stassowa, Deckname: »Herta«, Alt-Bolschewistin und Tochter eines zaristischen Gouverneurs, entwickelte weiter, was Wolff, Thomas und Bronski begonnen hatten. Sie schuf eine Untergrundorganisation deutscher Kommunisten, die im Parteijargon »der Apparat« hieß.[33]

Der Name ging auf eine Rabaukenriege zurück, die im Umkreis der »Revolutionären Obleute« entstanden war, einer radikalen Randgruppe der Berliner Gewerkschaften mit verschwommenen pazifistisch-sozialistischen Ideen. Ihr Anführer war der Exfeldwebel und frühere »Vorwärts«-Redakteur Ernst Däumig, ein Anhänger der USPD, der bizarre Vorstellungen von sozialistischer Machtergreifung hatte.[34] Däumig glaubte, allein durch technische und terroristische Mittel lasse sich die Revolution verwirklichen. Mit kleinen bewaffneten und fanatisierten Stoßtrupps wollte er Polizisten liquidieren, Politiker ermorden und öffentliche Gebäude in die Luft sprengen. Diese Kampfgruppen sollten im Untergrund arbeiten und erst am Tage X in Erscheinung treten, mit roboterhafter Präzision – daher der seltsame Name: der Apparat.[35]

Terrorist Däumig hatte rasch ein paar entschlossene Revolutionäre und Vorstadtschläger zusammengebracht. Er verband sich mit einer ähnlichen Gruppe in der KPD, der Apparat stand. Doch seine ungezügelten Terroraktionen gingen der KPD-Zentrale schnell auf die Nerven, und bald schüttelte sie den unbotmäßigen Apparat wieder von sich ab.[36] Däumig mußte seine Organisation 1920 auflösen. Mancher Däumig-Aktivist sank »mehr oder weniger ins Kriminelle ab«, wie der ehemalige Apparatschik Erich Wollenberg bezeugt.[37]

Auf die Arbeit dieses Apparates griff nun Jelena Stassowa zurück, als sie die von Moskau befohlene Untergrund-KPD aufstellte. Aus Resten der Däumig-Gruppe und jungen Kommunisten entstand ein geheimer Selbstschutzverband der KPD, genannt M- oder Militär-Apparat, an dessen Schalthebel die Stassowa den Spartakus-Kämpfer Hugo Eberlein stellte.[38]

1922 entsandte Komintern-Funktionär Pjatnizki eine Gruppe erfahrener Infiltrationstechniker nach Berlin. Der Sowjetstaat, endlich von der Geißel des Bürgerkriegs und fremder Interventionsarmeen befreit, konnte sich jetzt international stärker regen; Deutschland und Rußland unterhielten seit dem im April abgeschlossenen Abkommen von Rapallo wieder diplomatische Beziehungen miteinander, in Berlin etablierte sich eine sowjetische Botschaft und eine sowjetische Handelsvertretung.

In die Botschaft zog der OMS-Mann Jakow Mirow-Abramow, als stellvertretender Leiter der Presseabteilung getarnt, mit 25 Assistenten und Kurieren ein, die den Auftrag hatten, die Bürgerkriegsvorbereitungen der KPD zu überprüfen. Mirow-Abramow wurde zum Finanzier der KPD; regelmäßig meldete sich bei ihm der KPD-Funktionär Wilhelm Pieck, der spätere DDR-Präsident, um das Geld für die Partei in Empfang zu nehmen.[39]

Gleichzeitig baute das Westeuropäische Büro sein Kuriersystem aus. Die Mitarbeiter des WEB legten in Berlin illegale Wohnungen an, die geflüchteten Kommunisten Schutz vor der Polizei boten.[40] Innerhalb weniger Jahre blähte sich das WEB zur Agentenzentrale auf: Mehrere Abteilungen (eine davon für Spionageabwehr) dirigierten eine Armee von Spitzeln, Infiltranten und Zersetzern, jederzeit bereit, an ihrem Platz den erträumten Aufstand auszulösen.[41]

Denn: Die Führer in Moskau hatten die Hoffnung auf den deutschen Oktober nicht aufgegeben. Mochte auch der Heimkehrer Radek, seit 1921 Sekretär des EKKI, den hohen Genossen die Realitäten in Deutschland vorführen, so hielten sie doch seinen Spott über die sowjetischen Revolutionserwartungen (»Ich habe eine Lebensstellung: Warten auf die Weltrevolution«) nur für den üblichen Radek-Zynismus.[42]

Da bedurfte es nur einer neuen deutschen Krise, um die Moskauer Hoffnungen erneut anzufachen. Sie kam Anfang 1923: Moskaus Revolutionsastrologen sahen wieder einmal die Stunde des deutschen Oktober herannahen. Im Januar jenes Jahres besetzten französische und belgische Truppen das Ruhrgebiet, kurz darauf prasselte den Eindringlingen der Steppenbrand eines passiven Widerstandes der Deutschen entgegen. Dieser Widerstand aber mußte das von Krieg und Alliierten ausgepowerte Deutschland binnen kurzer Zeit an den Abgrund des wirtschaftlichen Ruins treiben – bot sich da nicht den Kommunisten die einmalige Chance, den nationalistisch-bürgerlichen Widerstand in eine Revolution gegen die herrschenden Klassen umzufunktionieren?

Moskau nutzte die Gunst der Stunde. Das Politbüro der sowjetischen KP bildete unter Radeks Vorsitz einen Viererausschuß, der zunächst den deutschen Aufstand vorbereiten und später leiten sollte.[43] Wichtigster Mann in der Runde war Josef Unzlicht, der stellvertretende Chef der sowjetischen Geheimpolizei. Ihm wurde die Aufgabe gestellt, mit seinen Agenten den Aufbau einer Roten Armee in Deutschland zu forcieren und zu überwachen.

Das brachte einen neuen konspirativen Apparat auf die deutsche Szene: Rußlands Geheimpolizei. Sie hatte längst die furchtbare Macht zurückerlangt, die sie einst im Zarenreich ausgeübt hatte, ja sie besaß mehr Einfluß und Gewalt als jemals die Ochrana vor ihr. Und wie ihre verhaßte und doch von ihr so bewunderte Vorläuferin drang auch die sowjetische Geheimpolizei immer mehr in das Feld der politisch-militärischen Spionage vor.

Ihre Anfänge reichten bis in den November 1917 zurück, in das legendenumwobene Zimmer 75 des Petrograder Smolny-Palastes, Sitz der bolschewistischen Parteiführung, in dem sich der Lenin-Freund Wladimir Bontsch-Brujewitsch niedergelassen hatte, um einen Auftrag der Partei zu erfüllen. Er sollte Rußlands neue Regierung vor fremden Agenten, plündernden Exsoldaten und Anarchisten schützen, die noch immer die Straßen Petrograds unsicher machten.[44] Das war keine leichte Aufgabe, fehlten doch dem Sicherheitschef Bontsch-Brujewitsch die nötigen Mitarbeiter; ihm stand lediglich die lettische Einheit, die das Smolny bewachte, und ein paar Freiwillige aus den regimetreuen Regimentern Petrograds zur Verfügung.

Sie machten sich eher brutal als sachkundig auf die Jagd nach dem Staats- und Klassenfeind und schlugen erbarmungslos zu, ohne freilich die wirklichen Gegner zu treffen. Lenin verlor allmählich die Geduld mit dem tapsigen Freund. Er philosophierte: »Sollte sich bei uns etwa kein Fouquier-Tinville finden lassen, der die ausufernde Konterrevolution in Ordnung bringen könnte?«[45]

Antoine Quentin Fouquier-Tinville (1746-1795) war jener ehemalige königliche Geheimpolizist und Exanarchist gewesen, der in der Französischen Revolution als öffentlicher Ankläger ein Schreckensregiment etabliert und mit einem Heer von Spitzeln zahllose Konterrevolutionäre auf die Guillotine gebracht hatte. Einen solchen Exekutor wünschte sich auch Lenin – und Bontsch-Brujewitsch beschaffte ihn. Er hieß Felix Edmundowitsch Dserschinski und war der Sohn eines polnischen Gutsbesitzers; er hatte sich frühzeitig Lenin angeschlossen, war wiederholt nach Sibirien verbannt worden und galt schon im Untergrund als der Typ des musikliebenden Fanatikers, der über Leichen geht.[46]

Kaum war der neue Fouquier-Tinville gefunden, da räumte ihm der Rat der Volkskommissare nahezu diktatorische Vollmachten ein. Am 20. Dezember 1917 beschloß der Rat, ein »Organ der Diktatur des Proletariats zum Schutz der Staatssicherheit« zu schaffen. Daraus entstand die Allrussische Außerordentliche Kommission für den Kampf gegen Konterrevolution und Sabotage, russisch: Wserossijskaja tschreswytschainaja kommissija po borbe s kontrrevoluzijej i sabotaschem (Wetscheka), deren Vorsitz Dserschinski übernahm.[47] Ein neues Kürzel erschreckte Freund und Feind: Tscheka.

Dserschinski sammelte konspirativ erfahrene Kampfgenossen aus dem Untergrund, allerdings auch einige weniger belastete Ochrana-Leute, mit denen er seine Organisation aufbaute. Dem alten Parvus-Helfer Moissej Urizki, einem ehemaligen Menschewisten, der nach dem Urteil eines Historikers »bereits in zaristischen Gefängnissen Proben seines kühlen Mutes gegeben hatte«,[48] überließ er den Aufbau der Petrograder Tscheka, während andere bewährte Genossen überall im Lande örtliche Tschekas schufen, bis Ende 1918 insgesamt 40 Gouvernements- und 356 Landkreis-Tschekas.[49]

Der Chef aber zog sich nach Moskau, der neuen Hauptstadt, zurück und errichtete dort eine Zentrale, die er in mehrere Abteilungen aufgliederte: in eine Abteilung für Information, eine für Organisation und eine für die Bekämpfung der Konterrevolution. Ein paar Wochen später kam noch eine Abteilung für den Kampf gegen die Spekulation und eine Abteilung für die Bekämpfung von Verbrechen im Amt dazu. Ein sogenanntes Kollegium, bestehend aus Dserschinski, seinen zwei Stellvertretern und den wichtigsten Abteilungschefs, bildete eine Art Führungsstab der Wetscheka.[50]

Dserschinski hatte sich eben mit seiner Zentrale in Moskau eingerichtet, da wurde ihre Schlagfähigkeit schon auf die Probe gestellt. Am Vormittag des 30. August 1918 erschoß ein Sozialrevolutionär Urizki in Petrograd, wenige Stunden später trafen Lenin die Revolverschüsse einer Attentäterin.[51] Dserschinski alarmierte seine Männer, schießend und mordend stürzten sich die Tschekas auf das, was sie für die Konterrevolution hielten.

In wenigen Stunden war der Tod des Petrograder Tscheka-Chefs durch die willkürliche Erschießung von 500 Menschen gerächt, und so ging es weiter von Stadt zu Stadt, von Gouvernement zu Gouvernement, von Dorf zu Dorf.[52] Die Sondertribunale der Tschekas, an kein Gesetz und keine Norm gebunden, machten kurzen »Prozeß«: Mindestens 50000 Menschen kamen damals im »Roten Terror« um, den seine Macher stolz so auch noch nannten.[53] Daß dabei Tausende unbeteiligter Bürger elend zugrunde gingen, nahm Dserschinski ungerührt in Kauf. »Die Tscheka«, ließ er verlauten, »ist verpflichtet, die Revolution zu verteidigen und den Gegner zu vernichten, auch wenn das Schwert manchmal die Köpfe von Unschuldigen trifft.«[54]

Der uferlose Terror der Tscheka-Killer wurde freilich selbst den hohen Genossen in Regierung und Zentralkomitee unheimlich. Sie hatten schon im Februar 1919 die außerordentlichen Vollmachten der Wetscheka reduziert, und als sich 1922 die Geheimpolizei in eine Staatliche Politische Verwaltung (russisch: Gossudarstwennoje Polititscheskoje Uprawlenije, abgekürzt GPU) umwandelte, hatte sie ihre Allmacht vollends verloren.[55] Sie durfte nicht mehr wahllos erschießen und mußte ihre Untersuchungshäftlinge nach zwei Monaten wieder entlassen, wenn es bis dahin nicht zur Anklage gereicht hatte.

Dserschinski mußte sich zunächst auch mit einer schwächeren Zentrale abfinden, denn die eigentliche Macht lag bei den GPU in den Provinzen. Noch war Lenins Reich, zumindest auf dem Papier, eine Addition »unabhängiger« Teilrepubliken (Rußland, Belorußland, Ukraine, Transkaukasien), was bedeutete, daß sich dort die Macht der GPU zusammenballte. Erst Ende 1923, nach der Zusammenlegung der Teilrepubliken zur Union der Sozialistischen Sowjetrepubliken, sah sich die GPU-Zentrale gestärkt, was sie durch einen neuen Buchstaben im offiziellen Namen zum Ausdruck brachte: OGPU, »vereinigte« GPU.[56]

Doch schon das umfängliche Hauptquartier, das die Wetscheka in dem ehemaligen Riesengebäude der vom Regime konfiszierten Allrussischen Versicherungsgesellschaft an Moskaus Lubjanka-Platz (heute: Dserschinski-Platz) bezogen hatte, war auf Zuwachs angelegt worden. 1921 hatte Wetscheka-Chef Dserschinski alle Häuser im Umkreis der Großen und Kleinen Lubjanka bis hin zu dem Hotel »Selekt« von seinen Mitarbeitern belegen lassen, und auch der OGPU-Chef Dserschinski ließ es sich nicht nehmen, seinen Apparat mit den inzwischen sieben Abteilungen und 2500 Angestellten erheblich auszuweiten.[57]

Was der GPU/OGPU auf justizpolitischem Gebiet verloren gegangen war, hatte sie bereits seit einiger Zeit in anderen Bereichen wieder hinzugewonnen. Hauptobjekt ihres Interesses war dabei die Armee. Schon in der Frühzeit des Bürgerkrieges hatte Dserschinski Sonderbeauftragte in die Rote Armee entsandt, in deren Fronten, Armeen, Korps und Divisionen sie eigene Tschekas bildeten. Sie hatten zunächst nur die Aufgabe, über die Regimetreue der Rotarmisten, vor allem der aus der Zarenarmee stammenden Offiziere, zu wachen.[58]

Ihre Arbeit berührte sich jedoch bald mit jener der Militärkontrolle, einer Unterabteilung des Volkskommissariats für Kriegswesen (später: für Verteidigung), die in der Roten Armee betrieb, was man in der Zarenarmee Kontrraswedka genannt hatte: Spionageabwehr.[59] Die Militärkontrolle besaß in den Stäben der Fronten und Armeen eigene Abwehrabteilungen, die nicht selten das Mißtrauen der Tschekisten erregten, weil sie ähnlich konspirativ arbeiteten wie die Tschekas.

Um dem Kompetenzkampf der rivalisierenden Geheimen ein Ende zu setzen, verfügte das ZK der Partei im Dezember 1918, die Abwehrabteilungen der Militärkontrolle mit den Tschekas der Fronten und Armeen zusammenzulegen, zu Sonderabteilungen (Ossoby Otdel, abgekürzt OSO), die allein der Kontrolle der Geheimpolizei unterstanden.[60] Es gab eine Sonderabteilung in der GPU-Zentrale, die zeitweilig von Dserschinski selber geleitet wurde; sie unterhielt wiederum Sonderabteilungen in allen militärischen Einheiten vom Regiment an aufwärts, wegen ihrer rüden und undurchsichtigen Praktiken bald heftig verabscheut vom Offizier bis zum letzten Rotarmisten.

Die Reorganisation hatte für die geheimdienstliche Arbeit des Militärs schwerwiegende Konsequenzen: Die Spionageabwehr der Roten Armee geriet fast völlig in die Hände der Geheimpolizei. Damit gewannen die Männer der OSO, Keimzelle der im Zweiten Weltkrieg so gefürchteten Smersch, auch Einfluß auf die militärische Feindaufklärung, deren in das Ausland reichende Arbeit die Geheimpolizei immer mehr in die Spionage außerhalb der Sowjetunion verstrickte.

Auch in der politischen Auslandsspionage spielte die GPU zusehends mit, wobei sie wiederum nur wiederholte, was schon die zaristische Ochrana praktiziert hatte. In der GPU-Zentrale gab es eine Abteilung, die sich INO nannte (von Inostranny = im Ausland). Sie sollte ursprünglich nur die ins westliche Ausland geflohenen russischen Emigranten beobachten, entwickelte jedoch bald nachrichtendienstlichen Ehrgeiz. Die INO unterhielt im Ausland Residenten mit eigenen Informanten und war später in jeder diplomatischen UdSSR-Mission durch einen Beauftragten vertreten, der zur Tarnung meist den Rang eines Botschaftssekretärs trug. Er wachte über die Linientreue der Botschaftsangehörigen und registrierte alles, was in das weitgefaßte GPU-Konzept »Kampf gegen die Konterrevolution« paßte.[61]

Ihre wachsende Auslandsaktivität liierte die GPU zusehends mit der Komintern, denn ohne deren Agentenpotential, Kuriersystem und Paßfälscherwerkstätten konnte die Geheimpolizei außerhalb Rußlands nicht wirkungsvoll arbeiten. Erklärlich, daß hohe GPU-Funktionäre in Pjatnitzkis Internationaler Kontrollkommission saßen, die ein heißbegehrtes Geheimarchiv mit den Personalakten aller international wichtigen Kommunisten führte.[62]

Diese Verbindungen nutzte Unschlicht, als er daran ging, den Aufstand in Deutschland vorzubereiten. Noch im Januar 1923 gingen die ersten GPU-

Befehle hinaus: In Deutschland tauchte eine Gruppe von 24 sowjetischen Bürgerkriegsexperten auf, die sich allerdings zunächst darauf beschränkte, die »revolutionäre« Lage zu erkunden.[63]

Dann aber wurden Unschlichts Sendboten aktiv. Aus der Masse des M-Apparats der KPD bildeten sie drei verschiedene Gruppen: Der eigentliche M-Apparat wurde auf die militärisch tauglichen Mitglieder beschränkt, in denen Unschlichts Beauftragte das Führungskorps einer deutschen Roten Armee sahen. Ein N- oder Nachrichten-Apparat sollte den politischen Gegner beobachten, ein Zersetzungsdienst (auch Z-Apparat genannt) Vertrauensleute in Polizei und Reichswehr einschleusen.[64] Der größte Teil der einen Million Dollar, die Moskau 1923 für sein deutsches Abenteuer ausgab, floß in den N-Apparat und den Zersetzungsdienst.[65]

Die Sendboten der GPU fanden in dem Leipziger Pastorensohn Hans Kippenberger einen emsigen Gehilfen, dem sie die Fähigkeit zutrauten, einen leistungskräftigen Agentenappartat zu schaffen und zu lenken. In der Tat erwies sich der damals 25jährige Jungkommunist Kippenberger als ein ebenso fanatischer wie erfindungsreicher Agentenchef. »Kippenberger, 15.1.98, Journalist, Leiter der GPU«, so wird später die Eintragung in den Fahndungslisten der Gestapo lauten.[66] In der kommunistischen Studentenbewegung zu einem ihrer führenden Sprecher aufgestiegen, »bis zum Schluß das äußere Erscheinungsbild eines idealistischen Studenten bietend« (so der Historiker David Dallin), war Kippenberger in kurzer Zeit im illegalen KP-Apparat Hamburgs zu einer Schlüsselfigur geworden.[67]

Er kommandierte die Roten Hundertschaften im Hamburger Arbeiterviertel Barmbek, und dort hatten ihn auch die Agenten der GPU aufgestöbert. Kippenberger blieb Barmbek treu, aber zugleich baute er den gewünschten Zersetzungsdienst auf. Er verfügte in kurzer Zeit über eine wirkungsvolle Spitzelorganisation. Seine Agenten, so erzählt die Exkommunistin Ruth Fischer, traten »in gegnerische Organisationen ein, gaben sich dort als deren Anhänger aus und gewannen Einfluß und interne Information. Verbindungsleute in Heer und Polizei waren durch peinlichst geheimgehaltene Kontakte mit der Partei verbunden«.[68]

Männer wie Kippenberger halfen den Russen, die ersten Bürgerkriegsbrigaden aufzustellen. Viele der aktivsten Parteimitglieder mußten die KPD verlassen und in die drei Apparate eintreten. Sie bezogen illegale Wohnungen und brachen alle Kontakte zu privaten Freunden ab. Sie wurden mit Handgranaten und Pistolen ausgerüstet; auf Hinterhöfen und entlegenen Waldplätzen übten sie den Bürgerkrieg.[69] Als die ersten Kader standen, ließ Moskau weitere Instrukteure über die deutsche Ostgrenze einsickern. Sowjetbürger besetzten die Schlüsselpositionen einer inzwischen gegründeten Militär-Politischen Organisation (MP), in der alle waffenfähigen Kommunisten zusammengefaßt wurden. Die MP wurde in Berlin durch eine Reichsleitung gesteuert, die über sechs Oberbezirke gebot, an deren Spitze bewährte deutsche Kommunisten standen; die eigentliche Macht in den MP-Oberbezirken übten jedoch sowjetische »Berater« aus.[70]

Am 11. September 1923 beschloß das Politbüro, den Aufstand in Deutschland zu wagen.[71] Der deutsche Widerstand gegen die französischen Ruhr-Besatzer war zusammengebrochen, die Wirtschaft des Reiches dem völligen Ruin nahe, die Einheit der Republik gefährdet. Eiligst entsandte die Komintern den Mann, der den Aufstand leiten sollte: MP-Reichsleiter Rose ergriff das Kommando über den roten Untergrund.[72] Der ehemalige Mechaniker und Bürgerkriegsveteran Rose, der sich nach seiner Verhaftung im Frühjahr 1924 Peter Alexej Skoblewski nannte und später im Spanischen Bürgerkrieg umkam, ließ die Apparate alarmieren, die geheimen Waffenlager öffnen. »Sachsen und Thüringen sollten zuerst losschlagen«, erinnert sich Ex-Apparatschik Adolf Burmeister, »Hamburg, Berlin und das Ruhrgebiet sollten folgen – es war ein absolut fachmännisch ausgearbeiteter Plan zu einem Militärputsch.«[73]

Doch der Aufstand scheiterte. Zwar riefen die Kommunisten in Sachsen und Thüringen gemeinsam mit linken Sozialdemokraten zwei Volksfrontregierungen aus, aber als die Reichswehr am 21. Oktober überraschend in Sachsen einrückte und die SPD nicht zu der von den Kommunisten verlangten Ausrufung eines Generalstreiks bereit war, verloren die Aufstandsplaner den Kopf.[74]

Erregt trafen sich die Mitglieder der KPD-Zentrale mit den MP-Oberleitern und deren russischen Beratern in Chemnitz und erörterten, was zu tun sei. Einige meinten, die Aufstandsvorbereitungen seien schon zu weit gediehen, jetzt müsse man wenigstens in Hamburg losschlagen. Dann aber überwogen die realistischeren Genossen: Der Aufstand wurde abgesagt. Ein Kurier der Zentrale aber, Hermann Remmele, hatte das Ende der Konferenz nicht abwarten wollen und war vorzeitig aufgebrochen. Er hatte noch im Ohr, daß die Mehrheit der Genossen für den Aufstand in Hamburg gewesen war. So löste Remmeles falsche Nachricht hektische Aktivität in Hamburg aus, obwohl später nie geklärt werden konnte, wer den Befehl zum Aufstand gegeben hatte.[75]

Am frühen Morgen des 23. Oktober 1923 setzte Kippenberger seine Aktionsgruppen in Marsch. In wenigen Stunden waren 17 Polizeireviere von den Aufständischen besetzt, Fernsprechkabel und Telephonleitungen unterbrochen.[76] Doch die Rebellen hatten keine Chance. Sie waren so kläglich bewaffnet, daß der Aufstand in knapp 48 Stunden zusammenbrach. Kippenberger floh und wurde von seinen russischen Freunden nach Moskau geschleust.[77]

MP-Reichsleiter Rose glaubte jedoch weiterhin an den roten Sieg. Er setzte einen neuen Apparat in Gang, den puerilsten und kriminellsten in der Chronik der KPD: den T- oder Terror-Apparat, von den Gegnern auch »deutsche Tscheka« genannt, weil er von Experten der sowjetischen Geheimpolizei für seine makabre Rolle vorbereitet worden war.[78] Anfang Oktober hatte der Schriftsetzer Felix Neumann, nach der Beschreibung eines Zeitgenossen »ein schmächtiges, blasses Männchen mit zerfurchtem, vergrübelten Gesicht«, im Auftrag von Rose ein aus Totschlägern und Politfanatikern zusammengewürfeltes Rollkommando aufgestellt. Die Möchtegernhenker sollten Parteifeinde in der KPD zur Strecke bringen und prominente Antikommunisten liquidieren.[79]

Wichtigster Name auf ihrer Abschußliste war Hans von Seeckt, Reichswehr-General und Chef der Heeresleitung, damals der mächtigste Mann Deutschlands. Neumann schlich sich mit zwei Pistolenschützen in den Berliner Tiergarten, um Seeckt bei dessen täglichem Ritt aufzulauern. Die drei hockten sich in ein Gebüsch und warteten auf das Herankommen des prominenten Reiters. Wenige Meter vor dem Gebüsch aber scheute plötzlich Seeckts Pferd; Neumann verlor die Nerven und stürzte mit seinen Terroristen davon.[80]

Dem Schriftsetzer kam eine neue Idee: Er wollte mit bazillengeimpften Karnickeln den Klassenfeind verderben. Neumann tränkte Kohlblätter mit Cholera-Bazillen, die er einem Kaninchen verabreichte. Tag um Tag wartete er auf das Ergebnis seines Experiments, doch dem Karnickel fehlte das rechte revolutionäre Bewußtsein. Es wurde immer fetter. Eines Tages war es verschwunden; ein hungriger Genosse hatte den Stallhasen verspeist. Des Rätsels Lösung: Die vermeintlichen Cholera-Bazillen stammten aus dem Labor eines Chemikers, der – von Neumann immer wieder gedrängt – dem Tschekisten eine harmlose Substanz in furchterregender Verpackung ausgehändigt hatte.[81]

Dem Gelächter der Genossen entging Neumann nur durch eine Flucht nach vorn. Er und einige T-Apparatschiks überfielen in Berlin den Friseur Rausch, einen Kommunisten, den die KPD-Leitung für einen Polizeispitzel hielt; sie verletzten ihn dabei so schwer, daß er seinen Verwundungen erlag.[82] Aber gerade die Rausch-Tat wurde der Mordbrigade zum Verhängnis. Eine Polizeistreife in Stuttgart griff den nach Süddeutschland entwichenen Neumann bei einer Zechtour auf; im Laufe der Vernehmung begann der T-Chef plötzlich mit seinen Taten zu renommieren.[83]

In einer Tasche Neumanns fanden die Vernehmer auch die Adresse eines Berliner Treffpunkts, den Rose mit Neumann verabredet hatte. Kriminalbeamte fuhren zu der Adresse und fanden, wen sie suchten: Neumanns russischen Chef. Rose gab auf.[84] 1925 standen die führenden Männer des T-Apparats vor dem Staatsgerichtshof zum Schutz der Republik. Rose-Skoblewski, Neumann und ein dritter T-Mann wurden zum Tode verurteilt, entkamen jedoch dem Galgen; »General« Skoblewski, wie er sich gerne nennen hörte, wurde später gegen drei in Rußland verhaftete deutsche Studenten ausgetauscht.[85]

Der Terrorapparat war tot, Moskaus Oktober-Illusion endgültig verflogen. Erhalten aber blieb das unsichtbare Gerippe des kommunistischen Spitzelsystems. Die Reste der M- N- und Z-Apparate wurden von der deutschen Polizei nicht angetastet, und auf diesen Trümmern baute Moskau »einen glänzenden Geheimdienst« auf, der später nach dem (freilich recht überzogenen) Urteil eines sowjetischen Überläufers den »Neid jeder anderen Nation« erregte.[86]

Es war die Stunde der Raswedka, des geheimen Nachrichtendienstes der Roten Armee. Von nun an sollten die Interessen und Aufklärungswünsche der Raswedka die sowjetische Deutschland-Spionage bestimmen; Komintern und Geheimpolizei blieben in Deutschland weiterhin aktiv und erwiesen sich nicht selten als lästige Rivalen des Geheimdienstes, doch die Raswedka hatte fortan Vorrang vor den beiden Konkurrenten.

Leicht war dem Geheimdienst diese Position nicht zugefallen. Allzu lange hatte er unter dem Mißtrauen der Genossen gelitten, die nicht vergessen konnten, daß die alte Raswedka einst Bestandteil des zaristischen Unterdrückungsapparates gewesen war. Am liebsten hätten sie den Aufbau eines neuen Geheimdienstes verboten, was freilich der Bürgerkrieg nicht erlaubte. Nur widerwillig ließen es die hohen Genossen zu, daß im Oktober 1918 im Stab des Revolutionären Kriegsrates eine Registrierungsverwaltung (Registrupr) entstand, die zunächst der ehemalige Geheimdienst-Major Semjon Iwanowitsch Aralow leitete.[87] Doch die neue Organisation fand kaum offizielle Unterstützung. Erst als sich 1920 im Krieg gegen Polen erwies, wie miserabel die Rote Armee über ihren Gegner informiert war, durfte die Registrierungsverwaltung unter einem neuen Chef expandieren.

Doch ganz mochten die Kreml-Herren den Geheimdienst ihren Militärs nicht überlassen. Ein bewährter Tschekist sollte auf die Männer der militärischen Feindaufklärung aufpassen, worauf Dserschinski einen seiner härtesten Funktionäre schickte: Jan Karlowitsch Bersin, Chef der Sonderabteilung der 14. Armee.[88]

Er hieß eigentlich Peteris Kjusis und war der Sohn eines lettischen Bauernknechts, der früh zur bolschewistischen Bewegung gestoßen war und im Untergrund den (im heimatlichen Kurland häufigen) Namen Bersin angenommen hatte. Sein revolutionärer Leumund war unanfechtbar: 1907 als Minderjähriger zu achtjähriger Gefängnisstrafe verurteilt, 1911 nach Sibirien verbannt, 1915 von der Armee desertiert.[89] Ein so kampferprobter Bolschewik mußte im neuen Rußland rasche Karriere machen. Er gehörte zu den Tschekisten der ersten Stunde, war in der kurzlebigen Sowjetrepublik Lettland stellvertretender Innenminister und ging dann zu den Militär-Tschekas, erst auf der Divisionsebene, dann auf jener der Armeen.[90]

Das war der Mann, der nun wie kein anderer zum eigentlichen Schöpfer des sowjetischen Geheimdienstes werden sollte. Den Tschekisten streifte er rasch ab, bald gab es keinen energischeren Verfechter militärischer Interessen als ihn, obwohl er nie einen soldatischen Dienstgrad hatte (der »General« Bersin ist eine Erfindung der westlichen Spionageliteratur). »Uniformiert, zwei Orden vom Roten Banner auf der Litewka, sehr kräftig, ungefähr 1,75 Meter groß, kahlgeschoren« – so beschreibt der französische Kommunistenführer Henri Barbé den späteren Armeekommissar II. Ranges, den ausländische Spitzengenossen nicht mochten, weil er allzu grob die Sicherheitsinteressen des Sowjetstaates über weltkommunistische Belange stellte.[91]

Bersin kam gerade rechtzeitig zum Geheimdienst, um dessen Auf- und Ausbau bestimmend mitbeeinflussen zu können. Zehn Monate zuvor, im

Februar 1921, war der Feldstab des Revolutionären Kriegsrates mit dem Allrussischen Hauptstab zum Stab der Roten Armee (oder, wie sie offiziell hieß: Roten Arbeiter-und-Bauern-Armee, abgekürzt RKKA) vereinigt worden, in dem der Geheimdienst unter einem neu-alten Namen eine Verwaltung für Erkundung (Raswedupr) bildete.[92] Später wurde daraus eine Hauptverwaltung für Erkundung, russisch: Glawnoje Raswedywatelnoje Uprawlenije (GRU).[93] Wie immer sie sich aber auch nennen mochte, für die Militärs und auch für Bersin, der seit dem 23. März 1924 ihr alleiniger Chef war, blieb sie, was sie immer gewesen war: die Raswedka.

Die Geheimdienstreformer und ihr Aufpasser Bersin hatten die Arbeitsweise der zaristischen Raswedka studiert, sie kopierten sie nun und verbesserten sie durch neue Methoden. Sie schufen im Laufe der Zeit eine Zentrale mit einem »Direktor« (Uprawljajutschi) an der Spitze, assistiert von einem Ersten Gehilfen, dessen offizieller Name (»Kommandeur«) schon verriet, daß ihm die verwaltungstechnische Leitung des Geheimdienstes oblag.[94]

Die Zentrale gliederte sich in sechs Bereiche auf: Die »Agentura« bestimmte Einsatz und Steuerung der Agenten im Ausland. Die Operative Abteilung fungierte als Befehlsstelle für militärische Aufklärung, Zersetzung und Spionage. Die Informationsabteilung hatte das eingegangene Nachrichtenmaterial zu sammeln, auszuwerten und weiterzuleiten. Die Abteilung »Chef für Agentenschulung« kontrollierte Auswahl und Ausbildung der V-Männer. Die Abteilung »Chef für auswärtigen Verkehr« beaufsichtigte die nachrichtendienstliche Vorbereitung der Militärattachés. Eine letzte, erst spät hinzugekommene Abteilung »Gehilfen für Nachrichtenverbindungen« betrieb Funkaufklärung.[95]

Die wichtigste Abteilung war die Operative Abteilung. Sie hatte sechs Sektionen, von denen die ersten drei nach geographischen Gesichtspunkten geordnet waren: Sektion I bearbeitete Westeuropa, Sektion II den Nahen Osten, Sektion III Amerika, den Fernen Osten und Indien. Eine vierte Sektion beschaffte technisches Nachrichtenmaterial (Funkgeräte, geheime Tinten, Photoapparate u. a.), eine fünfte beschäftigte sich mit Terroraktionen im Ausland, und eine sechste betrieb das Spiel der Desinformation.[96]

Die Zentrale war in einem unscheinbaren Haus mit der Nummer 19 auf Moskaus Snamenskaja Prospekt untergebracht, das wegen seiner braunen Farbe das »Schokoladenhaus« genannt wurde.[97] Ein direkter Draht verband den Direktor mit den Erkundungsabteilungen in den Stäben der Divisionen und Korps, die sie betreffende Erkenntnisse der Moskauer Spionageführung bearbeiteten und die Truppe, sofern sie in den grenznahen Militärbezirken lag, schon in Friedenszeiten in praktischer Feindaufklärung übten.

Jedem Rotarmisten wurde eingeimpft, daß die Feindaufklärung zur immerwährenden »kämpferischen Sicherstellung« der Truppe gehöre. »Das Sammeln von Nachrichten über den Feind und über die Gesamtlage«, so hieß es in der Felddienstordnung der Roten Armee, »ist allgemeine Pflicht aller Truppenteile, Stäbe, Dienststellen und einzelner Soldaten bei allen Gelegenheiten ihrer Kampftätigkeit«.[98] Vor allem die Funkaufklärung in den Grenzbezirken wurde von der Raswedka gepflegt; sie gab Aufschluß über Truppenbewegungen und Militärstrukturen im Nachbarland.

Die aktive Erkundung im Ausland besorgte allerdings der unsichtbare Apparat der Raswedka, der von den diplomatischen Vertretungen der Sowjetunion gesteuert wurde. Dort saß meist ein Militärattaché als Beauftragter der Zentrale, der von Moskau Weisungen erhielt und sie an den Residenturleiter weitergab. Dieser »Resident«, wie er offiziell genannt wurde, war der eigentliche Agentenchef in dem jeweiligen Einsatzland.[99]

Der Residenturleiter lebte außerhalb der Botschaft oder Gesandschaft, besaß in der Regel die sowjetische Staatsbürgerschaft und unterhielt zwei oder drei Gruppen von »Kundschaftern«. Er hatte dem Militärattaché zu berichten, der das einzige Verbindungsglied zur Zentrale war. Nur im Kriegsfall operierte der Residenturleiter mit seinen Agenten selbständig; der Militärattaché mußte ihm vor Ausbruch der Feindseligkeiten die in jeder Botschaft und Gesandschaft deponierten Funkgeräte aushändigen, dazu einen Kode und Gelder – von da an war sein einziger Kontaktmann zur Zentrale ein anonymes Wesen: der in Moskau stationierte Chef-Funker des Direktors.[100]

Ein ausgeklügeltes Kontrollsystem überwachte die Arbeit der Militärattachés und Residenturleiter. Aus Moskau erschienen unangemeldet Besuchsinspektoren, die alle Akten des Militärattachés einsahen, denn die Zentrale verlangte buchhalterische Genauigkeit. Der Militärattaché mußte ein »Logbuch« führen, in dem jedes Treffen mit geheimdienstlich wichtigen Personen eingetragen wurde; er war gehalten, in einem vorgedruckten Formular anzugeben, ob es sich um ein »Treffen«, um ein »gewöhnliches Treffen« oder gar um ein »dringendes Sondertreffen« gehandelt hatte.[101]

Die Besuchsinspektoren hatten darauf zu achten, daß der Militärattaché ausreichenden Abstand zu dem diplomatischen Personal hielt; der Attaché arbeitete in dem Geheimdiensttrakt, der in jeder Botschaft die Sonderbeauftragten Moskaus von den übrigen Genossen trennte. Schalldichte Mauern, elektrisch hantierbare Panzertüren und Schießscharten in den Gängen umgrenzten diese Geheimwelt. Eine Reihe von Räumen im dritten Stock der 100-Zimmer-Botschaft in Berlins Prachtstraße Unter den Linden beherbergte beispielsweise Photolabors, Waffenkammern, Sende- und Empfangsanlagen und Einrichtungen zum Fälschen von Pässen.[102]

Ebenso genau kontrollierten die Besuchsinspektoren, ob die konspirativen Regeln eingehalten wurden. Jedes Mitglied eines Spionagenetzes führte einen Decknamen und eine Agentennummer, die von der Zentrale zugeteilt wurden. Es war verboten, nach dem Klarnamen eines Agenten zu forschen. Es wurde auch üblich, häufig gebrauchte Begriffe in eine Art Geheimdienst-Chinesisch zu übersetzen: Da war ein Paß ein »Schuh«, ein Paßfälscher hieß folglich »Schuster«, ein Revolver wurde zum »Photo«, der gegnerische Abwehrmann zum »Hund«.[103]

Strenge Bestimmungen schrieben den Agenten vor, wie sie miteinander zu verkehren hatten. Sie durften sich nicht gegenseitig besuchen, keine Decknamen, Adressen und Organisationsdetails in Briefen oder am Telephon erwähnen. Schriftliche Nachrichten waren sofort zu vernichten. Tagebücher durften nicht geführt werden.

Die Russen drangen auf äußerste Pünktlichkeit; trafen sich Agenten in einer Konspirativen Wohnung, so veranstalteten sie zunächst die »konspirative Minute«: Sie verabredeten Schutzbehauptungen für den Fall, daß der Treff von der Polizei gestört wurde. In dem Informantennetz durfte kaum einer den anderen kennen. Als Grundregel galt, so berichtet ein britischer Spionage-Experte, daß der Residenturleiter A »weiß, wer die unmittelbar unter ihm stehenden B1, B2 und B3 sind, daß aber B1, B2 und B3 einander, wenigstens theoretisch, nicht kennen. B1 kennt C1, C2 und C3, die unter seiner Leitung arbeiten, obwohl er wahrscheinlich wirklich nur mit C1 zusammenkommt, der seinerseits Fühlung mit D1 hat. Nur A kennt die Namen aller Männer und Frauen in allen Gruppen, aber sie kennen einander nicht.«[104]

Woher aber sollte Rußlands militärischer Geheimdienst seine Auslandsagenten nehmen? Die Moskauer Zentrale kannte nur ein Agentenreservoir: die kommunistischen Parteien. Sie konnte sich einen ausländischen Kommunisten nicht anders vorstellen denn als einen willigen Helfer der Sowjetspionage. Immer stärker wurde der Drang der Zentrale, möglichst jeden fremden Kommunisten für sich arbeiten zu lassen.

Sie nahm in der Tat Hunderte ausländischer Kommunisten in ihren Dienst, was der Raswedka durch den Umstand erleichtert wurde, daß die Zeit weltrevolutionärer Pläne vorbei war. Nicht mehr Revolution, sondern die Wahrung sowjetischer Interessen, die Aufklärung der militärisch-industriellen Situation in den Ländern potentieller Gegner der Sowjetunion stand jetzt im Mittelpunkt geheimdienstlicher Arbeit.

Das galt vor allem für die Operationen der Raswedka in Deutschland. Geheimdienstchef Bersin, jetzt Herr über einen gutfunktionierenden Apparat, sah allen Grund, sich auf Deutschland zu konzentrieren: Mitte der zwanziger Jahre hatte sich die innere Lage der Weimarer Republik stabilisiert, zeigten deren Politiker und Generale unverkennbar die Tendenz, wieder in Europa mitzuspielen. Das in Versailles entmannte Deutschland kehrte in die Machtpolitik zurück – Anlaß für Bersin, den eigenen Aufklärungsapparat in diesem Land zu verstärken.

Zunächst hieß es, die Führer der mißglückten deutschen Oktober-Revolution in Sicherheit zu bringen und für eine neue sowjetische Spionageorganisation zu nutzen. Zu diesem Zweck hatte die Raswedka am Stadtrand von Moskau eine M(ilitär)-Schule errichtet, deren Instrukteure deutsche Kommunisten in die Tricks des Spionagehandwerks einführten. Die M-Schule unterstand dem Geheimdienst, im Gegensatz zu der Lenin-Schule, in der ab 1926 unter der Oberaufsicht der Komintern (und unter Mitwirkung der Raswedka) ausländische Genossen Strategie und Taktik des Bürgerkrieges lernten.[105]

Die 1924 gegründete M-Schule blieb hingegen eine Spionageakademie, auf der sich die Rote Armee eine Elite internationaler Agenten heranbildete. Bersins Schüler büffelten das Einmaleins kommunistischer »konspiratsia«;

sie lernten, wie man Geheimtinten benutzt und Verfolger abschüttelt, sie übten sich im Funken und Chiffrieren, sie wurden in die Arbeit eines Generalstabes eingeweiht und erhielten Schießunterricht. Anschließend wurden die Kursanten auf Sondereinheiten der Roten Armee verteilt; sie bekamen eine militärische Grundausbildung und erfuhren in Manövern, was Geheimdienstinformationen für die kämpfende Truppe bedeuten. Am Ende stand der Fahneneid auf die Rote Armee.[106]

Fast jeder Teilnehmer der M-Lehrgänge trat in den Dienst des Geheimdienstes, kaum einer der Aufstandsführer von 1923 fehlte auf der Verpflichtungsliste der Raswedka. Die M-Schule hatte die Genossen wieder vereinigt, den Z-Apparatschik Kippenberger und den MP-Oberleiter Wilhelm Zaisser, den ostpreußischen MP-Leiter Arthur Illner und seinen Berliner Kameraden Joseph Gutsche, den Frankfurter MP-Leiter Oskar Müller und den MP-Oberleiter Albert Schreiner.[107] Einige von ihnen wie Zaisser, der in Shanghai als deutscher Exoffizier auftrat, und der ihm bald nachfolgende Journalist Richard Sorge zogen in den Fernen Osten mit dem mächtig aufsteigenden Japan, das Gros aber machte sich für den Einsatz in Deutschland bereit. Die M-Schüler rückten in die gutgetarnten Stellungen ein, die der sowjetische Geheimdienst präpariert hatte.

Gleich nach dem Skoblewski-Prozeß war die Raswedka dazu übergegangen, in Deutschland eine große Spionageorganisation zu schaffen. Der Auftrag an den Geheimdienst lautete, die deutsche Industrie zu erkunden, deren Erzeugnisse für Sowjetrußlands Wirtschaft und Wehrkraft von größter Bedeutung waren. Die Schwerpunkte der Aufklärung lagen auf dem Gebiet der Metall-, der chemischen, Elektro- und Luftfahrtindustrie.[108]

Daher bediente sich die Raswedka aller sowjetischen Institutionen, die bereits in Deutschland engen Kontakt zur Wirtschaft unterhielten. Im Vordergrund stand die Handelsvertretung der UdSSR in Berlins Lindenstraße 3 (später: Lietzenburger Straße 11), die zum Hauptträger der Raswedka-Arbeit wurde. Die wichtigsten Agenten des Geheimdienstes figurierten als Angestellte der Handelsvertretung; auch die Zweigstellen in Hamburg, Königsberg und Leipzig okkupierten Bersins Beauftragte.[109]

Die Sowjetvertretung in der Lindenstraße war ein Produkt des wachsenden Handels zwischen Deutschland und Rußland; sie sollte den Warenverkehr durch Sofortentscheidungen an Ort und Stelle erleichtern und Verbindungen zu den großen deutschen Firmen halten, die am Rußland-Geschäft interessiert waren. Zugleich diente sie als Stützpunkt sowjetischer Spionage. Die Handelsvertretung besaß eine eigene Chiffrierabteilung für den Funkverkehr mit Moskau, ihre wichtigste Abteilung – die Technische – leitete der Militärattaché der Sowjetbotschaft, Photolabors waren eingerichtet, damit entwendete Geheimpapiere in kürzester Zeit kopiert werden konnten.[110]

Schon die Anlage des Hauses ließ vermuten, daß die Handelsvertretung eine Art Hochburg der sowjetischen Spionage war. An den Hinterhof schloß sich ein Gebäude an, das auf die Ritterstraße mündete und von zwei im Dienst der Raswedka stehenden Juwelieren, den Brüdern Löwenstein, bewohnt wurde. Im Falle einer Polizeirazzia konnten gefährdete Sowjetagenten durch das Juweliergeschäft entkommen.[111]

Unsichtbare Fäden verbanden die Beobachtungsposten des Geheimdienstes mit sowjetischen Wirtschaftsunternehmen, darunter die Deutsche Vertriebsgesellschaft für russische Ölprodukte A. G. (Derop), die Deutsch-Russische Luftfahrtgesellschaft (Deruluft) und die Garantie- und Kreditbank für den Osten A. G. (Garkrebo).[112] Das »Deutsch« im Firmennamen konnte allerdings nicht darüber hinwegtäuschen, daß es sich um sowjetische Betriebe handelte, deren Leiter die Belegschaft zur bedingungslosen Vertretung der Interessen Moskaus anhielten. Die Direktoren und Geschäftsführer waren ausschließlich Russen, und wer von den deutschen Angestellten bei Betriebswahlen für nichtkommunistische Kandidaten gestimmt hatte, sah sich rasch entlassen, wie bei der Derop im Sommer 1931.[113]

Was den Sowjets in Deutschland fehlte, lieferten die deutschen Kommunisten; Spitzel des Zentralkomitees der KPD beobachteten Bewegungen der deutschen Abwehrorgane und überwachten das deutsche Hilfspersonal der sowjetischen Handelsvertretung. Die Partei mietete Wohnungen, in denen Sowjetspione untertauchen konnten, und kaufte Geschäfte auf, die den Agenten als Anlaufstellen zur Verfügung gestellt wurden.

Die KPD verfügte auch über einen eigenen Nachrichtendienst, dessen Zentralstelle beim ZK engste Zusammenarbeit mit den sowjetischen Diensten befahl. Der Nachrichtendienst war in Arbeits- und Unterarbeitsgebiete eingeteilt und unterhielt bei jeder Ortsgruppe der KPD ein paar V-Männer. In den größeren Parteibezirken gab es drei verschiedene ND-Abteilungen: für politische und militärische Ausforschung und für Zersetzung des Gegners.[114] »Die Leiter derselben wie auch die Mitglieder«, notierten später die Staatsschützer des Reichsinnenministeriums, »führen Decknamen, und zwar die Leiter Familiennamen, die Mitglieder Rufnamen. Außerdem pflegen sie sich nicht mit ›Genosse‹, sondern mit ›Freund‹ anzusprechen und führen im Briefverkehr außer dem Decknamen noch eine Nummer.« Alles war auf höchste Geheimhaltung angelegt: »Das Fragen nach dem richtigen Namen der Mitglieder unter sich ... führt Verdächtigungen und Beobachtungen nach sich.«[115]

Die Agentenarbeit der KPD war freilich so dilettantisch, daß sie der Raswedka kaum nutzen konnte. Anders die technischen Hilfsmittel des kommunistischen ND: Den ausgetüftelten Kurierdienst der KPD nahmen die sowjetischen Kundschafter gern in Anspruch, noch lieber aber deren legendären Paßapparat, der allerdings formal der Komintern unterstand.

Der KPD-Funktionär Leo Flieg gebot über ein Reich dezentralisiert angelegter Fälscherwerkstätten mit insgesamt 170 Angestellten, die keine andere Aufgabe kannten, als kommunistische Agenten mit falschen Papieren, Lebensläufen und Geldern auszustatten. Stets lagen 2000 Pässe und 30000 Stempel griffbereit.[116] Fliegs sechs Werkstätten mit ihren 35 Zentnern Satztypen besaßen Nebenstellen in fast jeder europäischen Hauptstadt und belieferten praktisch die ganze weltkommunistische Bewegung mit den Kreationen ihrer genialen Graveure, deren Leitung Richard Großkopf oblag, der es später in der DDR noch zum Oberst des Staatssicherheitsdienstes und »Held der Arbeit« brachte.[117]

Die Leitstellen der sowjetischen Deutschland-Spionage waren einsatzbereit, die technischen Werkzeuge zur Stelle. Jetzt kam die Stunde der deutschen M-Schüler: 1927/28 kehrten Bersins Zöglinge unter Kippenbergers Führung nach Deutschland zurück, entschlossen, den Sowjets ein Informationssystem zu schaffen, das in seiner Art einmalig war.

M-Schüler Kippenberger faßte den Nachrichtendienst der KPD und die Überbleibsel der alten Untergrundapparate zu einer neuen Organisation zusammen, dem AM- oder Antimilitaristischen Apparat. Seine Mitglieder hatten die Aufgabe, Polizei, Reichswehr und gegnerische Parteien zu infiltrieren und jede gegen die KPD gerichtete Aktion zu sabotieren. Zugleich sollte das AM-Ressort »Abwehr« das Eindringen von Polizeispitzeln in die KPD verhindern und die Partei von unzuverlässigen Elementen säubern.[118]

Wichtigstes Ressort war die »BB« (Betriebsberichterstattung), die für den sowjetischen Geheimdienst unentbehrlich wurde. 1932 löste Kippenberger die BB aus dem AM-Apparat heraus und machte daraus einen eigenen Apparat, den er einem Genossen aus Hamburger Tagen anvertraute: dem Reichsleiter Friedrich Burde, Decknamen: »Edgar« und »Dr. Schwartz«, seit 1929 Chef des BB-Ressorts.[119] Bis zu seinem Ende war der BB-Apparat der lange Arm, mit dem die Raswedka in die entlegensten Firmen Deutschlands hineinlangen konnte.

Die BB ging auf die Rabkor-Aktion zurück, eine weltweite kommunistische Bewegung, die in Rußland entstanden war. Da es der sowjetischen Presse anfangs an ausgebildeten Journalisten fehlte, waren die Redaktionen auf die Idee gekommen, in Betrieben, Ämtern und Organisationen freiwillige Mitarbeiter zu werben, die über Vorgänge in ihrem Arbeitsbereich berichten sollten; man nannte diese ungelernten Helfer »rabotschij korrespondenti« oder Rabkor, Arbeiterkorrespondenten.[120] Die GPU wurde auf die Rabkor-Berichte aufmerksam, denn mancher von ihnen enthüllte Mißstände in den Betrieben, Opposition gegen Partei und Staat, Korruption unter den Funktionären. Die sowjetischen Redakteure wurden daher von der Geheimpolizei angehalten, wichtige Berichte sofort an sie weiterzureichen. Bald gerieten die russischen Arbeiterkorrespondenten (Gesamtstärke 1930: zwei Millionen) mehr oder weniger unfreiwillig in den Dienst der GPU.[121]

Und da die Kommunisten Europas damals gewohnt waren, jede sowjetische Neuheit zu übernehmen, griff die Rabkor-Bewegung auch auf den Westen über. Aus dem Werkzeug innenpolitischer Gedankenkontrolle wurde ein Mittel der Spionage im Ausland. An die Stelle der GPU trat der Geheimdienst, an die Stelle politischer Denunziationen rückten Meldungen über Munitionsproduktion, Waffenlieferungen und Neuheiten der Rüstungsindustrie in fremden Ländern. Diese Form der Spionage war nahezu unangreifbar, denn welche Behörde hätte es einem Arbeiter verwehren können, seiner Zeitung oder seiner Partei über Vorgänge in einem Betrieb zu berichten?

AM-Chef Kippenberger und BB-Leiter Burde perfektionierten ihre

Betriebsberichterstattung mit deutscher Gründlichkeit. V-Mann-Führer des BB-Apparats sprachen Genossen in einem Betrieb an und verpflichteten sie zur Mitarbeit. Der V-Mann in einem Betrieb erhielt laufend Anweisung, was er in Erfahrung bringen sollte: Hier ging es um die Auftragslage in seinem Betrieb, dort wieder darum, ob die für Rußland bestimmte Industrieausrüstung einwandfreies Material enthielt, in einem dritten Fall drehte es sich um die Lieferung von deutschen Rüstungsgütern an potentielle Gegner der Sowjetunion, in einem vierten um Produktion von Nebel- und Giftgasgranaten.

Es gab schlechterdings nichts, was die Agentenführer der Raswedka und ihre deutschen Vermittler nicht kennen wollten. Aus einem Fragebogen der BB-Zentrale, der in einem Berliner Betrieb der chemischen Industrie kursierte: »Ist der Betrieb auf Kriegsindustrie umzustellen? Produziert Ihr Kriegsmaterial? Wenn ja: Art der Herstellung. Wieviel liefert Ihr am Tage? Wohin liefert Ihr: Ausland oder Deutschland?«[122] Ein anderer BB-Fragebogen wollte wissen: »Besteht bei der Firma ein besonderer Sicherheitsdienst? Wie sind die Dienstschichten eingeteilt? Wie stark sind die Tore bewacht? a) am Tage, b) zur Nacht?«[123]

Die BB-Orders ließen keine Zweifel daran, daß jeder deutsche Genosse für die Sowjetunion zu spionieren habe. Das wurde ganz offen gesagt, so etwa in der KPD-eigenen »Zeitung revolutionärer Jungarbeiter«, die im März 1932 schrieb: »Wenn wir konkrete Hilfe leisten wollen für die Sowjetunion, müssen wir die Jungarbeiter für massenhafte Enthüllungen der neuen Technik in den Betrieben auf allen Gebieten mobilisieren, um so den Proleten in Sowjetrußland die neue Technik aufzuzeigen.«[124]

Fast unauffällig konzentrierten die Auftraggeber der BB-Männer ihre Fragen und Anweisungen immer mehr auf das rüstungswirtschaftliche Gebiet. Eine schriftliche Anordnung der Parteiführung, vermutlich aus dem Jahr 1932, zählte zu den »Aufgaben, die stärker in den Vordergrund treten«, in erster Linie »militär-strategische Fragen: Aufmarsch-und Einsatzpläne der RW [Reichswehr], Schupo und der Wehrverbände, ihre Kräftekonzentration, Taktik, Stand der Ausbildung und Bewaffnung«.[125]

Sosehr auch die Anfragen des BB-Apparates um sowjetische Interessen kreisten, die Russen traten nie in Erscheinung. Die Informanten in den Betrieben verkehrten immer nur mit dem einen deutschen Genossen, der sie angeworben hatte; sie wußten nicht, daß alle Informationen in der Berliner BB-Reichsleitung von Burde oder bei dem inzwischen zum Reichstagsabgeordneten gewählten Kippenberger zusammenliefen, der ebenso wie Burde das Nachrichtenmaterial dem jeweiligen Raswedka-Residenten in Berlin zuleitete: zunächst den beiden Brüdern Maschkewitsch, dann von 1929 an Boris Basarow.[126]

Kippenberger und Burde hielten es freilich für geboten, gegenüber ihren 3000 oder 4000 BB-Männern die sowjetischen Hintermänner im Dunkeln zu lassen. Die Betriebsberichterstatter erfuhren lediglich von ihren Auftraggebern, die Informationen dienten in erster Linie der Vorbereitung des Kampfes für die Diktatur des Proletariats und lägen daher im Interesse der

Partei. Später trat noch das Argument hinzu, alles nutze dem Kampf gegen den Faschismus oder der Verteidigung der Sowjetunion – zentrale Parolen einer kommunistischen Friedensbewegung, mit der Sowjetstaat und Komintern die seit 1931 vom Expansionsdrang der japanischen Militärmacht ausgehenden Gefahren zu bannen versuchten.

Sensibleren Genossen, die noch zögerten, den letzten Schritt auf das Minenfeld des Landesverrats zu gehen, erzählten die Apparatschiks eine kompliziertere Geschichte. Da bekam der BB-Mann zu hören, die Arbeit solle der Sowjetunion helfen, Anschluß an den Industriestandard des Westens zu finden; wer der Sowjetunion die Kenntnis westlicher Industriegeheimnisse verweigere, sabotiere die wirtschaftlichen Anstrengungen des proletarischen Vaterlandes oder schade gar dem Frieden.[127] Wie es auf einem Kassiber hieß, der einem verhafteten BB-Mann zugeschoben wurde: »Wir nennen es nicht Spionage, sondern Wirtschaftsbeihilfe.«[128]

Stück um Stück zerbrach in vielen Genossen die Scheu vor der Spionage, zerbröselten emsige Agitatoren Patriotismus und Landesverrat zu Ideologien der Ewig-Gestrigen. Tausende und aber Tausende deutscher Kommunisten begannen, in Fabriken und Labors, in Firmen und Behörden, auf Werften und in Werkshallen zu spionieren. Es war, als sei eine ganze Partei in den Dienst eines fremden Spionagedienstes getreten.

Die Kommunistische Partei Deutschlands und ihre illegalen Apparate und geheimen Sonderdienste verwandelten sich in »bloße Auslandsabteilungen des sowjetischen Geheimdienstes« und »dienten ausschließlich den Zielen des Sowjetstaates«, wie Exkommunist Wollenberg feststellt.[129] Die Kader der Partei, so Ruth Fischer, hatten nicht mehr »das Bewußtsein, eine internationale Arbeiterpartei zu repräsentieren, sondern die russische Staatspartei; sie waren Geheimagenten einer ausländischen Macht.«[130] Und sie wußten alle, was sie taten: Die KPD organisierte Arbeiterkonferenzen, Lehrlingstagungen und Parteikongresse, auf denen in immer deutlicheren Variationen der Vaterlandsverrat propagiert wurde. Die Partei, hieß es da, habe nicht angebliche deutsche Interessen zu vertreten, sondern allein jene des sowjetischen Vaterlandes, das von Kapitalisten und Imperialisten bedroht sei.

In aller Seelenruhe wurden auf den Tagungen so viele militärisch relevante Betriebsgeheimnisse ausgebreitet, daß die V-Männer der Raswedka nur fleißig mitzuschreiben brauchten, um sich ins Bild zu setzen. Über eine Delegiertenkonferenz kommunistischer Jugendbelegschaften der Ruhr-Industrie im April 1932 notierte »Die Junge Garde«, das Organ des Kommunistischen Jugendverbandes: »Im Hammerwerk von Krupp stellt man Maschinengewehrläufe her. Im Monat Februar wurden nicht weniger als 20000 solcher Maschinengewehrläufe hergestellt. Es ist bekannt, daß im Blechwalzwerk von Krupp die Panzerplatten für die Panzerkreuzer A und B fertiggestellt wurden. Jetzt arbeitet man an einem neuen Verfahren für Panzerplatten unter der Anwesenheit japanischer Offiziere. Im Maschinenbau 9 werden Panzerautos hergestellt ...«[131]

Schließlich begnügten sich jedoch die KP-Agitatoren nicht mehr mit dem

Verteidigungsargument, um die konspirative Arbeit für Moskau zu rechtfertigen. Zur »Defensive« kam nun auch noch die »offensive Verteidigung«. Jeder deutsche Kommunist wurde dazu angespornt, auch einen Präventivkrieg der Sowjetunion gegen Deutschland zu unterstützen.

Das las sich in dem 1930 gültigen militär-politischen Schulungsmaterial der KPD so: »Politisch steht die Sowjetunion unbedingt in der Verteidigung; militärisch darf das jedoch keinesfalls bedeuten, die Sowjetunion wartet ab, bis der Feind ins Land eindringt, militärisch kann die Verteidigung nur geführt werden mit der kühnsten Offensive. Ein Blick auf die Karte zeigt, daß die Sowjetunion, wenn sie militärisch nicht angreift, Gefahr läuft, sofort Leningrad am Finnischen Meerbusen und Odessa am Schwarzen Meer zu verlieren.«[132]

Deutlicher konnte kaum noch zum Ausdruck kommen, daß deutsche Kommunisten verpflichtet werden sollten, jederzeit für die Rote Armee zu arbeiten. Hier deutete sich schon an, was später die Legendenschreiber des linken Antifaschismus nur zu gerne wegdisputieren wollten: Ob liberale Demokratie oder faschistische Diktatur, deutsche Kommunisten würden immer gegen den eigenen Staat und für Moskau optieren, sobald eine Reichsregierung Miene machte, sich einer sowjetfeindlichen Politik zu verschreiben. Schon die milde Weimarer Republik mit ihrer zeitweilig überaus sowjetfreundlichen Politik (immerhin stand gerade die geheime Zusammenarbeit zwischen Reichswehr und Roter Armee auf dem Höhepunkt) erlebte eine kommunistische Massenspionage, die sich kaum noch bekämpfen ließ. Jedes Jahr brachte neue Spionageaffären, fast in jedem Monat standen kommunistische Agenten vor deutschen Gerichten.

Oktober 1930: In den Gruson-Werken, einer Krupp-Filiale bei Magdeburg, fliegt ein roter Agentenring unter der Führung des Konstrukteurs Kallenbach auf. Dezember 1930: Bei Siemens & Halske werden der russische Ingenieur Woloditschew und zwei deutsche Mitarbeiter wegen Spionage im Auftrage der Sowjetischen Handelsvertretung festgenommen. Januar 1931: In den Polysius-Zementwerken bei Dessau überführt Werkspolizei den Ingenieur Wilhelm Richter des Diebstahls von Geheimpapieren zugunsten der Sowjetunion. April 1931: In Ludwigshafen wird Karl Dienstbach, V-Mann-Führer im BB-Apparat, mit einem 25 Mann starken Informantenring ausgehoben, der Rußland Nachrichten aus zahlreichen chemischen Werken Südwestdeutschlands geliefert hat.[133]

Immer engmaschiger wurde das Netz der deutschen Sowjetagenten, immer bedenkenloser die Infiltrationsarbeit der roten Spitzel. Schon 1927 verzeichnete die deutsche Justiz allein für dieses Jahr 3500 Gerichtsverfahren wegen schwerer Werksspionage, in den meisten Fällen zugunsten der Sowjetunion. Vom Juli 1931 bis zum Dezember 1932 wurden 111 Hauptverhandlungen in Landesverratsachen anhängig, wieder spielte dabei die sowjetische Spionage die Hauptrolle.[134]

Trotz mancher Schlappe konnte Bersin mit den Erfolgen seiner deutschen Agenten zufrieden sein. Wie noch nie zuvor lag Deutschlands Industrie und Wehrkraft nahezu völlig unverschleiert vor den Augen des sowjetischen

Geheimdienstes. »Der deutsche Beitrag zur sowjetischen Spionage«, sagt Dallin, »war ungeheuerlich. Er ließ an Ausmaß die Beiträge aller anderen nichtrussischen Teile des sowjetischen Auslandsapparates hinter sich. An Qualität übertraf er sogar die russische Leistung.«[135]

Berlin war zu einer zweiten Kommandostelle der weltweiten Spionage Sowjetrußlands geworden, von Berlin gingen die Aufträge an die sowjetischen Geheimdienstgruppen in aller Welt. Die deutsche Hauptstadt beherbergte die Leitstellen für die sowjetische Spionage in Frankreich, Holland und Belgien, sie barg die Fälscherzentrale des Kommunismus, sie war das »Feldhauptquartier der gesamten Kommunistischen Internationale«, dafür eingerichtet, »alle Fäden in Berlin enden zu lassen und nur eine einzige Verbindungslinie zwischen Berlin und Moskau aufrechtzuerhalten« – so ein ehemaliger Komintern-Kurier.[136]

Solche Erfolge waren freilich nur möglich in einem von Auflösung bedrohten Staat, der sich verzweifelt gegen die totalitären Mächte der Zeit wehrte und schon längst nicht mehr auf die Loyalität seiner Bürger bauen konnte. Deutschland war innerlich richtungslos geworden. Nach dem innerdeutschen Bürgerkrieg der frühen zwanziger Jahre hatte sich neue Staatsautorität nicht bilden können, und die soziale Verelendung im Schatten der Weltwirtschaftskrise, Nährboden terroristischer Parteiarmeen und zügelloser Gewaltanbetung, zerstörte weitgehend das Rechtsgefühl.

Zudem reichten die Gesetze der Republik nicht aus, um die sowjetische Spionage wirksam zu bekämpfen. Der Schwerpunkt der russischen Aufklärung lag auf dem Gebiet der Industriespionage, das deutsche Strafrecht aber kannte damals nur die militärische Spionage; so konnten die roten Industriespione nur mit dem Kautschuk-Paragraphen des unlauteren Wettbewerbs gejagt werden. Ein Jahr Gefängnis war die Höchststrafe, die ein Wirtschaftspion zu erwarten hatte. Erst im März 1932 stellte eine »Verordnung zum Schutz der Volkswirtschaft« die Weitergabe von Industriegeheimnissen an unbefugte Personen unter schärfere Strafe; jetzt konnte ein Industriespion zu drei Jahren Gefängnis verurteilt werden.[137]

Nicht selten aber riet das Auswärtige Amt davon ab, der sowjetischen Spionage allzu scharf auf den Fersen zu bleiben. Sowjetrußland war einer der wenigen Staaten, auf deren Sympathie das Weimarer Deutschland im Nach-Versailles-Europa hoffen durfte. Wenn einmal die deutschen Abwehrorgane die Spur erkannter Spione bis zur Sowjetischen Handelsvertretung verfolgen wollten, intervenierten die Legationsräte der Wilhelmstraße, zumal die Handelsvertretung auf jede Enttarnung eines Spionagerings mit dem Dementi reagierte, die ertappten Agenten hätten niemals mit ihr in Verbindung gestanden.

Nie konnten die Spionejäger des Berliner Polizeipräsidiums vergessen, daß ihre größte Schlappe im Kampf gegen kommunistische Agenten auf das Eingreifen des Auswärtigen Amtes zurückzuführen war. Der Fall hatte im Frühjahr 1924 gespielt. Zwei württembergischen Polizeibeamten war der Auftrag erteilt worden, den bei Stuttgart verhafteten Kommunisten Hans Bozenhardt, einen Funktionär des Terrorapparates der KPD und Angestellten der Sowjetischen Handelsvertretung, nach Stargard in Pommern zu überführen.

Die Fahrt ging über Berlin, wo die drei den Anschlußzug nach Stargard verpaßten. Da schlug der Häftling seinen beiden Wächtern vor, die Wartezeit zu einer Erfrischung zu nutzen; er wisse ein hübsches kleines Lokal in der Lindenstraße. Die ortsfremden Polizisten wußten nicht, daß Bozenhardts »Lokal« in Wirklichkeit die Sowjetische Handelsvertretung war.[138] Kaum hatten die drei die angebliche Gaststätte betreten, da schrie der Häftling: »Ich bin Bozenhardt und hier angestellt. Dies sind zwei Polizeibeamte aus Württemberg, die mich wegen Landesverrats festgenommen haben und nach Stargard bringen!« Er riß sich los und stürmte davon, während herbeigeeilte Russen die Polizisten festhielten und in einem Zimmer einschlossen.

Das Berliner Polizeipräsidium witterte eine Chance, endlich in die Hochburg der Sowjetspionage einzudringen. Mit der Begründung, sie müßten den Flüchtling Bozenhardt suchen, drangen Polizisten am 2. Mai 1924 in die Handelsvertretung ein und besetzten das Haus. Zimmer um Zimmer wurde durchsucht, ein Safe nach dem andern geöffnet, Papiere beschlagnahmt. Eiligst alarmierte Handelsvertretungschef Starkow die Sowjetische Botschaft; sofort fuhr Botschafter Nikolaj Krestinski ins Auswärtige Amt und protestierte gegen die Verletzung des exterritorialen Status der Handelsvertretung – und schon pfiff das Außenministerium die Spionejäger zurück. Die Fahndungen mußten abgebrochen, verhaftete Sowjetbeamte entlassen werden.[139]

Die Blamage in der Lindenstraße offenbarte einmal mehr, wie ohnmächtig die Spionageabwehr der deutschen Polizei war. Auf unzureichende Gesetze gestützt, von der Regierung nur halbherzig gedeckt, fast jeder Möglichkeit beraubt, in das Spinnennetz der sowjetischen Spionage einzudringen, war die deutsche Spionageabwehr für Moskau kein ernst zu nehmender Gegner.

Das war das Ergebnis jenes wunderlichen Horrors, der linke Demokraten vor Macht und Betriebsamkeit einer politischen Polizei beschlich. Selber jahrzehntelang Gegenstand und Opfer geheimpolizeilicher Ausforschung im monarchischen Untertanenstaat, fehlte ihnen der Sinn für die sachliche Notwendigkeit geheimer Aufklärung – er fehlt ihnen bis heute. »Fort mit der politischen Polizei, diesem schmachbeladenen Herd der schlimmsten Korruption«, hatte es schon 1911 in einer SPD-Broschüre geheißen.[140]

Entsprechend hatten die Revolutionäre von 1918 gehandelt und eine Republik ohne Geheimpolizei und Geheimdienst konzipiert. Der Linkssozialist Eichhorn löste die Abteilung V des Berliner Polizeipräsidiums auf, in der die Politische Polizei ihren Sitz gehabt hatte; die Beamten wurden entlassen, die Akten sichergestellt.[141] Ebenso räumten die Revolutionäre in jeder anderen deutschen Stadt auf, die in dem Verdacht stand, eine Geheimpolizei zu besitzen. Auch im Auswärtigen Amt wurden alle Versuche entmutigt, sich einen Nachrichtendienst zu halten.[142]

Bei so puritanischem Eifer mochte auch das aus dem Krieg heimkehrende

Feldheer nicht länger in dem Ruf stehen, einen gefährlichen Geheimdienst zu haben. Den bei den Linken übelbeleumdeten IIIb-Chef Nicolai hatten die Führer der Armee sogleich nach Ausbruch der Revolution abgeschoben und seinem Stellvertreter Gempp die Leitung des Geheimdienstes überlassen. Doch bald reichte ihnen auch dies nicht mehr. Nahezu alle Geheimdienstakten der Obersten Heeresleitung wurden verbrannt, die IIIb aufgelöst.[143]

Deutschland fiel zurück in den konspirativen Ämterwirrwarr des 19. Jahrhunderts, denn die Welt friedlicher Transparenz, die sich die Revolutionäre von der Zerschlagung der Geheimdienstapparate erhofft hatten, wollte sich nicht einstellen. Im Gegenteil: Die Auflösung der Aufklärungsbehörden förderte nur den Wildwuchs privater Detektiv- und Geheimdienstagenturen, die sich den »blinden« Staatsorganen als Ausforscher andienten.

Das wurde nun selbst den maßvolleren Führern der Republik bedenklich, zumal die Nachwehen der Revolution, die Gefahr ständig neuer Putsche von rechts und links, es notwendig machten, Coups der Extremisten rechtzeitig im voraus zu erkennen. So entstand im Juli 1919 im Preußischen Staatsministerium ein Staatskommissariat für die Überwachung der öffentlichen Ordnung, dessen V-Männer die Extremistenszene beobachteten und republikfeindliche Organisationen infiltrierten.[144] Doch das Staatskommissariat, nur mit äußerster Mühe gegenüber den linken Sozialisten durchgesetzt, war so armselig ausgestattet, daß es prompt bei der nächsten Krise der Republik versagte. Als sich die nationalistischen Freikorps und deren Führer im März 1920 anschickten, mit einem Gewaltstreich (»Kapp-Putsch«) die demokratische Ordnung zu beseitigen, warnte keine Meldung der Staatsschützer die Regierung vor dem Schlag.[145] Der Staatskommissar mußte gehen, ein scheinbar energischerer Nachfolger kam, aber die Leistungen des Kommissariats blieben schwach.[146]

Das ermunterte die Reichsregierung zu einem gewagten Unternehmen, mit dem sie sich einen Polizeiapparat schaffen wollte, wie es ihn so mächtig noch nie in Deutschland gegeben hatte. Schon einen Monat vor dem Kapp-Putsch hatte das Kabinett einen Gesetzentwurf beschlossen, der praktisch auf eine weitgehende Entmachtung der Länder in Polizeifragen hinauslief. Ein Reichskriminalpolizeiamt sollte errichtet werden, das einen allen Ländern gemeinsamen Nachrichtendienst steuerte; dazu sollte neben reichseinheitlicher Fahndung auch eine zentrale Spionagebekämpfung gehören, geleitet von einem Reichsabwehramt.[147]

Der Entwurf war so umstürzend, daß nur folgen konnte, was schon bei ähnlichen Reformversuchen im Kaiserreich geschehen war: Die Länder, allen voran Preußen und Bayern, artikulierten so heftigen Widerstand, daß es die Reichsregierung im Sommer 1923 vorzog, das im Reichsrat, der Vertretung der Länder, schließlich durchgepaukte Reichskriminalpolizeigesetz stillschweigend fallen zu lassen.[148] Von dem großen Wurf blieb nur ein weiteres armseliges Kommissariat übrig: das Reichskommissariat für Überwachung der öffentlichen Ordnung, ein besseres Lektorat, dessen Mitarbeiter sich in öffentlich zugänglichen Quellen Kenntnisse über den inneren und äußeren Staatsfeind zusammenlasen.

Da gingen bereits die Tage des preußischen Staatskommissariats zu Ende. Auf Betreiben des sozialdemokratischen Innenministers Carl Severing wurde es 1924 aufgelöst, sein Aktenmaterial an die Berliner Polizei abgegeben.[149] Denn nun beschlossen Preußens SPD-Führer doch, wieder eine Geheimpolizei ins Leben zu rufen.

Sie wagten freilich nicht, ihre geheime Schutzorganisation Politische Polizei zu nennen, der Name schien ihnen allzu belastet. So versteckten sie ihre Geheimpolizei vor der Öffentlichkeit in Behörden, die nicht nach Politischer Polizei »rochen«. Preußens neue Geheimpolizei, das Referat IA, entstand als Anhängsel der sachfremden Abteilung I des Berliner Polizeipräsidiums. Allmählich formierten sich die politischen Referate und Kommissariate bei den Polizeibehörden ganz Deutschlands zu einer neuen Organisation: der Centralen Staatspolizei (C. St.).[150]

Der recht pompös klingende Titel verdeckte, daß es mit der Schlagkraft und Leistungsfähigkeit der C. St. nicht weit her war. Die Spionageabwehr konnte kaum wirkungsvoll arbeiten, denn der Abwehrpolizei fehlte jeder organisatorische Zusammenhang. Es gab keine Zentralstelle, die das einlaufende Material auswertete und zu einheitlichen Aktionen nutzte; man hatte sich lediglich darauf geeinigt, in der IA eine Art nachrichtenspeichernde Clearingstelle zu sehen. Konkrete Befugnisse besaß sie nicht.[151]

Die Ohnmacht der Abwehrpolizei aber inspirierte wieder einmal das Militär, Geheimdienst und Spionageabwehr in eigene Regie zu nehmen. Zwar sahen mißtrauische Demokraten eine Neubelebung des militärischen Geheimdienstes ebensowenig gerne wie die Restauration der Politischen Polizei, doch die fast autonome Stellung der Reichswehr ließ keinen rechten Widerstand aufkommen, zumal die vordringlichste Aufgabe des neuen Geheimdienstes den führenden Republikanern nicht unlieb war: die Bekämpfung linker Extremisten in der Truppe.

Diesem Zweck diente ein Nachrichten- und Erkundungsdienst, der bereits im Herbst 1919 bei den Truppenverbänden der Vorläufigen Reichswehr und bei den Freikorps geschaffen worden war; ihn steuerten Offiziere der aufgelösten IIIb, die politisch nicht allzu belastet waren, unter ihnen Friedrich Gempp, der neue Führungsaufgaben erhielt.[152] Der Dienst sollte die Truppe vor politischen Eruptionen schützen, revolutionäre Tendenzen abwehren – daher der Name der neuen Organisation, der sich später einbürgerte: Abwehr.

Unter Gempps Führung bezogen im Sommer 1920 drei aktive Offiziere, sieben Exoffiziere im Angestelltenverhältnis und einige Schreibkräfte den dritten Stock im Haus 72–76 des Berliner Tirpitz-Ufers, ehedem Sitz des Reichsmarineamts und nun Quartier des Reichswehrministeriums.[153] Am 17. Mai erging der erste Befehl in der Geschichte der Abwehr: Ihre Aufgabe bestehe »allgemein in dem Schutz des Heeres gegen überraschende Putsche, in der Verfolgung der Umsturz-Agitation in der Truppe und in der örtlichen Aufklärung bei Unternehmungen zur Wiederherstellung von Ruhe und Ordnung«.[154]

Geldmangel und die Umstände der Zeit zwangen Abwehrchef Gempp, bescheiden anzufangen. Er gliederte seine Abwehrgruppe in ein Ost- und ein Westreferat, das freilich keine Spionage im herkömmlichen Sinne betrieb. Die Abwehr von Spionage und Sabotage im Heer stand im Vordergrund, militärische Auslandsnachrichten wurden kaum beschafft.[155] Ein so wenig effizienter Apparat hatte allen Anlaß, die Nachbarschaft und Hilfe einflußreicherer Instanzen zu suchen. Das waren in erster Linie die Feindbearbeiter der alten Abteilung Fremde Heere, die sich jetzt im Truppenamt, dem getarnten, weil verbotenen Generalstab, Heeresstatistische Abteilung (T3) nannte. Zu ihr stieß auch die Abwehr, die in der T3 eine eigene Gruppe bildete; zum erstenmal waren Nachrichtenbeschaffer und Nachrichtenauswerter in einer Abteilung vereinigt.[156]

Später trennten sich die Geheimdienstler wieder von der Abteilung, als die Abwehr nach der Stabilisierung der Republik ihre sicherheitspolitischen Aufgaben verkleinerte und die eigentliche Spionagearbeit aktivierte. Gempp reorganisierte die Abwehrgruppe. Er schuf ein organisatorisches Grundmuster, das die Abwehr von da an beibehielt. Es entstanden die drei Untergruppen Abwehr I (Erkundung), Abwehr II (Chiffrier- und Funkhorchdienst) und Abwehr III (Spionageabwehr). Zugleich knüpften die Abwehrstellen in den sieben Wehrkreisen Verbindungen zum Ausland an, zunächst an der Ostgrenze, wo deutsche Militärs den gefährlichsten Gegner sahen: das unruhige Polen mit seiner scheinbar angriffslustigen Armee.[157]

Die Aufklärung Rußlands aber gab es in den Abwehrplänen nicht. Kaum ein Agent der Abwehr spionierte in der Sowjetunion, was die Führer des Reichswehrministeriums nicht sonderlich beunruhigte, glaubten sie sich doch aus einer besseren Quelle über das rote Rußland informiert: Hunderte deutscher Soldaten und Offiziere saßen in Dienststellen der Roten Armee, auf russischen Flugplätzen und in russischen Industriebetrieben und hatten weidlich Gelegenheit, Stärken und Schwächen der Sowjetunion abzuschätzen.[158]

Seit Mitte der zwanziger Jahre waren die Militärs beider Länder durch eine geheime Zusammenarbeit liiert, wie es sie nicht einmal in den Glanzzeiten preußisch-russischer Allianz gegeben hatte. Sowjetische Offiziere saßen auf den Bänken deutscher Kriegsschulen, einige auch im Reichswehrministerium, deutsche Soldaten in Rotarmistenuniformen schufen in Rußland das erste Geschwader der Deutschland verbotenen Luftwaffe, deutsche Firmen bauten den Sowjets Panzerwagen, Gasfabriken und Flugzeugwerke, und der Strom der hohen Besucher wollte nicht abreißen, die laufend die Ergebnisse der Zusammenarbeit beider Armeen überprüften: hier der stellvertretende Verteidigungskommissar Tuchatschewskij und der Rote-Armee-Stabschef Jegorow in Deutschland, dort der Truppenamts-Chef von Blomberg und der Heeresleitungs-Chef Heye in Rußland.[159]

Das ging so weit, daß die Führer der Reichswehr auf jede Rußland-Spionage verzichteten, zumal das Geld fehlte, sie zu finanzieren. Was die »Z. Mo.«, die Zentrale Moskau, wie der in Rußland agierende geheime Verbindungsstab des Reichswehrministeriums genannt wurde, nach Berlin berichtete, genügte den Generalen der deutschen Armee. Niemand schien besser über Rußland informiert als die Reichswehr.

Nur der alte Rußland-Kenner Gempp und seine engsten Mitarbeiter aus den fernen Tagen der IIIb wußten, daß dies alles Illusion war. Über einige militärische Teilbereiche Rußlands mochte die Reichswehrführung gut informiert sein, doch die ziemlich zufälligen Berichte der Z. Mo. konnten nicht eine systematische Aufklärung Rußlands ersetzen, sie war nicht einmal von den Vorgesetzten im Reichswehrministerium gewünscht. Rußland blieb ein weißer Fleck auf der Landkarte der Abwehr.

Das wurde erst besser, als sich die Abwehr 1928 mit dem Marinegeheimdienst vereinigte, wodurch sie in der bürokratischen Hierarchie erheblich aufrückte. Sie bildete fortan im Reichswehrministerium eine eigene Abteilung, die Abwehrabteilung.[160] Die Männer der Reichsmarine brachten eigene Rußland-Kenntnisse mit; einige ihrer Offiziere wie der politisch umstrittene Kapitän zur See Walter Lohmann hatten gleich nach dem Ersten Weltkrieg begonnen, eigene Agenten in Rußland zu beschäftigen, die noch immer für die Marine arbeiteten. Es war ein neuer Anfang für die Abwehr, mehr allerdings nicht.

So war die Abwehr schwerlich in der Lage, den Ansturm der sowjetischen Spionage in Deutschland zu stoppen. Die Abwehr war noch immer so machtlos, daß sie die Errichtung eines deutschen Werkssicherheitsdienstes dem Geld und der Initiative der privaten Industrie überlassen mußte.[161] In dem personalstärksten Ausguckloch der Abwehr nach Osten, der Abwehrstelle Königsberg, besorgte ein einziger pensionierter Rittmeister die Geschäfte der Spionageabwehr; er war mit der Abwehr der polnischen Spionage so sehr beschäftigt, daß er die sowjetische völlig unerforscht ließ.[162]

Die Abwehr verzichtete darauf, in den sowjetischen Geheimdienst einzubrechen. Auch die Polizei konnte nie das kommunistische Agentennetz durchdringen. »Die deutsche Polizei war erstaunlich schlecht über die Aktivität der verschiedenen sowjetischen Apparate unterrichtet«, urteilt Dallin.[163] Sie kannte nicht Adressen und Personal der kommunistischen Untergrundorganisationen, sie durchschaute nicht das V-Mann-System des BB-Apparates, sie wußte nichts von den Verbindungslinien des sowjetischen Geheimdienstes in Deutschland.

Das Berliner Polizeipräsidium am Alexanderplatz schickte 1932 einen 500-Seiten-Bericht über den Untergrundapparat der KPD an das Kriminalgericht in Moabit und merkte nicht, daß der Bericht auf dem Weg ins Gericht für eine kurze Zeit in der Sowjetischen Handelsvertretung verschwand und dort photographiert wurde.[164] Jahrelang hielt die Polizei fälschlicherweise die KPD-Zentrale im Berliner Karl-Liebknecht-Haus für das Hauptquartier der kommunistischen Spionage. Achtlos ging sie an dem Führer-Verlag in Berlins Wilhelmstraße 131-132 vorbei, ohne zu ahnen, daß hinter seinen Fassaden »die Komintern ein Dutzend Abteilungen, ein Heer von Stenotypistinnen, Kurieren, Übersetzern und Wachpersonal unterhielt«, wie ein Kenner berichtet.[165]

Selten hatte eine Spionageabwehr auf den Angriff gegnerischer Spione hilfloser reagiert als jene der Weimarer Republik. Zu dem Gefühl der Ohnmacht trat die Wut, ja blanker Haß auf einen Gegner, der immer deutlicher zu demonstrieren schien, wie wenig er deutsche Sicherheitsbehörden ernstnahm.

Kein anderes Ereignis brachte die Ordnungshüter der Republik mehr auf als der Polizistenmord am Berliner Bülow-Platz, jene kühl geplante Untat am 9. August 1931, der die beiden Polizeihauptleute Paul Anlauf und Franz Lenck zum Opfer fielen, und nichts bestätigte deutschen Polizisten die Ruchlosigkeit kommunistischer Spionage so sehr wie die Tatsache, daß den Mord an Anlauf der rote Agentenchef Kippenberger in Auftrag gegeben hatte.[166] Den Namen des einen der beiden Todesschützen aber wird man sich merken müssen: Erich Mielke, Bereitschaftsleiter im Parteiselbstschutz der KPD und nach der Tat in die Sowjetunion geflohen, wird eines Tages Staatssicherheitsminister der DDR werden.[167]

Kaum verwunderlich, daß so mancher Staatsschützer sich eine ganz andere Republik herbeisehnte. Da bot sich den aufgebrachten Polizisten und Soldaten eine rabiate politische Bewegung an, deren Führer einen radikalen Wandel in Deutschland versprachen, vor allem Befreiung von dem, was sie die »bolschewistische Gefahr« nannten. Adolf Hitlers Kolonnen ergriffen die Macht im Reich.

Viele Polizisten, anfällig für autoritäre Lösungen, erlagen den Verlockungen der neuen Machthaber, mancher Soldat ergab sich den nationalistischen Versuchungen des neuen Regimes. Die Nationalsozialisten versprachen, was die Polizisten der Republik immer gefordert hatten: mehr Geld und Prestige, bessere Methoden der Verbrechens- und Spionagebekämpfung, Zentralisierung der Polizeiarbeit, Freiheit von jeder öffentlichen Kritik und von diplomatischen Rücksichten.

Und Deutschlands neue Herren bewiesen, daß sie meinten, was sie da versprachen: In wenigen Monaten errichteten sie einen schier grenzenlosen Polizeiapparat. Die Politische Polizei mit ihren Abwehrreferaten, in Weimar nur versteckt und widerwillig geduldet, wurde aus der Verwaltung herausgelöst und unter zentralem Kommando zu einer Sonderbehörde zusammengefaßt, der Geheimen Staatspolizei oder Gestapo – nur noch einem Willen gehorchend, einem Zweck untergeordnet: dem Herrschaftssystem der nationalsozialistischen Führerdiktatur.[168]

Politkriminalisten und Spionejäger teilten sich im Geheimen Staatspolizeiamt in Berlins Prinz-Albrecht-Straße 8 die Aufgaben: Die eigentliche Gestapo bildete (ab Sommer 1934) die Hauptabteilung II, die Abwehrpolizei die Hauptabteilung III. Von nun an waren sie unzertrennlich, die beiden Regimewächter: Mit ihren gemeinsam beschickten Leitstellen und Stellen in jeder Provinz legten sie ein engmaschiges Netz über das ganze Land, beobachteten sie Regimegegner und Spione, kontrollierten sie die Reichsgrenzen und die Volksstimmung.[169]

Noch nie hatte eine deutsche Polizei ein derartiges Kontrollsystem unterhalten. Ein differenziertes Listen- und Karteisystem sollte jeden möglichen

Regimegegner, jeden potentiellen Spion registrieren, ein sorgfältig ausgetüfteltes Fahndungssystem garantieren, daß kein Flüchtiger dem Riesenauge der Gestapo entging. Eine eigene Grenzpolizei hatte ausschließlich die Aufgabe, flüchtige Landesverräter und einsickernde Spione zu jagen. Die Macht über die rasch berüchtigten Konzentrationslager gab der Prinz-Albrecht-Straße eine zusätzliche Waffe in die Hand: Unerwünschte Ausländer konnten bis zu ihrem »Abschub« in ein KZ eingewiesen werden.[170]

Was durch das Beobachtungsnetz der »Stapo« schlüpfte, wurde von einer zweiten Welle nationalsozialistischer Regimeschützer erfaßt: dem Sicherheitsdienst (SD), einer Sonderorganisation der SS. Mit seiner Zentrale in Berlin, dem Sicherheitsamt (ab 1935: SD-Hauptamt), mit seinen über das Reich verteilten Oberabschnitten, Unterabschnitten und Außenstellen war der SD äußerlich der Gestapo ähnlich, aber mit seinem Heer unerkannter V-Männer erwies er sich ungleich wirkungsvoller und gefährlicher – »das bewegliche Instrument«, wie ihn einer seiner Führer beschrieb, »das Tast- und Sinnesorgan am Körper des Volkes, in allen Gegnerkreisen, auf allen Lebensgebieten«.[171]

Ein Dritter half dabei, den die meisten Historiker bei der Aufzählung der deutschen Geheimdienste übersehen: das Forschungsamt des Reichsluftfahrtministeriums, die zentrale telephon- und funkabhörende Lausch- und Kodebrecher-Behörde des Dritten Reiches, eine »Mischung aus Nationalsozialismus und technokratischem Professionalismus«.[172] Ursprünglich nur mit Abhörpersonal der Reichswehr ausgestattet, war das FA praktisch der einzige unabhängige Geheimdienst Hitler-Deutschlands; es arbeitete mit nüchternem Geschäftssinn für jeden Auftraggeber, ohne sein Material zu analysieren, nicht unähnlich der heutigen National Security Agency der USA.

Inzwischen hatte freilich mancher in rechtsstaatlichen Normen aufgewachsene Polizist erkannt, daß es den neuen Herren nicht allein um den selbstverständlichen Schutz des Staates vor Agenten und Saboteuren ging. Hier war mehr im Spiel: der totale Abbau des Rechtsstaates, ein Geist methodischer Skrupellosigkeit, ja, die Willkür eines hemmungslosen Polizeistaates, den nicht einmal die meisten Polizisten gewollt hatten, obwohl sie all dies jetzt mit- und sich damit schuldig machten.

An die Seite der alten Polizeibeamten drängten sich die fanatisierten Jünger der Führerdiktatur, eine neue Generation gewissensfreier Funktionalisten, die auf den Ordensburgen und in den Schulungskursen des Nationalsozialismus gelernt hatten, jeden Befehl der Führung, auch einen verbrecherischen, automatenhaft auszuführen. Nichts war bezeichnender dafür als die Tatsache, daß die Neuen die schwarze Totenkopf-Uniform jener SS trugen, deren Führer die Macht in der Polizei an sich gerissen hatten.

Der Reichsführer-SS Heinrich Himmler, seit 1936 Chef der Deutschen Polizei, und sein dämonischer Gehilfe, der SS-Gruppenführer Reinhard Heydrich, Chef der Sicherheitspolizei und des SD, schleppten in den Polizeiapparat das Gift totalitären Funktionärsdenkens ein, das auch viele traditionalistische Polizeibeamte verdarb. Die SS-Führer der Polizei, aufgeladen mit den Wahnideen neugermanischen Heidentums und des Antisemitismus, impften ihrem Staatsschutzkorps den gnadenlosen Haß auf Staatsfeinde und Spione ein; die Polizisten sahen sich in ein ideologisches Bestiarium versetzt, in dem jeder politische Gegner verteufelt war. Ob Jude oder Freimaurer, ob Kommunist oder Demokrat – jeder Feind des Regimes schien reif, aus der »Volksgemeinschaft« ausgestoßen zu werden.

An der Spitze dieser Dämonologie stand der Kommunist, in der NS-Terminologie zum »jüdischen Bolschewisten« entartet. Eine interne Dienstschrift der Gestapo interpretierte 1937: Der Kommunist sei »ein Volksfeind« und »nichts anderes als ein Instrument des Judentums, das hier nur ein Mittel zur Errichtung ihres [sic!] Zieles gefunden hat: Beherrschung der Welt«.[173] Zug um Zug wurden der kommunistische Gegner und seine illegalen Agentenapparate in den Schulungskursen der Polizei entmenschlicht, erstarrte das Gesicht des Kommunismus zur abscheulichen Fratze. Schier pausenlos hämmerte Himmler seinen Polizisten ein, daß es im Kampf gegen den Kommunismus »keine Friedensschlüsse gibt, sondern nur Sieger oder Besiegte, und daß Besiegtsein in diesem Kampf für ein Volk Totsein heißt.«[174] Predigte Heydrich: »Wir brauchen Jahre erbitterten Kampfes, um den Gegner auf allen Gebieten endgültig zurückzudrängen, zu vernichten und Deutschland blutlich und geistig gegen neue Einbrüche des Gegners zu sichern.«[175]

Derartig mit den Emotionen einer Kreuzzugsideologie aufgeputscht, trat das Regime zum Kampf auch gegen die sowjetische Deutschland-Spionage an. Die ersten Operationen gegen die Kommunistische Partei und ihre Organisationen waren allerdings Schläge ins Wasser. Gleich nach der nationalsozialistischen Machtübernahme waren Polizisten und Parteigenossen ausgeschwärmt, um dem Kommunismus den Todesstoß zu versetzen. Auf den Brand des Reichstags in der Nacht vom 27. zum 28. Februar 1933 war sofort die Notverordnung »zum Schutz von Volk und Staat« gefolgt, Auftakt einer Hexenjagd auf kommunistische Funktionäre.[176]

Unter dem Vorwand, die KPD plane einen bewaffneten Aufstand, zerschlugen Gestapo und andere Polizeiverbände die kommunistischen Parteiorganisationen. Sämtliche Reichs- und Landtagsabgeordneten der KPD, soweit nicht geflohen, wurden verhaftet, jeder kommunistische Funktionär abgeführt, während andere Polizeitrupps die KP-Organisationen auflösten und in die roten Parteilokale eindrangen.[177] Tausende Kommunisten verschwanden hinter dem Stacheldraht der Konzentrationslager, verhöhnt und nicht selten übel mißhandelt, eingeliefert ohne jede konkrete Anklage, ohne jeden richterlichen Haftbefehl. Im April 1933 zählte allein Preußen 30000 KZ-Häftlinge, von denen gut 80 Prozent Kommunisten sein mochten.[178]

Doch die Ausbeute der großangelegten Gewaltaktion war dürftig, kaum ein Spion kam zutage. »Wir waren«, erzählte ein Polizeibeamter Dallin, »nicht einmal in der Lage, eine Person zu identifizieren. Heute heißt sie Klara, morgen Frieda, und in einem ganz anderen Stadtteil taucht sie unter dem Namen Mizzi auf. Wir wußten oft nicht, was wir tun sollten.«[179]

Die Agentenapparate der KPD blieben so unsichtbar, daß opportunistische Nazis begannen, kommunistische Geheimorganisationen zu erfinden und auf unbeteiligte Bürger einzuschlagen. Der ehemalige Exekutive-Leiter der Staatspolizeistelle Dortmund, Kriminalkommissar Lothar Heimbach, erinnert sich an das Treiben einer Troika fanatischer Parteigenossen, die im Kommunismusreferat seiner Dienststelle unentwegt rote Verschwörungen produzierten. »Diese Männer«, so berichtet Heimbach, »entwickelten dann spontan an irgendeinem Stammtisch zur nächtlichen Stunde die Idee, irgendwo einen ›Apparat‹ hochgehen zu lassen, und sperrten wahllos ›Staatsfeinde‹ ein. Später, als man nun tatsächlich keine Agenten und Funktionäre mehr nachweisen konnte, arbeitete man mit Agents provocateurs und baute Apparate auf, um sie hinterher zu zerschlagen und damit die erforderlichen Erfolgsziffern nach oben berichten zu können.«[180]

Himmler belohnte solchen Eifer, bis auch er merkte, daß die vermeintlich aufgedeckten Geheimorganisationen ein Schwindel waren. Erst allmählich entdeckte die Gestapo, daß sie an den Spionage- und Agentenapparaten Moskaus vorbeigeschlagen hatte; später mußte sie in einem vertraulichen Bericht zugeben, daß über den Geheimapparat der KPD bei der Polizei »so gut wie keine Kenntnis vorhanden« gewesen sei.[181] Tatsächlich hatten sich die KP-Apparate auf den Angriff sorgfältig vorbereitet. Schon im Frühsommer 1932 waren BB-Chef Burde und sein Nachfolger Wilhelm Bahnik von Moskau angewiesen worden, ihre Organisation auf den Machtantritt der Nazis einzustellen. Ein Teil des Informantennetzes wurde stillgelegt, die BB-Führung stellte Ausweichquartiere bereit und stattete die wichtigsten Mitarbeiter mit falschen Papieren aus.[182]

Auch die sowjetischen Führungsköpfe des Agentenapparates erhielten Order, ihre Akten zu sichten und entbehrliches Material nach Moskau abzugeben. AM-Chef Kippenberger suchte sich zuverlässige Männer heraus, mit denen er auch im nationalsozialistischen Deutschland die Arbeit fortsetzen konnte, während die Partei insgesamt dazu überging, ihre Kader auf Dreier- und Fünfer-Gruppen zu verkleinern, unscheinbar genug, um die Terrorwelle des Gegners zu überleben.[183]

Die wilden, ungezügelten Schläge des Regimes konnten denn auch die KPD nicht tödlich treffen. Nach der Verhaftung des KPD-Vorsitzenden Ernst Thälmann und seines Nachfolgers Jonny Scheer zogen Wilhelm Pieck und Walter Ulbricht mit ihren Spitzengenossen ins demokratische Prag, bildeten ein neues Zentralkomitee und führten den illegalen Kampf gegen die Nazis fort.[184] Sogenannte Oberberater sickerten ins Reich zurück, um das derangierte Bezirkssystem der Partei wieder zu ordnen.

Ende 1933 hielt die Parteiführung die Lage in Hitlers Deutschland schon für so ruhig, daß sie in Berlin führende Genossen (Rembte, Maddalena, Stamm) eine »Landesleitung der KPD« bilden ließen.[185] Ebenso marschierte Kippenberger im alten Geist weiter. Er hatte im Prager Exil rasch ein Kuriersystem zu den zurückgebliebenen AM- und BB-Apparaten geschaffen und seine vielfältige Organisation in neue Betriebsamkeit versetzt.[186] Bahnik, nach Prag entkommen, setzte seine Informanten vor allem im westdeutschen Industriegebiet ein: Unter dem V-Mann-Führer Heinrich Fomferra arbeitete ein BB-Ring im Essener Krupp-Werk, ein zweiter unter

Hermann Glöggler in den IG-Farbwerken Hoechst, im Raum Düsseldorf ein dritter unter Hans Israel, dem höchsten BB-Funktionär im westlichen Reichsgebiet.[187]

Der SD mußte daraufhin »sogar eine Steigerung der unterirdischen Wühlarbeit feststellen«. Das Sicherheitsamt meldete im Sommer 1934 an Himmler: »Die noch tätigen Marxisten sind erfahrene Routiniers der illegalen Kampftaktik. Es wird immer schwerer, ihre Arbeit zu beobachten und laufend zu kontrollieren. Immer schwerer, Kurieranlaufstellen, Materialverteilungsstellen, Vervielfältigungsanlagen zu entdecken und auszuheben, immer schwerer, in ihre Organisation einzudringen.«[188]

Doch allmählich wußte die Gestapo ihr Beobachtungs- und Verfolgungssystem zu perfektionieren, den Spielraum ihres Gegners immer mehr einzuschränken. Ein mit höchstem kriminalistischen Raffinement verfeinerter Fahndungsmechanismus kreiste die kommunistischen Agentenringe zusehends ein. Jede Dienststelle der Gestapo mußte eine A-Kartei führen, die einen Überblick über erkannte Regimegegner gab; in der Gruppe A1 waren »außer den gefährlichsten Hoch- und Landesverrätern vor allem Saboteure, Funktionäre und Mitarbeiter des BB- oder AM-Apparates« aufgeführt.[189]

Es gab keinen Kommunisten, der nicht in einer Gestapo-Kartei erfaßt war. Tauchte ein KP-Mann unter, so erschien sein Name unweigerlich in dem »Verzeichnis der flüchtig gegangenen Kommunisten«. War der Flüchtling noch in Deutschland zu vermuten, so griff ein vielarmiges Suchsystem nach ihm. Jede Polizeidienststelle mußte an der Jagd teilnehmen, ein ganzes Sortiment offizieller Fahndungsersuchen und Fahndungsmittel nötigte sie dazu: das »Deutsche Kriminalpolizeiblatt« (Verzeichnis verübter Straftaten), das »Deutsche Fahndungsblatt« (Verzeichnis steckbrieflich gesuchter Personen), die »Aufenthaltsermittlungsliste« (Verzeichnis von Personen, deren Aufenthalt ermittelt werden sollte) und eine G-Kartei (Liste aller unauffällig zu beobachtenden Personen).[190]

Als wichtigstes Hilfsmittel der Spionagejagd galt das »Geheime Fahndungsblatt«, monatlich herausgegeben von der Zentrale der Abwehrpolizei; es enthielt besondere Hinweise auf einen gesuchten Agenten (Beschreibung seiner Person, seiner Arbeitsweise, Handschriftenproben, Photos, Details über den persönlichen Bekanntenkreis).[191]

Diese Systematisierung der Agentenjagd war nicht zuletzt das Werk eines rundlichen, untersetzten Bayern, der seine Gegner mit ungewöhnlicher List, Pedanterie und Brutalität verfolgte. Dem Kriminalinspektor Heinrich Müller, SS-Hauptsturmführer und Leiter des Kommunismusreferats im Geheimen Staatspolizeiamt, ging schon vor 1933 der Ruf voraus, ein Kommunistenfresser par excellence zu sein. Als junger Kriminalist, damals Hilfsarbeiter bei der Münchner Polizeidirektion, hatte er nach dem Ende der bayrischen Räterepublik die Ermordung Münchner Bürger durch Kommunisten untersuchen müssen und das Erlebnis nie wieder aus seiner Erinnerung streichen können.[192]

Er spezialisierte sich auf die Bekämpfung illegaler KP-Aktivitäten und arbeitete jahrelang als Kommunismusreferent in der Abteilung VI der

Münchner Polizeidirektion.[193] Das kam dem Katholiken und Rechtsdemokraten Müller zugute, als er 1933 dringend eines Persil-Scheins bedurfte, der ihm die berufliche Karriere auch im Dritten Reich ermöglichte. Flugs diktierte er für die neuen Herren »längere fortlaufende Berichte über den Aufbau der kommunistischen Partei, beginnend vom Spartakus-Bund bis zum Zentralen Komitee ... in Moskau«. In diesen Berichten, so erinnerte sich später Müller-Sekretärin Barbara Hellmuth, habe er »sein gesamtes Wissen über die Ziele der KPD und ihrer späteren Untergrundtätigkeit sowie die Methoden über die Führung von Ostagenten u. ä. niedergelegt«.[194]

Die Müller-Berichte machten Heydrich auf den Verfasser aufmerksam, und bald gehörte der frömmelnde Antinazi früherer Zeiten zu Heydrichs skrupellosesten und ergebensten Mitarbeitern. Nach der Übernahme der Gestapo durch die SS-Führung holte Heydrich seinen Ratgeber nach Berlin und schob ihm immer verantwortungsvollere Posten zu, bis er ihm schließlich das Amt Gestapo im Hauptamt Sicherheitspolizei übertrug und damit aus Müller den berüchtigten »Gestapo-Müller« machte.[195]

Im Laufe der Zeit zog Müller jene Riege von Kommunistenjägern in sein Amt, die später den kommunistischen Spionen zum Verhängnis werden sollten. Eine Neuheit der Gestapo sicherte den entscheidenden Durchbruch im Kampf gegen den roten Agentenapparat. Müllers Amt richtete das Halbreferat N (= Nachrichten) ein, das in jeder Dienststelle der Geheimen Staatspolizei Vertreter hatte. Das Halbreferat unterhielt eine Gruppe von V-Männern, die in den illegalen KP-Organisationen einsickerten. Besonders wichtig daran war: Müllers V-Männer operierten auch im Ausland, wo sie die roten Leitstellen infiltrierten.[196] Das System erwies sich bald als wirkungsvoll.

Zug um Zug enthüllte sich dem KPD-Verfolger Müller das Spinnennetz der illegalen Gliederungen Moskaus. Kurierstellen, Anlaufadressen, V-Mann-Führer, Tote Briefkästen, das Reich der kommunistischen Agenten wurde vor Müllers Augen sichtbar. So konnte es der Gestapo nicht mehr schwerfallen, den Spionageapparat Moskaus zu zerstören. Der BB-Ring im Krupp-Werk flog Anfang 1935 auf, im März wurde die gesamte Landesleitung der KPD ausgehoben, im Mai gingen BB-Unterführer Israel und der Abwehrchef des niederrheinischen AM-Apparates, Karl Tuttas, der Gestapo ins Netz, später fiel auch der Magdeburger BB-Funktionär Holzer.[197]

Auch die Paßfälscherorganisation der KPD/Komintern war vor dem Zugriff der Gestapo nicht mehr sicher. Zwei große Werkstätten des Paßapparates fielen den Polizisten in die Hände, die Cheffälscher Großkopf, Karl Wiehn und Erwin Kohlberg kamen ins KZ.[198] Allerdings mußten später die Männer in der Prinz-Albrecht-Straße erkennen, »daß die Annahme der Staatspolizei, sie hätte die gesamte Paßfälscherorganisation zerschlagen, irrig gewesen ist. Es waren seinerzeit tatsächlich in doppelter Ausfertigung an zwei Stellen falsche Prägestempel, falsche Pässe, echte Paßformulare und andere Urkunden in großen Mengen erfaßt worden. Unbekannt blieb, daß an einer dritten Stelle genau dieselbe Anzahl von falschen Pässen usw. lagerte«.[199]

Ebenso war jetzt die Masse der KPD-Illegalen gefährdet. Die Gestapo war auf die Idee gekommen, das Verteilersystem der aus dem Ausland einströmenden KPD-Literatur zu erkunden und deren Abnehmer im Reich festzustellen. »Die Folge dieser Zugriffe war«, meldete das Geheime Staatspolizeiamt, »daß große Organisationseinheiten der KPD lahmgelegt und ihre Mitglieder zu hohen Freiheitsstrafen verurteilt wurden. Der Rest der noch nicht erfaßten Kommunisten wurde durch diese Tatsache abgeschreckt.«[200]

Moskau und die Exil-KPD zogen daraus ihre Konsequenzen. Ende Oktober 1935 trafen sich die deutschen Parteiführer in dem Moskauer Vorort Kunzewo zur 4. Parteikonferenz der KPD, aus Tarnungsgründen »Brüsseler Konferenz« genannt, und beschlossen die Auflösung ihrer innerdeutschen Agentenapparate.[201] An deren Stellen sollten kleine Gruppen treten, geleitet von »Instrukteuren« (ab Januar 1937: kollektive Abschnittsleitungen), die vom Ausland aus die Arbeit lenkten und jeweils für bestimmte Reichsgebiete zuständig waren.[202]

Ein »Zentrum« (Sitz: Prag, später Stockholm) beobachtete Berlin und Mitteldeutschland, »Nord« (Sitz: Kopenhagen) war für die Wasserkante und Schlesien zuständig, »Süd« (Sitz in der Schweiz) für Süddeutschland, »Saar« (Sitz Frankreich) für das Saargebiet, »Südwest« (Sitz: Brüssel) für den Raum des Mittelrheins und »West« (Sitz: Amsterdam) für das westdeutsche Industriegebiet einschließlich Bremens.[203]

Kippenberger wehrte sich gegen eine solche Zerstörung seines Lebenswerks, doch der Parteimanager Ulbricht, immer mehr zum ersten Vertrauensmann der Sowjets aufsteigend, setzte sich durch, zumal die Russen nicht mehr das alte Vertrauen zu dem einstigen M-Schüler Kippenberger besaßen. In Amsterdam hatte nämlich die Holland-Sektion des AM-Apparates Beziehungen zum britischen Geheimdienst aufgenommen, in den Augen der Sowjets eine Todsünde. Ulbricht beeilte sich, einen ZK-Mann seines Vertrauens, den Lenin-Schüler Wilhelm Knöchel, im November 1935 nach Amsterdam zu schicken und die »Verräter« (unter ihnen die Apparatinstrukteure Erwin Fischer, »Heinz« und »Martin«) abzusetzen.[204]

Was Ulbricht in Kuntsewo vorexerziert hatte, praktizierten die Russen im großen; auch der sowjetische Geheimdienst muß erkannt haben, daß eine erfolgreiche Arbeit in Deutschland kaum noch möglich war. Zur Zeit der Ulbricht-Konferenz reiste aus Moskau der Besuchsinspektor Grigorij Rabinowitsch an, um das Spionageimperium der Sowjets in Deutschland zu liquidieren. Er löste das Industriespionage-Netz des BB-Apparates auf und legte den ganzen Apparat still; selbst Name und Begriff der BB wurden aus dem Vokabular gestrichen. Außerdem baute Rabinowitsch die Deutschland-Basen der Raswedka ab.[205]

Von dem machtvollen System der Apparate und geheimen Organisationen blieben nur 25 Agenten und V-Männer übrig, die Rabinowitsch über das Land verteilte und erneut für die Arbeit im sowjetischen Geheimdienst verpflichtete.[206] Bevor der Inspektor Anfang 1936 nach Moskau zurückkehrte, traf er sich mit den wichtigsten Mitgliedern dieser letzten Garde der sowjetischen Deutschland-Spionage – im abgelegenen Kopenhagen, denn Deutschland erschien ihm nicht mehr sicher genug.[207] Dann gab er das

Zeichen, die größte Absetzbewegung in der Geschichte der sowjetischen Spionage zu beginnen.

Es war ein melancholischer Rückzug: Die Deutschland-Teams der Raswedka wanderten nach Holland und Frankreich ab, um von dort aus das Dritte Reich mit seinem wachsenden Rüstungsprogramm zu beobachten, das Westeuropäische Büro der Komintern zog von Berlin nach Kopenhagen und Paris um, der Paßapparat oder das, was die Gestapo von ihm übriggelassen hatte, war schon früher in das damals noch internationalisierte Saargebiet geflüchtet.[208] Lange hielt es jedoch die Flüchtlinge nicht an ihrem Ort. Das Saarland war allzu sehr von der Gestapo bedroht. Der Paßapparat zog nach Frankreich weiter, wohin auch die Raswedka-Agenten, viele Komintern-Leute und die Prager Exil-KPD retirierten.[209]

Das bedeutete natürlich nicht das Ende des deutsch-sowjetischen Agentenkrieges. Im Gegenteil, er fing erst richtig an: Jetzt wurde ganz Europa zum Schauplatz eines gnadenlosen Kampfes im Dunkeln. Immer härter schlugen die Geheimdienst- und Polizeiapparate der beiden totalitären Mächte aufeinander ein.

Diesmal waren es die Deutschen, die die Initiative an sich rissen. In den Berliner Geheimdienstzentralen ging der Plan um, den Gegner auf seinem ureignen Gebiet zu schlagen, dort, wo er sich am stärksten wähnte – in den kommunistischen ND-Zentralen des Auslands, vor allem in der Sowjetunion. Das hieß praktisch: Infiltration des sowjetischen Geheimdienstes, Aufklärung und Gegenspionage in Rußland.

Wer von den Rußland-Experten davon hörte, riet sofort dringend ab. Der deutsche Militärattaché in Moskau, Oberst Ernst Köstring, warnte den Abwehrchef: »Eher geht ein Araber mit wehendem Burnus unbemerkt durch Berlin als ein ausländischer Agent durch Rußland.«[210] Selbst Himmler wußte: »Rußland ist wirklich hermetisch abgeschlossen, so daß hinter seinen Mauern kein Schrei in die Welt hinauskommt, daß nichts von der für Rußland feindlichen Außenwelt nach Rußland eindringen kann.«[211]

Doch Himmlers Geheimdienstler und Polizisten trauten es sich zu, den sowjetischen Gegner durch Infiltration und Desinformation lahmzulegen; die cleveren jungen Leute vom SD, die sich gern über die angeblich abgestandenen Methoden der rivalisierenden Abwehr mokierten, sahen schon einen Weg vor sich, in den gegnerischen Geheimdienst einzudringen.

In der Tat hatte sich keine Organisation des Dritten Reiches gründlicher auf die Beobachtung und Bekämpfung sowjetischer Spionagedienste spezialisiert als der Polizeiapparat des SS-Duos Himmler und Heydrich. Eben war es Gestapo und SD gelungen, die illegalen Apparate der deutschen Kommunisten zu zerschlagen. Warum sollte der sowjetische Geheimdienst außerhalb Deutschlands widerstandsfähiger sein? Das notwendige Instrumentarium besaß man; ein unerhört differenziertes Beobachtungs- und Meldesystem hielt nahezu alles fest, was die Prinz-Albrecht-Straße interessierte: Aktivitäten internationaler KP-Agenten, Bewegungen sowjetischer Schiffe, Reisen russischer Diplomaten, Lage sowjetischer Wohnungen, Hotels und Pensionen in aller Welt.[212]

Wer scheinbar so umsichtig ans Werk ging, wußte natürlich auch, daß ein Geheimdienst die Sowjetunion nicht frontal angehen konnte. Es gab kaum einen direkten Weg in die Sowjetunion. Nur ein Mittel blieb übrig: sich mit russischen Emigranten zu verbinden und deren Kontakte zur alten Heimat zu nutzen.

Der SD hatte schon früh begonnen, sich mit russischen Emigranten zu liieren. Einem von ihnen, dem Georgier und Agrarexperten Michail Achmeteli, der unter dem Pseudonym »K. Michael« antisowjetische Bücher schrieb, richtete der SD in einem Haus am Wannsee bei Berlin ein Forschungsinstitut ein, das Material über Rußland sammeln und konspirativ beschaffte Informationen analysieren sollte.[213] Achmeteli zog in sein Wannsee-Institut deutsche und russische Gesinnungsgenossen, die dem SD das gewünschte Feindbild lieferten: das Zerrbild eines von Juden, Freimaurern und Bolschewiken beherrschten Rußland.

Der »Professor« (Achmeteli war auch Lehrbeauftragter an der Universität Breslau) verfügte über mannigfache Verbindungen zu den Hochburgen des russischen Exils in Belgrad und Paris, die der SD weidlich nutzte. Vor allem Paris mit seinen 100000 russischen Emigranten faszinierten Heydrich: In Paris saß die Zentrale des »Russki Obschtschewoinski Sojus« (ROWS), des Allgemeinen russischen Militärverbandes, in dem sich nach dem Ende des Bürgerkrieges 1921 die Elite der geschlagenen Weißen Armee organisiert hatte.[214]

Immerhin war der ROWS wegen seiner Terroristengruppen, die er von Zeit zu Zeit nach Rußland zu Bombenanschlägen entsandte, noch 1927 in Moskau so gefürchtet gewesen, daß die OGPU deren Führer, den ehemaligen General Alexander Pawlowitsch Kutepow, mitten in Paris entführt und dann ermordet hatte.[215] Auch der neue ROWS-Chef Jewgenij Karlowitsch Miller, ebenfalls ein früherer General, stand schon auf der Abschußliste der sowjetischen Geheimpolizei: NKWD-Agenten beobachteten jeden seiner Schritte (im September 1937 werden sie auch ihn entführen und verschwinden lassen).[216]

Die besondere Aufmerksamkeit der Agenten von OGPU und SD galt der »Inneren Linie«, dem supergeheimen Abwehr- und Sabotagedienst des ROWS, dessen Agenten in Rußland schossen und bombten. Ihr Leiter war ein Hauptmann Voß, der nur selten in der Öffentlichkeit auftrat und in dem Ruf stand, ein unkorrumpierbarer Feind des Sowjetsystems zu sein.[217] Nicht so der Mann, den Miller auserwählt hatte, die Aktivitäten des allzu geheimniskrämerischen Voß zu überwachen. Es war eine fatale Wahl, denn Millers Vertrauensmann stand schon im gegnerischen Lager: Der Exgeneral Nikolai Wladimirowitsch Skoblin, im Bürgerkrieg einer der forschesten Divisionskommandeure der Weissen und Ehemann der einst umschwärmten Sängerin Nadeschda Plewizkaja, arbeitete für die OGPU.[218]

Als der Starruhm der alternden Zarenhof-Sängerin verblaßte und die beiden Skoblins, immer auf großem Fuß, vor dem finanziellen Zusammenbruch standen, hatten sich Moskaus Werber als Retter in der Not angeboten. 1928 kaufte die OGPU dem Paar eine feudale Villa im Paris-nahen Ozoir-la-

Ferrière, und auch die Rechnungen des Hotels »Pax«, das die Skoblins bei ihren häufigen Abstechern in Paris benutzten, dürften letztlich von der sowjetischen Geheimpolizei bezahlt worden sein. General Skoblin wußte sich für solche Wohltaten durch fleißige Berichterstattung zu revanchieren.[219]

Das machte Skoblin freilich so ungeschickt, daß sich rasch in Paris herumsprach, er arbeite für Moskau. Immerhin war bekannt, daß einer seiner ehemaligen Offiziere, ein Mann namens Magdenko, für den in der Berliner Sowjetbotschaft sitzenden Raswedka-Residenten »Iwanow« spionierte, und der reuig zum ROWS zurückgekehrte Raswedka-Spitzel Fedossenko wußte sogar zu berichten, bei einem Trinkgelage habe ihm Magdenko gestanden, Skoblin stehe seit 1928 im Dienst der OGPU.[220] Für die ROWS-Freunde in der finnischen Armee, die die weißrussischen Bombenwerfer nach Rußland schmuggelten, reichte das; sie brachen wegen Skoblin die Verbindung zum ROWS ab.[221]

Der gutgläubige Miller aber hielt an Skoblin fest, zumal ihn ein Ehrengericht des ROWS von allem Verdacht freisprach.[222] Doch Skoblin war zu intelligent, um an die Dauerhaftigkeit seiner Rehabilitierung zu glauben. Er brauchte einen neuen Auftrag- und Geldgeber, der in der Optik russischer Antibolschewisten weniger anrüchig war als der bisherige, und so ließ er sich vom SD anwerben.

Vom Herbst 1936 an stand General Skoblin auf Heydrichs Honorarliste.[223] Daß er weiterhin auch für die Sowjets arbeitete, wird den SD-Chef nicht gestört haben. Eher das Gegenteil darf man annehmen: Den Doppelagenten Skoblin mit all seinen vielfältigen Verbindungen zur anderen Seite hielten die SD-Männer just für den richtigen Helfer, ihnen den Weg in die Welt der sowjetischen Geheimdienste zu öffnen.

Skoblin war nicht der einzige ROWS-Mann, der sich vom SD anwerben ließ. In der russischen Emigrantenbewegung gab es eine »junge Generation«, zu deren Wortführern auch Skoblin gehörte; mancher der Jungemigranten wollte es einmal mit dem Nationalsozialismus versuchen, der die einzige reale Chance zu bieten schien, Rußland vom Bolschewismus zu befreien. Wie aussichtsreich aber auch solche Ansätze sein mochten – die unerfahrenen, ideologisch verkrampften Männer des SD hatten schwerlich das Talent, daraus etwas Ernsthaftes zu machen.

Zudem zwangen ihnen schon die rassistischen Wahnideen des Nationalsozialismus eine Art Selbstverstümmelung auf. Einfach grotesk, welche Erkenntnisse die Analytiker des Wannsee-Instituts und ihre Oberen aus dem nachrichtendienstlich erschlossenen Material gewannen.

Die »jüdische Leitung« des sowjetischen Geheimdienstes, so fabulierte Himmler in einer Rede vor dem Preußischen Staatsrat, sitze in New York, im »jüdischen Kahal«,[224] und andere SD-Expertisen sahen in den inneren Machtkämpfen im Rußland Josef Stalins nichts anderes als Kabalen des Judentums. »Streng vertraulich« erklärte 1937 das vom Wannsee-Institut gefütterte Informationsamt des SD, in der Sowjetunion würden zwei Machtgruppen miteinander kämpfen: »Die eine kann man unter dem

Sammelbegriff ›westlerisch-freimaurerisch‹ und die andere unter dem Sammelbegriff ›östlerisch-ghettojüdisch‹ zusammenfassen.«[225] Trotzki eine Marionette der Freimaurerei, Stalin ein Werkzeug des Judentums!

Da war doch etwas realistischer, was die Rußland-Aufklärer der Abwehr betrieben. Auch die Abwehr I, der Geheime Meldedienst des Majors Hans Piekenbrock, hatte sich zunächst auf die Anwerbung russischer Emigranten konzentriert, nicht ohne Erfolg: In Belgrad sammelte der russische Exoberst Durunowo Informationen über das sowjetische Heer, in Berlin bearbeitete der ehemalige Zarengeneral Dostowalow die sowjetische Militärpresse, ein anderer Exgeneral namens Anton Turkul hielt Kontakt zu ehemaligen Kameraden, die jetzt in der Roten Armee dienten.[226]

Auch zu den führenden Männern des ukrainischen Exils waren schon erste Fäden gesponnen worden, so zu dem ehemaligen Obersten Eugen Konowalez, der im Exil eine »Organisation Ukrainischer Nationalisten« (OUN) gegründet hatte, die als die größte und einflußreichste ihrer Art galt.[227] Der Deutschenfreund Konowalez war nicht abgeneigt, Kontakt zur Abwehr zu bekommen; er stellte seine Rußland-Verbindungen zur Verfügung.

Doch die Offiziere am Tirpitz-Ufer hatten schon begriffen, daß die Zusammenarbeit mit der russischen Emigration nicht ungefährlich war. Die Exilorganisationen waren hoffnungslos von sowjetischen Agenten unterwandert; denen entging kaum, was sich zwischen Abwehr und den Emigranten anbahnte. Konowalez erfuhr das auf grausame Art: Kaum war die Zusammenarbeit zwischen Abwehr und OUN angelaufen, da erschossen ihn sowjetische Agenten.[228]

Vor allem einem kleinen, weißhaarigen Mann genügte das Zusammenspiel mit den Emigranten nicht, er stellte sich den konspirativen Kampf gegen das rote Rußland anders vor. Seit dem 1. Januar 1935 stand er an der Spitze der Abwehrabteilung: Kapitän zur See Wilhelm Canaris, bald darauf Konteradmiral und später als Chef des Amtes Ausland/Abwehr der undurchsichtige »master of spies«, ohne den ein Jahrzehnt lang die Triumphe und Niederlagen des deutschen Geheimdienstes undenkbar sein sollten.[229]

Canaris repräsentierte die andere Spielart des deutschen Geheimdienstkrieges gegen Rußland: den konventionellen Antibolschewismus. Nie hatte der einstige kaiserliche Marineoffizier Canaris aufgehört, im Kommunismus und dessen sowjetischer Heimstatt die Wurzel allen Übels zu sehen. Rußland blieb dem Westdeutschen Canaris eine rätselhafte, unheimliche Welt, undurchschaubar und Brutstätte tödlicher Gefahren für die bürgerliche Lebensordnung Europas. Canaris wollte mehr über Rußlands Inneres wissen und Möglichkeiten erkunden, dessen gefährliche Macht zu zersetzen.

Das konnte die Abwehr nicht allein mit ein paar russischen Emigranten schaffen, dazu brauchte der deutsche Geheimdienst ausländische Partner. Canaris schwebte eine Allianz zwischen Abwehr und den Geheimdiensten der Randstaaten Rußlands vor, verbunden zu dem einzigen Zweck, die Sowjetunion zu durchleuchten. Rußland im west-östlichen Zangengriff antikommunistischer Geheimdienste – das war Canaris' Lieblingsvorstellung.

Die von Canaris angesprochenen Staaten zeigten jedoch zunächst wenig Lust, sich in den Kreuzzug des deutschen Geheimdienstchefs einspannen zu lassen. Selbst das traditionell deutschfreundliche Ungarn zögerte, als ihm Canaris im April 1935 einen ersten Besuch machte. »Von Ungarn«, ließ er einen Begleitoffizier notieren, »ist zur Zeit angesichts der politischen Lage in Europa keine klare Entscheidung für oder gegen Deutschland zu erwarten.«[230] Doch Canaris war sich sicher: »Die Freundschaft der Militärs [zu Deutschland] ist aufrichtig.« Canaris behielt recht. Im Sommer 1935 kam Oberstleutnant Major, der Chef der Defensivgruppe des ungarischen Generalstabs, nach Berlin und eröffnete Verhandlungen, an deren Ende eine gemeinsame deutsch-ungarische Aufklärungsarbeit in der Sowjetunion stand.[231]

Im Herbst meldete sich ein weiterer Partner: In Estland hatte eine deutschfreundliche Offiziersgruppe unter dem Obersten Richard Maasing das Kommando über den Geheimdienst dieses Landes übernommen. Maasing bot kurz darauf Canaris engste Zusammenarbeit in der Rußland-Aufklärung an. Der deutsche Abwehrchef ließ ein Abkommen ausarbeiten: ungehinderte Arbeit der Abwehr in Estland und gemeinsame Rußland-Aufklärung beider Geheimdienste gegen Finanzierung und technische Ausrüstung des estnischen Partners durch Deutschland.[232]

Ein dritter Geheimdienst reihte sich in die antisowjetische Allianz ein: der japanische. Die Roshia-ka, die Rußland-Gruppe der 2. Abteilung (Geheimdienst) des Generalstabes der japanischen Armee, war eben zu einer Sektion erweitert worden und suchte nach neuen Nachrichtenquellen für ihre Aufklärung gegen die Rote Armee, angetrieben von Militärs wie dem Operationschef Kanji Ishiwara, die ihre Auslandserfahrungen in Deutschland gesammelt hatten.[233]

Hinter ihnen stand eine einflußreiche Offiziersgruppe mit ehrgeizig-wahnwitzigen Plänen: Sie wollte in Japan einen autoritären Staat errichten und in einem Krieg gegen die Sowjetunion aus der sibirischen Landmasse neuen Lebensraum für das übervölkerte Japan heraussprengen, groß genug, Japan die beherrschende Rolle im Fernen Osten zu sichern. Rußland aber, so die Kalkulation der japanischen Militärs, ließ sich leichter auf die Knie zwingen, wenn Japan an den Westgrenzen der Sowjetunion einen Bundesgenossen hatte: Hitlers Deutschland.[234]

Der Generalmajor Hiroshi Oshima, Militärattaché in Berlin, fand in Canaris einen Gesprächspartner, der zumindest auf seinem Arbeitsgebiet nicht abgeneigt war, die japanischen Rußland-Pläne zu unterstützen. Die beiden Männer verabredeten im Oktober 1935 ein Zusammenwirken der Geheimdienste ihrer Länder in allen die Sowjetunion betreffenden Fragen. Abwehr und Roshia-ka sollten ihre Rußland-Nachrichten miteinander austauschen; liefen sowjetische Funktionäre über, so hatte der eine Partner den anderen an den Vernehmungen der Flüchtlinge zu beteiligen.[235] Später handelten Canaris und Oshima noch eine zusätzliche Übereinkunft über eine gemeinsame Zersetzungsarbeit der beiden Geheimdienste in Rußland aus. Abwehr und Boryaku-ka, die für die eigentliche Spionage und Gegenspionage zuständige Sektion des japanischen Generalstabes, teilten sich die Sowjetunion in zwei Arbeitsgebiete auf.[236]

Bei so vielen neuen ND-Partnern konnte der älteste Deutschlands nicht fehlen. Die Verbindungen zwischen den deutschen und österreichischen Geheimdiensten waren nie abgerissen. Schon 1934 hatten die beiden Wehrministerien gemeinsame Aufklärung gegen die Tschechoslowakei vereinbart, 1937 verabredete Canaris bei einem Besuch in Wien die Erweiterung der Zusammenarbeit. Beim »Anschluß« 1938 trat schließlich der ganze österreichische ND-Apparat in den Dienst der großdeutschen Abwehr.

Canaris mochte sich jedoch nicht allein auf die Hilfe seiner fremden ND-Partner verlassen, er verlangte der Abwehr auch eigene Anstrengungen ab. Noch immer blieb das Problem, wie die Abwehr in den sowjetischen Geheimdienst einbrechen und den roten Agentenaufmarsch außerhalb Deutschlands stören könne. Das sollte eine neue Abwehrgruppe, die III F, bewältigen, deren Aufbau Canaris dem Fregattenkapitän Richard Protze übertragen hatte.[237] Kaum ein anderer Abwehroffizier verstand sich auf die Gegenspionage so gut wie der legendäre »Onkel Richard«.

Aber weder Protze noch seinem Nachfolger, dem Major Joachim Rohleder, gelang die Infiltration in die Raswedka. Die Kameraden von I M, dem Marine-Referat des Geheimen Meldedienstes, hatten eine neue Idee: Sie schlugen vor, auf deutschen Schiffen, die sowjetische Häfen anliefen, V-Männer unterzubringen und sie dann von dort aus in Rußland einzuschleusen. Das Projekt ließ sich jedoch ebensowenig verwirklichen wie der Plan, deutsche Rußland-Touristen für die Abwehr zu gewinnen.[238]

Major Piekenbrock war verzweifelt. Jedes Mittel hatte versagt, Rußland mit eigenen Agenten zu infiltrieren. »Rußland ist für das Eindringen eines feindlichen Nachrichtendienstes das schwerste Land«, resignierte Piekenbrock. »Die Ausländer fallen in Rußland auf, werden stark überwacht und können nicht unauffällig herumreisen. Sie bekommen daher praktisch nichts zu sehen.«[239] Zu Piekenbrocks schlechter Laune trug auch bei, was die Kameraden von der Abwehr III, der Spionageabwehr, zu melden hatten: Die sowjetische Spionage hatte sich von der Deutschland-Schlappe wieder erholt und war zur Gegenoffensive übergegangen.

Das zeichnete sich bereits 1935/36 ab, als es sowjetischen Spionen gelang, sich Zugang zu der geheimen Korrespondenz japanischer Militärs in Deutschland zu verschaffen. Die Regierungen in Tokio und Berlin hatten beschlossen, einen sogenannten Antikomintern-Pakt miteinander zu verabreden, der dann am 25. November 1936 unterzeichnet wurde, scheinbar nur ein Dokument antikommunistischen Kreuzzugsgeistes und doch schon Markstein auf dem verhängnisvollen Weg zur Achse Berlin-Rom-Tokio, der schließlich in den Zweiten Weltkrieg führte.

Der Abwehr aber fiel auf, daß die Moskauer Regierungszeitung »Iswestija« schon am 30. Dezember 1935 über die deutsch-japanischen Verhandlungen berichtet hatte, zu einer Zeit, da nicht einmal die Außenministerien in Berlin und Tokio davon wußten.[240] Im August 1936 zeigten sich die Sowjets wiederum so gut informiert, daß in Berlin die Version umging, der Kreml sei in den Besitz der Verhandlungsunterlagen gekommen.[241] Canaris jagte seine Männer auf, nach dem Leck zu suchen, aus dem die vertraulichen Informationen flossen.

Deutsche und japanische Agenten suchten emsig den unsichtbaren Gegner, aber sie fanden ihn nicht. Sie wußten nicht, daß im Forschungsamt des Reichsluftfahrtministeriums ein V-Mann des in Den Haag agierenden sowjetischen Geheimpolizei-Residenten Walter Kriwitzki saß, der Zugang zu den vom Amt aufgefangenen und verschlüsselten Telegrammen Oshimas hatte. Schon am 8. August 1936 besaß Kriwitzki einen Film mit den Kabeln, die zwischen dem japanischen Militärattaché in Berlin und dem Generalstab in Tokio gewechselt worden waren. Kriwitzki ließ die Oshima-Texte in Den Haag entschlüsseln, übersetzen und via Paris nach Moskau funken.[242]

Wäre die Abwehr besser informiert gewesen, so hätte sie der sowjetische Coup stutzig machen müssen, signalisierte doch Kriwitzkis Erfolg, daß Moskau eine ganz neue Mannschaft in den Untergrundkrieg gegen Deutschland warf. Und nicht mehr die Raswedka führte in erster Linie die sowjetischen Agentengruppen im Ausland; es war die Geheimpolizei, die Tempo und Arbeit der Sowjetspionage bestimmte. Das hing mit der Expansion polizeilicher Macht in der Sowjetunion zusammen, die schier grenzenlos wuchs, je brutaler Stalin seine tatsächlichen oder potentiellen Rivalen in Partei und Staat beseitigte. Die Geheimpolizei wurde dem Lenin-Nachfolger zu einem unentbehrlichen Werkzeug auf dem blutigen Wahnsinnstrip in die Alleinherrschaft. Schon waren die ersten Schauprozesse gegen Stalin-Gegner angelaufen, gehorsam vorbereitet und rabiat exekutiert von der Geheimpolizei.

Die wachsende Schlüsselrolle der OGPU im innersowjetischen Machtkampf bewog Stalin 1934, ihren Führern einen Lieblingswunsch zu erfüllen: die Vereinigung der Geheimpolizei und der uniformierten Polizei (Miliz) in der Hand der OGPU. Es entstand ein Superministerium, das Volkskommissariat für Innere Angelegenheiten, nach den Initialen seines russischen Namens kurz NKWD genannt, das mit den Hauptverwaltungen für Staatssicherheit, Miliz, Grenzschutz und Zwangsarbeitslager nahezu alle sowjetischen Exekutivorgane kontrollierte.[243]

An die Spitze des NKWD rückte der neue OGPU-Chef Genrich Grigorjewitsch Jagoda, dessen Organisation allerdings den seit einem Jahrzehnt gewohnten Namen abgelegt hatte. Sie nannte sich nicht mehr OGPU, sondern GB, von »Gosudarstwennoja besopasnost«, zu deutsch: Staatssicherheit; und da sie im NKWD eine Hauptverwaltung (russisch: Glawnoje Uprawlenije, GU) bildete, trug die Geheimpolizei im internen Dienstbetrieb das Kürzel GUGB.[244] Für den Durchschnittsbürger der UdSSR aber war sie fortan einfach »die Staatssicherheit«, was schon alles sagte. Staatssicherheit – das bedeutete den herrischen Anspruch der Geheimpolizei, allein darüber zu befinden, was der Sicherheit und dem Wohl des Sowjetstaates diene.

Die Armee und ihr Geheimdienst bekamen bald die Macht der Polizei zu spüren, sie sahen sich zusehends auf ihrem eigenen Gebiet von den NKWD-Organen eingeschnürt. Die Hauptverwaltung für Grenzschutz, die selbst über Regimenter und Divisionen verfügte, verlangte die Kontrolle der Feindaufklärung in den grenznahen Militärbezirken für sich, während zugleich die Auslands- und Abwehrabteilungen der GUGB größeres Mitspracherecht bei der militärischen Aufklärung außerhalb der Sowjetunion forderten.[245]

Auch die OSO, die Sonderabteilung der GUGB, erweiterte ihre Kompetenzen. Zur OSO gehörte nun auch das gesamte Chiffrierwesen der Roten Armee, das mithin dem militärischen Geheimdienst entzogen war. Die Chiffrierabteilung residierte im Haus 6 des Moskauer Lubjanka-Platzes, einem zum NKWD gehörenden Gebäude, in dem ein paar Zimmer für eine Gruppe von Armeechiffrierern unter einem Oberst Charkewitsch reserviert waren. Der Oberst unterstand der Sonderabteilung, war allerdings gehalten, auch dem Stab der Roten Armee Bericht zu erstatten.[246]

Die Führer der Roten Armee aber nahmen so drastische Beschneidungen ihrer geheimdienstlichen Kompetenzen widerstandslos hin, kannten sie doch das bohrende Mißtrauen, mit dem Stalin alle Selbständigkeitsregungen des Militärs verfolgte. Stalins Abneigung gegen führende Männer der Armee war bekannt, und da mochte es kein Soldat in dieser Hysterie der stalinistischen Säuberungsexzesse wagen, sich mit den polizeilichen Favoriten des Diktators anzulegen.

Raswedka-Chef Bersin hatte das offenbar schon vorausgesehen und war im April 1935 von seinem Posten zurückgetreten.[247] Er ließ sich als Erster Gehilfe des Oberbefehlshabers in den Stab der Gesonderten Fernostarmee abkommandieren, während ihm im Schokoladenhaus der spätere Korpskommandeur Semjon Petrowitsch Urizki nachfolgte, ein blasser Generalstabsoffizier mit deutschen Sprachkenntnissen und Neffe des ermordeten Tscheka-Chefs von Petrograd, der sich rasch daran gewöhnte, Erkundungsaufträge im engsten Einvernehmen mit den Genossen vom NKWD zu erteilen.[248]

Die Oberen im Generalstab der Roten Armee ließen es widerwillig zu, zumal der Leistungsabfall der Raswedka ein eigenwilligeres Auftreten des Militärs nicht erlaubte. Vor allem in der Deutschland-Spionage konnte die Raswedka kaum mitreden. Das merkte auch Oberst Frantisek Moravec, der Geheimdienstchef der tschechoslowakischen Armee, als er sich im Sommer 1936 in Moskau mit Urizki und dessen Deutschland-Experten zusammensetzte, um den von den Regierungen der beiden Länder beschlossenen Nachrichtenaustausch zwischen den Geheimdiensten in die Tat umzusetzen.[249] Moravec konnte nie das Entsetzen vergessen, das ihn befallen hatte, als er merkte, wie wenig die sowjetischen Geheimdienstler über Deutschland wußten. Sechs Tage lang fragte der Tscheche Urizkis Sachbearbeiter aus und wurde immer kleinlauter. Moravec: »Die Russen von 1936 wußten nichts.«[250]

Wenn das schon ein fremder Besucher merkte, so durchschauten das erst recht die Raswedka-Kritiker in den Reihen der GUGB. So hielten es die Militärs für geraten, dem Machtaufstieg der Polizei nicht entgegenzutreten. Als nach der Wiedereinführung der militärischen Dienstgrade (mit Ausnahme der Generalschargen) auch die GUGB ihre Funktionäre mit Offiziersrängen ausstattete, schwieg die Armee. Sie muckte erst auf, als dem NKWD-Chef Jagoda am 26. November 1935 der Rang eines Generalkommissars verliehen wurde.[251]

Das war den Militärs nun doch zuviel, sie witterten eine ungeheure Diskriminierung der Armee. Ein Kenner erklärt den Grund: »›Kommissar‹ war die höchste Bezeichnung überhaupt. Die Minister hießen ›Volkskommissare‹, der höchste politische Rang in der Roten Armee war der eines ›Armeekommissars‹... Wenn also ein Mann zum ›Generalkommissar‹ ernannt wurde, war er der Herr des Landes und aller seiner Institutionen inclusive der Streitkräfte – neben dem ›Generalsekretär‹ [Stalin] der wichtigste und mächtigste Mann der UdSSR.«[252] Und damit mochten sich die Militärs nicht abfinden.

Sie müssen so ärgerlich reagiert haben, daß selbst Stalin zurücksteckte. Drei Tage nach Jagodas spektakulärer Aufwertung reichte der Rat der Volkskommissare eine »Präzisierung« seiner Verordnung nach, angeblich weil sich in den Text eine »Ungenauigkeit« eingeschlichen hatte: Den neuen Kommissarsrängen der GUGB, so hieß es nun, habe der notwendige Zusatz »der Staatssicherheit« gefehlt.[253] Auch Jagodas Leutnants, Hauptleute und Majore mußten ihren schönen neuen Offiziersrängen das eher abschreckende Beiwort anhängen, zur Genugtuung der Armee und ihrer »echten« Offiziere.

Dieser kleine Triumph des militärischen Establishments konnte freilich nicht darüber hinwegtäuschen, daß die Armee immer mehr an Einfluß verlor. Schon drängte Stalin seine Militärs, die Politkommissare als gleichberechtigte Partner bei der Führung der Truppe zu akzeptieren, und die Raswedka mußte es vollends hinnehmen, daß die GUGB eine Vorrangstellung in der gesamten sowjetischen Auslandsspionage erhielt.[254]

Es war die GUGB, die jetzt die Federführung des konspirativen Kampfes gegen das faschistische Deutschland übernahm, und es waren Agentenführer der GUGB, die die Europa-Residenturen der sowjetischen Spionage mit neuem, aktivistischen Personal auffüllten. Der Kommissar der Staatssicherheit II. Ranges Abram Sluzki, Chef der Auslandsabteilung der GUGB, hörte nicht auf, immer wieder durch überraschende Inspektionsreisen die Arbeit seiner Agentengruppe zu überprüfen.

Noch zeigte der neue Apparat personelle Lücken, da forderte ihm der Ausbruch des Spanischen Bürgerkrieges im Juli 1936 einen Höchsteinsatz ab. Die GUGB verlor nicht viel Zeit: Sie alarmierte ihre Residenturen in Westeuropa, prompt schwärmten die Agenten, Kuriere und Saboteure von Rußlands Staatssicherheits- und Geheimdienst gegen den faschistischen Feind aus. Spanien wurde zum ersten auswärtigen Schlachtfeld des deutsch-sowjetischen Agentenkrieges.

Im September ließ sich der GUGB-Chefagent Lew Lasarewitsch Feldbin alias Alexander Orlow, ehedem OGPU-Resident in Paris mit dreijähriger Deutschland-Erfahrung, in Madrid nieder, um die konspirativen Aktivitäten gegen die Putschistenarmeen des Generals Francisco Franco zu koordinieren.[255] Er zog Hunderte von NKWD-Agenten nach, die Behörden und Parteien der in schwere Bedrängnis geratenen spanischen Republik infiltrierten und bald durch ihre rabiate Hexenjagd nach dem Klassenfeind in Verruf kamen.[256] Dabei ging Orlows Schnüfflern zwar mancher Franco-Spion ins Netz, beklemmend aber war der Schaden, den sie in den Reihen der Republikverteidiger anrichteten. Tausende spanischer Trotzkisten und Anarchisten fielen den rüden »Sicherheitsüberprüfungen« der NKWD-Männer zum Opfer, auch zahlreiche der aus allen Ländern zum Schutz der Republik herbeigeströmten Antifaschisten, die in den Internationen Brigaden kämpften, gerieten vor die Gewehrläufe von Orlows Erschießungskommandos.

Den Terror des NKWD konnte auch nicht ungeschehen machen, daß nun Moskau ernsthaft begann, der Republik mit Soldaten, Feindaufklärern und Waffen zu helfen. Die alten Akteure aus dem deutschen Untergrund sahen sich in Spanien wieder vereinigt – unter bizarren Decknamen: Bersin (»Starik«) war dabei, auch Rose-Skoblewski (»General Gurow«), der Anführer des gescheiterten Kommunistenaufstandes von 1923, gehörte mit zur Partie; dazu sein ehemaliger Berater Manfred Stern (»General Kleber«) und der ehemalige MP-Oberleiter Zaisser (»General Gomez«), von den vielen Helfern aus Kippenbergers zerschlagenen AM- und BB-Apparaten ganz zu schweigen.[257]

Mit solchen Stars kommunistischer Konspiration konnte Orlow im Herrschaftsgebiet der Franco-Truppen rasch einen leistungsfähigen Agentenapparat aufbauen. Seine V-Männer sickerten in einige Stäbe des Gegners ein, selbst in den Reihen der »Legion Condor«, der von Hitler entsandten Hilfstruppe, konnte Orlow Agenten unterbringen – Grund für die Genauigkeit, mit der die Republikaner über die meisten Truppenbewegungen auf der anderen Seite unterrichtet waren.[258]

Doch das reichte Orlows Auftraggebern in Moskau noch nicht. Ihnen schien es zu wenig, den Gegner nur in Spanien zu schlagen; man mußte ihm auch die aus dem faschistischen Ausland zufließenden Hilfsquellen abschneiden. In Moskau hatte man gehört, daß es im Berliner Reichsluftfahrtministerium einen geheimnisvollen Sonderstab W gab, der die deutschen Hilfslieferungen für Franco steuerte. Das hieß für die GUGB: den Krieg auf die gegnerischen Schiffe und Flugzeuge zu katapultieren, die Waffen, Munition und Soldaten nach Spanien transportierten.

Das fiel in die Kompetenz von Urizkis Offizieren, die Ende 1935 begonnen hatten, in Skandinavien eine Sabotageorganisation aufzubauen, die im Fall eines Krieges zwischen der Sowjetunion und »imperialistischen« Staaten aktiv werden sollte. Ihr eigentlicher Organisator war der KPD-Funktionär und ehemalige M-Schüler Ernst Wollweber, der vor 1933 in der Partei als »der beste Saboteur der Welt« gegolten hatte.[259]

Wollweber hatte gerade 20 bis 25 Mann, meist skandinavische Seeleute und alte Genossen aus der KPD, zusammen, als ihn der Auftrag der Raswedka erreichte, mit seinen Saboteuren alle Schiffstransporte, auch nichtdeutsche, nach Franco-Spanien zu stören. Anfangs hatte die noch unfertige Wollweber-Organisation einige Mühe, ihre Sprengsätze an Bord der Schiffe zu schmuggeln, doch allmählich klappte es. Ein Schiff nach dem anderen flog in die Luft, erst die italienische »Felce« im Golf von Tarent, dann der japanische Frachter »Tajima Maru« nach Verlassen des Hafens von Rotterdam, darauf die niederländische »Westplein« – gefolgt von immer weiteren Schiffen, die auf hoher See endeten.[260]

Ein freiwilliger Informant im Reichsluftfahrtministerium half dabei mit Tips über die deutschen und italienischen Hilfslieferungen für Franco. Der Antifaschist und Nationalkommunist Harro Schulze-Boysen, Angestellter in der Pressegruppe des Ministeriums, sammelte auf eigene Faust, was er aus dem Sonderstab W erfahren konnte: Details über die Spanien-Transporte, über eingesetzte Offiziere und Soldaten, über Unternehmen der Abwehr im republikanischen Gebiet.[261]

Die Informationen vertraute er Briefen an, die eine Verwandte, Gisela von Poellnitz, in den Postkasten der Sowjetischen Handelsvertretung in Berlin warf. Hätte die Gestapo die Beobachtung der Handelsvertretung nicht verschärft, wäre ihr die Kurierin entgangen. So aber wurde die Frau 1937 verhaftet. Schon wollte Schulze-Boysen mit ein paar Gesinnungsfreunden ins Ausland fliehen, da kehrte Gisela von Poellnitz wieder zurück; sie hatte nichts verraten. Schulze-Boysen kam mit einer Verwarnung durch die Gestapo davon.[262] Erst später erkannte die Gestapo, daß er damals »geheimzuhaltende Abwehrvorgänge« den Sowjets offenbart hatte. Ein Gestapo-Kommissar: »Während des spanischen Bürgerkrieges haben wir Leute von uns als Spione in die Internationale Brigade geschickt. Schulze-Boysen hat ihre Namen gewußt und den Roten übermittelt. Unsere Leute sind daraufhin an die Wand gestellt worden.«[263]

Doch die deutschen Geheimdienstler und Polizisten lernten, den Gegner zu konterkarrieren, zumal sie das spanische Terrain besser kannten als die sowjetischen Dienste. Keinem anderen Geheimdienstchef war das Land südlich der Pyrenäen so vertraut wie dem Konteradmiral Canaris. Spanien bedeutete ihm so etwas wie eine zweite Heimat: Er hatte schon im Ersten Weltkrieg in Spanien für den Marinegeheimdienst spioniert, er war seit den zwanziger Jahren mit führenden Militärs und Industriellen Spaniens liiert, er hatte 1928 ein Kooperationsabkommen zwischen der spanischen Geheimpolizei und der deutschen Polizei vermittelt.[264]

So konnte es nicht verwundern, daß der Abwehrchef Canaris rasch wieder über die spanischen und auslandsdeutschen V-Männer verfügte, die schon früher für Deutschland gearbeitet hatten. Gestützt auf diese wachsende Agentenorganisation war Canaris mit jeder Entwicklung, die der Spanische Bürgerkrieg nahm, intim vertraut. Seine V-Männer saßen in den Zentralen der kriegsführenden Parteien, seine Agenten infiltrierten auch die entlegensten Nebenschauplätze des Bürgerkrieges.

Für Canaris begann das Spanien-Abenteuer spätestens an dem Tag, an dem die Abwehr mit der Legion Condor auch offiziell in Spanien eingerückt war. Sie verbarg sich unter der nichtssagenden Dienstbezeichnung »S/88/Ic«, womit nur zum Ausdruck kam, daß die ihr unterstehenden Abwehroffiziere für die Feindaufklärung der Legion (Tarnbezeichnung: S/88) zuständig waren. Sie wurde von dem Korvettenkapitän Wilhelm Leißner geleitet, der unter dem Decknamen »Oberst Gustav Lenz« gleich nach Ausbruch des Bürgerkriegs in Algeciras einen Außenposten der Abwehr eingerichtet hatte.[265]

Leißner holte sich einige der fähigsten Sachbearbeiter der Abwehr I nach Spanien, darunter auch Lehrpersonal, das er an Francos Geheimdienst, den »Servicio Informacion Policia Militar« (SIPM), abtrat. Noch wichtiger als die Männer des Geheimen Meldedienstes waren die IIIer, die Angehörigen der Spionageabwehr und der Gegenspionage, denn noch kein Krieg hatte die Kunst der Infiltration und Camouflage so perfektioniert wie der Spanische Bürgerkrieg. Zur Abwehrgruppe der Legion Condor stieß noch eine Beamtenriege der Gestapo, die Exekutivaufgaben übernahm. Canaris und Heydrich hatten sich zuvor über die Aufstellung einer Polizeitruppe im Wehrmachtdienst geeinigt, deren Name an die ersten Versuche militärisch-polizeilicher Zusammenarbeit erinnerte: Geheime Feldpolizei (GFP).[266]

Gemeinsam begannen Abwehr und GFP, die im nationalspanischen Gebiet operierenden Agenten der Republik, meist Kommunisten aus Orlows Spionageapparat, zu enttarnen. Oft gelang es, die bereits in die Franco-Truppe eingesickerten Agenten des Gegners zu erkennen, wobei auch der SIPM half. Doch der Kampf im Untergrund war nicht auf Spanien beschränkt; in Westeuropa hatten sich Nachrichten- und Organisationsnetze der sowjetischen Dienste etabliert, die es zu zerreißen galt.

In Den Haag hatte GUGB-Resident Kriwitzki eine geheime Waffenhandelsfirma errichtet, deren Vertreter – meist Agenten des sowjetischen Staatssicherheitsdienstes – in allen Teilen Europas für die spanische Republik Waffen aufkauften. V-Männern der Abwehr gelang es, in sein Netz einzudringen. Canaris konterte: Er beschaffte schadhaftes Kriegsmaterial, ließ es aufpolieren und verkaufte es an die Kriwitzki-Organisation.[267] Auch die Import-Export-Firmen, die die GUGB in Paris, London, Prag, Zürich, Warschau, Kopenhagen, Amsterdam und Brüssel zur Tarnung der Waffengeschäfte und zur Rekrutierung von Freiwilligen für die spanische Republik errichtete, entgingen der deutschen Abwehr nicht. Sie spielte den Tarnfirmen des Gegners Falschinformationen zu, um deren Waffen- und Rekrutentransporte in die Irre zu führen.[268]

In der Exilmetropole Paris lieferten sich Deutschlands und Rußlands Geheimdienste den härtesten Kampf. Er tobte um die Kontrolle der dortigen Kolonie russischer Emigranten, die nicht übel Lust hatten, sich durch Eintritt in eine Internationale Brigade den Fahrschein für die Heimkehr nach Rußland zu verdienen. Manchmal jedoch kamen Canaris' V-Männer den Werbern der anderen Seite zuvor; nicht wenige ließen sich von Kriwitzkis und Orlows Beauftragten nach Spanien locken, ohne zu verraten, daß sie bereits von der Abwehr angeheuert waren.[269]

Die Männer von Canaris waren allerdings nicht die einzigen deutschen Agenten, die in den Hinterzimmern und Restaurants russischer Emigranten intrigierten und ihre Fäden gegen Moskau spannen. Auch Heydrichs SD spielte mit, inspiriert von den Nachrichten und Hinweisen des Doppelspions Skoblin.

In den letzten Tagen des Jahres 1936 ging Skoblin eine Nachricht zu, die er für so brisant hielt, daß er nach Berlin fuhr, um sie Heydrich selber vorzutragen. Bei einer Begegnung im Hotel »Adlon« vertraute Skoblin dem Chef der Sicherheitspolizei und des SD an, was er erfahren hatte: In der Sowjetunion gebe es einen Kreis hoher Militärs um den Marschall Michail Nikolajewitsch Tuchatschewski, Ersten Stellvertreter des Volkskommissars für Verteidigung, der sich verschworen habe, das Stalin-Regime durch einen Militärputsch zu beseitigen. Skoblin wollte sogar wissen, daß Tuchatschewski mit deutschen Militärs erneut Kontakt aufgenommen habe, die er noch aus der Zeit der (von Hitler abgebrochenen) Zusammenarbeit zwischen Roter Armee und Reichswehr kenne.[270]

In diesem Augenblick wird sich Heydrich erinnert haben, daß Tuchatschewski im Januar auf einer Reise zu den Beisetzungsfeierlichkeiten für den britischen König Georg V. in London einen kurzen Abstecher nach Berlin unternommen hatte, der nie ganz aufgeklärt worden war.[271] Die Kenner hielten den Marschall zwar für den Anhänger eines sowjetisch-westlichen Bündnisses gegen Hitler, doch noch immer war das berühmte Photo von den Reichswehrmanövern des Herbst 1932 unvergessen, auf dem der Rotarmist Tuchatschewski dem Generalfeldmarschall von Hindenburg gegenübersteht – für altpreußische Romantiker ein Symbol der ewigen deutsch-russischen Allianz.

Militärputsch gegen Stalin? Heydrich konnte das keineswegs phantastisch vorkommen, bewies doch jeder Tag erneut, wie erbarmungslos Stalin den Kampf gegen die noch nicht total gleichgeschalteten Kräfte seines Regimes verschärfte und jeden beseitigte, der ihm nicht mehr nützlich schien. Vor einigen Wochen war der NKWD-Chef Jagoda gestürzt und an seine Stelle ein neuer, noch härterer Generalkommissar der Staatssicherheit getreten, der schließlich dem stalinistischen Blutrausch jener Jahre seinen Namen geben sollte: Nikolaij Iwanowitsch Jeschow, Vater der »Jeschowschtschina«.[272]

Heydrich mochte nicht ausschließen, daß es der immer noch populären Roten Armee gelingen könne, dem Stalin-Terror ein Ende zu setzen. Aber lag das im Interesse der nationalsozialistischen Führung Deutschlands? Die Rote Armee war die einzige Streitmacht in Europa, die auf die Dauer der deutschen Wehrmacht gewachsen war; eine solche Armee, durch eine antistalinistische Befreiungstat innenpolitisch völlig unverwundbar gemacht, mußte ein gefährlicher Gegner sein, sobald Hitler sich gegen den Osten wenden wollte.

Da hatte Heydrich eine diabolische Eingebung: Wie denn, wenn man Stalin die Gerüchte über Tuchatschewskis Putschpläne zuspielte und den noch vagen Informationen durch ein paar Dokumentenmanipulationen scheinbar Authentizität verlieh? Dann war Stalin gezwungen, gegen seine eigene Armeeführung loszuschlagen. Das mußte nicht nur die ganze Unterstützungsaktion Moskaus für die spanische Republik lähmen, das würde auch für künftige Eroberungspläne Deutschlands von größter Bedeutung sein. Eine von Stalin enthauptete Sowjetarmee – für Reinhard Heydrichs Dämonengehirn hatte der Gedanke fast etwas Erheiterndes.

Heydrich trug den Plan seinem Chef Himmler vor, der wiederum brachte ihn zu Hitler – und schon lief das ganze fatale Unternehmen.[273] Heydrich hatte bereits eine Vorstellung, wie man vorgehen konnte.

Aus der Ära der Kooperation zwischen Reichswehr und Roter Armee mußte es noch Dokumente, Notizen und Briefe geben, die auch die Unterschrift jener sowjetischen Militärs trugen, denen der SD jetzt die Verschwörung gegen Stalin zuschrieb. Übertrug man die alten Papiere durch einige Zusätze in die Sprache des Jahres 1937, dann konnte jeder aus ihnen herauslesen, sowjetische Militärs intrigierten mit deutschen Offizieren gegen den Kreml-Herrn. Heydrich rief den Troubleshooter des SD, den SS-Obersturmführer Alfred Naujocks, der in der Berliner Delbrückstraße ein Labor für falsche Papiere und Pässe unterhielt, und weihte ihn in das Top-Secret-Unternehmen ein. Der SD-Führer Ost, SS-Standartenführer Hermann Behrends, wurde ebenfalls ins Vertrauen gezogen, und die Fälscher machten sich an die Arbeit.[274]

Später verbreiteten Canaris-Apologeten die Version, Heydrich habe sich damals auch an den Abwehrchef gewandt und ihn gebeten, dem SD die im Archiv der Abwehrabteilung lagernden Schriftwechsel mit sowjetischen Militärs aus der Kooperationszeit und ein paar Fälscher zur Verfügung zu stellen; Canaris habe entrüstet abgelehnt, worauf sich der SD die Papiere durch einen nächtlichen Einbruch in der Abwehrzentrale beschafft habe.[275]

In Wahrheit hat Canaris von der ganzen Tuchatschewski-Operation nichts gewußt; als der Oberstleutnant Karl Spalcke, Rußland-Referent des Heeres-Generalstabs, Canaris nach dem blutigen Ende des Marschalls Vortrag halten mußte, war der Abwehrchef völlig ahnungslos. Es hat auch nie einen Einbruch in der Abwehrzentrale gegeben, ganz zu schweigen davon, daß dort auch kein Schriftwechsel mit sowjetischen Militärs abgelegt war.[276]

Heydrichs Leute brauchten nicht Canaris, um ihr makabres Unternehmen in Szene zu setzen. Im Februar 1937 bat das SD-Hauptamt das Potsdamer Reichsarchiv um Aushändigung der Kriegsgefangenenakte des ehemaligen zaristischen Unterleutnants Michail Tuchatschewski, der 1915/17 auf der Festung Ingolstadt festgehalten worden war, und erhielt prompt die Papiere, darunter einige mit Tuchatschewskis Unterschrift.[277] Auch von anderen Sowjetmilitärs gab es Aufzeichnungen im Reichsarchiv. Den Rest besorgten die Mitarbeiter von Naujocks, vor allem der Berliner Drucker und Graveur Franz Putzig, der dem SD eine aufregende Korrespondenz zwischen deutschen und sowjetischen Verschwörern lieferte. Naujocks: »Wunderbar! Sie sind ein Genie.«[278]

Dann kam der letzte Akt: Behrends reiste mit den Dokumenten nach Prag und konnte über Mittelsmänner den tschechoslowakischen Staatspräsidenten Benesch dazu animieren, die Dokumente in Moskau zu avisieren. Die Sowjets rührten sich und entsandten einen Sonderbeauftragten nach Berlin, der mit dem SD verhandelte. Moskau bezahlte die Dokumente, nach Angaben des damaligen Heydrich-Adlatus Walter Schellenberg: mit drei Millionen Goldrubel, die sich allerdings nachher als ebenso falsch erwiesen wie die Papiere aus dem Naujocks-Labor.[279]

Am 11. Juni 1937 meldete die sowjetische Nachrichtenagentur »Tass«, Marschall Tuchatschewski und sieben weitere Führer der Roten Armee seien von einem Sondertribunal zum Tode verurteilt worden, weil »die Angeklagten staatsfeindliche Beziehungen zu führenden militärischen Kreisen einer ausländischen Macht unterhielten, die eine der UdSSR feindliche Politik betreibt. Die Angeklagten arbeiteten für den Spionagedienst dieser Macht.«[280]

Heydrich jubelte. Was später die Memoirenschreiber der SS von Schellenberg bis Wilhelm Höttl behaupteten, was der O.-E.-Hasse-Film »Canaris« weiterkolportierte, was selbst Winston Churchill und Nikita Chruschtschow nachplapperten, erzählte Heydrich jedem, der es hören wollte: Der Sicherheitsdienst des Reichsführers-SS habe der gefürchteten Roten Armee den Kopf abgeschlagen. Auch Spalcke hörte davon. Ein Generalstäbler wollte von ihm wissen, ob er auch schon gehört habe, daß sich Heydrich brüste, Tuchatschewski abgeschossen zu haben. Spalcke: »Reine Angeberei von Heydrich.«[281] Spalcke war damals der einzige, der die Wahrheit ahnte, denn in der Tat: Tuchatschewski ist niemals durch Heydrich und den SD gestürzt worden. 1937 konnte Spalcke seinen Zweifel nicht erhärten, heute läßt sich jedoch der Beweis führen, daß SS-Gruppenführer Heydrich nur ein kleiner, unwichtiger Helfershelfer des sowjetischen Staatssicherheitsdienstes gewesen ist.

Stalin hatte das Ende Tuchatschewskis, der dem Diktator zu mächtig und seiner Selbstherrschaft zu gefährlich geworden war, längst beschlossen, ehe Heydrich sein Dokumentenspiel eröffnete. Seit Ende 1936 bereitete Stalin seinen Schlag gegen die Militärs vor:

Im Dezember 1936 gründete Jeschow eine Verwaltung für besondere Aufgaben, kurz »Spezbüro« genannt, das erste Untersuchungen gegen Tuchatschewski führte. Am 27. Januar 1937 wurde im Schauprozeß gegen den Rechtsabweichler Radek der Marschall zum ersten Mal öffentlich als Freund des »Landesverräters« und inzwischen verhafteten Korpskommandeurs Witowt Putna genannt. Am 3. März sprach Stalin in einer Rede vor dem Zentralkomitee der KPdSU von dem ungeheuren Schaden, »den eine Handvoll Spione in den Reihen der Roten Armee dem Lande antun konnte«. Am 11. Mai wurde Tuchatschewski als stellvertretender Volkskommissar abgesetzt und auf dem entlegenen Chefposten des Militärbezirks Wolga kaltgestellt. Drei Wochen später: Verhaftung des Marschalls.[282]

Vergleicht man nun diese Ereigniskette mit den Angaben der SS-Memoirenschreiber, so erhellt sofort, wie gering der SD-Beitrag zur Affäre Tuchatschewski gewesen ist. Höttl gibt an, »die systematische Fälscherarbeit« in Heydrichs Auftrag habe im April 1937 begonnen, zu einer Zeit also, da Tuchatschewski-Freund Putna bereits öffentlich denunziert worden war und Stalin von der »Handvoll Spione« in der Roten Armee gesprochen hatte. Schellenberg behauptet, die gefälschten Dokumente seien Mitte Mai 1937 an die Sowjets ausgeliefert worden, am 11. Mai aber war Tuchatschewski schon kaltgestellt.[283]

Will man dem SD überhaupt einen Anteil an Tuchatschewskis Liquidierung einräumen, so müßte man der GUGB unterstellen, auf mehreren Gleisen zugleich gearbeitet zu haben. Zumindest ist es möglich, daß Jeschows Spezbüro sich auch für belastende Informationen aus Deutschland interessierte, dem Lande, mit dem Tuchatschewski einst dienstlich zusammengearbeitet hatte.

Was lag da für den NKWD-Chef näher, als belastendes Material von jener nationalsozialistischen Regierung zu beschaffen, die nie die militärische Zusammenarbeit mit dem bolschewistischen »Weltfeind« gebilligt hatte? Allerdings: Das Interesse des NKWD an dem Belastungsmaterial gegen Tuchatschewski mußte getarnt werden. Und da war just der Doppelagent Skoblin mit dem Renommee des alten Bürgerkriegsgenerals der geeignete Mann, den SD-Chef Heydrich zu einem Spiel einzuladen, das dieser allerdings niemals durchschaut hat.

Das Strafgericht gegen Tuchatschewski und seine Kameraden aber löste in Rußland eine Orgie von Blut, Terror und Willkür aus. Je herrischer Stalin nach der Alleinherrschaft strebte, desto länger und rätselhafter wurde die Liste der Liquidierten. Innerhalb eines Jahres wurden 35000 Offiziere »gesäubert«, fast die Hälfte des gesamten Offizierskorps der Roten Armee ausgerottet:[284] von 5 Marschällen 3, von 15 Armeebefehlshabern 13, von 85 Korpskommandeuren 57, von 195 Divisionskommandeuren 110.

Die Jeschowschtschina walzte auch die Führer des sowjetischen Geheimdienstes nieder, zumal auch sie bei dem mißtrauischen Menschenfeind im Kreml in dem Geruch standen, Komplotte gegen ihn zu schmieden. Mancher gefährliche Gegenspieler von Abwehr, Gestapo und SD gehörte zu den Opfern. Bersin wurde zwar aus Spanien zurückberufen und im Juli 1937 erneut in den Chefsessel der Raswedka gesetzt, doch er konnte sich dort nicht lange halten. Im November geriet auch er in Verdacht und wurde verhaftet (fast zur selben Zeit, da GUGB-Männer seinen Vorgänger Uritzki abführten).[285]

Das Ende seiner Führer riß fast das gesamte konspirative Establishment der Sowjetunion mit in den Abgrund. Einer nach dem anderen starb im Exekutionsfeuer der Geheimpolizei. Die Raswedka-Chefs Bersin und Urizki – liquidiert. Komintern-Organisator Pjatnizki – liquidiert. Pjatnizkis Stellvertreter Mirow-Abramow – liquidiert. Der Militärattaché Putna – liquidiert.[286] Hunderte sowjetischer Geheimdienstler wurden nach Rußland zurückbeordert und erschossen, Tausende verhaftet. Selbst vor dem eigenen Apparat machten die Exekutoren nicht Halt. Von dem Auslandschef Sluzki bis zu Motschanow, dem Leiter der Geheimpolitischen Abteilung, überlebte kein Abteilungschef der GUGB; sämtliche 13 Kommissare der Staatssicherheit I. und II. Ranges wurden erschossen.[287] Auch die Oberliquidatoren kamen an die Reihe: Jagoda wurde am 15. März 1938 liquidiert, und auch Jeschow, im gleichen Jahr abgesetzt, kam nach Ausbruch des Zweiten Weltkrieges in einem Lager um.[288]

Stalins Todesengel bemächtigten sich auch der deutschen Apparateführung. Kippenberger wurde unter der Beschuldigung, ein deutscher Spion zu sein, verhaftet und erschossen. Den Paßapparat-Chef Flieg, den Kippenberger-Stellvertreter Roth und den einstigen M-Apparat-Chef Eberlein ereilte in Moskau das gleiche Schicksal.[289] Vielen Apparatschiks erging es wie dem einstigen BB-Chef Burde, den in Skandinavien – er leitete dort eine Spionagegruppe der Raswedka – der Befehl zur Rückreise nach Moskau erreichte. Burde: »Ich gehe jetzt in den Tod, aber ich habe keine Wahl.« Auch er wurde hingerichtet.[290]

Wer den Mut hatte, vor der Jeschowtschina in den Westen zu entfliehen, konnte sich retten – für kurze Zeit. Der Resident Kriwitzki flüchtete nach Amerika, Orlow folgte ihm, der früher in der Türkei eingesetzte Residenturleiter Agabekow versteckte sich in Belgien, der Schweiz-Resident Ignaz Reiss brach mit Moskau und wollte sich weiter nach Westen absetzen.[291] Doch die Spurensucher der GUGB verfolgten geduldig ihre Opfer: Dem Genossen Reiss gaben sie nicht einmal die Chance, die Koffer zu packen, und erschossen ihn bei Lausanne im September 1937. Ein halbes Jahr später entführten sie Agabekow, und im Februar 1941 starb Kriwitzki unter verdächtigen Umständen in einem Washingtoner Hotelzimmer.[292]

Der höchste der GUGB-Dissidenten aber überlebte, durch bedenkenlose Flucht in das antisowjetische Lager: Genrich Samoilowitsch Ljuschkow, Kommissar der Staatssicherheit III. Ranges und NKWD-Chef im Fernen Osten. Er meldete sich am 13. Juni 1938 bei einer japanischen Grenzpatrouille in der Mandschurei und gab erste Aussagen zu Protokoll, wobei ein zufällig vorbeireisender deutscher Journalist namens Ivar Lissner, Sonderkorrespondent des Nazi-Blatts »Der Angriff«, dolmetschte, der zwei Jahre später Canaris' bester Agent im Fernen Osten werden sollte.[293]

Ljuschkow erhielt Quartier in einem schwer bewachten Sondertrakt des Kriegsministeriums in Tokio, worauf die Japaner ihren deutschen ND-Partner benachrichtigten. Oberst Greiling von der Abwehr II notierte sich alles, was der ehemalige GUGB-Mann wußte, und er wußte ziemlich viel: Er kannte die Dislozierung der sowjetischen Truppen in der Ukraine (Ljuschkows früheres Einsatzgebiet), er kannte Waffen, Ausrüstung und Funksystem, er wußte, wer welche Division und welches Luftgeschwader führte, er konnte Schwächen und Stärken der sowjetischen Rüstung detaillieren.[294]

Noch nie hatte sich der Geheim- und Sicherheitsdienst einer Großmacht so radikal entleibt wie jener der Sowjetunion in den Jahren 1937/38. Die Netze von GUGB und Raswedka waren zerrissen, die sowjetische Auslandsspionage praktisch führungslos. Der deutsche Abwehrdienst konnte die Namen seiner wichtigsten Gegenspieler streichen.

Deutsch-russische Geheimdienst-Allianz
Oben: Bismarcks Spionagechef Wilhelm Stieber *(links)*, russischer Geheimpolizeigründer Graf Alexander Benckendorff. *Unten:* Bismarck mit dem russischen Exgeheimpolizeichef Graf Peter Schuwalow auf dem Berliner Kongreß 1878.

Präventivkrieg gegen den Nachbarn?
Oben: Der russische Kriegsminister Wladimir Suchomlinow mit Ehefrau *(links)*, Preußens Generalstabschef Graf Alfred von Waldersee. *Unten:* Die Ermordung des Zaren Alexander II. am 13. März 1881 in St. Petersburg.

Ganz Geheim!

Von Hand zu Hand!

Code

für den Verkehr zwischen Herrn Möller-Libau
und der Admiralstab der Marine in Berlin.

Codewort:	Bedeutung:
Glückwunsch-telegrafisch oder schriftlich-aus Berlin an Herrn Möller, mit der Unterschrift: Stammtisch.	Sind in Libau Kriegsvorbereitungen im Gange?
Eine Antwort mit dem Ausdruck warmen" Dank;	Es sind Kriegsvorbereitungen im Gange.
Eine Antwort mit dem Ausdruck "heissen" Dank.	Es sind umfangreiche (auffallende) Kriegsvorbereitungen im Gange.

Geheimdienstoffensive gegen Rußland
Oben: Deutscher Geheimdienstchef Walter Nicolai *(links),* österreichischer Kundschafterchef Maximilian Ronge. *Unten:* Kode-Anweisungen für deutsche Agenten in Rußland 1913.

Mit Agenten und Attentäter in die Weltkrise
Oben: Russischer Agentenführer Nikolaj Batjuschin *(links)*, k. u. k. Oberst Alfred Redl, Rußlands erfolgreichster Spion in Österreich-Ungarn. *Unten:* Die Ermordung des Erzherzogs Franz Ferdinand in Sarajevo 1914, Verhaftung des Attentäters *(rechts)*.

Der Sieg von Tannenberg – ein Werk der Funkspionage
Oben: Generale Paul von Hindenburg und Erich Ludendorff (rechts im hellen Umhang) in der Schlacht bei Tannenberg, August 1914. *Unten:* Deutscher Funktrupp im Ersten Weltkrieg.

The "MAGDEBURG" Code Book.

Geheim! TITEL A 20 № 151

ARCHIVE COPY
NOT TO BE ISSUED

Signalbuch
der
Kaiserlichen Marine.

(Entwurf.)

Herausgegeben vom Admiralstab der Marine.

Berlin 1913.

Kampf um Kodes und Seelen
Beim Untergang des Kleinen Kreuzers »Magdeburg« *(oben)* am 26. August 1914 fiel das Signalbuch der deutschen Marine *(unten rechts)* in russische Hand. *Unten links:* Russisches Kriegsplakat.

Lenin: Mit deutschem Gold an die Macht
Oben: Vom Geheimdienst geförderte Verbrüderung deutscher und russischer Soldaten zwischen den Fronten im Sommer 1917. *Unten:* Lenin nach der Rückkehr aus dem Exil 1917.

Chiffrierschlüssel der KPD September 1932.

Das Alphabeth ist in fünf Gruppen mit je fünf Buchstaben zerlegt und zwar in folgender Art :

A B C D E — Die Buchstaben J,Ä,Ö,Ü und ss fehlen, was aber absolut nicht von Bedeutung ist, denn der

F G H I K — Sinn der Worte ergibt sich beim Lesen und ist

L M N O P — immer klar erkennbar. Auch die Ziffern werden

Q R S T U — niemals so wie im üblichen Gebrauch benützt, dafür wählt man ein Wort mit zehn Buchstaben,

V W X Y Z — in dem jeder Buchstabe nur einmal vorkommen darf, z.B. das Wort "Heil Moskau", welches von

vorn nach hinten gelesen die Ziffern 1 bis 0 ergibt.

Um die Grundzahl für die Chiffre zu erhalten, nimmt man irgendein Ereignis, nach dem chiffriert wird. Z.B. Karl Marx wurde am 5. Mai 1818 geboren, so haben wir die Ziffer 551818 und hängen nun die fehlenden Ziffern hintendran, so daß wir die Zahlenreihe

5 5 1 8 1 8 2 3 4 6 7 9

Erste Sowjetspionage gegen Deutschland
Oben: Tscheka-Gründer Felix Dserschinski *(links),* sowjetischer Geheimdienstchef Jan Bersin. *Unten:* Chiffrierschlüssel kommunistischer Agenten in Deutschland.

Von der Kooperation zur Konfrontation
Oben: Reichspräsident von Hindenburg, Sowjetkommandeur Tuchatschewski *(3. v. l.)* bei den Reichswehrmanövern 1932. *Unten:* Abwehrchef Wilhelm Canaris, Sicherheitspolizeichef Reinhard Heydrich *(rechts)* 1936.

Die Geheimdienst-Mafia aus Georgien
Oben: Der Georgier Lawrentij Berija, Nachfolger des 1938 gestürzten NKWD-Chefs Nikolaj Jeschow *(rechts)*. *Unten:* Berija-Freund Wladimir Dekanosow *(M.)* als Botschafter, Berija-Freund Bogdan Kobulow *(3. v. r.)* als NKWD-Resident in Berlin 1940; *rechts:* Botschaftsrat Semjonow, heute Botschafter in Bonn.

»Freundschaft«, dann totale Vernichtung
Oben: Rußlands späterer Geheimdienstchef Filipp Golikow, deutsche Militärs im gemeinsam eroberten Polen 1939. *Unten links:* Die Sowjetmarschälle Timoschenko *(links)* und Schukow, deutsche Agenten, als Sowjetsoldaten getarnt, vor einem Sabotage-Einsatz in Rußland 1941.

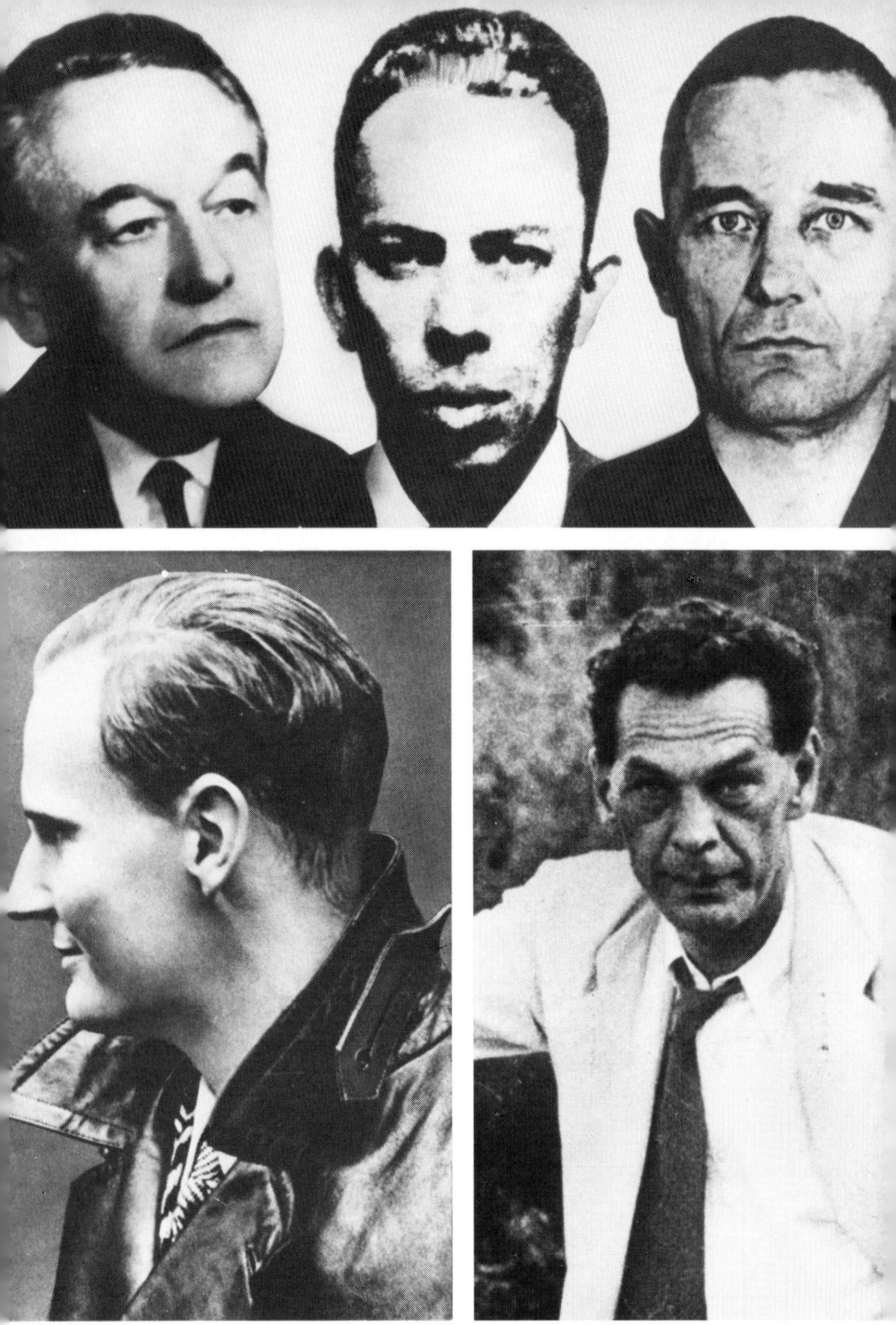

Zwischen Spionage und Widerstand
Oben: Rote-Kapelle-Führer Leopold Trepper *(links)*, Wiktor Sokolow-Gurewitsch (»Kent«), Johann Wenzel. *Unten:* Berliner Agentenchef Harro Schulze-Boysen *(links)*, Tokio-Spion Richard Sorge.

Spionage-Zentrum Schweiz
Oben: Kommunistischer Agentenchef Sándor Radó *(links)*, Chefinformant Rudolf Roessler. *Unten:* Rote-Kapelle-Verfolger Harry Piepe mit Mitarbeitern.

1945/46: Wechsel der Bündnisse
Oben: Deutscher Frontaufklärungs-General Reinhard Gehlen, Wegbereiter der westdeutsch-amerikanischen ND-Allianz, Schweizer Geheimdienst-Major Max Waibel *(rechts)*. *Unten:* Amerikanische Gehlen-Partner Edwin L. Sibert *(links)* und Allen W. Dulles.

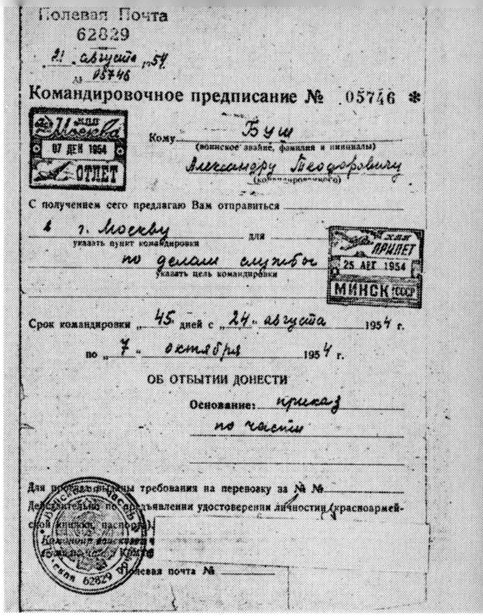

Полевая Почта
62829
21 августа 1954
№ 05746

Командировочное предписание № 05746

Кому Буш
(воинское звание, фамилия и инициалы)
Александру Феодоровичу
(командированного)

С получением сего предлагаю Вам отправиться
в г. Москву для
указать пункт командировки
по делам службы
указать цель командировки

Срок командировки 45 дней с 24 августа 1954 г.
по 7 октября 1954 г.

ОБ ОТБЫТИИ ДОНЕСТИ

Основание: приказ по части

Для проезда выданы требования на перевозку за №№
Действительно по предъявлении удостоверения личности (красноармейской книжки, паспорта)

Полевая почта №

Deutsch-deutscher Geheimdienstkrieg
Oben: DDR-Staatssicherheitsminister Wilhelm Zaisser *(links)*, KGB-Passierschein für den 1954 übergelaufenen Verfassungschutz-Präsidenten Otto John. *Unten:* Gehlen-Agent Hermann Kastner, mit dem die »Berija-Bande« 1953 Ulbricht stürzen wollte, was der Aufstand des 17. Juni zunichte machte.

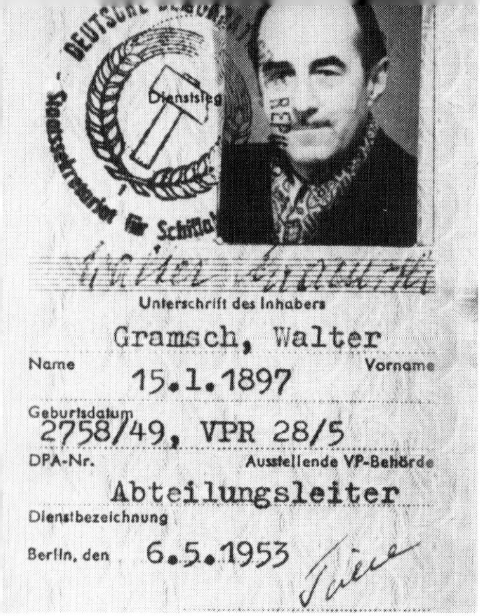

Letzte Chance für deutsche Einheit?
Oben: Walter Gramsch, Gehlens Top-Spion im DDR-Establishment *(links)*, und Heinz Felfe, erfolgreichster KGB-»Maulwurf« im Bundesnachrichtendienst. *Unten:* Sowjetpanzer am Aufstandstag in Ost-Berlin, Stadtkommandant Dibrowa *(auf Panzer 84)* redet auf die Menge ein.

10 Kennwort: Direktor

Die Europa-Organisation der sowjetischen Erkundungsdienste war zerstört. Rußlands Spionageelite lag in den Todeskellern der Geheimpolizei. Erschöpft von den blutigen Machtkämpfen in der politischen Hierarchie, ihrer militärischen Führung beraubt, gelähmt von der Furcht vor dem Diktator Stalin und seinen präzise zuschlagenden Liquiditionskommandos, stand die Sowjetunion jedem Zugriff ihrer Feinde offen. Kein Geheimdienst schützte Rußland vor den Machinationen der auswärtigen Gegner, kein leistungsfähiger Spionagering im Vorfeld Rußlands fing Signale und Indizien kommender Gefahren auf.

Doch der Krieg im Dunkeln kennt keine lange Pause. Auch dem Herrn im Kreml dämmerte, daß er nicht lange auf den Trümmern des »verräterischen« Geheimdienstes triumphieren könne. Die Sowjetunion benötigte dringender denn je einen wohlfunktionierenden Spionageapparat. Stalin deklamierte: »Unsere Armee, die Strafbehörden und der Nachrichtendienst haben ihr scharfes Auge nicht mehr länger auf den Gegner im Innern des Landes, sondern nach außen auf den auswärtigen Feind gerichtet.«[1]

Josef Stalin hatte allen Anlaß, die Pläne der ausländischen Mächte zu erkunden. Im Osten gewannen die Generale der japanischen Armee immer mehr an Boden, die seit Jahren die Eroberung Sibiriens planten, im Westen trieben die Führer des nationalsozialistischen Deutschland ihr Eroberungsprogramm wuchtig voran.

Schon hatten sich Deutsche und Japaner in dem gegen Moskau gerichteten Antikomintern-Pakt gefunden, schon waren einige Grenzen gefallen, die Rußland von den Deutschen fernhielten: Österreich war überrollt worden, die Tschechoslowakei der Sudetengebiete beraubt, und Englands konservative Politiker schauten dem deutschen Vormarsch im Osten nicht ohne Wohlwollen zu – Anlaß für Stalins Verdacht, eines Tages würden die britischen Imperialisten den deutschen Kettenhund losmachen, um nachzuholen, was ihnen mit eigener Kraft im russischen Bürgerkrieg mißlungen war: die Beseitigung des Sowjetsystems.

Angesichts solcher Gefahren war der Neuaufbau des sowjetischen Spionagedienstes ein Gebot der Stunde. Zur Renaissance der Raswedka, die 1937 unter die Kontrolle der Geheimpolizei geraten war, trug freilich noch eine andere Entwicklung bei: die Reform des Staatssicherheitsapparates.

Im Sommer 1938 hatte Stalin einen seiner engsten Gefolgsleute, den georgischen Parteichef Lawrentij Pawlowitsch Berija, nach Moskau gerufen und ihm den Auftrag erteilt, die Geheimpolizei zu reorganisieren und die Auslandsspionage zu verbessern. Stalins Sieg über die innersowjetische Opposition war perfekt, der Diktator bedurfte nicht mehr der Henker; jetzt galt es, die stalinistische Herrschaft mit differenzierteren Methoden zu befestigen und nach Außen zu sichern. Berija machte sich an die Arbeit, zunächst als stellvertretender Volkskommissar des Inneren, bald darauf als alleiniger Herr des NKWD.

Der ebenso skrupellose wie intelligente Tschekist Berija, 39 Jahre alt, ehedem Bauingenieur und ein Meister sowjetischer Überlebenskunst, war der Anführer einer Art georgischer Mafia, deren führende Mitglieder wichtige Schlüsselposten des Polizei- und Parteiapparats in Transkaukasien besetzt hielten.[2] Sie hatten sich im Ersten Weltkrieg auf dem Polytechnikum in Baku kennengelernt: der Bauernsohn Berija, der Studentenführer Wsewolod Merkulow, der Jurastudent Wladimir Georgijewitsch Dekanosow und der Sozialist Bogdan Sacharowitsch Kobulow. Sie waren zusammengeblieben, einer hatte dem anderen geholfen, jeder hatte Macht für sich angesammelt: Berija als Parteichef Georgiens, Dekanosow als Innenminister der Republik, Kobulow im georgischen GUGB.[3]

Prompt zog Berija seine Exkommilitonen nach, sobald er sich im zweiten Stock des alten grauen Steinbaus am Moskauer Dserschinski-Platz, dem Sitz der Geheimpolizei-Zentrale, niedergelassen hatte. In einem der fünf Berija-Zimmer quartierte sich Merkulow ein, der älteste in der Baku-Crew, der Berija einst auf dem Polytechnikum den Weg in die Partei geebnet hatte; Merkulow wurde Stellvertreter des NKWD-Chefs und übernahm die Leitung der Hauptverwaltung für Staatssicherheit.[4]

Ende 1938 stieß Dekanosow dazu, dem Berija die Auslandsabteilung der GUGB anvertraute, wodurch der kleine drahtige Exjurist zum Chef der polizeilichen Auslandsspionage avancierte.[5] Dekanosow suchte neues Personal für die Zentrale und die Residenturen, ließ aussichtsreiche Verbindungen im Ausland knüpfen und säuberte den Apparat von allen Jeschow-Funktionären. Ein vierter Mann aus Baku half ihm dabei: Kobulow, der sich in der GUGB-Zentrale auf Fragen der Deutschland-Spionage spezialisierte und 1939 in der Tarnung eines Botschaftsrates als Resident nach Berlin ging.[6]

Berija, Merkulow, Dekanosow, Kobulow – eine seltsame Pressure group breitete sich in Moskau aus, die von nun an sowjetische Sicherheits- und Außenpolitik mitbestimmen sollte. Ihre Namen wird man sich merken müssen, denn die Vier werden noch in der Geschichte der deutsch-sowjetischen Beziehungen eine eminente Rolle spielen, weit über die Hitler-Ära hinaus. Sie saßen auch bald in den höchsten politischen Gremien der Partei: Merkulow, Dekanosow und Kobulow im Zentralkomitee, Berija später im Politbüro.

Ihre Reformen und »Säuberungs«-Orders wurden in kürzester Zeit zum Alptraum der bisherigen Führungsschicht des Sicherheitsapparates. Den meisten Spitzenfunktionären der Jeschowschtschina waren die Vier aus Georgien unheimlich, zumal die neuen Herren, die kaum richtig Russisch konnten, untereinander nur georgisch sprachen, was ihnen in der Optik der meisten russischen Beamten einen zusätzlichen Hauch des Unheilschwangeren verlieh. Auch die lautlose Art ihrer Exekutionen, die – anders als unter

Jeschow und Jagoda – öffentlich nicht mehr bekanntgegeben wurden, steigerte nur den Horror vor der »Berija-Bande«.

Berija dämmte gleichwohl den Terror der Jeschowtschina ein und säuberte die GUGB von ihren düstersten Schergen. An die Stelle brutaler Tschekisten traten die Fachleute polizeistaatlicher Überwachung. Information hieß die neue Parole. Berija schuf ein Netz von Schulen und Akademien, die den Geheimpolizisten neuen Typs heranbildeten: den wissenschaftlich trainierten Beobachter, den Experten des Aushorchens und Ermittelns, abgerichtet »auf die fachmännische Durchdringung aller Schichten der sowjetischen Gesellschaft«, wie der Historiker Lewytzkyj formuliert.[7]

Der Einbruch des Expertentums in die Welt der sowjetischen Geheimpolizei befreite auch die Raswedka von den GUGB-Fesseln. Berija erkannte, daß man Spionage nicht allein mit den Mitteln des Polizeiapparates betreiben konnte; zudem legte das rasche Wiedererstarken des Militärs angesichts der deutsch-japanischen Bedrohung dem NKWD-Chef nahe, der Roten Armee nicht länger die Führung des Geheimdienstes vorzuenthalten.

Ende 1938 war die Raswedka wieder Herr im eigenen Haus. In ihre Zentrale rückte eine neue Generation sowjetischer Offiziere ein, ebenso wie ihre liquidierten Vorgänger entschlossen, der stalinistischen Staatsräson jedes Opfer zu bringen. Ihnen fehlte freilich der Sachverstand und die Erfahrung der Bersin-Leute; sie waren militärische Techniker, anfangs kaum vertraut mit dem Spionagehandwerk.

Auch fehlte den neuen Raswedka-Chefs die Autorität und politische Durchschlagskraft eines Jan Bersin. Stalins Mißtrauen und eine kurzsichtige Rotationspolitik erlaubten nicht, daß sich der Geheimdienstchef der Roten Armee länger als zwei Jahre in seinem Amt hielt. Bersin hatte anderthalb Jahrzehnte die Raswedka geleitet, sein Nachfolger dagegen hatte nur anderthalb Jahre Zeit, den ruinierten Geheimdienst wieder aufzubauen: der Komdiw* Alexander G. Orlow, »unser Orlow«, wie ihn Köstring gerne nannte, denn Orlow war bis Anfang 1938 Militärattaché in Berlin gewesen, wo ihn die deutschen Militärs schätzen gelernt und einmal seine Frau vor randalierenden SA-Männern geschützt hatten.[8]

Der neue Direktor wäre freilich kaum in seiner Aufgabe vorangekommen, hätte er nicht im Schokoladenhaus am Snamenskaja Prospekt ein paar von den routinierten Abteilungs- und Sektionsleitern angetroffen, die noch aus der Bersin-Zeit stammten. Einige Profis wie Andrejew, der Leiter von Abteilung I (Westeuropa) in der Operativen Verwaltung, und Dmitrij Konowalow, der Abteilungschef IV (ND-Technik), hatten die Säuberung überlebt, und wo allzu arge Personallücken klafften, wußte die Genossin Rat, die als die Seele der Raswedka-Zentrale galt: Leutnant Marija Jossifowna Poljakowa, Deckname: »Vera«, ehedem Illegale Residentin in Westeuropa, seit 1937 stellvertretende Leiterin der Unterabteilung I in der Abteilung für ND-Technik.[9]

Mit ihrer Hilfe begann Orlow, neue Mitarbeiter in die Zentrale zu holen

---

* Komdiw oder Divisionskommandeur = Führercharge in der Roten Armee bis 1940, die einem Generalmajor entspricht.

und die Auslandsarbeit der Raswedka zu verbessern. Von Stund an war Orlow wieder, wie einst Bersin, der Direktor, der allgegenwärtige Chef. Er und die neuen Männer im Geheimdienst drängten Schritt um Schritt den Staatssicherheitsdienst aus dem Feld des militärischen Geheimdienstes wieder hinaus.

Die GUGB mußte 1939 ihren ältesten Brückenkopf in der Zentrale des Militärs räumen: die 3. Abteilung im Volkskommissariat der Verteidigung, deren zum Staatssicherheitsdienst gehörende Offiziere allein zuständig waren für die Spionageabwehr in der Roten Armee. Von nun an unterhielt das Militär eine eigene Abwehrbehörde; auch die Feindaufklärung in den grenznahen Militärbezirken geriet jetzt ganz in den Kompetenzbereich der Raswedka.[10]

Ebenso konnte sich Orlow Zugang zu der höchst geheimen Wissenschaft sichern, die bis dahin der Staatssicherheitsdienst für sich allein genutzt hatte: zum Chiffrierwesen. Die sowjetischen Geheimdienstoffiziere wußten nur zu genau, daß die Spionagearbeit im Krieg in erster Linie ein Kampf der Geheimsender und Funkagenten werden würde; deshalb der beschleunigte Ausbau der Sonderabteilung Funk, die in einem als Goldforschungsinstitut getarnten Haus auf den Moskauer Lenin-Bergen untergebracht war, deshalb die Einrichtung von Speziallehrgängen an der Schule für Radio-Telegraphie in Moskau.[11]

Mit technischen Mitteln allein konnte man jedoch im Spionagekrieg der Zukunft nicht bestehen. Was der Raswedka fehlte, waren ausgebildete Geheimdienstoffiziere, Funker und Chiffrierer. Der gute Wille der Neuen genügte nicht; sie mußten geschult werden, damit sie das Handwerk der Spionage beherrschten.

Auch hier mußte die Raswedka von Grund auf neu beginnen; der Liquidator Jeschow hatte selbst die Geheimdienstschulen der Sowjetarmee »gesäubert«. Anfang 1939 erstand die von der GUGB geschlossene Hochschule für Erkundung wieder und erhielt den Rang einer Militärakademie. Die Nachrichtenschule in Sokolniti wurde mit einem anderen Armee-Institut vereinigt und zu einer zentralen Ausbildungsstätte des Geheimdienstes ausgebaut; selbst die Generalstabsakademie öffnete ihre Tore für die Spionage-Eleven der Roten Armee.[12]

Der Direktor und seine Mitarbeiter in der Zentrale richteten »kursy raswjedtschikow« (Erkunderkurse) ein, in denen hastig rekrutierte Offiziere in drei bis sechs Monaten für die Geheimdienstarbeit präpariert wurden.[13] Mochten auch die Spionageprofis murren, in so kurzer Zeit lasse sich kein Geheimdienstler heranbilden – die mittleren und unteren Führungspositionen füllten sich rasch mit neuen Männern. Eine junge Garde sowjetischer Spionagefunktionäre entstand: enthusiastisch, mutig, aber auch unerfahren und allzu flüchtig ausgebildet.

Mit diesem Führerkorps besetzte die Zentrale die Ausgangspositionen der sowjetischen Spionage im Ausland. Ein Blick auf die Karte genügte, die trostlose Lage der russischen Feindaufklärung zu erkennen: In Deutschland war die Arbeit der Raswedka fast völlig zum Erliegen gebracht worden, der

Spionageapparat in Westeuropa hatte seine Führung und seinen Elan verloren, in manchem Land lähmte zudem der ideologische Bruderzwist zwischen Stalinisten und Antistalinisten die nachrichtendienstliche Arbeit. Nur an wenigen Stellen der Weltkarte sah das Bild für die Raswedka etwas hoffnungsvoller aus. In einigen Nachbarstaaten Rußlands war das Netz der gegen Deutschland und Japan gerichteten Nachrichtenringe, das noch auf die Bemühungen des Bersin-Apparates zurückging, weitgehend intakt.

»Vera« hatte selber ein solches Nachrichtennetz angelegt. Sie hatte als Illegale Residentin in der Schweiz ein paar V-Männer geführt, als ihr im März 1936 von der Zentrale ein seltsam behäbiger Ungar, Typ des Bourgeois, als Helfer zugewiesen worden war. Sándor Radó, Sohn eines jüdischen Kaufmanns aus Ujpest bei Budapest, Jahrgang 1899, gelernter Geograph und Kartograph, gehörte trotz seines gemütlichen Äußeren zu den größten konspirativen Talenten der Komintern. Im Oktoberaufstand von 1923 war er Operativer Leiter der Proletarischen Hundertschaften in Sachsen gewesen, hatte Sonderaufträge für Pjatnitzki übernommen und war nach dem Verfall der Komintern in den Dienst der Raswedka getreten.[14]

»Albert« (so Radós erster Deckname) meldete sich sogleich nach seinem Eintreffen in der Schweiz bei der Poljakowa, die sich für den Geographen eine originelle, ihm gemäße Tarnung ausdachte: eine kartographische Presseagentur. Mit zwei schweizerischen Geschäftspartnern, die jedoch keinen Einblick in seine Arbeit hatten, gründete Radó im August 1936 die »Atlas Permanent S. A.«, die ihren Kunden eine Sammlung loser Karten und Karten zu aktuellen Ereignissen anbot. Um sich gegen seine Partner und die neugierige Schweizer Fremdenpolizei abzuschirmen, etablierte Radó die kleine Firma in seiner Vier-Zimmer-Wohnung im Haus 113 der Genfer Rue de Lausanne, Urzelle der späteren wohl berühmtesten Spionageorganisation des Zweiten Weltkrieges, der »Roten Drei«.[15]

Als Tarnfirma erfüllte die »Atlas Permanent« trotz anfänglicher geschäftlicher Schwierigkeiten ihren Zweck. Sie legalisierte den Spion Radó in der Schweiz; ihre internationalen Verbindungen erleichterten dem Ungarn, zu reisen, wohin ihn Veras Auftrag hinlenkte. Als die Russin 1937 nach Moskau zurückkehrte, lief Radós Arbeit bereits zufriedenstellend. Radó durfte von da an freier agieren, obwohl Vera der Chef blieb; von Moskau aus steuerte sie »Albert« und war bis zum Ende der Radó-Organisation der zuständige Führungsoffizier der Raswedka.[16]

Lange Zeit ließ Vera jedoch nichts von sich hören, denn Radós künftige Organisation war als Schweigenetz gedacht; »Albert« sollte erst im Falle eines Krieges gegen die Sowjetunion aktiviert werden. Radó hatte sich zunächst mit nachrichtendienstlichen Gelegenheitsarbeiten zu begnügen. Er zeichnete anhand von Artikeln ausländischer Fachzeitschriften Karten über die Lage deutscher und italienischer Rüstungswerke, er schickte zuweilen eine verschlüsselte Nachricht an einen V-Mann-Führer namens Kolja in Paris.[17]

Sein Eifer bewog die Zentrale, Radó im April 1938 an die Spitze einer kleinen Agentengruppe zu setzen, die bis dahin Kolja geführt hatte. Sie scharte sich um den Berner Journalisten Otto Pünter, einen Linkssozialisten, der seit Ausbruch des Spanischen Bürgerkrieges für Moskau arbeitete. Pünter hatte der von ihm geführten Gruppe einen seltsamen Namen gegeben: »Pakbo«, eine Zusammenstellung der Anfangsbuchstaben jener Orte, in denen er sich mit seinen V-Männern traf.[18] Aber auch der Kontakt mit dem Pakbo-Ring konnte Radó nicht das Gefühl nehmen, auf einem unwichtigen Posten zu stehen. »Ich war enttäuscht«, erzählt er. »Alles, was Pakbo meldete, schien unbedeutend: in Journalistenkreisen kolportierte Nachrichten, billige Romantik.«[19]

Da war schon gravierender, was der Raswedka-Spion Rudolf Herrnstadt aus Warschau zu melden wußte. Der Rechtsanwaltssohn aus Gleiwitz, Jahrgang 1903 und von Jugend an dem radikalen Sozialismus verschrieben, hatte als Reporter bei einem verkrachten Sportblättchen in Breslau begonnen. Er war früh zur KPD und derem AM-Apparat gestoßen und hatte Mitte der zwanziger Jahre in der Redaktion des »Berliner Tageblatt« gearbeitet, wo er sich einem linksradikalen Zirkel anschloß, der seine Anhänger auf wichtige Posten in der Redaktion und in dem dazu gehörigen Verlagshaus Rudolf Mosse zu schleusen verstand.[20]

Zu diesem Kreis gehörte auch Ilse Stöbe, die sich von einer Stenotypistin in der Anzeigenexpedition des Verlages zur Privatsekretärin des »Tageblatt«-Chefredakteurs Wolff emporgearbeitet hatte und sich bald mit Herrnstadt liierte. Ilse wußte es beim Chef einzurichten, daß ihr Rudi 1928 als Korrespondent des Blattes nach Prag gehen durfte, wo er sich den Ruf eines Ostexperten erwarb – aufmerksam beobachtet von den Agentenwerbern der Raswedka, die den intelligenten Schlesier 1929 in ihre Dienste nahmen. Von da an arbeitete Herrnstadt für den sowjetischen Geheimdienst, wohin Wolff ihn auch immer schickte: 1932 nach Warschau, ein Jahr darauf nach Moskau.[21]

Hitlers Machtergreifung in Deutschland verband Herrnstadt endgültig mit der Raswedka. 1933 wechselte er in das Deutschland-Referat der Abteilung I der Operativen Verwaltung, die ihn dann nach Warschau zum Ausspähen schickte, wieder in der Rolle eines Auslandskorrespondenten, diesmal der deutschsprachigen »Prager Presse«.[22] Auch Ilse Stöbe tauchte in Warschau als Korrespondentin von Schweizer Zeitungen auf und ließ sich willig von ihrem Freund in die Spionagearbeit einweisen. Ohne die veritablen Bezeihungen von »Alta« (so Ilse Stöbes Agentenname) zur deutschen Kolonie konnte Herrnstadt nicht schaffen, was ihm Moskau aufgegeben hatte: die Infiltration der Deutschen Botschaft in Warschau.[23]

Die beiden Spione fanden ein Opfer, das ihnen den Weg in die Panzerschränke der Botschaft freimachte: den Legationssekretär Rudolf von Scheliha, einen Lebemann und ehemaligen Kavallerieoffizier, der hoffnungslos in Spielschulden verstrickt war. Herrnstadt verwickelte seinen schlesischen Landsmann in fragwürdige Devisengeschäfte, durch die Scheliha immer abhängiger wurde von der Diskretion und schließlich auch von den Honoraren des sowjetischen Geheimdienstes. Spätestens seit 1937 lieferte »Arier«, wie ihn Moskau sinnigerweise nannte, Nachrichten aus der Botschaft; im

Februar 1938 zahlte die Raswedka das erste Honorar auf Schelihas Konto beim Bankhaus Julius Bär & Co. in Zürich.[24]

Auch in Tokios Deutscher Botschaft schrieb ein sowjetischer Spion fleißig mit: Richard Sorge, Mitarbeiter der »Frankfurter Zeitung« und Star unter den Raswedka-Kundschaftern im Fernen Osten. Den deutschen Kommunisten, Jahrgang 1895, Sohn eines Erdölingenieurs und promovierter Wirtschaftswissenschaftler, hatte noch Bersin in die Raswedka geholt.[25] Sorge galt als der intelligenteste, allerdings auch undisziplinierteste unter den Bersin-Favoriten. Zunächst in China eingesetzt, arbeitete Sorge seit September 1933 in Tokio. Sein Auftrag: militärisch-politische Ausforschung Japans.

Ein Zufall katapultierte ihn nach Jahren entmutigender Anfangsarbeit in eine Schlüsselstellung der Deutschen Botschaft. Sorge war 1934 mit dem nach Japan verschlagenen Oberstleutnant Eugen Ott, einem Intimus des von den Nazis ermordeten Kanzler-Generals Kurt von Schleicher, in Kontakt gekommen, der dann überraschend noch einmal Karriere gemacht hatte, was er nicht zuletzt den guten Tips des Japan-Kenners Sorge verdankte: Ott war Militärattaché und dann Botschafter in Tokio geworden.[26]

Mit Otts Aufstieg wuchs auch der Einfluß des Sowjetagenten Sorge, denn der Botschafter des Deutschen Reiches mochte seinen Freund und Informanten nicht mehr missen. Sorge galt zunehmend in der Botschaft als der Mann, mit dem man es nicht verderben dürfe. Schon am Morgen saß er mit Ott am Frühstückstisch, um mit ihm die eingegangenen Telegramme zu besprechen, man gab ihm gern wichtige Attachéberichte und Instruktionen aus der Berliner Zentrale zu lesen. Bald ging die Fama um, diesem Sorge stehe alles offen, auch das Schlafzimmer der Frau Botschafterin.

Die Rückendeckung durch die Deutsche Botschaft erleichterte es dem Spion, seinen Informantenring in Japan auszubauen, der in Sorges Glanzzeit 20 Mitglieder zählte. Meist waren es japanische KP-Genossen oder linke Journalisten, die Sorge wichtige Nachrichten aus dem verwirrenden Dschungel japanischer Gesellschaft und Regierung zutrugen. Auch europäische Journalisten wie der jugoslawische KP-Agent Branko de Voukelitch, Korrespondent der französischen Nachrichtenagentur »Havas«, spionierten für Sorge.[27]

Die meisten Sorge-Informanten saßen allerdings auf einflußlosen Posten und lieferten kaum wesentliche Erkenntnisse über Japans Absichten und Pläne. Nur der »Asahi«-Kommentator Hotzumi Ozaki, mit dem Sorge schon in China gearbeitet hatte, erwies sich für den Raswedka-Mann als ein wahrer Glücksfall: Ozaki war ein Freund des japanischen Ministerpräsidenten Fürst Konoye, der ihn 1938 als China-Experten in seine Dienste nahm. Schon zuvor war es Ozaki gelungen, Aufnahme in der legendären »Frühstücksrunde« zu finden, einem exklusiven Zirkel maßgeblicher Beamter, Politiker und Intellektueller, in dem Konzepte japanischer Außenpolitik vorgedacht und formuliert wurden.[28]

Was Ozaki und dessen Unteragenten aus den Zentren japanischer Macht berichteten, was zudem Sorge in der Deutschen Botschaft erfuhr, ließ den

Nachrichtenstrom von »Ramsay« (Sorges Deckname) nach Moskau so anschwellen, daß der Funker Max Klausen alle Mühe hatte, seine Sprüche rechtzeitig zu verschlüsseln und an die Empfangsstation »Wiesbaden« (Wladiwostok) zu funken.[29] Sorge glaubte schon, alles Wichtige über Japan zu wissen. Noch nach seiner Enttarnung wollte er sich vor japanischen Vernehmern daran erinnern, wie häufig er von der Zentrale wegen seiner hervorragenden Arbeit gelobt worden sei.

Die Moskauer Spionagezentrale wußte es besser. Ihre strengen Profis waren mit den Leistungen der Gruppe Ramsay so wenig zufrieden, daß sie deren Monatsetat, mit 1000 Dollar ohnehin äußerst karg bemessen, ständig kürzten und sie wiederholt zur Verbesserung ihrer Arbeit anhielten.[30] Sorges Berichte waren in der Zentrale wenig beliebt. Zudem mußte Sorge konventionellen Geheimdienstlern wie die Karikatur eines Spions erscheinen.

Der Frauenheld und Alkoholiker benahm sich allzu laut und auffällig. Mit seinen berüchtigten Blindfahrten auf dem Motorrad, bei denen er sich einmal schwer verletzte, erregte er wiederholt die Aufmerksamkeit der japanischen Polizei, während er aus seinen Sympathien für Stalin und die Sowjetunion so wenig ein Hehl machte, daß die Frau des deutschen Militärattachés Matzky spottete: »Sind Sie eigentlich Russe? Sie haben so einen Typus!«[31] Auch konnte es kaum Begeisterung in Moskau auslösen, daß Sorge keinen ernsthaften Versuch unternahm, die japanische Sprache zu erlernen.

Noch mehr mußte es die Zentrale verärgern, daß Sorge oft die einfachsten konspirativen Regeln ignorierte. Er war ein lässiger Agentenführer, kontrollierte seine Mitarbeiter kaum und vergewisserte sich nur selten, ob sie auch, wie von Moskau vorgeschrieben, ihre konspirativen Unterlagen sofort nach Gebrauch vernichteten. So entging ihm völlig, daß Klausen Kopien der Sorge-Meldungen aufhob und sogar – Todsünde für einen Raswedka-Spion – über seine und Sorges Arbeit pedantisch Tagebuch führte.[32]

Besonders mißlich aber erschien der Raswedka-Führung, daß Sorge nicht lieferte, woran sie in erster Linie interessiert war: militärische Nachrichten. Über das japanische Militär, seine Aktionen und Absichten war die Sorge-Organisation lange Zeit kaum informiert. Unter Sorges Agenten gab es keinen Militärexperten; ein Reservekorporal namen Koshiro war der einzige, der Stimmungsberichte aus der japanischen Armee und gelegentlich Nachrichten über Truppenbewegungen lieferte.[33]

Mit solchen Halbheiten wollte sich Raswedka-Chef Orlow nicht länger begnügen. Die tödliche Bedrohung der Sowjetunion durch die imperialistischen Ambitionen Deutschlands und Japans machte den sofortigen Aufbau eines leistungsfähigen Informantennetzes notwendig. Hauptziel der Raswedka-Arbeit mußte dabei Hitler-Deutschland sein. Doch die Arbeit im NS-Reich war zu gefährlich, die Übermacht der Gestapo schier unüberwindlich. Also mußte man Deutschland von seinen Nachbarländern aus beobachten und erkunden, jenen demokratischen Staaten in Westeuropa, die der sowjetischen Aufklärung gegen das Reich keine allzu ernsten Hindernisse in den

Weg legten. Ideal dafür erschien der Moskauer Zentrale das kleine Belgien, in dem es noch eine funktionierende Spionagegruppe aus den Tagen Bersins gab. Ihr Chef war der ostpreußische Kommunist Johann Wenzel, ein Mann aus dem BB-Apparat, der nach seiner Flucht aus Deutschland an der Militärschule der Roten Armee Funklehrgänge abgehalten hatte und 1936 im Auftrag der Raswedka nach Belgien gegangen war.[34] Wenzel, wegen seiner funktechnischen Kenntnisse von den Genossen »der Professor« genannt, hatte dann aus kommunistischen Emigranten einen winzigen Nachrichtenapparat zusammengestellt.

Der Wenzel-Ring stellte falsche Pässe her, besorgte Postanschriften und gelegentlich Informationen. Sein wichtigstes Mitglied war neben »le professeur« ein polnischer Ganove namens Abraham Rajchmann, ein Fälschergenie, ohne dessen Falsifikate später keine sowjetische Spionagegruppe im Westen auskommen konnte.[35] Er trug nicht wenig dazu bei, das Renommé des Wenzel-Rings in Moskau zu heben. Die Organisation schien schließlich so zukunftsträchtig, daß die Zentrale beschloß, sie auszubauen.

Auf der Lagekarte Orlows und seiner Führungsoffiziere formierten sich allmählich die Steckfähnchen zu einem festen Agentenring der Zukunft: Von Brüssel aus erstreckte sich ein Spinnennetz sowjetischer Informanten über die Länder Westeuropas, stark genug, gegen Deutschland und die Westmächte zugleich aufzuklären. Die Führung sollte ein Team sowjetischer Geheimdienstler übernehmen.

Der Hauptmann Viktor Sukulow-Gurewitsch, der sich nach einer Romanfigur gern »Kent« nannte, erhielt den Befehl, nach kurzer Akklimatisierung im Westen eine Agentengruppe zur Infiltration Deutschlands in Kopenhagen zu errichten. Leutnant Michail Makarow sollte das Funken für die neue, erweiterte Organisation in Belgien besorgen, der Unterleutnant Anton Danilow die Verbindung zwischen der Pariser Sowjetbotschaft und der Gruppe in Belgien halten. Einem vierten Sowjetoffizier, dem Kriegsingenieur III. Ranges Konstantin Jefremow, war die Aufgabe übertragen, die Rüstungsindustrie Westeuropas zu beobachten.[36]

Die Zentrale scheute keine Mühe, die vier Spitzenagenten sorgfältig zu tarnen. Gut präparierte Papiere verliehen ihnen neue Identitäten. Ein in New York 1936 ausgestellter Paß verwandelte Sokolow-Gurewitsch in den Uruguay-Bürger Vincente Sierra; und auch Makarow, jetzt Carlos Alamo geheißen, konnte sich als Sohn Montevideos legitimieren. Den beiden anderen Agenten schminkte man einen skandinavischen Hintergrund an. Aus Danilow wurde der Norweger Albert Desmet, aus dem Ukrainer Jefremow entstand der finnische Student Eric Jernstroem.[37]

So emsig sie aber auch ihre neuen Rollen einstudierten, die Hingabe der vier Sendboten konnte nicht darüber hinwegtäuschen, daß sie auf ihre Mission nur mangelhaft vorbereitet waren. Sie waren typische Produkte der Raswedka-Kurzkurse, keiner von ihnen hatte eine gründliche Geheimdienstausbildung durchlaufen.

Der Beginn der neuen Nachrichtenorganisation hätte zu einem argen Fehlstart werden können, wäre nicht ein Mann zu ihr gestoßen, der wie kein anderer den Erfolg der sowjetischen Spionage in Westeuropa ermöglichte, der Mann, den seine Gefolgsleute nicht ohne Grund den Grand Chef nannten, den Großen Chef, weil er bei all seinen Triumphen und Niederlagen bewies, daß er in jedem Trick, in jeder List des konspirativen Handwerks geschult und erfahren war.

Er hieß Leopold Trepper und unterschied sich in einigen wesentlichen Punkten von den Sowjetagenten, die er fortan leiten sollte. Er kam nicht aus der Roten Armee, ja er besaß nicht einmal die sowjetische Staatsbürgerschaft. Leiba Zeharja Trepper, wie er sich ursprünglich nannte, war Pole, Jude und Berufsrevolutionär. Sohn eines Kaufmanns, 1904 im galizischen Neumark geboren, früh zum Kommunismus gestoßen, wiederholt verhaftet und eingekerkert, Mitte der zwanziger Jahre nach Palästina ausgewandert, wo er KP-Funktionär wurde, war Trepper schließlich in Frankreich zur Rabkor-Bewegung gestoßen, die ihn mit dem sowjetischen Geheimdienst in Berührung brachte. Nach der Enttarnung des Informantenringes seines Freundes Isaja Bir im Sommer 1932 floh Trepper nach Rußland und geriet dort nun vollends in den Dienst der Raswedka, die ihn zu gelegentlichen Westaufträgen verwendete.[38]

Was die Männer in der Zentrale dabei beobachteten, muß sie beeindruckt haben. Trepper zeigte große konspirative Talente, er verstand sich aufs Organisieren und erwies sich zudem als ein Meister des Spurenverwischens: Die Kunst der Verkleidung, die Fähigkeit, den Gegner zu täuschen und ihm noch in ungünstiger Lage zu entkommen, hatte er bei Bir gelernt.

Ein solcher Mann schien Orlow wie geschaffen dazu, die Leitung des neuen Westeuropa-Netzes zu übernehmen. Treppers Auftrag lautete, gemeinsam mit Makarow und Jefremow das Wenzel-Netz in Belgien auszubauen, dann in Frankreich und in den Niederlanden weitere Informantengruppen zu schaffen und später auch Kontakt zu Gruppen in der Schweiz und in Deutschland zu halten; Wenzel sollte seine Brüsseler Gruppe Trepper unterstellen, zugleich aber das Netz in Holland aufbauen und die funktechnische Leitung sämtlicher Spionageringe in Westeuropa übernehmen.[39]

Zur Abschirmung der Operation schien den Spionageoberen nichts mehr geeignet, als der projektierten Organisation den Tarnmantel eines kaufmännischen Unternehmens überzuwerfen. Makarow und Kent traten als reiche Südamerikaner mit Exportinteressen auf, Trepper wählte die Rolle eines wohlhabenden Kanadiers. Ein kanadischer Paß wurde auf den Kaufmann Adam Mikler umgeschrieben, Treppers neue Identität.[40]

Nach und nach dirigierte die Zentrale ihre Spitzenagenten nach Westeuropa. Am 6. März 1939 ließ sich Trepper in Brüssel nieder, im April kam Makarow, am 17. Juli reiste Kent an, im September traf auch Jefremow in Brüssel ein. Danilow dagegen kam nur bis Paris; er wurde dort in das Sowjetische Konsulat eingebaut, gehörte freilich zur Botschaft, die er jedoch nicht betreten durfte, weil niemand wissen sollte, daß er dem sowjetischen Militärattaché Susloparow zugeteilt worden war.[41]

Noch ehe die sowjetische Führungsgruppe in Belgien und Frankreich etabliert war, hatte Trepper bereits seinen künftigen Agenten eine geeignete

Tarnung gesichert. Gleich nach seiner Ankunft in Brüssel setzte er sich mit Leo Großvogel in Verbindung, einem alten Freund aus der Palästina-Zeit, der sich inzwischen in der belgischen Textilindustrie einen guten Namen erworben hatte.[42] Mit 10 000 Dollar aus der Spionageschatulle Treppers gründeten die beiden Freunde in Brüssel die Regenmäntel-Exportfirma »The Foreign Excellent Trenchcoat«, zu deren Direktor sie einen ebenso ahnungslosen wie angesehenen Belgier bestellten. Die neue Firma errichtete Zweigniederlassungen in belgischen, französischen, deutschen und niederländischen Hafenstädten, ideale Plätze für die Observierung Englands und Deutschlands.[43]

Über Großvogel erreichte Trepper auch den alten Palästina-Gefährten Hillel Katz, der als Treppers Sekretär in sowjetische Dienste trat. Später stieß zu ihnen noch Sophie Posnanska, auch sie eine ehemalige Genossin aus dem Heiligen Land, in Moskau zur Chiffriererin ausgebildet.[44] Die vier Polen bildeten den harten Kern des Spionagerings, der dank Großvogels vorzüglichen Beziehungen weitere Mitarbeiter gewann.

Inzwischen schlossen sich Trepper auch die Mitarbeiter Wenzels an, der nun mit der funktechnischen Ausbildung der Organisation begann. Dank Wenzels Umsicht verfügte der Spionageapparat in Belgien über vier leistungsfähige Funkgeräte, die einsatzbereit waren.

Dann warf Wenzel seine Netze in den Niederlanden aus, dort entstanden neue Funkgruppen.[45] Jacob und Hendrika Rillboling und der belgische V-Mann Maurice Peper[46] sicherten ständigen Kontakt zwischen den Organisationen in Belgien und den Niederlanden, denn auch Treppers Gruppe hatte die Arbeit aufgenommen. Der belgische Apparat hielt sich freilich noch zurück; Trepper schien es wichtiger zu sein, Informanten zu gewinnen und Beziehungen zu Geschäftswelt, Diplomatie und Militär anzubahnen, als Nachrichten in den Äther zu senden.

Trepper mußte an größtmöglicher Qualität seiner Organisation interessiert sein, zumal ihm jetzt in Hitlers Reich interne Konkurrenz erwuchs. Dort war es den Agentenwerbern von Raswedka und GUGB gelungen, eine neue Spionageorganisation zu schaffen, mitten im Zentrum der Gestapo-Macht, womit die lange Zeit in Moskau geltende Doktrin widerlegt war, im totalitären Staat des deutschen Faschismus sei Aufklärungsarbeit nicht möglich.

Den Beweis hatte nicht zuletzt der Berija-Freund Kobulow erbracht, der inzwischen in Berlin als GUGB-Resident aktiv geworden war. »Ziel des Kobulow an der Spitze gemeinsam mit dem russischen Militärattaché war«, wollte Heydrich später wissen, »in der Reichshauptstadt sowie allen wichtigen Städten des Großdeutschen Reiches Schwarzsenderanlagen zur Nachrichtenübermittlung aufzubauen.«[47] Kobulow, Kommissar der Staatssicherheit III. Ranges, hatte freilich Größeres im Sinn als die Verteilung von Funkgeräten; er sammelte geduldig Informanten und Einflußagenten in deutschen Behörden und Betrieben, die ihm ermöglichen sollten, was seine erste Aufgabe war: die politische Ausforschung Deutschlands.

Kobulows V-Männer kratzten die Reste des alten BB-Apparates zusammen und versuchten, Sympathisanten in den obersten Reichsbehörden anzuwerben. Die Berliner Geschäftsstelle des sowjetischen Reisebüros »Intourist« half dabei, deutsche Rußland-Reisende für den Staatssicherheitsdienst zu rekrutieren, und auch die GUGB-Stellen in der Sowjetunion assistierten: Fast die Hälfte aller deutschen Aussiedler in Rußland wurden in den Dienst der sowjetischen Geheimpolizei genötigt und trugen fast immer eine Berliner Deckadresse bei sich, hinter der letztlich ein einziger Mann stand: Kobulow.[48]

Noch erfolgreicher als der GUGB-Mann arbeitete der Raswedka-Resident in Berlin, dessen wirklicher Name ebenso unsicher war wie die Welt, in der er sich bewegte. Als Mitarbeiter der Sowjetischen Handelsdelegation in Berlin nannte er sich Alexander Erdberg, in Berliner illegalen KP-Kreisen hieß er Karl Kaufmann, im Spionagedienst der Raswedka figurierte er als Oberst Alexandrow. Ehemalige Freunde seiner einstigen Agenten sind noch heute davon überzeugt, daß er eigentlich Wassilij Berger hieß, 1905 in Moskau geboren, 1929 Lektor im Moskauer Verlag »Geograski« und seit 1930 im Dienst der sowjetischen Spionage.[49]

Was immer er auch war, unzweifelhaft ist, daß Erdberg seit 1935 in der Berliner Handelsdelegation der UdSSR arbeitete und den Auftrag hatte, in Deutschland eine Spionageorganisation aufzubauen. Erste Ansätze dazu hatte ihm der Botschaftsrat Sergej Bessonow hinterlassen, der im Februar 1937 unter seltsamen Umständen aus Berlin verschwunden und in die Schlangengrube der Stalinschen Säuberungen geraten war.[50]

Bessonow hatte der Handelsdelegation ein Informantennetz geknüpft, das bis in wichtige Ministerien reichte. Der ergiebigste Informant trug einen berühmten Namen: Dr. Arvid Harnack. Der Regierungsrat im Reichswirtschaftsministerium war der Neffe des großen Theologen Adolf von Harnack, er selber gehörte zu den intelligentesten Köpfen der deutschen Bürokratie. Zurückhaltend, geistvoll, scheinbar der Urtyp des hohen deutschen Ministerialbeamten, diente er seit Jahren kompromißlos seinen sowjetischen Freunden.[51]

Wann er die ersten Aufträge für den sowjetischen Geheimdienst ausgeführt hat, läßt sich nicht mehr rekonstruieren. Als die Diplomvolkswirtin Margarethe (Greta) Lorke, überzeugte Marxistin wie Harnack, ihren ehemaligen Kommilitonen 1933 in Berlin wiedersah, gehörte er bereits zu den Informanten der Berliner Sowjetvertretung. Harnack verfaßte damals Wirtschaftsberichte für Moskau und hatte von seinen russischen Auftraggebern strenge Weisung, sich von der KPD fernzuhalten.

Greta Lorke war im Gegensatz zu Harnack Parteikommunistin und mit den illegalen Manövern des KP-Apparates wohlvertraut. 1930 war sie nach Zürich gegangen, offiziell als Assistentin eines Rechtsanwalts, in Wirklichkeit im Auftrag der Partei: Sie sollte die Interessen der Partei im »Bund für geistige Berufe« wahren, einer Gruppe von Linksintellektuellen, »organisiert als Tarnorganisation, in der Leitung aber kommunistisch«, wie sich die Ex-Agentin erinnert.[52] Drei Jahre später rief die Partei sie ins Hitler-Reich zurück. Dort wartete schon ihr neuer Mitarbeiter: Harnack. Greta

Lorke übernahm die Stellung einer Lehrerin für amerikanisches Wirtschaftsrecht, arbeitete außerdem für das Rassenpolitische Amt der NSDAP und übersetzte Goebbels-Reden ins Englische. In ihrer Freizeit schrieb sie die geheimen Berichte ab, die Harnack aus dem Reichswirtschaftsministerium herausschmuggelte. Auch mündliche Mitteilungen Harnacks notierte sie. Dann gab sie die Berichte auf den Kurierweg.[53]

In Neukölln wartete schon der nächste Empfänger: Johannes (»John«) Sieg, Deutschamerikaner aus Detroit, seit 1929 Mitglied der KPD und Kontaktmann des kommunistischen Untergrundapparates. Er unterhielt Beziehungen zu einer illegalen KP-Gruppe in Leipzig, die Siegs Material nach Rußland weitergab.[54] Sieg verfügte in Berlin noch über weitere Informanten.

Neben einigen Genossen in Berliner Betrieben gehörte auch ein massiger Mann zu seinen Zuträgern, mit dem sich Greta Lorke liieren sollte: der Schriftsteller Adam Kuckhoff, ein romantischer Nationalist, der nach dem Gleichschaltungsterror der Nazis 1933 zum entschiedenen NS-Gegner geworden war. Kuckhoff nannte sich seither einen Kommunisten, dennoch hatte der Dichter Mühe, seine betont vaterländischen Werke wie »Der Deutsche von Bayercourt« oder »Ein Leben für Irland« mit der Arbeit für den kommunistischen Untergrund in Einklang zu bringen. Greta Lorke half ihm aus seinen ideologischen Schwierigkeiten. Sie führte den schwerfälligen Mann in das Einmaleins konspirativer Arbeit ein; 1937 heiratete sie ihn.[55]

»Wir gaben Schulungsabende«, erzählt Greta Kuckhoff, »und sprachen über nicht-aktuelle Probleme, zum Beispiel über amerikanische Literatur und geistige Probleme, schließlich aber auch marxistische und die Wissenschaft des Nationalsozialismus, um recht viel davon zu kennen und ihm entgegentreten zu können.«[56] Zu den Zusammenkünften kamen auch Harnack und seine amerikanische Frau, Sieg und andere Freunde.

Kaum einer von ihnen wußte, wer hinter ihren Zusammenkünften stand und sie finanzierte: Erdberg. Er erhielt über jede ihrer Sitzungen einen Bericht von Greta Kuckhoff, er war über alles unterrichtet, was dort vorging. Doch die Informationen aus diesem Kreis leidenschaftlicher Antifaschisten befriedigten Erdberg nicht. Sein Auftrag lautete, möglichst viele Nachrichten aus dem militärisch-industriellen Komplex des faschistischen Deutschland zu beschaffen. Über die industrielle Seite der deutschen Aufrüstung informierte Harnack, doch zur Wehrmacht hatte die Raswedka keinen Zugang.

Da erinnerte sich Erdberg an die Briefe, die ein paar beherzte NS-Gegner zu Beginn des Spanischen Bürgerkrieges in den Postkasten der Sowjetischen Handelsvertretung geworfen hatten. Sie waren voller konkreter militärischer Nachrichten gewesen, die offenbar aus einer Dienststelle der Wehrmacht stammten. Für Erdberg war es nicht schwer zu ermitteln, wer hinter der Aktion gesteckt hatte. In dem redseligen Berliner Untergrund erzählte man sich offen, daß die Jungkommunistin Gisela von Poellnitz etwas »Tolles« gewagt habe, und wo Gisela etwas unternahm, da war ihr Vetter Harro Schulze-Boysen, kurz »Schu-Boy« genannt, nicht fern.

Schu-Boy hatte einen Posten im Reichsluftfahrtministerium, der den jungen Leutnant für Erdberg zu einem Wunschpartner machte. Schulze-Boysen arbeitete in der Pressegruppe des Ministeriums und gehörte damit zur 5. Abteilung des Generalstabs der Luftwaffe, in der die Ergebnisse deutscher Feindaufklärung bearbeitet wurden.[57] Das war genau der Mann, den Erdberg suchte: einer, der fest im Führungsapparat der Wehrmacht saß, der bei den Funktionären des Regimes als einer der ihren galt – und sich doch längst mit Haut und Haaren Moskau verschrieben hatte.

Die jungenhaft-frechen Sprüche Harro Schulze-Boysens, des Sohns eines hochdekorierten Seeoffiziers und Großneffen des Admirals von Tirpitz, täuschten leicht darüber hinweg, daß er ein entschiedener Gegner der Nazis und der bürgerlichen Ordnung war, ein Fanatiker mit deutlich herostratischen, irrationalen Zügen. Er war ein Wortführer des antidemokratischen Jugendprotestes in der Weimarer Republik gewesen, huldigte einer prokommunistischen Rußland-Romantik, die kein stalinistisches Verbrechen mehr wahrnahm, und suchte schon 1932/33 Kontakt zur Sowjetbotschaft, die seine Zeitschrift »Gegner« subventionierte.[58]

Mißhandlungen durch Schläger der SS trieben ihn vollends in die Überzeugung, es sei seine historische Aufgabe, an der Spitze einer sozialen Revolution das Hitler-Regime zu stürzen. Mit Hilfe Hermann Görings, der für Schulze-Boysens Frau Libertas (»Libs«) ein Faible hatte, erhielt er einen Posten im Reichsluftfahrtministerium, wo er rasch als einer der wendigsten und fleißigsten Referenten galt.[59] Die Vorgesetzten bedienten sich des Leutnants gern, wenn es galt, Propagandaschriften zu entwerfen oder Artikel für die Presse zu verfassen. Schu-Boy lieferte jeden Text, der gewünscht wurde – regimekonform, versteht sich.

Unter solcher Tarnung drang er immer stärker in die geheimnisträchtigen Abteilungen des Ministeriums vor, machte neue Bekanntschaften, knüpfte Verbindungen an. Die geheimen Unterlagen aber, die seinen offiziell-journalistischen Arbeiten zugrunde lagen, riefen in ihm eine unausrottbare Überzeugung wach: Adolf Hitlers Weg ging in den Krieg.

Die Lage schien ihm so bedrohlich, daß er ernsthaft daran ging, gleichgesinnte Menschen um sich zu scharen und eine kleine Widerstandsgruppe zu bilden. Sein erster Mitarbeiter war Kurt Schumacher, ein aus Stuttgart stammender Bildhauer, den Schulze-Boysen aus der gemeinsamen Arbeit im »Gegner« kannte. Der Sohn eines Gewerkschaftsfunktionärs gehörte zu den Verfemten des neuen Regimes. Er hing der abstrakten Kunst an und war von allen Ausstellungen vertrieben, seit das »gesunde« Volksempfinden der nationalsozialistischen Kunstzensoren triumphierte.[60]

Desto mehr Zeit hatte der Künstler, über die Mächte nachzudenken, die sich seinem beruflichen Weg so rüde in den Weg stellten. Er begann, das nationalsozialistische System zu analysieren. Was ihm dabei an theoretischer Begabung und ideologischem Schwung fehlte, lieh ihm ein Kommunist, dessen Verhältnis zur Partei freilich gebrochen war: Walter Küchenmeister, ehemaliger Kriegsfreiwilliger der Kaiserlichen Marine, dann Mitglied der KPD und bis 1926 Redakteur am kommunistischen »Ruhr-Echo«. Später hatte die Partei ihn wegen parteifeindlichen Verhaltens aus ihren Reihen gestoßen.[61]

Zu diesem Kreis stießen 1936/37 noch zwei Aktivisten, denen es nicht genügte, in privaten Zusammenkünften über Hitlers Tyrannei zu lamentieren. Gisela von Poellnitz forderte Taten, und auch der nach mehrjährigem Amerika-Exil heimgekehrte Schriftsteller Günther Weisenborn, Pazifist und linksdemokratischer Gesellschaftskritiker, wollte Aktionen gegen das Regime sehen.[62]

Die Freunde wurden aktiv. Sie wollten, so formuliert ein späterer Mitarbeiter, durch Broschüren, Mundpropaganda und Maueranschläge »zur Aufklärung der verschiedensten Berufskreise« beitragen und »zur Bildung einer intellektuellen Elite« aufrufen. Schulze-Boysen verfaßte in Heimabenden die Zeitschrift »Der Vortrupp«, Schumacher und Küchenmeister schrieben antifaschistische Proklamationen ab, andere verteilten sie nachts in den Straßen Berlins. In einem mit Hilfe des oppositionellen Rechtsanwalts und Filmproduzenten Dr. Herbert Engelsing gemieteten Zimmer wurden Flugzettel getippt, in Schumachers Keller das Propagandamaterial deponiert.[63]

Die Gruppe Schulze-Boysen begann sich allmählich zu verbreitern, immer weitere Regimegegner fühlten sich von den Diskussionsabenden und heimlichen Propaganda-Aktionen angezogen. Zu den sieben Mitgliedern der Urzelle des Schulze-Boysen-Kreises gesellten sich NS-Gegner unterschiedlicher Entschlossenheit.

Doch noch ehe sich Schu-Boys Gruppe weiter entwickeln konnte, intervenierte der Raswedka-Späher Erdberg. Er hatte den Leutnant und dessen Freunde lange genug beobachtet, ihm schien Schulze-Boysen der richtige Mann. Erdberg hatte einen Plan gefaßt: die Gruppen Schulze-Boysen und Harnack zu einer Agentenorganisation zu vereinigen.

Greta Kuckhoff tat den ersten Schritt, sie nahm Kontakt zu dem Ehepaar Schulze-Boysen auf. Noch im Sommer 1939 machte »Tobis«-Produzent Engelsing in seinem Haus die Kuckhoffs und die Schulze-Boysens miteinander bekannt. Das gemeinsame Interesse am Filmgeschäft bot den Vorwand dazu: Adam Kuckhoff suchte für sich ein Spielleiterengagement, Libs Schulze-Boysen, Dramaturgin in der Kulturfilmzentrale des Reichspropagandaministeriums, zählte Filmregisseure wie Wolfgang Liebeneiner zu ihren Freunden. Man verstand sich auf Anhieb.[64]

Kurz darauf geriet in diesen Kreis auch Harnack, der den neuen Partnern seinen Auftraggeber Erdberg vorstellte. Arvid Harnack und Harro Schulze-Boysen setzten sich zu einer gemeinsamen Arbeit zusammen, die von nun an von dem Berliner Raswedka-Residenten gesteuert wurde, Geburtsstunde der verwickelten, verwirrenden Agentenorganisation, der die deutschen Verfolger später einen Namen gaben: »Rote Kapelle«.

Trepper und Wenzel in Brüssel, Winterrinck in Amsterdam, Danilow in Paris, Harnack und Schulze-Boysen in Berlin – die Westorganisation des

Direktors wuchs von Woche zu Woche. Auch im Osten Deutschlands entstanden jetzt Agenten- und Sabotagegruppen der Raswedka, die von dem ehemaligen Komintern-Emissär Heinrich Fomferra, einem Schüler Wenzels, geleitet wurden, der in Budapest saß.[65]

Selbst Radó wurde aus seiner »Schläfer«-Position aufgeschreckt. Ein Unbekannter warf eines Tages in Radós Postkarten einen Brief, der dem Residenturleiter Schweiz ankündigte, in den nächsten Tagen werde sich ein Beauftragter der Zentrale bei ihm melden. Der Beauftragte kam: die V-Mann-Führerin »Sonja«, eine schlanke, fast zerbrechlich wirkende Frau, die Auftrag hatte, die Radó-Organisation in Schwung zu bringen. Sonja Schultz, wie sie sich nannte, hieß in Wirklichkeit Ursula Kuszynski und hatte den Raswedka-Agenten Rudolf Hamburger geheiratet, mit dem sie in China eingesetzt worden war. In Genf notierte sie sich alles, was Radó für die Aktivierung seiner Gruppe benötigte: Funkgeräte, neue Verbindungen, Funker und Chiffrierer.[66]

Schon hatten die ersten Agentengruppen ihre Arbeit aufgenommen, schon sah man in der Zentrale deutlich die neue Westorganisation vor sich, da traf sie ein Schlag, den kein Spion und kein Nachrichtenauswerter vorausgesehen hatte: die brutale Wende des 23. August 1939, die Unterzeichnung des deutsch-sowjetischen Nichtangriffspaktes.

Für die Mitarbeiter des sowjetischen Geheimdienstes muß das Bündnis der beiden Diktatoren ein schwerer Schock gewesen sein. Das nationalsozialistische Deutschland, eben noch Todfeind der Sowjetunion und Aufklärungsziel Nr. 1 ihrer Spionagedienste, war gleichsam über Nacht zum Bundesgenossen Moskaus geworden. Eine monatelange Arbeit schien umsonst gewesen zu sein, die sowjetischen Kundschafter und ihre Auftraggeber sahen sich jäh aller Motivation beraubt: Von nun an galt nur noch wohlwollende Neutralität gegenüber Hitler-Deutschland, ja Zusammenarbeit mit ihm.

Das mochten die Offiziere und Soldaten der Raswedka widerspruchslos hinnehmen, die gewohnt waren, stalinistischer Staatsräson jedes Opfer zu bringen. An der »Front« aber, unter den Agenten und Helfern der Sowjetspionage, reagierte man entsetzt. Für die Raswedka arbeiteten nicht wenige deutsche Emigranten und im Reich gebliebene Widerstandskämpfer, die in der Sowjetunion so etwas wie eine Weltbastion des Antifaschismus sahen. Jetzt aber brach in ihnen eine Welt der Illusionen zusammen; sie merkten auf einmal, daß auch die Sowjetunion, wie andere Großmächte, ihre Außenpolitik nicht nach Ideologien, sondern nach Macht und Interessen ausrichtet. Für die Antifaschisten in sowjetischen Diensten war es ein schauerlicher Anblick: Aus Gier auf ein Stück eigener Machterweiterung und utopischer Sicherheit arrangierte sich Stalin mit Hitler und gab ihm den Weg frei zu dem fürchterlichen Amoklauf, der Europa in die Katastrophe des Zweiten Weltkrieges stürzen sollte.

Zahllose V-Männer und Helfer wandten sich von der Sowjetspionage ab, zumindest für die nächste Zeit. »Ich konnte feststellen«, erinnert sich Trepper, »wie verwirrt die militanten belgischen Kommunisten durch diese

Politik [Moskaus] waren. Manche fügten sich schweren Herzens. Andere traten verzweifelt aus der Partei aus.« Er selber fragte sich immer mehr, was er denn eigentlich noch »in Europa zu suchen hätte«. Den deutschen Helfern der Raswedka ging es nicht anders. Man muß schon ideologisch so besessen sein wie Greta Kuckhoff, um sich wenigstens noch nachträglich vormachen zu können, damals habe der Hitler-Stalin-Pakt »nicht nur bei uns, auch bei all den mir und meinem Mann bekannten Genossen und Freunden ein Gefühl der Erleichterung gebracht«.[67]

Doch die dramatischen Ereignisse des September 1939 ließen den Raswedka-Helfern kaum Zeit zum Nachdenken, denn schon rollte die deutsche Kriegsmaschine über das unglückliche Polen hinweg, begleitet von den Segenswünschen der sowjetischen Führung. Auch das gehörte nun zum neuen Bild: die Moskauer Hochrufe auf den deutschen Kriegsbrandstifter, Stalins und Molotows Glückwunschtelegramme zu jedem Sieg der Wehrmacht im Polen-Krieg.

Der Kreml beeilte sich, bei der polnischen Beuteverteilung nicht zu spät zu kommen. Sechs sowjetische Armeen wurden alarmiert und aus dem Inneren des Landes an die polnische Grenze verlegt; in wenigen Tagen sollten sie in Ostpolen einfallen. Auch für die Raswedka gab es Großalarm: Ihre Feindlageoffiziere in den Aufklärungsabteilungen der Korps und Divisionen brachten die Lagekarten auf den neuesten Stand und ließen Aufklärungstrupps ausschwärmen, um die Positionen der deutschen Kampfverbände und ihrer polnischen Gegner zu erkunden.

Doch die Meldungen, die bei dem neuen Raswedka-Chef, Komdiw Iwan Iossifowitsch Proskurow, eingingen, konnten nicht darüber hinwegtäuschen, daß der militärische Geheimdienst nur recht vage über die Kämpfe in Polen informiert war.[68] Der Fliegeroffizier Proskurow kannte das schon aus dem Spanienkrieg; da hatte die Feindaufklärung der eigenen Truppen auch oft versagt und wäre vollends nebelhaft geblieben, hätte er nicht mit seinen Fliegern auf eigene Faust Aufklärung betrieben. So war es auch jetzt wieder: Kaum eine Meldung verriet, wo in Polen die Fronten verliefen.

Prompt stießen die sowjetischen Armeen, die am 17. September 1939 in Polen einmarschierten, auf deutsche Truppen, die sie für Polen hielten und in heftige Feuergefechte verwickelten. Den Raswedka-Leuten blieb nichts anderes übrig, als deutsche Frontstäbe anzufunken und um Auskünfte über die Lage einzelner Verbände der Wehrmacht zu bitten. Die Abwehr funkte zurück: Zum erstenmal arbeiteten die Geheimdienste von Hitler-Deutschland und Stalin-Rußland zusammen.[69]

Dem Antibolschewisten Canaris aber dünkte es eine Ungeheuerlichkeit, wozu der Hitler-Stalin-Pakt ihn und seine Abwehr verurteilte. Es waren seine Offiziere, deren Informationen die sowjetischen Divisionen nach Westen dirigierten, seine Offiziere, die Regeln für den Umgang mit den Russen ausarbeiteten, seine Offiziere, die festliche Zusammenkünfte mit sowjetischen Befehlshabern arrangierten. Der Abwehrchef hatte sichtlich Mühe, sich an das Bild zu gewöhnen, das sich im kriegsverwüsteten Polen immer häufiger darbot: deutscher Empfang in Lemberg für sowjetische

Truppen, deutsch-sowjetische Truppenparade in Brest-Litowsk, gemeinsame Stabsbesprechungen in Siedlce.[70]

Canaris und die ihm politisch nahestehenden Abwehroffiziere sahen es mit Unbehagen. Als Ende September die beiden Regierungen eine neue deutsch-sowjetische Demarkationslinie festlegten und sich daraufhin deutsche Truppen an einigen Punkten zurückziehen mußten, wetterte der Abwehrmajor Helmuth Groscurth: »Der Rückmarsch ist mehr als kurz befristet, eine Art Flucht. Deutsches Blut half den Russen und dem Bolschewismus zum mühelosen Vordringen.«[71]

Ein anderer Canaris-Intimus, der Fregattenkapitän Franz Liedig, erblickte schon alles in düsterer historischer Perspektive. »Hitlers Politik der wechselnden Gelegenheiten«, schrieb Liedig, treibe »steuerlos, prinzipienlos, aufenthaltslos in den Malstrom eines deutschen Untergangs von unvorstellbaren Ausmaßen«, könne Deutschland doch »als Helfershelfer des neu erwachten russischen Raum- und Küstenhungers« nichts anderes erwerben als »den Beruf, zum europäischen Glacis des asiatischen Großreiches UdSSR, zur bolschewisierten Randgruppe Asiens in Europa zu werden«.[72]

Der Abwehrchef stimmte solchen Prophetien herzlich bei, freilich mehr aus praktisch-handwerklichen Gründen. Er wußte nur zu gut, daß der Hitler-Stalin-Pakt das Ende aller Aufklärungsarbeit gegen Rußland bedeutete. Eben hatte ihn der Befehl erreicht, die für den Krieg gegen Polen rekrutierten V-Männer aus dem ukrainischen Exil fallen zu lassen. Bald kam der nächste, der endgültige Befehl von oben: keine Spionage mehr gegen Rußland.[73]

Canaris war nicht der Mann, sich diesem Befehl zu widersetzen. Heydrichs SD mochte es wagen, sich über derartige Hitler-Weisungen hinwegzusetzen und seine Rußland-Spionage noch zu verstärken; der Abwehrchef aber führte stur aus, was ihm die OKW-Spitze abverlangte. Canaris-Anweisung vom 26. März 1940, notiert von Oberst Erwin Lahousen, dem Chef der Abwehrabteilung II: »Es darf nichts geschehen, was die Russen verletzt.«[74]

Die von der Abwehrzentrale eingesetzten »Beauftragten für Grenzfragen« an der deutsch-sowjetischen Demarkationslinie sollten nicht zuletzt verhindern, daß V-Männer auf eigene Faust Aufklärung gegen sowjetische Truppen betrieben. »Ein Erfolg der Tätigkeit der Beauftragten«, schrieb Canaris am 22. Juni 1940 in einer Weisung, »kann nur bei sorgsamer Pflege der Zusammenarbeit mit den sowjetischen Beauftragten erwartet werden. Diese Zusammenarbeit ist so eng wie möglich zu gestalten. Sie erfordert ein besonderes Maß an Taktgefühl und Verhandlungskunst.«[75]

So gründlich hatte sich wohl kein deutscher Geheimdienst selber verstümmelt. Canaris entmutigte alle Offiziere, die versuchten, der Abwehr neue Rußland-Quellen zu erschließen, und nichts war dem Abwehrchef unwillkommener als Hinweise auf die immer größeren Lücken des Rußland-Bildes seiner Organisation.

Als der rumänische Geheimdienst-General Moruzow im Oktober 1939 Oberstleutnant Pruck, einem der führenden Offiziere der Abwehr I, bei einem Besuch in Bukarest das vorzügliche Rußland-Material seiner Agenten anbot, mußte der Besucher ablehnen, weil »Admiral Canaris mir vor der Abreise noch ausdrücklich Weisung erteilt [hatte], mich auf keinerlei Verabredung bezüglich der Sowjetunion einzulassen«.[76] Das blieb kein Einzelfall. Vor allem die ausländischen Helfer der Abwehr erfuhren von Canaris' Beauftragten immer wieder, wie wenig populär in Berlin jetzt Spionage- oder gar Zersetzungsarbeit gegen Rußland war.

Der japanische Geheimdienst konnte ein Lied davon singen. Canaris zwang seinen Verbündeten, den gemeinsamen Zersetzungsdienst gegen die Sowjetunion aufzulösen; selbst das Berliner Haus, in dem ein Verbindungsstab der Boryaku-ka saß, mußten die Japaner aufgeben. Wann immer die Japaner den deutschen Kollegen neue russische Informanten andienten, holten sie sich eine Abfuhr, wie im Falle einiger estnischer V-Männer, die Canaris nicht haben wollte »wegen Gefährdung der politischen Lage« (Lahousen-Notiz).[77] Nein, Spionage gegen den russischen Verbündeten war nicht mehr erwünscht.

Nicht viel anders sah es auf der sowjetischen Seite aus. Auch Raswedka-Chef Proskurow hatte strenge Order, den alten Wunschgegner des sowjetischen Geheimdienstes in Ruhe zu lassen. »Ende 1939«, erzählt Trepper, »erhielt ich mehrere Weisungen, die zeigten, daß die neue Leitung der Zentrale kein weiteres Interesse an der Bildung der Roten Kapelle hatte... Mehrere Funksprüche ersuchten mich dringend, Alamo und Kent (Sierra) nach Moskau und Leo Großvogel in die Vereinigten Staaten zurückzuschikken.« Auch Trepper sollte seine Zelte im Westen abbrechen, selbst an Sorges Ablösung durch einen »obskuren Oberst« (Trepper) wurde schon gedacht.[78]

Keinem sowjetischen Agenten aber wäre es eingefallen, auf eigene Initiative, ohne Befehl von oben, gegen den deutschen Faschismus weiterzuarbeiten, zumal aus den sowjetischen Medien nahezu schlagartig alle antifaschistischen Parolen verschwunden waren. Walter Ulbricht mahnte öffentlich die deutschen Genossen im Exil, nicht durch »primitiven Antifaschismus« alle Chancen der Zukunft zu erschweren, und der Komintern-Funktionär Fürnberg meinte gar, jetzt müsse man »viele Vorurteile über Bord werfen«; wenn es möglich sei, auf dem Umweg über den deutsch-sowjetischen Pakt zum Sozialismus in Deutschland zu kommen, dann müsse die Partei auch Konzentrationslager und Judenverfolgung als notwendige Übel in Kauf nehmen.[79]

Rußlands Repressions- und Erkundungsapparate waren schon kräftig dabei, sich ihrer »Vorurteile« zu entledigen. Das gemeinsame Interesse an der Niederhaltung des Polentums führte Gestapo und GUGB zusammen. Gleich nach Beendigung des Polen-Krieges war in Zakopane ein Ausbildungslager entstanden, in dem Angehörige von Gestapo und GUGB in der »gemeinsamen Bekämpfung der polnischen Bandenbewegung« (so die offizielle Bezeichnung) geschult wurden.[80] Heydrichs Reichssicherheitshauptamt, 1939 entstanden durch Zusammenlegung von Gestapo und SD, und Berijas NKWD tauschten Nachrichten über die »Bandenlage« aus, ihre Beauftragten kamen zu Konferenzen zusammen, darunter einer in Krakau.[81]

»Die NKWD-Methoden bei der Bekämpfung unserer Widerstandsbewegung«, so erinnerte sich später der polnische Untergrundchef Tadeusz Bor-Komorowski, »wurden von der Gestapo sehr bewundert, was zu der Forderung führte, diese Methoden auch im deutschen Besatzungsgebiet zu übernehmen.«[82] Tatsächlich akzeptierte die Sicherheitspolizei im Generalgouvernement einige Kampfmittel der sowjetischen Staatssicherheit, zumal es die russischen Kollegen offensichtlich besser verstanden, polnische Widerstandsgruppen zu unterwandern und dann unschädlich zu machen.

Bei so enger Zusammenarbeit schien es nur noch logisch, daß sich Gestapo und GUGB ihre politischen Gefangenen gegenseitig zuschoben wie in den Zeiten der Monarchie, als die Behörden des Zarenreichs preußische Zuchthäusler übernahmen und in Sibiriens angeblich sicheren Strafkolonien verschwinden ließen. Diesmal ging es freilich eher in die umgekehrte Richtung: Deutsche Gefangene aus den Straflagern der Sowjetunion, meistens Kommunisten und jüdische Emigranten, an denen die Gestapo interessiert war, wurden in Sammeltransporten nach Deutschland abgeschoben, wo sie in den Konzentrationslagern untertauchten (so die Stalin-Gegnerin Margarete Buber-Neumann, die das Martyrium ihres Häftlingstransportes später in einem Buch beschrieb).[83]

Aber auch die Raswedka war gehalten, dem deutschen Bündnispartner Entgegenkommen zu zeigen. Schon malten sich die Geheimdienstler in Moskau und Berlin gemeinsame Aktionen gegen den westlichen »Imperialismus« aus, vor allem im Vorderen Orient, wo die Interessen der beiden Mächte völlig übereinzustimmen schienen. Canaris konnte sich erfolgreiche Aktionen der Abwehr gegen das britische Indien und dessen Anrainerstaaten nur noch in engster Zusammenarbeit mit den Russen vorstellen. Lahousen notierte: »Der Herr Amtschef sieht eine Erfolgsmöglichkeit nur bei einer absolut aktiven Mitwirkung Rußlands.«[84]

Als Abwehroffiziere im Herbst 1939 mit dem Plan umgingen, einen Putsch im probritischen Afghanistan zu inszenieren und den Exkönig Amanullah an die Macht zu bringen, bestand Canaris darauf, daß erst einmal die Russen zustimmen müßten. Prompt hielt Lahousen am 7. Dezember 1939 in seinem Tagebuch fest: »Rußland ist mit dem Plan, einen Aufstand in Afghanistan zu entfachen, prinzipiell einverstanden, d. h. es stellt den Aufmarschraum wohlwollend zur Verfügung, wünscht aber, daß der Aufstand als rein afghanische Angelegenheit aufgezogen wird.«[85] Von nun an war die Raswedka mit im Komplott, verlangte doch Moskau (und erhielt zugestanden), »über alle näheren Einzelheiten unterrichtet« zu werden.[86]

Auch im konspirativen Kampf der deutschen Geheimdienste gegen die britische Herrschaft in Indien mischte Rußland mit. Als der indische Nationalistenführer Subhas Chandra Bose im März 1941 aus seiner Heimat floh und sich in Kabul versteckte, waren es die Sowjets, die ihm die Möglichkeit boten, sich nach Rußland durchzuschlagen und Berlin zu erreichen – in engster Abstimmung mit deutschen und italienischen Behörden.[87]

Doch die Zeit der deutsch-sowjetischen ND-Kooperation währte nicht lange. Schon der wachsende Druck der sowjetischen Diplomatie und Armee auf die baltischen Staaten brachte Abwehr und SD in schwere Verlegenheit, zielten doch die Moskauer »Kameraden« just gegen jene Staaten, ohne die deutsche Spionagearbeit gegen Rußland undenkbar gewesen war. Jetzt geschah, was der Hitler-Gegner Liedig prophezeit hatte: Der durch Hitlers Eroberungen enthemmte sowjetische Imperialismus suchte sich in Estland, Lettland und Litauen seine ersten Opfer; im Spätherbst 1939 zwang Moskau die drei Staaten, ihm Stützpunkte auf deren Territorien einzuräumen, und niemand klatschte dabei so Beifall wie die großdeutsche Diplomatie.

Canaris mochte seinen alten baltischen ND-Partnern nicht mehr unter die Augen treten, die am Berliner Tirpitzufer anfragten, wo die versprochene deutsche Hilfe bleibe. Der Abwehrchef ließ sich meist verleugnen. Was hätte er auch den erregten Freunden aus Riga, Kaunas und Reval antworten sollen, er, der jeden Tag auf seiner Lagekarte deutlicher sah, wie eine verantwortungslose Staatsführung es zuließ, daß die sowjetische Großmacht ein natürliches Hindernis nach dem anderen zwischen sich und Deutschland beseitigte und den deutschen Grenzen immer näher kam?

Als am 30. November 1939 vier sowjetische Armeen das unabhängige Finnland, nicht zuletzt auch ein Produkt deutscher Geheimdienstarbeit, überfielen, weil es sich Moskaus Pressionen versagt hatte, da geriet die Abwehr vollends zum Erfüllungsgehilfen der Moskauer Invasoren. V-Männer der Abwehr III und Beamte der Sicherheitspolizei formierten sich, um jeden durch Deutschland laufenden Waffentransport für das hart bedrängte Finnland zu unterbinden.[88] Die Raswedka durfte auch von deutschem Boden aus Aufklärung gegen Finnland betreiben, ja die deutsche Marine erklärte sich sogar bereit, die Rote Flotte mit Nachrichten zu beliefern und die Finnland blockierenden sowjetischen U-Boote zu versorgen (worauf die Sowjets dann doch verzichteten).[89]

Für Canaris wäre es wohl nur ein geringer Trost gewesen, wenn er gewußt hätte, in welche Nöte der Finnland-Krieg den Raswedka-Chef gestürzt hatte. Von den führenden Militärs der Sowjetunion stand kaum einer so blamiert da wie Iwan Jossifowitsch Proskurow. Sein Aufklärungsdienst hatte nahezu alles falsch gemacht: die Kampfkraft der finnischen Armee unrichtig beurteilt, das kunstvolle System der gegnerischen Verteidigungsstellungen unterschätzt, die Moral und Stimmung der finnischen Bevölkerung grotesk verkannt.

Es waren nicht zuletzt die falschen Stärkebilder der Raswedka gewesen, die den Feldzugsplan des Armeekommandeurs II. Ranges* Merezkow zum Scheitern verurteilt hatten. Kirill Afanasjewitsch Merezkow, Befehlshaber im Militärbezirk Leningrad, hatte berechnet, in drei Wochen seien Helsinki und die wichtigsten Gebiete Finnlands besetzt, in spätestens fünf Wochen der Krieg zu Ende. In Wirklichkeit aber rannten sich Merezkows Armeen bereits nach zehn Tagen fest, ehe sie auch nur das Vorfeld des finnischen Abwehrsystems erreicht hatten. Der vermeintliche Spaziergang nach Helsinki wurde zum Fiasko. Die sowjetische Offensive brach zusammen.[90]

---

* Entspricht einem Generaloberst der heutigen Sowjetarmee.

Erst nach der Auswechslung ihrer wichtigsten Führer und der Heranholung neuer Armeen gewannen die Sowjets an Boden. Zug um Zug zogen sich die finnischen Verteidiger zurück; im März 1940 mußte Finnland vor der geballten Macht der Roten Armee kapitulieren und die territorialen Forderungen des Kreml erfüllen. Doch die anfängliche Blamage der Großmacht Rußland war nicht mehr wegzuwischen. Allzu lange hatte sich das kleine Finnland gegen den Koloß erfolgreich gewehrt.

Stalin aber wollte nicht länger unfähige Militärs um sich dulden. Er feuerte den Verteidigungskommissar Woroschilow und überließ es einer Untersuchungskommission, aus den Schlappen der Roten Armee Konsequenzen zu ziehen, notfalls auch auf Kosten der Partei. Stalins Inquisitoren schlugen ein deftiges Reformprogramm vor: weitgehende Abschaffung des Kommissarsystems in der Armee, Restauration des Militärs einschließlich Wiedereinführung der alten Generalsränge, Modernisierung und verstärkte Aufrüstung der Streitkräfte.[91]

Noch ehe Stalin das Programm in Angriff nehmen ließ, zerplatzte eine weitere Illusion der sowjetischen Führung, auch sie nicht zuletzt Ergebnis irriger Raswedka-Analysen. Im Mai 1940 schlugen Hitlers Panzer- und Infanterieverbände im Westen los und überrollten in wenigen Wochen Frankreich, Belgien und Holland – zum Entsetzen der führenden Militärs in Moskau, die einen solchen Blitzkrieg nicht für möglich gehalten hatten.

Der rasche Polen-Feldzug hätte sie warnen müssen, doch den hatten sie weniger auf die militärischen Leistungen der Deutschen als auf die Schwäche des »verfaulenden« Polen zurückgeführt. Kein Bericht der Raswedka bereitete die Spitzenmilitärs darauf vor, daß die deutsche Wehrmacht drauf und dran war, mit ihren Panzern die herkömmliche Kriegführung zu revolutionieren. Das war das Neue: Panzer nicht mehr allein zur Unterstützung der vorrückenden Infanterie, sondern in massiver Formation als eigenes strategisches Element, als entscheidender Wegbereiter der nachfolgenden Truppen. Im Polen-Krieg hatte sich die neue Blitzkriegstrategie bereits bewährt, doch die sowjetischen Beobachter hatten nichts gemerkt.

Im Gegenteil: Den Führern der Roten Armee war der Einsatz großer Panzerverbände so schwierig und problematisch erschienen, daß der Oberste Militärrat im November 1939 beschlossen hatte, die Panzerkorps aufzulösen und durch motorisierte Divisionen zu ersetzen. Hitlers spektakulärer Westfeldzug aber demonstrierte, wie falsch die Moskauer Entscheidung gewesen war.[92]

Erregt verlangte der sowjetische Generalstab von seinem Nachrichtenchef Aufklärung darüber, wie der deutsche Triumph möglich gewesen war. Proskurow, inzwischen Generalleutnant, gab die Fragen der Hauptverwaltung für Operationen an seine Westspione weiter. Jetzt mußte sich erweisen, ob die Organisation des Grand Chef etwas taugte.

Trepper alarmierte seinen Apparat. In Belgien und in den Niederlanden schwärmten Agenten und V-Männer aus, um dem Geheimnis der deutschen Westoffensive auf die Spur zu kommen. Schon auf einer Fahrt an die Kanalküste hatte sich Trepper in ein Notizbuch geschrieben, was ihm an den vorüberziehenden Deutschen aufgefallen war. Tag um Tag liefen neue Berichte ein. Mosaikstein um Mosaikstein fügte sich zu einem Ganzen. Anfang Juni konnte Trepper einen achtzig Seiten langen Bericht für den Direktor in Moskau abgeben, übermittelt durch den Militärattaché an der Sowjetischen Gesandtschaft in Brüssel.[93]

Treppers Bericht war nur einer von vielen, die Sowjetrußlands Führung aufschreckten. Jede neue Meldung schien zu dokumentieren, daß der Siegeszug der deutschen Kriegsmaschine schier unaufhaltsam war: Frankreich geschlagen, der Westen und auch Norden Europas sicher im deutschen Griff, die Niederlage Englands oder gar eine Verständigung zwischen Berlin und London anscheinend nur noch eine Frage weniger Wochen – wo blieb da die Sicherheit der Sowjetunion? Noch stand die Masse der deutschen Truppen im Westen, aber jeden Augenblick konnte sich der siegestrunkene deutsche Diktator nach Osten wenden und Rußland Konzessionen abpressen, wenn nicht gar mit Krieg überfallen, wie es schon in »Mein Kampf« prophezeit war.

Dagegen wollte Stalin sich schützen, durch gewaltsame Sicherung dessen, was er als strategisches Vorfeld der Sowjetunion verstand. Kaum war Paris am 14. Juni gefallen, da zwang Stalin die drei Baltenstaaten, sich der Sowjetunion anzuschließen. Am 16. Juni rückten sowjetische Truppen in Litauen ein, einen Tag darauf auch in Estland und Lettland.

Noch hatte die deutsche Führung sich von Stalins Überraschungsaktion nicht ganz erholt, da folgte schon der nächste Schlag: 36 sowjetische Divisionen marschierten gegen Rumänien auf, unter deren Drohung die Regierung in Bukarest Ende Juni genötigt wurde, Bessarabien und die Nordbukowina an die Sowjetunion abzutreten. Wieder rückte die Rote Armee in fremde Gebiete ein, die diesmal besonders sensibel für die deutsche Kriegsführung waren: In der unmittelbaren Nachbarschaft lag das Zentrum der rumänischen Erdölindustrie, von deren Lieferungen die deutsche Kriegsmaschine nicht wenig abhängig war. Die Öllieferungen nach Deutschland im Schußfeld sowjetischer Geschütze – das mußte Hitler herausfordern.

Der nahm in der Tat den sowjetischen Vorstoß übel; er werde sich, wetterte Hitler, von den Russen nicht überrumpeln lassen. In seiner Optik hatte Stalin eine Todsünde begangen: Er hatte der europäischen Machtpolitik das Pulverfaß Balkan erneut geöffnet, was vor allem den Briten nutzen mußte, die eben von den deutschen Armeen aus Europa vertrieben worden waren. Ein neuer Balkan-Konflikt bot England die Chance, sich in Europa wieder einzuschalten. War etwa dies der Sinn des sowjetischen Manövers? Der mißtrauische Hitler witterte ein Komplott zwischen Moskau und London – gegen Deutschland.

Ein paar Geheimberichte brachten das Faß zum Überlaufen. Der SD hatte im Belgrader Außenministerium einen V-Mann eingeschleust, der den Deutschen die Korrespondenz zwischen dem Ministerium und dessen Moskauer Gesandten Milan Gawrilowitsch zugänglich machte.[94] Gawrilowitschs Berichte von Mitte Juli ließen keinen Zweifel daran, daß in Moskau der Wind gegen Deutschland umgeschlagen war. Molotow, so meldete der Gesandte, habe emphatisch ausgerufen, die Deutschen würden »nichts von dem vollenden, was für sie in ›Mein Kampf‹ geschrieben worden ist«, schließlich seien russische Truppen schon einmal in Berlin gewesen. Gawrilowitschs Resumée: Die Sowjetunion bereite sich »fieberhaft« für einen Kampf vor, wenn sie auch einen Krieg gegen Deutschland nicht führen wolle, »wenigstens im Augenblick nicht«.[95]

Hitler las die Gawrilowitsch-Berichte, die ihn beeindruckt haben mögen, zumal sie sich inhaltlich mit den vom italienischen Geheimdienst abgefangenen Depeschen des griechischen Gesandten in Moskau deckten.[96] Immer mehr stieg in dem Diktator der Wunsch auf, dieses gefährliche Rußland mit einem brutalen Vernichtungsschlag auszuschalten. Zusehends spielte er mit dem Gedanken, bei nächster Gelegenheit die Sowjetunion mit seinem sieggewohnten Heer zu überfallen. Bei einer Konferenz am 21. Juli erfuhren seine engsten militärischen Ratgeber zum erstenmal von dem Plan; der Generalstab des Heeres erhielt Order, »das russische Problem in Angriff zu nehmen«.[97]

Hier ist nicht der Ort, detailliert zu untersuchen, was Hitler letztendlich zu dem fatalen Entschluß bewog, der am Ende sein Regime und den deutschen Machtstaat ins Verderben stürzen sollte. Waren es, wie früher die Historiker fast unisono annahmen, Hitlers alte fixe Ideen von einem imperialistischen Raubkrieg zur Sicherung deutschen »Lebensraums« im Osten oder waren es, dies die neuere Erkenntnis kritischer Historiker, situative Gründe, etwa die Zwangslage, in die sich Hitler durch seine eigene Kriegspolitik hineinmanövriert hatte und aus der es keinen friedlichen Ausweg mehr gab? Was immer auch dabei ursächlich war – die Abkühlung zwischen Berlin und Moskau ließ die deutschen und sowjetischen Geheimdienste wieder aufeinander losschlagen.

Denn eine grausame Ironie wollte, daß auch in Moskau der Krieg gegen den unheimlichen Nachbarn nicht mehr undenkbar war. Natürlich wußten die Russen nicht, was Hitler gerade plante und erwog, dennoch stellte sich die sowjetische Führung auf die militärische Konfrontation mit Deutschland ein. Das stand hinter allem, was Stalin jetzt betrieb: dem verstärkten Rüstungsprogramm, der Vermehrung der Armee, dem Wiederaufbau der abgeschafften und der Aufstellung neuer Panzerkorps.

Da war es auch nicht mehr erstaunlich, daß die Feindaufklärung neue und erweiterte Aufgaben erhielt, freilich nicht mehr unter Proskurow, der in Ungnade gefallen war. In der Hauptverwaltung für Aufklärung gab seit dem 7. Juli ein neuer Mann den Ton an: Generalleutnant Filipp Iwanowitsch Golikow, vierzig Jahre alt, ehemaliger Befehlshaber der 6. Armee, ein im Spionagegeschäft unerfahrener Expolitruk und Infanterist. Seine Ernennung zum Direktor verriet gleichwohl, welchen Stellenwert Stalin und das Politbüro dem Geheimdienst beimaß: Golikow saß im Zentralkomitee der belorussischen KP und war zugleich Kandidat des ukrainischen ZK, außerdem Deputierter im Obersten Sowjet, was ihn als einen besonderen Vertrauensmann der politischen Führung auswies.[98]

Entsprechend bedeutsam war der Auftrag, der Golikow erteilt worden war: die geheimdienstliche Aufklärung gegen Deutschland wieder aufzunehmen und zu intensivieren, ohne das Mißtrauen des Paktpartners zu erwecken. Golikows Sendboten tauchten Ende Juli 1940 im deutschbesetzten Europa unter, um erneut die alten Genossen gegen den Faschismus mobil zu machen. Trepper erreichte ein besonderer Befehl: Er sollte seine Organisation in Belgien verlassen und in Frankreich ein neues Informantennetz aufziehen.[99]

Als Leiter der belgischen Gruppe zog Trepper den Hauptmann Kent heran, der im Haus 106 der Brüsseler Avenue de Emile Beco ein fröhliches Leben führte. Sowenig er auch den kleinen, häßlichen Kent leiden mochte – Trepper brauchte ihn, da er der einzige Russe war, der den belgischen Apparat übernehmen konnte. Im Juli 1940 reiste Trepper nach Paris ab. Aus Kent wurde der »Petit Chef«, der Kleine Chef, aus Treppers belgischer Organisation die »Gruppe Kent«.[100]

Gemeinsam mit seinen beiden Helfern Großvogel und Katz begann Trepper in Paris, ein neues Spionagenetz zu knüpfen. Zu den drei Agenten stieß ein Veteran kommunistischer Konspiration, im Geheimdienst ebenso erfahren wie in der untergegangenen Komintern: Henry Robinson, Sohn eines Frankfurter Kaufmanns, Anfang der dreißiger Jahre für Industriespionage zuständiger Mitarbeiter des sowjetischen Residenturleiters in Frankreich, schließlich OMS-Chef für Westeuropa.[101] Robinson brachte in Treppers Frankreich-Organisation eine Informantengruppe ein, deren V-Männer in zahlreichen Regierungsstellen arbeiteten bis hin zum Kabinett in Vichy und zum Geheimdienst der französischen Armee. Der Robinson-Ring hatte aber auch Tuchfühlung zur Kommunistischen Partei Frankreichs und zum Schweizer Apparat der Raswedka.

Eine zweite Agentengruppe, von Trepper mißtrauisch durchleuchtet und dann akzeptiert, erschloß ihm einen anderen Sektor der französischen Gesellschaft: Kirche, Adel und russische Emigranten. An der Spitze dieser Gruppe standen die beiden Nachkommen eines Zarengenerals aus Tschernigow, der Bergingenieur Wassilij Pawlowitsch Maximowitsch und die Nervenärztin Anna Pawlowna Maximowitsch.[102]

Baron Maximowitsch verkehrte mit deutschen Militärbeamten, seit er sich mit der Wehrmachtshelferin Anna-Margaret Hoffman-Scholtz (»Hoscho«) liiert hatte. Die alternde Sekretärin fand Gefallen an dem russischen Baron und ließ sich gerne hofieren, auch als sie Ende 1940 in das Deutsche Konsulat in Paris überwechselte. »Hoschos« Vertrauensseligkeit gegenüber dem charmanten Werber kannte keine Grenzen. Die Gestapo konnte später nur noch vermuten, »daß über sie Nachrichten sowohl vom Militärbefehlshaber als auch aus dem Deutschen Konsulat in Paris nach Moskau gelangt sein dürften«.[103]

Maximowitsch war bei den Deutschen so eingeführt, daß er manche Nachricht über interne Vorgänge der Besatzungsmacht auffangen konnte. Zwei Männer seines Vertrauens saßen als Dolmetscher in einer deutschen Dienststelle, und eine besonders leistungsfähige Informantin, die ehemalige Akrobatin Käthe Völkner, tippte im Büro des Beauftragten für den Arbeitseinsatz in Frankreich (Amt Saukel) vertrauliche Berichte.[104]

Die Arbeit Maximowitschs inspirierte Großvogel zu einem weiträumigen Unterwanderungsmanöver. Leo Großvogel war Kaufmann, er konnte nur kaufmännisch denken. Was benötigten die deutschen Besatzer besonders dringlich? Baumaterialien, Maschinen, Waren aller Art. Man mußte also Firmen gründen, die alles lieferten, was die Deutschen brauchten; vom Orientteppich bis zur Eisenbahnschiene, vom Bagger bis zum Fahrrad – alles mußte für die Besatzungsmacht herangeschafft werden. Nur so kam man mit den deutschen Behörden ins Gespräch, konnte in ihre Reihen eindringen und sammeln, worum es ging: Nachrichten über Truppenbewegungen, Waffen, Munition, Kasernen, Befestigungen.

Doch die Deutschen waren mißtrauisch; wer ihnen seine Dienste anbot, wurde mit teutonischer Gründlichkeit durchleuchtet. Weniger verdächtig als ein Franzose oder ein Belgier erschien den Besatzern ein Geschäftsmann neutraler Staaten. Das brachte Großvogel auf die richtige Idee: Der als Student aus Uruguay auftretende Kent mußte in Brüssel eine Firma gründen.

Kent brach sein »Studium« ab und begann, politisch unverdächtige belgische Geschäftsleute für den Plan einer Warenkommissionsfirma zu interessieren, die vor allem für die deutsche Besatzungsbehörde arbeiten sollte. Bald hatte er neun Belgier zusammen, mit denen er die »Societé Importation-Exportation« (Simexco) gründete.[105] Kent alias Vincente Sierra wurde Geschäftsführer des Unternehmens und erwarb sich rasch das Vertrauen der Besatzungsmacht. Die Organisation Todt, die Bauarbeiterarmee des Dritten Reiches, kam später nicht mehr ohne die Lieferungen der Simexco aus; wo immer Kasernen gebaut wurden, wo immer neue Befestigungsanlagen der Wehrmacht entstanden, stets schaffte Kents Firma die Baumaterialien heran.

Das Vertrauen der Deutschen erlaubte den Simexco-Leuten, ungehindert in Wehrmachtsanlagen einzudringen. Bedenkenlos stellte die Abwehr Ausweise für leitende Simexco-Angestellte aus und zog sie zu geheimen Bauprojekten heran. Kent und seine Konfidenten reisten im deutschen Herrschaftsgebiet herum, »als gäbe es für sie keinen Krieg« – so ein ehemaliger Abwehroffizier.[106] Immer weiter dehnte Kent das Beziehungsnetz seiner Tarnfirma aus. Er schuf Zweigstellen in Marseille, Rom, Prag und Stockholm, er ließ Schwesterunternehmen im deutsch-besetzten Protektorat Böhmen und Mähren und in Rumänien gründen. Im Schutze solcher internationaler Geschäftsverbindungen konnte Kent dem sowjetischen Spionageapparat neue Stützpunkte schaffen, die kommunistische Agenten in Mitteleuropa mit der Organisation im Westen verbanden.

Kent entfaltete eine solche Betriebsamkeit, daß später seine deutschen Verfolger annahmen, er sei der eigentliche Chef der sowjetischen Spionagegruppen im Westen gewesen. Tatsächlich war er nur der Antreiber und Trommler, der in Treppers Auftrag und damit auch des Direktors kommunistische Agentengruppen mobilisierte. Überall tauchte Kent auf, wo neue Informantennetze gelegt, Mitarbeiter geworben, technisches ND-Gerät benötigt wurde. Und wo er erschien, ging ihm stets ein Stichwort voraus, das die Eingeweihten alarmierte und für Kent gleichsam das alles öffnende Entrée war: »Kennwort: Direktor«.

Kennwort: Direktor – das war die Parole, unter der Raswedka-Chef Golikow jetzt auch den letzten Mitarbeiter aktivieren ließ. »Kennwort: Direktor« stand auch in den vielen Funksprüchen, die Kent nun und später aus Moskau zugingen. Er mußte die deutsche Agentenorganisation inspirieren, wozu der Funkspruch erging: »Arbeit der Berliner Gruppen und Nachrichtenübermittlung von größter Wichtigkeit ... Kennwort überall: Direktor.«[107]

Nicht überall war freilich der Inspekteur Kent ein willkommener Besucher. Als er bei Radó auftauchte, um dem Schweizer Agentenchef ein Funkgerät zu übergeben und ihm das Einmaleins des Funkens beizubringen, nahm der nur widerwillig die Belehrungen entgegen. Radó fand Kent unausstehlich: »Sein lehrhafter Ton reizte mich. Er war spürbar von sich äußerst überzeugt.«[108]

Dennoch spornte der Unterricht Radó an, seine Organisation zu verbessern und zu erweitern. Er trieb seinen Agentenführer Pünter an, neue Informanten zu werben. Zwei britische Mitarbeiter von Sonja, der Funker Alexander Foote (Deckname: »Jim«) und der Chiffrierer León Charles Beuston (»Jack«) halfen mit, die Basis des Unternehmens zu erweitern; sie heuerten in Süddeutschland Informanten an und notierten sich Deckadressen. Zudem hatte der Zusammenbruch Frankreichs Radó neue gute Informanten zugespielt, darunter gaullistische Offiziere wie den Journalisten Georges Blun (»Long«).[109]

Bald trat eine neue Agentengruppe aus dem Dunkel heraus, wiederum von einer Frau geführt. Es war die Komintern-Beauftragte Rachel Dübendorfer, damals vierzig Jahre alt, mit dem Schweizer Heinrich Dübendorfer verheiratet und seit 1935 für Moskau konspirativ tätig. »Sissy« (so ihr Deckname) arbeitete als Sekretärin im Völkerbund-eigenen Internationalen Arbeitsamt und hielt Kontakt zu Industriearbeitern in Süddeutschland. Zwei Männer assistierten ihr dabei: der Altkommunist Paul Boettcher, Sachsens ehemaliger Finanzminister, mit dem Sissy nach der Trennung von Dübendorfer zusammengezogen war, und ein Arbeitsamtkollege namens Christian Schneider, Emigrant aus Wiesbaden und Exjournalist, der später als »Taylor« Radó zu internationalem Ruhm verhelfen sollte.[110]

Radó war von dem Auftauchen der neuen Gruppe wenig erbaut, zumal ihm Rachel Dübendorfers Primadonnen-Allüren mißfielen. Doch die Zentrale wünschte die Zusammenarbeit, gehorsam baute Radó das Sissy-Netz in seine Organisation ein. Er verfügte jetzt über einen ansehnlichen Apparat, etwa 50 V-Männer hörten auf seine Order.[111]

Befriedigt konnte Kent nach Moskau melden, daß auch das Schweizer Netz voll funktionsfähig war. Kent, Kent, immer wieder Kent – dem Chef Trepper, inzwischen zum Residenturleiter für ganz Westeuropa ernannt, ging der Eifer des Petit Chef allmählich auf die Nerven. Das weckte in ihm den Wunsch, in Frankreich eine eigene Tarnfirma unter seinem direkten Kommando zu gründen. Wieder machte sich Großvogel an die Arbeit.

Die neue Firma, genannt Simex, war eine getreue Kopie des Kent-Unternehmens. Diesmal verzichtete Großvogel jedoch auf den Tarnmantel eines neutralen Geschäfts, diesmal traten die führenden Sowjetspione im besetzten Frankreich offen in die Firma ein: Trepper alias Jean Gilbert wurde Geschäftsführer der Simex, zum Chefsekretär bestellte er sich seinen Adlatus Katz. Großvogel figurierte als Gesellschafter.[112] Die drei Agenten schlugen im Lido-Haus auf den Champs-Elysées ihr Quartier auf. Keiner der übrigen Angestellten ahnte, daß hinter dem luxuriösen Arbeitszimmer des Geschäftsführers Gilbert die Fäden der größten sowjetischen Spionageorganisation in Westeuropa zusammenliefen; hinter dem Zimmer lag ein kleiner Raum, in dem die Schlüsselbücher und Adressenlisten des Trepper-Apparates aufbewahrt wurden.[113]

Blieb noch die deutsche Befehlszentrale im Reich, die sich bis dahin den Erkundungsversuchen sowjetischer Spione fast völlig entzogen hatte. Auf das Entscheidungszentrum Berlin richtete jetzt Golikow seine ganze Aufmerksamkeit. Ein neuer Militärattaché, Generalmajor Wassilij Iwanowitsch Tupikow, sollte mit seinem Gehilfen Skonjakow die Erkundungsarbeit verbessern und die Mitarbeiter der Raswedka auf die drohende Zuspitzung der sowjetisch-deutschen Beziehung vorbereiten.[114]

Entsprechend lauteten Tupikows Weisungen an den Residenturleiter Erdberg, der ständig in Bewegung gehalten wurde, um neue Informanten für die Raswedka zu finden. Es hatte etwas Verzweifeltes an sich, wie da Erdberg auf Agentensuche ging und jeden anwarb, der auch nur die geringste Aussicht bot, für Moskau etwas auskundschaften zu können. So geriet allmählich manche rote Widerstandsgruppe in Erdbergs Aktionsfeld, darunter der Kreis um den KPD-Funktionär Bernhard Bästlein in Hamburg und die Widerstandsgruppe des Volkswirts Wilhelm Guddorf, der in Berliner Betrieben eine kommunistische Untergrundorganisation geschaffen hatte.

Der Raswedka-Konfident Sieg brachte Guddorf mit der Widerstands- und Agentengruppe Schulze-Boysen/Harnack zusammen, sicherlich nicht ohne Erdbergs Ermunterung. Bereitwillig nahmen Schulze-Boysen und Harnack den KPD-Mann Guddorf auf, denn dessen Zellenapparat in den Berliner Betrieben konnte der Organistion einen Unterbau sichern, der ihr noch fehlte. Doch Guddorf zögerte, sich den beiden »Salonkommunisten« anzuschließen; den Altkommunisten störte Schulze-Boysens Theatralik. Die Zentrale Moskau mußte erst ein Machtwort sprechen, ehe sich Guddorf zur Zusammenarbeit mit Schulze-Boysen und Harnack bereit erklärte.[115]

Erdberg half mit, das Bündnis zu festigen. Er mahnte immer nachdrücklicher zur Zusammenarbeit und drängte, die Organisation schnell auszubauen. Mit Schulze-Boysens Assistenz konnte der Russe nun auch die letzten Überlebenden des deutschen Komintern-Apparates seiner Organisation anschließen.

Aber auch die GUGB hatte ihr deutsches Informantennetz ausgebaut. Residenturleiter Kobulow war es gelungen, neue Mitarbeiter in deutschen Behörden anzuwerben oder alte Raswedka-Konfidenten zu übernehmen, die beim Staatssicherheitsdienst besser aufgehoben waren, weil sie fast ausschließlich auf dem Gebiet der politisch-diplomatischen Ausforschung, ureigene Domäne der GUGB, arbeiteten. Solche Überstellungen waren selten, doch der Kommissar der Staatssicherheit Kobulow wußte sich dank seines Einflusses in Moskau durchzusetzen, wenn es galt, seiner Organisation wichtige Agenten anzuschließen.

Zu den von Kobulow übernommenen Raswedka-Spionen gehörte auch der Gesandtschaftsrat I. Klasse von Scheliha, der nach Kriegsausbruch in die Zentrale des Auswärtigen Amtes zurückgekehrt war, wo er inzwischen in der Informationsabteilung das Referat XI leitete, zuständig für die »Bekämpfung der feindlichen Greuelpropaganda«.[116] Über seinen Schreibtisch liefen wichtige Aktenvorgänge, zudem nahm er an den täglichen Referatsleiterkonferenzen teil, auf denen sensible Interna des AA besprochen wurden – Grund für die Zentrale der GUGB, Rudolf von Scheliha für einen so bedeutenden Agenten zu halten, daß sie später beim Zusammenbruch der Roten Kapelle noch versuchte, ihn durch Entsendung eines Sonderkuriers vor der Gestapo zu retten.

Wo »Arier« war, konnte »Alta« nicht fern sein, Schelihas V-M-Führerin Ilse Stöbe. Tatsächlich hatte er Herrnstadts Freundin bald als Sekretärin in die Zentrale nachgezogen, in das Pressereferat des Ministeriums, in dem die Stöbe unauffällig ihren V-Mann treffen und Kontakt zu sowjetischen Journalisten (auch sie Agenten der GUGB) halten konnte, die Schelihas Material an die Botschaft und damit an Kobulow weitergaben.[117]

»Arier« und »Alta« waren nicht die einzigen Späher, die Kobulow im Auswärtigen Amt unterhielt. Sein wichtigster Konfident, der lettische Journalist Orest Berlings, rühmte sich auch guter Beziehungen zu hohen AA-Beamten, darunter zu dem Vortragenden Legationsrat Rudolf Likus, der den geheimen Informationsdienst des Außenministeriums leitete. Kobulow wußte allerdings nicht, daß Berlings, fanatischer Feind der Sowjet-Herrschaft in seiner Heimat, in Wirklichkeit ein Agent von Likus war.[118]

Berlings Name bezeichnete eine Lücke in dem Beobachtungsnetz, das Kobulow mit wachsendem Eifer um die politisch wichtigsten Ministerien und Ämter in Berlin wob. Denn die Instruktionen aus Moskau machten dem GUGB-Residenten immer wieder klar, wie wichtig es sei, jede Abweichung von dem bisherigen Kurs der deutschen Politik gegenüber der Sowjetunion im voraus zu erfahren. Ein paar neue Sendboten aus Moskau unterstützten Kobulow dabei, darunter auch ein ehrgeiziger Diplomat mit GUGB-Erfahrungen, der seit Sommer 1940 als Erster Botschaftsrat für die laufende Berichterstattung der Mission nach Moskau verantwortlich zeichnete: Wladimir Semjonowitsch Semjonow, ehemaliger Zögling des sowjetischen Staatssicherheitsdienstes.[119]

Ende November kam auch der Mann, der wie kein anderer Funktionär die enge Verfilzung von sowjetischer Diplomatie und Geheimpolizei verkörperte: Dekanosow. Er hatte im Mai 1939 die Leitung der Auslandsspionage des Staatssicherheitsdienstes abgegeben und war ins Volkskommissariat des Auswärtigen übergewechselt, wo höchste Posten auf ihn warteten. Dekanosow avancierte zum stellvertretenden Volkskommissar und spezialisierte sich auf Fragen der Deutschland-Politik, was ihn in Stalins und Molotows Optik zu dem geeigneten Mann machte, die Botschaft in Berlin, den heikelsten Beobachtungsposten der sowjetischen Diplomatie, zu übernehmen.[120]

Wladimir Georgijewitsch Dekanosow wußte nur zu gut, was in Berlin auf dem Spiel stand. Er kannte jede Station und jede Krise der sowjetisch-deutschen Beziehungen: die Abkühlung zwischen Berlin und Moskau nach dem sowjetischen Einmarsch im Baltikum und in Bessarabien, Stalins Verärgerung über die deutsche Schutzgarantie für Rumänien und die damit verbundene Entsendung deutscher Truppen, Hitlers Zorn über die mannigfachen Versuche der Moskauer Diplomatie, das mit Deutschland verbündete Bulgarien in die sowjetische Einflußzone einzubeziehen.

Dekanosow war auch am 12. November 1940 mit dabei gewesen, als Hitler dem nach Berlin gereisten Molotow eine Offerte unterbreitet hatte, mit der alle Probleme zwischen den beiden Ländern bereinigt werden sollten.[121] Es war ein schwindelerregendes Angebot, das da Hitler und Ribbentrop formulierten. Die Sowjetunion sollte sich dem deutsch-italienisch-japanischen Dreimächtepakt anschließen, und zu Viert wollte man sich dann die Welt aufteilen, immer streng nach Süden ausgerichtet, damit man sich nicht gegenseitig ins Gehege kam: die Deutschen in Richtung auf Zentralafrika, die Italiener gen Nord- und Ostafrika, die Japaner mit Kurs auf den Südpazifik und die Russen auf Persien und Indien zu.

Die sowjetischen Unterhändler konnten nicht wissen, daß hier die einzige Alternative zur Sprache kam, die Hitler neben der von ihm längst favorisierten Idee eines Rußland-Krieges damals noch in Erwägung zog. Das Projekt eines Viererbündnisses stammte allerdings weniger von ihm als von Ribbentrop, dem Architekten des Hitler-Stalin-Paktes, der jede Gelegenheit nutzte, seinen Führer unauffällig von dem antisowjetischen Kriegskurs abzudrängen.

Doch Moskau reagierte kühl und setzte auf das größenwahnsinnige Hitler-Ribbentrop-Projekt einen nicht weniger utopischen Entwurf zynischer Machtpolitik. Am 25. November eröffnete Molotow dem deutschen Botschafter in Moskau, die UdSSR werde dem Dreimächtepakt beitreten, wenn sich Deutschland damit einverstanden erkläre, daß fortan Bulgarien zur »Sicherheitszone der Schwarzmeergrenzen der Sowjetunion« gehöre und Rußland außerdem an den Dardanellen Militärstützpunkte erhalte, notfalls mit Waffengewalt, falls sich die Türkei den sowjetischen Wünschen verschließe.

Sowjetische Herrschaft über den Balkan – nichts anderes besagten die sowjetischen Forderungen an die deutsche Adresse. Seit die Sowjetunion dank Hitlers gewissenloser Expansionslust in die europäische Machtpolitik zurückgekehrt war, hatte der Kreml immer wieder bekundet, daß er (neben dem Baltikum) den Balkan für sein ureigenes Interessengebiet hielt. Die militärische Pressionspolitik gegenüber Rumänien, das Techtelmechtel mit der jugoslawischen Diplomatie, das atemlose Hofieren Bulgariens und der Druck auf die Türkei artikulierten immer wieder das eine: den herrischen Machtanspruch der Sowjetunion in diesem Teil der Welt.

Rußlands Hegemoniepolitik aber wurde durch Deutschland bedroht, seit sich Hitler entschlossen hatte, dem bedrängten Rumänien den Rücken zu stärken. Schlimmer noch: Moskau mußte befürchten, daß die Deutschen in den von den Italienern im Oktober 1940 mutwillig inszenierten Krieg gegen Griechenland eingreifen würden, zumal die italienische Armee von den schwachen griechischen Streitkräften eine Schlappe nach der anderen erlitt. Die deutsche Wehrmacht in Griechenland, dicht vor dem sowjetischen Traumziel Dardanellen – ein Alpdruck für Stalin.

Kaum verwunderlich, daß Raswedka und GUGB die Order erhielten, auch das kleinste Anzeichen verstärkter deutscher Aktivität auf dem Balkan zu melden. Und Moskaus Spione berichteten fleißig, nicht zuletzt dank der heimlichen Assistenz der deutschen Abwehr, die von der Führung des OKW angewiesen worden war, dem sowjetischen Geheimdienst alle Nachrichten zuzuspielen, denen Moskau entnehmen konnte, daß sich im äußersten Süden des deutschbesetzten Polen (Generalgouvernement) eine neue Heeresgruppe formiere, die im Kriegsfall sofort auf dem Balkan eingreifen werde.[122]

Das spielte im Spätherbst 1940, als Hitler noch darauf erpicht war, durch Verlegung deutscher Truppen an die bis dahin praktisch ungeschützte Ostgrenze Stalins Balkan-Aktivität zu bremsen. Die 30 Divisionen der Heeresgruppe B, die im September ihre Positionen im Osten bezogen, waren so verteilt, daß sie im Süden des Generalgouvernements einen Schwerpunkt bildeten; 16 Divisionen, darunter nahezu alle Panzerdivisionen der Heeresgruppe, standen im Raum um Krakau, noch verstärkt durch eine Armeegruppe bei Wien.[123] Für Stalin sollte offensichtlich werden: Hier machte sich eine deutsche Streitmacht bereit zum Sprung auf den Balkan.

Entsprechend lauteten die Meldungen und Gerüchte, die Canaris' V-Männer ihren sowjetischen Gegenspielern zusteckten. Die deutschen Agenten hatten dabei leichtes Spiel, denn die meisten ihrer Meldungen hielten einer kritischen Nachprüfung durch die Russen, soweit diese dazu in der Lage waren, durchaus stand: Die Wehrmacht formierte sich tatsächlich in erster Linie im Süden des Generalgouvernements, während in der Mitte und im Norden der deutsch-sowjetischen Demarkationslinie eher schwache Kräfte standen.

Begierig griffen die Russen die Meldungen der Canaris-Agenten auf und gaben sie nach Moskau weiter. Prompt verlangte der Kreml mehr und noch genauere Informationen. Jetzt ließen Erdberg und Kobulow ihre V-Männer zu eigenen Recherchen ausschwärmen. Schulze-Boysen mußte im Luftwaffengeneralstab erkunden, ob auch Fliegerverbände in den Süden des Generalgouvernements verlegt wurden, und immer länger wurden die jeweils mit einem Geldschein verzierten Fragebögen, die Ilse Stöbe von ihrem Führungsoffizier an dunklen Straßenecken in Berlin für »Arier« entgegennahm – Fragebögen, die nahezu alles über die Aktivitäten der deutschen Diplomatie auf dem Balkan wissen wollten.[124]

Die russischen Späher waren so sehr auf Hitlers Balkan-Pläne fixiert, daß ihnen dabei völlig entging, welche andere, tödliche Gefahr der Sowjetunion in den deutschen Planungsstäben erwuchs. Hitler hatte begonnen, alle Brücken hinter sich zu verbrennen. Nach dem Scheitern der Molotow-Mission war die Entscheidung über den Krieg gegen die Sowjetunion gefallen. Am 17. Dezember 1940 ließ sich Hitler den Operationsplan (»Weisung Nr. 21«) vorlegen, machte noch ein paar Änderungen und schrieb dann ein neues Kodewort darauf, bald Startsignal und Horrorname des bösartigsten Raubkrieges deutscher Geschichte: Barbarossa.[125]

Keine Vorahnung kommenden Unheils alarmierte die Russen; ihre Phantasie reichte nicht aus, sich das Entsetzliche vorzustellen, das die deutsche Führung plante. Als der sowjetische Militärattaché in Berlin in seiner Weihnachtspost einen anonymen Brief fand, der ziemlich genau enthielt, was in der fatalen Weisung Nr. 21 stand, und den Brief eiligst nach Moskau schickte, reagierte die Zentrale gelassen.[126] In Moskau interessierten nicht vermeintliche Phantasien über einen deutschen Überfall auf die Sowjetunion, sondern die Balkan-Pläne der deutschen Militärs.

Je detaillierter aber die Kundschafterberichte von Raswedka und GUGB die deutsche Truppenkonzentration in Südpolen beschrieben, desto aggressiver reagierten die Männer im Kreml. Stalin und das Politbüro mochten nicht hinnehmen, daß sich Hitlers Armeen endgültig auf dem Balkan festsetzten. Die sowjetische Führung wollte um jeden Preis den deutschen Balkan-Sprung verhindern, auch um den Preis eines Krieges.

Angehörige des Moskauer Establishments machten daraus gegenüber Sympathisanten der Sowjetunion keinen Hehl. Gaston Bergery, der französische Botschafter in Moskau, hörte von seinem sowjetischen Kollegen Bogomolow, die UdSSR werde sich mit aller Gewalt gegen jeden Versuch wehren, sie in Hitlers »Neue Ordnung« zu integrieren, und Ende Februar 1941 meldete Gawrilowitsch nach Belgrad, der stellvertretende Volkskommissar Wyschinski habe in zwei Gesprächen erklärt, »daß die Sowjetunion in den Krieg gegen Deutschland eintreten würde, sobald die Briten eine Balkan-Front eröffneten«.[127]

Im Generalstab der Roten Armee lagen schon die Operationspläne bereit, die eine sowjetische Offensive gegen die deutschen Truppen in Südpolen vorsahen. Im Herbst 1940 hatten die Generale Wassilewski, Watutin und Malandin einen Operationsplan für den Fall eines Krieges mit Deutschland ausgearbeitet, der davon ausging, der Schwerpunkt der Kämpfe werde im Norden und Westen liegen; Stalin verlagerte ihn nach dem Südwesten, wo nach seiner Meinung die Entscheidung fallen sollte. Der Schwerpunkt des sowjetischen »Gegenschlages« lag demnach im Besonderen Militärbezirk Kiew, dessen westliche Gebiete, namentlich der Raum um Lemberg, balkonartig weit in das deutsche Herrschaftsterritorium hineinragten, ideale Startplätze für eine Überraschungsoffensive gegen den Nachbarn im Westen.[128]

Stalins Generalstab begnügte sich nicht mit papierenen Studien, die ersten Vorbereitungen für den Aufmarsch gegen Deutschland, festgeschrieben im neuen »MP – 1941« (Mobilisierungs-Plan 1941), waren bereits angeordnet. »Ein dichtes Netz operativer Flugplätze in der Nähe der westlichen Staatsgrenze der UdSSR« (so der Historiker Joachim Hoffman) wurde angelegt, Versorgungsdepots und Betriebsstofflager entstanden vor allem in den grenznahen Räumen Lemberg und Bialystok.[129] Dann gingen die Befehle des Volkskommissariats der Verteidigung hinaus an die Stäbe der Militärbezirke im Innern des Landes, die angewiesen wurden, einen Teil ihrer Streitkräfte freizugeben und in die westlichen Grenzbezirke zu verlegen.

Von Anfang April an schob sich eine Armee nach der anderen »unter strengster Geheimhaltung« (Hoffmann) an die Westgrenzen der Sowjetunion vor: erst die 22. Armee aus dem Militärbezirk Ural, dann die 21. Armee aus dem Militärbezirk Wolga, bald darauf die 19. Armee aus dem Militärbezirk Nordkaukasus, gefolgt von einer weiteren Armee.[130] »Insgesamt hatten«, so kann Hoffmann aus sowjetischen Quellen rekonstruieren, »4 Armeeoberkommandos, 19 Korps- und 28 Divisionskommandos den Verlegungsbefehl aus dem Landesinneren an die westliche Staatsgrenze erhalten«.[131]

Die Aufmerksamkeit der Planer richtete sich speziell auf die 5. Armee im Nordwesten des Besonderen Militärbezirks Kiew, der 20 Divisionen zugeteilt wurden, da sie die Rolle eines Rammbocks spielen sollte. Sie hatte als Stoßarmee den Auftrag, am Tage X den Bug zu überqueren in Richtung auf Lublin und Radom.[132] Die verstärkte Feindaufklärung ihrer Nachrichtenabteilung ließ die Führung der 5. Armee hoffen, den Gegner nach Beginn der Offensive rasch schlagen zu können.

Die Abteilung für Politpropaganda im Stab der 5. Armee hielt am 4. Mai 1941 in einer Aktennotiz fest, was die Raswedka im deutschbesetzten Polen ermittelt hatte: »Der größere Teil der Bevölkerung ist den Deutschen gegenüber feindlich gesinnt. Jedoch wird die Militäraktion der Roten Armee im großen und ganzen sehr erfolgreich sein, und zwar dort, wo die ukrainische und jüdische Bevölkerung vorherrscht.« Auch seien bereits »die ersten Anzeichen eines Niederganges der Moral der deutschen Wehrmacht festzustellen«, der noch »infolge der wirtschaftlichen Schwierigkeiten rasch wachsen« werde; allerdings habe die Rote Armee im Kampf noch immer »mit einem ernsten Feind in bezug auf Disziplin und Moral zu rechnen« – für die Abteilung ein Anlaß, ihre propagandistischen Anstrengungen gegen den deutschen Gegner zu verstärken.[133]

Regimentskommissar Uronow, Politchef der 5. Armee, hatte denn auch bereits Vorsorge für die »erste Etappe« der Bug-Offensive getroffen. Eine Operativgruppe der Abteilung war den Sturmtruppen der Armee zugeteilt worden und der Redakteur der Armeezeitung »Bojewoi pochod« (Der Feldzug) angewiesen, für den Beginn der Offensive eine Sonderausgabe in russischer und deutscher Sprache vorzubereiten. Auch waren schon Flugblätter an die Adresse des Gegners konzipiert, »deren Inhalt unsere Absichten verschleiert, die imperialistischen Pläne des Gegners enthüllt, die Soldaten zum Ungehorsam auffordert«, wie Uronow notierte.[134]

Wie bei der 5. Armee, deren Stabsakten später der deutschen Abwehr in die Hände fielen, wird es wohl auch bei anderen grenznahen Truppenverbänden der Roten Armee zugegangen sein. Die Armeeführung ließ offen erkennen, daß der jäh geweckte Offensivgeist der Truppe fast ausschließlich dem deutschen Nachbarn galt. »Alle Maßnahmen«, so erinnert sich der Nachrichtenchef des Volkskommissariats für Verteidigung, General Gapitsch, »waren darauf gerichtet, Brückenköpfe zu schaffen und vorzubereiten, um einen Schlag auf den Gegner zu führen und den Krieg in feindliches Territorium zu tragen.«[135]

Hitlers Rußland-Krieg also doch nur eine Abwehraktion gegen den drohenden sowjetischen Überfall, wie seine Apologeten noch heute versichern? Keineswegs. Hitler hatte den Krieg gegen Rußland beschlossen, bevor Stalin eine einzige zusätzliche Division an die sowjetische Westgrenze beorderte. Die Verhinderung eines sowjetischen Angriffes gehörte auch nie zu den Argumenten, mit denen Hitler vor seinen engsten Mitarbeitern den Überfall auf die Sowjetunion begründete. Er wollte Rußland vernichten, weil dessen unabhängige Existenz angeblich die Briten ermunterte, den Krieg fortzusetzen und auf eine aktive Hilfe Moskaus im Kampf gegen Deutschland zu hoffen. Präventivkrieg gegen ein angriffslustiges Rußland – das war eine nachträgliche Mär der Nazi-Propaganda, die nur verdeckte, was Hitler wirklich zur Tat trieb.

Nicht überzeugender sind allerdings jene Interpreten, die sich partout den Kinderglauben an eine allzeit »friedliche« Sowjetunion erhalten wollen und dem sowjetischen Aufmarsch im Frühjahr 1941 eine möglichst harmlose Deutung geben. Die damaligen Truppenbewegungen der Roten Armee, so ihre These, seien nichts anderes als defensive Reaktionen auf den deutschen Aufmarsch zum Krieg gegen Rußland gewesen. Das ist falsch: Der eigentliche deutsche Aufmarsch für den »Fall Barbarossa« hatte noch gar nicht begonnen, ganz zu schweigen davon, daß die sowjetische Führung damals mit einer deutschen Invasion auf dem Balkan rechnete, nicht aber mit einem Großangriff gegen die Sowjetunion.

Zudem fehlte dem sowjetischen Aufmarsch alles Defensive, er war nur auf Angriff ausgerichtet; den Ausbau der rückwärtigen Verbindungen, sicherster Indikator einer tiefgestaffelten Grenzverteidigung, vernachlässigten die Russen völlig. Man muß außerdem die sowjetischen Militärs schon für Schwachköpfe halten, wenn man ihnen unterstellen will, sie hätten zum Zweck der Verteidigung ihre schlagkräftigsten Infanterie- und Panzerverbände just in den Balkonräumen von Lemberg und Bialystok massiert, von deren Rändern aus der deutsche Angreifer sie besonders leicht einkreisen und vernichten konnte.

Doch noch ehe sich der sowjetische Aufmarsch voll entfalten konnte, platzte eine politische Bombe, die Stalins und Hitlers Kriegspläne gleichermaßen durcheinander brachte. Gezündet hatte sie der Secret Intelligence Service (SIS), Englands Geheimdienst, der eine Chance sah, auf dem Balkan einen Steppenbrand gegen die deutsche Vormacht zu entfachen.

Britische Geheimdienstler in Belgrad hatten Kontakt zu unzufriedenen serbischen Offizieren, denen die Deutschland-lastige Neutralitätspolitik ihrer Regierung wider den Strich ging. Das war eine willkommene Gelegenheit für die Briten, ihren jugoslawischen Freunden britische Waffenhilfe und Erweiterung des Belgrader Vielvölkerstaates zu versprechen, falls sie bereit seien, mit Berlin völlig zu brechen. Grund zum Streit mit Deutschland fand sich bald: Berlin drängte die Jugoslawen ruppig, dem Dreimächtepakt beizutreten.

Als Agenten des SIS am 18. März erfuhren, daß sich Jugoslawiens Prinzregent Paul nach langem Zögern für die Unterzeichnung des Paktes entschieden habe, beschlossen Englands Geheimdienstler den Sturz der Belgrader Regierung, ohne zuvor London zu konsultieren. Am 19. März trafen sie sich mit den jugoslawischen Verschwörern in der Britischen Botschaft und verabredeten mit ihnen einen Eklat für die Kabinettsitzung des nächsten Tages, auf der Jugoslawiens Beitritt zum Dreimächtepakt formal beschlossen werden sollte. Drei Minister, so war es verabredet, sollten unter lautem Protest das Kabinett verlassen und damit eine Regierungskrise auslösen, an deren Ende der Staatsstreich des Militärs stehen würde.[136]

Erst danach hielt es der britische Botschafter für opportun, im Foreign Office nachzufragen, ob der Regierung Seiner Majestät ein Putsch in Belgrad auch genehm sei. Er war es, denn kurz zuvor hatte Winston Churchills Kabinett beschlossen, die militärische Initiative auf dem Balkan zu ergreifen. Seit Mitte März landeten britische Truppen auf dem griechischen Festland, England und Griechenland vereinigten sich zum gemeinsamen Kampf gegen die Achsenmächte. So konnte der Putsch des Generals Dušan Simović, Oberbefehlshabers der jugoslawischen Luftwaffe, planmäßig ablaufen: In der Nacht vom 26. März zum 27. März 1941 riß Simović die Macht in Jugoslawien an sich.[137]

Jetzt war die Lage da, von der Wyschinski in seinen Gesprächen mit Gawrilowitsch den Eintritt der Sowjetunion in den Krieg abhängig gemacht hatte: England mobilisierte eine Balkan-Front gegen Deutschland, die Stunde der sowjetischen Aktion schien gekommen. Tatsächlich handelte Moskau danach. Am 6. April schloß der Kreml mit der neuen Belgrader Regierung einen Nichtangriffspakt ab, kurz darauf klingelten die Alarmtelephone in den Stäben der sowjetischen Militärbezirke. Am 10. April wurde die Rote Armee in Alarmzustand versetzt, während die Luftwaffe ihre Aufklärungsflüge über Rumänien verstärkte. Bald darauf rückten 800 000 Reservisten in die Kasernen ein und brachten damit die Rote Armee auf fünf Millionen Mann – die größte Streitmacht, die das rote Rußland je in Friedenszeiten unterhalten hatte.[138]

Doch Hitler reagierte wieder einmal schneller, als es ihm seine Gegner zugetraut hatten. Dabei wußte der Diktator nur zu gut, daß der Belgrader Putsch seine ganze Zeitplanung für den »Fall Barbarossa« ruinierte: Mitte März sollten die Transportzüge die ersten deutschen Truppen im Westen nach dem Osten bringen, einen Monat danach eine weitere Welle des Aufmarsches folgen, so daß spätestens am 15. Mai der Angriff gegen die Sowjetunion losbrechen konnte.

Gleichwohl faßte Hitler sich rasch, zumal er mit einem politischen Eklat in Belgrad hatte rechnen müssen. Schon am 25. März, dem Tag der Paktunterzeichnung durch die jugoslawische Regierung, war ihm eine Meldung der Abwehr aus Jugoslawien zugegangen: »Stimmung weiter Kreise gegen Deutschland schlecht ... Verhältnisse geben zu Befürchtungen Anlaß, daß Regierung nicht mehr Herr der Lage sein wird.«[139] So stand Hitlers Konzept sofort fest, als er am Morgen des 27. März vom Simović-Putsch erfuhr. Mittags wußte es Hitler genau: »Schlag gegen Jugoslawien mit unerbittlicher Stärke ... Zerschlagung in einem Blitzunternehmen.«[140]

Hitler kam nun zugute, daß die deutsche Führung, wie von der Raswedka richtig erkannt, seit Monaten einen Feldzug gegen Griechenland (»Unternehmen Marita«) vorbereitete, um die italienische Armee vor einer Katastrophe zu bewahren; in Rumänien und Bulgarien standen schon Angriffsverbände der Wehrmacht, bereit zur Offensive gegen die griechischen Stellungen. »Marita« und der Jugoslawien-Überfall wurden nun miteinander kombiniert, der balkanische Feldzugsplan innerhalb weniger Stunden umgearbeitet. Dann setzte sich die deutsche Kriegsmaschine in Bewegung.

Am 6. April 1941 stürzten sich Hunderte von deutschen Bombern auf Belgrad und eröffneten einen Blitzfeldzug ohnegleichen. Aus der Steiermark, Ungarn und Bulgarien drangen deutsche Verbände in Jugoslawien ein, während andere über das südliche Jugoslawien nach Griechenland vorstießen und sich mit der italienischen Armee vereinigten. Jeder Tag brachte neue deutsche Siegesmeldungen: am 10. April Agram besetzt, zwei Tage später Belgrad gefallen, am 17. April Kapitulation der jugoslawischen Armee, eine Woche darauf Ende des Kampfes in Griechenland.

Die Meldungen vom Balkan enthüllten Stalin, daß sich hier ein modernes Kriegertum austobte, dem die Rote Armee nicht gewachsen war – noch nicht. Alles schien in Rußland unfertig: der eigene Aufmarsch an der Westgrenze erst gerade begonnen, Panzertruppe und Luftwaffe noch mitten in der Phase der Umrüstung, die Ausstattung der grenznahen mechanisierten Korps nur bis gut zur Hälfte erfolgt.

Eiligst zog der Kreml-Herr die Krisenbremse: Die Alarmbefehle für die Rote Armee wurden aufgehoben, die Erkundungsflüge über Rumänien eingestellt. Der enttäuschte Gawrilowitsch und seine Mitarbeiter mußten abreisen; ihnen konnte Generalstabschef Schukow nur noch verlegen nachrufen, bald würden die Jugoslawen die wahren Gefühle der Sowjetunion kennenlernen.[141] Zugleich machten sich Politruks und Kommissare auf, in den Stäben von Armeen und Korps beruhigend zu wirken, sorgfältig instruiert auf einer Sondertagung, zu der die Politische Hauptverwaltung der Roten Armee nach Moskau gerufen hatte.[142]

Keine Provozierung der Deutschen, erhöhte Wachsamkeit – auf diesen Nenner ließen sich die Reden der meisten Politarbeiter bringen. »In der gegenwärtigen Lage«, warnte General Klokow, stellvertretender Chef der Politischen Abteilung der Moskauer Luftwaffenakademie, »kann jeden Augenblick ein Krieg zwischen der UdSSR und Deutschland ausbrechen ... Es ist wesentlich, daß wir nicht überrumpelt werden.«[143] Deutlicher konnte man den Militärs nicht sagen, daß die Armee nach den aufregenden Tagen der Alarmierung zu einer abwartenden Haltung übergehen müsse.

Wer es noch nicht begriffen hatte, dem schärfte es Stalin selber ein, in einer Rede vor den Offiziersschülern der Frunse-Akademie am 5. Mai. Die Rote Armee, so der Diktator, müsse sich an den Gedanken gewöhnen, daß die Ära der Friedenspolitik zu Ende und die Ära der gewaltsamen Ausbreitung der sozialistischen Front angebrochen sei. Allerdings sei die Armee »noch nicht stark genug«, einen Krieg gegen Deutschland zu führen; deshalb müsse die Sowjetunion mit »allen Mitteln« versuchen, einen bewaffneten Konflikt mit Deutschland »zumindest bis zum Herbst hinauszuzögern«, dem letzten Termin für eine deutsche Invasion in diesem Jahr. Stalin: »Der Krieg mit Deutschland [wird] fast unvermeidlich im Jahre 1942 ausgetragen.«[144]

Nicht jeder führende Rotarmist scheint Stalins Ausweichmanöver goutiert zu haben, und es mag durchaus mehr als nur eine kühne Vermutung sein, wenn der britische Waffenexperte Freeman Dyson formuliert, die sowjetischen Generäle hätten es stets »bedauert, daß es Stalin ihnen nicht erlaubt hatte, 1941 den Präventivkrieg gegen Hitler zu führen«.[145] Immerhin arbeiteten die Militärs im alten Geist weiter. Noch am 4. Mai galt es für die Politpropaganda der 5. Armee, wie Uronows Aufzeichnungen belegen, als beherrschendes Ziel, »die Vernichtung des Feindes zum Ende« zu führen, und aus den letzten Maitagen datieren die Befehle des Volkskommissars für Verteidigung, Marschall Timoschenko, an die westlichen Militärbezirke, bis zum 20. Juni volle Mobilmachungsbereitschaft ihrer Truppen zu melden.[146]

Doch Stalin und seine Vertrauten paßten auf, daß die sowjetischen Militärs keiner antideutschen Kriegshysterie erlagen. Als der Oberste Militärrat unter Timoschenkos Vorsitz am 3. Juni einen Befehlsentwurf beschließen wollte, in dem den Politarbeitern der Armee zur Auflage gemacht wurde, die Truppe vor der drohenden Gefahr eines Krieges mit Deutschland zu warnen, fuhr Stalins ZK-Sekretär Georgij Malenkow wütend dazwischen: »Das Dokument ist so primitiv formuliert, als wollten wir schon morgen in den Krieg ziehen.« Der Entwurf wurde zurückgezogen.[147]

Stalin hatte allen Grund zur Vorsicht, denn die Meldungen der Erkundungsdienste machten es immer mehr zur Gewißheit, daß sich an den Westgrenzen der Sowjetunion etwas Gefährliches zusammenbraute. Allzu lange hatte Stalin jede Information, die auf einen bevorstehenden deutschen Angriff hinwies, in den Wind geschlagen und sie als britische Propaganda oder als deutsches Spielmaterial abgetan – sekundiert von dem servilen Raswedka-Chef Golikow, der fast immer hinter Meldungen über deutsche Angriffsabsichten den bösen britischen Geheimdienst witterte.

Das war nun freilich nicht so absurd, wie es später den vielen Stalin-Kritikern in Ost und West erschien. Das allein kämpfende England mußte ein Interesse daran haben, Rußland an seiner Seite in den Krieg zu ziehen. Die britische Diplomatie ließ denn auch nichts unversucht, Moskau mit Horrornachrichten über eine deutsche Rußland-Invasion gegen Berlin aufzubringen. Seit Juni 1940 alarmierte der britische Botschafter in Moskau, Stafford Cripps, sowjetische Behörden und westliche Medien mit Warnungen vor einem deutschen Überfall, wobei er sich auf sensationelle Informationen berief.

Stalin mißtraute solchen »Informationen« und wußte wohl selber nicht, wie berechtigt seine Zweifel waren. Denn: Cripps und sein Auftraggeber Churchill verfügten über keinerlei Nachrichten, ihre Warnungen vor dem deutschen Überfall waren nichts als Schüsse ins Dunkel.[148] Nicht einmal das Foreign Office und das Joint Intelligence Comittee, das höchste Gremium der britischen Geheimdienste, mochten den Angriffsprophetien der beiden Warner beipflichten. Bis in das späte Frühjahr 1941 galt in der britischen Geheimdienstbranche als Glaubenssatz, daß mit einem deutsch-sowjetischen Krieg so bald nicht zu rechnen sei; nach dem Balkan-Feldzug, so eine Analyse des Foreign Office vom 19. März, sei es deutsche Strategie, Großbritannien noch im Jahre 1941 zu schlagen, und die Deutschen würden Rußland erst angreifen, wenn der britische Gegner niedergerungen sei.[149]

Den Kreml-Herrn mußte auch argwöhnisch machen, daß die Warnrufe von Churchill und Cripps immer dann ertönten, wenn England sowjetischer Rückendeckung bedurfte. Als die britische Regierung Ende Februar den Aufbau einer Balkan-Front gegen die Achsenmächte beschloß, drängte Cripps den stellvertretenden Volkskommissar Wyschinski, die Sowjetunion solle im Kampf gegen Hitler mitmachen; er wisse aus »zuverlässiger Quelle«, daß die Deutschen Jugoslawien, Griechenland und die Türkei überfallen wollten, wonach Rußland an der Reihe sei.[150] Stalin reagierte nicht. Die Erwähnung der Türkei mußte ihm suspekt erscheinen, wußte er doch aus den Verhandlungen mit Hitler, wie sehr die Deutschen an einer freundlich-neutralen Türkei interessiert waren.

Nicht konkreter dünkten Stalin all die Meldungen, Gerüchte und Flüsterparolen, die im Frühsommer 1941 den Nachrichtenmarkt Europas überschwemmten und die später die Historiker zu dem Fehlschluß verleiteten, die Entscheidungsträger des Kreml hätten über die bevorstehende deutsche Invasion »mehr und bessere Informationen besessen als jede andere Führung eines angegriffenen Landes in der modernen Kriegsgeschichte«.[151] In Wahrheit waren Stalin und seine Erkundungsdienste armseliger informiert als so manche andere Kriegspartei vor ihnen (etwa Polen 1939 oder Frankreich 1940, von England ganz zu schweigen).

Die ungewisse Lage nach dem Balkan-Krieg lud viele Menschen und Mächte dazu ein, darüber zu spekulieren, wohin sich jetzt Hitlers furchtbare Kriegsmaschine wenden werde. Geschäftstüchtige Nachrichtenhändler, die Desinformationsspieler der Geheimdienste und phantasiebegabte Diplomaten machten sich offenkundige Informationslücken zunutze.

Ein deutscher Überfall auf die Sowjetunion erregte am meisten die Phantasie der Kombinatoren, und mancher malte sich schon den deutschen Rußland-Krieg aus wie jener unbekannte westliche Diplomat in Moskau, der mehr aus Jux fand, Hitler werde wohl am 22. Juni, dem Jahrestag der

Rußland-Invasion Napoleons von 1812, in die Sowjetunion einfallen, ohne zu ahnen, daß Hitler einmal wirklich den Angriffstermin auf diesen Tag festlegen würde.[152] Cripps griff das Gerücht auf, bald darauf wußte die ganze Diplomatenkolonie, daß die Deutschen am 22. Juni 1941 einrücken würden – Wochen *vor* Hitlers tatsächlicher Entscheidung.

Wie aber sollte die sowjetische Führung wissen, was an den vielen Invasionsmeldungen Spekulation und was authentisch war? Dazu bedurfte es eines souverän arbeitenden Geheimdienstes mit weitgehenden Informationschancen in den Führungsgremien des potentiellen Gegners, und einen solchen Geheimdienst besaß die Sowjetunion nicht. Rußlands Geheimdienstler agierten unter den Bedingungen einer terroristischen Ein-Mann-Herrschaft und waren allein ausgerichtet auf die Interessen und Maximen dieses einen Mannes. Der aber war im Grunde gar nicht an Meldungen über deutsche Invasionspläne interessiert. Was ihn faszinierte, war eher das Gegenteil: jede Meldung und jeder Hinweis, der ihm Hoffnung gab, daß es gelingen werde, den unvermeidlich kommenden Krieg mit Deutschland noch ein paar Monate hinauszuschieben und mehr Zeit für die sowjetische Aufrüstung zu gewinnen.

Deshalb das bohrende Mißtrauen, mit dem Stalin jede Nachricht über deutsche Angriffsabsichten behandelte. Die Lieferanten und Überbringer schlechter Nachrichten waren ihm stets suspekt: Briten und Amerikanern traute der Diktator grundsätzlich nicht, polnische und tschechische Informanten, die das beste Material lieferten, sah er immer unter einer Decke mit dem britischen Geheimdienst, und Warnungen deutscher Hitler-Gegner buchte er blind auf das Konto der Berliner Gegenspionage.

Nicht einmal den eigenen Spionen mochte Stalin trauen. Als ihm die Raswedka am 17. April einen Bericht ihres Deutschland-Konfidenten Škvor, Vizepräsidenten der Skoda-Werke, vorlegte, der über deutsche Truppentransporte nach dem Osten und eine verstärkte Rüstung der Wehrmacht informierte, schrieb der Diktator mit roter Tinte darauf: »Diese Information ist eine englische Provokation. Herausfinden, von wem diese Provokation stammt, und ihn bestrafen.« Der Raswedka-Major Achmedow wurde eigens nach Berlin entsandt, um den vermeintlichen Verräter zu »entlarven«.[153]

Wo immer sowjetische Agenten zumindest einiger Fetzen des deutschen Angriffsplanes habhaft wurden und Informationen über den Aufmarsch der Wehrmacht lieferten, schaltete sich Golikow ein und gab den »oben« unerwünschten Meldungen die rechte Deutung. Der Generalleutnant wußte stets, was bei Stalin ankam. Da Golikow dem Diktator persönlich unterstellt war und nur ihm Bericht erstattete, brauchte er nicht zu befürchten, von einem anderen Kenner der geheimdienstlichen Lagebilder kontrolliert oder korrigiert zu werden.

Seine Berichte, so weiß der sowjetische Historiker G. A. Deborin, »bestanden immer aus zwei Teilen: Im ersten gab Golikow Informationen, die er für ›glaubwürdig‹ hielt; dort berichtete er zum Beispiel alles, was eine Invasion Großbritanniens durch Deutschland voraussehen ließ. Im zweiten Teil seiner Berichte gab Golikow ›zweifelhafte‹ Informationen, zum Beispiel alles, was der Spion Richard Sorge über den Zeitpunkt des Überfalls Deutschlands auf die Sowjetunion mitgeteilt hatte«.[154]

Das sah in der Praxis so aus: Militärattaché Tupikow hatte im Februar und März aus Berlin gemeldet, die Deutschen würden drei Heeresgruppen für den Feldzug gegen die Sowjetunion aufstellen, mit dessen Beginn zwischen dem 15. Mai und 15. Juni 1941 gerechnet werden müsse. Was aber machte daraus Golikow in seinem Bericht an Stalin? Lagebeurteilung des Raswedka-Chefs vom 20. März 1941: »1. Auf Grund aller oben angeführten Äußerungen und möglichen Aktionen für dieses Frühjahr bin ich der Ansicht, daß mit einem Vorgehen gegen die UdSSR sehr wahrscheinlich nach dem Sieg über England oder nach dem Abschluß eines für Deutschland ehrenhaften Friedens mit England zu rechnen ist. 2. Die Gerüchte und Dokumente, aus denen hervorgeht, daß in diesem Frühjahr ein Krieg gegen die UdSSR unvermeidlich sei, müssen als Falschmeldungen betrachtet werden, die vom britischen und vielleicht sogar vom deutschen Nachrichtendienst ausgehen.«[155]

Golikow war beileibe nicht der einzige Top-Geheimdienstler, der Stalin nach dem Munde redete. In Rußlands Geheimdienst und Staatssicherheitsdienst hatte sich eine ganze Führungsmannschaft etabliert, die »ihre Berichte so abfaßte, daß diese Stalins Gefallen fanden, auch wenn dabei die Wahrheit zu kurz kam« (Deborin).[156] In diesem Klima totalitärer Anpassung und Gedankenkontrolle war eine selbständige Nachrichtenauswertung kaum möglich.

Selbst der etwas kritischere Marinegeheimdienst wagte nicht, sich zu den Erkundungsergebnissen seiner Aufklärer zu bekennen, wenn sie Stalins Vorurteile tangierten. Der Marineattaché in Berlin, Kapitän I. Ranges Woronzow, hatte von einem deutschen Offizier erfahren, daß »die Deutschen für den 14. Mai eine Invasion« vorbereiteten. Darauf gab Admiral Kusnezow, Volkskommissar der Marine, die Meldung an Stalin weiter – mit dem Zusatz: »Ich nehme an, daß die Angaben falsch sind und speziell durch einen Kanal geleitet worden sind, um zu prüfen, wie die UdSSR darauf reagiert.«[157]

Allmählich aber mußte sogar Stalin einräumen, daß an den Meldungen über deutsche Angriffsabsichten etwas dran sein könne. Endlich wollte er mehr darüber wissen. Der sowjetische Erkundungsapparat wurde bis zum letzten Mann alarmiert. Auch der Staatssicherheitsdienst stellte seine Auslandsorganisation weitgehend auf militärische Feindaufklärung um, zumal GUGB-Chef Merkulow im Februar 1941 sich organisatorisch vom NKWD getrennt und ein eigenes Ministerium, das Volkskommissariat für Staatssicherheit (Narodny Kommissariat Gossudarstwennoy Besopastnosti, NKGB) erhalten hatte – mit erweiterten Befugnissen auf dem Gebiet der Militärspionage.

Moskaus Spione mühten sich emsig, hinter die Geheimnisse des deutschen Aufmarsches zu kommen. Ein von Woche zu Woche anschwellender Strom von Nachrichten, Gerüchten und Insidertips ergoß sich in die Zentralen von Raswedka und NKGB, viele »Kundschafter« hatten etwas erfahren: über deutsche Truppenbewegungen und Bahntransporte, über ungewöhnliche Belegungen von Kasernen, über Bereitstellungen von Flugzeugen und Panzern.

Die Masse der Informationen konnte jedoch nicht darüber hinwegtäuschen, daß die Zentralen in Moskau selten Genaues erfuhren. Zugang zu deutschen Stäben hatten die roten Aufklärer kaum, an Originaldokumente der Wehrmacht kamen sie nicht heran. Vieles blieb vage, ja falsch: Man ortete Panzerdivisionen der Waffen-SS, die es nicht gab, und schrieb den Heeresgruppen Oberbefehlshaber zu, die sie nicht hatten; man rekonstruierte einen möglichen deutschen Feldzugsplan, in dem der Hauptstoß – der gegen Moskau – fehlte, und phantasierte sich eine Masseninvasion deutscher Luftlandeverbände in allen wichtigen grenznahen Städten der Sowjetunion zusammen.[158]

Das steht nun allerdings in einem auffälligen Gegensatz zu dem Bild von der einzigartigen Effizienz sowjetischer Spionage, das in die Geschichtsbücher eingegangen ist. Der sowjetische Heroenkult um Richard Sorge, die »Enthüllungen« östlicher Massenmedien und nicht zuletzt die geschwätzigen Memoiren überlebender Spitzenspione hinterließen auch bei westlichen Historikern deutliche Spuren, zumal kaum einer von ihnen auf die Idee kam, die Angaben der Propagandisten und einstigen Akteure kritisch zu überprüfen. Dabei ist ihnen entgangen, daß die meisten Angaben falsch sind.

So behauptete der stellvertretende KGB-Chef Pankratow nach dem Krieg, im April 1941 habe das NKGB von einer Unterredung zwischen Hitler und dem Prinzregenten Paul erfahren, dem zu entnehmen sei, daß Hitler einen Krieg gegen die UdSSR plane und in den letzten Junitagen angreifen wolle – eine Fabel, da Hitler den Jugoslawen nie eingeweiht hat und zum Zeitpunkt der Zusammenkunft (4. März 1941) noch der Angriffstermin des 15. Mai galt.[159] Ebenso wirklichkeitsfremd ist die Feststellung des sowjetischen Historikers Nekritsch, die Raswedka habe gewußt, daß der japanische Botschafter Oshima am 1. Mai von Hitler über Barbarossa informiert worden sei, wobei er ihm den Angriffstermin des 22. Juni genannt habe. Die Zusammenkunft am 1. Mai hat es nicht gegeben, wohl aber eine am 3. Juni, in der jedoch Hitler dem Japaner lediglich erklärte, es sei »denkbar, daß ein deutsch-sowjetischer Krieg vielleicht nicht zu vermeiden wäre«. Mehr sagte Hitler nicht, galt doch auch für ihn seine Weisung vom 5. März 1941: »Über das Barbarossa-Unternehmen darf den Japanern gegenüber keinerlei Andeutung gemacht werden.«[160]

Ähnlich haltlos sind die Erzählungen des pensionierten Regierungsrats Wilhelm F. Flicke, eines ehemaligen Beamten der deutschen Funkabwehr, der in einem seiner Enthüllungsbücher eine Meldung des Radó-Netzes vom 10. Juni 1941 zitiert, aus der hervorgeht, daß Hitler zwei Tage zuvor endgültig den Angriffstermin auf den 22. Juni festgelegt habe. Manches spricht dafür, daß Flicke die Meldung erfunden hat. Zumindest ist sie falsch: Hitler hatte den definitiven Barbarossa-Termin bereits am 30. April bestimmt.[161]

Aber die Meldungen von Sorge, dem »genialsten Spion der modernen Zeit«, wie ihn Hans-Otto Meißner nennt?[162] Er konnte nur wenig zur

Aufklärung der deutschen Absichten beitragen, wie sollte er auch in Tokio, tausende Kilometer entfernt von den deutschen Planungs- und Befehlszentren! Die Japaner erfuhren nichts von den Deutschen, und die Deutsche Botschaft in Tokio stand auf der Liste der knapp vor dem Angriff zu informierenden Auslandsmissionen ziemlich an letzter Stelle. So blieb Sorge nur übrig, die durchreisenden AA-Kuriere und Offiziere des Oberkommandos der Wehrmacht (OKW) auszuhorchen, die in Berlin allerlei gehört hatten.

Was Sorge dabei erfuhr, meldete er nach Moskau, doch die meisten seiner Meldungen erreichten die Zentrale nicht oder nur in verstümmelter Form. Schuld daran war Sorges Funker Klausen, der seit Anfang 1941 die Arbeit der Spionagegruppe sabotierte. Der Altkommunist war sich nicht mehr sicher, ob er auf der richtigen Seite stehe; ihm schien immer mehr, daß die Zukunft nicht Stalin, sondern Hitler gehöre, was er Abend für Abend auch von Ehefrau Anna, einer russischen Emigrantin, zu hören bekam.[163]

Zunächst ließ Klausen in Sorges Funksprüchen, die er zuvor zu chiffrieren hatte, hier und da einen wichtigen Satz weg. Dann ging er dazu über, ganze Meldungen zu vernichten und damit der Zentrale vorzuenthalten, nicht ohne vorher alles fleißig in sein Tagebuch einzutragen, damit die Japaner später nachlesen konnten, was er für die Achse Tokio-Berlin-Rom gewagt hatte. Zwei Drittel der Sorge-Meldungen, so wies Klausen seinen japanischen Vernehmern nach, habe er verschwinden lassen und den Rest der Meldungen so beschnitten, daß sie Moskau kaum etwas genutzt hätten.[164]

Die Zentrale muß ihrem vermeintlichen Meisterspion wenig Beachtung geschenkt haben, denn ihr fiel gar nicht auf, wie der sonst gewohnte Fluß der Sorge-Meldungen ausgerechnet in diesen dramatischen Krisentagen immer mehr versickerte. 1940 hatte der Sorge-Ring 29179 Wortgruppen nach Moskau gefunkt, 1941 sollten es bis zum Oktober, dem Monat der Zerschlagung des Rings, nur 13103 Wortgruppen werden.[165] Doch die Raswedka-Führung merkte nichts; ihr fiel nur auf, daß Sorges Meldungen dem Stalinschen Lagebild widersprachen.

Sorge besuchte gerade seinen Freund Klausen, als der einen Funkspruch des Direktors empfing. Klausen entzifferte: »Wir zweifeln an der Glaubwürdigkeit Ihrer Meldungen.« Da brach es aus Sorge hervor: »Jetzt reicht's mir aber! Warum glauben sie mir nicht? Diese Jammerlappen, wie können die nur unsere Meldungen so ignorieren!« Ein Glück für Klausen, daß Sorge nicht von ihm verlangte, an die Zentrale zurückzufunken und sich die wichtigsten Meldungen der Organisation wiederholen zu lassen.[166]

Was aber konnte Sorge überhaupt melden? Eine Lieblingsgeschichte der Sorge-Bewunderer handelt von dem Film, den der Spion am 5. März 1941 über seinen Residenten in der Sowjetbotschaft, den Raswedka-Offizier Zaitsew, nach Moskau geschickt haben soll. Auf dem Film seien Top-Secret-Dokumente der Deutschen Botschaft in Tokio abgelichtet gewesen, darunter ein Telegramm des Reichsaußenministers von Ribbentrop, das Botschafter Ott darüber aufgeklärt habe, daß der Krieg gegen die Sowjetunion »in der letzten Junihälfte« beginnen werde. Die Geschichte ist offenkundig erfunden: Das Telegramm existiert nicht, wie die erhaltenen Unterlagen des

Auswärtigen Amtes erweisen, und der genannte Angriffstermin ist auch falsch.[167] Zudem zeigt Klausens Tagebuch, daß im März 1941 kein Kontakt zwischen Sorge und Zaitsew stattfand.

Ende April scheint Sorge tatsächlich etwas über die deutschen Pläne erfahren zu haben. Jedenfalls behauptete er später in japanischer Haft, damals habe ihm der deutsche Militärattaché Kretschmer erzählt, der Aufmarsch der Wehrmacht an den Westgrenzen der Sowjetunion versetze Deutschland in die Lage, Moskau zur Erfüllung von Hitlers Forderungen, wie immer sie auch lauten mochten, zu zwingen. »Ich erfuhr auch«, so der Häftling Sorge, »daß die Entscheidung über Frieden oder Krieg allein von Hitler abhänge und nicht von der russischen Haltung.«[168]

Also doch kein Krieg Hitlers um jeden Preis? Die Meldung Sorges muß man wohl zu dem Desinformationsmaterial der deutschen Gegenspionage rechnen, das den Russen suggerieren sollte, der Aufmarsch der Wehrmacht sei allein ein politisches Manöver, nicht Vorbereitung eines Kriegsaktes.

Erst Anfang Mai dämmerte Sorge, daß der Rußland-Krieg von Hitler längst beschlossen sei. Am 6. Mai mußte Klausen nach Moskau funken: »Eine Anzahl deutscher Vertreter kehrt nach Berlin zurück. Sie glauben, daß der Krieg gegen die UdSSR Ende Mai beginnen wird.«[169] Das traf schon eher zu, wenn auch Sorge mit dem Angriffstermin Pech hatte: Jetzt galt schon der 22. Juni als »B-Tag« (B = Barbarossa).

Sorge lief noch etwas ratlos hinter neuen Indizien deutscher Aggressionsabsichten her, da klärte ihn am 20. Mai ein alter Freund, der Oberstleutnant Scholl, eben zum Militärattaché in Thailand ernannt, bei einem Aufenthalt in Tokio auf. Von Stund an wußte Sorge, daß der deutsche Überfall auf Rußland unmittelbar bevorstand. Es klang allerdings noch immer etwas vage, was da Sorge melden konnte: »Der deutsch-russische Krieg wird am kommenden 20. Juni eröffnet werden, aber die Vorbereitungen sind bereits abgeschlossen. An der Ostgrenze hat das deutsche Heer 170-180 Divisionen konzentriert, und alle diese Divisionen haben Panzer oder sind motorisiert.«[170]

Danach wurde Sorge konkreter. In den letzten Maitagen war er überzeugt, daß am 22. Juni der deutsche Überfall beginnen werde. Doch die Zentrale mißtraute wieder einmal den Angaben ihres Mannes in Tokio. Ärgerlich ließ Sorge am 17. Juni Klausen nach Moskau zurückfunken: »Ich wiederhole: Neun Armeen und 150 Divisionen werden auf breiter Front am Morgen des 22. Juni 1941 angreifen.«[171]

Die militärischen Details in Sorges Funksprüchen müssen jedoch den Spezialisten der Feindaufklärung in Moskau so phantastisch erschienen sein, daß sie darüber die politische Brisanz, die in den Meldungen von »Ramsay« steckte, völlig außer acht ließen. Allerdings deckten sich die Sorge-Meldungen kaum mit dem Lagebild, das sich aus der recht zuverlässigen Nahaufklärung der NKWD-Grenztruppen ergab. In der Tat waren fast alle militärischen Informationen Sorges falsch: Der deutsche Aufmarsch war noch nicht abgeschlossen. Nicht neun Armeen marschierten gegen Rußland auf, sondern sieben; nicht 170 oder gar 180 Divisionen standen Ende Mai zum

Angriff bereit, allenfalls 87 Divisionen, und von den Hauptangriffsverbänden war noch keiner in seinem Bereitstellungsraum angelangt.[172]

Sorge irrte, weil ihm die Möglichkeit fehlte, die militärischen Nachrichten, die er hier und da aufschnappte, auf ihre Stichhaltigkeit hin zu überprüfen. Er hatte keine dokumentarischen Unterlagen, die es ihm erlaubt hätten, sein Informationsmaterial zu verifizieren. Ganz absurd daher auch die Behauptung von Harrison E. Salisbury, am Ende habe Sorge der Moskauer Zentrale »sogar den deutschen Aufmarschplan übersenden« können.[173] Er hat den Plan so wenig gekannt wie seine unfreiwilligen Informanten in der Deutschen Botschaft und im Umkreis des japanischen Ministerpräsidenten Fürst Konoye.

Wie ungenau aber auch Sorges Berichterstattung sein mochte, wie lückenhaft und widersprüchlich, was die sowjetische Nah- und Fernaufklärung ermittelte – die Meldungen waren deutlich genug: An den Westgrenzen der Sowjetunion drohte eine tödliche Gefahr, der schon bald der Staat Lenins und Stalins erliegen konnte. Es gab kaum noch einen Spitzenfunktionär des Regimes, der die Gefahr nicht sah und zu erhöhter Wachsamkeit aufrief.

Nach dem Überfall freilich kam die Version auf, der deutsche Angriff habe die Sowjetunion völlig unvorbereitet gefunden; Moskau habe, meint selbst ein Kenner wie Richard Lorenz, »so gut wie keine Abwehrmaßnahmen ergriffen«, und unangefochten blieb Konstantin Simonows berühmte Formel, von der Hitler-Invasion sei Rußland »wie ein Blitz aus heiterem Himmel« getroffen worden.[174] Eine so pauschale These läßt sich heute nicht mehr halten. Die Masse der sowjetischen Völker mag vor dem 22. Juni 1941 ahnungslos gewesen sein, irregeführt von der beruhigenden Propaganda des Regimes, doch nahezu alle Führer von Armee, Geheimdienst, Polizei und Partei wußten sehr genau, was dem Land bevorstand. Kaum einer war unter ihnen, der nicht jeden Augenblick mit dem deutschen Angriff rechnete.

Als General Kasakow, Stabschef des Militärbezirks Zentralasien, in der zweiten Juniwoche zu einer Besprechung im Generalstab nach Moskau gerufen wurde, hatte er nur eine Frage an den stellvertretenden Operationschef Wassilewski: »Wann wird der Krieg mit dem faschistischen Deutschland losgehen?« Darauf Wassilewski: »Wir werden noch Glück haben, wenn er nicht in den nächsten 15 bis 20 Tagen beginnt.«[175] Niemand wunderte sich über Kasakows Frage, in allen Stäben der Roten Armee wurde sie aufgeworfen und leidenschaftlich erörtert. Nicht jeder allerdings teilte den Optimismus des Generals Wassilewski. Der Artilleriechef der Fernostfront, General Kornilow-Drugow, der die Frage im fernen Chabarowsk dem Major Grigorenko stellte, erhielt die knappe Antwort: »Morgen!«[176]

Mancher Rotarmist wurde sogar schon ungeduldig und sehnte förmlich den deutschen Angriff herbei, um endlich zu dem so lange in den Stäben propagierten »Gegenschlag« ausholen zu können. »Wenn die Deutschen entschlossen sind, uns anzugreifen«, überlegte Grigorenko, »dann verstehe ich nicht, warum sie es nicht schon längst getan haben; umso mehr, als sie bereits in Angriffsposition stehen.«[177] Das sowjetische Staatsoberhaupt Kalinin machte sich zum Sprecher dieser Ungeduldigen in Armee und

Partei. Am 5. Juni erklärte er vor der Militärpolitischen Akademie in Moskau: »Die Deutschen rüsten sich zum Angriff auf uns, aber wir sind bereit. Je eher sie kommen, desto besser; wir werden ihnen das Genick brechen.«[178]

Entsprechend hektisch gerieten die Abwehrvorbereitungen, die das Militär betrieb. Die schon früher begonnene Verlegung der Armeen aus dem Innern der Sowjetunion in die westlichen Grenzbezirke wurde beschleunigt, immer mehr Kampfverbände schlossen zur Grenze auf. Der Befehlshaber des Besonderen Militärbezirks Kiew, Generaloberst Kirponos, erhielt von Moskau die Order, sein Hauptquartier nach Tarnopol vorzuverlegen, und schon gab es Militärbezirke wie den von Odessa, deren Befehlshaber ihre Truppen gegen einen möglichen deutschen Überfall alarmierten. Auch die Kriegsflotte wurde wiederholt vor einem Angriff der Deutschen gewarnt.[179]

Doch als Kirponos auch seinen Militärbezirk in Alarmzustand versetzen und einen Teil der Zivilbevölkerung aus dem mutmaßlichen Frontgebiet evakuieren lassen wollte, pfiff ihn Stalin zurück. Der Diktator verbat sich eine solche »Provozierung der Deutschen«.[180] Stalin hatte immer noch nicht begriffen: Mit einer fast schon verzweifelten Hartnäckigkeit klammerte er sich an die Vorstellung, Hitler meine ja gar nicht Krieg, sondern habe ein Schurkenstück politischer Erpressung vor, und das werde ihm, Stalin, immer noch genügend Zeit geben, um die Sowjetunion ausreichend auf den Waffengang mit dem Dritten Reich vorzubereiten.

Das glaubte der Kreml-Herr so fanatisch, daß er alles beiseite fegte, jeden Geheimdienstbericht und jeden warnenden Hinweis, der seinen Auffassungen widersprach. Er brauchte sich dabei nicht sonderlich anzustrengen, denn immer waren Männer um ihn, die Stalin in seinen Vorurteilen bestärkten. Der Generalstabschef Schukow, der Volkskommissar Timoschenko, sein Stellvertreter Kulik, der Raswedka-Chef Golikow, der Leningrader Parteisekretär Schdanow – sie standen allzeit bereit, dem Tyrannen die geniale Weisheit seiner jetzt stärker denn je auf die Beschwichtigung Hitler-Deutschlands ausgerichteten Politik zu bestätigen.

Sorgen über den massiven deutschen Aufmarsch an der Grenze des sowjetischen Vaterlandes? Marschall Kulik: »Das ist hohe Politik. Geht uns Soldaten nichts an!«[181] Eine alarmierende Geheimdienstmeldung, trotz Golikows abwiegelnder Vorzensur doch Stalin zur Kenntnis gekommen? Stalin: »Man kann dem Geheimdienst nicht alles glauben.«[182] Und wenn die Deutschen nun doch die Sowjetunion überfallen? Schdanow: »Nur ein Verrückter wird uns angreifen!«[183]

Mit solchen Redensarten assistierten sie ihrem Herrn, der jede weiterreichende Verteidigungsmaßnahme verbot, in der er eine »unnötige« Herausforderung Hitlers sah. In den sowjetischen Luftraum eindringende deutsche Flugzeuge durften nicht verfolgt, die grenznahen Truppen nicht in ihre Abwehrstellungen vorgeführt werden. Bereits erlassene Befehle zur Verbesserung der Gefechtsbereitschaft sowjetischer Truppen im Baltikum und in der Ukraine mußten wieder rückgängig gemacht werden, Vorbereitungen für den Luftschutz einschließlich Verdunklungsmaßnahmen wurden strikt untersagt.[184]

Als sich in der Presse des Auslandes gleichwohl die Spekulationen über Rußlands Abwehrmaßnahmen häuften, konterte Stalin mit einer noch drastischeren Geste. Am 14. Juni ließ er die Nachrichtenagentur »Tass« eine amtliche Erklärung verbreiten, in der es hieß, die Gerüchte über sowjetische Vorbereitungen gegen einen deutschen Überfall seien »nichts als Lügen und Provokationen«; die Beziehungen zwischen der UdSSR und dem Deutschen Reich seien nie besser gewesen. Keine Aktion Stalins hat die sowjetischen Verteidigungsinstinkte so gelähmt wie die »Tass«-Erklärung, »die die Soldaten desorientierte und ihre Wachsamkeit abstumpfte« (so der spätere Marschall Bagramjan).[185]

War das alles Wahnsinn, Ausgeburt eines kranken Diktatorengehirns, wie Stalins Gegner wähnten? Sicherlich nicht. Stalin besaß ein konkretes Konzept, das völlig rational schien – sein und Rußlands Unglück, daß er keinen rationalen Gegenspieler vor sich hatte, sondern einen, den rassistische Vernichtungsphantasien und uferlose Eroberungsvisionen antrieben.

Stalin ging davon aus, daß der Geheimdienst zwar den deutschen Aufmarsch halbwegs rekonstruieren, nicht aber die entscheidende Frage beantworten konnte, was Hitler mit diesem Aufmarsch bezweckte. Wollte er Rußland mit Krieg überziehen oder wollte er das Land nur unter Druck setzen, um ihm weitreichende Konzessionen, etwa den Beitritt zum Dreimächtepakt oder gar sowjetische Gebietsabtretungen, abzupressen? Stalin nahm das letztere an, konnte er sich doch nicht vorstellen, daß sich Hitler mutwillig einen Zweifrontenkrieg auflud.

Truppenaufmärsche an den Grenzen fremder Staaten waren zudem für Stalin nicht immer Vorboten des Krieges, sondern auch Kampfmittel erpresserischer Diplomatie. Stalin selber hatte sich wiederholt dieses Instrumentariums bedient: Der Besetzung des Baltikums und der Annektion von Bessarabien und der Nordbukowina waren stets Massenaufmärsche der Roten Armee an den Grenzen der betroffenen Staaten vorangegangen. Sicherlich erwartete Stalin von Hitler im Sommer 1941 eine ähnliche Taktik. Dem deutschen Aufmarsch an den Grenzen der Sowjetunion, so mag Stalin kalkuliert haben, würden unweigerlich Hitlers Forderungen an die Adresse des Kreml folgen – Beginn eines durch mancherlei sowjetische Konzessionen angereicherten Palavers, das Stalin die Atempause gab, die sein Aufrüstungsprogramm benötigte.

Stalins ganze Sorge war nur, daß ein verrückter deutscher General mit einem Teil des aufmarschierten Heeres nach Rußland vorpreschen und damit Hitlers vermeintliches Spiel ruinieren würde. Daher die unablässigen Befehle und Ermahnungen Stalins an seine Generale, das deutsche Militär hinter der Grenze nicht zu provozieren, daher die fast schon servilen Beteuerungen sowjetischer Behörden und Medien, die UdSSR führe gegen Deutschland nichts im Schilde.

Ärger konnte man die Absichten Hitlers nicht verkennen, und doch gab es damals von der Moskauer Diplomatenkolonie bis zu den Geheimdiensten

Englands und der USA ernsthafte Leute, die ähnlich dachten wie Stalin. Viele meinten, daß die Meldungen über den Aufmarsch der Wehrmacht von den Deutschen bewußt ausgestreut würden, um so die Sowjets desto wirkungsvoller politisch erpressen zu können. In Moskau gingen so dramatische Gerüchte über ein deutsches Ultimatum und über Verhandlungen zwischen den beiden Staaten um, daß selbst Cripps, der ewige Warner vor dem deutschen Überfall, schwankend wurde. Jetzt hielt er es auf einmal für möglich, daß Hitler anstelle eines kriegerischen Angriffes neue Forderungen präsentieren werde, die zu erfüllen allein Stalin stark genug sei.[186]

Das Joint Intelligence Committee in London registrierte schon unter dem 23. Mai als »Letzte Nachricht« den Hinweis eines Informanten, daß Hitler und Stalin ein Abkommen über engste politisch-wirtschaftliche Zusammenarbeit abgeschlossen hätten.[187] Natürlich wußte der Kreml-Herr am besten, daß es keine Verhandlungen zwischen Moskau und Berlin gab, aber die geradezu fieberhaften Erwartungen der Diplomaten und Journalisten mögen Stalin darin bestärkt haben, sich auf ein politisches Signal Hitlers einzustellen. Jeden Augenblick konnte es kommen, *mußte* es kommen – dachte Stalin.

Stalin merkte nicht, wie sehr er damit den Tricks des deutschen Geheimdienstes erlag, die eben dies bezweckten: die sowjetische Führung zu einer abwartend-nachlässigen Haltung zu verlocken und die Verteidigungsanstrengungen der Roten Armee zu neutralisieren. Regisseur dieses Verwirrspiels war Admiral Canaris, den ein Befehl des OKW-Chefs Wilhelm Keitel vom 15. Februar 1941 zum Koordinator aller geheimdienstlichen und militärischen Aktionen zur Verschleierung des deutschen Aufmarsches gegen Rußland gemacht hatte.[188]

Die OKW-Abteilung L hatte sich ausgedacht, was Keitel »das größte Täuschungsunternehmen der Kriegsgeschichte« nannte und was in Wirklichkeit ein Doppelbluff war: die Russen glauben zu machen, die Deutschen Truppenkonzentrationen im Osten dienten allein der bevorstehenden Invasion in England und sollten nur die Briten zu dem Fehlschluß verleiten, Hitler plane einen Krieg gegen die Sowjetunion. In einer späteren Phase, in der dann der bedrohliche Charakter des deutschen Aufmarsches im Osten nicht mehr zu verschleiern war, sollte das Argument hinzukommen, die Maßnahmen würden nur der Absicherung gegen einen sowjetischen Angriff dienen, gleichsam als Garantie russischen Wohlverhaltens.

Für den Kriegsgegner Canaris, der in den zurückliegenden Monaten wie kaum ein anderer Soldat gegen Hitlers militärische Ausweitungspläne gekämpft hatte, muß Keitels Befehl einer der beklemmendsten seines Lebens gewesen sein. Ausgerechnet er, Wilhelm Canaris, der vorsichtige Förderer des Widerstandes gegen Hitler, sollte alle Welt über die wahren Absichten der deutschen Führung täuschen – nicht nur den Gegner, sondern auch Deutschlands Verbündete, ja selbst die eigenen Kameraden. Nichts anderes besagte der Keitel-Befehl: »Sparsamer Gebrauch der Gesamttendenz [erfolgt] auf nur von Chef Ausl./Abw. zu bestimmenden Wegen. Dieser steuert auch die zweckdienliche Unterrichtung der eigenen Attachés in neutralen Ländern und neutralen Attachés in Berlin mit Täuschungsnachrichten.«[189]

Doch Canaris' Hemmungen wichen bald der Neugier und Experimentierfreude des Profis, zumal der Abwehrchef noch eine Scharte auszuwetzen hatte. Bei der Vorbereitung der Barbarossa-Pläne hatte sich nämlich erwiesen, wie kläglich der deutsche Geheimdienst über Rußland informiert war. Über die sowjetische Rüstungsindustrie wußte die Abwehr so gut wie nichts, ihre Zahlenangaben über Stärke und Verteilung der Roten Armee waren mehr als fragwürdig.

Desto eifriger nutzte Canaris die Chance, sich durch konspiratives Übersoll das Wohlwollen seines Führers zurückzuholen. Anfang März verabredete der Admiral die ersten Täuschungsmanöver mit dem Chef der Abwehr III, Oberst von Bentivegni, der als Canaris-Weisung festhielt: »a) Vorbereitung aller Gliederungen der Abwehr III zur aktiven Spionageabwehrtätigkeit gegen die Sowjetunion, wie zum Beispiel ... Lähmung der Tätigkeit der sowjetischen Nachrichtendienststellen. b) Irreführung der ausländischen Nachrichtendienste durch eigene Agenten im Sinne der angeblichen Besserung der Beziehungen mit der Sowjetunion und der Vorbereitung des Schlages gegen Großbritannien. c) Abwehrmaßnahmen zur Geheimhaltung der Vorbereitungen zum Kriege gegen die Sowjetunion und Sicherung der geheimen Beförderungen der Truppen nach dem Osten.«[190]

Bentivegni alarmierte die Abwehrgruppe III D, die Falschmeldungen präparierte, die dann von V-Männern der Gegenspionage (Abwehr III F) an den Gegner herangespielt wurden. Daraufhin tauchten an den Gerüchtebörsen der neutralen Hauptstädte Meldungen auf, die von raffinierten Methoden der Deutschen zur Verschleierung ihrer bevorstehenden Landeoperation in England handelten.[191] Auch im Mittelmeer sollten sich die Deutschen zu einem Schlag gegen England rüsten. Da war von geheimnisvollen deutschen »Touristen« in Nordwestafrika die Rede, da waren in Marokko 6000 deutsche Soldaten gesehen worden, da marschierten 60 000 Mann der Wehrmacht durch Spanien.[192]

Im April folgte eine neue Irreführungskampagne, das »Unternehmen Haifisch«. Von Skandinavien bis in die Bretagne ließ Canaris Truppenbewegungen simulieren, die den Meldungen über die kommende England-Landung noch mehr Glaubwürdigkeit verleihen sollten. Zugleich gingen an die – uneingeweihten – deutschen Militärattachés in neun neutralen Staaten Geheimtelegramme, die für etwaige sowjetische Mitleser gedacht waren und die für sie erfreuliche Kunde enthielten, daß demnächst acht deutsche Divisionen von der russischen Grenze abgezogen würden.[193]

Dann kam der entscheidende Coup: die Irreführung der sowjetischen Aufklärer in Deutschland. Es war die große Stunde des Doppelagenten Berlings, der das Spielmaterial der Abwehr – fein dosiert – in die Sowjetbotschaft einschleuste. General Tupikow fand plötzlich auf seinem Schreibtisch hochinteressante Informationen über die militärisch entspannte Lage im deutschen Osten vor, und auch NKGB-Resident Kobulow konnte sich über einen Mangel an Nachrichten aus den deutschen Führungszentralen nicht beklagen. Alle Informationen aber liefen darauf hinaus, Hitler wolle im Osten Frieden halten, es gehe allein gegen England.[194]

Kobulow und Botschafter Dekanosow griffen solche Hinweise eifrig auf, hatten sie doch die fixe Idee, wenn es eine deutsche Kriegsgefahr gebe, so komme sie weniger von Hitler als von militärischen Scharfmachern. Berlings hatte einmal im Januar 1941 für Kobulow bei der Redaktion der »Deutschen Allgemeinen Zeitung« recherchieren müssen, weil die geschrieben hatte, die deutsche Wehrmacht sei der Schrittmacher der europäischen Zukunft, woraus der NKGB-Mann Meinungsverschiedenheiten zwischen Hitler und den Militärs herauslas.[195]

V-Männer der Abwehr, die Gespräche sowjetischer Diplomaten und Geheimdienstler in einer Pension der Berliner Geisbergstraße belauscht hatten, meldeten schon im Dezember 1940, daß man in der Botschaft mit »zwei politischen Richtungen« in der deutschen Führung rechne. »Die eine«, so die Botschaftsmeinung, »will den Frieden mit UdSSR bewahren, seine Mitarbeit während des Krieges und später beim Aufbau von Europa ausnutzen. Die andere Richtung stellen die Leute vor, die mit allen Kräften einen Krieg zwischen Deutschland und UdSSR hervorrufen und die Politik des Führers diskreditieren wollen. Von hier aus kommen das dauernde Gerede und die Gerüchte über die Rüstungen Deutschlands zum Krieg gegen UdSSR, von der Konzentration deutscher Truppen an der Ostgrenze usw.«[196]

Ein so groteskes Lagebild wußten die Desinformationsspieler der Abwehr nach Kräften zu fördern und zu vertiefen – durch neue Informationen, die sie vor allem Kobulow und seinen Leuten zuspielten. Die waren am stärksten von allen sowjetischen Aufklärern auf die Mär von der bösen deutschen Kriegspartei am Hofe des friedlichen Hitler ausgerichtet, getreu dem Vorbild ihres Altmeisters Berija, der im Politbüro diese Linie vertrat. Auch Dekanosow und sein Botschaftsrat Semjonow sahen keine kriegerischen Gefahren für die Sowjetunion.

Keine anderslautende Information, keine Warnung aus dem Umkreis der Roten Kapelle konnte die Sowjetische Botschaft und ihr Sicherheitspersonal von dem Glauben abbringen, der nächste Feldzug Hitlers gelte England, und der deutsche Aufmarsch im Osten sei nichts als »Politik«. Noch am 17. Juni urteilte der zweite Mann des NKGB in Berlin, »Tass«-Korrespondent Iwan Filippowitsch Filippow, die Möglichkeit eines deutsch-sowjetischen Krieges sei »bei weitem noch nicht gegeben«, wie Berlings umgehend an seine deutschen Auftraggeber weitergab.[197]

Dekanosow war auf die Mär vom »friedlichen« Hitler so festgelegt, daß er nicht einmal erschrak, als sich ihm der deutsche Botschafter in Moskau, Graf von der Schulenburg, Anfang Mai anvertraute. Noch ganz im Banne von Hitlers verbrecherischen Kriegs- und Ausbeutungsplänen, von denen der Graf soeben bei einem Besuch in Berlin erfahren hatte, warnte er den sowjetischen Kollegen vor dem deutschen Angriff. Doch Dekanosow verstand nicht. Immer wieder wollte er von dem Deutschen wissen, ob er im Auftrag seiner Regierung handele, und zeigte nicht die leiseste Bereitschaft, die Mitteilung des Grafen weiterzugeben. Resigniert wandte sich Schulenburg ab.[198]

Was die letzte Warnung eines bekümmerten Rußland-Freundes sein sollte, verstand Stalin nur als ein raffiniertes Manöver der deutschen Diplomatie, um die Sowjetunion für die kommenden Verhandlungen in eine Position der Schwäche zu bugsieren. Es war hoffnungslos: Stalin und seine Gefolgsleute steuerten geradewegs in die größte Katastrophe sowjetischer Friedenszeit hinein. Der Desinformator Canaris hatte ganze Arbeit geleistet.

Entsetzt beobachtete ein Referatsleiter der Raswedka-Zentrale, Oberstleutnant Wassilij Nowobranez, wie die Führer des Geheimdienstes trotz kritischer Einsichten Stalin durch geschönte Lagebilder in seinen außenpolitischen Illusionen noch bestärkten. Nowobranjets war entschlossen, Armee und Führung durch einen Akt des Ungehorsams wachzurütteln. Seine Chance kam, als er Mitte Juni von Golikow den Auftrag erhielt, den jährlichen Feindlagebericht (»Armeebericht«) der Hauptverwaltung für Erkundung zusammenzustellen.

Nowobranez ließ sich alle Berichte über den deutschen Aufmarsch an den sowjetischen Westgrenzen geben und arbeitete sie in seinem »Armeebericht Nr. 8« ein. Es war eine brisante Dokumentation der Rußland drohenden Gefahren und mußte jeden elektrisieren, der noch die schönfärberische »Tass«-Erklärung in Erinnerung hatte. Als Golikow das Papier sah, wurde er wütend. Er verlangte von dem Oberstleutnant, nur das Material zu verwenden, das er selbst Stalin vorgetragen habe. Golikow grollte: »Sie haben einfach nichts begriffen . . . Tun Sie gefälligst das, was man Ihnen aufträgt. Befehl vom Generalstabschef und mir!«

Nowobranjets dachte jedoch nicht daran, Golikows Befehl zu befolgen. Er holte sich eine Kopie des Armeeberichts aus dem Safe, unterschrieb sie und setzte die Namen Golikows und Schukows darauf mit dem Zusatz »Unterschrift im Original«, dann brachte er das Papier eilends in die Druckerei des Generalstabs. Noch ehe Golikow intervenieren konnte, war die supergeheime Druckschrift schon auf dem Weg zu den Stäben der Roten Armee.[199]

Der aufmüpfige Raswedka-Mann wurde abgesetzt und in ein Militärsanatorium in Odessa verbannt, für Kenner ein »Vorzimmer zum Gefängnis«.[200] Doch Wassilij Nowobranez' Tat kam zu spät. Schon rumpelten Hitlers Panzer und Geschütze über die Grenzen der Sowjetunion, folgte eine feuerspeiende Division nach der anderen. Der deutsch-sowjetische Krieg hatte begonnen.

11 PTX ruft Moskau

Die Frau, die die Treppe des U-Bahnhofs am Berliner Thielplatz hinaufstieg, trug einen knallgelben Regenmantel. Einen Augenblick beobachtete sie aufmerksam die Umgebung, dann sah sie den Mann, der sie zu dem Treff bestellt hatte. »Sein ausgeglichenes freundliches, ja fast vergnügtes Gesicht ließ mich aufatmen«, erinnerte sie sich später. Der Mann hatte etwas bei sich, was sie rasch als einen »unscheinbaren, nicht eben eleganten Vulkanfiberkoffer« ausmachte.

Zusammen schlenderten die beiden zu dem naheliegenden Breitenbachplatz. »Es läuft sich gut«, sagte der Mann, »und ich möchte Ihnen noch einiges erzählen.« Alexander Erdberg hatte letzte Instruktionen erhalten, die er an Greta Kuckhoff weitergeben mußte, ehe er ihr den schweren Koffer mit dem Funkgerät aushändigte.[1] Die Befehle aus Moskau ließen ihm keine Wahl, die Weisungen vom Direktor waren eindeutig gewesen: keine Zeit mehr verlieren, Agentenalarm auslösen!

Das war am 14. Juni 1941, acht Tage vor dem deutschen Überfall auf Rußland. Mit der ihm eigenen präzisen Gelassenheit handelte Erdberg: Greta Kuckhoff bestellte er zu dem U-Bahnhof, Harro Schulze-Boysen und Arvid Harnack mußten ihn in einem S-Bahnhof treffen, und auch der künftige Funker Hans Coppi, einer der jungen Leute von Schu-Boy, wußte, wo er den Raswedka-Residenten finden werde. Zuvor hatte Erdberg die Funkgeräte beschafft und jedes Gerät in einem Koffer verstaut.[2]

Schweigend nahmen Erdbergs Konfidenten die Koffer entgegen, schweigend entfernten sie sich. Sie behielten noch lange den Appell in den Ohren, mit dem sich der Russe von ihnen verabschiedet hatte. Fast pathetisch hatte er die Freunde ermahnt, der Sowjetunion in ihrer schwersten Stunde kompromißlos beizustehen; jedes militärische Detail, jede Nachricht über die Wehrmacht werde der Roten Armee den Kampf gegen den faschistischen Aggressor erleichtern.

Jedes Mitglied des Spionagerings erhielt einen Decknamen, unter dem es in der Zentrale geführt wurde. Harnack (Deckname: »Arwid«) bekam eine Chiffrierliste, Coppi (Deckname: »Strahlmann«) einen Funkverkehrsplan. Ein Packen Geldscheine war für die Werbung neuer Mitarbeiter bestimmt. Erdberg zahlte 13 500 Reichsmark aus, die Harnack so verteilte: 3500 an Adam Kuckhoff, 5000 an den AEG-Ingenieur Karl Behrens, 1000 an die Informantin Rose Schlösinger und 3000 an den Fabrikanten Leo Skrzypezinski, den Harnack für die Spionagearbeit zu gewinnen hoffte. Den Rest behielt Harnack für sich.[3]

Die Organisation wurde in zwei Teile getrennt, in die Verschlüsselungsgruppe »Arwid« unter Harnack und die Informantengruppe »Choro« (das war Schulze-Boysens Deckname) unter der Leitung Schu-Boys, der überdies die Führung der gesamten Organisation übernahm. Schulze-Boysen sollte nach dem Abzug der sowjetischen Mission in Berlin über die ausgeteilten Funkgeräte und über die in Westeuropa operierenden Gruppen der Roten Kapelle Kontakt mit Moskau halten.

Doch der Anfang stand unter einem ungünstigen Stern. Greta Kuckhoff hatte nach dem Treff am U-Bahnhof Thielplatz bei der Heimfahrt den Koffer mit dem Funkgerät fallen lassen; als die Kuckhoffs den Sender zu Hause testen wollten, gab er keinen Ton von sich. Die beiden Agenten gerieten in Panik. Sie versteckten den unbrauchbaren und doch so gefährlichen Sender im Hause. Aber auch das erschien ihnen noch nicht sicher genug. Adam Kuckhoff holte das Gerät wieder hervor und vergrub es im Garten eines Nachbarn.[4]

Auch Coppi hatte mit seinem Gerät kein Glück. Dem Funkanfänger Coppi war von Erdberg ein veraltetes Batteriegerät ausgehändigt worden, das nur über eine geringe Frequenz und Reichweite verfügte. Coppi konnte mit dem Gerät so wenig umgehen, daß Schulze-Boysen von Erdberg einen besseren Sender anforderte.[5]

Die Russen lieferten verbesserte Apparate. Dem Ehepaar Kuckhoff reparierten sie den Sender, und auch Coppi wurde auf dem S-Bahnhof Deutschlandhalle ein neuer Koffer zugeschoben. Inhalt: ein modernes Sende- und Empfangsgerät für Wechselstrom.[6] Jetzt endlich konnte die Spionagegruppe ihre Arbeit aufnehmen. Hitlers Armeen waren noch nicht in Rußland eingefallen, da tickten schon die Funkgeräte der deutschen Sowjetspione.

Meldung auf Meldung gab Schulze-Boysen an den sowjetischen Generalstab weiter, manche Information des Oberleutnants aus dem Reichsluftfahrtministerium verriet der Roten Armee, wo die Schwerpunkte der deutschen Angriffe zu erwarten waren. »Harro war unendlich nützlich«, berichtet Greta Kuckhoff. »Die ersten Nachrichten über die Vorbereitungen des Krieges kamen von Harro, und zwar, welche Städte zuerst angegriffen werden sollten.« Auch Harnack konnte dem in Richtung Balkan abreisenden Erdberg erstklassige Informationen mitgeben, darunter eine Denkschrift über Stärken und Schwächen der deutschen Rüstungsindustrie.[7]

Kamen ihnen keine Zweifel, hatten sie keine Bedenken, die Geheimnisse des eigenen Landes dem Kriegsgegner auszuhändigen? Die meisten Mitglieder der Spionagegruppe scheuten nicht davor zurück, die Grenze zu überschreiten, die jedem aus nationalen und freiheitlichen Motiven handelnden Widerstand gezogen sind. Bei den roten Agenten galt nicht das Axiom des bürgerlich-konservativen Widerstands gegen Hitler, daß man dem Kriegsgegner keine Staatsgeheimnisse anvertrauen dürfe, deren Preisgabe deutsche Interessen oder gar das Leben deutscher Soldaten gefährde.

Für die meisten von ihnen war Landesverrat nichts als ein bürgerlich-kapitalistisches Vorurteil. Zu den energischsten Mitarbeitern der Spionagegruppe gehörten linientreue Kommunisten, die schon in der Weimarer Republik darauf trainiert worden waren, im Falle eines deutsch-sowjetischen Krieges Moskau zu Hilfe kommen, wer immer diesen Krieg verschuldet haben mochte – und 1941 lag die Kriegsschuld nur allzu eindeutig auf der deutschen Seite.

Auch Schulze-Boysen wollte im Kampf gegen Hitler keine nationalen Grenzen anerkennen. Mit der Sorglosigkeit, die ihn Regierungslisten einer deutschen Räterepublik anfertigen ließ (Schulze-Boysen figurierte darauf als Kriegsminister), hatte er seit langem einen deutsch-sowjetischen Krieg eingeplant.[8] Mit fast masochistischer Freude hatte er sich und seinen Freunden schon im September 1939 den Tag ausgemalt, an dem russische Invasionstruppen dem braunen Spuk ein Ende setzen würden.

Solchem Fanatismus mochten sich nicht alle Antifaschisten anschließen. Selbst Harnack wollte später seinen Richtern plausibel machen, nur das Erdberg persönlich gegebene Versprechen habe ihn während des Krieges in den sowjetischen Spionagedienst getrieben, und Greta Kuckhoff formulierte in der ihr eigenen verschleiernden Sprache, die nachrichtendienstliche Zusammenarbeit mit »ausländischen Stellen« habe für viele von ihnen einen »schweren Schritt« bedeutet.[9]

Auch engste Mitarbeiter Schulze-Boysens offenbarten gelegentlich Skrupel. Horst Heilmann, eine Art Sekretär Schulze-Boysens, laborierte lange an der Frage, ob man Landesverrat treiben dürfe. Es sei, so gestand er einem Freund, »nicht nur eine Schuld, die man vor sich selber habe, auch nicht nur gegenüber seinem Vaterland, es sei eine Schuld, die man vor der Weltordnung und als Mensch habe. Bis man soweit sei, nur den Gedanken [des Landesverrats] ins Auge zu fassen, müsse man ein schwer ermeßbares Ausmaß an Schuld begreifen«.[10]

Was aber konnte diese Schuld mildern? Die Empörung über die Verbrechen eines Regimes, das Deutschland und Europa in den Krieg gestürzt hatte. Die Entrüstung über ein politisches System, das mit seinen Konzentrationslagern, seinen Judenverfolgungen, seinem Meinungsterror und seiner Gleichschaltungsmaschinerie das Deutsche Reich zum Synonym für Barbarei und Unrecht gemacht hatte.

Das reichte freilich den Skrupelhaften zur Motivation des Landesverrats noch nicht aus. Das Unrecht der nationalsozialistischen Diktatur erklärte nicht hinreichend, warum sie sich in den Dienst eines fremden Spionageapparates begeben hatten, warum sie ausschließlich mit einem Land kooperierten, das mit seinem Terrorsystem, seinen Millionen hingemordeter Bürger und gespenstischen Schauprozessen die Demokraten ebenso schockte wie der Unrechtsstaat des Nationalsozialismus.

Die Raswedka-Helfer entdeckten für sich ein zusätzliches Motiv, das bis dahin dem herkömmlichen Begriff des Landesverrats fehlte: das nationale. Adam Kuckhoff wollte ein Rätedeutschland »auf nationaler Grundlage« errichten, Schulze-Boysen durch Dienst für die Russen dem künftigen Reich eine bescheidene Eigenexistenz an der Seite Moskaus sichern, und Wilhelm Guddorf lag gar an der »Schaffung eines Sowjetdeutschlands, um die Knechtschaft Deutschlands [durch die alliierten Sieger] zu verhüten und eine Zerstückelung Deutschlands zu vermeiden«.[11]

Eine solche Begründung des Landesverrats befriedigte jedoch nicht lange, denn sie war allzu illusionär. Unbeantwortet blieb nämlich die Frage, wie Männer, die auf der Gehaltsliste des sowjetischen Geheimdienstes standen, später als Führer eines Rätedeutschland freien Spielraum gegenüber Moskau würden gewinnen können.

Die Argumente und Gegenargumente klangen ohnehin ziemlich aufgesetzt, denn die sowjetischen Auftraggeber ließen ihren deutschen Spionen nur wenig Zeit zum Disputieren. Die Raswedka-Zentrale verlangte jetzt Nachrichten und noch einmal Nachrichten – nichts anderes zählte mehr in diesem Meer von Panik, Chaos und Untergang, in das Rußlands Armeen und ihre Führer zu versinken drohten, seit die Feuerwalze der deutschen Invasionsheere über die westlichen Gebiete der Sowjetunion hinwegraste.

Ein paar Tage hatten genügt, um fast völlig zu vernichten, was einmal den Stolz der Roten Armee ausgemacht hatte. In knapp drei Wochen hatten die deutschen Angriffsverbände und ihre Verbündeten ganz Litauen und Lettland besetzt, den größten Teil von Estland und Belorußland, dazu auch Bessarabien; 28 sowjetische Divisionen waren zerschlagen, 70 weitere Divisionen hatten die Hälfte ihres Personals und ihrer Ausrüstung verloren. Nur mit brutalsten Mitteln konnten die hektisch gebildeten Sperrverbände des NKWD verhindern, daß der Rest zu den Invasoren überlief.

Stalins Liquidatoren hielten wieder einmal blutige Ernte, auch in den höchsten Rängen des »verräterischen« Militärs: Der Befehlshaber der Westfront, Armeegeneral Pawlow, und die Mitglieder seines Stabes – erschossen. Die Elite der Luftwaffenführung, sieben von 13 Generalen – erschossen. Der Befehlshaber des Baltischen Besonderen Militärbezirks, Generaloberst Loktionow – erschossen. Der Befehlshaber der 4. Armee, Generalmajor Korobkow, dazu sechs weitere Generalmajore – erschossen.[12]

In diesem hektischen Durcheinander hatte die Führung in Moskau den Überblick völlig verloren. Gespenstisch, was da die neue Stawka des Obersten Befehlshabers Stalin und der Generalstab an Angriffsbefehlen und Marschorders einer Truppe hinfeuerte, die es nur noch auf dem Papier gab. Neue Kampfverbände waren zwar im Anmarsch, doch die Moskauer Führung wußte nicht, wo der Feind stand und wo die eigenen Korps und Divisionen noch ihre Stellungen hielten.

Das war nicht zuletzt die Schuld der Raswedka, deren Offiziere kopflos im Kampfgelände zwischen zerschlagenen und noch halbwegs intakten Truppen herumirrten, ohne die Lage richtig einschätzen zu können. Auch den Geheimdienst hatte der deutsche Überfall schwer getroffen. Der alte Raswedka-Chef Proskurow war auf Stalins Befehl erschossen worden, ebenso der Geheimdienstchef der Westfront. Golikow war glimpflicher davongekommen, abgelöst durch den aus der Panzertruppe kommenden Generalmajor Alexej Pawlowitsch Panfilow.[13]

Schlimmer für die Raswedka aber war, daß sie völlig »blind« dastand. Sie besaß kaum Informationen über die Bewegungen und Absichten des Feindes. Verbittert saß Generalleutnant Leonid Wassiljewitsch Onjanow, der für die Deutschland-Aufklärung zuständige Referatsleiter in der Zentrale, vor seinen veralteten Truppenfeststellungskarteien und mußte raten, was die Deutschen vorhatten. »Wenn das Volkskommissariat und der Generalstab«, zürnte später Marschall Jeremenko, »die wirklichen Absichten des Feindes und seine Pläne für die ersten Kriegstage gekannt und das vorhandene Material korrekt ausgewertet hätten, dann hätten sie die Truppen erfolgreich führen können.«[14]

Und Marschall Bagramjan konnte nie vergessen, wie er und seine Offiziere im Stab der Armeegruppe Südwest herumkombiniert hatten, wenn es darum ging, in dem täglichen Lagebericht für die Stawka die Absichten des Feindes zu analysieren. Bagramjan: »Wo sich unsere Armeen befanden, wo der Feind seinen Hauptschlag führen würde, wie der Feind seine Kräfte verteilt hatte und welche Aktion er plante – wir konnten nur raten.«[15] Die Tiefenaufklärung der Raswedka versagte völlig, auch die Nahaufklärung an der Front lieferte nur dürftige Erkenntnisse.

Desto ungestümer drängten Onjanow und seine Feindlagebearbeiter die Operative Verwaltung der Zentrale, ihre Fernaufklärer im Hinterland des Feindes zu besseren Leistungen anzufeuern. Funkspruch um Funkspruch animinierte die Agentenleitstellen in Berlin, Paris, Brüssel und Genf, die Rote Armee in ihrer schwärzesten Stunde nicht im Stich zu lassen: alles, aber auch alles zu melden, was militärische Bedeutung habe.

Doch die Berliner Agentengruppe blieb nach den ersten Meldungen stumm. Der von Schulze-Boysen zum Funker bestimmte Coppi, ein einfältiger Jungkommunist, der sich als Eisverkäufer und Dreher durchschlug, hatte nie richtig gelernt, ein Funkgerät zu bedienen. So brach dank Coppis Ungeschicklichkeit der Funkverkehr zwischen Berlin und Moskau immer wieder ab, und es verging einige Zeit, bis die Zentrale begriff, woran es bei den Berlinern haperte.[16]

Aber auch Trepper hatte seine Schwierigkeit, mit Moskau in Verbindung zu kommen und zu bleiben. Grund: Seine französische Organisation besaß kein Funkgerät. Monatelang hatte der sowjetische Militärattaché, Generalmajor Susloparow, dem Residenturleiter Trepper für den Ernstfall die Aushändigung einiger Sender versprochen, aber als die Botschaft in Vichy ihre Tore schloß und ihr Personal nach Moskau abreiste, da mußte der General gestehen, er verfüge über kein einziges Gerät.[17]

Hätte die Zentrale nicht wenigstens eine der im Westen operierenden Gruppen anweisen können, dem Grand Chef ein Funkgerät auszuleihen? Keiner kam auf die Idee, offenbar waren sie allzu sehr im Kompetenzdenken befangen. Jede Gruppe hatte ihren eigenen Auftrag, man arbeitete nur lose mit dem Nebenmann zusammen. Aber die örtliche Kommunistische Partei – konnte sie nicht ein Funkgerät zur Verfügung stellen? Das wäre möglich gewesen, aber die Zentrale sah die Kontakte zur KPF nicht gern. Nur einmal im Jahr durfte sich der Agentenchef mit einem Delegierten der Partei treffen, und dies auch nur auf Weisung der Moskauer Zentrale.[18]

So also sah die vielgerühmte Planung und Systematik des sowjetischen Geheimdienstes aus, so hatte man sich auf den lautlosen Krieg gegen die gefährlichste Kriegsmaschine Europas präpariert! Jahr um Jahr war in den sowjetischen Spionageakademien gelehrt worden, der künftige Krieg werde sich im Äther entscheiden, aber als der Krieg begann, hatte eine der leistungsfähigsten Agentengruppen nicht einmal ein Funkgerät.

Der Grand Chef mußte nach einem Gerät suchen und derweil die anfallenden Meldungen für Moskau an Kents Funkgruppe in Belgien weitergeben. Das machte den Petit Chef nun vollends zu einer zentralen Figur der sowjetischen Spionage im Westen. Je verzweifelter sich die Lage der russischen Armeen gegenüber den deutschen Invasionstruppen entwickelte, desto schriller wurden die Rufe des Direktors nach Informationen, Analysen, Statistiken. Auskunft aber konnte allein Kent geben, denn er verfügte über die beste Funkverbindung nach Moskau.

Wochenlang kamen Kents Funker, Chiffrierer, Agenten und Kuriere nicht mehr aus den Kleidern. Kent verließ mit seinem Trupp die bisherige Unterkunft und bezog ein neues Quartier in dem dreistöckigen Haus 101 der Rue des Atrébates. Dort arbeitete die Gruppe in der alten Besetzung zusammen (Funker: Makarow, Chiffriererin: Sophie Posnanska, Kurier: Rita Arnould), von 1941 an assistiert von dem aus Vichy geflohenen Geheimschriften-Experten Danilow alias Desmet.

Von Stund an stand Kents Funkgruppe in nahezu pausenlosem Einsatz. Während V-Männer Informationen sicherten, Kuriere zu den verabredeten Toten Briefkästen eilten und die Chefs, der große und der kleine, die Meldungen sichteten, wurde das Sendematerial in der Rue des Atrébates chiffriert und funkfertig gemacht. Um Mitternacht hastete Makarow heran und bediente fünf Stunden lang, ohne jede größere Unterbrechung, sein Gerät. Jede wichtige Information mußte Moskau unter dem Rufzeichen »PTX« sofort durchgegeben werden, jeder Auftrag der Zentrale war umgehend auszuführen. Und Moskau, der Generalstab von Rußlands hartbedrängten Armeen, hatte jeden Augenblick einen anderen Wunsch, einen neuen Auftrag.

»An Kent von Direktor«, funkte Moskau am 10. August 1941, »Schneiders Quelle scheint gut informiert zu sein. Kontrollieren Sie durch ihn Gesamtzahlen aller bisherigen deutschen Verluste, spezialisiert nach Art und Feldzügen.« Am 29. August 1941: »Erkundungen betr. die Produktionsmöglichkeiten von chemischen Kampfstoffen in deutschen Fabriken. Vorbereitung von Sabotageakten in den betr. Werken.« Am 10. August: »Benötigen Bericht über Schweizer Armee, die in Verbindung mit möglicher deutscher Invasion interessiert. Stärke der Armee im Falle allgemeiner Mobilmachung. Art der angelegten Befestigungen. Qualität der Bewaffnung. Einzelheiten über Luftwaffe, Panzerwaffe und Artillerie. Technische Mittel nach Waffengattungen.«[19]

Es gab schlechterdings nichts, was der Direktor nicht zu wissen verlangte. Strategische Pläne der Wehrmacht, Details über deutsche Luftwaffeneinsätze, Angaben über die Beziehungen zwischen der NS-Führung und der Wehrmachtelite, Nachrichten über die wechselnden Standorte des Führerhauptquartiers, Stärkebilder deutscher Heeresgruppen, Truppenbewegungen in den besetzten Westgebieten – Moskau war an jeder kriegsrelevanten Einzelheit interessiert.

Und immer wieder Ermahnungen des Direktors, schneller zu liefern, besser zu liefern, mehr zu liefern. »Ziehen Sie Lehre aus dem Fall Lille«, hieß es da zum Beispiel: »Überprüfen Sie alle Verbindungen mit politischen Kreisen. Bedenken Sie, daß derartige Verbindungen unter Umständen gefährlich für die Arbeit der ganzen Organisation sein können. Achten Sie streng auf den Verkehr Ihrer Leute.«[20] Bei einer anderen Gelegenheit: »Ihre Organisation muß in mehrere selbständige Gruppen aufgeteilt werden, zwischen denen eine Verbindung nur über Sie besteht. Ausfall einer Gruppe darf Arbeit der anderen weder behindern noch gefährden. Radiosystem muß dezentralisiert werden, und zwar raschestens. Bedenken Sie, daß Ihre Arbeit von größtem Wert ist.«[21]

»An Kent von Direktor . . . An Kent von Direktor . . . An Kent von Direktor« – die Funksprüche ließen den Petit Chef kaum noch zur Ruhe kommen. Immer wieder diktierte er neue Meldungen für Moskau, neue Informationen, neue Hiobsbotschaften.

Im Oktober 1941: »Von Pierre. Gesamtstärke des deutschen Heeres 412 Divisionen. Davon in Frankreich zur Zeit 21, zumeist Divisionen zweiter Linie; ihr Bestand schwankt infolge dauernder Abgänge. Truppen, die bei und südlich Bordeaux in Stellung waren, befinden sich auf dem Wege nach dem Osten; es sind etwa drei Divisionen.« Neue Meldung: »Von Emil. Zwei neue Giftstoffverbindungen sind hier bekannt geworden. 1) Nitrosylfluorid. Formel: $HC_2F_,2$) 2) Kakodylisocyanid. Formel: (CH_3) 2 AsNC.«[22]

Wieder eine Nachricht: »Von José. Bei Madrid, 10 km westlich der Stadt, befindet sich deutsche Horchstelle zum Abhören britischen, amerikanischen und französischen (kolonialen) Funkverkehrs. Getarnt als Handelsorganisation mit Decknamen ›Stürmer‹. Spanische Regierung ist unterrichtet und unterstützt die Stelle.« Und noch einmal: »Quelle: Jacques. Deutsche haben Elite ihrer Streitkräfte an Ostfront verloren. Überlegenheit russischer Panzer nicht abgestritten. Generalstab entmutigt durch dauernde Änderungen Hitlers bei strategischen Plänen und Zielen.«[23]

Jede Meldung dokumentierte, daß Treppers und Kents Agenten leisteten, was man von ihnen erwarten konnte. Kein Zweifel, die Organisation im Westen hatte sich bewährt. Doch Kent drohte in der Flut der einlaufenden Informationen zu ertrinken; seine Gruppe allein sollte alle Meldungen aus Belgien und Frankreich bewältigen, während der kleine, aber senderstarke Holland-Apparat »Hilda« kaum ausgelastet war.

Die Meldungen auf Kents Schreibtisch häuften sich derartig, daß der Chefagent von Moskau neue Sendegeräte und Schlüsselbücher anforderte. Zunächst standen keine neuen Funkgeräte zur Verfügung, dennoch versuchte der Direktor Abhilfe zu schaffen: Kent und auch der Grand Chef durften sich nun zuweilen des Reservenetzes der Schweizer Organisation von Radó bedienen, der inzwischen vom Direktor einen neuen Decknamen erhalten hatte: Dora.[24]

Radó besaß, und das machte ihn nun für Kent und Trepper so besonders wichtig, drei Funkgeräte: Ein Gerät (»Station Jim«) stand in Lausanne und wurde von Foote betrieben, ein zweites befand sich in der Genfer Villa des Agentenpaars Edmond-Charles und Olga Hamel, den dritten Sender bediente die Radó-Freundin Margrit Bolli.[25] Der Sendermangel und Kents Überlastung veranlaßten den Direktor, schon jetzt Radós Sender gelegentlich einzuschalten.

Radós Funksprüche waren zuweilen ebenso wichtig wie die Meldungen des Kent-Senders. Da erfuhr Moskau am 6. September 1941: »Deutschland ist einverstanden, daß Finnland nach Einnahme Leningrads Sonderfrieden schließt, da dies Verkürzung der deutschen Front, Freiwerden deutscher Truppen, Versorgungs- und Transporterleichterung bedeuten wird.« Da tickten die Funkgeräte am 22. Oktober: »Infolge erlittener Verluste großdeutscher Divisionen an Ostfront Homogenität verloren. Neben Leuten mit vollständiger Ausbildung bestehen sie aus Leuten mit vier bis sechs Monaten Ausbildung und aus Leuten mit nur einem Sechstel der notwendigen Ausbildungszeit.« Da las die Zentrale: »Am 17. Oktober Anordnungen [der deutschen Führung] für möglicherweise lange Belagerung Moskaus. Schwere Küsten- und Marineartillerie seit Tagen von Königsberg und Breslau nach Moskauer Front unterwegs.«[26]

Kent begann eben eine leichte Entlastung vom Druck des eingehenden Informationsmaterials zu spüren, da mutete ihm der Direktor noch mehr Arbeit zu. Jetzt sollte er auch noch die Berliner von ihrer funktechnischen Malaise befreien und ihnen mehr Funkdisziplin beibringen. Kent fuhr nach Deutschland.

Schulze-Boysen hatte inzwischen sein Informationsnetz immer stärker ausgebaut. Jeder kannte seinen Platz, jeder sammelte Nachrichten aus seinem Arbeitsbereich. Greta Kuckhoff saß im Rassenpolitischen Amt der NSDAP und registrierte NS-Interna, Adam Kuckhoff horchte in Künstlerkreisen herum, Harnack forschte das Reichswirtschaftsministerium aus, Ehefrau Mildred behielt als Sprachlehrbeauftragte an der Berliner Universität die akademische Welt im Auge. Libertas Schulze-Boysen bediente sich ihrer Verbindungen zum Reichspropagandaministerium (in der Kulturfilmzentrale hatte sie Zugang zu Verschlußsachen des Ministeriums), Hilde und Hans Coppi funkten.

Die gehaltvollsten Nachrichtenkanäle hatte sich der Gruppenchef selber geschaffen. Seit Januar 1941 saß Schulze-Boysen in der Ersten Staffel des Luftwaffenführungsstabes, untergebracht in einem Barackenviertel im Wildpark Werder bei Potsdam. Das Lager umschloß das Geheimste der deutschen Luftwaffe: Wildpark Werder war Sitz des »HQ Reichsmarschall«, Befehlsstelle des Chefs des Nachrichtenverbindungswesens der Luftwaffe und des Luftnachrichtenregiments Ob. d. L. (Oberbefehlshaber der Luftwaffe), Ausweichstelle des Reichsluftfahrtministeriums.

Schulze-Boysen gehörte zur 5. Abteilung, in der die diplomatischen und militärischen Berichte zusammenliefen, die von den Luftwaffenattachés der deutschen Botschaften und Gesandtschaften stammten. Schulze-Boysen brauchte die Geheimberichte nur abzuschreiben oder zu photographieren –

und schon wußte er, wie die Achsenmächte die militärische Lage beurteilten. Das Hinausschmuggeln der Berichte war nicht schwierig, denn gegenüber den eigenen Offizieren zeigten sich die Wachen von Wildpark Werder äußerst lax; am Ausgang war lediglich das Soldbuch vorzuzeigen, eine Taschenkontrolle fand nicht statt.[27]

Sein dienstlicher Auftrag erweiterte Schulze-Boysen noch den Blick in die Geheimnisse der Hitler-Koalition. Ihm oblag auch die Verbindung zu den Luftattachés der mit dem Dritten Reich verbündeten Mächte und der neutralen Staaten. Er erfuhr manches über die Sorgen und Probleme der Achsen-Luftstreitkräfte, er registrierte vieles, was man sich unter den ausländischen Militärs erzählte.

Ein ahnungsloser Hitler-Gegner half dem Sowjetspion weiter: Oberst Erwin Gehrts, Gruppenleiter III in der Vorschriften- und Lehrmittelabteilung beim Chef des Ausbildungswesens, ein unzufriedener, wegen seiner Wutausbrüche gefürchteter Mann, trotz christlicher Überzeugungen überaus sternengläubig.[28] Schulze-Boysen wußte sich in das Vertrauen des höheren Kameraden durch manche Gefälligkeit einzuschmeicheln, und fast in jedem Fall hieß die Gefälligkeit Anna Kraus. Sie unterhielt im Berliner Stadtteil Stahnsdorf eine einträgliche Praxis als Wahrsagerin. Für den Obersten, der oft Nostradamus zu Rate zog, war die Wahrsagerin eine geeignete Gesprächspartnerin.[29]

Als Gehrts dem jüngeren Mann seine Sorgen anvertraute, verwies ihn Schulze-Boysen an die Lebenshelferin Kraus. Sie linderte seine ehelichen Qualen, sie beriet ihn bei seinen erotischen Problemen im Büro, sie wirkte auch bei dienstlichen Entscheidungen des Obersten mit. Ob es um Beförderungsfragen ging, ob um neue Vorschriften der Luftwaffe oder um disziplinäre Schwierigkeiten – stets führte Gehrts ein paar Geheimakten bei sich, um sie vor Anna Kraus im Dämmerlicht der Orakelstube auszubreiten.

Kaum einer wußte, daß die Wahrsagerin zu Schulze-Boysens Informantenring gehörte. Witwe Kraus brachte jede von Gehrts stammende Nachricht zu ihrer alten Freundin Toni Graudenz. Deren Ehemann wiederum, der Danziger Johannes (»John«) Graudenz, Vertreter der Wuppertaler Firma Blumhard, die Fahrgestelle für Flugzeuge herstellte, war einer der wichtigsten Figuren in Schulze-Boysens Ausforschungssystem.[30] Auch Graudenz hatte sich unter dem Einfluß der Wahrsagerin in die Schar der roten Kundschafter eingereiht. Ihm gelang es leicht, enge Verbindungen zu Ingenieuren der RLM-Abteilung »Generalluftzeugmeister« zu knüpfen.

Bald stand er in dem Ruf, eine besondere Vertrauensstellung im Ministerium zu genießen. Er verkehrte mit hohen Offizieren, die ihm wiederholt Geheimbücher mit Produktionsstatistiken ausliehen. Zu seinen – unfreiwilligen – Informanten zählte mancher, dem jede Opposition gegen das NS-Regime fernlag, so der Regierungsbauinspektor Hans Henniger, Referent für Planungsaufgaben, so der Oberstingenieur Martin Becker, der die Konstruktionsabteilung leitete. Sorgfältig trug Graudenz das Gelesene und Gehörte in ein Notizbuch ein, wobei der Feinschmecker zur Verschlüsselung der Informationen Wurstsorten verwandte. »2500 Gramm Jagdwurst« hieß im Klartext: 2500 Jagdflugzeuge.[31]

Schulze-Boysen bahnte sich auch Verbindungen zu den Kommandostellen anderer Wehrmachtteile. Ins Oberkommando des Heeres (OKH) rückte beispielsweise der Funker und Dolmetscher Horst Heilmann ein, auf den Schulze-Boysen große Hoffnungen setzte. Der Agentenchef hatte den früher vom Nationalsozialismus begeisterten Studenten im Auslandswissenschaftlichen Institut der Berliner Universität kennengelernt, in das Schulze-Boysen als Seminarleiter eingetreten war.[32]

Heilmann war zur Luftnachrichtengruppe eingezogen worden und galt dort als genialer Kopf. Bei der Nachrichten-Dolmetscher-Abteilung in Meißen bestand der begabte Mathematiker eine Kombinationsaufgaben-Prüfung mit Auszeichnung und kam zur Dechiffrierabteilung Ost der Funkabwehr. Der gehemmte Kleinbürgersohn schloß sich dem weltgewandten Schulze-Boysen an, zumal er sich vom Nationalsozialismus gelöst und im Marxismus eine zukunftsträchtige Denk- und Lebensart entdeckt hatte. Er flocht mit an Schulze-Boysens geheimem Nachrichtennetz. Im OKH gewann er der Agentenorganisation neue Mitarbeiter, die allerdings nicht wußten, wem sie gefällig waren. Auch Heilmanns Kamerad Alfred Traxl, Leiter der Dechiffrierabteilung West, war ahnungslos; er plauderte aus purer Erzähllust über die Entschlüsselung gegnerischer Funksprüche.[33]

Ebenso arglos arbeitete Schulze-Boysens bester Informant mit, Oberleutnant Herbert Gollnow, der ein Liebesverhältnis mit Mildred Harnack unterhielt. Der lebensunerfahrene Offizier, Sachbearbeiter in der Abwehr-Abteilung II, merkte nicht, daß er bei seinen intimen Zusammenkünften mit der Frau des Oberregierungsrates Harnack systematisch ausgehorcht wurde. Harnack förderte die Liaison, weil Gollnow einen wichtigen Posten im Apparat des Admirals Canaris bekleidete: Er war Referent für Luftlandetruppen und Fallschirmspringer in der Sabotageabteilung der Abwehr; er kannte die Nacht-und-Nebel-Einsätze, die deutsche Agenten hinter der sowjetischen Front unternahmen. Harnack zog Gollnow ins Gespräch und verlockte ihn durch skeptische Reden über die Kriegslage dazu, Dienstgeheimnisse preiszugeben. Je pessimistischer die Einwände des Oberregierungsrats klangen, desto eifriger belegte ihm der Oberleutnant mit Zahlen, Namen und Einsatzdetails, wie gut es um Führer und Front bestellt sei.[34]

Und während Mildred Harnack in ungestörter Zweisamkeit den Schüler zu weiteren Mitteilungen ermunterte, meldete sich bereits ein neuer Besucher an, der ebenfalls Nachrichtendienstoffizier war. Leutnant zur See Wolfgang Havemann, im Zivilberuf Gerichtsassessor, zu einem Kursus nach Berlin abkommandiert, war ein Neffe von Harnack. Auch er saß in einer für die Sowjetspione interessanten Dienststelle. Havemann arbeitete beim Chef der Abteilung III des Marinenachrichtendienstes in der Seekriegsleitung und kannte zweifellos geheime Vorgänge im Oberkommando der Marine. Hätte sich Harnacks Neffe für die Sache seines Onkels gewinnen lassen, wäre die Rote Kapelle auch ins OKM eingesickert. Er hatte sich bereits ein paarmal so verplappert und geheime Details ausgeplaudert, daß die Moskauer Zentrale ihm intern den Decknamen »Italiener« reservierte und Kent anwies, Havemanns Eignung für die Spionagearbeit zu prüfen. Doch Havemann entzog sich den Überredungskünsten von Onkel und Tante, sobald er gemerkt hatte, was im Haus des Oberregierungsrats gespielt wurde.[35]

Auch ohne Havemanns Hilfe verfügten Harnack und Schulze-Boysen jetzt über ein Nachrichtensystem, das ihnen wichtige Geheimnisse der deutschen Kriegführung bloßlegte. Nacht für Nacht, wann immer Coppi funken konnte, erfuhr der sowjetische Generalstab, was der Gegner dachte und plante, was ihm mißlang und war er fürchtete.

Schulze-Boysens Nachrichtendienst meldete nach Moskau, daß deutsche Soldaten bei einer Durchsuchung des sowjetischen Konsulats im finnischen Petsamo einen Chiffrierschlüssel erbeutet hatten. Er erfuhr, daß die Abwehr durch die Eroberung britischer Funkschlüssel alliierte Geleitzüge zwischen Island und den nordrussischen Häfen schon vor ihrem Auslaufen kannte. Er wußte, an welchen Punkten deutsche U-Boote vor Murmansk lauerten, um die Geleitzüge abzufangen.[36]

Er konnte manchen Befehl, manchen Konstruktionsplan der Deutschen mitlesen: Orders für den Einsatz russisch-antikommunistischer Freiwilligenverbände an der Ostfront, Zeichnungen neuer Luftwaffengeräte, Produktionstabellen der Rüstung.[37] Schulze-Boysen funkte nach Moskau: »Neues Messerschmitt-Kampfflugzeug hat zwei Geschütze und zwei MG seitlich in den Flügeln montiert. Entwickelt Geschwindigkeit bis zu 600 Kilometer in der Stunde.«[38] Schulze-Boysens Kundschafter wußten von einer sogenannten ikonoskopischen Bombe zu berichten, ihnen waren neue Ortungsgeräte der Luftwaffe bekannt, und sie informierten über Wasserstoffsuperoxyd-Antriebe für Abwehrwaffen. Sie erforschten ferngesteuerte Torpedos, kannten die Abwehrwaffe »Luftengel-Bodenengel« und zauberten Handzeichnungen aus den Safes der supergeheimen Auer-Fabrik in Oranienburg heraus.[39]

Sie funkten auch strategische Informationen nach Moskau. Am 12. Dezember 1941 meldeten Schulze-Boysens Agenten: »Überwinterung deutscher Armee Anfang November für Linie Rostow zwischen Smolensk und Wjasma-Leningrad vorgesehen, Deutsche werfen gegen Moskau und Krim alles in den Kampf, was sie an Material überhaupt haben.« Die Offensivpläne der deutschen Heeresgruppe B im Raum Woronesch für den Frühsommer 1942 waren den Spionen teilweise bekannt, auch die Zielvorstellungen der deutschen Kaukasus-Offensive gaben sie nach Moskau weiter.[40]

Begierig griffen Schulze-Boysens Agenten jede Information auf, die den Russen enthüllen mußte, was der deutsche Generalstab dachte. »OKW hält alle Informationen über besondere russische Winterarmee für falsch. OKW überzeugt, daß Russen alles für jetzige Offensive einsetzen und keine Reserven mehr haben«, hieß es in einer Meldung vom 22. September 1941, und einen Monat später wußten die Spione: »Führende Generale im OKW rechnen jetzt mit noch 30 Monaten Kriegsdauer, wonach Kompromißfriede möglich.«[41] Dann bot sich ihnen wieder ein anderes Bild: »Ernste Meinungsverschiedenheiten im OKW betreffs Operationen im Südteil der Ostfront. Vorherrschende Meinung, daß Angriff in Richtung Stalingrad zwecklos und Erfolg Kaukasus-Operation in Frage gestellt. Hitler verlangt Stalingrad-Offensive und wird hierbei von Göring unterstützt.«[42]

Schier pausenlos forderte Moskau neue Details über die deutsche Kriegführung an, schier pausenlos versuchte Schulze-Boysen, die Fragen des Direktors zu beantworten. »Division Hermann Göring ist keine Panzerdivision, sondern nur motorisierte Division. Ihr Standort ist Ansbach in Württemberg«, lautete eine Meldung, und eine andere: »1.) Bestand deutscher Luftwaffe jetzt 22000 Maschinen erster und zweiter Linie, dazu 6000 bis 6500 Junkers-52-Transportflugzeuge. 2.) Gegenwärtig werden in Deutschland täglich 10-12 Stuka gebaut. 3.) Kampfverbände der Luftwaffe, die bisher in Kreta stationiert waren, wurden nach Ostfront gesandt. Ein Teil davon zur Krim, Rest auf übrige Front verteilt. 4.) Zahl der deutschen Flugzeugverluste an der Ostfront betrug ab 22. Juni bis Ende September täglich im Durchschnitt 45.«[43]

Den Führern der angeschlagenen Sowjetarmeen mußten die Funksprüche der Roten Kapelle wie Signale der Rettung klingen. Jede Meldung gab ihnen neue Hoffnung, jede Botschaft aus dem Äther offenbarte Schwächen der deutschen Kriegsmaschine, ließ die Russen trotz aller Niederlagen und Demütigungen hoffen, eines Tages die Oberhand gewinnen und den faschistischen Eindringling wieder zurücktreiben zu können.

Die Meldungen der Spione machten dem Moskauer Generalstab Mut und halfen, dessen Erkenntnise über den Feind zu erweitern. Die Kundschafter der Raswedka in Feindesland gaben sich sichtlich Mühe, die Qualität ihrer Arbeit immer noch zu verbessern und durch kompromißlosen Einsatz den kämpfenden Genossen an der Front entscheidende Entlastung zu bringen. Das trieb sie alle an, die Trepper, Kent, Radó und Schulze-Boysen, auch Richard Sorge, der wieder festen Tritt gefaßt hatte und jetzt außergewöhnliche Leistungen hervorbrachte: Seine präzisen Meldungen machten es immer gewisser, daß die Japaner nicht auch noch Rußland angreifen würden – eine der wenigen Glücksbotschaften, die damals den Kreml erreichten.

Moskaus Spione agierten fleißig und engagiert, was sie später zu Schlüsselfiguren der zäh geglaubten Legende von der effektiven, ja kriegsentscheidenden Rolle der Sowjetspionage machte, die nach 1945 selbst manchen klugen Kopf gefangennahm. Sorge und die Agenten der Roten Kapelle sollten ganze Schlachten mitentschieden haben, und der Franzose Gilles Perrault war nicht der einzige unter sogenannten Spionagekennern, der allen Ernstes meinte, die Sowjetspione hätten dem sowjetischen Generalstab »das gesamte deutsche Wirtschafts- und Wehrpotential aufgedeckt« und Moskau ermöglicht, »die Operationen nach den ihm vorliegenden Angriffsplänen des Feindes zu leiten«.[44]

Die unsäglichen Aufschneidereien antifaschistischer Chronisten trugen noch dazu bei, das Bild einer teuflisch wirkungsvollen Sowjetspionage zu festigen. »Es wird Zeit«, rief Günther Weisenborn 1946 in einer Rede, »daß unser Vaterland zu hören bekommt, was alles geschehen ist. Unser Volk muß hören, wer . . . in die Geleitzugsschlachten nördlich Norwegen bestimmend eingriff, wer bei Stalingrad handelte, wer bei abertausend Unternehmungen im Dritten Reich und an den Fronten aktiv war.« Wen will es wundern, daß solches Gerede rechtslastige Vergangenheitsbewältiger dazu animierte, aus dem Fall der Roten Kapelle einen Fall von monströsem Vaterlandsverrat zu konstruieren? Weisenborns Thesen luden beinahe dazu ein: »Deutsche wurden doch sowieso getötet. Wir waren vor die Entscheidung gestellt: 100 000 Tote oder zwei Millionen. Wir entschieden uns für 100 000.«[45]

Vor allem Sorge mußte als Zentralfigur einer neuen Dolchstoßlegende herhalten, galt er doch als »der Mann, der Stalin rettete«. Wer war schuld daran, daß die deutschen Armeen die Schlacht von Moskau verloren? Der Spion Sorge, der den sowjetischen Führern die Gewißheit geboten hatte, daß Japan nicht angreifen würde. Hans-Otto Meißner fabulierte: »Deshalb holten sie ihre Fernostarmee herbei, und deshalb wurde Moskau gerettet, deshalb wurden unsere Armeen zurückgeschlagen, und deshalb eroberten die Russen dreieinhalb Jahre später Berlin. Das alles verdankte Stalin einem Mann, und dieser Mann hieß Dr. Richard Sorge.«[46]

Das ist so absurd, daß man sich heute nur noch wundern kann, wie ernsthafte Leute so Abstruses glauben konnten. Selbst eine ernsthafte Beobachterin ihrer Zeit wie Margret Boveri erging sich in allerlei scharfsinnigen Deduktionen über Sorges »zweites Gesicht«, um das Rätsel zu erklären, warum es der »Deutsche Sorge« hingenommen habe, »daß seine Handlung am Tod vieler deutscher Soldaten im Winter 1941 auf 1942 schuld ist« – ein Beispiel mehr, wie leicht geheimdienstfremde Intellektuelle der Märchenwelt einer um keine Tatsachen besorgten Enthüllungspublizistik erliegen.[47]

In Wirklichkeit besaß die Sowjetspionage keine kriegentscheidende Bedeutung. Sie hat nicht eine einzige Schlacht im Osten mitentschieden, keine deutsche Division ist durch sie zugrunde gegangen, kein Feldzug der Wehrmacht von ihr gelähmt worden. Der Zweite Weltkrieg wäre nicht anders verlaufen, hätte es keinen Trepper und keinen Kent, keinen Schulze-Boysen und keinen Sorge gegeben.

Nicht einmal Sorges unzweifelhafte Bravourleistung im Herbst 1941 hat den Verlauf des Krieges verändert; seine Meldungen über Japans vertagte Rußland-Invasion lösten schwerlich die Entsendung sibirischer Truppenverbände an die Moskauer Front aus. Schon die Vorstellung, daß eine Staatsführung aufgrund von Meldungen eines einzigen Agenten Entscheidungen von solcher Tragweite trifft, muß jedem Kenner der Geschichte irreal erscheinen. Sie läßt sich auch nicht mit den Fakten des Falles Sorge in Einklang bringen.

Die sowjetischen Streitkräfte im Fernen Osten, die sogenannte Fernostfront mit der 1. und 2. Armee, dem Militärbezirk Transbaikal und der Armeegruppe Küste, verfügten Anfang 1941 über 42 Infanteriedivisionen und 10 Panzerbrigaden. Ein kleiner Teil davon, mehrere Korps aus Transbaikal, die dann die 16. Armee bildeten, wurden schon im Mai 1941 in die Ukraine verlegt. Als Mitte Oktober die Schlacht um Moskau entbrannte, verlangte die Stawka vom Kommando der Fernostfront, sofort ein paar Divisionen nach dem Westen in Marsch zu setzen. Noch im Oktober wurden acht Divisionen aus Sibirien in die Kämpfe im Raum Moskau geworfen, kurz darauf noch ein paar Divisionen.[48]

Auf dem Höhepunkt der Schlacht kämpften dort nach amerikanischer Geheimdiensterkenntnis (sowjetische Angaben fehlen) 18 Infanteriedivisionen und 8 Panzerbrigaden der Fernostfront.[49] Sie waren natürlich nicht die einzigen Reserveverbände, die Stalin in den Raum Moskau warf. Die schon im Juli aufgestellte Strategische Reserve der Stawka wurde ebenso eingesetzt wie jedes andere verfügbare Truppenkontingent, das der Diktator eiligst nach Moskau beorderte: Verbände aus Mittelasien und dem Kaukasus-Gebiet, Truppen aus den benachbarten Fronten, die hastig aufgestellte Volkswehr. Sie alle, nicht nur die Verbände aus Sibirien, haben dazu beigetragen, die Schlacht um die sowjetische Hauptstadt für die Rote Armee zu entscheiden.

Kein Indiz läßt die Vermutung zu, Stalin habe aufgrund der beruhigenden Agentenmeldungen Sorges alle Truppen der Fernostfront in die Moskauer Schlacht abberufen und damit praktisch das sowjetische Ostasien militärisch schutzlos gelassen. Selbstverständlich hat Stalin so etwas Abenteuerliches nicht getan. Nicht eine Agentenmeldung, sondern die verzweifelte Lage der Roten Armee im Westen veranlaßte ihn, sich Reserven zu holen, wo sie sich ihm boten, auch im Fernen Osten.

Nichts konnte freilich Stalin dazu bewegen, das sowjetische Fernost ganz von allen Truppen zu entblößen. Er ließ die Hälfte der Fernostfront, immerhin 24 Infanteriedivisionen und 2 Panzerbrigaden, in Ostsibirien stehen und drängte deren Oberbefehlshaber, schleunigst Divisionen der zweiten Reserve aufzustellen.[50] Zentraler Gedanke war dabei, die Fernostfront immer so stark zu halten, daß sie die Japaner von einem Überraschungsangriff abschreckte.

Nur darin könnte man allenfalls Einflüsse der Sorge-Meldungen vermuten, denn der Spion in Tokio hatte (im Gegensatz zur Legende) nicht garantiert, daß die Japaner auf keinen Fall angreifen würden. Seine ganze Berichterstattung im August und September 1941 durchzog der Gedanke von dem absolut opportunistischen Verhalten der Japaner. Sie würden gegen Rußland nur losschlagen, das war Sorges Überzeugung, wenn mindestens eine von drei Bedingungen vorher erfüllt seien: wenn Moskau in deutsche Hand gefallen, wenn in Sibirien ein antikommunistischer Aufstand ausgebrochen oder wenn die japanischen Truppen in der Mandschurei und in Korea auf die dreifache Stärke der sowjetischen Fernostfront gebracht worden seien. Schlußfolgerung: Da bisher keine dieser Voraussetzungen vorliege, würden die Japaner auch nicht kommen.[51]

Sorges letzter Funkspruch,[52] jener vom 4. Oktober, las sich sogar wie eine Warnung vor allzu drastischen Truppenabzügen in Sowjet-Fernost. Der Funker Klausen rekonstruierte später den Text der Meldung so: »Nach der sorgfältigen Analyse von uns, Kretschmer, Wennecker und Botschafter Ott, sind wir nun sicher, daß die Möglichkeit eines japanischen Angriffes gering ist und eine Garantie dagegen bis zum Ende des kommenden Winters besteht. Ein japanischer Angriff wird [jedoch] erfolgen, wenn Sie die meisten Ihrer Soldaten aus Sibirien abziehen und wenn in Sibirien ein Bürgerkrieg ausbricht.«[53]

Sorge wußte wohl kaum, wie zutreffend seine Analyse war. Allerdings war die japanische Entscheidung schon gefallen, ehe der Spion seine Berichterstattung in dieser Frage begonnen hatte. Bereits Ende Juni hatte die Operationsabteilung der japanischen Kwantung-Armee gemeldet, die Russen würden ihre Grenzverbände nicht erheblich reduzieren, und am 11. Juli urteilte die Roshia-ka, mehr als die bereits abgezogenen fünf sowjetischen Divisionen würden die Mandschurei nicht verlassen. Für Oberst Okamoto, den Chef des japanischen Geheimdienstes, stand am 15. Juli endgültig fest, daß der Einfluß der deutschen Siege auf die sowjetische Fernostfront nur gering sei – Anlaß für die am nächsten Tag folgende Entscheidung einer Abteilungsleiterkonferenz des Generalstabs, den Krieg gegen Rußland für das Jahr 1941 abzusagen.[54]

Wenn aber schon die gutfundierten Meldungen von Sorge, der diesmal weit besser als bei der Barbarossa-Berichterstattung informiert war, keine ausschlaggebende Rolle in der sowjetischen Kriegführung gespielt hat, wieviel geringer muß dann erst der Einfluß der Roten Kapelle mit ihren oft fragwürdigen Nachrichten auf die Entscheidungen der Stawka gewesen sein!

Mit dem Gros der Meldungen aus dem Westen konnte die sowjetische Militärführung kaum etwas anfangen. Da waren Informationen über die Herstellung holländischer Hochspannungsmasten für Deutschland, über Verteilung von Eisenblechen für belgische Schiffsbauten, über die Zustände in einem Treibstofflager bei Gent, über Engpässe im französischen Lokomotivbau, über Schwierigkeiten bei der Belieferung belgischer Fabriken mit deutschen Spezialventilen zur Herstellung von Kesselwagen, über die Lage von Schiffsreparaturwerkstätten in Amsterdam, über den Verwendungszweck belgischer Stahlerzeugnisse – die Liste könnte beliebig fortgesetzt werden.[55] Der sowjetische Generalstab erfuhr aus dem Westen nahezu alles, nur nicht, was er am dringendsten benötigte: Informationen über Pläne, Überlegungen und Ziele deutscher Militärs. Das hatte einen einfachen Grund: Treppers V-Männern war der Einbruch in den deutschen Militärapparat nicht geglückt. Der Grand Chef erfreute sich guter Beziehungen zur Organisation Todt und zum Stab Sauckel, die militärischen Stäbe der Deutschen blieben indes für ihn unzugänglich.

Militärisch besser informiert war die Berliner Gruppe von Schulze-Boysen. Sie funkte wichtige Meldungen nach Moskau: Produktionsziffern der Luftwaffe, Kommandoeinsätze der Abwehr an der Ostfront, Interna der deutschen Führung, neue Waffen, politische Situation in den besetzten Gebieten, Treibstofflage in Deutschland, Spannungen zwischen dem Führerhauptquartier und der Wehrmacht.

Was freilich der Direktor in Moskau besonders brauchte, konnten auch

Schulze-Boysens Agenten nicht oder nur in geringem Maße liefern: Truppennachrichten, Einsatzdaten, Operationspläne, Details über Lagebesprechungen des Führerhauptquartiers. Denn: Schulze-Boysens Informanten kamen selten über die Adjutantenebene hinaus; der Agentenchef konnte nur aus den Dienststellen Nachrichten liefern, in denen seine Informanten saßen. Und in den strategischen Planungsgremien saß kein Informant.

Ein Blick auf Schulze-Boysens Informantenliste verrät Stärke und Schwäche seines Nachrichtenringes. Durch Oberst Gehrts, Regierungsbauinspektor Henniger und seine eigene Dienststellung war er über die Luftwaffenführung gut informiert, durch Oberleutnant Gollnow erfuhr er einen Teil der Abwehr-Geheimnisse, durch den Gefreiten Heilmann und den Wachtmeister Traxl wußte er sich über die Funkabwehr unterrichtet, aber keiner seiner Vertrauensleute hatte Zugang zum Wehrmachtführungsstab, zum Generalstab des Heeres oder zur Seekriegsleitung. So war Schulze-Boysen darauf angewiesen, nach Moskau zu kolportieren, was andere von dritter oder vierter Seite gehört hatten.

Hätte die sowjetische Führung ihre Entschlüsse allein auf die Nachrichten aus Berlin ausgerichtet, so wäre sie in arge Verlegenheit geraten. Schulze-Boysens Nachrichten waren häufig ungenau, zum Teil sogar falsch. Die erhaltenen Funkmeldungen der Berliner Roten Kapelle beweisen es.

Am 22. September 1941 meldete die Berliner Agentengruppe nach Moskau: »OKW beschloß Anfang August, Ostfront auf Linie Riga-Odessa zurückzunehmen. An Errichtung dieser Verteidigungslinie arbeiten jetzt 900000 Mann der Organisation Todt.« Tatsache ist: Am 12. August 1941 erließ das Oberkommando der Wehrmacht eine »Ergänzung zur Weisung Nr. 34«, in der es hieß, »noch vor Eintritt des Winters« müßten die deutschen Verbände bis in den Raum Moskau vorstoßen. An den Bau einer Verteidigungslinie hat damals niemand im siegestrunkenen OKW gedacht.[56]

Am 21. Oktober 1941 erfuhr der sowjetische Generalstab von seinen Berliner Agenten: »Hitlers Befehl beruhte auf Einnahme Leningrads bis zum 15. September.« Tatsache ist: Hitler entschied am 5. September, Leningrad solle »Nebenkriegsschauplatz« werden; es genüge, die Stadt einzuschließen. Mitte September befahl er, jeden Vorstoß in die Stadt zu unterlassen, da die Panzerverbände keinem Risiko ausgesetzt werden dürften.[57]

Am 22. Oktober 1941 funkte Berlin an den Direktor: »Panzer der Propagandakompanien stehen in Brjansk in Erwartung des Einzuges in Moskau, der auf 14., dann auf 20. Oktober vorgesehen war.« Tatsache ist: Hitler ordnete erst am 14. Oktober an, die Heeresgruppe Mitte solle Moskau bis zum Winteranbruch erobern; erst Anfang November gelang der Einbruch deutscher Verbände in die Moskauer Schutzstellung der sowjetischen Truppen.[58] PK-Panzer können sich zudem nicht versammelt haben, da die Propagandakompanie über keine Panzer verfügte.

Nicht besser informiert war die Berliner Agentengruppe über andere Operationspläne. In Schulze-Boysens Meldungen figurierte eine Art Monsterprojekt des deutschen Generalstabs, den es so nur in seiner Phantasie gab: »Plan I Ural, Plan II Archangelsk-Astrachan, Plan III Kaukasus.« Vor allem die Kaukasus-Pläne der deutschen Führung interessierten Schulze-Boysen. Am 12. November 1941 meldete er dem Direktor, »Plan III mit Ziel Kaukasus« sei aufgegeben worden und werde erst wieder »im Frühjahr 1942 in Kraft« treten.[59] Auch hier irrte der Spion. Offenbar war zu ihm gedrungen, daß der Oberbefehlshaber der Heeresgruppe Süd, Generalfeldmarschall von Rundstedt, am 3. November beim Oberkommando des Heeres beantragt hatte, die im Schlamm steckengebliebene Operation in Richtung Kaukasus einzustellen, da die Truppe »ohne ausreichende Versorgungsgrundlagen« sei. Der Informant scheint aber nicht gewußt zu haben, daß dieser Antrag vom OKH abgelehnt worden war, weil »der in Kürze zu erwartende Kälteeinbruch« noch einmal »ein rasches Vorwärtskommen der Operation« ermöglichen werde.[60]

Nichts ist daher so unhaltbar wie die Behauptung, dank der Roten Kapelle habe die sowjetische Führung alle deutschen Pläne im voraus gekannt. Es war geradezu ein Charakteristikum des sowjetischen Oberkommandos bis zur Wende von Stalingrad, daß es äußerst schlecht über die Intentionen des Gegners unterrichtet war. Ob sich nun der Generalstab bei der Berechnung der motorisierten und gepanzerten Verbände des deutschen Angreifers um die Hälfte verschätzte oder ob Stalin prophezeite, der deutsche Angriff auf Moskau werde keinesfalls 1941 kommen – immer wieder unterliefen den Russen arge Fehlkalkulationen.[61]

Dennoch mußte die Raswedka-Zentrale brennend daran interessiert sein, die Agenten im deutschbesetzten Westen zur Verbesserung ihrer Arbeit aufzuputschen. Wie falsch und ungenau sie auch manchmal berichten mochten – die Raswedka bedurfte ihres Materials zur Ergänzung und Korrektur der eigenen Lagebilder. Vor allem die Berliner Gruppe war für die Zentrale wichtig. Schulze-Boysens Organisation war bis dahin die einzige, die immerhin Informanten in wichtigen militärischen Dienststellen des Feindes unterhielt. Direktor Panfilow und sein Deutschland-Spezialist Onjanow setzten zunächst ganz auf die Berliner: Funkspruch um Funkspruch appellierte an Schulze-Boysen, noch mehr, noch besser, noch schneller zu arbeiten.

Doch der Funkkontakt mit Berlin brach immer wieder ab. Der Kurzwellen-Dilettant Coppi versuchte zu funken, wie er es verstand, und er verstand es kaum. Dabei war Coppi der einzige Funker, der Schulze-Boysens Organisation überhaupt zur Verfügung stand. Erdberg hatte drei einsatzfähige Sender verteilt, aber Funker für diese Geräte gab es nicht. Hans Coppi sollte sie alle bedienen. Da aber »passierte es«, wie Coppis Sohn erzählt: »Mein Vater steckte den Stecker des Funkgerätes in eine Steckdose mit Wechselstrom! Aber das Gerät durfte nur mit Gleichstrom gespeist werden. Ergebnis: Sicherungen und andere Teile des Gerätes waren zerstört.« Ein Technikamateur reparierte den Sender.[62]

Eine neue Schwierigkeit tauchte auf: Coppi mißdeutete Moskaus Funkverkehrsplan. Der Funker begriff nicht, wann er senden und wann er empfangen sollte; er brachte ständig die von Moskau festgelegten Verkehrszeiten und Frequenzen durcheinander. Folge: Der Berliner Agentensender war nicht auf Empfang gestellt, wenn Moskau seine Orders durchgab, und Berlin funkte, wenn die Zentrale nicht hinhörte.[63]

Je mehr Informationen die Russen von ihren Berliner Aufklärern anforderten, desto fahriger wurde Coppi. Er mußte von Sender zu Sender jagen, denn die Sender – in den auseinandergelegenen Wohnungen Kuckhoffs, Harnacks und Schumachers untergebracht – sollten zum Schutz vor der deutschen Spionageabwehr in unregelmäßigem Wechsel arbeiten.[64] Wieder ging ein Sendegerät zu Bruch, wieder brachte Coppi die Zentrale in Verwirrung. Der Direktor wurde ärgerlich – und ließ alle Vorsicht fahren.

Moskau hatte schon bis dahin nahezu jede Konspirationsregel verletzt. Es bediente sich eines Agentenchefs, der seit 1933 bei der Gestapo als Regimegegner bekannt war und nachts in Uniform mit antifaschistischen Klebekolonnen durch die Straßen zog. Es verließ sich auf Laien, denen jedwede geheimdienstliche Schulung fehlte. Es hatte versäumt, den Agenten einen ausgebildeten Funker beizugeben. Und es ließ seine V-Männer in Berlin im bunten Reigen durcheinanderwirbeln, so daß bald jeder jeden kannte – ein Hohn auf die vielgepriesene Konspirationsvorschrift, allenfalls drei Mitglieder einer Agentengruppe dürften einander kennen.

Jetzt verzichtete Moskau vollends auf jede Diskretion. Am 10. Oktober 1941 wies die Zentrale Kent an, zu den genau angegebenen Adressen der Berliner Spitzenagenten zu gehen und zu erkunden, »weshalb Funkverbindung ständig versagt«. Ein Zusatz folgte: »Erinnern Sie hier an ›Eulenspiegel‹« – ein Theaterstück, das Adam Kuckhoff geschrieben hatte. Selbst dem Amateurspion Kuckhoff dämmerte, daß Moskaus Funkspruch – würde er von der Gestapo entschlüsselt – einem Todesurteil gleichkam. Erregt erzählte er seiner Frau: »Es ist etwas ganz Dummes passiert. Man hat einen Funkspruch herübergeschickt, aus dem man mich deutlich erkennen kann.«[65]

Chefagent Kent beruhigte die Kollegen und stellte die Funkordnung wieder her. Wenige Tage später brach die Verbindung zwischen Berlin und Moskau erneut ab. Doch diesmal war Coppi kein Fehler unterlaufen, im Gegenteil: Er hatte etwas Beklemmendes entdeckt. Die deutsche Spionageabwehr war den Agenten Moskaus dicht auf den Fersen.

Bei einem Spaziergang hatte Coppi einen Lastwagen beobachtet, der auf dem Dach eine kreisrund gebogene Antenne führte und in der Nähe von Coppis Wohnung hielt. Ein paar Männer kletterten herunter, nach ihrer Uniform Arbeiter der Reichspost, was Coppi merkwürdig vorkam, da der Lkw auf seinem Nummernschild nicht die Kennzeichen der Post, sondern der Luftwaffe (»WL«) trug. Auf einmal schoß es Coppi durch den Kopf: Das war ein Peilwagen der Funkabwehr, und seine Besatzung hatte nichts anderes vor als ihn, den Funker des Feindes, aufzuspüren! Sofort alarmierte er Schulze-Boysen, jäh verstummten die Berliner Sender am 22. Oktober.[66]

Die falschen Postler gehörten in der Tat zu einem Peiltrupp der Funkabwehr, deren Zentrale unter dem Oberstleutnant Hans Kopp in einem Haus am Berliner Matthäikirchplatz saß. Ihre Peiler und Greiftrupps fahndeten nach den Agentenfunkern des Gegners, wobei sie sich eine Schwäche der elektronischen Spionage zunutze machten. Sobald nämlich ein Funker seine Sprüche absetzen und Wellen in den Äther senden mußte, gab er sich automatisch dem Gegner preis – Chance für sofort zugreifende Abhörtrupps, den unbekannten Sender zu orten und seinen Funker unschädlich zu machen.

Der hektische Sendebetrieb der Berliner Raswedka-Agenten war es denn auch gewesen, der Kopps Peiltrupps auf die Spur der Roten Kapelle gebracht hatte. Kopp beorderte den Peilzug einer Funküberwachungskompanie der Luftwaffe nach Berlin, vorsichtig pirschten sich die Funkfahnder an den unbekannten Gegner heran.[67] Sie traten als Kabelarbeiter der Reichspost auf, die Reparaturen auszuführen hätten; in der Nähe des vermuteten Gegners schlugen sie Straßenzelte auf, unter denen ihre Peilgeräte versteckt waren.

Von Straße zu Straße arbeiteten sich zwei Trupps, jeweils mit einem Peil- und einem Empfangsgerät ausgerüstet, an die Agentensender heran. Der unbekannte Gegenspieler funkte allerdings in so kurzen Sendeperioden, daß die Zeit oft nicht ausreichte, das Funkgerät anzupeilen. Zudem setzten die Sendungen tagelang völlig aus, manchmal kamen sie auch aus einer ganz neuen Richtung. Doch am 21. Oktober hatten die Peiltrupps ihr Ziel erreicht, der ungefähre Standort der Sender war ermittelt: Ein Funkgerät stand in der Nähe des Bayrischen Platzes, ein zweites im Norden Berlins unweit des Invalidenparks, ein drittes am Moritzplatz im Südosten der Stadt. Kopp ordnete Nahpeilung an. Nur noch wenige Tage würden vergehen, dann müßte die Funkabwehr wissen, aus welchen Häusern gefunkt wurde.[68]

Da unterlief Kopps Ätherdetektiven der kleine, aber entscheidende Fehler, der das ganze Unternehmen ruinierte: Das verräterische Nummernschild des Peilwagens schreckte Coppi auf und veranlaßte ihn, Funkstille einzulegen. Vergebens fuhren die Peiltrupps mit ihren Suchgeräten durch die Straßen Berlins, die Agenten waren aus dem Äther verschwunden.

Es war eine Schlappe in der an Enttäuschungen reichen Verfolgungsjagd, die Funkabwehr und Abwehr gemeinsam aufgenommen hatten, seit von der Funküberwachungsstelle Cranz in Ostpreußen der erste Funkspruch der Roten Kapelle aufgefangen worden war. Das war am 26. Juni 1941 gewesen, genau um 3.58 Uhr.

»KLK de PTX 2606.03.3032 wds. Nr. 14 qbv« notierte ein Funker und schrieb auf, was auch die besten Experten nicht entschlüsseln konnten: 32 Zahlengruppen zu je fünf Ziffern, abgeschlossen durch das Signum »AR 50385 KLK de PTX«.[69]

Das Auftauchen des unbekannten Senders alarmierte die gesamte deutsche Funkabwehr. Schon wenige Stunden später tickten Fernschreiber eine Order an die Peilstationen der Wehrmacht: »Suchdienst nach Verkehrszeit von PTX, Frequenz nachts 10.363. Tagesfrequenz unbekannt. Dringlichkeitsstufe 1a.«[70] Kaum waren die Deutschen sicher, daß der fremde Sender mit dem Rufzeichen PTX einen Empfänger bei Moskau anfunkte, da wurden neue Sender gemeldet. Am 8. Juli 1941 zählte die Funkabwehr 78 Agentensender der »Komintern«, bis zum Oktober kamen weitere zehn Sowjetsender hinzu. Im Juli 1942 funkten 325 Sendegeräte sowjetischer Spione im deutschbesetzten Europa, die meisten von ihnen freilich an der Ostfront eingesetzt.[71]

Für die Spionejäger von Abwehr und Gestapo klang das Zwitschern im Äther wie ein höhnisches Echo auf ihre fruchtlosen Versuche, hinter die Geheimnisse der sowjetischen Spionage zu kommen. Für die Bekämpfung gegnerischer Funkagenten war die deutsche Spionageabwehr schlecht ausgestattet, wie immer zersplittert zwischen widerstreitenden Kompetenzen und Interessen: Das OKW-Amt Ausland/Abwehr unter Canaris war weitgehend aus der elektronischen Spionageabwehr ausgeschaltet, die eigentliche Funkabwehr war Sache des OKW-Amtes Wehrmachtnachrichtenverbindungen (WNV), was Sicherheitspolizei und Ordnungspolizei nicht daran hinderte, einen eigenen Funkabwehrapparat zu unterhalten.[72]

Auf dem Papier hatte allerdings das WNV die Federführung im Kampf gegen die sowjetische Funkspionage. In diesem Amt gab es eine Chiffrierabteilung (»Chi«), die Kodes des Gegners knacken sollte, und eine Funkabteilung (»Fu«), zu deren Aufgaben es auch gehörte, die gegnerische Funkspionage zu bekämpfen, was vor allem Sache des Referats III war. Kopps Fu III sollte mit seinen Peiltrupps die Funkagenten aufspüren und liquidieren, doch die dazu nötigen Fernpeiler besaß es nicht; die waren wiederum im Besitz der Luftwaffe, deren Oberbefehlshaber Göring sie nicht zur Verfügung stellte, weil er mit dem WNV zerstritten war: Görings Abhörbehörde, das Forschungsamt, erhob Anspruch auf die Chiffrierabteilung des WNV.[73]

So konnte Fu III in erster Linie nur seine eigenen Nahfeldpeiler einsetzen, die freilich erst arbeiten konnten, wenn feststand, an welchem Ort ein gegnerischer Sender funkte. Die Nahpeiler hatten zudem einen wesentlichen Fehler: Sie waren zu groß, um unbemerkt an den Agentensender herangeführt zu werden; sie waren weithin sichtbar für jeden Aufpasser, den ein Agentenfunker während der Sendezeit auf der Straße postierte.

Dennoch besaß die Funkabwehr kein anderes Mittel, um das Netz der sowjetischen Spione aufzudecken. Die aufgefangenen Funksprüche waren so kompliziert verschlüsselt worden, daß die Dechiffrierer der WNV freiwillig die Waffen streckten.[74] Die Funkabwehr konnte in den Spionagering nur einbrechen, wenn sie dessen Funkgeräte fand.

Theoretisch war die Ortung eines Senders ein einfaches Unternehmen. In dem Augenblick, da der unbekannte Funker Wellen in den Äther schickte, machten sich zwei Abhörtrupps mit je einem Peilgerät auf, die Richtung der Wellen zu bestimmen. Die beiden Trupps postierten sich an zwei weit voneinander entfernten Plätzen und schnitten mit den Richtungsantennen ihrer Peilgeräte den Sender an. Die ermittelten Werte wurden dem Einsatzleiter gemeldet, der sie – eine Straßenkarte vor sich – auf zwei durchsichtige Gradmesser übertrug. Jeder Gradmesser, auf der Karte getreu dem Einsatzplatz der jeweiligen Peiltruppe verteilt, hatte einen seidenen Faden, den der Einsatzleiter entsprechend dem gemeldeten Orientierungswinkel über den

Stadtplan spannte. Wo sich die beiden Fäden überkreuzten, stand der Sender.

Die Seidenfäden konnten jedoch nur den ungefähren Standort des Senders angeben; fuhren die Abhörtrupps in den ermittelten Stadtteil, so bot sich ihnen eine verwirrende Häuserwüste, in der irgendwo ein Funkgerät stehen sollte. Man mußte also erneut peilen, und damit begannen die Schwierigkeiten. Der Anmarsch der Lkw mit den Antennenaufbauten alarmierte die Vorposten des Agentenfunkers. Ehe die Funküberwacher ihre Peilgeräte in Stellung gebracht hatten, war der Sender längst verstummt.

Daran scheiterte auch der erste Überrumplungsversuch der Funkabwehr in Berlin. Coppi hatte aufgepaßt. Daraufhin mußten Kopps Leute versuchen, den Sender zu finden, dessen Signale Fu III zuerst aufgeschreckt hatten: PTX.

Neue Peilungen hatten inzwischen zur Gewißheit werden lassen, daß der Sender in Belgien operierte; Experten tippten auf das Küstengebiet um Brügge, dort mußte PTX stehen.[75] Die Zeit aber drängte, denn es war immer deutlicher geworden, daß PTX ähnliche Sendezeiten und Frequenzen benutzte wie die Berliner Sender, möglicherweise sogar so etwas wie die Hauptstation der vier Sender war. Die Funküberwacher riefen die Canaris-Abwehr zu Hilfe. Die Abwehr-Gruppe III F, die Gegenspionage unter Oberst Joachim Rohleder, mußte wissen, wo in Belgien PTX zu suchen sei. Über die »Adolf-Leitung«, die abhörsichere Telephonlinie, die das OKW-Amt Ausland/Abwehr direkt mit allen seinen Dienststellen im Reich und in den besetzten Gebieten verband, alarmierte Rohleder seinen III-F-Offizier in Gent.

Doch der Mann in Gent wußte anfangs nicht, wo er in dem benachbarten Brügge den Feindsender suchen sollte. Dem Hauptmann der Reserve Harry Piepe, Jahrgang 1893, Kavallerieleutnant des Ersten Weltkriegs und im Zivilberuf Oberamtsanwalt am Harburger Amtsgericht, waren die Arbeitsmethoden roter Agenten fremd. Arglos ließ er seine V-Männer in Brügger Lokale ausschwärmen und nach Sowjetagenten dort fahnden, wo sie kein Kenner gesucht hätte: in den Kreisen belgischer Kommunisten.[76]

Er meldete nicht ohne Stolz nach Berlin, der Raum Brügge sei frei von Spionen. Die Funkabwehr aber begnügte sich nicht mit seiner Auskunft. Die Peilgeräte von Fu III hatten einen neuen Operationsraum von PTX ausgemacht: Gent. Piepe suchte in Gent.[77] Als der unfreiwillige Detektiv abermals negativ nach Berlin berichtete, wurde Rohleder ärgerlich. Der Oberst belehrte Piepe, er solle gefälligst seinen Schreibtisch verlassen und sich an die Spitze der Fahnder stellen.[78] Piepe wachte auf und setzte sich mit der Beharrlichkeit des routinierten Vernehmungsbeamten auf die Spur der Funkspionage.

Die Fahndungen in Gent blieben weiterhin erfolglos, doch die Funküberwacher vom Matthäikirchplatz nannten nun Brüssel als mutmaßlichen Standort von PTX. Die Kurzwellenüberwachungsstelle West war ihrer Sache so sicher, daß Fu III den Hauptmann Hubertus Freyer, Chef der

Funkkompanie des OKW-Stabsquartiers, mit einer Truppe erfahrener Funkabhörer und neuen Peilgeräten nach Brüssel in Marsch setzte.[79]

Piepe hatte inzwischen eigene Nachforschungen angestellt und war überzeugt, daß der Agentensender in Brüssels Stadtteil Etterbeek stand. Die Männer machten sich an die Arbeit. Zwei Wochen genügten, den Sendeplatz von PTX einigermaßen genau zu bestimmen. In Freyers Empfangszentrale stießen die Spezialisten eine Nadel in den Stadtplan von Brüssel, dort, wo die Rue des Atrébates verlief. An dieser Stelle lagen drei Häuser mit den Nummern 99, 101 und 103. In welchem Haus aber mochte der Sender stehen? Für Freyers Spezialisten gab es keinen Zweifel mehr: Der Sender stand im Haus 101.

In der Nacht vom 13. zum 14. Dezember 1941 umstellte Piepe mit 25 Mann eines Landesschützenbataillons, die Socken über ihre Stiefel gezogen hatten, und zehn Mann der Geheimen Feldpolizei die Häuser. Dann gab der Hauptmann das Zeichen zum Angriff. Die Männer stürmten auf die drei Häuser zu, allen voran Piepe. Da hörte er aus dem Haus 101 einen Soldaten schreien: »Hierher, hier sind sie!«

Kurz darauf peitschten Schüsse durch die Nacht. Im Licht der Taschenlampen sah Piepe, daß die Polizisten einen Mann verfolgten, der zu entkommen versuchte. Inzwischen hatte der Hauptmann das Haus 101 erreicht – und stürmte mit seinen Leuten die Treppe empor. Er stieß in der ersten Etage auf ein Zimmer, in dem wenige Minuten zuvor noch gefunkt worden war. Auf einem Tisch stand ein Funkgerät, daneben lagen Papiere mit schier endlosen Zahlenkolonnen. Der Stuhl des Funkers aber war leer, auf ihm hatte offenbar der Mann gesessen, der geflohen war. Plötzlich schrien Stimmen von unten: »Wir haben ihn, wir haben ihn!« Piepe stolperte die Treppe wieder hinab. Die Soldaten hielten einen Mann fest, der Piepe gleichgültig entgegenstarrte. Es war der Funker Makarow.

Alle Angehörigen der Brüsseler Funkgruppe waren den deutschen Verfolgern in die Hände gefallen: Makarow, Sophie Posnanska, Danilow, Rita Arnould. Die deutsche Kommunistin flüsterte Piepe etwas zu und deutete auf ein Zimmer. Piepe gab seinen Männern einen Wink und ließ das Zimmer durchsuchen. Die Beamten klopften die Wände ab. Bald war eine Tapetentür entdeckt, hinter der ein dunkler Raum lag: eine komplette Fälscherwerkstatt mit Pässen, Formularen, unsichtbarer Tinte, Stempeln. Unter den Papieren fanden die Eindringlinge auch die Paßbilder zweier Männer, die Piepe nicht kannte.[80]

Rita Arnould klärte Piepe auf: Das eine Bild stelle einen Mann dar, den ihre Genossen immer nur den »Grand Chef« genannt hätten, das andere Bild den »Petit Chef«, seinen Stellvertreter, der oft in die Rue des Atrébates gekommen sei und ihnen die Aufträge erteilt habe. Piepe konnte mit beiden Namen nichts anfangen, aber selbst ihm wurde allmählich klar, daß ein entscheidender Einbruch in die russische Westeuropa-Spionage gelungen war. Die in der Rue des Atrébates gefundenen Papiere und Rita Arnoulds Aussagen wiesen neue Spuren, die eines Tages in die Zentrale des Gegners führen mußten.

Piepe reiste dann nach Berlin, um Rohleder und Canaris über seine Funde in der Rue des Atrébates zu informieren. Sein Bericht löste in Berlin einen Großalarm aus: Abwehr, Funkabwehr, Ordnungspolizei und Geheime Staatspolizei begannen die Jagd auf das, was nun offiziell »Rote Kapelle« hieß – eine Wortschöpfung der Abwehrstelle Brüssel.[81]

Das Reichssicherheitshauptamt wußte freilich, welches Unbehagen die düstere Vokabel »Gestapo« bei Abwehroffizieren auslöste, und spielte deshalb zunächst nur am Rande mit. Gestapo-Chef Müller stellte dem deutschnationalen Vaterlandsverteidiger Piepe einen Polizeibeamten alten Schlags an die Seite, der gewohnt war, konservativen Soldaten über die mörderischen Untiefen der nationalsozialistischen Polizeiarbeit hinwegzuhelfen.

Der Kriminalkommissar und SS-Hauptsturmführer Karl Giering, Jahrgang 1900, war ein bedächtiger Mecklenburger, der es gut verstand, auf militärische Denk- und Verhaltensweisen einzugehen. Gleichwohl genoß er den Ruf, einer der härtesten Regimewächter der Gestapo zu sein. Durch die tätige Mithilfe an der Aufklärung des Hitler-Attentats im Münchner Bürgerbräu hatte er im November 1939 das Wohlwollen seines Führers erregt, während er in der Prinz-Albrecht-Straße schon lange Zeit als einer der listigsten Vernehmer des Referats IV A 2 (Sabotageabwehr) galt.[82]

Giering schien seinen Vorgesetzten im Amt IV des RSHA der rechte Mann, gemeinsam mit Piepe die Fährte der Roten Kapelle aufzunehmen. Das umsichtige Auftreten des »netten Kerls«, wie Piepe noch später seinen Partner Giering nannte, erleichterte es den beiden, zu einem unzertrennlichen Verfolgerpaar zu werden. Hauptmann und Kommissar gingen jeder Spur nach, die das ausgeschaltete Agentennetz in der Rue des Atrébates mit anderen sowjetischen Spionagegruppen in West- und Mitteleuropa verband. Rita Arnould lieferte dabei manches Indiz: die Adresse von Kent, der freilich aus Brüssel verschwunden war, Details über Verbindungslinien zur Brüsseler Börse, Angaben über den Fälscher Abraham Rajchman, dessen Produkte Piepe in dem Spionagehaus entdeckt hatte. Die anderen Verhafteten aus der Rue des Atrébates, in das deutsche Militärgefängnis Saint-Gilles eingeliefert, schwiegen jedoch.[83]

Giering versuchte, die Front der Schweigsamen aufzubrechen. Nicht ohne hellseherische Fähigkeiten suchte er sich den schwächsten unter den verhafteten Rote-Kapelle-Leuten heraus, den Funker Makarow. Giering nahm den Russen mit nach Berlin, quartierte ihn in seiner Privatwohnung ein und begann, freundschaftlich plaudernd, den Russen zu vernehmen. Bei Kaffee und Kuchen taute Makarow auf und gab wichtige Hinweise.[84]

So bahnten sich Giering und Piepe Zug um Zug einen Weg in das Spionagenetz des Grand Chef. Bald mußten sie jedoch erkennen, daß das gegnerische Nachrichtennetz in Belgien stillgelegt worden war und der Grand Chef von Frankreich aus weiterzuarbeiten versuchte – Grund für Giering, nach Paris zu fahren und die dort tätigen Kollegen von der Gestapo um Unterstützung zu bitten. Zunächst einmal waren jedoch Giering und Piepe in eine Sackgasse geraten, sie mußten auf den nächsten Zug des noch immer unbekannten Gegners warten.

Da halfen ihnen die Dechiffrierer von WNV weiter, die endlich einen Versuch machen wollten, die Funksprüche der Roten Kapelle zu entschlüsseln. Die Beutepapiere aus der Brüsseler Rue des Atrébates zeigten ihnen einen schmalen Weg in die bizarre Welt der sowjetischen Kryptographie, die bis dahin noch kein deutscher Entschlüsseler mit Erfolg betreten hatte.

Nicht umsonst standen Rußland und seine Geheimdienste in dem Ruf, die verwickeltsten Kodesysteme der Welt zu besitzen. Es war nur selten gelungen, sowjetische Kodes zu entziffern. Kaum einer (mit Ausnahme der Briten in den zwanziger Jahren) konnte die Geheimschriften der sowjetischen Diplomatie mitlesen, und selbst die scheinbar harmlosen Verschlüsselungsziffern sowjetischer Handelsmissionen im Ausland erwiesen sich als undurchdringlich.[85] Kein Wunder, daß die Leute von Chi nur ungern daran gingen, den Kode der Roten Kapelle zu brechen.

Entsprechend mühsam arbeiteten sich die Spezialisten durch das Meer der Zahlen und Zifferngruppen aus den aufgefangenen Funksprüchen. Sie wären schneller vorangekommen, wenn sie gewußt hätten, daß die japanische Abwehrpolizei, das Tokubetsu Koto Kaisatsu Bu (Sonderbüro der Höheren Polizei), kurz Tokko genannt, über einen leibhaftigen Funker und Chiffrierer der Raswedka verfügte, der sowjetische Verschlüsselungssysteme wie kein anderer außerhalb der UdSSR kannte und sie jedem verriet, der ihn vor dem japanischen Fallbeil schützen konnte. Sein Name: Max Klausen.

Wenige Wochen zuvor war es nämlich dem Tokko gelungen, die ganze Sorge-Organisation zu enttarnen. Zufälle hatten die Abwehrpolizei auf die richtige Spur gelenkt: Im Mai 1940 war bei der Überprüfung japanischer Rückwanderer aus den USA ein Mann aufgefallen, halb Kommunist, halb Polizeispitzel, der eine Frau kannte, die auch in Amerika gewesen war, und die wiederum hatte Kontakt zu einem weiteren Rückwanderer namens Miyagi, der nun das Tokko besonders interessierte, weil er als fanatischer Kommunist galt. Unversehens wurde aus der Routineüberprüfung unangepaßter Untertanen die Enttarnung des größten Spionagerings in der Geschichte Japans, denn Miyagi war einer der engsten Sorge-Mitarbeiter. Er konnte dem brutalen Polizeidruck nicht widerstehen und verriet schließlich alles. Der ganze Spionagering flog auf, am 18. Oktober 1941 wurde auch Sorge verhaftet, als letzter seiner Organisation.[86]

Noch aber blieb für das Tokko ein kniffliches Problem: der unknackbare Kode des Sorge-Rings. Die Psychologen unter den Vernehmern witterten, daß allein der verhaftete Funker Klausen die Lösung bringen könne. Sie hatten die zehn Tagebücher gelesen, die bei der Durchsuchung von Klausens Haus neben zwei Kodeheften und einem zehnseitigen Manuskript gefunden worden waren.[87] Für die Tokko-Leute war es eine enthüllende Lektüre: Hier hatte ein Mann geschrieben, der es nicht mehr ertrug, im Schatten eines brillanten Chefs zu stehen und der ohnehin aller Spionagearbeit überdrüssig war.

Anfangs wollte Klausen nichts aussagen, doch schon die billigste Polizeidrohung, jetzt werde man sich einmal »gründlich« seine Frau vornehmen, ließ den Funker zusammenbrechen. Weinend beschwor er den Vernehmer Hasebe, seiner Anna nichts zu tun, sie sei unschuldig.[88] Und dann redete und redete er: Bedeutung der Kodes, »Handschrift« sowjetischer Funker, Struktur der Sorge-Organisation, Personalien, Intimitäten, Moskauer Verhältnisse – nichts ließ Klausen aus, nur von dem einen Gedanken getrieben, Anna zu retten und beiden eine ruhige Zukunft zu sichern.

Klausens Aussagen erlaubten der japanischen Funkabwehr, endlich die Hunderte und Aberhunderte von Funksprüchen Sorges zu entschlüsseln, die seit 1938 von den Horchstationen des Tokioer Ministeriums für Nachrichtenverbindungen aufgefangen worden waren.[89] Zum Dank ließ die japanische Justiz die beiden Klausens (im Gegensatz zu Sorge und Osaki) am Leben, ohne zu ahnen, daß ihnen dereinst in der DDR noch eine wunderliche Karriere bevorstehen würde: als Gralshüter des Sorge-Mythos, wegen ihres »aufopferungsvollen und mutigen Einsatzes« an der Seite des Genossen Sorge hochgeehrt, nicht zuletzt durch die Verleihung der Verdienstmedaille der Nationalen Volksarmee in Gold.[90]

Doch die deutschen Verbündeten erfuhren nichts von dem spektakulären Entschlüsselungscoup des Tokko, einen Spionagefall Sorge kannten sie nicht. Botschafter Ott, der Freund und Förderer des Sowjetspions, diskreditiert wie kaum ein anderer deutscher Diplomat, belog monatelang die Berliner Zentralen mit der Version, der Parteigenosse Sorge sei das Opfer einer üblen japanischen Polizeiintrige geworden. Telegramm Otts vom 23. Oktober 1941 an das Auswärtige Amt: »Nach übereinstimmender Auffassung Botschaftsmitglieder und Hoheits-Trägers ist Verdacht [gegen Sorge] in der Tat abwegig.«[91] (Erst im März 1942 flog der Schwindel auf.)

So mußten sich die Chi-Männer am Berliner Matthäikirchplatz allein mühen, die komplizierten Funksprüche der Roten Kapelle zu entziffern. Ihr Chef, Oberleutnant Wilhelm Vauck, im Zivilberuf Lehrer für Mathematik, Physik und Chemie an einer Oberschule in Bautzen, war sicher, daß ihnen das Kunststück gelingen würde.[92] Er hatte ein paar brillante Mathematikstudenten in seiner Arbeitsgruppe, wobei ihm freilich entging, daß auch einer dabei war, der alles an die Rote Kapelle weitergab: Horst Heilmann, der Intimus von Schulze-Boysen.

Unter den in der Rue des Atrébates beschlagnahmten Papieren befand sich ein angekohltes Blatt, das Piepes Polizisten im Kamin des Hauses gefunden hatten. Offenbar war es von Makarow noch vor seiner Flucht ins Feuer geworfen worden. Der Papierfetzen enthielt einige Zahlenkolonnen. Vauck kam sogleich der Verdacht, das halbverbrannte Papier habe zu einer Verschlüsselungstabelle Makarows gehört.[93] Da der Russe damals noch jede Aussage verweigerte, mußte sich Vauck bemühen, hinter den Sinn der Zahlenwürmer zu kommen.

Sechs Wochen lang spielten die Dechiffrierer alle mathematischen Möglichkeiten durch, um Makarows Verschlüsselungsplan zu begreifen. Es gelang ihnen nicht. Nur ein Wort vermochten die Spezialisten zu rekonstruieren: »Proctor«.[94] Jetzt mußte man herausfinden, wo Proctor zu suchen war. Inzwischen wußten die Deutschen auch, daß die Raswedka Schlüsselbücher aus der Belletristik verwendete; der Schluß lag nahe, daß Proctor in einem Roman oder in einem Theaterstück vorkommen mußte. Doch in welchem?

In der Fu III machte sich Hauptmann Carl von Wedel, Leiter der Gruppe »Inhaltsauswertung«, auf den Weg nach Brüssel. Er wollte klären, welche Schlüsselbücher die Makarow-Gruppe verwendet hatte. Wedel vernahm Rita Arnould, einzige Mitwisserin der Funkgruppe in der Rue des Atrébates, die für Aussagen zur Verfügung stand.[95] Nur mühsam brachte sie die Titel der Schlüsselbücher zusammen. Einige der von ihr genannten Romane konnte Wedel in Brüssel aufspüren und sofort durchlesen lassen; sie enthielten nicht den Namen Proctor. Ein Buch blieb die letzte Hoffnung Wedels: der 1910 veröffentlichte Roman »Le Miracle du Professor Wolmar« von Guy de Téramond.

Wedel fuhr nach Paris und durchstöberte ein Buchantiquariat nach dem anderen. Das Téramond-Buch war nie im Handel gewesen, es war nur als Gratiszugabe an die Leser des Pariser Bilderblattes »Monde illustré« verschickt worden. Der Hauptmann hatte Glück: Am 17. Mai 1942 fand er ein Exemplar – die Dechiffrierer fanden ihren Proctor.[96]

Von nun an konnten Vaucks Leute Makarows Funksprüche entziffern, aber die Arbeit schleppte sich nur schwerfällig voran. Man besaß zwar das Schlüsselbuch, aber jede der 286 Seiten mußte immer wieder durchforscht werden, bis festgestellt war, welche Buchstelle zu einem der 120 Funksprüche (so viele hatte die Funkabwehr von Makarows Sender aufgefangen) paßte. Im Juni kamen die Dechiffrierer etwas schneller voran; jeden Tag konnten sie zwei bis drei Makarow-Sprüche entziffern. Vor Vauck entfaltete sich, Funkspruch um Funkspruch, ein wesentliches Stück der sowjetischen Spionage: Meldungen über militärische Anlagen, Rüstungsstatistiken, diplomatische Geheimberichte, Stärkeaufstellungen von Divisionen.[97]

Inzwischen stöberten Piepe und Giering mit Hilfe eines Peilzuges der Ordnungspolizei einen neuen Agentensender auf. »Das ist ein Russenfunk«, mutmaßte Major Schneider, als ihm seine Polizeibeamten meldeten, aus einer Villa im Paris-nahen Maisons-Laffitte werde gesendet, und alarmierte die Gestapo. Die griff am 10. Juni zu. In einer Mansardenwohnung der Villa bemächtigten sich die Beamten eines dunkelhaarigen Mannes, der soeben noch an seinem Funkgerät gearbeitet hatte. Andere Polizisten verhafteten eine Frau, die gerade versuchte, mit einem Packen Papiere durch den Garten zu entkommen. Es war das Ehepaar Hersch und Myra Sokol, das Funkerduo der Frankreich-Organisation Treppers.[98]

Hastig ordnete der Grand Chef einen Rückzug an und gliederte seine Organisation um. Doch Treppers Agenten waren bereits von der präzise zuschlagenden deutschen Funkabwehr so demoralisiert, daß manche von ihnen nur widerwillig die Arbeit fortsetzten. Wieder drohte der Trepper-Apparat an der leidigen Funkfrage zu scheitern. Der jetzt in Marseille operierende Kent besaß ein Funkgerät, aber er schob technische Pannen vor, um seine Passivität zu begründen. Auch der Chefagent Robinson verfügte über einen Sender, aber er weigerte sich, ihn in den Dienst des Grand Chef zu stellen.

Verzweifelt suchte der Agentenchef nach einer Möglichkeit, den Funkverkehr mit Moskau wieder aufzunehmen. Nach längeren Verhandlungen sprang die Kommunistische Partei Frankreichs ein und lieh Trepper ein Funkgerät. Wer aber sollte es bedienen? Zwei Kommunisten, die Eheleute Pierre und Lucienne Giraud, boten sich an, in ihrer Wohnung für die Rote Kapelle zu funken. Der gute Wille der Genossen befreite Trepper nicht aus seinen Nöten, denn die Girauds verstanden nicht, das Gerät zu bedienen.

Sie gingen nun selber auf die Suche nach einem Funker und fanden ihn in dem Exilspanier Valentino Escudero. Aber gerade diese Wahl sollte sich als verhängnisvoll erweisen. Nach kurzer Funkarbeit verriet Escudero, erpicht auf eine politische Rückfahrkarte in das Spanien Francos, die Sendegruppe an die deutsche Funkabwehr.[99]

Schon aber schickten sich Treppers Verfolger an, einen neuen Schlag gegen seine Organisation zu führen. Es war der Coup, der das Ende der Roten Kapelle einleitete.

Den Experten der Funkabwehr war nicht entgangen, daß der Gegenspieler begonnen hatte, das stillgelegte Nachrichtennetz in Belgien wieder zu aktivieren. Seit März/April 1942 arbeitete ein neuer Sender in Brüssel; die Deutschen nahmen an, ein neuer Mann habe die Nachfolge des geflohenen Petit Chef angetreten (tatsächlich hatte Jefremow die Leitung übernommen).[100] Der Peilzug einer Funküberwachungskompanie wurde daraufhin nach Brüssel verlegt, und in kurzer Zeit herrschte Gewißheit darüber, wo der neue Sender stand. Ende Juli 1942 deuteten alle Anzeichen auf den Brüsseler Vorort Laeken, genauer: auf ein alleinstehendes Haus nahe einer Bahnlinie.[101]

Am 30. Juli schlug Piepe zu. Seine Leute fanden ein noch warmes Funkgerät, der Funker war jedoch geflohen. Als Piepe seinen Kopf durch eine Dachluke steckte, sah er, wie der Flüchtling, einen Revolver in der Hand, über das Dach rannte. Einen Schuß nach dem anderen feuernd, hetzte der Mann vorwärts, riß eine Dachluke auf und verschwand. Von den Deutschen verfolgt, flüchtete der Funker in den Keller und versteckte sich dort. Feldgendarmen fanden ihn und schlugen wütend auf ihn ein. Kurz darauf stand er blutend vor Piepe. Nur zögernd nannte er dem Hauptmann seinen Namen, wohlwissend, daß er seit Jahren einer der Spitzenkandidaten auf den Schwarzen Listen der Gestapo war: Johann Wenzel.[102]

Piepe nahm die bei Wenzel gefundenen Papiere mit in sein Quartier und erlebte, auf dem Feldbett sitzend, die ärgste Überraschung seines Lebens. Die Papiere waren Funksprüche, die Wenzel empfangen hatte oder durchgeben sollte. Die meisten waren verschlüsselt, einige in Klartext. »Da standen präzise Auskünfte über die deutsche Produktion von Flugzeugen und Panzern, über unsere Verluste und unsere Reserven«, erinnert sich Piepe.[103] Beim Durchblättern der Meldungen stieß er auf einen Funkspruch, der ihn vollends alarmierte, weil die Meldung endlich eine Spur zu einem Rote-Kapelle-Agenten wies. Piepe: »In einem der Telegramme war die Rede von einer Berliner Adresse, die überaus wichtig war und um keinen Preis von den Deutschen entdeckt werden dürfe.«[104]

Kaum hatte Piepe begriffen, was die Wenzel-Papiere bedeuteten, da fuhr er in seinem alten Chevrolet nach Berlin. Als der wachhabende Offizier am Tirpitzufer den aufgeregten Hauptmann nicht eher passieren lassen wollte, bis er in dessen Aktentasche Einblick genommen hatte, zog Piepe seine Pistole und verwahrte sich gegen das Ansinnen. Der Wachhabende schloß ihn daraufhin ins Wachzimmer ein, aus dem ihn erst der herbeigerufene Rohleder befreite.

Der Inhalt von Piepes Aktentasche erwies sich als so wichtig, daß Rohleder Oberst von Bentivegni informierte. Die beiden Obersten meldeten sich augenblicklich bei Canaris an und trugen ihm vor, was Piepe gefunden hatte.[105] Einen Augenblick noch zögerten die Militärs, den Fall an die Gestapo abzugeben. Die III F verfügte auch im Reich über einen eigenen Agentenapparat, im Abwehrjargon »Hauskapelle« genannt. Sie hatte schnell herausgebracht, wer der Mann war, der in Piepes Funkspruch vor den Deutschen so geschützt werden sollte: Schulze-Boysen.[106]

Sollte die Abwehr auf eigene Faust weiterarbeiten, ohne die Gestapo ins Vertrauen zu ziehen? Dieser Weg war der Abwehr versperrt, die Gestapo wußte schon zuviel. Zwei Wochen vor Piepes Coup in Brüssel, am 14. Juli, hatte Vauck den Funkspruch Moskaus vom 10. Oktober 1941 entschlüsselt, in dem Kent aufgefordert worden war, drei führende Männer der in Berlin wirkenden Roten Kapelle aufzusuchen. Und dieser Funkspruch war noch genauer gewesen als Piepes Beutestück: Er nannte gleich drei Adressen einschließlich der Decknamen ihrer Bewohner: »Choro«, »Wolf« und »Bauer«.[107]

Die Funkabwehr hatte Bedenken, die Meldung ungeprüft weiterzugeben. Konnte man sich vorstellen, daß der sowjetische Geheimdienst seine wichtigsten Agenten den deutschen Gegenspielern gleichsam auf einem Silbertablett reichte? Aber ein Zweifel war kaum noch möglich: Dem Namen Choro war Vauck in den Funksprüchen immer wieder begegnet. Wer aber war Choro, wer waren Bauer und Wolf? Hauptmann von Wedel verschaffte sich Gewißheit. Da die Funkabwehr über keine »Hauskapelle« verfügte, rief er im Reichssicherheitshauptamt an und bat, die Namen festzustellen.[108]

Die Gestapo wußte spätestens am 16. Juli 1942 Bescheid. »Choro« war kein anderer als Schulze-Boysen, »Wolf« der Deckname des Oberregierungsrates Arvid Harnack, und hinter dem Pseudonym »Bauer« verbarg sich der Schriftsteller Adam Kuckhoff.[109] So einfach war das also, so einfach konnte man Moskaus Spitzenagenten aufspüren!

Abwehr und Funkabwehr mußten nun auch offiziell die Gestapo informieren, zumal im Innern Deutschlands nur die Geheime Staatspolizei Verhaftungen vornehmen durfte. Widerwillig wurde Piepe der Auftrag erteilt, zusammen mit Giering in die Prinz-Albrecht-Straße zu fahren und die Konkurrenz einzuweihen. Auf höchster Ebene einigten sich dann Anfang August die beiden Häuser: Die Gestapo sollte allein die Liquidierung der Berliner Roten Kapelle übernehmen, Abwehr und Funkabwehr hingegen weiterhin mit Beteiligung der Gestapo die Rote-Kapelle-Gruppen in Westeuropa verfolgen.[110]

Gestapo-Müller gab Alarm, doch er mochte nicht sofort losschlagen. Müller wollte erst einmal durch geduldige Observierung alle Mitarbeiter des Berliner Spionagerings feststellen und sie dann mit einem Schlag ausschalten.

Mit der Beobachtungsaktion wurde Kriminalrat und SS-Sturmbannführer Horst Kopkow beauftragt, der in der Gestapozentrale das Referat IV A 2 leitete und als einer der härtesten Verfechter des Regimes galt.[111] Zum Leiter der Ermittlungen wählte sich Kopkow den klügsten Kriminalisten seines Referats aus, den Kriminalkommissar und SS-Untersturmführer Johann Strübing, Urtyp des routinierten, allzeit einsatzbereiten und politisch instinktlosen Exekutivbeamten, der jedem Regime dient. Strübing bearbeitete das Sachgebiet »Bekämpfung feindlicher Fallschirm- und Funkagenten«.[112] Er war mithin zum Jäger der Roten Kapelle prädestiniert: Lange hatte er die Methoden der sowjetischen Spionage studiert. Er machte sich an die Arbeit.

Wie aber konnte man die Rote Kapelle in Berlin möglichst umfassend ausschalten? Die entschlüsselten Meldungen in der Funkabwehrakte, die ihm die Sachbearbeiter von Fu III Ende Juli überstellt hatten, wiesen eine Spur in das Zentrum der Organisation, aber die Funksprüche stellten nur einige leitende Mitglieder des Agentenrings bloß, nicht das ganze Informantennetz. Eben darauf kam es jedoch an: die Gesamtorganisation mit allen ihren Agenten, V-Männern und Verbindungen zu erkennen.

Man mußte also mehr in Erfahrung bringen, ehe man zugriff. Strübing ließ die Telephone der drei Rote-Kapelle-Führer überwachen und jeden Besucher in den Häusern der Spitzenspione unauffällig kontrollieren. In kurzer Zeit verlängerte sich Strübings Überwachungsliste Name um Name. Immer deutlicher wurde ihm das Spinnennetz des Gegenspielers.

Kaum aber hatte der Kriminalkommissar seinen ersten Ermittlungsbericht bei Kopkow abgeliefert, da wurde die ganze Beschattungsaktion gefährdet. Wachtmeister Traxl von der Chiffrierabteilung hatte geschwatzt. Das war in den letzten Augusttagen, als er von dem Gefreiten Heilmann wieder einmal gefragt worden war, wie es denn nun mit den sowjetischen Funksprüchen stünde. Da hatte ihm Traxl den entschlüsselten Drei-Adressen-Spruch vom 10. Oktober 1941 gezeigt.[113]

Im Nu begriff Heilmann, welche Gefahr seinem Freund Schulze-Boysen und dessen beiden Partnern drohte. Jeden Tag konnte die Gestapo zum Schlag ausholen. Die Häscher des Regimes brauchten nur zuzulangen – wenn nicht er, Horst Heilmann, in letzter Minute die Observierten warnte. Er verlor keine Zeit mehr. Noch an diesem 29. August stürzte er los, das Schlimmste zu verhindern. Er rief in Schulze-Boysens Privatwohnung an, konnte den Freund jedoch nicht erreichen. Heilmann hinterließ die Nummer seines Diensttelephons und bat, Schulze-Boysen solle sofort zurückrufen – ein riskanter Schritt, da schon die Preisgabe der Telephonnummer einer Geheimdienststelle als militärischer Ungehorsam bestraft wurde.[114]

Als Heilmann bis zum Mittag des 30. August noch immer nichts von dem Agentenchef gehört hatte, hastete er in die Altenburger Allee, zu Schulze-Boysens Ehefrau Libertas. Er reichte ihr die dechiffrierte Sowjetmeldung; die Frau verstand sofort, was der Funkspruch bedeutete. Sie griff zum Telephon und rief das Reichsluftfahrtministerium an.

Doch anstelle der vertrauten Stimme des Ehemannes meldete sich am Apparat die kühle Stimme eines Majors, dessen Namen Libertas Schulze-Boysen nie gehört hatte. Major Seliger bedeutete ihr, Oberleutnant Schulze-Boysen habe eine Dienstreise antreten müssen, die ihn einige Tage von Berlin fernhalten werde; Frau Schulze-Boysen möge sich nicht beunruhigen, wenn sich ihr Mann zunächst nicht melde.[115] Die beiden in der Altenburger Allee ließen sich nicht täuschen, die Auskunft des Majors konnte nur eines bedeuten: Die Gestapo hatte Schulze-Boysen verhaftet.

Heilmann wußte allerdings nicht, daß es seine überstürzte Aktion gewesen war, die Kopkow und Strübing hatte losschlagen lassen. Ausgelöst hatte dies alles Vauck, der in der Nacht vom 29. zum 30. August noch lange im Dienst gewesen war und dabei hörte, wie im Nebenzimmer ein Telephon immer wieder läutete. In dem Zimmer arbeitete Heilmann, der bereits nach Hause gefahren war. Vauck ging an den Apparat. Am anderen Ende meldete sich Schulze-Boysen. Es war der Anruf, auf den Heilmann vergebens gewartet hatte. Vauck war kaum seiner Stimme mächtig, als er den Namen des Mannes hörte, der seit Wochen Funkabwehr und Gestapo elektrisierte. »Schreiben Sie sich mit Ypsilon?« war alles, was ihm in dem Augenblick einfiel. Schulze-Boysen bestätigte.

Verwirrt legte Vauck den Hörer auf die Gabel zurück. Wie kam der Gefreite Heilmann dazu, Kontakte zu jenem Offizier zu unterhalten, in dem die Eingeweihten den Chef der kommunistischen Spionagegruppe sahen? Vauck zögerte keinen Augenblick, sofort rief er das RSHA an und machte Meldung.[116] Vaucks Panik griff auf die führenden Männer des RSHA über. War der Funkabwehr-Angehörige Heilmann, so spekulierten sie, mit Schulze-Boysen im Bunde, dann kannte der Gegner den Stand der Ermittlungen und konnte sich auf den Zugriff der Gestapo einrichten. Konsequenz: Man mußte zugreifen, ehe Schulze-Boysen Agenten und Materialien in Sicherheit bringen konnte.[117]

Am Morgen des 30. August rasten schwarze Gestapo-Limousinen durch die Straßen Berlins; Schlag auf Schlag wurden Mitglieder der Roten Kapelle verhaftet. Schulze-Boysen war der erste, den der Gestapo-Coup traf. Kopkow verhaftete ihn selber. In den Mittagsstunden meldete er sich bei Oberst Bokelberg, dem Kommandanten des Stabsquartiers im Reichsluftfahrtministerium, und weihte ihn ein. Da die Gestapo Offiziere auf militärischem Territorium nicht verhaften durfte, rief Bokelberg den Oberleutnant Schulze-Boysen zu sich, erklärte ihn für verhaftet und übergab ihn dem Kriminalrat.[118]

Ebenso reibungslos, wenn auch weniger umständlich, lief die restliche Verhaftungsaktion ab. Strübing verhaftete Libertas Schulze-Boysen am 3. September auf dem Anhalter Bahnhof, als sie in einem Zug saß, der sie zu

Freunden an der Mosel bringen sollte. Zwei Tage später wurde Heilmann abgeführt. Am 7. September durchkämmte ein Gestapo-Kommando das Fischerdorf Preil auf der Kurischen Nehrung in Ostpreußen und fand noch vor dem Frühstück die Feriengäste Harnack. Mildred Harnack stöhnte: »Welche Schande, oh, welche Schande.«[119]

Einer nach dem anderen geriet in die Gewalt der Gestapo, lautlos und unauffällig. In der zweiten Septemberwoche waren Adam Kuckhoff, Graudenz, Coppi, Sieg, Kurt Schumacher und Ilse Stöbe an der Reihe, ihnen folgten am 16. September Küchenmeister, Scheel, Schulze und weitere Anhänger Schulze-Boysens.[120]

Das roboterhafte Zupacken der Gestapo-Kommandos konnte jedoch nicht darüber hinwegtäuschen, daß die Verhaftungsaktion zunächst nur eine Verlegenheitslösung war. Strübing wußte kaum, wie er die Verhafteten des Landesverrats überführen sollte. Er mußte versuchen, die verhafteten Agenten zu Aussagen zu zwingen. Doch das Personal des Referats IV A 2 reichte nicht aus, Strübing mußte Kollegenhilfe erbitten. Im Reichssicherheitshauptamt trat eine »Sonderkommission Rote Kapelle« zusammen, in der sich die besten Vernehmungsbeamten der Gestapo-Zentrale vereinigten. Ein Jahrzehnt lang geschult in listiger und gewissensfreier Vernehmungstechnik, zuweilen brutale Zwangsmittel anwendend oder zumindest androhend, bearbeiteten nun die RSHA-Inquisitoren ihre Opfer.

Zunächst verweigerten die Verhafteten jede Aussage, kaum einer wollte sprechen. Schulze-Boysen gab nichts zu, was ihm nicht schwarz auf weiß nachgewiesen wurde. »Anfänglich bestritt er«, erinnert sich Strübing, »jede Verbindung mit ausländischen Agenten und stellte selbstverständlich eine landesverräterische Tätigkeit unter Berufung auf seine Herkunft...in Abrede.«[121] Auch von den anderen Vernehmungsbeamten liefen nur negative Berichte im Büro Kopkow ein. Adam Kuckhoff weigerte sich ebenso beharrlich wie Arvid Harnack, ein Geständnis abzulegen oder mit sachdienlichen Mitteilungen die Arbeit der Gestapo zu erleichtern.[122] Einen kurzen Augenblick schien es, als bildeten die Häftlinge eine geschlossene Front, die auch nicht durch den raffiniertesten Vernehmungstrick aufzuweichen sei. Doch das Bild der verschworenen Gemeinsamkeit täuschte, die Fassade verdeckte nur notdürftig die inneren Spannungen und Konflikte, die nicht erst seit der Verhaftung unter Schulze-Boysens Freunden rumorten. Schon nach einigen Tagen begann, was noch heute schwer zu erklären ist: die Selbstpreisgabe der kommunistischen Agenten.

Libertas Schulze-Boysen brach zuerst das Schweigen. Die Verhaftung hatte in ihr eine Welt der Illusionen zerstört. Lange Zeit glaubte sie nicht an die Ernsthaftigkeit von Schulze-Boysens konspirativen Aktionen; sie hielt für Spiel, was ihm Schicksal und Berufung war. Erst in den letzten Monaten, in denen die Entfremdung zwischen den Eheleuten unerträglich geworden war, hatte Libertas Schluß machen und sich scheiden lassen wollen. Nur Schulze-Boysens beschwörender Appell, die »Sache« nicht im Stich zu lassen, ließ die naive Lebenskünstlerin an der Seite des Agentenchefs ausharren.[123]

Sie redete sich ein, es werde schon alles nicht so schlimm kommen, wie sie es selber manchmal befürchtete. Die Verhaftung aber hatte sie eines anderen belehrt. Doch an die Stelle der alten trat nun eine neue Illusion: der Glaube, die Gestapo werde sie, die Enkelin des Fürsten Eulenburg, freilassen, wenn sie in dem bevorstehenden Prozeß als »Kronzeugin« gegen ihre Freunde aussage. So nannte sie Namen, die das Vernehmerteam des RSHA noch nie gehört hatte: Jan Bontjes van Beek, seine Tochter Cato, den Harnack-Neffen Havemann, die Gräfin von Brockdorff, Buschmann, Rosemarie Terwiel. »Sie gab die ganze Gruppe ihres Mannes preis«, behauptet Schulze-Boysens ehemaliger Gehilfe Willi Weber, und auch Schulze-Boysens Mutter klagt: »Dadurch sind sehr viele an den Galgen gekommen. Sehr traurig.«[124]

Die Enthüllungen von Libertas Schulze-Boysen standen nicht vereinzelt da. Auch Harnack begann, Aussagen zu machen, und desavouierte seinen Partner Schulze-Boysen, der seinerseits die Namen von Mitarbeitern und Gesinnungsfreunden nannte: Oberst Gehrts, Oberleutnant Gollnow, die Wahrsagerin Kraus.[125] Ebenso wurde Adam Kuckhoff jäh gesprächig und verriet seine Mitarbeiter Sieg und Grimme. Mancher war »bei seiner Vernehmung moralisch zusammengebrochen«, wie der Häftling Werner Kraus im Falle des Antifaschisten Fritz Thiel notierte: »Er versuchte sich und seiner Frau das Leben dadurch zu retten, daß er sich als ein verführtes Opfer einer intellektuellen Verschwörung hinstellte.« Und Cato Bontjes van Beek schrieb an ihre Mutter: »Soweit ich es überblicken kann, haben sich Sch[ulze]-B[oysen] und noch viele andere führende Köpfe sehr schändlich benommen und dadurch unendlich vielen das Leben genommen.«[126]

Am meisten fürchteten die Häftlinge die Mitteilsamkeit des Ehepaars Schumacher, das seine Freunde verriet. Kriminalsekretär Ortmann, erster Vernehmer Kurt Schumachers, konnte nie eine Szene vergessen, die sich in seinem Büro Mitte September abgespielt haben soll. »Eines Tages«, erzählt Ortmann, »wollte ich mein Frühstück essen. Da ich dieses ungestört tun wollte, mußte ich Schumacher, der bei mir am Schreibtisch saß, beschäftigen. Um dies tun zu können, nahm ich das ›Verzeichnis der flüchtig gegangenen Kommunisten‹ und übergab es Schumacher mit der Aufforderung, sich die Lichtbilder [in dem Verzeichnis] anzusehen und mir zu sagen, welche der abgebildeten Personen er davon kenne.«[127]

Plötzlich sei er von Schumacher durch den Ruf unterbrochen worden: »Dieser ist es!« Er zeigte auf das Bild von Albert Hößler, einen der in Deutschland eingesetzten Fallschirmagenten Moskaus. Dann habe Schumacher zu Protokoll gegeben: Hößler sei – wie von Moskau angekündigt – bei ihm erschienen und habe um Weiterleitung an Schulze-Boysen gebeten; er sei zwei Tage lang geblieben und auch bei Coppi gewesen, dem er ein Funkgerät übergeben habe. »Der Fallschirmspringer«, so Schumacher laut Ortmann, »war sehr daran interessiert, festzustellen, ob er mit dem Kurzwellengerät Verbindung mit Moskau bekäme. Wir haben das Gerät an die Lichtleitung angeschlossen, und der Fallschirmspringer versuchte, mit Moskau Verbindung aufzunehmen, was auch sofort gelang. Den Kopfhörer des Sendegerätes hatten wir auf den Tisch der Wohnung gelegt. Wir mußten aber die Verbindung mit Moskau sofort abbrechen, da die Sendung von Moskau im Kopfhörer so stark zu hören war, daß ich befürchten mußte, daß die Nachbarn dies hören könnten.«[128]

Wie immer es zu Schumachers Geständnis gekommen sein mochte – seine und die Aussagen anderer Häftlinge über sowjetische Fallschirmagenten elektrisierten die Gestapo. Strübing und seine Kollegen hatten allerdings auch schon früher gewußt, daß Moskau Agenten einsetzte, die nachts aus sowjetischen Flugzeugen über Deutschland absprangen und sich zu genau vorbereiteten Anlaufadressen durchschlugen. Es waren immer deutsche Exilkommunisten gewesen, die der sowjetische Geheimdienst in zwei Lagern bei Ufa und Puschkino als Funk- und Fallschirmagenten ausgebildet hatte.[129]

Nach dem Ausfall der Berliner Agentensender war die Raswedka-Zentrale verstärkt dazu übergegangen, Fallschirmagenten in Deutschland einzusetzen. Sie sollten Funkgeräte mitbringen, Anschluß an die Gruppen in Berlin finden und Schulze-Boysen bei der Funkarbeit assistieren – ein letztes, verzweifeltes Mittel der sowjetischen Deutschland-Spionage, besonders riskant in einem Land, das die polizeistaatliche Überwachung zu einem schier undurchdringlichen System perfektioniert hatte.

Im Frühsommer bereiteten sich die ersten beiden Agentenpaare für den Sprung in die Berliner Domäne der Gestapo vor: Der ehemalige KPD-Jugendfunktionär Erwin Panndorf (Deckname: Erwin Stepanow), mit falschen Papieren auf den Namen Rudolf Scheffel ausgestattet, sollte sich mit dem sächsischen Funker Anton Börner (Deckname: Anton Belski) nach Berlin begeben, während der KPD-Funktionär Wilhelm Fellendorf mit der ehemaligen Komintern-Beauftragten Erna Eifler Kontakt zur Hamburger Bästlein-Gruppe aufzunehmen hatte.[130]

In der Nacht vom 16. zum 17. Mai 1942 sprangen die beiden Agentenpaare über Ostpreußen ab. Die vier Agenten verstauten ihre Ausrüstung in der Nähe der Absprungstelle, am 27. Mai trennten sie sich. Börner und Panndorf fuhren nach Thüringen, Fellendorf und die Eifler in Richtung Hamburg. Später folgten ihnen zwei weitere Fallschirmagenten aus der Sowjetunion, der Spanien-Kämpfer Hößler und der ehemalige »Rote Fahne«-Journalist Robert Barth.[131] Jetzt offenbarte sich die ganze Torheit des von Moskau angeordneten Agenteneinsatzes: Die Fallschirmspringer tappten auf das Minenfeld des Gestapo-Überwachungssystems und führten die Späher des RSHA mitten hinein in das Lager des Gegners.

Bereits drei Tage nach dem Agentenabsprung in Ostpreußen erfuhr das RSHA von dem Einsatz der Fallschirmspione und löste eine Verfolgungsjagd auf die gelandeten Kundschafter aus. Am 22. Mai hielt ein Fernschreiberlaß der Gestapo fest, daß »am 19. 5. 42 bei Insterburg 3 ehemalige KPD-Funktionäre mit Fallschirm aus einem sowjet-russischen Flugzeug abgesprungen« seien. Am 30. Mai forderte Nürnbergs Polizeipräsident »schärfste Fahndungsmaßnahmen« und lieferte »Personalbeschreibungen«, so etwa diese: »Börner, 34 Jahre alt, etwa 1,74 m groß, schwarzes Haar, braune Augen.«[132]

Der Gestapo entging kaum etwas. Aus einem Fahndungsschreiben: »Die Schwester des Panndorf, Frau Elli Örtel in Gera, Städtisches Krankenhaus wohnhaft, wurde am 26. 5. 42 gegen 7.15 Uhr von einer unbekannten Frau angesprochen, die im Auftrage von Erwin Panndorf einen Zettel überbrachte, auf dem stand, daß sie ihren Bruder bei sich aufnehmen sollte. Erwin Panndorf soll kranke oder wunde Füße haben und bedarf dringend der Ruhe. Wahrscheinlich hat er sich beim Fallschirmabsprung eine Verstauchung oder Verletzung der Füße zugezogen.«[133]

Einem so systematisch arbeitenden Polizeiapparat konnten die Fallschirmagenten nicht lange entgehen. Am 8. Juli spürte die Gestapo in Wien Börner auf, der alles gestand und die deutschen Spionejäger in das ostpreußische Versteck führte, wo die Agentenpaare auch ihre Funkapparate abgelegt hatten. Zur gleichen Zeit konnte die Gestapo Panndorf verhaften.[134] Was die Gestapo noch nicht wußte, erbrachten die Aussagen der verhafteten Rote-Kapelle-Angehörigen in Berlin – Anlaß für den Funkspielexperten des RSHA, Kriminalkommissar Thomas Ampletzer, ein Gegenspiel mit Moskau zu inszenieren, um noch tiefer in die Geheimnisse sowjetischer Fallschirmeinsätze einzudringen.[135]

Ein umgefallener Sowjetagent half ihm dabei: Wenzel. Er hatte der Gestapo schon manchen Dienst geleistet. An der Jagd auf die Agenten des Grand Chef in Belgien war er ebenso maßgeblich beteiligt wie bei der Entschlüsselung der sowjetischen Funksprüche durch Fu III.[136] Jetzt assistierte er Ampletzer bei der Installierung zweier Sendelinien zu dem geheimnisvollsten Mann, den sich die Spionejäger der Gestapo vorstellen konnten, zum Direktor in Moskau. Wenzel schrieb seinem neuen Auftraggeber den russischen Chiffrierschlüssel auf, und bald hatte Ampletzer Kontakt mit der sowjetischen Zentrale.[137] Zweck des Manövers: neue Fallschirmagenten ins Reich zu locken, von denen die Gestapo hoffte, sie würden noch unbekannte Rote-Kapelle-Adressen anlaufen.

Die Rechnung der Gestapo ging auf. Um den 16. September herum erfuhr Ampletzer von seinen sowjetischen Funkpartnern, ein erst kürzlich eingesetzter Fallschirmagent werde am 17. September um 16.41 Uhr auf dem Potsdamer Bahnhof in Berlin einen wichtigen Informanten treffen. Als Erkennungszeichen trage der Agent das Stück einer entzweigerissenen Karte mit sich, deren andere Hälfte der Informant besitze.[138]

Die Beamten der Gestapo waren pünktlich zur Stelle, als sich die beiden Männer trafen. Als Informant entpuppte sich der Fernmeldeingenieur Hans Heinrich Kummerow, ein geldsüchtiger Einzelgänger, der in den zwanziger Jahren für westeuropäische Geheimdienste gearbeitet, seit 1932 nur noch Moskau beliefert hatte: mit allen möglichen Fabrikationsgeheimnissen der deutschen Rüstungsindustrie.[139] Die Nachforschungen erwiesen, daß Kummerow nicht zur Gruppe Schulze-Boysen/Harnack gehörte; nur weil ihm ein regelmäßiger Funkkontakt mit Moskau fehlte, hatte er eine Verbindung zu den an der Seite Schulze-Boysens arbeitenden Fallschirmagenten gesucht. Und an eben diesen Fallschirmagenten zeigte sich die Gestapo interessiert, auch Kummerows Aussagen halfen den Verfolgern dabei.

Ein Zufall ermöglichte schließlich der Gestapo den entscheidenden Durchbruch. Zu den von ihr überwachten Personen gehörte auch die Kommunistin Klara Nemitz, die mit mehreren roten Widerstandsgruppen in Verbindung stand. Anfang Oktober wurde sie von Guddorf angerufen, der sich von Schulze-Boysen zurückgezogen hatte, inzwischen aber mit den in Deutschland eingeschleusten Fallschirmagenten zusammenarbeitete. Am Telephon erzählte Guddorf der Genossin, in Hamburg stehe mit den Vertrauensleuten des Genossen Bästlein ein Treff bevor.[140] Die Gestapo reagierte sofort. Am 10. Oktober verhafteten Gestapo-Beamte Guddorf und eine Freundin, während zugleich die Organisation des Hamburger KPD-Chefs Bästlein eingekreist wurde. Mitte Oktober flog Bästlein mit seinen Untergrundmännern auf, kurze Zeit später fielen auch die Fallschirmagenten Fellendorf und Erna Eifler in Gestapo-Gewalt.[141]

Von Hamburg führten neue Spuren nach Berlin zurück, in das Radio- und Photogeschäft der Hübners und Wesoleks, das im Auftrag Moskaus die Fallschirmagenten mit Geld und falschen Pässen versorgt hatte. Zwischen dem 18. und 20. Oktober führten die Häscher der Gestapo die Familien Emil und Max Hübner sowie Frieda, Stanislaus, Johannes und Walter Wesolek ab.[142]

Blieb auf Strübings Liste nur noch der hohe deutsche Beamte, von dem die Gestapo lediglich wußte, daß er jahrelang unter dem Decknamen »Arier« im Auswärtigen Amt für die Sowjets gearbeitet hatte. Strübing war sich sicher, daß Moskau auch diesmal – ungewollt – die Probleme der Gestapo lösen würde. Denn: Wie im Fall Schulze-Boysen, Harnack und Kuckhoff war die Gestapo durch einen sowjetischen Funkspruch auf den kleinen Agentenring »Arier« aufmerksam geworden. Am 28. August 1941 hatte die Kurzwellen-B-Stelle in Prag einen Funkspruch Moskaus aufgefangen, den ein Jahr später Wenzel für die Gestapo entschlüsselte. Inhalt des Spruchs: Kent solle die Berliner Agentin Ilse Stöbe alias »Alta« in deren Wohnung im Haus Wielandstraße 37 aufsuchen.[143]

Nach der Entschlüsselung der Funkmeldung wurde Ilse Stöbe, die inzwischen in die Saalestraße umgezogen war, verhaftet, doch sie verriet nicht, wer »Arier« war. »Das erste Verhör«, so malen sich Ilse Stöbes sowjetische Biographen die Szene aus, »dauerte fast ununterbrochen drei Tage und drei Nächte. Man ließ Ilse nicht schlafen, nicht essen, nicht trinken. Ilse Stöbe hielt durch, sieben Wochen lang schwieg sie.[144]

Dann befreite Ampletzer die Inquisitoren aus ihrer Verlegenheit. Er funkte seinen sowjetischen »Partnern«, Moskau möge sofort einen Fallschirmagenten in Marsch setzen, da »Alta« Schwierigkeiten habe; vor allem fehle es an Geld. Hauptmann Petrow, Ilse Stöbes Führungsoffizier in Moskau, fiel auf den Gestapo-Trick herein. Ein Fallschirmagent, der emigrierte KPD-Jugendfunktionär Heinrich Koenen, wurde sofort in Marsch gesetzt.[145]

Am 28. Oktober rief er bei Ilse Stöbe in der Saalestraße an. Am Apparat meldete sich eine Frauenstimme. Koenen bestellte »Alta« zum S-Bahnhof Savignyplatz, die Frau solle sofort kommen. Sie kam. Der Mann holte zwei

Fahrkarten aus der Tasche, dann bestieg er mit seiner Begleiterin einen Zug in Richtung Tiergarten. Unterwegs forschte er die Frau aus und war offenbar mit dem Ergebnis zufrieden. Am nächsten Tag wollten sie sich wieder treffen.

Doch statt in die Saalestraße zurückzufahren, eilte die Frau in die Prinz-Albrecht-Straße, nicht ohne Zittern: Bis zum letzten Augenblick hatte die Gestapo-Angestellte Gertrud Breiter gefürchtet, Koenen werde doch noch merken, daß sie nicht Ilse Stöbe war. Sie machte Strübing Meldung, am 29. Oktober wurde Koenen verhaftet.[146] In seiner Brusttasche fand man neben Geldscheinen endlich, was man suchte: Hinweise auf die Identität des »Arier«. Die Zahlungsanweisung in Höhe von 5000 Franken, gerichtet an das Züricher Bankhaus Julius Bär & Co., brachte den Beweis, daß der Gesandtschaftsrat Erster Klasse Rudolf von Scheliha seit Februar 1938 von den Sowjets als Agent besoldet worden war. Am 30. Oktober führten ihn Gestapo-Beamte ab.[147]

So waren denn Berlins Rote Kapelle und Moskaus Einzelgänger an der Spree vor allem durch Unvorsichtigkeit und Verrat in den eigenen Reihen enttarnt. Kaum einer, der nicht durch die Aussagen der Freunde fiel: Schulze-Boysen, Harnack und Kuckhoff – von der sowjetischen Geheimdienstzentrale leichtfertig bloßgestellt. John Sieg – von Kuckhoff verraten. Coppi, Cato Bontjes van Beek, Buschmann – von Libertas Schulze-Boysen ausgeliefert.

Freilich, nicht alle wichen dem Druck der Gestapo. Vor allem die Funktionäre der KPD, für den Untergrundkampf geschult und auf härteste Belastungen vorbereitet, hielten den Pressionen ihrer Vernehmer stand. An ihnen scheiterten die Gestapo-Vernehmer. Der Häftling Wilhelm Thews blieb dabei: »Ich bin mit meinem Leben zufrieden. Es war ein Kampf für Freiheit, Wahrheit und Gerechtigkeit, und ich kann ohne Bedauern Schluß machen.«[148]

Aber viele Frauen und Männer aus Schulze-Boysens engerer Umgebung kapitulierten. Wie läßt sich das erklären? Die Hinterbliebenen und Verteidiger der Roten Kapelle kennen nur eine Erklärung: Gestapo-Brutalität. Tatsächlich waren die verhafteten Mitglieder der Roten Kapelle von Gestapo-Beamten hart behandelt worden; mancher Gestapo-Mann reagierte seine kleinbürgerlich-nationalistischen Instinkte an den Eingekerkerten ab. Dem Häftling Heinrich Scheel schlug ein Beamter »ins Gesicht, auch würgte er mich, indem er meinen Schlips zusammendrehte«, wie Scheel erzählt. Auch Frieda Wesolek erhielt Schläge, und Piepe konnte sein Leben lang nicht vergessen, wie sehr sich Wenzel verändert hatte, nachdem er von der Gestapo vernommen worden war.[149] Als Schulze-Boysen anfangs nicht aussagen wollte, erhielt er zwölf Stockhiebe. Ebenso schlugen Gestapo-Beamte auf Harnack, Graudenz und Kuckhoff ein, sie bekamen »eine Anzahl Schläge aufs Gesäß mit dem Gummiknüppel«, wie sich der Senatspräsident Alexander Kraell erinnert.[150]

Mehr als diese Folterungsfälle sind nicht erwiesen. Meist blieb es bei Drohungen und psychologischen Tricks. Mißhandlungen allein erklären denn auch nicht die Selbstpreisgabe der verhafteten Freunde Schulze-Boysens. Was sie vor den Verhörscheinwerfern der Gestapo zu Fall brachte, war die »plötzliche moralische Aufweichung und das unvermittelte Nachlassen des Kampfwillens, psychologische Vorstufe der ›Unterwerfung‹«, wie David Dallin urteilt.[151] Die antifaschistischen Legendenschreiber stilisierten später das Verhalten der Häftlinge zu einem heroischen Martyrium empor. In Wahrheit waren die Zellen der Prinz-Albrecht-Straße stumme Zeugen eines menschlich-moralischen Zusammenbruchs, der in der Geschichte der Spionage einmalig sein dürfte.

In den Einzelzellen der Gestapo isoliert, von der Außenwelt abgeschnürt, von den raffinierten Vernehmern des totalitären Polizeiapparats malträtiert, geriet die antifaschistische Front ins Wanken, weil sie konträrste Elemente in sich barg, die der letzten und brutalsten Prüfung nicht gewachsen waren. Was sollten sie auch noch miteinander gemeinsam haben, der gläubige Hitler-Jünger Gollnow und der kompromißlose Stalin-Verteidiger Schulze-Boysen, der Bekenntnischrist Gehrts und der Opportunist Kummerow? Selbst der konsequente Harnack gestand, aus welchen Gründen auch immer, er hätte als Deutscher im Krieg nicht so handeln dürfen, wie er gehandelt habe. Cato Bontjes van Beek schrieb: »Mama, es ist kein besonders großer Ruhm, mit dieser Sache etwas zu tun zu haben.«[152]

Triumphierend konnte Strübing seinem Chef Kopkow melden, daß die ganze Rote Kapelle in Berlin »vernichtet« sei.[153] 116 Personen hatte die Geheime Staatspolizei verhaftet, eine schillernde Gruppe aus Überzeugungsspionen, Widerstandskämpfern, käuflichen Landesverrätern und unfreiwilligen Informanten, zusammengepreßt von der rabiaten Staatsschutzideologie der nationalsozialistischen Machthaber – Beginn jener Legende, die da besagt, alle Freunde Schulze-Boysens seien nichts als Spione und Landesverräter gewesen.

Schon standen gnadenlose Justizfunktionäre bereit, die enttarnten Agenten und Widerstandskämpfer mit der ganzen Brutalität des Regimes abzuurteilen. Eine grobschlächtige Anklage machte sie unterschiedslos zu Söldlingen Moskaus, ohne ihnen politische (Widerstands-)Motive zuzubilligen. Gewiß, Schulze-Boysen und seine engeren Anhänger hatten Spionage für den Feind getrieben, und darauf stand im damaligen Deutschland (wie auch in anderen kriegführenden Staaten) die Todesstrafe. Anders aber waren Schulze-Boysens politische Anhänger zu werten, die keine Spionagearbeit geleistet hatten, ganz zu schweigen von den unfreiwilligen Mitläufern aus der Wehrmacht, die eher Opfer als Gefolgsleute des Agentenchefs gewesen waren.

Doch das Reichskriegsgericht, vor dem der Rote-Kapelle-Prozeß stattfand, ließ keine Unterschiede zu. Erbarmungslos erging ein Todesurteil nach dem anderen. Am 19. Dezember 1942 wurde mit Schulze-Boysen, Harnack, Coppi, Heilmann und Graudenz die Kerngruppe der Spionageorganisation abgeurteilt, kurz darauf kamen auch reine Widerstandskämpfer an die Reihe, ebenfalls mit der Todesstrafe belegt. Da waren jedoch die Anführer der Organisation schon tot, hingerichtet in Plötzensee in den Abendstunden des

22. Dezember.[154] Harro Schulze-Boysen hatte noch auf seinem Todesgang in einer Zelle des RSHA-Gefängnisses eine letzte Botschaft für die Nachwelt versteckt:

Die letzten Argumente
sind Strang und Fallbeil nicht,
und unsere heut'gen Richter sind
noch nicht das Weltgericht.[155]

Für die Verfolger der Roten Kapelle aber gab es keinen Moment der Besinnung, sie jagten schon den letzten noch funktionsfähigen Gruppen der Sowjetspionage in Westeuropa nach. Piepe und Giering hatten in Frankreich und Belgien ein Netz ausgelegt, in dem sich der Grand Chef mit seinen restlichen V-Männern verfangen sollte.

Noch wollte sich Trepper nicht geschlagen geben. Zwei Funkgeräte der in Belgien operierenden Spionagegruppe wußte er einsatzbereit, die meisten Agenten von Konstantin Jefremows Brüsseler Organisation noch in Freiheit. Vor allem die Organisation in den Niederlanden, Anton Winterincks Gruppe »Hilda«, funkte unermüdlich nach Moskau, was immer sie an Nachrichten sammeln konnte.

Die Rolle der noch arbeitsfähigen Agentengruppen in Belgien und Holland wurde immer wichtiger, je mehr sich der sowjetische Generalstab ein Bild über die Möglichkeiten einer Zweiten Front angloamerikanischer Truppen in Westeuropa verschaffen wollte. Schon vor Wenzels Aushebung hatte der Direktor den Grand Chef angewiesen, alle vorhandenen Sender im Westen zusammenzufassen, damit die Raswedka im Falle einer Landung britischer und amerikanischer Truppen in allen wichtigen Invasionsräumen beobachten könne; alle zwei Tage sollte Trepper nach Moskau berichten.[156]

Die Erkundungsaufträge des Direktors für die Gruppen in Brüssel und Amsterdam bezeugten das Interesse Moskaus für die Zweite Front. Am 13. April 1942 hatte der Direktor wissen wollen, wie stark die deutschen Verbände in Belgien seien, wo ihre neuen Einsatzorte lägen und wie ihre Marschbewegungen verliefen. Am 31. Mai sollte Jefremow feststellen, wo sich Generalfeldmarschall von Rundstedt und die ihm unterstellten drei Armeekorps in Frankreich befänden. Am 27. Juni ein neuer Auftrag: Feststellung der Stärke und Zusammensetzung deutscher Infanteriedivisionen in der Normandie, Bretagne und in Holland.[157]

Und »Bordo« (so Jefremows Deckname) hatte pflichtschuldig nach Moskau zurückgefunkt: am 28. April einen Bericht über deutsche Truppenkonzentrationen im Raum Cambrai, am 4. Mai einen Bericht über die Beschlagnahme belgischer Privatkraftwagen und Pferde durch die Besatzungsmacht sowie über den verstärkten Transport deutscher Einheiten von Belgien nach Frankreich, am 12. Mai eine Meldung über die Stärke der deutschen Besatzungstruppen in Brüssel.[158]

Auch an »Tino« (Winterinck) in Amsterdam richtete der Direktor immer häufiger Anfragen. Nach dem Schlag gegen die Wenzel-Station in Brüssel rückte die niederländische Agentengruppe vollends in die erste Reihe der Moskauer Feindaufklärung. Sie erhielt nun den Auftrag, auch Nachrichten aus Deutschland zu beschaffen und ihren Funkverkehr mit Moskau zu verstärken.[159]

Doch wie lange würde es dauern, bis die Deutschen auch »Hilda« auf die Spur kamen? Trepper konnte sich von einem Gefühl des Unbehagens nicht befreien. Er vermochte nicht darüber hinwegzusehen, daß den Deutschen mit Wenzel ein Mann in die Hände gefallen war, der fast alle Geheimnisse der Roten Kapelle in Westeuropa kannte – und bis dahin hatten die Deutschen nahezu jeden gefangenen Agenten zum Sprechen gebracht. Treppers Instinkt trog nicht: Wenzel verriet Kurierlinien, Chiffriersysteme und Kodetechniken. Dennoch hatte Trepper einen anderen Verräter übersehen. Die Aufrollung der letzten Agententrupps der Roten Kapelle gelang den Deutschen mit der tätigen Hilfe eines Spions, dem der Grand Chef vertraute.

Schon im Dezember 1941 war die Abwehr auf die Fährte des polnischen Fälschers Abraham (»Adasch«) Rajchman gestoßen. Aus den Aussagen verhafteter Agenten gewann die Abwehr den Eindruck, bei Rajchman müsse es sich um eine Schlüsselfigur der Roten Kapelle handeln. »Der Fabrikant«, wie der Fälscher in der Roten Kapelle hieß, galt der Abwehr als ein so wichtiger Agent, daß sie beschloß, ihn und seine Kontakte unter Beobachtung zu stellen, um dadurch mehr über den Umfang der Gesamtorganisation zu erfahren.[160]

Im Frühjahr 1942 wußte es die Abwehr zu arrangieren, daß Rajchman die Bekanntschaft des belgischen Kripo-Hauptinspektors Mathieu machte, der insgeheim Verbindungen zu Resistance-Gruppen unterhielt. Die Freunde im Untergrund ahnten freilich nicht, daß »Carlos« (so Mathieus Deckname) zu den wichtigsten V-Männern des Oberleutnants Bödiker gehörte, der im Gegenspionage-Referat der Abwehrstelle Brüssel saß.[161] Rajchman pflegte die Bekanntschaft mit Mathieu, denn der Polizist war für den Fälscher ein unentbehrlicher Helfer: Er konnte echte Ausweise beschaffen. Bald waren die beiden so miteinander vertraut, daß Rajchman (vermutlich ohne Wissen des Grand Chef) seinen neuen Freund im Mai 1942 bat, ihm einen Koffer abzunehmen, der ihm zu »heiß« geworden sei – ein Funkgerät der Roten Kapelle, das Bödiker dann heimlich photographieren ließ.[162]

Im Juli rührte sich Rajchman wieder. Rajchman habe ihn, meldete »Carlos« an Bödiker, gebeten, eine polizeiliche Kennkarte für einen Freund zu besorgen. Bödiker wollte wissen, wer der Freund sei. Mathieu wußte es nicht. Daraufhin instruierte der Abwehroffizier seinen V-Mann, er solle dem »Fabrikanten« die Kennkarte versprechen, aber vorher ein Paßbild des Rajchman-Freundes verlangen. Rajchman lieferte das Bild und eine sensationelle Nachricht dazu: Sein Freund sei der Chef einer kommunistischen Agentengruppe, mit der auch er zusammenarbeite.[163]

Vergebens nahmen Piepe und Giering das Bild unter die Lupe, denn die Photographie zeigte das Gesicht eines jungen blonden Mannes, das den beiden Rote-Kapelle-Jägern völlig unbekannt war. Aber ein unerklärliches Gefühl sagte ihnen, der Mann gehöre irgendwie zu der Organisation des Grand Chef. Da beschlossen Hauptmann und Kommissar va banque zu spielen: Sie ließen den Fremden einfach verhaften.[164] Vor Piepe und Giering stand ein Mann, dessen Papiere ihn als den finnischen Studenten Eric Jernstroem aus Vasa legitimierten. Er bestritt, für die sowjetische Spionage zu arbeiten; er studiere an der Brüsseler Universität Chemie und sei im übrigen dem finnischen Generalkonsulat bestens bekannt. Die Vertretung Finnlands in Brüssel bestätigte in der Tat Jernstroems Angaben.[165]

In ihrer Verlegenheit flüchteten sich die beiden Vernehmer in einen verzweifelten Trick. Sie arrangierten ein scheinbar zufälliges Zusammentreffen zwischen Jernstroem und Wenzel. Wenn der Finne zur Roten Kapelle gehörte, dann mußte ihn Wenzel kennen. Die beiden Häftlinge prallten aufeinander, Wenzel konnte sich nicht schnell genug beherrschen: Das sei »Bordo«, gab er zu, das sei sein Chef, der sowjetische Kriegsingenieur III. Ranges Konstantin Jefremow.[166]

Jetzt konnten Piepe und Giering den letzten Akt ihrer Verfolgungsjagd einleiten. Wenzels Aussagen ließen Jefremow keinen anderen Ausweg, als das Spiel der Deutschen mitzuspielen; vor die Wahl gestellt, sofort erschossen zu werden oder durch seine Mitarbeit das Leben zu verlängern, entschied sich der Ukrainer für die Kollaboration.[167] Der nächste Schlag gegen die belgische Spionagegruppe ging dann auch auf sein Konto. Einen nach dem anderen verriet er an die Deutschen. Die Wenzel-Freundin Germaine Schneider (»Schmetterling«), Kurier der Gruppe, wurde von der Abwehr verhaftet, dann freilich wieder freigelassen. Auch den Reservefunker Augustin Sesée und dessen Funkgerät in Ostende hoben die Deutschen aus.[168]

Mitte August öffnete Jefremow seinen neuen Herren auch den Weg in das holländische Agentennetz. Der Russe spielte die beiden Verfolger an den Verbindungsmann der Gruppe »Hilda«, Maurice Peper, heran, den sie verhafteten, und mit dessen Hilfe rollten sie in Holland die ganze Organisation des Grand Chef auf.[169]

Piepe reiste nach Brüssel zurück, um weitere Verbindungen der belgischen Spionagegruppe nach den Nachbarländern aufzuspüren. Er ließ sich keine Zeit, denn jeden Augenblick konnte der Gegenspieler den Verrat Jefremows entdecken und Rajchman die wahre Rolle seines Freundes Mathieu durchschauen. Zur Irreführung des Grand Chef hatte Piepe denn auch veranlaßt, daß Jefremow schon wenige Tage nach seiner Verhaftung wieder entlassen wurde und scheinbar als freier Mann in seiner Wohnung leben durfte.[170]

Doch so eifrig sich auch Jefremow das Gehirn zermarterte, um Piepe neue Auslandsverbindungen der belgischen Gruppe nennen zu können, ihm fiel nichts mehr ein. Er wußte nur, daß Germaine Schneider im Auftrag des Grand Chef oft nach Frankreich und in die Schweiz gefahren war. Doch den »Schmetterling« hatte die Abwehr entkommen lassen, man mußte sie wieder einfangen. Aber die Frau entzog sich den Deutschen. Germaine Schneider hielt weiterhin zum Grand Chef und alarmierte ihn, worauf er die Agentin im unbesetzten Frankreich verschwinden ließ.[171]

Da fiel Jefremow doch noch etwas ein. Er erinnerte sich, in Brüssel habe es eine etwas mysteriöse Firma gegeben, die irgendwie mit dem Grand Chef in

Frankreich in Geschäftsbeziehungen gestanden haben müsse; er selber sei allerdings angehalten worden, jeden Kontakt mit dieser Firma zu unterlassen. Jefremow wußte von der Firma nur so viel, daß sie sich »Simexco« nannte und ihre Geschäftsleitung in der Rue Royale unterhielt.[172]

Die Recherchen der Abwehr ergaben jedoch, daß die Aktionäre der Simexco recht harmlose belgische Geschäftsleute waren, die schwerlich Spionage trieben. Es bestand also nur die Möglichkeit, daß sich die kommunistischen Spione der Firma bedient hatten, um im Schatten normaler Geschäfte Kurierlinien unterhalten und Gelder für illegale Zwecke schmuggeln zu können. Dafür sprach, daß ein Mitglied des Verwaltungsrates der Firma immer im Ausland weilte: Señor Vicente Sierra. Die Abwehr wußte längst, daß Sierra mit Kent identisch war, der nach Piepes Überfall in der Rue des Atrébates im Dezember 1941 nach Frankreich geflohen war. Und da die Telephonüberwachung der Simexco einen regen Verkehr mit Paris enthüllte, beschlossen Piepe und Giering, in Frankreich nach dem Grand Chef und seinen letzten Getreuen zu fahnden.

Als Pfadfinder wollten sie Abraham Rajchman benutzen, der sich angeboten hatte, die Spionejäger zum Grand Chef zu führen. Im Oktober 1942 zogen Piepe, Giering und 20 weitere Gestapo-Beamte nach Paris. Das war der Kern des »Sonderkommandos Rote Kapelle«, das einige Wochen später nach dem Vorbild der Sonderkommission des RSHA (und ihr unterstellt) in Paris gebildet wurde.[173] Bald warfen Giering und Piepe ihre ersten Köder aus. Sie gaben Rajchman in Paris frei, der nun alle ihm bekannten »Briefkästen« der Trepper-Organisation anlief, um immer wieder die gleiche Nachricht zu hinterlassen: Er müsse sofort den Grand Chef sprechen. Doch Trepper kam nicht.[174]

Giering und Piepe blieb nichts anderes übrig, als selber auf die Suche nach dem Grand Chef zu gehen. Sie hatten nur einen kleinen Anhaltspunkt: die auffallend häufigen Telephongespräche zwischen der Brüsseler Simexco und einer Pariser Firma mit ähnlichem Namen, der Simex. Den abgehörten Gesprächen hatten die beiden Verfolger entnommen, daß es immer wieder um Bauaufträge für die Wehrmacht ging. Darüber aber konnte niemand besser informiert sein als die Organisation Todt.

Die beiden Männer ließen sich in der Pariser OT-Hauptverwaltung bei dem zuständigen Verbindungsführer Nikolai melden, zu dessen Aufgaben es gehörte, die für Wehrmachtsanlagen arbeitenden französischen Firmen zu kontaktieren und zu beaufsichtigen. Er mußte auch die Simex kennen. Er kannte sie. Als Piepe ihm das in der Rue des Atrébates gefundene Trepper-Photo zeigte, nickte der OT-Mann: Jawohl, das sei Monsieur Jean Gilbert, Geschäftsführer der Simex, wohnhaft Boulevard Haussmann 8, dritter Stock. Die beiden Besucher weihten daraufhin Nikolai ein, wer Gilbert in Wirklichkeit war. Die drei beschlossen, dem Grand Chef eine Falle zu stellen: Da Treppers Ausweis für die unbesetzte Zone Frankreichs in den nächsten Tagen ablief, sollte er bei der Erneuerung des Papiers in der OT-Zentrale verhaftet werden. Doch Trepper ließ sich nicht blicken.[175]

Allmählich merkten auch Piepe und Giering, daß sie auf so simple Art den

Grand Chef nicht fangen würden. Erst wenn man ihm alle Ausweichmöglichkeiten abschnitt und sein Netz an mehreren Punkten zugleich aufriß, hatten die Verfolger eine Chance, den Grand Chef auszumanövrieren. Noch war der Süden Frankreichs völlig unbeobachtet, noch hatte der Grand Chef die Aussicht, seine besten Agenten über Südfrankreich nach Nordafrika entkommen zu lassen.

Tatsächlich wollte Trepper seinen französischen Apparat langsam abbauen und in Nordafrika etablieren. Zunächst hatte er alle gesuchten Agenten in Lyon und Marseille untergebracht; auch er selber und seine beiden engsten Mitarbeiter, Katz und Großvogel, sollten notfalls in Südfrankreich untertauchen.[176] Die Landung amerikanisch-britischer Truppen in Nordafrika am 8. November 1942 und die drei Tage später von Hitler befohlene Besetzung Südfrankreichs durch deutsche Verbände machten jedoch Treppers Fluchtpläne zunichte. Schlimmer noch: Gestapo und Abwehr konnten jetzt ungehindert in dem nicht mehr unbesetzten Frankreich nach kommunistischen Agenten fahnden. Ein Suchtrupp Piepes und Gierings setzte sich in Marsch, angeführt von dem nach neuer Bewährung lechzenden Rajchman.

»Er hat uns«, erinnert sich Piepe, »doch noch sehr, sehr viel verraten, er konnte uns vor allem Lyon bringen.« In Paris mochte sich Rajchman nicht sonderlich ausgekannt haben, aber in Südfrankreich fand er nur allzu schnell die Spur seiner alten Freunde aus der Brüsseler Zeit. Die deutschen Spionejäger begannen, die Agentengruppen in Marseille und Lyon einzukreisen.[177]

Am 12. November drangen fünf französische Polizisten, von den deutschen Abwehrmännern vorgeschickt, in eine Wohnung der Rue de l'Abbé-del'Epée in Marseille ein und verhafteten deren illustre Bewohner: den einstigen Petit Chef Kent und seine Geliebte Margarete Barcza. Sie wurden einen Tag später einem Gestapo-Kommando übergeben, das die Verhafteten nach Paris brachte. Piepe und Giering gaben die Weisung, Kent nach Brüssel zu überführen, an die Stätte seiner früheren Tätigkeit.[178] Giering und Piepe mochten nicht ausschließen, daß Kent noch Mitarbeiter seines alten belgischen Netzes kannte, die nach wie vor im Untergrund arbeiteten. Sie vernahmen den einstigen Chefagenten mehrere Tage lang, ehe sie ihn als Kronzeugen für den damals bevorstehenden Prozeß gegen die Berliner Rote Kapelle an die Spree schickten.[179]

Kents Aussagen vermittelten Giering und Piepe zum erstenmal ein konkretes Bild über Ausmaß, Personal und Arbeitsweise der Roten Kapelle. Mochte auch Kent mit den augenblicklichen Plänen des Grand Chef nicht mehr vertraut sein – seine Informationen waren ausreichend, um Giering und Piepe zum letzten Schlag gegen die Reste der Spionageorganisation zu veranlassen.

Inzwischen hatten die Suchtrupps von Abwehr und Gestapo in Südfrankreich den Gegner derartig umstellt, daß sie jederzeit zugreifen konnten. Der letzte Brüsseler Schlupfwinkel der Organisation, die Hauptgeschäftsstelle der Simexco, lag ebenfalls unter Kontrolle, und auch die Simex in Paris konnte notfalls sofort ausgehoben werden. Piepe und Giering beschlossen daraufhin, eine gleichzeitige Großrazzia in Brüssel, Paris, Lyon und Marseille zu veranstalten. Am 24. November 1942, so wurde vereinbart, sollten die Einsatzkommandos in den vier Städten zupacken.[180]

Die beiden Führer der Aktion hatten nicht mit dem Ehrgeiz des Kriminalobersekretärs Erich Jung gerechnet, der nach der Abreise seines Chefs Giering das Pariser Einsatzkommando leitete. Er fieberte danach, den Grand Chef allein zur Strecke zu bringen. Ohne Giering in Brüssel zu informieren, schlug Jung schon am 19. November in Paris los. Er lockte den Simex-Direktor Alfred Corbin und den Simex-Dolmetscher Vladimir Keller in die Hauptverwaltung der OT und ließ sie dort verhaften, um sie eingehenden Verhören zu unterwerfen. Doch so brutal er ihnen auch zusetzte, sie wollten nichts von Trepper gehört haben.[181]

Verärgert stellte Giering den unbotmäßigen Gehilfen zur Rede. Jung wollte sein Vorpreschen mit dem Hinweis begründen, es habe Fluchtgefahr bestanden, doch Giering winkte ab. Der Kommissar ließ sich die Vernehmungsprotokolle vorlegen, aber auch er konnte mit ihnen nichts anfangen. Giering verhörte von neuem. Nichts, keine Spur vom Grand Chef.

Da, am 24. November gegen elf Uhr, erinnerte sich plötzlich Corbins Frau eines winzigen Details, das sie den Deutschen mitzuteilen sich nicht scheute: Monsieur Gilbert habe kürzlich über Zahnschmerzen geklagt; ihr Mann habe ihm daraufhin einen Zahnarzt genannt. Giering horchte auf. Die Adresse des Zahnarztes? Dr. Maleplate, Paris, Rue de Rivoli 13. Giering und Piepe fuhren zu dem Arzt und ließen sich jede Eintragung in seinem Terminkalender vorlesen, ohne zunächst zu sagen, wen sie suchten. Maleplate las Zeile um Zeile vor. Endlich hörten die Deutschen den Namen, auf den sie warteten. Für den 27. November 15 Uhr war er eingetragen: Gilbert. Piepe und Giering ließen sich nichts anmerken, auch nicht, als der Zahnarzt sich plötzlich erinnerte, daß die Verabredung mit Gilbert vorverlegt worden sei. Maleplate: »Er kommt heute um zwei Uhr.«

Die beiden Besucher nickten, murmelten ein Dankeswort und verabschiedeten sich. Um 13.45 Uhr standen sie wieder vor dem Zahnarzt und weihten ihn ein: »Wir wollen Gilbert verhaften!« Maleplate wurde genötigt, seinen Zahntechniker fortzuschicken; er sollte Gilbert allein behandeln, während sich Piepe, Giering und ein weiterer Gestapo-Beamter in der Wohnung versteckten. Im Behandlungszimmer aber wartete der Zahnarzt aufgeregt auf den Zugriff der Deutschen, denn in all der Nervosität war Giering und Piepe entgangen, daß Trepper bereits durch ein Hinterzimmer die Wohnung betreten hatte. Erst als aus dem Behandlungszimmer Stimmen drangen, stürmten die beiden Verfolger in den Raum. Trepper sah zwei Pistolen auf sich gerichtet.

Er hob die Hände hoch und sagte ruhig: »Ich bin nicht bewaffnet.« Piepe konnte noch später kaum fassen, mit welcher Gelassenheit der Grand Chef reagiert hatte: »Trepper war der Ruhigste von uns allen. Nicht mal mit der Wimper hat er gezuckt.«[182]

Mit Leopold Treppers Verhaftung war das Ende der Roten Kapelle gekommen. Schlag um Schlag rollten die Kommandos von Piepe und

Giering die letzten Stützpunkte der Spionageorganisation auf. Am 25. November besetzte Geheime Feldpolizei die Büros der Simexco in Brüssel und verhaftete das dort arbeitende Personal, noch am gleichen Tag führten Gestapo-Beamte in Marseille die restlichen Mitarbeiter der dort tätigen Kent-Gruppe ab, während einem anderen Suchkommando in Lyon die Agenten Isidor Springer und Otto Schumacher in die Hände fielen.[183]

Noch fehlten einige Spitzenagenten der Roten Kapelle, doch die Verfolger konnten sicher sein, sie mit Hilfe der aussagefreudigen Häftlinge fangen zu können. Der Grand Chef, was immer er auch damit bezweckt haben mag, half selber den Menschenjägern der Gestapo. Er wußte, daß er mit dem Tode spielte; die Deutschen konnten ihn jederzeit erschießen. »Ich bin Offizier und bitte, als solcher behandelt zu werden«, hatte er schon bei seiner Verhaftung in der Praxis des Dr. Maleplate zu Giering gesagt. Der Kommissar hatte ihm dies zugesagt. Desto eifriger mühte er sich darum, das Vertrauen der Deutschen zu gewinnen. Er gab manchen Namen preis – in der verzweifelten Hoffnung, damit andere vor dem Zugriff der Deutschen bewahren zu können.[184]

Von Treppers Sekretär Katz bis zu Großvogel und Robinson geriet jeder wichtige Mitarbeiter der Roten Kapelle in die Hände der Deutschen. Nicht selten assistierte Trepper dabei, er schien völlig resigniert zu haben: »Katz, wir müssen mit diesen Herren zusammenarbeiten. Das Spiel ist aus!«[185]

Was dann noch der Gestapo ins Netz lief, konnte nur zu den sekundären Mitarbeitern des Grand Chef gerechnet werden. Der tschechische Geheimdienstler Rauch, der belgische Maler Guillaume Hoorickx, der Simexco-Aktionär Nazarin Drailly, schließlich Germaine Schneider – ihre Verhaftung rundete nur das Bild der Katastrophe ab. Mitte Januar 1943 konnten Giering und Piepe ihren Vorgesetzten in Berlin den Abschluß der Fahndungsaktion melden. Moskaus größte Spionageorganisation im deutschen Machtbereich war ausgeschaltet.[186]

Die Geschichte der Roten Kapelle hätte hier zu Ende sein können, wäre nicht noch das bizarre Ritual gefolgt, mit dem die Geheimdienstler des Zweiten Weltkrieges die Vernichtung eines gegnerischen Spionagerings abzuschließen pflegten: die Umkehrung der verhafteten Agenten gegen ihre eigenen Auftraggeber. Eine neue Rote Kapelle entstand: die der Gestapo. Bald ging in Abwandlung des bekannten Monarchistenspruchs die Parole um: Die Rote Kapelle ist tot, es lebe die Rote Kapelle!

Wollte man die ehemaligen Agenten der Roten Kapelle für die Arbeit gegen Moskau engagieren, zumindest die wenigen, die die Gestapo am Leben ließ, so mußte man sie milde behandeln. Das Pariser Sonderkommando, das jetzt der Gegenspionage-Profi Heinrich Reiser, ein Kriminalkommissar der Gestapo, leitete, sorgte für eine behagliche Unterbringung seiner künftigen Mitarbeiter. Trepper und Katz wurden in einer feudalen Villa des Pariser Vororts Neuilly einquartiert. Später kamen noch Großvogel und Kent mit Margarete Barcza dazu, so daß die Villa einem Hauptquartier der Gestapo-eigenen Roten Kapelle glich.[187]

Die Gestapo ließ es an nichts fehlen, um ihren Sonderhäftlingen den Aufenthalt so angenehm wie möglich zu machen: Einzelzimmer mit einer kleinen Handbibliothek, gepflegtes Essen, von zwei Hausmädchen serviert, tägliche Spaziergänge, gelegentliche Kinobesuche in der kleinen Stadt am Westrand von Paris. Die Aufpasser hielten sich diskret zurück, wenn es die Häftlinge natürlich auch störte, daß ihre Zimmer immer hinter ihnen abgeschlossen wurden.[188]

Die anderen unfreiwilligen Helfer der Gestapo saßen in Privatwohnungen in Paris und Brüssel. Jefremow und Wenzel waren in einer beschlagnahmten Wohnung auf der Brüsseler Rue l'Aurore untergebracht worden, Winterinck lebte ebenfalls in Brüssel, Rajchman residierte mit seiner Freundin in der alten Pariser Wohnung von Hillel Katz.[189] Sie wurden strenger bewacht, als die Häftlinge in Neuilly, dennoch war die Gestapo bemüht, auch sie durch zusätzliche Verpflegung, Tabakwaren und Kinobesuche bei guter Laune zu halten.

Das Sonderkommando hielt seine Häftlinge bald für so kooperationswillig, daß es mit dem Funkspiel Ernst machte. Im November 1942 begann das falsche Funkkonzert des Dirigenten Ampletzer. Der Kontakt mit Moskau war in kürzester Zeit hergestellt, und schon lief der Funkverkehr zwischen Moskau und Westeuropa wieder so reibungslos, als sei der Kontakt niemals unterbrochen gewesen. Irgendein Mißtrauen war der Leitstelle Moskau nicht anzumerken; die Gestapo hatte erklären lassen, warum die Sender sich einige Zeit lang nicht gemeldet hatten (man schob technische Pannen vor) – Moskau akzeptierte die Version.[190]

Nach einiger Zeit gerieten jedoch die Funkspieler in ein arges Dilemma: Die Moskauer Zentrale verlangte in erster Linie militärische Informationen – wieweit aber konnte man sie dem Gegner preisgeben, ohne die Sicherheit der eigenen Truppen zu gefährden? Für die Gestapo war diese Frage um so peinlicher, als ihre Funkspieler auf den guten Willen der Wehrmachtführung angewiesen waren, ohne die kein militärisches Nachrichtenmaterial weitergegeben werden durfte. Und die Militärs machten ständig Schwierigkeiten, zumal ein Teil des Materials echt sein mußte, um in Moskau Vertrauen zu schaffen.

Ampletzer mußte sich zu einem umständlichen Genehmigungsverfahren bereit erklären. Verlangte der Direktor in Moskau von seinen Agenten die Beantwortung militärischer Fragen, so bat das Sonderkommando die Abwehrleitstelle (Alst) Frankreich um die Freigabe entsprechenden Spielmaterials; die Alst wiederum beantragte beim Oberbefehlshaber West oder bei dessen Feindaufklärungsoffizier die Genehmigung dazu; erlaubte er, die Fragen des Direktors zu beantworten, so stellte die Alst das Spielmaterial zusammen. Erst dann konnte das Sonderkommando darangehen, den Text des Funkspruches für Moskau mit dem zuständigen Exagenten zu formulieren. Die Hauptarbeit leistete dabei Kent, der die Meldungen chiffrierte. In schwierigen Fällen mußte das Sonderkommando dabei noch das Funkabwehrreferat des OKW auf dem Pariser Boulevard Suchet konsultieren, das den Text nochmals durchprüfte.[191]

Angesichts einer so komplizierten Prozedur ist es erstaunlich, daß der

Gegenspieler in Moskau offenbar lange Zeit hindurch getäuscht werden konnte. Ampletzer und seine Pariser Experten verstanden es trotz aller bürokratischen Widrigkeiten, den Direktor prompt zu bedienen. Von Woche zu Woche steigerte sich der Funkverkehr zwischen der Raswedka-Zentrale und der Gestapo, immer interessierter wurden die Fragen der sowjetischen Zentrale. Allmählich aber scheint die Raswedka doch Verdacht geschöpft zu haben, die Anfragen der Zentrale wurden blasser. Im Spätsommer 1943 lief das Funkspiel aus.

Niemand demonstrierte das Ende deutlicher als der Grand Chef selber. Am 13. September ließ er sich von seinem Bewacher, dem Kriminalobersekretär Berg, zur Bailly-Apotheke in der Nähe des Pariser Bahnhofs St. Lazare fahren, um sich ein paar Medikamente kaufen zu können. Berg blieb im Wagen sitzen und sah gelangweilt Trepper durch die Tür der Apotheke gehen. Er wußte nicht, daß sie noch einen Hinterausgang besaß. Leopold Trepper rannte auf die rückseitige Straße hinaus und tauchte unter, monatelang ebenso wütend wie erfolglos von der Gestapo gejagt. Er blieb verschwunden – bis zum Kriegsende.[192]

12 Dora, übernehmen Sie!

Für Marija Jossifowna Poljakowa war es eine Stunde des Triumphes. Die »Seele« der Raswedka-Zentrale, inzwischen Hauptmann und Leiterin von Abteilung IV in der Operativen Verwaltung, konnte endlich beweisen, was ihre Agenten in der fernen Schweiz wert waren. Mit einer Zähigkeit ohnegleichen hatte sie jahrelang mit ihrem Residenten Sándor Radó in dem neutralen Land ein Informantennetz geschaffen und geheime Nachrichtenverbindungen nach Deutschland legen lassen, oft gegen die Spötteleien der Kollegen, die sich nicht vorstellen konnten, daß mit dem behäbigen Radó alias Dora und seinen fragwürdigen Agenten viel anzufangen sei.[1]

Jetzt aber war der Augenblick der Bewährung da, zweifelte in der Zentrale doch kaum noch einer daran, daß alle anderen Deuschland-Netze der Raswedka vom Gegner zerstört worden waren. Die Hiobsbotschaften aus der Schweiz ließen keine optimistische Deutung mehr zu. Schon Ende September 1942 hatte Radó-Partner Otto Pünter (»Pakbo«) nach Moskau gefunkt: »An Direktor. Durch Pakbo. Im September wurde in Berlin eine umfangreiche Organisation aufgedeckt, die Nachrichten an die Sowjetunion lieferte. Viele Verhaftungen sind bereits erfolgt, und weitere sollen bevorstehen.«[2]

Einen Augenblick lang hatte die Zentrale noch gehofft, wenigstens einen Teil ihrer Westorganisation retten zu können. Der Direktor funkte zurück: »An Dora. Letzte Meldung Pakbos über Aufdeckung weitverzweigter Organisation in Berlin ist wichtig. Pakbo soll versuchen, festzustellen, wer verhaftet wurde und was konkret festgestellt wurde. Wann ist die Aufdekkung erfolgt und wann begannen die ersten Verhaftungen?«[3]

Pünter bemühte sich vergebens. Er konnte nicht ermitteln, wer von den Mitarbeitern der Roten Kapelle noch unerkannt war und frei agierte. Pünter wußte natürlich auch keine Antwort auf die Frage, welche der noch immer aus Deutschland gefunkten Nachrichten echt und welche nur Spielmaterial der deutschen Gegenspionage waren. Moskau aber drängte immer wieder, das Schicksal seiner Agenten im Westen zu klären. Am 20. November 1942: »An Dora. Wir legen großen Wert darauf, daß Pakbo genau feststellt, wer bisher verhaftet worden ist. Wer führt die Untersuchung?«[4]

Allmählich mußten auch die hartnäckigsten Optimisten in der Zentrale akzeptieren, daß die Agentengruppen von Trepper, Kent und Schulze-Boysen ausgespielt hatten. Nach der Zerstörung des Sorge-Rings im Oktober 1941 war dies nun schon die zweite Katastrophe, die den Geheimdienst ereilt hatte. Außer dem Radó-Netz verfügte die sowjetische Tiefenaufklärung nicht mehr über nennenswerte Reserven; neue Agentengruppen in der Nähe der feindlichen Entscheidungszentralen aber ließen sich nicht in kurzer Zeit schaffen.

Das mußte den Generalleutnant Iwan Iwanowitsch Iljitschow besonders arg treffen, den Stalin im Sommer 1942 als neuen Direktor an die Spitze der Raswedka gesetzt hatte, um die Arbeit des Geheimdienstes zu verbessern.[5] Die ganze Stawka erwartete von dem neuen Mann erhöhte Leistungen, war es doch allzu offenkundig, daß die fatalen Fehlentscheidungen der militärischen Führung in den zurückliegenden Monaten nicht zuletzt auf die falschen Lagebilder der Feindaufklärung zurückgingen: Erst hatte die Stawka im Frühsommer die nächste deutsche Großoffensive im Raum Moskau erwartet, dann hatte sie sich auf so viele mögliche Operationen des Feindes eingestellt und die eigenen Kräfte entsprechend verzettelt, daß schließlich nicht genügend Verbände zur Verfügung standen, um den überraschenden Vorstoß der deutschen Armeen zur unteren Wolga und in den Kaukasus rechtzeitig zu stoppen.[6]

Einer zutreffenden Feindaufklärung bedurfte die Rote Armee mehr als je zuvor, denn zum erstenmal witterten ihre Führer eine echte Chance, den Gegner an einer entscheidenden Stelle zu schlagen und die Wende des Krieges zu erzwingen. Der unsinnig weit bis nach Stalingrad vorgetriebene deutsche Angriffskeil mit seiner miserablen Flankendeckung bot den rechten Anlaß dazu. Schon hatten die Generale Schukow und Wassilewski Ende September Stalin auf einer Karte demonstriert, wie sie exekutieren wollten, was Geschichte werden sollte: die Kesselschlacht von Stalingrad.[7]

Dazu brauchten die beiden Planer jede Nachricht und jeden Tip, einfach alles, was ihnen Aufschluß über die deutschen Kräfte, Kapazitäten und Absichten im äußersten Süden der Front gab. Wer aber wußte, was in den Gehirnzentralen des Feindes gedacht und geplant wurde? Die Rote Kapelle war tot. Blieb nur noch eine Agentengruppe, deren Netz in das feindliche Hinterland reichte: Radós Organisation. Marija Jossifowna Poljakowa durfte endlich ihren lang ersehnten Dora-übernehmen-Sie-Spruch nach Genf funken.

Von Stund an stand sie hinter all den aufrüttelnden, mahnenden, lobenden und zürnenden Funksprüchen, die Radó galten und die sich später wie Ergüsse einer liebevollen und bekümmerten Ehefrau lasen. Meist stammten die Sprüche von der Poljakowa selber, auch wenn sie in der Regel mit »Direktor« unterschrieb und nur in seltenen Fällen mit ihrem eigenen Decknamen »Gisela«. Gleich zu Beginn funkte sie am 31. Oktober 1942 an Radó: »Berücksichtigen Sie, liebe Dora, daß Arbeit Ihrer Organisation jetzt wichtiger ist als jemals.«[8]

Immer wieder hielt sie Radó an, seine Mitarbeiter zu Höchstleistungen anzuspornen und auch das letzte für die große Sache zu geben. Am 6. November: »Achten Sie streng auf Verkehr Ihrer Leute, insbesondere der Funker. Wichtig ist Reinheit der Umgebung Ihrer Funker; denken Sie an ihre Bedeutung für die Existenz Ihrer Organisation.« Ab und zu ein Tadel: »Sehr ungeschickt, daß Sie gleich zehn Telegramme mit neuem Buch chiffriert haben, ohne vorher durch ein kleines Telegramm sich zu überzeugen, daß alles klappt.« Auch ein Lob für den Agentenchef kam bald, so am 4. November: »Ihnen und Alfred spricht unsere Führung Dank für Ihre gute

Arbeit aus. Ihre Auszeichnung wartet auf Sie, und wir sind überzeugt, es werden mehrere werden.«[9]

Wehe aber, wenn die Aufpasserin in der Ferne argwöhnte, daß sich Radós Agenten nicht genügend anstrengten. »Liebe Sissy,« hieß es dann, »in dieser ernsten Stunde erinnern wir Sie nochmals an Ihre Pflicht als alten Kämpfer. Zu dieser Zeit unseres harten Kampfes gegen den bösesten Feind der Menschheit muß man alle Kräfte anstrengen und sein Äußerstes tun für die gemeinsame Sache.« Und Radó bekam zu hören: »Die gesamte Gruppe Lucy muß von Ihnen zur genaueren Ausführung unserer Aufträge angehalten werden.«[10]

Derartig ermuntert und angetrieben, setzte Radó alles daran, sich gegenüber der Zentrale als leistungsfähiger Agentenchef zu profilieren. Er hatte schon nach Ausbruch des deutsch-sowjetischen Krieges zuweilen bewiesen, daß seine Organistion durchaus in der Lage war, den Moskauer Generalstab über Stärken, Schwächen und Absichten des Gegners zu informieren. Selbst in der Glanzzeit der Roten Kapelle war er der Raswedka-Zentrale ein nützlicher Nachrichtenlieferant gewesen.

»Dora an Direktor... Dora an Direktor« – schier pausenlos drangen Radós Meldungen und Anfragen durch den Äther. Oft saß der Funker Alexander Foote in Lausanne mehr als fünf Stunden in der Nacht an seinem Gerät, um die vielen Meldungen durchzugeben. Er konnte die Papierstöße nur noch mühsam bewältigen. Nicht nur wuchs die Zahl der Meldungen an, die Radós Informanten lieferten; Foote mußte auch zuweilen Funksprüche anderer Agentengruppen durchgeben. Zudem wurde Foote von Radó mit so vielen Nebenaufgaben betraut, daß er sich wie der eigentliche Agentenchef vorkam, als der er sich denn auch später in seinen redseligen Memoiren beschrieb.

Foote war so hektisch tätig, daß sich Radó von Genfer Kommunisten zwei zuverlässige Genossen nennen lassen mußte, die sich dazu eigneten, den Briten zu entlasten. Der Kommunist Edmond-Charles Hamel und seine Frau Olga erklärten sich dazu bereit, ohne freilich zu wissen, wer Radó war. Hamel besaß ein Radiofachgeschäft in Genf und ließ sich gerne von »Monsieur Weber« (unter diesem Namen hatte sich Radó eingeführt) in nächtlichen Instruktionsstunden als Funker ausbilden. Auch Olga machte mit. Ab Frühjahr 1942 nahm das Funkerehepaar »Eduard« und »Maud« dem übernächtigten Foote einige Arbeit ab – mittels eines selbstgebastelten Sendegeräts, das in Hamels Werkstatt stand.[11]

Bald reichte auch das nicht, die Flut der Meldungen zu bewältigen. Radó fand einen dritten Funker: Margrit Bolli. Die zweiundzwanzigjährige Kassiererin im Genfer Restaurant »Stäffen« hatte Radó aus ganz anderen als beruflichen Gründen im Oktober 1941 kennengelernt. Er war von der attraktiven Margrit so beeindruckt, daß er beschloß, sie immer in seiner Nähe zu haben. Radó ließ »Rosa« als Funkerin ausbilden, Hamel baute für sie ein neues Funkgerät. Dann richtete ihr der Agentenchef eine Wohnung in der Henri-Mussard-Straße ein, in der er häufig zu Gast war.[12]

Allmählich funkten alle Sender nach Moskau und trugen rasch dazu bei, Radós Organisation noch zu Lebzeiten der Roten Kapelle eine zumindest funktechnische Monopolstellung zu sichern. Denn: Nach den ersten Erfolgen des deutschen Feldzugs hatte die Raswedka ihre Funkleitstellen in Westrußland verloren und damit die gewohnte Funkverbindung mit Mitteleuropa eingebüßt. Die Wirksamkeit des Moskauer Leitsenders aber wurde durch die »tote Zone« gehemmt, die dadurch entsteht, daß Kurzwellen nach einer gewissen Entfernung im Weltraum verlorengehen und später zur Erde wieder zurückgeworfen werden. Am westlichen Ende dieser toten Zone lagen Genf und Lausanne mit Radós Funkern – einmalige Chancen für den Agentenchef in der Schweiz.

Radós drei Sender funkten so eifrig, daß die deutsche Funkabwehr aufmerksam wurde und ihnen einen Kodenamen gab, unter dem die ganze Schweizer Organisation in die Geschichte eingegangen ist: »Rote Drei«. Die Fülle der Funksprüche, deren Sinn ihm jedoch verschlossen blieb, mußte auch dem Gegner verraten, daß hier eine überaus aktive Spionageorganisation am Werk war. Adolf Hitlers Funkabwehr konnte allerdings nicht wissen, daß die Fülle der Funksprüche damals noch in einem argen Gegensatz zu ihrer Qualität stand.

Die meisten Mitarbeiter Radós waren allzu isoliert, um dem sowjetischen Generalstab bieten zu können, was er dringend benötigte: konkrete Details über deutsche Verbände, Truppenbewegungen, Offensivpläne. Eine Sekretärin im Internationalen Arbeitsamt, ein stellungsloser Altkommunist, ein Radiohändler, ehemalige Journalisten – wie sollten sie Geheimnisse des Führerhauptquartiers kennen? Sie konnten allenfalls weitergeben, was sie von zweiten und dritten Personen hörten. Keiner von ihnen saß in einer deutschen Dienststelle, ihre Kenntnisse stammten immer nur vom Hörensagen. Sie besaßen keine militärischen Erfahrungen, sie konnten nicht unterscheiden, was Gerücht, was Spielmaterial des Gegners, was Wirklichkeit war.

Entsprechend schwammig fielen ihre Meldungen aus. Da sollte bis Ende 1941 die Wehrmacht 1,2 Millionen Mann an der Ostfront verloren haben – eine Überschätzung um eine Million. Ein V-Mann kündigte deutsche Operationen gegen Schweden und die Türkei an – sie wurden nie ernsthaft geplant. Radós Informanten entdeckten drei Festungslinien im Osten und fünf Luftflotten im Reich – maßlose Übertreibungen.[13] Radós V-Mann Salter, ein Elsässer aus der Pakbo-Gruppe, meldete 150 neue deutsche Divisionen – 68 waren es in Wahrheit. Die Gruppe Dora funkte 1943, in Berlin sei ein Reichsverteidungsrat gegründet worden, und merkte nicht, daß der seit 1933 bestand. Sie kürte den (längst kaltgestellten) Generalfeldmarschall von Bock zum Oberbefehlshaber des Heeres und übersah, daß der Posten schon von Hitler besetzt war.[14]

Selbst Radó spürte, daß etwas nicht stimmte. »Einzelne unserer Informanten waren in der letzten Zeit des Krieges nicht gut genug plaziert, um sich entsprechend zu unterrichten«, klagt er in seinen Memoiren; zudem seien manche seiner V-Männer der deutschen Abwehr »auf den Leim gegangen«.[15] Er geriet in solche Verlegenheit, daß er gegenüber der Zentrale zu flunkern begann.

So nannte er in seinen Funksprüchen Ernst Lemmer, damals Berliner Korrespondent der »Neuen Zürcher Zeitung« und später CDU-Minister in Bonn, »unsere Berliner Quelle«, der er sogar einen Decknamen (»Agnes«) gab. Moskau mußte annehmen, Lemmer sei ein Mitglied des Radó-Rings. In Wahrheit hatte Lemmer nie von Radó gehört; V-Mann »Long«, der französische Journalist George Blun, gab lediglich wieder, was er von einem NZZ-Redakteur erfuhr, der seinerseits mit Lemmer in Verbindung stand. Mochte sich auch Lemmer nach dem Krieg harmloser geben, als es sich für einen Mann schickte, der den SD-Chef Schellenberg mit Meldungen aus der Schweiz versorgt hatte – ein Sowjetagent war er sicher nicht.[16]

Nicht anders verhielt es sich mit dem »deutschen General Hamann«, den Radó plötzlich in einem Funkspruch vom 25. März 1942 als Informanten auftauchen ließ. Radó kann Hamann nicht gekannt haben; vermutlich hörte er über ihn durch dritte Personen. Sonst hätte er wissen müssen, daß Hamann im März 1942 noch Oberst war und keineswegs (wie der Memoirenschreiber Radó versichert) »zum Stab des OKW gehörte«. Hamann führte ein Infanterieregiment an der Ostfront.[17]

Eine so fragwürdige Agentenorganisation aber wollte nun die Zentrale aktivieren, um den Verlust der Roten Kapelle wettzumachen. Durchaus verständlich, daß man in Moskau zunächst erst einmal wissen wollte, wie leistungsfähig der Radó-Ring wirklich sei, was allerdings noch recht lieb umschrieben wurde. »Damit in der Zentrale«, funkte »Direktor« am 22. September 1942, »volle Klarheit über Ihre große Organisation und die von Ihnen während des Krieges großartig geleistete Arbeit herrscht, bitten wir Sie, uns einen Bericht mit Beantwortung folgender Fragen zu geben: a) Wie wird die Leitung Ihrer Organisation durchgeführt? ... b) Wer sind nach Ruf- und wahren Namen Ihre Mitarbeiter im technischen Apparat? Funker, Wohnungen, Kuriere, Verbindungsleute. c) Zeichnen Sie die Gruppen Ihrer Quellen auf.«[18]

Radó mußte wohl oder übel seine Karten auf den Tisch legen. Er verfügte über 50 bis 60 V-Männer, besaß drei Funkstellen und litt daran, daß sich seine Organisation aus drei Teilen zusammensetzte, die allzu selbstständig arbeiteten: der Gruppe unter Pakbo, der unter Long und jener unter Sissy. Am ärgsten war es mit Sissy, der primadonnenhaften Rachel Dübendorfer, die Radó keinen Einblick in die Arbeit ihrer Informanten (Paul Boettcher, Christian Schneider) gewährte und nur allein mit dem Agentenchef verkehrte.

Radós Agentengruppe wäre kaum in der Lage gewesen, ihre Arbeit zu verbessern, hätte sich ihr nicht eine fremde Macht genähert, die allen Grund hatte, einen deutschen Sieg zu fürchten. Der geheime Nachrichtendienst der Schweizer Armee spielte den roten Agenten Material zu, das Radó in den Ruf brachte, auch die sichersten Panzerschränke des Führerhauptquartiers knacken zu können.

In der Tat kannte der Schweizer Armeestab deutsche Militärgeheimnisse wie kaum ein anderer fremder Spionageapparat. Das war eidgenössische Politik: Den mächtigen Nachbarn im Norden unter Beobachtung zu halten, galt seit dem Ende der deutsch-schweizerischen ND-Partnerschaft im Ersten Weltkrieg als oberstes Ziel Schweizer Geheimdienstarbeit. Nach 1918 war der Geheimdienst allerdings arg vernachlässigt worden. Der Dienst, zusammengefaßt in der Nachrichtensektion der Generalstabsabteilung des Eidgenössischen Militärdepartments, gebot bei Hitlers Machtübernahme über einen Chef, einen Sekretär und einige zeitweilig dorthin abkommandierte Offiziere.[19] Stets in Etatnöten, besaß die Sektion kaum Informanten in Deutschland.

In die geheimdienstliche Lücke sprang der Teufener Photohändler und Milizhauptmann Hans Hausamann, ein eifernder Advokat Schweizer Wehrfreudigkeit, der sein Land von Nazis und Pazifisten gleichermaßen bedroht sah. Um Gegner des Militärs wirkungsvoller bekämpfen zu können, hatte er Ende der zwanziger Jahre einen Pressedienst gegründet, mit dem er für eine stärkere Aufrüstung focht.[20] Nach 1933 aber erkannte der anfängliche Hitler-Bewunderer Hausamann, daß von den Expansionisten des Dritten Reiches die größere Gefahr drohte.

Bald davon überzeugt, daß Hitler den Krieg wolle und nicht zögern werde, notfalls auch die Schweiz seinem Reich einzuverleiben, wollte Hausamann auf seine Art das Vaterland schützen. Er kontaktierte gutinformierte NS-Gegner in Deutschland und heuerte sie als vertrauliche Korrespondenten für seinen Pressedienst an, der sich allmählich in einen privaten Geheimdienst verwandelte. Das »Büro Ha«, wie Hausamann sein Unternehmen nannte, knüpfte Beziehungen zu fremden Geheimdiensten an, von 1939 stand es mit ihnen in ständigem Funkverkehr.[21]

Auch die Nachrichtensektion hielt Kontakt zum Büro Ha, seit ein neuer Sektionschef, der spätere Oberstbrigadier Roger Masson, den offiziellen Geheimdienst immer mehr vergrößerte.[22] Hitlers Krieg und die Generalmobilmachung der Schweizer Armee beschleunigte noch den Ausbau des militärischen Nachrichtenapparats. Das Büro Ha wurde in lockerer Form der Nachrichtensektion attachiert,[23] wenn auch Hausamann nie ein gewisses Mißtrauen gegenüber den Karriereoffizieren überwand: Im Generalstab, auch in der Nachrichtensektion, witterte der antinazistische Kreuzzügler noch Überbleibsel der alten germanophilen Tradition, die einst den Geheimdienst in der Obersten-Affäre von 1916 in üble Bedrängnis gebracht hatte.

Der frankophile Masson und die meisten seiner Offiziere standen jedoch im schärfsten Gegensatz zu dieser Tradition; ihr Einfluß spiegelte nur wider, wie gründlich die Gruppe entschiedener Deutschenfreunde in der schweizerischen Armeeführung ausmanövriert worden war.[24] Allerdings konnte Masson die Alltagsrealität eidgenössischer Geheimdienstarbeit nicht aus der Welt schaffen: dank der eigenen beschränkten Mittel auf Nachrichtenaustausch auch mit Abwehr und SD angewiesen zu sein. Hausamann sah es mit Unbehagen, zumal unter Massons Offizieren auch dienstverpflichtete Beamte der Bundespolizei saßen, die an eine zumindest vorsichtige Zusammenarbeit mit der Gestapo gewöhnt waren. Der Chef der Schweizer Fremdenpolizei, Heinrich Rothmund, war ein häufiger, gerngesehener Besucher im Berliner Reichssicherheitshauptamt, und mancher seiner Beamten saß für die Kriegsdauer im Sicherheitsdienst der Armee, die der Masson-Stellvertreter Werner Müller leitete.

Einen Offizier Massons indes nahm Hausamann von seinem abgrundtiefen Mißtrauen aus: Major Max Waibel. Den gebürtigen Basler und gelernten Politologen, Jahrgang 1901, Typ des zurückhaltenden, aber präzise planenden Militärintellektuellen, hatten deprimierende Erfahrungen als Gastoffizier auf der deutschen Kriegsakademie 1938/39 zu einem erbitterten Gegner jedweder Zusammenarbeit mit Hitlers Deutschland werden lassen.[25] Das hindert ihn freilich nicht, sich einige Sympathie für deutsche Militärs zu bewahren; er wird bei Kriegsende der Schweizer sein, der die ersten Fäden zwischen deutschen und westalliierten Geheimdienstlern spinnt.

Dem Dritten Reich aber galt sein kompromißloser Kampf, was Waibel jedem sagte, der ihm zuhören wollte. Er entwarf ein ehrgeiziges Programm, das die Nachrichtensektion des Generalstabs als Gehirnzentrale eidgenössischen Widerstands gegen das übermächtige Hitler-Deutschland anvisierte. Für Max Waibel war der Geheimdienst mehr als eine Behörde zur Beschaffung, Sammlung und Auswertung von Nachrichten; Waibel sah in ihm eine geheime Bruderschaft der Wissenden, dazu berufen, die Schweizer Unabhängigkeit zu schützen, nach außen gegen die Deutschen, im Innern gegen eine starke nazifreundliche Strömung und die Anpasser in Armee und Regierung.

Waibel gründete mit anderen Geheimdienstlern, darunter auch Hausamann, einen konspirativen »Offiziersbund«, dessen V-Männer in Schlüsselstellungen der Schweizer Armee saßen und Order hatten, bei einem deutschen Angriff kriegsunwillige Vorgesetzte auszuschalten und Schießbefehle zu erteilen, falls die Führung des Landes vor Hitler kapitulieren sollte.[26] Das Komplott flog bald auf, doch die Verschwörer (sie kamen mit geringfügigen Disziplinarstrafen davon) bauten ihre Stellungen im Geheimdienst weiter aus. Sie konzentrierten sich auf die Erkundung der deutschen Gefahr; sämtliche Kommandoposten der Schweizer Deutschland-Spionage wurden von Waibels Kameraden besetzt.[27]

Waibels Freund Alfred Ernst hatte schon 1939 die Leitung des »Büro D« im Armeestab übernommen, das alle Deutschland-Meldungen sammelte. Waibel hingegen zog mit seinen Leuten in das Hotel »Schweizerhof« in Luzern und errichtete dort die Nachrichtenstelle (NS) 1. Auch Hausamann ließ sich bewegen, das Büro Ha unter dem Kodenamen »Pilatus« nach Luzern zu verlegen.[28]

Luzern wurde zur eigentlichen Zentrale der Schweizer Deutschland-Spionage. Die NS 1 unterhielt in den Städten Außenstellen, darunter »Speer« in St. Gallen, »Pfalz« in Basel, »Uto« in Zürich, »Salm« in Schaffhausen und »Nell« in Lugano, meist besetzt mit Offizieren der Grenzbrigaden, die deutsche Deserteure, Flüchtlinge und Schweizer Rückkehrer aus Deutschland vernahmen.[29] In Zürich zum Beispiel saß Hauptmann J. C. Meyer, den die Deutschen als Berliner Korrespondenten der »Neuen Zürcher Zeitung« ausgewiesen hatten. In seinem Büro verkehrten illustre Besucher aus dem Reich und vertrauten sich dem vermeintlichen Privatmann an, unter ihnen der Himmler-Konfident Carl Langbehn und der Rechtsanwalt Etscheit, ein Intimus des deutschen Generalstabschefs Halder.

Einige wichtige Informationen erhielt Waibel über eine eigene Linie, der er den Kodenamen »Wiking« gab – Wiking deshalb, weil ihm der erste Informant rechtzeitig die deutsche Invasion in Norwegen angekündigt hatte. Die »Wiking«-Linie verband Waibel mit einigen deutschen Soldaten, darunter einen Kameraden aus Kriegsschultagen, der zeitweilig als Übermittlungsoffizier im Führerhauptquartier diente. Auch ein OKW-Kurier, der regelmäßig zwischen Berlin und Bern verkehrte, half dabei mit – Erklärung für die Schnelligkeit, mit der wichtige Meldungen aus Deutschland in die Schweiz gelangten.[30]

Je reichhaltiger aber die Informationen flossen, desto stärker stellte sich Waibel die Frage, wie die gewonnenen Erkenntnisse zu verwerten seien. Es genügte nicht, das Material in den Panzerschränken des Schweizer Armeestabs abzuheften. Es mußte denen zugute kommen, die Hitler aktiv bekämpften und deren Waffen mithin allein die Schweiz von dem gefährlichen Druck der Deutschen entlasten konnten: den Alliierten. Mit den westlichen Geheimdiensten stand Waibel längst in Kontakt, aber zu dem stärksten Gegenspieler der Wehrmacht, der Roten Armee, fehlte eine Verbindung. Die Schweiz unterhielt keine diplomatischen Beziehungen zur Sowjetunion, in Bern saß keine Sowjetvertretung. Waibel ahnte zwar, daß auch in der Schweiz Sowjetagenten operierten – er wußte jedoch nicht, wo.

Da wies ein Mitarbeiter Hausamanns eine Spur. Er kenne, vertraute er seinem Chef an, aus der Arbeit am Internationalen Arbeitsamt eine ehemalige Kollegin namens Rachel Dübendorfer, von der er annehme, daß sie für eine kommunistische Spionageorganisation arbeite. Der Name des Informanten: Christian Schneider, Sissys V-Mann »Taylor.«[31] Es muß ungeklärt bleiben, ob der Schweizer Geheimdienst schon damals wußte, daß Schneider auch für die sowjetische Seite arbeitete. Unbezweifelbar aber ist, daß Schneider ermuntert wurde, gezielte Informationen des Waibel-Apparats in die Nachrichtenkanäle der Radó-Gruppe zu schleusen.

Radó wunderte sich, als Taylor plötzlich »überraschend gut über die deutschen Operationen informiert war«. Radó rätselte: »Merkwürdig erschien uns die Sache, weil Taylor, der nur schlichter Übersetzer war, keine Möglichkeit hatte, militärische Informationen zu beschaffen. Bis dahin hatten wir von ihm wertvolle Angaben weder erwartet noch bekommen.«[32] Von Woche zu Woche wurden Taylors Berichte informativer, von 1942 an floß das Material ungehemmt auf Radós Schreibtisch. Die Moskauer Zentrale verlangte immer mehr Stoff von ihm, zeitweilig schienen nur noch Taylors Meldungen den Direktor zu interessieren. Und Taylor lieferte: Meldungen über deutsche Truppenbewegungen, Lagebilder, Rüstungsziffern.

Doch Schneider sollte die Russen nur neugierig machen, die eigentliche

Arbeit war einem Mann im Dunkeln zugedacht. Mitte November 1942 ließ Taylor, so notierte Radó, »Sissy wissen, daß er seine Informationen von einem deutschen Freund erhalte, der bereit sei, den sowjetischen Nachrichtendienst regelmäßig mit Material zu versorgen«.[33] Allerdings: »Taylor stellte auch Bedingungen. Sein Freund werde nur dann mit uns zusammenarbeiten, wenn wir nicht versuchten, seinen Namen, seine Adresse und seinen Beruf in Erfahrung zu bringen.«[34] Moskau war einverstanden.

«Lucy«, wie Radó den großen Unbekannten taufte, weil er in Luzern wohnte, befreite die rote Agentengruppe von dem Makel, über den deutschen Gegner ungenügend informiert zu sein. Er spielte »von nun an eine Schlüsselrolle in unserer Arbeit« (Radó).[35] Es gab bald keine Anfrage Moskaus mehr, die er nicht beantwortete. Er beschrieb Cliquenkämpfe in Hitlers engster Umgebung, er detaillierte die rivalisierenden Fraktionen im OKW. Er skizzierte die Konzeptionen deutscher Offensivpläne, nannte Engpässe und Erfolge der deutschen Rüstung. Die Poljakowa, die sich glänzend bestätigt sah, war begeistert: »Geben Sie Lucy zum Neuen Jahr gute Geschenke.«[36]

Immer stürmischer verlangte die Zentrale nach Lucy-Informationen. Wo immer die Rote Armee angriff oder in Bedrängnis geriet, stets sollte Lucy helfen. »Sofort Antwort von Lucy, wer jetzt die Heeresgruppen kommandiert,« hieß es da, oder: »Treffen Sie sofort Maßnahmen, um festzustellen durch Lucy, welche Divisionen und wieviel vom Westen nach der Ostfront gesandt werden, gesandt werden sollen und bereits unterwegs sind.«[37] Immer wieder: Lucy, Lucy, Lucy.

Lucy wurde offenbar in der Zentrale so populär, daß ihn Radó auf dem Papier multiplizierte, gleichsam eine ganze Truppe von Lucys schuf. Obwohl Lucy nie einen Informanten (auch nicht unter einem Pseudonym) nannte und Radó nicht wußte, woher der Unbekannte seine Nachrichten bezog, dachte er sich für jeden Meldebereich Lucys Namen aus, die zwar nur den Informationsfluß übersichtlicher machen sollten, zugleich allerdings auch als Decknamen echter V-Männer mißdeutet werden konnten, was dem Ungar sicherlich nicht unlieb war.

Radó erinnert sich: »Werther bedeutete zum Beispiel Wehrmacht. Olga - Oberkommando der Luftwaffe. Anna – Auswärtiges Amt. Auch ›Teddy‹, ›Ferdinand‹, ›Stefan‹ und ›Fanny‹ tarnten nicht Personen, sondern Informationen.« Lieferte Lucy, so erzählt Radó, durch Sissy neue Informationen, dann bezeichnete er deren Herkunft, etwa: »Aus dem OKW« oder »Von der Luftwaffe«. Bei der Verschlüsselung der Funksprüche »kennzeichnete ich die Quellen mit . . . Decknamen«.[38]

»Werther«, »Olga« und all die anderen Phantasiegestalten Radós begannen ein Eigenleben zu führen. Moskau glaubte zuversichtlich an Lucys Unteragenten. »Erteilen Sie Auftrag an alle Leute der Gruppe Lucy«, funkte der Direktor am 20. Januar 1943. Am 17. März: »Fragen Sie unbedingt bei Lucy an, wer formuliert Werthers Informationen, er selbst oder Lucy.« Am 4. Juni: »Sonderauftrag für Anna, Olga und Teddy.«[39] Solche Funksprüche verlockten später die Historiker und Vergangenheitsbewältiger, Lucy zum größten Spion des Zweiten Weltkriegs aufzuwerten. Sie werden noch heute nicht müde, seine Informanten unter den Schreibtischen fast jeder wichtigen deutschen Kommandostelle zu suchen. Die Wirklichkeit sieht prosaischer aus.

Der Mann, den Radó »Lucy« getauft hatte, war alles andere als ein Spion. Rudolf Roessler, deutscher Emigrant und Pazifist, 1897 in Kaufbeuren geboren, von den Nazis als Geschäftsführer des christlich-konservativen Bühnenvolksbundes vertrieben, Besitzer eines kleinen Verlages in Luzern und ständig in Geldnöten, hatte von der geheimdienstlichen Arbeit kaum eine Vorstellung. Er hat nie im klassischen Sinne spioniert. Die Welt der Treffs und Toten Briefkästen war ihm fremd; keine Meldung ist je von ihm verschlüsselt, kein Funkspruch durch ihn abgesetzt worden – der ihm zugeschriebene Sender ist Legende.[40]

Was ihn gleichwohl zu einem hochkarätigen Informanten der Geheimdienste machte, war sein Horror vor dem deutschen Militär und ein kleiner Kreis alter Freunde, die der Zufall in einflußreiche militärische Positionen geschleudert hatte. Roessler hatte früh damit begonnen, sich ein Archiv anzulegen, mit dem er Hitlers Willen zum Krieg dokumentieren wollte. Dazu stellte er sich eine militärische Fachbibliothek zusammen und hob sich Meldungen aus der Presse auf (Bestand: 20000 Zeitungsausschnitte). Wenn er mit Leuten gesprochen hatte, die etwas über Deutschland wußten, schrieb er es sich auf einen Zettel und ordnete ihn in seinem Archiv ein.[41]

Einer seiner Materiallieferanten war der Bibliothekar Xaver Schnieper, der eines Tages im Sommer 1939 fand, eigentlich müsse Roessler die gewonnenen Erkenntnisse dem Schweizer Nachrichtendienst zugänglich machen. Der deutsche Emigrant war nicht abgeneigt, machte allerdings zur Bedingung, daß eine offizielle Schweizer Stelle an ihn herantreten müsse. Schnieper glaubte, eine solche »offizielle« Stelle zu kennen: Bei ihm wohnte ein österreichischer Emigrant namens Franz Wallner, der für das »Büro Ha« arbeitete.[42] Der empfahl Roessler seinem Chef.

Hausamann engagierte Roessler, der alsbald ein paar Proben seines für Schweizer erstaunlichen Wissens gab. Wieder spielte der Zufall mit. »Anfang August«, so berichtet Schnieper, »kamen zwei deutsche Generalstabsoffiziere nach Luzern und teilten Roessler mit: ›Ende August wird Hitler Polen überfallen.‹ Die Offiziere sagten zu Roessler: ›Wir geben Dir alle Informationen über Angriffstermine, Operationspläne und Truppenverschiebungen und betrachten Dich als unser Gewissen. Tu mit den Informationen, was Du willst. Hitler muß den Krieg verlieren.‹«[43] Roessler schickte auf kleinen Zetteln seine ersten Informationen zum »Büro Ha«.

Nach anderthalb Jahren langweilte ihn die Arbeit für den phantasielosen Hausamann. Anfang 1942 beklagte sich Roessler darüber bei seinem alten Freund Bernhard Mayr von Baldegg, der ihm spontan anbot, für die Armee zu arbeiten, denn: Major Mayr von Baldegg war stellvertretender Leiter von NS 1. Roessler lieferte nun auch dem amtlichen Schweizer

Geheimdienst Nachrichten, zunächst einmal zehn Berichte pro Monat.[44] Die gefielen Mayr so gut, daß er bei der nächsten Zusammenkunft mit Roessler seinen Chef mitbrachte: Waibel.

Roessler war jetzt so gut im Geschäft, daß er sofort einschlug, als ihm sein Lektor Christian Schneider, bei dem er noch mit 20000 Franken in der Kreide stand, erzählte, er kenne da jemanden, der für Roesslers Zettel auch noch Interesse habe.[45] So geriet schließlich Rudolf Roessler in die sowjetische Spionage: Wöchentlich schickte er dem in Genf wohnenden Schneider alias Taylor zwei oder drei Briefe, die der dann meist im städtischen Jardin Anglais Rachel Dübendorfer zusteckte, die sie wiederum Radó zukommen ließ.[46]

Für den armen Verleger in Luzern blühte plötzlich das Geschäft, denn Roessler mochte keinen seiner Kunden fallenlassen. Da kam monatlich einiges zusammen: 2000 Franken von Hausamann, 400 von Mayr und 3000 von Schneider. Ein vierter Kunde hängte sich noch an, der exiltschechische Geheimdienst, dessen Schweizer Resident Karel Sedlacek, genannt »Onkel Tom«, sich finanziell sicherlich auch zu revanchieren wußte.[47] Allerdings machte der Vierfachspion Unterschiede: Mit Hausamann und den Radó-Leuten traf sich Roessler nie, nur Mayr und Waibel durften wissen, was er trieb.

Die saßen fast täglich mit Roessler zusammen und sprachen mit ihm das gewünschte oder gelieferte Material durch. Vor allem Mayr von Baldegg instruierte ihn genau, am eindringlichsten wohl im Winter 1942/43, als er anstelle des zum Truppendienst eingerückten Waibel die NS 1 leitete.[48] Roessler genoß das volle Vertrauen der beiden Nachrichtenoffiziere, was sich auch darin ausdrückte, daß sie ihrem »Spion« häufig Einblick in ultrageheime Unterlagen der Nachrichtensektion gewährten.

Roessler war in kurzer Zeit so fest an den Schweizer Geheimdienst angeschlossen, daß sich Waibel und Mayr gerne des Informanten bedienten, als es galt, der sowjetischen Spionage Material zuzuspielen. Jetzt kehrte sich das Verhältnis um: Roessler ließ sich von den Schweizern mit Informationen ausstatten, die er gegenüber Schneider als Erkundungsergebnisse eigener Zuträger in Deutschland ausgab. »Hier von *seinen* Quellen zu sprechen, ist irreführend«, heißt es dazu in einer Analyse, die später die CIA, Amerikas Geheimdienst, anfertigen ließ. »Es ist wahrscheinlich, daß die deutschen Quellen ihre Informationen an den Schweizer Generalstab lieferten, der wiederum an Roessler die Nachrichten abgab, die er den Sowjets zukommen lassen wollte.«[49]

Roesslers Hauptquellen waren die Vernehmungsberichte, die Waibels Außenstellen über die Befragung deutscher Deserteure und Internierter verfaßten. Mayr von Baldegg händigte ihm die Deserteurberichte aus und reicherte sie durch zusätzliche Mitteilungen an. Allein 40 Berichte, so gestand Roessler später, habe er aufgrund der Mayr-Informationen geschrieben.

Radó blieb verborgen, daß die Masse der Lucy-Informationen nicht aus den Panzerschränken deutscher Führungsstellen stammte, sondern aus den

Safes des Schweizer Armeestabes. Der kommunistische Agentenchef glaubte, was Roesslers Bewunderer noch heute wähnen: Lucy sei unmittelbar aus den zentralen Kommandostellen der Wehrmacht informiert worden, ja eine frondierende »Generalsgruppe« in Hitlers engster Umgebung habe dem Mann in Luzern die wichtigen Nachrichten zugespielt.

Nun ist natürlich unbestreitbar, daß Roessler ein paar Bekannte oder Freunde in Wehrmachtstellen gehabt hat, die ihn – meist über briefliche oder telephonische Kontakte – ziemlich regelmäßig informierten. Generale werden allerdings schwerlich darunter gewesen sein; der Pazifist Roessler, ohne Beförderung und Orden aus dem Ersten Weltkrieg heimgekehrt, wegen unerlaubter Entfernung von der Truppe auch einmal in Militärhaft gewesen, war kaum ein Mann, der in Kreisen des preußisch-deutschen Militärs verkehrte.[50] Zwei französische Autoren, die Roesslers angebliche Generalsfreunde sogar mit Rang, Vornamen und Nachnameninitial ermittelt haben wollten, erwiesen sich denn auch prompt als Schwindler.[51]

Müßig daher, all die hysterischen Spekulationen hier abzuhandeln, mit denen westdeutsche Vergangenheitsbewältiger beispielsweise den geheimnisvollen »Werther« demaskieren wollten. »Werther« hat nie gelebt, er ist eine Erfindung Radós. Aber auch ein CIA-Bericht führt nicht weiter, der wissen will, Roessler habe dreieinhalb Jahre vor seinem Tod (er starb 1958) einem Freund gegenüber zumindest vier seiner deutschen Informanten identifiziert: Der eine sei ein Major gewesen, der vor Canaris die Abwehr geleitet habe, der zweite der Widerstandskämpfer Hans Bernd Gisevius, der dritte Hitlers Opponent Carl Friedrich Goerdeler und ein vierter der bereits verstorbene General Boelitz.[52]

Nichts davon hält einer kritischen Nachprüfung stand: Der Vorgänger von Canaris war kein Major, sondern der Admiral Patzig; einen General Boelitz hat es auch nie gegeben. Der Sonderführer Gisevius, damals Referent der Abwehrgruppe III F im Züricher Generalkonsulat, verriet tatsächlich den Aliierten alles, was er auf seinem Posten erfuhr, allerdings nicht via Roessler, vielmehr über den amerikanischen Geheimdienst-Residenten Allen W. Dulles, in dessen Agentendienst er sich willig eingereiht hatte.[53] Und Goerdeler? Seine Biographen wissen nichts von einer Beziehung ihres Helden zu Roessler.

Aber selbst wenn Gisevius und Goerdeler den Nachrichtensammler in Luzern gekannt und informiert hätten – sie hatten gar nicht die Funktionen, die ihnen Einblicke in die Truppendispositionen, Operationspläne und Detailprobleme des deutschen Ostheeres ermöglichten. Dazu mußte man in einer der operativen Abteilungen des Führerhauptquartiers, des Oberkommandos des Heeres oder zumindest einer Heeresgruppe bzw. Armee sitzen, und da gab es wohl kaum einen Informanten Roesslers.

Die Mär von den Roessler-Spionen im Führerhauptquartier konnte sich nur halten, weil sich kaum ein Historiker die Mühe machte, Roesslers Meldungen auf ihre sachliche Richtigkeit hin zu überprüfen. Eine solche Analyse würde ergeben, daß Roesslers Informationen kaum aus Hitlers Umgebung kamen. Denn: Roessler konnte oft an wichtigen Meldungen nur liefern, was er von den Schweizern erfuhr. Und der Schweizer Geheimdienst wußte nicht alles, ja, war zuweilen recht schlecht informiert – Grund für die zahllosen Fehler in Roesslers Berichten.

Schon die Entreemeldung, mit der sich Roessler via Schneider/Taylor Anschluß an Radós Organisation verschafft hatte, war eine Mischung aus Fakten, Halbwahrheiten und Irrtümern gewesen. Radó hatte Taylor, um dessen Möglichkeiten zu prüfen, die Aufgabe gestellt, alle deutschen Verbände im Südabschnitt der Ostfront aufzuzählen. Roessler lieferte das Material, Radó funkte nach Moskau: »15. August 1942. An Direktor. Von Taylor. Ich nenne die Ziffern fast sämtlicher deutscher Einheiten, die ab 1. Mai am südlichen Abschnitt der Ostfront an den Kämpfen teilnahmen. Panzerdivisionen: 1., 11., 14., 16., 22. Motorisierte Divisionen: 5., 99., 100., 101., das aus zwei Gebirgsdivisionen bestehende XXXXIX. Armeekorps. Infanteriedivisionen: 15.,51., 62., 68., 75., 79., 95., 111., 113., 132., 164., 170., 211., 216., 221., 251., 254., 262., 298., 312. Das 61. Panzerregiment. Dora.« Tatsächlich fehlten in dieser Aufstellung 51 Divisionen, während zehn der aufgeführten Verbände nicht im Südabschnitt standen und vier weitere überhaupt nicht existierten.[54]

Ähnlich erging es Roessler mit anderen Meldungen. So legte er am 22. April 1943 eine Liste der »an der Ostfront aufgestellten Armeen« vor, die von den imaginären »Armeegruppen« A, B, C handelte und völlig unzutreffende Oberbefehlshaber nannte. Generaloberst Dietl sollte zum Beispiel eine 14. Armee führen, die es nicht gab, und die 1. Panzerarmee den Generaloberst von Kleist zum Führer haben, den Roessler mit dem General von Mackensen verwechselte.[55]

Nicht anders eine Meldung vom 30. April: Der 6. Armee wurden Divisionen zugeordnet, die ihr nicht angehörten, der 16. Armee dagegen Divisionen vorenthalten, die ihr unterstellt waren.[56] Ebenso Lucys Information vom 30. September, die Panzergrenadierdivisionen fälschlich als motorisierte Divisionen ausgab und sie unkorrekt lokalisierte: die 10. Panzergrenadierdivision, die 6. und 7. Panzerdivision sowie die 112. Infanteriedivision im Bereich der Heeresgruppe Mitte, obwohl sie zur Heeresgruppe Süd gehörten.[57]

Roessler hatte auch keinen Überblick über das Führungspersonal der Wehrmacht. Da wurde General Dollmann als ein General Kollmann vorgestellt, konnte Roessler die Generale Hasse und Haase nicht auseinanderhalten und wähnte den Generalfeldmarschall von Bock an der Ostfront, obwohl er von Hitler längst kaltgestellt war. Selbst einfache Kommando- und Rangbegriffe der Wehrmacht blieben Roessler unbekannt. Da wimmelte es von Marschällen, Armeegruppen, Oberkommandos der Waffen-SS – kein deutscher Offizier hätte sich solcher Begriffe bedient. Daß die Wehrmacht-Elitetruppe »Großdeutschland« keine SS-Division war, entging dem Spion ebenso wie die Tatsache, daß Himmler nicht »Oberbefehlshaber« der Waffen-SS war (die vielmehr an der Front dem Heer unterstand).[58]

Wer so einfache militärische Fragen nicht klären konnte, dem mußte auch verborgen bleiben, was in den höchsten Stäben der Wehrmacht vorging. Wo immer auch in Deutschland Roessler Informanten unterhielt, auf militärischen Schlüsselpositionen können sie nicht gesessen haben. Gewiß: Das Kasinogespräch im Führerhauptquartier und im Oberkommando des Heeres drang bis zu Roessler und seinen Schweizer Partnern, aber detaillierte Informationen über strategische Entschlüsse erhielt er nicht.

Das fiel wohl auch allmählich der Moskauer Zentrale auf. Der Feindaufklärer Onjanow war klug genug, die Halbwahrheiten der Lucy-Meldungen zu durchschauen. Allzu oft werden Lucys Angaben mit den Details von Onjanows Truppenfeststellungskartei nicht in Einklang gestanden haben, zumal die sowjetische Frontaufklärung immer besser wurde. Die Funksprüche des Direktors an Radó klangen denn auch von Mal zu Mal kritischer, mißtrauischer. Am 5. Februar 1943 rügte der Direktor: »Information von Werther über Zusammensetzung der Armeegruppen A und B ruft große Bedenken hervor.« Am 22. Februar mahnte er bereits, Lucy solle »versuchen, noch konkreter und aktueller zu werden«. Und fast ärgerlich am 9. April: »Es ist wichtiger, konkrete Antwort als eine größere Anzahl zweitklassiger Informationen zu erhalten.«[59]

Onjanow hatte bald noch ärgeren Anlaß, über die Stichhaltigkeit der Roessler-Informationen nachzudenken. Die Schlacht von Kursk im Juli 1943 verriet ihm vollends, wie lückenhaft Lucy informiert war. Welch eine Ironie, daß sich westdeutsche Geschichts- und Geschichtenschreiber von der Art Paul Carells just diese Schlacht als ein Paradebeispiel für Roesslers konspirative Meisterschaft auserwählt haben! Er soll, so lassen sich ihre Thesen zusammenfassen, den deutschen Operationsplan so frühzeitig nach Moskau gemeldet haben, daß die Sowjets ihre Truppen im Raum Kursk konzentrieren und dem deutschen Angreifer eine Niederlage bereiten konnten.[60]

In der Tat erfuhr Roessler im Frühjahr 1943 (wie so mancher Diplomat in Berlin, Moskau und Tokio), daß Hitler plante, mit einer nord-südlichen Zangenoperation der Heeresgruppen Mitte und Süd die sowjetischen Verbände im Raum Kursk zu vernichten. Die einzelnen Stadien der Operationsplanung aber verfehlte Roessler. Am 8. April meldete er, die Kursk-Offensive sei »bis Anfang Mai« verschoben worden. In Wahrheit befahl Hitler erst am 15. April, mit dem Angriff am 3. Mai zu beginnen. Am 20. April berichtete Roessler, der Angriffstermin sei abermals von Anfang Mai auf ein späteres Datum verlegt worden. In Wahrheit besagte Hitlers Befehl zu jener Zeit noch, am 3. Mai anzugreifen. Am 29. April nannte Roessler einen neuen Angriffstermin: 12. Juni. In Wahrheit hatte Hitler zwei Tage zuvor den 5. Mai als Eröffnungstag festgelegt (der Juni-Termin wurde erst am 5. Mai bestimmt).[61]

Nie konnte Roessler die Gründe nennen, die das Führerhauptquartier veranlaßt hatten, die Angriffstermine immer wieder zu verschieben. Die Auffrischung der Divisionen, die Heranführung der neuen schweren Panzer, Hitlers jäh entflammte Skepsis nach der Niederlage in Tunesien – kein Motiv fand sich in Roesslers Meldungen wieder. Ratlos fabulierte er am 2. Juni, die OKW-Befehle seien »charakerisiert durch zahlreiche Widersprüche, politische und militärische Prinzipienlosigkeit und Stümperei«.[62] Als jedoch die Beratungen im Führerhauptquartier Mitte Juni in ihre letzte Phase eintraten, erfuhr der Meisterspion nichts. Schlimmer noch für Moskau: Zehn Tage vor dem Losschlagen der deutschen Verbände sagte er Hitlers Großoffensive ab!

Der Memoirenschreiber Radó muß seine Funksprüche keck zurechtfrisieren, um die auch ihm nützliche Lucy-Legende vor Schaden zu bewahren. So legt er einen Funkspruch Roesslers vom 23. Juni 1943 vor, mit dem er Lucys Meisterschaft beweisen will. Damals soll Roessler gemeldet haben: »Der Angriff gegen Kursk, den die deutsche Kriegführung bis Ende Mai erwogen hatte, erscheint jetzt riskanter, weil die Russen vom 1. Juni an so starke Kräfte im Raum Kursk konzentriert haben, daß die Deutschen nicht länger von Überlegenheit sprechen können. Hitler strebt dennoch nach einem Angriff.«[63] Der von den Deutschen aufgefangene und entschlüsselte Originaltext besagte jedoch das genaue Gegenteil: »Auch der bis Ende Mai erwogene deutsche Angriff gegen Kursk *nicht mehr beabsichtigt*, da russische Kräfte-Konzentrationen im Kursker Raum seit Anfang Juni so groß, daß deutsches Übergewicht dort nicht mehr besteht.« Kein Wort über Hitlers weiterbestehende Angriffsabsichten.[64]

Damit verrät Radó noch nachträglich, wie stark er von den Meldungen Roesslers und dessen Schweizer Auftraggeber abhing. Eine solche Dependenz aber war nicht ungefährlich für einen Agentenchef, der auf dem Boden eines neutralen Staates hart am Rande des gegnerischen Machtbereiches operierte. Er war auf den guten Willen eines fremden Geheimdienstes angewiesen, dessen Aktionen und Überlegungen er nicht beeinflussen konnte.

Radós Agentengruppe geriet denn auch unversehens in das Magnetfeld von Kompetenz- und Richtungskämpfen im Schweizer Geheimdienst, denen die kommunistischen Spione schon bald zum Opfer fallen sollten. Den Anstoß dazu gab ungewollt der Oberstbrigadier Masson, der es bereits im Spätsommer 1942 für opportun befunden hatte, sich ausgerechnet mit dem nationalsozialistischen Zweig der deutschen Geheimdienstbranche zu liieren: mit Himmlers SD.

Für Masson gab es einige Gründe, Verbindung zu dem politisch einflußreicheren der beiden deutschen Geheimdienste zu suchen. Die Verhaftung eines Offiziers der Nachrichtensektion, des Leutnants Ernst Mörgeli, bei einem Spionageauftrag in Deutschland und immer wieder auftauchende Gerüchte von einem bevorstehenden deutschen Einmarsch in der Schweiz verlockten Masson zu dem utopischen Versuch, durch ein Gespräch mit einem wichtigen NS-Funktionär alle Konfliktstoffe zwischen den beiden Ländern aus dem Weg zu räumen, die Hitler einen Invasionsvorwand bieten konnten.[65] Dahinter mochte auch stecken, durch schweizerisches Wohlverhalten einen lästigen Aktenfund der deutschen Abwehr nach dem Westfeldzug in Vergessenheit zu bringen, aus dem sich ergab, daß die Armeeführung der Schweiz vor Kriegsausbruch recht handfeste Verabredungen mit Frankreichs Armee für den Fall eines deutschen Überfalls getroffen hatte – ein

Sündenfall eidgenössischer Neutralitätspolitik, nicht weniger gravierend als der vor dem Ersten Weltkrieg zugunsten Deutschlands.[66]

Masson fand einen Schweizer Nachrichtenoffizier, Hauptmann Paul Meyer-Schwertenbach, der Geschäftspartner eines Referatsleiters im SS-Führungshauptamt, des SS-Sturmbannführers Hans Wilhelm Eggen, war, und der wiederum kannte den einzigen Mann in der SS-Hierarchie, der für das gewünschte Gespräch mit Masson in Frage kam: SS-Oberführer Walter Schellenberg, als Amtschef VI im RSHA Leiter des Auslandsnachrichtendienstes der SS. Der ebenso verschlagene wie charmante SD-Chef war sofort zum Gespräch bereit. Ende September traf er sich mit Masson im badischen Waldshut.[67]

Für Schellenberg muß es ein erfolgreiches Treffen gewesen sein, denn Masson war schon nach kurzer Zeit davon überzeugt, daß es der SD-Mann mit der Schweiz gutmeine und er überdies einen Weg zur raschen Beendigung des Krieges suche. Prompt versprach Schellenberg Hilfe im Fall Mörgeli und sagte überdies zu, alles abstellen zu lassen, was die deutsch-schweizerischen Beziehungen trübe. Erfreut fuhr Masson in die Schweiz zurück, nicht ohne vorher Schellenberg zugesagt zu haben, an einer engeren Zusammenarbeit und weiteren Treffs mit ihm interessiert zu sein.[68]

Schellenberg hielt sein Wort. Zur maßlosen Überraschung der Schweizer war Mörgeli Weihnachten wieder zu Hause, und auch in den plötzlichen Beschränkungen, denen die antidemokratische Hetze Schweizer Nazis in Deutschland ausgesetzt wurde, ließ sich unschwer Schellenbergs Hand erkennen.[69] Von Stund an war Roger Masson nicht mehr davon abzubringen, Schellenberg meine es ehrlich und werde versuchen, allen Schaden von der Eidgenossenschaft abzuwenden.

Da erreichten den Oberstbrigadier Anfang 1943 alarmierende Meldungen, die besagten, Hitler spiele mit dem Gedanken, die Schweiz zu besetzen. Waibel erfuhr über seine »Wiking«-Linie, daß das Oberkommando des Heeres den Befehl erhalten habe, einen Operationsplan für die Besetzung der Schweiz auszuarbeiten; Generaloberst Dietl sei bereits zum »Heeresgruppenkommandanten für die Schweiz« ernannt worden, er habe sein Hauptquartier in Freising aufgeschlagen. Ein Angriffsheer formiere sich in Süddeutschland, insgesamt eine Million Mann stark, begleitet »von motorisierten SS-Spezialkontigenten, welche den Auftrag hätten, unter der [schweizerischen] Bevölkerung und der Armee radikal aufzuräumen«.[70]

Diese »Wiking«-Meldungen sind erhalten und können heute im Berner Bundesarchiv besichtigt werden – Dokumente von nahezu umwerfender Naivität, die allerdings wiederum bestätigen, daß auch Waibel mitnichten über die berühmten Agenten im Führerhauptquartier verfügte. Wunderlich nur, daß Schweizer Historiker ohne Ausnahme sie noch immer ernstnehmen. Offenbar fehlt ihnen jenes untrügliche Gespür für Stil und Entscheidungsmechanismen des deutschen Militärapparats, das Authentisches von Fabulösem zu unterscheiden weiß.

Was produzierte die »Wiking«-Linie nicht alles an Bizarrem: Da sollte Hitler im Führerhauptquartier zur Vorbereitung der militärischen Operation »sämtliche leitende Kommandeure der Heerespolizei, der SS, des Sicherheitsdienstes der SS und der Gestapo versammelt«, da sollte Himmler mit dem Generalstabschef des Heeres über die Schwerpunkte des Feldzuges gestritten haben und Sigismund von Bibra, Botschaftsrat an der Deutschen Botschaft in Bern, die »hetzende und treibende Kraft« sein, die dem vermeintlichen Oberbefehlshaber Dietl »andauernd in den Ohren« liege.[71] Man stelle sich das einmal vor: ein Botschaftsrat im Ausland, der die Planung des Generalstabes mitbestimmt!

Das war so absurd, daß die Schweizer Militärs hätten stutzig werden müssen. War schon die Vorstellung grotesk, daß Hitler mitten auf dem Höhepunkt des Dramas von Stalingrad, zu einer Zeit, da ihm an der Ostfront die militärischen Reserven fehlten, um wenigstens die ärgsten der von den Sowjetarmeen aufgerissenen Frontlücken zu füllen, mal eben eine Million Mann abzweigen würde, um die Schweiz zu besetzen, ohne jeden aktuellen Anlaß, so hätte wenigstens die vage Sprache der »Wiking«-Meldungen ihren Adressaten einige Vorsicht auferlegen müssen.

An den sensationellen Meldungen war nichts dran. Hitler plante keinen Angriff auf die Schweiz, das OKH arbeitete an keinen Operationsplänen; Dietl befand sich bei seinen Truppen an der Lappland-Front, das Hauptquartier in Freising gab es nicht.[72]

Doch die Offiziere um Masson nahmen die »Wiking«-Meldungen bitterernst und schlugen Alarm. Masson geriet so in Panik, daß er glaubte, nun könne nur noch Schellenberg helfen. Er bewog den Oberbefehlshaber der Armee, General Guisan, sich mit dem SS-Oberführer zu treffen und diesen davon zu überzeugen, daß die Schweiz um keinen Preis von ihrer Neutralitätspolitik abweichen werde, was vielleicht allein noch die deutsche Invasion abwenden konnte. Guisan war einverstanden, und auch der SD-Chef erklärte sich bereit, in die Schweiz zu kommen.

Im »Gasthof zum Bären« in Biglen kamen die drei Männer zusammen. Schellenberg wird sogleich erkannt haben, welche leichte Gelegenheit sich ihm hier bot, sich die Schweizer zu verpflichten. Natürlich wußte er, daß keine Schweiz-Invasion bevorstand; desto energischer versprach er, seinen ganzen Einfluß aufzubieten, um Hitler von seinen Angriffsplänen abzubringen. Allerdings, so forderte Schellenberg, brauche er dafür etwas Schriftliches, eine Neutralitätsverpflichtung der Schweiz. Sofort entwarf Masson einen Text, den dann der General unterschrieb. Kernsätze: »Das Gleichgewicht Europas bedingt eine nach allen Seiten und in jeder Beziehung neutrale Schweiz. Die Erfüllung dieser Pflicht... betrachtet die Schweiz nicht nur als eine Ehre, sondern auch als eine Selbstverständlichkeit.«[73]

Schon wollten Guisan und Masson Entwarnung geben, da sorgte am 18. März eine »Wiking«-Meldung für neue Aufregung: Im Führerhauptquartier habe eine Beratung stattgefunden, der deutsche Schlag gegen die Schweiz werde noch vor dem 6. April erfolgen. Am nächsten Tag lief eine weitere Alarmmeldung ein. »Die Gefahr ist sehr ernst«, berichtete ein V-Mann, »es kann jederzeit auf den Knopf gedrückt werden. Allfälligen

Verhandlungen ist zu mißtrauen. Ein Überfall kann mitten während der Verhandlungen erfolgen und wird erfahrungsgemäß gerade dann erfolgen.«[74]

Nun verlor Masson vollends die Nerven. Ohne einen Augenblick zu überlegen, entsandte er Meyer-Schwertenbach, den Geschäftspartner des SS-Sturmbannführers Eggen, mit der »Wiking«-Meldung vom 18. März zu Schellenberg und ließ ihn bitten, möglichst gleich zu überprüfen, ob die Meldung zutreffe.[75] Nicht ohne Interesse wird der Regimewächter Schellenberg zur Kenntnis genommen haben, daß es im militärischen Apparat des Deutschen Reiches Offiziere gab, die für den Schweizer Geheimdienst arbeiteten. Doch Schellenberg mußte sein Spielchen weitertreiben. So erfuhr Meyer-Schwertenbach, es habe schon alles seine Richtigkeit gehabt, doch nun sei die Gefahr von der Schweiz abgewendet; er konnte dem Eidgenossen nicht gut eingestehen, daß die Gefahr nie bestanden hatte.

Entsetzt beobachteten Waibel und seine Freunde, wie ihr naiver Chef alles kaputtzumachen drohte, was sie mühevoll aufgebaut hatten. Erst glaubte Waibel an »einen schlechten Scherz«, als ihm der heimgekehrte Meyer-Schwertenbach das »Kompliment« machte, von Schellenberg wisse er jetzt, wie gut die »Wiking«-Linie sei, dann aber wütete der Major gegen Masson und dessen »fahrlässigen Landesverrat«.[76] Waibel schrieb einen gepfefferten Protest, während der Deutschland-Referent Ernst sich versetzen ließ und Hausamann bei Guisan mit der Forderung vorstellig wurde, den unmöglichen Geheimdienstchef abzusetzen.[77]

Doch der General dachte nicht daran, Masson abzuhalftern, hatte ihm doch der Oberstbrigadier auf seine Art helfen wollen, und das konnte er ihm nun nicht anlasten. Denn: Es war seine Leiche im Keller gewesen, um die es letztlich ging – er, Guisan, hatte die maßgebliche Rolle bei der geheimen Vorkriegsabsprache mit dem französischen Generalstab gespielt, die in Hitlers Optik die Schweizer so schwer belastete. So behandelte der General das Hausamann-Verlangen, er solle Masson zum Rücktritt animieren, höchst dilatorisch. Guisan: »Masson will nicht.« Hausamann zischte: »Dann müssen Sie es eben befehlen!«[78]

Masson blieb auf seinem Posten, fortan mit dem Makel behaftet, Schellenbergs Spielball zu sein. Gleichwohl hielten sich Guisan und der Generalstab an die Vereinbarungen mit dem SD-Chef: Mehr als jemals zuvor demonstrierte die militärische Führung der Schweiz strengste Neutralität zwischen den Kriegführenden. Das aber mußte Folgen für die sowjetische Spionage haben, denn alsbald stellte sich die Frage, ob es sich mit dieser Neutralität noch vereinbaren ließ, daß Offiziere des Schweizer Geheimdienstes Material an sowjetische Agenten lieferten.

Die Kontroverse im Geheimdienst rief zudem einen alten Rivalen der Nachrichtensektion auf den Plan, die Bundespolizei, kurz Bupo, die längst den kommunistischen Agenten auf die Spur gekommen war, obwohl sie dazu nicht berechtigt war, weil Spionageabwehr in der Kriegszeit allein als Sache der Armee galt. Doch es verlockte die Bupo-Leute allzu sehr, auf Spionenfang zu gehen. Sie beobachteten schon seit geraumer Zeit die ins kommunistische Lager reichenden Querverbindungen des Waibel-Apparats, ohne freilich die Zusammenhänge zu erkennen; nicht selten fühlten sich Agenten der NS 1 von Bupo-Männern beschattet.[79]

Die Bupo hätte noch einiger Zeit bedurft, um in das Spinnengewebe des Radó-Netzes einzudringen, hätte sie nicht einen wichtigen Tip erhalten. Wer stieß sie an? Schweizer Historiker, die wie Hans Rudolf Kurz eidgenössische Neutralitätspolitik gerne möglichst fleckenlos darstellen, lieben den Hinweis, die Bundespolizei habe aus eigenem Antrieb gehandelt, die Deutschen hätten damit nichts zu tun gehabt.[80] Der Hinweis ist falsch: Ein Gestapo-Spitzel brachte die Bupo auf die richtige Spur.

Das hing mit den verstärkten Bemühungen der deutschen Spionageabwehr zusammen, die sowjetische Spionage in der Schweiz lahmzulegen. Zug um Zug hatten die Peilgeräte der deutschen Funkabwehr die drei roten Agentensender geortet, waren Radós Funker von Fahndern der Abwehr und Gestapo eingekreist worden. Bereits im Sommer 1942 hatte der SD den Versuch unternommen, in Radós Organisation einzusickern. Zwei verhaftete Kommunisten, die Eheleute Georg und Johanna Wilmer, wurden in die Schweiz geschickt, um Anschluß an ihre ehemaligen Genossen zu finden. Die beiden umgedrehten Agenten machten Footes Bekanntschaft und konnten für kurze Zeit sein Vertrauen gewinnen, doch als sie allzu plump begannen, ihn auf Spaziergängen zu photographieren und seine Papiere zu durchwühlen, ließ Foote sie fallen.[81]

Wo die groben SD-Methoden versagt hatten, halfen die geduldigeren Mittel der Abwehr weiter. Im Deutschen Konsulat in Genf saß der Sonderführer Maximilian von Engelbrechten als Verbindungsoffizier der Abwehr; er hatte den Auftrag, Radós Organisation unschädlich zu machen. Ein Zufall half ihm dabei: Im Konsulat arbeitete der Zivilangestellte Hermann Henseler, der früher (wie Rachel Dübendorfer und Schneider) im Internationalen Arbeitsamt tätig gewesen war; Henseler hatte einen Freund namens Hans Peters, Damenfriseur in Genf. Dieser Peters hatte ein seltsames Mädchen kennengelernt, das er im Verdacht hatte, kommunistische Agentin zu sein: Margrit Bolli.[82]

Engelbrechten griff zu und setzte Peters, der in die Dienste der Abwehr trat, auf die Bolli an. »Romeo« (so Peters Deckname) verdrängte den Agentenchef aus Margrit Bollis Bett und gewann ihr volles Vertrauen; es gab bald kein Geheimnis mehr, das »Rosa« dem vermeintlichen Genossen vorenthielt. Schritt um Schritt tastete sich Peters an die Geheimnisse der Radó-Organisation heran. Er beschaffte Engelbrechten das Kodebuch der Bolli, er fand Spruchfetzen in dem Papierkorb seiner Freundin. Schließlich gelang auch der entscheidende Coup: Am 16. März 1943 konnte Peters der Funkerin einen Funkspruch im Klartext entwenden, der den Entschlüsselern in Berlin unter Hauptmann von Wedel ermöglichte, einen Teil der aufgenommenen Radó-Sprüche zu lesen.[83]

Der Entschlüsselungserfolg spornte die deutschen Spionejäger an, der gegnerischen Agentengruppe ein Ende zu setzen. Die Experten der Funkabwehr hätten zwar gern noch etwas abgewartet, um aus dem Funkverkehr

Hinweise auf die deutschen Quellen der Roten Drei herauslesen zu können, doch die Gestapo hatte keine Geduld. Das Pariser »Sonderkommando Rote Kapelle« ergriff im Sommer 1943 die Initiative, ergaben doch ihre Ermittlungen gegen den alten Trepper-Kent-Apparat deutliche Spuren, die in die Schweiz führten.

Trepper-Mitarbeiter hatten auch Kontakte zur Radó-Gruppe gehabt, was nun Kriminalrat Heinz Pannwitz, den neuen Chef des Sonderkommandos, bewog, die Exagenten ins Spiel zu bringen. Im Juni verhaftete die Gestapo in Frankreich einen kommunistischen V-Mann namens Manolo, der die Arbeit von Sissy ziemlich gut kannte, und kurz darauf fiel auch »Maurice«, ein in Frankreich spionierender V-Mann der Sissy-Gruppe. Pannwitz kannte inzwischen auch die Rolle des Funkers »Jim« – für den Kriminalrat eine Verlockung, einen umgedrehten kommunistischen Agenten als angeblichen Kurier der Zentrale in die Schweiz zu schicken, um herauszubringen, wer sich hinter dem Decknamen »Jim« verstecke und wo er wohne. Was dem Gestapo-Spitzel mühelos Anfang Juli gelang, wie Jim alias Foote zu spät entdeckte.[84]

Vergeblich alarmierte die Aufpasserin Poljakowa ihre Organisation und warnte Radó vor Unvorsichtigkeiten. »Sie müssen sofort vollkommen Ihre Verbindung mit Jim abbrechen«, funkte »Direktor« am 4. Juli an Radó, und Sissy erhielt Order, einstweilen völlig unterzutauchen, da die Gefahr bestehe, daß der verhaftete Maurice alles verraten habe.[85] Doch die Radó-Leute mochten nicht auf die Moskauer Gouvernante hören. Rachel Dübendorfer weigerte sich, ihre Arbeit an Schneider abzutreten, und auch Foote funkte weiter, als drohe keine Gefahr.[86]

Pannwitz unternahm jetzt einen Frontalangriff auf Radó, wobei er sich wiederum eines Mannes aus der Erbmasse der Roten Kapelle in Frankreich bediente. Sein Spitzel war ein jüdischer Emigrant namens Zweig, der sich Yves Rameau nannte und einige Leute kannte, mit denen auch Radó einmal verbunden gewesen war. Rameau tauchte in Radós Genfer Büro auf und stellte sich dem Agentenchef als französischer Schriftsteller vor, der Grüße von alten Radó-Freunden in Paris überbringe.[87]

Sein Pech, daß Pannwitz keinen Weg gefunden hatte, Rameaus Besuch dem Agentenchef über Kanäle des kommunistischen Untergrunds zu avisieren. So bleib Radó vorsichtig und ließ den Besucher abblitzen. Doch Rameau gab nicht auf. Er fuhr zur Zentrale der Bundespolizei und erzählte interessierten Bupo-Beamten, was er über das sowjetische Spionagenetz in der Schweiz wußte. Später ärgerte sich der Waibel-Vertraute J. C. Meyer: »Dieser Zweig alias Rameau war es, der seinerzeit die Bupo auf die russischen Schwarzsender aufmerksam machte und in offiziellem Auftrag der deutschen Behörden eine Demarche in Bern unternahm.«[88]

Die Bupo-Kommissare hätten selbst jetzt noch nicht aktiv werden können, wäre einem jungen Offizier der Schweizer Armee nicht ein Fehler unterlaufen. Der Leutnant Maurice Treyer, Führer einer Sondereinheit der Funkkompanie 7, hörte am 11. September 1943 im Raum des Genfer Sees verschlüsselte Signale eines fremden Senders, der offenbar in Genf stand.

Treyer glaubte, es handle sich um einen politischen Schwarzsender, und alarmierte die Bupo.[89] Denn: Politische Schwarzsendungen gehörten, anders als der Agentenfunk eindeutiger Spionage, zur Kompetenz der Bundespolizei.

Die Bupo bemächtigte sich der Affäre und ließ sich aus der Agentenhatz nicht mehr vertreiben. An die Spitze der Bupo-Fahnder trat der Inspektor Marc Payot, ein Entschlüsselungsexperte und KP-Spezialist, der in türkischen Diensten 1942 das Attentat auf den deutschen Botschafter von Papen aufgeklärt und die sowjetischen Täter überführt hatte.[90] Payot ermunterte Treyer, nach weiteren Politsendern zu fahnden. Am 20. September hatten Treyers Peiler die Funkstation der Hamels ausgemacht, fünf Tage später orteten sie den Sender der Margrit Bolli. Jetzt wollte Payot nicht länger warten. In der Nacht vom 13. zum 14. Oktober hoben Bupo-Kommandos die beiden Stationen aus.[91]

Schlag auf Schlag traf das Schattenreich des Sándor Radó. Am 19. November wurde Foote verhaftet, kurz darauf floh der Agentenchef und überließ Rachel Dübendorfer die Leitung der restlichen Gruppe. Aber auch »Sissy« hielt nicht lange durch; am 19. April 1944 führten die Polizisten sie und Paul Boettcher ab.

In ihrer Wohnung fanden die Polizisten sechs Deserteurberichte der NS 1, die nur allzu deutlich zeigten, daß Mitarbeiter des Schweizer Geheimdienstes der Agentengruppe assistiert hatten. Ungerührt brachten die Bupo-Leute auch die Mitarbeiter des Geheimdienstes zur Strecke: Am 19. Mai verhafteten sie Roessler und Schneider, kurz darauf wurde Major Mayr von Baldegg arretiert.[92] Empört verbat sich Waibel die Intervention der Polizei und verlangte die sofortige Entlassung seiner Mitarbeiter. Vier Tage behielten die Kommissare Waibels Stellvertreter in ihrer Gewalt. Immer wieder wollten sie wissen, was ein Offizier der Schweizer Armee mit Stalins Agenten zu schaffen habe.

Erst eine Intervention General Guisans setzte Mayr frei; auch Roessler und Schneider durften nach 111 Tagen Haft gehen. Die NS 1 hielt bis zum Schluß ihre schützende Hand über Roessler und Schneider. Als die beiden 1945 vor ein Divisionsgericht mußten, stellte ihnen Waibel einen seiner Offiziere als Verteidiger zur Verfügung. Das Militärtribunal sprach die beiden frei; sie hätten »der Sicherheit der Schweiz große Dienste« geleistet.[93]

Das Schweizer Nachrichtennetz der Raswedka war zerrissen, die Organisation von Dora antwortete nicht mehr. Hauptmann Poljakowa mußte die letzte große Agentengruppe der sowjetischen Fernaufklärung von ihrer Liste streichen. Außer einigen vereinzelten Agenten in Süddeutschland und in der Slowakei besaß Moskaus Geheimdienst keine Informantenorganisation im Hinterland des Feindes mehr.

Erschöpft hielten die Kontrahenten inne, der deutsch-sowjetische Agentenkrieg machte eine Pause. Moskaus Erkundungsdienste hatten kaum noch eine Chance, in die Befehlszentren des Gegners einzudringen, aber auch die deutschen Geheimdienste sahen sich trotz des glänzenden Erfolges ihrer Spionageabwehr nahezu aller Möglichkeiten beraubt, eigene V-Männer in sowjetische Führungsstäbe einzuschleusen. Einen Augenblick hatte es den Anschein, als suchten Agenten und V-Mann-Führer beider Seiten einen gemeinsamen Ausweg aus dem mörderischen Krieg. Ein V-Mann der deutschen Abwehr in Stockholm, früher Mitarbeiter des sowjetischen Staatssicherheitsdienstes, fing aus Nachrichtenkanälen des NKGB Signale auf, die nichts Geringeres bekundeten als die Bereitschaft des Kreml, mit den Führern Hitler-Deutschlands über einen Sonderfrieden zu sprechen.

Der V-Mann hieß Edgar Klaus und war ein baltisch-jüdischer Exkommunist, der sich schon in allerlei Berufen versucht hatte. Er war Banklehrling, Haus- und Grundstücksmakler, Sibirien-Verbannter und Bergwerksunternehmer gewesen, er hatte nach dem Ersten Weltkrieg für den sowjetischen und französischen Geheimdienst gearbeitet und war Ende 1939 in die Dienste des Deutschen Militärattachés in Kaunas geraten, der ihn an die Abwehr weitergereicht hatte. Eine Laune verschlug ihn im Frühjahr 1941 nach Stockholm, wo der deutsche Staatsbürger Klaus nach dem Beginn des Rußland-Krieges intensive Kontakte zur Gesandtschaft der UdSSR pflegte, vor allem zu den dort sitzenden NKGB-Beauftragten und dem Botschaftsrat Semjonow, den dessen Chef Dekanosow – erneut im Volkskommissariat des Äußeren zuständig für Deutschland – zur weiteren Beobachtung der Entwicklung in Hitlers Reich entsandt hatte.[94]

Seit November 1942, die Schlacht von Stalingrad war eben entbrannt, ließen Klaus' sowjetische Freunde keinen Zweifel mehr daran, daß ihre Auftraggeber an ernsthaften Friedensgesprächen mit deutschen Vertretern interessiert seien. Das meldete Klaus seinem V-Mann-Führer Werner G. Boenig in der Deutschen Gesandtschaft, und der alarmierte sofort die Abwehrzentrale in Berlin. Klaus' Informationen mußten in der Tat aufhorchen lassen: Waffenstillstand mit Rußland – und das in dem Augenblick, in dem sich in Stalingrad der größte Waffensieg Rußlands über eine deutsche Armee abzeichnete![95]

Doch Canaris nahm die sensationellen Nachrichten aus Stockholm seltsam kühl auf. Er, der Bolschewiken-Feind, hätte wohl am liebsten die Klaus-Berichte als Phantasien abgetan, wäre da nicht die alte Geschichte vom Juli 1941 gewesen, in der er den gleichen V-Mann für unglaubwürdig gehalten und sich dann hatte korrigieren müssen. Damals war es um die sowjetische Gesandte Alexandra Michailowna Kollontai gegangen, über die Klaus gemeldet hatte, daß sie nicht übel Lust habe, sich vom Sowjetsystem loszusagen und sich samt ihrer drei Millionen Dollar nach Deutschland zu begeben, wenn ihr die nötigen Sicherheiten geboten würden. Canaris wollte das nicht glauben. Zweimal mußte Klaus nach Berlin reisen, bis auch der Admiral verstand, daß die prominente Altbolschewikin wirklich meinte, was sie ihrem Bridgepartner Klaus anvertraut hatte.[96] (Daß sich der Handel dann doch zerschlug, war nicht die Schuld von Klaus; der ausgebliebene deutsche Waffenerfolg schreckte die Kollontai wieder ab.)

So erhielt Klaus dann doch den Befehl, in Stockholm weiter am Ball zu bleiben, zumal ein Freund des Abwehrchefs, Baron Wladimir Kaulbars, so etwas wie ein Rußland-Berater der Abwehr, Canaris drängte, es mit den

Russen einmal zu versuchen. Auch das hatte seinen Grund: Von dem Schwedischen Militärattaché in Berlin, Oberst C. H. Juhlin-Dannfelt, einem Mittler zwischen West und Ost, wußte der Baron, daß sich in Moskau etwas Unerwartetes zusammenbraute.[97]

Klaus hörte sich bei den Russen in Stockholm um und hatte bald konkretere Nachrichten über fast schon völlig unverhüllte Gesprächsangebote. Er hörte nicht nur bei Madame Kollontai, sondern auch von Semjonow bei Besuchen in dessen Villa auf der Insel Lidingö außerhalb der Stadt, demnächst würden wichtige Leute aus Moskau anreisen, wobei wohl schon einmal der Name Dekanosow fiel, und dann würde es nützlich sein, wenn in Stockholm »zufällig« auch ein ernstzunehmender deutscher Gesprächspartner da sei.

Schon hatte sich in Stalingrad die große Wende des Krieges vollzogen und damit der Beginn der deutschen Niederlage in Rußland angekündigt, da bedeutete Klaus seinem Chef Canaris, auf sowjetischer Seite sei man ernsthaft bereit, »einen Ausgleich mit Deutschland zu suchen, um diesen verlustreichen Krieg so schnell wie möglich zu beenden«.[98] Was die Sowjets gerade jetzt zur Kompromißbereitschaft bewog, muß Gegenstand der Spekulation bleiben. War es das jäh erwachte sowjetische Kraftgefühl, war es die Verärgerung über die von den Westmächten versprochene, aber immer wieder hinausgezögerte Errichtung einer Zweiten Front in Westeuropa – Tatsache bleibt: Die Sowjets zeigten sich verhandlungsbereit. »Ich garantiere Ihnen«, prophezeite Klaus, »wenn Deutschland auf die Grenzen von 1939 eingeht, so können Sie in acht Tagen Frieden haben.«[99]

Jetzt wäre es für Canaris an der Zeit gewesen, die sowjetische Offerte auf die Probe zu stellen. Doch der Admiral reagierte nicht. Eingezwängt in den Panzer seiner antikommunistischen Überzeugungen mochte er sich zu keinem Gespräch mit sowjetischen Vertretern verstehen. Mehr denn je war er von der Bedrohlichkeit des Kommunismus überzeugt. Es war die Zeit des Prozesses gegen die Rote Kapelle, deren Taten den Abwehrchef maßlos erregten – unvergessen sein groteskes Urteil, durch die Sowjetspione seien der Wehrmacht 100000 Soldaten verloren gegangen.[100]

Canaris überließ es einem Mann ganz anderer Art, dem NS-Diplomaten und Ribbentrop-Vertrauten Peter Kleist, die Russen in Stockholm zu kontaktieren – mit Hilfe des unvermeidlichen Klaus, versteht sich. Die Russen wurden inzwischen immer deutlicher. Im April 1943 trafen sich die sowjetischen Diplomaten Michail Nikitin, Alexej Taradin und Boris Jarzew mit deutschen Vertretern auf einem Landgut bei Stockholm, im Juni wurden die Gespräche in dem schwedischen Ostseebad Saltsjöbaden fortgesetzt.[101]

Wenige Tage später ließ ein Gewährsmann der Abwehr (vermutlich Klaus) die Deutsche Gesandtschaft wissen, ein hoher Beamter des Volkskommissariats des Äußeren namens Alexandrow wünsche »mit einem ihm bekannten Herrn des Deutschen Auswärtigen Amtes zusammenzutreffen«.[102] Alexander Michailowitsch Alexandrow – das war der Leiter der Deutschland-Abteilung des Außenministeriums, der nach Dekanosow wichtigste sowjetische Deutschland-Spezialist, ein Mann zudem, den Kleist persönlich kannte.

Kleist verstand den Wink und quartierte sich am 17. Juni in das Stockholmer »Strandhotel« ein, um den nächsten Schachzug der Russen an Ort und Stelle abzuwarten. Am nächsten Morgen erschien Klaus (»Ihr Freund Alexandrow ist eben in Stockholm«) und lud ihn zu einer Besprechung mit dem Moskauer Abgesandten ein, wobei er Kleist noch anhand einiger Notizen in russischer Sprache erläuterte, warum die Sowjets an einem Gespräch mit den Deutschen interessiert seien. Klaus las vor: »Die Sowjets sind nicht gewillt, auch nur einen Tag, auch nur eine Minute länger als notwendig für die Interessen Englands und Amerikas zu kämpfen.«[103]

Das war dem vorsichtigen Diplomaten Kleist nun doch ein zu heißes Eisen. Er reiste eiligst nach Berlin zurück, um sich zumindest von Ribbentrop zu dem von Moskau gewünschten Gespräch bevollmächtigen zu lassen. Doch als er auf dem Flughafen Tempelhof aus seiner Maschine stieg, warteten schon ein paar Beamte aus dem Reichssicherheitshauptamt auf ihn, die Kleist mit unmißverständlicher Gebärde in die Prinz-Albrecht-Straße einluden. SS-Obergruppenführer Ernst Kaltenbrunner, Nachfolger des von tschechischen Attentätern getöteten RSHA-Chefs Heydrich, wollte wissen, was der SS-Sturmbannführer Kleist in Stockholm mit »Bolschewisten und Juden« treibe. Kleist gab Auskunft, worauf Schellenberg sich einschaltete. Von nun an spielte der SD in Stockholm unsichtbar mit.[104]

Die inquisitorische »Einladung« in die Gestapo-Zentrale ging im Grunde auf Canaris zurück, der wieder einmal instinktlos reagiert hatte. Noch vor Kleists Abreise aus Stockholm war der enttäuschte Klaus zu seinem Abwehrmann in der Deutschen Gesandtschaft gelaufen und hatte ihm von dem Alexandrow-Projekt erzählt, worauf der seinen Chef Canaris informiert hatte und dies in der regimeüblichen Zerrsprache: Der »Jude Klaus« habe gemeldet, daß ihn der »Jude Alexandrow« sprechen wolle, aber nur, wenn der sich bei ihm binnen vier Tagen einfinde. Canaris gab die Meldung einfach an Hitler weiter, der sofort eine »dreiste jüdische Provokation« roch und nach der Gestapo rief.[105]

Kaltenbrunner und Schellenberg waren indes etwas gescheiter als der Diktator und vergatterten »ihren« Mann Kleist dazu, vorsichtig weiter zu machen, aber ihnen alles zu berichten. So ließ Kleist den Faden in die Stockholmer Sowjet-Kolonie nicht abreißen, ja der SD stattete ihn sogar mit Material über angebliche Intrigen Englands gegen die Sowjets aus, um Moskau noch gesprächsbereiter zu machen. Selbst Hitler mäßigte sich wieder etwas; Mitte August sah sich Kleist von Ribbentrop ermächtigt, weiter mit Klaus zu verkehren, um zu erfahren, was der Kreml eigentlich wolle.[106]

Anfang September signalisierten die Russen noch einmal, wie sehr sie an Gesprächen interessiert waren. Diesmal wollten sie einen noch höheren Funktionär, ein Mitglied des Zentralkomitees der KPdSU, nach Stockholm schicken. Es war der Mann, der den ganzen Gesprächscoup von Moskau aus steuerte: Dekanosow.

Klaus hatte von Semjonow die »gute Nachricht«, daß der stellvertretende Volkskommissar Dekanosow zwischen dem 12. und 16. September in Stockholm »auf der Durchreise« sein werde und vom Kreml die Genehmigung habe, mit einem Vertreter der deutschen Reichsregierung Verbindung aufzunehmen. Der geschäftige V-Mann wußte auch bereits, worum es Dekanosow gehen werde. »Verhandlungsziel des Kremls«, so Klaus, »ist die Wiedererrichtung der deutsch-russischen Grenze von 1914, freie Hand in der Meerengenfrage, deutsches Desinteressement gegenüber sowjetischen Bestrebungen in ganz Asien und die Entwicklung ausgedehnter Wirtschaftsbeziehungen zwischen Deutschland und der Sowjetunion.«[107]

Den Sowjets lag offenbar soviel an einem Gespräch mit den Deutschen in Stockholm, daß sie einen Augenblick lang ihre Anti-Hitler-Agitation dämpften. Als sich kriegsgefangene deutsche Generale und Offiziere – bis dahin von Moskaus Politruks energisch dazu gedrängt – anschickten, am 1. September einen Bund Deutscher Offiziere zum Kampf gegen den Faschismus zu gründen, elitäres Pendant zu dem im Juli etablierten Nationalkomitee Freies Deutschland (NKFD) kommunistischer Emigranten und gefangener Soldaten, da wurde die Aktion plötzlich auf Wunsch des NKGB verschoben. Bald sprach sich unter den Kennern herum, was das bedeutete: keine »unnötige« Provokation Hitlers![108]

Ein Berija-Vertrauter machte sich auf, den verwirrten Kameraden das noch ein bißchen zu erläutern. Der ehemalige Raswedka-Spion Rudolf Herrnstadt, bei Kriegsbeginn in die Reihen des NKWD getreten, war Chefredakteur der in schwarz-weiß-roter Umrandung erscheinenden NKFD-Zeitung »Freies Deutschland« und hatte für die nächste Ausgabe seines Blattes einen Artikel geschrieben, der wie eine Satire auf die Anti-Hitler-Parolen in den Kriegsgefangenen-Lagern wirken mußte. Nicht mehr Hitlers Beseitigung wurde hier verlangt, sondern ein sofortiger Friedensschluß mit ebendiesem Hitler. Überschrift des Artikels, der für die Seite 1 vorgesehen war: »Waffenstillstand – das Gebot der Stunde!«[109]

Wer aber stand hinter all diesen Hakenschlägen der sowjetischen Kriegsgefangenenpolitik, wer war der oberste Kontrolleur der deutschen Plennys? Kein anderer als Bogdan Sacharowitsch Kobulow, der ehemalige NKGB-Resident in Berlin. Er war inzwischen (nach dem Wegfall der geheimpolizeilichen Kommissarränge) Generalleutnant geworden, stellvertretender Volkskommissar für Staatssicherheit und Chef der Hauptverwaltung für Kriegsgefangene und Rückkehrer, und er erwies sich auch jetzt wieder als der Mann, der immer (ob in Georgien, in Moskau oder in Berlin) der verlängerte Arm seines Freundes Dekanosow war.[110]

Plötzlich offenbarte sich für Insider, daß die Tastversuche in Stockholm die Handschrift jener innersowjetischen Pressure group trug, die schon einmal die Moskauer Deutschland-Politik mitbestimmt und die immer gefordert hatte, der frontalen Konfrontation mit dem europäischen Westen und das hieß für sie: mit Deutschland, tunlichst auszuweichen. Die Berija, Dekanosow, Merkulow und Kobulow, auf alle Zeit mit dem sowjetischen Sicherheitsapparat verfilzt, waren bewußte Kaukasier, für sie lag Rußlands Zukunft allein im Osten.

»Bedenken Sie«, hatte Klaus am 18. Juni 1943 Kleist auseinandergesetzt, »daß die Sowjetunion sehr weit nach Asien hineingewachsen ist, seit sie in den Jahren 1917/20 aus den Westgebieten des alten Zarenreiches verdrängt wurde. Stalin selbst ist jenseits der Kaukasus-Grenze Europas geboren. Er kennt Sibirien aus sieben unfreiwilligen Aufenthalten. Viel größer und weiter sind dagegen Interessen und Chancen Moskaus auf dem fernöstlichen Welttheater. Dort . . . liegt die Entscheidung unseres Jahrhunderts.«[111]

Juni 1943 – die Zeit muß man sich merken: Zehn Jahre später werden Überlegungen wie die von Klaus angestellten in der dramatischen Vorgeschichte des Volksaufstandes im östlichen Nachkriegsdeutschland eine entscheidende Rolle spielen, und es werden dabei wieder all die Leute beisammen sein, die sich schon im Hintergrund der Stockholmer Affäre formierten, ja sich bereits aus den Vorkriegstagen in Moskau und Berlin kannten: der Polizeiminister Berija, der Sicherheitschef Merkulow, sein Stellvertreter Kobulow, der ehemalige Auslandserkunder Dekanosow, der Diplomat Semjonow und der deutsche Kommunist Herrnstadt. Es war diese georgische Polizei-Mafia mit ihren Helfern, die dem traditionellen deutschen Staat noch eine Chance zum Überleben bot – 1943 und 1953.

In Stockholm war das Spiel eingefädelt, Dekanosows Reise vorbereitet – fehlte nur noch der deutsche Gesprächspartner, der den Russen vorher (dies die von Klaus übermittelte Bedingung Moskaus) ein Zeichen seiner Verhandlungsbereitschaft zukommen lassen sollte. Doch das Zeichen kam nicht. Hitler hatte Kleists Reise zu Dekanosow verboten, er wollte von den Gesprächen mit den »Bolschewiken« nichts mehr hören.

Moskau brach die Kontakte ab, nicht ohne Schwierigkeit, denn noch war die sowjetische Kriegsgefangenenpropaganda auf den sofortigen Waffenstillstand mit dem real existierenden Deutschland ausgerichtet. Doch Kobulow fegte alle Peinlichkeiten beiseite. Der Stalingrad-General Walther von Seydlitz-Kurzbach und seine Kameraden durften noch Mitte September 1943 ihren Offiziersbund gründen, und auch Herrnstadt wußte, wie man Unliebsames aus der Welt schafft: Er besorgte sich aus der Druckerei des »Freien Deutschland« die Korrekturabzüge seines Waffenstillstandsartikels unter dem Vorwand, er habe noch einen Fehler zu berichtigen, und ließ dann das Elaborat spurlos verschwinden.[112]

Der Stockholmer Kontaktversuch blieb eine kurzlebige Episode im deutsch-sowjetischen Agentenkrieg, der sich längst auf andere, weit übersichtlichere Felder verlagert hatte. Nach dem Ende der Fernaufklärung trat die Nahaufklärung in den Mittelpunkt geheimdienstlicher Arbeit, löste der Frontnachrichtendienst die »strategische« Spionage ab. Frontnahe Feindaufklärung war jetzt alles, was zählte; die Zeit der großen Spione schien vorbei, es folgte die Massenspionage im rückwärtigen Frontgebiet – auf beiden Seiten.

Die sowjetischen Erkundungsdienste stellten sich darauf konsequenter ein als ihre deutschen Gegenspieler. Die Kriegslage erleichterte es ihnen allerdings auch: Nach der Panzerschlacht von Kursk, der dritten und gegenüber Moskau und Stalingrad entscheidenden Niederlage von Hitlers Ostheer, hatten die Deutschen in Rußland endgültig die Initiative verloren und einen Rückzug angetreten, der so recht nie wieder zum Stillstand kommen sollte. Die sowjetischen Armeen setzten im Spätsommer 1943 zur Rückeroberung der verlorengegangenen Gebiete an, zunächst der Ukraine, dann Belorußlands, schließlich der Ostseeprovinzen. Und je weiter die Rote Armee nach Westen vordrang, desto mehr mußte ihre Feindaufklärung daran interessiert sein, die Informantennetze zu aktivieren, die sie beim Rückzug vor den deutschen Armeen zurückgelassen hatte.

Dieser alten Informantennetze bedurfte jetzt die Raswedka, wollte sie der Roten Armee den Vormarsch erleichtern: durch Aufklärung im deutschen Frontgebiet und durch Störung des gegnerischen Nachschub- und Verwaltungssystems. Doch die zurückgelassenen V-Männer des Geheimdienstes waren von der deutschen Spionageabwehr enttarnt worden oder zumindest in ihrer Aktivität stark behindert. So konnte die Raswedka nur auf die Macht zurückgreifen, die unmittelbar hinter der deutschen Front agierte und den Besatzern immer mehr zu schaffen machte: die Partisanenbewegung.

Das war nun freilich ein Partner, von dem sich die Raswedka lange Zeit ferngehalten hatte. Die wirren Haufen versprengter Rotarmisten, engagierter Parteimitglieder und fanatisierter Frauen, die sich stolz »Partisanen« nannten, schreckten die Geheimdienstprofis ab, zumal diese Partisanen zunächst weniger die deutschen Besatzer als die eigene Bevölkerung bekämpften, die sich damals noch von Hitlers Armeen die Befreiung von allem Zwang erhoffte. Die Partisanen hatten zudem kaum Funkgeräte, ihnen fehlten ausgebildete Geheimdienstler, ja sie waren in Gefahr, von der deutschen Gegenspionage manipuliert zu werden – alles Gründe für die Raswedka, ihren Agenten jeden Kontakt mit den Partisanen zu verbieten.[113]

Erst als im Sommer 1942 etwas Ordnung in die Freischärlerhaufen kam und sich in der Stawka unter dem in eine Generalsuniform gezwängten belorussischen Parteichef Pantelejmoh Ponomarenko ein Zentraler Stab für die Partisanenbewegung etablierte, in dem neben Vertretern des NKWD auch Offiziere der Raswedka saßen, bezog sie auch der Geheimdienst in seine Pläne ein. Ganz mochte sich die Raswedka jedoch nicht der Partisanenbewegung anvertrauen, was ehrgeizige Konkurrenten für sich ausnutzten: Der Staatssicherheitsdienst und die Nachrichtendienste der NKWD-Truppen bedienten sich zunehmend der Freischärler und förderten den Aufbau eines Partisanen-eigenen Nachrichtendienstes, der immer mehr unter ihre Kontrolle geriet.

Dieses Durcheinander konkurrierender Nachrichtendienste wollten die Militärs nicht länger hinnehmen, pochten sie doch darauf, daß die militärische Feindaufklärung allein der Roten Armee zukomme. Schon nach der Schlacht von Stalingrad forderten die Generale, die Kompetenzen der Erkundungs- und Sicherheitsdienste anders zu regeln. Tatsächlich kam es zu einer Neuverteilung geheimdienstlicher Macht, die zugunsten des Militärs ausfiel. Betroffen waren davon die vier Institutionen, in denen die Geheimdienste der Sowjetunion zusammengefaßt waren:

1. das NKWD unter dem Volkskommissar Berija mit seinen verschiedenen Polizeitruppen (Innere Truppen, Grenztruppen, Sperrtruppen) und deren Nachrichtendiensten,
2. die NKWD-Hauptverwaltung für Staatssicherheit unter dem stellvertretenden Volkskommissar Merkulow, vom Februar bis zum Juli 1941 zu einem eigenen Volkskommissariat erhoben, dann aber wieder mit dem NKWD vereinigt,
3. die NKWD-Verwaltung der Sonderabteilungen in allen Verbänden der Roten Armee unter dem stellvertretenden Volkskommissar Abakumow, und
4. das Volkskommissariat für Verteidigung mit seiner Raswedka, offiziell: Hauptverwaltung für Erkundung (GRU).

Vom April 1943 an galt nun, daß das NKWD nur noch für die polizeiliche Sicherung des Regimes zuständig war. Auf die anderen Nachrichten- und Sicherheitsorgane mußte es verzichten: Der Staatssicherheitsdienst erhielt endgültig sein Ministerium (NKGB), beschränkt auf die Wahrnehmung der Spionageabwehr, der politischen Auslandsspionage und geheimen Überwachung aller Sowjetbürger außerhalb der Roten Armee, während die Sonderabteilungen unter dem neuen, furchterregenden Namen »Smersch« (von »smertj schpionam«, Tod den Spionen) dem Volkskommissariat für Verteidigung unterstellt und mit Spionageabwehr und Gegenspionage in der Roten Armee betraut wurden, wobei sich ihr Chef Abakumow zum Generalobersten mauserte. Der Raswedka schließlich wurde die ausschließliche Kompetenz auf dem Gebiet der Feindaufklärung zugestanden.[114]

Angesichts so auffälliger Bevorzugung des Militärs und seines Geheimdienstes hielt es der stets mißtrauische Stalin offenbar für geboten, der Raswedka einen Politoffizier vorzusetzen. Der Geheimdienst erhielt schon wieder einen neuen Chef, diesmal einen Stalinisten härtester Art: Generalleutnant Fjodor Fedotowitsch Kusnezow, 39 Jahre alt, einer der eifrigsten Helfer des Diktators bei der blutigen »Säuberung« der Armeeführung 1937/38, schließlich stellvertretender Chef der Politischen Hauptverwaltung der Roten Armee. Stalin wollte von ihm wissen, ob er denn als Geheimdienstchef ebensogut sein werde wie als Politkontrolleur der Armee. Kusnezow: »Gibt's da einen großen Unterschied?«[115] Einen so linientreuen Mann nahm der Kreml-Herr gerne.

Doch dem Genossen Kusnezow erging es wie seinem großen Vorgänger Bersin. Kaum war er in die Rolle des legendenumwobenen Direktors geschlüpft, da kannte er keine andere Pflicht als die Wahrung der Interessen seiner Raswedka. Unter Kusnezows Leitung schaltete sich nun der Geheimdienst in die Partisanenbewegung energisch ein, unter weitgehender Umgehung von Ponomarenkos Zentralstab, den die Militärs ohnehin nicht sonderlich ernst nahmen.

Die taktische, mithin eigentliche Führung der Freischärler übernahmen die Stäbe der Fronten und Armeen mit ihren Abteilungen für Partisanenkrieg, in denen Offiziere der Raswedka (und der Smersch) den Ausschlag gaben; sie erteilten den Partisanen Aufklärungsaufträge und koordinierten deren Kleinkrieg gegen die deutsche Besatzungsmacht mit den Operationen der Roten Armee.[116] Dabei geriet der Partisanen-ND immer mehr zu einem Anhängsel der militärischen Feindaufklärung. Die Raswedka stattete die Partisanen mit Nachrichtengeräten, Funkern, Chiffrierern und Offizieren aus, die den Informationsdienst der Wald- und Untergrundarmee systematisierten.

Schon im Januar 1943 hatte das Volkskommissariat für Verteidigung angeordnet, bei den Partisanenverbänden Abteilungen für Tiefenaufklärung zu schaffen, deren Kundschafter über das unmittelbare Aktionsgebiet der jeweiligen Partisanengruppe hinaus den Feind ausforschen sollten. Die Nachrichtendienstler eines Partisanenverbandes bildeten oft eine Welt für sich: Meist waren es mit Fallschirm abgesetzte Raswedka-Offiziere, die als »Operative Bearbeiter« die Agenten einer Partisanengruppe steuerten, deren Namen und Verbindungen nicht einmal der örtliche Partisanenchef erfahren durfte.[117]

Merkblätter der Raswedka machten klar, daß erste Aufgabe eines »Partisanenkundschafters« die Erkundungsarbeit für die Rote Armee sei. »Du bist das Auge und Ohr des Kommandeurs, du siehst und hörst alles, doch dich sieht niemand«, hieß es in einem Merkblatt.[118] Das Agentennetz eines Operativen Bearbeiters umfaßte alle wichtigen Dörfer im Einsatzgebiet einer Partisanengruppe, wohl geordnet nach den Konspirationsregeln der Raswedka: in jedem Ort ein Resident, meist ein Parteimitglied, Agenten unter den Dorfältesten und den Mitarbeitern deutscher Dienststellen, dazu V-Männer und sogenannte Nachrichtenagenten, die sich dank ihrer von der Besatzungsmacht ausgestellten Ausweise zwischen Ortschaften frei bewegen konnten. Ihre Meldungen wurden von dem Operativen Bearbeiter gesammelt und durch Funk oder Kurierflugzeug an die Armeestäbe weitergeleitet.[119]

Bei so gründlicher Organisation mußten die Partisanenkundschafter bald zu wirkungsvollen Gehilfen und Wegbereitern der vorrückenden Sowjet-Armeen werden, zumal die Partisanenarmee immer mehr zu einer Massenbewegung anschwoll – Folge der sowjetischen Waffenerfolge und der kolonialistischen Ausbeutungspolitik der deutschen Herren. »Wir müssen«, hatte Generalleutnant Schtscherbakow, der Politchef der Roten Armee, schon im April 1943 zu seinem Adjutanten gesagt, »eigentlich den Deutschen dafür danken, daß sie durch ihre Politik... uns geholfen haben, die Flamme der Partisanenbewegung in größtem Ausmaße zu entfachen.«[120]

Immer häufiger klärten die Agenten- und Funktrupps der Partisanen im Hinterland der deutschen Front auf und bereicherten mit ihren Informationen das Feindlagebild der sowjetischen Armeen. Die Funksprüche der Partisanenkundschafter halfen nicht selten dabei, deutsche Gegenangriffsabsichten rechtzeitig zu erkennen oder gegnerische Verbände auf dem

Rückzug abzuschneiden. Wo immer die Sowjettruppen vorstießen, wo immer neue Offensiven geplant wurden – stets standen die Kundschafter der Partisanen bereit, für die Rote Armee die Lage beim Feind zu erkunden.

Doch allmählich geriet der Vormarsch der sowjetischen Armeen so in Schwung, daß die hinter der deutschen Hauptkampflinie agierenden Freischärler von den eigenen Truppen überholt wurden, ehe sie so richtig Zeit zum Losschlagen gefunden hatten. Jetzt wurde es für die Feindaufklärung der vorstoßenden Armeen immer wichtiger, die weiter rückwärts, schon im tieferen Hinterland des Feindes tätigen Partisanengruppen zu aktivieren. Mit Funk allein ließen sie sich freilich nicht erreichen. Daraufhin wurden Fallschirmagenten eingesetzt, in Gruppen zu je fünf Mann, darunter ein Funker mit Gerät, die ferne Partisaneneinheiten kontaktierten und mit ihrer Hilfe spezielle Aufklärungsaufträge ausführten, zu denen bald auch Sabotageaufgaben hinzukamen.[121]

Die aus der Luft abgesetzten Agenten- und Sabotagetrupps wurden zusehends zu einem Alpdruck der deutschen Spionageabwehr. Einen so massenhaften Einsatz gegnerischer Agenten und Saboteure hatte sie noch nicht erlebt: Weit hinter der deutschen Front setzte der sowjetische Geheimdienst seine Trupps ein – gespenstisch, wie da plötzlich Fallschirmagenten des Feindes auftauchten, deutsche Truppen und Dienststellen ausforschten, Brücken, Bahngeleise und Bunker sprengten, um ebenso schnell wieder im schützenden Dunkel der Wälder und bei den dort versteckten Partisanen zu verschwinden.

»Nachweislich setzt der sowjet[ische] Tiefenaufklärungsdienst monatlich mehrere 1000 Spionageagenten und sonstige Aufklärungskräfte gegen die deutsche Ostfront an«, notierte die Leitstelle III Ost der deutschen Frontaufklärung im Januar 1945. »Allein durch die Frontaufklärung III wurden bisher etwa 3000 hauptamtlich mit diesen Aufgaben befaßte Offiziere und qualifizierte Mitarbeiter ermittelt.[122] Die Raswedka dachte und plante offenbar nur noch in Massen: Als Oberst Leonid Asmolow im August 1944 im Gebiet des slowakischen Banska Bystrica von einem Flugzeug abgesetzt wurde, um mit Partisanen und putschbereiten Offizieren der slowakischen Armee einen Aufstand gegen die Deutschen zu inszenieren, folgten ihm 1000 sowjetische Fallschirmspringer (der Aufstand wurde jedoch niedergeschlagen).[123]

Raswedka-Chef Kusnezow wäre kaum der Politfunktionär gewesen, der er im Grunde blieb, hätte er die Fallschirmagenten nicht immer stärker auch mit politischer Zersetzungsarbeit beauftragt. Neben Aufklärung und Sabotage sollten sie nun auch noch deutsche Soldaten von Hitler abspenstig machen, durch Flugblattpropaganda offenen Ungehorsam in der Wehrmacht entfachen und die umfunktionierten Soldaten den Partisanen zuführen.

Dazu reichte natürlich das Personal der Raswedka nicht, ganz abgesehen davon, daß es sich schwerlich auf die deutsche Psychologie verstand. Doch die Organisatoren des Geheimdienstes kannten ein Agentenreservoir, auf das sie ungeniert zurückgriffen: die Masse der deutschen Kriegsgefangenen, in den Antifa-Lagern des Nationalkomitees Freies Deutschland auf den Dienst für die Sowjetunion vorbereitet. In den Lagern fiel den Raswedka-Werbern die Arbeit nicht schwer. Scharenweise meldeten sich politisierte Plennys für die geheimen Fallschirmaktionen des Raswedka im deutschen Herrschaftsgebiet, aus antifaschistischer Gesinnung oder in der Hoffnung, auf diese Weise schnell in die Heimat zurückzukommen. Auch emigrierte Kommunisten und deren Söhne ließen sich von Kusnezows Werbern anheuern.[124]

Auf den Sabotage- und Kundschafterschulen der Roten Armee ausgebildet, sprangen deutsche Kommunisten und ehemalige Kriegsgefangene über den Einsatzorten in Hitlers Reich ab, wobei freilich die Raswedka darauf sah, daß »ihre« Deutschen unter sowjetischer Kontrolle blieben: Der Führer und Funker jeder Agentengruppe mußte stets ein Rotarmist sein.[125] Die deutschen Agenten zeigten dabei einen fanatischen Einsatzeifer, den die Raswedka von den meisten ihrer eigenen Leute kaum kannte – sicherste Gewähr für geheimdienstliche Karrieren im roten Nachkriegsdeutschland.

Wer damals überlebte, konnte später in der DDR etwas werden: Der Fallschirmagent Herbert Hentschke, Sohn eines kommunistischen Emigranten, wurde Oberst im Ostberliner Ministerium für Staatssicherheit, sein Kampfgenosse Martin Weikert brachte es bis zum Generalleutnant im »Stasi« und sein Kamerad Karl Linke sogar bis zum General und Nachrichtenchef der Kasernierten Volkspolizei.[126] Solche Raswedka-Karrieren werden freilich heute von der DDR-Publizistik gerne vertuscht; selbst bei ostdeutschen Kommunisten gilt es offenbar nicht als Ruhmesblatt, einmal für die Rote Armee spioniert zu haben.

Einen nachhaltigen Erfolg hatten die deutsch-sowjetischen Fallschirmagenten jedoch nicht, ihr Masseneinsatz erwies sich schnell als kontraproduktiv. Je mehr Fallschirmagenten die Raswedka einsetzte, desto miserabler wurden ihre Startbedingungen. Eine Ausbildung fand kaum noch statt; ihre Ausrüstung war so fehlerhaft, daß die eingeflogenen Agenten eine leichte Beute der deutschen Spionageabwehr wurden. Die meisten Fallschirmagenten aus dem NKFD gaben denn auch bald auf und meldeten sich bei der Gestapo, in deren Auftrag sie dann gegen die Sowjets arbeiteten wie der Oberst Hoyer. Er war als Regimentskommandeur in sowjetische Gefangenschaft geraten und hatte sich der Raswedka verdingt. Sie hatte ihn mit Spionageaufträgen nach Deutschland katapultiert, wo er sich freiwillig stellte und später bei einem Funkspiel des RSHA gegen Moskau mithalf.[127]

Die deutschen Geheimdienstler konnte freilich der Mißerfolg der Massenspionage nicht überraschen, sie hatten das schon alles an sich selber erfahren. Auch Hitlers Erkundungsdienste hatten den Weg eingeschlagen, den die Raswedka nach dem Ende der Fernaufklärung beschritten hatte, nur schon viel früher – aus Mangel an leistungsfähigen Spionen und konspirativen Verbindungen in das russische Hinterland.

Schon bei Beginn des Krieges hatte sich offenbart, wie dürftig Abwehr, Horchfunk und Luftaufklärung bei der Ausforschung Rußlands arbeiteten. Vor allem die Abwehr tappte völlig im dunkeln. Ihre Rußland-Aufklärung war von Canaris auf Befehl seines Führers in der Zeit des Hitler-Stalin-Paktes entmannt worden. Kein brauchbarer Agent arbeitete in Stalins Reich, kein V-Mann konnte in Rußland beobachten. Die deutschen Konsulate waren 1938 geschlossen worden, deutsche Militärattachés durften an keinem Manöver der Roten Armee teilnehmen.

Die Barbarossa-Planung hatte es ans Licht gebracht: Abwehr und die anderen Aufklärungsorgane des Dritten Reiches wußten praktisch nicht, was in Rußland vorging. »Die Masse des Nachrichtenmaterials, das wir erhielten, war Mist«, erinnert sich einer der führenden Rußland-Analytiker des Heeres-Generalstabes.[128] Mangels eigener Informationen hatten die Abwehroffiziere die antiquierten Beuteakten aus dem Polen-Krieg nach Rußland-Material durchkramen müssen. Es bestärkte sie nur in ihrer Geringschätzung der Roten Armee, wenn sie polnische Geheimdienstdossiers lasen wie dieses: »Anwachsen der Stalin-feindlichen Stimmung im höheren Offizierskorps infolge des Terrors. Mittlere Ränge Karrieristen ohne Selbständigkeit und Initiative ... Unteroffiziere und Mannschaften: Vertrauen zu Vorgesetzten untergraben.«[129]

Nichts hat die Arroganz deutscher Militärs gegenüber dem sowjetischen Gegner so befestigt wie die falschen Meldungen und Voraussagen der Abwehr im Sommer 1941. Kaum etwas stimmte daran. Die Stärkemeldungen trafen nicht zu, Kampfkraft und Moral der Roten Armee waren grotesk verzeichnet.

Die Feindlagebearbeiter des Generalstabes wußten kaum, wie sie die gegnerischen Kräfte einschätzen sollten. Die Gliederung der sowjetischen Streitkräfte im Westen der UdSSR war nicht bekannt, die Verteilung der Armeen und Panzerverbände ein Rätsel. So verrechneten sich die deutschen Analytiker immer wieder: 10500 Kampfflugzeuge erwarteten sie auf der sowjetischen Seite, 23245 waren es tatsächlich; 10000 Sowjetpanzer waren gemeldet, die weiteren 14000 hatte man übersehen.[130] Nicht weniger täuschten sich die Feindlagebearbeiter bei der Berechnung der gegnerischen Heerestruppen im Westen der Sowjetunion. Sieben bis acht Fallschirmbrigaden hatten die Späher der Abwehr und die Luftaufklärung ausgemacht, 24 Divisionen waren es in Wirklichkeit. Kein einziger der grenznahen Militärbezirke Rußlands war kräftemäßig richtig erfaßt worden. So im Besonderen Militärbezirk Kiew: Statt der 32 Schützendivisionen waren 45 gemeldet, statt der 16 Panzerdivisionen nur drei und statt der zwei Kavalleriedivisionen gleich zehn.[131]

Solche Fehlinformationen förderten den verhängnisvollen Aberglauben in deutschen Stäben, die Rote Armee sei kein ernstzunehmender Gegner. Für Hitler war die russische Wehrmacht nichts als »ein tönerner Koloß ohne Kopf«, und seinem Stabschef, General Jodl, erschien dieser Koloß »wie eine Schweinsblase, in die man nur hineinzustechen braucht, um sie zum Platzen zu bringen«.[132] Selten ist in der Geschichte eine kriegsplanende Militärführung hochmütiger ins Verderben gerannt als jene des Großdeutschen Reiches.

Ein paar Tage Rußland-Krieg reichten allerdings aus, den Generalstab des

Heeres, vor allem dessen für die Feindaufklärung in Osteuropa zuständige Abteilung Fremde Heere Ost (FHO), gründlich zu ernüchtern. Immer mehr sowjetische Divisionen, die es nach Abwehr-Erkenntnissen gar nicht gab, tauchten vor dem deutschen Angriffsheer auf, und schier endlos schienen die Massen neuer Waffen und Ausrüstungen, die Rußlands hartbedrängte Führung in den Kampf warf – ebenfalls eine drastische Widerlegung bisheriger Annahmen von Abwehr und FHO.

Canaris mußte schleunigst seine Rußland-Aufklärung verbessern, wenn er nicht das ganze Prestige der Abwehr verspielen wollte. Doch wer konnte der Abwehr aus der russischen Sackgasse heraushelfen? Jahrzehntelang hatte sich die deutsche Spionage in Rußland auf das von Zaren und Bolschewisten gleichermaßen drangsalierte Judentum gestützt, das sich von den Deutschen Befreiung von Verfolgung und Zwang erhoffte. Jüdische Agenten hatten 1914 die Geheimdienstler des Kaisers vor den von Rußland drohenden Gefahren gewarnt, jüdische V-Männer den deutschen Armeen im Ersten Weltkrieg geholfen.

Doch die deutschen Soldaten, die 1941 in Rußland einfielen, hatten kaum noch etwas mit jenen des Kaisers gemein. Sie waren, ob gewollt oder ungewollt, Werkzeuge einer skrupellosen Staatsführung, die einen rassistisch-kolonialistischen Raubkrieg ohnegleichen betrieb, zu dessen erklärten Zielen auch die Vernichtung des russischen Judentums gehörte. Der millionenfache Judenmord, grauenvollstes Verbrechen deutscher Geschichte, war zwar den berüchtigten Einsatzgruppen der Sicherheitspolizei und des SD aufgetragen, aber auch die Wehrmacht blieb davon nicht unberührt.

Nach dem Ende des Hitler-Regimes kam allerdings die Version auf, die Abwehr habe an den Verbrechen nicht mitgewirkt, ja sogar Juden geschützt. Sicherlich gab es qualitative Unterschiede zwischen Abwehr und den Organen des SS/Polizei-Apparates, dennoch war auch Deutschlands konservativ-traditionalistischer Geheimdienst vom Gift des antisemitischen Zeitgeistes angesteckt. Wie anders wäre es sonst zu erklären, daß Canaris schon 1941 aus vermeintlichen Abwehr-Gründen die Einführung eines David-Sterns für die Berliner Juden verlangte und Abwehr-Offiziere zuweilen den SS-Einsatzgruppen bei der mörderischen Judenjagd assistierten?[133] So mancher Abwehr-Mann hatte längst die rassistischen Wahnideen des Nationalsozialismus verinnerlicht, wovon nicht wenige Berichte und Meldungen aus den Akten des Amtes Ausland/Abwehr zeugen.

Gerade ihre Ostberichterstattung dokumentierte, wie sehr sich die Abwehrführung den abstrusen Vorstellungen der Nazis von der Judenherrschaft in Rußland und einer jüdisch-bolschewistischen Weltverschwörung angepaßt hatte. Das las sich dann in der Sprache eines führenden Rußland-Experten der Abwehr am 24. März 1942 so: »Das Bewußtsein, über 20 Jahre unter Judenherrschaft zu stehen, gewinnt [in der Sowjetunion] langsam Raum. Die Rotarmisten beginnen mehr und mehr gegen die Juden zu murren... Die starke Verjudung der Etappe und rückwärtigen Dienste läßt die Artgemeinschaft von Judentum und bolschewistischem System immer deutlicher empfinden.«[134] Wo lag da noch ein Unterschied zwischen diesem Abwehrelaborat und dem weltanschaulichen Untermenschengefasel des SD?

Da kann es heute nur noch makaber wirken, daß sich der Abwehrchef Canaris gleichwohl von ein paar jüdischen Agenten, die er immerhin noch duldete, ein Wunder der Rußland-Aufklärung erhoffte. Drei »Nichtarier« waren es vor allem, mit denen er sowjetische Führungsstäbe wirkungsvoll infiltrieren wollte, so wirkungsvoll, daß die führenden deutschen Militärs von nun an der Abwehr alles zutrauen würden.

Tatsächlich sprach sich bald unter den Generalen des deutschen Ostheeres herum, daß Canaris einen Spitzenagenten habe, dessen Verbindungen bis in den Kreml reichten. »Max«, wie man ihn kurz nannte, ohne zu wissen, wer er war, galt als der Mystery man der Abwehr, der mit frondierenden Offizieren der Roten Armee in Funkkontakt stehe und durch einen Informanten in Stalins engster Umgebung über die jeweils neuesten Beschlüsse und Pläne der Stawka informiert sei. Die Max-Meldungen wurden rasch zu einem scheinbar unentbehrlichen Führungsmittel deutscher Feldherren: Der Panzergeneral Guderian mochte später als Generalstabschef des Heeres keine wichtige Entscheidung mehr treffen, ehe er wußte, was Max gerade gemeldet hatte, und selbst die skeptischen Feindlagearbeiter der FHO behandelten Max-Sprüche nicht ohne wohliges Erschauern.[135]

Es war verblüffend, was Max alles wußte. Trat in Moskau ein Kriegsrat zusammen, so wußte Max noch am gleichen Tag, was dort gesprochen worden war. Keine größere operative Entscheidung in der Stawka, keine Heranführung sowjetischer Reserveverbände, keine Ausweitung der gegnerischen Rüstungsindustrie, von der Max nicht sofort erfuhr und die er umgehend seinem nächsten »Kunden«, der Abwehrstelle Wien, zur Kenntnis brachte, die das wiederum an die Fremde Heere Ost weitergab.

Knapp und kurz hieß es dann: »Am 4. November [1942] Kriegsrat in Moskau unter Vorsitz von Stalin. Anwesend: 12 Marschälle und Generale. In diesem Kriegsrat wurden folgende Grundsätze festgelegt: a) Sorgfältige Fortsetzung aller Operationen unter Vermeidung schwerer Verluste. b) Raumverluste sind unerheblich ...« Eine andere Meldung von Max: »Militärrat in Moskau ... Schaposchnikow gab Rückzug bis zur Wolga bekannt, damit die Deutschen den Winter an der Wolga verbringen müssen.« Wieder eine Meldung: »Am 22. Juni trafen aus Astrachan in Tichorezk ein: eine Schützendivision, ein Artillerieregiment, ein Regiment mit mittelschweren Panzern. Angeblich für Rostow bestimmt.«[136]

Das klang so kundig, daß die Version Anklang fand, der Informant in Moskau sei Stalins Arzt, der laufend aus der Stawka berichte. Kaum einer unter den halbwegs Eingeweihten zweifelte später daran, daß Max schlechthin der deutsche Meisterspion des Zweiten Weltkrieges gewesen sei. Und je weniger man über Max wußte, desto üppiger gediehen die Legenden, die sich um den Geheimnisvollen rankten.

Nur Hitler war wieder einmal mißtrauisch und fegte die Max-Meldungen beiseite, sobald er erfuhr, ihr Verfasser sei ein Jude namens Klatt. Tatsächlich hatte ihm die Abwehr diesen Decknamen gegeben.[137] Den »Herrn Klatt« oder auch »Ingenieur Klatt« nannte man den Mann, der im Dachgeschoß einer Villa im bulgarischen Sofia mit ein paar exilrussischen Funkern die Verbindungen nach dem Osten hielt, darunter zu »Max«, dem Funkagenten in Moskau, dem Klatt seinen Spitznamen verdankte, und zu »Moritz«, einem anderen Agenten hinter dem Ural.

In Wirklichkeit hieß der vermeintliche Meisterspion Fritz Kauders und war ein ehemaliger Sportjournalist aus Wien, der sich in allerlei Ländern und Berufen durchgeschlagen hatte und 1941 in die Dienste der Abwehreigenen Kriegs-Organisation (KO) in Budapest getreten war. Für sie bespitzelte und bestahl er den US-Konsul John J. Meily im kroatischen Zagreb so perfekt, daß ihn die Abwehr für größere Aufgaben heranzog, vor allem im Osten, für den Kauders ein merkwürdiges Faible hatte. So kam er zu dem Obersten Rudolf Graf von Marogna-Redwitz, Leiter der Abwehrstelle Wien, der Kauders wie ein seltenes Juwel beschützte. Kein Wunder: Der Graf war einer der Steuermänner der deutschen Rußland-Spionage.[138]

Marogna-Redwitz übertrug Kauders die Leitung der Funklinien nach Rußland, die bis zum Ausbruch des Krieges der exilrussische General Turgut im Auftrag der Abwehr unterhalten hatte. Kauders alias Klatt will es auch später gelungen sein, Zugang zum bulgarischen Polizeifunk zu erhalten, der Verbindungen nach Rußland besaß, und es mag ebenso japanische Journalisten wie den in Sofia stationierten Korrespondenten Isono Kiyosho gegeben haben, die dem Agenten der Abwehr ermöglichten, den Geheimdienst Japans anzuzapfen, der noch immer besser als jeder andere Erkundungsdienst über die Sowjetunion informiert war.[139]

So wäre denn mit dem Herrn Klatt alles in Ordnung gewesen, hätte er nicht immer mehr die Abwehr gedrängt, ihm seinen jüdischen »Makel« zu nehmen und Hitler zu veranlassen, ihn zu einem »Staatsbürger deutschen Blutes«, einer Art Ehrenarier, zu ernennen – Grund für den von Marogna-Redwitz übergangenen KO-Leiter in Sofia, den Oberst und ehemaligen SA-Führer Otto Wagner, hinter dem »Juden Klatt« herzuschnüffeln und ihn in den Verdacht zu bringen, ein Doppelagent zu sein, was nun freilich Canaris gar nicht gerne hörte. Wiederholt ermahnte er Wagner, Klatt in Ruhe zu lassen. Canaris: »Beobachten können Sie ihn, aber stören Sie ihn nicht bei der Arbeit.«[140] Dem Oberst Wagner aber schien es unheimlich, daß ein solcher Mann auch noch Ehrenarier werden wolle.

Dabei war das Verlangen von Kauders so ungewöhnlich nicht, war doch mancher Abwehrmann mit lückenhaftem Arierpaß durch Canaris zum Staatsbürger deutschen Blutes avanciert. Der Sonderführer Hans von Dohnanyi, einer der Wortführer des Anti-Hitler-Widerstands in der Abwehr, war einer von ihnen, und auch der Spitzenagent im mandschurischen Harbin gehörte dazu, der vom fernsten Osten her betrieb, was Kauders offenbar an der Südwestgrenze Rußlands geglückt war.

»Der V-Mann Ivar«, so schrieb Canaris am 31. März 1943, »ist die einzige Quelle des Amtes Ausl./Abw., die über den Raum des asiatischen Rußlands sowie des Grenzgebietes Mandschukuo/Rußland in größerem Umfange

Meldungen liefert. Die eingegangenen Meldungen, insbesondere in letzter Zeit, sind außerordentlich umfangreich und bieten die einzige Aufklärungsunterlage, um die Reserven, Neuaufstellungen usw. insbesondere der SU-Luftwaffe im sibirischen Raum zu erfassen.«[141] Canaris hatte allen Grund zu solchem Lob: Die Ivar-Meldungen konnten (ebenso wie die Max-Meldungen) den Anspruch des Abwehrchefs stützen, seine Agenten würden mit ihren Informantennetzen weite Gebiete der Sowjetunion abdecken.

Der V-Mann Ivar, mit bürgerlichem Namen Ivar Lissner und später dem bundesdeutschen Lesepublikum als Autor von Bestsellern wie »So habt ihr gelebt« lieb, war so etwas wie das nationalsozialistische Gegenstück zu Richard Sorge. Aus einer deutschbaltischen Familie stammend, gläubiger Nazi und Antikommunist, von der Kultur und Politik Japans fasziniert, hatte sich Lissner 1938 als Sonderkorrespondent des »Völkischen Beobachter« (VB) in Tokio niedergelassen, bald hofiert von Botschafter Ott und allen Japan-Deutschen, die es sich mit dem NS-Regime nicht verderben wollten.[142] Wer immer etwas in Tokios deutscher Kolonie gelten wollte, konsultierte den offenbar einflußreichen Vertreter des Zentralorgans der NSDAP; er war der Mann, den man kennen und sehen mußte.

Desto verblüffender der Bannstrahl aus Berlin, der im September 1939 die graue Eminenz gleichsam über Nacht zu einer Unperson werden ließ, nahezu von allen gemieden: Lissner verlor seinen VB-Posten, flog aus der Reichsschrifttumskammer, ohne die kein Deutscher im Dritten Reich publizieren durfte, die Partei leitete gegen ihn ein Verfahren ein. Was war geschehen? Bald erzählte man es sich in Tokio nicht ohne Schadenfreude: Die Gestapo hatte Lissners Vater in Berlin verhaftet, weil von ihm ein Fragebogen gefälscht worden war, womit er seine jüdische Abstammung (er hieß eigentlich Hirschfeld) hatte kaschieren wollen.[143]

Doch Lissner wußte sich zu helfen. Er hatte einen Freund bei der Abwehr, Hauptmann Schulz, der im Sommer 1940 den Fernen Osten bereiste, von Canaris beauftragt, dort eine Nachrichtenorganisation (»KO China«) zu schaffen. Ihm bot sich Lissner als Agent und Rußland-Informant an, allerdings unter Bedingungen: Canaris müsse seinen Eltern zur Ausreise aus Deutschland und ihm selber zur Wiederherstellung seines alten Status verhelfen. Der Abwehrchef war einverstanden; einen so weitgereisten Mann wie Lissner, zudem Konfident hoher japanischer Militärs, als Agenten zu gewinnen, mußte Canaris reizen. Er hielt sein Wort: Im Herbst tauchten die alten Lissners in Shanghai auf, der Verfemte durfte wieder in die Reichsschrifttumskammer, zugleich stoppte die Partei das Verfahren gegen ihn (nur der VB spielte nicht mit).[144]

Kurz darauf mietete Lissner mit Geldern der Abwehr eine Wohnung in Harbin und baute eine Informantengruppe auf, die gegen Rußland, vor allem dessen Luftwaffe, aufklären sollte, weshalb V-Mann Ivar der Luftwaffengruppe von Abwehr I unterstellt wurde. Ivars Nachrichtennetz breitete sich rasch aus: Einem Mitarbeiter Lissners, dem Kaufmann Fütterer, gehörte ein Warenhauskonzern, der Werkstätten, Färbereien, Handelskontore und Wohlfahrtseinrichtungen in der Mandschurei und in Nordchina unterhielt (früher auch in Sibirien), die nun alle für Ivar arbeiten sollten. Zudem vermittelte ihm Fütterer die Bekanntschaft des faschistischen Donkosaken-Atamans Rodschajewski, dessen Exilorganisation V-Männer in Sibirien besaß, darunter auch einige im Offizierkorps der sowjetischen Fernostfront.[145]

Der Ataman stellte Lissner auch russische Mittelsmänner zur Verfügung, die nachts über die sowjetische Grenze gingen. Das waren die ersten Ansätze zu einer Informantenorganisation Lissners, die in kurzer Zeit bis in das östliche und südliche Sibirien reichte. Auch in westasiatische Gebiete der UdSSR schob er seine Vertrauensmänner vor. Dabei halfen ihm alte Kontakte aus der Zeit einer großen Reise durch die Mandschurei, die Lissner 1938 unternommen hatte.[146] Auch japanische Quellen konnte sich Lissner öffnen. Er zapfte, ebenso wie Kauders im Westen, Nippons Geheimdienstkanäle an. Oberst Kasuga, Kommandeur der gefürchteten Militärpolizei (Kempeitai) in Harbin, und Matsushita, Rußland-Sachbearbeiter in der japanischen Abwehrzentrale, waren nur zu gerne bereit, dem interessierten Deutschen vertrauliche Nachrichten zugänglich zu machen.

Und was Lissner bei den Gegnern der Sowjets nicht bekam, holte er sich bei den Roten selber. Er schloß Bekanntschaft mit Beamten des Sowjetischen Konsulats in Harbin, mit denen er ein gewagtes Geschäft auf Gegenseitigkeit vereinbarte: Nachrichten über die japanische Armee gegen Informationen aus der Roten Armee. Das Sowjetkonsulat gab tatsächlich Informationen preis, Spielmaterial, gewiß, und doch inhaltsreich genug für Fachleute, die frisierte Nachrichten von echten zu unterscheiden wußten.[147]

So war Lissner gut darauf vorbereitet, die Abwehr nach dem Ausbruch des Rußland-Krieges mit erstklassigen Informationen zu beliefern. V-Mann Ivar schien stets orientiert zu sein.

Wo immer neue sowjetische Truppen auftauchten, Industriewerke entstanden, Militärpersonalien gesucht wurden, Unruhen ausbrachen – Lissner kannte die Details. Meistens erwiesen sich seine Lagebeurteilungen als richtig. Er kündigte die Verlagerung eines Teils der sowjetischen Rüstungsindustrie nach dem Fernen Osten an, er prophezeite wie sein Gegenspieler Sorge, Japan werde nicht die Sowjetunion angreifen, er sah den Krieg zwischen Japan und den angelsächsischen Seemächten voraus. Er kannte die internen Vorgänge im Sowjetischen Konsulat von Harbin ebenso wie die Stimmung im Oberkommando der Fernostfront, er meldete die Verlustziffern der russischen Luftwaffe, er wußte zuweilen sogar, was in den nichtasiatischen Teilen der UdSSR vorging.

Er berichtete über »intensive Truppenverschiebungen aus dem Fernen Osten mit Front nach Westen« (so im Bericht 236), er lieferte Listen über »Kommandanten der Garde-Einheiten der Roten Armee«, er fertigte Stimmungsbilder an: »Überläufer im Fernen Osten melden sehr unzureichende Nahrungsversorgung bei ihren Truppen. Moral im Hinterland apathisch« (Meldung vom 14. Mai 1942). Zwei Tage zuvor hatte er gewußt: »NKWD-Einheiten sowie politische Überwachung der Europafront und Westsibirien bedeutend verstärkt. Überall Anzeichen materiellen Niederbruchs, besonders in bezug auf Nahrungsmittel und Kleidung.«[148]

Er konnte Rußlands Kommandeure und Truppen genau aufschlüsseln, so etwa am 21. Mai 1942 die 11. Armee: »Kommandant: Generalleutnant Biritschew. Bestand: Schützendivision 145, Oberst Tretjak; Schützendivision 11, Generalmajor Russijanow; Schützendivision 84, Oberst Mironow; Schützendivision 134, Oberst Achmanow.«[149] Lissners Meldungen lasen sich oft wie ein Who's who des sowjetischen Führerkorps. Generalleutnant Below, Generalmajor Waranow, Oberst Belogorodski, Divisionskommissar Schmanenkow – es gab kaum einen wichtigen Militärnamen Rußlands, der in Lissners Meldungen nicht auftauchte.

Einem so tüchtigen Agenten mochte man die Anerkennung nicht länger versagen. Am 6. September 1941 erreichte ihn ein Funkspruch seines Berliner Führungsoffiziers, des Majors Friedrich Busch: »Ihre persönliche Angelegenheit wurde Führer vorgetragen, er entschied uneingeschränkt zu Ihren Gunsten. Bestätigende Papiere dafür werde ich für Sie verwahren. Ich gratuliere. Busch.« Da stand: »Der Führer hat entschieden, daß der Schriftsteller Dr. Ivar Lissner, geboren am 10. April 1909 in Riga, z. Zt. in Harbin, deutschblütigen Personen gleichgestellt wird.«[150] Auch ein Orden kam später hinterher. Busch funkte an Lissner: »Glückwunsch zum wohlverdienten Kriegsverdienstkreuz II. Klasse mit Schwertern.«[151]

Ivars Funksprüche kamen gerade zur rechten Zeit, um den Geheimdienst von dem weitverbreiteten Vorwurf zu entlasten, die Abwehr bediene die Wehrmacht nur noch mit minderwertigen Rußland-Informationen. Oft mußte Busch in die Zentralabteilung hinübergehen, wo sich Sonderführer von Dohnanyi für die Meldungen des V-Mannes Ivar interessierte. Dohnanyi und sein Chef, Oberst Hans Oster, legten Canaris die eindrucksvollsten Lissner-Reports vor, mit denen dann der Admiral beim nächsten Führervortrag zu glänzen wußte.

Lissner, Kauders und auch der Stockholmer V-Mann Klaus ermöglichten es Canaris in der Tat, die Fata morgana einer teuflisch tüchtigen Rußland-Spionage der Abwehr vor den Augen der staunenden deutschen Militärs zu erzeugen. Blindlings glaubte so mancher angeblich Eingeweihte, die Abwehr unterhalte in Rußland eine Fülle von Spionen, die dem Admiral Canaris jedes größere Geheimnis der sowjetischen Militärführung enttarne.

Lange konnte sich freilich dieses Trugbild nicht halten. In der FHO zweifelten plötzlich einige Sachbearbeiter daran, daß die Max-Meldungen zuträfen, und es kam das Gerücht auf, Kauders unterhalte gar keinen Funkkontakt nach Rußland, nicht einmal einen zur bulgarischen Polizei; der unermüdliche Rechercheur Wagner wollte herausgefunden haben, daß der famose Herr Klatt nur nach Spanien funke.[152] Auch Lissners Arbeit begegnete wachsenden Zweifeln. Auf seinen Meldungen standen jetzt häufiger unfreundliche Bearbeitermarginalien wie diese vom 14. August 1942: »Ivar bringt alte Klamotten unter neuem Datum.«[153]

Zudem zeigten die Großen Drei der deutschen Rußland-Aufklärung deutliche Ermüdungserscheinungen, was nicht zuletzt mit ihrem ungeklärten Status zusammenhing. Kauders nahm es der Abwehr übel, daß sie ihn nicht vor Verdächtigungen (»Doppelagent«) aus den eigenen Reihen in Schutz nahm, und auch Klaus konnte nicht verwinden, daß er in der Abwehr-Führung und vor allem bei Hitler in dem Geruch stand, mit den Bolschewisten unter einer Decke zu stecken.

Am ärgsten traf es Lissner. Die Ernennung zum »Ehrenarier« reichte ihm nicht, er verlangte von Canaris immer mehr: Lissner wollte zum Hauptmann, ja, zum Deutschen Militärattaché ernannt werden, um sich den Japanern gegenüber glaubwürdiger legitimieren zu können. Als ihm das verweigert wurde, kam Lissner der wahnwitzige Einfall, sich eigenmächtig ein paar wohlklingende Titel und Dienststellungen zuzuschreiben. Er nannte sich fortan »Sonderbeauftragter des Führers für den Fernen Osten«, und wem das noch nicht reichte, der bekam auch mal unter dem Siegel der Verschwiegenheit von Lissner zu hören, er sei der Gestapo-Chef im ganzen ostasiatischen Raum.[154]

Sein Pech aber wollte, daß es einen solchen Gestapo-Chef wirklich gab, und der saß in Tokio in der Deutschen Botschaft. Er war einer der rüdesten Funktionäre aus dem Schattenreich der Sicherheitspolizei, wegen korrupter Aktivitäten im besetzten Polen von Himmler als Polizeiattaché nach Japan strafversetzt: SS-Standartenführer Josef Meisinger.[155] Der hörte von seinem »Kollegen« in Harbin und machte sich stracks auf, dem »Judenlümmel Lissner« das Handwerk zu legen – Beginn schier endloser Intrigen gegen den Chefagenten der Abwehr, die schließlich Lissner zu dem verzweifelten Versuch bewogen, Meisinger bei dessen Vorgesetzten in den Geruch der Sowjet-Hörigkeit zu bringen.

Lissner wußte nämlich durch einen Freund in der Tokioer Botschaft, daß Meisinger ebenso wie der Botschafter Ott in den Spionagefall Sorge verwikkelt war; auch der SS-Mann hatte zu den Trinkkumpanen und Informanten des Sowjetspions gehört, auch er machte das Spiel Otts mit, die Berliner Zentrale durch Schauergeschichten von einem angeblichen Mißgriff der japanischen Polizei über die eigene Rolle hinwegzutäuschen. Das aber verdarb ihnen Lissner mit einem Funkspruch, den er am 23. März 1942 absetzen ließ: »Sorge, der über künftigen Kurs Achsenpolitik aus bestwissender deutscher Quelle ständig und vertraulich informiert wurde, hat seit Jahren für Sowjetrußland und speziell Rote Armee gearbeitet. Schwerster Schaden japanischer Interessen sowie vor allem Deutschlands. Deutsche Informationen flossen von deutscher Seite Tokio. Infolge seines Verrates soll japanisches Blut geflossen sein. Folgen sehr nachteilig.«[156]

Lissners Funkspruch wirkte wie ein Schlag ins Wespennest. Die Legationsräte im Auswärtigen Amt schraken auf. Außenminister von Ribbentrop verlangte eine sofortige Untersuchung, Blitztelegramme nach Tokio forderten Aufklärung, Botschafter Ott stritt alles ab. Er kabelte zurück: »Agenten-Meldung Lissner darstellt Sammlung zum Stillstand gekommener völlig unsinniger Gerüchte, die auch hier zeitweise umliefen.« Und er scheute nicht davor zurück, praktisch Lissners Verhaftung zu fordern. Der mit dem Fall Sorge befaßte japanische Staatsanwalt, so formulierte Ott, habe ihn gebeten, »Verbreiter von Gerüchten der in Agenten-Meldung enthaltenen Art, die offenbar aus Feindlager stammen, Staatsanwalt zu übergeben«.[157]

Weitere Nachforschungen enthüllten dann doch den AA-Beamten das wahre Ausmaß der Sorge-Affäre. Ott stürzte, sein Nachfolger wurde ein Ribbentrop-Intimus namens Heinrich Stahmer. Kaum aber hatte die deutsche Diplomatie mühevoll ihr Gesicht wieder zurückgewonnen, da kehrte sie sich gegen den Mann, der die Krise ausgelöst hatte – Lissner.

Jäh brach der bittere Kompetenzkonflikt zwischen Diplomaten und Spionen auf, der seit Jahren hinter der Fassade des angeblich so ordnungsliebenden NS-Staats tobte. Die Bürokraten des Auswärtigen Amtes hatten es nur widerwillig zugelassen, daß fremde Behörden in den diplomatischen Vertretungen des Reiches mitwirkten; man hatte es noch hingenommen, daß die Gestapo Polizeiattachés bei den Missionen unterhielt, den Einbau von Abwehragenten indes hatte das AA kaum goutieren wollen, denn der militärische Geheimdienst besaß geringere politische Macht als die Gestapo.

Der Krieg verdeckte allerdings meist solche Gegensätze. Im Fall Lissner aber wurden sie nun offenbar: Ein Agent der Abwehr hatte ein für das Auswärtige Amt peinliches Geheimnis enttarnt und publik gemacht, das vergaßen ihm Ribbentrops Bürokraten nicht. Die ganze Ämteranarchie des Dritten Reiches entlud sich jäh in einer gespenstischen Hexenjagd. Diplomaten, Parteifunktionäre und Gestapo-Männer rotteten sich zusammen, um den einzigen erfolgreichen Geheimagenten Deutschlands im Fernen Osten zur Strecke zu bringen.

Ein Jahr später hatten sie es geschafft: Am 4. Juni 1943 wurde Lissner von der Kempeitai unter der Beschuldigung verhaftet, für die Sowjetunion spioniert zu haben.[158] Der Anstoß dazu war von Meisinger gekommen, der die japanische Militärpolizei aufgehetzt hatte, Lissners verdächtigen Umgang mit den Angehörigen des Sowjetischen Konsulats in Harbin zu untersuchen. Zwei Jahre lang mußte Lissner die oft brutalen Vernehmungsmethoden der Japaner erdulden, im Stich gelassen von der Deutschen Botschaft und der (schlechtinformierten) Abwehr, die sich erst zu rühren begann, als sich längst Lissners Unschuld erwiesen hatte.[159]

Mit Lissners Sturz war endgültig das Kartenhaus von Canaris' strategischer Rußland-Spionage zusammengekracht. Der Admiral hätte wieder mit leeren Händen vor seinen Führer treten müssen, wäre ihm nicht jetzt zugute gekommen, daß bei Beginn von »Barbarossa« noch eine andere, eine realistischere Art der Rußland-Aufklärung entstanden war. Dort dominierten die Abwehr-Männer, die nicht an geheimnisvolle Meisterspione und Verräter in feindlichen Hauptquartieren glaubten, sondern an systematische, generalstabsmäßige Arbeit: an Auswertung von Beuteakten und Gefangenenaussagen, an Luft- und Funkaufklärung im Frontgebiet, an den Einsatz umgedrehter Gefangener im Rücken der gegnerischen Armeen. Die Abwehrtrupps, die diese Arbeit verrichteten, nannte man Frontaufklärungskommandos, kurz FAK.

Um der Abwehr neue Quellen zu erschließen, war ihre Führung schon vor Kriegsbeginn auf die Idee gekommen, der vorrückenden Truppe kleine Sonderkommandos mitzugeben. Die FAK setzten sich zusammen aus Agentenkolonnen, die »nach Auflösung der feind[lichen] Front mit Rückzugsbewegung nach hinten gehen und von dort mit Funk Nachrichten liefern« sollten, und aus Nachrichtenbeschaffungsoffizieren, deren Aufgabe in einer Weisung so umschrieben wurde: »Beschaffung von milit[ärischen] Nachrichten und Material durch Durchsuchen von Gefechtsständen, Gefangenenverhör... Auswertung der Agentenmeldungen, Sichtung und Weiterleitung des erfaßten Materials.«[160]

Befehlsgemäß löste sich ein Teil des Abwehrapparates von der Berliner Zentrale. 67 Offiziere, vier Beamte, zehn Unteroffiziere und 114 Kraftfahrer, fast alle aus dem Ostreferat der Abwehrabteilung I, meldeten sich am 15. Juni 1941 bei den Feindlageoffizieren (Ic) der zum Rußland-Überfall angetretenen Heeresgruppen und Armeen. Sie sollten, wie es in einem Abwehrbefehl hieß, »für die Führung wertvolles Material erfassen und Agenten im Feindgebiet führen«. Sie waren freilich nur die Köpfe einer unsichtbaren Truppe, die noch in den V-Mann-Sammellagern der Abwehr auf ihren Einsatz wartete. Dort wurden die aus dem Osten stammenden V-Männer geschult, bis sie der zuständige Kolonnenführer eines FAK zu einem Unternehmen abrief.[161]

Die Führung der FAK übernahm ein Mann, dem Canaris später bescheinigte, eine »besondere Begabung für den Nachrichtendienst« zu haben: Major Hermann Baun, Leiter des Rußland-Referats der Abwehr. Wie kaum ein anderer deutscher Offizier kannte Baun Rußland und die Russen. 1897 in Odessa geboren, Kenner der russischen und ukrainischen Sprache, hatte er auch nach seiner Übersiedlung nach Leipzig nicht aufgehört, sich mit Rußland zu beschäftigen. Im September 1939 war er zur Abwehr gekommen und galt von diesem Zeitpunkt an als einer der gescheitesten Rußland-Experten des Hauses Canaris.[162]

Am 18. Juni 1941 zog Baun mit seinem Stab in den Ort Sulejowek bei Warschau und errichtete dort die Frontaufklärungsleitstelle I Ost, die den Decknamen »Walli I« erhielt. Am 19. Juni schaltete Major Hotzel das Funknetz der FAK-Truppe ein, der Spionagekrieg an der Ostfront begann.

Der Agenteneinsatz von Walli I nahm sich auf dem Papier recht eindrucksvoll aus. Bauns Befehle besagten, der Nachrichtenbeschaffungsoffizier eines jeden FAK habe mit seinen V-Männern innerhalb einer 50-Kilometer-Zone vor der deutschen Front aufzuklären, der Kolonnen-Führer hingegen seine Agenten für »Einzelaufträge in größeren Tiefen (50 bis 300 Kilometer)« anzusetzen. »Während der Kolonnen-Führer innerhalb der eigenen Linien verbleibt«, so eine Dienstanweisung, »stoßen die Unterführer mit ihren V-Leuten, ihren Aufträgen entsprechend, in die Tiefe der Feindverbände vor. Die Nachrichtenübermittlung vom und zum Kolonnen-Führer erfolgt durch Funk.« Jede Kolonne sollte über zwei Funkgeräte verfügen, sowjetische Uniformen besitzen und motorisiert sein. Abwehr I dekretierte: »Die Kolonnen setzen sich aus einheimischer Bevölkerung

(Russen, Polen, Ukrainer, Grusinier, Kosaken, Finnen, Esten usw.) zusammen.«[163]

Eben daran aber drohte Bauns Arbeit zu scheitern: Walli I hatte nicht genügend ausgebildetes landeseigenes Personal. Als Bauns Stab ermitteln sollte, welche sowjetischen Verbände in den Baltenstaaten stünden, mußte er den Auftrag an die für Zersetzungsarbeit zuständige Abwehrabteilung II abgeben. Die machte 80 Esten mobil, die gerade für Sabotageaufgaben ausgebildet wurden. Sie sprangen hinter den sowjetischen Linien ab und meldeten Standorte, Einsatzräume und Bewegungen der Roten Armee solange, bis sie sich den herankommenden deutschen Truppen zu erkennen geben konnten.[164]

Das »Unternehmen Erna« (so der Kodename der Aktion) spornte Baun zu dem Plan an, selber Tiefenaufklärung zu betreiben. Durch seine Kontakte zur Abwehr II wußte er, daß es möglich war, Agenten im Hinterland des Feindes einzuschleusen. Schon lange Zeit vor dem Beginn des Rußland-Krieges hatte Abwehr II zu oppositionellen Gruppen in den drei Baltenstaaten Verbindung aufgenommen, die sich gegen die Sowjets verwenden ließen, ohne zu ahnen, daß sie für die Abwehr arbeiteten. Dieses System wollte nun Baun auch auf seinem Gebiet praktizieren. Ihm schwebte vor, über dem Inneren der Sowjetunion Agenten in russischer Uniform abzusetzen und mit ihnen die Rote Armee zu infiltrieren. Sie sollten den Gegner verwirren und Unternehmen der sowjetischen Armee im voraus melden. Eine Aufklärung bis in eine Tiefe von 300 Kilometer reichte Baun nicht mehr aus, seine V-Männer sollten noch weiter in Feindesland eindringen.

Bauns Aufklärungsträume standen jedoch in einem grotesken Mißverhältnis zur Wirklichkeit. Sein Agentenpotential war allzu klein. Er konnte froh sein, wenn die ihm unterstellten V-Männer die allernächsten Aufklärungsaufträge erfüllten. Die Frontaufklärungskommandos mußten sich darauf beschränken, erbeutete Akten der zurückflutenden Sowjetarmeen zu sichten und Kriegsgefangene zu vernehmen. Selbst dieser Aufgaben entledigten sie sich zum Teil so unsachgemäß, daß oft die abenteuerlichsten Spekulationen und Schlußfolgerungen als Aufklärungsergebnisse der Abwehr an die FHO gelangten. Die Baun-Meldungen waren in der Fremde Heere Ost nicht selten Gegenstand des Gespötts.

Die Fehlleistungen von Walli I gingen dem neuen Abteilungschef der FHO so auf die Nerven, daß er Baun schließlich zu einem Gespräch bat, um gemeinsam zu prüfen, wie sich die Arbeit der Frontaufklärungskommandos verbessern lasse. Für Baun war es kein angenehmes Gespräch, denn Oberstleutnant Reinhard Gehlen, seit dem 1. Mai 1942 Chef der Fremde Heere Ost, war kein Freund kameradschaftlicher Gesten. »Eisiges Produkt der militärischen Mönche des deutschen Generalstabes«, wie ihn später ein amerikanisches Nachrichtenmagazin umschrieb, war er nur an Erfolg und Leistung interessiert.[165]

So auch jetzt, als er Baun ebenso knapp wie präzise erläuterte, daß allein engste organisatorische Zusammenarbeit zwischen FHO und Walli I sie weiter bringen werde. Baun müsse sich der FHO anschließen, nur so könne man schaffen, was das deutsche Ostheer dringend benötige: einen neuen geschlossenen Aufklärungsdienst – unter Gehlens Federführung.

Dabei hatte der FHO-Mann gar keinen geheimdienstlichen Ehrgeiz. Der Sohn eines Erfurter Verlagskaufmanns, 1902 geboren, preußisch-deutscher Traditionalist, gelernter Artillerist, dann im Generalstab, war ein Mann der Planung und der militärischen Organisationstechnik; er galt als ein Fachmann des Festungsbaus, erst bei der Barbarossa-Planung hatte man ihn auch zu operativen Arbeiten hinzugezogen.[166] Wohin er aber auch immer berufen wurde, der »unwahrscheinlich kühle Kopf« (so ein Schulfreund über Gehlen) blieb, was er seit langem war: der militärische Nur-Fachmann, der jedem Regime dient, losgelöst von allen politischen und gesellschaftlichen Bedingungen, Gegentyp des politisch engagierten Menschen.

Einem solchen nur auf Effizienz ausgerichteten Technokraten wird nicht einmal bewußt gewesen sein, wie systemsprengend der Reformplan war, den er Baun unterbreitet hatte. Gehlens Projekt lief praktisch darauf hinaus, die Frontaufklärungskommandos von der Abwehr-Führung zu trennen und der FHO, also einer Abteilung des Generalstabs des Heeres, zu unterstellen, wodurch ein ganz neuer Frontnachrichtendienst entstehen mußte. Das war nicht ohne Dreistigkeit: Die Abwehr des OKW, zumindest einige ihrer aktivsten Organe, sollten Anhängsel einer Heeresabteilung werden!

In normalen Zeiten hätte Canaris wild protestiert, doch der unverkennbare Niedergang der Abwehr erlaubte ihm keine energische Zurückweisung ehrgeiziger Nebenbuhler. Er hatte genug damit zu tun, sich der wachsenden Ansprüche von SD und Gestapo zu erwehren. Canaris hatte bereits die ihm bisher zustehende Kontrolle über die Geheime Feldpolizei an das Reichssicherheitshauptamt abgeben müssen, und auch die Monopolstellung der Abwehr auf dem Gebiet der Gegenspionage, traditionelle Domäne des militärischen Geheimdienstes, hatte die Abwehr verloren.[167] Keinen Augenblick vergaß Canaris, daß an der Spitze des SD um Schellenberg herum nazistisch fanatisierte Geheimdienstreformer standen, die der Abwehr längst unverhüllt zu verstehen gaben, daß ihre Tage gezählt seien.

Für Canaris war das umso alarmierender, als er sich in selbstkritischen Stunden eingestehen mußte, daß er einem unsicheren und sich immer mehr zersetzenden Unternehmen vorstand. Der Abwehr fehlte fast überall, was sie zum Überleben benötigte: innere Geschlossenheit, Erfolgserlebnisse, Hoffnung auf ungestörte Zukunft. Was Gestapo und SD noch nicht offiziell beanspruchten, machten der Abwehr andere Rivalen streitig: Jodls Wehrmachtführungsstab verlangte die Kontrolle über die Kommandotruppe der Abwehr, die Division »Brandenburg«, während Luftwaffe und Marine ihre Aufklärungsstellen verstärkten, um von der mangelhaft arbeitenden Abwehr unabhängig zu werden.[168]

Und mangelhaft arbeitete sie, wie sich immer wieder herausstellte. Der sowjetische Aufmarsch im Raum Stalingrad war von der Abwehr nicht rechtzeitig erkannt, und von der Landung amerikanisch-britischer Truppen in Nordafrika im November 1942 war die Abwehr völlig überrascht worden. Noch katastrophaler aber die Fehlschläge, die Canaris und seine Führungsoffiziere gar nicht erkannten. So blieb ihnen verborgen, daß die gesamte England-Organisation der Abwehr von der britischen Spionageabwehr enttarnt und umgedreht worden war. Nicht einmal die Sabotageunternehmen, lange Zeit spektakulärste Zeichen guter Abwehrarbeit, mochten noch gelingen.[169]

Dazu kam eine Korruption und Vetternwirtschaft, wie sie noch kein deutscher Geheimdienst erlebt hatte. Die abenteuerlichen Devisengeschäfte von Offizieren der Münchner Abwehrstelle stürzten schließlich die Canaris-Organisation im Frühjahr 1943 in eine Krise, von der sie sich nie wieder erholen sollte, obwohl es noch einmal gelang, die Abwehr vor dem todsicheren Zugriff von Gestapo und SD zu bewahren. Gleichwohl hatte der Abwehr die Todesglocke schon geläutet: Der Abwehr-Stabschef Oster war gestürzt worden, die wichtigsten Leute aus seiner Gruppe entschiedener NS-Gegner saßen in Haft, Canaris war mutlos geworden.[170]

Der Zerfall der Abwehr war kaum noch aufzuhalten. Der »aufgedunsene Abwehrapparat mit seinem gegenseitig rivalisierenden, intrigierenden und oft auch denunzierenden, durch unterschiedliche politische Einstellung zerrissenen Offizierskorps« (so ein ehemaliger Abwehroffizier) fand nicht die Kraft zur Reform.[171] Der Abwehrchef sah keinen Ausweg mehr: Fatalist, der er war, ohne Glauben an eine Zukunft, gewohnt, Aufträge mechanisch auszuführen, ließ Canaris seinen Geheimdienst ins Abseits gleiten.

So nahm er es hin, daß Gehlen den Walli-I-Apparat immer stärker an die FHO band. Noch 1942 verließ Baun mit seinem Stab Sulejowek und zog ins ukrainische Winniza, ganz in die Nähe von Gehlens Stabsquartier. Ein paar Monate später trat Walli I vollends in die Dienste der FHO. Deren Stellenbesetzungsplan vom Frühjahr 1943 vereinigte Baun zum erstenmal mit den maßgeblichen Offizieren von Fremde Heere Ost – für den Historiker ein aufschlußreiches Papier, stehen doch auf ihm bereits die Namen der vier Männer, die später die Gründungsväter des Bundesnachrichtendienstes werden sollten: neben Baun und Gehlen dessen Gruppenleiter Gerhard Wessel und Heinz Danko Herre.[172]

Je mehr sich aber Baun in die FHO-Netze begab, desto hartnäckiger bestand Gehlen auf Verbesserung und Ausbau der FAK-Arbeit. Baun warb neue V-Männer an, die Ausbildung der für den Rußland-Einsatz vorgesehenen Agenten wurde beschleunigt und verfeinert, die technische Ausrüstung vergrößert, V-Mann-Netze geschaffen.

Die »Dienststelle Baun« begann, sorgfältig ausgebildete Agenten aus den Reihen sowjetischer Kriegsgefangener in größeren Gruppen durch die Front zu schleusen oder mit Fallschirmen im sowjetischen Hinterland abzusetzen. Die meisten Agenten meldeten sich nicht wieder, doch einige konnten Fuß fassen und ihre Aufträge erledigen. Bauns Agenten sickerten, als sowjetische Offiziere getarnt, in Dienststellen der Roten Armee ein, sie legalisierten sich im russischen Zivilleben, sie nisteten in Fabriken und Büros, in der Verwaltung und selbst in der Kommunistischen Partei. Sie versteckten sich in Wäldern, sie suchten Kontakt zu antikommunistischen Partisanen.

Bis in die Zentrale Moskau reichte Bauns Arm. Einer seiner Agenten war

Wladimir Minischkij, Sekretär des Zentralkomitees der Kommunistischen Partei Belorußlands, der 1941 in deutsche Gefangenschaft geraten und umgedreht worden war; als Bauns Kreml-Agent ging er nach Moskau zurück, stets einsatzbereit für die Deutschen. Auch das Frontaufklärungskommando 103 unterhielt eine Linie nach Moskau: den Funktrupp »Flamingo«. Sein Leiter, ein Mann namens Alexander, trat als Hauptmann in ein sowjetisches Nachrichten-Ersatzregiment ein und verschaffte sich Zugang zu Militärgeheimnissen der Roten Armee.[173]

Auch andere V-Männer sicherten Baun Einblick in sowjetische Geheimnisse. Da war der russische V-Mann Jewgenij Ror, der aus dem belagerten Leningrad über sowjetische Raketen berichtete, da war der V-Mann Leif Mort, der Bilder und Meldungen über Finnland in Bauns Walli-I-Zentrale schickte, da waren die ungezählten Zuträger, Zufallspartisanen und heimlichen Hitler-Sympathisanten, die Baun alle für sich arbeiten ließ. Baun konnte zufrieden sein: Die FHO erhielt immer solidere Nachrichten aus dem sowjetischen Hinterland.[174]

Doch Gehlen wünschte sich einen möglichst differenzierten Aufklärungsdienst. Deshalb zog er nun auch die Gegenspionage-Organisation des Oberstleutnants Heinz Schmalschläger an sich heran, die inzwischen als Frontaufklärungsleitstelle III Ost (Walli III) ebenfalls an der Ostfront eingesetzt worden war.

Walli III hatte von Anfang an erfolgreicher gearbeitet als Walli I. Schmalschläger waren russische und ukrainische Antikommunisten zugelaufen, die sich willig als V-Männer gegen die einstigen sowjetischen Herren einsetzen ließen. Sie bekämpften vor allem den sowjetischen Geheimdienst, dessen Agentenringe im deutschen Besatzungsgebiet oft rasch erkannt und unschädlich gemacht wurden. Die verhafteten Sowjetagenten wurden von Walli III umgedreht, deren Funkgeräte zu Irreführungsspielen verwendet. Über die erbeuteten Funkgeräte stand Schmalschläger mit der Moskauer Raswedka-Zentrale in Verbindung und erfuhr manches über die Absichten des Gegners.[175]

Walli III erhielt dadurch auch Einblick in die Operationen der sowjetischen Partisanen. Schmalschlägers Agenten infiltrierten die Stäbe von Partisanengruppen so erfolgreich, daß ein wirksamer Kampf gegen Stalins Untergrundarmee ohne Walli III nicht mehr denkbar war. Das aber mußte Gehlens besondere Aufmerksamkeit erregen. Denn: Im Herbst 1942 bemächtigte sich die SS-Führung der Kriegführung gegen die Partisanen. Da wurde es im Dschungel der innerdeutschen Machtkämpfe wichtig, wer die Nachrichtenaufklärung über die Partisanen in der Hand hielt. Das war weitgehend Walli III – Grund genug für Gehlen, sich mit Schmalschläger zu liieren.

Gehlens Pakt mit den beiden Abwehr-Männern Schmalschläger und Baun sicherte der FHO eine nachrichtendienstliche Monopolstellung im Osten, die selbst die SS später nicht brechen konnte. Aber auch diese Hilfestellung der beiden Wallis befriedigte Gehlen noch nicht. Walli I und Walli II hatten eine Schwäche, der sie nie Herr werden konnten: Ihnen fehlten Dolmetscher, Sowjetexperten und Bürokräfte, um das erbeutete Sowjetmaterial gründlich auszuwerten. Gehlen beschloß, diesen Teil der Abwehrarbeit in eigene Regie zu nehmen. Es entstand, was die eigentliche Stärke der Gehlen-Organisation ausmachte: ein kunstvolles System der Beuteauswertung und Gefangenenvernehmung.

Damit verschaffte sich die FHO einen ziemlich genauen Einblick in sowjetische Militär- und Führungsverhältnisse. Es gab keinen sowjetischen Verband, dessen inneren Zustand die FHO nicht kannte, keinen General, keine große Waffe, die Gehlens Leuten nicht zur Kenntnis kam. Jeder sowjetische General, jeder Rote-Armee-Führer vom Brigadekommandeur an aufwärts, jeder Generalstabschef ab Korpsebene wurde in der FHO-Kartei geführt.

Da war über den späteren Verteidigungsminister Rodion Malinowski festgehalten: »Verlangt viel von Untergebenen, im Umgang mit ihnen oft grob, ungesellig, verschlossen und ehrgeizig.« Der Generalleutnant Plijew galt der FHO als »besonders befähigter Führer«. Generaloberst Schdanow war ihr »während der Belagerung Leningrads Seele des Widerstandes«, und über Marschall Kulik hatte man eingetragen: »Er war spätestens im Sommer 1942 wahrscheinlich als OB der Nordkaukasus-Front in Krasnodar und hat dort nach Einwohneraussagen durch seinen Lebenswandel unliebsames Aufsehen erregt, so daß er abberufen und degradiert worden ist.«[176]

Jedes aufgefundene Aktenstück aus den Schreibstuben der Roten Armee wurde durchleuchtet, um die Kenntnisse über den Gegner zu erweitern. Ob es sich um Akten des Verfahrens gegen den General Tschernjaschowski handelte, der sich vor einer Parteikommission wegen ideologischer Laschheit zu verantworten hatte, oder ob es um Aufzeichnungen des NKWD-Detachments der nordkaukasischen Eisenbahnverwaltung ging – die FHO interessierte sich für jedes Detail.

Vor allem beschäftigte sie Kampfmoral und Stimmung der Roten Armee, über jeden sowjetischen Verband wurde Buch geführt. 156. Schützendivision: »Alles wartet auf ein baldiges Kriegsende, und die meisten glauben an einen Sieg der Alliierten. Die Stimmung herabsetzend wirken nur die Nachrichten aus dem Hinterlande über die mangelhafte Brotversorgung und die hohen Kriegsabgaben.« 215. Schützendivision: »Stimmung schlecht wegen hoher Ausfälle und schlechter Unterkunft. Vor deutscher Gefangennahme besteht große Furcht. Politische Redner sind nicht beliebt.« 274. Schützendivision: »Offiziere halten die Lage für die Sowjets günstig. Es heißt, die sowjetische Überlegenheit ist so stark, daß die Deutschen nicht mehr lange standhalten können.«[177]

Die FHO beschränkte sich jedoch nicht darauf, die sowjetische Armee und deren Führung zu beobachten. Auch Rußlands Industrie geriet auf den Röntgenschirm von Gehlens Abteilung, später kam das sowjetische Eisenbahn- und Nachrichtenwesen dazu, es folgten Partei, Politik und Verwaltung – schließlich gab es keinen Bereich sowjetischen Lebens, den die FHO unbeobachtet ließ.

Was Gefangenenaussagen und Beutepapiere nicht lieferten, bot manchmal die Funkaufklärung in Verbindung mit »Chi«, die sich bedeutend verbessert hatte. Die sowjetischen Militärkodes hatten längst ihren Schrekken verloren. Zwar gelang es den Deutschen so gut wie nie, die Kodes mit den Fünf-Ziffern-Gruppen (vorbehalten den Funksprüchen der Stawka oder anderer Moskauer Zentralen) zu knacken, die Gruppen mit den Vier-, Drei- und Zweiziffern aber bereiteten kaum Schwierigkeiten. Die Kodes der sowjetischen Luftwaffe waren besonders leicht zu entschlüsseln, aber auch das Lesen von Funksprüchen der Armeen, Korps und Brigaden erwies sich als relativ einfach.[178]

Die deutschen Funkaufklärer hatten von Anfang an darauf gebaut, daß die Russen wie schon im Ersten Weltkrieg mit ihren Kodes und Funksprüchen recht sorglos umgehen würden. Die Annahme traf zu, vom ersten Tag des Rußland-Krieges an. Typisch dafür der Funkspruch einer sowjetischen Militäreinheit am frühen Morgen des 22. Juni 1941 an ihre Zentrale: »Wir werden beschossen. Was sollen wir tun?« Antwort der Gegenstelle: »Ihr seid verrückt! Und warum haben Sie Ihren Funkspruch nicht verschlüsselt?«[179]

Später trugen rechtzeitig aufgefangene und entschlüsselte Funksprüche der Roten Armee dazu bei, den Deutschen bevorstehende Angriffe oder Ablenkungsoperationen der Sowjets zu verraten. »Unsere beste und zuverlässigste Nachrichtenquelle war unser Funkaufklärungsdienst«, erinnert sich General Friedrich Wilhelm von Mellenthin, damals Stabschef des XXXXVIII. Panzerkorps, und zahlreich waren die Fälle, in denen entschlüsselte Funksprüche des Gegners deutsche Truppen vor der Vernichtung bewahrten. Das Lesen und Entschlüsseln sowjetischer Sprüche gehörte mit zur Überlebensgarantie deutscher Verbände. Desto eifriger wurde es betrieben: Die Heeresgruppe Nord zum Beispiel fing 46342 Funksprüche innerhalb eines Jahres auf, davon wurden 13312 entschlüsselt.[180]

Funkaufklärung und Gefangenenvernehmung, Gegenspionage und Beuteauswertung, V-Mann-Einsätze hinter der sowjetischen Front – zum erstenmal verfügte das deutsche Ostheer über einen Nachrichtendienst, der ihm ein realistisches Bild von dem Kräftepotential des Gegners vermittelte. Bei deutschen Militärs wurde der Name Gehlen zu einem Art Geheimtip; er galt bald als der Mann, der dank eines neuen leistungsfähigen Frontnachrichtendienstes vieles, wenn nicht gar alles über die Russen wisse. Guderian hielt große Stücke auf ihn, und selbst Hitler fand in der Regel anerkennenswert, was Gehlen und dessen Leute boten: Ende 1944 avancierte er zum Generalmajor.[181]

In der Ferne gab es noch einen stillen Bewunderer der deutschen Rußland-Aufklärung, der immer mehr von den Leistungen des Gehlen-Apparats abhängig wurde: die Dechiffrierzentrale der britischen Geheimdienste in Bletchley Park bei London. Da die Russen ihren Verbündeten die einfachsten Informationen über die Rote Armee und deren Operationen vorenthielten, mußten sich die Briten und mit ihnen auch die Amerikaner an das halten, was die deutsche Feindaufklärung über die Sowjets wußte – festgeschrieben in jenen deutschen Funksprüchen, die im Rahmen des supergeheimen Dechiffrierunternehmens »Ultra« in Bletchley Park entschlüsselt wurden.[182]

Es war ein groteskes Beispiel geheimdienstlichen Feed backs: Die britischen Geheimdienstler mußten hoffen, daß es dem deutschen Gegner möglichst gründlich gelang, ihren sowjetischen Verbündeten auszuspionieren, damit sie wenigstens einigermaßen über den Stand des Krieges in Rußland informiert waren. Die deutschen Feindlagebeurteilungen, soweit über Funk weitergegeben und von Ultra entschlüsselt, wurden zu einem ehernen Bestandteil britischer Generalstabsarbeit. »Die entschlüsselten Beurteilungen der sowjetischen Kräfteverteilung, die von der Nachrichtenorganisation der deutschen Luftwaffe stammten«, so die Autoren der offiziellen Kriegschronik des britischen Geheimdienstes, »erwiesen sich als die besten Informationsquellen über die Lage der sowjetischen Streitkräfte.«[183]

Die Briten konnten allerdings nicht wissen, daß sie damit zugleich auch eine Fülle von Fehlurteilen und unzutreffenden Spekulationen übernahmen. Denn: Trotz des jetzt reichhaltigeren Informationsmaterials unterliefen der deutschen Feindaufklärung an der Ostfront viele Irrtümer, zumal von der FHO nicht genügend kontrolliert wurde, wie die Feindlagemeldungen in den Stäben der Kampftruppen und in den Gefangenenlagern zustande gekommen waren. Kein Wunder, daß die Prognosen der Fremde Heere Ost über künftige sowjetische Offensiven häufig falsch waren.

Gehlens Bewunderer und Mitarbeiter sahen das freilich nach dem Krieg anders und malten gern das Bild einer nahezu unfehlbaren, die Führung immer zutreffend orientierenden FHO, das von so manchem in der bundesdeutschen Medienlandschaft akzeptiert wurde (zeitweilig auch von dem Schreiber dieser Zeilen). Erst die Forschungen des Historikers Hans-Heinrich Wilhelm in den siebziger Jahren brachten zutage, wie oft die deutschen Feindlagebearbeiter mit ihren Prognosen und Analysen die Wirklichkeit verfehlt hatten.[184]

Allzu oft hatten sie sich getäuscht: Von der sowjetischen Stalingrad-Offensive wurde die FHO völlig überrascht (noch Anfang November 1942 hatte die Abteilung angenommen, an der Don-Front seien keine größeren Angriffe des Feindes zu erwarten), nach der Schlacht von Kursk im Sommer 1943 hatte Gehlen eine mehrmonatige Pause für die angeblich geschwächte Rote Armee prophezeit und war schon zwei Wochen später von einer sowjetischen Großoffensive mit acht Fronten drastisch korrigiert worden, und im Sommer 1944 waren der FHO die Vorbereitungen der russischen Armeen für den katastrophalen Schlag gegen die deutsche Heeresgruppe Mitte verborgen geblieben.[185] Wilhelm urteilt: »In fast jedem Punkt waren die Vorhersagen durch den tatsächlichen Verlauf [der sowjetischen Operationen] widerlegt worden.«[186]

Die falschen Analysen offenbarten, daß auch detailreiches Material die Führer der deutschen Feindaufklärung nicht befähigte, russische Mentalität und russische Wirklichkeit zu verstehen. Gehlen und seine Offiziere mochten viel über Uniformen, Ausbildung, Kasinositten und taktische Maximen des sowjetischen Offizierkorps wissen, dessen Denk- und Verhaltensweisen blieben ihnen gleichwohl fremd. Man merkte es den Analysen der FHO an: Noch immer durchwehte sie jene Arroganz deutscher Generalstabsoffiziere, die unwandelbar glaubten, ihren sowjetischen Gegenspielern überlegen zu sein.

»Die Ursache ihrer falschen Vorhersagen«, so schreibt Wilhelm, »lag ja meist darin, daß sie sich einen Gegner vorstellten, der nicht über den nächsten Zug hinausdachte, der feindliche Maßnahmen nicht einkalkulierte, der bei seiner Planung nicht alle Umstände der Lage bedachte.«[187] Das verführte zu einer wirklichkeitsfremden Lagebeurteilung, die die Führer der Rußland-Aufklärung zu unbelehrbaren Kriegsverlängerern machte – unbeeindruckt von der militärisch hoffnungslosen Lage Deutschlands und der verbrecherischen Katastrophenpolitik des Hitler-Regimes.

Noch am 31. Dezember 1944 urteilte Gehlen in einer Denkschrift allen Ernstes, durch eine letzte Kräftekonzentration von 20 bis 30 deutschen Verbänden im Osten ließe sich der Krieg noch einmal wenden. Gehlen: »Bei der Stimmungslage des russischen Heeres und der Empfindlichkeit gegen Rückschläge ist vermutlich bei einer solchen Entwicklung damit zu rechnen, daß der Russe dann Erfolgsmöglichkeiten unter einigermaßen lohnendem Einsatz seiner Volkskraft nicht mehr sieht, unter Umständen zu einer politischen Lösung des Konflikts geneigt ist, bei entsprechenden Erfolgen aber auch auf längere Dauer erneut in die Defensive gedrängt werden kann.«[188]

Eine so aberwitzige Durchhaltestrategie paßte durchaus zu den neuen Herren, die seit kurzem den Marschtritt des deutschen Geheimdienstes bestimmten. Inzwischen war geschehen, was viele Eingeweihte schon vorausgesehen hatten: Im Februar 1944 war Canaris gestürzt worden, die Abwehr unter die Kontrolle des Reichssicherheitshauptamtes geraten. Ein paar Abwehrpannen in der Türkei und in Spanien hatten genügt, Hitler in Wut zu versetzen – willkommene Gelegenheit für Himmler, die Führung des gesamten deutschen Geheimdienstes für seine SS zu beanspruchen. Himmlers »Benjamin«, der SD-Chef Schellenberg, übernahm das Kommando.

Ganz bekam er allerdings die Abwehr nicht unter seine Kontrolle. Schellenberg mußte sich damit begnügen, daß Abwehr I und II, vereinigt zu einem Militärischen Amt (Amt Mil), seinem Amt VI im RSHA angegliedert wurden, hingegen Truppenabwehr und Frontaufklärung grundsätzlich bei der Wehrmacht blieben, obwohl auch die FAK dem Amt Schellenbergs zugesprochen worden waren.[189] Gehlen nutzte die Konjunktur und traf ein Arrangement mit Baun und Schmalschläger, das Walli I und II noch enger an die FHO band. Schellenberg hatte keine Bedenken dagegen, daß die beiden Wallis »truppendienstlich« Gehlens Abteilung völlig unterstellt wurden.

Das RSHA ließ Gehlen gern gewähren, auch der SD schätzte die Arbeit von Fremde Heere Ost; Gehlen wurde immer mehr zu einem engen und unentbehrlichen Partner Schellenbergs. Vergessen waren die Tage, in denen sich Gehlen mit den rassistischen »Untermenschen«-Propagandisten der SS angelegt und in jedem SS-Mann den Saboteur einer rationaleren Besatzungspolitik im deutschkontrollierten Rußland gewittert hatte. Das war 1942 gewesen, als Gehlen den gefangengenommenen sowjetischen Generalleutnant Andrej Andrejewitsch Wlassow, einen engagierten Stalin-Feind, kennengelernt hatte, von dem ein verlockendes Projekt stammte: die Millionen russischer Kriegsgefangener gegen den Stalinismus zu aktivieren und in einer »Befreiungsarmee« an der Seite der deutschen Wehrmacht zusammenzufassen.[190]

Wlassow und seine deutschen Freunde öffneten Gehlen die Augen über die barbarische Behandlung, der die Masse der sowjetischen Kriegsgefangenen in deutschen Lagern ausgesetzt war. Auf Hungerrationen gesetzt, in menschenunwürdigen Behausungen untergebracht, ständig bedroht von den Killerkommandos der Sicherheitspolizei und des SD, die in Ausführung von Hitlers schändlichem »Kommissarbefehl« Politfunktionäre der Roten Armee liquidierten, vegetierten die russischen Kriegsgefangenen dahin, Opfer einer Propaganda, die offen proklamierte, der Slawe sei kein Mensch, sondern eine vernichtungswürdige Kreatur, »nur ein Wurf zum Menschen hin, mit menschenähnlichen Gesichtszügen, geistig, seelisch jedoch tiefer stehend als jedes Tier«, wie es in einer Broschüre des SS-Hauptamtes hieß.

Gehlen verstand nicht, daß die brutale Mißhandlung der russischen Kriegsgefangenen (2,5 Millionen von ihnen kamen um, davon 150000 durch Liquidierungen) vom nationalsozialistischen Regime gewollt, ja, ein unentbehrlicher Bestandteil von dessen Politik war. Der FHO-Chef begriff nur, daß dies alles der deutschen Kriegführung schade, und verlangte in aller Naivität von Hitler, die ganze deutsche Politik im Osten radikal zu ändern. In einer umfänglichen Denkschrift postulierte Gehlen: »Rücksichtslose Ausmerzung diffamierender Behandlungsmethoden!«[191]

Gehlen verband sich mit Wlassow. Er erlaubte dem Russen, eine politische Organisation zu bilden, in den Gefangenenlagern Anhänger zu werben und die Aufstellung einer Antikommunistenarmee vorzubereiten. Umsichtig tarnte Gehlen die Aktion gegenüber den rassistischen Fanatikern der SS, aber auch gegenüber den maßvolleren Nationalsozialisten in Alfred Rosenbergs Ostministerium, die Wlassow nicht mochten. Wlassow war Großrusse, Anhänger eines zentralistischen Einheitsstaates, die Rosenberg-Gehilfen aber propagierten die Aufspaltung Rußlands in zahlreiche Kleinstaaten und Völkerschaften.[192]

Kaum aber hatte Wlassow ein politisches Komitee gegründet, da schlug Himmler im Führerhauptquartier Alarm. Wlassows Tätigkeit, schrieb er am 4. März 1943 an die Parteikanzlei, stehe in klarem Widerspruch zu den Befehlen des Führers, der jedes Paktieren mit dem russischen Nationalismus verboten habe. Bevor jedoch Hitler aufmerksam wurde, wiegelte Gehlen ab: Er ließ verlauten, die Werbekampagne der »Hiwis«, der russischen Hilfswilligen, sei im Interesse der Feindaufklärung notwendig.[193]

Hinter solchem Rauchschleier gab er das Startzeichen zu einem Propagandaschlag der Wlassow-Bewegung. Am 20. April 1943 berieselten Agitprop-Kommandos des Generals Wlassow im Mittelabschnitt der Ostfront die Stellungen der Sowjetarmee mit Aufrufen, die zur Desertion anspornten und jedem Überläufer gute Behandlung, ausreichende Verpflegung und Beschäftigung in der Wlassow-Bewegung versprachen. Die Aktion hatte Erfolg. Im Mai liefen 2500 Rotarmisten über, einige Wochen später war die Zahl der Deserteure auf 6500 angewachsen.[194]

Gehlen befahl, die Anstrengungen zu verdoppeln. Er ernannte einen seiner Offiziere zu Wlassows ständigem Begleiter und stützte Rosenberg in dem Versuch, die fanatischen Russenfeinde in Hitlers engster Umgebung abzuwehren. Und er schrieb in einer neuen Denkschrift an das Führerhauptquartier am 1. Juni 1943, die Wirkung des Wlassow-Einsatzes sei so positiv, daß der Führer nun den nächsten Schritt unternehmen könne: die Proklamierung einer russischen Selbstregierung unter Wlassows Führung.[195]

Da aber verbat sich der Diktator solchen »einzigen Wahnsinn«. Hitler polterte: »Ich baue nie eine russische Armee auf. Das ist ein Phantom ersten Ranges.« Am 8. Juni entschied er, es dürfe keine Wlassow-Armee geben; der russische General könne an der Front Propaganda treiben, mehr aber erlaube er ihm nicht.[196] Das Experiment Wlassow hatte einen tödlichen Stoß erhalten.

Gehlen wollte schon resignieren, da erhielt er Unterstützung von einer unerwarteten Seite: vom SD. Dort war man zu ähnlichen Erkenntnissen gelangt; die Ostexperten des SD-eigenen Wannsee-Instituts, Männer wie Emil Augsburg und Greife, verlangten ebenfalls eine politische Nutzung der russischen Kriegsgefangenen. Man hatte schon erste Versuche gemacht, in dem »Unternehmen Zeppelin« (UZ).

Das UZ war eine Erfindung der Ostgruppe des RSHA-Amtes VI. Sie hatte im März 1942 begonnen, sowjetische Kriegsgefangene für Sabotageaufgaben auszubilden und sie hinter der sowjetischen Front einzusetzen. Die UZ-Zentrale (Chef ab 1943: SS-Sturmbannführer Dr. Erich Hengelhaupt) unterhielt im Osten drei Hauptkommandos, die wiederum im unmittelbaren Frontgebiet Außenkommandos besaßen, deren Auftrag lautete, gefangengenommene Sowjetsoldaten sofort auf eine mögliche Verwendung für das UZ zu prüfen. Diese Außenkommandos waren auf den guten Willen der Frontaufklärungsstellen angewiesen, die jeden Sowjetgefangenen verhören durften, ehe er in ein Lager weitergeleitet wurde.[197]

Wollten die UZ-Kommandos besonders wichtige Gefangene in ihre Dienste nehmen, dann mußten sie sich mit den Frontaufklärungsstellen und deren Auftraggebern einigen, und das war Gehlens Abteilung. Praktisch entschied die FHO darüber, ob ein Kriegsgefangener im Gewahrsam des Heeres blieb oder an den SD abgegeben wurde. Später beteiligte sich die FHO auch mit Informationen an den Einsätzen des Unternehmens Zeppelin. Genaue Kenntnisse über die Zustände im sowjetischen Hinterland besaß meist nur die FHO; der SD konsultierte deshalb die FHO fast vor jeder UZ-Aktion.[198]

Von Ende 1943 an profitierte auch die FHO von den Rußland-Einsätzen des UZ. Inzwischen hatte sich das Unternehmen so eingespielt, daß die von den UZ-Gruppen gelieferten Informationen für die FHO wichtig wurden. An zahlreichen Stellen weit hinter der sowjetischen Front agierten die sogenannten Aktivisten des Unternehmens Zeppelin. Unter ihnen waren: ein Drei-Mann-Trupp in Moskau, der Zugang zum sowjetischen Verkehrsministerium fand und Berichte über Militärtransporte der Roten Armee photographierte; eine Gruppe in den Schiguli-Bergen, die den Raum um den Eisenbahnknotenpunkt Kuibyschew erkundete und weitere Aktivistengruppen nach sich ziehen sollte; mehrere Gruppen längs der Bahnlinie Moskau-Wologda-Archangelsk, die gemeinsam mit der einheimischen Bevölkerung in entlegenen Waldgebieten Widerstandsgruppen bildeten.[199]

Die meisten dieser Aktionen wurden dilettantisch betrieben und endeten vor den Maschinenpistolen von NKGB und Smersch, dennoch brachten sie genügend Erkenntnisse über die Zustände auf der sowjetischen Seite, um Gehlens Feindlage-Bearbeiter neugierig zu machen. FHO und SD rückten enger zusammen.

Die nähere Tuchfühlung mit Schellenbergs Organisation lehrte Gehlen, daß einige SD-Führer längst aufgehört hatten, Hitlers antislawischen Dogmen blindlings zu folgen. Das wurde nach der Übernahme der Abwehr durch den SD vollends deutlich. Die eiskalt-zynischen Rationalisten des SD konnten sogar ihren Reichsführer im Sommer 1944 zu einer wunderlichen Kehrtwendung in der Ostpolitik bewegen: Der SS-Chef, dem der »Metzgergeselle« Wlassow bis dahin als »ein gefährlicher Bolschewist« gegolten hatte, erlaubte ihm jetzt, mit Mitteln der SS zwei russische Divisionen aufzustellen.[200]

Himmlers unerwartete Hilfestellung beeindruckte Gehlen so sehr, daß er jede Distanz zu dem blutbefleckten SD verlor. Er bestärkte seinen Freund Herre, sich auch einem SS-gelenkten Wlassow als Stabschef zur Verfügung zu stellen, im Januar 1945 kommandierte er sogar zeitweilig seinen Stellvertreter Wessel als Ic zu Himmlers Heeresgruppe Weichsel ab. Und an der Seite Gehlens tauchte immer häufiger ein weiterer SS-Mann auf: der Obersturmbannführer Otto Skorzeny, Kommandeur der SS-Jagdverbände.

Im November 1944 erhielt Skorzeny den Auftrag, im sowjetischen Hinterland eine Widerstandsorganisation aufzubauen und mit antikommunistischen Partisanen Kontakt aufzunehmen. Zu ihnen zählten, wie die Operationsabteilung des Heeres-Generalstabes am 12. November 1944 registrierte: »die Widerstandsgruppen der ukrainischen Nationalisten, die nach Überrollen durch das sowjetische Vorrücken nicht ganz aufgelösten Gruppen der national-polnischen Widerstandsbewegung, antisowjetrussische Widerstandsgruppen im sowjetischen Hinterland bis zum Kaukasus, die sich aus Systemgegnern, Flüchtlingen usw. bildeten, sonstige antisowjetische Widerstandsgruppen aus nicht-russischen Elementen (Kriegsgefangenen, Deportierten, Strafgefangenen)«.[201]

Mit diesen Gruppen standen, sofern sie nicht zum Unternehmen Zeppelin gehörten, die Frontaufklärungsstellen und damit die FHO in Verbindung. Skorzeny mußte also Gehlen konsultieren, wollte er Kontakt zu den Partisanen bekommen. Gehlen aber wollte über Skorzenys SS-Jagdverbände und Hengelhaupts UZ-Gruppen die Basis seiner Feindaufklärung verbreitern. Die Berichte Skorzenys inspirierten Gehlen zu einem phantastischen Plan, der nichts Geringeres bezweckte, als Widerständler und Frontaufklärer zu einem geschlossenen Agentenapparat hinter der sowjetischen Front zusammenzufassen. Gehlen formulierte: »Um die Agenten-Aufklärung kampfkräftig zu gestalten, ist es notwendig, ihr das Gesicht einer Partisanenbewegung zu geben.«[202]

»Es ist notwendig«, schrieb Gehlen am 25. Februar 1945, »daß die den Agentendienst gegen die sowjetrussische Wehrmacht tragende Idee von der rein nationalrussischen der Wlassow-Bewegung abweicht, um einerseits zu verhindern, daß der Wlassow-Kreis ideell zu weitgehend in dem Agentenkreis Fuß faßt, andererseits um die Möglichkeit zum weitgehenden Einsatz auch nichtrussischer Agenten zu schaffen.«[203] Ihm schwebte eine von FHO und RSHA geführte Nachrichtenorganisation vor, die sich über ganz Osteuropa bis tief in die Sowjetunion erstreckte und sich auf alle Völkerschaften im Osten stützte.

Gehlen dekretierte: »Es wird zum Zwecke der Nachrichtenbeschaffung durch entsprechend eingesetzte kampfkräftige Agentengruppen im rückwärtigen Feindgebiet ein neues, nichtdeutsches Nachrichtennetz als ›Geheimbund der grünen Partisanen‹ geschaffen, der formell unter russischer Leitung steht. Gesichtspunkt: Aufbau dieser Organisation lediglich jenseits der Front, diesseits nur Nachrichtenwege. Keine Beziehung zu Wlassow.«[204]

Gemeinsam sammelten Gehlen, Skorzeny und Hengelhaupt alle Nachrichten, die auf die Existenz osteuropäischer Widerstandsgruppen hinwiesen. Der Forschungsdienst Ost, eine Dependance des RSHA, führte Listen über jede Gruppe, an deren Existenz seine Mitarbeiter ernsthaft glaubten. So registrierte der Forschungsdienst Ost zum Beispiel im Gebiet Mogiljow »ehemalige Hiwi mit einigen Deutschen in kleineren Wlassowbanden«, im Rayon Brjansk »räuberische Partisanen und Deserteurbanden«, im Gebiet Orel »einige 1000 Mann mittlere und stärkere Wlassowbanden, ehemalige Hiwi mit ausreichender Bewaffnung«.[205]

Allmählich aber kam selbst dem Optimisten Gehlen der Verdacht, daß sich ihre Kombinationen und Pläne nur noch in einer Gespensterwelt bewegten, die keinen Bezug zur Realität mehr hatte. Die antikommunistischen Partisanen- und Agentengruppen im Innern Rußlands gab es lediglich auf dem geduldigen Papier des deutschen Geheimdienstes, wenn sie nicht gar, sofern sie jemals existiert hatten, von der Smersch manipuliert wurden. Die sowjetische Gegenspionage stand jetzt meist hinter den Funkstationen angeblicher Sowjet-Gegner, die noch immer zu ihren deutschen Auftraggebern Kontakt hielten.

Das hatten Canaris' Abwehr-Veteranen schon lange vorausgesehen. Sie wußten, wie schwer es war, in Rußland mit seinem perfektionistischen Kontroll- und Repressionssystem Fallschirmagenten abzusetzen. Selbst in der Zeit der deutschen Siege waren von 100 in Rußland eingesetzten

V-Männern nur 15 wieder zurückgekommen, und nicht einmal von diesen 15 Rückkehrern wußte die Abwehr, ob sie nicht inzwischen vom Gegner umgedreht worden waren.[206] Die Zahl der durchgekommenen Fallschirmagenten wurde später noch kleiner, zumal deren Ausbildung und Ausrüstung recht dürftig war.

Die Smersch lernte rasch, die deutschen Agenten an deren fehlerhaften Rotarmistenuniformen oder an allzu genauen Militärpapieren zu erkennen. »In einigen Fällen«, warnte Oberst Andrianow, der Smersch-Chef der 46. Armee, »sind Stempel in den von deutschen Agenturen ausgestellten Dokumenten sehr deutlich gesetzt. Es tritt jeder Buchstabe des Abdrucks und jede Vertiefung des Wehrpasses deutlich hervor.«[207] Auch die Stempelfarbe verriet Deutschlands Agenten; die in den echten Pässen der Roten Armee war immer schwarz, bei den gefälschten oft violett.

Immerhin waren anfangs so viele deutsche Fallschirmagenten in sowjetische Militäreinheiten eingesickert, daß die Smersch ihr Spitzelsystem weiter ausgebaut hatte. Noch im Sommer 1943 monierte die Smersch der 28. Armee: »Die Zahl der Geheimen Berichter in den Verbänden und Einheiten der Armee ist viel zu gering. So ist z. B. das Verhältnis von einem Geheimen Berichter auf 17 Mann in der 34. Garde-Schützendivision und von 1:10-13 Mann in der 153. Schtz. Brig. vollkommen unzureichend. In den Bataillons- und Regimentsstäben sowie in den Stäben höherer Verbände fehlen hochqualifizierte und kompetente Agenten unter den Offizieren der Stäbe.«[208] Die Smersch wußte solche Mißstände rasch abzustellen.

In dem engmaschigen Netz der Residenten, Berichter, Bevollmächtigten und Älteren Bevollmächtigten, das die Smersch in jeder Truppe bis herunter zum Zug unterhielt, verfingen sich nahezu alle deutschen Agenten, die dann prompt zu Funkspielen gegen ihre bisherigen Auftraggeber herangezogen wurden, wie der Hauptmann Alexander, der Spion des FAK 103, den Smersch-Agenten im Sommer 1944 in seinem Nachrichten-Ersatzregiment enttarnten.

Alexander wurde eine zentrale Figur des abenteuerlichen Funkspiels, mit dem die Smersch die deutsche Spionage verlocken wollte, noch unentdeckte V-Männer zu nennen und neue Agenten in sorgfältig vorbereitete Hinterhalte der sowjetischen Gegenspionage zu entsenden. Im August erreichte das FAK 103 ein Funkspruch ihres angeblich noch frei in Moskau operierenden, in Wirklichkeit längst vom Smersch kontrollierten V-Mannes Prestol, der eine Meldung Alexanders wiedergab, wonach sich in den Wäldern nördlich von Minsk ein deutscher Kampfverband unter Oberstleutnant Scherhorn, Überbleibsel der zerschlagenen Heeresgruppe Mitte, versteckt halte und sich laufend durch antibolschewistische Partisanen verstärke. Das animierte Skorzeny zu einer dramatischen Aktion: Funktrupps der SS-Jagdkommandos sprangen über dem vermeintlichen Einsatzgebiet der »Kampfgruppe Scherhorn« ab, Waffenabwürfe folgten, und bald entwikkelte sich ein munterer Funkverkehr zwischen der deutschen Frontaufklärung und dem wie einen Helden gefeierten Scherhorn, der bis zum Ende des Krieges andauerte.[209]

Keinen Augenblick kam Skorzeny der Gedanke, daß er auf ein Funkgegenspiel der Russen hereingefallen war und Scherhorn samt seinen Kameraden in sowjetischer Sonderhaft saß. Bis zu seinem Lebensende glaubte der SD-Mann, durch den Einsatz seiner Leute der Kampfgruppe Scherhorn das Überleben gesichert zu haben, was sich bei dem Memoirenschreiber Skorzeny so liest: »War das ein schönes Gefühl für uns! Der Einsatz unserer Männer war nicht umsonst. Hier konnte sich echte Kameradschaft beweisen.«[210]

Bald saßen an den Funkgeräten der deutschen und sowjetischen Geheimdienste nur noch die umgedrehten »Hiwis« der anderen Seite: hier die aufgeflogenen Fallschirmagenten aus den Reihen der Wlassow-Bewegung, dort die enttarnten Sendboten des Nationalkomitees Freies Deutschland. Je schneller der Zweite Weltkrieg seinem Ende zusteuerte, desto hektischer wurde der Ätherkrieg der geheimdienstlichen Falschspieler. Über 25 Funklinien blieben die beiden feindlichen Geheimdienstlager miteinander verbunden, bis zum letzten Tag des Krieges.[211]

Jeder neue Aufklärungswunsch der Moskauer Zentrale, von den deutschen Funkstationen wie »Meistersinger«, »Eber« und »Alpenrose« aufgefangen, demonstrierte nun selbst dem General Gehlen deutlich, daß die Deutschen keine Chancen mehr hatten. Adolf Hitlers Krieg schlug jetzt mit aller Brachialgewalt auf seine deutschen Urheber zurück. Von allen Seiten drangen die alliierten Armeen in Deutschland vor; jeder halbwegs intelligente deutsche Offizier konnte sich ausrechnen, wann es Schluß sein würde mit dem blutigen Kampf um Macht und Vernichtung, ja, mit dem deutschen Staat überhaupt.

Reinhard Gehlen wußte nun auch, was dem Land bevorstand. Ende Januar war dem Geheimdienst bei Kämpfen im Westen ein rotfarbiges Dossier aus dem Hauptquartier der britischen 21. Armeegruppe in die Hände gefallen, das detailliert enthüllte, was die Alliierten mit Deutschland vorhatten. »Operation Eclipse« stand auf dem Deckblatt, und sein siebzigseitiger Text samt beigefügten Karten besagte nichts Geringeres, als daß dieses Unternehmen zum Ziele habe, den deutschen Staat zu beseitigen und Deutschland unter den Hauptalliierten aufzuteilen. Als Gehlen dem General Heinrici das Dossier zeigte, verschlug es dem die Sprache. Dann sagte er heiser: »Das ist ein Todesurteil.«[212]

Eclipse, zu Deutsch: Finsternis – der Name sagte dem Patrioten Gehlen genug. Doch er war nicht der Mann, der Karriere und Vaterland aufgab. In seiner Optik gab es nur einen Weg, die unvermeidliche Katastrophe des Hitler-Reiches zu überleben: auf die Seite der Amerikaner hinüberzuwechseln, die kein Interesse daran haben konnten, den Sowjets Mitteleuropa zu überlassen. Kam es aber darüber, so kalkulierte Gehlen, zu einem Konflikt, so würde man ihn wieder brauchen – ihn und das, was von der deutschen Rußland-Aufklärung übriggeblieben war.

Er hatte für die Zukunft schon vorgesorgt. Bereits Anfang 1945 hatte Gehlen eine Selbstdarstellung der FHO in Auftrag gegeben, die beweisen sollte, daß die Abteilung stets zutreffend die sowjetischen Kräfte und

Absichten prognostiziert habe, und im Frühjahr war von Gehlen der Befehl gekommen, alle Berichte und Studien über die Sowjetunion zu photographieren und die Duplikate in Bayern auszulagern. Gehlens Begründung: Fremde Heere Ost müsse auch weiterarbeiten können, wenn die Originalunterlagen durch einen feindlichen Bombenangriff vernichtet würden.[213]

Die Absetzbewegung konnte Gehlen unauffällig einleiten, weil ihm im Februar 1945 als stellvertretendem Chef der Führungsgruppe des Heeres-Generalstabes die Aufgabe zugefallen war, den Abtransport der Abteilungen aus dem kriegsgefährdeten Berlin zu organisieren. Immer häufiger bekamen Gehlen-Konfidenten von ihm den Tip, sich für eine Nachkriegskarriere im Dienste des Antikommunismus bereit zu halten. Karteikasten auf Karteikasten ließ Gehlen nach Süddeutschland bringen, die führenden Männer verließen Berlin – auf Hitler gab keiner noch etwas.

Da konnte es Gehlen nur lieb sein, daß er noch im letzten Augenblick den Zorn des untergehenden Diktators auf sich zog. Eine realistische Kräfteberechnung Gehlens hatte Hitler in Wut versetzt. Das war am 28. März 1945. Hitler zeterte, der Generalstabschef Guderian und sein »irrsinniger General Gehlen« hätten ihn immer wieder falsch beraten. Guderian brauste auf: »Hat Sie der General Gehlen mit seinen Feindlageberichten über die Stärke der Sowjets falsch beraten? Nein!« Hitler brüllte zurück: »Gehlen ist ein Narr!« Guderian wurde in einen »Krankenurlaub« geschickt, kurz darauf Gehlen seines Postens enthoben. (Wessel führte die FHO weiter.)[214]

Noch ehe ihn die Entlassungsorder erreichte, hatte Gehlen schon den ersten Schritt in die Zukunft getan. Am 4. April traf er sich mit Baun und Wessel im sächsischen Bad Elster, um eine gemeinsame Arbeit nach Kriegsende zu verabreden. Gehlens Prognose: Der Krieg werde höchstens noch vier Wochen dauern, dann sei es Zeit, daß sie sich auf die westliche Seite schlügen, und sei es zunächst auch nur als Gefangene. Dazu sei es notwendig, daß sich die ganze FHO nach Süddeutschland absetze, wo die Amerikaner Besatzer sein würden. Baun erklärte, auch er werde versuchen, sich mit seinen FAK nach Süden durchzuschlagen.

Gehlen, Baun und Wessel vereinbarten, ihre Dienste nur den amerikanischen Militärs anzubieten. Jeder von ihnen werde ein Gastgeschenk mitbringen: die FHO das komplette Lagebild der sowjetischen Streitkräfte und eine Personenkartei der Roten Armee, die Frontaufklärungsleitstellen das Agentennetz, das Baun noch in Rußland intakt wähnte. Wie aber mit den Amerikanern in Verbindung treten? Das blieb den Dreien in Bad Elster unklar, weshalb sie beschlossen, jeder von ihnen sei befugt, bei erstbester Gelegenheit einem möglichst hohen US-Offizier die Mitarbeit der deutschen Geheimdienstler anzubieten, auch im Namen der beiden anderen Partner.[215]

Dann tauchte General Gehlen unter. Er versteckte sich mit ein paar Offizieren in der »Elendsalm«, einer Hütte in der Nähe des Spitzingsees in Bayern, und wartete das Ende des Krieges ab. Gehlen spekulierte kühl darauf, daß man ihn schon finden werde. Tag um Tag verging, nichts rührte sich. Auf einmal – es war der 20. Mai 1945 – hörten Gehlens Vorposten Motorenlärm.[216] Jeder wußte es sofort: Die Amerikaner waren da.

13 Unheilige Allianzen

Kaum ein Passant sah die drei Wagen, die in der Nacht vom 26. zum 27. April 1945 kurz vor Mitternacht durch die Straßen des Schweizer Grenzstädtchens Chiasso rasten und die Richtung nach Italien einschlugen. Zu sehen gab es ohnehin wenig, denn die stockdunkle Nacht und das Wetter verschleierten die Wagen. Am Abend war schwerer Regen aufgekommen, dessen hektische Böen die Straßen gleichsam leerfegten – ideale Voraussetzung für das Unternehmen, dem die drei Autos entgegenfuhren.

Die Männer in den Wagen hatten allen Grund nicht aufzufallen, denn was ihnen befohlen worden war, konnte wohl als der verrückteste Auftrag gelten, den Geheimdienstler jemals im Zweiten Weltkrieg erhalten hatten. Das hatte es noch nicht gegeben: Agenten und Geheimdienstoffiziere der beiden feindlichen Kriegsparteien und ein paar »neutrale« Schweizer sollten zum Comer See vorstoßen und einen der mächtigsten Gefolgsleute Himmlers, den SS-Obergruppenführer Karl Wolff, aus der Hand italienischer Partisanen befreien, um ihn dann in das Hauptquartier der deutschen Heeresgruppe C zu lancieren, wo man dem SS-Mann das Kunststück zutraute, Hitlers Militärs zum sofortigen Waffenstillstand zu bewegen.[1]

Das klang so absurd, daß die Akteure nicht einmal ihre eigenen Vorgesetzten in Generalstäben und Regierungen eingeweiht hatten, verstieß doch ihr Unternehmen gegen alle Orders, die sie von »oben« bekommen hatten. Noch am 21. April hatte das Office of Strategic Services (OSS), Amerikas politisch-militärischer Geheimdienst, die Weisung erhalten, jeden Kontakt zu deutschen Unterhändlern abzubrechen, für den Sicherheitsdienst der SS galt sowieso jedwedes Techtelmechtel mit Alliierten als Verrat am Führer; und dem Nachrichtendienst des Schweizer Armeestabes war vom Bundesrat immer wieder eingeschärft worden, alles zu unterlassen, was die Neutralität des Landes gefährde und eine der kriegführenden Parteien begünstige.

Gleichwohl fuhren sie zusammen los, OSS-Agenten, Führer des SD und Schweizer Geheimdienstler, entschlossen, den Nazi Wolff herauszupauken. In Chiasso blieb nur der Mann zurück, der das Unternehmen ausgedacht hatte: Major Max Waibel, Leiter der NS 1 des eidgenössischen Erkundungsdienstes.

Waibel hatte nicht länger zuschauen wollen, wie die Unentschlossenheit amerikanischer Geheimdienstler und der Kadavergehorsam deutscher Militärs die Chance ruinierten, dem Krieg in Italien ein Ende zu setzen. Am 9. April waren die amerikanischen und britischen Armeen zu einer Offensive gegen die letzten deutschen Stellungen in Oberitalien angetreten, zehn Tage später hatten sich die italienischen Partisanen zum Aufstand gegen die deutschen Besatzer erhoben – ganz Norditalien drohte von der Feuerwalze des Krieges zermalmt zu werden.[2]

Jeder neue Kampftag aber demonstrierte einem kleinen Kreis von Eingeweihten, wie sehr sie versagt hatten. Denn: All dies hatten sie verhindern wollen, schon vor Monaten, als der sich dahinschleppende Krieg in Italien eine Pause eingelegt hatte und ein paar Leute auf die Idee gekommen waren, durch eine geheime Übereinkunft mit dem Kriegsgegner dem weiteren Massensterben an der Front Einhalt zu gebieten.

Begonnen hatte die Geschichte im Januar 1945, im Kopf des SS-Obersturmführers Guido Zimmer, der als Gegenspionage-Mann in der Mailänder Außenstelle des SD saß und meinte, man müsse einmal versuchen, mit den westlichen Alliierten ins Gespräch zu kommen. Dabei mag ihn noch die Illusion geleitet haben, durch Abbruch des Kampfes in Italien (und später im ganzen Westen) einen Sonderfrieden mit Amerikanern und Briten aushandeln zu können, der sogar ein Weiterkämpfen an der Ostfront erlaube.

Das trug Zimmer seinem Vorgesetzten in Verona vor, der den Vorschlag an den Amtschef Schellenberg weiterreichte.[3] Als jedoch die Antwort des SD-Chefs ausblieb, handelte Zimmer auf eigene Faust. Einen Freund, den italienischen Industriellen Baron Luigi Parrilli, animierte er, in die Schweiz zu reisen und sich dort bei Bekannten umzuhören, ob es Dienststellen der Alliierten gebe, die an Waffenstillstandsgesprächen interessiert seien. Parrilli kontaktierte seinen Freund Max Husmann, einen prominenten Schweizer Pädagogen, der einen guten Draht zur Schweizer Armee besaß.

Parrilli beschrieb dem Schulmann bei einem Besuch in Zürich am 21. Februar die Kapitulationsbereitschaft der SS-Führer in Italien so überzeugend, daß Husmann einen einflußreichen Freund hinzuzog: Waibel. Der hielt zwar das Gerede von einem deutsch-alliierten Sonderfrieden auf Kosten der Sowjets für Schwachsinn, hörte aber gespannt zu, als ihm der Baron erläuterte, daß die wichtigsten Funktionäre des SS-Polizeiapparats in Italien hinter Zimmer stünden. Das faszinierte den quicken Waibel: Waffenstillstand in Italien, Stopp von Hitlers Katastrophenpolitik der »verbrannten Erde«, Beseitigung der letzten deutschen Invasionsgefahr aus dem Süden – da mußte man zugreifen![4]

Waibel alarmierte den einzigen Vertreter der Westalliierten in der Schweiz, dem er die Fähigkeit und Bereitschaft zutraute, mit deutschen Emissären zu verhandeln: Allen W. Dulles, den OSS-Residenten in Bern. Doch als Dulles am Abend des 25. Februar von Waibel erfuhr, worum es ging, reagierte er kühl, fast ablehnend. Der Amerikaner wollte allenfalls am Rande mitspielen, und dies auch nur unter der Bedingung, daß Waibel die Verhandlungen mit den Deutschen führe.[5]

Waibel kannte das schon von Dulles: Der war nur selten zu sofortigen Entscheidungen zu bewegen. Allen Welsh Dulles, 52 Jahre alt, Exdiplomat, Rechtsanwalt und Neffe berühmter US-Außenminister, war damals in Bern mitnichten der pfeiferauchende Meisterspion, als den er sich nachher gern feiern ließ. Der Dulles von 1945 war ein frustrierter Mann, gebeutelt von so manchem Mißerfolg seiner Deutschland-Aufklärung, entnervt von den unsäglichen Auseinandersetzungen mit der irrlichternden Ehefrau Clover und zudem gepeinigt von schweren Gichtanfällen, die sich regelmäßig einstellten, wenn ihm unerwartete Krisen ins Haus standen oder riskante Entscheidungen von ihm verlangt wurden.[6]

So konnte Waibel noch froh sein, daß ihm Dulles wenigstens zugestand, seinen Sekretär Gero von Schulze Gaevernitz, einen deutschen Professorensohn, der amerikanischer Staatsbürger geworden war, an den Unterhaltungen mit Parrilli teilnehmen zu lassen. Doch auch Gaevernitz zeigte sich zurückhaltend. Er murmelte lediglich, der Baron müsse schon mal mit ein paar SS-Führern aufwarten, bevor man an ernsthafte Verhandlungen denken könne.[7]

Wie mager aber auch Parrillis Mission ausgegangen sein mochte – er muß seinem Freund Zimmer die Lage so farbenprächtig geschildert haben, daß dieser seine Vorgesetzten umgehend informierte. Jetzt kam der Mann ins Spiel, der wie kein anderer deutscher Funktionär entschlossen war, einen raschen Waffenstillstand in Oberitalien zu erzwingen, obwohl er (trotz seiner schwergewichtigen Titel) dazu gar nicht die Macht besaß: Karl Wolff, der Höchste SS- und Polizeiführer im deutschbesetzten Italien und Bevollmächtigte General der Deutschen Wehrmacht bei der neofaschistischen Marionettenregierung Benito Mussolinis.

Es war ein weiter Weg gewesen, der den überzeugten Hitler-Anhänger Wolff, den später ein westdeutsches Gericht wegen seiner Rolle im organisierten Judenmord zu 15 Jahren Zuchthaus verurteilte, in das Lager der Kriegsmüden geführt hatte. Er blieb der Nationalsozialist, der er seit 1930 gewesen, doch er ahnte, daß für die Deutschen der Krieg verloren war und es nur noch darum ging, sich eine Freifahrkarte in die ungewisse Zukunft zu sichern – notfalls durch den offenen Bruch mit Hitler.[8]

Nun bewies Wolff, daß er schnell und konsequent handeln konnte. Am 28. Februar versammelte er einige seiner wichtigsten Unterführer und schwor sie auf die bevorstehenden Geheimverhandlungen in der Schweiz ein. Ein paar Tage später setzte er Zimmer und SS-Standartenführer Eugen Dollmann, seinen Verbindungsführer bei Mussolini, nach Zürich in Marsch.[9]

Am 3. März meldeten sie sich bei Husmann und wollten die Amerikaner sprechen, doch Dulles hielt sich weiterhin zurück. Er schickte nur seinen Agenten Paul Blum vorbei, der einen Zettel mitbrachte, auf den Dulles zwei Namen geschrieben hatte: Parri und Usmiani. Das waren die beiden wichtigsten italienischen Partisanenführer, die der deutschen Polizei vor einiger Zeit in die Hände gefallen waren. Blum erklärte den Besuchern, was der Zettel bedeute: Herr Dulles würde sich freuen, wenn die Deutschen die beiden Italiener freiließen.[10]

Die OSS-Männer waren sich ziemlich sicher, daß sie nach einem solchen »Wunsch« von Dollmann und Zimmer nichts mehr hören würden. Desto verwirrter reagierte Gaevernitz, als er fünf Tage später am Telephon die aufgeregte Stimme von Waibel vernahm: »Gero, sitzen Sie oder stehen Sie?

Wenn Sie stehen, könnten Sie umfallen, wenn Sie die letzte Neuigkeit hören.« Die Deutschen hatten Parri und Usmiani in die Schweiz ausreisen lassen, und nun kam auch noch Wolff über die Grenze mit Dollmann, Zimmer und seinem Adjutanten Wenner.[11]

Jetzt mußte sich Dulles in die Gespräche mit den Deutschen einschalten. Gern tat er es nicht. Die Schweizer mußten erst noch einmal gehörig drängen, bis er bereit war, sich mit Wolff zu treffen. Am Nachmittag des 8. März 1945 brachten Waibel und Husmann den SS-Obergruppenführer in eine Konspirative Wohnung des OSS in der Genfer Straße in Zürich, wo Dulles schon wartete.

Dann ließen die Schweizer die beiden Gegner allein. Dulles und Wolff sprachen nur eine Stunde miteinander, aber diese eine Stunde reichte aus, die Welt des Krieges und der Allianzen unmerklich zu verändern. Am Ende des Gespräches war Dulles wie umgewandelt. Von Stund an war er überzeugt, daß der Himmler-Konfident eine »dynamische Persönlichkeit« sei, der man trauen könne. Dulles beeindruckte, wie klar und doch zurückhaltend Wolff den Weg zu einer Kapitulation der deutschen Streitkräfte skizzierte: erst die Einstellung aller »aktiven Kampfhandlungen gegen die italienischen Partisanen«, dann Freilassung der letzten inhaftierten Juden, schließlich im Verein mit dem noch einzuschaltenden Oberbefehlshaber Südwest, Generalfeldmarschall Albert Kesselring, die bedingungslose Kapitulation der deutschen Truppen in Oberitalien (Heeresgruppe C).[12]

Dulles war von Wolffs Vorschlägen so begeistert, daß er alsbald an seinen Chef, den OSS-Direktor und Generalmajor William J. Donovan, kabelte, hier biete sich »die einmalige Chance, den Krieg abzukürzen, Norditalien zu besetzen, möglicherweise unter günstigsten Bedingungen nach Österreich vorzudringen«. Donovan sicherte Dulles das Plazet des US-Präsidenten zu weiteren Verhandlungen mit Wolff, das Hauptquartier der alliierten Truppen in Italien entsandte zwei Generale zu den Berner Gesprächen, und schon lief das Unternehmen, dem Dulles einen hoffnungsfrohen Kodenamen gab: »Sunrise«, Sonnenaufgang, Beginn einer neuen, besseren Zeit.[13]

In ihrer Hochstimmung entging freilich den Akteuren, daß die Führer der Heeresgruppe C noch gar nicht wußten, was Wolff über ihren Kopf hinweg beschlossen und den Amerikanern schon versprochen hatte. Wolff hatte alle Mühe, die Generale der Heeresgruppe an den Gedanken einer Kapitulation zu gewöhnen. Zu allem Pech wurde auch noch Kesselring, mit dem Wolff sich gut verstand, Mitte März von seinem Posten abberufen und durch den vorsichtig-farblosen Generaloberst Heinrich von Vietinghoff genannt Scheel ersetzt, der vor jeder Waffenstreckung der scheinbar noch ungeschlagenen Truppe zurückzuckte.

Doch Wolff, Dulles und Waibel ließen sich nicht entnerven. Einmal zur historischen Tat entschlossen, waren sie zum gemeinsamen Erfolg verdammt. Sie machten einander Mut, nicht selten durch eine doppelbödige Informationstechnik, die dem Partner die eigene Lage immer etwas rosiger darstellte, als sie in Wirklichkeit war. Wolff suggerierte seinen Partnern, er stehe kurz davor, das Jawort der Militärs zur Kapitulation zu bekommen, während Dulles den Eindruck erweckte, alle Alliierten stünden hinter seinen Verhandlungen mit den Deutschen.

In Wahrheit schaltete Dulles alle äußeren Einflüsse aus, die seine Gespräche mit Wolff störten. Als Englands Regierung, wenig begeistert von den Berner Geheimverhandlungen, die sowjetische Führung einlud, an den Gesprächen teilzunehmen, verbat sich das OSS solche britische »Eigenmächtigkeit«. Die drei Raswedka-Offiziere, die sich in Moskau schon für die Reise nach Bern bereitmachten, wurden wieder ausgeladen, was einen wütenden Notenkrieg zwischen Moskau und Washington auslöste, der in Molotows Forderung gipfelte, die Verhandlungen mit den Deutschen sofort abzubrechen, da sie allen Verabredungen der Anti-Hitler-Koalition widersprächen.[14]

Auch Wolff war damit beschäftigt, vor Verbündeten und Vorgesetzten seine Spuren zu verwischen. Mussolini erfuhr nichts von den Verhandlungen, in denen es auch um das Ende seines Regimes ging, und als Himmler, aufgeschreckt durch erste Gerüchte über die Wolff-Dulles-Gespräche, seinen Höchsten SS- und Polizeiführer nach Berlin befahl, ignorierte Wolff dreimal die Order des gefürchteten Chefs.[15]

Phantastisch, wie sich da Geheimdienstler und Polizisten selbständig machten und eine der heikelsten Fragen des Kriegsendes allein unter sich regeln wollten. Die Grenzen des Krieges schien es für sie nicht mehr zu geben, wie die Abenteuer des OSS-Funkers »Little Wally« im Hauptquartier des Feindes illustrierten. Ihn ließ Dulles von Waibels Agenten nach Mailand schmuggeln, wo er in einem Büro der SD-Außenstelle untergebracht wurde und nur die Befehle des SS-Obersturmführers Zimmer ausführen durfte. Von Zimmer erhielt er die Texte, die er an die OSS-Station Bern funken mußte: Nachrichten von Wolff über den Stand seines Palavers mit den Generalen der Heeresgruppe.[16]

Später fanden die Historiker, der Nachrichtenaustausch zwischen Wolff und Dulles habe »sich immer mehr wie Korrespondenz unter Geschäftspartnern« ausgenommen. Es fehlte auch nicht an Artigkeiten und politischen Skurillitäten, etwa wenn der SS-Führer Wolff dem OSS-Residenten Dulles zum Ableben von Präsident Franklin D. Roosevelt kondolierte und sich in einem dreiseitigen Handschreiben über die historische Bedeutung des Verewigten, immerhin eine der großen Horrorgestalten der Nazi-Propaganda, gefühlvoll verbreitete – dankbar entgegengenommen von Dulles.[17]

Vergessen schien, welche Rolle Karl Wolff im Repressionsapparat des Hitler-Regimes gespielt hatte und mit welchen Untaten auch sein Name verbunden war. Wen will es da noch wundern, daß auch die antikommunistischen Sprüche des SS-Mannes bei Dulles und Waibel gut ankamen? Über Stalin und seine verderbliche Macht gab es unter den drei Partnern keine Verständigungsschwierigkeiten. Er wisse jetzt genau, zürnte Dulles, daß hinter der »russischen Empfindlichkeit« in Wirklichkeit Moskaus Entschlossenheit stehe, den erfolgreichen Abschluß von Sunrise zu hintertreiben.[18]

Wie gut sich aber auch die Unterhändler verstanden – allmählich begriffen Dulles und seine Auftraggeber in Washington und Caserta, dem Sitz des alliierten Hauptquartiers in Italien, daß es Wolff nicht gelingen wollte, die deutschen Militärs zur Kapitulation zu bewegen. Vor allem die Generale in Caserta mochten nicht länger warten. Sie ließen ihre Armeen zum Sturm auf die deutschen Stellungen antreten, worauf der Aufstand der italienischen Partisanen folgte, der schon nach wenigen Tagen die Lage der Heeresgruppe C unhaltbar machte.

Diese Erfolge aber nutzten nun die Sunrise-Gegner in London und Washington dazu, das Unternehmen abzuwürgen. Auf britische Initiative verboten die Joint Chiefs of Staff (JCS), Amerikas Generalstab, weitere Verhandlungen mit Wolff, »besonders im Hinblick auf Komplikationen, die mit Russen entstanden sind«. Am Morgen des 21. April hatte es Dulles schriftlich: »Durch heutiges Schreiben befehlen JCS sofortigen Abbruch aller OSS-Kontakte mit deutschen Unterhändlern.« Die »ganze Angelegenheit« sei »als abgeschlossen zu betrachten« und die Regierung der Sowjetunion entsprechend zu informieren.[19]

Just in diesem Augenblick gelang es Wolff, Vietinghoff zur Kapitulation zu bewegen. Am 22. April rang er dem Generalobersten das Jawort ab, der daraufhin einen Offizier seines Stabes, Oberstleutnant von Schweinitz, bevollmächtigte, mit den Alliierten über eine Kapitulation der Heeresgruppe »Verhandlungen zu führen und mich bindende Vereinbarungen zu unterzeichnen«. Einen Tag danach kam Schweinitz in die Schweiz und mit ihm Wolff, der für die SS- und Polizeiverbände die Kapitulationsurkunde selbst unterschreiben sollte.[20]

Doch die beiden Bevollmächtigten fanden keinen Vertreter der Alliierten, der noch mit ihnen reden wollte. Nach der Order aus Washington war Dulles nicht mehr bereit, sich mit Wolff zu treffen. Vergebens redete Waibel auf Dulles ein. Der OSS- Mann hatte wieder einmal einen seiner berühmten Gichtanfälle bekommen und sich ins Bett geflüchtet, zu keiner selbständigen Handlung bereit. Er wollte allenfalls versuchen, eine Gegenorder aus Washington zu erwirken.[21]

Inzwischen breitete sich die allesversengende Lavamasse von Tod und Vernichtung über ganz Oberitalien aus. Waibel mußte befürchten, daß fanatisierte Durchhaltekrieger unter den Deutschen auch die letzten Industrieanlagen und Kulturstätten des nördlichen Italien in die Luft sprengen und größere Wehrmachtseinheiten in die Schweiz übertreten würden. So drängte er Wolff, ins deutsche Hauptquartier zurückzufahren, denn der SS-Obergruppenführer konnte als einziger verhindern, daß die Führer der Heeresgruppe von ihrem Kapitulationsangebot wieder abrückten und alles vernichteten, was vom Krieg noch verschont geblieben war.

Am Nachmittag des 25. April reiste Wolff ab, gegen Mitternacht kam eine Meldung von ihm. Er hatte sich nur mit äußerster Mühe durch das von Partisanen beherrschte Gebiet bis zu der Villa Locatelli bei Cernobbio am Comer See durchschlagen können, wollte aber am nächsten Tag versuchen, Mailand zu erreichen. Dann brach die Verbindung mit Wolff ab. Waibel ließ seine Agenten im italienischen Grenzgebiet alarmieren, am Nachmittag des 26. April wußte er Bescheid: Wolff saß in der Villa fest, eingeschlossen von italienischen Partisanen, die jeden Augenblick das Haus stürmen konnten.[22]

Im Nu war Waibel entschlossen, Wolff durch einen »internationalen Stoßtrupp« den Partisanen zu entreißen. Hauptmann Bustelli, der im Tessin zuständige Offizier des Schweizer Geheimdienstes, beschaffte Wagen und trommelte Leute zusammen: zwei SD-Führer von der Grenzbefehlsstelle West der Sicherheitspolizei, Captain Emilio Daddario und Agent Donald (»Scotti«) Jones vom OSS, Bustellis Fahrer Franco Livio und ein paar italienische Partisanen, die allerdings nicht erfuhren, worum es eigentlich ging.

Inzwischen raste Waibel zu Dulles und erlebte ein Wunder: Der Amerikaner vergaß seine Orders und ließ Gaevernitz mit Waibel nach Chiasso mitfahren.[23] Als sie gegen 23 Uhr bei strömendem Regen in dem Grenzort eintrafen, war Bustellis Wagenkolonne schon startbereit. Scotti Jones, Dulles' Kontaktmann zu den Partisanen, übernahm die Führung.

Die Männer hatten kaum ein paar Kilometer auf der Straße nach Como zurückgelegt, da gerieten sie in einen Hinterhalt der Partisanen. Schüsse peitschten durch die Dunkelheit, Geschosse bohrten sich in den vordersten Wagen. Jones sprang aus seinem Auto heraus und stellte sich schreiend und gestikulierend in den Scheinwerferkegel des Wagens. Plötzlich hörte das Schießen auf. Ein Mann trat aus der Dunkelheit hervor und rief seinen unsichtbaren Genossen zu: »Es ist unser Freund Scotti!«

Ein paar Worte von Jones genügten, der Mann ließ die Wagen passieren. Doch auch die weitere Fahrt war voller Zwischenfälle. Handgranaten aus der Dunkelheit flogen gegen die Wagen, die den Detonationen nur knapp entkamen; neue Feuerüberfälle stellten höchste Anforderungen an die Manövrierkunst der drei Fahrer. Endlich aber sahen sie das Ziel vor sich: die Villa Locatelli, noch immer in der Hand der Deutschen.

Als sie die Haustür öffneten, stand vor ihnen der übermütig gelaunte Wolff, der schottischen Whisky kaltgestellt hatte, um seine Befreier würdig zu begrüßen. Doch Jones wußte, was ihnen noch bevorstand, und drängte zum Aufbruch. Er ließ Wolff Zivilkleider anlegen und versteckte ihn dann im zweiten Wagen unter Decken. Jetzt kam der schwerste Part des Unternehmens: das Hinausschmuggeln Wolffs aus dem Ring, den die Partisanen um die Villa gelegt hatten.

Doch auch das glückte, trotz der zahlreichen Postenketten der Partisanen, die die Wagen immer wieder stoppten. Um 2.30 Uhr kamen die Lichter von Chiasso wieder in Sicht, Wolff war in Sicherheit.[24] Der sonst so nüchterne Waibel war zu Tränen gerührt, als er den SS-Führer »strahlend« aus dem Wagen steigen und Gaevernitz in die Arme fallen sah. Wenige Minuten später fuhr Waibel mit Wolff nach Lugano. Wolff mußte schleunigst über die deutsche Grenze gebracht werden, um rechtzeitig Bozen zu erreichen, wohin inzwischen das Hauptquartier der Heeresgruppe C und Wolffs Stab verlegt worden waren.[25]

In diesem Augenblick erreichte Waibel die Nachricht, die alles klärte: Das alliierte Hauptquartier hatte die deutsche Kapitulationsofferte akzeptiert, Sunrise war zu neuem Leben erweckt worden. Der Rest war scheinbar nur noch Routine. Am 27. April flogen Schweinitz und der Wolff-Bevollmächtigte Wenner ins Hauptquartier der Alliierten, einen Tag später unterzeichneten sie im Königspalast in Caserta die Kapitulationsurkunde für den italienischen Kriegsschauplatz.[26]

Jetzt aber erwies sich, wie umsichtig es gewesen war, Wolff in das Bozener Hauptquartier der Heeresgruppe zu entsenden. Dort riß am 30. April eine Gruppe blindwütiger Durchhaltegenerale die Macht an sich und setzte den Oberbefehlshaber Vietinghoff und dessen Stabschef als »Verräter am Führer« ab, finster entschlossen, den Krieg bis zur letzten Patrone fortzusetzen. Tagelang wogte der Kampf zwischen den beiden Fraktionen hin und her, bis es Wolff und den Anhängern Vietinghoffs gelang, die alte Ordnung wieder herzustellen.[27]

Am 2. Mai 1945 um 12 Uhr schwiegen die Waffen, der Krieg in Italien war zu Ende. Der Waffenstillstand von Caserta war freilich nur der Vorläufer der »großen« Waffenstreckungen von Reims und Karlshorst, die eine knappe Woche danach erfolgten und Caserta fast ein wenig in den Schatten stellten, besiegelten sie nun doch endgültig den Zusammenbruch von Hitlers Deutschland und den Abschluß des Zweiten Weltkrieges in Europa.

Erst später ging den Historikern auf, daß der Waffenstillstand von Caserta samt seiner hektischen Vorgeschichte politisch weit folgenreicher war als die spektakuläreren Kapitulationszeremonien von Reims und Karlshorst. Bei den letzteren ging es um die Bilanz der grausigen Vergangenheit, in Caserta aber war schon Zukünftiges im Spiel, konnten feinere Ohren bereits das Grollen einer Auseinandersetzung hören, die bald als Kalter Krieg zwischen den Siegermächten die Gemüter erregen sollte. Das macht den Rang von Caserta aus: Zum erstenmal hatten Deutsche und Amerikaner zusammengewirkt und die ideologischen Fronten der Hitler-Ära gesprengt, wobei es nicht zuletzt darum gegangen war, den Einfluß der Sowjetunion von einem Kerngebiet Europas fernzuhalten.

Sicherlich wäre es übertrieben, Sunrise für eine Geburtsstunde des Kalten Krieges zu halten, dennoch kündigte er schon neue Allianzen und Antagonismen an. Das sollte auch die deutsch-russische Geheimdienstszene radikal verändern. Die konspirative Landschaft Mittel- und Osteuropas hörte auf, eine Domäne der deutschen und sowjetischen Geheimdienste zu sein; zwischen die alten Kontrahenten schob sich eine neue Macht, dem einen bald ein Partner, dem anderen ein unversöhnlicher Konkurrent und Gegner: der amerikanische Geheimdienst.

Ein paar Wochen schien es freilich, als habe der deutsche Geheimdienst endgültig ausgespielt. Elend und Hoffnungslosigkeit der deutschen Trümmerwüste, der Marsch von Millionen deutscher Soldaten in die Gefangenschaft der alliierten Sieger ließ scheinbar keinen Gedanken an die Fortsetzung geheimdienstlicher Arbeit aufkommen. Doch gerade hinter dem Stacheldraht der Kriegsgefangenenlager begann, was sich bei Sunrise schon angekündigt hatte und was später auf der Ebene der Staatenpolitik einem breiteren Publikum sichtbar wurde: der Wechsel der Allianzen und Loyalitäten, der die Deutschen in der Westhälfte des geschlagenen und geteilten Landes am Ende zum Juniorpartner der Weltmacht USA machte.

Das ging, allen Thesen von einer Stunde Null der deutschen Geschichte zum Trotz, so nahtlos ineinander über, daß die deutschen Helfer des amerikanischen Geheimdienstes noch ihre alten Wehrmachts- und SS-Uniformen trugen, als sie schon für den neuen Auftraggeber arbeiteten. Der SS-Mann, der Gaevernitz am 9. Mai zu der gemeinsamen Champagnerparty mit Wolff und Vietinghoff fuhr, fiel ebenso wenig auf wie jener deutsche Major, der im amerikanischen Offizierskasino in Bozen die Siegesfeier der Alliierten mit Strauß-Melodien am Klavier verschönte.[28]

Keiner aber hatte mehr dafür getan als die beiden Drahtzieher von Sunrise, der Amerikaner Dulles und der Schweizer Waibel. Während ihr dritter Partner, Wolff, rasch im Zwielicht der Nachkriegszeit verschwand, wirkten Dulles und Waibel auch in Zukunft weiterhin zusammen: Allen Welsh Dulles, bald einer der Gründungsväter und Chefs der Central Intelligence Agency, zählte später zu den großen Strategen des Kalten Krieges, unauffällig assistiert von Max Waibel, von 1947 an Militärattaché der Schweiz in Washington, der noch manchen deutschen Geheimdienstler den USA empfahl.

Wieder einmal erwies sich, daß Geheimdienstler nicht selten ihren Regierungen um einige Längen voraus sind und Wege vorzeichnen, die ihren Auftraggebern noch ganz unbeschreitbar dünken. Noch war Washingtons Außenpolitik auf einen Ausgleich mit der UdSSR ausgerichtet, noch war amerikanischen Besatzungsfunktionären das Nachkriegs-Deutschland nichts als eine Ruinenlandschaft des Machtwahns, in der ein Heer von Entnazifizierern, Umerziehern und Militärverwaltern sicherstellen sollte, daß von Deutschen nie wieder ein Krieg ausgehen könne, da hatte das OSS seine Arbeit bereits auf die Ausforschung und Abwehr sowjetischer Aktivitäten in Mitteleuropa umgestellt und ein Programm entworfen, das vorsah, gegen Rußland einen westeuropäisch-atlantischen Machtblock zu schaffen – unter Einbeziehung der besiegten Deutschen.

Das war keineswegs so neu und überraschend, wie es später die meisten Zeitgenossen dünkte. Schon im Krieg hatte es im OSS einflußreiche Leute gegeben, die ein seltsames Faible für deutsche Hitler-Gegner, Militärs und Geheimdienstler besaßen, was sie bei ihren Kritikern in den Ruf brachte, eine »German Lobby« zu sein, unbekümmert um das von den Alliierten beschlossene Strafgericht gegen die deutschen Verursacher des katastrophalsten Krieges der Geschichte.

In Wahrheit waren ihre Wortführer Interventionisten gewesen, Anhänger eines frühen Kriegseintritts der Vereinigten Staaten an der Seite Englands. Für das Deutschland Hitlers hatten sie so wenig Sympathie wie andere Amerikaner. Seit der »Wilde Bill«, wie man den New Yorker Rechtsanwalt William Joseph Donovan wegen seiner Bravourtaten im Ersten Weltkrieg nannte, im Sommer 1942 das Office of Strategic Services geschaffen hatte, das neben den Geheimdiensten von Armee und Marine (Military Intelligence Service und Office of Naval Intelligence) psychologische Kriegführung, Gegenspionage und auch etwas militärische Feindaufklärung betrieb, war es seine und seiner engsten Mitarbeiter Philosophie gewesen, die Macht des Dritten Reiches so rasch und gründlich als möglich zu zerbrechen.[29]

Eine Führungsgruppe im OSS, meist Anwälte, Bankiers und Diplomaten mit Deutschland-Erfahrungen, meinte allerdings, Amerika könne den Krieg gegen Deutschland abkürzen, wenn es sich oppositioneller oder zumindest unangepaßter Kräfte im Hitler-Regime bediene und sie dazu anstachele, die Nazi-Diktatur zu stürzen. Das gehe natürlich nur, wenn man diesem »anderen« Deutschland einen ehrenvollen Ausstieg aus dem Krieg ermögliche und ihm Hoffnung auf eine bessere Zukunft gebe, was auch im wohlverstandenen Interesse Amerikas liege, da es nicht Sinn des Krieges sein könne, ein hoffnungsloses, geschlagenes Deutschland den Russen in die Arme zu treiben.

Zu dieser Gedankenschule gehörte auch Donovan selber, der aus seiner Anwaltszeit manche Verbindung nach Deutschland besaß. Otto Kiep, NS-Gegner und Deutscher Generalkonsul in New York, war vor dem Krieg oft Gast der Donovans gewesen, und auch der Hamburger Rechtsanwalt Paul Leverkuehn war häufig im Haus seines Kollegen Donovan abgestiegen.[30] In ihren politischen Gesprächen aber war immer wieder ein Name aufgetaucht, für die beiden Deutschen Inbegriff ihrer Hoffnung, Hitler noch loszuwerden, ehe er Deutschland und alle Welt ins Unglück stürzte: Canaris.

Admiral Canaris, der deutsche Abwehrchef – das war auch der Mann, der den OSS-Boß Donovan aus professionellen Gründen wie kein anderer Deutscher interessierte. Nicht ohne Sympathie beobachtete Donovan aus der Ferne, wie der Admiral erbittert darum kämpfte, sich aus den Verstrikkungen des Regimes, dem er so lange gedient, zu befreien und seinem Land durch geheime Absprachen mit dem Gegner einen Ausweg aus dem allesvernichtenden Krieg zu bahnen.

General Donovan wäre kein Geheimdienstler gewesen, hätte es ihn nicht gereizt, diesen einsamen, verzweifelten Mann kennenzulernen. Zudem teilte auch er die Illusion seines deutschen Gegenspielers, es liege in der Macht der Geheimdienste und ihres trickreichen Handwerks, eine rettende Formel für die Beendigung des Krieges zu finden. Ihn faszinierte der Gedanke, mit Deutschlands »master of spies« zusammenzutreffen und mit ihm gemeinsam einen Schleichpfad aus dem Krieg heraus zu finden. Donovan hielt das für möglich, genossen doch schon zwei seiner Freunde das Vertrauen des Admirals: Kiep saß inzwischen als Major in der Berliner Abwehrzentrale, Major Leverkuehn leitete eine Nebenstelle der Abwehr in Istanbul.

Noch ließ Donovan die Chancen einer Verbindung zu Canaris erkunden, da bot sich im Februar 1943 der deutsche Abwehrchef selber zu einem Treff mit einem Donovan-Vertrauten an. Über griechische Geheimdienstler im Exil, die dem Admiral wegen gewisser Dienste noch aus der Zeit vor dem Balkan-Feldzug von 1941 verpflichtet waren, ging Oberst Ulius C. Amoss, dem Führungsoffizier in der OSS-Residentur in Kairo, die Einladung von

Canaris zu einem Gespräch in einem neutralen Land zu. Amoss informierte seinen Fallführer in Washington, Florimond Duke, der (offenbar in Donovans Auftrag) einen günstigen Treffort für den Mann in Kairo verabreden sollte.[31]

Das machte es für die OSS-Zentrale notwendig, den ständig wechselnden Aufenthaltsort des reisewütigen Canaris an Amoss zu melden. Am 26. Februar 1943 kabelte Duke dem Obristen: »Canaris ist in Bern, nachdem er in der letzten Woche eine Reise durch den Balkan unternommen hat. Er hat sich als Dr. Spitz im Hotel St. Gotthard in Bern eingetragen.« Am 5. März: »Canaris . . . hat auch die Türkei besucht. Er möchte gern mit dem amerikanischen Geheimdienst in Kontakt treten. Wenn Sie es für ratsam halten, könnten wir es arrangieren, daß er in die Türkei zu einem Ihnen passenden Zeitpunkt zurückkehrt.« Am 24. März ein neues Telegramm von Duke an Amoss: »Canaris ist in Frankreich kontaktiert worden und sagt, im Augenblick werde er zu sehr von Himmler überwacht.«[32]

Die Zusammenkunft Canaris-Amoss scheint nicht zustandegekommen zu sein, doch Donovan war weiterhin an einem Treff mit dem Abwehrchef interessiert. Sind sie jemals zusammengetroffen? Der ehemalige Abwehroffizier F. Justus von Einem will dabei gewesen sein, als sich Canaris mit den Geheimdienstchefs der USA und Englands 1943 im spanischen Santander getroffen und ihnen einen Friedensplan vorgelegt haben soll. »Donovan, sein englischer Kollege und C[anaris]«, so schrieb später Einem, »wurden auf Basis des Vorschlags von C. einig. Es war mein aufregendstes Erlebnis als Mitarbeiter im Stabe von C.«[33]

Das State Department paßte jedoch auf, daß kein US-Geheimdienstler die interalliierten Vereinbarungen unterlief, die besagten, Deutschland habe bedingungslos zu kapitulieren und Sondervereinbarungen eines der Alliierten mit deutschen Stellen seien verboten. So unterband das amtliche Washington jeden Versuch des OSS, mit der deutschen Abwehr oder Widerstandsgruppen Friedensgespräche zu führen. Nur Desinformationsspiele mit Deutschen waren dem OSS erlaubt.

Dennoch ermunterte Donovan seine Konfidenten immer wieder zu Kontakten mit deutschen Geheimdienstlern und Widerständlern. Hinter dem abenteuerlichen Unternehmen des US-Journalisten Theodore A. Morde, der im Herbst 1943 mit dem Deutschen Botschafter Franz von Papen in Ankara über eine Entführung Hitlers verhandelte und ihm dafür eine Garantie Washingtons für die Herrschaft Deutschlands über Mitteleuropa versprach, stand Donovan ebenso wie hinter dem »Plan Hermann«, dem Versuch, mit der Widerstandsgruppe um den Abwehr-Kriegsverwaltungsrat Helmuth James Graf von Moltke ins Gespräch zu kommen.[34]

Der hatte eine phantastische Idee für eine Beendigung des Krieges, die er Ende 1943 bei einem Abstecher in Istanbul der dortigen OSS-Residentur vortragen ließ: Umsturz in Deutschland mit sofort anschließender Landung amerikanisch-britischer Verbände aus der Luft und bedingungsloser Kapitulation der Wehrmacht, um die sowjetischen Armeen möglichst weit weg vom Reich, etwa auf der Linie Lemberg-Tilsit, anzuhalten. Donovan verwarf das zwar offiziell als »einen antirussischen Vorschlag«, um sich vor Querschüssen aus dem State Department zu schützen, zugleich aber wies er das OSS Istanbul an, den Kontakt zu »Hermann« (Moltkes OSS-Kodename) aufrechtzuerhalten.[35]

Donovan war an den Kontakten zu deutschen Hitler-Gegnern in Istanbul so interessiert, daß er sich nun selber einschaltete. Er ließ sich von seinem Freund Leverkuehn eine von diesem unterschriebene, auf dem Papier der Deutschen Botschaft in Ankara getippte Erklärung zuspielen, in der sich der Vertreter von Canaris im Namen der innerdeutschen Opposition verpflichtete, im Falle einer Landung der westlichen Alliierten in Frankreich die Kommandeure der deutschen Truppe zu Passivität anzuhalten – für den OSS-Chef wieder einmal eine Gelegenheit, bei Präsident Roosevelt für einen geschmeidigeren Umgang mit deutschen Abweichlern zu werben, natürlich vergebens.[36]

Seine größten Hoffnungen setzte Donovan auf die OSS-Abwehr-Kontakte in Bern, wo sich im November 1942 Allen W. Dulles, auch er durch internationale Anwaltsgeschäfte mit Deutschland verbunden, als »Sonderassistent des Gesandten der Vereinigten Staaten« niedergelassen und im Haus 23 der Herrengasse eine Residentur des US-Geheimdienstes eingerichtet hatte. Er war dabei mit so entwaffnender Offenherzigkeit aufgetreten, daß ihn bald alle Welt für Amerikas Superspion in Europa hielt und Nachrichtenhändler, Doppelagenten und Provokateure ihn mit fragwürdigsten Informationen und Tips überhäuften.

Das bescherte ihm in der OSS-Zentrale rasch den Ruf, auf jeden Trick politischer Geschäftemacher hereinzufallen. Seine Berichte galten anfangs unter jenen der OSS-Residenten als die minderwertigsten und wurden freudig von den ND-Profis der US-Armee aufgespießt, die sich mit der Schaffung des »neumodischen« OSS nicht abgefunden hatten und anhand von Dulles-Reports gern bewiesen, welche Dilettanten dort am Werk seien.[37]

So hatte Dulles auch einen persönlichen Grund, die deutschen »Kunden«, die ihn in wachsender Zahl anliefen, groß herauszustellen. Als erste hatten sich bei dem vielgerühmten »Mr. Bull« (SD-Kodename für Dulles) Schellenbergs Agenten eingefunden, angelockt von dem entschieden antikommunistischen Ton seiner Berichte für Washington, die der SD mitlas, weil die deutsche Funkabwehr den auch von Dulles benutzten Kode der US-Gesandtschaft in Bern geknackt hatte.

Am 15. Januar 1943 saß ein SD-Agent, Prinz Max-Egon von Hohenlohe-Langenburg, Dulles gegenüber und ließ sich von »dem einflußreichsten Mann des Weißen Hauses in Europa« skizzieren, was aus Deutschland würde, wenn es sich Hitlers entledige. Schellenbergs Sendbote war nicht unzufrieden, wie eine Aktennotiz des SD verrät: »Es ist mit Sicherheit anzunehmen und durch Nachforschungen erhärtet, daß bei ernsten Partnern Mr. Bull keine unfairen Handlungen begehen würde.«[38]

Dann aber kamen die »richtigen« Deutschen in die Herrengasse: unzufriedene AA-Diplomaten wie der Berliner Fritz Kolbe, der in regelmäßigen

Abständen auf Mikrofilm genommene Geheimakten des Reichsaußenministeriums ablieferte (Dulles: »Unsere beste Nachrichtenquelle über Deutschland«), zukunftsträchtige Emigranten wie der sozialdemokratische Außenseiter Wilhelm Hoegner und frondierende Angehörige der Abwehr, die namens zunächst im Hintergrund bleibender Widerstandskreise Anschluß an einen Geheimdienst der westlichen Alliierten suchten.[39]

Zu ihnen gehörte auch ein baumlanger, blonder Teutone namens Hans Bernd Gisevius, vor dessen vermeintlichen Machenschaften schon der britische Geheimdienst gewarnt hatte. Doch Dulles verließ sich auf seine Menschenkenntnis und vertraute »512« (Gisevius' Kodenummer im OSS), zu Amerikas und des deutschen Widerstands Vorteil: Der Abwehr-Sonderführer Gisevius, in der Tarnung eines Vizekonsuls III-F-Mann am Deutschen Generalkonsulat in Zürich, verriet Dulles nicht nur das Entschlüsselungsgeheimnis der deutschen Funkabwehr, sondern bahnte ihm auch Verbindungen zu antinazistischen Widerständlern.[40]

Allmählich verstand Dulles, daß Gisevius kein normaler Abwehr-Mann war. Nicht die eigentlich zuständige Gegenspionage-Gruppe der Abwehr III hatte ihn in die Schweiz entsandt, sein eigentlicher Auftraggeber war vielmehr der kleine, aber einflußreiche Widerstandszirkel um den Generalmajor Hans Oster, Stabschef der Abwehr und Leiter von deren Abteilung »Z«, der bei Eingeweihten als der Motor aller ernsthaften Staatsstreichversuche gegen das Hitler-Regime galt.

Gisevius machte den OSS-Residenten auch mit anderen Freunden aus dem Widerstand bekannt, meist Leuten, die zu Kriegsbeginn in den Dienst der Abwehr getreten waren. Dazu zählte der Rechtsanwalt Eduard Waetjen, der wie Gisevius Vizekonsul am Zürcher Generalkonsulat war und als »670« auf die V-Männer-Liste des OSS geriet, ebenso der Frankfurter Versicherungsdirektor Theodor Strünck, ein Hauptmann aus der Abwehrabteilung »Z«, der hauptsächlich als Kurier zwischen Berlin und Bern eingesetzt wurde.[41] Im Hintergrund spielte auch schon Waibel mit, der deutsche Deserteure an die Amerikaner heranspielte, darunter auch einen in die Schweiz geflohenen Abwehr-Offizier, der im Nachkriegs-Deutschland noch ansehnliche Karriere machen sollte: den SS-Untersturmführer und Kriminalkommissar Paul Dickopf, unter der Agentenchiffre »9610» Verfasser umfänglicher Berichte über Organisationen und Verbindungen der deutschen Geheimdienste.[42]

Schlüsselfigur aber blieb für Dulles der draufgängerische Gisevius, der ihn nach dem Sturz von Oster im Frühjahr 1943 immer mehr mit der Anti-Hitler-Verschwörung der Beck, Goerdeler und Stauffenberg verband. Die 1415 Seiten eines Gisevius-Manuskripts, das die Dulles-Freundin Mary Bancroft übersetzen mußte und woraus später das wohl populärste Buch des deutschen Widerstands (»Bis zum bitteren Ende«) wurde, hatten den Amerikaner davon überzeugt, daß »512« nahezu alles über die antinazistischen Putschpläne der Vergangenheit und Gegenwart wußte.[43] Er bewog Gisevius wiederholt dazu, nach Berlin zu reisen und sich bei seinen Freunden umzuhören, wie es um den Putsch gegen das Regime bestellt sei.

Vom Januar 1944 an hatte Dulles keinen Zweifel mehr daran, daß es in der deutschen Führung Kräfte gab, die entschlossen waren, mit Hilfe der Wehrmacht Hitler zu stürzen und zumindest im Westen den Krieg zu beenden. »Breakers«, Brecher des deutschen Kriegs- und Durchhaltewillens, nannte sie Dulles in seinen Berichten nach Washington, in denen von Mal zu Mal prominentere Verschwörernamen auftauchten, natürlich sorgfältig verschlüsselt: »Tucky« (Beck), »Bobcat« (Helldorff), »Riesler« (Fromm), »Leper« (Goerdeler) – Dulles schien sie alle zu kennen.[44]

Je mehr er sich freilich mit den Männern des 20. Juli verband, desto deutlicher offenbarte sich ihm die ganze Tragik des deutschen Widerstands gegen das Hitler-Regime: von keiner breiten Volksstimmung getragen zu werden, ohne auf die Sympathie der Alliierten rechnen zu dürfen. Keine amtliche Stelle der westlichen Alliierten hörte zu, wenn Vertreter der innerdeutschen Verschwörung nach ein paar Zusicherungen für den Fall verlangten, daß Hitler beseitigt war.

Oder hörte doch einer zu? Dulles versuchte das Unmögliche: Er bombardierte das amtliche Washington mit dem Antrag, ihn zu der Erklärung zu ermächtigen, die deutschen Verschwörer gegen Hitler könnten einer freundlichen Aufnahme durch die USA gewiß sein, wenn es ihnen gelinge, die Nazi-Diktatur zu liquidieren. Präsident Roosevelt und das State Department gaben keine Antwort, Dulles versuchte es wieder und wieder.[45] Doch Washingtons Schweigen war für Dulles enthüllender als jede ausweichende Antwort. Da handelte er auf eigene Faust, er konnte einfach nicht anders: Gisevius bekam zu hören, die Regierung der Vereinigten Staaten werde die befreiende Tat des deutschen Widerstands zu honorieren wissen.

Dulles hatte sich mit dem Widerstand schon so stark identifiziert, daß er kaum noch merkte, wie sehr er auch dessen Argumente übernahm. Für diesen Widerstand aber gab es nur ein Argument, eine Parole über die Beseitigung Hitlers hinaus: Rettung der nationalen Substanz, Ausgleich mit dem Westen, Abwehr jedweden Griffs der Sowjets nach Deutschland. Nicht anders sah es der OSS-Resident in Bern. Die sowjetischen Armeen von Mitteleuropa fernzuhalten und der UdSSR einen stabilen deutschen Staat entgegenzustellen – darum ging es ihm.

Schon am 3. Dezember 1943 hatte Dulles an die OSS-Leitstelle »Victor« gekabelt, nur wenn der Westen die moderaten Kräfte in Deutschland dazu ermutige, ein Gegengewicht gegen den Kommunismus zu schaffen, werde das »politische Chaos im Nachkriegsdeutschland« ausbleiben, »das die Errichtung eines kommunistischen Staates erleichtern würde«. Und zehn Monate vorher war von ihm noch Drastischeres zu hören gewesen: Wenn die Vereinigten Staaten nicht in ausreichendem Maße den Willen aufbrächten, über die Sünden der Vergangenheit hinwegzusehen, dann werde möglicherweise dem Zusammenbruch der faschistischen Staaten »eine Periode des Kommunismus folgen« – Formulierungen von 1943, die nach dem Urteil des Historikers Bradley F. Smith schon ganz »die Position Amerikas im Kalten Krieg enthalten«.[46]

Dulles wurde nicht mehr müde, seine Regierung mit allerlei Meldungen und Gerüchten zu bedrängen, um sie zu einer Geste zugunsten der deutschen »Breakers« zu bewegen. Mal wollte er aus »russischer Quelle« gehört haben, die Sowjets seien der Meinung, die Zeit arbeite für sie, mal befürchtete er, ein Teil der deutschen Verschwörer sei dabei, ins sowjetische Lager abzuschwenken. In Deutschland glaubte Dulles bereits die Tendenz zu erkennen, sich nach der Sowjetunion zu orientieren, da es den Deutschen übel aufgefallen sei, daß der Westen seine Nachkriegspläne für Deutschland noch nicht publik gemacht habe.[47]

Noch am Tage von Stauffenbergs Attentat wollte Dulles den Präsidenten bewegen, das offizielle Schweigen zu brechen. Er schlug ihm via Donovan einen Katalog von Maßnahmen gegenüber Deutschland vor, dessen Punkt 1 lautete: »Ein Wort vom Präsidenten, um der Goebbelsschen Propaganda entgegenzutreten, wonach die Alliierten die völlige Vernichtung des deutschen Volkes planen würden. Das könnte antinationalsozialistische Widerstandsgruppen ermutigen.«[48] Roosevelt lehnte ab.

Nach dem Scheitern des 20.-Juli-Putsches, den sein Kundschafter Gisevius nur knapp überlebte, wurden die Meldungen von Dulles noch alarmierender. Mehr denn je hatte er »den Eindruck, daß viele Deutsche sich lieber Rußland als dem Westen zuwenden wollen, weil sie meinen, daß die Russen aus wirtschaftlichen Gründen die Deutschen benötigen und daher an einer Weiterarbeit deutscher Fabriken interessiert sind«.[49] Vor allem erschreckte den OSS-Mann das Gespenst einer deutsch-russischen Armee, in der er ein hochbrisantes Gemisch von preußischem Militarismus und russischem Kommunismus witterte: des Nationalkomitees »Freies Deutschland« unter dem General von Seydlitz-Kurzbach.

Kein Hitler und keine Gestapo fürchtete die vermeintliche Seydlitz-Armee so heftig wie Dulles. Ende Juli war ihm ein Bericht aus Deutschland zugegangen, dem er entnahm, Seydlitz verfolge einen »Plan, der von Moskau genehmigt worden sei. Danach werde in Ostpreußen eine Regierung unter Seydlitz gebildet, die sich auf eine deutsche Armee stütze, welche von Moskau kontrolliert werde und sich aus deutschen Deserteuren und Kriegsgefangenen zusammensetze. Gemeinsam mit der Roten Armee werde die Seydlitz-Armee in Deutschland einrücken; je weiter sich der Vormarsch entwickele, desto mehr werde die Seydlitz-Armee die Zivilverwaltung übernehmen.«[50]

Dulles glaubte inbrünstig an die propagandistische Sprengwirkung der Seydlitz-Armee, zumal ihm der Rückkehrer Gisevius einredete, vor dem 20. Juli habe es bereits Verbindungen zwischen dem »Freien Deutschland« und Stauffenberg gegeben. »Die jüngeren Männer der Verschwörung«, so hielt ein OSS-Memorandum am 1. Februar 1945 fest, »tendierten zu einer sowjetischen Orientierung, weil sie meinten, die Politik der [westlichen] Alliierten biete der deutschen Zukunft keine Hoffnung; sie sollen auch vom Nationalkomitee Freies Deutschland die Zusage erhalten haben, daß die Sowjets Deutschland einen gerechten Frieden geben und die Wehrmacht nicht völlig entwaffnen würden«.[51]

Nicht einen Augenblick lang zweifelte Dulles daran, daß eine solche

Seydlitz-Bewegung von vielen Deutschen mit offenen Armen aufgenommen werden würde; brach aber, so dachte der Amerikaner weiter, der deutsche Widerstand im Osten schneller zusammen als im Westen, dann würde der größte Teil Deutschlands den sowjetischen Armeen anheimfallen. Dagegen gab es für Dulles nur ein Mittel: sofortige Gründung eines prowestlichen Gegenkomitees gefangener deutscher Generale und Offiziere, die ihre noch kämpfenden Kameraden an der Westfront zur Feuereinstellung überreden sollten, »ehe die Folgen der sowjetischen Siege im Osten ein Chaos in Deutschland auslösen«, wie es in einem OSS-Papier hieß.[52]

Die Idee stammte von Gaevernitz. Bei den Kämpfen in Frankreich im Herbst 1944 unterbreitete er dem Geheimdienstchef der 12. US-Armeegruppe, Brigadegeneral Edwin L. Sibert, den Vorschlag, kriegsgefangene deutsche Offiziere für die amerikanische Kriegführung zu nutzen; Sibert solle durch Mittelsleute Kontakt zu kriegsmüden deutschen Frontbefehlshabern aufnehmen und sie zur Kapitulation bewegen.

Sibert ließ im November in Kriegsgefangenenlagern nach deutschen Offizieren suchen, die willens waren, den Kontakt zu ihren Frontkameraden herzustellen. Im Nu hatte Sibert ein paar Deutsche zusammen, die helfen wollten, im Auftrag der Alliierten den Krieg zu beenden. Daraufhin ersuchte der General das Kriegsministerium in Washington, ihm zu erlauben, ein Komitee deutscher Kriegsgefangener unter dem Generalmajor Gerhard Bassenge, einem ehemaligen Abwehroffizier, aufzustellen und es dem alliierten Hauptquartier als Beratungsausschuß zu attachieren. Das Kriegsministerium lehnte ab und verbot jedes Fraternisieren mit ehemaligen Hitler-Offizieren.[53]

Die Leitung des OSS griff den Dulles-Gaevernitz-Vorschlag in leicht veränderter Form auf. Die Residentur in Bern wurde dazu angehalten, unter deutschen Militärs, Beamten und Politikern in der Schweizer Emigration und in benachbarten alliierten Ländern Leute auszuwählen, die die USA in der Stunde Null auf Schlüsselposten im besetzten Deutschland katapultieren könne. Daraus wurde später das Unternehmen »Kronjuwelen«, der Versuch des OSS, den aus Moskau einfliegenden Gruppen kommunistischer Emigranten eine proamerikanische entgegenzustellen.[54]

Dulles erhielt Rückenstärkung durch die Führungsgremien des OSS, in denen Geheimdienstler saßen, die seine antisowjetischen Auffassungen teilten. Männer wie die beiden ehemaligen Rußland-Experten des State Department, DeWitt Poole und John Wiley, die den harten Kern einer konservativ-antikommunistischen Gruppe im OSS bildeten, warnten seit Monaten vor der nachgiebigen Politik gegenüber Moskau. Donovan hingegen hatte lange Zeit Illusionen über Ausmaß und Chancen einer Zusammenarbeit mit den Sowjets gehegt.

Der OSS-Chef war stolz auf das, was amerikanische Historiker in Unkenntnis sowjetischer Geheimdienststrukturen seine »NKVD connection« nennen. Gemeint ist in Wirklichkeit das NKGB, das Volkskommissariat für Staatssicherheit, mit dessen für Auslandsspionage und Sabotage zuständigen Abteilungsleitern, Generalmajor P. M. Fitin und Oberst A. P.

Ossipow, die OSS-Führung im Dezember 1943 Nachrichtenaustausch und Koordinierung von Agenteneinsätzen in Feindesland vereinbart hatte. Donovans weitergehende Absicht, eine Mission in der Hauptstadt des jeweiligen Partners zu stationieren, war allerdings am Veto von J. Edgar Hoover, dem erzkonservativen Chef des Federal Bureau of Investigation (FBI), gescheitert, der eine »bolschewistische Infiltration« in Washington befürchtete.[55]

Immerhin lief die Zusammenarbeit zwischen den ungleichen Partnern so gut an, daß der ahnungslose US-Botschafter W. Averell Harriman in Moskau schon schwärmte: »Zum erstenmal haben wir einen Geheimdienstbereich der sowjetischen Regierung penetriert.«[56] Die Realität sah weniger blumig aus. Meist waren es die Amerikaner, die Nachrichten und Dokumente lieferten, darunter Material über einen Rußland-Ring der deutschen Abwehr in der Türkei und Lageberichte über Deutschland. Die Russen steuerten allenfalls mal einen Bericht über Bulgarien oder eine Liste von Bombenzielen in Ostdeutschland bei.[57]

Donovan träumte noch von gemeinsamen Agenteneinsätzen gegen den deutschen Feind, da machte das NKGB schon gegen den Verbündeten mobil. Wohin immer die sowjetischen Armeen auf dem Balkan vordrangen, stets sahen sich die OSS-Trupps, meist zur Rettung abgeschossener amerikanischer Flugzeugbesatzungen eingesetzt, von Moskaus Sicherheitsorganen bedrängt, ja in einigen Fällen sogar verfolgt. Aus Bulgarien wurden die OSS-Männer vom sowjetischen Oberkommando zeitweilig ausgewiesen, in Jugoslawien ihre Aktivitäten drastisch eingeschränkt, in anderen Ländern ihre Bewegungen außerhalb der eigenen Quartiere von »engster Zusammenarbeit« mit dem NKGB abhängig gemacht.[58]

Am ärgsten erging es der OSS-Gruppe des Fregattenkapitäns Frank Wisner in Rumänien, die Zeuge der wohl brutalsten Sowjetisierung eines Balkan-Landes wurde. Das konnte der Ex-Anwalt Wisner, bald schon einer der engsten Mitarbeiter von Dulles, bis zu seinem Lebensende nicht vergessen: die kaltschnäuzige Unterwanderung und Zerstörung der rumänischen Parteien durch das NKGB, die ersten Schauprozesse, das nächtliche Verschwinden unliebsamer Politiker und OSS-Helfer, die unterschwellige Propaganda gegen die amerikanischen »Imperialisten« – Musterbeispiel sowjetischer »Befreiung«, die kurz darauf alle Staaten Osteuropas ereilen sollte.[59]

Als nun auch noch der scheinbar sonst so gefällige NKGB-General Fitin dem OSS-Chef die Bitte abschlug, Sofia und Bukarest besuchen zu dürfen, da war Donovan restlos ernüchtert. In der Führung des OSS begann man, sich auf den neuen Gegner einzustellen. Im Dezember 1944 erteilte Donovan der OSS-Abteilung für Forschung und Analyse die Weisung, die Russen nur noch über jene Gebiete Deutschlands zu informieren, die ihnen als ihre Besatzungszone zugestanden worden seien.[60] Zugleich sahen sich Dechiffrierer, Analytiker und Agenten des OSS vom Boß ermuntert, ihre Kenntnisse über Rußland zu erweitern.

Das State Department, noch ganz auf die Fata Morgana der Einen Welt mit »Onkel Joe« (Stalin) fixiert, sah solche Aktivitäten des OSS nicht gern. Als Donovan im November Außenminister Edward Stettinius vortrug, daß sein Dienst in Stockholm die Chance habe, von finnischen Händlern sowjetische Kodebücher zu erwerben, die es Finnen und Deutschen ermöglicht hatten, Moskaus Funksprüche zu entschlüsseln, riet der Mann aus dem State Department energisch ab: »Unratsam und ungehörig!« Gleichwohl gab Donovan seinen Konfidenten in Stockholm die Order, die Kodebücher zu kaufen.

Prompt brachte der empörte Stettinius den Fall vor den Präsidenten und beschuldigte Donovan, durch seine »Unbesonnenheit« die Beziehungen mit Moskau zu stören. Roosevelt entschied, die Kodebücher seien den Sowjets sofort wieder zurückzugeben. Nicht ohne Verlegenheit ließ die US-Militärmission in Moskau Fitin wissen, es gebe da in Washington »ein paar Papiere« von gewisser Bedeutung, die ein Vertreter der Sowjetunion abholen könne, was dann auch umgehend geschah.[61]

Doch Donovan ließ sich von seinem neuen Kurs nicht mehr abbringen, und der hieß: entschiedenere Wahrnehmung amerikanischer Interessen gegenüber Moskau, Abwehr aller Versuche der Sowjets, im kriegszerstörten Mitteleuropa zur dominierenden Macht zu werden. Als Donovan im obersten Hauptquartier der alliierten Streitkräfte in Europa am 4. Januar 1945 vor OSS-Residenten sein Programm entwickelte, klang das noch alles recht harmlos. Die »Kampfphase des Krieges in Europa«, so Donovan, gehe zu Ende, jetzt müsse das Office of Strategic Services »dafür arbeiten, den Frieden zu gewinnen«.[62] Weniger harmlos war schon das von Donovan initiierte Unternehmen »Casey Jones« der US-Luftwaffe, die vom Frühjahr 1945 an alle von der Roten Armee besetzten Gebiete photographierte, wobei einige Maschinen von den Russen abgeschossen wurden.[63]

Zur gleichen Zeit ließ Donovan von seinem Stab ein Memorandum über »Probleme und Ziele der Politik der Vereinigten Staaten« erarbeiten, das Anfang Mai alle Abteilungs- und Referatsleiter des OSS erhielten. Es ging davon aus, daß von der Sowjetunion die Gefahr eines neuen Krieges drohe; nur wenn es gelinge, so stand dort, eine westeuropäisch-amerikanische Staatengemeinschaft als »Gegengewicht gegen Rußland« zu errichten, dann könne der Westen hoffen, daß Moskau wenigstens in den nächsten zehn bis 15 Jahren »auf einen weiteren Großkrieg verzichtet«.[64]

War das schon der Kalte Krieg? Wohl kaum. Immerhin hieß es in dem Papier noch, die USA müßten kompromißbereit sein und sowjetische Interessen berücksichtigen; die Kriegsgefahr der nächsten Jahre lasse sich beheben, wenn die Alliierten für das besiegte Deutschland eine Friedenslösung fänden, die West und Ost gleichermaßen akzeptieren könnten. Desto dringender war es freilich für Amerika, sich im Nachkriegs-Deutschland eine sichere Ausgangsstellung für den Viermächte-Poker zu verschaffen.

Das wurde nun zusehends die Aufgabe von Dulles und seinem Berner Stab: Denkmodelle für das künftige Deutschland auszuarbeiten und Personal zu finden, das in diesem Deutschland die Interessen der USA wahren würde. Es waren die »Kronjuwelen«, nach denen Dulles' Beauftragte schon seit Wochen fahndeten: deutsche Politiker, Militärs, Polizisten und Gewerkschaftler im Exil, die bereit waren, in engster Zusammenarbeit mit den Amerikanern auf führenden Positionen beim Aufbau einer prowestlichen deutschen Nachkriegsdemokratie mitzuhelfen.[65]

Die Schreibzimmer in der Herrengasse wurden immer mehr zu Rekrutierungsbüros einer neuen deutschen Politiker- und Beamtenelite. Die Mitarbeiter von Dulles redigierten die »Weiße Liste« mit den Namen von 1500 regierungsfähigen »Anti-Nazi or Non-Nazi«, die die Abteilung für Psychologische Kriegsführung im alliierten Hauptquartier erstellt hatte, andere Dulles-Agenten reisten durch Westeuropa auf der Suche nach untergetauchten Politikern aus der Zeit der Weimarer Republik und wiederum andere kontaktierten Schweizer Polizei- und Geheimdienststellen, die noch Deutsche kannten, die sich gern vom OSS ansprechen lassen würden.[66]

Manches Kronjuwel lag schon bereit, fast alle Kandidaten hatten eine zumindest vage Vorstellung von ihren künftigen Aufgaben und Positionen: Dulles-Berater Wilhelm Hoegner würde bayrischer Ministerpräsident werden, OSS-Informant Paul Dickopf Reorganisator der westdeutschen Kriminalpolizei und später Präsident des Bundeskriminalamtes, der Gaevernitz-Freund Fabian von Schlabrendorff ins Justizleben gehen (er wurde später Richter am Bundesverfassungsgericht), OSS-Helfer Erich Ollenhauer an die Spitze der westdeutschen Sozialdemokratie gelangen und OSS-Helfer Ludwig Rosenberg an jene des Deutschen Gewerkschaftsbundes.[67]

Kaum ein erster Schritt westdeutscher Nachkriegsdemokratie, der nicht in den Büros von Dulles bedacht, geplant oder erörtert wurde. Selbst für die Aufarbeitung der jüngsten deutschen Vergangenheit war schon gesorgt: Das Gisevius-Buch »Bis zum bitteren Ende« galt als druckreif, Schlabrendorffs »Offiziere gegen Hitler« entstand gerade, und auch Gaevernitz schrieb bereits an seiner Arbeit »Verschwörung in Deutschland«, die dann allerdings unter dem Namen seines Chefs erscheinen mußte.

Doch noch ehe Dulles, inzwischen Chef der »OSS Mission for Germany«, mit seinen Agenten und Kandidaten ins besetzte Deutschland aufbrechen konnte, bekam er Gegendruck aus der eigenen Organisation zu spüren. Das Konzept der konservativ-antikommunistischen Gruppe, das auf ein demokratisch-bürgerliches Deutschland hinauslief, war im OSS nie unumstritten gewesen. Dulles' OSS-interne Gegenspieler, meist emigrierte Linkssozialisten und Sozialrevolutionäre aus Deutschland, die ein Volksfrontregime erträumten, hatten die letzten Kriegstage dazu genutzt, sich im verwüsteten Reich ein paar Positionen zu sichern.

Ihre Stichwortgeber saßen in der OSS-Abteilung für Forschung und Analyse in Washington, in der eine Art Ideologie der Befreiung vom Faschismus entstanden war. Für sozialistische Intellektuelle wie den Gewerkschaftsjuristen Franz Neumann, Verfasser einer komplizierten Analyse des Dritten Reiches (»Behemoth«), und den Philosophen Herbert Marcuse war der Antifaschismus eine linke Befreiungsbewegung, die sich nicht mit der Ausmerzung des NS-Systems begnügen dürfe, sondern auch die gesamte bürgerliche Gesellschaftsordnung beseitigen müsse, um an ihre

Stelle eine Volksdemokratie zu setzen, getragen von allen Sozialisten einschließlich der aus der Zwangsbindung an Moskau befreiten Kommunisten.[68]

Kein Wunder, daß die Theoretiker dieser Gedankenschule kaum einen Blick für weltpolitische Machtfragen hatten. Den heraufdräuenden Konflikt mit Moskau hielten sie für vermeidbar, ja weitgehend für ein Phantasieprodukt hysterischer US-Kapitalisten und deutscher Militaristen, die den westlichen Alliierten aus Eigennutz eine »bolschewistische Gefahr« aufschwatzen wollten. Kommunistische Unterwanderungstechniken hielten sie für unerheblich, Moskaus Brachialpolitik in Osteuropa nichts als Ausfluß eines »natürlichen« Sicherheitsstrebens – weltfremde Vorstellungen, die noch heute in deutschen Sozialistenköpfen rumoren.

Solche Thesen fanden Anklang auch bei einigen Amerikanern im OSS, vor allem bei denen, die in den Arbeiterreferaten (Labor Desks) der Residenturen saßen und damit beauftragt waren, Kräfte der europäischen Linken für den Aufbau von Widerstandsgruppen hinter der deutschen Front zu mobilisieren. Dabei waren die OSS-Männer mit den versprengten Häufchen deutscher Emigranten in Kontakt gekommen, die in England und in den neutralen Staaten Europas lebten und nicht abgeneigt waren, den amerikanischen Geheimdienst in seinem Kampf gegen Hitler-Deutschland zu unterstützen.

Die aktivsten unter ihnen waren linke Gewerkschaftler und Sozialisten am Rande der alten SPD, die sich dem Internationalen Transportarbeiterverband angeschlossen hatten, der in London eine Zentrale unterhielt. Dort sammelte Hans Jahn, auch im Auftrag des OSS, Aktivisten und Informanten, die bereit waren, für die Amerikaner konspirativ zu arbeiten; Jahns Konfidenten sprachen außerhalb Englands lebende Schicksalsgenossen an, namentlich solche, die in der Schweiz und in Schweden lebten.[69]

Ein OSS-Informant war auch der Emigrant Willy Brandt in Stockholm, der mit einem jungen Schweden namens Olov Janson ein »Schwedisch-Norwegisches Pressebüro« unterhielt, das zuweilen über interessante Nachrichten aus dem deutschen Herrschaftsbereich verfügte.[70] »Brandt ist ein junger, aber augenscheinlich nachdenklicher und ernsthafter Beobachter der deutschen Szene«, schrieb der US-Gesandte Herschel V. Johnson am 22. Mai 1944 nach Washington, »und einer der Vertreter des Office of Strategic Services, der mit den deutschen Flüchtlingskreisen in Schweden gut vertraut ist, hält Brandt für einen der fähigsten der Gruppe, der höchstwahrscheinlich trotz seiner norwegischen Staatsbürgerschaft nach dem Krieg [in Deutschland] eine gewisse Rolle spielen wird«.[71]

Einen so zukunftsträchtigen Mann mochte das OSS auch später nicht aus den Augen verlieren, als Brandt in Berlin eine bemerkenswerte Nachkriegskarriere begann, die noch längere Zeit im Schatten des amerikanischen Geheimdienstes blieb. Später wollte allerdings der nachmalige Bundeskanzler und SPD-Vorsitzende in Hinweisen auf solche Zusammenhänge nichts als »Lügen über mich« sehen, was ihm durch die Geheimniskrämerei des amtlichen Washington erleichert wurde. Als der ausgeschiedene CIA-Sonderassistent Victor Marchetti, in den fünfziger Jahren Geheimdienstoffizier in Westdeutschland, 1973 ein Buch über seine Erfahrungen veröffentlichen wollte, zwangen ihn seine ehemaligen Dienstherren in einem Gerichtsverfahren, allein fünf Textstellen über Brandt zu streichen.[72]

Heute mag es dem ins antiamerikanische Fahrwasser geratenen Brandt peinlich sein, an seine frühere Hilfe für den US-Geheimdienst erinnert zu werden. Auch andere führende Genossen bedienten das OSS im Exil und noch in den ersten Monaten der Besatzungszeit mit Informationen und Tips. Darin Unpatriotisches zu wittern, wäre jedoch historisch verfehlt. Kein namhafter Emigrant der Geschichte hat sich je der Aufmerksamkeit fremder Geheimdienste entziehen können, Preußens Reichsfreiherr vom und zum Stein, der 1812 nach Rußland emigrierte, so wenig wie die Großen des russischen Exils von Lenin bis Wlassow. Und es gab wahrlich schlechteres für einen deutschen Antifaschisten der Hitler-Ära, als dem Geheimdienst der Vormacht westlicher Freiheit zu assistieren!

So mögen auch die deutschen Linkssozialisten und Gewerkschaftler in England gedacht haben, die sich im Sommer 1944 von George Pratt, einem Linksliberalen, der in der Londoner OSS-Residentur das Arbeiterreferat leitete, für Agenteneinsätze in Deutschland anwerben ließen. Für die Genossen muß es eine bestechende Idee gewesen sein: noch vor den alliierten Armeen in Deutschland zu sein, zur rechten Zeit, um in der Stunde des Zusammenbruchs der Nazi-Herrschaft mit den daheimgebliebenen Anhängern die Weichen für den Aufbau einer radikal neuen Gesellschaft zu stellen, ohne Einmischung der Sieger und doch scheinbar in ihrem Auftrag.

Sofort waren ein paar Leute aus dem Internationalen Sozialistischen Kampfbund (ISK) bereit, sich von den Amerikanern nach Deutschland schicken zu lassen. Pratt beorderte den ISK-Funktionär Jupp Kappius, seine Frau Anne, deren Genossin Hilde Meisel und einen linken Expolizisten namens Willy Drucker zu einem flüchtigen Vorbereitungskurs, in dem sie als Agenten und Fallschirmspringer ausgebildet wurden, und machte sie einsatzfertig – trotz der Warnungen des britischen Geheimdienstes, der jede Mitarbeit ablehnte, weil er es für Wahnsinn hielt, geheimdienstliche Anfänger ohne Anlaufadressen in das Herrschaftsgebiet der Gestapo zu entsenden.[73]

Pratt hörte nicht auf »Broadway« (OSS-Kodewort für Englands Geheimdienst), nur der ISK-Vorsitzende Willi Eichler hatte plötzlich Bedenken und wollte zunächst nur einen Mann seiner Organisation freigeben. »Downend«, wie Kappius nun hieß, mußte allein starten: Ein Lancaster-Bomber brachte ihn nach Deutschland, wo der ISK-Mann in der Nacht vom 1. zum 2. September 1944 bei Sögel nahe der deutsch-holländischen Grenze absprang, der erste Fallschirmagent des amerikanischen Geheimdienstes in Deutschland.[74]

Kappius schlug sich nach Bochum durch und stöberte ein paar alte ISK-Genossen auf, die sich von ihm überreden ließen, eine Nachrichten- und Widerstandsgruppe zu bilden. Kappius erweiterte sein V-Mann-System bis nach Berlin, Hamburg und Frankfurt am Main und sammelte genügend Informationen, die Kuriere zu OSS-Stellen in der Schweiz brachten. Jetzt ließ Eichler andere ISK-Genossen nach Deutschland, bald kamen auch Fallschirmagenten aus der von Hans Gottfurcht geleiteten Landesgruppe deutscher Gewerkschaftler in England hinzu.[75]

Immer weitere Deutschland-Teams stellte OSS-London zusammen, ein Unternehmen nach dem anderen startete: »Hammer«, »Pickaxe«, »Chauffeur«, »Luxe I«, »Virginia«, »Melanie« – der Operationen wurden schließlich so viele, daß das deutsche Personal nicht mehr ausreichte und durch deutschsprachige Holländer und Norweger ergänzt werden mußte. Für die militärische Feindaufklärung waren sie freilich wertlos; von den 34 Unternehmen bis Kriegsende hatten nur sieben gelegentlichen Funkkontakt mit der Zentrale, ihre Agenten erfuhren kaum etwas über die Wehrmacht.[76]

Desto intensiver waren die politischen Kontakte, die die Fallschirmagenten in ihrem Einsatzgebiet anknüpfen konnten. Eben dies aber verlockte die profilierteren Köpfe der sozialistischen England-Emigration, sich dem OSS als »Führer bei der Besetzung Deutschlands« anzubieten, um die Chancen der von ihnen erträumten deutschen Stunde Null für ihre politischen Zwecke voll nutzen zu können; dafür waren sie, die geschworenen Antimilitaristen, sogar bereit, sich in Uniformen der US-Armee stecken zu lassen.[77]

OSS-London war einverstanden, im April setzte sich die »Gruppe Gottfurcht« in Bewegung (nicht unähnlich der kommunistischen »Gruppe Ulbricht«, die sich damals gerade im Anflug auf das Hauptquartier der 1. Belorussischen Front bei Frankfurt an der Oder befand). Die 31 »Delegierten« der Gottfurcht-Gruppe fanden den politischen Boden in Westdeutschland von ihren vorausgeflogenen Genossen gut vorbereitet. Schon in den Tagen vor der Kapitulation der Wehrmacht waren antifaschistische Aktionsausschüsse entstanden, die in zahlreichen Städten die Macht an sich zu reißen versuchten, meist von Kommunisten unter Billigung der eingeflogenen deutschen OSS-Agenten ins Leben gerufen. Die »Antifas« redeten einer radikalen »Säuberung« das Wort, wobei sie freilich darunter oft nur das verstanden, was der vereinigten Linken nutzte und der bürgerlichen Neuformierung schadete.[78]

Die ahnungslosen OSS-Kommandos der US-Armee ließen zunächst ihre deutschen Helfer und die Antifas gewähren. Das Vorzeigen eines OSS-Ausweises genügte oft schon, um Funktionäre des Nazi-Regimes aus Rathäusern zu entfernen und freigesäuberte Posten mit Antifas-Genossen zu besetzen. Mancher OSS-Beauftragte aus der Emigration sah Tag um Tag die erstrebte Räteherrschaft einer einheitlichen Arbeiterpartei von Sozialisten und Kommunisten näherrücken.

Für die meisten Nachkriegsdeutschen muß es ein grotesker Anblick gewesen sein, wie sich da deutsche Linke in US-Uniformen, gemeinhin Verächter jeder geheimdienstlichen Aktivität, des Macht- und Drohpotentials eines Geheimdienstes der Besatzungsmacht bedienten, um ihre politischen Absichten zu verwirklichen. Wehe aber, wer sich gegen diese sonderbaren »Amis« stellte – er konnte allzu leicht als angeblicher Feind der Besatzungsmacht oder als unverbesserlicher Nazi in ernsthafte Schwierigkeiten geraten.

Doch lange konnten die Männer der Gottfurcht-Gruppe nicht agieren. Auch sie wurden Opfer der alliierten Bestrafungsideologie, die den Besatzungsmächten zumindest im Westen auferlegte, jede politische Betätigung von Deutschen zu unterbinden. Mitte Mai wurden die Antifas von der Abwehrpolizei der US-Armee aufgelöst, die deutschen Mitarbeiter des OSS zu politischer Enthaltsamkeit angehalten.[79] Zudem erwies sich rasch, daß Gottfurchts Freunde auf das falsche OSS gesetzt hatten. Denn: Nicht die Londoner OSS-Residentur mit ihren linksliberalen Vorstellungen, sondern die Berner mit dem Antikommunisten Dulles bestimmten den Kurs der »OSS Mission for Germany«, die sich inzwischen in Biebrich bei Wiesbaden einquartiert hatte.

Dulles mochte die OSS-Linken nur noch als Beobachter der deutschen Szene und als Pfadfinder beim Aufspüren deutscher Kriegs- und Nazi-Verbrecher einsetzen, was nun zu den wichtigsten Aufgaben des Geheimdienstes zählte: Donovan war zum Sonderassistenten des US-Hauptanklägers Robert H. Jackson ernannt worden, der in Nürnberg den großen Prozeß gegen die überlebenden Führer Hitler-Deutschlands vorbereitete, und jagte immer wieder Dulles' Mitarbeiter auf neue Spuren flüchtiger NS-Funktionäre oder wichtiger Zeugen, die sein Chef für die Anklage benötigte.[80]

Gottfurchts zusammengeschmolzene Schar zeigte dabei Spürsinn und Phantasie, doch Dulles blieb seltsam kalt. Er vertraute nur dem kleinen Kreis engster Mitarbeiter, mit denen er sich in Biebrich umgab: seinem Stellvertreter Wisner, der die Exekutivorgane der OSS leitete, dem Exjournalisten und einstigen Hitler-Interviewer Richard Helms, dem Literaturprofessor Harry Rositzke – nicht zufällig alles Leute, die zwei Jahre später auf hohen CIA-Posten zu den Drahtziehern des Kalten Krieges auf deutschem Boden gehören sollten.[81]

Sie drängten denn auch Dulles, rasche Vorsorge für den unvermeidlich kommenden Geheimdienstkrieg gegen Rußland zu treffen. Für Frank Wisner, den einzigen in der Dulles-Mannschaft, der schon praktische Erfahrungen mit sowjetischen Geheimdiensten gesammelt hatte, stand fest: »Vergeßt die Nazis und findet lieber heraus, was die Kommis im Schilde führen.«[82] Dulles schreckte vor solchen Sprüchen zurück, doch allmählich erkannte auch er, daß es im besetzten Deutschland mit den Russen nicht einmal zu der begrenzten Zusammenarbeit kommen werde, die das April-Memorandum des OSS noch für möglich gehalten hatte. Dulles-Mitarbeiter Peter Tompkins brachte es auf eine einfache Formel: »Unsere Feinde haben gewechselt.«[83]

Das Verhalten der Sowjets ließ kaum eine andere Schlußfolgerung zu. Die sowjetischen Armeen in Deutschland brachen die meisten Verbindungen zu westlichen Stellen ab, an der Zonengrenze war schon der sprichwörtliche »Eiserne Vorhang« heruntergerasselt. Nicht einmal bei der Suche nach Kriegsverbrechern des Dritten Reiches halfen die Russen. Als eine Fahndungsgruppe Wisners in der sowjetischen Besatzungszone einen lange gesuchten deutschen General aufspürte und ihn verhaften wollte, schlugen Rotarmisten auf die Amerikaner ein und entführten den Deutschen.[84]

Solche Zusammenstöße zwischen US-Geheimdienstlern und sowjetischen Staatssicherern häuften sich, deutliches Indiz dafür, daß die konspirativen Dienste der beiden Mächte bereits ihre Stellungen bezogen. Auf allen geheimdienstlichen Ebenen waren die amerikanisch-sowjetischen Beziehungen eingefroren: Die Sowjets ließen keine OSS-Kommandos mehr in ihre Zone, der Nachrichtenaustausch zwischen den Geheimdiensten war abgestorben, die NKGB-Mission in London, letzte Kontaktstelle für das OSS, beantwortete keine amerikanischen Anfragen mehr.

Wenn aber die Sowjets überall ihren Herrschaftsbereich gegenüber dem Westen dichtmachten, wie konnte dann Washington erfahren, was darin vorging? Das OSS verfügte über keine Spione im Osten, keine Dienststelle dieses Nachrichtendienstes hatte sich bisher systematisch mit Rußland befaßt.

Blieben nur die Leute, die sich traditionell auf die geheime Ausforschung der Sowjetunion spezialisiert hatten und jetzt in den Kriegsgefangenenlagern der Alliierten saßen: Hitlers ehemalige Geheimdienstler. Sie hatten die Verbindungen nach Rußland gehabt, sie kannten viele Geheimnisse des Ostens, sie wußten, wo es noch Widerstandsgruppen gab und wo ein fremder Geheimdienst ansetzen mußte. Die Deutschen schienen vieles zu wissen. Sie sollten nur für Amerika mobilisiert werden, allen Non-Fraternisations-Orders aus Washington zum Trotz.

Noch vor der Kapitulation der Wehrmacht hatte Donovan angefangen, deutsche Rußland-Aufklärer zu suchen. Zu Beginn war es scheinbar nur eine private Aktion gewesen: Captain Otto N. Nordon von Donovans Stab hatte im März 1945 von seinem Chef den Auftrag erhalten, genau zu ermitteln, was aus Canaris und seiner Familie geworden sei. Mit einem Fahrer und einem weiteren Begleiter fuhr Nordon kreuz und quer durch das zerstörte Deutschland, bis er die ganze barbarische Geschichte von den Demütigungen und dem grausigen Ende des Gestapo-Häftlings Canaris im KZ Flossenbürg zusammenhatte.[85]

Aus der Fahrt des Captain Nordon wurde zugleich eine Werbeaktion unter den einstigen Freunden und Mitarbeitern des Abwehrchefs; mancher war nicht abgeneigt, eines Tages für den amerikanischen Canaris-Bewunderer zu arbeiten. Auch später war es kein Nachteil, in Kriegsgefangenenlagern für den General Donovan zu werben. Man hatte von dem Eklat gehört, mit dem der OSS-Chef aus dem Dienst der Nürnberger Anklagebehörde ausgeschieden war; Donovan hielt es für »unwürdig unseres Landes«, daß Deutschlands Generalstab und Offizierskorps zu verbrecherischen Institutionen erklärt werden sollten, bekannte er sich doch »zu der Auffassung, daß ... diese Organisationen aus Offizieren bestanden, die den Befehlen ihrer Regierung ebenso gehorchten wie er jenen der seinigen, right and wrong« (so der Donovan-Biograph Anthony Cave Brown).[86]

Auch Wisner durchkämmte inzwischen die Kriegsgefangenenlager nach geeigneten deutschen Mitarbeitern, während Dulles die Adressenliste abhaken ließ, die ihm sein Schweizer Kollege Waibel mitgegeben hatte. Informanten des OSS hatten auch bereits von jener sagenumwobenen deutschen

Generalstabsabteilung gehört, deren Offiziere lebhaft daran interessiert waren, Anschluß an einen leistungsfähigen amerikanischen Geheimdienst zu bekommen: Gehlens FHO.

Doch die Talentsucher des OSS kamen zu spät, bei den Leuten von der Fremde Heere Ost war schon ein mächtiger Konkurrent gewesen. Nun bekam Dulles empfindlich zu spüren, wie nachteilig es war, daß Donovan die Erhebung des OSS zum einzigen Geheimdienst der US-Besatzungsmacht nicht hatte durchsetzen können. Amerikas erzkonservativer Statthalter in Deutschland, General Lucius D. Clay, der das OSS für ein übles Nest von Radikalen hielt, ließ sich lieber vom traditionellen Geheimdienst der Armee, dem Military Intelligence Service (MIS), informieren, doppelt gefährlich für Donovans Organisation, da ebendieser MIS gerade jetzt in Washington alle Register zog, um den unerfahrenen Präsidenten Harry S. Truman zur Auflösung des »überflüssigen« OSS zu bewegen.[87]

Wie sehr das OSS schon ins Abseits geraten war, offenbarte der Streit um ein Machiavellistenstück, das sich der Wilde Bill ausgedacht hatte, um die sowjetischen Gegenspieler noch einmal zur Zusammenarbeit zu zwingen. Ausgelöst hatte die Kontroverse der zwielichtige SS-Sturmbannführer Dr. Wilhelm Höttl, ehedem stellvertretender Gruppenleiter und Balkan-Experte in Schellenbergs Amt.

Höttl bot Dulles im Mai die Dienste einer Agentengruppe des SD auf dem Balkan an, die noch immer gegen die Sowjets arbeitete. Dulles ging scheinbar auf die Offerte ein, worauf OSS-Agenten die im österreichischen Steyrling gelegene Sendezentrale von Höttls Gruppe besetzten; eine Funkprobe erwies, daß ihre Agenten in Rumänien und Ungarn nach wie vor einsatzfähig waren.[88] Sofort meldete Dulles an Donovan, welche Chance ihnen Höttl bot.

Doch Donovan war es zu riskant, die Agenten des SD einfach für das OSS weiterarbeiten zu lassen, zumal er nicht sicher sein konnte, ob sie nicht längst unter sowjetischer Kontrolle standen. Donovan wollte stattdessen das NKGB informieren und die Russen dazu einladen, gemeinsam mit dem OSS Höttls Agentengruppe auszuheben, wobei er natürlich wußte, was das für die deutschen Agenten bedeutete. Auf diese Weise hoffte er Fitin, der nicht mehr ansprechbar schien, zu neuer Kooperation bewegen zu können.

Am 11. Juli ersuchte der OSS-Chef die amerikanische Militärmission in Moskau, den NKGB-General zu verständigen und ihm vorzuschlagen, mit Dulles über die Liquidierung der Höttl-Organisation zu verhandeln. Fitin war einverstanden, zeigte sich allerdings noch etwas zögerlich. Am 30. Juli bot Donovan erneut ein Gespräch mit Dulles an, doch Fitin wollte zunächst weitere Vorfragen geklärt wissen.[89]

Höttl muß das Spiel des OSS durchschaut und bald ein paar Gegenminen gelegt haben, die plötzlich in Washington gegen das OSS hochgingen. Donovan und Dulles hatten übersehen, daß der umtriebige SD-Mann gute Beziehungen zu dem aggressiv-antikommunistischen US-General George S. Patton unterhielt, dessen 3. Armee er bei der Besetzung österreichischer Gebiete mit allerlei Informationen gefällig gewesen war.[90] Offenbar war es Patton, der den Fall Höttl in Washington publik machte, was sicher schon genügte, um den schärfsten OSS-Kritiker unter den amerikanischen Militärs, General Clayton Bissell, den Chef des Geheimdienstes der Armee, rebellisch zu machen. Der alarmierte schließlich die Generalstabsspitze.

So kam, was Donovan nicht mehr stoppen konnte: Am 1. August schalteten sich die JCS ein und verboten weitere Verhandlungen mit Moskau, wobei die Schelte nicht fehlte, der Direktor des OSS habe seine Befugnisse überschritten, da von ihm unterlassen worden sei, die Joint Chiefs of Staff vorher über seine Aktion zu informieren.[91] Hinter solchen Formalien stand die rüde Frage der Militärs, ob es die Armee weiterhin zulassen wolle, daß geheimdienstliche »Dilettanten« den Versuch des Military Intelligence Service konterkarieren dürften, deutsche Geheimdienstler zur Mitarbeit anzuwerben.

Die Ironie aber wollte, daß der Fall des Nazi Höttl mit dazu beitrug, das Ende des OSS einzuleiten. Der ehemalige Sturmbannführer, in einer Zeugenzelle des Nürnberger Gefängnisses gelandet, spürte rasch, daß sich der Wind gedreht hatte. Am 18. Oktober schob ihm ein Wachposten einen Zettel in die Zelle, der von dem amerikanischen Gefängniskommandanten unterschrieben war. Höttl las: »Dr. Wilhelm Höttl ist ein deutscher Staatsbürger und hat die Erlaubnis dieser Dienststelle, sich innerhalb von Nürnberg, Deutschland, überall hinzubewegen, wo immer er will, ohne polizeiliche Begleitung oder Sicherheitskontrolle.«[92]

Donovan und Dulles mußten es hinnehmen, daß das OSS immer mehr aus der Rekrutierung deutscher Mitarbeiter ausgeschaltet wurde. General Sibert, inzwischen Geheimdienstchef der US-Streitkräfte in Europa (USFET), war jetzt der Mann, auf den es ankam. In seinem Büro saß der Gefangene, der ihm schon seit Tagen die Grundzüge einer deutsch-amerikanischen ND-Partnerschaft gegen Rußland skizzierte, die Geschichte machen sollte. Sein Name: Reinhard Gehlen.

Der ehemalige FHO-Chef hatte nach seiner Gefangennahme in Bayern eine lange Irrfahrt durch Lager und Vernehmungszentren der US-Armee überstehen müssen, bis er im Juli an Amerikaner geraten war, die ein Ohr für sein scheinbar verrücktes Angebot besaßen: den USA im Kampf gegen Stalin zu helfen. Captain John Boker vom MIS, Vernehmungsoffizier im Sondergefangenenlager Oberursel, war der erste Amerikaner gewesen, der nicht für »Nazi-Gerede« hielt, was der eigensinnige deutsche General immer wieder sagte.[93]

Boker interessierte sich für Gehlen und ließ ihn reden, was schon gegen die Vorschrift war, die jedem US-Offizier vorschrieb, despektierliche Äußerungen deutscher Kriegsgefangener über den sowjetischen Verbündeten sofort zu unterbinden. Vorsichtshalber entfernte der Captain erst einmal Gehlens Namen von den Kriegsgefangenenlisten, die auch die Vertreter der Sowjetunion einsehen durften, ehe er den Lagerkommandanten, Oberst William R. Philp, für den Hitler-General animierte – mit einem Trick: Da Philp Artillerist war, ermunterte Boker den FHO-Mann, ihm alles aufzuschreiben, was er über die moderne sowjetische Artillerie wisse.[94]

Als Philp das Gehlen-Papier las, war er beeindruckt. So exakt hatte ihm noch kein Experte die Wunder sowjetischer Waffentechnik erklären können. Philp wies Boker an, Gehlen in einem Sondertrakt unterzubringen und keinen anderen Offizier ohne seine Genehmigung an den Gefangenen heranzulassen, während er selber umgehend Sibert informierte. Sibert war interessiert und ließ Gehlen zu sich kommen. Noch später erinnerte sich Sibert: »Ich hatte sogleich einen hervorragenden Eindruck von ihm.«[95]

Gehlen hielt Vortrag über »die tatsächlichen Ziele der Sowjetunion und deren Machtentfaltung«, wobei er prophezeite, Stalin werde Polen, der Tschechoslowakei, Ungarn, Bulgarien und Rumänien keine Selbständigkeit gewähren, Finnland der Kontrolle des Kreml unterwerfen. Stalin wolle voraussichtlich dem ganzen Deutschland, also auch der US-Zone, den Kommunismus aufzwingen. Mit seinem Kräftepotential könne Rußland einen Krieg mit dem Westen wagen; Ziel eines solchen Krieges sei die Besetzung Westdeutschlands. Sibert blieb zurückhaltend: »Sie wissen viel über die Russen, General.«

Gehlen beteuerte, er könne seine Thesen beweisen und dies mit Materialien, die in nur ihm bekannten Verstecken zur Verfügung stünden. Auch die Sachkenner dieses Materials seien verfügbar, man brauche nur die in PoW-Camps einsitzenden Offiziere von Fremde Heere Ost zu holen. Schließlich lasse sich das deutsche Agentennetz in der Sowjetunion reaktivieren, diesmal zum Nutzen der USA. Sibert: »Ich will sehen, was ich für Sie tun kann.«

Der vorsichtige Sibert zog es jedoch vor, die führenden Generale bei USFET und in Washington noch nicht in Kenntnis zu setzen. Sibert erzählt: »Über Gehlens Wert für uns habe ich meine Vorgesetzten erst später informiert, dann nämlich, als wir sicher waren.«[96] Die Bestätigung holten sich US-Vernehmer von den gefangenen Generalstäblern, die Gehlen von ihrer Schweigepflicht entbunden hatte. In Speziallagern bereiteten die Offiziere das Rußland-Material aus den 50 Stahlkoffern auf, die Gehlen aus ihren Verstecken holen ließ.

Gehlen ließ es sich nicht nehmen, selber mit Sibert zu einem der verbuddelten Dokumentenlager zu fahren und das Freischaufeln der alten FHO-Kisten zu leiten, wobei es nicht ohne Theatralik abging. Als amerikanische Soldaten eine Kiste aus einem Erdloch heraushoben, trat Gehlen näher und deutete auf sie mit seiner behandschuhten Hand. Dann zu Sibert: »Hier liegen die Geheimnisse des Kreml. Wenn Sie sie richtig auswerten, ist Stalin erledigt.«[97]

Er durfte nun einen »Fachstab Gehlen« bilden, der zuerst bei der Historischen Forschungsabteilung und dann im Intelligence Center der 7. US-Armee in Wiesbaden logierte. Gehlen und seine engsten Mitarbeiter wurden wie prominente Staatsbesucher behandelt, aus Furcht vor sowjetischen Agenten riegelte man das Gehlen-Quartier hermetisch ab. Gehlen schrieb zuerst, um sich den Amerikanern restlos bekannt zu machen: In einem 129-Seiten-Bericht gab er über sich und seine Arbeit Auskunft.[98]

Jetzt war Sibert von Gehlens Wert überzeugt und informierte seine Vorgesetzten, vor allem USFETs Generalstabschef Walter Bedell Smith. Der

Stabschef Eisenhowers hatte die entscheidende Idee: Gehlen sei sofort aus dem Gesichtsfeld roter Spione in Oberursel zu entfernen und nach Washington zu bringen, wo das Kriegsministerium entscheiden werde, was die Armee mit ihm und seinen Leuten anfangen könne. Washington stimmte zu. Gehlen flog im Privatflugzeug von Bedell Smith über den Atlantik und mit ihm Boker, die ehemaligen FHO-Gruppenleiter Schoeller, Hiemenz und Herre, der ehemalige Feindlage-Oberst Stephanus und zahllose Kisten voller Rußland-Material.[99]

Die Maschine landete in Washington an einem für die amerikanische Geheimdienstgeschichte düsteren Tag. Es war der 20. September 1945, eben unterschrieb Präsident Truman die Order über die Auflösung des Office of Strategic Services. Die OSS-Gegner im Kriegsministerium hatten auf der ganzen Linie gesiegt; die Teile des OSS, die sich mit geheimer Auslandsaufklärung, Gegenspionage und Sabotage befaßten, waren unter der neuen Sammelbezeichnung Strategic Services Unit dem Militär zugeschlagen worden (nur die Abteilung für Forschung und Analyse war an das State Department gegangen).[100]

Desto neugieriger waren die Militärs, was ihnen Gehlen zu bieten habe. Doch die Geheimdienstler im Kriegsministerium ließen sich Zeit. Manchem von ihnen erschien es recht abenteuerlich, sich mit einem ehemaligen Hitler-General einzulassen, der nie mit seinem Führer gebrochen hatte und von dem kein einziges Wort der Verurteilung des Nazi-Regimes bekannt geworden war. Geradezu größenwahnsinnig aber dünkte sie Gehlens Vorschlag, ihm Wiederaufbau und Weiterarbeit seiner alten Abteilung zu erlauben, nur unter anderem Namen und diesmal für die USA. Hatte der Mann nie von der bedingungslosen Kapitulation der Wehrmacht, nie von der Entmilitarisierung Deutschlands gehört?

Wochenlang wartete Gehlen in Fort Hunt, einem Vernehmungslager im Süden Washingtons, in das er und seine Begleiter gebracht worden waren; immer wieder schickte er Captain Eric Waldmann, den ihm beigegebenen US-Verbindungsoffizier, ins Kriegsministerium, um sich nach dem Stand der Dinge zu erkundigen. Der Captain kam stets mit einer hinhaltenden Antwort zurück. Dann aber waren sie auf einmal da und wollten es ganz genau wissen, alle: Strong, Bissell und Magruder, die maßgeblichen Generale des Military Intelligence Service, dazu die Rußland-Experten des Generalstabsdienstes für Feindaufklärung (G-2) und nicht zuletzt Allen W. Dulles, den man aus seiner New Yorker Rechtsanwaltspraxis geholt hatte, in die er nach der Auflösung des OSS zurückgekehrt war.[101]

Sie schenkten Gehlen und seinen Leuten nichts. Wochenlang befragten sie die Deutschen, ließen sich Vortrag halten, stellten Fangfragen und bohrten immer wieder nach, wenn sie schwache Punkte vermuteten. Zahllose Fragebogen mußten die Gehlen-Männer ausfüllen, Lagekarten über die mutmaßliche Stärke und Dislokation der sowjetischen Truppen anfertigen, Studien über Rußlands Rüstung und Spionage schreiben und das mitgebrachte Material interpretieren, analysieren, in Frage stellen.

Am Ende waren die Amerikaner zufrieden. Doch dann ging das Palaver im

Kriegsministerium erst richtig los, denn nun mußte entschieden werden, wie die Deutschen beschäftigt werden sollten. Erst wollten die Amerikaner nur einzelne Mitarbeiter Gehlens einsetzen, dann waren sie wenigstens bereit, größere Gruppen ehemaliger FHO-Männer in der Gegenspionage zu verwenden, endlich wollten sie mit sich darüber reden lassen, einen Teil der FHO geschlossen im Rahmen der US-Armee zu beschäftigen. Gehlen aber blieb stur. Seine Forderung: Nur die ganze FHO komme in Frage, aber als deutsche Organisation und unter seinem alleinigen Kommando.

Dulles und einige andere Mitglieder der Anhörungskommission gaben schließlich den Ausschlag. Sie votierten dafür, Gehlen in Westdeutschland seine eigene Organisation aufbauen zu lassen, die für die USA geheime Erkundung in der Sowjetunion und im übrigen Ostblock betreiben müsse, und ihn dafür mit einem Etat in Höhe von rund 3,5 Millionen Dollar auszustatten. Das Kriegsministerium akzeptierte. Es war die Geburtsstunde der Organisation Gehlen (»Org«), mehr noch: die Wiederauferstehung des deutschen Geheimdienstes.[102]

Noch im Juni 1946 wurde ein Vertrag zwischen der Org und der US-Armee abgeschlossen, Vorläufer jener späteren Westverträge, ohne die Westdeutschlands Freiheit und Sicherheit heute nicht mehr denkbar sind – auch dies ein Bespiel für die bahnbrechende Funktion, die den Geheimdiensten zuweilen in der Geschichte zukommt. Die Vereinbarung zwischen Gehlen und Washington enthielt folgende Grundsätze: »Keine Hilfsarbeit für den amerikanischen Geheimdienst, sondern rein deutsche Organisation unter ausschließlicher Leitung Gehlens, Kontakt lediglich über einen Verbindungsstab. Einsatz der Organisation nur zur Beschaffung von Nachrichten, die sich mit den Ostblockstaaten befassen. Die Organisation ist im Augenblick der Bildung einer souveränen deutschen Regierung unter Aufhebung aller bisherigen Vereinbarungen sofort nur noch dieser verantwortlich. Keinerlei Auftrag und Beschaffung von Material, das sich gegen die deutschen Interessen richtet.«[103]

Der Beginn der deutsch-amerikanischen ND-Partnerschaft hatte freilich auch für den US-Geheimdienst Konsequenzen, denn die Hearings mit Gehlen hatten den trostlosen Zustand von Amerikas Rußland-Aufklärung entlarvt. Dulles sorgte sich schon: »Sie werden von den Gehlen-Jungens alles an Information bekommen, was sie haben wollen, aber wie werden sie, um Himmelswillen, sie auswerten?«[104] Er wußte noch nicht, daß im Zimmer 2242 des Que Building in Washington sein früherer Mitarbeiter Harry Rositzke eben dies tat: einen Rußland-Dienst aufzubauen, Auswertungsstelle für alle die UdSSR betreffenden Informationen.[105]

Rositzke, im März 1946 zur Strategic Services Unit versetzt, hatte auf seinem Schreibtisch ein paar Aktenordner mit Beutematerial aus den Beständen der deutschen und japanischen Geheimdienste vorgefunden, die ihm helfen sollten, sich Kenntnisse über die sowjetische Spionage zu erwerben. Dann waren immer weitere Materialien hinzugekommen, bis sich Rositzke an der Spitze einer Abteilung für Sonderaufgaben/Sowjetunion mit Referaten für Sowjetspionage, internationalen Kommunismus und Rußland sah.[106]

Daraus wurde später die Kommandozentrale des amerikanischen Geheimdienstes gegen Moskau, als sich die Strategic Services Unit mit anderen ND-Stellen zur Central Intelligence Group und diese wiederum 1947 zu der theoretisch alle Dienste koordinierenden Central Intelligence Agency (CIA) mauserte – auch dies ein wichtiges Datum für die deutsch-amerikanische Partnerschaft: Rositzke wird der CIA-Mann sein, der 1949 die ersten Einsätze amerikanischer Fallschirmagenten in Rußland organisiert und es dann Gehlen erleichtert, anstelle der US-Armee mit der CIA zu paktieren, deren Chef dann bald kein anderer ist als Allen Welsh Dulles.

Das lag freilich noch in weiter Ferne, als Gehlen und seine Mitreisenden im Juli 1946 nach Deutschland zurückfuhren. Captain Waldmann war vorausgereist, um Sibert über das Ergebnis der Verhandlungen in Washington zu informieren und auch Oberstleutnant John R. Deane vom MIS einzuweihen, mit dem er zusammen den US-Verbindungsstab bei der Organisation Gehlen bilden sollte.[107] Zudem hatten schon die MIS-Stellen in Deutschland und Österreich Weisung erhalten, Gehlens verstreute Mitarbeiter in Lagern und Gefängnissen zu sammeln, was der militärische Geheimdienst mit der ihm eigenen Ironie »Operation Rusty« (Unternehmen Rost) nannte.[108]

Gehlen hatte denn auch einige Mühe, seine alten Mitarbeiter zu finden. Er baute in Oberursel einen kleinen Stab auf, der eifrig versuchte, den Aufenthaltsort früherer FHO-Angehöriger zu ermitteln. Mancher war sofort zur Stelle wie Gerhard Wessel, der einstige Stellvertreter und Nachfolger Gehlens, der während der USA-Reise des Chefs den Kontakt zu alten Kameraden aufgenommen hatte.[109]

Schwieriger war es bei Gehlen-Mitarbeitern, die sich den Start in die neue Arbeit anders vorgestellt hatten. Hermann Baun, der einstige Chef von Walli I, war lange Zeit überzeugt gewesen, daß er von den Amerikanern den Auftrag erhalten würde, einen neuen Geheimdienst aufzubauen. Während Gehlens Abwesenheit hatte Baun mit G-2-Leutnant Paul Comstock, einem Mitarbeiter Bokers, amerikanische Gefangenenlager besucht, um Leute für einen Feindaufklärungsdienst zu finden. Jetzt aber reagierte er bitter, als ihm zu Ohren kam, daß Gehlen wieder der Chef sein würde.[110]

Gehlen mußte lange Zeit auf Baun einreden, bis der sich bereit erklärte, bei der Org mitzumachen. Ganz vertrugen sich die beiden Männer nie wieder; Gehlen war später froh, den querköpfigen Oberstleutnant unter einem Vorwand loszuwerden. Zunächst aber brauchte er den Fachmann Baun. So vertraute Gehlen ihm eine der beiden Abteilungen an, in die er seine Organisation gliederte. Bauns Abteilung I (Aufklärung) sollte das eingehende Nachrichtenmaterial sammeln, Wessels Abteilung II (Auswertung) das Material analysieren und einordnen.[111]

50 Mann zählte die Organisation, als Gehlen die ersten Aufklärungsorders erteilte. Das Anfangspersonal reichte freilich nicht aus, das ehrgeizige Programm des Org-Chefs zu verwirklichen. Gehlen benötigte mehr Aus-

werter, mehr Kuriere, mehr V-Männer. Er ließ im Herbst 1946 seine Werber ausschwärmen und neue Mitarbeiter aus dem beschäftigungslos gewordenen Haufen der ehemaligen Abwehr- und Auswertungsoffiziere anheuern. Auch Colonel Deane bekam von Gehlen zu hören, er brauche weitere Leute.[112]

Doch Gehlens Sendboten drohten sich im Gestrüpp des amerikanischen Geheimdienstdschungels zu verheddern, in dem die eine Organisation nicht wußte, was die andere trieb. Die Abwehrpolizei der US-Armee, das Counter Intelligence Corps (CIC), ahnte nichts von »Rusty« und jagte V-Männer der Gehlen-Organisation, die das CIC für unverbesserliche Nazis hielt, gerade dabei, eine finstere Verschwörung gegen die Besatzungsmacht zu planen.

Ende August 1946 hatte ein CIC-Spitzel in Memmingen auf einer Geburtstagsgesellschaft gehört, im Raum Stuttgart und Berchtesgaden rotteten sich frühere SS-Männer aus dem RSHA-Amt VI zusammen, die offenbar Übles im Schilde führten. Das alarmierte das CIC, bereitete es doch gerade zusammen mit dem britischen Geheimdienst in Norddeutschland das Unternehmen »Selection Board« vor, eine supergeheime Großrazzia zur Zerschlagung angeblicher oder tatsächlicher Untergrundorganisationen junger Nazis, die seit langem beobachtet wurden. So gerieten auch die vermeintlichen SD-Männer von Stuttgart und Berchtesgaden auf die Fahndungslisten des CIC. Kurz darauf kamen weitere Gruppen hinzu, vor allem eine besonders verdächtige in Aschaffenburg.[113]

Vorsichtig ließ Deane in den wichtigsten CIC-Dienststellen verbreiten, man möge die sogenannten Nazis in Frieden lassen. Doch die CIC-Agenten gaben nicht auf. Da wurden Deane und Sibert massiver. Verärgert hielt CIC-Sonderagent Robert S. Taylor am 2. Juni 1947 in einer Aktennotiz fest: »Dieser Agent hat am 27. Mai 1947 zum erstenmal durch ein Gespräch mit Major Layton vom Hauptquartier erfahren, daß die erwähnte Gruppe in Aschaffenburg vermutlich mit ›Operation Rusty‹ zusammenhängt und wahrscheinlich mit dem ›Stab Baun‹ identisch ist.«[114]

Das hinderte freilich das Counter Intelligence Corps nicht daran, Gehlens Leute auch weiterhin zu bespitzeln, zumal es einen speziellen Grund hatte, die Gehlen-Organisation nicht hochkommen zu lassen. Ursprünglich hatte das CIC, ein militärisches Gegenstück zum zivilen FBI, nur die Aufgabe, Spionage, Sabotage und Verbrechen in der Armee zu bekämpfen; nach der Besetzung Deutschlands waren zusätzliche Aufgaben hinzugekommen: Verfolgung flüchtiger NS-Verbrecher und Abwehr kommunistischer Spionage auch außerhalb der Armee in der amerikanischen Besatzungszone und im Berliner US-Sektor.[115]

Das Vakuum, das durch die Auflösung des OSS entstanden war, und das Einsickern kommunistischer Spione in die Westzonen veranlaßten das CIC, auch Aufgaben der Gegenspionage zu übernehmen, woraus dann zonenübergreifende »positive Intelligence«, aktive Spionage, wurde. Das hieß: Hinüberspielen eigener Agenten in das sowjetische Besatzungsgebiet, Infiltration gegnerischer Geheimdienste und Behörden. Von 1947 an zählten die grundlegenden Weisungen für die Arbeit des CIC in Deutschland auch »die

Sammlung von Nachrichten über die Kampfkraft der sowjetischen Bodentruppen in der Sowjetzone« zu den Aufgaben des Corps.[116]

Im Frankfurter Hauptquartier des 970. CIC-Detachments und in seinen zwölf Regionen, 132 Subregionen oder Feldbüros, 360 Residenturen und 288 Tagesbüros entstanden Referate für Gegenspionage und aktive Spionage, die in den Lagern osteuropäischer Flüchtlinge aus der Hitler-Ära und unter deutschen Exgeheimdienstlern Agenten zum Einsatz im Osten rekrutierten. In den grenznahen Städten Bayerns und Hessens etablierten sich diffuse »Büros« (etwa das »Büro Petersen« in Memmingen oder das »Büro Larsen« in Kempten), die angeblich für die Historische Abteilung der US-Armee arbeiteten, in Wirklichkeit aber zum CIC gehörten. Sie unterhielten jeweils bis zu 60 V-Männer, darunter auch Reiseagenten, die über die »grüne Grenze« in die Sowjetzone sickerten oder als Besucher dort Freunde und Verwandte kontaktierten.[117]

Meist hatten sie vorher detailreiche Fragebögen oder kleine Auftragszettel erhalten, die sie darüber aufklärten, was die Amerikaner wissen wollten. Das Gespenst der Seydlitz- oder Paulus-Armee beschäftigte sie noch immer, wie ein Fragebogen der Subregion Augsburg für V-Mann »Drossel« vom November 1947 zeigt: »d) Sind Fälle bekannt, wo ehem. deutsche Offiziere und Soldaten in sowjetischen Einheiten dienen? e) Was wissen Sie über die Armee des Generals Paulus? Sind Ihnen Fälle bekannt, wo in der Ostzone für diese Organisation geworben wird?« Aber auch dies schien dem CIC wichtig: »Beschaffung von Stempeln, aller Art von Ausweisen, Formularen usw. aus der sowjetischen Zone, sowjetischen Dienststellen, Parteidienststellen und deutschen Zivildienststellen. Vorsicht bei der Beschaffung. Keine Gefährdung der Person.«[118]

Am lebhaftesten war der Zulauf zum CIC im Westteil Berlins, in den immer häufiger Menschen flüchteten, die den politischen Terror der kommunistischen Machthaber in Mitteldeutschland nicht mehr ertrugen. Protestaktionen entstanden, die zunächst nur die Öffentlichkeit auf das neue Unrechtsregime jenseits des Brandenburger Tors aufmerksam machen sollten, dann aber rasch Formen aktiver Hilfe für die Bedrängten in der Sowjetzone produzierten – ideale Gelegenheit für das CIC, im Halbdunkel der Hilfsorganisationen kräftig mitzuspielen.

Erst war es ein »Büro Hoffmann«, das ein ehemaliger Geheimdienstler namens Dr. Heinrich von zur Mühlen (Deckname: Dr. Hoffmann) zur Sammlung von Ostinformationen gründete. Dann schuf ein Kreis Berliner Intellektueller um Rainer Hildebrandt einen »Suchdienst« zur Aufklärung von Vermißtenschicksalen, der sich bald zu einer »Kampfgruppe gegen Unmenschlichkeit« (KgU) ausweitete.[119] Ihm folgten mehr und mehr antikommunistische Organisationen, die bereit waren, auch etwas für das CIC zu tun: das Ostbüro der SPD, der »Ausschuß Freiheitlicher Juristen der Sowjetzone«, die »Vereinigung der Opfer des Stalinismus« und wie sie noch alle heißen mochten.

Und immer stand ein CIC-Mann bereit, die antikommunistischen Idealisten zu ermuntern, zu finanzieren, anzuleiten: »Plumpsbacke«, wie sie ihn fast liebevoll nannten, mit bürgerlichem Namen Severin F. Wallach, obwohl er gelegentlich auch als Mr. Smith oder Mr. Thomson auftrat. Er war der »Special Agent in Charge«, der maßgebliche Chefagent und Leiter der Außenabteilung von Region VIII (Berlin), kurz: ein Mann, auf den es bei der Infiltration der Sowjetzone durch Widerständler und Informanten ankam. Keine antikommunistische Kampforganisation, die nicht von ihm Geld erhielt, keine Informationsreise in die »Zone«, ohne die Interessen und Wünsche von Plumpsbacke zu berücksichtigen.[120]

Doch die geheimdienstlichen Anstrengungen des CIC konnten kaum darüber hinwegtäuschen, daß die Masse seines Personals für derlei Arbeit ungeeignet war. Die Zeiten, in denen profilierte Köpfe wie Henry Kissinger im CIC gedient hatten, waren vorbei; die meisten von ihnen waren gleich nach Kriegsschluß in ihre Zivilberufe zurückgekehrt. Was nachrückte, konnte Oberst David G. Erskine, den Chef des für Deutschland zuständigen 970. Detachments, schwerlich begeistern: Neulinge mit schwachem Profil, für geheimdienstliche Aufgaben kaum ausgebildet, sprachenfaul, an ihrer deutschen Umgebung wenig interessiert, mehr auf Schwarzmarktgeschäfte denn auf Feindaufklärung aus – »eine Horde von Schlawinern«, wie ein Fahnder von der Criminal Investigation Division der Armee sie nannte.[121]

Typisch dafür die Zustände beim Augsburger CIC: Der Stab bestand aus 15 Männern, von denen ein einziger die deutsche Sprache beherrschte, obwohl zu ihren Aufgaben gehörte, deutsche Heimkehrer aus russischer Gefangenschaft zu vernehmen. Der Chef, Captain George M. Spiller, hatte kein Interesse an seiner Arbeit; er ging häufig auf die Jagd, lernte nie ein deutsches Wort und zweigte immense Mengen von Marketenderwaren für eine Freundin in Oberstdorf ab, was ihn dann zu Fall brachte: Er wurde wegen Mißbrauchs von Staatseigentum nach den USA strafversetzt.[122]

Natürlich gab es brillante Ausnahmen wie die ND-Profis von der CIC Special Squad, unter ihnen Leutnant Leo De Gar Kulka, ein tschechischer Emigrant mit Rußland-Erfahrungen, der 1946 begonnen hatte, den Agentenfunk sowjetischer und tschechoslowakischer Geheimdienste abzuhören (Unternehmen »Tobacco«).[123] Das Gros der CIC-Männer aber blieb uninteressiert und gab sich lieber internen Machtspielen und Cliquenkämpfen hin, die das Corps zu einem der zerstrittensten Abwehrdienste der USA stempelten.

Das machte das CIC zusehends abhängig von den Informationen und Wertungen seiner deutschen Mitarbeiter, unter denen fragwürdigste Typen aus dem Schattenreich von SD und Gestapo immer mehr hervortraten, was nun die Arbeit des offiziell noch immer Nazi-jagenden Counter Intelligence Corps völlig zur Groteske werden ließ. Ganze Scharen, ja am Ende Hundertschaften ehemaliger SS-Männer drängten sich in den Dienst des CIC und beeinflußten dessen Weltbild, zumal kaum ein amerikanischer Auftraggeber daran zweifeln mochte, daß die einstigen Staatsschützer des Dritten Reiches wie keine anderen den kommunistischen Gegner kennen würden.

Als in den achtziger Jahren ruchbar wurde, daß das CIC sogar den wegen seiner verbrecherischen Vernehmungs- und Kampfmethoden von der französischen Polizei gesuchten SD-Hauptsturmführer Klaus Barbie, den »Schlächter von Lyon«, beschäftigt hatte, kam prompt das Argument auf, da habe es sich um einen Einzelfall gehandelt. Mitnichten: Die Führung des CIC bemühte sich bedenkenlos, alle informationsträchtigen Exnazis für sich zu engagieren, ging es doch darum, so Spillers Nachfolger Major George B. Riggin in einem Bericht, »neue Quellen zu erschließen und so viele alte Gestapo- und SD-Informanten wie möglich zu bekommen, vor allem die, deren Aufgabe es in der Nazizeit war, die KPD zu unterwandern«.[124]

Die SS-Männer nahm das CIC dann gleich gruppenweise: den Kreis um den ehemaligen Sturmbannführer Heinz Bernau, einen Bataillonskommandeur der Waffen-SS, der sich damit brüstete, ein Anruf von ihm in Hamburg genüge und sofort stünden 200 SS-Führer bereit; das nach einem SS-Führer genannte »Tetsch-Netz« in Stuttgart mit 125 Angehörigen und die Leute um den ehemaligen RSHA-Ostexperten Dr. Emil Augsburg. Jeder kam, mancher holte noch Kameraden nach, alle bald eingesetzt in so hoffnungsvoll klingenden CIC-Unternehmen wie dem »Project Happiness« (Ausspähung der KPD in Augsburg).[125]

Es war der Anfang jener unheiligen Allianzen zwischen ND-Organen der Besatzungsmächte und den geheimdienstlich-polizeilichen Machtträgern des untergegangenen NS-Regimes, die den Kalten Krieg in Deutschland zu einem besonders zynischen Stück der Spionagegeschichte machten. Und alle waren daran beteiligt, jeder im Nachkriegsdeutschland aktive Geheimdienst hatte seine eigenen Nazis: die Briten meist Leute aus den Sowjetreferaten des Reichssicherheitshauptamtes, die Franzosen ehemalige SD-Männer aus der deutschen Besatzungszeit in Frankreich, die Russen Spezialisten aus den Westreferaten von Gestapo und SD.

Niemand von ihnen zog freilich so viele ehemalige SD-Männer und Abwehr-Angehörige in seine Netze wie das CIC. Da störte es natürlich, daß nun auch Gehlens Organisation im Reservoir der einstigen Geheim- und Sicherheitsdienstler stöberte – Grund genug für das CIC, den Schleppern und Werbern der Org das Handwerk zu legen. Formal schien das CIC dazu sogar berechtigt, denn als »basic mission« war in seinen grundlegenden Weisungen auch genannt: »Verhinderung einer Reorganisation von Nachrichtenorganisationen des ehemaligen Feindes.«[126] Was aber war die Org anderes als die Reorganisation einer Institution von Hitlers Wehrmacht?

So waren CIC-Agenten nicht selten zur Stelle, wenn es galt, Gehlens Sendboten zu behindern, zumal es diese offen darauf angelegt hatten, deutsche CIC-Mitarbeiter abzuwerben. Darauf reagierte das Corps heftig. Es genügte schon der bloße Verdacht, mit Werbern des Exgenerals verhandelt zu haben, um einen CIC-Mitarbeiter in Schwierigkeiten zu bringen. Wochenlang mußte sich der ehemalige Abwehr-Oberleutnant Kurt Merk, Leiter des Petersen-Netzes, gegen den Vorwurf mißtrauischer CIC-Offiziere wehren, er arbeite insgeheim für Gehlen und solle in dessen Auftrag das CIC ausspionieren.[127]

Zuweilen lancierte auch die Org in das CIC denunziatorische Tips über den angeblichen Absprung eines deutschen Mitarbeiters, um diesen bei den

Amerikanern in Verruf zu bringen und dann desto leichter abwerben zu können. Umgekehrt hatten spezielle CIC-Agenten den Auftrag, scheinbar auf die Offerten der Gehlen-Werber einzugehen und dadurch Einblick in die Arbeit der Org zu bekommen.[128] Außerdem sorgte das CIC dafür, daß zum benachbarten MIS Warnungen über die Unzuverlässigkeit ehemaliger SD- und Abwehrangehöriger gelangten, wobei es nicht selten Nazis im CIC-Dienst waren, die die eigenen Kameraden anschwärzten.

Der CIC-Kontrolloffizier Daniel C. Canfield ließ sich beispielsweise von Barbie und dessen Mitarbeitern »bestätigen«, daß auf die Gehlen-Leute kein Verlaß sei. »Sie erklärten mir«, hielt Canfield in einer Notiz fest, »daß ehemaliges SS- und Abwehrpersonal in den meisten Fällen für den US-Geheimdienst ein Risiko darstelle, und zwar aus folgenden Gründen: a) Mißhandlungen durch die US-Armee 1945 und 1946. b) Hält an der alten nationalistischen Politik der [deutschen] Armee fest. c) Neigt zum Nationalbolschewismus als Mittel für die Bewahrung eines freien Deutschland. d) Furcht vor einem neuen Krieg und möglichen russischen Sieg.«[129]

Allmählich verloren die Offiziere des MIS die Geduld mit dem CIC; sie hatten nicht länger Lust, sich durch seine Ressentiments und Winkelzüge die eigene und die Arbeit ihres Partners Gehlen gefährden zu lassen. Oberst Erskine erhielt einen deutlichen Wink von USFET, Gehlen und seine Leute in Ruhe zu lassen. Das CIC mußte schließlich kuschen, obwohl es sich den Scherz leistete, den Namen Gehlen bis 1949 auf seinen Fahndungslisten stehen zu lassen.[130]

Das MIS aber drängte nun Gehlen, den Aufbau seiner Organisation zu beschleunigen und aktuelle Informationen aus dem Osten zu beschaffen. Oberst Deane nannte den 1. Juni 1947 als letzten Termin. Bis dahin sollte das Agentennetz der Org in »die feindliche Zone«, wie Baun das nannte, eingeführt sein, in die deutsche Sowjetzone, Polen und die Sowjetunion. Dem US-Verbindungsstab in Oberursel schien Eile geboten: Die west-östlichen Beziehungen waren auf den Nullpunkt gesunken, der Alliierte Kontrollrat in Berlin gelähmt. Nach der gescheiterten Moskauer Außenministerkonferenz der vier Siegermächte im Frühjahr 1947 und dem Stopp westalliierter Berlin-Züge durch Rotarmisten mochte Washington nicht mehr die Möglichkeit eines Krieges mit Rußland ausschließen.

Was führte Moskau im Schild? Das wollten die Amerikaner jetzt mehr denn je von Gehlen und seiner Organisation wissen. Der Exgeneral machte sich daran, die Wünsche seiner neuen Kunden zu erfüllen. Natürlich besaß die Org keinen Spion im Kreml, kein V-Mann funkte aus der Sowjetunion. Alle Hoffnungen Bauns, eine seiner alten Quellen im Inneren Rußlands wieder aktivieren zu können, erwiesen sich als Illusionen. Doch anstelle von Meisterspionen in sowjetischen Gehirnzentralen konnte sich Gehlen einer unschätzbaren Informationsquelle bedienen, die es nur mit generalstabsmäßiger Präzision auszuwerten galt: der deutschen Kriegsgefangenen in Rußland.

Hitlers unseliger Vernichtungskrieg hatte nicht zuletzt bewirkt, daß die mißtrauische und fremdenfeindliche Sowjetunion durchlässiger geworden war. Dazu trugen auch die 3,1 Millionen deutschen Kriegsgefangenen bei, die Rußlands Machthaber als Siegestrophäen noch Jahre nach dem Krieg für sich behielten. Kaum einer in Moskau bedachte dabei, daß die Sowjetregierung damit zugleich 3,1 Millionen unfreiwillige Späher im Lande beließ. Und jeder dieser Späher, vom Grenadier bis zum General, war auf einem Teilgebiet Experte: der Soldat für Waffen, Flugzeuge und Schiffe; der Bauer für Agrarbetriebe, der Facharbeiter für Industriefertigungen.

In Viehwaggons zusammengepfercht, fuhren Millionen Deutsche durch die Weiten Rußlands, von Finnland bis zum Schwarzen Meer, von der Wolga bis Sibirien. Sie erfüllten ihre Arbeitsnormen in der Industrie und auf den Kolchosen, in Wäldern und in Bergwerken. In den Barackenlagern hausten Ingenieure, Geologen, Bergarbeiter, Fernmeldespezialisten, Chemiker, Eisenbahner. Die Deutschen bauten Straßen, sie trieben Kohlenschächte voran, sie verlegten Eisenbahnschienen, sie kamen sogar als Facharbeiter in Rüstungsbetriebe.

Viele lernten Russisch; sie verstanden auch Gespräche, die nicht für ihre Ohren bestimmt waren. Sie registrierten Engpässe in der Materialversorgung, ein Stocken der Produktion, ein Emporschnellen der Fertigungszahlen und die Prozente der Ausschußquoten, sie wußten von Mißernten und kannten die Stimmung der Bevölkerung.

Anfänglich nur als Hilfsarbeiter beschäftigt, gerieten die »Plennys« mit der Zeit auf wichtigere Arbeitsplätze und gewannen größeren Überblick. Kannten sie ein Werk genau, dann folgte nach dem System der sowjetischen Kriegsgefangenenpolitik prompt die Verlegung in ein anderes Lager und damit in einen anderen Betrieb. Wieder rollten die Viehwagen durchs Land, vorbei an Flugplätzen, Industriekombinaten und Militärtransporten, über Brücken und durch Bahnhöfe. Aus den Luken der Wagen blickten die Plennys und vertrieben sich die Zeit: Sie zählten die Rollbahnen, Hochöfen, Waggons, die Flußübergänge und Schienenstränge.[131]

Für Gehlen, der als Chef der Fremde Heere Ost seine Lagebilder vorwiegend aus den Aussagen von Gefangenen und Überläufern erstellt hatte, waren die Deutschen in Rußland von vornherein potentielle Wissensträger. So knüpfte er im Sommer 1947 dort an, wo er im Frühjahr 1945 aufgehört hatte. Gehlen startete eine detaillierte Befragungsaktion, die ergiebiger war, als eine Tiefenaufklärung mit einzelnen Agenten in der Sowjetunion je hätte ausfallen können. Zudem war sie das humanste Spionageunternehmen der Nachkriegsgeschichte, weil sie nicht ein einziges Opfer kostete. Ihr Deckname: »Aktion Hermes«.

Mitarbeiter der Org bezogen Dauerposten in den westdeutschen Heimkehrerlagern. Wenn die Glocke von Friedland zum Empfang eines neuen Transports aus Rußland läutete, legten sie Fragebögen und Bleistifte zurecht. Nahezu jeder Rückkehrer, ob Soldat oder Zivilinternierter, zog an den Gehlen-Beauftragten vorbei, die ihn fragten, in welchen Lagern er gelebt, in welchen Betrieben er gearbeitet habe. Interviewer interessierten sich auch für die Namen von Spitzeln und Antifa-Schülern in den sowjetischen Lagern. Wer solcherart als kommunistisch beeinflußt galt, wurde von der Org nicht befragt, wohl aber in einer Sonderkartei registriert: als möglicher Feindagent.

Was sich in den Heimkehrerlagern wie eine amtliche Personenfeststellung ausnahm, war nur die erste Stufe nachrichtendienstlicher Erkenntnissammlung. Die Fragebogen mit den Antworten der Heimkehrer wanderten zur Org-Zentrale. Dort lokalisierten Auswerter die Angaben von Lager und Arbeitsplatz anhand der Archivunterlagen aus Fremde Heere Ost.

Einige Wochen danach erschien dann in der Wohnung des Heimkehrers ein Herr und stellte sich vor: Er komme von einer deutschen Organisation, die zwar mit amerikanischen Dienststellen zusammenarbeite, jedoch ausschließlich im deutschen Interesse handele; er habe einige Fragen. »Nach anfänglichem Zögern«, so erzählt ein Gehlen-Mitarbeiter, »begannen fast alle Heimkehrer zu sprechen. Sie waren durch die Hölle der Gefangenschaft gegangen. Sie hatten in Rußland gelitten und das Land kennengelernt wie vorher kein Mensch aus dem Westen.«[132]

Wie Mosaiksteine trugen die Gehlen-Befrager jedes Detail zusammen, das die Heimkehrer mitteilten. Die Org wußte bald über den Getreideanbau in der Ukraine, die Erdölförderung bei Baku, aber auch über U-Boot-Ausbesserungswerke und Autofabriken besser Bescheid als jeder andere westliche Geheimdienst. Über ein einziges Rüstungswerk oder aus einer abseits gelegenen Kaserne gingen nicht selten Dutzende von Berichten ein. Jeder Explenny konnte natürlich nur erzählen, was er selbst gesehen, erlebt oder gehört hatte. Erst aus der Vielzahl von Schilderungen entstand ein relativ zutreffendes Lagebild.

Was die Gehlen-Befrager tagsüber ausgeforscht hatten, schrieben sie abends und nachts nieder. Da es einen konspirativen Verbindungsweg zwischen V-Mann und Zentrale nicht gab, steckte der Vernehmer seine Berichte mit den Befragungsergebnissen in einen Umschlag und schickte den Brief an eine Deckadresse in Frankfurt am Main. Von dort holten Kuriere die Post in Gehlens Taunus-Camp.

Die Auswertungsabteilung der Org, die inzwischen Herre übernommen hatte, erstellte daraus Personalkarteien, Lagebilder der sowjetischen Verbände und Register über militärische Anlagen, Rüstungskombinate und Kolchosen. Mit den Einzelberichten untermauerte die Org Analysen und Ausarbeitungen über alle Bereiche der Sowjetunion, über Wirtschaft, Rüstung, Verkehr, Streitkräfte und Stimmung der Bevölkerung. Diese Analysen erreichten nicht selten den Umfang von Büchern. Sie wurden in deutscher Sprache abgefaßt und dem US-Verbindungsstab ausgehändigt, der sie an das Kriegsministerium in Washington weiterleitete.[133]

Gehlens Meldungen wirkten auf die amerikanischen Militärs im Herbst 1947 wie Alarmnachrichten: Die sowjetische Rüstungsproduktion lief auf hohen Touren. Während Washington den größten Teil seiner Kriegsschiffe schon eingemottet, die Bomberflotte aus dem Zweiten Weltkrieg weitgehend abgewrackt und die Kampftruppen in die Heimat zurückgeführt hatte, steigerte die Sowjetunion die Herstellung von Panzern und Flugzeugen.

Die Informationen der Org fanden in Washington besonders deshalb

Gehör, weil Gehlen jetzt auch Material über die sowjetischen Streitkräfte in Ostdeutschland liefern konnte. Ende 1947 begann die Org mit der Nahaufklärung (im Gegensatz zu der Tiefenaufklärung in der Sowjetunion): mit der Sammlung von Nachrichten aus der sowjetischen Besatzungszone in Deutschland.

Obwohl Gehlen vereinzelt schon Agenten in der Zone operieren ließ, holte er sich die meisten Informationen zunächst wiederum aus offenen Quellen: von Flüchtlingen. Gehlens Forscher erkundigten sich dabei vorrangig nach »möglichen Verbindungen in Ost-Berlin und der sowjetischen Besatzungszone«, wie sie es vorsichtig nannten. Sie sammelten »Personen-Hinweise«, Angaben über Sowjetoffiziere und deutsche Hilfskräfte bei russischen Dienststellen, die für eine »Agentenansprache« in Betracht kamen. Auch Briefköpfe und Stempel sowjetischer Behörden interessierten, zur Nachahmung für geheimdienstliche Zwecke.

Tausende von Personenhinweisen liefen bei der Org-Zentrale im Taunus ein. Zahllose Informationen über die Verhältnisse in der Sowjetzone wurden in Gehlens Abteilungen bearbeitet. Die Organisation Gehlen wucherte mit jedem Tag mehr zu einem stattlichen Unternehmen aus; die Unterkünfte im Taunus, ohnehin provisorisch, wurden bald zu eng.

Herre und ein amerikanischer Trupp suchten ein größeres Quartier und fanden es in Pullach, einem Ort zehn Kilometer südlich von München. Dort lag, was bei Kriegsende als Hauptquartier von Generalfeldmarschall Kesselring gedient hatte: eine Siedlung von 20 ein- und zweistöckigen Häusern, Baracken und Bunkern hinter einer anderthalb Kilometer langen Mauer. Im Dezember 1947 zog Gehlen mit 200 Mitarbeitern in das von ihm so genannte »Camp Nikolaus« ein, ein Name, der freilich bald einem schlichteren Begriff wich, von nun an Signum geheimdienstlicher Tüchtigkeit: Pullach.[134]

Mit dem Umzug stieg auch das Selbstbewußtsein der Org, die jetzt – anders als in der Gefangenenwelt von Oberursel – mehr als früher demonstrierte, daß sie eine deutsche Organisation war. Gehlen, immer ein schwieriger Partner für die Amerikaner, ließ deutlich durchblicken, daß er nicht der Mann sei, Befehle der US-Armee widerspruchslos entgegenzunehmen. Als der Nachfolger Deanes, Colonel Leabert, ein unsensibler Kommißkopf, im März 1948 darauf bestand, daß jede seiner Orders zu befolgen sei, trat Gehlen in einen Streik und verlangte die Abberufung des US-Obristen. Nach monatelangem Hickhack gab Amerikas Kriegsministerium nach und rief Leabert zurück. Sein Nachfolger: der Gehlen-Bewunderer Philp.[135]

Gehlen konnte gegenüber den US-Besatzern so ungeniert auftreten, weil Washington immer mehr auf die Informationen der Org angewiesen war. Was die US-Regierung über sowjetische Streitkräfte und Rüstungen erfuhr, stammte zu 70 Prozent von der Organisation Gehlen. Und der Exgeneral sorgte dafür, daß es einstweilen so blieb: Seine Meldungen trugen nicht wenig dazu bei, Washington in Alarmstimmung zu halten und die Vorstellung von einem drohenden Krieg mit Rußland zu nähren.

Dahinter stand ein riskantes, gleichwohl patriotisches Konzept Gehlens: die USA für deutsche Interessen zu engagieren und die Differenzen zwischen Washington und Moskau auszubeuten, um zumindest die Westdeutschen vor den gröbsten Konsequenzen des vom Hitler-Regime verschuldeten Krieges zu verschonen. Das hielt Gehlen wohl für die eigentliche oder höhere Mission seiner Org, zumal ihn nichts von der Überzeugung abbringen konnte, daß der Krieg zwischen West und Ost unvermeidlich sei (was allerdings viele im Westen glaubten). Daher seine Parole, nur eine enge Zusammenarbeit mit den USA auf partnerschaftlicher Basis nutze und diene deutschen Interessen.

In Washington hörte man das mit Befriedigung, hatte doch die Organisation Gehlen inzwischen eine geheimdienstliche Monopolstellung erlangt, deren sich kein anderer Spionageapparat im Westen rühmen konnte. Die Org stellte ihre westlichen Rivalen weit in den Schatten, weil sie nun vor allem auf einem ureigenen Terrain arbeitete: der sowjetischen Besatzungszone. Auf keinem anderen Gebiet vermochte sie mehr Helfer und Leidenschaften zu engagieren, nirgendwo waren die Deutschen fast aller Weltanschauungen und Parteirichtungen entschlossener, die Ergebnisse des Zweiten Weltkrieges zu korrigieren.

In der Ostzone hatte unter dem Schutz der sowjetischen Besatzungsmacht eine kleine Gruppe kommunistischer Aktivisten ein Regime errichtet, das alles herausforderte, was Demokraten und Patrioten teuer war. Sie hatte parteiergebene Kommunisten an die Schalthebel der Macht gebracht, sie hatte Marxisten aller Schattierungen zum Zusammenschluß in der Sozialistischen Einheitspartei Deutschlands gezwungen und dann diese SED zur zentralistischen Kaderpartei sowjetischen Typs umgeformt. Sie hatte agrarischen und wirtschaftlichen Privatbesitz entmachtet, den Freiheitsraum der Bürger zerstört.

Nichts vermochte die Deutschen an dieses Gewaltsystem zu binden, auch viele Sozialdemokraten, damals noch nicht hypnotisiert von sowjetischer Macht und Friedenspropaganda, rebellierten gegen die rote Diktatur. Selbst strenge Marxisten verdroß, »daß nicht Wandlungen der gesellschaftlichen Grundstruktur eine entsprechende Änderung des Staatsapparates bedingt haben, sondern daß vielmehr umgekehrt mit Hilfe eines zur zentralen Machtmaschinerie ausgebauten Staats- und Verwaltungsapparates die Veränderungen der gesellschaftlichen Struktur erzwungen wurden«.[136] Vom Arbeiter bis zum Bürger – auf Loyalität konnte der Staat Walter Ulbrichts und Wilhelm Piecks schwerlich zählen.

Auf ebendiesen Staat setzte nun Gehlen seine Organisation an; er war sicher, daß sich ihm überall hilfreiche Hände entgegenstrecken würden. In der Ostzone konnte denn auch die Org ihre größten Erfolge verzeichnen.

Das war nicht zuletzt das Verdienst des ehemaligen Hauptmanns Dieter Keuner*, der von seiner Wohnung in Berlin-Wilmersdorf aus ein Informantennetz in der Ostzone geknüpft hatte. Er leitete eine Außenstelle der Org mit 20 V-Mann-Führern, die jeweils zehn V-Männer unterhielten, deren

---

* Namen, die auf Wunsch ihres Trägers verändert wurden, sind durch einen Fußnotenstern gekennzeichnet.

Informanten in der Sowjetzone saßen und jedes militärisch wichtige Detail berichten mußten.[137] Wichtigster VM-Führer war der ehemalige Oberst Kurt Tölle*, Keuners einstiger Regimentskommandeur. Er mobilisierte eine Gruppe von fünf V-Männern, die Nachrichten aus der Ostzone heranschaffen sollten. Zu Tölles V-Männern gehörte auch Walter Zentner*, der seinen Führungsoffizier seit zehn Jahren kannte; auch sie waren Kameraden aus gemeinsamer Wehrmachtszeit. In den ersten Monaten fuhr Zentner selbst in die Zone und suchte ehemalige Kameraden, die für Gehlen arbeiten wollten.

Zentner verfügte bald über zehn Männer, die ihm berichteten, was sie in der Zone gehört, gelesen und gesehen hatten. Kein Informant lernte den anderen kennen. Zentner traf sich jeweils nur mit einem seiner Lieferanten an ständig wechselnden Trefforten, immer am Sonnabend oder am Sonntag. Da kam der Bäckergeselle aus Döberitz, um Zentner zu berichten, wie viele Brote seine Bäckerei täglich in die Sowjet-Kaserne schickte. In Eberswalde zählte eine Wäscherin für Zentner die Oberhemden von Rotarmisten. Auf einem Müllplatz in Schönwalde stöberte ein Informant nach Briefen und Schriftstücken mit kyrillischen Buchstaben, um sie am Wochenende Zentner nach West-Berlin zu bringen.

Im August 1947 gewann Zentner auch die Mitarbeit eines 19jährigen Bauarbeiters. Klaus Imhoff* kam aus Niesky in der Oberlausitz und hatte eigentlich nur im Westsektor Berlins ein Wochenende verbringen wollen. Nach einem Kinobesuch am Kurfürstendamm ging er in ein Lokal am Bahnhof Zoo, um eine Erbsensuppe zu essen. Dort lernte ihn Zentner kennen, von dem sich Imhoff bald anwerben ließ. »Mir kam es darauf an, dem Iwan und der SED eins auszuwischen«, begründete er später seinen Schritt. »Ich fühlte mich moralisch zum Kampf gegen den kommunistischen Feind im Lande berechtigt und verpflichtet. Ich kam mir nicht als Spion vor, sondern als Widerständler gegen die Besatzungsmacht und ihre Pankower Quislinge.«

Anfang September 1948 traf Imhoff vor dem Denkmal für gefallene Sowjet-Soldaten in Niesky seinen Schulfreund Hubert Maus*, der zur Volkspolizei gegangen war. Von ihm erfuhr Imhoff, die Vopo werde militärisch ausgebildet und mit schweren Waffen ausgerüstet. Selbst der naive Imhoff verstand, was die Information bedeutete. Imhoff fuhr sofort nach West-Berlin und berichtete Zentner, was er für eine Sensation hielt. Der setzte sofort eine Meldung auf.

Einige Stunden später lag die Meldung auf dem Schreibtisch des Obersten Dinser von der Auswertungsgruppe in Pullach. Die Meldung wirkte, so erinnert sich ein Gehlen-Mann, »wie ein Dampfhammer«. Zum ersten Mal erfuhr der Westen, daß die Remilitarisierung der Sowjetzone beschlossene Sache war; in den Kasernierten Bereitschaften, später Kasernierte Volkspolizei (KVP) genannt, entstand die künftige Armee des anderen Deutschland, die Nationale Volksarmee.

Gehlen befahl, in Pullach einen Sonderstab zu bilden; er sollte die Umwandlung der Volkspolizei in einen militärischen Verband aufklären.

Sämtliche Außenstellenleiter und V-Mann-Führer in Berlin wurden angewiesen, ihre V-Männer und Quellen auf das Projekt »Volkspolizei« anzusetzen. In der Zone erhielten ehemalige Wehrmachtsoffiziere neuerlich Besuch von alten Bekannten. Die Besucher interessierten sich dafür, ob die Kameraden oder gemeinsame Freunde aus der Kriegszeit einen Auftrag von der Volkspolizei erhalten hätten.

Im Frühjahr 1949 konnten die Pullacher Ermittler den US-Militärs melden, welches Planziel der KVP bis zum Jahresende gesetzt worden sei: Infanterie mit 24 Regimentern, Artillerie mit sieben Regimentern, Panzer mit drei Regimentern, Pioniere mit zwei Regimentern, Nachrichtentruppe mit drei Regimentern. Jede Einheit werde 1250 Mann zählen; die Gesamtstärke der KVP solle sich auf 48750 Mann belaufen. Das Sandkastenspiel der Organisation entsprach deutscher Generalstabsarbeit. Im Herbst 1949 lieferte ein hoher geflohener Offizier der Volkspolizei den Aufklärern der Org die Geheimpläne über den abgeschlossenen Aufbau der ersten KVP-Verbände. Sie deckten sich im wesentlichen mit der Vorausschau der Gehlen-Experten vom Frühjahr.[138]

Der Fall bewies, wie präzise die Org in der Sowjetzone aufzuklären verstand. Jenseits der Elbe stand eine wachsende Gruppe von Ausforschern bereit, entschlossen, Pullach jede gewünschte Information zu liefern. »Sie kamen damals und fragten, was wir brauchten«, so entsinnt sich Herre. »Wir sagten ihnen unsere Wünsche; sie verschwanden und tauchten nach Tagen wieder auf, um auszupacken.« Aus Koffern oder Rucksäcken kramten die Informanten russische Armeepistolen und Militärausweise; sie zählten die Anzahl der Sterne und Balken auf den Schulterstücken der Sowjet-Kommandanten; sie zogen Filme mit Aufnahmen von Flugplätzen und Munitionslagern heraus. Sie stahlen Soldbücher, Ordensschnallen, Stempel, Dienstanweisungen.

Zuweilen schickten Agenten ihre heiße Ware einfach mit der Post an das Paketamt Schöneberg. »Manchmal«, erinnert sich ein Org-Pensionär, »war es wie im Kino: In einem Geigenkasten ruhte eine Maschinenpistole; aus einem Streifband mit der ›Täglichen Rundschau‹ zogen wir ein Aktenstück, das Namen, Dienstgrade, Ausrüstung und Auftrag eines kompletten russischen Regiments enthielt; in einer Kiste mit dem Aufdruck ›Nicht stürzen – Glas‹ schickte uns ein Mitarbeiter Gesteinsproben aus den Uran-Bergwerken in Aue.«

Ein Heer von Gehlen-Agenten beobachtete fast jede militärische Bewegung: die Wachtposten vor der Kaserne in Bad Langensalza, den Farbanstrich von Armeefahrzeugen in Gotha, Radaranlagen auf dem Fliegerhorst Schottheim, die Anlage von Betonpisten auf der Autobahn Jena-Gotha. Hunderte von Spähern notierten sich die Kennzeichen sowjetischer Militärautos, verzeichneten Zeit und Ort ihres Auftauchens, registrierten die Nummern von Flugzeugen, hielten Uniformdetails fest.[139]

Doch der Org genügte es nicht, Truppen, Kasernen und Flugplätze auszuspähen. Für den Fall eines Krieges war es beispielsweise wichtig, zu wissen, wie rasch der Gegner aufmarschieren konnte. Damit geriet der

Transmissionsriemen des gegnerischen Aufmarsches ins Org-Visier: das Verkehrswesen der Sowjetzone. Im Vordergrund stand das traditionelle Fortbewegungsmittel des Militärs, die Eisenbahn.

Schon 1948 hatte der West-Berliner V-Mann-Führer »Schröder« einen alten Kriegskameraden aufgetan, der an einer wichtigen Stelle der sowjetzonalen Reichsbahn saß und am Anfang einer großen Karriere stand. Er hieß Herbert Richter und leitete damals die Bahnmeisterei Güstrow in Mecklenburg. Richter war bereit, Informationen über das Eisenbahnwesen und Rote-Armee-Transporte im Norden der Zone zu liefern. Der V-Mann öffnete der Org manchen Aktenschrank der Bahnverwaltung, denn er stieg höher und höher in der Hierarchie der Reichsbahn.[140]

In der Ost-Berliner Bahnzentrale wartete schon ein anderer Gehlen-Agent darauf, sein Material nach West-Berlin zu schmuggeln. Ewald Misera, Disponent in der Obersten Verkehrs- und Betriebsleitung der Reichsbahn-Generaldirektion, berichtete regelmäßig über sowjetische Truppen- und Materialtransporte, über Anforderungen des Sowjet-Beauftragten bei der Reichsbahn, über Be- und Entladung von Gütern. Er photographierte die Gesamtarbeitsberichte sämtlicher Reichsbahndirektionen, die Buchfahrpläne der Reichsbahn und Personalnotizen über die zehn leitenden Angestellten der Generaldirektion. Was Misera nicht wußte, reichten andere Eisenbahner an die Org weiter, etwa der Reichsbahninspektor Walter Flentge in Magdeburg oder der Montageinspektor Gustav Mieckley in Rostock.

Die Beobachtung der Eisenbahn weitete sich auf Straßenverkehr und Schiffahrt aus. Auch hier standen der Org einflußreiche Helfer zur Verfügung. Der Tiefbau-Ingenieur Karli Bandelow, Hauptreferent im Staatssekretariat für Kraftverkehr und Straßenwesen, beschaffte Material über Brücken, Telephonverzeichnisse seiner Dienststelle, Volkswirtschaftspläne und Protokolle interner Besprechungen. Käthe Dorn, Chefsekretärin des Betriebsleiters der VEB Projektierung des Kraftverkehrs- und Straßenwesens, lieferte Pläne künftiger Brücken und Straßen, der Dispatcher Rolf Österreich vom VEB Schiffselektrik vermittelte der Organisation ein Bild ostzonaler Schiffsausrüstung.[141]

Gehlen trieb seine Beobachtungsposten in der sowjetischen Besatzungszone noch stärker in das Innere des SED-Regimes vor; jetzt quartierte er seine V-Männer im Zentrum der gegnerischen Macht ein. Er mußte wissen, was man in dem kleinen Kreis Eingeweihter dachte, die sich soeben anschickten, die Ostzone zur Deutschen Demokratischen Republik zu proklamieren.

Ein einflußreicher Apparatschik des Regimes öffnete der Org den Weg in die exklusive Welt des sich formierenden DDR-Establishments. Der ehemalige Oberreichsbahnrat und Hauptmann Walter Gramsch, Sozialdemokrat und Widerstandskämpfer gegen Hitler, nach dem Krieg Ministerialdirektor in der Landesregierung von Sachsen-Anhalt, war mit der SED in Konflikt geraten.[142] Für die Zentrale Pullach wurde V-Mann »Brutus« zu ihrem ersten großen Einflußagenten in der DDR, denn Gramsch stieg trotz seiner regimekritischen Einstellung immer höher in der Verkehrsbürokratie. Er wurde Abteilungsleiter für Befrachtung bei der Generaldirektion Schiffahrt und schließlich Leiter der Abteilung »Flotteneinsatz und Häfen« im DDR-Staatssekretariat für Schiffahrt. Damit unterhielt die Organisation Gehlen einen Beobachter in unmittelbarer Nähe eines alten Bekannten deutscher Spionejäger in Republik und Diktatur: des Sabotage-Apparatschiks Ernst Wollweber.

1946 hatte Wollweber in Ost-Berlin einen harmlos klingenden Posten übernommen. Er wurde stellvertretender Chef der Generaldirektion für Schiffahrt. Gehlen deutete diese Berufung als Alarmzeichen. Er mochte nicht recht daran glauben, daß der kommunistische Experte für Sprengstoffanschläge nunmehr Schiffe bauen solle, anstatt sie zu versenken. Was Brutus berichtete, bestätigte Gehlens Mutmaßung: Wollweber blieb seinem Metier, der Sabotage, treu. In der Seefahrtschule Wustrow an der Ostsee entstand eine neue gefährliche Sabotageorganisation der östlichen Dienste.[143]

Bald darauf verrieten neue Schiffsunglücke die Handschrift Wollwebers: Am 25. Januar 1953 brannte im Hafen von Liverpool der Passagierdampfer »Empress of Canada« aus; am 29. Januar loderten Flammen auf dem größten Passagierschiff der Welt, der »Queen Elizabeth«, am 30. Januar zündete es auf dem Schwesterschiff »Queen Mary«. An Bord des britischen Flugzeugträgers »Warrior« wurde das Hauptkabel zum Maschinenraum durch Axthiebe zerstört. Eine Explosion riß dem britischen Flugzeugträger »Indomitable« die Seitenwand auf.[144]

Naturgemäß schweigen sich Gehlen-Mitarbeiter darüber aus, ob Brutus seinen Chef Wollweber in jedem Fall als Urheber dieser Sabotageakte enttarnen konnte. Immerhin gibt es auffallende Indizien, die den Schluß nahelegen, daß Brutus-Informationen der Org ermöglichten, in norddeutschen Hafenstädten Agenten von Wollweber unschädlich zu machen und Verbindungen der roten Organisation aufzudecken.

Wollweber konnte kaum noch einen Schritt unternehmen, ohne von V-Mann Gramsch beobachtet zu werden. Seine Lebensgewohnheiten wurden notiert und nach Pullach gemeldet. In die zentrale Org-Kartei kam die Eintragung: »W. hat kaum Freunde; er zieht sich gern zurück. Er vertraut nur sehr wenigen Personen; auch gegenüber seinen ›Freunden‹ sichert er sich durch Spitzel. W. sitzt immer in verschlossenen Räumen.« Stets war der Leibwächter »Gustav« in der Nähe. Gramsch meldete: »›Gustav‹ ist 50 Jahre alt, mittelgroß, schlank, hat schmales, hageres Gesicht, volles, grau-meliertes Haar.«[145]

Der Fall Brutus/Gramsch war freilich erst ein Anfang der Org-eigenen Infiltrationsarbeit in den höchsten Kommandostellen der DDR. Die Organisation Gehlen nistete sich noch tiefer im politischen Intimbereich des anderen Deutschland ein. Sie drang sogar bis in das Arbeitszimmer des Ministerpräsidenten Otto Grotewohl vor.

Wieder war es ein Gegner des SED-Regimes, der eine nachrichtendienstliche Quelle für Gehlen sprudeln ließ: Karl Laurenz, Sozialdemokrat, aus der SED ausgeschlossen, 1951 in Haft geraten. Er hatte eine Braut, Elli Barczatis, die Chefsekretärin von Grotewohl war, den Laurenz für einen Verräter an der Sozialdemokratie hielt. Ein Berliner V-M-Führer der Org hörte 1953 davon und bewog Laurenz, seine Braut für eine Mitarbeit zu gewinnen. Die Werbung hatte Erfolg.

Über den Schreibtisch der Vorzimmerdame gingen Verordnungen der Regierung und Protokolle aus den Ministerien, sie las Briefe des sowjetischen Hochkommissariats und Weisungen des Politbüros der SED, sie schrieb für Grotewohl Briefe und Reden, sie ordnete Vorlagen für die Sitzungen des Ministerrates und tippte Beschlüsse der Regierung, sie protokollierte Gespräche Grotewohls mit Sowjet-Funktionären und DDR-Ministern. Am Abend aber traf sich »Gänseblümchen« (so ihr Deckname in der Org) in seiner Köpenicker Wohnung mit Laurenz und vertraute ihm an, was es Stunden zuvor im Zimmer des Regierungschefs stenographiert und protokolliert hatte. Laurenz wechselte anderntags über die Sektorengrenze nach West-Berlin und traf sich dort mit seinem V-M-Führer. Er übergab ihm die Durchschläge von Grotewohls Geheimpapieren; was er nicht schriftlich mitbringen konnte, trug er mündlich vor.[146]

Der nachrichtendienstliche Wert von Gramsch und Elli Barczatis ließ sich kaum überbieten. Sie saßen in Vorzimmern von Männern, die Entscheidungen fällten und Macht ausübten. Doch Gehlens Ehrgeiz zielte noch weiter. Er wollte die Machtträger selber in seine Netze ziehen. Im Falle des rundlich-lebenslustigen Stellvertretenden Ministerpräsidenten Hermann Kastner, Vorsitzenden der Liberal-Demokratischen Partei (LDP), gelang es sogar, einen gewichtigen DDR-Potentaten und zukunftsträchtigen Günstling der Sowjets auf die Informantenliste der Organisation Gehlen zu setzen.

Schuld daran war der Meißner Bischof Heinrich Wienken, der fand, sein Freund Kastner dürfe nicht länger das Unrecht in der DDR hinnehmen und müsse das Ausland, vor allem Amerika, darüber vertraulich informieren. Wienken vermittelte ihm die Bekanntschaft mit einem Slowaken namens Dr. Carol Tarnay, der für den US-Geheimdienst arbeitete; ihm sagte Kastner zu, alles zu liefern, »was die amerikanische Regierung wissen muß«.[147]

Und Kastner lieferte. Er berichtete über alle Gremien, in denen er im Laufe der Zeit Sitz und Stimme bekam: den Vorstand der LDP, die Wirtschaftskommission, das Präsidium des Deutschen Volkskongresses, den Nationalrat der Nationalen Front, den Ministerrat der DDR. Er schilderte seine Gespräche mit sowjetischen Politikern, Diplomaten und Generalen, die sich als besonders ergiebig erwiesen, galt doch der DDR-Liberale Kastner bei sowjetinternen Gegnern des stalinistischen Konzepts einer totalen Bolschewisierung Mitteldeutschlands als ein Geheimtip für den Fall eines Kurswechsels.

Kastner informierte auch weiter, als sein Kontaktmann Tarnay den Auftraggeber wechselte und in den Dienst der Organisation Gehlen trat. In Pullach durfte sich Quelle »Helwig« (Kastners Deckname) noch größerer Aufmerksamkeit als bei den Amerikanern sicher sein, denn nicht ohne Faszination beobachtete man bei der Org die Überlebensspiele des LDP-

Chefs, der inzwischen wegen seiner öffentlichen Kritik an Ulbrichts Politik, allerdings auch wegen seiner undurchsichtigen Geschäfte aus dem Ministerrat und sogar aus der eigenen Partei ausgebootet worden war, ohne jedoch die Sympathien seiner russischen Förderer eingebüßt zu haben – im Gegenteil: Unter sowjetischem Druck mußte die LDP Kastner wieder aufnehmen und die Regierung ihm die Leitung des Förderungsausschusses für die deutsche Intelligenz übertragen.[148]

Kaum ein anderer Fall offenbarte so deutlich wie dieser, daß die Organisation Gehlen immer mehr in das Aktionsfeld deutscher Nachkriegspolitik geriet und mit den Schicksalsfragen des geteilten Vaterlandes konfrontiert wurde. Für Reinhard Gehlen war es die Stunde, ein deutlicheres »deutsches« Profil zu zeigen. Anfangs mochte mancher die Org für einen amerikanischen Hiwi-Verein gehalten haben, besetzt von Leuten, die partout einen neuen Job gesucht hatten. Jetzt aber gab sich die Org ganz deutsch.

Schon nach der Währungsreform von 1948 hatte die Organisation begonnen, sich stärker als bisher ihrer westdeutschen Umwelt anzupassen, und das konnte im Land des industrieorientierten Wirtschaftswunders nichts anderes heißen, als sich die Organisationsform einer Superfirma zu geben. Das Militär galt unter den Nachkriegsdeutschen nicht mehr viel; folglich mußte sich die Org entmilitarisieren, zumindest äußerlich. Der General Gehlen mauserte sich zum »Dr. Schneider« oder einfach zum »Doktor« – Decknamen, unter denen der Chef von nun an auftrat.

Die Zentrale Pullach wurde von Gehlen in eine »Generaldirektion« umgewandelt, er selber legte sich den Titel »Generaldirektor« zu. Auch die Hauptagenturen und Residenturen des Geheimdienstes erhielten die Form eines wirtschaftlichen Großunternehmens. Es entstanden »Generalvertretungen«, »Bezirksvertretungen«, »Untervertretungen« und »Filialen«. Im Innern dieser Organisation herrschte allerdings weiterhin das traditionelle Bild militärisch-geheimdienstlicher Administration vor.

Gehlen gliederte die Zentrale in zahllose Hauptabteilungen, Abteilungen, Gruppen und Referate, die immer wieder geändert und neu geordnet wurden. Einige Hauptabteilungen und Abteilungen blieben freilich konstant. Zu ihnen gehörte die Administrative Abteilung, die Personal- und Finanzfragen bearbeitete und zuständig war für: Zentralkartei, Zentralarchiv, Schulung, Technik, Logistik, Wirtschaft.

Die Hauptabteilung I kontrollierte die Beschaffung von Auslandsnachrichten und deren Auswertung, die Hauptabteilung II beschäftigte sich mit Vorsorgemaßnahmen auf dem Gebiet der psychologischen Kriegführung, die Hauptabteilung III betreute das Sachgebiet »Beschaffung von Nachrichten im Inland und deren Auswertung, Abwehr geheimdienstlicher Angriffe gegen Westdeutschland«. Die erste dieser Hauptabteilungen untergliederte sich in Abteilungen für Heer, Luftwaffe und Marine, für wirtschaftliche und politische Aufklärung, wiederum unterteilt in Ländergruppen.[149]

Von den Hauptabteilungen der Zentrale liefen separate Verbindungsstränge zu den nächsthöheren Dienststellen, den Generalvertretungen (GV). Da gab es die »Linie I«, die die Hauptabteilung I in Pullach mit den für

Auslandsaufklärung zuständigen Generalvertretungen verband; es waren die GV in München (Aufklärungsgebiet: Österreich, Tschechoslowakei), in Darmstadt (Aufklärungsgebiet: Polen, UdSSR) und Bremen (Aufklärungsgebiet: DDR). Die »Linie III« hingegen verknüpfte die Hauptabteilung III mit den Generalvertretungen Karlsruhe (Hauptsachgebiet: Gegenspionage im Osten) und Stocking.[150]

Die GV legte Gehlen als operative Dienststellen der Spionage im Osten an. Sie waren daher auch weitgehend selbständig. Die Generalvertretungen sollten neue Informationskanäle eröffnen, die untergeordneten Dienststellen lenken und kontrollieren, Nachrichten aus den Außenstellen (Filialen) sichten und sie an die zuständigen Fachabteilungen in Pullach weiterleiten. Sie verfügten über Stäbe festangestellter Mitarbeiter, die in Fachreferaten wie Militär, Wirtschaft, Politik und Technik saßen. Die GV in Karlsruhe war beispielsweise 16 Mann stark, die sich auf eine Abteilung für Personal- und Schulungsangelegenheiten, eine Fachabteilung Wirtschaftsspionage, eine Abteilung Abwehr und Gegenspionage verteilten.

Eine Stufe unterhalb der GV-Ebene placierte Gehlen die Bezirksvertretungen (BV), die in fast allen deutschen Großstädten errichtet wurden; oft entstanden mehrere an einem Ort. Die BV fungierten als Hilfsorgane der Generalvertretungen, besaßen jedoch keine größeren Arbeitsstäbe. Sie bildeten neugeworbene Agenten aus, führten und kontrollierten sie. Die BV hatten die Generalvertretungen gegenüber den unteren Organen abzuschirmen und den Schriftverkehr zwischen den Außenstellen abzuwickeln. Operativ prüften sie potentielle Agenten auf ihre Zuverlässigkeit und beaufsichtigten die Werbung neuer Mitarbeiter durch die untergeordneten Dienststellen, die Untervertretungen (UV).

Die UV galten als die eigentlichen Frontstäbe der aktiven Spionage. In mittelgroßen Städten untergebracht, waren sie zuständig für die Anwerbung von Agenten, die Schulung und Führung der V-Männer. Ferner sollten sie Spionageberichte sammeln und an die BV weitergeben.[151]

Als unterste Sprossen der Führungsleiter baute Gehlen die Filialen oder Außenstellen ein, die entlang der Zonengrenze und in West-Berlin errichtet wurden. Sie dienten als vorgeschobene Anlaufstellen für Agenten und Informanten. Von hier aus leiteten V-Mann-Führer meist je drei bis fünf Agenten und V-Leute in der DDR. Die Filialen tarnten sich mit Vorliebe als Versicherungsvertretungen, als Firmen für Steuerberatung oder Übersetzungsbüros und Buchgemeinschaftsvertretungen. Auch Werbebüros waren zur Tarnung recht beliebt.[152]

Je dichtmaschiger das Netz der Org-Dependancen in Westdeutschland und West-Berlin wurde, desto mehr Personal benötigte Gehlen. Unermüdlich waren seine Werber und Schlepper unterwegs, neue Helfer für die Organisation zu engagieren. Das CIC hatte schon die meisten seiner deutschen Mitarbeiter an die Org verloren, auch das Gros der deutschen Nachrichtenorganisation, die der britische Geheimdienst in »seiner« Besatzungszone unterhielt, war in das Lager Gehlens übergetreten. Selbst

Exgeheimdienstler, die bei Kriegsende ins Ausland geflohen waren, wollten in Pullach mitmachen.

Doch es gab auch ehemalige Abwehr-Angehörige, die sich demonstrativ den Werbungen der Org entzogen, ja offen Stimmung gegen Gehlen machten. Es war nicht ohne Ironie, daß die agilste Anti-Gehlen-Gruppe just vor den Toren Pullachs saß, in der Münchner Landesleitung der Christlich-Sozialen Union, die ein paar überlebende Anhänger des mit Canaris hingerichteten Abwehr-Generals Oster beherbergte: den Rechtsanwalt Liedig, Osters Sohn Joachim und den bayrischen Justizminister Dr. Josef Müller. Die ließen keine Gelegenheit aus, vor dem »Nazi-Freund« Gehlen zu warnen.

Am ärgsten mißfiel den drei ehemaligen Widerständlern, daß Gehlen von Hitlers Eroberungskriegen, die erst Leute wie er ermöglicht hatten, nie abgerückt war und nicht die leisesten Skrupel zeigte, frühere SD- und Gestapo-Angehörige in seine Dienste zu nehmen. Besonderen Anstoß mußte bei den Oster-Erben erregen, daß sich Gehlen zum wichtigsten Anwerber des alten RSHA-Personals den ehemaligen SS-Standartenführer und Heydrich-Freund Wilhelm Krichbaum auserkoren hatte, der den Anhängern des antinazistischen Widerstands noch als Feldpolizeichef des Heeres in übler Erinnerung war.

Tatsächlich ließ sich Gehlen von Krichbaum einen SD-Mann nach dem anderen zuweisen, zusehends füllten sich die Dienststellen und Außenposten der Org mit ehemaligen SS-Angehörigen. Mit dem SS-Hauptsturmführer Augsburg war bereits das halbe Wannsee-Institut des SD bei der Org, mit Greife, Kauschen und Achmeteli das Führungspersonal des Unternehmens »Zeppelin« für Pullach gewonnen.[153] Der »Doktor« griff bedenkenlos zu, glaubte er doch (wie alle damals in Deutschland aktiven Geheimdienste), ohne die ehemaligen Wissensträger des alten deutschen Geheimdienst- und Polizeiapparates nicht auskommen zu können.

Man mußte nicht Moralist oder gar Nazi-Riecher sein, um Gehlens unheilige Allianz mit den Männern von Gestapo und SD für schädlich zu halten. Sie verbot sich schon aus professionellen Gründen: Die ehemaligen NS-Funktionäre waren erpreßbar wie Homosexuelle, die damals kein Geheimdienst an seine Schlüsselpositionen herangelassen hätte; die Kenntnis von einer Mitwirkung an Untaten des NS-Regimes, ja schon von der formalen Zugehörigkeit zu einer in Nürnberg für verbrecherisch erklärten SS-Organisation konnte einen Org-Mann mit brauner Vergangenheit in die Hand eines gegnerischen Geheimdienstes liefern.

Zudem kannte der Gegner die meisten SS-Helfer Gehlens und deren Praktiken. Typisch dafür war der Fall des Kriminalrats a. D. Fuchs, des wohl profiliertesten Polen-Experten der Gestapo, der in gleicher Eigenschaft auch für Gehlen in Pullach arbeitete. Als er eines Tages den Auftrag erhielt, einen Erkundungsauftrag im Osten zu übernehmen, weigerte er sich – aus gutem Grund: Dort saßen die alten Kameraden, nur notdürftig auf Politkursen zu Antifaschisten umgeschult. Es gab kaum eine grenznahe Bezirksverwaltung des Staatssicherheitsdienstes der DDR, in der nicht ehemalige Angehörige der Gestapo und des SD arbeiteten und mit Interesse beobachteten, was die alten Kumpane im Westen trieben.

Fataler freilich als solche handwerklichen Konsequenzen waren die politischen Folgen der Allianz Gehlens mit den ehemaligen SS-Männern. Sie schleppten in die Org eine Kreuzzugsmentalität ein, die Gehlens Organisation zu einem Träger antikommunistischen Hexenglaubens auflud. Aufgewachsen in den antislawischen Untermenschendogmen der SS, huldigten die einstigen Siegrunen-Männer einem nuancenlosen Antikommunismus, in dem sich Ressentiments über die Niederlage von 1945 mit Überbleibseln rassistischer Wahnideen des Nationalsozialismus mischten, gefährlich für die Org, deren nichtnazistische Mitglieder auch keine Bereitschaft zeigten, überlebte Positionen und Wertvorstellungen kritisch zu überdenken.

Doch Gehlen sah solche Problematik nicht, er erlag dem Rausch der wachsenden Personalzahlen und steigenden Aufklärungserfolge. Immer mehr weitete sich die Org aus, sickerte auch in nichtkommunistische Nachbarländer ein und gewann ausländische Verbündete hinzu. Was vor und unter Nicolai begonnen worden war, was dann Canaris fortgesetzt hatte, schwebte nun auch Gehlen wieder vor: eine antirussische Allianz der mitteleuropäischen Geheimdienste, diesmal allerdings im Verbund mit Amerikas Diensten.

Dabei waren es nicht zuletzt SD-Männer, die der Org erste Verbindungen ins Ausland knüpften. Kein anderer als Höttl, der quicke Schellenberg-Intimus, dessen Nachrichtennetz Donovan 1945 an die Sowjets hatte ausliefern wollen, öffnete Gehlen den Zugang zu dem ältesten Verbündeten des deutschen Geheimdienstes: Österreich. Anfangs hatte der Sturmbannführer a. D. allein auf das CIC gesetzt, für dessen Salzburger Region er eine konspirative Organisation aufstellte, halb Spionage-, halb Widerstandsgruppe im Kriegsfall. Das CIC hatte dann den allzu geschäftstüchtigen Höttl wieder fallen gelassen, worauf er in den Dienst der Org eingetreten war, ermuntert von dem ehemaligen Abwehrhauptmann Baron Harry Mast, der als Angestellter in Höttls Nibelungen-Verlag saß und bereits längere Zeit für Gehlen arbeitete.[154]

Mast bildete in Linz einen »Meldekopf« der Organisation Gehlen, der alles aufsog, was Höttls V-Männer den Westdeutschen zu bieten hatte. Und das war nicht wenig: Höttl hatte Verbindungen zur Schweizer Bundespolizei, er genoß das Vertrauen der Bregenzer Residentur des französischen Geheimdienstes, ihn verknüpfte manches mit den führenden Persönlichkeiten der neuen österreichischen Geheim- und Sicherheitsdienste in Wien.

Vor allem Höttls Verbindungen nach Wien wußte die Org zu nutzen, galt doch die Vier-Sektoren-Stadt an der Donau als ein idealer Ansatzpunkt für das Eindringen in sowjetische Dienststellen und Militäreinheiten. Mancher österreichische Abwehroffizier aus großdeutschen Zeiten half der Pullacher Gegenspionage dabei, Rotarmisten abzuwerben und sowjetische Nachrichtenkanäle anzuzapfen.

Kein Wunder, daß sich führende Offiziere des späteren Heeresnachrichtenamtes (HNA), einer Filiale des österreichischen Bundesheeres, wie schon ihre Vorfahren in Kaiser- und Republikzeiten als Mitglieder einer größeren deutschsprachigen ND-Gemeinde verstanden; zudem hatten die meisten von ihnen wie der Oberstleutnant Kurt Fechner, der das HNA aufbaute, bei Canaris gedient. Bis heute gilt es bei Kritikern als ausgemacht, »daß die Aufgabenstellung für unsere Nachrichtendienste z. T. weniger von österreichischen Stellen als aus Pullach erfolgt«, wie ein HNA-Mann 1979 klagte.[155]

Auch mit den Abwehrdiensten der Schweiz stand Gehlen bereits in Verbindung. Den ersten Kontakt hatte noch Waibel von Washington aus vermittelt, der schon mitten im Krieg, am 9. Februar 1944, in einer Studie den deutschen Abwehr-Offizieren attestierte, »stets mit fairen Mitteln gearbeitet zu haben«.[156] Mit solchen Männern mochten die Schweizer gern kooperieren, zumal sich der Geheimdienst des Schweizer Armeestabes und die Bundespolizei von einer Zusammenarbeit mit der Organisation Gehlen eine koordinierte Abwehr der die Schweiz tangierenden kommunistischen Subversion versprachen.

Damit konnte die Zentrale Pullach dienen: Ein Zufall hatte die Org auf die Spur kommunistischer Agenten gebracht, die gegen die Schweiz arbeiteten. Gehlens Agenten wiesen nach, daß die Geheimdienste der Sowjetunion, Polens und der CSSR von Stützpunkten in der französischen Besatzungszone aus V-Männer in der Schweiz steuerten. Die Schweizer Abwehr bot daraufhin an, einen Kontakt zwischen Gehlen und französischen ND-Offizieren zu schließen, um im Dreibund die zwischen der Schweiz und der französischen Besatzungszone laufenden Spionagelinien observieren zu können.

Gehlen zögerte, denn Frankreichs Geheimdienst, der Service de Documentation extérieure et de Contre-Espionnage (S.D.E.C.E.) war noch aus der Zeit der Résistance von vielen Kommunisten durchsetzt. Zudem galten die Franzosen in der Branche als unseriös: In Berlin bedienten sie sich einer Schar von Nachrichtenhändlern, die Informationen aus der Sowjetzone erfanden oder sich von den Sowjets mit frisierten Berichten beliefern ließen. Die Schweizer Abwehr aber hielt Gehlen vor, die Schlüsselstellungen im S.D.E.C.E. würden zunehmend von Offizieren besetzt werden, die während des Krieges in General de Gaulles Abwehrorganisation gearbeitet hätten; die Gaullisten führten innerhalb des S.D.E.C.E. einen erbitterten Kampf gegen die Exkollegen aus dem kommunistischen Widerstand. Die gaullistischen Geheimdienstler verdienten Gehlens Unterstützung.

Auch die Amerikaner drängten Gehlen, Geschäftsbeziehungen zu den Franzosen aufzunehmen. Der US-Geheimdienst besaß kaum eine Verbindung zum S.D.E.C.E., war aber höchst begierig, Einblick in die Pariser Politik zu gewinnen. Gehlen ließ den Kontakt zu den Franzosen herstellen – die Partnerschaft zwischen der Organisation Gehlen und dem S.D.E.C.E. entwickelte sich später nicht minder freundschaftlich als die Allianz mit Amerikas CIA.

So wuchs die Org immer deutlicher in die traditionelle Rolle des deutschen Geheimdienstes hinein, der seit einem knappen Jahrhundert keine wichtigere Aufgabe gekannt hatte, als im Verbund mit den konspirativen

Diensten befreundeter Nachbarländer Vorgänge im Osten aufzuklären. Doch Gehlen mußte aufpassen, daß er den Anschluß an die innerdeutsche Entwicklung nicht verpaßte. Schon die Anfänge westdeutscher Staatsbildung hatten Gehlen enthüllt, daß ihm einflußreiche Konkurrenten erwachsen waren, die sämtlich den Anspruch erhoben, den Geheim- und Abwehrdienst der künftigen Bundesrepublik Deutschland in ihre Regie zu nehmen.

Begonnen hatte das mit dem »Polizeibrief« der Alliierten Militärgouverneure vom 14. April 1949, der dem Bundeskanzler der neuen Republik erlaubte, eine Dienststelle zur Sammlung und Weitergabe von Nachrichten zum Zweck des Staatsschutzes zu errichten. Bis dahin hatten im besetzten Westdeutschland nur die Geheimdienste der Alliierten und ihre deutschen Helfer die Aufgaben einer politischen Polizei wahrnehmen dürfen. Jetzt sollte der Staatsschutz wieder Sache der Deutschen sein, wobei allerdings der Begriff »Politische Polizei« streng verpönt war – in Erinnerung an Gestapo-Zeiten. Man fand schließlich einen Namen, der zum erstenmal im Bonner Grundgesetz aufgetaucht war: Verfassungsschutz.

Daraus entstand ein merkwürdig halbherziges Gebilde, dessen Struktur nicht wenig dazu beitrug, die westdeutsche Abwehr eher zu behindern als zu stärken. Der Verfassungsschutz sollte nämlich streng von der Polizei getrennt sein und keine Exekutivmacht haben, ja es wurde geradezu als Sinn des Polizeibriefs bezeichnet, »das Wiedererstehen einer politischen Polizei in Deutschland zu verhindern«.[157] Ein Abwehrdienst ohne exekutive Vollmachten – die östlichen Geheimdienste werden sich gefreut haben.

Entsprechend skurril war die ganze Organisation des Verfassungsschutzes. In Köln wurde zwar ein Bundesamt für Verfassungsschutz (BfV) gebildet, aber es durfte den Landesämtern für Verfassungsschutz keine Weisungen erteilen. Eine der wichtigsten Aufgaben des Verfassungsschutzes sollte die Abwehr kommunistischer Spione und Infiltranten sein, doch in dem im September 1950 erlassenen Gesetz über die »Zusammenarbeit des Bundes und der Länder in Angelegenheiten des Verfassungsschutzes« hatte man es unterlassen, die Spionageabwehr zu erwähnen – jahrelang mußten die bundesdeutschen Spionejäger ohne Rechtsgrundlage, gleichsam illegal, arbeiten.[158]

Als dann 1954 die Innenminister der Länder beschlossen, die Spionageabwehr stehe ihnen zu, erwies sich der »Verfassungsschutz«, eigentlich doch Aufgabe des Bundesverfassungsgerichts, immer mehr als ein Etikettenschwindel. War es schon recht fragwürdig, die in einer Demokratie immer umstrittene Beobachtung und Ausforschung politisch extremer Kräfte als Verfassungsschutz auszugeben, so mußte es sich für die Arbeit der Spionageabwehr fatal auswirken, mit der »Schnüffelei« dieser Verfassungsschützer gleichgesetzt zu werden. Sie haben nur wenig miteinander gemeinsam: Der Sicherheitsdienst des Verfassungsschutzes bekämpft den inneren Gegner oder das, was er dafür hält, die Spionageabwehr aber verfolgt alle von auswärtigen Mächten organisierten Infiltrationsversuche zum Schaden des bundesdeutschen Staates – eine Mission, an der kein loyaler Staatsbürger Anstoß nehmen kann.

Vollends absurd aber wurde es, als sich die ersten Dienststellen des Verfassungsschutzes mit Personal füllten. Aus Furcht vor einer neuen Gestapo hatte man den Verfassungsschutz möglichst zahnlos gehalten. Woher aber kamen die meisten operativen Mitarbeiter, von deren Tüchtigkeit der Erfolg der Verfassungsschutzämter in erster Linie abhing? Von ebenjener Gestapo, deren Praktiken die Amtsleiter so demonstrativ verabscheuten.

Die Strübing, Wenger, Schuller, Weber und wie sie noch alle heißen mochten, bestimmten praktisch die Arbeit des Verfassungsschutzes, speziell des BfV. An der Spitze der operativen Mitarbeiter des Bundesamtes standen 16 ehemalige Angehörige der Gestapo und des SD, von deren Existenz freilich die alliierten Kontrolleure nichts wußten. »Kamen die Verbindungsoffiziere in das Haus«, so weiß ein BfV-Insider, »gab es Alarm, und alles ging auf Tauchstation, in nahe Cafés oder nach Hause. Sie kehrten erst zurück, wenn die Luft wieder rein war.«[159]

Wie widersinnig aber auch die bundesdeutsche Abwehrarbeit anlief – es mußte Gehlen alarmieren, daß sich im Bonner Staat ein Sicherheitsdienst formierte, der Aufgaben übernahm, die der »Doktor« schon von seiner Org okkupiert wähnte. Noch mehr verstörte ihn allerdings, daß als Präsident des Bundesamtes für Verfassungsschutz der überzeugte Hitler-Gegner Otto John auserwählt worden war, ein labil-undurchsichtiger Mann aus dem Oster-Dohnanyi-Kreis, der nach dem 20. Juli 1944 zu den Briten übergewechselt war und dem der ehemalige Durchhaltegeneral Gehlen anlastete, hohe deutsche Militärs nach 1945 im Auftrag britischer Anklagebehörden unter »entwürdigenden« Umständen vernommen zu haben.[160]

Ganz schockieren mußte schließlich Gehlen, daß auch die geheimdienstliche Monopolstellung der Org gefährdet war. Gehlens Gegenspieler im Umkreis der Oster-Freunde hatten Bonner Aversionen gegen die »amerikanische« Org dazu benutzt, sich Konrad Adenauer und seiner Regierungsmannschaft als Wegbereiter und Organisatoren eines bundesdeutschen Geheimdienstes zu empfehlen. Ein Gehlen-Kritiker half ihnen dabei: General a. D. Gerhard Graf von Schwerin, nach Gründung der Bundesrepublik zum »Berater des Bundeskanzlers in Sicherheitsfragen« aufgestiegen und als erwiesener Gegner des Nationalsozialismus entschlossen, Militärs von der Art Gehlens den Zugang zu den Schlüsselpositionen des neuen demokratischen Staates zu versperren.[161]

Schwerin holte in seinen kleinen Stab im Palais Schaumburg den jungen Exmajor Oster, der es übernahm, eine Nachrichtenorganisation zu schaffen, die wohl eine zweite Abwehr werden sollte. Sie war immerhin bald effektiv genug, um im Auftrag Adenauers – die Frage einer westdeutschen Aufrüstung stand schon zur Debatte – erste Lagebilder über Stärke und Verteilung der sowjetischen Streitkräfte in der DDR zu erstellen.[162]

Das hätte für die Org schlecht ausgehen können, wäre nicht dem ND-unerfahrenen Oster der Fehler unterlaufen, die Führung seiner Nachrichtenorganisation einem Mann anzuvertrauen, den die Canaris-Profis schon im Krieg nicht ernstnahmen, obwohl niemand an seiner mutigen Gegnerschaft gegen das NS-Regime zweifelte. Oberstleutnant Friedrich Wilhelm

Heinz, ein nationalrevolutionärer Literat, in der Abwehr-Zentrale Referent und später Regimentskommandeur in der »Brandenburg«, hatte nach dem Krieg unter dem Decknamen »Tulpe« für den französischen Geheimdienst eine Agentengruppe aufgebaut, die angeblich in Mitteldeutschland arbeitete, größtenteils allerdings nur in seiner Phantasie bestand.[163] Das Gros der aufregenden Meldungen seiner vielen Agenten in der DDR stammte von Tulpe selber, verfaßt an seinem Schreibtisch in Neuwied in der französischen Besatzungszone. Das durchschauten allmählich auch die Franzosen, die sich am Ende von Heinz trennten, der bereits ein neues Phantasiereich der Spionage schuf – für Joachim Oster und das Kanzleramt.

Gehlen wird schon damals von seinen französischen Partnern erfahren haben, auf welchem Morast seine Gegenspieler den neuen Geheimdienst der Bundesrepublik errichteten. Gleichwohl war es für den Org-Chef höchste Zeit, sich in Bonn einzuschalten, wollte er nicht Gefahr laufen, von den Konkurrenten ausmanövriert zu werden.

Schon im August 1949 knüpfte Gehlen über einen ihm nahestehenden bayrischen Minister erste Verbindungen nach Bonn an, die es ihm ermöglichten, mit führenden Mitgliedern der Bundestagsparteien bekannt zu werden.[164] Männer wie der liberale Vizekanzler Franz Blücher und der SPD-Vorsitzende Kurt Schumacher waren recht beeindruckt von den geheimen Dossiers, die ihnen Gehlen bei seinen Besuchen in Bonn zeigte, und nicht wenig faszinierte sie der geheimnisumwitterte, scheinbar allwissende Exgeneral mit seinen präzis-kühlen Lagevorträgen. Bereits damals stand für Bonner Insider fest: Die Organisation Gehlen wird eines Tages der einzige geheime Auslandserkundungsdienst der Bundesrepublik sein.

Das glaubte auch Gehlen, seit er sich am 20. September 1950 zum erstenmal mit Adenauer im Bonner König-Museum, dem provisorischen Sitz der Bundesregierung, getroffen hatte.[165] Da sie beide, der Rheinländer und der Preuße, die gleichen holzschnittartigen Auffassungen über Rußland und den Kommunismus hegten, konnten sich Adenauer und Gehlen rasch verständigen. Von nun an sah Gehlen in dem Kanzler seinen eigentlichen Auftraggeber, während für Adenauer der Org-Chef in kurzer Zeit sein »liebster General« wurde.

Gleichwohl sollten noch fünf Jahre vergehen, ehe das Bundeskabinett in Bonn den Beschluß faßte, die Organisation Gehlen »als eine dem Bundeskanzleramt angegliederte Dienststelle« in den Bundesdienst zu übernehmen.[166] Erst mußte sich noch Tulpe entlarven und Osters Geheimdienst scheitern, mußte im Sommer 1954 die mysteriöse Flucht des BfV-Präsidenten John in die DDR die Stellung des Verfassungsschutzes erschüttern, bis Gehlen alles erreicht hatte, was er sich vorgenommen: die Erhöhung seiner Organisation zum Bundesnachrichtendienst.

Der mühselige Aufstieg der Org zum bundesdeutschen Aufklärungsdienst ging jedoch auch auf den Widerstand der Besatzungsmächte zurück, die keinen ehemaligen Hitler-General an der Spitze einer deutschen Bundesbehörde sehen wollten. Briten und Franzosen beharrten darauf, daß die Bundesrepublik keinen eigenen Geheimdienst unterhalten dürfe, solange ihr nicht von den Besatzungsmächten die volle Souveränität zurückgegeben worden sei. Auch die USA stellten sich gegen die Übernahme »ihres« Gehlen in den Bundesdienst.

In Washington war schon früher übel vermerkt worden, daß Gehlen offenkundig die Absicht hatte, zu den Vereinigten Staaten auf größere Distanz zu gehen. Man hatte dort Gehlens ständige Klagen über die finanzielle »Knausrigkeit« der US-Armee noch hingenommen, man hatte sogar zugelassen, daß der General im Mai 1949 mit der Army völlig brach und eine Vereinbarung mit der Central Intelligence Agency traf, von der sich Gehlen mehr Geld und vor allem eine zivilere Behandlung des deutschen Partners versprach. Vom 23. Mai 1949 an verkehrte Gehlen mit den Amerikanern nur noch über einen CIA-Verbindungsstab in Pullach.[167]

Die führenden Männer des MIS vergaßen Gehlen diese Eigenmächtigkeit nie und ließen es nicht an Versuchen fehlen, gegen die Org zu sticheln. Selbst Adenauer bekam das noch im Frühjahr 1954 zu spüren, als ihn Generalmajor Arthur Trudeau, der neue Chef des Geheimdienstes der US-Armee, bei einem Dinner in Washington vor dem »Nazi« Gehlen warnte, dessen Organisation äußerst unzuverlässig sei. Die Attacke kam allerdings Trudeau teuer zu stehen: Gehlen hörte davon und protestierte sofort beim Direktor der CIA, der wiederum wurde beim Präsidenten vorstellig, und schon sah sich der Gehlen-Kritiker in den Fernen Osten strafversetzt.[168]

Die CIA hielt zu Gehlen, dessen Mitarbeit sie nicht verlieren wollte. Nicht immer indes reagierte die CIA so eindeutig. Als der Org-Chef nach der Errichtung des westdeutschen Staates Miene machte, auch seine Beziehungen zur CIA zu lockern, gab sich die Agency verärgert. Am 21. Dezember 1949 wies Colonel M., der Chef des CIA-Stabes in Pullach, Gehlen in einer Order an, er habe jeden weiteren Kontakt zur Regierung in Bonn zu unterlassen. »Ich wurde belehrt«, schreibt Gehlen in seinen Memoiren, »daß es allein Sache der Amerikaner sei, über die Zukunft der Organisation zu entscheiden; man wollte damit wohl verhindern, daß ich unseren künftigen Bundesgenossen auf die Füße trat.«[169]

Natürlich ließ sich das Gehlen nicht gefallen. Prompt verwies er auf die Abmachung von 1946, die nie einen Zweifel daran gelassen hatte, daß die Org eine deutsche Institution sei und nach Konstituierung eines neuen deutschen Staates diesem zur Verfügung stehen werde. Anfangs wollte die CIA-Zentrale Gehlens Standpunkt nicht akzeptieren. Erst nach Monaten unfruchtbarer Auseinandersetzungen gab die CIA nach und begnügte sich mit Gehlens Erklärung, er werde Colonel M. über seine Verhandlungen mit Bonn voll und rechtzeitig informieren.[170]

Die CIA steckte aus gutem Grund so deutlich zurück: Mehr denn je waren Amerikas Geheimdienste auf die Organisation Gehlen angewiesen. Die weltpolitische Hochspannung ließ ihnen keine andere Wahl. Eben schickte sich der Kreml an, seinen weltweiten Nervenkrieg gegen die westlichen Hauptmächte noch um einige Umdrehungen zu verschärfen. Nach seiner Niederlage in der von ihm provozierten Berliner »Blockade-Schlacht«, dem brutalen Versuch, die Westmächte aus der früheren deutschen Hauptstadt hinauszugraulen, setzte Stalin am entgegengesetzten Ende der Welt zu einem neuen Stoß an: in Südkorea, das er am Morgen des 25. Juni 1950 von kommunistischen Armeen überfallen ließ.

Plötzlich war aus dem kalten Krieg ein heißer, ein echter Krieg geworden, zwar noch am Rande des weltpolitischen Machtzentrums und doch schon so erbittert geführt wie der Spanische Bürgerkrieg, der dem Zweiten Weltkrieg vorangegangen war und ihn gleichsam eingeläutet hatte. Kaum verwunderlich, daß die Politiker und Militärs der USA, aber auch anderer westlicher Staaten, den Korea-Krieg für einen Vorboten des Dritten Weltkrieges hielten und eine hastige Aufrüstung in Gang setzten.

Es war die Stunde, in der Gehlens amerikanische Freunde und Bewunderer die wichtigsten Kommandoposten der CIA besetzten. General Bedell Smith, in dessen Maschine Gehlen einst nach Amerika geflogen war, hatte inzwischen die Führung der CIA übernommen und Zug um Zug die alte »deutsche« OSS-Mannschaft von Allen W. Dulles in den Geheimdienst zurückgeholt: Dulles selber als Stellvertreter (und baldigen Nachfolger), Frank Wisner als Leiter des Office of Policy Coordination (OPC), jener CIA-Organisation, die in Rußland einen Untergrundkrieg gegen die Sowjets vorbereiten sollte wie einst das OSS gegen die Nazis, und Richard Helms als Leiter des Office of Special Operations (OSO), das Rußlands Ausforschung mit allen »traditionellen« Mitteln des konspirativen Gewerbes zu betreiben hatte. Auch General Sibert, jetzt Gehilfe des CIA-Direktors, war mit dabei.[171]

Der Schock des Korea-Krieges und der Eintritt der OSS-Veteranen in die CIA veränderten erheblich das Wesen der Central Intelligence Agency. Ursprünglich zu dem Zweck gegründet, die Arbeit der amerikanischen Geheimdienste zu koordinieren und deren Materialien besser zu analysieren, spezialisierte sich die CIA immer mehr auf den verdeckten Krieg gegen Rußland. Ihre eigentlichen geheimdienstlichen Aufgaben traten zusehends zurück, sie verstand sich primär als eine Agentur zur Inszenierung von Sabotageaktionen, Partisanenüberfällen und Propagandacoups im Land des Gegners – Entartungen des geheimen Erkundungsdienstes, die nicht wenig zu der großen Existenzkrise der CIA in den siebziger Jahren beitragen sollten.

Keiner von den ehemaligen Dulles-Vertrauten aber war in jenen Tagen hektisch-hysterischer Kriegsfurcht ein so vielgefragter Mann wie der Rußland-Experte Rositzke, der von einer Pentagon-Konferenz zur anderen spurten mußte, um aufgeregten Militärs zu erläutern, was die CIA von sowjetischen Kriegsvorbereitungen wisse. Ein Oberst der Army schlug bei einer Besprechung mit der Faust auf den Tisch und schrie: »Ich will einen Agenten mit einem Funkgerät auf jedem gottverdammten Flugplatz zwischen Berlin und dem Ural haben!«[172]

Das war natürlich illusionär, gleichwohl entwarfen Dulles, Wisner und Rositzke »einen etwas moderateren Plan« (Rositzke), der vorsah, auf dem Luftweg und über See Agenten in der Sowjetunion abzusetzen und an wichtige militärische Ziele heranzuspielen, darunter auch an die drei Hauptbasen der sowjetischen Strategischen Luftwaffe. Ein Anfang war unter

Rositzkes Federführung schon gemacht worden: Auf den Stützpunkten der 9. US-Luftflotte in Deutschland standen CIA-Maschinen vom Typ C-47 mit tschechischen und ungarischen Crews zum Einsatz bereit. In der Nacht des 5. September 1949 war zum erstenmal eine Maschine gestartet und hatte zwei ukrainische Fallschirmagenten über der westlichen Ukraine abgesetzt, die bald darauf Meldungen über ihre nähere Umgebung funkten.[173]

Für eine größere Aktion mit Fallschirmagenten aber fehlte Rositzke das Personal und das dazu notwendige Ausweismaterial, ohne das sich die Spione und Saboteure nicht in ihrem Einsatzgebiet »legalisieren« konnten. Am ärgsten war die Personallücke: Allzu stark war das Mißtrauen östlicher Emigranten und Überläufer gegen die Amerikaner, denen man einfach nicht zutraute, dauerhaften Widerstand gegen die sowjetische Brachialpolitik leisten zu können. Noch war die schmachvolle Rolle amerikanischer Militärs bei der gewaltsamen Auslieferung Tausender russischer Wlassow-Anhänger an die sowjetische Rachejustiz unvergessen. Der Überfall von 3000 US-Soldaten auf das Russenlager in Plattling am 24. Februar 1946, die grausigen Selbstmordszenen bei der amerikanischen Abschiebeaktion ausgerechnet im ehemaligen KZ Dachau am 1. Januar 1946, die rüden Vorfälle im Lager Kempten – das hatte sich den russischen Stalin-Gegnern unverlierbar eingebrannt.[174]

Da konnte auch die Kunde nicht lindern, im Lager Oberursel oder in anderen US-Lagern sei jetzt den Amerikanern jeder Russe willkommen, der zum Kampf gegen den Stalinismus beitragen wolle. Oberursel – das war auch so ein Schreckensname für die nach dem Westen geflohenen Russen. Wie war das damals doch gewesen, im Oktober 1945, als der CIC-Vertreter Sanders die Wlassow-Generale Schilenkow und Malyschkin nebst anderen Obristen und Hauptleuten der Russischen Befreiungsarmee im Vernehmungslager Oberursel gebeten hatte, der US-Armee bei der Rußland-Aufklärung behilflich zu sein? Jeder von ihnen lieferte eine schriftliche Arbeit ab: Schilenkow und Malyschkin eine über die sowjetischen Landstreitkräfte, Hauptmann Lapin eine über die NKWD-Truppen, Hauptmann Denisow über die Seestreitkräfte der UdSSR. Kurz darauf aber wurden sie von ihren amerikanischen Auftraggebern an die Sowjets ausgeliefert – in den sicheren Tod.[175]

Kann man es den russischen Emigranten verdenken, daß sie anfangs wenig Bereitschaft zeigten, sich von der CIA für konspirative Todesunternehmen in der Sowjetunion anheuern zu lassen? Rositzkes Werbeaktion wäre erfolglos geblieben, hätte sich nicht Gehlen eingeschaltet. Der einstige Förderer der Wlassow-Bewegung genoß noch genügend Ansehen unter den russischen Dissidenten im Westen, um manchen Stalin-Gegner für die Operationen der CIA engagieren zu können, zumal einige Wortführer des antisowjetischen Exils im Dienst der Org standen. So fiel es Gehlen und seinen Werbern nicht schwer, vor allem Ukrainer, Kaukasier, Letten, Esten und Litauer den amerikanischen Geheimdienstlern zuzuführen.

Org und CIA teilten sich die Arbeit: Gehlens Leute beschafften Agenten für den Rußland-Einsatz, Rositzkes Beauftragte überprüften die Kandidaten in einem US-Camp in Bayern und schickten sie dann nach Fort Bragg in den USA, wo die künftigen Agenten in einem dreimonatigen Kurs ausgebildet wurden. Dann ging es zurück in ein bayerisches Schloß, in dem Instrukteure der Org und US-Offiziere die Agenten auf ihren konkreten Einsatz vorbereiteten, wobei es häufig Gehlen-Leute waren, die die Fallschirmagenten mit Legenden und sowjetischen Ausweispapieren ausstatteten (erst 1951 lernte die CIA die Kunst, russische Pässe zu fälschen).[176]

Was folgte, war ausschließlich Sache der Amerikaner, genauer: der Wisnerschen OPC. Deren Führungsoffiziere bei den inzwischen in Europa eingerichteten CIA-Residenturen (»Stations«) übernahmen die Steuerung der Rußland-Agenten, die im Innern der Sowjetunion praktisch verwirklichen sollten, was als vordringlichste Aufgabe des Office of Policy Coordination galt: Aufbau eines »stay-behind net«, einer Sabotageorganisation mit geheimen Partisanenbasen, Landeplätzen und Waffenlagern für die Stunde X, den innerrussischen Aufstand im Falle eines Krieges gegen den Westen.

OPC-Offiziere erteilten den Agenten letzte Instruktionen, sprachen mit ihnen noch einmal die Einsätze durch und verabredeten Kodes und Zeiten für den Funkverkehr mit dem Europa-Sender der OPC. Dann übernahm die 9. US-Luftflotte das Kommando: Auf separaten Basen in Bayern starteten die Maschinen, die die Agenten nach Rußland brachten. In der Ukraine, im Kaukasus, in Belorußland – überall, wo noch Reste der im Zweiten Weltkrieg aktiven antisowjetischen Partisanenbewegung vermutet wurden, setzte die OPC ihre Fallschirmspione ab.

Beim Seetransport der Agenten spielte noch ein dritter Partner mit: der britische Geheimdienst. 1949 hatte Englands Admiralität einen Schutzdienst für westdeutsche Fischlogger in der Ostsee eingerichtet; zu diesem Zweck waren ein paar Schnellboote der alten deutschen Kriegsmarine reaktiviert worden, die ohne Waffen fuhren, deutsche Besatzungen besaßen, aber die britische Flagge führten. Mit diesen Booten, so hatten Experten in Pullach rasch erkannt, ließen sich auch Agenten an der sowjetischen Ostseeküste absetzen, was freilich nicht ohne die Hilfe des Secret Intelligence Service möglich war. Der SIS machte mit, unter der Bedingung, daß die baltischen V-Männer auch für ihn etwas mitspionieren würden.[177]

In Portsmouth und Vegesack wurden die Schnellboote umgebaut und mit Zusatztanks, Radar- und Blindlandegeräten ausgerüstet, während die Org ein paar mutige Seeleute anheuerte, die bereit waren, unter den Kanonen der sowjetischen Ostseeflotte westliche Agenten an die baltische Küste zu bringen. Die nächtlichen Landemanöver blieben ungestört: Stets trieb das S-Boot mit abgestellten Motoren etwa drei Meilen vor der Küste und setzte ein Schlauchboot mit den Agenten und einem Funkpeilgerät aus, angelockt von verabredeten Peilzeichen, die von der Küste kamen.

Der Agententransport in der Ostsee erwies sich als so erfolgreich, daß die OPC wünschte, Gehlen solle auch Agenten auf der Krim absetzen. Tatsächlich wurden zwei Schnellboote amerikanischer Bauart mit deutschen Besatzungen an die türkische Schwarzmeerküste verlegt, bald ergänzt durch Agenten der Organisation Gehlen, die Auftrag hatten, das entstehende

OPC-Netz in Südrußland zu verstärken. Auch die Fallschirmagenten hatten inzwischen gute Arbeit geleistet, eindrucksvoll genug, um den neuen CIA-Chef Dulles zu veranlassen, Rositzke im Mai 1952 nach München zu schicken, wo er im Dachgeschoß einer alten Kaserne die Agenteneinsätze zwischen Baltikum und Balkan selber leiten sollte.[178] Auch OSO-Chef Helms wurde zeitweilig nach Deutschland abkommandiert. Ein Kreislauf hatte sich geschlossen: Die Dulles-Boys waren wieder da, wo sie einst im Herbst 1945 hatten aufhören müssen.

Deutsche und Amerikaner standen zusammen im konspirativen Kampf gegen das stalinistische Rußland, enger konnten zwei Geheimdienste wohl kaum zusammenarbeiten. Doch Reinhard Gehlen wäre sich untreu geworden, hätte er die mannigfachen Pannen kritiklos hingenommen, die den unerfahrenen Amerikanern bei der geheimdienstlichen Arbeit unterliefen. Vor allem die arrogante Behandlung sowjetischer Überläufer durch US-Vernehmer erregte seine Kritik. Wieder war es das Vernehmungslager »Camp King« bei Oberursel, über dessen fragwürdige Praktiken so mancher Horrorbericht auf Gehlens Schreibtisch gelangte.

»Die Überläufer«, meldete V-Mann Kauschen am 3. Mai 1951, »werden hier wie Gefangene behandelt, lediglich einmal in der Woche erhalten sie 20 Mark und die Genehmigung zum Ausgang, sie klagen über die im Lager herrschenden Polizeimethoden, schlechtes Essen und sehr schlechte, ihnen unverständliche Behandlung bei den Vernehmungen.« Ein Org-Memorandum hielt fest: »Die meisten Interrogateure sind für die Befragung nicht vorgebildet (geographisch, historisch, Völkermentalität, sprachlich), auch nicht die Amerikaner, die für besonders wichtige Fälle herangezogen werden.« Ein geheimer Beobachter notierte: »Vollkommene Hilflosigkeit und Versagen der US-Interrogateure gegenüber weiblichen Sowjet-Agenten.«[179]

Gehlen drang bei seinen amerikanischen Partnern darauf, die Mißstände in den Vernehmungslagern abzustellen und besseres Personal nach Deutschland zu holen. Er ahnte, daß die psychologischen Fehler der Amerikaner den sowjetischen Agenten nutzten, die in russischen Exilkreisen versuchten, die Werbeaktionen von CIA und Org zu konterkarieren. Gehlen wußte freilich nicht, daß der Spezialdienst der sowjetischen Staatssicherheit schon die Killerkommandos dazu ausrüstete, die energischsten Helfer des westlichen Untergrundkrieges zu ermorden. Später werden sie sterben, der ukrainische Publizist Dr. Lev Rebet und der Ukrainerführer Stefan Bandera, erschossen 1957 und 1959 von dem KGB-Agenten Bogdan Stachynskij mit einer Giftpistole.

Die Behandlung russischer Überläufer durch die CIA blieb nicht der einzige Beschwerdepunkt des Org-Chefs. Gehlen bereitete wachsende Sorge, daß die US-Geheimdienste mit dilettantischem Personal Aufklärung in der DDR betrieben und damit die Arbeit der Org behinderten. Neuerdings klärte auch die U. S. Constabulary, eine Art Grenztruppe der Army an der deutsch-deutschen Demarkationslinie, im Hinterland der DDR auf und betrieb eigenmächtig Agentensender, die der Org im Osten buchstäblich dazwischenfunkten.[180]

Besonders arg war es in Berlin, wo es CIC und OPC zuließen, daß die von ihnen für den Aufbau eines »stay-behind net« in der DDR vorgesehenen Organisationen in die Hand politischer Fanatiker gerieten, die einen sinnlosen Bombenkrieg gegen das SED-Regime führten. Nichts schadete der geheimdienstlichen Aufklärungsarbeit so sehr wie die von den Amerikanern subventionierte Kampfgruppe gegen Unmenschlichkeit, in der mit US-Unterstützung ein leidenschaftlicher Sozialdemokrat namens Ernst Tillich, Dozent an der Hochschule für Politik in West-Berlin, die Macht an sich gerissen hatte, entschlossen, mit Stinkbomben, Phosphor- und Termitbrandsätzen den DDR-Staat »auf die Knie zu zwingen«.

Schuld daran war nicht zuletzt die Berliner OPC-Vertretung, deren Leiter meinte, nur durch Sabotage sei das kommunistische Regime zu schädigen. Seine Parole: »In der Zone muß es bumsen, bumsen!« Und es bumste bald gar sehr: KgU-Gruppen vernichteten Transparente der SED mit Phosphorbrandsätzen, die Finow-Kanal-Brücke bei Zerpenschleuse wurde beschädigt, Eisenbahnschienen wurden gesprengt.[181]

Tillich und seine amerikanischen Hintermänner gaben keine Ruhe mehr, schon lieferte das KgU-Geheimlager in Berlin-Charlottenburg neuen Sprengstoff aus, für neue Bombenanschläge. Diesmal sollte ausgeführt werden, was sich die KgU-Referenten Wolf und Starke ausgedacht hatten: durch Sprengung von Hochleitungsmasten die Stromversorgung der DDR lahmzulegen.

Das brachte Gehlen zunehmend gegen die KgU auf, denn deren Terrorismus gefährdete nicht nur die Anhänger der Kampfgruppe, sondern auch die Org, die zu einzelnen V-Männern von Tillich Kontakte unterhielt. Gehlen ließ sich von seinem Auswerter, Oberst Lothar Metz, eine Akte über die unsinnigsten Aktionen der KgU zusammenstellen, mit der er dann die Amerikaner bestürmte, dem Treiben der Tillich-Mafia ein Ende zu setzen. »Ich habe die amerikanischen Behörden«, so der Memoirenschreiber Gehlen, »mit einem ständigen Strom von Einwänden gegen die Operationen der Kampfgruppe konfrontiert. Ich versuchte ihnen klar zu machen, daß kommunistische Gegenmaßnahmen ... auch meine Organisation treffen würden.«[182]

Noch ehe die CIA reagierte, geschah schon, was Gehlen befürchtet hatte: Der Staatssicherheitsdienst der DDR schlug los.

14 Die Maulwürfe des KGB

Der Herr Roland, Pförtner im Haus der Kampfgruppe gegen Unmenschlichkeit in West-Berlins Kurfürstendamm 106, fiel nie sonderlich auf. Mit gleichbleibender Freundlichkeit dirigierte der Mann, der aus dem Uranerzgebiet der »Zone« geflohen sein wollte, die Besucher in die Zimmer der KgU-Abteilung II b, und auch sonst war der Vielseitige den Hausbewohnern gefällig: Er half bei den Installationsarbeiten an der elektrischen Alarmanlage, die das Haus vor unerbetenen Besuchern schützen sollte, und machte sich nützlich in den Zimmern, die gemeinhin nicht einmal die aus der DDR kommenden V-Männer der Organisation betreten durften.[1]

Die KgU-»Abwehr« wäre gut beraten gewesen, hätte sie sich den Pförtner Roland genauer angesehen. Allzu vieles stimmte an diesem »Flüchtling« nicht: Der West-Berliner Magistrat hatte es abgelehnt, Roland als politischen Flüchtling anzuerkennen, zumal seine Angaben recht widersprüchlich waren. Das hinderte jedoch den Abwehrleiter Gerd Baitz nicht, Roland zu vertrauen und ihn sogar mit Kurierreisen zu KgU-Gruppen in Sachsen zu beauftragen.

So hatte der DDR-Agent »Roland« leichtes Spiel, nachts die Zimmer der angeblich so einbruchssicheren KgU-Abteilung II b zu durchsuchen und ihm wichtig scheinende Geheimakten zu photographieren. Kein Schrank, der seiner Aufmerksamkeit entging, und auch die Papierkörbe wurden von dem Schnüffler sorgfältig visitiert.

Eines Tages war Roland spurlos verschwunden. Die Mitarbeiter des Hauses rätselten noch darüber, ob der Mann wieder auf Kurierfahrt war, da schlug der Staatssicherheitsdienst (SSD) gegen die KgU-Gruppen in Sachsen los, zu denen auch Roland Kontakt gehabt hatte. In der Nacht vom 8. zum 9. September 1951 verhafteten SSD-Beamte nahezu alle Mitglieder der KgU-Gruppen »Anna« und »Patrick«, was nicht zuletzt auch den amerikanischen Geheimdienst treffen mußte: »Anna«-Chef Manfried Hiecke hatte sich erst kurz zuvor aus Mißtrauen gegen den Dilettantismus von Baitz und Tillich der CIA angeschlossen.[2]

Es war nicht das erste Unternehmen des SSD gegen die Tillich-Organisation. Schon im März hatte der Stasi den Leiter der KgU-Gruppe im brandenburgischen Rüdersdorf und dessen Frau festgenommen. Daraufhin waren zwei Mitarbeiter der Gruppe nach West-Berlin geflohen, um Baitz zu warnen, doch der sah keine Gefahren. Prompt rollten daraufhin SSD-Kommandos die gesamte Brandenburg-Organisation der KgU auf.[3]

Dann folgte der nächste Schlag des SSD. Seine Greiftrupps hatten genügend Material über antikommunistische Organisationen in der DDR gefunden, um kurz darauf in einer großangelegten Aktion Informanten-

und Kuriernetze einer mit der KgU verbündeten Widerstandsgruppe zu zerstören: des Untersuchungsausschusses Freiheitlicher Juristen der Sowjetzone. Auch diese Vereinigung arbeitete mit CIA und Org zusammen, auch sie fiel durch Infiltration. Der SSD hatte eine Agentin als Sekretärin in die Zentrale des Untersuchungsausschusses eingeschleust, der es gelungen war, sich Zugang zu geheimen V-M-Unterlagen der Organisation zu verschaffen.

Zug um Zug spürten die Fahnder des SSD die wichtigsten Mitarbeiter des Untersuchungsausschusses auf, meist DDR-Bürger, die auf wichtigen Posten der ostdeutschen Wirtschaft saßen, sei es als Lohnbuchhalter des Deutschen Innen- und Außenhandels, der staatlichen Handelsorganisation der DDR, sei es als Abteilungsleiter von Bau-Unionen oder als Ingenieur-Konstrukteure im Ministerium für Maschinenbau. Der Schlag des SSD erwies sich als so wirkungsvoll, daß der Untersuchungsausschuß von seinen wichtigsten Informationsquellen abgeschnitten war.[4]

Schließlich war die Organisation Gehlen an der Reihe. Die SSD-Jäger waren auf den Streich gegen die Org gut vorbereitet. Die verhafteten Mitarbeiter der KgU und des Juristenausschusses hatten manche Verbindung zu den V-Männern Pullachs verraten; zudem hatte der Staatssicherheitsdienst monatelang alles systematisch gesammelt, was über die Methoden der Org Aufschluß gab. Bis in die deutschen Kriegsgefangenenlager in Rußland fahndete der SSD mit Hilfe sowjetischer Kollegen, um sich über die Gewohnheiten Gehlens und dessen engster Mitarbeiter zu informieren.[5]

Im Herbst 1952 eröffnete der SSD seine Offensive gegen die Org-Netze in der DDR. Dabei fielen den roten Spionejägern zunächst nur Randfiguren der Gehlen-Organisation in die Hände, was den SSD bewog, immer brutaler zuzuschlagen, auch mit den Mitteln des Menschenraubs. So entführte ein Kidnapper-Kommando des Staatssicherheitsdienstes am 13. Februar 1953 den V-Mann-Führer Wolfgang Höher in West-Berlin, der schon bald auf Propagandashows des SED-Regimes als reuiger Ankläger Gehlens und dessen »konterrevolutionären« Machenschaften auftreten mußte.[6]

Das blieb einstweilen der einzige größere Erfolg der roten Agentenjagd, doch Gehlen konnte nicht länger daran zweifeln, daß die Arbeit der Org schwieriger wurde. Die Abschußstatistiken des SSD, mochten sie noch so frisiert sein und jeden verhafteten Gegner des Regimes zum »Spion« aufwerten, mußten auch in Pullach beunruhigen: im Mai 1950 in Sachsen 4678 »Agenten« verhaftet, zwei Monate später in Mecklenburg 5001, im nächsten Jahr täglich vier »Spione« in der DDR.

Zum erstenmal bekamen die westlichen Geheimdienste zu spüren, daß im anderen Deutschland eine furchtbare Macht herangewachsen war, die nahezu alles in den Schatten stellte, was man selbst in Gestapo-Zeiten gewohnt gewesen war. Das Ministerium für Staatssicherheit (MfS) mit seinem Exekutivorgan, dem Staatssicherheitsdienst, konnte jeden verdächtigen Bürger festnehmen, jeden Brief mitlesen und jedes Telefongespräch abhören. Es konnte Prozesse inszenieren und Anklageschriften mitentscheiden, es konnte sich auf einen autoritären Staats- und Parteiapparat stützen, der das MfS vor jeder öffentlichen Kritik schützte. MfS und SSD beherrschten immer mehr die Klaviatur totalitärer Polizeipraxis – getreu der Parole, die der Minister für Staatssicherheit ausgegeben hatte: »Wir sind ein scharfes Schwert, mit dem unsere Partei den Feind unerbittlich schlägt.«[7]

Was ein knappes Jahrhundert deutsch-russischer Konspirationsgeschichte produziert hatte, vermengte sich im MfS zu einem hochbrisanten Gemisch: die KPD-Praktiken des illegalen Kampfes, das Provokationssystem der Ochrana, die Repressionsmechanismen von NKWD und Gestapo, der V-Mann-Kult von Abwehr und Raswedka. Es war, als sei die deutsch-russische Spionagegeschichte zu ihren Anfängen zurückgekehrt, allerdings mit vertauschten Rollen der Akteure: Einst hatten Preußen und Deutschrussen das konspirative Polizeisystem Rußlands geschaffen, jetzt konstruierten Russen und ihre deutschen Helfer den Polizei- und Geheimdienstapparat des ostdeutschen Teilstaates.

Funktionäre der sowjetischen Sicherheits- und Geheimdienste waren es denn auch gewesen, die noch vor Beendigung des Zweiten Weltkriegs begonnen hatten, die Grundzüge des landeseigenen Polizeiapparats für jene deutschen Gebiete zu entwerfen, die die Rote Armee besetzen sollte. In den deutschen Mitarbeiterstäben von Smersch und NKGB entstanden Studien und Modelle, die den Aufbau eines fugenlosen Sicherheitssystems für »ihr« künftiges Deutschland vorsahen.

Keiner der Autoren zweifelte daran, daß ihre Pläne schon bald verwirklicht werden würden, hatten sich doch die militärischen und zivilen Sicherheitsdienste der Sowjetunion in den letzten Kriegsmonaten gerade auf deutschem Boden eine Machtstellung gesichert, wie sie ihnen in keinem anderen von der Roten Armee eroberten Land zugefallen war. Offiziere und Konfidenten des NKGB und der Smersch bestimmten weitgehend den Marschtritt der sowjetischen Besatzungsarmee: Sie saßen in Schlüsselstellungen der Sowjetischen Militär-Administration in Deutschland (SMAD) mit ihren 12 Verwaltungen und 664 Kommandanturen, sie kontrollierten die zugelassenen deutschen Parteien und Behörden, sie überwachten russische Militärstäbe und Kasernen.[8]

Viele der wichtigsten Posten im Zentralstab des Obersten Chefs der SMAD hielten Funktionäre der Sicherheits- und Geheimdienste besetzt. Stellvertreter des Obersten Chefs in Sachen der Ziviladministration war einer der führenden Sicherheitsfunktionäre Rußlands, Generaloberst Iwan Alexejewitsch Serow, später erster Vorsitzender des KGB, und auch der Leiter der SMAD-Abteilung für Innere Angelegenheiten, Kontrollorgan aller geheimdienstlich-polizeilichen Aktivitäten im sowjetischen Besatzungsgebiet, kam aus dem Moskauer Staatssicherheitsdienst. Und für die Leitung der Politischen Abteilung, der Abteilung Volksbildung und der Rechtsabteilung zeichnete als »Politischer Berater beim Obersten Chef der SMAD«[9] ein erprobter Konfident der Berija-Dekanosow-Gruppe verantwortlich: Wladimir Semjonow, der Wegbereiter der Stockholmer Friedensgespräche von 1943.

Die Macht der russischen Sicherheitsdienste in der Sowjetzone ging nicht zuletzt auf die entscheidende Rolle zurück, die sie im Frühjahr 1945 bei der Wiederherstellung der zusammengebrochenen Disziplin der Roten Armee gespielt hatten. Damals waren die durch Deutschland stürmenden Sowjetarmeen in eine schwere Vertrauenskrise geraten: Im Angesicht der »deutschen Bestie«, wie sowjetische Armeebefehle die gegnerische Zivilbevölkerung nannten, liefen Tausende von Rotarmisten Amok und begingen Greueltaten an wehrlosen Deutschen, die bis heute unvergessen sind.

Es waren die Tage der Rache, auf die viele sowjetische Soldaten gewartet hatten. Keine deutsche Untat in Rußland, kein deutsches Massenverbrechen war vergessen: die brutale Behandlung russischer Kriegsgefangener, die Massenvernichtung »jüdisch-bolschewistischer Untermenschen«, die Ausbeutung der Bevölkerung in den deutschbesetzten Gebieten, die systematische Vernichtung russischer Städte und Verkehrsanlagen beim deutschen Rückzug – alles trieb die hungrigen, siegestrunkenen Rotarmisten zu furchtbarer Vergeltung. Wo immer die Rote Armee in Deutschland auftauchte, hinterließen ihre disziplinlosen Haufen eine breite Spur des Verbrechens, angehäuft mit den Leichen geschändeter Frauen, bestialisch ermordeter Kinder und abgeschlachteter Kriegsgefangener.[10]

Entsetzt registrierten die sowjetischen Generale, wie ihnen die Masse ihrer Soldaten entglitt, was jeden geordneten Vormarsch der Roten Armee unmöglich machte. Schlimmer noch: Selbst Offiziere beteiligten sich an den Greueltaten, ja putschten ihre Mannschaften noch dazu auf. Aber auch die Politruks aus den Politischen Abteilungen der Armeen und Divisionen versagten völlig; mit der Disziplin und der Herrschaft des Offizierskorps war auch das Ansehen der Kommunistischen Partei und ihrer Vertreter zusammengebrochen.[11]

Vergebens versuchte die Armeeführung, mit Ermahnungen und Appellen dem Treiben der Chaoten in der Truppe ein Ende zu setzen. Marschall Konstantin Rokossowski, Befehlshaber der 2. Belorussischen Front, verlangte am 22. Januar 1945 in einem Befehl, »diese für die Rote Armee schändlichen Erscheinungen mit glühenden Eisen auszumerzen«, und sein Kamerad Konjew von der 1. Ukrainischen Front forderte am 27. Januar »Sofortmaßnahmen gegen Brandstiftungen und sinnlose Zerstörung des vom Feinde zurückgelassenen Eigentums«. Auch ein Stalin-Befehl mußte her, der immer wieder bei Appellen der Truppe verlesen wurde: »Im besetzten Feindgebiet darf kein intimer Verkehr mit Frauen stattfinden. Für Mißhandlungen und Vergewaltigungen werden die Schuldigen erschossen.«[12]

Als die großen Worte nichts änderten, gingen die Führer der Armee zu Taten über. Unzuverlässige Offiziere und Politruks wurden abgesetzt, Kriegsgerichte zu verschärftem Vorgehen angehalten. Doch die Ausschreitungen enthemmter Rotarmisten nahmen kein Ende. Da beorderten die Militärs das letzte und schärfste Mittel der Disziplinierung heran, allen Soldaten, Offizieren wie Mannschaften, ein Alpdruck: die Greifer- und Killerkommandos der Smersch.[13]

Die Untersuchungsabteilungen der Smersch-Verwaltungen führten längst genaue Listen über die schlimmsten Übeltäter, zusammengetragen von den Residenten (meist Unteroffiziere und Feldwebel) und Benachrichtigern (meist aus den Mannschaften), die der Sicherheitsdienst in der Truppe unterhielt. Dann kamen die berüchtigten Smersch-Troikas, Standgerichte aus jeweils drei Männern, die ohne Vernehmungen und Mitwirkung der Militärstaatsanwaltschaft Todesurteile verhängten und sofort vollstrecken ließen – durch Erschießungskommandos aus den Reihen der Abriegelungsbataillone der Smersch, die meist nachts Soldatenquartiere überfielen und die gesuchten Missetäter abführten.[14]

Schlag auf Schlag führte die Smersch gegen Plünderer, Mörder und Frauenschänder in der eigenen Armee. Ein paar Wochen erbarmungslosen Gegenterrors genügten, um in der Roten Armee die Ordnung wieder herzustellen. Das Gespenst der Disziplinlosigkeit verschwand gleichsam über Nacht, der Vormarsch der sowjetischen Armeen ging weiter.

Als jedoch die sowjetischen Truppen Berlin, die Zentrale des faschistischen Gegners, eroberten und damit den Krieg beendeten, brach wieder alle Disziplin zusammen. Über die Trümmer der zerstörten Reichshauptstadt ergoß sich eine neue Welle der Vergewaltigungen und Plünderungen. Sie hielt sogar noch an, als die Truppen der westlichen Alliierten die ihnen zugewiesenen Stadtteile besetzten: Plündernde Rotarmisten zogen lärmend und schießend durch die von der Roten Armee offiziell geräumten Bezirke Berlins.

Diesmal war nicht einmal die Smersch in der Lage, das Chaos in der Roten Armee zu bändigen. Jetzt mußte Marschall Schukow, der Oberbefehlshaber in Deutschland, Eliteverbände aus der Sowjetunion und sogar Einheiten der verhaßten NKWD-Truppen heranholen, die gemeinsam mit der Smersch und Einheiten des NKGB den Sicherungs- und Ordnungsdienst gegen die randalierenden Rotarmisten übernahmen. Erst dann hörten die Ausschreitungen in Berlin auf. Gleichwohl war Schukow vorsichtig genug, seine Truppen aus den deutschen Städten herauszunehmen und in militärischen Gettos zu konzentrieren, fern der Bevölkerung und scharf überwacht von den Offizieren und Spitzeln der verschiedenen Sicherheitsdienste.[15]

Deutlicher konnte es sich kaum manifestieren, wie sehr die Sicherheit der Sowjetunion und ihrer Institutionen von der Wachsamkeit und Schlagkraft des Polizei- und Geheimdienstapparats abhingen. Rußlands konspirative Dienste standen auf dem Höhepunkt ihrer Macht, von Partei und Massenmedien dankbar gefeiert: Im Juli 1945 wurde der Smersch-Chef Abakumow Armeegeneral und der NKGB-Chef Merkulow zum Generalobersten befördert, während NKWD-Chef Berija gar die Würde eines Marschalls der Sowjetunion erlangte und ein paar Monate später als neues Mitglied in das Politbüro, Rußlands mächtigstes Entscheidungsgremium, einrückte.[16]

Doch der warme Regen der Ehrungen und Orden, der auf die Führer des Sicherheitsapparats niederging, täuschte über deren wahre Lage hinweg. Schon gab es hohe Parteifunktionäre, allen voran der Diktator Stalin, die fanden, daß die Sicherheits- und Geheimdienste zu mächtig geworden seien. Sie sahen bereits die Monopolstellung der Partei durch die Armee und die

Sicherheitsdienste gefährdet. Für die Apparatschiks der KPdSU war gerade die Säuberung der Armee von ihren Chaoten ein bestürzender Vorgang gewesen: Nicht die Partei, die erste Macht im Staat, sondern die Sicherheitsdienste hatten die Ordnung in der Roten Armee wieder hergestellt.

Das vergaß Stalin nie und zog daraus seine Konsequenzen. Als im März 1946 die Volkskommissariate in Ministerien umbenannt wurden und sich das NKWD zum MWD (Ministerstwo Wrutennich Del, Ministerium für Innere Angelegenheiten) und das NKGB zum MGB (Ministerstwo Gossudarstwennoi Besopasnosti, Ministerium für Staatssicherheit) mauserten, fing Stalin an, die geheimdienstliche Machtkonzentration zu zerschlagen. Das erste Opfer war Abakumow: Im Mai verlor Abakumows Hauptverwaltung für Gegenspionage ihren autonomen Status im Rahmen des Verteidigungsministeriums und wurde in das MGB eingegliedert, was praktisch das Ende der Smersch bedeutete.[17]

Auch Berija büßte ein Stück seiner polizeilichen Macht ein, obwohl er als Mitglied des Politbüros weiterhin in dem Ruf stand, die Aufsicht über MGB und MWD zu führen. In Wahrheit übte er kaum noch die Kontrolle über die beiden Ministerien aus, zumal dort jetzt Chefs amtierten, die schwerlich als Berijas Vertraute gelten konnten. Schon im Januar 1946 hatte Berija die Leitung des Innenministeriums an den Generalobersten Sergej Nikiforowitsch Kruglow, einen der wenigen Russen in dem von Kaukasiern beherrschten Establishment der Staatssicherheit, abgeben müssen, während im Oktober der alte Berija-Freund Merkulow die Führung des Staatssicherheitsministeriums an Abakumow verlor, der zwar aus der Berija-Schule hervorgegangen, im Krieg aber als Erster Stellvertreter des Verteidigungs-Volkskommissars Stalin immer mehr in dessen Bannkreis geraten war.[18]

Was sich hinter all diesen Umbesetzungen verbarg, wurde 1947 vollends deutlich, als Stalin mit einem Schlag die Führungsorgane von Raswedka und MGB zerstörte und beide Organisationen unter die Aufsicht der Partei zwang. Das Politbüro setzte die Errichtung eines Komitees für Information (KI) durch, das von nun an unter der Führung des Stalin-Vertrauten Molotow die gesamte Auslandsarbeit aller sowjetischer Sicherheits- und Geheimdienste steuern sollte. Der Staatssicherheitsdienst und die Hauptverwaltung Erkundung des Generalstabs hatten damit aufgehört, selbständige Behörden zu sein – die Partei triumphierte über die Geheimdienste.[19]

Bald sollte sich freilich erweisen, daß nicht einmal im totalitären Rußland fachfremde Parteibürokraten einen Geheimdienst leiten können. In das KI wurden die führenden Offiziere der Raswedka und der Staatssicherheit delegiert, die schon in kurzer Zeit formierten, was es in der sowjetischen Geheimdienstgeschichte noch nie gegeben hatte: eine Allianz der Geheimen gegen die Partei. Sie arbeiteten gelassen weiter, als gebe es keine Parteikontrolle, und ließen die Aufpasser Stalins und des Politbüros munter ihre Geheimdienstpannen produzieren, bis es selbst dem mißtrauischen Herrn im Kreml zuviel wurde.

So scheiterte ein KI-Vorsitzender nach dem anderen an der stillen Sabotage der geheimdienstlichen Profis: Molotow trat nach wenigen Monaten zurück und machte dem Berufsdiplomaten Walerian Alexandrowitsch Sorin Platz, der auch rasch verschwand und seinen Sessel dem Vizeaußenminister Andrej Januarjewitsch Wyschinski überließ. Am Ende mußte Stalin doch wieder einen Profi an die Spitze des Komitees holen, um das KI vor dem völligen Verfall zu bewahren. Wer aber war der Fachmann? Kein anderer als Abakumow, der Chef des Staatssicherheitsdienstes.[20]

Jetzt aber zeigte sich, wie brutal Rußlands Geheimdienstgemeinde auf einen »Verrat« ihrer Interessen und Privilegien reagieren kann. Von dem Augenblick an, da Abakumow im Auftrag Stalins das KI zu einem arbeitsfähigen Unternehmen machen wollte, war er für die geheimdienstlichen Genossen ein toter Mann – später wird ihn eine Intrige Berijas zu Fall und vor die Erschießungskommandos des eigenen Staatssicherheitsdienstes bringen.[21]

Die Querelen in den Moskauer Geheimdienstzentralen mußten auch die Vorbereitungen für den Aufbau eines Sicherheitsapparates im deutschen Besatzungsgebiet beeinträchtigen. Das MGB und MWD hatten inzwischen manche ihrer Schlüsselstellungen in der Sowjetzone verloren, auch hier hatte die Partei den Einfluß der Geheimen und ihrer Konfidenten stark zurückgedrängt. Nicht mehr der Berija-Günstling Semjonow mit seinen differenzierten Vorstellungen über den künftigen Deutschland-Kurs der UdSSR galt als die stärkste Kraft in der Besatzungspolitik, sondern Oberst Sergej Iwanowitsch Tjulpanow, Chef der Verwaltung für Information und Leiter des Parteiaktivs der SMAD, Sprachrohr einer mächtigen Gruppe im Politbüro um den ZK-Sekretär Andrej Alexandrowitsch Schdanow, die die totale Sowjetisierung Ostdeutschlands und die rasche Gründung eines sowjet-deutschen Separatstaates propagierte.[22]

Gemeinsam mit Walter Ulbricht und dessen Clique in der SED-Führung hatte Tjulpanows Verwaltung den Kalten Krieg zwischen den Weltmächten dazu genutzt, das Programm der Bolschewisierung des anderen Deutschlands voranzutreiben. Zwangsvereinigung von KPD und SPD zur Sozialistischen Einheitspartei, Gleichschaltung der bürgerlichen Parteien, Deformierung der SED zu einer totalitären Kaderpartei, Vorbereitung der DDR-Gründung – die deutsche Teilung schien perfekt, Sowjet-Deutschland eine vollzogene Tatsache.

Tjulpanow war jedoch intelligent genug, um nicht zu ignorieren, daß es sowjetische Genossen gab, die für verhängnisvoll hielten, was der Oberst da mit den Ulbricht-Leuten trieb. Vor allem Berijas Anhänger ließen deutlich durchblicken, daß die Erzwingung einer Staatsgründung gegen den Mehrheitswillen des deutschen Volkes an den Westgrenzen der Sowjetunion einen ständigen Unruheherd schaffen werde, der Moskaus Handlungsfähigkeit außerhalb Europas für alle Zeit behindere. Als Tjulpanow und seine Moskauer Hintermänner gar noch die Westmächte aus Berlin vertreiben wollten, zürnte Semjonow, die »alberne Blockade« werde Rußland noch teuer zu stehen kommen.[23]

Angesichts solcher Kritik hatten Tjulpanows Freunde kein Interesse daran, noch mehr Berija-Anhänger nach Deutschland zu holen. Die Pläne für den

Aufbau eines Staatssicherheitsapparates im kommunistischen Deutschland kamen nicht voran. Die deutschen Altkommunisten und Antifa-Schüler, die der Chef der MGB-Hauptverwaltung für Kriegsgefangene und Rückkehrer, Generaloberst Kobulow, in den sowjetischen Lagern für künftige Geheimdienstarbeit rekrutiert und auf MGB-Schulen geschickt hatte, sahen sich monatelang in Rußland zurückgehalten. Im Karlshorster Hauptquartier der SMAD hielten offenbar einige Leute die Errichtung eines landeseigenen Staatssicherheitsdienstes für verfrüht.

Das merkte auch der Mann, den Berija und Kobulow zur Führung eines deutschen Ablegers des MGB auserwählt hatten. Der ehemalige Weltkrieg-I-Leutnant Wilhelm Zaisser, im konspirativen Dienst der Komintern aufgewachsen, dann Raswedka-Spion in China und im Spanischen Bürgerkrieg als »General Gomez« zu legendärem Ruhm gelangt, war im Zweiten Weltkrieg in Berijas Kreis geraten, der ihn in den Lagern der deutschen Kriegsgefangenen als Schulungsleiter und Werber einsetzte. Doch anders als sein ehemaliger Raswedka-Kamerad Rudolf Herrnstadt, der schon im Sommer 1945 nach Deutschland zurückkehrte, mußte Zaisser in Rußland bleiben.[24]

Erst 1947 durfte er in die Sowjetzone, doch mit seinen ehrgeizigen Staatssicherheitsplänen fand er kaum Anklang. Zaisser mußte sich zunächst damit begnügen, den Posten des durch einen Mordprozeß kompromittierten Polizeichefs von Halle zu übernehmen, und auch in seinem nächsten Amt, dem des Innenministers von Sachsen, hatte er zunächst keine Chancen, sich als der künftige Staatssicherheitsminister des SED-Regimes zu profilieren.[25]

Das wurde jedoch im Herbst 1948 anders, als sich plötzlich die Gewichte der rivalisierenden Fraktionen in der SMAD drastisch verschoben. Durch Schdanows unerwarteten Tod im August hatte Tjulpanow seinen Protektor verloren, und was von seiner Machtstellung noch übrigblieb, ruinierte das für die Sowjets blamable Ende der Berlin-Blockade. Der aggressive Oberst konnte sich zwar noch bis zum September 1949 in Karlshorst halten, doch seine Tage waren spätestens seit dem Frühjahr gezählt – Anlaß für den sowjetischen Staatssicherheitsdienst, das verlorene Terrain in Deutschland zurückzuerobern und Semjonows Position zu stärken, der sich bald darauf zum Außerordentlichen und Bevollmächtigten Botschafter ernannt sah.[26]

Nun schob das MGB auch seinen Zaisser an die polizeilichen Schalthebel, die es ihm ermöglichen würden, den Überwachungs- und Unterdrückungsapparat zu schaffen, der Berija und seinen Freunden immer vorgeschwebt hatte. Inzwischen waren dazu die ersten Grundlagen gelegt worden. Der Befehl Nr. 201 der SMAD vom 16. August 1947 hatte gestattet, bei allen Polizeidienststellen auf Länder- und Kreisebene sogenannte K-5-Komissariate einzurichten, die politische Delikte bearbeiten sollten.[27]

Zaisser war schon als sächsischer Innenminister einflußreich genug, um aus den K 5 allmählich eine Sonderpolizei zu machen. Die Kommissariate erhielten Exekutivvollmachten, entzogen sich (wie einst die Gestapo) immer mehr der allgemeinen Polizeiverwaltung und erweiterten ständig ihre Befugnisse. Bald übernahmen sie auch Aufgaben, die bis dahin nur dem

MGB und seinen Vertretern zugestanden hatten. Die K5 wurden mit staatsanwaltschaftlichen Rechten ausgestattet; sie durften Festnahmen anordnen, das Eigentum von Häftlingen beschlagnahmen lassen und verdächtigen Bürgern polizeiliche Meldepflicht auferlegen.[28]

Zugleich ließen die MGB-Vertreter 1948 einen zweiten Sicherheitsapparat entstehen, der unter dem harmlosen Namen eines Ausschusses zum Schutz des Volkseigentums Spionage- und Sabotageabwehr betreiben sollte – geführt von einem alten Terroristen aus dem konspirativen Apparat der KPD, einst wegen Polizistenmords gesucht: Erich Mielke. Der baute den Ausschuß zu einer mitgliederstarken Organisation aus, die dann als Hauptverwaltung im Ministerium des Innern ressortierte. Ihre geheimen Mitarbeiter drangen in Betriebe ein und durchleuchteten die Belegschaften, immer auf der Jagd nach Saboteuren und Antikommunisten.[29]

So gab es bereits zwei konspirative Organisationen, als die DDR gegründet wurde. Doch Ausschuß und K5 arbeiteten noch recht beziehungslos nebeneinander her, ganz zu schweigen davon, daß das Innenministerium schwerlich geeignet war, einen Sicherheitsapparat zu leiten und zu beaufsichtigen. Da katapultierten die Russen ihren Mann ganz nach vorn: Wilhelm Zaisser erhielt den Auftrag, der Deutschen Demokratischen Republik ein schlagkräftiges Staatsschutzkorps zu schaffen.

Mit einem Startkapital von fünf Millionen Ostmark zimmerte sich Zaisser einen eigenen Staat im Arbeiter-und-Bauern-Staat. Er vereinigte das Personal des K-5-Apparats mit Mielkes Volkswirtschaftsschützern und zog mit ihnen in das Haus 22 der Normannenstraße in Berlin-Lichtenberg, bis dahin Sitz eines Finanzamtes. Vom 8. Februar 1950 an hatte Zaissers Zentrale auch einen Namen: Ministerium für Staatssicherheit. Stellvertreter des Ministers wurde Mielke, mit dem Zaisser schon im Spanischen Bürgerkrieg, bei der Internationalen Brigade, zusammengearbeitet hatte.[30]

Die neue Behörde gliederte sich in Hauptabteilungen und Arbeitsgruppen. Ihre wichtigsten Aufgaben: Bekämpfung der westlichen Spionage, Aufspüren von Regimegegnern. Entsprechend wurden die Kompetenzen auf die bedeutendsten Hauptabteilungen verteilt: Die Hauptabteilung I sollte die Streitkräfte der DDR vor westlichen Einflüssen sichern, die Hauptabteilung II westliche Geheimdienste infiltrieren, die Hauptabteilung III die Wirtschaft schützen, die Hauptabteilung IV die westliche Spionage in der DDR bekämpfen, die Hauptabteilung V Untergrundorganisationen aufspüren, Parteien und Kirchen überwachen und die Hauptabteilung VI die Schwer- und Rüstungsindustrie gegen Spione sichern.

Die Hauptabteilungen des MfS überzogen die DDR mit einem dichtmaschigen Netz von Dienststellen, Horchposten und Informanten. Der Kontrollapparat des Ministeriums setzte sich auf der Bezirksebene fort. Die Staatsschützer richteten 16 Bezirksverwaltungen (BV) für Staatssicherheit ein, deren einzelne Abteilungen den Hauptabteilungen des Ministeriums entsprachen.

Ihr Befehlsstrang führte weiter abwärts zu den Kreisdienststellen (KD) in Großstädten, kreisfreien Städten und Kreisen; sie waren die eigentlichen

Frontstäbe geheimpolizeilicher Observierungsarbeit. Auf den Ausbau der KD kam es Zaisser entscheidend an. Denn die Kreisdienststellen sollten das Heer der Agenten und Informanten rekrutieren, das dazu ausersehen war, in Betrieben, Werkstätten und Behörden auf Wacht gegen die Feinde und Kritiker des SED-Regimes zu ziehen.

Die KD, meist mit 40 hauptamtlichen Mitarbeitern besetzt, bestanden überwiegend aus »Operativen«, wie der Staatssicherheitsdienst seine V-Mann-Führer nennt. Die augenfälligsten Operativen waren die sogenannten Beauftragten, die jede Kreisdienststelle ohne konspirative Tarnung in Großbetrieben der Industrie und Landwirtschaft unterhielt. Sie warben die V-Männer, von denen es zwei Kategorien gab: den Geheimen Informator (GI), der ehrenamtlich arbeitete, nur kleinere Aufträge erhielt und von sich aus Berichte lieferte, und den Geheimen Hauptinformator (GHI), der ein kleines Monatsgehalt bekam, mehrere GI anleitete und kontrollierte, aber auch selbständig Treffs mit seinen Mitarbeitern einberufen durfte.

Es gab noch eine dritte Gruppe von V-Männern, die jedoch keiner Kreisdienststelle anvertraut wurde. Das waren die Geheimen Mitarbeiter (GM), die nur von einer Bezirksverwaltung oder vom Ministerium selbst geführt werden durften; sie galten und gelten als Spitzenfiguren konspirativer SSD-Arbeit. Die GM wurden in Kreisen erkannter Regimegegner oder in feindliche Spionagegruppen eingebaut.[31]

Der Apparat des MIS stand, neues Personal rückte in die von Zaisser vorbereiteten Positionen ein. Jetzt kam der Augenblick, auf den die in der Sowjetunion umgeschulten MGB-Zöglinge gewartet hatten. Zaisser rief sie zum Dienst im SSD. Der MfS-Chef hatte rasch erkannt, daß er allein mit Altkommunisten einen schlagkräftigen Staatsschutz nicht aufbauen könne. Er brauchte die alten Überwachungsexperten des Dritten Reiches, die in den sowjetischen Kriegsgefangenenlagern neuen ideologischen Schliff erhalten hatten; er benötigte aber auch die heranwachsende, in FDJ und SED vorgeformte Akademikergeneration der DDR.

Zaisser hatte freilich lange genug die Geschichte der sowjetischen Staatssicherheit studiert, um zu wissen, daß sich selbst Kommunisten ein erstrebenswerteres Berufsziel als den Dienst in der Geheimpolizei vorstellen konnten. Man mußte also den SSD attraktiver machen, mußte ihn als das Elitekorps des Staates präsentieren, als den Orden der Wissenden, der über das Wohl der neuen sozialistischen Gesellschaft wache. Ein solches Hochspielen des SSD war nicht ungefährlich, denn es mußte den Argwohn der Parteibürokraten erwecken, die sich selber als Elite fühlten. Die Genossen in der Abteilung S (Sicherheit) des Zentralkomitees der SED fanden ohnehin, daß sich der Minister Zaisser gegenüber der Partei allzu selbständig gab.

Antifaschistische Puristen in der SED staunten über manchen Mitarbeiter, den sich Zaisser erwählt hatte. Sie mochten noch hinnehmen, daß Canaris' ehemaliger Abteilungsleiter, der Heydrich-Intimus Rudolf Bamler, das MfS beriet, aber es ging ihnen zu weit, auch einstige Gestapo-Funktionäre im SSD anzutreffen, so den SS-Hauptsturmführer Louis Hagemeister, Leiter der Vernehmungsabteilung der SSD-Bezirksverwaltung Schwerin und früher Referent im Reichssicherheitshauptamt, den SS-Untersturmführer Johann Sanitzer, Major in der SSD-Bezirksverwaltung Erfurt und früher Referatsleiter in der Gestapo-Leitstelle Wien, den SS-Scharführer Reinhold Tappert, Offizier in der SSD-Verwaltung Berlin und früher Sachbearbeiter im RSHA.[32]

Aber auch die jungen Männer, die Zaisser allmählich in seinen Apparat zog, konnten das Establishment der Partei nicht restlos begeistern. Sie kamen von Akademien und Hochschulen; sie waren in einem kühlen Rationalismus aufgewachsen, der sie gelehrt hatte, den kommunistischen Staat eher nach technokratischen denn ideologischen Maximen zu messen. Mancher von ihnen war nicht einmal in der SED; Zaisser hatte die Vorschrift, ein SSD-Mann müsse Parteimitglied sein, gestrichen.

Je mehr aber das MfS sein Observationssystem im Lande ausweitete, desto deutlicher wurde den Informatoren und ihren Führungsoffizieren, daß sich im Innern der DDR etwas gegen das Regime zusammenbraute. Die Signale von Unruhe und Mißstimmung der Bevölkerung, die die SSD-Netze auffingen, waren eindeutig: Walter Ulbrichts Staat steuerte einer schweren Krise zu.

Das mußte so manchen kritischen Funktionär des SSD irritieren, der zu rücksichtsloser Liquidierung aller oppositionellen Elemente im Arbeiter-und-Bauern-Staat verpflichtet war und doch nicht ignorieren konnte, daß viele Klagen gegen Ulbrichts ruppigen Bolschewisierungskurs berechtigt waren. Einigen mag es wie gewissen Gestapo-Beamten nach dem 20. Juli 1944 ergangen sein, die die Verschwörer gegen Hitler rüdesten Verhören unterwarfen und sich am Ende nicht wenige von deren Motiven und Vorwürfen zueigen machten. Auch der Staatssicherheitsdienst der DDR entging nicht der historischen Regel, daß die Geheimpolizisten meist klüger sind als die Regime, denen sie dienen.

Jeder neue Spitzelbericht, jede Verhaftung von Regimekritikern, jedes abgehörte Telefongespräch konfrontierte die Nachdenklichen im SSD der Frage, ob es noch länger klug war und im eigenen Interesse lag, sich gegen die massive und eindeutige Volksstimmung zu stellen, die ihnen da entgegenschlug. Mancher scheint die Frage verneint zu haben, wie die Statistiken der Fluchtbewegung offenbarten: Unter den 5000 Beamten der Kriminal- und Verwaltungspolizei, die von Ende 1949 bis Anfang 1952 die DDR verlassen hatten, waren auch 25 Angehörige des SSD, davon elf Kommissare.[33]

Solche Stimmung war selbst dem Chef nicht fremd, der jetzt als Mitglied des SED-Politbüros zu den Großen des Regimes gehörte. Wilhelm Zaisser hatte nie einen Hehl daraus gemacht, daß ihm die Brachialpolitik des SED-Generalsekretärs Ulbricht fernlag. Wie eng auch immer Zaisser mit sowjetischen Genossen liiert sein mochte, ein Sowjet-Deutschland hatte er nie gewollt. Für ihn gab es nur den »deutschen Weg« zum Kommunismus, denkbar allein in einem wiedervereinigten, von allen Besatzungsmächten befreiten Deutschland.[34]

Was aber Ulbricht wollte, war das radikale Gegenteil davon: Absprengen der DDR von ihren letzten Bindungen an das restliche Vaterland. Ulbricht hatte auf der 2. Parteikonferenz der SED im Juli 1952 eine Revolution von oben in Gang gesetzt, durch die sich die DDR noch weiter von Westdeutschland entfernen sollte. Das nannte der SED-Chef »Aufbau des Sozialismus«. Darunter verstand er den forcierten Ausbau der Schwerindustrie und die Umwandlung der Deutschen Demokratischen Republik in einen kommunistischen Totalstaat sowjetischen Musters, in dem alle noch privaten Wirtschaftsbereiche kollektiviert und die christlichen Kirchen auf den Rang von Sekten heruntergestuft werden sollten.[35]

Entsprechend aggressiv setzten Ulbricht und seine Helfer den Umbau von Staat und Gesellschaft in Bewegung. Die fünf Länder der DDR einschließlich ihrer Regierungen und Landtage wurden aufgelöst, zwei Millionen Gewerbetreibende verloren ihre Lebensmittelkarten, Tausende von Bauern und Handwerkern wurden in Produktionsgenossenschaften gezwungen.[36]

Vor allem die Arbeiter gerieten unter schwersten Druck. Sie sahen sich dem ständigen Appell der Partei ausgesetzt, mehr zu arbeiten, um die abgesunkene Arbeitsproduktivität zu steigern. Die Arbeiter waren ohnehin schon nahezu rechtlos; eine Mitbestimmung in Politik und Betrieben waren ihnen in diesem »ersten Arbeiterstaat auf deutschem Boden« (SED-Jargon) versagt, Betriebsräte gab es seit 1948 nicht mehr. Ihre Gewerkschaft, der FDGB, »ordnete sich als Massenorganisation der SED den Beschlüssen von Partei und Staat unter«, wie ein westlicher Experte formuliert. Die Arbeiter wurden kaum gefragt, wenn Unternehmen und Gewerkschaftsleitungen neue Betriebskollektivverträge ausarbeiteten, in deren Mittelpunkt nicht Arbeiterinteressen, sondern die Planziele der SED-Ökonomen standen.[37]

So wurde die von Ulbricht ausgegebene Parole »Erhöhung der Arbeitsnormen« rasch zu dem verhaßtesten Wort für die Arbeiter, denen jede Möglichkeit genommen war, durch Übererfüllung niedriger Normen den Lohn aufzubessern, um sich wenigstens einen Mindestlebensstandard zu sichern. Als das Drängen von Staat und Partei nach »freiwilliger Selbstverpflichtung« der Arbeiter wirkungslos blieb, setzte die Regierung ihre Zwangsmittel ein: Der Ministerrat verfügte, die Arbeitsnormen seien bis zum 30. Juni 1953 »mindestens« um zehn Prozent zu erhöhen.[38]

Wer sich jetzt noch verweigerte, wurde in den Massenmedien der DDR als Klassenfeind und Verräter abgestempelt. Jetzt wurden MfS und SSD zum erbarmungslosen Dienst für das Regime gerufen: Eine Welle von Verhaftungen überspülte die Republik, fast jede Woche wurden neue Agenten, Diversanten und Saboteure »entlarvt«. Die Hexenjagd des Ulbricht-Regimes machte auch vor der Partei nicht halt; allein 1952 wurden 150000 Parteimitglieder aus der SED hinausgesäubert.[39]

Indes, das Land zwischen Oder und Elbe, ausgepowert von jahrelangen Sowjet-Demontagen und der Mißwirtschaft des SED-Regimes, wehrte sich gegen die Repression. Zehntausende von Bauern flohen nach dem Westen, ihr Ackerland verkam, eine Mißernte trat hinzu – mit fatalen Folgen: Die DDR geriet in eine schwere Versorgungskrise.

Die wachsende Unruhe in der DDR muß bald die Russen, vor allem die

MGB-Vertreter, irritiert haben. Die saßen den SSD-Führern im Nacken und lasen die Stimmungsberichte des Staatssicherheitsdienstes mit; auf jeder Ebene des SSD-Apparats kontrollierten Instrukteure des MGB die Arbeit der deutschen Kollegen, und auch bei den Vernehmungen wichtiger Häftlinge nahmen meist MGB-Offiziere teil. Zudem werden die Russen auch durch den Sicherheitsdienst, den MGB und Raswedka beim Hauptstab der Besatzungsarmee und bei den Stäben von Korps, Brigaden und Divisionen unterhielten, über die Lage in »ihrem« Deutschland informiert gewesen sein.[40]

Was Botschafter Semjonow in den MGB-Berichten las, trieb ihn in offene Opposition gegen Ulbrichts Kurs. Schon im Herbst 1952 mahnte er die SED-Führung, ihre »sozialistische« Gangart zu mäßigen. Als Ulbricht die Warnungen Semjonows in den Wind schlug, sann der Russe auf andere Mittel, um den Amoklauf des SED-Generalsekretärs zu stoppen.

Als Bundesgenosse bot sich ihm dabei der Staatssicherheitsminister Zaisser an, der Semjonows Befürchtungen teilte. Zaisser kannte noch einen anderen deutschen Berija-Mann, der in ähnlichen Bahnen dachte: den Exspion Herrnstadt, inzwischen Chefredakteur des SED-Zentralorgans »Neues Deutschland«, Mitglied des ZK der Partei und Politbüro-Kandidat. Die beiden Altspione rückten näher zusammen und beschlossen, Ulbricht dort zu konterkarieren, wo seine Herrschaft noch nicht perfekt war: im Politbüro.

Dort gab es noch Genossen, denen der fanatische Kurs ihres Generalsekretärs mißfiel. Wie Zaisser und Herrnstadt hatten sie etwas dagegen, den deutschen Kommunismus allein auf sowjetische Bajonette zu stützen. Sie träumten davon, die Partei von ihrem stalinistischen Ballast zu befreien und in einem neutralisierten Gesamtdeutschland mit einer vereinigten Arbeiterlinken den Kampf um die politische Macht anzutreten. So hatten die beiden Frondeure kaum Mühe, im Politbüro ein paar gewichtige Mitglieder auf ihre Seite zu ziehen. Der mächtige Planungschef Heinrich Rau gehörte dazu, auch der Berliner Parteisekretär Hans Jendretzky und der Außenamts-Staatssekretär Anton Ackermann.[41]

Doch Ulbricht ignorierte die Anzeichen des heraufziehenden Sturms und setzte auf Semjonows Rivalen Georgij Maximowitsch Puschkin, den anderen sowjetischen Botschafter in Ost-Berlin. Der war bei der DDR-Regierung akkreditiert, während Semjonow zur Sowjetischen Kontrollkommission gehörte, die an die Stelle der SMAD getreten war. Puschkin vertrat den harten Kurs à la Schdanow und erfreute sich dabei der Unterstützung von Molotow und Wyschinski, nicht zufällig denselben Leuten, die mit Billigung der Partei schon im Komitee für Information versucht hatten, den sowjetischen Sicherheitsapparat in eigene Regie zu nehmen.[42]

Von Puschkin dürfte Ulbricht auch erfahren haben, daß das MGB und dessen Konfident Semjonow in Moskau keineswegs so stark waren, wie sie gerne andeuteten. Nach dem Sturz des KI-Vorsitzenden Abakumow im November 1951 war zwar das Komitee aufgelöst worden, worauf MGB und Raswedka ihre Unabhängigkeit zurückerlangt hatten, doch ihre frühere

Macht wurde damit nicht wiederhergestellt. Das wußte niemand besser als Berija. Nicht einer seiner Gefolgsleute, sondern der Parteiapparatschik Semjon Ignatjew war Abakumows Nachfolger als Minister für Staatssicherheit geworden.[43]

Noch deutlicher enthüllten im Oktober 1952 die Wahlen zum neuen Zentralkomitee der KPdSU, wie begrenzt die Macht Berijas und des Sicherheitsapparates war. In das 236-Mann-Gremium konnte er außer sich nur noch neun Vertreter der Staatssicherheit hineinmanövrieren, während allein das Militär 30 Mann im ZK unterbrachte. Engste Mitarbeiter Berijas blieben draußen, unter ihnen auch der alte Freund Dekanosow – nach dem Urteil des Kenners Michael Morozow »eine gewaltige Niederlage der mächtigen Staatspolizei«.[44]

Angesichts solcher Kräftelage sah Ulbricht keinen Anlaß, seinen Kurs zu mäßigen. Immer radikaler richtete sich der SED-Chef auf Stalin aus, zumal er hoffte, der Diktator werde ihm durch Gewährung großzügiger Wirtschaftshilfe aus der Versorgungskrise heraushelfen. Entsprechend servil fiel der Kotau vor Stalin aus, den Ulbricht den Massenmedien und der Partei verordnete. »Wenn also«, jubelte das »Neue Deutschland« am 22. Februar 1953, »die Frage gestellt ist: woher dieses Maß an Liebe und Verehrung für Josef Wissarionowitsch Stalin? So lautet die Antwort: weil sein Genius die gesamte Menschheit auf die breite, lichte Bahn des erfolgreichen Kampfes für ein Leben in Wohlstand und Frieden führt.«[45]

Da aber geschah, womit Ulbricht offenbar nicht gerechnet hatte: Stalin starb am 5. März. Für den SED-Chef war es ein schwerer Schlag, denn nun kam in Moskau gemeinsam mit dem neuen Ministerpräsidenten Georgij Malenkow der Mann an die Macht, dem die ganze Richtung des Ulbricht-Regimes nicht paßte: Berija.

Er nutzte sofort die Gunst der Stunde und sicherte sich eine schier unüberwindliche Schlüsselstellung im nachstalinschen Rußland. Einen Tag nach dem Tod des Diktators beschlossen ZK und Ministerrat, den Stellvertretenden Ministerpräsidenten Berija zum Innenminister zu ernennen, worauf der anderthalb Wochen später das Ministerium für Staatssicherheit auflöste und es mit seinem Innenministerium zu einem Superministerium vereinigte.[46] Nur wenige ausländische Beobachter zweifelten damals daran, daß der Polizeiherr Berija der kommende Diktator Rußlands sei.

Das ließ er auch sogleich den DDR-Ministerpräsidenten Grotewohl fühlen, der mit einer Delegation zu Stalins Beerdigung nach Moskau gereist war. Berija und Malenkow, auch er ein Kritiker des Schdanow-Kurses, machten Grotewohl unverblümt klar, daß sie keine Lust hätten, Ulbrichts rabiaten Kurs zu stützen. Bruno Leuschner, Mitglied der DDR-Delegation und Chef der Staatlichen Planungskommission, kam ganz verstört in sein Büro zurück. Leuschner: »Also, liebe Genossen! Die Würfel sind gefallen. Wir werden keine großen Lieferungen aus der Sowjetunion bekommen.«[47]

Ulbricht indes mochte das Njet von Berija und Malenkow nicht wahrhaben. Anfang April bewog er seine Spitzengenossen, einen Brief an die

Moskauer Führung zu richten, in dem sie baten, »die entstandene Lage zu überprüfen« und die DDR »durch Rat und Tat zu unterstützen«, wie es später Grotewohl umschrieb. Am 15. April hielt Ulbricht die sowjetische Antwort in Händen: Die Kreml-Führer ersuchten darin die deutschen Genossen dringend, ihren harten Kurs gegenüber der Bevölkerung zu mildern; eine finanzielle und wirtschaftliche Hilfe durch die Sowjetunion komme nicht in Frage.[48]

Wütend verwahrte sich Ulbricht gegen die Ratschläge aus Moskau; er dachte nicht daran, seine Politik zu mäßigen. Im Gegenteil, jetzt gab er sich noch radikaler, noch fanatischer. Schon am 16. April stand seine Antwort an die Moskauer Kritiker im »Neuen Deutschland«. Unter Hinweis auf den »weisen Lehrer des sozialistischen Aufbaus, J. W. Stalin« disputierte er alle Schwierigkeiten in der DDR als Ergebnisse von »Sabotage, Brandstiftung und Dokumentendiebstahl« hinweg, gegen die nur ein Mittel helfe: »erhöhte Wachsamkeit... Entlarvung von Agenten und Diversanten«. Er blieb stur dabei, vordringlichste Aufgabe sei die »Überwindung der rückständigen Arbeitsnormen«.[49]

Ulbricht begnügte sich nicht mit Worten. Er inszenierte eine Kampagne gegen seine von Moskau gestützten Widersacher in der Parteiführung, begünstigt durch die Redseligkeit des Kaderchefs Franz Dahlem, seines einflußreichsten Gegenspielers, der schon ausstreute, mächtige Leute in Moskau hätten ihn wegen Ulbrichts Ablösung kontaktiert. Im Nu erzwang Ulbricht einen Beschluß des ZK, Dahlem von allen hohen Parteifunktionen auszuschließen. Begründung: Dahlem habe sich »politischer Blindheit gegenüber der Tätigkeit imperialistischer Agenten« schuldig gemacht.[50]

Ulbricht wurde nicht müde, in allerdings verklausulierten Formulierungen, die neuen Männer in Moskau anzuklagen, sie gefährdeten durch ihre weiche Tour den Zusammenhalt des sozialistischen Lagers. Von Tag zu Tag erhitzte sich die Kontroverse zwischen Ost-Berlin und Moskau mehr. Schließlich hatten Berija und Malenkow von diesem Ulbricht genug. Am 20. April erhielt Semjonow die Order, die DDR zu verlassen und nach Moskau zurückzukehren – zu Besprechungen über die Deutschland-Frage.[51]

Für Wladimir Semjonowitsch Semjonow muß es ein Augenblick des Triumphes gewesen sein: Zum erstenmal durfte er, nunmehr Mitglied des Kollegiums des Außenministeriums und zugleich Leiter von dessen 3. Europa-Abteilung, seine von der bisherigen amtlichen Sowjet-Politik abweichenden Ideen vortragen. Er hatte nie davon abgelassen, die Forcierung eines sowjetdeutschen Separatstaates für falsch zu halten, weil allen Interessen Rußlands widersprechend. Mancher westliche Besucher war von Semjonow in Ost-Berlin mit dem Gefühl geschieden, ein ganz anderes Rußland kennengelernt zu haben.

Das war Semjonows Überzeugung: Ein neutralisiertes, entwaffnetes Deutschland, selbst eines bürgerlicher Observanz, könne das Sicherheitsbedürfnis der Sowjetunion besser befriedigen als ein geteiltes Deutschland. Teilung sei schlecht; im Westen werde ein antisowjetischer Revanchismus aufkommen, im Osten aber stehe die DDR auf unsicheren Füßen, für die UdSSR eher ein Grund zur Sorge als zur Beruhigung. Nur ein friedliebendes Gesamtdeutschland, davon ließ sich Semjonow nicht abbringen, werde jene Sicherheit garantieren, die es der Sowjetunion eines Tages erlauben könne, sich hinter ihre »natürlichen Grenzen« zurückzuziehen.[52]

Da klang wieder an, was Semjonow schon in Stockholm 1943 dem Canaris-Agenten Klaus skizziert hatte: Regelung mit Deutschland, damit die Sowjetunion freie Hand in Asien erhält. Und welch ein Zufall, daß Stalins Tod wieder jene Männer vereinigte, die schon in Berlin 1940/41 und dann zwei Jahre danach in Stockholm die Drähte gezogen hatten: den zum stärksten Mann des Nach-Stalin-Regimes avancierten Berija, den stellvertretenden Sicherheitsminister Kobulow, den MGB-Hauptverwaltungs-Chef Dekanosow, den Staatskontrollminister Merkulow und nicht zuletzt den außenpolitischen Vordenker Semjonow.

Der fand denn auch in Moskau eine Führung vor, die nicht abgeneigt war, seine Ideen aufzugreifen, zumal sie so ketzerisch gar nicht waren: Schon Stalin hatte im Winter 1951/52 »einen Augenblick lang die Möglichkeit ins Auge gefaßt, das SED-Regime zu opfern, wenn er auf diese Weise die Westintegration der Bundesrepublik verhindern könne«[53] – Anlaß der berühmten Stalin-Note vom 10. März 1952, in der ein neutralisiertes und sogar bewaffnetes Gesamtdeutschland offeriert wurde. Und jetzt waren Berija und Malenkow entschlossen, den Streit mit Ulbricht zu einem drastischen Kurswechsel in der Deutschland-Politik zu verwenden.

Die krisenhafte Zuspitzung in der DDR verlangte nach einer raschen Entscheidung. So lag der Gedanke nicht mehr fern, das ganze SED-Regime aufzugeben, wenn sich dadurch die Einbindung der Bundesrepublik in das westliche Militärbündnis noch in letzter Stunde verhindern und ein Staatensystem errichten ließ, das Rußlands Sicherheitsbedürfnis befriedigte. Noch gab es eine vage Chance, aus der verhängnisvollen Sackgasse des Kalten Krieges wieder herauszukommen. Eben erst hatte der britische Premierminister Churchill dem Kreml offeriert, auf einer Gipfelkonferenz einen neuen Anfang zu wagen, und Moskau hatte positiv reagiert.[54]

Malenkow und Berija griffen jede Initiative auf, die helfen konnte, die Sowjetunion aus der Isolierung zu befreien, in die sie durch Stalins aggressiven Kurs geraten war. Deutschland schien den beiden Regenten das geeignete Terrain, auf dem das »neue« Moskau seine Kompromißbereitschaft beweisen konnte. Das Ulbricht-Problem mußte ohnehin gelöst werden; da bot es sich an, mit der Opferung des SED-Chefs dem Westen auch gleich zu bekunden, daß Moskau bereit sei, noch einmal über eine gesamtdeutsche Lösung zu verhandeln.

Die Entscheidung war gefallen: fort mit Ulbricht, fort mit seinem ganzen krisenproduzierenden Regime, Liberalisierung der DDR, die das große Deutschland-Gespräch unter den Weltmächten erleichtern müsse. »Wichtigste Aufgabe in der Deutschland-Frage ist«, stand am 24. Mai in der »Prawda« auf Seite 1, was sogleich bei westlichen Sowjetologen Aufsehen erregte, »die Spaltung des deutschen Staates zu beseitigen und einen

Friedensvertrag mit Deutschland vorzubereiten und abzuschließen, der gemäß den Grundsätzen des Potsdamer Abkommens die Schaffung eines einheitlichen, demokratischen und friedliebenden Deutschland garantiert.«[55]

Wer aber sollte Ulbrichts Sturz bewerkstelligen, wer das neue Regime installieren? Kein anderer als Wladimir Semjonow, der Mann, der schon mit seinen deutschen Freunden im Politbüro der SED den Hebel gefunden hatte, um Ulbricht aus seiner Machtstellung wegzuhieven. Der Ministerrat beeilte sich denn auch, Semjonow mit allen Befugnissen eines Statthalters auszustatten: Er ernannte ihn zum Hohen Kommissar der UdSSR mit Sitz in Ost-Berlin.[56]

Dazu gehörte auch, die Militärs aus der Deutschland-Politik auszuschalten. Berija wußte nur zu gut, daß ihm die größte interne Gefahr vom militärischen Establishment drohte, das die augenblickliche Vormachtstellung des Sicherheitsapparates nicht hinnehmen mochte; zudem waren es nicht zuletzt die starren Strategie- und Rüstungsmaximen der Armeeführung gewesen, die jeden Ansatz zu einer beweglicheren Politik im Westen ruiniert hatte. Auch den Botschafter Semjonow hatte der ruppige Armeegeneral Wassilij Tschuikow gestört, der in der DDR als Oberbefehlshaber der Gruppe der sowjetischen Streitkräfte in Deutschland (GSSt) und Vorsitzender der Sowjetischen Kontrollkommission der eigentliche Herr war. Das änderte der Ministerrat: Am 28. Mai entschied er, die Kontrollkommission aufzulösen und den Oberbefehlshaber der GSSt auf seine militärischen Aufgaben zu beschränken, und zwei Tage danach ordnete er Tschuikows Ablösung durch den Generalobersten Andrej Gretschko an.[57]

Eine Woche später stand der Hohe Kommissar Semjonow in Ost-Berlin vor Ulbrichts Politbüro und präsentierte ein Papier des sowjetischen ZK-Präsidiums, das die verblüfften Zuhörer auf der Stelle als ihr eigenes akzeptieren mußten. Da war fixiert, was Ulbricht später »eine Politik des Zurückweichens vor den imperialistischen Kräften der westdeutschen Bundesrepublik« nannte. Zumindest bedeutete es das Ende des Ulbricht-Regimes: Schluß mit dem Aufbau des Sozialismus, Erleichterungen für die Bevölkerung, »Entschärfung des Klassenkampfes«.[58]

Wer das noch nicht verstanden hatte, dem machte es Semjonow mit einer scheinbar harmlosen zeitgeschichtlichen Anmerkung klar. »Wir empfehlen«, sagte er lächelnd, »dem Genossen Walter Ulbricht, auf keine andere Weise seinen 60. Geburtstag zu feiern als Lenin seinerseits seinen 50.« Jedes der anwesenden Politbüro-Mitglieder wußte, daß eine Sonderkommission der SED seit Monaten zu Ulbrichts Geburtstag am 30. Juni Jubelfeiern im ganzen Land vorbereitete, die Erinnerungen an den Stalinschen Personenkult weckten. Wie habe denn nun Lenin seinen Geburtstag gefeiert, wollte einer vom Hohen Kommissar wissen. Semjonow: »Nun, Genosse Lenin hat zum Abend ein paar Gäste eingeladen.« Die Ulbricht-Feiern wurden sofort abgesagt.[59]

Jetzt begriff auch der letzte Spitzengenosse: Ulbricht war erledigt. Die

Kunde verbreitete sich blitzschnell in ganz Ost-Berlin, für gläubige SED-Sozialisten wie dem Ost-Berliner Bezirksvorsitzenden Jendretzky »eine gute Nachricht, die beste von der Welt.« Vor vertrauten Genossen triumphierte er: »Es ist geschafft. Wir fangen ganz neu an – und im Hinblick auf ganz Deutschland. Das ist die größte Wendung in der Geschichte der Partei; Semjonow hat sie von drüben mitgebracht.« Selbst Ulbrichts engste Genossen fielen von ihm ab. Im Politbüro hatte er bereits die Mehrheit verloren; von den 14 Mitgliedern und Kandidaten hielten nur noch zwei, Erich Honecker und Hermann Matern, zu ihm.[60]

Semjonow aber eilte schon weiter, um sein in Moskau abgesprochenes Programm zu verwirklichen. Er nahm den »Neuen Kurs« so hastig in Angriff, daß er bald die Übersicht verlor. Ihn erschreckten Meldungen, daß es in einzelnen Betrieben der DDR zu Streiks gekommen war, für ihn unheilkündende Signale. Desto ungeduldiger trieb er die deutschen Genossen an.

Seinen Helfern blieb kaum Zeit, ihr Reformprogramm sorgfältig auszuarbeiten und den vom plötzlichen Kurswechsel verwirrten Genossen zu erklären. Nicht einmal das ZK der SED erhielt eine Chance, die neue Politik wenigstens zu erörtern und formal zu billigen. Semjonow verlangte immer weitere Beschwichtigungsgesten gegenüber der aufgebrachten Bevölkerung: Überprüfung aller politischen Strafverfahren, Stopp der Repressalien gegen die Kirchen, Ausgabe der zurückgehaltenen Lebensmittelkarten, Rückgabe des beschlagnahmten Eigentums an rückkehrwillige Flüchtlinge.[61]

Nur mit Mühe konnte sich Zaisser einschalten, um den verabredeten Schlag gegen Ulbricht zu führen. Der MfS-Chef hatte von Semjonow nun auch offiziell den Auftrag erhalten, eine Neubesetzung der SED-Führung in die Wege zu leiten. Er schaffte es noch gerade, in einer Kommissionssitzung des Politbüros für das bevorstehende ZK-Plenum den Antrag zu stellen, das Zentralkomitee möge Walter Ulbricht von seinem Posten als Generalsekretär der Partei ablösen und an dessen Stelle Rudolf Herrnstadt zum Ersten Sekretär der Sozialistischen Einheitspartei Deutschlands wählen. Worauf sich Herrnstadt prompt von seinem Sitz erhob und erklärte, er sei sicher, das Vertrauen der ganzen Partei auf seiner Seite zu haben.[62]

Das lief so reibungslos ab, daß kaum ein eingeweihter Genosse an Ulbrichts Abwahl zweifelte. Semjonow dachte inzwischen schon wieder einen Schritt weiter: Wahl eines neuen Ministerpräsidenten, Etablierung eines Regimes mit betont bürgerlichen Einsprengseln. Zaisser wollte den farblos-opportunistischen Regierungschef Grotewohl zunächst auf seinem Posten lassen, doch Semjonow hatte bereits einen anderen Mann im Visier, so recht dazu geschaffen, mit all seiner Bürgerlichkeit und Liberalität im Westen Eindruck zu machen: den ehemaligen LDP-Chef und Rechtsprofessor Kastner.

Der erschrak nicht schlecht, als ihn Semjonow am 13. Juni zu sich bat und ihm in einem dreistündigen Gespräch den Posten des Ministerpräsidenten anbot. Dabei hatte Kastner, der immerhin schon Stellvertretender Ministerpräsident gewesen war, stets mit einer solchen Offerte rechnen müssen. Oft hatten sich die beiden Freunde auf ihren Musikabenden, bei denen sie auch gerne über die Spießerkultur der SED-Prominenz lästerten (Semjonow: »Pudding mit Rotkohl und Nudelsuppe vermengt, schrecklich!«), eine gemeinsame politische Zukunft ausgemalt. Jetzt war sie zum Greifen nahe; es lag scheinbar nur an Kastner, zuzugreifen.[63]

Es war eine phantastische Vorstellung, fast so etwas wie eine Sternstunde der deutschen und russischen Geheimdienste: Kastner neuer Ministerpräsident der DDR, der Mann an der Macht, der wöchentlich einmal seine Stimmungsberichte im sowjetischen Hauptquartier in Karlshorst vorlegte und ebenso regelmäßig die eigene Ehefrau mit den Nachrichten für die Organisation Gehlen nach West-Berlin schickte! Wer erinnert sich da nicht an den deutsch-russischen Doppelagenten Stieber, den Vertrauten Bismarcks und Konfidenten der Zarenkanzlei, mit dem einst der Eiserne Kanzler seine Friedenspolitik in St. Petersburg abgesichert hatte?

Indes, der Kanzler in Bonn war so wenig ein Bismarck, wie der Bonvivant Kastner Ähnlichkeit mit dem zwielichtigen Stieber besaß. Nur der Spionagechef Gehlen hätte ahnen können, welche einmalige Chance seinem V-Mann in Ost-Berlin und damit dem geteilten Deutschland geboten wurde, doch der Exgeneral steckte allzu sehr im Panzer seiner antikommunistischen Glaubenssätze, um Abweichungen und Veränderungen im gewohnten Lagebild des Kalten Krieges rechtzeitig wahrnehmen zu können. Fixiert auf den mit Sicherheit erwarteten Krieg zwischen West und Ost, in einer antirussischen Bunkermentalität befangen, verstand Gehlen einfach nicht, was sich in Ost-Berlin anbahnte.

Kein ermunterndes Signal aus dem Westen erreichte den V-Mann »Helwig«, der nicht so recht wußte, wie er sich zu der Offerte seines Freundes Semjonow stellen sollte. Noch zögerte Kastner mit der Antwort, da rotteten sich am Vormittag des 16. Juni ein paar Arbeiter der Baustelle »Block 40« auf der Stalinallee in Ost-Berlin zusammen, um in einer Demonstration dagegen zu protestieren, daß die befohlene Erhöhung der Arbeitsnormen noch immer nicht von der Regierung abgesagt worden war.[64]

An nahezu alles hatten Semjonow und seine deutschen Helfer gedacht, fast jede Bevölkerungsgruppe war mit Konzessionen und Versprechungen bedacht worden, nur die wichtigste hatten sie übersehen: die Arbeiter. Das ärgste Symbol der Arbeiterreglementierung in der DDR, das Diktat der erhöhten Arbeitsnormen, war erhalten geblieben, und das machte böses Blut. Als nun auch noch der FDGB-Sekretär Otto Lehmann am Morgen jenes 16. Juni in dem Gewerkschaftsorgan »Tribüne« auftrumpfte, die Beschlüsse über die Normenerhöhung seien »in vollem Umfang richtig ... und mit aller Kraft durchzuführen«, da schlug die Unzufriedenheit vieler Arbeiter in offenen, militanten Protest um.[65] Die Bauarbeiter auf der Stalinallee marschierten los.

Erst waren es Hunderte, die mitzogen, dann Tausende, schließlich waren es über 10000 lärmende, gestikulierende Arbeiter, die sich in den Mittagsstunden vor dem »Haus der Ministerien«, dem Regierungssitz, in der Leipziger Straße versammelten und in Sprechchören Ulbricht und Grotewohl herausriefen. Je länger es aber dauerte, bis sich ein Spitzenfunktionär vor die Menge wagte, desto aggressiver gebärdeten sich die Demonstranten.

Noch hatte es die SED-Führung in der Hand, die aufgeregte Menge mit einer konzilianten Geste wieder nach Hause zu schicken. Doch Ulbricht konnte sich nicht vorstellen, daß jemals Arbeiter gegen »seinen« Arbeiter-und-Bauern-Staat aufbegehren würden, und lehnte zunächst jede Konzession ab. Als er dann doch dem Beschluß des Politbüros zustimmte, die von einzelnen Ministerien angeordnete »obligatorische Erhöhung der Arbeitsnormen« sei aufzuheben, der entsprechende Beschluß des Ministerrates allerdings erst einmal zu »überprüfen«, war es schon zu spät. Die Demonstranten reagierten wütend auf die halbherzige Entscheidung, und bald faßten ihre energischeren Wortführer den Entschluß, durch einen Kraftakt ohnegleichen die Regierung auf die Knie zu zwingen.[66]

Eine zündende Parole kam auf: »Morgen ist Generalstreik, kommt alle zum Strausberger Platz!« Hastig sandten die alarmierten Spitzengenossen der auseinanderlaufenden Menge Lautsprecherwagen nach, die die Nachricht ausstreuten, das Normendekret des Ministerrats sei bedingungslos aufgehoben. Doch niemand hörte mehr auf sie. Ein Wagen wurde von den Demonstranten besetzt, anderen versperrte man den Weg. Für diese Menge hatte das Regime ausgespielt.[67]

Am nächsten Tag, dem schicksalhaften 17. Juni 1953, waren sie wieder alle da. Schon gegen neun Uhr befanden sich Tausende auf den Straßen und strömten in großen Marschkolonnen in die Innenstadt; kaum ein Betrieb, der noch arbeitete, kaum ein Arbeiter, der nicht in den Sog des Arbeiterprotestes geriet. Wer sich ihnen entgegenstellte, spielte mit seinem Leben. Ein Parteiabzeichen am Revers genügte schon, um von den Streikenden verprügelt zu werden, und in kürzester Zeit verrieten zerfetzte rote Fahnen, geplünderte Aufklärungslokale der SED und verbrannte Propagandamaterialien den Weg, den die Demonstrantenhaufen genommen hatten.[68]

Was folgte, war ein Drama voll grausiger Ironie: Der Aufruhr der ebenso empörten wie uneingeweihten Arbeiter von Ost-Berlin rettete den von den Sowjets schon abgehalfterten Ulbricht und ruinierte die letzte echte Chance deutscher Wiedervereinigung. Denn es blieb nicht bei dem begrenzten Proletarierprotest. Aus dem Arbeiterstreik wurde binnen weniger Stunden ein echter Volksaufstand, der auf die ganze DDR übergriff und am Ende alles in Frage stellte, was die Russen und ihre deutschen Parteigänger in achtjähriger Arbeit im anderen Deutschland geschaffen hatten.

Entsetzt beobachtete Semjonow, daß der kommunistische Staat DDR bis in die Grundfesten erschüttert war. Die Volkspolizei hatte praktisch vor den Aufrührern kapituliert, die SED-Elite saß verschreckt hinter den rasch errichteten Barrikaden der Ministerien, nur die Kasernierte Volkspolizei war noch schlagbereit – und die Sowjetarmee.

Jede Meldung, die Oberst Ilnitzky, der MGB-Beauftragte in der Hohen Kommission, seinem Chef vorlegte, offenbarte Semjonow, wie rasant sich der Aufstand ausbreitete. 272 Städte und Ortschaften waren schon von den Unruhen erfaßt, in 167 der 217 Stadt- und Landkreise blieb fraglich, ob die

Staatsorgane noch die Lage beherrschten oder die Macht bereits an die Aufrührer übergegangen war.[69] Ein Nachlassen des Aufruhrs war nirgendwo zu erkennen; ein Blick in Zaissers bleiches Gesicht, dessen Staatssicherheitsdienst auch völlig versagt hatte, verriet schon, daß das SED-Regime am Ende war.

Semjonow wußte wie jeder andere Beobachter, daß nur noch die Sowjetarmee das Regime retten konnte. Für ihn war es eine fatale Lage: Eine Niederschlagung des Aufstandes durch die sowjetische Armee würde zugleich das Ende seiner Deutschland-Politik bedeuten, ja wahrscheinlich sogar den Sturz seines Gönners Berija nach sich ziehen, denn nach diesem Volksaufstand würde es keine Führung in Moskau mehr wagen, die DDR am internationalen Verhandlungstisch zur Disposition zu stellen. Beklemmend, daß er, Wladimir Semjonow, es selber war, der den Befehl zum Einsatz der sowjetischen Truppen zu erteilen hatte.

Doch Semjonow zögerte, von Stunde zu Stunde schob er die Entscheidung vor sich her. Die deutschen Genossen begannen schon zu murren, allen voran der Ost-Berliner Polizeipräsident Waldemar Schmidt, der kecke Reden gegen die »knieweichen Freunde« hielt und das Politbüro bestürmte, die Russen »endlich umzustimmen«. Er konnte nicht verwinden, daß die Hohe Kommission seinen bereits am 16. Juni gestellten Antrag, die Volkspolizei mit der Waffe gegen die Demonstranten einschreiten zu lassen, abgelehnt hatte. Seither stellte sich dem Vopo-Chef und anderen Ulbricht-Anhängern die Frage, ob in der Stunde höchster Gefahr eigentlich auf die russischen Genossen noch Verlaß sei.[70]

Schließlich nahm Generaloberst Gretschko dem Hohen Kommissar die Entscheidung ab. Der Oberbefehlshaber der GSSt mochte nicht länger warten; er sah die Sicherheit seiner Truppe gefährdet. Schon in der Nacht hatte er die Panzerverbände der Berlin-nahen 18. und 20. Garde-Armeen und das Gros der Schützendivisionen in der DDR alarmieren lassen, am Morgen des 17. Juni waren die ersten Panzer in ihre Ausgangsstellungen am Berliner Stadtrand gerollt. Kurz darauf verließen 15 Divisionen ihre Kasernen. Von 13 Uhr an herrschte Ausnahmezustand in Ost-Berlin, bald darauf auch in großen Teilen der DDR.[71]

Ein paar Stunden reichten den sowjetischen Verbänden, den Aufstand der schlecht organisierten, von keiner zentralen Leitung gesteuerten und von keinem konkreten Programm zusammengehaltenen Massen niederzuschlagen. 19 Demonstranten wurden von sowjetischen Hinrichtungskommandos erschossen, 25 weitere Menschen fanden bei den Auseinandersetzungen den Tod.[72]

Jetzt aber kam, was schon Semjonow befürchtet haben mochte: Den ersten antikommunistischen Aufstand in der Geschichte des Ostblocks, eine Katastrophe für das sowjetische Prestige in aller Welt, nutzten Militärs und Parteifunktionäre in Moskau, um Berija zu stürzen und seinen gesamten Führungsapparat zu entmachten. Ihnen galt der Sicherheitschef als der eigentliche Schuldige des Eklats in der DDR. Seine »weiche« Politik hatte die Aufrührer erst ermutigt, sein Staatssicherheitsdienst alle Anzeichen des heraufziehenden Sturms ignoriert, seine Organisation es allein der Armee überlassen, den Aufstand der »Provokateure« niederzuschlagen.

Berijas Gegner hatten sich schon lange auf diesen Schwächeanfall des angeblich mächtigsten Mannes der Sowjetunion vorbereitet. Im Mai waren die Berija-treuen Kommandanten der Moskauer Garnison und des Kreml durch Vertraute der Armeeführung abgelöst worden; kurz darauf war an die Stelle des Befehlshabers des Moskauer Militärbezirks, des aus dem Sicherheitsapparat stammenden Generalobersten Artemjew, der Generaloberst Kirill Semjonowitsch Moskalenko getreten, ein konventioneller Soldat und Gegner Berijas. Der arrangierte sich mit Berija-Kritikern in der Staatssicherheit, so mit dem Vizeminister Jepischew und mit Wladimir Iljitsch Stepakow, dem stellvertretenden Chef der Moskauer MGB-Verwaltung.[73]

Am 18. Juni schlugen die Frondeure los. Eben war die »Prawda« mit der Schlagzeile »Zusammenbruch des Abenteuers ausländischer Handlanger in Berlin« erschienen, da rollten Kettenfahrzeuge und Geschütze der Garde-Panzerdivision »Kantemir« durch die Straßen der sowjetischen Hauptstadt und umstellten den Kreml, in dem zu dieser Stunde das Politbüro der KPdSU tagte. Wenige Minuten später tauchte Moskalenko mit einigen Offizieren auf und ließ sich bei den versammelten Spitzengenossen melden. Mit deren Einverständnis erklärte er Berija für verhaftet, worauf die Offiziere den Polizeiherrn in einen Keller von Moskalenkos Stabsquartier abführten.[74]

Gleichwohl war die Verhaftung des gefürchteten Berija selbst für die Verschwörer ein so ungeheuerlicher Vorgang, daß sie zunächst die Öffentlichkeit darüber im unklaren ließen. Tagelang behielten sie ihr Schweigen bei. Erst am 23. Juni gab das Politbüro auf seine bizarre Art zu erkennen, daß etwas Gravierendes geschehen war – durch eine Notiz im Theaterprogramm der »Prawda«, die die Premiere von J. Schaporins neuer Oper »Die Dekabristen« ankündigte.

Da stand: »Großes Theater: ›Dekabristen‹ (Erste Vorstellung). Die verkauften Theaterkarten für die Aufführung vom 23. Juni sind gültig.« Die Moskauer verstanden sofort; es mußte etwas passiert sein, wenn das Politbüro auf die bei einem neuen Stück ihm allein vorbehaltene geschlossene Vorstellung im Bolschoi-Theater verzichtete. Bei der zweiten Vorstellung am 27. Juni wußten schon alle, worum es gegangen war: Die Mitglieder des Politbüros erschienen, nur einer fehlte – Berija.[75]

Ein paar Tage später, am 9. Juli, entschloß sich das Politbüro, Berijas Amtsenthebung, Parteiausschluß und Verhaftung nun auch offiziell bekannt zu geben. Jetzt konnte endlich die »Prawda« loslegen: »Berija ... betrieb eine Kapitulantenpolitik, die letzten Endes zur Restauration des Kapitalismus geführt hätte. Er zeigte sein wahres Gesicht, als die Feinde des Sowjetstaates außerhalb der Grenzen unseres Landes ihre antisowjetische Zersetzungsarbeit aktivierten. Berijas Entlarvung bestätigt erneut, daß jede feindliche antisowjetische Tätigkeit in der UdSSR zugleich auch in die kapitalistischen Staaten hinreicht, die uns einkreisen.«[76]

Die Breitseite der »Prawda« geriet zum Auftakt einer erbarmungslosen Hatz auf alle wichtigen Mitglieder der »Berija-Bande«, wie sie nun offiziell genannt wurde. Einen Berija-Mann nach dem anderen führten die Verhaftungskommandos der Armee ab: Dekanosow, Merkulow, Kobulow, Goglidse, Meschik und wie sie noch alle hießen – die Gegner des Gestürzten ließen keinen aus. Nur der Berija-Konfident Semjonow, von einflußreichen Freunden geschützt, überlebte und konnte weiter Karriere machen, zum Schluß als Botschafter in Bonn.

Ende 1953 machte der »Berija-Bande« das Oberste Gericht der UdSSR den Prozeß, wobei wieder die Militärs Regie führten: Marschall Iwan Konjew war Vorsitzender, der neue Armeegeneral Moskalenko saß auf der Richterbank. Am 23. Dezember erging das Urteil gegen Berija und seine sechs Mitangeklagten: Tod durch Erschießen, weil sie sich »schuldig gemacht haben des Landesverrats und der Organisierung einer antisowjetischen Verschwörergruppe, die das Ziel verfolgte, die Macht an sich zu reißen und die Herrschaft der Bourgeoisie wieder herzustellen«. Noch am gleichen Tag starb Lawrentij Pawlowitsch Berija im Todeskeller des Lubjanka-Gefängnisses, obwohl das Gerücht nicht verstummen wollte, Berija sei bereits kurz nach seiner Verhaftung in einem Keller des Stabsquartiers der Moskauer Garnison von Offizieren Moskalenkos erschossen worden.[77]

Doch die Gegner des Sicherheitsapparates begnügten sich nicht mit der Beseitigung des Berija-Kreises. Auch in den folgenden Jahren erschossen und liquidierten sie, wen immer sie für einen Gefolgsmann des toten Sicherheitschefs hielten. Im Dezember 1954 wurden fünf Sicherheitsfunktionäre und der schon seit Jahren einsitzende Abakumow erschossen, im Juni 1955 war der ehemalige stellvertretende Staatssicherheitsminister Rjumin an der Reihe, ein halbes Jahr später folgte ihm eine Gruppe georgischer MGB-Funktionäre, im April 1956 starben der Innenminister von Aserbaidshan und drei seiner führenden Sicherheitsleute.[78]

Im Feuer der Hinrichtungskommandos zerbrach zugleich die einstige Vormachtstellung der Staatssicherheit. Gleich nach dem Juni-Aufstand hatte die Armee die Auflösung der berüchtigten Sonderabteilungen, Überbleibsel der Smersch, durchgesetzt, während die Sonder- und Grenzschutztruppen des MWD dem Verteidigungsministerium unterstellt worden waren. Auch die Sondertribunale des Innenministeriums, die Häftlinge mit Strafen belegen durften, waren inzwischen unter die Jurisdiktion des Justizministeriums gefallen.[79]

Selbst das neue, im März 1954 gegründete Komitee für Staatssicherheit (Komitet Gossudarstwennoj Besopasnosti, abgekürzt KGB), Nachfolger des MGB und dem Ministerrat direkt unterstellt, besaß längst nicht mehr die schrankenlose Macht seines Vorgängers. Zudem wachte ein KGB-Chef besonderer Art darüber, daß die Organisation dem Militär nicht in die Quere kam: Armeegeneral Serow, der sich eben an der Spitze der Raswedka als ein eifriger und pfiffiger Verteidiger militärischer Interessen erwiesen hatte.[80]

Der Westen aber hatte sichtlich Mühe, die Eruptionen in den sowjetischen Sicherheits- und Geheimdiensten zutreffend einzuordnen. Nur wenige Beobachter sahen einen Zusammenhang zwischen dem Aufstand des 17. Juni und dem Ende der Berija-Mafia. Die meisten feierten den Sturz des

»roten Himmler« als einen Akt der Befreiung von einem jahrzehntelangen Alpdruck des Terrors und der Polizeiwillkür, was er gewiß auch war. Daß dieser blutbesudelte Terrorist aber zugleich der einzige in der Moskauer Führung gewesen war, der einer sowjetischen Asien-Politik zuliebe Mitteleuropa von der Geißel des Kalten Krieges hätte befreien und die deutsche Wiedervereinigung ermöglichen können, fiel kaum einem Analytiker auf.

Auch Gehlen begriff nicht, was in Moskau und Ost-Berlin geschehen war. Dabei rühmte er später, die Org sei der erste westliche Geheimdienst gewesen, der Berijas Sturz erfahren habe. Gehlen vergaß dabei allerdings zu erwähnen, daß er die Meldung partout nicht hatte glauben wollen, weil sie nicht in sein Weltbild paßte. Der allmächtige Berija gestürzt – das konnte Gehlen sich nicht vorstellen. Immer wieder ließ er den MGB-Offizier in Italien befragen, mit dem die Org seit Anfang 1953 in Verbindung stand und der den ersten Tip über die Beseitigung des Berija-Kreises gegeben hatte. Als Gehlen noch einmal nachfassen wollte, war der Mann verschwunden – für den Org-Chef ein neuerlicher Grund, den Mitteilungen des Russen zu mißtrauen.

Gehlen gab Auftrag an seine Beschaffungsreferate, alles zu sammeln, was über die Hintergründe der Affäre Berija Aufschluß geben konnte. Die Fragen, die er den Aufklärern der Org stellte (»Hatte Berija die Kontrolle über seinen Sicherheitsapparat verloren? Ist heute der Einfluß der Parteimaschine größer als der des Sicherheitsapparates?«), verrieten jedoch nur, wie wenig der Pullacher Geheimdienstchef die innersowjetischen Vorgänge durchschaute. Gehlen verlangte auch genaue Berichte über das Verhältnis von MWD-Truppen und Armee, als habe er nie erfahren, daß die längst eben dieser Armee unterstanden.[81]

Der Fall hätte Gehlen lehren können, welche Grenzen seiner Ostaufklärung gesetzt waren. Doch der Mann in Pullach sah keine Probleme, ihm schien das Arbeitsfeld für seine Agenten und V-Männer in der DDR so günstig wie noch nie zuvor. Die Eruption des 17. Juni 1953 und die anschließende Berija-Krise hatte die östlichen Gegenspieler der Org und ihrer Verbündeten tief verunsichert: Der Staatssicherheitsminister Zaisser war inzwischen von dem wieder triumphierenden Ulbricht abgesetzt, sein Ministerium zu einem Staatssekretariat degradiert und dem Innenministerium unterstellt worden.

Wochenlang ließ der SED-Chef den »verräterischen« Staatssicherheitsdienst durchleuchten, um die Schuldigen für das Desaster des 17. Juni zu finden. 30 SSD-Offiziere wurden verhaftet, einer von ihnen, der stellvertretende Leiter der Bezirksverwaltung Erfurt, erschoß sich kurz vor seiner Festnahme. Nahezu alle engeren Mitarbeiter Zaissers mußten die Zentrale verlassen und konnten noch froh sein, daß sie auf untergeordneten Posten in der Provinz weiterarbeiten durften.[82] »Es war«, höhnte Ulbricht, »eine solche Orientierung bei der Staatssicherheit, diejenigen Feinde, die sie ausfindig gemacht haben, sozusagen zu studieren, um sie dann später zum gegebenen Moment, wie Genosse Zaisser sagte, zu verhaften. Zum gegebenen Moment waren eben die Feinde schneller, und sie haben dann die Provokationen organisiert.«[83]

Ulbrichts eiserner Säuberungsbesen traf auch die Partei und deren Führerkorps. Nach der Schätzung eines Experten wurden damals »mindestens 20000 Funktionäre und etwa 50000 Mitglieder als ›Provokateure‹ entlarvt und teilweise verhaftet«. Noch größer war die Zahl der Parteiausschlüsse, vor allem im mittleren Management der Partei. Bis 1954 mußten 60 Prozent der SED-Bezirkssekretäre und 70 Prozent der Ersten und Zweiten SED-Kreissekretäre ausscheiden.[84] Was Wunder, daß immer mehr Menschen aus der DDR flohen.

Inmitten dieser kommunistischen Hexenjagd aber hatten die Werber und Schlepper der Organisation Gehlen Hochkonjunktur. Immer mehr DDR-Bürger waren bereit, für den General in Pullach zu arbeiten. Selten war das Agentenangebot in der Org so groß gewesen wie in diesen Wochen und Monaten nach dem Juniaufstand. Die Filialen der Organisation waren kaum noch in der Lage, die Mehrarbeit zu bewältigen. Das war nicht ungefährlich, wurde aber kaum beachtet: Ungeprüftes Material schoß in die Informationskanäle der Org; Mitarbeiter wurden eingestellt, ohne sorgfältig durchleuchtet worden zu sein.

Gleichwohl konnte die Organisation Gehlen ebenso wie der neuerdings auch in der DDR aktive Verfassungsschutz und die CIA mit beachtlichen Erfolgen aufwarten. Neue Helfer in den von Ulbrichts Kommissaren »gesäuberten« Ministerien und Parteistellen informierten den Westen, weil sie es als ihre Aufgabe ansahen, die Arbeit der Juni-Aufständler insgeheim fortzusetzen. Vor allem in die sich neuformierenden Militär- und Spionageapparate der DDR konnten die westlichen Geheimdienste ihre V-Männer einschleusen.

Zur Nationalen Volksarmee (NVA) bestand Verbindung, seit es CIA-Agenten gelungen war, sich die Mitarbeit des Ost-Berliner Professors Adolf-Henning Frucht, Direktors des Instituts für Arbeitsphysiologie, zu sichern, der zu den führenden NVA-Experten für Fragen der chemischen Kriegführung aufsteigen sollte. Er lieferte genauso fleißig Verschlußsachen und Informationen wie jener unbekannte Informant, der in einem seltsamen Institut für Wirtschaftswissenschaftliche Forschung im Außenministerium saß, das nach dem 17. Juni in das Staatssekretariat für Staatssicherheit überwechselte und dort die Hauptabteilung XV bildete, bald geheimnisumwitterte Zentrale der DDR-Auslandsspionage.[85]

Als sich schließlich auch die NVA, ebenfalls unter einem Tarnnamen, einen eigenen Geheimdienst zulegte, war abermals ein US-Agent dabei, der dann allerdings in Gehlens Dienste trat: Oberstleutnant Siegfried Dombrowski, stellvertretender Stabschef der Verwaltung für Koordinierung (VfK). Deren Chef, General Karl Linke, kannte Gehlen noch aus der Zeit der sowjetdeutschen Fallschirmagenten im Zweiten Weltkrieg; der sudetendeutsche Kommunist war 1944 über der Slowakei abgesprungen und hatte dort Partisanengruppen geführt.[86]

Fortan lieferte Dombrowski den Pullachern Berichte über Arbeitsweise, Personal und Aufgaben des militärischen Geheimdienstes der DDR, denn nichts anderes war die Verwaltung für Koordinierung. Sie hielt denn auch engen Kontakt zu ihrer sowjetischen Schwesterorganisation, der Raswedka, mit derem damaligen Chef, Generaloberst Schtemenko, sich Linke häufig traf. Stets war der Gehlen-Mann dabei, der überdies noch Fotokopien von den Eintragungen in Linkes Diensttagebuch beschaffte, die in Pullach nicht ohne Schmunzeln gelesen wurden, da sich der VfK-Chef eines wunderlichen Deutsches bediente. Linke-Eintragung über eine Konferenz mit der Raswedka am 18. März 1958: »Das vom Minister an den Armeegeneral übergebenen Materials [über die Bundeswehr] sagte der Gen. Schtemenko folgendes ... Der letzte Manöverbericht vom November war gut bis auf den Versuch einer Analyse der aber nicht gelungen ist. Die Militärgeografischen Beschreibungen der Stätte fehlen.«[87]

Einem so effektiv arbeitenden Nachrichtendienst mochte das amtliche Bonn nicht länger die Anerkennung versagen. Am 11. Juli 1955 erhob das Bundeskabinett die Organisation Gehlen in den Rang einer Obersten Bundesbehörde, die von nun an den Namen »Bundesnachrichtendienst« (BND) tragen sollte.[88] Gehlen war am Ziel seiner Wünsche. Er ließ die mittleren Außenstellen und kleinen Filialen zu großen Dienststellen zusammenlegen, um der Organisation möglichst viele Planstellen für Amtmänner, Regierungsräte und Oberregierungsräte zu sichern. Er selber war jetzt Ministerialdirektor und trug einen neuen Titel: Präsident des Bundesnachrichtendienstes.

Doch seltsam: Just im Augenblick seines größten Triumphes begann das östliche Spionagereich des Reinhard Gehlen zu verfallen. Es war Insidern schon aufgefallen, daß die CIA nur noch ein begrenztes Interesse an den Pullachern nahm. Ende 1954 hatte Harry Rositzke die Rußland-Einsätze antikommunistischer Fallschirmagenten abgebrochen und München verlassen, im Juni 1955 die CIA ihre Zahlungen an die Org eingestellt.[89] Viele wußten: Die große Zeit der westlichen Ostspionage war vorbei.

Das galt auch für die DDR. Der Staatssicherheitsdienst hatte sich von der Zaisser-Krise schneller erholt, als manche in Pullach erwartet hatten, zumal ihm jetzt in Ernst Wollweber ein derb-aggressiver Chef vorstand, der entschlossen war, den SSD durch spektakuläre Erfolge in den Augen der SED-Führung rasch zu rehabilitieren. Im Gegensatz zu seinem Vorgänger verfocht Wollweber in Fragen des Staatsschutzes eine offensive Strategie, die so recht nach Ulbrichts Geschmack war: nicht lange fackeln und observieren, sondern sofort zuschlagen!

Gleichwohl wären Wollweber die schnellen Erfolge versagt geblieben, hätte sich nicht auch zugleich das politische Klima in der DDR verändert, das so lange Zeit die Arbeit westlicher Geheimdienste ermöglicht hatte. Die konnten sich auf die Sympathie einer breiten Bevölkerungsschicht stützen, solange die Hoffnung bestand, der Westen werde eines Tages, wie auch immer, Mitteldeutschland vom Kommunismus befreien. Der 17. Juni 1953 aber hatte die Menschen ernüchtert. Jetzt erst offenbarte sich allmählich, wie endgültig die Entscheidung gewesen war, die damals gefallen: Viele begannen sich mit dem Regime zu arrangieren, gewiß auch ermuntert von einer konsumfreundlicheren Wirtschaftspolitik und besseren beruflichen Aufstiegsmöglichkeiten.

Diesen Klimawechsel machte sich der SSD zunutze, als er eine großangelegte Aktion gegen die Informantennetze der Gehlen-Organisation vorbereitete. Gleich nach dem Juni-Aufstand war es den östlichen Spionejägern gelungen, ein paar V-Männer in die West-Berliner Agentenzentralen der Org zu infiltrieren, die erkunden sollten, wo Gehlens wichtigste Spione in der DDR operierten. Noch warteten Wollwebers Führungsoffiziere auf das Material ihrer Undercover-Agenten, da flüchtete am 29. Oktober 1953 einer von ihnen, der ehemalige Schriftsteller Hans Joachim Geyer, der in die Org-Filiale X/9592 Eingang gefunden hatte, nach Ost-Berlin, weil er sich enttarnt glaubte (zu Unrecht, wie sich später herausstellte).[90]

Geyers Flucht versetzte Wollweber in Panik. Er wollte nicht länger warten und löste den großen Schlag vorzeitig aus. In allen Bezirken der DDR griffen Einsatzkommandos des Staatssicherheitsdienstes zu und verhafteten inzwischen enttarnte Agenten der Org, unter ihnen Mitarbeiter des Außenministeriums, Offiziere der Volkspolizei, einen Redakteur der »Berliner Zeitung« und Spitzenfunktionäre bürgerlicher DDR-Parteien. In der Gehlen-Filiale X/9592 lief ein Funkspruch ein: »Wir sind aufgeplatzt. Es hagelt Verhaftungen!«[91]

Unter den noch unentdeckten Mitarbeitern der Org verbreitete sich solche Unruhe, daß die Pullacher Zentrale es für geboten hielt, ihre konspirativen Helfer zu besänftigen. Eine Weisung Nr. 852 sv schrieb den West-Berliner V-Mann-Führern vor, bei »den nächsten Treffs mit den ostzonalen Mitarbeitern« alle Maßnahmen für eine »Sicherung der eigenen Arbeitsmethoden« gründlich zu besprechen. »Das Vertrauen unserer Mitarbeiter in der Ostzone«, schrieb die Zentrale, »muß unerschütterlich bleiben und diese nach wie vor das Gefühl haben, in wirklich guten Händen zu sein.«[92]

Zu solcher Umsicht war aller Anlaß, denn schon gab es die ersten Desertionen im Org-Apparat. Im November setzten sich zwei Mitarbeiter der West-Berliner Filiale 120a in die DDR ab und verrieten ihren Filialleiter Werner Haase, den ein Rollkommando des SSD ein paar Tage später bei einem Treff an der Sektorengrenze, noch auf westlichem Gebiet, überwältigte und nach Ost-Berlin entführte, wo ihn dann ein Gericht zu lebenslänglicher Zuchthausstrafe verurteilte.[93]

Daraufhin verstärkte der Wollweber-Apparat seine Anstrengungen, Gehlens Mitarbeiter zum Überlaufen zu animieren. Prompt veröffentlichte die DDR-Presse Erklärungen, in denen sich 31 ehemalige Org-Mitarbeiter und deren Angehörige von Gehlen lossagten. Als jedoch die Kampagne versackte, berief Wollweber seine Infiltrationsagenten aus den Gehlen-Filialen ab und präsentierte sie der Weltöffentlichkeit als reuige Überläufer. Tatsächlich brachten Doppelspione des SSD wie Gerhard Kapahnke und Gerhard Prather genügend Material mit, um der Staatssicherheit eine neue Kampagne gegen die Org zu ermöglichen.[94]

Am 4. Oktober 1954 zogen die Spionejäger der DDR erste Bilanz: 547 Agenten der Organisation Gehlen wollten sie nach einer Erklärung des Staatssekretärs Albert Norden verhaftet haben.[95] Die Zahl war zwar zusammengemogelt (Norden hatte alle westlichen »Diversanten« von der KgU bis zum Verfassungsschutz zu Gehlen-Agenten deklariert), doch die Org hatte unersetzliche Verluste erlitten. Und die Verfolgungsjagd des SSD ging immer weiter: Monat um Monat griffen seine Kommandos zu, Schlag auf Schlag fiel gegen die westdeutschen V-M-Netze.

Wie manipuliert auch immer die Erfolgszahlen des Staatssicherheitsdienstes sein mochten, Wollweber bot gleichwohl eine so überzeugende Leistungsbilanz, daß die Tage der SSD-Degradierung bald vorbei waren. Im November 1955 erhielt die Staatssicherheit ihr Ministerium zurück, Wollweber durfte sich endlich Minister nennen.[96] Er baute hartnäckig und schier unaufhaltsam seinen Apparat weiter aus: Der Etat des SSD wuchs jedes Jahr erneut, Wollweber verfügte bereits jetzt über 9000 hauptamtliche Mitarbeiter, nicht mitgerechnet die 4000 Mann des MfS-Wachregiments – eine beklemmende Streitmacht im Vergleich zu den 540 Beamten, 641 Angestellten und 64 Arbeitern des BND.[97]

Gehlen aber konnte nicht mehr darüber hinwegsehen, daß seine Nachrichtenorganisation in der DDR schwer angeschlagen war. Er hatte seine besten Agenten verloren: »Gänseblümchen«, die Spionin im Vorzimmer von Grotewohl, war 1955 enttarnt und hingerichtet worden, der V-Mann Karl Bandelow aus dem Staatssekretariat für Kraftverkehr und Straßenwesen schon 1954 dem SSD ins Netz gegangen, der wichtige Mitarbeiter Franz Neugebauer fast zur gleichen Zeit aus West-Berlin entführt.[98]

Manchem Top-Spion Gehlens wurde seine Lage in der DDR zu gefährlich. »Brutus«, der einst auf Wollweber angesetzte Ministerialbeamte, ließ sich 1955 von Agenten des BND nach Westdeutschland holen, und ein Jahr später kam Kastner mit seiner Frau, der sich noch jahrelang von den sowjetischen Freunden hatte bewegen lassen, in der DDR zu bleiben.[99] Ende 1958 floh auch Dombrowski, der sich vom KGB enttarnt sah, mit einem Stapel von Geheimpapieren in die Bundesrepublik, nicht ohne den ganzen militärischen Geheimdienst der DDR zu ruinieren: General Linke und 69 Angehörige des VfK wurden vom SSD verhaftet, 200 weitere Offiziere und Soldaten entlassen.[100]

»Aktion Herbstgewitter« hatte Gehlen das Unternehmen zu Kastners Herausschleusung genannt – ein ominöser Name: Das Gewitter des SSD hatte wichtige Teile der BND-Aufklärung verwüstet. Doch Gehlen, müde geworden im jahrzehntelangen Dienst, wehrte sich eigensinnig gegen die Erkenntnis, daß seine Ostaufklärung untauglich geworden war. Ein kunstvolles Vertuschungssystem, einmalig in der Geschichte der Geheimdienste, suggerierte der interessierten Außenwelt, daß der BND noch immer über die Spitzenquellen im Osten verfüge, die einst die Org berühmt gemacht hatten.

Gehlen ließ es zu, daß übereifrige Mitarbeiter in ihren Meldungen an das Bundeskanzleramt Ostquellen aufführten, die nur in ihrer Phantasie bestanden. Eisern hielt der BND auch an der Unsitte fest, inzwischen als unzutreffend erkannte Meldungen nicht zu widerrufen oder richtigzustellen. Der Präsident stand voll hinter solchen Praktiken. Als sich einmal ein Referatsleiter bei ihm darüber beschwerte, daß in den Lageberichten für Bonn häufig von »einem Mitarbeiter im SED-Zentralkomitee« die Rede sei, obwohl der BND über einen solchen Mitarbeiter gar nicht verfüge, erwiderte Gehlen kühl: »Wer will uns das Gegenteil beweisen?«[101]

Die Berichte des BND wurden zusehends schwammiger und geheimniskrämerischer. Statt konkreter Informationen wurde antikommunistischer Schwulst geboten, statt klarer Aufklärung politische Astrologie. Die BND-amtliche Beschreibung der Quellen verriet schon, mit welch vagem Material hier gearbeitet wurde: »Führende SED-Funktionäre« oder »zuverlässige Kreise im Osten« – solche Vokabeln verhüllten nur, daß sie meist aus der Gerüchteküche des Journalismus stammten.

Das ging noch halbwegs gut, solange es in der DDR ruhig blieb und keine deutsch-deutsche Krise die Leistungsfähigkeit des Bundesnachrichtendienstes auf die Probe stellte. In den endfünfziger Jahren hatte sich das Regime im anderen Deutschland konsolidiert. Ulbricht war es gelungen, fast alle seine Gegner zu neutralisieren, und auch die Bevölkerung schien nicht unzufrieden: Im Mai 1958 waren die Lebensmittelkarten abgeschafft, die Rationierung von Fleisch, Fett und Zucker aufgehoben worden, die Konsumgüterindustrie machte deutliche Fortschritte.[102]

Im Schatten so trügerischer Ruhe fiel die mangelhafte Effektivität von Gehlens Osterkundern nicht sonderlich auf. Nur einmal, bei der neuerlichen Krise, in die das Ministerium für Staatssicherheit geraten war, hatte es doch einige Aufmerksamkeit erregt, daß der BND nahezu nichts wußte: Gleichsam aus heiterem Himmel hatte Wollweber am 1. November 1957 seinen Posten an den ewigen Staatssekretär Mielke abgeben müssen, und in Pullach war man dann auf die nächste ZK-Tagung im Februar 1958 angewiesen, um aus Ulbrichts verschlüsselter Sprache herauszuhören, welches Mißgeschick den Gegenspieler in der Normannenstraße getroffen hatte.[103]

Da stellte sich heraus, daß Wollweber der gleichen Versuchung erlegen war wie der Vorgänger Zaisser: mit seinem Apparat Ulbricht zu stürzen. Auch das Programm (Verlangsamung des »sozialistischen Aufbaus«, Liberalisierung, Entspannungspolitik in Europa, Zugeständnisse in der Deutschland-Frage) hatte Ähnlichkeit mit der Zaisser/Herrnstadt-Plattform, nur die Verbündeten waren andere: der ZK-Kaderchef Karl Schirdewan, ein paar Leute im Politbüro und im Hintergrund Moskaus neuer Partei- und Regierungschef Nikita Chruschtschow, dem Ulbricht nicht mehr in die Landschaft paßte. Chruschtschow: »Aber vorsichtig, vorsichtig, vorsichtig, bei euch gibt es so viele duraki (Dummköpfe).«[104]

Doch der SED-Chef hatte es wieder einmal geschafft, seine Gegner auszumanövrieren, und sah nun erneut eine willkommene Gelegenheit, die Staatssicherheit wegen ihrer »falschen und schädlichen Orientierung« zu geißeln. Ulbricht: »Auf Grund dessen gab es im Ministerium vorübergehend eine Unterschätzung der mit der verstärkten Militarisierung verbundenen Aktivitäten der imperialistischen Geheimdienste und Untergrundorganisationen in der Deutschen Demokratischen Republik.« Der Staatssicherheitsminister Wollweber habe »die imperialistischen Agenturen nicht rechtzeitig erkannt und bekämpft«.[105]

Der BND aber mußte sich von seinen internen Kritikern ankreiden lassen, daß er von der Wollweber-Krise völlig überrascht worden sei. Doch die Panne geriet rasch in Vergessenheit. Die Fülle der DDR-Berichte, die Pullach in das Kanzleramt und die Bonner Ministerien dirigierte, täuschte über ihre mangelnde Qualität hinweg. Krisenhilfe vom BND war nicht gefragt.

Das änderte sich schlagartig, als sich 1958/59 die Lage in und um Berlin zuspitzte. Der spektakuläre »Sputnik«-Erfolg der Sowjetunion verlockte Chruschtschow zu einem dröhnenden Pressionsmanöver, das nichts Geringeres bezweckte, als die Westmächte aus dem freien Teil Berlins zu verdrängen und aus West-Berlin eine »freie und entmilitarisierte Stadt« zu machen. Der Kreml-Herr stellte den Westmächten ein Ultimatum, das er sich zwar dann später wieder ausreden ließ. Doch von Stund an lag Kriegsgefahr in der Luft. Nur wenige Beobachter zweifelten daran, daß es wegen der alliierten Zugangswege nach Berlin zum Krieg kommen könne.

Zugleich verschärfte sich auch die Lage in der DDR. Ulbricht hatte die schon lange geplante Revolution auf dem Lande entfesselt, durch die immer größere Teile der Landwirtschaft gewaltsam kollektiviert wurden. Hunderttausende von Bauern gerieten in den eisernen Griff der vom Regime verordneten Landwirtschaftlichen Produktionsgenossenschaften. Die bisher abwartend-anpasserische Haltung der Bevölkerung schlug wieder wie vor dem 17. Juni in offene Feindseligkeit gegen das Regime um – Grund für viele Menschen, in den Westen zu fliehen.

Die Flucht der DDR-Bewohner nahm im Sommer 1961 zusehends Züge einer Massenhysterie an, je mehr die Gefahr wuchs, daß Chruschtschow sein Berlin-Ultimatum doch noch vollstreckte und gegen die freie Stadt losschlagen ließ. Schon ging auch das Gerücht um, Ulbricht plane einen Gewaltstreich, mit dem er West-Berlin von dem gesamten Territorium der DDR einschließlich Ost-Berlins abriegeln wolle, um den noch immer anschwellenden Flüchtlingsstrom zu stoppen, der schon anfing, die Wirtschaft der Republik zu lähmen.

Das war die große Stunde für den BND, denn nun galt es zu erkunden, was Ulbricht und Chruschtschow gegen Berlin planten. Auftrag und Thema konnten die Zentrale Pullach nicht überraschen. Schon am 13. Januar 1961 hatte Gehlen dem Bundeskanzleramt gemeldet, daß die Regierung in Ost-Berlin »in den nächsten Monaten« ihre Sektorengrenze in Berlin zur Staatsgrenze machen werde; erste Vorbereitungen würden bereits getroffen, wozu auch die Umleitung von Straßen an der Sektorengrenze gehöre.[106]

Gehlen alarmierte seinen Apparat, jeder verfügbare Agent in Berlin und in der DDR wurde in Marsch gesetzt. Bald trafen in Pullach die ersten Meldungen ein, doch sie blieben seltsam vage. Im Juni gab ein V-Mann »eine Äußerung aus SED-Kreisen« wider, wonach das Flüchtlingsproblem »durch eine Isolierung West-Berlins gegenüber dem demokratischen Sektor« geregelt werden könne, und einen Monat später glaubte ein Gehlen-Mann, was in allen Zeitungen stand: Die Fluchtbewegung werde »die SED in Kürze zu rigorosen Maßnahmen veranlassen« – welchen, wußte er nicht.[107]

Jetzt offenbarte sich die ganze Hilflosigkeit der Ostaufklärung des BND. Kein Indiz verriet Pullach, daß Ulbricht auf der Märztagung des Warschauer Paktes die Errichtung einer Stacheldrahtbarriere um West-Berlin herum vorgeschlagen hatte, und keine Meldung wußte von dem Alternativprogramm (Sperrung der Luftwege, Schließung des Ringes um Groß-Berlin), das Ulbricht nach anfänglicher Ablehnung seiner Vorschläge hatte ausarbeiten lassen.[108] Vor allem aber enthielt kein BND-Papier das entscheidende Wort, das allein alarmieren konnte: Mauerbau.

Dabei war es gerade das Signal »Mauerbau«, das die Arbeit der Gehlen-Erkunder hätte leiten müssen, wußten doch die westlichen Geheimdienste seit Jahren, daß das SED-Regime den Bau einer Mauer quer durch Berlin erwog. Im Juli 1958 war ein DDR-Funktionär nach West-Berlin geflüchtet, der Papiere mit sich führte, aus denen hervorging, daß die Staatliche Plankommission, die oberste Planungsinstanz der DDR, im Auftrag der Parteiführung eine Studie über den Mauerbau ausgearbeitet hatte – unter dem entlarvenden Stichwort »Chinesische Mauer II«.[109]

Doch kein Gehlen-Mann fahndete nach Indizien, die für eine Aktualisierung des alten Mauerbauplans sprachen. Die V-Männer des BND mochten zwar baldige »wirksame Sperrmaßnahmen« der DDR (so in einer Meldung vom 1. August) nicht ausschließen, ihr Hauptaugenmerk aber war auf die inzwischen angelaufenen Truppenbewegungen der Sowjetarmee im Raum Berlin gerichtet. Immerhin registrierte die Amtsleitung des BND am 9. August, Ulbricht dränge auf »eine totale Absperrung West-Berlins«, nicht wissend, daß in Moskau schon fünf Tage vorher auf einer Blitzkonferenz des Warschauer Paktes die Entscheidung gefallen war: Mauerbau.[110]

Der BND wurde auch nicht hellhörig, als die Geheimdienste der Alliierten erste Meldungen erhielten, die auf den unmittelbar bevorstehenden Bau einer Mauer hinwiesen. »Tom, glaubst du, daß sie eine Mauer errichten wollen?« fragte ein US-Offizier am 9. August den Oberstleutnant Thomas McCord, den Leiter der für die DDR-Aufklärung zuständigen Gruppe 513 des Geheimdienstes der US-Armee. Der hatte von einem seiner Agenten in der DDR den Tip erhalten, Ulbricht treffe Vorbereitungen für einen Mauerbau, schon in den nächsten Tagen werde er losschlagen.[111]

Ähnliches hatte der S.D.E.C.E., Frankreichs Geheimdienst, von seinem besten Mann in Ost-Berlin gehört, dem Pankower Zahnarzt Dr. Hartmut Wedel, der von seiner Patientin Lene Warnke, der Frau des FDGB-Vorsitzenden Herbert Warnke, wußte, daß die DDR einen großen Schlag gegen die »Kriegstreiber« in West-Berlin vorhatte. Wedel erkundigte sich auch bei anderen SED-Prominenten, die auf seinem Stuhl saßen, und bald stand für ihn fest: »Die wollen mitten in Berlin Barrieren aufrichten.« Er alarmierte seinen Führungsoffizier in Reinikendorf, der sofort seine britischen und amerikanischen Kollegen informierte.[112]

Ganz waren die Briten und Amerikaner jedoch nicht von der Richtigkeit der Mauerbauversion überzeugt. CIA-Resident John Bimmer glaubte eher an eine Abriegelung ganz Berlins unter Einschluß des Ostteils der Stadt, auch McCord hielt den Mauerbau für »recht unwahrscheinlich«. Oberst

Ernest von Pawel, Chef der US-Militärmission in Potsdam, war gegenteiliger Meinung: »Wenn ihr glaubt, die Mauer ist die unwahrscheinlichste Option, dann ist es genau das, worauf ich setze.«[113]

Der BND aber ignorierte die Mauerbau-Indizien der anderen Dienste und ließ seine Agenten hinter den Truppenbewegungen auf den Straßen der DDR herrecherchieren. An eine unmittelbar bevorstehende Aktion glaubte Gehlen nicht. So wiegte er das amtliche Bonn in falscher Sicherheit: Als Vertreter des West-Berliner Senats am 11. August in Bonn dem Außenminister Heinrich von Brentano ihre Befürchtungen unterbreiteten, meinte der CDU-Mann, Absperrmaßnahmen seien allenfalls im Zusammenhang mit dem von Chruschtschow angedrohten Abschluß eines separaten Friedensvertrages zwischen der Sowjetunion und der DDR denkbar.[114]

Zwei Tage später standen die ersten Umrisse der Mauer, Walter Ulbricht hatte mitten in Berlin der deutschen Teilung ein Schandmal errichtet, das keine Macht der Welt mehr beseitigen konnte und wollte. Das Weltskandalon »Chinesische Mauer II« war da und blieb. West-Berlins Innensenator Joachim Lipschitz lachte bitter, als er am Tag darauf in seiner Post einen aus der Vorwoche stammenden Lagebericht des Bundesnachrichtendienstes vorfand. Da stand: Für das Wochenende seien in Berlin keine dramatischen Ereignisse zu erwarten.[115]

Kein Ereignis hat den BND so um seinen Ruf gebracht wie das Versagen des Dienstes in der Mauerkrise des 13. August 1961. Von Stund an mochte kein Politiker in der Bundesrepublik den BND-Meldungen aus dem Osten noch Glauben schenken. Willy Brandt, ohnehin voller Vorbehalte gegen deutsche Geheimdienstarbeit, hat seine Erfahrungen mit dem BND in jenen hektischen Augusttagen nie aus dem Gedächtnis streichen können, und auch in Konrad Adenauers Kanzleramt wahrte man fortan Distanz zu den Pullachern.

Der BND war auf eine schiefe Bahn geraten, auf der es kein Halten mehr gab. Schon stand Gehlen die nächste Krise ins Haus, die den Bundesnachrichtendienst nun vollends ruinieren sollte. Das hing mittelbar mit der Mauerkrise zusammen: Bei den Erkundungen der Berliner CIA hatte ein im Juni 1961 übergelaufener Hauptmann aus dem Ministerium für Staatssicherheit, der für die USA zuständige Referatsleiter Günter Männel, mitgewirkt, der sich im Verhörlager »Camp King« nicht nur über Ulbrichts Berliner Sperrpläne verbreitete, sondern auch über einen »Maulwurf« des KGB in Pullach.[116]

Der Mann, so hatte Männel im MfS gehört, sitze in einer BND-Abteilung, die mit der Sowjetunion zu tun habe. Die Genossen in der deutschen KGB-Zentrale in Ost-Berlin zählten ihn zu den großen Assen der Branche; er liefere Unermeßliches aus allen möglichen Bereichen der bundesdeutschen Geheimdienste, nicht nur des BND. Männel hatte viel Rühmenswertes von »Paul« (dies sein Deckname bei den Russen) gehört.

Die Maulwürfe des KGB – nichts fürchteten die Männer des Bundesnachrichtendienstes mehr als die sowjetischen Doppelspione, die auf Westdeutschland angesetzt worden waren und dort noch immer unerkannt arbeiteten. Hunderte von »Schläfern«, das wußte man in Pullach, hatten die Russen unter die deutschen Kriegsgefangenen gemischt, die in den fünfziger Jahren in die Heimat zurückgekehrt waren. Auch das KGB besaß seine »Gänseblümchen« und »Brutus«, die in den Vorzimmern und an den Schaltstellen der Macht für Moskau arbeiteten.

Der in einem Anfall von Verfolgungswahn in die DDR geflüchtete Verfassungsschutzpräsident John konnte nie vergessen, wie gut die Russen über interne Vorgänge des BfV informiert waren. Sein Vernehmer, der KGB-Oberst Gutschin, der sich gegenüber westlichen Journalisten gerne Karpow nannte, warf ihm eines Tages »einen dicken Pack Fotopapier« hin und triumphierte: »Wir wissen alles über Ihr Amt!« Otto John erzählt: »Vor mir lag eine vollständige Kopie des letzten Monatsberichts meines Amtes für die Bundesregierung, von meinem Nachfolger unterschrieben und noch keine drei Wochen alt. Ich war verblüfft ... Der monatliche Bericht war die höchste geheime Darstellung der neuesten Erkenntnisse meines Amtes.«[117]

Erst drei Jahrzehnte später erfuhr John, daß die brisantesten Nachrichten für die Russen aus dem Bundesamt für Verfassungsschutz von seinem eigenen Gänseblümchen stammten, das zu seinen Lebzeiten nie enttarnt worden war: Vera Schwarte, Tochter eines Generals, Chefsekretärin von Canaris und dann in gleicher Position bei John. Sie war bei Kriegsende in ein sowjetisches Internierungslager geraten und dort vom MGB angeworben worden, das dann eine »Flucht« nach Westdeutschland arrangierte, wo sie bald die Aufmerksamkeit des Canaris-Bewunderers John erregte, der sie noch aus dem Amt Ausland/Abwehr kannte. Für die »Geheimnisträgerin Nr. 1 im BfV« gab es »keine Geheimakte, die nicht über ihren Tisch zum Präsidenten ging. Es gab keinen Vorgang, den sie sich nicht ›im Auftrag von P‹ beschaffen konnte« (so der ehemalige BfV-Referent Hendrik van Bergh).[118]

Auch der BND war von den sowjetischen Diensten unterwandert worden. 1955 hatte der interne Sicherheitsdienst in Pullach einen Mitarbeiter der Frankfurter Filiale namens Albert als KGB-Agenten entlarvt, der kurz darauf in Untersuchungshaft Selbstmord verübte. Zwei weitere BND-Mitarbeiter, Jagusch und Balthasar, waren ebenfalls der Spionage für den KGB überführt worden.[119] Doch das waren nur Randfiguren gewesen, die eigentlichen Asse der Gegenseite mußten auf ebenso einflußreichen wie undurchdringlichen Posten in der Zentrale Pullach operieren.

Das argwöhnte auch der Oberstleutnant Fritz Scholz, ein Org-Mann der ersten Stunde, der 1959 einem größeren Verratsfall in Pullach auf der Spur war. Nach dem Auffliegen der ersten DDR-Netze im Zuge der Affäre Geyer war Scholz in das Pannenreferat des Obersten Eck versetzt worden, der es ihm überließ zu ermitteln, wie es zu der Enttarnung der Org-Verbindungen im Osten gekommen war. Scholz erkannte schon bald, daß Geyer allein nicht die vielen Agenten, die damals dem SSD zum Opfer gefallen waren, verraten haben konnte. Für ihn war »nur eine Deutung möglich, daß der entscheidende Verräter in der Zentrale selber saß oder in der Außenorganisation Karlsruhe, dem Abwehrsektor des BND«, wie er sich erinnert.[120]

Noch ehe Scholz zu den entscheidenden Ermittlungen in der Zentrale ansetzen konnte, sah er sich jäh ausgeschaltet – durch Beamte der Münchner Kriminalpolizei, die ihn am 14. Oktober 1959 unter dem Verdacht verhafteten, für die Sowjetunion zu spionieren. Den grotesken Vorwurf konnte Scholz zwar so entkräften, daß das Ermittlungsverfahren schon nach einem halben Jahr »mangels Beweises« eingestellt werden mußte, doch in Pullach wollte der mißtrauische Gehlen ihn nicht mehr haben. Kein Wunder, daß Scholz folgerte, die sowjetische Gegenspionage habe ihr Ziel erreicht: »meine ›stille Liquidierung‹ . . . zum Schutz eines oder mehrerer Eindringagenten im Bundesnachrichtendienst«.[121]

Das war in der Tat ein alter Trick der Gegenspionage: durch Hochspielen eines angeblichen Spionagefalles den eigenen Maulwurf zu schützen. Die Pullacher Gegenspionage (III f) war oft danach verfahren, so im Fall Dombrowski: Als der KGB-Oberst Igonin vom sowjetischen Beraterstab der Verwaltung für Koordination den Oberstleutnant Dombrowski verdächtigte, ein westdeutscher Spion zu sein, wurde er plötzlich selber als westdeutscher Agent verhaftet – dank des Materials, das die III f in aller Eile konstruiert und dem KGB zugespielt hatte.[122]

Immerhin war der Fall Scholz doch gravierend genug, die BND-Leitung noch vorsichtiger zu machen. Jetzt wollte man weitere Infiltrationsversuche des KGB offensiv bekämpfen und schon im Ansatz abfangen: Ein V-Mann des BND sollte sich zum Schein von den Russen umdrehen lassen, ein imaginäres Informantennetz aufziehen, den KGB mit frisierten Nachrichten beliefern und die Infiltrationswege des sowjetischen Gegenspielers nach Pullach aufspüren. Das alles lief unter dem Kodewort »Panoptikum«.[123] Doch die Russen bissen nicht an, jemand mußte sie gewarnt haben. Allmählich verstanden auch die harmlosesten Gemüter in Pullach, daß unter ihnen ein Maulwurf des KGB wühlte.

Wer aber war der Mann? Überläufer Männel hatte eine Spur gewiesen, »Paul« sollte mit sowjetischen Angelegenheiten befaßt sein. Der Verdacht fiel auf den Regierungsrat Heinz Felfe, Leiter des Referats »Sowjetunion« in der Abteilung III f, der in dem Ruf stand, die »tollsten«, bis nach Moskau reichenden Informantennetze des Bundesnachrichtendienstes zu unterhalten. Er war nicht zufällig der Mann, dem die Leitung von »Panoptikum« anvertraut worden war. Und in der Außenstelle Karlsruhe, wo der unglückliche Scholz seinen Verräter vermutet hatte, war Felfe auch gewesen.

Gehlen weigerte sich anfangs, den Verdacht gegen seinen »besten Mann« ernstzunehmen, doch dann ließ er Felfe beschatten. Der Sicherheitsdienst wurde aktiv. Felfe konnte kaum noch einen Schritt unternehmen, ohne beobachtet zu werden. Fast täglich liefen bei dem Sicherheitsbeauftragten des BND, Freiherrn von Pechmann, die Observationsberichte ein, die für Zweifel keinen Raum mehr ließen. Felfe war der Mann, den sie suchten. Ein aufgefangener Radiospruch des KGB, am 27. Oktober in Pullach entziffert, lieferte den letzten Beweis.[124]

Am 6. November 1961 wurde Felfe verhaftet. Für den BND war es ein Schwarzer Freitag, demütigendes Ende eines großen Geheimdienstes. Schon die erste Durchsuchung von Felfes Landhaus im oberbayrischen Oberaudorf förderte Unterlagen zutage, die ahnen ließen, wie gründlich dieser raffinierte Spion, ein Mann vom Format eines Redl, den Bundesnachrichtendienst ausgeforscht und dessen Arbeit im Osten lahmgelegt hatte. Die Bilanz: 94 V-Männer des BND waren den östlichen Abwehrdiensten enttarnt worden, dazu Kodeschlüssel, Verbindungen, Tote Briefkästen und Kurierwege der Organisation, sorgfältig festgehalten auf 300 Minoxfilmen mit 15661 Aufnahmen, 20 Tonbändern und unzähligen Funkmeldungen an die Adresse von Felfes Auftraggebern.[125]

So pedantisch, so katastrophal hatte nicht einmal der große Konterspion Philby »seinen« Geheimdienst zerstört. Alles war in Frage gestellt: das Selbstbewußtsein des BND-Personals zerstört, das Vertrauen der Alliierten zum westdeutschen Geheimdienst ramponiert, Pullachs ganze Nachrichtenorganisation wertlos geworden. »Der Schadensbericht des BND«, vermutet Rositzke, »muß in die Zehntausende von Seiten gegangen sein. Nicht nur, daß Agenten und Adressen kompromittiert waren. Die Agentenmeldungen eines Jahrzehnts mußten neubewertet und alles ausgeschieden werden, was die andere Seite manipuliert, unterschoben, erfunden hatte.«[126]

Auch der Verfassungsschutz sah sich durch den Spionagefall Felfe schwer getroffen, denn der KGB-Agent kannte das BfV fast so gut wie die Pullacher Zentrale. »Die Wahrscheinlichkeit, daß Felfe der ›Geheiminformant des KGB im BfV‹ gewesen ist, ist groß«, urteilt Bergh. »Felfe ist im Kölner Amt ein- und ausgegangen, hat als ›BND-Kollege‹ alles erfahren, was für ihn wissenswert war.«[127]

Je mehr die Ermittler der Bundesanwaltschaft und der interessierten Dienste Felfes Wirken rekonstruierten, desto deutlicher offenbarte sich ihnen das Beziehungsgeflecht einer Seilschaft ehemaliger SS-Männer, die dem KGB-Mann seine verhängnisvolle Arbeit überhaupt erst ermöglicht hatte. Es war jene Lobby erpreßbarer »Ehemaliger« gewesen, vor denen einige Experten immer gewarnt hatten: Felfe und seine beiden (ebenfalls verhafteten) Mitarbeiter Hans Clemens und Erwin Tiebel kamen sämtlich aus dem SD und waren von dem ehemaligen SS-Standartenführer Krichbaum für den Gehlen-Dienst angeworben worden, der freilich nicht wissen konnte, daß sie schon ein anderer, der Dresdner MGB-Oberst »Max«, angeheuert hatte.[128]

Jetzt schlug auf Gehlen und den BND die törichte Vertrauensseligkeit zurück, die er jahrelang den vermeintlich unentbehrlichen Profis von Gestapo und SD entgegengebracht hatte. Als die drei Sowjet-Spione im Juli 1963 vor den Schranken des Bundesgerichtshofes standen und sich bei aller Treue zu ihren sowjetischen Auftraggebern als unbelehrbare Nazis decouvrierten, brach ein Sturm öffentlicher Empörung gegen den Pullacher Geheimdienst los, in dem sogar die Urteilssprüche (Felfe: 14 Jahre Zuchthaus) untergingen. »Ein Skandal ohne Beispiel«, tobte der SPD-Abgeordnete Heinrich Ritzel, und selbst die Gehlen-freundliche »Welt« zürnte, im BND habe eine »fatale Personalpolitik kleinen und größeren Nazis fröhlichen Unterschlupf« gewährt.[129]

Hastig versuchte Gehlen, sich seiner zum Ballast gewordenen Mitarbeiter aus den Reihen der SS zu entledigen. Die meisten von ihnen wurden genötigt, sofort aus dem Dienst auszuscheiden, was freilich auf so ruppige Art geschah, daß auch dies wieder in der Öffentlichkeit unliebsames Aufsehen erregte: Die meisten der Geschaßten besaßen lukrative Dienstverträge und klagten vor Arbeitsgerichten hohe Abfindungssummen ein.

Der »Säuberungs«-Eifer griff auch auf das Bundesamt für Verfassungsschutz über, dessen Leitung alle aus dem SD und der Gestapo stammenden Mitarbeiter zum Ausscheiden zwang oder zumindest in andere Bundesbehörden versetzte, womit das BfV praktisch die einzigen Fachleute verlor, die es noch besessen hatte. Das traf besonders die Spionageabwehr empfindlich, da Männer wie Erich Wenger und Johannes Strübing ausschließlich auf diesem Gebiet tätig gewesen waren. Zu allem Überdruß schied Anfang 1964 auch noch Richard Gerken, der legendenumwobene Leiter der Abteilung IV (Spionageabwehr), aus dem Amt, im Sommer gefolgt von dem Vizepräsidenten Albert Radke, der als die Seele des Bundesamtes für Verfassungsschutz gegolten hatte.[130]

Das Unglück aber wollte, daß sich das KGB just diesen Schwächeanfall seiner bundesdeutschen Gegenspieler zum Anlaß einer konspirativen Großoffensive auserwählt hatte. 1964 war das Jahr, in dem die Moskauer Spionageführung mit den sowjetischen Geheimdiensten und ihren Ostblockablegern, den »Sechs Schwestern«, gegen Westdeutschland systematischer denn je losschlug. Fast ein ganzes Jahrzehnt hatte Moskau benötigt, um die Geheimdienste der sechs übrigen Ostblockstaaten für diesen Großeinsatz zu trimmen. Jetzt zeigten die Geheimdienstschüler, was sie bei den Russen gelernt hatten.

Unter ihnen profilierten sich die Agenten und V-Mann-Führer der DDR als eine Art Avantgarde der östlichen Spionage. Ihr Chef, der Generalleutnant Markus Wolf, Sohn eines während der Hitler-Ära in die Sowjetunion geflüchteten Arbeiterdichters, auf sowjetischen Parteischulen erzogen und anfangs im diplomatischen DDR-Dienst, hatte die Krisen im MfS dazu genutzt, seiner Hauptabteilung XV, 1956 in Hauptverwaltung Aufklärung (HVA) umbenannt, im Ministerium für Staatssicherheit eine halbautonome Position zu schaffen. Das entsprach auch der Schlüsselstellung, die die HVA bald in der geheimen Ausforschung Westdeutschlands erringen sollte: Noch heute kommen 80 Prozent aller östlichen Spionageaktivitäten in der Bundesrepublik auf das Konto der HVA und ihrer rund 2000 »Kundschafter«.[131]

Markus' Führungsoffiziere hatten aus den Fehlern der Vergangenheit gelernt. Anders als in den fünfziger Jahren, als sich die Agentenführer der DDR an den kurzfristigen Erfolgen einer Massen- und Zufallsspionage berauschten, sahen die Männer der HVA jetzt mehr auf Qualität: Langfristig vorbereitete, für konkrete Ausforschungsziele vorgesehene Perspektivagenten beherrschten zusehends das Bild der östlichen Spione und Doppelspione.

Kaum einer der »großen« DDR-Spione in der Bundesrepublik, der nicht jahrelang und systematisch auf seine Aufgabe vorbereitet worden war: Der Oberstleutnant Norbert Moser, der dem Osten alle Umrüstungspläne der Bundeswehr verriet, war schon als junger Leutnant von DDR-Schleppern angeworben worden, und vier Jahre wartete die HVA-Zentrale, bis sie ihre Agentin Ingrid Garbe als Sekretärin in das Bonner Auswärtige Amt geschleust hatte, zwei Jahre, bis die Agentin Dagmar Kahlig-Scheffler im Westeuropa-Referat des Bundeskanzleramts saß.[132]

Zeit ließ sich auch der erfolgreichste Perspektivagent des Ostens, dessen Aktivitäten sogar einen deutschen Bundeskanzler zu Fall bringen sollten: Günter Guillaume, Hauptmann und Chefagent der Hauptverwaltung Aufklärung. Zug um Zug sicherte sich der vermeintliche DDR-Flüchtling, 1956 mit seiner Frau nach Westdeutschland »geflohen«, das Vertrauen führender Sozialdemokraten, bis er endlich als sogenannter Parteireferent jene Schlüsselstellung im Kanzleramt Willy Brandts besaß, die es ihm erlaubte, nahezu alles an die HVA zu melden, was in der Bonner Führung als Staatsgeheimnis galt.[133]

Einer solchen Spionage war der ramponierte Verfassungsschutz und die entmannte Gegenspionage des BND kaum gewachsen, auch nicht der sich immer mehr profilierende Militärische Abschirmdienst (MAD) der Bundeswehr. Die neue Spionageära, die nicht zufällig auch zugleich das Ende der Adenauer/Gehlen-Zeit markierte, fand die bundesdeutsche Abwehr denkbar ungerüstet. Erst allmählich verbesserte Richard Meier, der neue Abwehrchef des BfV, die Arbeit seines Apparats, brachte der Vizepräsident Ernst Brückner etwas mehr polizeilich-kriminalistische Effektivität ins Amt.

Der alte BND aber war nicht mehr zu retten. Reinhard Gehlen, ein gebrochener Mann und zu keiner Reformarbeit fähig, hielt sich noch bis 1968 in seinem Sessel, dann wurde er mehr vertrieben als abgelöst. Doch auch seine Nachfolger konnten die Leistungsfähigkeit des BND nicht sonderlich steigern, Westdeutschlands Geheim- und Sicherheitsdienste bleiben problematisch – konfrontiert einer zusehends macht- und staatsfremden Gesellschaft, die den privaten Datenschutz an die Stelle des alle Bürger angehenden Staatsschutzes gesetzt hat, und einer Politikergeneration, die Geheimdienste und deren leitende Positionen nur noch als Beuteobjekte der jeweils regierenden Parteien versteht.

Indes, es gibt keinen Urlaub von den Händeln dieser Welt, die Bundesrepublik Deutschland ist keine Insel der Seligen, die der weltweite Kampf um Macht, Einfluß und Märkte unberührt läßt. Bonn bleibt weiterhin ein Akteur im Schattenreich der Geheimdienste. Auch das haben die Partner und Gegner der bundesdeutschen Dienste schon vorgezeichnet: Der Krieg im Dunkeln geht weiter.

Genealogie der bundesdeutschen Geheimdienste

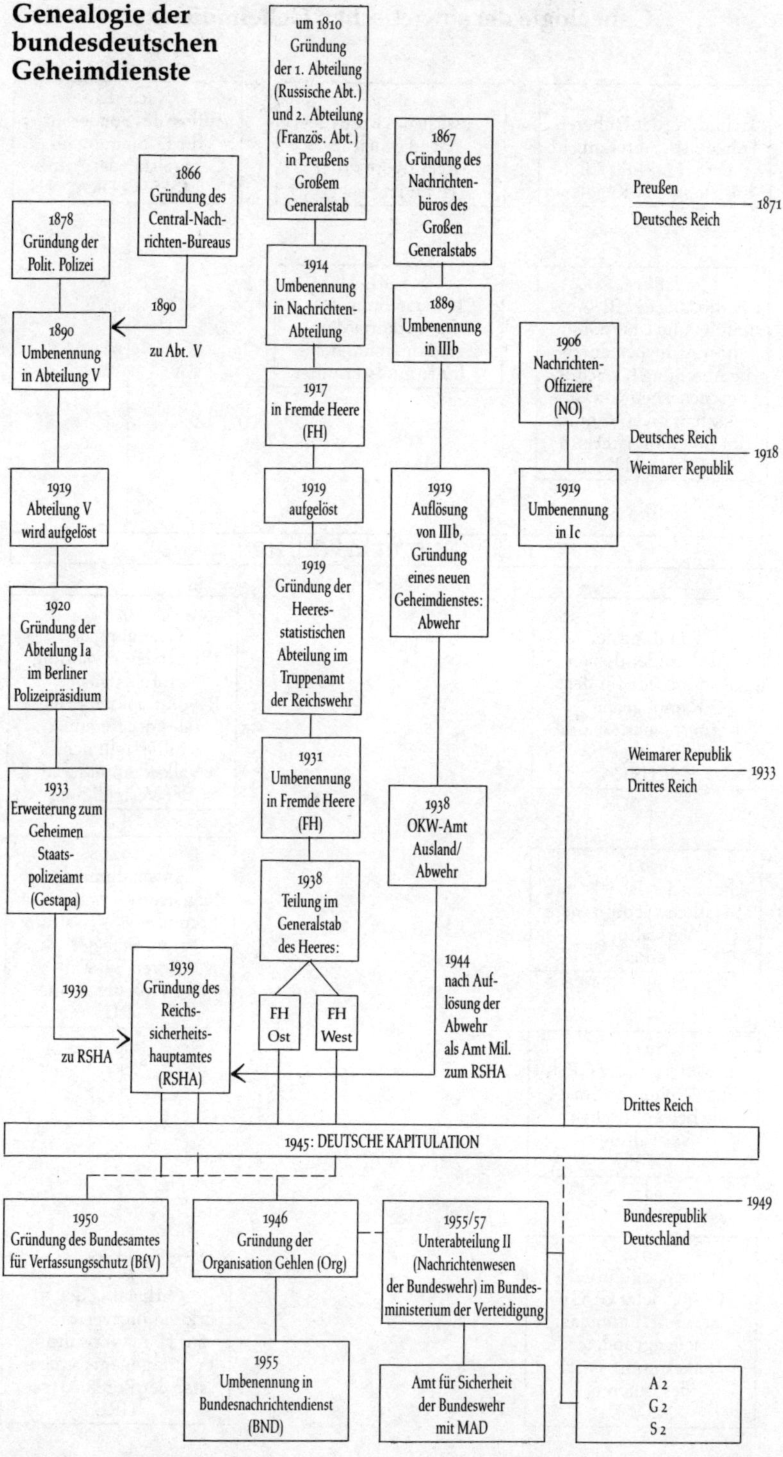

Genealogie der sowjetischen Geheimdienste

1826
Gründung der Höheren Polizei: III. Abteilung in »Seiner Majestät Allerhöchsteigener Kanzlei«

1881
Auflösung der III. Abteilung und Übernahme ihrer Aufgaben durch die Abteilung für Schutz der Sicherheit von Gesellschaft und Ordnung im Innenministerium
OCHRANA

1827
Ausbau des Korps der Gendarmen als Exekutivorgan der Höheren Polizei

1881
Unterstellung des Sonderkorps der Gendarmen unter das Innenministerium

Nach 1830
Aufbau des Sonderbüros für Erkundung im Generalstab der Armee
RASWEDKA*

1917: RUSSISCHE REVOLUTION

1917
Gründung der Außerordentlichen Kommission für den Kampf gegen Konterrevolution und Sabotage
TSCHEKA

1922
Umbau der Tscheka zur Staatlichen Politischen Verwaltung
GPU

1923
Erweiterung der GPU zur Vereinigten Staatlichen Politischen Verwaltung
OGPU

1934
Unterstellung der OGPU, jetzt GUGB genannt, unter das neugegründete Volkskommissariat des Inneren
NKWD

1918
Gründung der Registrierverwaltung im Feldstab des Revolutionären Kriegsrates der Republik, unterstellt dem Volkskommissariat der Verteidigung

1921
Umwandlung der Registrierverwaltung in Erkundungsverwaltung im Stab der Roten Bauern- und-Arbeiter-Armee
RU

1935
Erhebung der Erkundungsverwaltung zur Hauptverwaltung Erkundung im Generalstab der Roten Armee
GRU

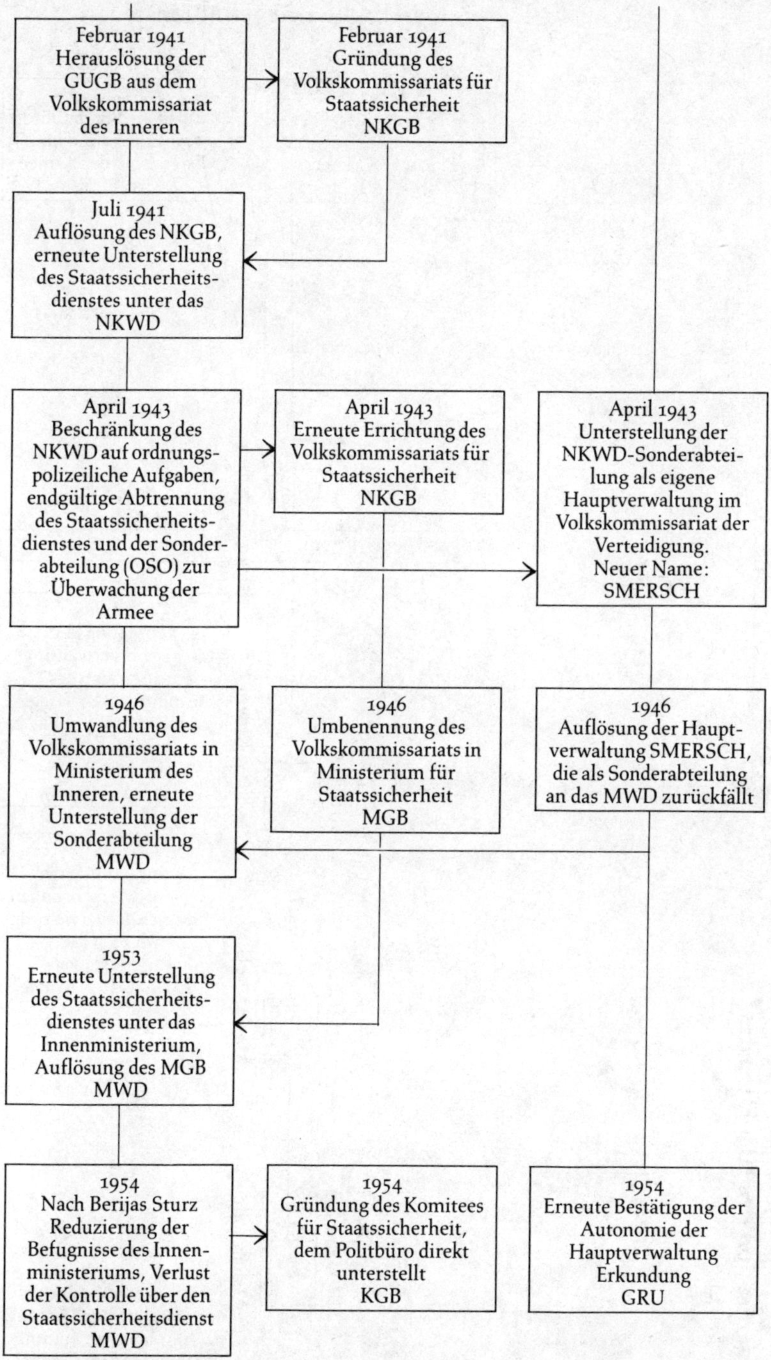

* In diesem Buch wird der militärische Geheimdienst, wie in Rußland üblich, immer RASWEDKA genannt, ohne die späteren Änderungen der Amtsbezeichnung zu berücksichtigen.

Die Organisation des IIIb-Dienstes

Stand: 15. Mai 1916

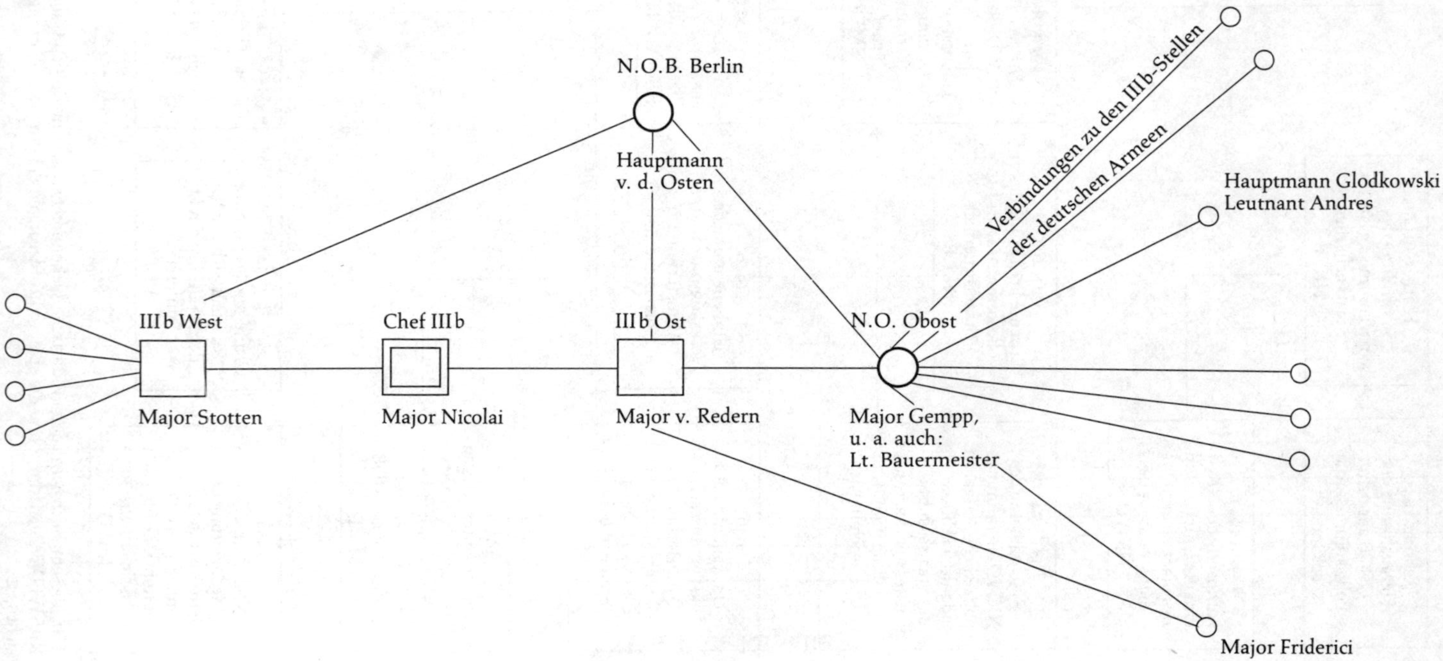

Die Rote Kapelle

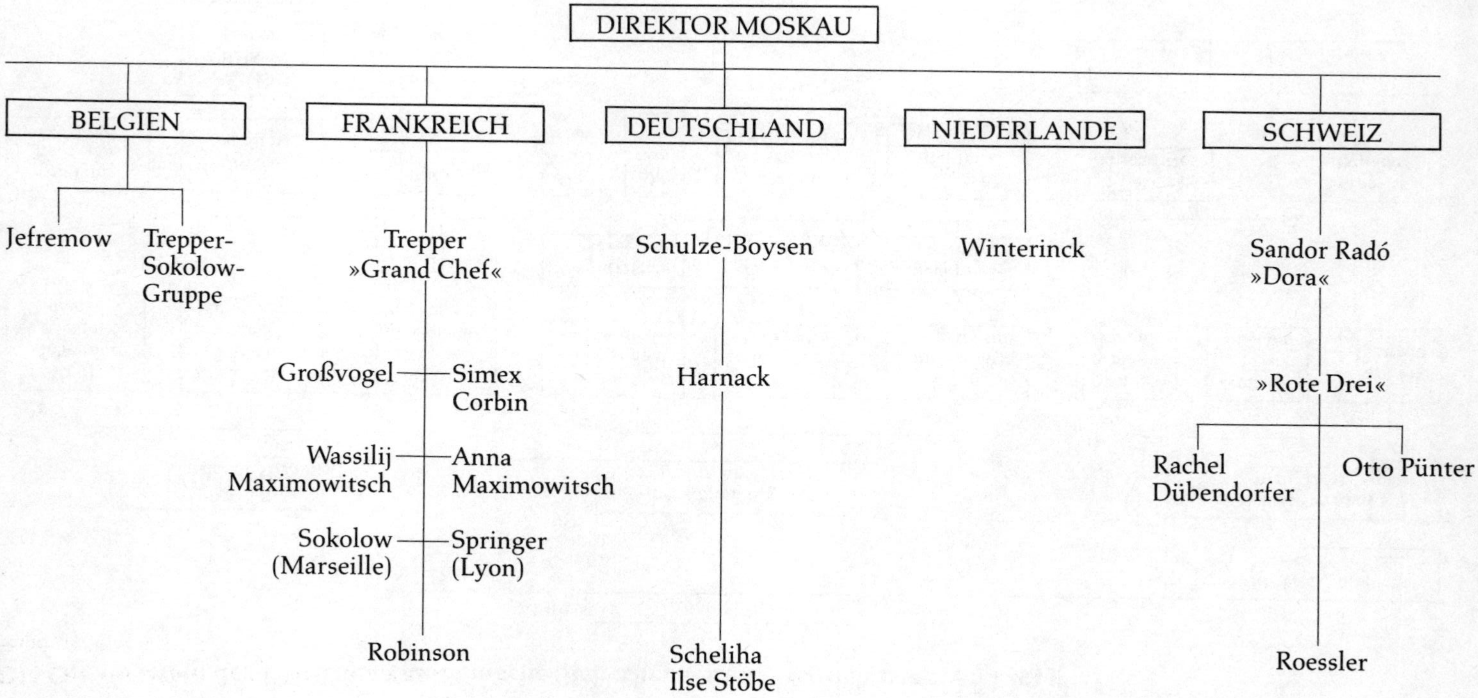

Der deutsche Sicherheits- und Nachrichtenapparat 1943

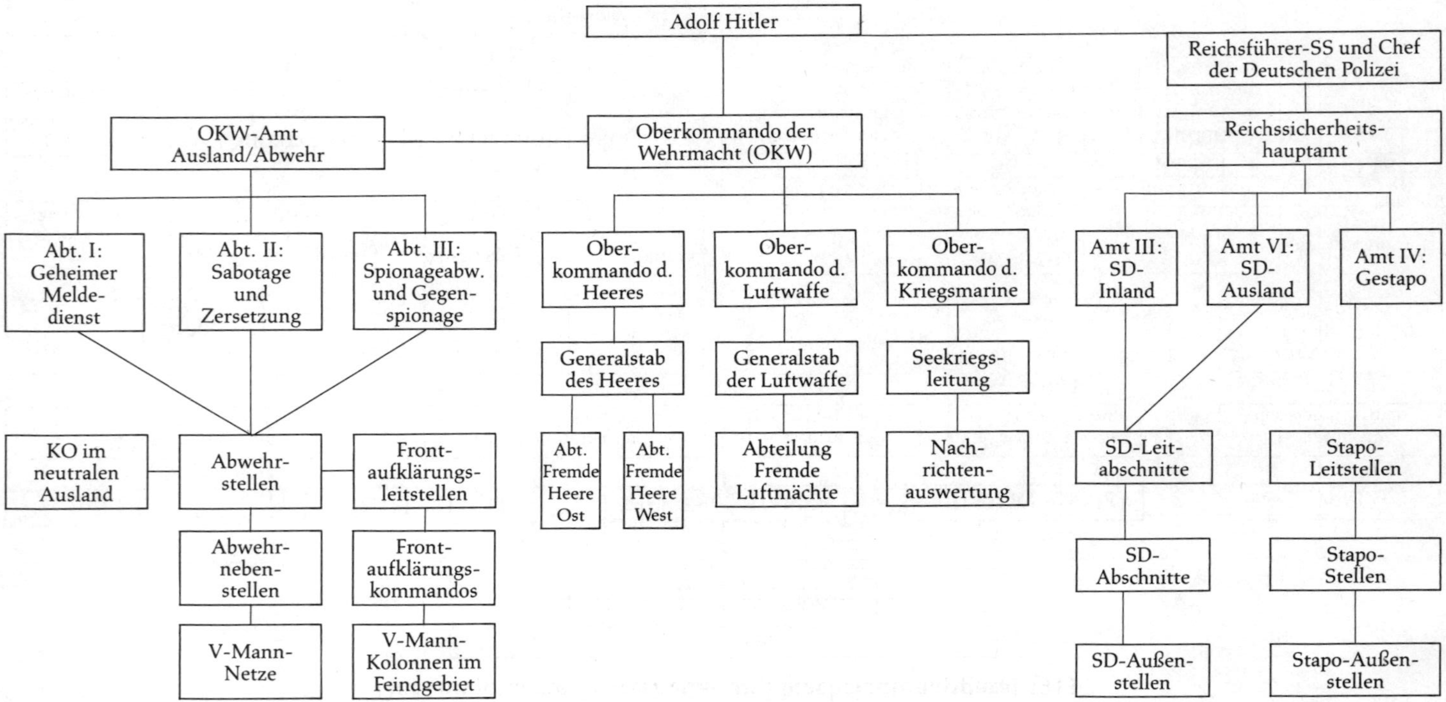

Der sowjetische Sicherheits- und Nachrichtenapparat 1943

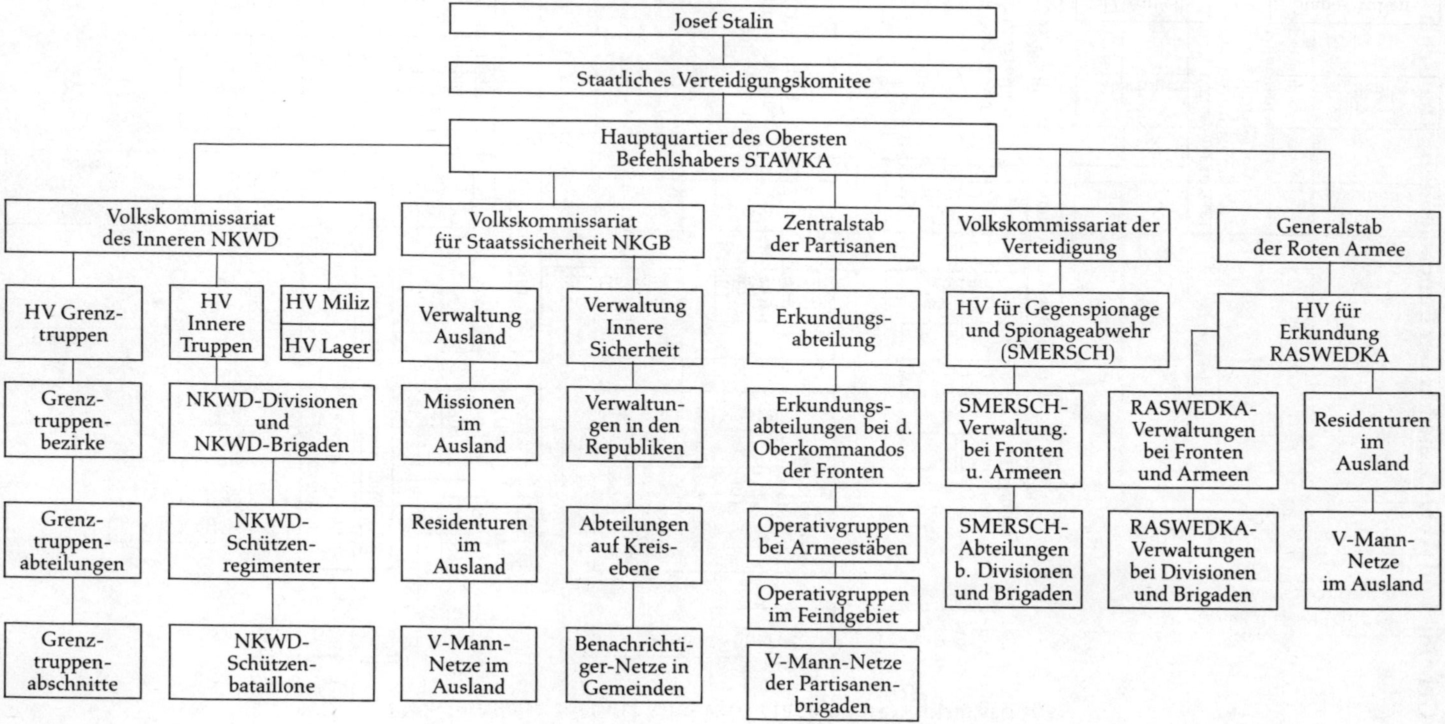

Geheim- und Abwehrdienste der Bundesrepublik Deutschland

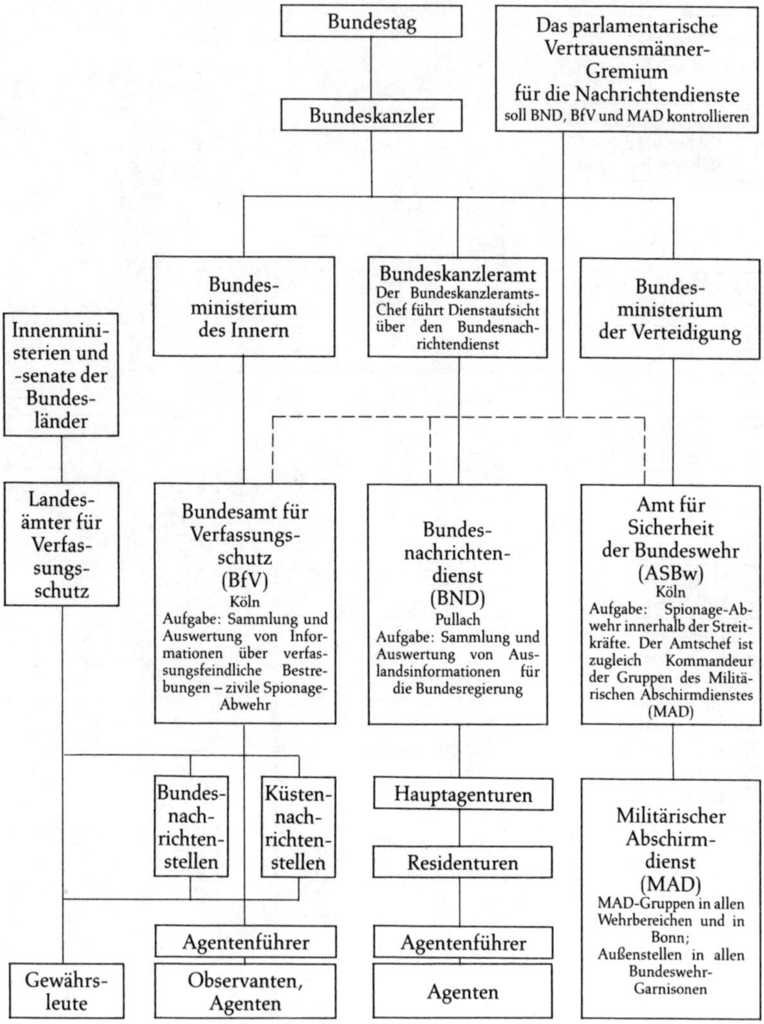

Ministerium für Staatssicherheit (MfS) der DDR

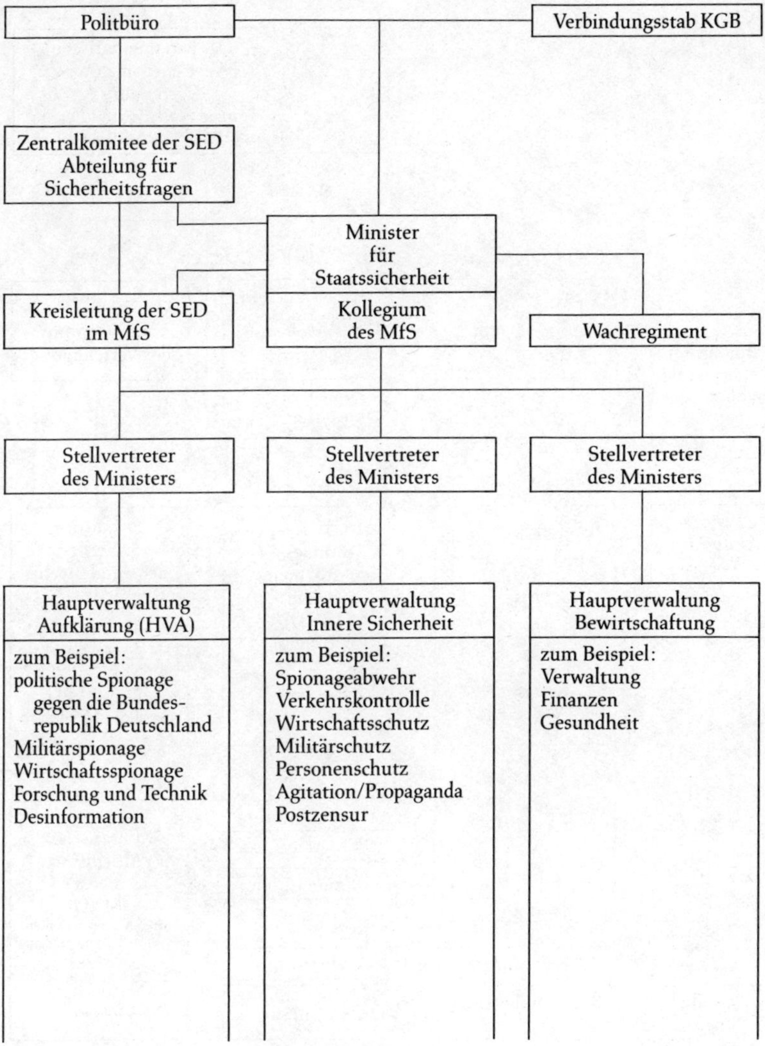

Anmerkungen

1 Verwehte Spuren

1 Denkwürdigkeiten des Geheimen Regierungsrathes Dr. Stieber, S. 1ff. **2** Richard Wilmer Rowan und Robert G. Deindorfer, Secret Service, S. 316. **3** Brief Friedrich Wilhelms IV. an Otto von Manteuffel, 11. November 1850; Unter Friedrich Wilhelm IV.: Denkwürdigkeiten des Ministerpräsidenten Otto Freiherrn von Manteuffel, Bd. I, S. 328. **4** Denkwürdigkeiten Stieber, S. 217. **5** Ebd. **6** Denkwürdigkeiten Stieber, S. 217, 218. **7** Denkwürdigkeiten Stieber, S. 22–32. Friedrich Engels. Zur Geschichte des Bundes der Kommunisten, in: Karl Marx und Friedrich Engels, Werke, Bd. VIII, S. 577. **8** Denkwürdigkeiten Stieber, S. 218. **9** Richard Deacon, A History of the Russian Secret Service, S. 25, 49. Ernst Rudolf Huber, Deutsche Verfassungsgeschichte, Bd. I, S. 725ff. **10** Huber, a.a.O., S. 727ff. **11** Denkwürdigkeiten Stieber, S. 40. **12** Denkwürdigkeiten Stieber, S. 41. **13** Ebd. **14** So ernannte Friedrich Wilhelm IV. den russischen Feldmarschall Iwan Feodorowitsch Paskiewitsch 1850 zum preußischen Generalfeldmarschall und (Ehren-)Chef des preußischen 1. Infanterieregiments; Kurt von Priesdorff, Soldatisches Führertum, S. 445. **15** Erst in der Regierungszeit des Zaren Alexander III. (1881-1894) wurde die preußische Pickelhaube abgeschafft und durch eine »russische« Schaffelmütze ersetzt; Arthur von Brauer, Im Dienste Bismarcks, S. 43. **16** Nähere Einzelheiten im Kapitel 3 dieses Buches. **17** Gordon A. Craig, The Politics of the Prussian Army, S. 134. **18** Die Geheimen Papiere Friedrich von Holsteins, Bd. I, S. 155. **19** Aus dem Leben Theodor von Bernhardis, S. 222, 225. »Bester Preuße«: Hans-Joachim Schoeps, Das andere Preußen, S. 209. **20** Leben Bernhardis, S. 229. **21** Leben Bernhardis, S. 199. **22** Erich Eyck, Bismarck, Bd. I, S. 230. **23** Denkwürdigkeiten aus dem Leben Leopold von Gerlachs, künftig: Gerlach, Bd. II, S. 99, 100. **24** Eyck, a.a.O., S. 224ff. **25** Gerlach II, S. 187. **26** Gerlach II, S. 272, 281. **27** Leben Bernhardis, S. 214. Craig, a.a.O., S. 262. **28** Gerlach II, S. 139. **29** Gerlach II, S. 268. **30** Denkwürdigkeiten Stieber, S. 62. Denkwürdigkeiten Manteuffel, III, S. 49. **31** Denkwürdigkeiten Stieber, S. 62, 63. **32** Denkwürdigkeiten Stieber, S. 63. **33** Gerlach II, S. 306. **34** Gerlach II, S. 348. **35** Ebd. **36** Denkwürdigkeiten Manteuffel, III, S. 86. **37** Denkwürdigkeiten Stieber, S. 71. **38** Brockhaus' Conversations-Lexikon, Bd. VIII, S. 573. **39** Huber, a.a.O., I, S. 726ff. **40** Bolschaja Sowjetskaja Enziklopedija, Bd. III, S. 199. **41** Eugen Lennhoff, Politische Geheimbünde, S. 264. **42** Ebd. **43** Lennhoff, a.a.O., S. 265ff. **44** Enziklopedija, III, S. 199. **45** Ronald Hingley, Die russische Geheimpolizei, S. 54. **46** Hingley, a.a.O., S. 52. **47** Hingley, a.a.O., S. 46. **48** Hingley, a.a.O., S. 52. **49** Hingley, a.a.O., S. 53. **50** Enziklopedija, IX, S. 120. **51** Hingley, a.a.O., S. 53. **52** Ebd. **53** Brauer, a.a.O., S. 72. **54** Enziklopedija, III, S. 199. **55** Hingley, a.a.O., S. 55. **56** Ebd. **57** Deacon, a.a.O., S. 54. **58** Deacon, a.a.O., S. 55. **59** Enziklopedija, XXVI, S. 189. **60** Hingley, a.a.O., S. 53. Enziklopedija, IX, S. 120. **61** Enziklopedija, IX, S. 120. **62** Ebd. **63** Brauer, a.a.O., S. 77. **64** Brauer, a.a.O., S. 74. **65** Brauer, a.a.O., S. 73. **66** Deacon, a.a.O., S. 57ff, Hingley, a.a.O., S. 55. **67** Deacon, a.a.O., S. 56. **68** Enziklopedija, XXVI, S. 189. **69** Hingley, a.a.O., S. 58. **70** Deacon, a.a.O., S. 68. **71** Deacon, a.a.O., S. 69. **72** Denkwürdigkeiten Stieber, S. 247, 248. **73** Ludwig Reiners, Bismarck, Bd. II, S. 117. Wilhelm Müller, Reichskanzler Fürst Bismarck, S. 85, 86. **74** Reiners, a.a.O., S. 118, 119. **75** Müller, a.a.O., S. 87. **76** Gegründet wurde die Dienststelle im Zusammenhang mit dem preußischen Vereinsgesetz von 1850 und den preußischen Pressegesetzen von 1851; Helmut Schlierbach, Die politische Polizei in Preußen, S. 9. **77** Denkwürdigkeiten Stieber, S. 219. **78** Denkwürdigkeiten Stieber, S. 220. **79** Denkwürdigkeiten Stieber, S. 220ff. **80** Denkwürdigkeiten des General-Feldmarschalls Alfred Graf von Waldersee, S. 24. **81** Denkwürdigkeiten Stieber, S. 222. **82** Friedrich Gempp, Geheimer Nachrichtendienst und Spionageabwehr des Heeres, Bd. I, S. 1; National Archives (= NA), Filmrolle ML 68. **83** Ebd. **84** Denkwürdigkeiten Stieber, S. 240. **85** Ebd. **86** Denkwürdigkeiten Stieber, S. 251ff. Auszug aus der Denkschrift des Chefs des Generalstabes vom 8. 12. 1890 über die Geheime Feldpolizei; Gempp I, Anhang. The American People's Encyclopaedia, Bd. VII, S. 301. **87** Emil Ludwig, Bismarck, S. 385. **88** Denkwürdigkeiten Stieber, S. 269. **89** Otto von Bismarck, Gedanken und Erinnerungen, S. 106. **90** Brauer, a.a.O., S. 54, 55. **91** Bismarck an Johanna, 29. März 1859; Herbert von Bismarck, Fürst Bismarcks Briefe an seine Braut und Gattin, S. 408. **92** Bismarck, Gedanken und Erinnerungen, S. 111. **93** Ebd. **94** Hingley, a.a.O., S. 34. **95** Hingley, a.a.O., S. 82. **96** Deacon, a.a.O., S. 69. **97** Denkwürdigkeiten Stieber, S. 249. **98** Hingley, a.a.O., S. 84. **99** Denkwürdigkeiten Stieber, S. 307, 308. Annemarie Lange, Berlin zur Zeit Bebels und Bismarcks, S. 257. Das Central-Nachrichten-Bureau als Behörde des Preußischen Staatsministeriums wurde aufgelöst, nachdem Bismarck 1873 zeitweilig die Stellung des preußischen Ministerpräsidenten aufgegeben hatte. Stieber trat in den Dienst des Auswärtigen Amtes und beschränkte seine Arbeit auf die Abwehr von Attentaten; nach Stiebers endgültigem Ausscheiden führte Polizeidirektor Krüger die Arbeit fort. Auch für die russische Polizei blieb Stieber eine wichtige Vertrauens- und Auskunftsperson. Noch im November/Dezember 1877 führte Stieber mit dem russischen Obersten Nikolitsch Verhandlungen über die Einführung einer politischen Gendarmerie in der Zarenarmee nach dem Muster von Stiebers Geheimer Feldpolizei; Denkwürdigkeiten Stieber, S. 308, 309. **100** Hingley, a.a.O., S. 86ff. **101** Hingley, a.a.O., S. 90ff. **102** Enziklopedija, XXVI, S. 189. Hingley, a.a.O., S. 89. **103** Brauer, a.a.O., S. 83. **104** Hingley, a.a.O., S. 93. **105** Denkwürdigkeiten Stieber, S. 310. Hingley, a.a.O., S. 98. **106** Hingley, a.a.O., S. 94. **107** Deacon, a.a.O., S. 82ff. **108** Hingley, a.a.O., S. 95, 96. **109** Hingley, a.a.O., S. 104. **110** Hingley, a.a.O., S. 95. **111** Hingley, a.a.O., S. 105. **112** Deacon, a.a.O., S. 93.

2 Die Kuriere des Zaren

1 Ronald Hingley, Die russische Geheimpolizei, S. 114. **2** Richard Deacon, A History of the Russian Secret Service, S. 96. **3** Henning, Das Wesen und die Entwicklung der politischen Polizei in Berlin, in: Mitteilung des Vereins für die Geschichte Berlins, S. 90. **4** Walter Nicolai, Geheime Mächte, S. 10. Kriminalkommissar Wendzio, Politische Polizei; National Archives (künftig: NA), Filmrolle T-175/432. **5** Nicolai, a.a.O., S. 11. **6** Hans Uebersberger, Rußland und der Panslawismus, in: Otto Hintze, Friedrich Meinecke, Hermann Oncken und Hermann Schumacher, Deutschland und der Weltkrieg, S. 398ff. **7** Uebersberger, a.a.O., S. 406. Brockhaus' Conversations-Lexikon, Bd. VIII, S. 872. **8** Der Deutsche Geschäftsträger in St. Petersburg an Bismarck, 24. Dezember 1886, in: Die Große Politik der Europäischen Kabinette (künftig: GP), Bd. VI, S. 107. **9** Ebd. **10** Der Deutsche Geschäftsträger in St. Petersburg an Bismarck, 15. Dezember 1887; GP VI, S. 118-120. **11** GP VI, S. 111. **12** Hingley, a.a.O., S. 114. **13** Ebd. **14** Hingley, a.a.O., S. 115. **15** Hingley, a.a.O., S. 116. **16** Deacon, a.a.O., S. 119. **17** Deacon, a.a.O., S. 118, 119. **18** Hingley, a.a.O., S. 114. **19** Bericht des Deutschen Militärattachés in Paris, 27. April 1887. Dazu auch: Erlaß Herbert von Bismarcks an den Geschäftsträger in Paris, 28. April 1887; GP VI, S. 186, 191. **20** GP VI, S. 190. Durch eine Allerhöchste Kabinetts-Ordre Kaiser Wilhelms I. vom 8. Mai 1886 wurde deutschen Offizieren das Betreten französischen Territoriums verboten; Friedrich Gempp, Geheimer Nachrichtendienst und Spionageabwehr des Heeres, Bd. I, S. 16. National Archives, Filmrolle ML 68. **21** Deacon, a.a.O., S. 118. **22** Deacon, a.a.O., S. 119. **23** Hingley, a.a.O., S. 117. **24** Ebd. **25** Deacon, a.a.O., S. 118. **26** Uebersberger, a.a.O., S. 406. **27** Deacon, a.a.O., S. 118. **28** Hingley, a.a.O., S. 10. Deacon, a.a.O., S. 95. **29** Josef Reifberger, Die Entwicklung des militärischen Nachrichtenwesens in der k. u. k. Armee, in: Österreichische Militärische Zeitschrift, Heft 3/1976, S. 222. Deacon, a.a.O., S. 132. **30** Jurij Daniloff, Rußland im Weltkriege, S. 130. **31** Daniloff, a.a.O., S. 132, 134. **32** Daniloff, a.a.O., S. 130. **33** Maximilian Ronge, Der russische Kundschaftsdienst, S. 261; Österreichisches Staatsarchiv/Kriegsarchiv (künftig: KA), Nachlaßsammlung B 126/11. Richard Wilmer Rowan und Robert G. Deindorfer, Secret Service, S. 722, 726. **34** Maximilian Ronge, Kriegs- und Industriespionage, künftig: Spionage, S. 17. **35** Ronge, Russischer Kundschaftsdienst, S. 260. **36** August Urbański von Ostrymiecz, Das Tornisterkind, S. 121; KA, Nachlaßsammlung B 126/11. **37** Ronge, Russischer Kundschaftsdienst, S. 260. **38** Ronge, Russischer Kundschaftsdienst, S. 261. Urbański, a.a.O., S. 131. **39** Ronge, Russischer Kundschaftsdienst, S. 261. **40** Ronge, Spionage, S. 17. **41** Maximilian Ronge, Geschichte des Evidenzbureaus des Generalstabes (künftig: Evidenzbureau), S. 160; KA, Nachlaßsammlung B 126/11. **42** Ronge, Evidenzbureau, S. 160, 163. **43** Ronge, Evidenzbureau, S. 160. **44** Ebd. **45** Ronge, Evidenzbureau, S. 163. **46** Ebd. **47** Ronge, Evidenzbureau, S. 157, 163, 165. **48** Urbański, a.a.O., S. 168. **49** Ronge, Spionage, S. 17. **50** Ebd. **51** Ronge, Evidenzbureau, S. 151. **52** Ronge, Evidenzbureau, S. 159. **53** Leopold Kann, Erwischte Spione, in: Neues Wiener Tageblatt, 20. Februar 1926. **54** Ronge, Evidenzbureau, S. 154, 157. **55** Ronge, Evidenzbureau, S. 157. **56** Ronge, Evidenzbureau, S. 160, 162, 163. Igel war der erste russische Spion, dem in Österreich-Ungarn der Prozeß gemacht wurde. Das Landesgericht Czernowitz verurteilte ihn nach einjähriger Verhandlung Anfang 1889 zu zwölf Monaten schweren Kerkers. **57** Ronge, Evidenzbureau, S. 157. **58** Ronge, Evidenzbureau, S. 165. **59** GP VI, S. 190. **60** GP VI, S. 182. **61** Ebd. **62** Ebd. **63** GP VI, S. 182, 183. **64** Erich Eyck, Bismarck, Bd. III, S. 471. **65** Der Deutsche Geschäftsträger in Paris an das Auswärtige Amt, 22. April 1887; GP VI, S. 182. **66** Uebersberger, a.a.O., S. 406. **67** Bericht des Deutschen Militärattachés in Paris, 27. April 1887; GP VI, S. 186. **68** Ebd. **69** GP VI, S. 192. **70** Der Deutsche Geschäftsträger in Paris an das Auswärtige Amt, 24. April 1887; GP VI, S. 184. **71** Bismarck an den Französischen Botschafter in Berlin, 28. April 1887; GP VI, S. 189. **72** GP VI, S. 110. **73** Ebd. **74** Ebd. **75** Herbert von Bismarck an den Botschafter in St. Petersburg, 10. Juni

1887; GP VI, S. 112. **76** Gerhard Ritter, Der Schlieffenplan, S. 18. **77** Ritter, a.a.O., S. 16. **78** Walter Görlitz, Der deutsche Generalstab, S. 82. **79** Gordon A. Craig, The Politics of the Prussian Army, S. 266. Hans-Joachim Schoeps, Bismarck über Zeitgenossen, Zeitgenossen über Bismarck, S. 134. **80** Görlitz, a.a.O., S. 84. Alson J. Smith, A View of the Spree, S. 81ff. Craig, a.a.O., S. 267. **81** Schoeps, Bismarck, S. 135. **82** Görlitz, a.a.O., S. 82. **83** Ebd. **84** Craig, a.a.O., S. 268. **85** Craig, a.a.O., S. 267, 268. **86** Studie über den Entschluß zum Rechtsabmarsch am 25. August 1870; Friedrich Gempp, Geheimer Nachrichtendienst und Spionageabwehr des Heeres, Bd. I, Anlage 1; NA, ML 68. **87** Gempp I, S. 4, und die als Anlage 1 beigefügten Berichte des Barons Schluga von 1870/71 und Studie über den Entschluß zum Rechtsabmarsch am 25. August 1870. Daraus ergibt sich freilich auch, daß nicht allein Schlugas Bericht, sondern auch die ihn bestätigenden Meldungen der deutschen Frontaufklärung Moltke zur Abänderung seines Vormarschplans bewogen. **88** Gempp I, S. 1-15. **89** Gempp I, S. 15, 22. In den Akten der Zentralabteilung des Generalstabs taucht der Name »IIIb« zum erstenmal 1890 auf; er dürfte nach Lettow-Vorbecks Ablösung im Februar 1889 und der ihr folgenden Umänderung des Geheimdienstes entstanden sein. Unzutreffend ist die Angabe bei W. Nicolai, Nachrichtendienst, Presse und Volksstimmung im Weltkrieg, S. 3, der Geheimdienst habe im Krieg von 1870/71 der 3. Abteilung des Generalstabs angehört und aus dieser Zeit die Bezeichnung IIIb getragen. Tatsächlich war das Nachrichtenbüro damals dem Chef des Generalstabs direkt unterstellt; der 3. Abteilung gehörte es nur von 1875 bis 1881 an. **90** Gempp I, S. 15. **91** Instruktion für den Offizier der Sektion 4 der II. Abteilung, 16. Juni 1883; Gempp I, Anlagen. **92** Ebd. **93** Gempp I, S. 18. **94** Gempp I, S. 19. **95** Ebd. **96** Gempp I, S. 18. **97** Gempp I, S. 19. **98** Ebd. **99** Gempp I, S. 20. **100** Gempp I, S. 18. **101** Auszug aus dem Erfahrungsbericht des Generalmajors a. D. Brose, undatiert (nach dem Ersten Weltkrieg entstanden); Gempp I, S. 283. **102** Gempp I, S. 20. **103** Gempp I, S. 14, 28, 287. **104** GP VI, S. 4-14. **105** Brief von Deines an den Botschafter in Wien, 23. November 1887; GP VI, S. 11. **106** Gerhard Ritter, Staatskunst und Kriegshandwerk, Bd. I, S. 295. **107** GP VI, S. 24, 25. **108** Ritter, Staatskunst I, S. 295. **109** GP VI, S. 57. **110** Aufzeichnung von Graf zu Rantzau, 15. Dezember 1887; GP VI, S. 28, 29. **111** Bismarck an den Botschafter in Wien, 15. Dezember 1887; GP VI, S. 25. **112** Craig, a.a.O., S. 268. **113** GP VI, S. 58. **114** Aufzeichnung von Graf zu Rantzau, 19. Dezember 1887; GP VI, S. 57. **115** Ritter, Staatskunst I, S. 297. **116** Bismarck an den Botschafter in Wien, 15. Dezember 1887; GP VI, S. 29. **117** Aufzeichnung Rantzau, 15. Dezember 1887. **118** Ritter, Staatskunst II, S. 105. **119** Gempp I, S. 21. **120** Erfahrungsbericht Brose; Gempp I, S. 281. **121** Marek wurde noch 1890 in Olmütz zu einer zehnjährigen Kerkerstrafe verurteilt; Ronge, Evidenzbureau, S. 165. **122** Gempp I, S. 17. **123** Gempp I, S. 66.

3 Das Haus am Sachsenplatz

1 Friedrich Gempp, Geheimer Nachrichtendienst und Spionageabwehr des Heeres, Bd. I, S. 70; National Archives (künftig: NA), Filmrolle ML 68. **2** Ebd. **3** Gempp I, S. 69. **4** Gempp I, S. 52. **5** Ebd. **6** Ebd. **7** Ebd. **8** Bericht des k. u. k. Generals der Infanterie d. R. Carl Freiherr von Steininger, 4. Mai 1912, in: Maximilian Ronge, Geschichte des Evidenzbureaus des Generalstabes, (künftig: Evidenzbureau), S. 378; Österreichisches Staatsarchiv/Kriegsarchiv (künftig: KA), Nachlaß Ronge, B 126/11. **9** Bericht Steininger, a.a.O., S. 380. **10** Kriegsminister Hans von Kaltenborn-Stachau an Caprivi, 19. Januar 1891; Gempp I, S. 28. **11** Gempp I, S. 69. **12** Ebd. **13** Maximilian Ronge, Kriegs- und Industrie-Spionage (künftig: Ronge, Spionage), S. 66. **14** Ronge, Evidenzbureau, S. 186. **15** Graf York von Wartenburg an Waldersee, 20. Juni 1885; Gempp I, S. 20. **16** Jurij Daniloff, Rußland im Weltkriege, S. 110, 112. **17** Ergänzungen Ronges zu seinem Buch: Kriegs- und Industrie-Spionage; KA, Nachlaß Ronge, B 126/11. **18** Gerhard Ritter, Der Schlieffenplan, S. 21. **19** Ritter, a.a.O., S. 22. **20** Ergänzungen Ronges. **21** Ebd. **22** Nicolai, a.a.O., S. 18. Hauptmann von Kamptz, Die russischen Streitkräfte und ihre Aufstellung an der Westgrenze Rußlands, 19. November 1895; Bundesarchiv/ Militärarchiv (künftig: BA/ MA), RN 5/1486. **23** Robert B. Asprey, The Panther's Feast, S. 55. **24** Ronge, Spionage, S. 66. **25** Ronge, Spionage, S. 67. **26** Ebd. **27** Ebd. **28** Harry Howe Ransom, The Intelligence Establishment, S. 51. **29** Ludwig Altmann, Zur Psychologie des Spions, in: Paul von Lettow-Vorbeck, Die Weltkriegsspionage. S. 41. **30** Genaue Preise in: Instruktion für die Unterweisung und Schulung der Konfidenten (künftig: Instruktion), 1914 herausgegeben vom Evidenzbureau, S. 15ff. **31** Sir Kenneth Strong, Die Geheimnisträger, S. 225. **32** August Urbański von Ostrymiecz, Das Tornisterkind, S. 169; KA, Nachlaß Urbański, B 126/11. **33** Ebd. **34** Auszug aus dem Erfahrungsbericht des Generalmajors a. D. Brose, undatiert; Gempp I, S. 289. Ronge, Spionage, S. 20, 38. **35** Urbański, Tornisterkind, S. 188. **36** Maximilian Ronge, Meister der Spionage, S. 37. **37** Richard Deacon, A History of the Russian Secret Service, S. 88. **38** Deacon, a.a.O., S. 94. **39** Deacon, a.a.O., S. 100. **40** Ronge, Spionage, S. 21, 22. Altmann, a.a.O., S. 48ff. **41** Ronge,

Spionage, S. 47. **42** Altmann, a.a.O., S. 49. **43** Hans Seeliger, Der Verrat des Obersten Redl, in: Neues Wiener Tageblatt, 21. Februar 1925; Hans Seeliger, Mit Redl auf Spionageabwehr, in: Neues Wiener Journal, 25. Mai 1933; Wilhelm Haberditz, Die Schurkereien des Spions Redl, in: Neues Wiener Journal, 31. Januar 1924. **44** Personalblatt: Oberst Alfred Redl; Akten des k. u. k. Chefs des Generalstabes, KA. Josef Reifberger, Die Entwicklung des militärischen Nachrichtenwesens in der k. u. k. Armee, in: Österreichische Militärische Zeitschrift, Heft 3/1976, S. 217. Eine befriedigende Redl-Biographie gibt es noch nicht, die von Georg Markus, Der Fall Redl, bietet erste solide Ansätze, ohne jedoch den geheimdienstlichen Hintergrund der Figur richtig zu durchschauen. **45** Untertänigste Meldung betr. Selbstmord des Obst. Redl, vorgelegt von Oberst Bardolff, 28. Mai 1913; Akten der Militärkanzlei des Erzherzogs Franz Ferdinand, KA. **46** Reifberger, a.a.O., S. 222. Es ist Reifbergers Verdienst, als erster auf die Arbeit des sowjetischen Generalmajors M. A. Milstein hingewiesen zu haben, der anhand Moskauer Archivalien klärte, daß Redl 1906 (und nicht früher, wie ältere Autoren annahmen) in die Dienste der Raswedka getreten war. **47** Reifberger, a.a.O., S. 217. **48** Notizen über die Durchsuchung der Privatwohnung des Oberst Redl, verfaßt von Oberst Urbański, 16. Juni 1913; Akten der Militärkanzlei des Erzherzogs Franz Ferdinand, KA. **49** Ebd. **50** Ebd. **51** Notizen über die Verhandlungen (am 24./25. Mai) mit Redl im Hotel Klomser, vorgelegt von Ronge am 16. Juni 1913; Akten der Militärkanzlei des Erzherzogs Franz Ferdinand, KA. **52** Ebd. **53** Ronge, Spionage, S. 22. **54** Ebd. **55** Erfahrungsbericht Brose; Gempp I, S. 286. Ronge, Evidenzbureau, S. 196. **56** Bemerkungen des Chefs IIIb zu den Jahresberichten des Ostens 1910, von Heye verfaßt; Gempp I, S. 346. **57** Ebd. **58** Nicolai, a.a.O., S. 31. **59** Ronge, Spionage, S. 73. **60** Nicolai, a.a.O., S. 31. **61** Gempp I, S. 207, Nicolai, a.a.O., S. 32. **62** Nicolai, a.a.O., S. 32. **63** Ergänzungen Ronges. **64** Ronge, Spionage, S. 68. **65** Deckadressen in der Schweiz, 1913; Ronge, Evidenzbureau, Anhang. **66** Ebd. Ronge, Spionage, S. 68. **67** Gempp I, S. 4ff. **68** Ronge, Spionage, S. 68. **69** Bericht des Kapitänleutnants Gercke über Weiterentwicklung des N-Wesens in Rußland und Beobachtungen auf dem Gebiete des N-Wesens, 24. März 1914; BA/MA, RM 5/1442. **70** Ebd. **71** Ebd. **72** Nicolai, a.a.O., S. 34. **73** Nicolai, a.a.O., S. 29. **74** Gunther Frantz, Russischer Geheimdienst, in: Wolfgang Foerster, Kämpfer an vergessenen Fronten, S. 482. **75** Strong, a.a.O., S. 226. **76** Urbański, Tornisterkind, S. 169. **77** Erfahrungsbericht Brose; Gempp I, S. 285. **78** Ritter, a.a.O., S. 41, 42. Die Fälschung war offenbar so gut, daß einige Historiker noch heute den angeblichen deutschen Aufmarschplan von 1904 für echt halten. So lastet es Barbara W. Tuchman, The Guns of August, S. 41, den französischen Militärs an, daß sie an der Authentizität dieser »early version of the Schlieffen plan« gezweifelt hätten; offenbar hat Frau Tuchman den echten Aufmarschplan von 1904 nicht mit dem an die Franzosen verkauften Papier verglichen. Siehe auch: Wolfgang Foerster, Ist der deutsche Aufmarsch 1904 an die Franzosen verraten worden?, in: Berliner Monatshefte, Jahrgang 1932, S. 1053 ff. **79** Keyserlingk an den Staatssekretär des Reichsmarineamts, 10. Juli 1910; BA/MA, RM 5/1435. **80** Ebd. **81** Frantz, a.a.O., S. 484. **82** Frantz, a.a.O., 485. **83** Ergänzungen Ronges. **84** Nicolai, a.a.O., S. 19. **85** Bemerkungen des Chefs IIIb; Gempp I, S. 349. **86** Gempp I, S. 83. **87** Bemerkungen des Chefs IIIb; Gempp I, S. 349. **88** Gempp I, S. 57. Annemarie Lange, Berlin zur Zeit Bebels und Bismarcks, S. 405. **89** Gempp I, S. 23. **90** Gempp I, S. 49. **91** Gempp I, S. 52, 53. **92** Gempp I, S. 23. **93** Ebd. **94** Gempp I, S. 24. **95** Gempp I, S. 27. **96** Gempp I, S. 51. **97** Gempp I, S. 25. **98** Gempp I, S. 56. **99** Gempp I, S. 58. **100** Gempp I, S. 81. **101** Denkschrift des Chefs des Generalstabes vom 3.12. 1912 über die Neuorganisation der Spionageabwehr; Gempp I, Anhang. **102** Bemerkungen des Chefs IIIb, S. 6; Gempp I, S. 349. **103** Ebd. **104** Walter Görlitz, Der deutsche Generalstab, S. 90. **105** Ritter, a.a.O., S. 70, 71. **106** Ritter, a.a.O., S. 80, 81. **107** Ritter, a.a.O., S. 29, 30. **108** Gempp I, S. 44. **109** Ebd. **110** Ebd. **111** Anleitung für die Nachrichtenstationen der Ostgrenzen, 11. April 1892; Gempp I, S. 263. **112** Ausführungsbestimmungen zu der Anleitung für die Nachrichtenstationen an der Ostgrenze, April 1892; Gempp I, S. 265 ff. **113** Ausführungsbestimmungen; Gempp I, S. 267. **114** Ausführungsbestimmungen; Gempp I, S. 268. **115** Ausführungsbestimmungen; Gempp I, S. 266. **116** Anleitung; Gempp I, S. 263. **117** Deakin, a.a.O., S. 87. **118** Instruktion, S. 21. **119** Instruktion, S. 24. **120** Radolin an Reichskanzler Hohenlohe-Schillingsfürst, 7. April 1896, S. 5; BA/MA, RM 2/965. **121** Bericht des Kapitänleutnants Gercke über seinen Aufenthalt in Rußland, 5. Juni 1913, S. 6; BA/MA, RM 5/1441. **122** Instruktion, S. 11. **123** Instruktion, S. 10. **124** Instruktion, S. 23. **125** Instruktion, S. 11. **126** Ausführungsbestimmungen, S. 2; Gempp I, S. 263. **127** Ebd. **128** Ausführungsbestimmungen, S. 3. **129** Erfahrungsbericht Brose; Gempp I, S. 284. **130** Kamptz, a.a.O., S. 10, 24. **131** Kamptz, a.a.O., S. 14, 15. **132** Kamptz, a.a.O., S. 1. **133** Karl Friedrich Nowak, Die Aufzeichnungen des Generalmajors Max Hoffmann, Bd. II, S. 16. **134** Erfahrungsbericht Brose; Gempp I, S. 283. **135** Ebd. **136** Ebd. **137** Ebd. **138** Ronge, Spionage, S. 20. **139** Erfahrungsbericht Brose; Gempp I, S. 284. **140** Erfahrungsbericht Brose; Gempp I, S. 283. **141** Ebd. **142** Erfahrungsbericht Brose; Gempp I, S. 283. **143** Ebd. **144** Ronge, Evidenzbureau, S. 169. **145** Ebd. **146** Ronge, Evidenzbureau, S. 172, 174, 176, 178, 181, 185. **147** Reifberger, a.a.O., S. 213. **148** Ronge, Spionage, S. 18. **149** Verhaftungen in Warschau März

1892, Aktennotiz von 1893; Ronge, Evidenzbureau, S. 370. **150** Ebd. **151** David Kahn, The Codebreakers, S. 618. **152** Ergänzungen Ronges. **153** Urbański, Tornisterkind, S. 172. **154** Nicolai an Ronge, undatiert (etwa: August 1925); Besprechung am 18. IX. 26 mit Sr. Exz. dem Herrn GO Baron Sarkotic; Ronge, Evidenzbureau. S. 367, 369. **155** Personalblatt: Oberst Eugen Hordliczka; Ronge, Evidenzbureau, Anhang. Ronge, Spionage, S. 20. **156** Ronge, Evidenzbureau, S. 209. **157** Personalblatt Redl. **158** Urbański, Tornisterkind, S. 175. **159** Ergänzungen Ronges. **160** Ronge, Spionage, S. 63.

4 Die Geheimnisse des Nikon Nizitas

1 Friedrich Gempp, Geheimer Nachrichtendienst und Spionageabwehr des Heeres, Bd. I, S. 75; National Archives (künftig: NA), ML 68. **2** Gempp I, S. 76. **3** Gempp I, S. 75. **4** Corelli Barnett, The Swordbearers, S. 15. **5** Rußland, handschriftliche Aufzeichnung Moltkes, undatiert (etwa: 1890); Nachlaß Moltke d. J., Bundesarchiv/ Militärarchiv (künftig: BA/MA) N 78/31. **6** Gempp I, S. 75. **7** Einem an Moltke, 14. April 1906; Gempp I, S. 75. **8** Moltke an Einem, 26. April 1906; Gempp I, S. 76. **9** Einem an Moltke, 23. Mai 1906; Gempp I, S. 76. **10** Personalblatt: Oberst Nicolai; Archiv des »Spiegel«. **11** Nicolai, a.a.O., S. 15. **12** Nicolai, a.a.O., S. 16. **13** Gempp I, S. 74. **14** Nicolai, a.a.O., S. 17. **15** Gempp I, S. 213, 220, 225. **16** Gempp I, S. 213. **17** Gempp I, S. 218. **18** Gempp I, S. 219. **19** Erfahrungsbericht Brose; Gempp I, S. 284. **20** Gempp I, S. 225. **21** Walter Nicolai, Geheime Mächte, S. 21. **22** Egmont Zechlin, Die deutsche Politik und die Juden im Ersten Weltkrieg, S. 101-104. **23** Ronald Hingley, Die russische Geheimpolizei, S. 131. **24** Instruktion für die Unterweisung und Schulung der Konfidenten, Evidenzbureau 1914, S. 24, 27. **25** Erfahrungsbericht Brose; Gempp I, S. 284. Nicolai, a.a.O., S. 20. **26** Ebd. **27** Gempp I, S. 118. **28** Karl-Friedrich Nowak, Die Aufzeichnungen des Generalmajors Max Hoffmann, Bd. II, S. 13. **29** Ebd. **30** Gempp I, S. 78. **31** Gempp I, S. 110. **32** Ebd. **33** Jurij Daniloff, Rußland im Weltkriege, S. 119. **34** Gempp I, S. 113. **35** Ebd. **36** Richtlinien für die Mob.-Vorarbeiten der Nachrichtenstellen, November 1913; Gempp I, S. 109. **37** Richtlinien; Gempp I, S. 108. **38** Bemerkungen des Chefs IIIb; Gempp I, S. 348. **39** Gempp I, S. 225. **40** Ebd. **41** A. Agricola (= Alexander Bauermeister), Aus dem Kriegstagebuch eines Nachrichtenoffiziers an der Ostfront, in: Wolfgang Foerster, Kämpfer an vergessenen Fronten, S. 536. Gempp I, S. 226. Außerdem: Rangliste der Königlich Preußischen Armee für 1914, S. 365. **42** Gempp I, S. 226. **43** Gempp I, S. 207. **44** Gempp I, S. 208. **45** Schriftwechsel zwischen Admiralstab und Auswärtigem Amt betr.: Ausdehnung des Nachrichtenwesens 1899/1900; BA/MA, RM 5/5317. **46** Ebd. **47** Bericht des Korvettenkapitäns Schwengers über Einrichtung eines Nachrichtendienstes in Rußland, 3. Juni 1912; BA/MA, RM 5/1441. **48** Ebd. **49** Ebd. **50** Auszug aus den Berichten des Kapitänleutnants Grumme, undatiert (etwa: Dezember 1912); Weiterausbau des Nachrichtendienstes in Rußland, Meldung von Kapitänleutnant Gercke, 8. Oktober 1912; beide BA/MA, RM 5/1441. **51** Ebd. Verpflichtungserklärungen diverser BE, außerdem: Lexikon zum Nachrichten-Code; BA/MA, RM 5/1441. **52** Bericht Schwengers, 3. Juni 1912; Gempp I, S. 225. **53** Aufgaben für Kapitänleutnant Grumme, 2. Dezember 1912, und Aktennotiz von Kapitänleutnant Gercke, 2. Dezember 1912; BA/MA, RM 5/1441. **54** Berichte und Fragebogen diverser Kapitäne in: BA/MA, RM 5/1441. **55** Ebd. **56** Ebd. **57** Bericht des Kapitänleutnants Gercke über Weiterentwicklung des N-Wesens in Rußland, 24. März 1914; BA/MA, RM 5/1442. **58** Ebd. **59** Ebd. Dazu: graphische Darstellung über Organisation des ND und des Kriegslotsendienstes für den Ostseekriegsschauplatz; 1913; BA/MA, RM 5/1441. Vater und Sohn Zilliacus konnten sich nie über Deutschland einigen: Während der Vater für Deutschland spionierte, in dem er einen Helfer im Kampf gegen den Zarismus sah, blieb der Sohn, zunächst als britischer Geheimdienstoffizier in Sibirien (1917-1919), dann als Linkssozialist und Labour-Abgeordneter ein fanatischer Feind dessen, was ihn deutscher Militarismus dünkte; siehe Zilliacus-Nachruf in: The Times, 7. Juli 1967. **60** Bericht Gercke, 24. März 1914. **61** Ebd. **62** Ebd. **63** Protokoll der Sitzung vom 1./13. Juli 1912 zwischen den Chefs der Generalstäbe der französischen und russischen Armeen, in: W. A. Suchomlinow, Erinnerungen, S. 261. **64** Mierzinski an Gercke, 12. Februar 1914; BA/MA, RM 5/1442. **65** Ebd. **66** Hans Rudolf Ehrbar, Schweizerische Militärpolitik im Ersten Weltkrieg, S. 18, 20. **67** Ehrbar, a.a.O., S. 20, 21. **68** Die Gräfin Clara von Bismarck aus der badischen Linie der Bismarcks heiratete Ulrich Wille am 15. Mai 1872 in Konstanz. Ihr Verwandter, Major Busso von Bismarck, war Deutscher Militärattaché in Bern; Genealogisches Handbuch der Gräflichen Häuser, Bd. I, S. 55. **69** Ehrbar, a.a.O., S. 30. **70** Ehrbar, a.a.O., S. 41. **71** Ebd. **72** Moltke an das Auswärtige Amt, 2. August 1914; Ehrbar, a.a.O., S. 40, 41. **73** Jürg Schoch, Die Oberstenaffäre, S. 9. **74** Ebd. **75** Schoch, a.a.O., S. 11. **76** Hermann Zerzawy, Der Fall des Generalstabsobersten Redl, in: Neue Illustrierte Wochenschau, 27. Oktober 1957. **77** Maximilian Ronge, Geschichte des Evidenzbureaus des Generalstabes, S. 210; Österreichisches Staatsarchiv/Kriegsarchiv (künftig: KA), Nachlaß Ronge B 126/11. **78** Maximilian Ronge, Kriegs- und Industrie-Spionage,

S. 22. **79** Ebd. **80** Ergänzungen Ronge zu: Kriegs- und Industrie-Spionage; KA, B 126/11. **81** Ebd. **82** Ebd. **83** Ausarbeitung von Nicolai für Ronge, undatiert (etwa: 1925) und Brief Nicolais an Ronge, 25. August 1925; Ronge, Evidenzbureau, S. 367ff. **84** Ebd. **85** Ronge, Spionage, S. 26. Personalblatt: Oberst Maximilian Ronge, in: Ronge, Evidenzbureau, Anhang. **86** Die Verwandtschaft Canaris-Ronge ging auf den deutsch-katholischen Kirchenrebellen Johannes Ronge (1813-1887) zurück, dessen Schwester eine Großmutter von Wilhelm Canaris war. Maximilian Ronge, der in der Hitler-Ära mit dem deutschen Abwehrchef in dienstlichem Kontakt stand, zweifelte allerdings an der Echtheit dieser verwandtschaftlichen Verbindung; schriftliche Mitteilung seines Enkels Dr. Gerhard Jagschitz, 21. Januar 1976. **87** Zerzawy, a.a.O. **88** Ebd. Ronge, Spionage, S. 29ff. **89** Ronge, Spionage, S. 22. Ronge, Evidenzbureau, S. 210. **90** Ronge, Spionage, S. 41. **91** August Urbański von Ostrymiecz, Das Tornisterkind, S. 169. Ronge, Spionage, S. 42. **92** Ronge, Spionage, S. 42. **93** Ebd. **94** Urbański, Tornisterkind, S. 170. **95** Ronge, Spionage, S. 42. **96** Ebd. **97** Ebd. **98** Ludwig Altmann, Zur Psychologie des Spions, in: Paul von Lettow-Vorbeck, Die Weltkriegsspionage, S. 49. Ronge, Spionage, S. 69. **99** Ebd. **100** Altmann, a.a.O., S. 49. **101** Ronge, Spionage, S. 70. **102** Altmann, a.a.O., S. 50. **103** Ronge, Spionage, S. 70. **104** Zerzawy, a.a.O., Ronge, Spionage, S. 51. **105** Ebd. **106** Ronge, Evidenzbureau, S. 204. **107** Zerzawy, a.a.O. **108** Ronge, Spionage, S. 51. **109** Zerzawy, a.a.O. **110** Personalblatt Redl. **111** Gempp I, S. 83. Nicolai, a.a.O., S. 33. **112** Brieftagebuch (BTB) des Evidenzbureaus, 14., 17. April 1913; Ronge, Evidenzbureau, Anhang. Altmann, a.a.O., S. 43, Urbański, Tornisterkind, S. 173. Ronge, Spionage, S. 72. **113** BTB, 30. Oktober 1913. Ronge, Spionage, S. 68. **114** Ergänzungen Ronges. **115** Ronge, Spionage, S. 73. **116** Nicolai, a.a.O., S. 31. BTB, 5. Februar 1913. **117** Ebd. **118** Ronge, Spionage, S. 53ff. **119** David Kahn, The Codebreakers, S. 449. Ronge, Spionage, S. 57. **120** BTB, 3. März 1913. **121** BTB, 8. März 1913. **122** Nicolai, a.a.O., S. 31. **123** BTB, 8. April 1913. Bei Nicolai, a.a.O., S. 31, unrichtige Angaben über Zeitpunkt und Geldinhalt des Briefes. **124** BTB, 8. April 1913. **125** Ronge, Spionage, S. 74. **126** BTB, 8. April 1913. Ronge, Spionage, S. 75. **127** Ronge, Spionage, S. 75. Emil Bader, Wie Oberst Redl entlarvt wurde, in: Neues Wiener Tageblatt, 20. Juli 1930. **128** BTB, 3. Mai 1913. Ronge, Spionage, S. 74. **129** BTB, 9. Mai 1913. **130** BTB, 13. Mai 1913. Diese Eintragung belegt, daß die zwei neuen Nizetas-Briefe vom Evidenzbureau zurückgezogen wurden, ehe das Evidenzbureau einen eigenen Nizetas-Brief verfaßte. Mithin ist Ronges Darstellung in: Spionage, S. 75, falsch, der manipulierte Brief sei nach dem Eintreffen der neuen (echten) Briefe zurückgenommen worden. Folglich dürfte auch der bei Ronge, Spionage, S. 74, in Faksimile wiedergegebene Nizetas-Brief vom 9. Mai 1913 nicht ein echtes Schreiben der Russen sein, sondern das vom Evidenzbureau angefertigte Papier. **131** Ronge, Spionage, S. 74. **132** BTB, 23. Mai 1913. **133** Urbański, Tornisterkind, S. 176. Georg Markus, Der Fall Redl, S. 202. **134** Bader, a.a.O. **135** Ebd. **136** Ebd. **137** Ebd. **138** Ronge, Spionage, S. 75. **139** Bader, a.a.O. **140** Urbański, Tornisterkind, S. 177. Ronge, Spionage, S. 76. **141** Entwurf der Interpellationsbeantwortung des Ministers für Landesverteidigung, 4. Juni 1913; Akten der Militärkanzlei des Erzherzogs Franz Ferdinand, KA. Dagegen: Ronge, Spionage, S. 76, und Urbański, Tornisterkind, S. 177. **142** Bericht des Generalmajors Franz v. Höfer an die Militärkanzlei des Erzherzogs Franz Ferdinand, 14. Juni 1913; Akten der Militärkanzlei, KA. **143** Entwurf der Interpellationsbeantwortung. **144** Bericht Höfer. **145** Ebd. **146** Ebd. **147** Notizen über die Durchsuchung der Privatwohnung Redl. **148** Egon Erwin Kisch, Marktplatz der Sensationen, S. 241ff. Michael Horowitz, Ein Leben für die Zeitung, S. 20. Siehe auch Markus, a.a.O., S. 235, der recht kritiklos Kischs Darstellung übernimmt. **149** Marginalie Franz Ferdinands auf dem Entwurf der Interpellationsbeantwortung. **150** Reifberger, a.a.O., S. 222. Personalblatt: Urbański. **151** Deckadressen in der Schweiz. **152** BTB, 29. September, 6., 23., 25. Oktober 1913. **153** Nicolai, a.a.O., S. 32. Gempp I, S. 207. **154** BTB, 27. Januar und 25. Februar 1913. **155** BTB, 4. September 1913. **156** Nicolai, a.a.O., S. 33.

5 Krieg, Krieg, Krieg

1 Erwin Hölzle, Der Geheimnisverrat und der Kriegsausbruch 1914, S. 34. **2** Friedrich Rosen, Aus einem diplomatischen Wanderleben, Bd. II, S. 155. **3** Hölzle, a.a.O., S. 8. **4** Hans von Rimscha, Figur zwischen den Reichen, in: Baltische Briefe, Heft 7/8 1970, S. 3. **5** Ebd. **6** Erwin Hölzle, Die Selbstentmachtung Europas, S. 244. **7** Ebd. **8** Diesem Zufall hatte es der Botschafter von Benckendorff zu verdanken, daß er gebürtiger Berliner war: geboren am 20. Juli 1849 in der preußischen Hauptstadt (sein Vater Graf Konstantin von Benckendorff diente 1848-1855 als russischer Militärattaché in Berlin). **9** Friedrich Stieve, Isvolsky and the World War, S. 196. **10** Stieve, a.a.O., S. 197. **11** Ebd. **12** Stieve, a.a.O., S. 199, 200. **13** Arthur J. Marder, From the Dreadnought to Scapa Flow, Bd. I, S. 245. **14** Marder, a.a.O., S. 308. Barbara W. Tuchmann, The Guns of August, S. 50. **15** Marder, a.a.O., S. 309. **16** Brief Greys an Cambon, 22. November

1912; in: Graf Benckendorffs Diplomatischer Schriftwechsel (Herausgeber: Benno von Siebert), Bd. II, S. 496. **17** Brief Cambons an Grey, 23. November 1912, Benckendorffs Schriftwechsel, a.a.O., S. 498. **18** Das genaue Datum des Eintreffens der Papiere in Berlin ist nicht bekannt; sie müssen jedoch mindestens einen Tag im Auswärtigen Amt gewesen sein, ehe Stumm ihren Inhalt am 21. Mai 1914 Wolff offenbarte. Siehe Theodor Wolff, La Guerre de Ponce Pilate, S. 268. **19** Hölzle, Selbstentmachtung, S. 242. **20** Franz Kugler, Geschichte Friedrichs des Großen, S. 250. Rudolf Augstein, Preußens Friedrich und die Deutschen, S. 537. **21** Auf diesen Gesichtspunkt weist besonders hin: Andreas Hillgruber, Deutsche Großmacht- und Weltpolitik im 19. und 20. Jahrhundert, S. 79. **22** Hölzle, Geheimnisverrat, S. 10. **23** Ebd. **24** Kurt Riezler, Tagebücher, Aufsätze, Dokumente, S. 182. **25** Gunther Frantz, Rußlands Eintritt in den Weltkrieg, S. 25. **26** Gerhard Ottmer, Rußland und der Kriegsausbruch, S. 9. **27** Ebd. Hölzle, Selbstentmachtung, S. 299. **28** Hölzle, Geheimnisverrat, S. 9. **29** Hölzle, Geheimnisverrat, S. 8. Schon hier zeigt es sich, wie sehr sich Fischer mit seiner These irrt, die Reichsleitung habe seit 1913 zielbewußt auf den Krieg hingearbeitet, weil nur dieser eine Erweiterung der deutschen Weltstellung ermöglichte; siehe Fritz Fischer, Der Krieg der Illusionen. Dagegen: Wolfgang J. Mommsen, Die deutsche Kriegszielpolitik 1914-1918, in: Walter Laqueur und George L. Mosse, Kriegsausbruch 1914, S. 82 ff. **30** Stieve, a.a.O., S. 200. **31** So die Erklärung von Asquith vor dem Unterhaus, 10. März 1913; Marder, a.a.O., S. 309. **32** Wolff, a.a.O., S. 268. **33** Wolff, a.a.O., S. 269. Zu Bethmann Hollweg: Brief an Lichnowsky, 16. Juni 1914, in: Die Große Politik der Europäischen Kabinette, Bd. XXXIX (künftig: GP), S. 629. **34** Wolff, a.a.O., S. 268. **35** Wolff, a.a.O., S. 270. **36** Berliner Tageblatt, 22. Mai 1914. **37** Hölzle, Selbstentmachtung, S. 247. **38** Ebd. **39** Jagow an Legationsrat a. D. vom Rath, 25. Mai 1914, in: GP, Bd. XXXIX, S. 618. **40** Neue Preußische (Kreuz-)Zeitung, 27. Mai 1914. **41** Frantz, a.a.O., S. 101. **42** Hölzle, Selbstentmachtung, S. 247. **43** George Malcolm Thomson, The Twelve Days, S. 73. **44** Marder, a.a.O., S. 310. **45** GP, Bd. 39, S. 624. Es bleibt unerfindlich, wie Fischer, Der Griff zur Weltmacht, S. 632, die Erklärung Greys zu einem »Meisterstück in der Taktik des Ausweichens« erklären kann, wo es sich in Wirklichkeit um eine einfache Täuschung der Öffentlichkeit handelte. **46** GP, Bd. XXXIX, S. 626. **47** Wolkow an den Chef des russischen Marinestabes, 6. Juni 1914; Benckendorffs Schriftwechsel, Bd. III, S. 281. **48** Marder, a.a.O., S. 311. **49** Jagow an Rath, 25. Mai 1914. **50** Friedrich Würthle, Die Spur führt nach Belgrad, S. 11 ff. **51** Würthle, a.a.O., S. 47, 91. **52** Thomson, a.a.O., S. 48. **53** Würthle, a.a.O., S. 275. **54** Thomson, a.a.O., S. 47. **55** Würthle, a.a.O., S. 44. **56** Würthle, a.a.O., S. 228. Dimitrijevic war ein Gegner des Ministerpräsidenten Pasic und des Prinzregenten Alexander, deren Regime er durch eine nationalistische Militärdiktatur beseitigen wollte. Als sich Regierung und Militärführung im Laufe des Krieges nach Griechenland zurückzogen, schaltete Alexander den mächtigen ND-Obersten aus. Dimitrijevic und seine engsten Mitarbeiter wurden am 15. Dezember 1916 unter der Anklage verhaftet, ein Attentat auf den Prinzregenten verübt zu haben. In dem folgenden Kriegsgerichtsverfahren legte Dimitrijevic am 28. März 1917 ein schriftliches Geständnis ab, in dem er die Vorbereitung des Mordes von Sarajewo beschrieb. Das Militärgericht verhinderte jedoch die Aufnahme dieses Geständnisses in die Prozeßakten und verurteilte Dimitrijevic am 5. Juni 1917 zum Tod. Er wurde in einem Steinbruch bei Saloniki erschossen. Sein Geständnis fand der Wiener Historiker Hans Uebersberger 25 Jahre später in den Akten Belgrader Archive, die die deutsche Wehrmacht 1941 bei der Besetzung Jugoslawiens beschlagnahmt hatte. 1953 entlastete ein Belgrader Revisionsgericht Dimitrijevic von der Anklage des Alexander-Attentats, bestätigte aber zugleich die Echtheit des Geständnisses vom 28. März 1917. **57** Würthle, a.a.O., S. 266. **58** Würthle, a.a.O., S. 229. **59** Würthle, a.a.O., S. 73. **60** Würthle, a.a.O., S. 44. **61** Würthle, a.a.O., S. 229. **62** Würthle, a.a.O., S. 47. **63** Würthle, a.a.O., S. 17. **64** Würthle, a.a.O., S. 297. **65** Ebd. **66** Würthle, a.a.O., S. 229. **67** Bethmann Hollweg an Wilhelm II., 28. Juni 1914, in: Kurt Jagow, Deutschland freigesprochen, S. 25. **68** Hugo Hantsch, Leopold Graf Berchtold, Bd. II, S. 551. **69** Hantsch, a.a.O., S. 557 ff. **70** Hantsch, a.a.O., S. 558. **71** Ebd. **72** So Tiszas Formulierung über Berchtolds Politik; Hantsch, a.a.O., S. 561. **73** Ebd. **74** Würthle, a.a.O., S. 129. **75** Karl Dietrich Erdmann, Der Erste Weltkrieg, in: Gebhardt, Handbuch der deutschen Geschichte, Bd. 18, S. 77. Hantsch, a.a.O., S. 571. **76** Hantsch, a.a.O., S. 572. **77** Ausführlich über Bethmann Hollwegs Motive und Kalkulationen: Hillgruber, a.a.O., S. 103. **78** General von Bertrab am 20. Oktober 1919 über seine Unterredung mit dem Kaiser am 6. Juli 1914, in: Die Deutschen Dokumente zum Kriegsausbruch (künftig: DDD), Bd. I, S. XV. **79** Ulrich Trumpener, War Premiditated? German Intelligence Operations in July 1914, in: Central European History, Heft IX/1. März 1976, S. 62. **80** Ebd. Walter Nicolai, Geheime Mächte, S. 44. **81** Hantsch, a.a.O., S. 598. **82** Verzeichnis der höheren russischen Führer und Generalstabsoffiziere nach dem Stande vom 1. Juli 1917, herausgegeben vom (deutschen) Chef des Generalstabes des Feldheeres, Abt. Fremde Heere; National Archives (künftig: NA), Filmrolle T 78/498. **83** Jurij Daniloff, Rußland im Weltkriege 1914-1915, S. 144. **84** Denkschrift über Stärke und die vermutlichen Pläne unserer westlichen Gegner, zusammengestellt in der Generalquartiermeisterabteilung des (russischen) Generalstabes, 23. April 1914, in: Frantz, a.a.O., S. 135. **85** Reichsarchiv, Der Weltkrieg 1914-1918, Bd. II, S. 51, 41. **86** Denkschrift über Stärke usw., a.a.O., S. 142. **87** Nicolai, a.a.O., S. 33. **88** Max Ronge, Kriegs- und Industrie-Spionage, S. 87. **89** Ottmer, a.a.O., S. 18. **90** Thomson, a.a.O., S. 64. **91** Hölzle, Selbstentmachtung, S. 315. **92** Hölzle, Selbstentmachtung, S. 316. **93** Ottmer, a.a.O., S. 18ff. **94** Ottmer, a.a.O., S. 20. **95** Ottmer, a.a.O., S. 19. **96** Frantz, a.a.O., S. 37. **97** Ebd. **98** Ottmer, a.a.O., S. 30ff. **99** Frantz, a.a.O., S. 31. **100** Hölzle, Selbstentmachtung, S. 317. Frantz, a.a.O., S. 65. **101** Hölzle, Selbstentmachtung, S. 318, 319. **102** Erdmann, a.a.O., S. 81. **103** Hölzle, Selbstentmachtung, S. 340. **104** Januschkewitsch an General Shilinski in Warschau, 26. Juli 1914, 3.26 Uhr, in: Frantz, a.a.O., S. 243. **105** L. C. F. Turner, The Russian Mobilisation in 1914, in: Paul M. Kennedy, The War Plans of the Great Powers 1880–1914, S. 262. **106** Frantz, a.a.O., S. 65. **107** Der Botschafter in St. Petersburg an das Auswärtige Amt, 27. Juli 1914, in: DDD, Bd. I, S. 236. **108** Januschkewitsch hatte gelogen: Zwei Stunden zuvor hatte er den vom Zaren unterschriebenen Befehl für die Generalmobilmachung der russischen Armee erhalten; Ottmer, a.a.O., S. 119. **109** Trumpener, a.a.O., S. 66. **110** Der Botschafter in St. Petersburg an das Auswärtige Amt, 25. Juli 1914, in: DDD, Bd. I, S. 201. **111** Nicolai, a.a.O., S. 44. **112** Der Admiralstab an den Staatssekretär des Auswärtigen, 27. Juli 1914, in: DDD, Bd. I, S. 248. **113** Der Verweser des Konsulats in Kowno an das Auswärtige Amt, 27. Juli 1914, in: DDD, Bd. I, S. 254. **114** Der Botschafter in St. Petersburg an das Auswärtige Amt, 27. Juli 1914, in: DDD, Bd. I, S. 266. **115** Trumpener, a.a.O., S. 67. **116** Ebd. **117** Gempp, a.a.O., S. 223. **118** Ebd. **119** Trumpener, a.a.O., S. 70. **120** Ebd. **121** Ebd. **122** Trumpener, a.a.O., S. 71. **123** Trumpener, a.a.O., S. 72. **124** Moltke, Zur Beurteilung der politischen Lage, 29. Juli 1914, in: DDD, Bd. I, S. 65ff. **125** Hans Hallmann, Um die russische Mobilmachung, S. 30. **126** Erdmann, a.a.O., S. 83. **127** Hallmann, a.a.O., S. 33ff. **128** Hallmann, a.a.O., S. 31. **129** Frantz, a.a.O., S. 56. **130** Ebd. **131** Trumpener, a.a.O., S. 79. **132** Frantz, a.a.O., S. 66. **133** Ottmer, a.a.O., S. 26. Frantz, a.a.O., S. 66. **134** Ottmer, a.a.O., S. 125. **135** Ottmer, a.a.O., S. 124. **136** Ottmer, a.a.O., S. 129. **137** Ottmer, a.a.O., S. 137. **138** Trumpener, a.a.O., S. 81. **139** Trumpener, a.a.O., S. 82. **140** Ebd. **141** Ebd. **142** Gert Buchheit, Der deutsche Geheimdienst, S. 22. Trumpener a.a.O., S. 83.

6 Das Wunder von Tannenberg

1 Gunther Frantz, Rußlands Eintritt in den Weltkrieg, S. 82. **2** Reichsarchiv, Der Weltkrieg 1914-1918 (künftig: DWK), Bd. II, S. 35. **3** DWK II, S. 67. **4** Maximilian Ronge, Der russische Kundschaftsdienst im Weltkriege, S. 261; Österreichisches Staatsarchiv/Kriegsarchiv (künftig: KA), Nachlaßsammlung B 126/11. **5** Ebd. **6** Ebd. **7** Ebd. **8** W. A. Suchomlinow, Erinnerungen, S. 291ff. **9** Ronge, Russischer Kundschaftsdienst, S. 262. **10** Ronge, Russischer Kundschaftsdienst, S. 264. **11** David Kahn, The Codebreakers, S. 618. **12** Ebd. **13** Kahn, a.a.O., S. 622. **14** Dienstanweisung der 2. russischen Armee für den Aufklärungsdienst, verfaßt etwa Herbst 1914, in: Friedrich Gempp, Geheimer Nachrichtendienst und Spionageabwehr des Heeres, Bd. IV, Anlage A 2, S. 5; National Archives (künftig: NA), Filmrolle ML 68. **15** Jurij Daniloff, Rußland im Weltkriege, S. 177. **16** Daniloff, a.a.O., S. 178. **17** Ebd. **18** Dienstanweisung der 2. russischen Armee, a.a.O., S. 5. **19** Hermann Stegemanns Geschichte des Krieges, Bd. I, S. 274. **20** DWK II, S. 248. **21** Stegemann I, S. 269. DWK II, S. 252. **22** DWK II, S. 255. **23** Ebd. **24** Stegemann I, S. 273. **25** Maximilian Ronge, Kriegs- und Industrie-Spionage (künftig: Spionage), S. 109, 110. Stegemann I, S. 273. **26** Ronge, Spionage, S. 103, 104. **27** Ronge, Spionage, S. 104. DWK II, S. 255. **28** Ronge, Spionage, S. 110. **29** Gempp III, S. 352. **30** Ronge, Spionage, S. 109. **31** Ronge, Spionage, S. 110. **32** Ebd. **33** DWK II, S. 256. **34** DWK II, S. 257ff. **35** DWK II, S. 257. **36** Ronge, Spionage, S. 111. **37** Ronge, Spionage, S. 110. **38** Stegemann I, S. 296ff. **39** Ebd. **40** Stegemann I, S. 317ff. **41** DWK II, S. 336. **42** Maximilian Ronge, Meister der Spionage, S. 26. **43** Ronge, Meister, S. 48. **44** Ronge, Spionage, S. 122. **45** Ebd. **46** Ebd. **47** A. Agricola (= Alfred Bauermeister), Aus dem Kriegstagebuch eines Nachrichtenoffiziers an der Ostfront, in: Paul von Lettow-Vorbeck (Hrsgb.), Die Weltkriegsspionage, S. 504. **48** Gempp IV, S. 50. **49** DWK II, S. 45, 51. **50** DWK II, S. 66, 67. **51** DWK II, S. 67. **52** Ebd. **53** Stegemann I, S. 229. **54** Stegemann I, S. 231ff. **55** DWK II, S. 97, 98. **56** DWK II, S. 106, 107. **57** Gempp VI, Anlage 1, S. 1. **58** Ebd. **59** Gempp VI, Anlage 1, S. 4. **60** Gempp VI, Anlage 1, S. 2. **61** Nicolai an Lüders, 23. August 1914; Gempp III, Anlage A 2. **62** Gempp III, Die technischen Nachrichtenmittel, S. 341. **63** Kahn, a.a.O., S. 629. **64** David Kahn, Fernmeldewesen, Chiffriertechniken und Nachrichtenaufklärung in den Kriegen des 20. Jahrhunderts, in: Jürgen Rohwer und Eberhard Jäckel, Die Funkaufklärung und ihre Rolle im Zweiten Weltkrieg, S. 18. **65** Kahn, Codebreakers, S. 622. **66** Ebd. **67** Ebd. **68** Meldungen des N. O. beim A. O. K. 8, Hauptmann Frantz, an mob IIIb, Eintragung vom 20. August 1914; Gempp III, Anlage 1 A. **69** Karl Friedrich Nowak, Die

Aufzeichnungen des Generalmajors Max Hoffmann, Bd. I, S. XVIII. **70** Meldungen von Frantz, 20. August 1914. **71** Nowak, Aufzeichnungen, Hoffmann I, S. XVIII. **72** Kahn, Codebreakers, S. 623. Nowak, Aufzeichnungen Hoffmann I, S. XVI. **73** DWK II, S. 117. **74** D. J. Goodspeed, Ludendorff: Genius of Word War I, S. 79. **75** Kahn, Codebreakers, S. 623. **76** Goodspeed, a.a.O., S. 80. Kahn, Codebreakers, S. 626. **77** DWK II, S. 136. Goodspeed, a.a.O., S. 81. **78** DWK II, S. 137. **79** Kahn, Codebreakers, S. 626. Goodspeed, a.a.O., S. 83. **80** DWK II, S. 137. **81** DWK II, S. 148 ff. **82** Ebd. **83** DWK II, S. 146. **84** Ebd. **85** Ebd. **86** Ebd. **87** DWK II, S. 174. **88** DWK II, S. 177. **89** DWK II, S. 178. **90** DWK II, S. 161, 167, 191. **91** DWK II, S. 207. **92** DWK II, S. 218 ff. **93** DWK II, S. 230. **94** DWK II, S. 237. **95** Gempp III, S. 341. **96** DWK II, S. 268. **97** DWK II, S. 271. **98** Goodspeed, a.a.O., S. 113. **99** Ronge, Spionage, S. 116. DWK II, S. 291. **100** Kahn, Codebreakers, S. 627. **101** Maximilian Ronge, Die Nachrichtenabteilung des Armeeoberkommandos im Weltkrieg 1914-18, S. 580; KA, Nachlaßsammlung B 126/11. **102** Ronge, Spionage, S. 113. **103** Kahn, Codebreakers, S. 629. **104** Goodspeed, a.a.O., S. 114. **105** Ebd. **106** Goodspeed, a.a.O., S. 115. **107** Ebd. **108** DWK II, S. 266. **109** DWK II, S. 307. **110** DWK II, S. 308, 309. **111** DWK II, S. 282 ff. **112** Goodspeed, a.a.O., S. 116. **113** Goodspeed, a.a.O., S. 117. **114** Ebd. **115** DWK II, S. 316, 317. **116** Goodspeed, a.a.O., S. 125. **117** Ebd. **118** Goodspeed, a.a.O., S. 127. **119** Goodspeed, a.a.O., S. 128. **120** Ronge, Spionage, S. 120. **121** Goodspeed, a.a.O., S. 127. **122** Ronge, Spionage, S. 117. **123** Ronge, Spionage, S. 118. **124** Ebd. **125** Goodspeed, a.a.O., S. 129. **126** Ebd. **127** Goodspeed, a.a.O., S. 128. **128** Goodspeed, a.a.O., S. 131. **129** Goodspeed, a.a.O., S. 132. **130** Goodspeed, a.a.O., S. 133. **131** Paul von Hindenburg, Aus meinem Leben, S. 109. **132** Hindenburg, a.a.O., S. 111. **133** Goodspeed, a.a.O., S. 145. **134** DWK VI, S. 41. **135** Ebd. **136** DWK VI, S. 43. **137** Goodspeed, a.a.O., S. 139. **138** DWK VI, S. 35. **139** Ebd. **140** DWK VI, S. 37. **141** DWK VI, S. 48. **142** Der russische Nachrichtendienst bei Lodz 1914, in: Militär-Wochenblatt, Heft 21, 4. Dezember 1927. **143** Ebd. **144** Ebd. **145** Ebd. **146** DWK VI, S. 71. **147** Ebd. **148** DWK VI, S. 72. **149** DWK VI, S. 72, 73. **150** Hindenburg, a.a.O., S. 115. **151** Goodspeed, a.a.O., S. 140. **152** Ebd. **153** DWK VI, S. 107. **154** Goodspeed, a.a.O., S. 142. **155** Hindenburg, a.a.O., S. 115. **156** Goodspeed, a.a.O., S. 143. **157** DWK VI, S. 193. **158** Goodspeed, a.a.O., S. 145. **159** Goodspeed, a.a.O., S. 146.

7 Hexenjagd im Hauptquartier

1 Jurij Daniloff, Rußland im Weltkriege 1914-1915, S. 176. **2** Maximilian Ronge, Der russische Kundschaftsdienst im Weltkriege, S. 2; Österreichisches Staatsarchiv/Kriegsarchiv (künftig: KA), Nachlaß Ronge, B 126/11. **3** Ronge, Der russische Kundschaftsdienst, S. 6. **4** Friedrich Gempp, Geheimer Nachrichtendienst und Spionageabwehr des Heeres, Bd. IV, S. 51; National Archives (künftig: NA), Filmrolle T-77/1439. **5** A. Agricola (= Alexander Bauermeister), Aus dem Kriegstagebuch eines Nachrichtenoffiziers an der Ostfront, in: Wolfgang Foerster, Kämpfer an vergessenen Fronten, S. 508. **6** Spionage und Spionageabwehr, in: Foerster, a.a.O., S. 499. **7** Ebd. **8** Heinrich C. Nebel, Der gelbe Code; Neue Freie Presse, 22. Dezember 1932. **9** Gempp IV, S. 57. **10** Ebd. **11** Ebd. **12** Gempp IV, S. 52. **13** Ebd. **14** Crato an Nicolai, 21. Oktober 1914; Gempp III, Anlage A 3. **15** Maximilian Ronge, Meister der Spionage, S. 56. **16** Ronge, Meister, S. 55. **17** Gempp VI, S. 156. **18** Gempp IV, S. 53. **19** Maximilian Ronge, Geschichte des Evidenzbüros des Generalstabes, S. 586; Nachlaß Ronge, KA B 126/11. **20** Maximilian Ronge, Kriegs- und Industrie-Spionage, S. 23. **21** Ronge, Evidenzbüro, S. 586. **22** Ebd. **23** Ebd. **24** Ronge, Kriegs- und Industrie-Spionage, S. 129. **25** Hans Jürgen Witthöft, Lexikon zur deutschen Marinegschichte, Bd. 1, S. 187. Gempp VI, S. 93. **26** Gempp VI, S. 94. **27** Ebd. **28** Ronge, Evidenzbüro, S. 582. **29** Gempp VI, S. 13. **30** Die Aufwertung der IIIb zur Abteilung erfolgte am 8. Juni 1915; Gempp IV, S. 145. **31** Ebd. **32** Meldungen der nördlichen Gruppe der Kriegsnachrichtenstellen 15. 8.-31. 10. 1914; Gempp III, 3. Abschnitt, Anlage B 4. **33** B. H. Liddell Hart, Strategie, S. 212. **34** Ebd. **35** Meldungen der nördlichen Gruppe . . ., a.a.O. **36** Gempp IV, S. 32. **37** Gempp IV, S. 41. **38** Ebd. **39** Ebd. **40** Gempp IV, S. 46. **41** Gempp, S. 12. **42** Gempp IV, S. 48, 49. **43** Gempp IV, S. 46. **44** Gempp VI, S. 5. **45** Gempp IV, S. 67. **46** Gempp IV, S. 64. **47** Gempp III, S. 9. **48** Gempp IV, S. 64. **49** Gempp IV, S. 68. **50** Gempp IV, S. 69 ff. **51** Ebd. **52** Überblick über die laufenden Verbindungen, 8. Januar 1915; Gempp IV, S. 69, 76. **53** Gempp IV, S. 75. **54** Gempp IV, S. 98. **55** Gempp IV, S. 78. **56** Ebd. **57** Gempp IV, S. 83. **58** Gempp IV, S. 79. **59** Gempp IV S. 70. **60** Gempp IV, S. 73. **61** Ebd. **62** Gempp IV, S. 73. **63** Gempp IV, S. 86. **64** Gempp IV, S. 87. **65** Gempp IV, S. 74. **66** NOST 180, Die Organisation des Kriegsnachrichtendienstes in den Nordischen Reichen nach dem Stande vom 19. Januar 1915; Gempp IV, Anlage 18. **67** Gempp IV, S. 96. **68** NOST 180, a.a.O. **69** Gempp IV, S. 103. **70** Gempp VI, S. 1. **71** Gempp IV, S. 45, 108, 109. **72** Gempp IV, S. 110. **73** Verfügung der IIIb vom 10. Mai 1915; Gempp IV, S. 109 ff. **74** Gempp VIII, 8. Abschnitt, S. 160 ff.; NA T-77/1440. **75** Meldungen (auszugsweise) der Nachrichtenstelle und des Militärattachés in Stockholm vom 5. 11. 1914-

16. 4. 1915; Gempp IV, Anlage 11. **76** Ebd. **77** NOST 180, a.a.O. **78** Der Militärattaché in Bukarest an den Generalstab des Feldheeres, 21. Oktober 1915; Gempp III, Anlage 13. **79** Ebd. **80** Ronge, Meister, S. 58. **81** Ronge, Meister, S. 60. **82** Gempp III, S. 353. **83** Der Militärattaché in Bukarest..., a.a.O. **84** Gempp VII, Abschnitt 7, S. 145. **85** Jürgen Schoch, Die Oberstenaffäre, S. 9ff. Gempp VIII, 8. Abschnitt, S. 167. **86** Schoch, a.a.O., S. 17, 18. **87** Schoch, a.a.O., S. 22. **88** Ebd. **89** Meldungen West von Militärattachés 15. 8.-31. 10. 1914; Gempp III, Anlage B 7. **90** Schoch, a.a.O., S. 40. **91** Karl Lüönd, Spionage und Landesverrat in der Schweiz, Bd. I, S. 39. **92** Schoch, a.a.O., S. 14. **93** Schoch, a.a.O., S. 15. **94** Ebd. **95** Ebd. **96** D. J. Goodspeed, Ludendorff: Genius of World War I, S. 153. **97** Ebd. **98** Gempp IV, S. 23. **99** Ebd. **100** Goodspeed, a.a.O., S. 154. **101** Ebd. **102** Ebd. **103** Gempp IV, S. 25. **104** Gempp IV, S. 26. **105** Gempp IV, S. 27. **106** Ebd. **107** Goodspeed, a.a.O., S. 156. **108** Ebd. **109** Gempp IV, S. 28. **110** Goodspeed, a.a.O., S. 157. **111** Ebd. **112** Goodspeed, a.a.O., S. 159. **113** Goodspeed, a.a.O., S. 161. **114** Ebd. **115** Hermann Stegemanns Geschichte des Krieges, Bd. III, S. 136. **116** Ebd. **117** Stegemann, a.a.O., S. 137. **118** Gempp IV, S. 32. **119** Ebd. **120** Goodspeed, a.a.O., S. 164. **121** Ronge, Kriegs- und Industrie-Spionage, S. 154. **122** Ronge, Kriegs- und Industrie-Spionage, S. 155. **123** Ebd. **124** Goodspeed, a.a.O., S. 164. **125** Ebd. **126** Ronge, Kriegs- und Industrie-Spionage, S. 156. **127** Ronge, Kriegs- und Industrie-Spionage, S. 155.**128** Ronge, Evidenzbüro, S. 510. **129** Ronge, Kriegs- und Industrie-Spionage, S. 155. **130** Gempp IV, S. 93. **131** Gempp IV, S. 93, 94. **132** Ebd. **133** Stegemann, a.a.O., S. 196ff. **134** Gempp IV, S. 89. **135** Ebd. **136** Gempp IV, S. 89. **137** Ebd. **138** Stegemann, a.a.O., S. 198. **139** Goodspeed, a.a.O., S. 164. **140** Stegemann, a.a.O., S. 201. **141** Ebd. **142** Stegemann, a.a.O., S. 203-206. **143** Stegemann, a.a.O., S. 214, 215. **144** Ebd. **145** Stegemann, a.a.O., S. 259. **146** Stegemann, a.a.O., S. 288. **147** Ronge, Kriegs- und Industrie-Spionage, S. 157. **148** Ebd. **149** Ronge, Kriegs- und Industrie-Spionage, S. 157. **150** Ebd. **151** Reichsarchiv, Der Weltkrieg 1914-1918 (künftig: DWK), Bd. VIII, S. 442. **152** DWK VIII, S. 440. **153** Goodspeed, a.a.O., S. 166; DWK VIII, S. 256. **154** DWK VIII, S. 259. **155** DWK VIII, S. 260. **156** Goodspeed, a.a.O., S. 166. **157** DWK VIII, S. 275. **158** Goodspeed, a.a.O., S. 168. **159** Gempp IV, S. 10. **160** Gempp VI, S. 11. **161** Gempp VI, S. 12. **162** Gempp VI, S. 14. **163** DWK VIII, S. 303. **164** Richard Kohn (Hrgb.), Die russische Revolution in Augenzeugenberichten, S. 69, 72, 84. **165** DWK VIII, S. 285. **166** DWK VIII, S. 288. **167** Stegemann, a.a.O., S. 333ff. **168** DWK VIII, S. 465. **169** Stegemann, a.a.O., S. 342ff. **170** Goodspeed, a.a.O., S. 168. **171** Gempp VI, S. 42ff. **172** DWK VIII, S. 473ff. **173** DWK VIII, S. 344. **174** Gempp IV, S. 16. **175** DWK VIII, S. 345. **176** DWK VIII, S. 347. **177** Gempp VI, S. 17. **178** DWK VIII, S. 474, 480. **179** Gempp VI, S. 66. **180** Ebd. **181** Ebd. **182** DWK VIII, S. 477ff. **183** DWK VIII, S. 480. **184** Ebd. **185** DWK VIII, S. 481. **186** Gempp VI, S. 66. **187** DWK VIII, S. 481. **188** Ebd. **189** DWK VIII, S. 482ff. **190** Ebd. **191** DWK VIII, S. 519. **192** DWK VIII, S. 522. **193** Gempp VI, S. 24. **194** Ebd. **195** Gempp VI, S. 25. **196** Gempp VI, S. 26. **197** Stegemann, a.a.O., S. 295. **198** Gempp IV, S. 53ff. **199** Jurij Daniloff, Großfürst Nikolai Nikolajewitsch, S. 168. **200** Daniloff, Großfürst, S. 169. **201** Gempp IV, S. 55. **202** Ebd. **203** Gempp IV, S. 73. **204** Ebd. **205** Ebd. **206** Ebd. **207** Ebd. **208** Agricola, a.a.O., S. 523. **209** W. A. Suchomlinow, Erinnerungen, S. 441. **210** Gunther Frantz, Russischer Geheimdienst, in: Foerster, a.a.O., S. 486. **211** Agricola, a.a.O., S. 525. **212** Suchomlinow, a.a.O., S. 189. **213** Frantz, a.a.O., S. 486. **214** Agricola, a.a.O., S. 524. **215** Agricola, a.a.O., S. 522. Ronge, Kriegs- und Industrie-Spionage, S. 151. **216** Suchomlinow, a.a.O., S. 292. **217** Frantz, a.a.O., S. 489. **218** Suchomlinow, a.a.O., S. 423. **219** Richard Wilmer Rowan und Robert G. Deindorfer, Secret Service, S. 490. **220** Suchomlinow, a.a.O., S. 408. **221** Frantz, a.a.O., S. 489. **222** Ebd. **223** Tagebuch des Großfürsten Andrej Wladimirowitsch, in: Gunther Frantz, Rußland auf dem Weg zur Katastrophe, S. 160. **224** Suchomlinow, a.a.O., S. 426. **225** Suchomlinow, a.a.O., S. 441, 442. **226** Frantz, Russischer Geheimdienst, S. 487. **227** Ebd. **228** Suchomlinow, a.a.O., S. 438. **229** Suchomlinow, a.a.O., S. 439. **230** Suchomlinow, a.a.O., S. 441. **231** Suchomlinow, a.a.O., S. 439. **232** Ebd. **233** Frantz, Russischer Geheimdienst, S. 487. Suchomlinow, a.a.O., S. 39. **234** Frantz, Russischer Geheimdienst, S. 487. **235** Suchomlinow, a.a.O., S. 441. **236** Tagebuch des Großfürsten Andrej Wladimirowitsch, a.a.O., S. 136. **237** Suchomlinow, a.a.O., S. 441. **238** Agricola, a.a.O., S. 524. **239** Rowan/Deindorfer, a.a.O., S. 492. **240** Agricola, a.a.O., S. 525. Unerfindlich, wie Manfred Hallmann (Hrgb.), Die russische Revolution, S. 63, behaupten kann, Mjasojedow habe sich »für den deutschen Spionagedienst kaufen lassen«, was im Gegensatz zu allen bekannten Fakten steht. **241** Frantz, Russischer Geheimdienst, S. 487. **242** Suchomlinow, a.a.O., S. 442. **243** Ebd. **244** Suchomlinow, a.a.O., S. 443. **245** Suchomlinow, a.a.O., S. 442. **246** Suchomlinow, a.a.O., S. 479. **247** DWK VIII, S. 440. **248** Suchomlinow, a.a.O., S. 414. **249** Ebd. **250** Suchomlinow, a.a.O., S. 426ff. **251** Suchomlinow, a.a.O., S. 444. **252** Suchomlinow, a.a.O., S. 445, 480. **253** Suchomlinow, a.a.O., S. 427. **254** Suchomlinow, a.a.O., S. 443. **255** Hellmann, a.a.O., S. 72. **256** DWK VIII, S. 452. **257** Suchomlinow, a.a.O., S. 420. **258** Ebd. **259** Richard Deacon, A History of the Russian Secret Service, S. 191. **260** Rowan/Deindorfer, a.a.O., S. 491. **261** Schoch, a.a.O., S. 16. **262** Lüönd, a.a.O., S. 39. **263** Schoch, a.a.O., S. 17. **264** Ebd. **265**

Lüönd, a.a.O., S. 40. **266** Schoch, a.a.O., S. 148. **267** Schoch, a.a.O., S. 85. **268** Schoch, a.a.O., S. 94. **269** Ebd. **270** Suchomlinow, a.a.O., S. 430. Lenin ließ 1918 Suchomlinow aus der Festungshaft entlassen und nach Finnland ausreisen; seine letzten Jahre verbrachte Suchomlinow in Berlin. **271** Ronge, Russischer Kundschaftsdienst, S. 2. **272** Deacon, a.a.O., S. 184. **273** Ronge, Russischer Kundschaftsdienst, S. 2. **274** Hellmann, a.a.O., S. 74. **275** Hellmann, a.a.O., S. 83, 91. **276** Hellmann, a.a.O., S. 83. **277** Gempp VI, S. 41. **278** DWK X, S. 429ff. **279** Gempp VI, S. 215. **280** Ebd. **281** Ebd. **282** Goodspeed, a.a.O., S. 179. **283** Ebd. **284** Ebd. **285** Gempp VI, S. 215. **286** Goodspeed, a.a.O., S. 179. **287** Gempp VI, S. 215. **288** DWK X, S. 434. **289** Goodspeed, a.a.O., S. 179. **290** DWK X, S. 446. **291** Ebd. **292** DWK X, S. 447. **293** Ebd. **294** DWK X, S. 448. **295** Ebd. **296** Ebd. **297** Ebd. **298** Ebd. **299** DWK X, S. 449. **300** Ronge, Kriegs- und Industrie-Spionage, S. 226. **301** Ebd. **302** Gempp VI, S. 267. **303** Ronge, Kriegs- und Industrie-Spionage, S. 226. **304** DWK X, S. 443. **305** Goodspeed, a.a.O., S. 182. **306** Ebd. **307** DWK X, S. 457ff. **308** Goodspeed, a.a.O., S. 182. **309** Goodspeed, a.a.O., S. 185. **310** Goodspeed, a.a.O., S. 182. **311** Ebd. **312** Gempp VI, S. 293.

8 Die Millionen des Kaisers

1 Friedrich Gempp, Geheimer Nachrichtendienst und Spionageabwehr des Heeres, Bd. X, 9. Abschnitt, S. 104; National Archives (künftig: NA), Filmrolle T-77/1440. **2** Gefangenenaussagen über Meutereien russischer Truppen, September bis Dezember 1916; Gempp, Bd. VI, 6. Abschnitt, Anhang A 36. **3** Ebd. **4** Ebd. **5** Gempp, VI/6, S. 304. **6** Michael Morozow, Die Falken des Kreml, S. 11. Michael Heller und Alexander Nekrich, Geschichte der Sowjetunion, S. 11. Richard Lorenz (Hrgb.), Die russische Revolution 1917, S. 248. **7** Lorenz, a.a.O., S. 257. **8** Heller/Nekrich, a.a.O., S. 12. **9** Manfred Hellmann, Die russische Revolution 1917, S. 101. **10** Gempp, Bd. X, 9. Abschnitt, S. 3. **11** Gempp, Bd. X, 9. Abschnitt, S. 7. **12** Gempp, Bd. VII, 7. Abschnitt, S. 22ff. **13** Nikolai Tolstoy, Die Verratenen von Jalta, S. 14. **14** Andreas Hillgruber, Deutsche Großmacht- und Weltpolitik im 19. und 20. Jahrhundert, S. 73. **15** Siehe dazu ausführlich: Walter Laqueur, Deutschland und Rußland, S. 32ff. **16** Tolstoy, a.a.O., S. 15. **17** Robert C. Williams, Russians in Germany, in: The Journal of Contemporary History, Heft 1/1966, S. 123, 136. **18** Michael Pearson, Der plombierte Waggon, S. 23. **19** Iring Fetscher, Der Marxismus, S. 911. **20** Williams, a.a.O., S. 134. **21** Williams, a.a.O., S. 130, 134. **22** Pearson, a.a.O., S. 24. Williams, a.a.O., S. 130. **23** Laqueur, a.a.O., S. 32. **24** Fritz Fischer, Griff nach der Weltmacht, S. 152. **25** Laqueur, a.a.O., S. 42. **26** Fischer, a.a.O., S. 134. **27** Fischer, a.a.O., S. 150. **28** Rudolf Nadolny, Mein Beitrag, S. 40. **29** Ebd. **30** Gempp, Bd. VII, 7. Abschnitt, S. 22. **31** Fischer, a.a.O., S. 139. **32** Gempp, Bd. VII, 7. Abschnitt, S. 22. **33** Alfred Erich Senn, The Russian Revolution in Switzerland 1914-1917, S. 60. **34** Senn, a.a.O., S. 61ff. **35** Winfried B. Scharlau und Zbyněk A. Zeman, Freibeuter der Revolution, S. 147. **36** Scharlau/Zeman, a.a.O., S. 172. **37** Isaac Deutscher, Trotzki, Bd. I, S. 214. **38** Scharlau/Zeman, a.a.O., S. 140ff. **39** Scharlau/Zeman, a.a.O., S. 150. **40** Scharlau/Zeman, a.a.O., S. 149. **41** Ebd. **42** Scharlau/Zeman, a.a.O., S. 157. **43** Scharlau/Zeman, a.a.O., S. 158ff. **44** Scharlau/Zeman, a.a.O., S. 163. **45** Scharlau/Zeman, a.a.O., S. 168. **46** Pearson, a.a.O., S. 57, 60. **47** Willi Gautschi, Lenin als Emigrant in der Schweiz, S. 173. **48** Senn, a.a.O., S. 129, 239. Stefan T. Possony, A Century of Conflict, S. 29. **49** Gautschi, a.a.O., S. 164ff. **50** Scharlau/Zeman, a.a.O., S. 183, 184. **51** Scharlau/Zeman, a.a.O., S. 183. **52** Scharlau/Zeman, a.a.O., S. 232ff. **53** Ebd. **54** Scharlau/Zeman, a.a.O., S. 185. **55** Pearson, a.a.O., S. 310. **56** Scharlau/Zeman, a.a.O., S. 152, 182. **57** Gautschi, a.a.O., S. 207ff. **58** Scharlau/Zeman, a.a.O., S. 207, 209. **59** Scharlau/Zeman, a.a.O., S. 217. **60** Ebd. **61** Scharlau/Zeman, a.a.O., S. 230. **62** Nadolny, a.a.O., S. 44, 45. **63** Gautschi, a.a.O., S. 250. **64** Heller/Nekrich, a.a.O., S. 16, 17. **65** Max Ronge, Kriegs- und Industriespionage, S. 267. **66** Heller/Nekrich, a.a.O., S. 18, 19. **67** Hellmann, a.a.O., S. 160ff. **68** Pearson, a.a.O., S. 101. **69** Alexander Kerensky, Russia and History's Turning Point, S. 256. **70** Ebd. Hellmann, a.a.O., S. 179. **71** Pearson, a.a.O., S. 74. **72** Gautschi, a.a.O., S. 254. Pearson, a.a.O., S. 52. **73** Pearson, a.a.O., S. 56. **74** Pearson, a.a.O., S. 60. **75** Pearson, a.a.O., S. 56. **76** Gautschi, a.a.O., S. 252. **77** Ebd. **78** Ebd. **79** Senn, a.a.O., S. 223. **80** Ebd. **81** Senn, a.a.O., S. 225. **82** Gautschi, a.a.O., S. 253. **83** Werner Hahlweg, Lenins Reise durch Deutschland im April 1917, in: Vierteljahrshefte für Zeitgeschichte, 4. Heft/Oktober 1957, S. 315. **84** Ebd. **85** Ebd. **86** Anthony Cave Brown und Charles B. MacDonald, On a Field of Red, S. 18. **87** Hahlweg, a.a.O., S. 328. **88** Gautschi, a.a.O., S. 261ff. **89** Gautschi, a.a.O., S. 263. **90** Gautschi, a.a.O., S. 277, 278. **91** Gautschi, a.a.O., S. 280. **92** Gautschi, a.a.O., S. 284. **93** Pearson, a.a.O., S. 101. **94** Edward van der Rhoer, Master Spy, S. 14. Pearson, a.a.O., S. 102. **95** Ronald Hingley, Die russische Geheimpolizei, S. 161. **96** Ebd. **97** Pearson, a.a.O., S. 102. **98** Pearson, a.a.O., S. 103. **99** Pearson, a.a.O., S. 123. **100** Hahlweg, a.a.O., S. 326, 331. **101** Pearson, a.a.O., S. 99, 116. **102** Gautschi, a.a.O., S. 277. **103** Pearson, a.a.O., S. 114. **104** Ladislaus Singer, Korrekturen zu Lenin, S. 105, 107. **105** Pearson, a.a.O., S. 114. **106** Scharlau/Zeman, a.a.O., S. 258. **107** Scharlau/Zeman, a.a.O., S. 260. **108** Pearson, a.a.O., S. 158. **109** Ebd. **110** Lorenz, a.a.O., S. 19. Heller/Nekrich, a.a.O., S. 16ff. **111** Scharlau/Zeman, a.a.O., S. 275. **112** Pearson, a.a.O., S. 162. **113** Pearson, a.a.O., S. 177. **114** Pearson, a.a.O., S. 148. **115** Pearson, a.a.O., S. 158. **116** Pearson, a.a.O., S. 177. **117** Hellmann, a.a.O., S. 178. Lorenz, a.a.O., S. 248ff. **118** Lorenz, a.a.O., S. 250. **119** Lorenz, a.a.O., S. 259. **120** Reichsarchiv, Der Weltkrieg 1914-1918 (künftig: DWK), Bd. XII, S. 481. **121** DWK XII, S. 493. **122** DWK XII, S. 494. **123** Lorenz, a.a.O., S. 261ff. **124** DWK XII, S. 493. **125** Agricola (= Alexander Bauermeister), Spione durchbrechen die Front, S. 123. **126** Gempp, X/9, S. 110. **127** Agricola, a.a.O., S. 124. **128** Ebd. **129** Agricola, a.a.O., S. 127. **130** Ebd. **131** Agricola, a.a.O., S. 129. **132** Agricola, a.a.O., S. 130. **133** Agricola, a.a.O., S. 131. **134** Gempp X/9, S. 111. **135** DWK XII, S. 494, 498. **136** Gempp X/9, S. 112. **137** Ebd. **138** Ebd. **139** DWK XII, S. 499, 500. **140** Pearson, a.a.O., S. 185. **141** Ebd. **142** DWK XII, S. 505. Pearson, a.a.O., S. 183. **143** DWK XII, S. 511. **144** Kerensky, a.a.O., S. 281. **145** Kerensky, a.a.O., S. 284. **146** Kerensky, a.a.O., S. 285. **147** Ebd. **148** Kerensky, a.a.O., S. 287. **149** Pearson, a.a.O., S. 212. **150** Ebd. **151** Pearson, a.a.O., S. 213. **152** Ebd. **153** Lorenz, a.a.O., S. 22. **154** Pearson, a.a.O., S. 208. **155** Pearson, a.a.O., S. 231. **156** Kerensky, a.a.O., S. 315. **157** Pearson, a.a.O., S. 184, Kerensky, a.a.O., S. 316. **158** Pearson, a.a.O., S. 190. **159** Ebd. **160** Pearson, a.a.O., S. 191. **161** Ebd. **162** Pearson, a.a.O., S. 204. **163** Pearson, a.a.O., S. 205. **164** Ebd. **165** Scharlau/Zeman, a.a.O., S. 277. **166** Pearson, a.a.O., S. 205. **167** Ebd. **168** Kerensky, a.a.O., S. 316. **169** Scharlau/Zeman, a.a.O., S. 269. **170** Kerensky, a.a.O., S. 316. **71** Pearson, a.a.O., S. 228. **172** Pearson, a.a.O., S. 230. **173** Ebd. **174** Lorenz, a.a.O., S. 22. **175** Pearson, a.a.O., S. 233. **176** Pearson, a.a.O., S. 232ff. **177** Kerensky, a.a.O., S. 317. **178** Heller/Nekrich, a.a.O., S. 24. Lorenz, a.a.O., S. 23. Pearson, a.a.O., S. 242. **179** Pearson, a.a.O., S. 234. **180** Kerensky, a.a.O., S. 293. **181** Pearson, a.a.O., S. 239. **182** Pearson, a.a.O., S. 242. **183** Pearson, a.a.O., S. 239. **184** Scharlau/Zeman, a.a.O., S. 271. **185** Scharlau/Zeman, a.a.O., S. 273. **186** Scharlau/Zeman, a.a.O., S. 265. **187** Heller/Nekrich, a.a.O., S. 26. **188** Lorenz, a.a.O., S. 30. **189** Heller/Nekrich, a.a.O., S. 26. **190** Heller/Nekrich, a.a.O., S. 27. **191** Ebd. **192** Ebd. **193** Heller/Nekrich, a.a.O., S. 30ff. **194** Heller/Nekrich, a.a.O., S. 32. **195** A. Agricola, Aus dem Kriegstagebuch eines Nachrichtenoffiziers an der Ostfront, in: Paul von Lettow-Vorbeck (Hrgb.), Die Weltkriegsspionage, S. 529. **196** Gempp X/9, S. 117. **197** Ronge, a.a.O., S. 324. Morozow, a.a.O., S. 21. **198** Scharlau/Zeman, a.a.O., S. 247. **199** Senn, a.a.O., S. 181. **200** Gempp X/9, S. 7. **201** Fischer, a.a.O., S. 165. **202** Fischer, a.a.O., S. 671. **203** Siegfried Erfurth, Das Königlich Preußische Jägerbataillon 27, in: Wehrkunde, Heft 2/1968, S. 64ff. **204** Fischer, a.a.O., S. 671. **205** Fischer, a.a.O., S. 676. **206** Fischer, a.a.O., S. 674. **207** Ebd. **208** Deutscher, a.a.O., S. 360. **209** Fischer, a.a.O., S. 658ff. **210** Fischer, a.a.O., S. 672, 661. **211** Fischer, a.a.O., S. 659. **212** Fischer, a.a.O., S. 660. **213** Fischer, a.a.O., S. 708ff. **214** Heller/Nekrich, a.a.O., S. 44. Fischer, a.a.O., S. 662, 663. **215** Pearson, a.a.O., S. 308.

9 Im Labyrinth der Apparate

1 Werner T. Angress, Die Kampfzeit der KPD, S. 87. **2** Ebd. **3** Dietrich Möller, Revolutionär, Intrigant, Diplomat: Karl Radek in Deutschland, S. 28. **4** Angress, a.a.O., S. 87. **5** Möller, a.a.O., S. 29. Angress, a.a.O., S. 87. **6** Ebd. **7** Ladislaus Singer, Korrekturen zu Lenin, S. 116. **8** Angress, a.a.O., S. 87. **9** Singer, a.a.O., S. 116. **10** Angress, a.a.O., S. 46. **11** Singer, a.a.O., S. 117. **12** Hagen Schulze, Weimar, S. 178. **13** Harry Wilde, Rosa Luxemburg, S. 181. **14** Singer, a.a.O., S. 117. **15** Wilde, a.a.O., S. 187. **16** Singer, a.a.O., S. 117. **17** Ebd. **18** Angress, a.a.O., S. 54ff. **19** Möller, a.a.O., S. 30. Singer, a.a.O., S. 118. **20** Singer, a.a.O., S. 118. **21** Die Verhältnisse in der Ortsgruppe Hamburg bzw. Bezirk Wasserkante; Denkschrift des Reichskommissars für Überwachung der öffentlichen Ordnung, 1922; Bundesarchiv (Künftig: BA) R 134/10. **22** Ebd. **23** Ruth Fischer, Stalin und der deutsche Kommunismus, S. 63. **24** Die Verhältnisse in der Ortsgruppe ..., 1922. **25** Fischer, a.a.O., S. 121. **26** F. A. Krummacher und Helmut Lange, Krieg und Frieden, S. 70. **27** Günther Nollau, Die Internationale, S. 104ff. **28** Nollau, a.a.O., S. 105. **29** Leitsätze und Statuten der Kommunistischen Internationale, beschlossen vom II. Kongreß der Kommunistischen Internationale, Moskau, vom 17. Juli bis 7. August 1920, S. 19. **30** Nollau, a.a.O., S. 130. **31** Nollau, a.a.O., S. 108. Fischer, a.a.O., S. 440. **32** Nollau, a.a.O., S. 112. **33** Erich Wollenberg, Der Apparat, S. 9. **34** Angress, a.a.O., S. 48, 49. **35** Wollenberg, a.a.O., S. 8. **36** Wollenberg, a.a.O., S. 9. **37** Ebd. **38** Ebd. **39** Nollau, a.a.O., S. 112, 113. **40** Jan Valtin, Tagebuch der Hölle, S. 165. **41** Nollau, a.a.O., S. 116. **42** Singer, a.a.O., S. 115. **43** Angress, a.a.O., S. 430. **44** Michael Heller und Alexander Nekrich, Geschichte der Sowjetunion, S. 45. **45** Heller/Nekrich, a.a.O., S. 46. **46** Edward van der Rhoer, Master Spy, S. 24. **47** ***, Die sowjetischen Sicherheitsorgane, in: Das Parlament, Beilage aus Politik und Zeitgeschichte, 2. Dezember 1959; S. 665. **48** Isaac Deutscher, Trotzki, Bd. I, S. 189. **49** Michael

Morozow, Anmerkungen zur Geschichte der sowjetischen Sicherheits- und Geheimdienste, S. 1. **50** Ebd. **51** Rhoer, a.a.O., S. 88. **52** Ronald Hingley, Die russische Geheimpolizei, S. 172. **53** Hingley, a.a.O., S. 175. **54** Hingley, a.a.O., S. 169. **55** ***, Die sowjetischen Sicherheitsorgane, a.a.O., S. 667. **56** Hingley, a.a.O., S. 187. **57** Gregor A. Agabekow, Die Tscheka bei der Arbeit, S. 29, 30. **58** Morozow, Anmerkungen..., S. 1. **59** Morozow, Anmerkungen..., S. 2. **60** Ebd. **61** Fischer, a.a.O., S. 57. **62** Nollau, a.a.O., S. 144. **63** Angress, a.a.O., S. 453. **64** Wollenberg, a.a.O., S. 10. **65** Wollenberg, a.a.O., S. 11. **66** Preußisches Staatsministerium, Abteilung P, Akten betreffend Kommunistische Bewegung, Bd. VI (Stand: 31. Mai 1935), Nr. 618; Privatbesitz. **67** David Dallin, Die Sowjetspionage, S. 110. **68** Fischer, a.a.O., S. 212. **69** Fischer, a.a.O., S. 396. **70** Fischer, a.a.O., S. 395. Wollenberg, a.a.O., S. 10. **71** Nollau, a.a.O., S. 105. **72** Fischer, a.a.O., S. 395. **73** Walter Zeutschel, Im Dienst der kommunistischen Terror-Organisation, S. 13. **74** Angress, a.a.O., S. 476ff. **75** Angress, a.a.O., S. 480ff. **76** Angress, a.a.O., S. 486. **77** Zeutschel, a.a.O., S. 32. **78** Wollenberg, a.a.O., S. 11. **79** Kölnische Zeitung, 17., 19., 24. Februar 1925. Zeutschel, a.a.O., S. 32. **80** Zeutschel, a.a.O., S. 65. Fischer, a.a.O., S. 395. Kölnische Zeitung, 23. Februar 1925. **81** Zeutschel, a.a.O., S. 66. **82** Ebd. **83** Zeutschel, a.a.O., S. 67. **84** Zeutschel, a.a.O., S. 68. **85** Wollenberg, a.a.O., S. 10. **86** W. G. Krivitsky, Ich war in Stalins Dienst, S. 64. **87** Direktiwy Glawnogo komandowanija Krasnoi Armii 1917-1920, S. 834. **88** Bolschaja Sowjetskaja Enziklopedija, Bd. III, S. 229. Sowjetskaja Wojennaja Enziklopedija, Bd. I, S. 453. **89** Ebd. **90** Boris Levitsky, The Stalinist Terror in the Thirties, S. 108. **91** Dallin, a.a.O., S. 63. **92** Morozow, Anmerkungen..., S. 16. Rangliste des Oberkommandos der Roten Armee und Flotte und der militärischen Industrie-Kommissariate, erstellt vom rumänischen Kriegsministerium, 20. Mai 1940; National Archives (künftig: NA), Filmrolle T-78/464. **93** Morozow, Anmerkungen..., S. 16. **94** Dallin, a.a.O., S. 22. **95** Organisation und Aufgabenbereich des sowjetischen Nachrichtendienstes, ungezeichnete Ausarbeitung; Archiv des Spiegel. **96** Dallin, a.a.O., S. 17. **97** Leopold Trepper, Die Wahrheit, S. 74. **98** Vorläufige Felddienstordnung der Roten Arbeiter- und Bauernarmee 1936, deutsche Übersetzung, S. 21; NA T-78/498. **99** E. H. Cookridge, Zentrale Moskau, S. 190. **100** Cookridge, a.a.O., S. 203. **101** Cookridge, a.a.O., S. 224. **102** Dallin, a.a.O., S. 20, Hamburger Tageblatt, 5. August 1941. **103** Dallin, a.a.O., S. 22. **104** Cookridge, a.a.O., S. 202. **105** Fischer, a.a.O., S. 619; Nollau, a.a.O., S. 138. **106** Wollenberg, a.a.O., S. 15. **107** Wollenberg, a.a.O., S. 13. **108** Dallin, a.a.O., S. 97. **109** Dallin, a.a.O., S. 99. **110** Dallin, a.a.O., S. 103. **111** Dallin, a.a.O., S. 100. **112** Wichtige russische Organisationen und Einrichtungen in Deutschland, Instruktionsschrift des Polizeiinstituts Berlin-Charlottenburg für den Lehrgang 1933/34; Privatarchiv Lothar Heimbach. **113** Der Reichsminister des Innern, Abteilung I A, an die Landesregierungen, betr.: Derop, 11. Februar 1932; BA R 134/58. **114** Der Reichsminister des Innern, IA N, an die Nachrichtenstellen der Länder, betr.: Nachrichtendienst der KPD, 20. Juni 1930; BA R 134/50. **115** Ebd. **116** Dallin, a.a.O., S. 115. **117** Dallin, a.a.O., S. 121. **118** Wilhelm Bauer, Die Tätigkeit des BB-Apparates der KPD, S. 2. **119** Bauer, a.a.O., S. 3, 11. Dallin, a.a.O., S. 105. **120** Dallin, a.a.O., S. 67. **121** Dallin, a.a.O., S. 69. **122** Denkschrift über die revolutionäre Antikriegsarbeit der Kommunisten, verfaßt von Regierungsrat von Lengriesser, Nachrichtensammelstelle im Reichsministerium des Innern, 21. April 1932, S. 15; BA R 134/50. **123** Adolf Ehrt, Bewaffneter Aufstand, S. 59. **124** Denkschrift Lengriesser, S. 59. **125** Ehrt, a.a.O., S. 148. **126** Dallin, a.a.O., S. 104. **127** Bauer, a.a.O., S. 4. **128** Ehrt, a.a.O., S. 61. **129** Wollenberg, a.a.O., S. 14. **130** Fischer, a.a.O., S. 126. **131** Denkschrift Lengriesser, S. 20. **132** Welche Gefahr bedeutet die KPD heute für Reich und Länder? Vortrag von Regierungsrat v. Lengriesser, Deutsche Nachrichtenkonferenz in Berlin, 28. und 29. April 1930, S. 60; BA R 134/58. **133** Dallin, a.a.O., S. 129, 130. Kölnische Zeitung, 14. April 1931. **134** Ehrt, a.a.O., S. 61, 64. **135** Dallin, a.a.O., S. 114. **136** Valtin, a.a.O., S. 165. **137** Dallin, a.a.O., S. 135. **138** Zeutschel, a.a.O., S. 88. **139** Zeutschel, a.a.O., S. 89. Kölnische Zeitung, 5. Mai 1924. **140** Hans Buchheim, Die SS, das Herrschaftsinstrument, in: Hans Buchheim, Martin Broszat, Hans-Adolf Jacobsen und Helmut Krausnick, Anatomie des SS-Staates, Bd. I, S. 36. **141** Ebd. **142** Ebd. **143** Gert Buchheit, Der deutsche Geheimdienst, S. 31. Friedrich Gempp, Geheimer Nachrichtendienst und Spionageabwehr des Heeres, Bd. II, 8. Abschnitt, S. 166; NA ML 68. **144** Ernst Ritter, Lageberichte und Meldungen, S. X. **145** Ritter, a.a.O., S. XI. **146** Ebd. **147** Ritter, a.a.O., S. XIV. **148** Ritter, a.a.O., S. XV. **149** Ritter, a.a.O., S. XII. **150** Buchheim, a.a.O., S. 37. **151** Ebd. **152** Albrecht Charisius und Julius Mader, Nicht länger geheim, S. 78. **153** Buchheit, a.a.O., S. 33. **154** Charisius/Mader, a.a.O., S. 80. **155** Buchheit, a.a.O., S. 33. **156** Manfred Kehrig, Die Wiedereinrichtung des deutschen militärischen Attachédienstes nach dem Ersten Weltkrieg, S. 39. **157** Buchheit, a.a.O., S. 33. **158** Rainer Wohlfeil und Hans Dollinger, Die deutsche Reichswehr, S. 184. **159** Paul W. Blackstock, The Secret Road to World War II, S. 225f. **160** Der Reichswehrminister, Entwurf eines Befehls zur Bildung der Abwehrabteilung, März 1928; BA/MA, OKW-Box 6 34 165/2. **161** Buchheit, a.a.O., S. 36. **162** Ebd. **163** Dallin, a.a.O., S. 146. **164** Dallin, a.a.O., S. 103. **165** Valtin, a.a.O., S. 166. **166** Berliner Tageblatt, 13. September 1933. Urteil des Schwurgerichts I beim Landgericht Berlin vom 19. Juni 1934 auf Grund der Verhandlungen vom 5., 6., 7., 8., 11., 12., 14., 15., 18. und 19. Juni 1934 unter Vorsitz von Landgerichtsdirektor Dr. Böhmert (Photokopie); Privatbesitz. **167** Urteil des Schwurgerichts I. **168** Buchheim, a.a.O., S. 33ff. **169** Shlomo Aronson, Heydrich und die Anfänger des SD und der Gestapo (1931-1935), S. 288ff. **170** Heinz Höhne, Der Orden unter dem Totenkopf, S. 173ff. **171** Aronson, a.a.O., S. 75. Schreiben von Walter Schellenberg, 4. April 1939; NA T-175/239. **172** Michael Geyer, National Socialist Germany: The Polities of Information, in: Ernest A. May, Knowing one's Enemy, S. 322. **173** Wesen der Geheimen Staatspolizei, Denkschrift des Geheimen Staatspolizeiamtes, undatiert (etwa: 1937), S. 1; NA T-175/432. **174** Heinrich Himmler, Die Schutzstaffel als antibolschewistische Kampforganisation, S. 8. **175** R. Heydrich, Wandlungen unseres Kampfes, S. 6. **176** Martin Broszat, Nationalsozialistische Konzentrationslager 1933 bis 1945, in: Hans Buchheim, Martin Broszat, Hans-Adolf Jacobsen und Helmut Krausnick, Anatomie des SS-Staates, Bd. II, S. 12, 14. **177** Broszat, a.a.O., S. 19. **178** Broszat, a.a.O., S. 21. **179** Dallin, a.a.O., S. 147. **180** Lothar Heimbach, Geheime Staatspolizei, S. 22; Privatarchiv Heimbach. **181** Der AM-Apparat, Lagebericht des Geheimen Staatspolizeiamtes, 22. März 1937, S. 10; Privatbesitz. **182** Dallin, a.a.O., S. 145. **183** Lage und Tätigkeit des Marxismus, Lagebericht des Chefs des Sicherheitsamtes für Mai/Juni 1934, S. 55; NA T-175/415. **184** Wollenberg, a.a.O., S. 16. Anklageschrift des Oberreichsanwalts beim Volksgerichtshof gegen Wilhelm Knöchel, 1943, S. 3; Privatbesitz. **185** Ebd. **186** Ebd. **187** Bauer, a.a.O., S. 6. **188** Lage und Tätigkeit des Marxismus, S. 55. **189** Schreiben Heydrichs an Staatspolizeistellen und Staatspolizeileitstellen, 7. Juli 1938; NA T-175/491. **190** Richtlinien für das abwehrpolizeiliche Fahndungswesen, Rundschreiben der Hauptabteilung III des Geheimen Staatspolizeiamtes, 16. August 1938, S. 6; NA T-175/403. **191** Richtlinien für..., S. 8. **192** Aronson, a.a.O., S. 154. **193** Aronson, a.a.O., S. 130. **194** Aronson, a.a.O., S. 146. **195** Aronson, a.a.O., S. 306. **196** Grundsätzliche Gedanken zur Neugliederung der Abteilung II des Geheimen Staatspolizeiamtes, Denkschrift aus dem Stab Heydrichs, undatiert (etwa: Sommer 1939), S. 8; NA T-175/239. **197** Bauer, a.a.O., S. 6. Anklageschrift Knöchel, S. 4. Der BB-Apparat, Lagebericht des Geheimen Staatspolizeiamtes, 22. März 1937, S. 12. **198** Dallin, a.a.O., S. 125. **199** Die kommunistische Paßfälscherorganisation, Lagebericht des Geheimen Staatspolizeiamtes, 22. März 1937, S. 4. **200** Die Auswirkungen des VII. Weltkongresses, Lagebericht des Geheimen Staatspolizeiamtes, 22. März 1937, S. 8. **201** Dallin, a.a.O., S. 149. **202** Anklageschrift Knöchel, S. 5. **203** Ebd. **204** Ebd. **205** Dallin, a.a.O., S. 149. **206** Ebd. **207** Ebd. **208** Die kommunistische Paßfälscherorganisation, S. 8. **209** Ebd. Dallin, a.a.O., S. 151. **210** Ernst Köstring: Der militärische Mittler zwischen dem Deutschen Reich und der Sowjetunion 1921-1941, S. 93. **211** Entwurf einer Rede Himmlers vor dem Preußischen Staatsrat, undatiert (etwa: 1936), S. 30; NA T-175/89. **212** Aktenplan der Abteilung II des Geheimen Staatspolizeiamtes, etwa: 1935/36, S. 5; NA T-175/229. **213** Bruno Kauschen, Das Wannseeinstitut, undatiert (etwa: 1950), S. 1, 2; Privatbesitz. **214** Blackstock, a.a.O., S. 47. Bruno Kauschen, Die russische Emigration, undatiert (etwa: 1950), S. 2; Privatbesitz. **215** Blackstock a.a.O., S. 208ff. **216** Blackstock, a.a.O., S. 241. **217** Kauschen, Russische Emigration, S. 4. **218** Blackstock, a.a.O., S. 228. **219** Blackstock, a.a.O., S. 230, 231. **220** Blackstock, a.a.O., S. 233. **221** Ebd. **222** Blackstock, a.a.O., S. 234. **223** Ebd. **224** Entwurf einer Rede Himmlers..., S. 24. **225** Sonderbericht Tuchatschewski, herausgegeben vom Informationsamt des SD-Hauptamts, Mai 1937, S. 7; NA T-175/467. **226** David Kahn, Hitler's Spies, S. 313. Julius Mader, Hitlers Spionagegenerale sagen aus, S. 145-147. **227** Gregor Prokoptschuk, Der Metropolit, S. 221. Alexander Dallin, Deutsche Herrschaft in Rußland, S. 125. **228** Ebd. **229** Heinz Höhne, Canaris, S. 164ff. **230** Bericht über Reise Chef Abw. nach Budapest, April 1935; BA/MA RW 5/v. 197. **231** Ebd. **232** Edgar Siegfried Meos, Hitlers Geheimdienst in Estland vor dem Überfall auf die Sowjetunion, in: Mitteilungsblatt der Arbeitsgemeinschaft ehemaliger Offiziere, S. 9. **233** Michael A. Barnhart, Japanese Intelligence before the Second World War, in: May, a.a.O., S. 430. **234** Erich Kordt, Nicht aus den Akten, S. 123. **235** Ivar Lissner, Mein gefährlicher Weg, S. 233. **236** Ebd. **237** Major Bammler, Abwehrbesprechung vom 21. und 22. Juni 1935; NA T-77/808. **238** Oscar Reile, Geheime Ostfront, S. 227. **239** Lew Besymenski, Sonderakte »Barbarossa«, S. 245. **240** Theo Sommer, Deutschland und Japan zwischen den Mächten, S. 29. **241** Sommer, a.a.O., S. 39. **242** Ebd. **243** Morozow, Anmerkungen..., S. 6. **244** Ebd. **245** Ebd. **246** David Kahn, The Codebreakers, S. 641. **247** Levitsky, a.a.O., S. 99. **248** Levitsky, a.a.O., S. 100. **249** Frantisek Moravec, Master of Spies, S. 66ff. **250** Moravec, a.a.O., S. 70. **251** Michael Morozow, Die Falken des Kreml, S. 128. **252** Morozow, Falken, S. 129. **253** Ebd. **254** Alexander Orlov, The Secret History of Stalin's Crimes, S. 238. **255** Patrik von zur Mühlen, Spanien war ihre Hoffnung, S. 145. **256** Mühlen, a.a.O., S. 146ff. **257** Morozow, Anmerkungen..., S. 20. **258** Mühlen, a.a.O., S. 146. **259** Horst Günter Tolmein, Der Aufstand beginnt 17.50 Uhr, Teil IV, S. 6. Dallin, Sowjetspionage, S. 154. **260** Ebd. **261** Günther Weisenborn, Rote Kapelle (Sammelbericht der Überlebenden); Akten der Staatsanwaltschaft am Landgericht Lüneburg, Strafsache Manfred Roeder, Bd. VIII, Bl. 64. **262** Ebd. **263** Klaus

Lehmann, Widerstandsgruppe Schulze-Boysen/Harnack, S. 29. **264** Höhne, Canaris, S. 100ff. **265** Gerhard Fischer, Die Irrlichter, S. 159. **266** Werner Best, Die deutsche Abwehrpolizei bis 1945, S. 49. **267** Hugh Thomas, Der spanische Bürgerkrieg, S. 233. **268** Ebd. **269** Anonym, Zarenoffiziere für Spaniens Internationale Brigaden, undatiert (etwa: 1950); Archiv des Spiegel. **270** Blackstock, a.a.O., S. 290. **271** Morozow, Falken, S. 131. **272** Morozow, Falken, S. 136. **273** Walter Schellenberg, Memoiren, S. 49. **274** Ebd. **275** Jesco von Puttkamer, Von Stalingrad zur Volkspolizei, S. 105. Die Passagen stammen jedoch nicht von Puttkamer, sondern von dem Bearbeiter des Buches, Friedrich Wilhelm Heinz, der sie in den Text mit aufnahm; schriftliche Mitteilung von Oberstleutnant a. D. F. W. Heinz, 14. März 1949. **276** Karl Spalcke, Der Fall Tuchatschewski, in: Die Gegenwart, 25. Januar 1958, S. 47. **277** Blackstock, a.a.O., S. 362. **278** André Brissaut, Die SD-Story, S. 148. **279** Schellenberg, a.a.O., S. 50. **280** Walter Hagen (= Dr. Wilhelm Höttl), Die geheime Front, S. 54. **281** Spalcke, a.a.O., S. 47. **282** Robert Conquest, Am Anfang starb Genosse Kirow, S. 256ff. **283** Hagen, a.a.O., S. 62. Schellenberg, a.a.O., S. 50. **284** B. H. Liddel Hart, Die Rote Armee, S. 75. **285** Levitsky, a.a.O., S. 99. **286** Dallin, Sowjetspionage, S. 166. Nollau, a.a.O., S. 152. Liddel Hart, a.a.O., S. 75. **287** Morozow, Anmerkungen, S. 7, 8. **288** Ebd. **289** Nollau, a.a.O., S. 151. **290** Arthur Koestler, Die Geheimschrift, S. 13. **291** Dallin, Sowjetspionage, S. 151. **292** Gordon Brook-Shepherd, The Storm Petrels, S. 143, 173. **293** Lissner, a.a.O., S. 232. **294** Lissner, a.a.O., S. 233. **295** Lagebericht des Geheimen Staatspolizeiamtes, 22. März 1937, S. 2.

10 Kennwort: Direktor

1 Rede Stalins auf dem 18. Kongreß der KPdSU, 1939, in: B. H. Liddell Hart (Hrgb.), Die Rote Armee, S. 280. **2** Thaddeus Wittlin, Commissar, S. 21. **3** Wittlin, a.a.O., S. 21, 27, 54. **4** Personalbogen Berija, Merkulow; Archiv Morozow. **5** Personalbogen Dekanosow; Archiv Morozow. **6** Personalbogen Kobulow; Archiv Morozow. **7** Borys Lewytzkyj, Vom Roten Terror zur sozialistischen Gesetzlichkeit, S. 112. **8** General Ernst Köstring: Der militärische Mittler zwischen dem Deutschen Reich und der Sowjetunion 1921-1941, S. 105. Rangliste des Oberkommandos der Roten Armee und Flotte und der Militärischen Industrie-Kommissariate, Ausarbeitung des rumänischen Generalstabes, berichtigt von Militärattaché Köstring, 20. Mai 1940; National Archives (NA), Mikrofilm T-78/464. **9** The Rote Kapelle: The CIA's History of Soviet Intelligence and Espionage Networks in Western Europe 1936-1945, S. 328. **10** Abwehr-Abteilung »Tod den Spionen« im Volkskommissariat für Verteidigung, in: Politische Informationen (RSHA) vom 15. 12. 1944 bis 15. 1. 1945, S. 2; NA T-175/222. **11** Bericht des Chefs der Sicherheitspolizei und des SD an Reichsführer-SS, 10. Juni 1941, in: Walter Schellenberg, Memoiren, S. 380. **12** Lewytzkyj, a.a.O., S. 129. **13** Ebd. **14** Sándor Radó, Dóra jelenti, S. 19, 13, 57, 60. **15** Drago Arsenijevic, Genève appelle Moscou, S. 29. Radó, a.a.O., S. 17. **16** CIA's History, S. 328. **17** Radó, a.a.O., S. 92. **18** Radó, a.a.O., S. 99ff. Radó korrigiert hier die Angabe von Otto Pünter, Der Anschluß fand nicht statt, S. 115, wonach er erst im Juni 1940 in die Dienste Radós getreten sein will. **19** Radó, a.a.O., S. 106. **20** Personalie Herrnstadt, Internationales Biographisches Archiv (Munzinger Archiv), 26. November 1966. **21** CIA's History, S. 291. **22** Ebd. **23** Ebd. **24** Günther Nollau und Ludwig Zindel, Gestapo ruft Moskau, S. 99. CIA's History, S. 348. **25** Gordon W. Prange, Target Tokyo, S. 8ff. **26** Prange, a.a.O., S. 40. **27** Prange, a.a.O., S. 49. **28** Prange, a.a.O., S. 185. **29** Zu Klausen: Prange, a.a.O., S. 97ff. **30** Beispiele für Moskaus Kritik an Sorge: Prange, a.a.O., S. 279. **31** Herr Sorge saß mit zu Tisch, in: Der Spiegel, 15. August 1951, S. 32. **32** Prange, a.a.O., S. 455. **33** Prange, a.a.O., S. 219, 243ff. **34** Nachtrag zum Verzeichnis über flüchtig gegangene Kommunisten, herausgegeben vom Geheimen Staatspolizeiamt, 15. März 1937; Privatbesitz. Bericht des Chefs der Sicherheitspolizei und des SD über die Rote Kapelle, 22. Dezember 1942 (künftig: Gestapo-Abschlußbericht), S. 2. **35** Gestapo-Abschlußbericht, S. 3. **36** David Dallin, Die Sowjetspionage, S. 170, 171. Gestapo-Abschlußbericht, S. 3. **37** Telegramm der Staatspolizeileitstelle Düsseldorf, 11. September 1942; Privatbesitz. CIA's History, S. 20ff. **38** CIA's History, S. 367ff. **39** Dallin, a.a.O., S. 167. **40** Leopold Trepper, Die Wahrheit, S. 93. **41** Gestapo-Abschlußbericht, S. 2. **42** CIA's History, S. 284. **43** Gilles Perrault, Auf den Spuren der Roten Kapelle, S. 28. **44** CIA's History, S. 330. **45** Gestapo-Abschlußbericht, S. 4. **46** Ebd. **47** Schellenberg, a.a.O., S. 388. **48** Schellenberg, a.a.O., S. 385. **49** Schriftliche Mitteilung von Willi Weber, Mai 1968. **50** Dallin, a.a.O., S. 279. **51** Dallin, a.a.O., S. 276. **52** Erklärung von Greta Kuckhoff; Akten der Staatsanwaltschaft am Landgericht Lüneburg, Strafsache Roeder (künftig: StA Lüneburg); Bd. VIII, Bl. 131. **53** Ebd. **54** Ebd. **55** Erklärung Greta Kuckhoff, a.a.O., Bl. 132. **56** Ebd. **57** Hausverteiler des Reichsluftfahrtministeriums, 1. Dezember 1939, S. 3; Privatbesitz. **58** Heinz Höhne, Kennwort: Direktor, S. 132ff. **59** Schriftliche Mitteilung von Chefredakteur Heysig, 19. November 1966. Aussage von Marie-Louise Schulze, 14. Februar 1950; StA Lüneburg, Bd. XII, Bl. 57. **60**

Aussage von Schumachers Mutter, Julie Schumacher, 20. Oktober 1949; StA Lüneburg, Bd. X, Bl. 13. **61** Nach Angaben von Senatspräsident Kraell wurde Küchenmeister wegen Unterschlagung von Parteigeldern aus der KPD ausgeschlossen; Schlußbericht des Staatsanwalts Dr. Finck im Ermittlungsverfahren Roeder (künftig: Schlußbericht Finck), S. 168. **62** Aussage von Günther Weisenborn, 29. Juni 1949; StA Lüneburg, Bd. VIII, Bl. 63. **63** Günther Weisenborn, Der lautlose Aufstand, S. 206, 207. Schlußbericht Finck, S. 352. **64** Erklärung von Greta Kuckhoff, a.a.O., schriftliche Mitteilung von Alexander Spoerl, 27. Juni 1968. **65** Lagebericht Nr. 4 über die kommunistischen Umtriebe in der Slowakei und ihre Bekämpfung, Staatspolizeistelle Brünn, 11. März 1942; Privatbesitz. **66** CIA's History S. 286, 287. **67** Trepper, a.a.O., S. 100. Greta Kuckhoff, Vom Rosenkranz zur Roten Kapelle, S. 245. **68** Personalbogen Proskurow; Archiv Morosow. **69** Eintragungen im Privattagebuch von Helmuth Groscurth vom 10., 18., 22. September 1939, in: Helmuth Groscurth, Tagebücher eines Abwehroffiziers 1938-1940, herausgegeben von Helmut Krausnick und Harold C. Deutsch, S. 202, 206, 207. **70** Janusz Piekalkiewicz, Polenfeldzug, S. 196ff. **71** Groscurth, a.a.O., S. 208. **72** Franz Liedig, Die Bedeutung des russisch-finnischen Zusammenstoßes für die gegenwärtige Lage Deutschlands, 7. Dezember 1939, S. 2; Bundesarchiv/ Militärarchiv (BA/MA) N 104/2. **73** Erich Helmdach, Überfall?, S. 88. **74** Tagebuch Lahousen, 26. März 1940; Institut für Zeitgeschichte, F 23/1. **75** Ausl./Abw., Befehl betr.: Organisation zur Behandlung von Zwischenfällen an der deutsch-sowjetischen Grenze, 18. Juni 1940; NA T-77/908. **76** Erich Ferdinand Pruck, Warnzeichen Rot, XIV, S. 13. **77** Tagebuch Lahousen, 11. November 1940. **78** Trepper, a.a.O., S. 100. **79** Herbert Wehner, Zeugnis, S. 171, 175. **80** Piekalkiewicz, a.a.O., S. 235. Dort auch ein Photo des Gestapo-NKWD-Lagers. **81** George Watson, Rehearsal for the Holocaust?, in: Commentary, Juni 1981. **82** Ebd. **83** Margarete Buber-Neumann, Als Gefangene bei Stalin und Hitler, S. 153ff. **84** Tagebuch Lahousen, S. 9. Januar 1940. **85** Tagebuch Lahousen, 7. Dezember 1939. **86** Tagebuch Lahousen, 2. Januar 1940. **87** Alexander Werth, Der Tiger Indiens, S. 116. **88** Sven Allard, Stalin und Hitler, S. 200. **89** Michael Salewski, Die deutsche Seekriegsleitung 1935-1945, Bd. I, S. 156. Philipp W. Fabry, Der Hitler-Stalin-Pakt 1939-1941, S. 193. **90** Peter Gosztony, Die Rote Armee, S. 181ff. **91** Michael Morozow, Die Falken des Kreml, S. 229. **92** Joachim Hoffmann, Die Sowjetunion bis zum Vorabend des deutschen Angriffs, in: Das Deutsche Reich und der Zweite Weltkrieg. Bd. 4, S. 57. **93** Perrault, a.a.O., S. 30. Dallin, a.a.O., S. 169. **94** Fabry, a.a.O., S. 257. **95** Fabry, a.a.O., S. 260. **96** Ebd. **97** Fabry, a.a.O., S. 255. **98** Personalbogen Golikow; Archiv Morozow. Piekalkiewicz, a.a.O., S. 24. **99** CIA's History, S. 87. **100** CIA's History, S. 74. **101** Bericht des Chefs der Sicherheitspolizei und des SD an den Reichsführer-SS, 24. Dezember 1942, in: Wilhelm v. Schramm, Verrat im Zweiten Weltkrieg, S. 396. CIA's History, S. 341. **102** Ebd. **103** Bericht des Chefs der Sicherheitspolizei und der SD, 24. Dezember 1942. **104** Dallin, a.a.O., S. 193. **105** CIA's History, S. 25. **106** Perrault, a.a.O., S. 153. **107** Wilhelm F. Flicke, Spionagegruppe Rote Kapelle, S. 59. **108** Radó, a.a.O., S. 116. **109** Arsenijevic, a.a.O., S. 44-48. Radó, a.a.O., S. 119ff. **110** Radó, a.a.O., S. 129. CIA's History, S. 264, 274. **111** Radó, a.a.O., S. 129. **112** Dallin, a.a.O., S. 177. Gestapo-Abschlußbericht, S. 5. **113** Dallin, a.a.O., S. 178. **114** Schellenberg, a.a.O., S. 388. Dort irrtümliche Schreibweise des Namens Tupikow. **115** Schlußbericht Finck, S. 169. **116** Erich E. Sommer, Das Memorandum, S. 132. **117** Sommer, a.a.O., S. 132. **118** Burton Whaley, Codeword Barbarossa, S. 160. Sommer, a.a.O., S. 127. **119** Sommer a.a.O., S. 136. **120** Sommer, a.a.O., S. 126, Personalbogen Dekanosow. **121** Zur Molotow-Mission: Fabry, a.a.O., S. 343ff. **122** Fabry, a.a.O., S. 316. **123** Fabry, a.a.O., S. 317. **124** Nollau/Zindel, a.a.O., S. 106. **125** Fabry, a.a.O., S. 367. **126** Whaley, a.a.O., S. 34. **127** Hoffmann, a.a.O., S. 70. **128** Hoffmann, a.a.O., S. 68. John Erickson, Threat Identification and Strategie Appraisal by the Soviet Union, 1930–1941, in: Ernest A. May, Knowing one's Enemy, S. 414ff. **129** Hoffmann, a.a.O., S. 69. **130** Hoffmann, a.a.O., S. 67. **131** Ebd. **132** Plan für die politische Sicherung der Armee-Operationen beim Angriff, Aufzeichnung des Chefs der Abteilung für Politische Propaganda im Stab der sowjetischen 5. Armee, undatiert (Beuteakten der Abwehr); NA T-77/1027. **133** Stimmung der Bevölkerung im Generalgouvernement, Aufzeichnung von Kommissar Uronow. 5. Armee, 4. Mai 1941 (Beuteakten der Abwehr); NA T-77/1027. **134** Siehe Anmerkung 132. **135** Hoffmann, a.a.O., S. 69. **136** F. H. Hinsley, E. E. Thomas, C. F. G. Ransom und R. C. Knight, British Intelligence in the Second World War, Bd. 1, S. 369. **137** Hinsley u. a., a.a.O., S. 370. **138** Fabry, a.a.O., S. 378, 418. Hoffmann, a.a.O., S. 66. **139** David Irving, Hitlers Krieg, S. 272. **140** Irving, a.a.O., S. 273. **141** Fabry, a.a.O., S. 381. **142** Whaley, a.a.O., S. 202. **143** Ebd. **144** Hoffmann, a.a.O., S. 73. **145** Freeman Dyson, Weapons and Hope, S. 250. **146** Schreiben von Ausland/Abwehr betr.: Ausführungsbestimmungen zu dem sowjetischen Mobilisationsbefehl zum 20. 6. 1941 an die Einheiten des Besonderen Baltischen Militärbezirks, 23. September 1941 (Beuteakten der Abwehr); NA T-77/1028. **147** Whaley, a.a.O., S. 202. **148** Hinsley, a.a.O., S. 432. **149** Hinsley, u. a., a.a.O., S. 443. **150** Hinsley, u. a., a.a.O., S. 444. Cripps' »zuverlässige Quelle« war die Botschaft der USA in Moskau, die aus Washington erfahren hatte, daß ein deutscher Hitler-Gegner dem US-Handelsattaché Sam Woods in einem Berliner Kino Informationen über die Barbarossa-Operation zugesteckt habe. Wer der Deutsche war, bleibt ungeklärt. Whaley, a.a.O., S. 38, behauptet, es habe sich um den späteren Botschafter und Bonner Protokollchef Hans Herwarth von Bitterfeld gehandelt, doch hat der Diplomat dies bestritten; Nordbayerischer Kurier, 13. November 1982. **151** Seweryn Bialer, Stalin and his Generals, S. 180. Ebenso Harrison E. Salisbury, Die Ostfront, S. 15. **152** Whaley, a.a.O., S. 63. **153** Whaley, a.a.O., S. 67, 68. **154** Alexander Nekritsch und Pjotr Grigorenko, Genickschuß, S. 190. **155** Georgi K. Schukow, Erinnerungen und Gedanken, S. 228. **156** Nekritsch/Grigorenko, a.a.O., S. 190. **157** Schukow, a.a.O., S. 228. **158** Nekritsch/Grigorenko, a.a.O., S. 148. Schukow, a.a.O., S. 227. **159** Whaley, a.a.O., S. 60. **160** Andreas Hillgruber, Deutsche Großmacht- und Weltpolitik im 19. und 20. Jahrhundert, S. 225. Nekritsch/Grigorenko, a.a.O., S. 129. **161** Wilhelm F. Flicke, Agenten funken nach Moskau, S. 47. **162** Zitiert nach: M. F., Das Märchen von Dr. Sorge, in: Die Gegenwart, 11. Januar 1958, S. 11. **163** Prange, a.a.O., S. 339. **164** Prange, a.a.O., S. 340. **165** Ebd. **166** Prange, a.a.O., S. 341. **167** Prawda, 6. November 1964. **168** Whaley, a.a.O., S. 72. **169** Prange, a.a.O., S. 338. **170** Prange, a.a.O., S. 339. **171** Salisbury, a.a.O., S. 13. **172** Hillgruber, a.a.O., S. 245. Whaley, a.a.O., S. 26. **173** Salisbury, a.a.O., S. 13. **174** Richard Lorenz, Historisches Stichwort, in: Michael Eickhoff, Wilhelm Pagels und Willy Reschl, Der unvergessene Krieg, S. 55, 57. **175** Bialer, a.a.O., S. 188. **176** Pjotr Grigorenko, Erinnerungen, S. 198. **177** Ebd. **178** Whaley, a.a.O., S. 206. **179** Nekritsch/Grigorenko, a.a.O., S. 152, 158, 159. Whaley, a.a.O., S. 214. **180** Nekritsch/Grigorenko, a.a.O., S. 151. **181** Bialer, a.a.O., S. 209. **182** Schukow, a.a.O., S. 229. **183** Bialer, a.a.O., S. 191. **184** Joachim Hoffmann, Die Kriegführung aus der Sicht der Sowjetunion, a.a.O., S. 714. **185** Nekritsch/Grigorenko, a.a.O., S. 153, 155. **186** Hinsley u. a., a.a.O., S. 480. **187** Hinsley u. a., a.a.O., S. 471. **188** F. A. Krummacher und Helmut Lange, Krieg und Frieden, S. 555. **189** Ebd. **190** Heinz Höhne, Canaris, S. 431. **191** Aussage Franz-Eccard von Bentivegnis in sowjetischer Kriegsgefangenschaft, 28. Dezember 1945, in: Internationales Militärgericht, Bd. VII, S. 301. **192** Whaley, a.a.O., S. 171, 172. **193** Whaley, a.a.O., S. 173. **194** Whaley, a.a.O., S. 160, 256. **195** Sommer, a.a.O., S. 129. **196** Schreiben von Abteilung Ausland VIII a, 30. Dezember 1940; NAT-77/1027. **197** Sommer, a.a.O., S. 130. **198** Whaley, a.a.O., S. 76. **199** Grigorenko, a.a.O., S. 202. **200** Ebd.

11 PTX ruft Moskau

1 Greta Kuckhoff, Vom Rosenkranz zur Roten Kapelle, S. 280, 281. **2** Bericht des Chefs der Sicherheitspolizei und der SD über die Rote Kapelle, 22. Dezember 1942 (künftig: Gestapo-Abschlußbericht), S. 16. Aussage von Alexander Kraell und Erklärung von Greta Kuckhoff; Akten der Staatsanwaltschaft am Landgericht Lüneburg, Strafsache Roeder (künftig: StA Lüneburg); Bd. XII, Bl. 96 und Bd. VIII, Bl. 131. **3** Schlußbericht des Staatsanwalts Dr. Finck im Ermittlungsverfahren Roeder, S. 40; StA Lüneburg. Gestapo-Abschlußbericht, S. 16. **4** Aussage Kraell, 14. März 1950; StA Lüneburg, Bd. XII, Bl. 99. **5** Gestapo-Abschlußbericht, S. 19. **6** Ebd. **7** Erklärung von Greta Kuckhoff; StA Lüneburg, Bd. VIII, Bl. 132. Bericht von Alexander Kraell, 6. August 1948; StA Lüneburg, Bd. III, Bl. 382. **8** Bericht Kraell, 6. August 1948. **9** Aussage von Eugen Schmitt, 25. Juli 1949; StA Lüneburg, Bd. VIII, Bl. 61. Erklärung Kuckhoff, 21. März 1947; StA Lüneburg, Bd. VIII, Bl. 162. **10** Rainer Hildebrandt, Wir sind die Letzten, S. 156, 157. **11** Gestapo-Abschlußbericht, S. 16, 17. Mündliche Mitteilung von Dr. Hugo Buschmann, 26. Juni 1968. **12** Joachim Hoffmann, Die Kriegführung aus der Sicht der Sowjetunion, in: Das Deutsche Reich und der Zweite Weltkrieg, Bd. 4, S. 716. Michael Morozow, Die Falken des Kreml, S. 254, 261, 262. **13** Viktor Suworow, GRU: Die Speerspitze, S. 263. Morozow, a.a.O., S. 254, 262. **14** S. M. Schtemenko, Generalny Stab w gody woiny, S. 127. Seweryn Bialer, Stalin and his Generals, S. 235. **15** Bialer, a.a.O., S. 250. **16** Aussage von Frieda Coppi, 14. November 1949; StA Lüneburg, Bd. X, Bl. 45. **17** Gilles Perrault, Auf den Spuren der Roten Kapelle, S. 101. **18** Ebd. **19** David Dallin, Die Sowjetspionage, S. 172. Perrault, a.a.O., S. 70. Gestapo-Abschlußbericht, S. 2, 6. Wilhelm F. Flicke, Spionagegruppe Rote Kapelle, S. 43, 44. **20** Flicke, a.a.O., S. 80. **21** Ebd. **22** Perrault, a.a.O., S. 77. **23** Flicke, a.a.O., S. 61, 62. **24** Gestapo-Abschlußbericht, S. 10. **25** Dallin, a.a.O., S. 226. **26** Sammlung sowjetischer Funksprüche aus dem Nachlaß von Wilhelm F. Flicke (künftig: Sammlung Flicke), S. 2, 6. **27** Schriftliche Mitteilung von August Noiret, 3. Juni 1968. **28** Gestapo-Abschlußbericht, S. 11. Aussage von Johannes Strübing, 18. Januar 1950; StA Lüneburg, Bd. X, Bl. 196. **29** Schlußbericht Finck, S. 131, 134, 239. **30** Aussage Kraell; StA Lüneburg, Bd. XI. Bl. 98. **31** Bericht Kraell, 30. Juli 1946; StA Lüneburg, Bd. III, Bl. 371. Schriftliche Mitteilung von Willi Weber, Juni 1968. Aussage von Reinhold Ortmann, 16. Februar 1950; StA Lüneburg, Bd. XII, Bl. 65. **32** Klaus Lehmann, Widerstandsgruppe Schulze-Boysen/Harnack, S. 70. Gestapo-Abschlußbericht S. 11. **33** Gestapo-Abschlußbericht, S. 11. **34** Aussage Kraell; StA Lüneburg, Bd. XII, Bl. 98. Gestapo-Abschlußbericht, S. 11. Aussage Strübing, a.a.O., Bl. 197. **35** Aussage Kraell, a.a.O., Bl. 112. Weisung der Zentrale Moskau an Kent, 18. Oktober 1941; Gestapo-Abschlußbericht, S. 8, 9. **36** Aussage Strübing, a.a.O., Bl. 1. Bericht Kraell, a.a.O., Bl. 384. Gestapo-Abschlußbericht, S. 7, 20. **37** Bericht Kraell, a.a.O., Bl. 384. **38** Flicke, a.a.O., S. 81. **39** Schreiben des Oberstaatsanwalts in Lüneburg an die Sozialbehörde Hamburg, 20. Januar 1951, S. 4, 5; Akten des Amts für Wiedergutmachung der Hansestadt Hamburg. **40** Aussage Strübing, a.a.O., Bl. 2. Sammlung Flicke, S. 10. **41** Sammlung Flicke, S. 3, 6. **42** Sammlung Flicke, S. 14. **43** Sammlung Flicke, S. 3, 9. **44** Perrault, a.a.O., S. 502. **45** Günther Weisenborn, Rede über die deutsche Widerstandsbewegung, in: Der Aufbau, Heft 6/1946, S. 576ff. Erklärung von Greta Kuckhoff, undatiert; StA Lüneburg, Bd. VIII, Bl. 131. **46** M. F., Das Märchen vom Dr. Sorge, in: Die Gegenwart, 11. Januar 1958, S. 11. **47** Margret Boveri, Der Verrat im 20. Jahrhundert, S. 361. **48** Gordon W. Prange, Target Tokyo, S. 408. Morozow, a.a.O., S. 187. Erich Helmdach, Täuschungen und Versäumnisse, S. 81. Pjotr Grigorenko, Erinnerungen, S. 215. **49** Prange, a.a.O., S. 408. **50** Grigorenko, a.a.O., S. 215. Prange, a.a.O., S. 408. **51** So die Meldung Sorges vom 14. September 1941, zitiert bei Prange, a.a.O., S. 401. **52** Der in der Literatur, etwa bei Boveri, a.a.O., S. 360, genannte »letzte« Funkspruch Sorges vom 15. Oktober 1941 existiert nicht, wie Klausens Aussagen beweisen. Ebenso falsch die Angaben bei: Margaret Boveri, Späher für die andere Welt, in: Frankfurter Allgemeine Zeitung, 12. März 1966. **53** Prange, a.a.O., S. 406. **54** Michael A. Barnhart, Japanese Intelligence before the Second World War, in: Ernest A. May, Knowing one's Enemy, S. 439. **55** Gestapo-Abschlußbericht, S. 7. **56** Alfred Philippi und Ferdinand Heim, Der Feldzug gegen Sowjetrußland 1941 bis 1945, S. 69, 70. Sammlung Flicke, S. 6. **57** Sammlung Flicke, S. 7. Philippi/Heim, a.a.O., S. 79, 80. **58** Philippi/Heim, a.a.O., S. 90. **59** So in einer Meldung vom 9. Dezember 1941, die über Radó nach Moskau gefunkt wurde; Sammlung Flicke, S. 8. Flicke, Spionagegruppe Rote Kapelle, S. 81. **60** Philippi/Heim, a.a.O., S. 95. **61** Bialer, a.a.O., S. 588. **62** Schlußbericht Finck, S. 129, 130. Junge Welt, 22. Dezember 1967. **63** Schlußbericht Finck, S. 40. **64** Ebd. **65** Flicke, a.a.O., S. 59. Erklärung Kuckhoff, a.a.O., Bl. 132. **66** Schlußbericht Finck, S. 41, 58. **67** Schlußbericht Finck, S. 41. **68** Das Geheimnis der Roten Kapelle, in: Norddeutsche Rundschau, 31. Januar 1951. **69** Flicke, a.a.O., S. 9. **70** Flicke, a.a.O., S. 12. **71** Flicke, a.a.O., S. 17. Das Geheimnis der Roten Kapelle in: Norddeutsche Rundschau, 30. Januar 1951. **72** Ernst de Barry, Die Leistung der deutschen Funkabwehr, in: Wilhelm v. Schramm, Verrat im Zweiten Weltkrieg, S. 342. **73** Ebd. **74** David Kahn, The Codebreakers, S. 657. **75** Perrault, a.a.O., S. 53. **76** Mündliche Mitteilung von Harry Piepe, 14. März 1968. **77** Dallin, a.a.O., S. 183. Mitteilung Piepe. **78** Mitteilung Piepe. **79** Perrault, a.a.O., S. 80, Gestapo-Abschlußbericht, S. 1. **80** Perrault, a.a.O., S. 82. Mitteilung Piepe. Telegramm des SS-Obersturmbannführers Dr. Albath, Staatspolizeileitstelle Düsseldorf, an Kriminalrat Kopkow, 11. September 1942; Privatbesitz. **81** Mitteilung Piepe. **82** Personalakte Karl Giering; Privatbesitz. **83** Perrault, a.a.O., S. 88. **84** Perrault, a.a.O., S. 117. **85** Kahn, a.a.O., S. 650. **86** Prange, a.a.O., S. 290ff. **87** Prange, a.a.O., S. 455. **88** Prange, a.a.O., S. 454. **89** Prange, a.a.O., S. 456. **90** Junge Welt, 30. Oktober 1964. **91** Telegramm von Ott an Auswärtiges Amt, 23. Oktober 1941; National Archives (NA) Filmrolle T-120/2614. **92** Schriftliche Mitteilung von H. J. Weber, einem Vauck-Schüler, 12. Juni 1968. **93** Dallin, a.a.O., S. 185. **94** Ebd. **95** Schriftliche Mitteilung von Ernst de Barry, 31. März 1968. **96** Dallin, a.a.O., S. 185. Perrault, a.a.O., S. 128. Schlußbericht Finck, S. 59. **97** Kahn, a.a.O., S. 658. Perrault, a.a.O., S. 129. **98** Mündliche Mitteilung von Heinrich Reiser, 4. März 1968. Dallin, a.a.O., S. 194. **99** Perrault, a.a.O., S. 191. Dallin, a.a.O., S. 175. **100** Dallin, a.a.O., S. 185. **101** Mitteilung Piepe. **102** Gestapo-Abschlußbericht S. 1. Mitteilung Piepe. **103** Ebd. **104** Perrault, a.a.O., S. 133. **105** Mitteilung Piepe. **106** Mitteilung von Dr. H. B., 14. Dezember 1966. **107** Flicke, a.a.O., S. 59. **108** Schlußbericht Finck, S. 59. **109** Ebd. **110** Walter Schellenberg, Memoiren, S. 251. **111** Personalakte Horst Kopkow; Privatbesitz. **112** Schlußbericht Finck, S. 60. **113** Aussage Kraell, a.a.O., Bl. 109. **114** Schlußbericht Finck, S. 60. **115** Rote Kapelle, von Günther Weisenborn verfaßter Sammelbericht der Überlebenden; StA Lüneburg, Bd. VIII, Bl. 102. Edgar E. Schulze, Zum Gedächtnis meines Sohnes Harro; StA Lüneburg, Bd. XII, Bl. 40. Elsa Boysen, Harro Schulze-Boysen; Privatbesitz, S. 23. **116** Schlußbericht Finck, S. 61. **117** Ebd. **118** Dallin, a.a.O., S. 297. **119** Alexander Spoerl jun., Libertas Schulze-Boysen; StA Lüneburg, Bd. X, Bl. 186. Egmont Zechlin, Arvid und Mildred Harnack zum Gedächtnis, S. 2. Brief von Helene Heilmann an den Generalstaatsanwalt am Kammergericht Berlin, 22. Dezember 1966; Privatarchiv Heilmann. **120** Lehmann, a.a.O., S. 52. Gestapo-Abschlußbericht, S. 24. **121** Aussage Strübing, a.a.O., Bl. 202. **122** Erklärung Kuckhoff, a.a.O., Bl. 132. **123** Mündliche Mitteilung von Gertrud Hoffmann-Breiter, 23. März 1968. **124** Schreiben von Willi Weber an den Generalstaatsanwalt am Kammergericht Berlin, 16. November 1967. Mündliche Mitteilung von Marie-Louise Schulze, 4. März 1968. **125** Aussage Strübing, a.a.O., Bl. 196, 198, 199. **126** Erklärung Kuckhoff, a.a.O., Bl. 132. Bericht von Werner Krauss; StA Lüneburg, Bd. X, Bl. 160, 161. Brief von Cato Bontjes van Beek an ihre

Mutter, 2. März 1943; Privatarchiv Bontjes van Beek. **127** Aussage Ortmann, a.a.O., Bl. 62. Gestapo-Abschlußbericht, S. 23. **128** Ebd. **129** John Nemo, Das rote Netz, S. 20, 21. **130** Ludwig Zindel, Fallschirmagenten, S. 1, 8. **131** Fahndungsschreiben des Geheimen Staatspolizeiamtes, gez. Schmidt, 9. Juli 1942; Privatbesitz. Gestapo-Abschlußbericht S. 23. **132** Zindel, a.a.O., S. 4. Aktennotiz einer nicht näher bezeichneten Gestapo-Dienststelle, 30. Mai 1942, und Rundschreiben der Staatspolizeileitstelle Nürnberg-Fürth, 30. Mai 1942; Privatbesitz. **133** Ebd. **134** Zindel, a.a.O., S. 4. **135** Schlußbericht Finck, S. 65. **136** Dallin, a.a.O., S. 186. Gestapo-Abschlußbericht, S. 3. **137** Gestapo-Abschlußbericht S. 3. **138** Heinz Schröter, Der große Verrat, S. 40. Aussage Strübing, a.a.O., Bl. 220ff. **139** Ebd. **140** Schreiben des Oberstaatsanwalts in Lüneburg an das Amt für Wiedergutmachung der Stadt Hamburg, 20. Januar 1951. Rote Kapelle, Sammelbericht, a.a.O., Bl. 107. **141** Gestapo-Abschlußbericht, S. 18, 25. Aussage von Günther Weisenborn, StA Lüneburg, Bd. VIII, Bl. 107. **142** Lehmann, a.a.O., S. 48, 49. **143** Gestapo-Abschlußbericht, S. 24. **144** Gestapo-Abschlußbericht, S. 8, 24. W. Kudrjawzew und K. Raspewin, Man nannte sie »Alta«, in Prawda, 5. Juli 1967. **145** Aussage Strübing, a.a.O., Bl. 200. **146** Mitteilung Hoffmann-Breiter. **147** Der braune Feind hört mit, in: Kristall, Heft 3/1951. Aussage Strübing, a.a.O., Bl. 202. **148** Lehmann, a.a.O., S. 81. **149** Aussage von Heinrich Scheel, 26. November 1949; StA Lüneburg, Bd. X, Bl. 65. Dallin, a.a.O., S. 204. Perrault, a.a.O., S. 133. **150** Schlußbericht Finck, S. 66. Aussage von Adelheid Eidenbenz, 29. März 1950; StA Lüneburg, Bd. XII. Lehmann, a.a.O., S. 19. Aussage Kraell, a.a.O., Bl. 116. **151** Dallin, a.a.O., S. 202. **152** In seinem Schlußwort vor Gericht: Aussage Schmitt, a.a.O., Bl. 61. Brief von Cato Bontjes van Beek an ihre Mutter, 2. März 1943. **153** Nach dem Schlußbericht Finck, S. I-III, waren es 117 Verhaftete. Der Gestapo-Abschlußbericht, S. 26, nennt 119 Verhaftete. **154** Schlußbericht Finck, S. 7ff. **155** Lehmann, a.a.O., S. 31. **156** Gestapo-Abschlußbericht, S. 8. **157** Gestapo-Abschlußbericht, S. 6. **158** Ebd. **159** Nemo, a.a.O., S. 16. **160** Mitteilung Piepe. **161** Capitaine »Freddy«, La verité sur la Rote Kapelle, in: Europe-Amérique, 2. Oktober 1947, S. 14. **162** Perrault, a.a.O., S. 125. Mitteilung Piepe. **163** Harry Piepe, Harburger jagte Agenten, in: Harburger Anzeiger und Nachrichten, 11. Oktober 1967. Nemo, a.a.O., S. 11. **164** Piepe, a.a.O., 11. Oktober 1967. **165** Nemo, a.a.O., S. 11. **166** Ebd. **167** Dallin, a.a.O., S. 187. **168** Perrault, a.a.O., S. 142. **169** Gestapo-Abschlußbericht, S. 2. Dallin a.a.O., S. 187. Perrault, a.a.O., S. 146. **170** Perrault, a.a.O., S. 151. **171** Perrault, a.a.O., S. 139. **172** Schreiben von Harry Piepe an den Autor, 8. Juli 1968. **173** Mitteilung Reiser. **174** Perrault, a.a.O., S. 225. **175** Gestapo-Abschlußbericht, S. 5. Mitteilung Piepe. **176** Perrault, a.a.O., S. 235. **177** Mitteilung Piepe. **178** Perrault, a.a.O., S. 235. **179** Mitteilung Piepe. **180** Nemo, a.a.O., S. 13. **181** Perrault, a.a.O., S. 244. **182** Nemo, a.a.O., S. 13. Mitteilung Piepe. Perrault, a.a.O., S. 254. **183** Dallin, a.a.O., S. 198. **184** Nemo, a.a.O., S. 13, 14. **185** Perrault, a.a.O., S. 298. **186** Perrault, a.a.O., S. 260. **187** Perrault, a.a.O., S. 315ff. **188** Ebd. **189** Mitteilung Piepe. **190** Mitteilung Reiser. **191** Ebd. **192** Dallin, a.a.O., S. 210.

12 Dora, übernehmen Sie!

1 The Rote Kapelle: The CIA's History of Soviet Intelligence and Espionage Networks in Western Europe 1936-1945, S. 329. **2** Winfried Martini, Deutsche Spionage für Moskau 1939 bis 1945, in: Die Welt, 20. Oktober 1966. **3** Sammlung sowjetischer Funksprüche aus dem Nachlaß von Wilhelm F. Flicke (künftig: Sammlung Flicke); Privatbesitz. **4** Sammlung Flicke. **5** S. M. Schtemenko, Generalny w gody woiny, S. 127. **6** Seweryn Bialer, Stalin and his Generals. S. 402. **7** Georgij K. Schukow, Erinnerungen und Gedanken, S. 376ff. **8** Sammlung Flicke. **9** Sprüche vom 6. November 1942, 30. Juli 1943 und 4. November 1942; Sammlung Flicke. **10** Sprüche vom 8. Oktober 1942 und 1. Juni 1943; Sammlung Flicke. **11** Drago Arsenijevic, Genève appelle Moscou, S. 61. Sándor Radó, Dóra jelenti, S. 126, 127. **12** Arsenijevic, a.a.O., S. 90. Radó, a.a.O., S. 159. Alexander Foote, Handbook for Spies, S. 69. **13** Wilhelm Ritter v. Schramm, Zu den Erinnerungen von Alexander Radó, S. 11-14. Radó, a.a.O., S. 156, 165, 172. **14** Ebd. **15** Radó, a.a.O., S. 176. **16** Radó, a.a.O., S. 175. Interview mit Bundesminister a. D. Ernst Lemmer, in: Der Spiegel, Heft 4/1967, S. 38. Vernehmung von Walter Schellenberg, 13. November 1947; Institut für Zeitgeschichte, ZS-291/V. **17** Keilig, Das deutsche Heer/ Personalien, S. 211. Radó, a.a.O., S. 166. **18** Spruch vom 22. September 1942; Sammlung Flicke. **19** Hans Rudolf Kurz, Nachrichtenzentrum Schweiz, S. 13. **20** Alphons Matt, Zwischen allen Fronten, S. 10. **21** Matt, a.a.O., S. 15. **22** Matt, a.a.O., S. 14. **23** Kurz, a.a.O., S. 22. **24** Georg Kreis, Auf den Spuren von »La Charité«, S. 173ff. **25** Max Waibel, 1945: Kapitulation in Norditalien, S. 177. Kreis, a.a.O., S. 172. **26** Edgar Bonjour, Geschichte der schweizerischen Neutralität, S. 179ff. **27** Bonjour, a.a.O., S. 189. **28** Wilhelm Ritter v. Schramm, Verrat im Zweiten Weltkrieg, S. 82. **29** Schramm, Verrat, S. 203. **30** Kurz, a.a.O., S. 68. **31** Schramm, Verrat, S. 93. **32** Radó, a.a.O., S. 188. **33** Radó, a.a.O., S. 206. **34** Ebd. **35** Radó, a.a.O., S. 207.

36 Sammlung Flicke. **37** Radó, a.a.O., S. 211. **38** Ebd. **39** Sprüche vom 19. Januar, 17. März und 4. Juni 1943; Sammlung Flicke. **40** Kurz, a.a.O., S. 32. Schriftliche Mitteilung von Ritter v. Schramm, Oktober 1966. **41** Mitteilung Schramm. **42** CIA's History, S. 344. Kurz, a.a.O., S. 30. **43** Mitteilung Schramm. **44** CIA's History, S. 344. **45** Kurz, a.a.O., S. 33. **46** Kurz, a.a.O., S. 48. **47** CIA's History, S. 344, 345. **48** Kurz, a.a.O., S. 46. **49** CIA's History, S. 345. **50** Mitteilung Schramm. **51** Kurz, a.a.O., S. 113. **52** CIA's History, S. 185. **53** Anthony Cave Brown, The Last Hero, S. 288. **54** Radó, a.a.O., S. 188. Vgl. Kriegstagebuch des Oberkommandos der Wehrmacht, Bd. II/2. Burkhart Müller-Hillebrand, Das Heer 1933-1945, Bd. II. **55** Radó, a.a.O., S. 290. **56** Ebd. **57** Radó, a.a.O., S. 344. **58** Sammlung Flicke. **59** Ebd. **60** Paul Carell, Verbrannte Erde, S. 86, 87. **61** Radó, a.a.O., S. 258. Gotthart Heinrici und Friedrich Wilhelm Hauck, Zitadelle, in: Wehrwissenschaftliche Rundschau, Heft 8/1965, S. 486. Ernst Klink, Das Gesetz des Handelns, S. 115ff. **62** Sammlung Flicke, Radó, a.a.O., S. 299. **63** Radó, a.a.O., S. 302. **64** Sammlung Flicke. **65** Hans Rudolf Fuhrer, Spionage gegen die Schweiz, S. 80. **66** Ebd. **67** Ebd. **68** Fuhrer, a.a.O., S. 81. **69** Ebd. **70** Fuhrer, a.a.O., S. 83. **71** Fuhrer, a.a.O., S. 82ff. **72** Kurz, a.a.O., S. 71, 72. **73** Neue Züricher Zeitung, 5. Februar 1970. **74** Fuhrer, a.a.O., S. 84. **75** Fuhrer, a.a.O., S. 85. **76** Ebd. **77** Fuhrer, a.a.O., S. 132. **78** Matt, a.a.O., S. 228. **79** Schramm, Verrat, S. 290. **80** Kurz, a.a.O., S. 85. **81** Schramm, Verrat, S. 247ff. **82** Kriegstätigkeit der deutschen Abwehr in der Schweiz (Verfasser unbekannt), undatiert; Archiv Dr. Buchheit. **83** Ebd. Schramm, Verrat, S. 284. **84** Sprüche vom 4. und 13. Juli 1943; Sammlung Flicke. CIA's History, S. 194. **85** Sprüche vom 4. und 5. Juli 1943. Sammlung Flicke. **86** CIA's History, S. 180ff. **87** Schramm, Verrat, S. 287, 288. **88** Schramm, Verrat, S. 290. **89** Kurz, a.a.O., S. 76. **90** Schramm, Verrat, S. 296ff. **91** Ebd. **92** Arsenijevic, a.a.O., S. 117. Schramm, Verrat, S. 308. **93** Mitteilung Schramm. Kurz, a.a.O., S. 87ff. **94** Alexander Fischer, Sowjetische Deutschlandpolitik im Zweiten Weltkrieg 1941-1945, S. 180. **95** Fischer, a.a.O., S. 40. **96** Bernd Martin, Friedensinitiativen und Machtpolitik im Zweiten Weltkrieg, S. 464. Fischer, a.a.O., S. 181. **97** Spiegelbild einer Verschwörung: Die Kaltenbrunner-Berichte, S. 425. **98** Fischer, a.a.O., S. 41. **99** Peter Kleist, Hitler und Stalin, S. 240ff. **100** Mündliche Mitteilung von Dr. Manfred Roeder, 5. März 1968. **101** Fischer, a.a.O., S. 42f. **102** Fischer, a.a.O., S. 42ff. **103** Kleist, a.a.O., S. 245. **104** Kleist, a.a.O., S. 252. **105** Ebd. H. W. Koch, The Spectre of a Separate Peace in the East: Russo-German »Peace Feelers« 1942-1944, in: Journal of Contemporary History, Juli 1975, S. 535. **106** Koch, a.a.O., S. 536. **107** Peter Kleist, Nach Stalingrad bot Josef Stalin Hitler den Frieden an, in: Deutsche Soldaten-Zeitung, Dezember 1959, S. 4. **108** Koch, a.a.O., S. 538. **109** Ebd. **110** Personalbogen Kobulow; Archiv Morozow. **111** Kleist, Hitler und Stalin, S. 246. **112** Karl-Heinz Frieser, Krieg hinter Stacheldraht, S. 79. Koch, a.a.O., S. 538. **113** Joachim Hoffmann, Die Kriegführung aus der Sicht der Sowjetunion, in: Das Deutsche Reich und der Zweite Weltkrieg, Bd. 4, S. 754. **114** ***, Die sowjetischen Sicherheitsorgane, in: Das Parlament, Beilage: Aus Politik und Zeitgeschichte, 2. Dezember 1959, S. 671. Walli III, Auswertung zur Feindlage, Unterstellung der sowjetischen Gegenspionage unter militärischen Befehl. 8. August 1943; NA T-78/461. Abwehr-Abteilung »Tod den Spionen« im Volkskommissariat für Verteidigung, Politische Informationen vom 15. Dezember 1944 bis 15. Januar 1945; NA T-78/493. **115** Viktor Suworow, GRU: Die Speerspitze, S. 263. F. F. Kusnezow, Personalien des Instituts zur Erforschung der UdSSR, München. **116** FHO IId, Zusammenarbeit zwischen Banden und sowjetischem Nachrichtendienst, in: Nachrichten über Bandenkrieg, Nr. 4, 10. September 1943; NA T-78/493. **117** Ebd. **118** Merkblatt für den Partisanenkundschafter, Beuteakten, Anlage zu: Nachrichten über Bandenkrieg, Nr. 1, 1943; NA T-78/493. **119** Zusammenarbeit zwischen Banden und sowjetischem Nachrichtendienst, a.a.O. **120** FHO, Vernehmung des Kapitäns Boris Russanow, undatiert (1943); NA T-175/38. **121** Der Chef der Sicherheitspolizei und des SD, Kommandostab, Meldungen aus den besetzten Ostgebieten, Nr. 21, 18. November 1942. **122** Vortragsnotiz, Leitstelle III Ost für Frontaufklärung, 8. Januar 1945; NA T-78/488. **123** Wolfgang Venohr, Aufstand in der Tatra, S. 264. Günther Nollau und Ludwig Zindel, Gestapo ruft Moskau, S. 183. **124** Nollau/Zindel, a.a.O., S. 166. **125** Nollau/Zindel, a.a.O., S. 167ff. **126** Nollau/Zindel, a.a.O., S. 173, 184, 185. **127** FHO Ib, Vortragsnotiz betr.: Oberst Hoyer, 24. Februar 1945; NA T-78/488. **128** Mitteilung eines ehemaligen Gruppenleiters von Fremde Heere Ost, 21. Mai 1970. **129** Meldungen und Berichte aus polnischen Beuteakten, Fremde Heere Ost, Sommer 1940; NA T-78/488. **130** David Kahn, Hitler's Spies, S. 457-459. **131** Ernst Klink, Die militärische Konzeption des Krieges gegen die Sowjetunion, in: Das Deutsche Reich und der Zweite Weltkrieg, Bd. 4, S. 275, und Beiheft, Karte Nr. 1. **132** Lew Besymenski, Sonderakte »Barbarossa«, S. 253. **133** Karl Bartz, Die Tragödie der deutschen Abwehr, S. 98ff. Raul Hilberg, Die Vernichtung der europäischen Juden, S. 216ff. **134** Von Baun unterschriebene Aufzeichnung des Stabes Walli I für Abwehr I, 24. März 1942; NA T-77/1028. **135** Kahn, a.a.O., S. 316. **136** Kahn, a.a.O., S. 314, 316. **137** Kahn, a.a.O., S. 312. **138** Ebd. **139** Herbert Rittlinger, Geheimdienst mit beschränkter Haftung, S. 224ff. Ladislas Farago, Burn after Reading, S. 114ff. **140** Rittlinger, a.a.O., S. 225. Kahn, a.a.O., S. 317. **141** Schreiben von Canaris an das

Reichssicherheitshauptamt, 31. März 1943; NA T-120/2614. **142** Heinz Höhne, Der Fall Lissner, in: Ivar Lissner, Mein gefährlicher Weg, S. 221 ff. **143** Schriftliche Mitteilung von Werner Crome, 16. August 1970. **144** John W. M. Chapman, The Case of Dr. Ivar Lissner in Manchuria, S. 4 ff. **145** Chapman, a.a.O., S. 5. **146** Mitteilung Crome. **147** Höhne, a.a.O., S. 246. **148** Telegramme des Gesandten Wagner (Hsinking) an das Auswärtige Amt, 12. und 14. Mai 1942; NA T-120/1054. **149** Telegramm des Gesandten Wagner (Hsinking) an das AA, 21. Mai 1942, a.a.O. **150** Telegramm des Gesandten Wagner (Hsinking) an das AA, 7. Mai 1942. Dazu Schreiben des Chefs des Oberkommandos der Wehrmacht an Lissner, 3. September 1941, mit Abschrift der Hitler-Verfügung vom 20. August 1941; a.a.O. **151** Höhne, a.a.O., S. 250. **152** Kahn, a.a.O., S. 317. **153** Höhne, a.a.O., S. 249. **154** Chapman, a.a.O., S. 6. **155** Ebd. **156** Telegramm des Gesandten Wagner (Hsinking) an das AA für Busch I/Luft, 23. März 1942; NA T-120/2416. **157** Telegramm des Botschafters Ott an das AA, 26. März 1942; a.a.O. **158** Chapman, a.a.O., S. 18. **159** Chapman, a.a.O., S. 20 ff. **160** Dienstanweisung für Nachrichtenbeschaffungsoffiziere und Kolonnen-Führer, erlassen vom Oberquartiermeister IV des Generalstabs des Heeres, undatiert; NA T-78/458. **161** Ebd. **162** Kahn, a.a.O., S. 249. **163** Dienstanweisung des Oberquartiermeisters IV. **164** Abschnittsstab Ostpreußen, Aktenvermerk betr. Tätigkeit der Abwehr II auf russischem Gebiet, 21. Mai 1941; NA T-78/482. **165** Newsweek, 25. Juli 1955, S. 22. **166** Personalakte Reinhard Gehlen, Oberkommando des Heeres; Privatbesitz. **167** Heinz Höhne, Canaris, S. 467. **168** Gert Buchheit, Der deutsche Geheimdienst, S. 324. **169** Günter Alexander (= Peis), So ging Deutschland in die Falle, S. 200 ff. **170** Romedio Galeazzo Graf von Thun-Hohenstein, Der Verschwörer, S. 236. **171** Erich Ferdinand Pruck in einem Brief an den Verfasser, 13. März 1975. **172** Kriegsstellenbesetzung der Abteilung Fremde Heere Ost, 1943; NA T-78/499. **173** Unternehmen Scherhorn, Aufzeichnung des Ic der Heeresgruppe Mitte, undatiert (etwa: Frühjahr 1945); NA T-78/479. **174** E. H. Cookridge, The Spy of the Century, in: Daily Telegraph Magazine, 7. März 1969, S. 19. **175** Oscar Reile, Geheime Ostfront, S. 408 ff. **176** Vermerk von IId für Referat IIc, Fremde Heere Ost, 28. Dezember 1944; NA T-78/499. **177** FHO, Bericht über 38. Armee, S. 8; NA T-78/483. Zusammenfassender Bericht des Oberkommandos der 3. Panzerarmee von Überläufer- und Gefangenenvernehmungen, 22. Januar 1944, S. 2; NA T-78/487. **178** David Kahn, The Codebreakers, S. 644. **179** Ebd. **180** Kahn, Codebreakers, S. 646, 647. **181** Personalakte Gehlen. **182** F. H. Hinsley, E. E. Thomas, C. F. G. Ransom und R. C. Knight, British Intelligence in the Second World War, Bd. II, S. 58. **183** Ebd. **184** Hans-Heinrich Wilhelm. Die Prognosen der Abteilung Fremde Heere Ost, in H. H. Wilhelm und Louis de Jong, Zwei Legenden aus dem Dritten Reich, S. 43 ff. **185** Wilhelm, a.a.O., S. 43-63. **186** Wilhelm a.a.O., S. 62. **187** Wilhelm, a.a.O., S. 71. **188** Wilhelm, a.a.O., S. 69, 70. **189** Vereinbarungen zwischen dem Chef des Oberkommandos der Wehrmacht und dem Reichsführer-SS, 14. Mai 1944, S. 2 (FHO-Akten); NA T-78/497. **190** Joachim Hoffmann, Die Geschichte der Wlassow-Armee, S. 15 ff. **191** Gehlen, Dringende Fragen des Bandenkrieges und der Hilfswilligen-Erfassung; zitiert nach Alexander Dallin, Deutsche Herrschaft in Rußland 1941-1945, S. 559 ff. Zu den Kriegsgefangenenzahlen: Alfred Streim, Die Behandlung sowjetischer Kriegsgefangener im »Fall Barbarossa«, S. 244 ff. **192** Dallin, a.a.O., S. 574 ff. **193** Dallin, a.a.O., S. 586. **194** Dallin, a.a.O., S. 585 ff. Wilfrid Strik-Strikfeld, Gegen Stalin und Hitler, S. 139 ff. **195** Sven Steenberg, Wlassow, S. 42, Jürgen Thorwald, Wen sie verderben wollen, S. 225. Dallin, a.a.O., S. 475-476. **196** Dallin, a.a.O., S. 596, 597. **197** Bruno Kauschen, Erfahrungen bei der Durchführung von Einsätzen im Raume der Sowjetunion, undatiert; Privatbesitz. **198** Walter Schellenberg, Memoiren, S. 241. **199** Kauschen, Kapitel IV, S. 3 ff., und Kapitel V, S. 4 ff., 12 ff. **200** Dallin, a.a.O., S. 601, Thorwald, a.a.O., S. 433. **201** Befehl des Generalstabs des Heeres, Operationsabteilung, 12. November 1944; NA T-78/497. **202** Vortragsnotiz Gehlens über Maßnahmen zur Aktivierung der Frontaufklärung, 25. Februar 1945; NA T-78/496. **203** Ebd. **204** Ebd. **205** Politische Informationen, Forschungsdienst Ost, Nr. 114/1944, S. 14 ff; NA T-175/222. **206** Buchheit, a.a.O., S. 264. **207** Merkblatt zur Aufdekkung von Fallschirmspringern, Funkern, Saboteuren und anderen Agenten der deutschen Spionage, herausgegeben von der Abteilung Smersch der 46. Armee, Juli 1943 (Beuteakten); NA T-78/489. **208** Einzelnachrichten des Ic-Dienstes Ost, Nr. 13, 26. Juni 1943, Anlage 5; NA T-78/465. **209** Unternehmen Scherhorn, a.a.O. **210** Otto Skorzeny, Geheimkommando Skorzeny, S. 218. **211** Zusammenstellung der Funklinien zum sowjetischen ND, FHO Ib, 9. März 1945; NA T-78/488. **212** Cornelius Ryan, The Last Battle, S. 96-104. **213** Wilhelm, a.a.O., S. 45. Mitteilung eines ehemaligen Gruppenleiters der FHO, 21. Mai 1970. **214** Ryan a.a.O., S. 226, 227. Heinz Guderian, Erinnerungen eines Soldaten, S. 389. Jürgen Thorwald, Die große Flucht, S. 320, Personalakte Gehlen. **215** Tagebuch von Hermann Baun, 4. April 1945; Privatbesitz. **216** Auskunft von Präsident Gerhard Wessel, 3. Juni 1971.

13 Unheilige Allianzen

1 Max Waibel, 1945: Kapitulation in Norditalien, S. 129. Bradley F. Smith und Elena Agarossi, Unternehmen »Sonnenaufgang«, S. 219. **2** Waibel, a.a.O., S. 130. R. Harris Smith, OSS, S. 116. **3** Smith/Agarossi, a.a.O., S. 108. **4** Waibel, a.a.O., S. 27, 29. **5** Allen Dulles und Gero v. S. Gaevernitz, Unternehmen »Sunrise«, S. 89. Waibel, a.a.O., S. 32. **6** Leonard Mosley, Dulles, S. 173 ff. **7** Waibel, a.a.O., S. 35. **8** Robert Wistrich, Wer war wer im Dritten Reich, S. 297. **9** Dulles/Gaevernitz, a.a.O., S. 96. **10** Waibel. a.a.O., S. 38, 43. **11** Dulles/Gaevernitz, a.a.O., S. 113. **12** Smith/Agarossi, a.a.O., S. 128. **13** Smith/Agarossi, a.a.O., S. 130. **14** Waibel, a.a.O., S. 69. Smith/Agarossi, a.a.O., S. 132 ff. **15** John Toland, The last 100 Days, S. 478. **16** Dulles/Gaevernitz, a.a.O., S. 177. **17** Smith/Agarossi, a.a.O., S. 203. **18** Ebd. **19** Dulles/Gaevernitz, a.a.O., S. 197. **20** Waibel, a.a.O., S. 119. **21** Waibel, a.a.O., S. 116. **22** Smith/Agarossi, a.a.O., S. 217, 218. Waibel, a.a.O., S. 125. **23** Waibel, a.a.O., S. 129. **24** Dulles/Gaevernitz, a.a.O., S. 228 ff. **25** Waibel, a.a.O., S. 131. **26** Waibel, a.a.O., S. 136 ff. **27** Waibel, a.a.O., S. 139 ff. **28** R. H. Smith, a.a.O., S. 121. Dulles/Gaevernitz, a.a.O., S. 296 ff. **29** Zur Geschichte des OSS: Harry Howe Ransom, The Intelligence Establishment, S. 65 ff. **30** Anthony Cave Brown, The Last Hero, S. 127. **31** Brown, a.a.O., S. 292. **32** Ebd. **33** Brief von F. Justus v. Einem an Dr. Josef Müller, 29. Dezember 1967; im Besitz von Heinrich Fraenkel. **34** Brown, a.a.O., S. 366 ff. **35** Memorandum von Donovan an General Marshall, 29. Juli 1944; USS Files, ETO German Breakers (künftig: Breakers Akte), NA Record Group 226, Box 14. Brown, a.a.O., S. 364. **36** Peter Hoffmann, Widerstand, Staatsstreich, Attentat, S. 278. **37** Brown, a.a.O., S. 277. **38** Schreiben des Prinzen von Hohenlohe-Langenburg an eine ungenannte Dienststelle des SD, Mitte Februar 1943; undatierter Bericht über die Verhandlungen mit Dulles, etwa: Frühjahr 1943; Privatbesitz von Lew Besymenski, Moskau. **39** Mosley, a.a.O., S. 154. Brown, a.a.O., S. 278. **40** Brown, a.a.O., S. 288. **41** Hoffmann, a.a.O., S. 287. Brown, a.a.O., S. 286. **42** Schreiben von Paul O. Blum an »To whom it may concern«, 6. September 1945; Privatbesitz. **43** Mary Bancroft, Autobiography of a Spy, S. 164. **44** Breakers-Akte, a.a.O. **45** Bradley F. Smith, The Shadow Warriors, S. 214. **46** Smith, Shadow Warriors, S. 191, 214. **47** Ebd. **48** Memorandum von Donovan an Präsident Roosevelt, 22. Juli 1944; Breakers-Akte. **49** Bericht von Dulles an Donovan, 26. Januar 1945; Breakers-Akte. **50** Memorandum von Donovan an Staatssekretär Stettinius, 1. August 1944; Breakers-Akte. **51** Memorandum von Charles S. Cheston, an Roosevelt, 1. Februar 1945; Breakers-Akte. **52** Memorandum von Cheston an Roosevelt, 27. Januar 1945; Breakers-Akte. **53** Dulles/Gaevernitz, a.a.O., S. 57 ff. **54** R. H. Smith, a.a.O., S. 236. **55** Smith, Shadow Warriors, S. 338 ff. **56** Smith, Shadow Warriors, S. 345 ff. **57** Ebd. **58** Smith, Shadow Warriors, S. 350, 351. **59** Brown, a.a.O., S. 680. **60** Smith, Shadow Warriors, S. 353. **61** Smith, Shadow Warriors, S. 354. **62** Brown, a.a.O., S. 636. **63** Brown, a.a.O., S. 640. **64** Smith, Shadow Warriors, S. 288. **65** R. H. Smith, a.a.O., S. 236. **66** Henric L. Wuermeling, Die Weiße Liste, S. 21, 22, 253. **67** Ulrich Borsdorf und Lutz Niethammer, Zwischen Befreiung und Besatzung, S. 318. Bancroft, a.a.O., S. 258. R. H. Smith, a.a.O., S. 236. **68** R. H. Smith, a.a.O., S. 217, 238. Borsdorf/Niethammer, a.a.O., S. 11. **69** Ebd. **70** Yvonne Jerlin, Willy Brandt – die Stockholmer Jahre 1940-1945, S. 7. **71** Telegramm Herschel V. Johnsons an das State Department, 22. Mai 1944; National Archives, Washington. **72** Viola Herms, Willy Brandt: Prisoner of his Past, S. 238. Süddeutsche Zeitung, 25. Februar 1977. **73** Joseph E. Persico, Geheime Reichssache, S. 37, 97 ff. Nigel West, MI 6, S. 232. **74** The Secret War Report of the OSS, herausgegeben und kommentiert von Anthony Cave Brown, S. 545. Persico, a.a.O., S. 98. **75** War Report, S. 546. **76** War Report, S. 542. **77** Borsdorf/Niethammer, a.a.O., S. 14. **78** Borsdorf/Niethammer, a.a.O., S. 14, 79 ff. Zur Gruppe Ulbricht: Alexander Fischer, Sowjetische Deutschlandpolitik, S. 148 ff. **79** Borsdorf/Niethammer, a.a.O., S. 81, 103. **80** Brown, a.a.O., S. 744. **81** R. H. Smith, a.a.O., S. 240. **82** Mosley, a.a.O., S. 229. **83** R. H. Smith, a.a.O., S. 241. **84** Mosley, a.a.O., S. 228. **85** Brown, a.a.O., S. 757. **86** Brown, a.a.O., S. 744. **87** Mosley, a.a.O., S. 225. **88** Brown, a.a.O., S. 752. **89** Smith, Shadow Warriors, S. 356, 357. **90** Brown, a.a.O., S. 753. **91** Brown, a.a.O., S. 753. Smith, Shadow Warriors, S. 358. **92** Brown, a.a.O., S. 754. **93** Reinhard Gehlen, The Service, S. 6. **94** Gehlen a.a.O., S. 7. **95** Mitteilung von General Edwin L. Sibert, Februar 1970. **96** Ebd. **97** Mosley, a.a.O., S. 234. **98** Thomas Walde, ND-Report: Die Rolle der Geheimen Nachrichtendienste im Regierungssystem der Bundesrepublik Deutschland, S. 62. **99** Mosley, a.a.O., S. 235, 236. **100** Ransom, a.a.O., S. 78. Smith, Shadow Warriors, S. 408. **101** Gehlen, a.a.O., S. 12. Mosley, a.a.O., S. 238. **102** Mosley, a.a.O., S. 238. **103** Orientierungshilfe zur Geschichte des Bundesnachrichtendienstes, herausgegeben vom BND, April 1968. Gehlen, a.a.O., S. 122. **104** Mosley, a.a.O., S. 238. **105** Harry Rositzke, The KGB: The Eyes of Russia, S. 2 ff. **106** Ebd. **107** Gehlen, a.a.O., S. 17, 131. **108** Magnus Linklater, Isabel Hilton und Neal Ascherson, The Fourth Reich, S. 145. **109** Gehlen, a.a.O., S. 11. **110** Hermann Baun, Tagebücher, Eintragungen im Juli/August 1946; im Privatbesitz. Gehlen, a.a.O., S. 126 ff. **111** Gehlen, a.a.O., S. 128, 132. **112** Mitteilung eines ehemaligen

Gruppenleiters der Fremde Heere Ost, der ungenannt bleiben will; 21. Mai 1970. Baun, Tagebücher, Eintragungen 1946/47. **113** Memorandum von CIC-Region VIII, Special Case Branch, betr.: Subversive Organization of Amt VI F, RSHA, 19. März 1947, und Memorandum von Sonderagent Kurt D. Elle, CIC-Subregion Stuttgart, März 1947; Dossier Kurt Merk, Department of the Army, U.S. Army Intelligence and Security Command, Fort George Meade. **114** Memorandum von Robert S. Taylor an Officer in Charge, CIC-Subregion Memmingen, 2. Juni 1947; Dossier Merk. **115** Ransom, a.a.O., S. 113. **116** Basic Missions of the Counter Intelligence Corps, veröffentlicht in: Erhard Dabringhaus, Klaus Barbie, S. 69. **117** Dossier Merk. Dabringhaus, a.a.O., S. 66. **118** Aufträge für Drossel, November 1947, CIC-Subregion Memmingen; Dossier Merk, Bl. 228, 229. **119** Dr. Franz Rupp, Kampfgruppe gegen Unmenschlichkeit, November 1951; Akten der KgU, in Privatbesitz. **120** Memorandum von CIC-Region VIII, betr.: Rekrutierung in Berlin, 16. Februar 1948; Dossier Merk, Bl. 221-224. **121** Ian Sayer und Douglas Botting, Nazi Gold, S. 188. **122** Dabringhaus, a.a.O., S. 104. **123** Sayer/Botting, a.a.O., S. 193. **124** Bericht von Major George B. Riggin an CIC-Region IV, 19. Februar 1949; Dossier Merk, Bl. 95. **125** Schreiben von Major Earl S. Browning, Hauptquartier des 7970. CIC-Detachments, an Region IV, 25. Oktober 1948, Bl. 122, und Aktennotiz von Riggin, 19. Oktober 1949, Bl. 69; Dossier Merk. **126** Dabringhaus, a.a.O., S. 68. **127** Memorandum von CIC-Region VIII, 19. März 1947; Dossier Merk. Bl. 290, 291. **128** Memorandum von Taylor, 2. Juni 1947; Dossier Merk, Bl. 263. **129** Aktennotiz von Daniel C. Canfield für Captain Etkin, 3. November 1948; Dossier Merk, Bl. 118. **130** Gehlen, a.a.O., S. 11. **131** Wilhelm Jungk, Die Aktion Hermes, S. 22-27. Ich folge hier weitgehend der Darstellung, die Hermann Zolling und ich in Pullach intern, S. 124ff. gegeben haben. **132** Ebd. **133** Ebd. **134** Mitteilung von Heinz D. Herre, Herbst 1970. **135** Gehlen, a.a.O., S. 137. **136** Konstantin Pritzel, Die Wirtschaftsintegration Mitteldeutschlands, S. 30. **137** Zur folgenden Darstellung: Mitteilungen aus Kreisen des BND. **138** Thomas M. Forster, NVA, S. 39. **139** Bericht B eines V-Mannes der Organisation Gehlen, 28. Mai 1949; Privatbesitz. **140** Neue Justiz, Heft 13/1963, S. 386ff. Frankfurter Allgemeine Zeitung, 19. Juni 1963. **141** Süddeutsche Zeitung, 10. November 1954. Frankfurter Allgemeine Zeitung, 31. August 1954. **142** Fall Brutus, Ausarbeitung der Organisation Gehlen, Teil II, 1954. **143** Fall Brutus, Teil VI, Zur Person Wollweber, S. 1. **144** Charles Wighton, Meisterspione der Welt, S. 123, 124. Horst Günter Tolmein, Der Aufstand beginnt 17.50 Uhr, S. 13, 14. **145** Fall Brutus, Teil VI, Exposé Wollweber, S. 1-3. **146** Wolfgang Wehner, Geheim, S. 197ff. Gehlen, a.a.O., S. 180. **147** Mitteilungen eines geflüchteten Funktionärs der Liberal-Demokratischen Partei der DDR, 12. Juni 1970. **148** Interpress, Nr. 470/1956. Gehlen, a.a.O., S. 181. **149** Walde, a.a.O., S. 87. **150** Wolfgang Höher, Agent 2996 enthüllt, S. 17, 19. **151** Walde, a.a.O., S. 88. **152** Memoiren eines BND-Mannes, in: Capital, Heft 7/1968, S. 72. **153** Mitteilungen eines ehemaligen BND-Mitarbeiters, der ungenannt bleiben will; 10. Juli 1970. **154** Intermezzo in Salzburg, in: Der Spiegel, 22. April 1953, S. 16ff. **155** Harald Irnberger, Nelkenstrauß ruft Praterstern, S. 186, 182. **156** Hans Rudolf Fuhrer, Spionage gegen die Schweiz, S. 135. **157** Walde, a.a.O., S. 46. **158** Memoiren eines BND-Mannes, a.a.O., S. 73. **159** Memoiren ..., a.a.O., S. 74. **160** Louis Hagen, Der heimliche Krieg auf deutschem Boden, S. 74. **161** Walde, a.a.O., S. 69. **162** Mitteilung von Graf von Schwerin. **163** Mitteilung eines ehemaligen Mitarbeiters des BND. **164** Gehlen, a.a.O., S. 148. **165** Gehlen, a.a.O., S. 150. **166** Frankfurter Rundschau, 25. April 1956. **167** Gehlen, a.a.O., S. 143. **168** Andrew Tully, Die unsichtbare Front, S. 187. Newsweek, 12. 9. 1955. **169** Gehlen, a.a.O., S. 149. **170** Ebd. **171** William Colby, Honorable Men: My Life in the CIA, S. 69ff. **172** Rositzke, a.a.O., S. 21. **173** Harry Rositzke, The CIA's Secret Operations, S. 18ff. **174** Joachim Hoffmann, Die Geschichte der Wlassow-Armee, S. 319. Nikolai Tolstoy, Die Verratenen von Jalta, S. 494ff. **175** Hoffmann, Wlassow-Armee, S. 322. **176** Mitteilungen aus Kreisen des BND. **177** Mitteilungen eines ehemaligen Mitarbeiters der Organisation Gehlen, 12. Januar 1971. **178** Rositzke, Secret Operations, S. 26. **179** Schreiben von V-Mann K., betr.: Behandlung und Vernehmung sowjetischer Überläufer in der US-Besatzungszone Deutschlands, 3. Mai 1951, und: derselbe, Kritik an der z. Z. durchgeführten Befragungstätigkeit der US-Behörden, undatiert; in Privatbesitz. **180** Dabringhaus, a.a.O., S. 135. **181** Schreiben von Dr. Heinrich von zur Mühlen an das Bundesministerium für Gesamtdeutsche Fragen, 13. September 1951; Akten der KgU. **182** Gehlen, a.a.O., S. 178.

14 Die Maulwürfe des KGB

1 Dr. Franz Rupp, Die Kampfgruppe gegen Unmenschlichkeit, November 1951; Akten der KgU, jetzt in Privatbesitz. **2** Ebd. **3** Ebd. **4** Neues Deutschland, 26. Juli 1952. Dokumentation der Zeit, Heft 32/1952, S. 1430-1432. **5** Peter Deriabin und Frank Gibney, The Secret World, S. 199ff. **6** Rheinischer Merkur, 11. Dezember 1953. Siehe auch Wolfgang Höher, Agent 2996 enthüllt. **7** Der Staatssicherheitsdienst I, S. 36, 11. **8** Hermann Weber, Die Geschichte der DDR, S. 62. **9**

Weber, a.a.O., S. 60, 64. **10** Siehe das entsprechende sowjetische Originalmaterial in den Beuteakten der Fremde Heere Ost für den Zeitraum Oktober 1944 bis April 1945; National Archives (künftig: NA), Filmrolle T-78/488. **11** Befehl an die Truppen der 3. Belorussischen Front, 2. Januar 1945, und Befehl an alle Militärstaatsanwälte der 48. Armee, Januar 1945 (Beuteakten der FHO); NA T-78/488. **12** Befehl Nr. 006 an die Truppen der 2. Belorussischen Front, 22. Januar 1945, und Befehl Nr. 004 an die Truppen der 1. Ukrainischen Front, 27. Januar 1945; NA T-78/488. **13** Siehe den Befehl an die Militärstaatsanwälte der sowjetischen 48. Armee. **14** Abwehr-Abteilung »Tod den Spionen« im Volkskommissariat für Verteidigung, in: Politische Informationen vom 15. Dezember 1944 bis 15. Januar 1945; NA T-78/493. **15** Jetzt wird Selbstbeherrschung verlangt, in: Der Spiegel, Heft 20/1975, S. 78. **16** Michael Morozow, Die Falken des Kreml, S. 301. **17** Sowjetskaja Wojennaja Enziklopedija, Bd. II, S. 564. **18** ***, Die sowjetischen Sicherheitsorgane, in: Das Parlament, Beilage Aus Politik und Zeitgeschichte, 2. Dezember 1959, S. 672. Morozow, a.a.O., S. 372. **19** Viktor Suworow, GRU: Die Speerspitze, S. 49. **20** John Barron, KGB, S. 463. **21** Ebd. Suworow, a.a.O., S. 51. **22** Weber, a.a.O., S. 65. **23** Walter Osten, Die Deutschlandpolitik der Sowjetunion in den Jahren 1952/53, in: Osteuropa, Heft 1/1964, S. 4. **24** Karl Wilhelm Fricke, Die DDR-Staatssicherheit, S. 204 ff. **25** Fricke, a.a.O., S. 206. **26** Osten, a.a.O., S. 5. **27** Fricke, a.a.O., S. 21. **28** Fricke, a.a.O., S. 22. **29** Ebd. **30** Der Staatssicherheitsdienst I, S. 63. Heinz Hoffmann, Mannheim, Madrid, Moskau, S. 330. **31** Der Staatssicherheitsdienst I, S. 25, 31. SBZ-Archiv, 25. Juni 1956. **32** Thomas M. Forster, NVA, S. 237. Bernhard Sagolla, Die Rote Gestapo, S. 13. Auskünfte des Berlin Document Center. **33** Weber, a.a.O., S. 218. **34** Karl Wilhelm Fricke, Opposition und Widerstand in der DDR, S. 108 ff. **35** Weber, a.a.O., S. 213 ff. **36** Arnulf Baring, Der 17. Juni 1953, S. 20 ff. **37** Weber, a.a.O., S. 237. **38** Baring, a.a.O., S. 38. **39** Weber, a.a.O., S. 221. **40** Fricke, Staatssicherheit, S. 39. **41** Weber, a.a.O., S. 235. **42** Osten, a.a.O., S. 5. **43** Suworow, a.a.O., S. 50, 51. Morozow, a.a.O., S. 337. **44** Morozow, a.a.O., S. 340, 341. **45** Weber, a.a.O., S. 233. **46** ***, Die sowjetischen Sicherheitsorgane, a.a.O., S. 674. **47** Fritz Schenk, Im Haus der Ministerien, in: Ilse Spittmann und Karl Wilhelm Fricke, 17. Juni 1953, S. 135. Baring, a.a.O., S. 37. **48** Baring, a.a.O., S. 37. **49** Ebd. **50** Fricke, Staatssicherheit, S. 207. Baring, a.a.O., S. 46. SBZ von A bis Z, herausgegeben vom Bundesministerium für gesamtdeutsche Fragen, S. 84. **51** Gerhard Wettig, Die sowjetische Deutschland-Politik am Vorabend des 17. Juni, in: Spittmann/Fricke, a.a.O., S. 58. **52** Osten, a.a.O., S. 4. **53** Wettig, a.a.O., S. 57. **54** Baring, a.a.O., S. 12. **55** Prawda, 24. Mai 1953. **56** Baring, a.a.O., S. 42. **57** Ebd. **58** Baring a.a.O., S. 43. **59** Heinz Brandt, SED-Funktionär in der Opposition, in: Spittmann/Fricke, a.a.O., S. 123. **60** Brandt, a.a.O., S. 121. **61** Baring, a.a.O., S. 48 ff. **62** Fricke, Opposition, S. 109. **63** Interpress, Nr. 470/1956. Bericht eines geflohenen Funktionärs der Liberal-Demokratischen Partei der DDR. **64** Baring, a.a.O., S. 60. **65** Karl Wilhelm Fricke, Der Arbeiteraufstand, in: Spittmann/Fricke, a.a.O., S. 11. Baring, a.a.O., S. 50. **66** Baring, a.a.O., S. 61-64. **67** Baring, a.a.O., S. 65. **68** Fricke, Arbeiteraufstand, S. 13. **69** Baring, a.a.O., S. 68. Fricke, Arbeiteraufstand, S. 14. **70** Brandt, a.a.O., S. 130. Baring, a.a.O., S. 94. **71** Fricke, Arbeiteraufstand, S. 14. Brandt, a.a.O., S. 132. **72** Fricke, Arbeiteraufstand, S. 15. **73** Morozow, a.a.O., S. 366, 367. **74** Morozow, a.a.O., S. 369. Offiziell wurde der 26. Juni 1953 als der Tag der Verhaftung Berijas angegeben, doch spricht viel dafür, daß der 18. Juni das korrektere Datum ist. Die Verhaftung muß vor der »Prawda«-Notiz des 23. Juni (Absage der Politbüro-Vorstellung im Bolschoi-Theater) erfolgt sein, auf der vorangegangenen Sitzung des Politbüros, die am 18. stattfand. **75** Prawda, 23. und 28. Juni 1953. **76** Prawda, 15. Juli 1953. **77** Thaddeus Wittlin, Commissar, S. 408. **78** ***, Die sowjetischen Sicherheitsorgane, a.a.O., S. 675. **79** Ebd. Barron, a.a.O., S. 464. **80** ***, Die sowjetischen Sicherheitsorgane, a.a.O., S. 676. Suworow, a.a.O., S. 268. Barron, a.a.O., S. 463. **81** Reinhard Gehlen, The Service, S. 169. **82** Fricke, Staatssicherheit, S. 29. **83** Ebd. **84** Joachim Schultz, Der Funktionär in der Einheitspartei, S. 251. Weber, a.a.O., S. 250. **85** Clive Freeman und Gwynne Roberts, Der kälteste Krieg, S. 49 ff. Fricke, Staatssicherheit, S. 30. **86** Exposé Dombrowski, Ausarbeitung des BND, 1958. **87** Handschriftliche Aufzeichnung von General Karl Linke, 18. März 1958; BND-Material. **88** Frankfurter Rundschau, 25. April 1956. **89** Harry Rositzke, CIA's Secret Operations, S. 38. **90** Der Spiegel, Heft 47/1953, S. 18. **91** Stuttgarter Zeitung, 30. Dezember 1953. **92** Tägliche Rundschau, 17. November 1953. **93** Frankfurter Allgemeine Zeitung, 19. November 1953. **94** Die Welt, 6. August 1954. Tägliche Rundschau, 30. Dezember 1953. **95** Tägliche Rundschau, 2. November 1954. **96** Fricke, Staatssicherheit, S. 32, 51. **97** Bundeshaushaltsplan für das Rechnungsjahr 1956, S. 786, 787. **98** Neues Deutschland, 22. Februar 1955. Neue Justiz, Heft 13/1955, S. 396 ff. **99** Mitteilung eines geflohenen LDP-Funktionärs. **100** Exposé Dombrowski, BND. **101** Tagebuch eines BND-Referatsleiters, Sommer 1958; Privatbesitz. **102** Weber, a.a.O., S. 297. **103** Fricke, Staatssicherheit, S. 33. **104** Weber, a.a.O., S. 292 ff. **105** Fricke, Staatssicherheit, S. 33. **106** Lagebild vor Mauerbau; Ausarbeitung des BND, Herbst 1961. **107** Ebd. **108** Weber, a.a.O., S. 326. **109** Honoré M. Catudal, Kennedy and the Berlin Wall Crisis, S. 210. **110** Lagebild vor Mauerbau. Catudal, a.a.O., S. 210. **111** Catudal, a.a.O., S. 229.

112 Bericht eines übergelaufenen Offiziers des Staatssicherheitsdienstes, der ungenannt bleiben will. **113** Catudal, a.a.O., S. 232, 234. **114** Hermann Zolling und Uwe Bahnsen, Kalter Winter im August, S. 122. **115** Zolling/Bahnsen, a.a.O., S. 135. **116** Catudal, a.a.O., S. 230. **117** Hendrik van Bergh, Köln 4713, S. 88. **118** Bergh, a.a.O., S. 89. **119** Frankfurter Allgemeine Zeitung, 10. Juli 1963. **120** Schriftliche Mitteilung von Fritz Scholz, 1978. **121** Fritz Scholz in einem Schreiben an Bundesverteidigungsminister Gerhard Schröder, 7. Oktober 1968; Privatbesitz. **122** Exposé Dombrowski, BND. **123** Moskau ruft Heinz Felfe, vom BND erstelltes, aber nicht veröffentlichtes Buchmanuskript, 1963; S. 105, 111. **124** Moskau ruft Felfe, S. 166, 167. **125** Der Spiegel, Heft 9/1969, S. 76. **126** Harry Rositzke, The KGB: The Eyes of Russia, S. 154. **127** Bergh, a.a.O., S. 90. **128** Moskau ruft Felfe, S. 24. **129** Die Welt, 24. Juli 1963. **130** Bergh, a.a.O., S. 264ff, 277. **131** Fricke, Staatssicherheit, S. 187. **132** Fricke, Staatssicherheit, S. 158. **133** Fricke, Staatssicherheit, S. 154.

Die Abbildungen stellten freundlicherweise zur Verfügung:

Archiv für Kunst und Geschichte, Berlin: S. 7 u.
Patrick Beesly, Room 40, Verlag Hamish Hamilton, London 1982: S. 6 u. r.
Bildarchiv Preußischer Kulturbesitz, Berlin: S. 1 o. l., 2 o. r., 3 o. l., 8 o. l.
Bundesarchiv/Militärarchiv, Freiburg/Br.: S. 3 u., 8 u.
dpa, Frankfurt/Main: S. 15 u., 16 o. l.
Rainer Hildebrandt, Der 17. Juni, Verlag Haus am Checkpoint Charlie, Berlin 1983: S. 16 u.
Heinz Höhne, Großhansdorf: S. 8 o. r., 13 u., 15 o. l.
Karl Lüönd, Spionage und Landesverrat in der Schweiz, Bd. 1, Ringier Zürich 1977: S. 13 o.
Georg Markus, Der Fall Redl, Amalthea Verlag, Wien/München 1984: S. 3 o. r., 4 o. l.
Leonard Mosley, Dulles, Verlag Hodder & Stoughton, London/ Sydney/ Auckland/ Toronto 1978: S. 14 u. r.
Günter Preis, München: S. 11 u. r.
Janusz Piekalkiewicz, Rösrath-Hoffnungsthal: S. 11 o.
Harrison E. Salisbury, Bilder der russischen Revolution, Ullstein Verlag, Berlin 1978: S. 6 u. l.
Süddeutscher Verlag Bilderdienst, München: S. 1 o. r., u., 4 o. r., u., 7 o., 9 u., 10 o. r., u., S. 11 u. l., 12 o., u. r., 14 o. l., 15 o. l., 16 o. r.
Ullstein Bilderdienst, Berlin: S. 2 o. l., u., 3 o. l., 5, 6 o., 9 o., 10 o. l., 12 u. l
US Army: S. 14 u. l.
Max Waibel, 1945: Kapitulation in Norditalien, Verlag Helbing & Lichtenhahn, Basel/ Frankfurt/ Main 1981: S. 14 o. r.

Quellenverzeichnis

Unveröffentlichte Quellen

1. Bundesarchiv (BA), Koblenz
R 43 I: Berichte und Materialien zum Fall Lohmann
R 58: Akten des Reichssicherheitshauptamtes
R 134: Meldungen und Lageberichte des Reichskommissars für die Überwachung der öffentlichen Ordnung
2. Bundesarchiv/Militärarchiv (BA/MA), Freiburg i. Br.
RM 2: Berichte der Botschaft in St. Petersburg
RM 3: Materialien der Spionageabwehr 1914
RM 4: Nachrichtenbeschaffung des Admiralstabs der Marine in Rußland und Schweden
RM 5: Akten des Amtes Ausland/Abwehr
RM 39: Meldungen und Aktennotizen der Frontaufklärungseinheiten im Rußlandkrieg
3. Institut für Zeitgeschichte (IfZ), München
ZS 291: Vernehmungsprotokolle Schellenberg
ZS 364: Vernehmungsprotokolle Bürkner
ZS 658: Aussagen von Lahousen
ED 63: Abwehr in der Slowakei (Nowak-Dokumente)
F 23/1: Tagebuch der Abwehr II (Tgb. Lahousen)
1507/54: Tagebuchauszüge Herre
4. Staatsanwaltschaft am Landgericht Lüneburg
1 Js 16/49 Akten des Ermittlungsverfahrens gegen den ehemaligen Generalrichter Dr. Manfred Roeder in Neetze, Kreis Lüneburg, wegen Aussagenerpressung pp.; 16 Bände.
5. Österreichisches Staatsarchiv/Kriegsarchiv (KA), Wien
B 126/11: Nachlaß Ronge mit den Ausarbeitungen: Geschichte des Evidenzbüros, Russischer Kundschaftsdienst im Weltkrieg, Offizierspersonalien des Evidenzbüros
Nachlaß Urbański mit dem Manuskript: Das Tornisterkind
K-4/K-26: Instruktionsmaterial für Konfidenten
Akte Redl: Militärkanzlei Erzherzog Franz Ferdinands
6. National Archives (NA), Washington
RG 226: OSS Files, ETO German Breakers, Box 14
RG 242 (Mikrofilme)
T 77: Rußlandberichte von OKW-Amtsgruppe Ausland, Reichswehrministerium, Abteilung Inland, Abteilung für Wehrmachtpropaganda
T 78: Material der Abteilung Fremde Heere Ost und Beuteakten der Roten Armee
T 175: Aktenbestände des Reichssicherheitshauptamtes, des Geheimen Staatspolizeiamtes und des SD-Hauptamtes
ML 68: Material Gempp über Entwicklung und Arbeit von IIIb 1866-1918 (in Verbindung mit T 77)
7. Department of the Army, U.S. Army Intelligence and Security Command (USAINSCOM), Fort George Meade
CIC Files: Dossiers Kurt Merk, Klaus Barbie, Operation »Selection Board«, »Flowerbox«

Veröffentlichte Quellen

Bolschschaja Sowjetskaja Enziklopedija; 3. Ausgabe; Moskau 1970-1981.

Brockhaus, Conversations-Lexikon; Leipzig 1882-1887.

Brockhaus Enzyklopädie; Wiesbaden 1966-1974.

Die Große Politik der Europäischen Kabinette 1871-1914; Berlin 1922-1927.

Ehrenrangliste der Kaiserlich Deutschen Marine, herausgegeben vom Marine-Offizier-Verband; Berlin 1930.

Hellmann, Manfred (Hrgb.), Die russische Revolution 1917; München 1964.

Jahrbuch der deutschen Luftwaffe 1939; Leipzig 1939.

Keilig, Wolfgang, Das Deutsche Heer 1939-1945; Bad Nauheim 1956.

Kohn, Richard (Hrgb.), Die russische Revolution in Augenzeugenberichten; München 1977.

Groscurth, Helmuth, Tagebücher eines Abwehroffiziers 1938-1940, hrsg. von Helmut Krausnick und Harold C. Deutsch; Stuttgart 1970.

Die geheimen Papiere Friedrich von Holsteins; Bd. I; Göttingen 1956.

Leitsätze und Statuten der Kommunistischen Internationale, beschlossen vom II. Kongreß der Kommunistischen Internationale, Moskau, vom 17. Juli bis 7. August 1920; Moskau 1920.

Lorenz, Richard (Hrgb.), Die russische Revolution 1917; München 1981.

Murder International, Inc. Hearings before the Subcommittee to investigate the administration of the International Security Act; Washington 1953.
Ploetz, A.G., Geschichte des Zweiten Weltkrieges; Würzburg 1960.
Rangliste der Königlich Preußischen Armee und des XIII. (Königlich Württembergischen) Armeekorps für 1914; Berlin 1914.
SBZ von A bis Z, hrsg. vom Bundesministerium für gesamtdeutsche Fragen; Bonn 1960.
Sowjetskaja Wojennaja Enziklopedija; Moskau 1976-1980.
Spiegelbild einer Verschwörung: Die Kaltenbrunner-Berichte an Bormann und Hitler über das Attentat vom 20. Juli 1944; Stuttgart 1961.
The American People's Encyclopedia; New York 1969.
The Rote Kapelle: The CIA's History of Soviet Intelligence and Espionage Networks in Western Europe 1936-1945; Washington 1979.
The Secret War Report of the OSS, edited by Anthony Cave Brown; New York 1976.
Wistrich, Robert, Wer war wer im Dritten Reich; München 1983.
Witthöft, Hans Jürgen, Lexikon zur deutschen Marinegeschichte; Bd. I; Herford.
Who's Who in Switzerland; Genf 1966/1967.

Bücher

Agabekow, Gregor A., Die Tscheka bei der Arbeit; Berlin 1931.
Agricola (= Baumeister, Alexander), Spione durchbrechen die Front; Berlin 1937.
Alexander (= Peis), Günter, So ging Deutschland in die Falle; Düsseldorf 1976.
Allard, Sven, Stalin und Hitler; Bern, München 1974.
Andrew, Christopher, und Dilks, David, The Missing Dimension; London 1984.
Angress, Werner T., Die Kampfzeit der KPD; Düsseldorf 1973.
Aronson, Shlomo, Heydrich und die Anfänge des SD und der Gestapo 1931-1935; Diss.; Berlin 1967.
Arsenijevic, Drago, Genève appelle Moscou; Paris 1969.
Asprey, Robert B., The Panther's Feast; London 1959.
Augstein, Rudolf, Preußens Friedrich und die Deutschen; Frankfurt/M 1968.
Bancroft, Mary, Autobiography of a Spy; New York 1983.
Baring, Arnulf, Der 17. Juni 1953; Stuttgart 1983.
Barnett, Corelli, The Swordbearers; London 1963.
Barron, John, KGB; Bern, München 1974.
Bartz, Karl, Die Tragödie der deutschen Abwehr; Salzburg 1955.
Graf Benckendorffs Diplomatischer Schriftwechsel, herausgegeben von Benno v. Siebert; 3 Bde.; Berlin 1928.
Bergh, Hendrik van, Die Überläufer; Würzburg 1979.
Bergh, Hendrik van, Köln 4713; Würzburg 1981.
Aus dem Leben Theodor von Bernhardis; Leipzig 1893.
Besymenski, Lew, Sonderakte »Barbarossa«; Stuttgart 1968.
Bialer, Seweryn, Stalin and his Generals; New York 1969.
Bismarck, Otto von, Gedanken und Erinnerungen; Berlin 1951.
Fürst Bismarcks Briefe an seine Braut und Gattin; Stuttgart 1900.
Blackstock, Paul W., The Secret Road to World War Two; Chicago 1969.
Blank, Alexander S., und Mader, Julius, Rote Kapelle gegen Hitler; (Ost-)Berlin 1979.
Bonjour, Edgar, Geschichte der schweizerischen Neutralität; Basel 1970.
Borsdorf, Ulrich, und Niethammer, Lutz, Zwischen Befreiung und Besatzung; Wuppertal 1976.
Boveri, Margret, Der Verrat im 20. Jahrhundert; Reinbek 1976.
Boysen, Elsa, Harro Schulze-Boysen; Düsseldorf 1947.
Brauer, Arthur von, Im Dienste Bismarcks; Berlin 1936.
Brissaud, André, Die SD-Story; Zürich 1975.
Brook-Shepherd, Gordon, The Storm Petrels; New York, London 1977.
Broszat, Martin, Buchheim, Hans, Jacobsen, Hans-Adolf, und Krausnick, Helmut, Anatomie des SS-Staates; 2 Bde.; Olten/Freiburg 1965.
Brown, Anthony Cave, The Last Hero; New York 1982.
Brown, Anthony Cave, und MacDonald, Charles B., On a Field of Red; New York 1981.
Buber-Neumann, Margarete, Als Gefangene bei Stalin und Hitler; Stuttgart 1982.
Buchheit, Gert, Der deutsche Geheimdienst; München 1967.
Carell, Paul, Verbrannte Erde; Frankfurt, Berlin, Wien 1966.
Catudal, Honoré M., Kennedy and the Berlin Wall Crisis; Berlin 1980.
Charisius, Albrecht, und Mader, Julius, Nicht länger geheim; (Ost-)Berlin 1969.
Colby, William, Honorable Men: My Life in the CIA; New York 1978.
Conquest, Robert, Am Anfang starb Genosse Kirow; Düsseldorf 1970.

Cookridge, E. H., Gehlen: Spy of the Century; London, Sydney, Auckland, Toronto 1971.
Cookridge, E. H., Zentrale Moskau; Hannover 1956.
Craig, Gordon A., The Politics of the Prussian Army; New York 1964.
Dabringhaus, Erhard, Klaus Barbie; Washington 1984.
Dallin, Alexander, Deutsche Herrschaft in Rußland; Düsseldorf 1958.
Dallin, David, Die Sowjetspionage; Köln 1956.
Daniloff, Jurij, Rußland im Weltkriege 1914-1915; Jena 1925.
Deacon, Richard, A History of the Russian Secret Service; London 1972.
Deriabin, Peter, und Gibney, Frank, The Secret World; New York 1959.
Deutscher, Isaac, Trotzki; 2 Bde.; Stuttgart 1962.
Dobson, Christopher, und Payne, Ronald, The Dictionary of Espionage; London 1984.
Draht, Viola Herms, Willy Brandt: Prisoner of his Past; Radnor.
Dulles, Allen, und Gaevernitz, Gero von S., Unternehmen »Sunrise«; Düsseldorf 1967.
Dulles, Allen Welsh, Verschwörung in Deutschland; Kassel 1947.
Dyson, Freeman, Weapons and Hope; London 1984.
Ehrbar, Hans Rudolf, Schweizerische Militärpolitik im Ersten Weltkrieg; Bern 1976.
Ehrt, Adolf, Bewaffneter Aufstand; Berlin, Leipzig 1933.
Eickhoff, Michael, Pagels, Wilhelm, und Reschl, Willy, Der unvergessene Krieg; Köln 1981.
Erasmus, Johannes, Der geheime Nachrichtendienst; Göttingen 1952.
Erickson, John, The Soviet High Command; London 1962.
Eyck, Erich, Bismarck; 3 Bde.; Erlenbach-Zürich 1941.
Fabry, Philipp W., Der Hitler-Stalin-Pakt 1939-1941; Darmstadt 1962.
Farago, Ladislas, Burn after Reading; New York 1962.
Fetscher, Iring, Der Marxismus; München, Zürich 1983.
Fischer, Alexander, Sowjetische Deutschlandpolitik im Zweiten Weltkrieg; Stuttgart 1975.
Fischer, Fritz, Der Krieg der Illusionen; Düsseldorf 1969.
Fischer, Fritz, Griff nach der Weltmacht; Düsseldorf 1961.
Fischer, Gerhard, Die Irrlichter; Valparaiso 1953.
Fischer, Ruth, Stalin und der deutsche Kommunismus; Frankfurt/M 1948.
Flicke, Wilhelm F., Agenten funken nach Moskau; München/Wels 1954.
Flicke, Wilhelm F., Spionagegruppe Rote Kapelle; Kreuzlingen 1954.
Foerster, Wolfgang (Hrgb.), Kämpfer an vergessenen Fronten; Berlin 1931.
Foote, Alexander, Handbook for Spies; London 1953.
Ford, Corey, Donovan of OSS; Boston, Toronto 1970.
Forster, Thomas, NVA: Die Armee der Sowjetzone; Köln 1964.
Frantz, Gunther, Rußland auf dem Weg zur Katastrophe; Berlin 1928.
Frantz, Gunther, Rußlands Eintritt in den Weltkrieg; Berlin 1928.
Freeman, Clive, und Roberts, Gwynne, Der kälteste Krieg; Frankfurt/M, Berlin, Wien 1982.
Fricke, Karl Wilhelm, Die Staatssicherheit; Köln 1984.
Fricke, Karl Wilhelm, Opposition und Widerstand in der DDR; Köln 1984.
Frieser, Karl-Heinz, Krieg hinter Stacheldraht; Mainz 1981.
Fuhrer, Hans Rudolf, Spionage gegen die Schweiz; Frauenfeld 1982.
Garrison, Jim, und Shivpuri, Pyare, The Russian Threat; London 1983.
Gautschi, Willi, Lenin als Emigrant in der Schweiz; Zürich, Köln 1973.
Gebhardt, Handbuch der deutschen Geschichte: Erdmann, Karl Dietrich, Der Erste Weltkrieg; Bd. 18; München 1980.
Gehlen, Reinhard, The Service; New York 1972.
Gerken, Richard, Spione unter uns; Donauwörth 1965.
Gerlach, Denkwürdigkeiten aus dem Leben Leopold von Gerlachs; Bd. II; Berlin 1892.
Görlitz, Walter, Kleine Geschichte des deutschen Generalstabes; Berlin 1967.
Goodspeed, D. J., Ludendorff: Genius of World War I; Boston 1966.
Gosztony, Peter, Die Rote Armee; Wien, München, Zürich, New York 1980.
Gramont, Sanche de, Der geheime Krieg; Wien 1963.
Grigorenko, Pjotr, Erinnerungen; München 1980.
Guderian, Heinz, Erinnerungen eines Soldaten; Heidelberg 1951.
Hagen, Louis, Der heimliche Krieg auf deutschem Boden; Düsseldorf 1969.
Hagen, Walter (= Höttl, Wilhelm), Die geheime Front; Linz, Wien 1950.
Hallmann, Hans, Um die russische Mobilmachung; Stuttgart 1939.
Hantsch, Hugo, Leopold Graf Berchtold; 2 Bde.; Graz, Wien, Köln 1963.
Heller, Michail, und Nekrich, Alexander, Geschichte der Sowjetunion; Bd. I; Königstein 1981.
Helmdach, Erich, Überfall? Neckargemünd 1975.

Helmdach, Erich, Täuschungen und Versäumnisse; Berg am See 1979.
Heydrich, Reinhard, Wandlungen unseres Kampfes; München, Berlin 1935.
Hilberg, Raul, Die Vernichtung der europäischen Juden; Berlin 1982.
Hildebrandt, Rainer, Wir sind die Letzten; Berlin, Neuwied 1949.
Himmler, Heinrich, Die Schutzstaffel als antibolschewistische Kampforganisation; München 1936.
Hindenburg, Paul von, Aus meinem Leben; Leipzig 1920.
Hinsley, F. H., Thomas, E. E., Ransom, C. F. G., und Knight, R. C., British Intelligence in the Second World War; 3 Bde.; London 1979-1984.
Hoffmann, Joachim, Die Geschichte der Wlassow-Armee; Freiburg i. Br. 1984.
Hoffmann, Peter, Widerstand, Staatsstreich, Attentat; München 1969.
Höher, Wolfgang, Agent 2996 enthüllt; (Ost-)Berlin 1954.
Höhne, Heinz, Canaris; München 1976.
Höhne, Heinz, Der Orden unter dem Totenkopf; Gütersloh 1967.
Höhne, Heinz, Kennwort: Direktor; Frankfurt/M 1970.
Hillgruber, Andreas, Deutsche Großmacht- und Weltpolitik im 19. und 20. Jahrhundert; Düsseldorf 1977.
Hingley, Ronald, Die russische Geheimpolizei; Bayreuth 1970.
Hintze, Otto, Meinecke, Friedrich, Oncken, Hermann, und Schumacher, Hermann, Deutschland und der Weltkrieg; Leipzig, Berlin 1915.
Hoffmann, Heinz, Mannheim, Madrid, Moskau; (Ost-)Berlin 1981.
Horowitz, Michael, Ein Leben für die Zeitung; Wien 1985.
Hölzle, Erwin, Der Geheimnisverrat und der Kriegsausbruch 1914;Göttingen 1973.
Hölzle, Erwin, Die Selbstentmachtung Europas; Göttingen 1975.
Huber, Ernst Rudolf, Deutsche Verfassungsgeschichte; 1957.
Irnberger, Harald, Nelkenstrauß ruft Praterstern; Wien 1981.
Irving, David, Hitlers Krieg; München 1983.
Jagow, Kurt, Deutschland freigesprochen; Leipzig 1933.
Jerlin, Yvonne, Willy Brandt: Die Stockholmer Jahre 1940-1945; Stockholm 1970.
John, Otto, Zweimal kam ich heim; Düsseldorf 1969.
Joll, James, The Origins of the First World War; London, New York 1984.
Kahn, David, Hitler's Spies; New York 1978.
Kahn, David, The Codebreakers; New York 1967.
Kehrig, Manfred, Die Wiedereinrichtung des deutschen militärischen Attachédienstes nach dem Ersten Weltkrieg (1919-1933); Wehrwissenschaftliche Forschung, Bd. II; Boppard/Rh. 1966.
Kennan, George F., Bismarcks europäisches System in der Auflösung; Frankfurt/M, Berlin, Wien 1981.
Kennedy, Paul M. (Hrgb.), The War Plans of the Great Powers, 1880-1914; London, Boston, Sydney 1979.
Kerensky, Alexander, Russia and History's Turning Point; New York 1965.
Kleist, Peter, Zwischen Hitler und Stalin; Bonn 1950.
Klink, Ernst, Das Gesetz des Handelns; Stuttgart 1966.
Koestler, Arthur, Die Geheimschrift; Wien, München, Basel 1955.
Ernst Köstring: Der militärische Mittler zwischen dem Deutschen Reich und der Sowjetunion 1921-1941; Frankfurt/M 1965.
Kordt, Erich, Nicht aus den Akten; Mannheim 1949.
Korolkow, Juri, Die innere Front; (Ost-)Berlin 1974.
Kreis, Georg, Auf den Spuren von La Charité; Basel, Stuttgart 1976.
Krivitsky, W. G., Ich war in Stalins Dienst; Amsterdam 1940.
Krummacher, F. A., und Lange, Helmut, Krieg und Frieden; München 1970.
Kuckhoff, Greta, Vom Rosenkranz zur Roten Kapelle; (Ost-)Berlin 1972.
Kugler, Franz, Geschichte Friedrichs des Großen; Leipzig 1876.
Kunert, Dirk, General Ljuschkows Geheimbericht; Bern 1977.
Kurz, Hans Rudolf, Nachrichtenzentrum Schweiz; Frauenfeld, Stuttgart 1972.
Lange, Annemarie, Berlin zur Zeit Bebels und Bismarcks; (Ost-)Berlin 1976.
Laqueur, Walter, Deutschland und Rußland; Berlin 1965.
Laqueur, Walter, und Mosse, George L., Kriegsausbruch 1914; München 1967.
Lehmann, Klaus, Widerstandsgruppe Schulze-Boysen/Harnack; (Ost-)Berlin 1948.
Lennhoff, Eugen, Politische Geheimbünde; Wien, München, Zürich 1966.
Lettow-Vorbeck, Paul von (Hrgb.), Die Weltkriegsspionage; München 1931.
Leverkuehn, Paul, Der geheime Nachrichtendienst der Wehrmacht im Kriege; Frankfurt/M 1964.
Levitsky, Boris, The Stalinist Terror in the Thirties; Stanford 1974.
Lewytzkyj, Borys, Vom Roten Terror zur sozialistischen Gesetzlichkeit; München 1961.
Liddell Hart, B. H., Die Rote Armee; Bonn o. J.
Liddell Hart, B. H., Strategie; Wiesbaden o. J.
Linklater, Magnus, Hilton, Isabel, und

Ascherson, Neal, The Fourth Reich; London 1985.
Lissner, Ivar, Mein gefährlicher Weg; München 1975.
Ludwig, Emil, Bismarck; Berlin 1927.
Lüönd, Karl, Spionage und Landesverrat in der Schweiz; 2 Bde.; Zürich 1977.
Mader, Julius, Hitlers Spionagegenerale sagen aus; (Ost-)Berlin 1973.
Manteuffel, Otto Freiherr von, Unter Friedrich Wilhelm IV.: Denkwürdigkeiten des Ministerpräsidenten Otto Freiherrn von Manteuffel, hrsg. von Heinrich v. Poschinger; 3 Bde.; Berlin 1901.
Marchetti, Victor, und Marks, John D., CIA; Stuttgart 1974.
Marder, Arthur J., From the Dreadnought to Scapa Flow; Bd. I; London 1961.
Markus, Georg, Der Fall Redl; Wien, München 1984.
Martin, Bernd, Friedensinitiativen und Machtpolitik im Zweiten Weltkrieg; Düsseldorf 1974.
Matt, Alphons, Zwischen allen Fronten; Frauenfeld, Stuttgart 1969.
May, Ernest R. (Hrgb.), Knowing one's Enemies; Princeton 1984.
Militärgeschichtliches Forschungsamt, Das Deutsche Reich und der Zweite Weltkrieg; Bd. 4; Stuttgart 1983.
Möller, Dietrich, Revolutionär, Intrigant, Diplomat: Karl Radek in Deutschland; Köln 1976.
Moravec, Frantisek, Master of Spies; London, Sydney, Toronto 1975.
Morozow, Michael, Die Falken des Kreml; München 1982.
Mosley, Leonard, Dulles; London, Sydney, Auckland, Toronto 1978.
Mühlen, Patrik von zur, Spanien war ihre Hoffnung; Bonn 1983.
Müller, Wilhelm, Reichskanzler Fürst Bismarck; Stuttgart 1885.
Nadolny, Rudolf, Mein Beitrag; Wiesbaden 1955.
Nekritsch, Alexander, u. Grigorenko, Pjotr, Genickschuß; Wien, Ffm., Zürich 1969.
Nicolai, Walter, Geheime Mächte; Leipzig 1925.
Nicolai, Walter, Nachrichtendienst, Presse und Volksstimmung im Weltkrieg; Berlin 1920.
Nollau, Günther, Die Internationale; Köln 1959.
Nollau, Günther, und Zindel, Ludwig, Gestapo ruft Moskau; München 1979.
Nowak, Karl Friedrich, Die Aufzeichnungen des Generalmajors Max Hoffmann; 2 Bde.; Berlin 1929.
Orlov, Alexander, The Secret History of Stalin's Crimes; New York 1953.
Ottmer, Gerhard, Rußland und der Kriegsausbruch; Berlin 1936.
Pearson, Michael, Der plombierte Waggon; München 1983.
Perrault, Gilles, Auf den Spuren der Roten Kapelle; Reinbek 1969.
Persico, Joseph E., Geheime Reichssache; Wien, München, Zürich, Insbruck 1979.
Philippi, Alfred, und Heim, Ferdinand, Der Feldzug gegen Sowjetrußland 1941 bis 1945; Stuttgart 1962.
Piekalkiewicz, Janusz, Polenfeldzug; Bergisch Gladbach 1982.
Possony, Stefan T., A Century of Conflict; Chicago 1953.
Prange, Gordon W., Target Tokyo; New York 1984.
Priesdorff, Kurt von, Soldatisches Führertum; Hamburg o. J.
Pritzel, Konstantin, Die Wirtschaftsintegration Mitteldeutschlands; Köln 1969.
Prokoptschuk, Gregor, Der Metropolit; München 1955.
Pünter, Otto, Der Anschluß fand nicht statt; Bern, Stuttgart 1968.
Puttkamer, Jesco von, Von Stalingrad zur Volkspolizei; Wiesbaden 1951.
Radò, Sandor, Dora jelenti; Budapest 1971.
Ransom, Harry Howe, The Intelligence Establishment; Cambridge/Mass. 1970.
Reichsarchiv, Der Weltkrieg 1914 bis 1918; 16 Bde; 1925-1939.
Reile, Oscar, Geheime Ostfront; München, Wels 1963.
Reiners, Ludwig, Bismarck; 2 Bde.; München 1956-1957.
Rhoer, Edward van der, Master Spy; New York 1981.
Ritter, Ernst, Lageberichte (1920-1929) und Meldungen (1929-1933); München, New York, London, Paris 1979.
Ritter, Gerhard, Der Schlieffenplan; München 1956.
Ritter, Gerhard, Staatskunst und Kriegshandwerk; 2 Bde.; München 1954.
Rittlinger, Herbert, Geheimdienst mit beschränkter Haftung; Stuttgart 1973.
Ronge, Maximilian, Kriegs- und Industrie-Spionage; Zürich 1930.
Ronge, Maximilian, Meister der Spionage; Leipzig, Wien 1934.
Rosen, Friedrich, Aus einem diplomatischen Wanderleben; Bd. II; Berlin 1932.
Rositzke, Harry, The CIA's Secret Operations; New York 1977.
Rositzke, Harry, The KGB: The Eyes of Russia; New York 1981.
Rowan, Richard Wilmer, und Deindorfer, Robert G., Secret Service; New York 1967.
Ryan, Cornelius, The Last Battle; New York 1966.
Sagolla, Bernhard, Die Rote Gestapo; Berlin 1952.
Salewski, Michael, Die deutsche Seekriegslei-

tung 1935-1945; 3 Bde.; Frankfurt/M 1970.
Salisbury, Harrison E., Die Ostfront; Wien, München, Zürich, New York 1978.
Sayer, Ian, und Botting, Douglas, Nazi Gold; London, Toronto, Sydney, New York 1984.
Scharlau, Winfried B., und Zeman, Zbynek A., Freibeuter der Revolution; Köln 1964.
Schellenberg, Walter, Memoiren; Köln 1956.
Schlabrendorff, Fabian von, Offiziere gegen Hitler; Zürich 1946.
Schlierbach, Helmut, Die politische Polizei in Preußen; Emsdetten 1938.
Schoch, Jürg, Die Oberstenaffäre; Bern, Frankfurt/M 1972.
Schoeps, Hans-Joachim, Das andere Preußen; Stuttgart 1952.
Schoeps, Hans-Joachim, Bismarck über Zeitgenossen – Zeitgenossen über Bismarck; Frankfurt/M, Berlin, Wien 1972.
Schoeps, Julius H., Bismarck und sein Attentäter; Berlin, Frankfurt/M 1984.
Schramm, Wilhelm von, Der Geheimdienst in Europa 1937-1945; München, Wien 1974.
Schramm, Wilhelm von, Verrat im Zweiten Weltkrieg; Düsseldorf, Wien 1967.
Schtemenko, S. M., Geralny w gody woiny; Moskau 1968.
Schukow, Georgi K., Erinnerungen und Gedanken; Stuttgart 1969.
Schulze, Hagen, Weimar; Berlin 1982.
Schweder, Alfred, Politische Polizei; Berlin 1937.
Senn, Alfred Erich, The Russian Revolution in Switzerland 1914-1917; Madison, London 1971.
Singer, Ladislaus, Korrekturen zu Lenin; Stuttgart 1980.
Skorzeny, Otto, Geheimkommando Skorzeny; Hamburg 1950.
Smith, Alson J., A View of the Spree; New York 1962.
Smith, Bradley F., The Shadow Warriors; New York 1983.
Smith, Bradley F., und Agarossi, Elena, Unternehmen »Sonnenaufgang«; Köln 1981.
Smith, R. Harris, OSS; Los Angeles, London 1972.
Solschenizyn, Alexander, Lenin in Zürich; Bern 1977.
Sommer, Erich E., Das Memorandum; München 1981.
Sommer, Theo, Deutschland und Japan zwischen den Mächten; Tübingen 1962.
Spittmann, Ilse, und Fricke, Karl Wilhelm (Hrgb.), 17. Juni 1953; Köln 1982.
Der Staatssicherheitsdienst (I), herausgegeben vom Bundesministerium für gesamtdeutsche Fragen; Bonn, Berlin 1962.
Hermann Stegemanns Geschichte des Krieges; 3 Bde.; Stuttgart, Berlin 1917-1919.
Steenberg, Sven, Wlassow; Köln 1968.
Denkwürdigkeiten des Geheimen Regierungsrathes Dr. Stieber; Berlin 1884.
Stieber, Wilhelm J. C. E., Spion des Kanzlers; Stuttgart 1978.
Stieve, Friedrich, Isvolsky and the World War; London 1926.
Streim, Alfred, Die Behandlung sowjetischer Kriegsgefangener im Fall »Barbarossa«; Heidelberg, Karlsruhe 1981.
Strik-Strikfeld, Wilfried, Gegen Stalin und Hitler; Mainz 1970.
Strong, Sir Kenneth, Die Geheimnisträger; Wien, Hamburg 1971.
Strong, Sir Kenneth, Geheimdienstchef in Krieg und Frieden; Wien, Hamburg 1969.
Suchomlinow, W. A., Erinnerungen; Berlin 1924.
Suworow, Viktor, GRU: Die Speerspitze; Bern, München 1985.
Telpuchowski, B. S., Die sowjetische Geschichte des Großen Vaterländischen Krieges; Frankfurt/M 1961.
Thomas, Hugh, Der spanische Bürgerkrieg; Berlin 1961.
Thomson, George Malcolm, The Twelve Days; London 1964.
Thorwald, Jürgen, Die große Flucht; Stuttgart 1963.
Thorwald, Jürgen, Wen sie verderben wollen; Stuttgart 1952.
Thun-Hohenstein, Romedio Galeazzo Graf von, Der Verschwörer; Berlin 1982.
Toland, John, The last 100 Days; New York 1966.
Tolstoy, Nikolai, Die Verratenen von Jalta; München 1978.
Trepper, Leopold, Die Wahrheit; München 1975.
Troy, Thomas F., Donovan and the CIA; Frederick 1981.
Tuchman, Barbara W., The Guns of August; New York 1962.
Tully, Andrew, Die unsichtbare Front; Bern 1963.
Valtin, Jan, Tagebuch der Hölle; Köln, Berlin 1957.
Veit, Ursula, Justus Gruner als Schöpfer der Geheimen Preußischen Staatspolizei; Coburg 1937.
Venohr, Wolfgang, Aufstand in der Tatra; Königstein/Ts 1979.
Voßke, Heinz, Walter Ulbricht; (Ost-)Berlin 1983.
Waibel, Max, 1945: Kapitulation in Norditalien; Basel, Frankfurt/M 1981.
Walde, Thomas, ND-Report: Die Rolle der Geheimen Nachrichtendienste im Regierungssystem der Bundesrepublik Deutschland; München 1971.
Denkwürdigkeiten des General-Feldmarschalls Alfred Grafen von Waldersee; 3 Bde.; Stuttgart 1923-1925.
Weber, Hermann, Geschichte der DDR; München 1985.

Wehner, Herbert, Zeugnis; Bergisch Gladbach 1984.
Wehner, Wolfgang, Geheim; München 1960.
Weisenborn, Günther, Memorial; Hamburg 1948.
Weisenborn, Günther, Der lautlose Aufstand; Hamburg 1953.
Werth, Alexander, Der Tiger Indiens; München, Eßlingen 1971.
Whaley, Barton, Codeword Barbarossa; Cambridge (USA) 1973.
West, Nigel, MI 6; London 1983.
Whiting, Charles, Gehlen: Germany's Master Spy; New York 1972.
Whigton, Charles, Meisterspione der Welt; Düsseldorf 1963.
Wilde, Harry, Rosa Luxemburg; Wien, München, Zürich 1970.
Wilhelm, Hans-Heinrich, und Jong, Louis de, Zwei Legenden aus dem Dritten Reich; Stuttgart 1974.
Wise, David, und Ross, Thomas B., Das Spionage Establishment; Berlin 1968.
Wittlin, Thaddeus, Commissar; New York 1972.
Wohlfeil, Rainer, und Dollinger, Hans, Die deutsche Reichswehr; Wiesbaden 1977.
Wolff, Theodor, La Guerre de Ponce Pilate; Paris 1934.
Wollenberg, Erich, Der Apparat; Essen 1950.
Wuermeling, Henric L., Die weiße Liste; Berlin, Frankfurt/M, Wien 1981.
Würthle, Friedrich, Die Spur führt nach Belgrad; Wien, München, Zürich 1975.
Zechlin, Egmont, Die deutsche Politik und die Juden im Ersten Weltkrieg; Göttingen 1969.
Zeutschel, Walter, Im Dienst der kommunistischen Terror-Organisation; Berlin 1931.
Zolling, Hermann, und Bahnsen, Uwe, Kalter Wind im August; Oldenburg, Hamburg 1967.
Zolling, Hermann, und Höhne, Heinz, Pullach intern; Hamburg 1971.

Aufsätze in Zeitschriften

Anonym (= Faust, Hans-Georg), Memoiren eines BND-Mannes, in: Capital, Heft 7/1968.
Cookridge, E. H., The Spy of the Century, in: The Daily Telegraph Magazine, 7. März 1969.
Coox, Alvin D., L'Affaire Lyushkov, in: Soviet Studies, Vol. 19/1968.
Der russische Nachrichtendienst bei Lodz 1914, in: Militär-Wochenblatt, Heft 21, 4. Dezember 1927.
***, Die sowjetischen Sicherheitsorgane, in: Das Parlament, Beilage aus Politik und Zeitgeschichte, 2. Dezember 1959.
Erfurth, Siegfried, Das Königlich Preußische Jägerbataillon 27, in: Wehrkunde, Heft 2/1968.
F., M., Das Märchen von Dr. Sorge, in: Die Gegenwart, 11. Januar 1958.
Foerster, Wolfgang, Ist der deutsche Aufmarsch 1904 an die Franzosen verraten worden?, in: Berliner Monatshefte, Jahrgang 1932.
»Freddy«, Capitaine, La Vérité sur la Rote Kapelle, in: Europe-Amerique, 2., 9. Oktober 1947.
Hahlweg, Werner, Lenins Reise durch Deutschland im April 1917, in: Vierteljahrshefte für Zeitgeschichte, 4. Heft, Oktober 1957.
Heinrici, Gotthart, und Hauck, Friedrich Wilhelm, Zitadelle, in: Wehrwissenschaftliche Rundschau, Heft 8/1965.
Jetzt wird Selbstbeherrschung verlangt, in: Der Spiegel, Heft 20/1975.
Koch, H. W., The Spectre of a Separate Peace in the East: Russo-German »Peace Feelers« 1942-1944, in: The Journal of Contemporary History, Juli 1975.
Kuckhoff, Greta, Ein Abschnitt des deutschen Widerstandskampfes, in: Die Weltbühne, Heft 3/4 1948.
Meos, Edgar Siegfried, Hitlers Geheimdienst in Estland vor dem Überfall auf die Sowjetunion, in: Mitteilungsblatt der Arbeitsgemeinschaft ehemaliger Offiziere, Juni 1969.
Observator (= Dr. Will Grosse), Geheimdienst, Fahneneid und Hakenkreuz, in: Echo der Woche, 24. März 1950.
Piepe, Harry, Harburger jagte Agenten, in: Harburger Anzeiger und Nachrichten, 30. September bis 31. Oktober 1967.
Reifberger, Josef, Die Entwicklung des militärischen Nachrichtenwesens in der k. u. k. Armee; Österreichische Militärische Zeitschrift, Heft 3/1976.
Rimscha, Hans von, Figur zwischen den Reichen, in: Baltische Briefe, Juli/August und September 1970.
Spalcke, Karl, Der Fall Tuchatschewski, in: Die Gegenwart, 25. Januar 1958.
Stützel, Hermann, Geheimschrift und Entzifferung im Ersten Weltkrieg, in: Truppenpraxis, Juli 1969.
Trumpener, Ulrich, War Premiditated? German Intelligence Operations in July 1914, in: Central European History, Heft IX, 1. März 1976.
Watson, George, Rehearsal for the Holocaust?, in: Commentary, Juni 1981.
Williams, Robert C., Russians in Germany, in: The Journal of Contemporary History, 1966.

Unveröffentlichte Papiere in Privatbesitz

Bauer, Wilhelm, Die Tätigkeit des BB-Apparates der KPD; 1968.

Baun, Hermann, Tagebücher 1946/47.

Best, Werner, Die deutsche Abwehrpolizei bis 1945; 1949.

Best, Werner, Reinhard Heydrich; 18. September 1949.

Brackelmanns, Heinrich, Prinz Hohenlohe; 1965.

Fall Brutus; Ausarbeitung der Organisation Gehlen; 1954.

Chapman, J. W. M., The Case of Dr. Ivar Lissner; London o. J.

Dollmann, Eugen, Die Kapitulation von Caserta, 29. April 1945; mit Ergänzungen von General Hans Röttiger, Frankfurt/M 1953.

Dollmann, Eugen, Wie Italien vom Bolschewismus gerettet wurde; München o. J.

Eggen, Hans W., Zusammenfassung meiner Ausführungen vom 13. 11. 1945 und 15. 11. 1945.

Sammlung sowjetischer Funksprüche aus dem Nachlaß von Wilhelm F. Flicke.

Freund, Hans, Verratsquellen »Wiking« und »Rote Drei«; 1968.

Lageberichte der Stapostelle Brünn über kommunistische Umtriebe in der Slowakei und ihre Bekämpfung; 11. März 1942.

Haswell, Jock, The Life and Times of Dr. Wilhelm Stieber, Founder of Field Security (als Buchveröffentlichung vorgesehen).

Heimbach, Lothar, Geheime Staatspolizei; Januar 1961.

Jungk, Wilhelm, Die Aktion Hermes; 1968.

Handakten der Kampfgruppe gegen Unmenschlichkeit.

Kauschen, Bruno, Die russische Emigration; München o. J.

Kauschen, Bruno, Erfahrungen bei der Durchführung von Einsätzen im Raum der Sowjetunion; München o. J.

Kauschen, Bruno, Das Wannseeinstitut; München o. J.

Kriegstätigkeit der deutschen Abwehr in der Schweiz.

Morozow, Michael, Anmerkungen zur Geschichte der sowjetischen Sicherheits- und Geheimdienste; Hamburg 1980.

Morozow, Michael, Der Fall Berija; Hamburg 1983.

Moskau ruft Heinz Felfe; im BND erstelltes Buchmanuskript, 1963.

Nemo, John, Das rote Netz; Hamburg o. J.

Preußisches Staatsministerium, Abteilung P, Akten betr. Kommunistische Bewegung, Bd. IV, 1935.

Pruck, Erich Ferdinand, Warnzeichen Rot (als Buchveröffentlichung vorgesehen).

Protokoll eines Interviews mit Kriminalkommissar a. D. Heinrich Reiser; Stuttgart, 4. März 1968.

Schramm, Wilhelm von, Zu den Erinnerungen von Alexander Radó, 22. Juni 1969.

Schröter, Heinz, Der große Verrat; o. J.

Tolmein, Horst Günter, Der Aufstand beginnt 17.50 Uhr.

Wagner, Otto, Bericht; o. J.

Benutzte Zeitungen und Zeitschriften

Der Spiegel 1948-1980.

Der Tagesspiegel 1948.

Die Nachhut 1969-1975.

Frankfurter Allgemeine Zeitung 1950-1953.

Neues Deutschland 1950-1953, 1960-1961.

Vierteljahrshefte für Zeitgeschichte 1957-1970.

Völkischer Beobachter 1933-1945.

Register